北京密云年鉴

BEIJING MIYUN YEARBOOK

2023

北京市密云区地方志编纂委员会　编

中央文献出版社

图书在版编目（CIP）数据

北京密云年鉴. 2023 / 北京市密云区地方志编纂委员会编. — 北京 ：中央文献出版社，2023. 11

ISBN 978-7-5073-4987-0

Ⅰ. ①北… Ⅱ. ①北… Ⅲ. ①密云区—2023—年鉴 Ⅳ. ①Z521. 3

中国国家版本馆 CIP 数据核字(2023)第 224369 号

审图号：京 S（2018）025 号

责任编辑　王卫芳　宋柏晴
英文翻译　孔令佩
封面设计　北京市密云区地方志办公室
版式设计　北京市雁林吉兆印刷有限公司
责任印制　武绽蕾

北京密云年鉴 2023
BEIJING MIYUN YEARBOOK 2023
北京市密云区地方志编纂委员会　编
*
中央文献出版社 出版发行
（北京西四北大街前毛家湾 1 号）
邮政编码：100017
网址：www. zywxpress. com
新　华　书　店　经　销
北　京　富　生　印　刷　厂　印　刷
*
880 毫米×1230 毫米　16 开本　39. 25 印张　1242 千字　16 彩插
2023 年 12 月第 1 版　2023 年 12 月第 1 次印刷
印数：1—2000
ISBN 978 - 7 - 5073 - 4987 - 0
定价：120. 00 元

编 辑 说 明

一、《北京密云年鉴》是一部系统记述密云区自然、政治、生态、经济、文化和社会年度情况的资料性文献。在中共北京市密云区委和北京市密云区人民政府领导下，由密云区地方志编纂委员会主办，《北京密云年鉴》编辑部负责编纂，全区各单位共同参与。

二、本年鉴坚持以马克思列宁主义、毛泽东思想、邓小平理论、“三个代表”重要思想、科学发展观、习近平新时代中国特色社会主义思想为指导，按照《全国地方志事业发展规划纲要（2021—2025年）》《地方志工作条例》《地方综合年鉴编纂出版规定》的要求，遵循实事求是原则，创新编纂思路，力求体现时代特征、地域特色、专业特点，全面、客观、系统地记录密云区2022年度经济社会发展的新变化、新进展、新特点。

三、本年鉴以出版年号为卷次名称，从2008年开始逐年编纂。年鉴为领导决策提供参考依据，为各行各业提供有价值的资料，为各界人士了解密云、研究密云提供最新信息，为地方志编纂积累资料。

四、本年鉴记述时限为2022年1月1日至12月31日。凡在本书中直书月、日的，均指2022年内的日期；文中“本年”“年内”，一律指2022年。

五、本年鉴采用分类编辑法，由类目、分目、条目组成框架结构的主体部分，部分分目增设次分目。主要采用条目和文章两种体裁，以条目为主，用规范的语体文、记述体直陈其事，文字力求言简意赅。全书类目、分目及次分目标题分别用不同字体加以区别，条目标题用黑体字并外加【】标明。

六、为行文简便，党政机构除首次出现采用全称外，之后一律使用规范简称。大事记中同一时间有两条以上大事，第一条写明时间，第二条用△表示，以此类推。

七、本卷年鉴设有区情概览、大事记、特载、专文、中共北京市密云区委员会、北京市密云区人民代表大会、北京市密云区人民政府、政协北京市密云区委员会、纪检监察、民主党派、人民团体、法治、军事、保水保生态、农业 农村、旅游、功能区建设、工业与信息化、建筑业 房地产业、经济管理、商贸服务、金融、城乡规划与建设、城乡管理、应急管理、交通 邮电、科技、教育、文化、卫生、体育、社会生活、街道 乡镇、人物 荣誉、统计资料、附录36个类目。全书除文字部分外，还附有地图、文前图片、随文图片和表格，力求更加形象、生动地反映密云区发展面貌。

八、文中除“民主党派”部分外，未标明党派的“市委”均指中共北京市委，“区委”均指中共北京市密云区委，“党员”均指中共党员。

九、选入本年鉴的文章和条目由各部门、各单位确定的专人撰写或提供，并经部门、单位主要领导审核，报区委、区政府有关领导审查。本年鉴收录的密云区党、政、军、群团、镇街和部分企业负责人名录，以2022年内任职为限，其中有任免情况的，分别予以注明，组织机构负责人名单由区委组织部提供。收录的2022年内获得市级以上（含市级）各类先进人物、先进单位名单均以各单位提供材料为准。

十、主要数据和统计资料统一由区统计局提供，部分数据由相关主管部门提供。地图由中国地图出版社制作。图片由编辑部和各供稿单位提供，封面图片为穆家峪镇新刘棚改福月家园，封底图片为新城子镇九搂十八杈古柏。

十一、本年鉴配有较完备的检索系统，书前刊有到条目的目录，书后附有索引；配备电子版（光盘）。

编　者

2023年12月

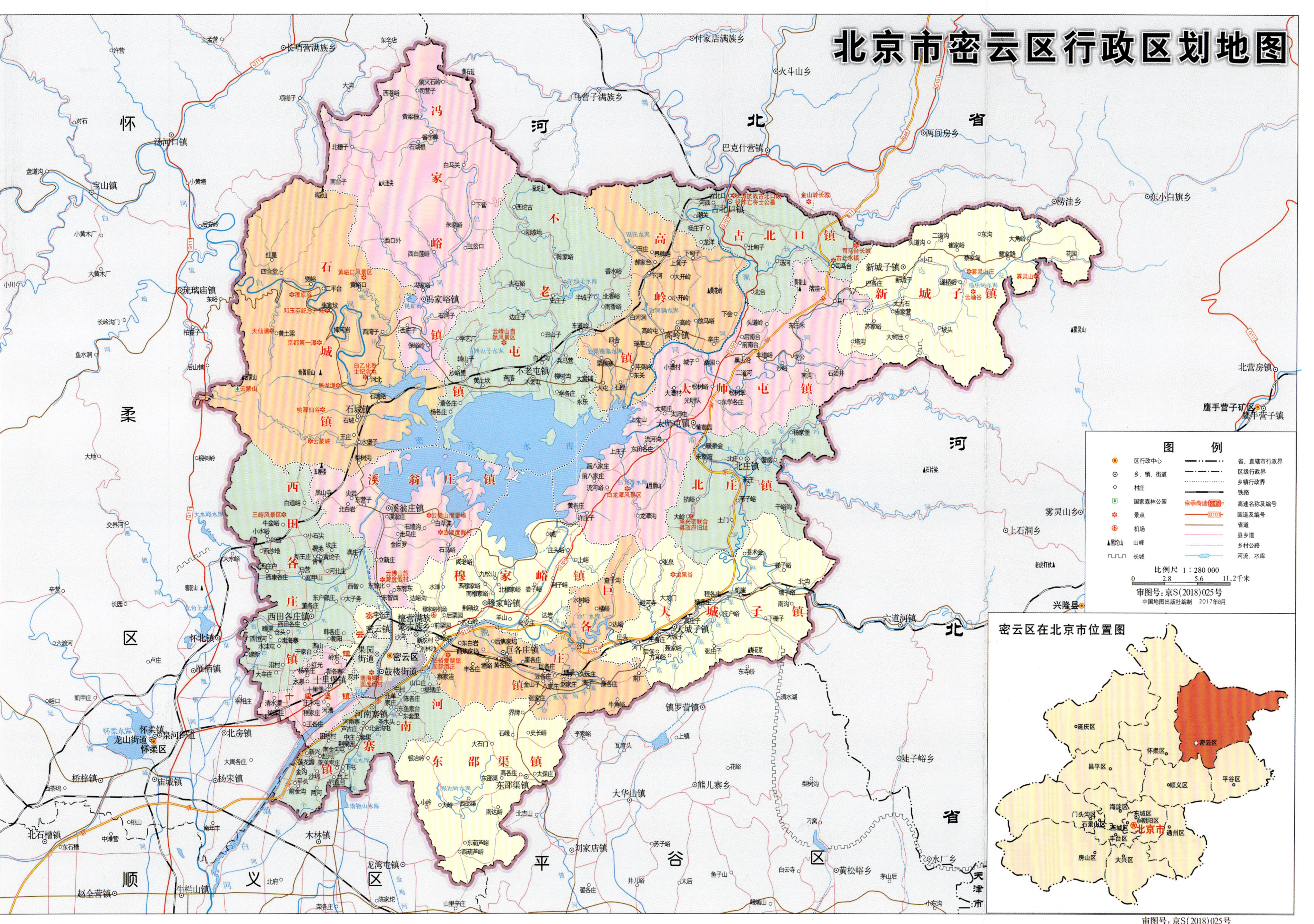

北京市密云区行政区划地图
冯家峪镇
不老屯镇
高岭镇
古北口镇
新城子镇
石城镇
太师屯镇
溪翁庄镇
北庄镇
西田各庄镇
穆家峪镇
巨各庄镇
大城子镇
东邵渠镇
河南寨镇
十里堡镇
密云镇
密云区
鼓楼街道
果园街道
檀营满族蒙古族乡
密云水库
河北省
怀柔区
顺义区
平谷区
天津市
图例
区行政中心
乡、镇、街道
村庄
国家森林公园
景点
机场
山峰
长城
省、直辖市行政界
区级行政界
乡镇行政界
铁路
高速名称及编号
国道及编号
省道
县乡道
乡村公路
河流、水库
比例尺 1∶280 000
0 2.8 5.6 11.2千米
审图号：京S(2018)025号
中国地图出版社编制 2017年8月
密云区在北京市位置图
延庆区
怀柔区
密云区
昌平区
顺义区
平谷区
海淀区
门头沟区
石景山区
东城区
西城区
朝阳区
丰台区
北京市
通州区
房山区
大兴区
审图号：京S(2018)025号

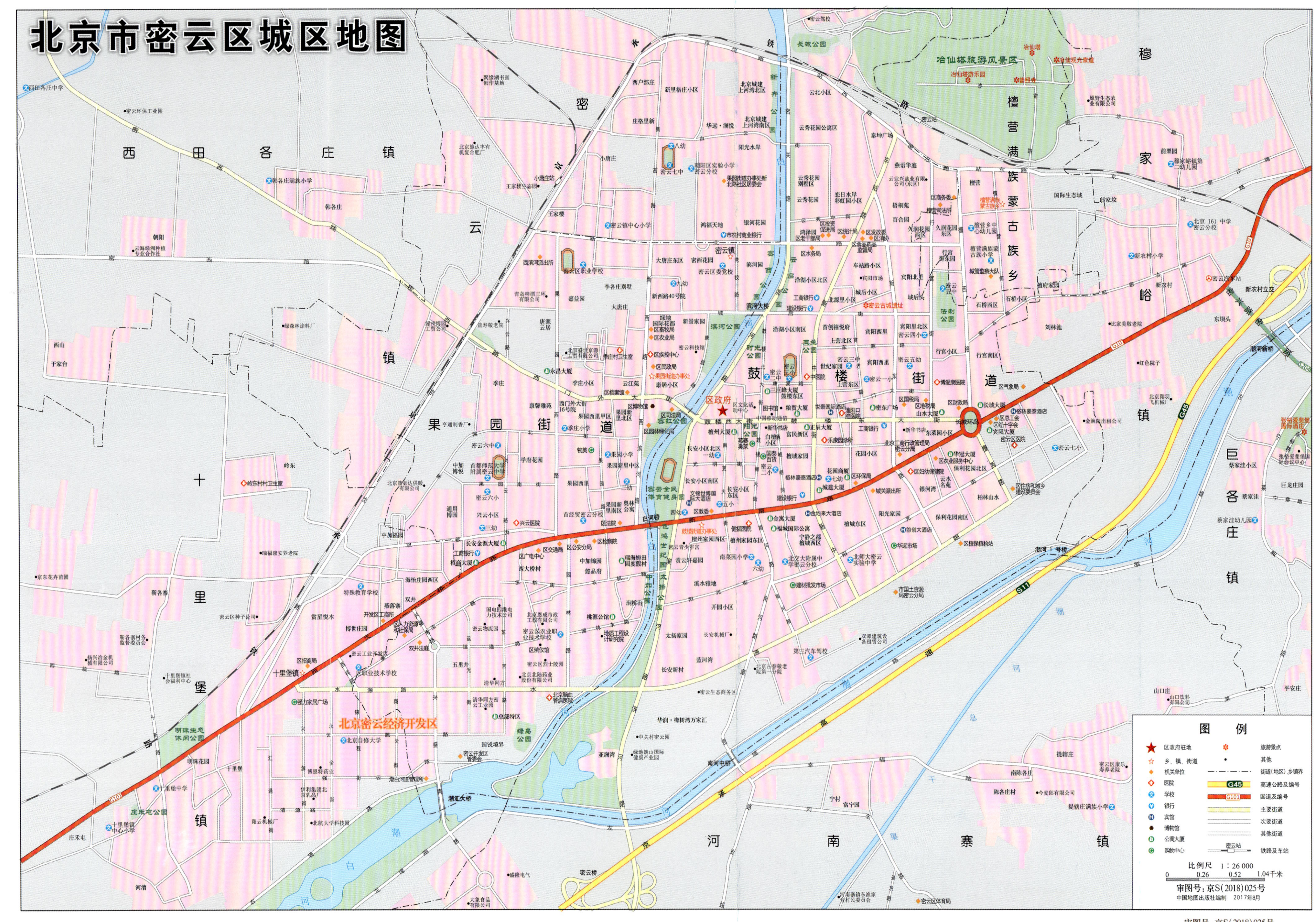

审图号：京S(2018)025号

区域面积2229.45平方千米

常住人口52.6万人

户籍人口44.1万人

地区生产总值361.9亿元

第一产业增加值14.1亿元

第二产业增加值95.9亿元

第三产业增加值251.9亿元

第一、第二、第三产业构成3.9:26.5:69.6

按常住人口算，人均地区生产总值68746.0元

一般公共预算收入39.7亿元

一般公共预算支出138.1亿元

金融机构人民币存款余额837.7亿元

金融机构人民币贷款余额532.7亿元

农林牧渔业总产值33.5亿元

全年粮食总产量6.1万吨

设施农业实现产值5.6亿元

休闲农业与乡村旅游实现收入7.6亿元

规模以上工业总产值224.0亿元

规模以上工业实现销售产值221.0亿元

资质建筑业总产值185.1亿元

房屋施工面积282.0万平方米

房屋竣工面积33.6万平方米

商品房销售面积15.8万平方米

社会消费品零售总额162.8亿元

商品交易市场成交额15.7亿元

进出口总额8.7亿美元

客运线路54条

机动车保有量15.86万辆

邮政函件业务交换量288.2万件

移动电话用户61.2万户

互联网宽带接入用户19.1万户

居民人均可支配收入44271.0元

居民人均消费支出26575.0元

人均养老金水平为3769.0元

养老服务机构134个，床位7446张

社会救助1.5万人

能源消费总量118.8万吨标准煤

降水量483毫米

用电量24.8亿千瓦时

用水量6771万立方米

细颗粒物（$PM_{2.5}$）年均浓度值26微克/立方米

可吸入颗粒物（PM_{10}）年均浓度值48微克/立方米

降尘量均值为3.1吨/平方公里·月

幼儿园在园幼儿15532人

小学阶段教育在校学生22687人

初级中学（不含九年一贯制学校）在校学生9148人

高中阶段教育在校学生6258人

专利授权量1857件

技术合同成交总额6.1亿元

图书馆藏书量112.16万册(件)，流通17.85万人次

文化演出1711场次，观众18.77万人次

卫生机构607个

卫生技术人员4712人

每千常住人口医院床位数3.61张

医院和社区卫生服务中心总诊疗480.4万人次

体育场馆30个

举办全民健身活动15次，参加人数5.08万人次

市级比赛获得奖牌95枚

2018—2022年地区生产总值及增长速度

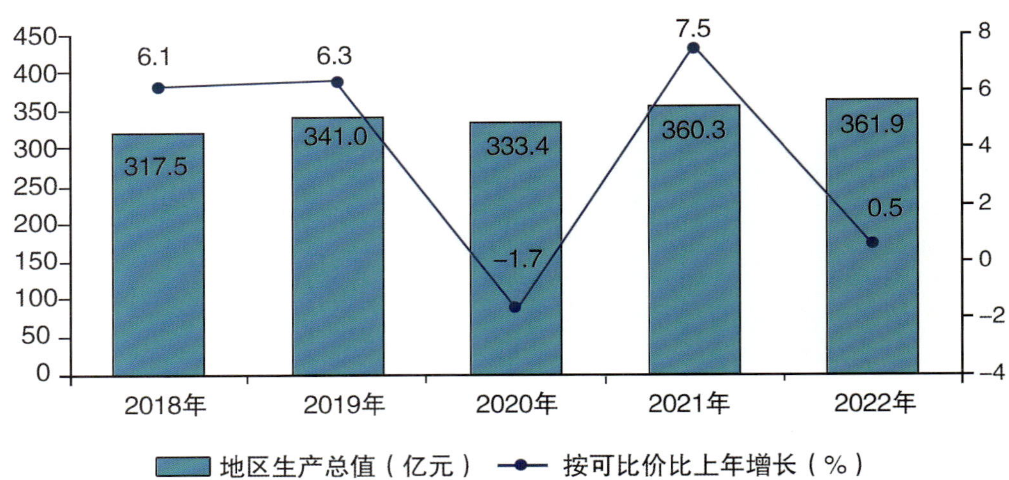

2018—2022年全区居民人均可支配收入及增长速度

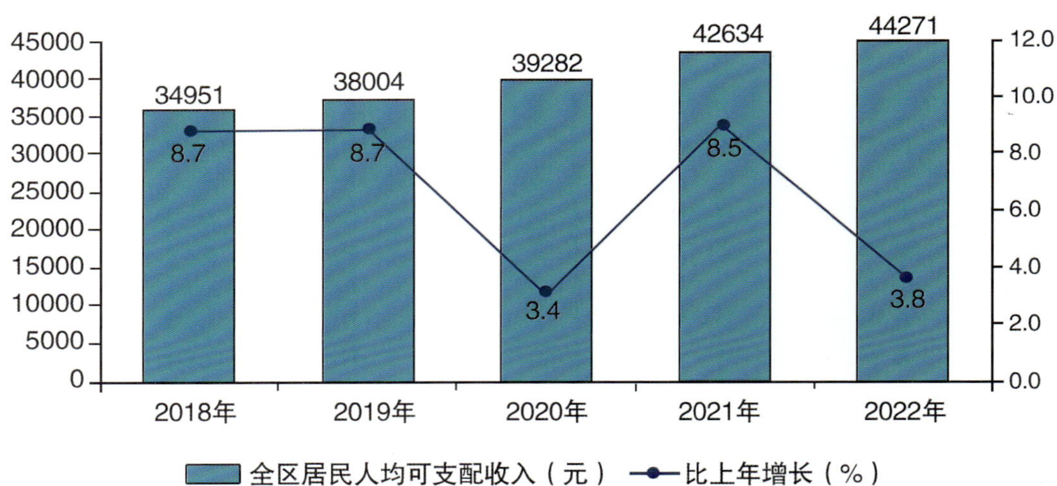

12月28日，密云区召开学习贯彻党的二十大精神宣讲报告会，党的二十大代表、区委书记余卫国作宣讲报告

（区融媒体中心 供图）

12月29日，中共北京市密云区委三届五次全会召开，贯彻落实党的二十大精神 （区融媒体中心 供图）

7月5日，区委书记余卫国就落实习近平总书记重要回信精神检查指导密云水库保护工作

（吴堃堃 摄）

10月17日，“学习贯彻习近平生态文明思想 像保护眼睛一样保护密云水库”座谈会召开

（区融媒体中心 供图）

8月30日，“水库回响”密云区落实习近平总书记重要回信精神两周年群众主题文化活动举办 （区文旅局 供图）

7月，密云区获颁“中国天然氧吧”证书（贺勇 摄）

1月24日，密云水库被评为全国美丽河湖优秀案例
（区委宣传部 供图）

4月1日，密云水库启动增殖放流工作，分批投放58.175万千克净水鱼苗
（王秋悦 摄）

5月12日，密云保水志愿者清捞白河河道水草
（区水务局 供图）

5月31日，密云区在全市率先完成2022年新一轮百万亩造林任务
（区园林绿化局 供图）

8月12日，密云水库安全整治百日行动启动

（李腾云 摄）

8月30日，密云水库生态文明建设研究中心揭牌

（李腾云 摄）

10月7日，密云水库自建库以来历史最高水位碑落成

（舒媛 摄）

10月，高岭镇森林生态防火瞭望塔建成

（城建十六公司 供图）

11月3日，密云区获“国家森林城市”称号 （区融媒体中心 供图）

1月11日，中关村（密云）绿色科技前沿技术创新中心揭牌
（中关村密云园 供图）

6月，北京京纯养蜂专业合作社承担的本市首个国家蜂业标准化区域服务与推广平台项目通过验收
（区融媒体中心 供图）

6月18日，“寻密好物，邮你甄选”农产品专场直播活动在密云区国家现代农业产业园蔡家洼核心区举行
（苏晓颖 摄）

6月23日，怀柔科学城东区环境污染物识别与控制协同创新平台土建工程完工
（科学城东区办 供图）

8月30日，密云区获“国际化高质量发展环境建设标杆县（市、区）”称号
（区发改委 供图）

10月，怀柔科学城东区“地球系统数值模拟装置”项目通过国家验收
（科学城东区办 供图）

10月14日，密云区入选“2022年北京市全域旅游示范区”
（陈永利 摄）

5月20日，2022年5·20世界蜜蜂日活动在蜜蜂大世界举办

（太师屯镇 供图）

2022年，密云区深入推进文旅农融合发展。图为金叵罗农场

（黄成晏 摄）

9月13日，2022年中国农民丰收节启动仪式在密云区蔡家洼玫瑰情园设立分会场

（苏晓颖 摄）

9月15日，冯家峪镇“五谷蜂登”休闲农业精品线路项目通过验收　　（区融媒体中心 供图）

11月16日，农业技术人员在西田各庄镇新王庄村开展番茄种植培训　　（张伟剑 摄）

11月2日，穆家峪镇极星农业科技园内串收小番茄即将成熟　（张洋 摄）

11月，古北口镇入选第二批全国乡村旅游重点镇　（古北口镇 供图）

7月8日，密云“礼让斑马线”文明交通专项整治行动启动

（王朝 摄）

8月，密云区兴盛北路环境改造工程完工，被誉为“兴盛速度”

（区融媒体中心 供图）

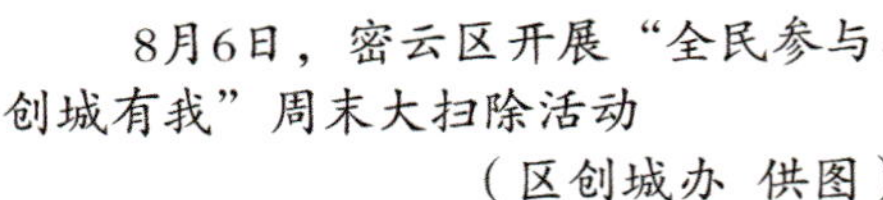

8月6日，密云区开展“全民参与、创城有我”周末大扫除活动

（区创城办 供图）

9月2日，2022年密云区“文明养犬 同心创城”主题宣传实践活动举办

（区创城办 供图）

2月16日，密云区影视家协会成立 （赵童 摄）

3月，朝实密云学校学生京剧表演《大登殿》获国戏杯金奖 （史磊 摄）

4月22日，密云区新时代文明实践志愿服务总队在基层开展文化文艺志愿服务活动 （区文化馆 供图）

7月20日，“礼赞新时代·曲韵展新姿”——密云区2022年戏曲曲艺大赛决赛举办 （区文旅局 供图）

8月20日，“双奥之城·长城之约”2022北京长城文化节在密云区古北水镇开幕 （区融媒体中心 供图）

9月2日，国家大剧院百场公益演出走进不老屯中学

（区融媒体中心 供图）

9月9日，"月圆京城 情系中华"——2022年密云区"丹青溢彩润中秋"书画活动暨传统文化知识讲座举办

（张楠 摄）

10月3日，密云区"孝满京城，德润人心"线上诗歌会举办

（郝迪 摄）

1月31日，公安密云分局交通支队民警在除夕夜执勤，保障“两节”期间居民出行安全（赵诚 摄）

4月2日，密云区森林消防队伍开展消防演练（叶晓海 摄）

12月9日，国网北京密云供电公司服务人员在基层民宿开展安全用电检查（林一轩 摄）

4月11日，密云区开展重点民生商品价格监管，战疫情、稳价格、保民生（区市场监管局 供图）

8月16日，密云区保障农民工工资支付工作部署会召开（王震 摄）

9月17日，鼓楼街道花园小区28、29、30号楼拆除工作启动（区地方志办 供图）

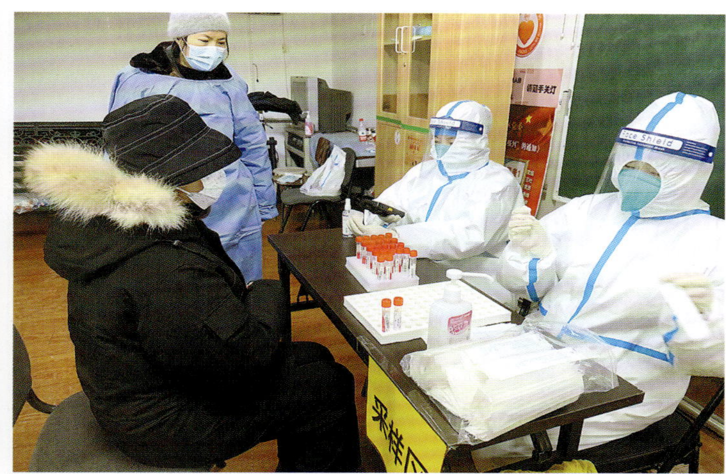

1月26日，密云区紧急抽调100名医务人员驰援丰台区
（密云融媒 供图）

9月17日，密云区第四届社区邻里节活动举办
（区民政局 供图）

9月28日，2022年密云区幼儿园骨干教师教育活动示范课举办
（李昊天 摄）

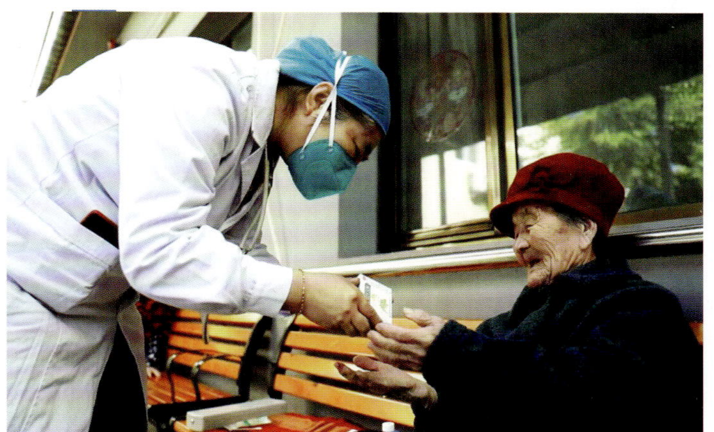

12月，密云区 147支家医团队为群众健康“医”路护航
（区卫健委 供图）

10月3日，密云二中在北京市第十六届运动会上获男子篮球甲组冠军 （区教委 供图）

7月1日，密云区“密云先锋”行动推进大会召开 （吴堃堃 摄）

7月7日，“密云先锋”志愿者帮助果农将油桃装箱 （贺勇 摄）

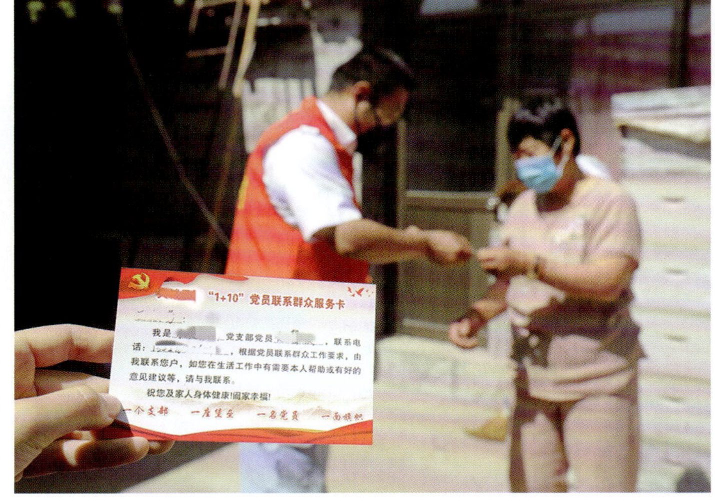

7月，密云区持续开展“1+10”党员密切联系群众服务活动 （区融媒体中心 供图）

9月30日，溪翁庄镇尖岩村开展党员志愿者家风教育宣传活动 （李姜娜 摄）

12月30日，密云区“以案为鉴、以案促改”警示教育大会召开 （区纪委监委 供图）

总 目

目 录

北京市密云区人民代表大会

北京市密云区人民政府

政协北京市密云区委员会

纪检监察

民主党派

人民团体

法治

农业农村

旅游

功能区建设

工业与信息化

商贸服务

金融

城乡规划与建设

城乡管理

应急管理

交通　邮电

科技

卫生

街道　乡镇

人物　荣誉

统计资料

附录

索引

MIYUN YEARBOOK CONTENTS

DISCIPLIN ARY INSPECTION AND SUPERVISION

DEMOCRATIC PARTIES

PEOPLE' S ORGANIZATION

RULE OF LAW

MILITARY AFFAIRS

PROTECTING WATER AND ECOLOGY

AGRICULTURE RURAL AREAS

TOURISM

FUNCTION AREA CONSTRUCTION

INDUSTRY AND INFORMATION

CONSTRUCTION AND REAL ESTATE

ECONOMIC MANAGEMENT

BUSINESS AND TRADE SERVICES

FINANCE

URBAN AND RURAL PLANNING AND CONSTRUCTION

URBAN-RURAL MANAGEMENT

EMERGENCY ADMINISTRATION

TRANSPORT POSTS TELECOMMUNICATIONS

SCIENCE AND TECHNOLOGY

EDUCATION

CULTURE

HEALTH

SPORTS

SOCIAL LIFE

SUB-DISTRICT AND TOWNSHIPS

CHARACTER HONOR

STATISTICS DATA

APPENDIX

INDEX

区情概览

MIYUN OVERVIEW

区 情 概 览

MIYUN OVERVIEW

基 本 地 情

Basics City Condition

密云区是北京市郊区之一，是全市面积最大的区，根据《北京城市总体规划（2016—2035 年）》，密云区的功能定位是首都最重要的水源保护地及区域生态治理协作区、国家生态文明先行示范区、特色文化旅游休闲及创新发展示范区。

密云建置始于北魏，皇始二年（397）置密云郡及密云县，属安州，故城在今河北省丰宁县境。密云县名则因北魏时塞外的密云山（今承德市丰宁县以南的云雾山）而得名。东魏元象元年（538）农民起义军攻占安州后，密云郡及密云县南迁，侨置今密云地，随着郡、县治所的内移，县地始有密云之名。曾用名：渔阳、檀州等。

建 置 沿 革

约 10 万年前，密云地区出现人类活动。约 6000 年前，出现村落。约 3700 年前，成为商代领地。西周初期，密云地区属蓟国。燕国并蓟国后，密云属燕国。战国时，燕国设渔阳郡，郡治在今密云区统军庄村南城子。秦时，境内设渔阳郡、渔阳县，郡县同治。西汉时期，县境为渔阳、犷平、厗奚三县分治。东魏元象元年（538），密云县始寄治渔阳县境内，同时寄治的有安州及所属密云、安乐、广阳 3 郡 8 县。隋开皇十八年（598），县域内置檀州（今不老屯镇燕乐村），辖密云、燕落二县。唐武德元年（618）废郡设州，改安乐郡为檀州，辖密云、燕落二县。后梁乾化三年（913）废燕落县入密云县。北宋宣和五年（1123）改檀州为横山郡，辖密云、威塞二县地。元世祖至元二十一年（1284），置大都路总管府，檀州属之，后复置密云县。明洪武元年（1368）省檀州入密云县，属北平府。清初密云县属昌平州，雍正六年（1728）改属顺天府北路厅。民国初废顺天府，改称京兆，密云县属京兆。1928 年废京兆，改隶河北省。1937 年日本侵略中国，密云县沦陷。1947 年 2 月，密云以潮河为界划分为两个县，潮河以东仍称密云县，潮河以西为乙化县。1949 年 8 月 15 日，密云、乙化两县合并，恢复密云县单一建置，属河北省通县专署。1958 年 4 月改属河北省承德专署。1958 年 10 月划入北京市。2015 年 10 月 13 日，国务院批复撤县设区，撤销密云县，设立密云区。

地 理 位 置

密云区位于北京市东北部，属燕山山地与华北平原交接地，是华北通往东北、内蒙古地区的重要门户，故有“京师锁钥”之称；东西最长 69 千米，南北最宽 64 千米。地理坐标为东经 116°39′～117°30′，北纬 40°13′～40°47′。东邻河北省承德县和兴隆县，南与北京市平谷区、顺义区相连，西接北京市怀柔区，北与河北省滦平县毗邻。

区 划 设 置

2022 年，密云区辖 2 个街道 17 个镇 1 个地区（乡），分别为：鼓楼街道、果园街道；密云镇、溪翁庄镇、西田各庄镇、十里堡镇、河南寨镇、巨各庄镇、穆家峪镇、太师屯镇、高岭镇、不老屯镇、冯家峪镇、古北口镇、大城子镇、东邵渠镇、北庄镇、新城子镇、石城镇；檀营地区（檀营满族蒙古族乡）。有 330 个行政村、96 个居委会。

人 口

年末全区常住人口 52.6 万人，比上年末减少 0.1 万人。其中，男性人口 26.9 万人，占常住人口的比重为51.1%；女性人口25.7万人，占常住人口的比重为48.9%。常住外来人口为10.8万人，占常住人口的比重为20.5%。常住人口出生率为4.81‰，死亡率为7.07‰。年末全区户籍人口44.1万人，与上年末持平。按户籍属性分，农业人口23.9万人，非农业人口20.2万人；按性别分，男性人口21.9万人，女性人口22.2万人。

地形气候

辖区东、北、西三面环山，中部低缓，西南开口，呈簸箕形。自然地貌“八山一水一分田”，山区面积占4/5，水源保护区占全区面积4/5。主要山峰有23座，属军都山有云蒙山、大洼尖、云峰山等；属雾灵山脉的有南横岭、四杆顶、鹰窝楼等。域内最高峰为梧桐树沟顶，海拔1735米。密云区属暖温带季风型大陆性半湿润半干旱气候，冬季受西伯利亚、蒙古高压控制，夏季受大陆低压和太平洋高压影响，四季分明，干湿冷暖变化明显。2022年，年平均气温11.5℃，与常年相同（11.5℃）。年极端最高气温37.6℃，年极端最低气温－17.7℃。年降水量483.0毫米。最大日降水量56.4毫米。年平均风速为1.2米/秒。

自然资源

矿产资源 区内已探明储量矿产25种。主要矿产有金、银、铁、钨、铅等，其中铁矿探明储量9.67亿吨，主要分布在密云水库周边地区，包括太师屯、不老屯、高岭、巨各庄、冯家峪、石城、穆家峪7个镇。非金属矿有白云岩、石灰岩、大理石、透辉石、泥炭、石棉、耐火黏土、花岗岩、石料、砾、砂石，其中砂石储量最大，主要分布在潮白河流域、西田各庄镇、十里堡镇等地。

生物资源 野生植物主要有卷柏科、阴地蕨科等105科717种，其中雾灵山地区植被覆盖率较高，物种繁多，被称为野生资源库。国有林场有荆子峪林场、雾灵山林场、锥峰山林场、白龙潭林场、五座楼林场、潮白河林场、云蒙山林场，林场总面积8320公顷。森林蓄积量达525万立方米，湿地面积1.9万公顷，野生鸟类增至406种。

水资源 华北第一大水库密云水库位于区境中部，控制潮河、白河流域面积1.6万平方千米，总库容43.75亿立方米，最大水面面积188平方千米。中小型水库23座。密云区80%以上面积被列为水源保护区，全境水源丰富，有潮河、白河等15条河流，其中12条河流注入密云水库。全年总用水量6771万立方米，其中生产用水1546万立方米，占22.8%，生活用水3269万立方米，占48.3%，生态环境用水1957万立方米，占28.9%。中心城区生活污水集中处理率为99.5%，较上年提高0.9个百分点；农村安全饮水达标率保持100%。

能源资源 年日照时数为2536.0小时。全年全社会用电量24.8亿千瓦时，比上年增长9%。其中，工业用电5.2亿千瓦时，下降5.6%；农业用电0.6亿千瓦时，增长12.4%；农村居民生活用电5.9亿千瓦时，增长11%；城镇居民生活用电4.7亿千瓦时，增长24.4%。全区日最大供电量为1307万千瓦时，比上年下降6.6%。能源消费总量118.8万吨标准煤，比上年增长0.95%；不变价单位GDP能耗比上年增长0.41%。

人文历史

密云自古为兵家必争之地，历史悠久，文化底蕴深厚。“共工城”距今4100年，是北京历史上最早的古城。清末，有古戏楼20余座，其中古北口药王庙戏楼建于明崇祯八年（1635）。苏辙、欧阳修等历代名人名家创作出许多吟咏密云的诗文，流传至今。民间文艺主要有元朝时期出现的花会、曲艺和轿子坊，其中曲艺中的大鼓书主要曲种有乐亭大鼓、西河大鼓、五音大鼓、京东大鼓和评书等。公共文化设施服务体系日益完善，形成的文化品牌体系重点有戏曲大赛、歌手大赛、合唱大赛、京津冀百姓歌手大赛等品牌活动，“诵读密云”“曲韵密云”“唱响密云”“舞动密云”“影映密云”“多彩密云”。

密云区古迹和人文景观众多，有1个国家历史文化名镇、3个国家历史文化名村（传统村落）、6个市级传统村落。不可移动文物335处，可移动文物1575件（套）。博物馆征集民间民俗文物100余件。明长城共有144段182.10千米，约占北京市长城的1/3。密云长城是万里长城自然景观最美的地方之一。司马台长城以“险、密、奇、巧、全”闻名于世。现存关口有墙子路、曹家路、石塘路、白马关等。发现和查明古建筑、古墓葬、古遗址以及古脊椎动物化石、碑、石刻等154项，征集到古脊椎动物化石、石器等文物800余件，春秋到清代各种货币280余种1.88万余枚。清康熙十二年（1673）《密云县志》刊载“密云八景”——冶塔仙灯、圣水鸣琴、白檀晴光、青洞晓色、霞峰散彩、水沼呈祥、五峰凌空、回阳返照。雍正元年（1723）《密云县志》增新八景——雾灵积雪、黍谷先春、鹦鹉遗迹、西岩夕照、潮河信泛、渤海涌珠、石匣拱镇、石湖映月。冶仙塔地宫出土宋代绿釉净水瓶，系国家一级文物。非物质文化遗产项目618项，有160项入选《北京市非物质文化遗产普查名录汇编》（密云卷）。区级以上项目42项，其中国家级2项、市级5项，区级非遗传承人26人（其中去世2人）、市级5人（其中去世2人）。元宵节·九曲黄河阵灯俗、蔡家洼五音大鼓入选国家级非物质文化遗产。

国民经济和社会发展

National Economic and Social Development

保水保生态

保水能力增强 深入贯彻落实习近平总书记重要回信精神，严格落实市委“保安全、多蓄水”要求，持续完善“5+2”保水体系，保水护水“防护网”更加牢固。探索创建以密云水库一级保护区为核心的“生态特区”，制定《密云区密云水库流域生态保护和绿色发展实施方案》《密云水库一级保护区生态文明建设总体工作方案》等系列政策措施，政策保水取得新进展。以深化“两市三区”联建联防联治，签订“两市三区”政法机关法治保水协作框架协议，协同保水取得新突破。密云水库生态文明建设研究中心挂牌成立，建成国内首例大型水库饮用水源地水环境保护场景智能视频分析系统，一级保护区生态保水防火瞭望平台项目完工，运用无人机、无人船等科技手段加强巡查，科技保水显著增强。精心组织习近平总书记重要回信两周年系列主题活动，全面启动密云水库安全整治百日行动，广泛开展保水志愿服务，密云水库保护公益基金会、保水网格员、“水库儿女”志愿者等保水力量积极发挥作用，凝聚起强大保水合力。制定实施《密云区密云水库总氮治理工作方案（2022—2025年）》，上游河流入境入库总氮浓度逐步下降，密云水库水质保持地表水环境质量Ⅱ类以上标准，潮河、白河上游首次同时出现Ⅰ类标准，累计向水库下游生态补水15.1亿立方米，水资源战略储备能力全市最强。

生态优势凸显 在全市率先完成新一轮百万亩造林任务；全市首个古柏主题公园建设完成，全龄友好型公园等工程全部竣工，雾灵山自然保护区被国家林草局列为履行《联合国森林文书》示范单位。深化“河长+警长+检察长+法院院长”协作联动机制，在全市率先制定《环境保护禁止令实施办法》，签发全市首个环境保护禁止令，“法治护航生态文明建设”被司法部评为全国法治政府建设示范项目。推进无燃煤区和基本无裸露区建设，一微克精细化治理示范项目荣获2022年中国地理信息产业工程金奖，全区细颗粒物（$PM_{2.5}$）和可吸入颗粒物（PM_{10}）年均浓度值分别为26微克/立方米和48微克/立方米，分别比上年下降13.3%和2%，空气质量排名全市第一；地表水环境质量持续改善，受污染耕地、污染地块安全利用率达到“双百”标准，成为北京市首个入选“无废城市”建设名单的行政区。推进碳中和示范区建设，在全市率先启动创建国家环境保护模范城市工作，全市首个被动式低碳小区（北京首开国樾天晟）投入使用。探索“活水、盘林、促产、降碳”气候投融资模式，入选首批“国家气候投融资试点”。在全市率先制定《关于密云区建立健全生态产品价值实现机制的实施意见（试行）》，开启探索生态产品价值实现机制的密云实践。成功创建“国家森林城市”，全区生态环境质量指数跃居全市第一，生态服务价值全市最高。

绿色高质量发展

经济总量 全年实现地区生产总值361.9亿元，按可比价格计算，比上年增长0.5%。其中，第一产业增加值14.1亿元，下降0.8%；第二产业增加值95.9亿元，增长1.6%；第三产业增加值251.9亿元，增长0.2%。三次产业构成为3.9∶26.5∶69.6。按常住人口计算，全区人均地区生产总值为68746元。完成一般公共预算收入39.7亿元，较上年下降3.1%；一般公共预算支出138.1亿元，比上年下降10.4%。固定资产投资（不含农户）比上年下降7.8%。

区域规划 坚持规划引领，构建“一条战略发展带、四条特色文化旅游休闲发展带、多个特色乡镇和特色产业”的全域发展格局，编制完成14个镇域国土空间规划，编制科技创新和生命健康战略发展带建设三年行动计划。长城古镇、古树名镇、北京长寿之乡、百年梨乡以及中华蜜蜂、冰雪、通航、摄影等特色乡镇建设加快推进，古北口镇入选第二批全国乡村旅游重点镇名单。生命健康、生态环保、气候经济、智能制造、物流电商、通航产业、特色农业、特色民宿、特色文旅等特色产业发展扎实推进。密云水库鱼实现全域有机认证，蜂产业规模居全市首位，区域发展规模效应正在形成。

怀柔科学城东区建设 地球系统数值模拟装置项目通过国家验收，并开放运行，成为怀柔科学城首个正式运行的大装置。5个交叉研究平台项目土建工程全部完工。北京大学怀密医学中心项目一期用地获得市委市政府批准，正式与北大医学部签署项目建设协议，并通过多规合一平台初审。北京第二实验学校获得市教委批复，正在开展法人资格办理及建筑方案设计。华远达公寓投入使用，平台外电源、云西二路、社区公园等配套基础设施建设稳步实施，“科学＋城”的功能不断完善。

中关村密云园建设 京东物流、复星北铃、友康生物等重点产业项目加快建设，自如生活、友宝在线成长为“独角兽”企业，康辰药业、华源泰盟等5家企业通过国家级专精特新“小巨人”认证，北陆药业、超同步等62家企业进入北京市“专精特新”企业行列，全区专精特新中小企业数量居生态涵养区首位。520余家企业被认定为国家级高新技术企业，园区高新技术企业总收入突破500亿元，增速居“一区十六园”首位。230家企业被科技部认定为科技型中小企业，195项创新成果被认定为北京市新技术新产品，绿色高质量发展主阵地作用凸显。

“两区”建设 怀柔科学城东区和中关村密云园协同发展，被列入市级“服务业扩大开放综合示范重点园区”。“国电投综合绿色能源＋生态修复”“中旅自驾露营项目”等一批大项目成功落户密云，新增154个市级入库项目，超额完成年度任务目标2倍，实现进出口总额42.9亿元，排名生态涵养区前列，《以创建碳中和示范区为引领 推动区域高质量发展》入选“两区”建设第二批改革创新实践案例。

优化营商环境 深化“马上就办”机制，坚持“减事项、减材料、减环节、减时限、减成本”，如期完成76项改革任务，创新“民宿一件事”集成服务改革，1473项服务实现“无差别”一窗受理，新设市场主体数量同比增长3.77%。实施支持企业发展办法和助企纾困举措，兑现支持企业发展资金6.03亿元，新增减税降费32.6亿元，有效减轻中小微企业负担。全面推进国资国企改革，制订三年行动计划，重组七大集团公司，建立现代企业激励约束机制，构建“密云＋”国企发展新格局。深化区属国企与央企、市属国企合作，先后与国电投集团、中交集团等10余家大型国企签订合作协议，推动优势互补、合作共赢。

农业 全年实现农林牧渔业总产值33.5亿元，与上年持平。其中，农业产值17.1亿元，增长9.3%；林业产值9.0亿元，下降14.3%；牧业产值5.8亿元，下降2.9%；渔业产值1.1亿元，增长60.2%。粮食总产量6.1万吨，比上年增长13.6%；蔬菜及食用菌产量17.1万吨，增长6.7%；生猪出栏5.1万头，下降3.2%。设施农业实现产值5.6亿元，比上年增长16%。休闲农业与乡村旅游实现收入7.6亿元，比上年下降12.8%。

工业 全年完成规模以上工业总产值224亿元，比上年下降4.7%。分行业看，汽车制造业产值51亿元，下降8.6%；医药制造业产值37.4亿元，增长4.7%；酒、饮料和精制茶制造业产值35.9亿元，增长11.6%。规模以上工业实现销售产值221亿元，比上年下降5.9%，其中出口交货值14.1亿元，下降4.2%。按照“五个一批”项目推进机制，推进复星药业、友康生物等16个高精尖重大项目建设。66家企业获得北京市“专精特新”中小企业认定，“专精特新”企业数量居生态涵养区首位，其中国家级专精特新“小巨人”企业5家。

建筑业 全年具有资质等级的总承包和专业承包建筑业企业完成建筑业总产值185.1亿元，比上年下降19.5%。其中，在本市完成产值79.2亿元，增长9.9%；在外省完成产值105.9亿元，下降32.9%。本年新签合同额141.9亿元，同比增长11.4%。深化建筑市场“放管服”改革，严格落实“重大项目马上就办”；创建“放心工地”和“绿色工地”，北京市首个全被动式房超低能耗示范社区首开国樾·天晟小区通过竣工验收，获得绿建三星认证、德国PHI认证、美国LEED金级认证殊荣。8个项目获得建筑工程“长城杯”奖项，获奖数量较上年提升100%。

房地产开发 全年房地产开发投资比上年下降9.8%。全区房屋施工面积282万平方米，比上年下降13.7%；房屋竣工面积33.6万平方米，比上年增长22.9%；商品房销售面积15.8万平方米，比上年下降41.3%。超额完成保障房市级年度任务，建设和筹集保租房727套、公租房682套、保障房870套。西大桥、溪翁庄、大小王棚改项目进展顺利，长安南菜园回迁房实现交付使用，全市最大的新刘棚改项目实现选房回迁。

商业 全年实现社会消费品零售总额 162.8 亿元，比上年下降 3.9%。分消费形态看，商品零售 152.8 亿元，比上年下降 3.1%；餐饮收入 10 亿元，比上年下降 14.6%。在限额以上批发和零售业中，汽车类实现零售额 10.8 亿元，增长 3.8%；成品油实现零售额 8.8 亿元，下降 7.3%；计算机、软件及其辅助设备类实现零售额 16.6 亿元，增长 14.5%。商品交易市场实现成交额 15.7 亿元，比上年增长 6.8%。其中，吃类商品成交额 8 亿元，与上年基本持平；用类商品成交额 6.9 亿元，比上年增长 15.8%。

对外贸易 全年实现实际利用外资完成 3787 万美元，完成年度目标任务的 126.23%；新注册外资企业 14 家，合同利用外资额为 1955.94 万美元；外贸进出口总额 8.7 亿美元，同比下降 46.1%，其中出口总额 4 亿美元，同比下降 39%，进口总额 4.7 亿美元，同比下降 51%。

旅游业 全年实现旅游综合收入 53.8 亿元，接待 724.4 万人次。乡村旅游收入 7.61 亿元，接待 466.1 万人次。A 级及以上景区收入 9.97 亿元，接待 345.7 万人次。推进四条文化旅游发展带建设，创建国家全域旅游示范区。制定《密云区关于促进特色民宿发展实施意见》等文件，建成 43 个精品民宿院落、3 家精品乡村酒店；34 家乡村民宿通过北京市级乡村民宿等级验收。推动“旅游＋”融合发展，北京张裕爱斐堡酒庄、北京不老屯长寿谷生态农庄等提名、获评北京市级网红打卡地。推出密云长城之旅等 8 条秋季旅游路线；黑龙潭—云蒙山—渔街—金叵罗等 3 条旅游线路入选北京市精品旅游线路。密云区获评“北京市全域旅游示范区”“北京市微度假目的地”称号；古北水镇入选首批“北京市旅游度假区”；“心宿密云山水·休闲古北”获评第一批北京微度假目的地品牌。

“五兴乡村”示范建设

制定《密云区乡村振兴“五兴乡村”建设实施方案》，重点打造尖岩、古北口、西邵渠等 30 个“五兴乡村”先行示范村。

特色农业品牌建设 优化农业产业发展，初步形成“水库鱼、特色蜜、环湖粮、山区果、平原菜”特色农业发展布局。围绕密云水库周边各镇，推进“渔民＋合作社＋公司＋龙头企业”净水渔业发展模式，擦亮“密云水库鱼”品牌；围绕蜂产业主产区，擦亮“蜂盛蜜匀”品牌，冯家峪镇获得“中华蜜蜂小镇”称号；围绕环湖粮产业带，形成小米、甘薯、鲜食玉米等杂粮为主的有机绿色产业基地；围绕北部山区，推出黄土坎鸭梨、新城子苹果、大城子红肖梨等特色品牌；围绕平原地区，建设首都绿色菜园，重点打造西红柿产业集群。推进特色农业高质高效发展，密云区获评第四批国家现代农业产业园称号。

文旅体农融合发展 提升“中国天然氧吧”品牌影响力，蜂产业规模居全市首位，密云水库鱼实现全域有机认证，古北水镇被评为首批北京市旅游度假区，养生山吧、乡村咖啡、露营经济等一批以田园综合体为特征的农旅融合、文旅融合新业态竞相涌现，密云入选北京市全域旅游示范区，荣获第一批“北京微度假目的地”称号，市级以上乡村旅游重点村达到 20 个，精品民宿院落 400 余个。特色文化活动异彩纷呈，成功举办 2022 年中国农民丰收节金秋消费季主会场活动，首次申办的 2022 北京长城文化节展现中华优秀传统文化，鱼王美食文化节入选全国百个丰收节庆特色活动，生态马拉松被评为北京体育旅游十佳精品赛事和北京市体育产业示范项目，冰雪嘉年华等活动吸引 88.5 万人次参与冰雪运动。密云区荣获全国休闲农业重点区（县）。

美丽乡村建设 坚持党建引领规划先行，为美丽乡村建设提供规划依据；坚持因地制宜分类推进，对规划保留的村全面开展美丽乡村建设；坚持注重长效建管并重，建立健全长效管护机制；坚持农民主体部门协作，鼓励广大农民投身美丽乡村规划、建设和管护。推进美丽乡村建设和农村人居环境整治，制定实施《密云区美丽乡村建设实施方案（2022—2024 年）》，加快农村人居环境整治“十百千”创建，实施 6 项乡村公路大修工程、158 项道路水毁应急抢险工程，242 个美丽乡村达到市级验收标准，1000 余户“美丽庭院”、100 余条“美丽街巷”相继挂牌亮相。启动水库周边、上游及水源保护地环境综合整治提升工程，环密云水库“百里骑迹”被评为市级“漫步北京”文旅骑行线路，密云水库南线获评全国“十大最美农村路”，西火路、穆石路上榜北京“最美乡村路”，优美城乡环境和美丽岸线成为亮丽风景。

乡村治理 加强和改进乡村治理，制定《密云区抓党建促乡村振兴工作措施》《关于加强和改进农村基层党组织建设的指导意见》，激发基层党建活力，夯实组织根基。完成 2 个全国民主法治示范村和 28

个市级民主法治示范村（居）验收。统筹中央、市级转移支付资金，整合各类项目资源，加大政策扶持力度，推行复耕土地流转，鼓励引导镇村组建集体所有制专业公司、专业合作社，全面推动村集体经济可持续发展。强化人才支撑，建立乡村振兴专家智库，大力实施农村实用人才培养计划，新培育一批农村实用人才专家。创新实施“1＋9＋N”组团式帮扶协作机制，推动企业、律所、科研机构等“1＋9”结对帮扶实现全覆盖，197 个集体经济薄弱村提前一年实现“消薄”目标。制定落实《密云区促进农民增收工作方案》，331 个村集体经营性收入实现 1.8 亿元，同比增长 31.4％。

民生普惠保障

民生建设 加强普惠性、基础性、兜底性民生建设，民生领域投入超过财政支出 80％，圆满完成 31 件民生实事，“七有”“五性”监测评价位居全市前列。

深化教育领域综合改革，推进“双减”工作，“朝—密”“海—密”协作成效显现，不老屯中学综合改革试点、古北口中小学一体化改革持续深化；全面启动与市区名校“手拉手”结对合作，在全市率先开展干部教师轮岗交流，教育质量持续提升，群众满意度保持全市前列。开展北京市公共文化服务体系示范区建设，以“曲韵密云”“唱响密云”等品牌赛事为引领，组织群众主题文化活动 1019 场；首次承办由北京市委宣传部主办的 2022 北京长城文化节，完成红色文化探访线路（二期）长城之路的规划设计；人均公共文化服务设施建筑面积排名全市第三。区域医疗服务水平稳步提升，区医院与北大医院深度融合创建三级医院，推进区中医院与北京中医药大学深度合作；加快“智慧健康”建设，开展区域医共体建设暨全科医师综合服务能力提升项目，采用“1＋19＋N”模式，实现村级医疗卫生机构全覆盖，分级医疗体系日益完善；3.1 万人享受城乡医疗保险免缴政策，群众看病难问题得到有效解决。体育事业稳步发展，创建完成 3 个全民健身示范街道和 6 个体育特色乡镇，人均体育场地面积（4.44 平方米）排名北京市第三；建成北京市首个马拉松主题公园，21.59 万人报名参加密云生态马拉松线上赛事，成为京津冀地区城市马拉松线上赛报名人数最多的赛事；参加市级比赛获得奖牌 95 枚，其中获得金牌 33 枚、银牌 34 枚、铜牌 28 枚。

公共服务保障 坚持就业优先导向，全力稳就业保增收，12670 人实现就业，超 2 倍完成城乡劳动力就业任务。精准落实困难群众保障政策，累计发放各类救助金和补贴资金 4.88 亿元，3.1 万人享受城乡医疗保险免缴政策。年末参加基本养老、工伤和失业保险人数分别为 25.3 万人、21.7 万人和 21.1 万人，分别比上年末增加 0.96 万人、0.51 万人和 1.06 万人。全年人均养老金水平为 3769 元，比上年增长 4.7％。年末养老服务机构 134 个，床位 7446 张，养老机构床位使用率 44.19％。全年社会救助 1.5 万人，城市居民最低生活保障 784 户，1345 人；农村居民最低生活保障 6828 户，11084 人。

落实《北京市接诉即办工作条例》，制定《接诉即办疑难工单研判机制》《关于推动主动治理未诉先办的实施意见》等系列文件，推动向未诉先办延伸，解决一大批群众关心的“急难愁盼”问题，年度综合成绩跃升至全市第四。深化惠民、利民服务，解决“房产证办理难”问题，累计完成 8692 户房产证登记办理，商品住宅入库及供应任务位居全市第一。加强普惠托育服务建设，超额完成市级托位服务供给任务。推动老年友好型社会建设，全市首个保障房小区免费养老助残餐厅正式运营，上河湾社区获评全国示范性老年友好型社区。推进邻里互助点服务模式扩面增效，建成 230 个邻里互助点，入选全国农村公共服务建设优秀案例。

全国文明城区创建

坚持双指挥、双主任高位统筹，坚持“双点评”“双调度”“双包保”协调调度，完善“一办十组”组织架构，建立“五专”机制，推动创城工作与城乡治理深度融合。强化机制创新，制定《密云区创建全国文明城区工作指挥部运行办法》，建立会议调度、执纪监督等 5 大类、20 项常态化创建工作机制。

聚焦城市治理“难点”、人民群众“堵点”，坚持“十无”标准，开展“十大专项整治”和“百日攻坚”，治理“十乱”，修复破损路面 5 万平方米，施划停车位 2.3 万余个、非机动车停车区域 1.5 万余处，安装电动自行车充电装置 1.8 万余个，规范提升城区 67 家“三修一配”摊点“进商入市”，拆除立柱广告牌 88 个，完成 82 条背街小巷整治提升和 88 个小区“飞线”整治。开展密关路、新南路、新东路、环湖骑行线、鼓楼东西大街整治提升工程，在一个月时间内，解决困扰三十多年的兴盛北路环境问题，创造

"兴盛速度"，被人民网等多家媒体广泛宣传。推进"美丽岸线"建设，在河流沿岸、道路沿线，同步开展环境卫生、公共秩序、景观风貌整治提升，累计扫保整治道路5.3万公里，绿地保洁提升600万平方米。农村人居环境整治与创建全国文明城区同部署、同落实、同检查、同考核，累计整改点位问题39079处，完成1000户"美丽庭院"、100条"美丽街巷"验收挂牌及15个生活垃圾示范村居市级评选。优化路网结构，西统路全线通车，新东路南延、新北路东延、宜兴路、檀东路、城后东街等道路开工建设，优化完善慢行系统，群众绿色出行便捷通畅。推动"疏整促"工作，拆除违法建设15.2万平方米、腾退土地18.8公顷，圆满完成市级"无违建区"复评验收。抓好两个"关键小事"，物业服务管理水平持续改善，垃圾分类闭环基础设施体系基本建立，20个镇街全部完成市级示范片区验收，293家单位全部完成市级示范单位创建。

新冠肺炎疫情防控

坚持人民至上、生命至上，严格落实"疫情要防住、经济要稳住、发展要安全"的要求，"快、严、准、细、实"抓好疫情防控。创新建立全市首家非冷链进口货物"首库"，严防物传人。组建新型冠状病毒基因扩增检验（PCR）实验室，日核酸检测能力由1.8万管提升至近5.2万管。创新开发"密云区核酸检测信息登记录入系统"，确保筛查不漏一人。全力推进疫苗接种，构筑免疫屏障。主动做好对朝阳、西城、丰台、海淀、延庆等兄弟区支援工作，圆满完成涉冬奥移出人员等集中隔离服务保障任务。坚持"七快一提级"管控风险，迅速完成大规模流调排查任务。创新建立"镇街吹哨、各组报到"机制，对新增风险人员强化提级流调，迅速完成风险排查管控。关心关爱群众生活，多措并举保供应、稳物价，守好"民生线"。认真落实"二十条""新十条"和"京十条"等各项优化防控措施，做好"十个服务"，全力保健康、防重症，人民群众生命安全和身体健康得到有效保护。

学习宣传贯彻党的二十大精神

先后制定关于迎接党的二十大、学习宣传贯彻党的二十大精神的实施方案。组织开展"强国复兴有我"群众性主题宣传教育活动，百姓宣讲、文化展示等七大类活动深入人心。策划实施"喜迎二十大 奋进新征程"主题宣传报道，讲好密云故事，讲述人民心声，传播时代强音，喜迎党的二十大氛围热烈浓厚。全区党员干部群众同步收听收看党的二十大开幕会直播，区委第一时间召开全区领导干部大会、区委常委会（扩大）会议传达学习党的二十大精神，区委书记作为党的二十大代表带头宣讲党的二十大精神。组织全区领导干部参加北京市党的二十大精神宣讲报告会视频会议，邀请市级宣讲团来密宣讲。做好党的二十大精神宣传阐释，推出"新时代新征程新伟业"主题报道，组织开展"一十百千"大宣讲活动，组建区级特色宣讲团深入基层巡讲，区领导带头学、带头讲，全区各级党组织和党员以多种形式学习宣传贯彻党的二十大精神。

制定巩固和深化"密云先锋"行动实施意见和年度工作方案，教育引导广大党员在对党忠诚、为民服务、保水保生态等8个方面争一流、当先锋、作表率，树牢打响"密云先锋"党建品牌。创新实施"1+10"党员密切联系群众机制，建立2833个楼门（网格）党小组，组织4.2万名有活动能力的党员就近就便联系47万余名群众，实现党员联系服务群众全覆盖、常态化。以"公仆心、云水情"为主题，以增强群众观念、转变工作作风、提升服务能力为目标，深入开展"公仆心、云水情"干部教育实践活动；组织全区干部全面开展大学习、大检视、大提升活动，在全区形成强素质、转作风、办实事的良好氛围。制定《密云区抓党建促乡村振兴工作措施》《关于加强和改进农村基层党组织建设的指导意见》，激发基层党建活力，夯实组织根基，完成2个全国民主法治示范村和28个市级民主法治示范村（居）验收。

大 事 记

CHRONICLE

1月

January

4日　密云生态马拉松获评“北京市体育产业示范项目”。

5日　密云区冬奥会、冬残奥会城市志愿服务站启动。

9日　市人大代表、密云区委书记余卫国做客北京“两会”期间特别节目“一把手访谈”。

10日　区委常委会召开扩大会议，传达学习习近平总书记在北京考察2022年冬奥会、冬残奥会筹办备赛工作时的重要指示和市委常委会扩大会议精神，部署服务保障北京2022年冬奥会、冬残奥会工作。

△　密云区疫情防控和安全生产工作会召开，部署2022年北京冬奥会、冬残奥会及春节期间疫情防控、安全生产工作。

11日　中关村（密云）绿色科技前沿技术创新中心揭牌。

14日　区委书记余卫国带队到怀柔科学城东区调研，详细了解各重点项目推进情况，现场看规划、勘地形、督进展。

19日　区委副书记、区长马新明与华诺奥美产业集群公司董事长谭铮一行座谈。双方围绕“两区建设”、科技成果转化和共建“医企联合实验室”等方面深入交流。

△　密云区“两区”和国际消费中心城市建设专项工作办公室以“‘生态+’区域消费中心产业发展”为主题，分别到沙河宝益粮库和重点葡萄酒企业开展调研，多方共谋建设发展思路。

△　知行文化讲师团志愿者走进巨各庄镇沙厂村，开展以“墨香迎新春、送福暖心田”为主题的春节走访慰问活动。

21日　密云区获评第四批“国家现代农业产业园”称号。

24日　密云区党史学习教育总结会议召开。会议强调，要深入学习贯彻习近平总书记关于不断巩固拓展党史学习教育成果的重要指示和中央、全市党史学习教育总结会议精神，认真总结全区党史学习教育成效和经验，巩固和拓展党史学习教育成果。

26日　密云区抽调100名医务人员驰援丰台，3天时间内完成72924人的采样任务。

27日　区人大常委会、区政府工作联席会召开，通报2022年区人大常委会主要工作思路和安排、区政府重点工作，与会领导就相关工作沟通交流。

29日　密云区2022年春节、冬奥会和冬残奥会期间工作部署会召开。部署密云区2022年春节、冬奥会和冬残奥会期间城市运行保障、安全生产、消防及森林防灭火、疫情防控、安全稳定等工作。

30日　密云区领导检查疫情防控和城市运行保障等工作，严格执行疫情防控措施，保障城市运行安全稳定。

31日　区委书记余卫国带队看望慰问坚守岗位一线工作人员，向春节期间坚守岗位的广大劳动者致以新春问候与美好祝福。

本月　密云区多次召开疫情防控调度会、推演会、专题会，研究部署疫情防控工作。

△　密云区各镇街、各单位结合新时代文明实践活动，持续开展“全民参与 创城有我”周末大扫除。

2月

February

4日　密云区领导干部会议召开，对全区冬奥会、冬残奥会期间相关工作再部署、再动员。

7日　密云区2022年保水委员会全体会议召开。宣布区委关于调整北京市密云区保水委员会组成人员的决定；总结2021年密云区保水委工作，部署2022年工作；与会部门、镇、村代表作表态发言。

11日　密云区召开全区领导干部会议。会议强调，要把保水、保生态、保安全、保障民生作为做好各项工作的底线，抓好防火安全、疫情防控、极端天气应对等工作，保障人民群众生命财产不受侵害。

12日　区委书记余卫国带队到城中村、社区、商超有关企业等地开展安全综合检查，强调要以最严格标准守住安全底线，确保城市平稳有序运行。

16日　区委常委会召开会议，传达中央纪委、市纪委全会精神，听取区纪委区监委工作汇报，研究巡察和政党协商等事项。

△　密云区2022年军政座谈会召开，区领导和驻密部队代表共商密云军地发展大计，共叙军民鱼水深情。

17日　密云水库周边国土绿化试点示范项目入

选“2022年林业改革发展资金支持国土绿化试点示范项目”。

18日 密云区2021年度镇街（地区）、系统党（工）委书记抓基层党建述职评议会召开，对过去一年的基层党建工作进行盘点，对“一把手”履行党建第一责任人职责情况进行评议。

19日 区委书记余卫国带队到中关村密云园调研，强调中关村密云园要以改革创新精神为密云绿色高质量发展作出更大贡献。

△ 全国政协委员、北京市朝阳区政协副主席、北京国际城市发展研究院院长连玉明一行到密云调研，就推进智库服务战略合作、打造乡村振兴示范样板座谈交流。

23日 中共北京市密云区第三届纪律检查委员会第二次全体会议召开。传达学习习近平总书记重要讲话精神和十九届中央纪委六次全会、市纪委十二届七次全会精神，总结2021年密云区纪检监察工作，部署2022年工作。

25日 由首都精神文明办主办，密云区委宣传部、新京报社协办，在果园街道澜悦社区新时代文明实践站开展“北京榜样、身边好人进社区为民办实事”主题活动，“中国好人榜”“北京榜样”代表高巍参加活动。

28日 区委书记余卫国到区委党校调研，实地查看校园基础设施建设和办公用房情况。

本月 密云区多次召开新冠肺炎疫情防控工作会，传达北京市新冠肺炎疫情防控会议精神，通报密云疫情防控形势，部署各领域疫情防控工作。

3月

March

1日 区委书记余卫国带队围绕“保水富民发展”主题，到不老屯镇调研，详细了解高水位运行下保水、保生态、保障民生工作情况。

△ 密云水库南线获评2021年度“十大最美农村路”，成为北京市唯一入选道路。

5日 区委书记余卫国带队到河南寨镇南山滑雪场、巨各庄镇东白岩村马拉松公园项目地块、巨各庄镇首云铁矿等地，就密云打造时尚运动和体育旅游发展带开展调研。

7日 密云水库上游地区空间保护规划公示，14个区域严格保护。

△ 密云城区7条街道两侧划定为非居民用户液化石油气禁用区，全面开启非居民用户液化石油气替代工作。

15日 2022年密云区创建全国文明城区工作指挥部会议召开。审议通过指挥部调整方案、运行办法，总结2021年工作，研究2022年工作要点，对常态化检查指导和创城资金使用计划作出安排。

△ 区委副书记、区长马新明到区委党校调研，实地查看校园建设情况并听取工作汇报。

16日 密云区新冠疫苗累计接种45.19万人，全程接种率为92.87%。

17日 密云区创建全国文明城区推进工作大会召开。市委宣传部副部长、首都文明办主任滕盛萍到会指导。

21日 密云区与河北省接壤地区疫情防控工作专题调度会召开。

22日 密云区“密云先锋”行动动员部署大会召开。会议强调，全区广大党员要迅速行动起来，在保水、保生态、保安全、保障民生和绿色高质量发展等各项工作中，冲锋在前、争当表率，发挥好先锋模范作用，让“密云先锋”特色党建品牌在京郊大地发出夺目光彩。

△ 密云区多部门围绕“守护‘无价之宝’争当保水先锋”主题，组织开展系列联合保水宣传活动，营造全民保水氛围。

△ 中关村密云园复星北铃（北京）医疗科技有限公司为吉林省疫情防控提供负压救护车60辆。

23日 密云水库向下游生态补水总量超过12亿立方米，这在密云水库建库史上是第一次。

25日 区政府与北京首农食品集团签署战略合作协议，围绕农业、乡村振兴、重点项目、生态保护等领域开展合作。

26日 区委书记余卫国带队拉练检查城乡环境建设工作，现场查问题、找差距、提要求。

28日 2022年密云区春季森林防灭火工作动员部署会召开。

30日 密云区党政正职领导干部学习贯彻党的十九届六中全会精神专题研讨班开班，区委书记余卫国作开班动员和专题辅导报告。

本月 密云区连续召开疫情防控工作调度会议，传达中央和市委疫情防控工作会议精神，对密云区疫情防控工作再强调、再部署。

4月 April

1日　区委书记余卫国带队到密云水库库区及部分镇检查城乡环境建设等工作，强调要加强库区周边环境治理，建设密云美丽岸线。

△　密云水库增殖放流工作启动，投放5个品种净水鱼苗58.175万公斤。

2日　密云区“青山有幸埋忠骨 哀思无限祭英魂”烈士遗骸迁葬仪式在区烈士陵园举行，安葬5位抗日战争时期牺牲的烈士。

8日　密云区社会各界通过电视、广播、网络等形式收听收看北京冬奥会、冬残奥会总结表彰大会。

△　密云区开展纪念“臭水坑”事件和沈爽烈士牺牲80周年活动。

9日　密云区组织开展大规模核酸检测集训，设置591个采样单元，包括医务工作者、一线干部、志愿者在内11903名工作人员参加。

12日　密云区“两区”建设和培育建设国际消费中心城市工作调度会召开。传达市第四次“两区”建设领导小组会议精神，通报2021年全市“两区”工作考核评价情况；密云区获得“A”级评价，总体评价结果和外资项目总数居于生态涵养区首位。

13日　密云区2022年全国文明城区创建工作第一次月度调度会召开。通报创城推进情况和2021年中央文明办全国文明城区年度测评结果，有关单位作表态发言。

15日　区委书记余卫国带队到穆家峪镇大石岭村、巨各庄镇豆各庄村调研指导农村基层党建工作，主持召开区委党的建设工作领导小组全体（扩大）会议。

18日　区委副书记、区长马新明出席“守护天然氧吧 做双碳先行者”倡议活动启动大会，受邀介绍密云经验。

△　中关村密云园复星北铃（北京）医疗科技有限公司32辆负压救护车驰援上海疫情防控。

21日　朝阳、密云两区社区疫情防控工作座谈交流会召开。

25日　密云区抽调180名医务人员和166位社区党员志愿者组成核酸检测队伍驰援朝阳区东湖街道核酸检测工作。

27日　密云区“当好主力军 建设美丽密云”五一国际劳动节庆祝活动大会召开。

28日　密云区迅速行动全面有序做好区域核酸检测工作。

30日　密云区完成第二轮区域核酸检测，共采样送检432505人份，检测结果全部为阴性。

本月　密云区委多次召开疫情防控工作调度会，研究调度疫情防控等工作，更快更严更紧更实打好疫情防控组合拳。

△　各单位、各镇街（地区）踊跃参加“密云先锋”行动，3018名“密云先锋”志愿服务抗疫一线。

△　密云区与中科院、清华大学围绕气象装备、气象云及气象应用软件开发和现代气象信息服务等产业，建设气候服务产业发展聚集地，打造气候经济发展高地。

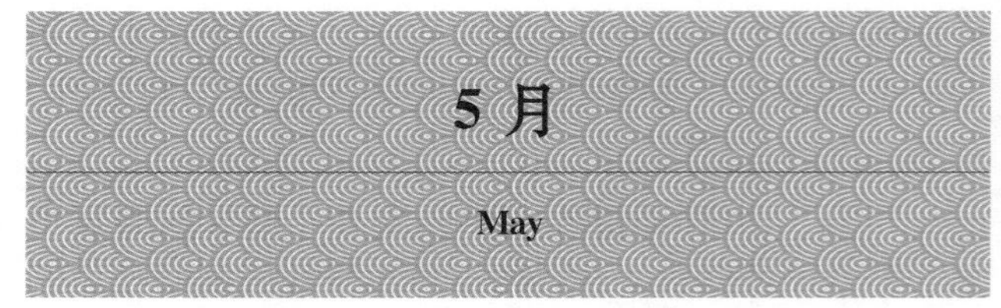

5月 May

2日　密云区启动第三轮区域核酸检测工作。

3日　在接到初筛阳性人员报告后，区委立即启动区、镇街、社区（村）三级应急指挥体系，连夜开展流调溯源，以最快速度锁定密接者、次密接者和风险人员，做好生活服务保障等工作。

5日　密云区启动新一轮区域核酸检测工作。

7日　区委全面深化改革委员会第十一次会议召开。传达学习中央、市委深改委相关会议精神；审议通过2021年工作总结报告和2022年工作要点；听取密云区生态环境综合执法大队改革情况和密云区创新“农村邻里互助点”养老服务模式汇报。

10日　区委书记余卫国带队深入封控区、管控区、方舱医院和集中隔离点建设区、区疾控中心等防疫一线检查指导工作。

△　区委生态文明建设委员会召开会议，传达学习全国和北京市有关会议精神，总结2021年生态文明建设工作，部署2022年工作任务。

16日　密云水库完成本年度首次“体检”，库区水体符合湖库Ⅱ类标准。

20日　北京市“两区”办与密云区共同举办“全球超链接”系列之德国专场推介会。会议主题为“共享北京开放先机——通用航空及文旅服务精准对接”，古北水镇等20余家企业线上参与。密云区商务局、区科委、区文旅局、区投促中心等多部门推介重点项目，创造跨境投资合作机会。

21—22 日　密云区分批开展区域核酸检测。

23 日　密云社区、村疫情防控措从原来“四件套”改成“七件套”，增加 48 小时内核酸阴性证明、疫苗接种、行程码查验。

26 日　《2021 年北京市生态环境状况公报》发布，密云区生态环境质量指数（EI）首次位居全市第一。

29 日　密云区累计接种新冠疫苗 45.86 万人、123.41 万剂次，第 1 剂接种率为 96.15%，全程接种率为 94.08%，加强免疫接种完成 33.12 万人。60 岁以上老人累计接种 9.95 万人、27.6 万剂次，第 1 剂接种率达 81.48%，全程接种率 78.62%。

30 日　密云区政府与法国波尔多市政府、波尔多葡萄酒协会首次线上会晤。双方表达“2022 年北京密云・波尔多葡萄酒节”合作意向。

△　中央文明办以“云”发布方式，在北京市密云区新时代文明实践中心推出 2022 年第一季度“中国好人榜”。

31 日　密云区在全市率先完成 2022 年新一轮百万亩造林任务。

本月　区委多次召开疫情防控调度会，压紧压实“四方责任”，坚决做到“十应十尽”。

△　区委吹响疫情防控“集结号”，84 家单位组织 3768 名干部下沉，在社区卡口、核酸检测点等成立临时党支部，筑牢防疫一线战斗堡垒。

△　密云区以打造生态特区为目标，在全市率先制定生态产品价值实现机制实施意见。

△　密云九搂十八杈古柏公园完工，是全市首个古树公园。

6 月

June

1 日　密云区新冠疫苗累计接种 45.89 万人，全程接种率 94.13%。

5 日　密云区加强河道巡查，对城区周边河道不文明涉水行为开展执法检查。

6 日　区委书记余卫国，区委副书记、区长马新明带队检查高考考务工作，要求以最高标准、最严要求做好考试组织工作。

△　密云区分子生物学实验室投入使用，日检测量可达 5.21 万管。

12 日　密云区核酸采样队驰援朝阳区。

12—13 日　密云区出现大风及冰雹强对流天气，全区平均降雨 31.9 毫米，最大降雨 92.3 毫米，最大雨强 65.4 毫米，出现在檀营地区冶仙塔站，导致部分道路积水、群众生产生活受到不同程度影响。区防汛指挥部召开会议，通报强对流天气情况，研究部署防汛工作。

14 日　密云区支援合作工作领导小组全体会议召开，总结 2021 年支援合作工作成果，部署 2022 年工作任务。

15 日　密云水库开始向下游潮河进行生态补水。

△　密云区第一届“我和低碳共成长”全国低碳日主题活动举办。

16 日　密云区国资国企改革发展大会召开，为重新组建的七家区属国企授牌，部署全区国资国企改革发展工作。

△　密云区国家现代农业产业园蔡家洼核心区暨密云好物专场直播活动开幕式举办。

20 日　密云区 2022 年创建全国文明城区工作推进会召开，对创城工作再动员、再部署。

21 日　区委副书记、区长马新明与全国律师协会会长、北京市律师协会会长高子程一行座谈，听取高质量发展律师顾问团、市律所在本区建立分所及“一村一所”服务乡村振兴工作情况。

22 日　来自首都知名律师事务所 53 名律师组成专家顾问团走进密云，助力高质量发展和乡村振兴。

23 日　密云区 2022 年经济工作及重点工程推进会召开。

△　“首都老兵”密云水库护水志愿服务队成立。

24 日　区政府与北京大学举行怀密医学中心项目建设协议签约仪式。

25 日　密云区召开全区领导干部会议，传达市疫情防控会议精神，部署疫情防控、安全生产、城市运行保障及稳经济增长等工作。

△　区委副书记、区长马新明会见中青旅控股股份有限公司党委书记、董事长倪阳平一行。双方围绕密云区文旅产业发展、古北水镇景区建设等内容座谈交流。

28 日　市党代表、区委书记余卫国做客北京日报客户端“一把手访谈”演播室，表示当好密云水库和“两山理论”守护人。

30日　区委常委会（扩大）会议召开，传达学习市第十三次党代会和市委十三届一次全会精神，研究部署贯彻落实工作。

本月　区委多次召开疫情防控调度会，压紧压实四方责任，坚决阻断疫情传播链条，高效统筹疫情防控和经济社会发展。

△　《密云区落实〈北京市统筹疫情防控和稳定经济增长的实施方案〉工作指南》印发实施。

△　密云水库水经过京密引水渠、温榆河向下游北运河生态补水，助力京杭大运河百年来首次全线通水。

△　北京京纯养蜂合作社通过国家蜂业标准化区域服务与推广平台项目验收。

7月

July

1日　密云区领导干部会议召开，传达学习市第十三次党代会和市委十三届一次全会会议精神，研究部署贯彻落实工作。

△　“密云先锋”行动推进大会召开，通报表扬倪花卉等120名“密云先锋”、河南寨镇套里村党支部等60个“密云先锋党组织”、区创建全国文明城区工作指挥部办公室等55个“密云先锋岗”和冯家峪镇映山红保水小分队等10支“密云先锋队”，树榜样、立标杆、弘正气，激励各级党组织、全体党员干部不忘初心、牢记使命，弘扬伟大建党精神，争做“密云先锋”。

2—3日　区委主要领导分别走访调研部分在密企业，了解企业发展现状，倾听企业诉求，帮助解决企业发展中面临的困难和问题。

6日　区委常委会召开会议，研究推动党史学习教育常态化长效化工作措施、农村供水、河长制等事项。

7日　区政府与北京新发地农产品股份有限公司签订战略合作框架协议。双方在打造首都优质农产品生产基地、拓展农产品销售渠道等八方面携手，推进密云乡村振兴。

11日　区委书记余卫国会见中国旅游集团投资和资产管理有限公司党委书记、总经理卢路一行，围绕文旅产业发展座谈交流。

13日　区委常委会召开会议，研究做好新时代密云人大工作、加强新时代公民道德建设和开展“公仆心、云水情”干部教育实践活动等事项。

△　区政府与京东集团举行战略合作协议签约仪式。双方围绕“智慧物流、区域消费、智能城市、医疗健康”等重点领域，构建“1＋N”的战略合作格局。

14日　区政府与国家电投集团北京电力有限公司签署战略合作协议，双方在利用清洁绿色能源、推动绿色转型发展、助力乡村振兴等方面深化合作。

15日　密云区“公仆心、云水情”干部教育实践活动动员部署大会召开。会议强调，广大干部要永怀公仆心，厚植云水情，以深化“密云先锋”行动为牵引，高标准、高质量开展好干部教育实践活动，为建设美丽北京、谱写现代化建设密云篇章而努力奋斗，以优异成绩迎接党的二十大胜利召开。

16日　北京市与科技部、国家发改委、中科院联合到怀柔科学城调研。市委书记蔡奇强调，做好“科学”“科学家”“科学城”三篇文章，怀柔区和密云区要落实好市党代会精神，抓好下半年工作，高效统筹疫情防控和经济社会发展，以实际行动迎接党的二十大胜利召开。

18日　市委、市政府安全生产第三督察组进驻密云区督察安全生产工作。按照工作部署，督察组将在密云区开展为期3周的驻地督察。

18—19日　区委书记余卫国率密云区党政代表团赴内蒙古自治区通辽市库伦旗对接京蒙东西部协作工作。

20日　2022年密云区创建全国文明城区迎检动员誓师大会召开，对创城工作再部署、再动员。

24—27日　密云区党政代表团赴青海省玉树州玉树市对接对口支援工作，参加密云—玉树对口支援五周年成果展等系列活动。

28日　密云区政府与中国交通建设集团有限公司举行战略合作协议签约仪式，双方围绕生态环境治理、文化旅游、乡村振兴等领域开展全方位合作。

30—31日　密云区应邀参加第三届氧吧产业发展大会暨“中国天然氧吧”媒体推介会。

本月　坚持外防输入、内防反弹，坚持“动态清零”不动摇，认真执行第九版防控方案，落实“九不准”要求，持续巩固防疫成果。

8月

August

2日　区委人大工作会议召开，深入学习贯彻中央人大工作会议和市委第六次人大工作会议精神，研究部署密云区人大工作。

△　区政府与北京建工集团有限责任公司签署战略合作协议，双方在加强生态建设、推动环保产业、助力乡村振兴等领域深化合作。

5日　密云区学习宣传落实市第十三次党代会精神市委宣讲团报告会举办，市委宣讲团成员、区委书记余卫国作宣讲报告。

8日　联合国开发计划署驻华代表处考察组到密云区调研，考察中国与联合国开发计划署合作水资源管理方案密云项目。

9日　区政府与北京首农食品集团有限公司举行战略合作协议签约仪式，双方将围绕农业、乡村振兴、生态保护等领域开展合作。

10日　区委常委会召开会议，传达学习习近平总书记在省部级主要领导干部专题研讨班上的重要讲话精神和中央统战工作会议上的重要讲话精神及市委常委会扩大会议精神，听取区人大常委会、区政府、区政协党组上半年工作汇报，研究未成年人思想道德建设、党建统领综合考核评价等事项。

△　密云区入选首批国家气候投融资试点地区，试点建设期为2022—2025年。

14日　区委书记余卫国会见清华大学副校长曾嵘一行，围绕国家重点实验室建设、研究平台项目等事宜座谈交流。

16日　区委书记余卫国会见北控集团有限公司党委书记、董事长田振清一行，围绕对口帮扶、乡村振兴、生态保护等工作深入交流。

17日　密云区2022年创建全国文明城区工作推进会召开。

19日　区委全面深化改革委员会第十二次会议召开。传达学习中央和市委深改委相关会议精神，审议通过《密云区提升“中国天然氧吧”影响力，践行“两山理论”三年行动计划》。

20日　中共北京市密云区三届四次全会召开。全会以习近平新时代中国特色社会主义思想为指导，深入贯彻落实习近平总书记重要回信精神，全面学习贯彻市第十三次党代会精神，坚持以新时代首都发展为统领，总结2022年以来工作，部署下阶段工作任务。

△　以“双奥之城 长城之约”为主题的2022北京长城文化节在古北水镇长城剧场开幕。

23日　密云区2022年市区两级重点工程突出问题调度会召开。听取2022年市区两级重点工程整体推进情况，对加快重点项目进度、破解祖节难点问题等协调调度。

25日　怀柔区委副书记、区长、怀柔科学城党工委副书记于庆丰带队到密云区对接怀柔科学城建设工作。

28日　密云水库历时486天完成向下游潮白河生态补水，总补水量达15.1亿立方米。此次生态补水是21世纪以来北京境内潮白河流域实施的最大规模生态补水。

30日　区委副书记、区长马新明在第二届中国城市高质量发展与国际合作大会上作“坚持生态优先、绿色发展，努力打造生态文明典范之区”推介发言。

△　北京市与河北省签署新一轮为期5年的密云水库上游潮白河流域水源涵养区横向生态保护补偿协议。

△　密云水库生态文明建设研究中心揭牌成立。

本月　密云区连续召开新型冠状病毒肺炎防控工作调度会，研究部署疫情防控工作。

△　密云区获“中国天然氧吧”证书。

△　密云区获“国际化高质量发展环境建设标杆县（市、区）”称号。

1日　区政府与国家电投集团北京电力有限公司、中国旅游集团投资和资产管理有限公司集中签约，两大绿色生态项目——国电投矿山新能源+生态修复项目和中旅自驾露营MALL项目落户密云。

△　市委宣传部副部长、首都文明办主任滕盛萍带队到密云区督导检查全国文明城区创建工作。

3日　“以史为鉴 开创未来”——密云区2022年纪念抗日战争暨世界反法西斯战争胜利77周年主题活动举行。

5日　2022年服贸会密云区达成各类成果7个(交项目类3个、投资类3个、首发创新类1个)，项目数量和金额均赶超上届。

6日　怀柔科学城东区“1+5”科学设施土建工程基本完工。

8日　区委常委会召开会议，研究“十四五”时期提升农村人居环境建设美丽乡村实施方案等事项，听取三届区委第一轮巡察情况汇报。

10—24日　“生态密云 幸福密马”2022密云生态马拉松线上赛报名开启。

13日　2022年中国农民丰收节金秋消费季在密云区启动。活动邀请海南琼山、河南西峡、成都新津等地农民视频连线，组织电商企业发布《产销对接倡议书》，设置全国脱贫地区产销对接专区、北京特色农产品展区等。拼多多、京东、美团、抖音等电商企业、直播平台和新发地等农产品批发市场、物美等商超企业等，通过打折让利、流量倾斜、减免费用等方式，开展农产品促销，激发市场消费活力。

16日　区委副书记、区长马新明带队赴国家乡村振兴局对接工作。

△　密云区入选2022年农业现代化示范区创建名单，成为北京市唯一上榜的区。

17日　密云区第四届“社区邻里节”在果园街道学府花园小区启动。

21日　区委常委会召开会议，研究安全生产工作、城市更新三年行动计划等事项。

△　北京市休闲农业“十百千万”畅游行动暨密云区休闲农业推介活动在溪翁庄镇尖岩村举办。

22日　密云区首个保障房小区免费养老助残餐厅正式运营。

23日　区委书记余卫国会见清华大学副校长王光谦一行，双方就合作事宜座谈交流。

24日　市三中院、区法院与区卫健委签署《关于构建和谐医患关系化解医患矛盾的联动协议》。

25日　密云水库开渔，213条渔船全面开捕，渔民满载而归、喜获丰收。

25—30日　“生态密云 幸福密马”2022密云生态马拉松线上赛开跑，21.59万名跑友报名参赛。

26日　密云区召开全区领导干部会议，部署党的二十大服务保障工作。

△　北京·密云第十九届鱼王美食文化节在密云区国家现代农业产业园蔡家洼核心区开幕。

28日　密云区依法行政工作协调小组第一次会议召开。

29日　密云区2022—2023年度森林防灭火工作会召开。

30日　区政府与北京中医药大学第三附属医院签署合作协议，决定由北京中医药大学第三附属医院托管密云区中医医院，共同建设北京中医药大学第三附属医院密云院区。

本月　密云区按照“快严准实细”要求，严格落实各项防疫措施，织密织牢疫情防控安全网。

△　密云区北京市“专精特新”中小企业达到106家，居生态涵养区首位，其中国家级专精特新“小巨人”企业5家。

10月

October

5日　密云新冠疫苗全程接种率达95.54%，其中60岁及以上老年人第1剂接种率达91.22%。

7日　密云水库自建库以来历史最高水位碑坐落于白河主坝、白河码头。

9日　区委副书记、区长马新明到中关村密云园接访并召开现场调度会。

9—10日　密云区2021年生态清洁小流域综合治理工程完成竣工验收。

11日　密云区“重大任务服务保障先锋行动”动员部署会召开。

13日　区委常委会召开扩大会议，传达学习党的十九届七中全会精神。

△　区政府与民族团结杂志社、中节能生态产品发展研究中心举行签约仪式，围绕生态环境保护、绿色产业发展、铸牢中华民族共同体意识教育实践基地建设等领域开展合作。

14日　北京中医药大学第三附属医院、北京中医药大学第三临床医学院密云院区领导任命暨揭牌仪式在密云区中医医院举行。

16日　密云区党员干部群众收听收看党的二十大开幕盛况，热议党的二十大报告。

17日　怀柔科学城“地球系统数值模拟装置”通过国家验收并正式运行，成为怀柔科学城首个正式运行的大科学装置。

21—23日　第四届古北水镇以“漫”为主题、以“国风嘉年华”为核心的红叶雅集活动开启。

24 日　密云区领导干部会议召开，落实党中央和市委要求，安排部署学习宣传贯彻党的二十大精神各项工作。

25 日　区委常委会扩大会议召开，传达学习党的二十大、二十届一中全会和习近平总书记重要讲话精神以及市委常委会扩大会议精神，对学习宣传贯彻党的二十大精神进行安排部署。

△　密云区国民经济和社会发展计划指标调度会召开，听取各部门主要指标预计完成情况及下一步工作举措。

26 日　密云区委农村工作领导小组会议召开，学习宣传贯彻党的二十大精神，研究部署乡村振兴有关工作。会议听取并研究成立乡村振兴五大专班、密云特色农业发展领导小组组成及分工等事项，审议通过建立“组团式帮扶协作”机制实施意见和“五兴乡村”建设实施方案。

△　“庆祝二十大 奋进新征程——密云先锋事迹展”在密云区博物馆开展。展览以图文形式，通过密云先锋、密云先锋党组织、密云先锋岗、密云先锋队、光荣榜五个部分，展现优秀党员和党组织的风采。

28 日　北京市交通委员会发布 2022 年“最美乡村路”创建评选结果，密云区西火路、穆石路榜上有名。

本月　密云区各界掀起学习党的二十大报告热潮，各部门各单位、各镇街（地区）精心组织，创新形式，把党的声音送入千家万户，推动党的二十大精神落地见效。

△　密云区按照“快严准实细”要求，压紧压实“四方责任”，抓好疫情防控工作，确保人民群众身体健康和生命安全。

11 月

November

3 日　密云区获评“国家森林城市”称号。全区林木覆盖率 75.3%，森林资源蓄积量 252.79 万立方米，城区人均公园绿地面积提高到 15.19 平方米。

△　密云区鱼王文化节入选中国 100 个丰收节庆特色活动名单。

△　区委书记余卫国主持召开会议调度疫情防控工作，深入社区、市场检查防疫措施落实情况，看望慰问防疫一线工作人员。

△　区委副书记、区长马新明“四不两直”到果园街道、鼓楼街道、区 8 小时涉疫风险人员应急处置指挥部检查疫情防控工作。

6 日　密云区 127 家企业入选北京市 2022 年第九批科技型中小企业名单。

9—12 日　密云区巨各庄镇橡树堡国际酒庄（天葡庄园）首次参展第十一届中国（贵州）国际酒类博览会。

11—12 日　密云区出现降雨过程，密云水库流域平均降雨量 13.3 毫米，最大降雨站点为六道河站 39.5 毫米；密云水库水位达到 151.69 米，蓄水量 29.88 亿立方米，蓄水量增加 630 万立方米。

13 日　密云方舱医院接收首批 45 名患者。

14 日　密云区入选“2022 年北京市全域旅游示范区”。

△　“朝密共携手，真情促就业”朝阳——密云 2022 年毕业生就业帮扶线上专场招聘活动启动。

15 日　密云区启动“吸入式新冠疫苗”接种预约。

17 日　密云区经济形势分析研判调度会召开，听取 2022 年主要经济指标完成情况，研究 2023 年一季度“开门红”工作措施。

17—19 日　密云区第三届人民代表大会第二次会议召开。会议传达学习党的二十大精神，选举产生密云区出席北京市第十六届人民代表大会的代表，表决通过关于修订《北京市密云区人民代表大会议事规则》的决议。

20 日　密云区疫情防控工作调度会召开，强调以更快更科学更精准更有效的措施，坚决打好疫情防控阻击战。

21 日　密云水库水位 151.78 米，蓄水量 30.024 亿立方米，恢复至 30 亿立方米，实现年度水资源战略储备目标。

△　区地方志办公室编写的《北京市密云区地名志》出版，印发 3000 册。

22 日　密云区全面启动“吸入式新冠疫苗”接种工作。

25 日　区委副书记、区长马新明会见中国铁建股份有限公司党委常委、副总裁李宁一行，双方围绕合作事宜座谈交流。

△　密云区入选国家基层卫生健康综合试验区，为北京市唯一入选的区。

27 日　区委书记余卫国，区委副书记、区长马新明带队检查疫情防控工作时强调，科学精准快速处置疫情，用心用情用力服务群众。

28 日　北京市学习贯彻党的二十大精神宣讲团密云区报告会举行。北京市学习贯彻党的二十大精神宣讲团成员，市委宣传部分管日常工作的副部长赵卫东作宣讲报告。

本月　密云区深入落实党中央和市委部署要求，全区党员干部群众以多种形式，全面学习宣传贯彻党的二十大精神，深刻理解内涵，精准把握外延，推动党的二十大精神在密云形成更多生动实践。

△　密云连日调度疫情防控工作，坚持“七个防止”和“七快一提级”，立足早发现快处置全管住，坚决阻断病毒传播链条。

12 月

December

1 日　密云区 197 个集体经济薄弱村年经营收入全部超过 10 万元，提前一年完成“消薄”任务。

2 日　密云区 2000 余名党员干部下沉社区防疫一线，开展卡口值守、核酸检测等工作。

7 日　密云水库一级圈生态防火瞭望平台改造提升项目建设完成，并投入使用。

8 日　密云区疫情防控工作调度会召开。会议强调，全面把握执行各项优化防控措施，高效统筹疫情防控和经济社会发展。

△　密云区推动复工复产工作现场会召开，尽快推动复工复产，实现经济回稳向上。

9 日　密云区南山滑雪场开业，密云“冬游”模式开启。

10 日　爱心企业向密云区卫健委捐赠新冠抗原检测试剂 2000 人份。

△　密云区法院审结全市首例判处惩罚性赔偿并责令公开赔礼道歉的环资刑附民公益诉讼案件。

12 日　密云区新冠病毒疫苗全程接种率达 95.78%，60 周岁以上老年人第一剂次接种率为 91.37%。

13 日　密云区全面实施分级分类诊疗，确保 11 类症状患者有“医”靠。

△　中关村密云园 186 家实体企业生产经营有序进行，复工复产率 100%。

16 日　密云区新冠病毒疫苗第二剂次加强免疫接种工作启动。

17 日　密云区与京东健康合作，联合开发“密云区新冠疫情防控官方服务专区”，全方位指导居民科学抗疫。

18 日　密云方舱医院 628 名患者顺利出舱。

21 日　密云区创建全国文明城区申报材料报送工作部署会召开，部署安排 2022 年材料申报报送相关工作。

22 日　密云区医院呼吸重症监护室启动，来自社区 40 名紧密型医联体骨干学员加入急危重症患者救治队伍。

24 日　密云医院新独立的全科医学科病区启用，扩展重症救治能力。

26 日　区委常委会召开扩大会议，传达学习市委十三届二次全会精神，就进一步贯彻落实好全会精神提要求、作部署。

△　密云区推进京津冀协同发展领导小组会议召开，研究部署推进京津冀协同发展工作。

△　密云区 2022 年社会建设工作领导小组会议召开，通报全市“七有”“五性”监测评价体系结果，研究部署社会建设有关工作。

28 日　密云区学习贯彻党的二十大精神宣讲报告会举办，党的二十大代表、区委书记余卫国作宣讲报告。

△　区委常委会会议召开，听取区人大常委会、区政府、区政协、区法院、区检察院党组 2022 年主要工作和 2023 年工作安排汇报，研究密云区 2023 年重要民生实事项目等事项。

△　密云区领导干部会议召开，传达中央、市委相关会议精神，部署本区疫情防控、经济发展、安全生产和城市运行服务保障等工作。

△　密云首家 24 小时不打烊“暖心驿站”启用。

29 日　中国共产党北京市密云区第三届委员会第五次全体会议召开。全会听取审议区委常委会工作报告，审议区委常委会抓党建工作情况报告，表决通过《中国共产党北京市密云区第三届委员会第五次全体会议决议》。

30 日　密云区“以案为鉴、以案促改”警示教育大会召开。

本月　密云区全力以“复”，统筹抓好疫情防控和市场运营，有力有序推进复工复产、复商复市，全力保障经济社会平稳运行。

特　　载

SPECIAL ISSUE

深入学习宣传贯彻党的二十大精神
坚持以新时代首都发展为统领
奋力谱写新征程上中国式现代化密云新篇章

——在中共北京市密云区委三届五次全会上的报告

区委书记 余卫国

同志们：

这次全会是在全区上下深入学习宣传贯彻党的二十大和中央经济工作会议、中央农村工作会议精神，认真落实市第十三次党代会和市委十三届二次全会精神的重要时期，召开的一次重要会议。全会的主要任务是：坚持以习近平新时代中国特色社会主义思想为指导，深入贯彻党的二十大和中央经济工作会议、中央农村工作会议精神，认真落实习近平总书记重要回信精神，贯彻落实市第十三次党代会和市委十三届二次全会精神，牢牢把握以中国式现代化推进中华民族伟大复兴的使命任务，以新时代首都发展为统领，自信自强、守正创新，踔厉奋发、勇毅前行，不断开创新时代密云发展新局面，奋力谱写新征程上中国式现代化密云新篇章。

下面，我受区委常委会委托，向全会报告工作。

一、2022 年工作回顾

今年以来，在市委的坚强领导下，区委常委会团结带领全区党员干部群众，坚持以习近平新时代中国特色社会主义思想为指导，深入落实习近平总书记重要回信精神，认真学习宣传贯彻党的二十大精神，全面落实市第十三次党代会精神，坚持“保水、护山、守规、兴城”，坚持生态优先、保水富民、绿色发展、特色一流，攻坚克难、真抓实干，争分夺秒、争创一流，各项工作取得了新成效。

（一）坚持把迎接、学习、宣传、贯彻党的二十大作为贯穿全年的首要政治任务，营造了喜迎党的二十大浓厚氛围，掀起了学习宣传贯彻党的二十大精神热潮

先后制定关于迎接党的二十大、学习宣传贯彻党的二十大精神的实施方案。组织开展“强国复兴有我”群众性主题宣传教育活动，百姓宣讲、文化展示等七大类活动深入人心。策划实施“喜迎二十大 奋进新征程”主题宣传报道，讲好密云故事，讲述人民心声，传播时代强音，喜迎党的二十大氛围热烈浓厚。全区党员干部群众同步收听收看党的二十大开幕会直播，区委第一时间召开全区领导干部大会、区委常委会（扩大）会议传达学习党的二十大精神，区委书记作为党的二十大代表带头宣讲党的二十大精神。组织全区领导干部参加北京市党的二十大精神宣讲报告会视频会议，邀请市级宣讲团来密宣讲。做好党的二十大精神宣传阐释，推出“新时代新征程新伟业”主题报道，组织开展“一十百千”大宣讲活动，组建区级特色宣讲团深入基层巡讲，区领导带头学、带头讲，全区各级党组织和党员以多种形式学习宣传贯彻党的二十大精神，迅速掀起热潮。

（二）坚持把保水护水作为首要政治责任，保水能力显著增强

深入贯彻落实习近平总书记重要回信精神，严格落实市委“保安全、多蓄水”要求，持续完善“5＋2”保水体系，保水护水“防护网”更加牢固。探索创建以密云水库一级保护区为核心的“生态特区”，研究制定《密云区密云水库流域生态保护和绿色发展实施方案》《密云水库一级保护区生态文明建设总体工作方案》《关于改善密云水库一级保护区内群众生产生活条件的工作方案》等一系列政策措施，以更高标准、更实措施守护密云水库，密云水库成为北京市唯一入选生态环境部“美丽河湖”优秀案例。深化“两市三区”联建联防联治，签订“两市三区”政法机关法治保水协作框架协议，协同保水取得新突破。制定实施《密云区密云水库总氮治理工作方案

(2022—2025年)》，上游河流入境入库总氮浓度逐步下降。首次争取到国家级建设资金，实施密云水库周边国土绿化试点示范项目。全面启动密云水库安全整治百日行动，保水高压态势持续保持。密云水库生态文明建设研究中心挂牌成立，建成国内首例大型水库饮用水源地水环境保护场景智能视频分析系统，一级保护区生态保水防火瞭望平台项目完工，运用无人机、无人船等科技手段加强巡查，保水科技支撑能力显著提升。精心组织习近平总书记重要回信两周年系列主题活动，保水志愿服务广泛开展，密云水库保护公益基金会、保水网格员、“水库儿女”志愿者等保水力量积极发挥作用，凝聚起强大保水合力。密云水库水质稳定保持国家地表水Ⅱ类标准，潮河、白河首次同时达到地表水环境质量Ⅰ类标准，水资源战略保障能力不断增强，已累计向下游潮白河生态补水15.1亿立方米，助力京杭大运河百年来首次全线通水。

（三）坚持把生态文明建设作为战略性任务来抓，生态优势凸显

坚决打好蓝天、碧水、净土保卫战。扎实推进无燃煤区和基本无裸露区建设，一微克精细化治理示范项目荣获2022年中国地理信息产业工程金奖，全区$PM_{2.5}$平均浓度26微克/立方米，空气质量排名全市第一。地表水环境质量持续改善，受污染耕地、污染地块安全利用率达到“双百”标准，成为北京市首个入选“无废城市”建设名单的行政区。打造高品质绿色生态空间，在全市率先完成新一轮百万亩造林任务。全市首个古柏主题公园建设完成，全龄友好型公园等工程全部竣工，雾灵山自然保护区被国家林草局列为履行《联合国森林文书》示范单位。深化“河长+警长+检察长+法院院长”协作联动机制，在全市率先制定《环境保护禁止令实施办法》，签发全市首个环境保护禁止令，“法治护航生态文明建设”被司法部评为全国法治政府建设示范项目，构筑起最严密的法治“绿盾”。强化督导督办，积极推进中央、市级生态环境保护督察整改。深入推进碳中和示范区建设，在全市率先启动创建国家环境保护模范城市工作，全市首个被动式低碳小区（北京首开国樾天晟）投入使用。探索“活水、盘林、促产、降碳”气候投融资模式，入选首批“国家气候投融资试点”。在全市率先制定《关于密云区建立健全生态产品价值实现机制的实施意见（试行）》，开启探索生态产品价值实现机制的密云实践。成功创建“国家森林城市”，全区生态环境质量指数跃居全市第一，生态服务价值全市最高。

（四）坚持把谋发展作为第一要务，绿色高质量发展取得新突破

坚持生态优先、绿色发展，统筹疫情防控和经济社会发展，确保经济运行在合理区间，绿色高质量发展的密云特色之路加快形成，荣获“2022国际化高质量发展环境建设标杆区”。初步预计，2022年实现地区生产总值367亿元，同比增长2%；地方级财政收入62.4亿元，还原留抵退税因素后，同口径增长1.8%；一般公共预算收入39.7亿元，同口径增长4.6%；居民人均可支配收入44467元，同比增长4.3%。

“一条科技创新和生命健康战略发展带、四条特色文化旅游休闲发展带、多个特色乡镇和特色产业”的全域发展格局加速构建。坚持规划引领，高标准编制《密云区科技创新和生命健康战略发展带三年行动计划》，高位规划推动四条特色文化旅游休闲发展带、多个特色乡镇和特色产业建设。长城古镇、古树名镇、北京长寿之乡、百年梨乡以及中华蜜蜂、冰雪、通航、摄影等特色乡镇建设加快推进，古北口镇入选第二批全国乡村旅游重点镇名单。生命健康、生态环保、气候经济、智能制造、物流电商、通航产业、特色农业、特色民宿、特色文旅等特色产业发展扎实推进。密云水库鱼实现全域有机认证，蜂产业规模列全市首位，“一心”“多点”的西红柿产业集群正在加快布局，区域发展规模效应加速形成。

怀柔科学城东区建设强力推进。建立健全组织机构，成立东区建设办公室。地球系统数值模拟装置项目通过国家验收，并开放运行，成为怀柔科学城首个正式运行的大装置。5个交叉研究平台项目土建工程全部完工。北京大学怀密医学中心项目一期用地获得市委市政府批准，正式与北大医学部签署项目建设协议，并通过多规合一平台初审。北京第二实验学校获得市教委批复，正在开展法人资格办理及建筑方案设计。华远达公寓投入使用，平台外电源、云西二路、社区公园等配套基础设施建设稳步实施。

中关村密云园发展稳中提质。京东物流、复星北铃、友康生物等重点产业项目加快建设，自如生活、友宝在线成长为“独角兽”企业，康辰药业、华源泰盟等5家企业通过国家级专精特新“小巨人”认证，北陆药业、超同步等62家企业进入北京市“专精特新”企业行列，推动科技赋能高质量发展。密云园区

高新技术企业总收入突破500亿元，增速居一区十六园首位，绿色高质量发展主阵地作用进一步凸显。

“五兴乡村”建设取得扎实成效。认真落实粮食安全党政同责，夯实粮食安全保障。扎实做好复耕工作，区级粮食储备排名全市前列，人均储备量排名全市第一。特色产业优势不断凸显，获得国家级农业现代化示范区创建资格，“密云水库鱼”“蜂盛蜜匀”“密云八珍”“密云三烧”等品牌建设成效显著。特色文旅产业蓬勃发展，密云入选北京市全域旅游示范区，荣获第一批“北京微度假”目的地称号，市级以上乡村旅游重点村达到20个，精品民宿院落400余个，养生山吧、帐篷露营、乡村咖啡等一批以田园综合体为特征的农旅融合、文旅融合新业态相继涌现，市场主体增至2000余家。特色文化活动蓬勃开展，成功举办2022年中国农民丰收节金秋消费季主会场活动，首次申办的2022北京长城文化节开幕式充分展现了中华优秀传统文化，2022密云生态马拉松线上赛成功举办，获评“北京市体育产业示范项目”“北京市体育旅游十佳精品赛事”，“鱼王美食文化节”入选全国百个丰收节庆特色活动，冰雪嘉年华活动吸引10万人次参与冰雪运动。创新实施“1＋9＋N”组团式帮扶协作机制，197个集体经济薄弱村提前一年全部实现“消薄”。制定落实《密云区促进农民增收工作方案》，农村居民人均可支配收入实现稳步增长。制定实施《密云区美丽乡村建设实施方案（2022—2024年）》，加快农村人居环境整治“十百千”创建，242个美丽乡村达到市级验收标准，1000余户“美丽庭院”和100余条“美丽街巷”相继挂牌亮相。启动水库周边、上游及水源保护地环境综合整治提升工程，环密云水库“百里骑迹”被评为市级“漫步北京”文旅骑行线路，密云水库南线获评全国“十大最美农村路”，西火路、穆石路上榜北京“最美乡村路”，优美城乡环境和美丽岸线成为亮丽风景。密云水库一级保护区农村应急饮水工程建设完工，14个村饮水困难问题得到解决。累计完成290个村、10.5万户“煤改电”任务，在全市首创“煤改电”设备运维管护体系和线上问题处理平台，全力保障群众温暖过冬。强化人才支撑，建立乡村振兴专家智库，大力实施农村实用人才培养计划，新培育一批农村实用人才专家。制定《密云区抓党建促乡村振兴工作措施》《关于加强和改进农村基层党组织建设的指导意见》，激发基层党建活力，夯实组织根基。全面完成东西部协作和对口支援任务，助力支援合作地区巩固拓展脱贫攻坚成果，同步推进乡村振兴。

“两区”建设扎实推进。双园区协同发展，怀柔科学城东区和中关村密云园被列入市级“服务业扩大开放综合示范重点园区”。“国电投综合绿色能源＋生态修复”“中旅自驾露营项目”等一批大项目成功落户密云，新增154个市级入库项目，超额完成年度任务目标2倍。《以创建碳中和示范区为引领 推动区域高质量发展》入选“两区”建设第二批改革创新实践案例。

经济领域重点改革深入推进。重组七大区属国有企业集团公司，做强七大板块，着力打造特色“密云＋”国企品牌。与中交集团、首农集团、京东集团等10余家央企、市属国企和知名企业签署战略合作协议，积极接洽京能集团、北控集团、京投集团等近10家市属国企，加强与清华、北大、中科院等近10家科研教育机构交流合作，一批高端生产要素向密云集聚。营商环境持续优化，新设市场主体数量同比增长3.77%。“民宿一件事”改革稳步推进，民宿市场活力进一步释放。财源建设考核成绩始终位于生态涵养区前列，引入京外企业数连续两年排名全市第一。

（五）坚持把民生作为最大政治，民生福祉持续改善

接诉即办改革深入推进。严格落实《北京市接诉即办工作条例》，制定《接诉即办疑难工单研判机制》《关于推动主动治理未诉先办的实施意见》《镇街（地区）接诉即办工作规程》等一系列政策措施，推动未诉先办、马上就办、办就办好。接诉即办平均综合成绩位居全市前列。

公共服务保障更加有力。全力稳就业保就业，超额完成城乡劳动力就业任务。办好人民满意教育，“双减”工作走在全市前列，教育工作满意度始终保持全市前茅，密云区入选国家义务教育优质均衡先行创建区。群众就医满意度获得感进一步提升，密云区成为北京市唯一入选国家基层卫生健康综合试验区。与北京中医药大学第三附属医院签署合作协议，托管密云区中医医院，共建北京中医药大学第三附属医院密云院区。超额完成保租房、公租房等保障性住房市级年度任务，危旧楼房改造、老旧小区综合整治稳步推进，长安南菜园回迁房交付使用，新刘棚改项目实现回迁。大力推动老年友好型社会建设，全市首个保障房小区免费养老助残餐厅正式运营，上河湾社区获评全国示范性老年友好型社区，邻里互助点服务模式选入全国农村公共服务建设优秀成果案例。精准落实

困难群众保障政策，累计发放各类救助金和补贴资金4.88亿元，3.1万人享受城乡医疗保险免缴政策。扎实开展北京市公共文化服务体系示范区建设，人均体育场地面积和人均公共文化服务设施建筑面积均排名全市第三。“七有”“五性”监测评价位居全市前列。

城市更新加快推进。顺潮街管线工程、京沈高铁密云站基础设施配套工程完成竣工验收，阳光街滨河路至檀西路段、南山路水源路至高速南路段道路工程全部完工，西统路全线通车，塘峪220千伏变电工程建设完成，电动自行车充电设施建设市级任务超额完成，“数智密云”城市大脑工程项目建设全面启动，城市功能和承载力进一步增强。

全国文明城区创建持续深化。坚持双指挥、双主任高位统筹，坚持“双点评”“双调度”“双包保”协调调度，完善“一办十组”组织架构，建立“五专”机制，推动创城工作与城乡治理深度融合。聚焦城市治理“难点”、人民群众“堵点”，坚持“十无”标准，大力开展“十大专项整治”和“百日攻坚”，治理“十乱”。在一个月时间内，解决了困扰三十多年的兴盛北路环境问题，创造了“兴盛速度”，被人民网等多家媒体广泛宣传。经过文明创建，城乡环境和市民文明素养稳步提升。抓好两个“关键小事”，物业服务管理水平持续改善，垃圾分类闭环基础设施体系基本建立，20个镇街全部完成市级示范片区验收，293家单位全部完成市级示范单位创建。《北京市密云区地名志》出版发行，保护传承优秀地名文化。

(六) 坚持把统筹发展和安全作为重要保障，平安密云建设扎实推进

全力以赴打好疫情防控整体战阻击战。坚持人民至上、生命至上，严格落实“疫情要防住、经济要稳住、发展要安全”的要求，“快、严、准、细、实”抓好疫情防控。创新建立全市首家非冷链进口货物“首库”，严防物传人。组建新型冠状病毒基因扩增检验（PCR）实验室，日核酸检测能力由1.8万管提升至近5.2万管。创新开发“密云区核酸检测信息登记录入系统”，确保筛查不漏一人。全力推进疫苗接种，构筑免疫屏障。主动做好对朝阳、西城、丰台、海淀、延庆等兄弟区支援工作，圆满完成涉冬奥移出人员等集中隔离服务保障任务。坚持“七快一提级”管控风险，迅速完成大规模流调排查任务。创新建立“镇街吹哨、各组报到”机制，对新增风险人员强化提级流调，迅速完成风险排查管控。关心关爱群众生活，多措并举保供应、稳物价，守好“民生线”。最近两个多月，面对新冠疫情以来最复杂最严峻的防控形势，全区上下众志成城、顽强拼搏，认真落实“二十条”“新十条”和“京十条”等各项优化防控措施，做好“十个服务”，全力保健康、防重症，人民群众生命安全和身体健康得到有效保护。在这场艰苦卓绝的抗疫斗争中，广大党员干部、医务工作者、公安干警、社区工作者、志愿者发扬伟大抗疫精神，舍小家、为大家，当先锋、作表率，完美诠释了密云先锋形象。在这里，我们向这些不畏艰险、不计得失、无私奉献的同志们，致以崇高的敬意和衷心的感谢！

平安密云建设取得新成效。圆满完成党的二十大、北京冬奥会冬残奥会、全国“两会”等重大安保任务。建立区级安保维稳领导小组工作机制，强化群防群治力量，加大外围防线坚守。严之又严抓好安全生产、尾矿库安全等各领域安全工作，免费为8.8万余户居民更换燃气安全配件，获评市级安全生产先进单位。全力抓好防汛工作，全面提升森林防火能力，本年度森林防火防汛实现“零火情”“零事故”。国防后备力量建设稳步推进，退役军人安置全部完成，全民国防意识有效提升。依法行政工作持续加强。建立政法队伍教育整顿长效机制，推动扫黑除恶专项斗争常态化。群众安全感连续排名全市前列。

(七) 坚持把抓好党建作为最大政绩，党的建设全面加强

始终牢记“看北京首先要从政治上看”的要求，坚持不懈用习近平新时代中国特色社会主义思想凝心铸魂，更加自觉地坚持和捍卫“两个确立”，增强“四个意识”、坚定“四个自信”、做到“两个维护”。抓好市第十三次党代会和市委十三届二次全会精神落地落实。持续强化意识形态责任制落实和阵地管控，意识形态领域安全稳定。创新打造“密云先锋”特色党建品牌，研究制定关于进一步巩固和深化“密云先锋”行动的实施意见和年度工作方案，实施“1+10”党员密切联系群众机制，4.2万名党员联系服务群众47.7万人，全区党员干部在保水保生态、疫情防控、创建全国文明城区等重点工作中争一流、当先锋、作表率。建立抓基层党建“1+3”制度体系，党支部标准化规范化建设水平明显提升。不断完善区管干部使用基本规则，牢固树立选人用人正确导向，大力选拔岗位匹配度高、专业素养好的干部，全年共调整干部8批120人次，干部队伍结构持续优化，班子整体功能不断增强。编制《密云区人才强区战略行动计划》，统筹推进各领域人才队伍建设，人才发展环境不断优

化。开展“公仆心、云水情”干部教育实践活动，创新建立积分榜、“马上落实、立即反馈”等机制，广大干部工作作风更加务实、争创一流的精气神更加饱满。严格落实中央八项规定及其实施细则精神，深化“三不”一体推进，严守“十不能”要求，始终保持执纪执法尺度不松、力度不减，政治生态持续向好。

区委充分发挥党委总揽全局、协调各方的领导核心作用，认真贯彻《中国共产党地方委员会工作条例》，支持人大、政府、政协、监委、法院、检察院充分履职尽责。党管武装工作扎实推进，群团组织作用有效发挥。巩固和发展最广泛的爱国统一战线，形成推动密云发展进步的强大合力。

回顾2022年，大事要事多、难事新事多，我们走过了一段令人难忘的历程，也取得了新的突破，开创了新的局面。这些成绩的取得，是市委坚强领导的结果，是全区党员干部攻坚克难、团结拼搏的结果，是社会各界、广大群众大力支持的结果。在此，我代表区委向大家表示衷心的感谢并致以崇高的敬意！

在肯定成绩的同时，对照党中央和市委的工作要求，我们更要深刻认识到工作中还存在不足，主要表现在：密云水库高水位常态化运行下保水富民的统筹协调力度还需进一步加大；服务融入新发展格局中绿色高质量发展潜能还需进一步激发；疫情防控工作重心调整下民生保障工作还需进一步优化；中国式现代化新征程上党员干部谋发展、抓发展、促发展的意识和能力还需进一步增强。我们要高度重视这些困难和不足，在工作中认真加以解决。

二、深入学习贯彻党的二十大精神，奋力谱写新征程上中国式现代化密云新篇章

学习宣传贯彻党的二十大精神，是当前和今后一个时期的首要政治任务。要做到“五个牢牢把握”，牢记“三个务必”，结合新时代首都发展要求，立足密云发展实际，坚持学思用贯通、知信行统一，把学习宣传贯彻党的二十大精神与学习贯彻习近平总书记对北京一系列重要讲话精神结合起来，与贯彻落实习近平总书记重要回信精神结合起来，与深入落实市第十三次党代会、市委十三届二次全会、区第三次党代会提出的各项任务结合起来，推动党的二十大精神在密云大地落地生根、开花结果。

（一）坚持学思用贯通，深入学习领会党的二十大精神

一要牢牢把握过去五年和新时代十年伟大变革的重大意义，坚定捍卫“两个确立”、坚决做到“两个维护”。过去五年是极不寻常、极不平凡的五年。新时代十年的伟大变革，在党史、新中国史、改革开放史、社会主义发展史、中华民族发展史上具有里程碑意义，是在以习近平同志为核心的党中央坚强领导下、在习近平新时代中国特色社会主义思想指引下，全党全国各族人民团结奋斗取得的。成就来之不易，启示弥足珍贵。新征程上，要自觉坚持和捍卫“两个确立”，增强“四个意识”、坚定“四个自信”、做到“两个维护”，确保密云工作始终沿着新时代中国特色社会主义道路阔步前进。

二要牢牢把握习近平新时代中国特色社会主义思想的世界观和方法论，坚持用以统一思想、统一意志、统一行动。习近平新时代中国特色社会主义思想是坚定自觉坚持和发展马克思主义的光辉典范，实现了马克思主义中国化时代化新的飞跃。从密云看，密云取得的发展成效得益于习近平新时代中国特色社会主义思想的指导，得益于习近平总书记的亲切关怀和殷殷教诲。特别是在密云水库建成60周年之际，习近平总书记给建设和守护密云水库的乡亲们回信，为密云发展指明了方向，提供了根本遵循。新征程上，要坚持好把握好运用好贯穿其中的世界观和方法论，不断推动习近平新时代中国特色社会主义思想在密云大地落地落实、形成生动实践。

三要牢牢把握以中国式现代化推进中华民族伟大复兴的使命任务，在新征程上争分夺秒、争创一流。党的二十大报告指出：“从现在起，中国共产党的中心任务就是团结带领全国各族人民全面建成社会主义现代化强国、实现第二个百年奋斗目标，以中国式现代化全面推进中华民族伟大复兴。”市第十三次党代会提出“努力在全面建设社会主义现代化国家新征程上走在前列的奋斗目标”，市委十三届二次全会提出“力争率先基本实现社会主义现代化”。新征程上，要紧紧围绕党的二十大明确的目标任务，按照党中央和市委部署要求，紧密结合密云实际，明确工作思路，制定任务清单，列出时间表，挂出“作战图”，推动密云现代化建设行稳致远。

四要牢牢把握以伟大自我革命引领伟大社会革命的重要要求，以“两个永远在路上”的政治自觉更加坚定不移全面从严治党。党的二十大报告指出：“全党必须牢记，全面从严治党永远在路上，党的自我革命永远在路上。”落实好党的二十大提出的各项任务，关键在党。新征程上，要始终保持“赶考”的清醒，驰而不息推进全面从严治党，坚决以严的主基调强化

正风肃纪反腐，坚决整治群众身边腐败和作风问题，坚决清除一切损害党的先进性和纯洁性的因素，始终保持党的先进性和纯洁性。

五要牢牢把握团结奋斗的时代要求，凝聚起密云发展磅礴力量。党的二十大报告指出：“团结奋斗是中国人民创造历史伟业的必由之路。”实践充分证明，党和人民取得的一切成就都是团结奋斗的结果，团结奋斗是中国共产党和中国人民最显著的精神标识。新征程上，要继续弘扬和践行团结奋斗精神，心往一处想、劲往一处使，拧成一股绳、铆足一股劲，汇聚起奋进新征程、建功新时代的磅礴力量，努力创造无愧于时代、无愧于人民、无愧于历史的一流工作业绩。

（二）坚持知信行合一，贯彻落实好党的二十大作出的重大决策部署

一是必须深入落实美丽中国建设要求，高规格保水。党的二十大报告强调“推进美丽中国建设，坚持山水林田湖草沙一体化保护和系统治理”，并就“统筹水资源、水环境、水生态治理，推动重要江河湖库生态保护治理”作出战略部署。密云是首都重要饮用水源地，保水是密云首要的政治责任。习近平总书记在给建设和守护密云水库的乡亲们的回信中明确了密云水库“作为北京重要的地表饮用水源地、水资源战略储备基地”的重要地位，作出了密云水库“已成为无价之宝”的最高评价，提出了“再接再厉、善作善成，继续守护好密云水库，为建设美丽北京作出新的贡献”的殷切期望。要认真贯彻党的二十大精神，深入落实习近平总书记重要回信精神，坚持把保水护水作为头等大事，严格落实市委“保安全、多蓄水”要求，深入完善“5＋2”保水体系，强化水源保护区一体化保护和系统治理，实现高规格保水，当好密云水库守护人。

二是必须牢固树立和践行绿水青山就是金山银山理念，高水平保生态。党的二十大报告指出：“必须牢固树立和践行绿水青山就是金山银山理念，站在人与自然和谐共生的高度谋划发展”。密云是生态涵养区，是首都东北部的生态屏障，是美丽的首都后花园和天然大氧吧。要认真贯彻党的二十大精神，深入贯彻习近平生态文明思想，把生态文明建设作为战略性任务来抓，把生态保护放在首位，深入实施绿色北京战略，坚持山水林田湖草沙一体化保护和系统治理，统筹产业结构调整、污染治理、生态保护，协同推进降碳、减污、扩绿、增长，推进生态优先、节约集约、绿色低碳发展，守护好绿水青山，筑牢首都东北部生态安全屏障，当好“两山理论”守护人。

三是必须深入落实全域发展格局战略部署，加快高质量绿色发展。党的二十大报告指出：“加快构建新发展格局，着力推动高质量发展”。发展是党执政兴国的第一要务，要完整、准确、全面贯彻新发展理念，坚持稳中求进工作总基调，着力建设“一条科技创新和生命健康战略发展带、四条特色文化旅游休闲发展带、多个特色乡镇和特色产业”的全域发展格局，推进城乡融合和区域协调发展，一张蓝图绘到底。用好怀柔科学城东区“神来之笔”，深入实施创新驱动发展和科技强区战略，加快生命健康科学小镇、中关村密云园建设，加快构建“科产城”融合新区，实现密云依靠创新驱动的内涵型增长。不断优化营商环境，加大招优引强力度，聚集高端创新要素资源。全力推进乡村振兴，突出“一带一题”“一镇一品”，推进特色乡镇建设，打造主题鲜明、各具特色的四条特色文化旅游休闲发展带。立足实际、因地制宜，综合施策、持续发力，做优做强做大特色产业，加速形成产业发展规模效应。深入实施人才强区战略，完善人才战略布局，爱才、育才、引才、用才，激发人才活力。

四是必须坚持以人民为中心的发展思想，促进人民高品质生活。党的二十大报告指出：“增进民生福祉，提高人民生活品质”。新时代首都发展，出发点和落脚点是要让人民生活幸福。要始终坚持人民至上，紧扣“七有”要求和市民“五性”需求，统筹保水与富民，统筹城市和农村，统筹发展和安全，尽力而为、量力而行，深入群众、深入基层，采取更多惠民生、暖民心举措，着力解决好人民群众关切的急难愁盼问题。要把“三农”工作放在经济社会发展全局中统筹谋划和推进，全面推进“五兴乡村”建设，促进农民增收致富。要健全基本公共服务体系，提高公共服务水平，增强均衡性和可及性，不断满足人民群众生产生活需要和精神文化需求。

五是必须统筹发展和安全，加快高效能治理。党的二十大报告指出：“不断增强社会主义现代化建设动力和活力，把我国制度优势更好转化为国家治理效能”。国家治理效能得到新提升，是“十四五”时期我国经济社会发展主要目标之一。要坚定不移贯彻总体国家安全观，严密防范化解各类风险隐患，做到科学发展、安全为先。要发展全过程人民民主，保障公众参与的同时实现稳定的决策效率。要坚持全面依法治理，深化基层社会治理，维护社会安全稳定。要运

用好现代科技手段，统筹资源利用，加快推进智慧城市、韧性城市、无废城市、海绵城市建设，打造智慧密云、低碳密云、平安密云、法治密云。

六是必须落实新时代党的建设总要求，高标准全面从严治党。党的二十大报告指出："全面从严治党是党永葆生机活力、走好新的赶考之路的必由之路"。要全面落实新时代党的建设总要求和新时代党的组织路线，以党的政治建设为统领，坚持党要管党、从严治党，树立大抓基层的鲜明导向，落实党建工作责任制，强化思想理论武装，加强基层党组织建设、作风建设，提升基层党组织政治功能和组织功能。要坚持首善标准，胸怀"两个大局"，心系"国之大者"，弘扬伟大建党精神，高扬"密云先锋"旗帜，敢于斗争、善于斗争，自觉定位一流、主动对标一流、努力争创一流，坚持一流的标准、锤炼一流的队伍、创造一流的业绩，永葆公仆心、厚植云水情，让中国式现代化密云图景精彩呈现。

三、2023 年工作安排

2023 年是全面贯彻落实党的二十大精神的开局之年，也是实施"十四五"规划承上启下的一年，做好明年工作意义重大。全区工作的总要求是：坚持以习近平新时代中国特色社会主义思想为指导，深入贯彻落实习近平生态文明思想和习近平总书记重要回信精神，全面贯彻落实党的二十大和中央经济工作会议、中央农村工作会议精神，认真落实市第十三次党代会、市委十三届二次全会和区第三次党代会精神，坚持稳中求进工作总基调，完整、准确、全面贯彻新发展理念，以新时代首都发展为统领，坚持"保水、护山、守规、兴城"，坚持生态优先、保水富民、绿色发展、特色一流，攻坚克难、真抓实干，争分夺秒、争创一流，高规格保水，高水平保生态，高质量绿色发展，高品质生活保障民生，高效能治理保安全，高标准全面从严治党，奋力谱写新征程上中国式现代化密云新篇章。

（一）坚定不移贯彻习近平总书记重要回信精神，高规格保水，守护好密云水库

坚持把保水护水作为头等大事，认真落实《北京市密云水库流域水生态保护与发展规划（2021—2035年）》《北京市密云水库上游地区空间保护规划》，严格按照市委"保安全、多蓄水"的要求，不断完善"5＋2"保水体系。深化上游保水，健全"两市三区"联建联防联治工作机制，推进综合协调指挥中心建设，加快编制实施白河流域综合规划，探索建立上下游统一的水污染物排放标准，提升上游水环境质量。加强护林保水，全面实施密云水库周边、上游环境综合整治提升工程，深化密云水库流域生物多样性保护，全力推进国土绿化试点示范项目，实现清水下山、净水入库。严格库区保水，落实《密云区密云水库总氮治理工作方案（2022—2025 年）》，有效降低总氮浓度。全力推进农村污水治理工作，继续开展第二批 53 个村农村污水配套管网工程、第三批 42 个村农村污水配套管网工程，确保水库水源绝对安全。坚持依法保水，深化密云水库综合执法体制改革，强化行刑衔接，精准打击违法犯罪行为。落实政策保水，积极落实密云水库一级保护区生态差异化补偿机制，加快制定《密云水库一级保护区人口有序疏解实施方案》，促进保水富民。强化科技保水，继续推进渔业净水，建设完成密云水库一级保护区村级污水处理站水质监测系统和密云水库智慧巡查系统，增强科技保水能力。推动全民保水，持续开展保水宣传教育活动，汇聚全民保水最大合力。

（二）坚定不移坚持生态优先、绿色发展，高水平保生态，促进人与自然和谐共生

持续打好蓝天、碧水、净土保卫战。深入推进环境污染防治。加强大气污染物协同治理，聚焦固定源、移动源、扬尘源和重点区域，推动科学化、精细化治理，确保空气质量保持全市前列。统筹水资源管理、水环境保护、水生态治理，强化"河长＋警长＋检察长＋法院院长"协作机制，常态化开展"清四乱""清河行动"，打造优美河湖环境。加强土壤污染源头管控和建设用地环境风险防控，做好农用地分类管理，促进土壤生态环境质量持续向好。

全面推进绿色低碳循环发展。大力推动资源节约、环境友好的高精尖产业落地，积极培育新能源、新材料、新基建等战略性新兴产业，提高绿色低碳循环发展水平。综合利用智能化绿色化诊断、环保绩效评级、能效水效领跑者等政策手段，扎实推进制造业转型提质。以国家环保模范城市创建、"无废城市"创建为契机，实施全面节约战略，倡导绿色消费，推动形成绿色低碳的生产方式和生活方式。

提升生态系统多样性、稳定性、持续性。认真落实《北京市生态安全格局专项规划（2021—2035年）》《北京市国土空间生态修复规划（2021—2035年）》，强化"两线三区"全域空间管控和"三线一单"生态环境分区管控。加快雾灵山、云蒙山、云峰山自然保护区总体规划编制，扎实推进小流域治理、

天鹅湖湿地等生态工程建设，推进生物多样性调查，强化生物多样性保护，打造具有密云特色的自然保护地。推动水库下游白河潮河流域生态综合治理项目开发，适度开放河湖共享空间，增强城市滨水生态服务功能。落实最严格耕地保护制度。健全完善河长、林长、田长“三长联动、一巡三查”机制。完善生态环境安全执法标准和监督保障体系，重拳打击各类生态环境领域违法犯罪行为。健全生态产品价值实现机制，开展生态积分应用场景建设，谋划设立全市首家生态银行，探索建立覆盖全域的生态信用体系，构建生态产品信息化检测、监管和溯源格局，打造“两山”转化的新样板。

积极稳妥推进碳达峰碳中和。严格落实碳达峰碳中和工作总体部署，进一步完善“双碳”工作机制和“1＋N”政策体系，编制《密云区碳达峰实施方案》，探索碳排放权交易。全力完成基本无塑料污染示范区创建。持续开展营林造林工程，增强生态系统碳汇能力。加快制订气候投融资试点三年行动计划，服务首都“双碳”战略。

（三）坚定不移完整、准确、全面贯彻新发展理念，着力推动高质量绿色发展

加速构建“一条科技创新和生命健康战略发展带、四条特色文化旅游休闲发展带、多个特色乡镇和特色产业”全域发展格局。加快《密云区科技创新和生命健康战略发展带三年行动计划》实施和四条特色文化旅游休闲发展带规划编制。制定《特色文化旅游三年行动计划》，全力推进国家全域旅游示范区创建。扎实推进长城古镇、古树名镇、北京长寿之乡、百年梨乡以及中华蜜蜂、冰雪、通航、摄影等特色乡镇建设，培育壮大生命健康、生态环保、气候经济、环境科技、智能制造、物流电商、通航产业、特色农业、特色民宿、特色文旅等特色产业，加快形成聚集联动效应。

全力推进怀柔科学城东区建设。强化服务保障工作，高效推进“1＋5”科学设施项目建设和运行。着力推进北京大学怀密医学中心项目和北京第二实验学校各环节工作，力争尽快开工建设。加强交通路网及配套设施建设，强化科学城东区与核心区、密云新城的道路联通，推动云西二路年内竣工通车，密新路等工程开工建设。加紧编制科学城东区南部地块市政综合实施方案、统军庄站轨道微中心和云西活力中心综合规划方案，推进科学城东区防洪排水工程（云西河治理），持续提升基础设施和公共服务配套保障能力。继续做好科技企业引进孵化，积极探索科技成果转化的方式方法和路径。

全力推动中关村密云园提质升级。加大招优引强力度，强化生物医药、智能制造等重点项目引进，全力推动中航发、斯普屹等在谈项目签约落地，加快益民药业、三合动力等项目开工建设，进一步做大做强实体经济。做好存量企业服务，针对规模较大、后发优势明显、成长性高的企业，加大政策扶持和定点支持力度，发挥头部企业引领带动作用，培育壮大中小企业群。

大力发展特色产业。高效推进特色农业全产业链发展，系统培育以“水库鱼、特色蜜、环湖粮、山区果、平原菜”为重点的特色农业，大力发展密云水库鱼、特色蜂蜜、西红柿等特色农产品。深入实施“密云特色农业”品牌战略，擦亮“密云水库鱼”“蜂盛蜜匀”“密云八珍”等特色品牌。制定出台《密云区特色民宿发展工作方案》，打造“云水之家”等特色民宿品牌。继续办好密云生态马拉松品牌赛事，争创国际田联标牌赛事。实施密云水库环湖路生态环境提升工程，建设环湖自行车赛道，打造全国一流的滨水骑行路线。不断提升北京长城文化节、长城摄影周、鱼王美食文化节的知名度和美誉度，开发“密云礼物”，讲好密云故事。丰富旅游业态供给，发展露营基地、房车基地、星空经济、红色文化教育基地、乡村咖啡吧等旅游业态，办好密云（国际）葡萄酒节、旅游冰雪季，增强消费供给能力。

着力打造乡村振兴“密云样板”。严格落实“五兴乡村”建设实施方案。推动产业设施兴，深化“田长制”工作机制，建设高标准农田，全方位夯实粮食安全根基。聚焦蜂蜜、西红柿等重点特色农业，推动一二三产业融合、农业产业链延伸融合、产业功能拓展融合，培育壮大密云特色优势产业。积极推进国家级农业现代化示范区建设，加快建立农业大数据中心及密云区国家现代农业产业园智慧平台，不断提升农业农村领域信息化水平。推动人才服务兴，抓好乡村振兴人才队伍建设，总结推广“科技小院”“金叵罗11队”等模式，加强乡村振兴人才培养示范基地建设，完善乡村人才队伍培养机制。推动文化文明兴，深化文明村镇和文明家庭创建，培育文明乡风、良好家风、淳朴民风。加强红色文化、长城文化、水库文化、历史文化等特色文化的挖掘、保护和利用，打造特色文化街区、长城人家、古堡人家、红色人家等，培育发展特色文创产业和研学旅游基地。推动生态环境兴，巩固提升农村人居环境整治成效，深化“厕所革命”，大力实施农村污水治理、垃圾处理、街坊路建设、村庄绿化美化亮化、“煤改电”等工程，统筹医疗、教育、养老等资源配置，全面实施“密云水库一级保护区及库北水源涵养地农村供水工程”，补齐农村地区基础设施和公共服务短板，着力打造宜居宜业和美乡村。推动组织机制兴，不断加强农村党支部标准化、规范化建设，深化实施1＋9＋N“组团式帮扶协作”机制，把基层党组织建设成为坚强战斗堡垒。深入落实《密云区促进农民增收工作方案》，不断发展壮大村集体经济，巩固“消薄”成果，促进农民增收致富。统筹推进支援合作工作，助力支援合作地区乡村振兴。

扎实推进“两区”建设。加快推进密云区“两区”建设招商引资工作，建立健全“一库三清单”，构建国际化、市场化的“两区”招商引资平台网络。积极落实市级稳外资系列政策措施，搭建好对外交流平台。加快推进“国电投综合绿色能源＋生态修复”和“中旅自驾露营项目”建设。紧抓密云区国家文化和旅游消费试点契机，办好密云消费季活动，培育引进中高端消费业态，打造多元消费聚集地，优化消费环境，提振消费市场活力。加快推进我区消费空间规划布局和改造提升，完善商业配套和商务服务设施，构建“城市级一地区级一社区级”三级商业消费空间体系。

服务全球数字经济标杆城市建设。加快实施数字经济创新发展三年行动，完善密云数字经济产业园建设方案，推动一批数字经济示范应用场景建设，促进数字经济和实体经济深度融合。支持智慧农业、电商直播等数字化农业经营主体发展，推进农业数字化赋能。大力推进智慧城市建设，持续扩大5G建站规模，稳妥推进科技超算与金融云计算基地等数据智能基础设施建设，投入运行“数智密云”城市大脑工程一期项目，积极谋划数字经济产业基础园区、数字经济协同创新研究中心建设及城市大脑二期工程，构建“城市大脑”智慧管理体系。推动购物消费、交通出行等智能化升级，构建数字生活新图景。创新密云城市“密哥”“云妹”虚拟数字人和蜜蜂、鱼王等品牌特征形象，提升密云品牌认知度。

持续深化经济领域重点改革。深入推进国企改革三年行动，做强区属国企“七大板块”，抓好国有资本运营及投融资平台、“智慧国资”动态监管平台、总部经济管理服务平台建设，做优做大做强国有资本和国有企业。持续推进与央企和市属国企的战略合作。稳妥推进混合所有制改革，深化与社会资本的合作，培育竞争类企业整体上市。制定营商环境6.0版改革任务，精准对接企业需求，聚焦高频事项推出系列“场景式”服务，推进智慧政务建设，不断优化营商环境。不折不扣落实好支持企业发展和助企纾困政策，进一步激发市场主体活力。

（四）坚定不移贯彻以人民为中心的发展思想，打造高品质生活，增进民生福祉

不断提高公共服务水平。牢固树立“过紧日子”思想，大力压减一般性支出和非急需、非刚性支出，切实降低行政运行成本。强化就业优先政策，健全就业促进机制，促进高质量充分就业，确保零就业家庭动态清零。坚持以人民为中心发展教育，巩固深化“双减”工作，着力提高校内教育教学质量，不断优化区域教育资源配置，扩大城区学位供给，全力争创国家义务教育优质均衡发展区。深化国家基层卫生健康综合试验区建设，推动区属医院与北大第一医院、北京中医药大学第三附属医院、安定医院深度融合共建，加快区中医院迁址新建，完成康复医院改造并投入使用，强化区域“区一镇一村”紧密型医共体建设，努力让群众在家门口看得上病、看得好病。深入开展爱国卫生运动，倡导文明健康生活方式。持续做好为老服务，推进邻里互助点和幸福晚年驿站建设。抓好老旧小区综合整治、危房改造、保障房建设、棚户区改造等工程建设，持续夯实群众住房保障。健全社会保障体系，落实区统一社会保险费征收模式改革任务。积极推进全国文化中心建设，高标准创建北京市公共文化服务体系示范区，深化公共文化数字化服务，巩固提升“三馆一平台”运行水平。深入开展全民健身工作，促进群众体育和竞技体育全面发展，做好后冬奥文章。

持续提升城市精细化治理水平。坚持以规划引领城市发展，严格遵守和执行《北京城市总体规划（2016—2035年）》和密云分区规划，深化落实责任规划师制度，加快推进密云新城范围内街区控规全覆盖。全力冲刺全国文明城区创建，聚焦硬件设施修复完善，持续开展城乡环境卫生和公共秩序整治维护，深入推进各类文明创建活动，疏“堵点”、解“难点”、化“痛点”，全面提升城乡环境面貌和市民文明素质。谋划推进新城周边地区雨水、污水管网建设项目。大力推进密三路、密西路等重点工程建设，持续推进“四好农村路”建设，改善百姓出行条件。持续

抓好两个“关键小事”，推动物业考核“红黑榜”制度落地，不断提升物业服务质量；严格落实《北京市生活垃圾管理条例》，持续推进再生资源体系建设，加快生活垃圾分类示范创建工作，提高生活垃圾减量率和居民自主投放准确率。

深化接诉即办改革。严格落实《北京市接诉即办工作条例》，坚持“有一办一”，探索创建“满分镇街”“无诉社区村”，推进主动治理、未诉先办。落实市级工作要求，深入推进接诉即办体系建设，持续深化接诉即办共建工作机制，配合市级建好市、区、镇街（地区）、村（社区）四级联动接诉即办平台体系，发挥大数据辅助作用，抓好网格化管理，推动基层治理科学化、精细化、智能化。

（五）坚定不移统筹发展和安全，强化高效能治理，守好首都东北大门

扎实做好疫情防控工作。坚持人民至上、生命至上，全力落实好党中央和市委各项疫情防控政策，及时调整工作重心，优化全区防控措施，做好“十个服务”，推动平稳过渡。加大力度、加快速度统筹和拓展各类资源，稳妥做好群众看病就医保障、医药保供稳价等工作，全力保健康、防重症，确保防控措施调整转段平稳有序。加强政策宣传引导，倡导群众做好个人防护，保持健康文明生活习惯，做好自己健康的第一责任人。做好困难和特殊群体关心关爱工作。优化预防接种服务，细化各种便民措施，打通老年人疫苗接种的“最后一米”。高效统筹疫情防控和经济社会发展，积极帮助企业复工复产，加强防疫政策宣传，推动企业复产、达产。充分发挥物流保通保畅等机制作用，一业一策、一企一策，确保产业链供应链安全稳定。

深化平安密云建设。坚决维护网上政治安全、舆论安全，坚决守好意识形态和文化安全主阵地。全面推进社会稳定风险评估，切实把社会稳定风险评估纳入“一把手”工程，纳入维稳责任制体系。积极争创全国法治政府建设示范区，建立健全全面依法治区工作体系，深入推进党政主要负责人履行法治建设第一责任人职责，贯彻落实“八五”普法规划，完善行政执法监督机制。深入贯彻《信访工作条例》，坚持和发展新时代“枫桥经验”，扎实推进信访积案化解、信访制度改革、信访问题源头治理等工作，最大限度把矛盾风险防范化解在基层。全力争创全国双拥模范城（区），深化国防动员体制改革。积极推进韧性城市建设，不断健全应急管理风险防控和应急救援体系，推动公共安全治理模式向事前预防转型，切实提高防灾减灾救灾和重大突发公共事件保障处置能力。压实安全生产责任，突出抓好重点行业领域安全监管和隐患排查整治。加强食品、药品、产品和特种设备安全监管，确保“三品一特”安全。全力以赴做好防汛防火工作。严格防范和有序处置金融等领域风险，牢牢守住不发生系统性风险底线。

（六）坚定不移高标准全面从严治党，把党组织建设得更加坚强有力

坚持以党的政治建设为统领。牢记“看北京首先要从政治上看”的要求，深刻领会“两个确立”的决定性意义，增强“四个意识”、坚定“四个自信”、做到“两个维护”，不断提高党员干部政治判断力、政治领悟力、政治执行力。严明政治纪律和政治规矩，坚决做到“三个一”“四个决不允许”。增强党内政治生活政治性、时代性、原则性、战斗性，用好批评和自我批评武器，持续净化党内政治生态。充分发挥政治巡察利剑作用，强化各类监督贯通融合，深化巡察整改和成果运用。深入推进经济责任审计问题整改，深化巩固中央生态环保督察整改，以实际行动和扎实成果体现对党的绝对忠诚。

坚持不懈用习近平新时代中国特色社会主义思想凝心铸魂。加强理论武装，坚持学思用贯通、知信行统一，把习近平新时代中国特色社会主义思想转化为坚定理想、锤炼党性和指导实践、推动工作的强大力量。全面深入学习宣传贯彻党的二十大精神，持续掀起学习宣传贯彻热潮，加大宣传宣讲力度，狠抓工作落实，让党的二十大精神深入人心、落地生根。深化落实意识形态责任制，坚持马克思主义在意识形态领域的指导地位，加强新闻宣传和舆论引导，守好意识形态阵地，巩固壮大奋进新时代的主流思想舆论。推进文化自信自强，深化文旅融合、媒体融合，建强新时代文明实践中心，提高全社会文明程度。

着力建设堪当重任的高素质干部队伍。按照党中央和市委部署，深入开展主题教育。巩固拓展“公仆心、云水情”干部教育实践活动成果，发掘、提炼可复制可普及的好经验好做法。落实《关于区管干部使用基本规则（试行）》，鲜明树立重实干重实绩重担当的选人用人导向，进一步拓宽干部来源渠道，优化干部成长路径，选优配强处级领导班子。坚持把政治标准放在首位，做深做实干部政治素质考察。贯彻落实北京市领导干部治理能力提升三年行动计划，加强实践锻炼、专业训练，增强干部推动高质量发展本领、

服务群众本领、防范化解风险本领。研究制定加强党政领导干部考核工作的措施，从严做好处级领导干部管理监督。深化积分榜机制，完善积分细则，持续营造浓厚干事创业氛围。贯彻落实新修订《推进领导干部能上能下规定》，推动形成能者上、优者奖、庸者下、劣者汰的良好局面。健全培养选拔优秀年轻干部常态化工作机制，加大年轻干部培养使用力度。全面实施人才强区战略，建立健全人才工作体制机制，全方位培养、引进、用好人才。

不断增强基层党组织政治功能和组织功能。持续深化“密云先锋”行动，深入推进“1＋10”党员密切联系群众机制，探索实施“密云先锋”党建项目孵化工程，研究建立“先锋指数”考核管理机制，激励党员发挥先锋模范作用。坚持大抓基层的鲜明导向，持续推进抓党建促乡村振兴和党建引领基层治理，建强农村、社区基层党组织，推动机关企事业单位党建和业务工作深度融合，加强新经济组织、新社会组织、新就业群体党的建设，持续整顿软弱涣散基层党组织，从严从实抓好基层干部队伍建设，切实增强组织凝聚群众能力，全面提升党建工作质量。

坚持以严的主基调强化正风肃纪。弘扬党的光荣传统和优良作风，促进党员干部特别是领导干部带头深入调查研究，扑下身子干实事、谋实招、求实效。深入贯彻中央八项规定及其实施细则精神，持续深化纠治“四风”，重点纠治形式主义、官僚主义，坚决破除特权思想和特权行为，坚决守住不让“四风”反弹回潮这条底线。以零容忍态度反腐惩恶，坚持不敢腐、不能腐、不想腐一体推进，坚决查处基础设施建设、公共资源交易等重点领域腐败问题，坚持受贿行贿一起查，加大打击行贿力度。加强新时代廉洁文化建设，深化以案促改、以案促治、以案促教、以案促建，教育引导广大党员、干部增强不想腐的自觉，清清白白做人、干干净净做事，营造风清气正的政治生态。

进一步发挥区委总揽全局、协调各方的作用。支持人大、政府、政协、监委、法院、检察院等依法依章程独立负责、协调一致开展工作。发展全过程人民民主，加强人民当家作主制度保障，全面发展协商民主，积极发展基层民主，巩固和发展最广泛的爱国统一战线，汇聚推动全区改革发展的强大合力。支持工会、共青团、妇联、工商联等群团组织更好发挥作用。充分发挥退役军人领导小组及双拥领导小组职责，推进退役军人工作。

同志们，团结才能胜利，奋斗才会成功。让我们更加紧密地团结在以习近平同志为核心的党中央周围，在市委的坚强领导下，坚持以习近平新时代中国特色社会主义思想为指导，以新时代首都发展为统领，坚定信心、同心同德，埋头苦干、奋勇前进，奋力谱写新征程上中国式现代化密云新篇章！

政府工作报告

——在北京市密云区第三届人民代表大会第三次会议上的报告

区长　马新明

各位代表：

现在，我代表北京市密云区人民政府向大会报告工作，请予审议，并请政协委员提出意见。

一、2022年工作回顾

2022年是本届政府的届首之年。一年来，在市委市政府和区委的坚强领导下，在区人大、区政协的监督支持下，区政府围绕服务保障和学习贯彻党的二十大主题主线，始终坚持以习近平新时代中国特色社会主义思想为指导，深入贯彻习近平总书记重要回信精神和市第十三次党代会精神，以新时代首都发展为统领，全面统筹“疫情要防住、经济要稳住、发展要安全”，坚持“保水、护山、守规、兴城”，坚持生态优先、保水富民、绿色发展、特色一流，推动经济社会发展取得新进展新成效。

初步预计，2022年实现地区生产总值367亿元，同比增长2%左右；地方级财政收入62.4亿元，还原留抵退税因素后，同口径增长1.8%；一般公共预算收入39.7亿元，同口径增长4.7%；城镇调查失业率控制在4.5%以内；居民人均可支配收入44467元，同比增长4.3%。

密云区各领域工作取得可喜成绩：荣获国家森林城市、国际化高质量发展环境建设标杆区、全国农业现代化示范区、北京市全域旅游示范区等称号，入选全国义务教育优质均衡先行创建区、国家基层卫生健康综合试验区、首批国家气候投融资试点城市、全国国土绿化示范试点、全国“无废城市”建设试点；生态环境质量指数、生态服务价值、$PM_{2.5}$平均浓度、森林蓄积量、水质水量等稳居全市之首；创城工作、接诉即办、两区建设、卫生健康、安全稳定、不动产登记等工作走在全市前列。

（一）保水保生态成果丰硕

始终践行保水保生态首要政治责任，制定实施《密云水库流域生态保护与绿色发展方案》系列文件，积极探索建设水库一级区“生态特区”，密云水库入选全国“美丽河湖”优秀案例。持续拓展“5+2”保水机制，深化科技保水，挂牌成立密云水库生态文明建设研究中心，建成国内首例大型水库水环境保护分析系统，全面提升水源安全管理效率。完善全民全域全时全链条全要素的保水体系，制定实施总氮治理方案，统筹推动25项水体降氮措施，密云水库水质保持地表水环境质量Ⅱ类以上标准，潮河、白河上游首次同时出现Ⅰ类标准，累计向水库下游生态补水15.1亿立方米，水资源战略储备能力全市最强。制定全市首个《环境保护禁止令实施办法》，强化“河长+警长+检察长+法院院长”协同机制，“法治护航生态文明建设”被评为全国法治政府建设优秀案例。打好污染防治攻坚战，扎实推进无燃煤区和基本无裸露区建设，一微克精细化治理示范项目荣获2022年中国地理信息产业工程金奖，$PM_{2.5}$平均浓度26微克/立方米，创有记录以来最好成绩。推进农药化肥减量增效行动，保证污染耕地、污染地块安全利用率达到“双百”标准。深入实施“双碳”战略，率先在全市启动创建国家环境保护模范城市，全市首个被动式低碳小区投入使用。生态建设大幅提升，在全市率先完成5322亩新一轮百万亩造林任务，森林蓄积量达525万立方米，湿地面积1.9万公顷，野生鸟类增至406种。率先出台《建立健全生态产品价值实现机制的意见》，主动推进国家生态产品认证，促进生态产品增值，生态服务价值达到1150亿元。强化督察整改，扎实完成中央、市级生态环境保护督察整改年度任务。

（二）绿色高质量发展提质增效

经济发展主引擎作用日益凸显。坚持规划引领，加速构建“一条战略发展带、四条特色文化旅游休闲发展带、多个特色乡镇和特色产业”全域发展格局，高质量编制完成14个镇域国土空间规划，高标准编制科技创新和生命健康战略发展带建设三年行动计划。科学城东区地球系统数值模拟装置顺利通过国家验收并正式运行，5个交叉研究平台项目土建工程如期完工。北京大学怀密医学中心、北京第二实验学校办学方案获得批复，华远达公寓投入使用，云西二路等道路加快建设，科学+城的功能不断完善。

加快产业优化布局。中关村密云园完成体制机制改革，加快腾退盘活低效产业用地，京东物流、复星北铃、友康生物等重点产业项目加快建设，自如生活、友宝在线成长为“独角兽”企业，华源泰盟等5家企业通过国家级专精特新“小巨人”认证，康辰、北陆等62家企业列入专精特新企业，全区专精特新中小企业数量居生态涵养区首位。520余家企业被认定为国家级高新技术企业，园区高新技术企业总收入突破500亿元，增速居全市首位。230家企业被科技部认定为科技型中小企业，195项创新成果被认定为北京市新技术新产品。主动融入“两区”建设平台，新增154个市级入库项目，超额完成年度任务2倍，实现进出口总额42.9亿元，排名生态涵养区前列。

促进文旅体农深度融合。提升“中国天然氧吧”品牌影响力，蜂产业规模位列全市首位，密云水库鱼实现全域有机认证，古北水镇被评为首批北京市旅游度假区，养生山吧、乡村咖啡、露营经济等新业态竞相涌现。特色文化活动异彩纷呈，长城文化节展现中华优秀传统文化，鱼王美食文化节入选全国百个丰收节庆特色活动，生态马拉松被评为北京体育旅游十佳精品赛事和北京市体育产业示范项目，冰雪嘉年华等活动吸引88.5万人次参与冰雪运动。密云区荣获全国休闲农业重点区（县）。

全面深化各领域改革。持续优化营商环境，深化“马上就办”机制，坚持“减事项、减材料、减环节、减时限、减成本”，如期完成76项改革任务，创新“民宿一件事”集成服务改革，1473项服务实现“无差别”一窗受理，新设市场主体数量同比增长3.77%。实施支持企业发展办法和助企纾困举措，兑现支持企业发展资金6.03亿元，新增减税降费32.6亿元，有效减轻中小微企业负担。财源建设考核成绩始终位于生态涵养区前列，引进京外企业数量连续两年居全市首位。全面推进国资国企改革，制订三年行动计划，重组七大集团公司，建立现代企业激励约束机制，构建“密云+”国企发展新格局。深化区属国企与央企、市属国企合作，先后与国电投集团、中交集团等10余家大型国企签订合作协议，推动优势互补、合作共赢。

（三）乡村振兴样板彰显特色

“五兴乡村”建设取得扎实成效，加快具有时代特征、首都特点、密云特色的乡村建设，第一批30个“五兴乡村”示范项目全面启动，242个美丽乡村达到市级验收标准。全力推动复耕复垦，完成复耕土地4.36万亩，持续筑牢粮食安全根基。推动特色农业高质高效和种业创新，打造“密云八珍”品牌。超额完成市级种植养殖任务，建成种植业标准化基地70家，完成有机认证48个、绿色认证18个。成立水库渔业合作社，支持密云水库鱼申报创建“国家生态产品”，提升产品附加值。建设密云国家农业科技园区，86个农业新品种获得国家和市级认定，建立9个领域220名专家资源库，成功创建国家现代农业产业园。全力推进美丽乡村建设和农村人居环境整治，实施6项乡村公路大修工程、158项道路水毁应急抢险工程，1000余户“美丽庭院”、100余条“美丽街巷”相继挂牌亮相。全面推动乡村旅游提质升级，市级以上乡村旅游重点村达到20个，精品民宿院落400余个。启动水库周边及上游环境综合整治提升工程，环密云水库“百里骑迹”被评为市级“漫步北京”文旅骑行线路，密云水库南线获评全国“十大最美农村路”，西火路、穆石路上榜北京“最美乡村路”，优美城乡环境和美丽岸线成为亮丽风景。全力保障群众温暖过冬，累计完成290个村10.5万户“煤改电”任务，农村地区清洁能源普及率达89%，位居生态涵养区前列。加强和改进乡村治理，完成两个全国民主法治示范村和28个市级民主法治示范村（居）验收。统筹中央、市级转移支付资金，整合各类项目资源，加大政策扶持力度，推行复耕土地流转，鼓励引导镇村组建集体所有制专业公司、专业合作社，全面推动村集体经济可持续发展。推动企业、律所、科研机构等“1+9”结对帮扶实现全覆盖，197个集体经济薄弱村提前一年实现全部“消薄”目标，331个村集体经营性收入实现1.8亿元，同比增长31.4%。

（四）文明城市创建全面提升

深入推进全国文明城区创建工作，开展十大专项整治和百日攻坚行动，坚持“十无”标准，治理“十乱问题”，修复破损路面5万平方米，施划停车位2.3万余个、非机动车停车区域1.5万余处，安装电动自行车充电装置1.8万余个，规范提升城区67家“三修一配”摊点“进商入市”，拆除立柱广告牌88个，完成82条背街小巷整治提升和88个小区“飞线”整治，城乡环境考核和垃圾分类考核排名稳中有升。开展密关路、新南路、新东路、环湖骑行线、鼓楼东西大街整治提升工程，创造“兴盛速度”，全面提升城市环境。大力推动“疏整促”工作，拆除违法建设15.2万平方米、腾退土地18.8公顷，圆满完成市级“无违建区”复评验收。加快推动老旧小区综合整治，9万平方米房屋漏雨修缮工作全部完工，20部高层建筑电梯加装全部开工，5栋危旧楼改建试点提前半年完成任务，签约率、缴费率实现双百目标，为全市贡献密云经验。有效回应群众关切，西大桥、溪翁庄、大小王棚改项目进展顺利，长安南菜园回迁房实现交付使用，全市最大的新刘棚改项目实现选房回迁。超额完成保障房市级年度任务，建设和筹集保租房727套、公租房682套、保障房870套。城乡基础设施不断完善，塘峪220千伏变电站工程、京沈客专基础设施工程、顺潮街管线工程全部竣工。积极优化路网结构，西统路全线通车，新东路南延、新北路东延、宜兴路、檀东路、城后东街等道路开工建设，优化完善慢行系统，群众绿色出行便捷通畅。全面启动“数智密云”城市大脑工程项目建设，智慧城市治理取得新进展。

（五）民生普惠保障坚强有力

加强普惠性、基础性、兜底性民生建设，民生领域投入超过80%财政支出，圆满完成31件民生实事，“七有”“五性”监测评价位居全市前列。制定加强接诉即办系列文件，推动向未诉先办延伸，有效解决了一大批群众关心的“急难愁盼”问题，年度综合成绩跃升至全市第四。持续深化教育领域综合改革，扎实推进“双减”工作，“朝一密”“海一密”协作成效显现，不老屯中学综合改革试点、古北口中小学一体化改革持续深化。全面启动与市区名校“手拉手”结对合作，在全市率先开展干部教师轮岗交流，教育质量持续提升，群众满意度保持全市前列。区域医疗服务水平不断提升，区医院与北大医院深度融合创建三级医院，推动区中医院与北京中医药大学深度合作，实现村级医疗卫生机构全覆盖，3.1万人享受城乡医疗保险免缴政策，群众看病难问题得到有效解决。加强普惠托育服务建设，超额完成市级托位服务供给任务。持续推动邻里互助点服务模式扩面增效，建成230个邻里互助点，入选全国农村公共服务建设优秀案例。古北口镇荣获第十批全国民族团结进步示范单位称号。精准落实困难群众保障政策，发放各类救助和补贴资金4.88亿元。着力稳就业保增收，12670人实现就业，超2倍完成城乡劳动力就业任务。丰富文体服务供给，扎实推进北京市公共文化服务体系示范区建设，组织群众主题文化活动1019场，创建完成3个体育特色乡镇，人均体育场地面积排名全市第三。深化惠民、利民服务，有效解决溪水花园、紫金大厦等项目“房产证办理难”问题，累计完成8692户房产证登记办理。工会、共青团、妇联、工商联、残联、科协、民政、民宗、老干部等各项工作扎实有效。

（六）安全稳定基础扎实牢固

圆满完成党的二十大、冬奥会冬残奥会、全国“两会”和市第十三次党代会维稳安保任务，密云区被评为安全生产先进区，群众安全感排名全市第一。全面加强疫情防控体系和能力建设，全力守护群众生命安全和身体健康。按照“快严准实细”的要求，全面扎实落实各项防疫措施，创建高质量PCR实验室和进口非冷链货物“首库”，创新开发信息录入查询系统，核酸检测达到全员日检日出能力。主动化解矛盾风险，全力抓好安全生产、社会稳定、防汛防火、防灾减灾各项工作，为8万余户居民免费更换液化气安全配件，投资3.4亿元开展48个地质灾害治理项目，完成尾矿库安全体检和气象灾害风险区划及评估，有效应对极端天气，消除安全隐患，森林防火防汛实现“零火情”“零事故”。全力守护百姓舌尖上的安全，食品抽检合格率99.5%，药品抽检合格率100%。扎实做好粮食市场预警监测、储备轮换等工作，保证市场供应和价格稳定。圆满完成市委市政府安全生产督察55项整改任务，最大程度保护生态安全和人民生命财产安全。

（七）政府自身建设强能提效

坚持把政府系统政治建设摆在首位，深入学习贯彻党的二十大和市第十三次党代会精神，以实际行动推动中央、市委市政府决策部署落地见效。制定《北京市密云区人民政府工作规则》等62项制度，科学、依法、民主成为政府决策基本遵循，主动担当作为、团结干事成为政府工作导向，“5+2”“白+黑”成为政府工作常态，“说办就办、马上就办、办就办好”成为大力倡导的作风。坚定不移建设廉洁政府，强化对重点岗位、关键环节的权力运行监督，查处问责134人。加强执法监督，行政处罚17471件，职权使用率达93%，各项执法数据位居生态涵养区前列。树牢“过紧日子”思想，制定《密云区财政资金审批管理规则》，加大项目资金审核力度，节约资金5.48亿元，三公经费持续下降。强化审计监督，高质量推进审计监督全覆盖，全年审减资金8343万元。加强政府债务管理，提前完成隐性债务清零任务。主动自觉接受区人大、政协监督，政府预算、政府债务、审计情况定期向人大报告，重大事项与人大、政协进行会商，邀请人大代表、政协委员和群众代表参加政府重要议题讨论，全年办理人大代表建议81件、政协委员提案100件，办复率均达100%。

各位代表，取得这些成绩极为不易，是我们坚持以习近平新时代中国特色社会主义思想为指导的结果，是市委市政府和区委坚强领导的结果，是全市各部门、各兄弟区、在密单位关心帮助的结果，是全区人大代表、政协委员有效监督、鼎力支持的结果，是全区人民团结奋斗和社会各界共同努力的结果。特别是进入秋冬季后，我们经历了疫情防控最严峻的考验，在区委的坚强领导下，全区总动员、全民齐参与，展现了守望相助、共克时艰的伟大精神，汇聚了齐心协力、众志成城的磅礴力量。我们的医护工作者，全力以赴投入医疗救治和核酸检测；我们的下沉干部、社区工作者、村干部和“密云先锋”，舍小家、为大家，夜以继日、无私奉献、连续奋战；我们的群众，识大体、顾大局，认真履行防控责任，严格遵守防疫要求。全区上下精诚团结、忘我工作，最大程度保护了人民生命安全和身体健康，最大限度减少了疫情对经济社会发展的影响。在此，我代表区政府，向全区广大干部群众，向所有关心支持密云发展的各界人士，致以崇高的敬意和衷心的感谢！

同时，我们也清醒看到全区经济社会发展还存在诸多短板和不足，突出表现在：经济基础薄弱，刚性支出增大，固定资产投资和消费后劲不足，经济重振复苏任务艰巨，亟须凝心聚力真抓实干促发展；保水保生态仍有很大提升空间，生态惠民任务艰巨，从长远上根本上统筹解决一级区水质安全与群众生产生活还需加快研究推进；生态优势转化为发展优势没有完全破题，还需深入探索系统有效的生态价值实现机制；城乡基础设施建设短板依然突出，民生保障和城乡居民收入亟待提高，城市精细化管理水平不高，历史遗留问题的解决还需久久为功；政府系统干部队伍能力素质和作风还不能完全适应新形势新任务需要，守正创新与担当作为双向发力不够，干部队伍精气神还需持续提振。对于这些问题，我们一定要高度重视，切实加以解决。

二、坚定信心加快推动密云绿色高质量发展

党的二十大吹响了全面建成社会主义现代化强国、实现第二个百年奋斗目标，以中国式现代化全面推进中华民族伟大复兴的号角。习近平总书记的重要回信精神为密云工作指明了方向，提供了不竭动力。

中央经济工作会议强调，全面贯彻落实党的二十大精神，坚持稳中求进工作总基调，完整、准确、全面贯彻新发展理念，加快构建新发展格局，着力推动高质量发展，切实抓好“六个统筹”全面深化改革开放，大力提振市场信心，把实施扩大内需战略同深化供给侧结构性改革有机结合起来，突出做好稳增长、稳就业、稳物价工作，有效防范化解重大风险，推动经济运行整体好转，实现质的有效提升和量的合理增长。市委全会明确，要坚持以新时代首都发展为统领，深入实施人文北京、科技北京、绿色北京战略，深入实施京津冀发展战略，坚持“五子”联动服务和融入新发展格局，更好统筹疫情防控和经济社会发展，更好统筹发展和安全，着力推动高质量发展。要让干部敢为、地方敢闯、企业敢干、群众敢首创。这些都充分释放了把发展放在首要任务、提振信心、鼓励担当作为的强烈信号。以经济建设为中心是兴国之要，发展是解决所有问题的关键。我们要深刻领会党中央对当前形势的重大判断，以新时代首都发展为统领，坚守生态涵养区功能定位，以时不我待的紧迫感思发展、谋发展、抓发展，开辟齐心协力抓发展的新赛道，跑出密云高质量发展的加速度。

一是聚焦聚力绿色高质量发展目标。绿色高质量发展是全面建设社会主义现代化国家的首要任务，是密云解决发展不平衡不充分问题的关键举措。我们要深入领会党的二十大关于高质量发展的战略部署，把绿色高质量发展贯穿经济社会发展的各领域、各环节，主动融入新时代首都发展，坚持“保水、护山、守规、兴城”，坚定不移走好生态优先、集约节约、绿色低碳的高质量发展之路，为建设美丽北京、谱写中国式现代化密云新篇章作出新贡献。

二是抢抓千载难逢的发展机遇。尊重自然、顺应自然、保护自然，是全面建设社会主义现代化国家的内在要求，必须牢固树立和践行绿水青山就是金山银山的理念，坚定不移推动绿色发展，促进人与自然和谐共生。市委《关于新时代高质量推动生态涵养区生态保护和绿色发展实施方案》《北京市建立健全生态产品价值实现机制实施方案》，明确生态涵养区是融入新发展格局的重要阵地、新时代首都发展的重要承

载区，更是首都践行“两山”理论探索转化路径的先行区。我们要牢牢把握难得的发展机遇，在人与自然和谐共生的中国式现代化新征程中敢为人先、勇于创新、先行先试，将生态优势持续转化为绿色发展优势，坚持生态优先、绿色发展，不断推进生态产业化和产业生态化，加快形成密云高质量发展的生动实践。

三是深度挖掘释放发展后发优势。密云连续两年引进京外企业排名全市第一的事实表明，好山好水好生态好人文是密云的最大底色底气，好环境、好空间、好政策、好服务是我们得天独厚的优势。我们要乘势而上，坚持走“大城市带动大京郊、大京郊服务大城市”的首都城乡融合发展道路，畅通城乡要素流动，激活后发优势，增添赶超动力。要发挥科技创新和生命健康战略发展带的主引擎作用，用好全国气候投融资试点，吸引国际国内更多创新要素和产业资源在密云集聚融合。要积极融入现代化首都都市圈功能布局，主动融入“首都半小时”经济圈，深化国家文化和旅游消费试点城市、全域旅游示范区创建，依托京沈高铁、京密高速、通密线、怀密线、密云机场、轨道微中心建设，培育更多消费增长点，吸引更多优质项目落地。

四是充分凝聚强大的发展合力。团结奋斗是密云人民最显著的精神特质，在建设和守护密云水库的60多年中，密云人民作出了巨大的奉献和牺牲，创造了无愧于历史和时代的奇迹。密云也经历了多轮转型发展，特别是“关工厂关矿山”和三年疫情冲击后，从党员干部到普通群众“要发展、想发展、快发展”的愿望格外强烈。密云人民更加关心“两个钱袋子”，一个是政府的钱袋子，这决定了能为群众办多少实事；第二个是群众的钱袋子，钱包鼓了，老百姓日子才能越过越红火。当前随着全面建成小康社会奋斗目标如期实现，广大群众在教育、医疗、就业、收入、消费等有更高的期盼，对于美好生活新期待更加迫切，希望“脑袋子”和“钱袋子”都更殷实。这些强烈而迫切的愿望正在转化为谋划发展的共识和推动发展的强大动力，为密云绿色高质量发展奠定了坚实的思想和力量基础。

三、奋力谱写中国式现代化密云新篇章

2023年是全面贯彻落实党的二十大精神的开局之年，深入学习贯彻党的二十大精神是贯穿全年工作的主题主线。我们要以党的二十大精神为指引，深入落实习近平总书记重要回信精神，按照市委十三届二次全会精神和区委三届五次全会的要求，更好统筹疫情防控与经济社会发展，更好统筹生态保护与绿色发展，更好统筹发展与安全，坚定不移推动绿色高质量发展，全力推进各项工作再上新台阶。

今年经济社会发展主要预期目标是：地区生产总值增长4%；一般公共预算收入增长4%；城镇调查失业率控制在5%以内；居民消费价格涨幅控制在3%以内；居民收入增速与经济增长基本同步，“七有”“五性”考核保持全市前列，各项生态指标排名保持全市首位。重点抓好以下工作：

（一）聚焦保水保生态，坚定不移守护绿水青山

始终把保水作为头等大事，以更高标准守护好密云水库。认真落实《北京市密云水库流域水生态保护与发展规划》《北京市密云水库上游地区空间保护规划》，准确把握密云水库高水位常态化运行面临的新形势，严格落实“保安全、多蓄水”要求，健全完善“5+2”保水机制，加快建设水库智慧巡查系统，持续开展“清河行动”，统筹推进水资源管理、水环境保护、水生态治理。深化“两市三区”联建联防联治，建设综合协调指挥中心，推进密云水库水源保护共同行动。继续实施最严的跨界断面考核补偿机制，巩固提升潮白河流域综合治理成效，深化总氮治理，开展密云水库入库流域湿地保护与生态治理工程，全力保障首都饮用水源生态安全向好。推动密云水库一级区有序疏解，完成污水处理站在线监测系统建设，实现水质监测全覆盖，努力将密云水库一级区打造成保生态、无污染的“生态特区”。全面实施密云水库周边环境综合整治提升工程，加快周边围网和国土绿化试点项目建设，协同推进降碳、减污、扩绿、增长，提升水土保持和水资源涵养能力。

始终把生态文明建设作为战略性任务来抓，以更大力度守护好绿水青山。深入实施山水林田湖草沙综合治理，完成水毁修复和生态修复工程，推动各项生态指标持续走在全市前列，全方位、全地域、全过程加强生态文明建设。实施雾灵山、云蒙山、云峰山三个自然保护区总体规划，重点抓好自然保护区、天鹅湖湿地、美丽岸线等生态项目建设，开展生物多样性调查，筑牢首都东北部生态安全屏障。实施白河潮河下游生态系统合理利用项目，适度开放河湖共享空间，增强城市滨水生态服务功能。推动引清济洳工程，改善河湖水系连通性，形成生态健康水网体系。以国家环保模范城市创建为主线，强化“三区三线”空间管控和“三线一单”生态环境分区管控，不断提

升生态环境治理体系和治理能力现代化水平。制定《密云区碳达峰实施方案》，创建碳中和先行示范区，服务首都“双碳”战略。深化“一微克”行动，系统治理大气污染，确保空气质量始终保持全市前列。强化源头管控和建设用地环境风险防控，强化河长、林长、田长“三长”联动、一巡三查机制，创建基本无塑料污染示范区，推进生态环境质量持续向好。完善拓展生态产品价值实现机制，开展生态价值测算，推动生态差异化补偿、生态价值转化、生态产品交易，最大限度促进生态富民。实施生态积分试点，探索设立全市首家生态银行，构建“活水、盘林、促产、降碳”的气候投融资模式。

（二）持续优化产业布局，加快推动绿色高质量发展

优化“生态+”产业布局。加速构建“一条战略发展带、四条特色文化旅游休闲发展带、多个特色乡镇和特色产业”全域发展格局。实施科技创新和生命健康战略发展带三年行动计划，制定密云区生命健康产业发展规划、特色文化旅游三年行动计划，培育壮大生命健康、生态环保、气候经济、生态文旅、特色农业等重点产业，加快形成聚集效应。发挥古北水镇、云蒙山等景区带动作用，推进云蒙山二期、星空酒店等11个文旅综合体项目建设。持续提升“中国天然氧吧”影响力，扎实推进古树名镇、北京长寿之乡、长城古镇、百年梨乡及中华蜜蜂、冰雪、通航、摄影等特色小镇建设。聚焦发展生命健康产业，以科技创新和生命健康战略发展带为引领，以北京大学怀密医学中心为依托，汇聚优质资源，引入龙头企业，强化服务保障，打造生命健康谷，建设生命健康管理中心、医疗健康服务中心，推动健康服务、智慧医疗、医疗美容、健身休闲等产业发展，全力促进生命健康产业多节点、高端化、特色化、集群化发展。

加快重点园区经济建设。全力推进科学城东区建设，加快北京大学怀密医学中心启动区、北京第二实验学校开工建设，积极推动清华大学国家生态安全重点实验室落地。全面提升基础设施和公共服务配套水平，完成科学城东区景观提升一期工程，编制科学城东区南部地块市政综合实施方案、统军庄站轨道微中心和云西活力中心综合规划方案，强化科学城东区与核心区、密云新城的道路联通，推动云西二路年内竣工通车，密西路、云西八街等开工建设，加快西田各庄220千伏输变电工程及云西河治理工程建设。紧密结合入驻科研单位需求，保障科研人员住宿、餐饮、出行等配套服务，加快集租房项目建设。积极推进中关村密云园提质升级，加大腾笼换鸟和招优引强力度，建立项目化、专业化推进机制，持续做大做强实体经济，主动承接怀柔科学城成果转化落地，加大生物医药、智能制造等重点项目引进，全面推动中航发、斯普屹等项目签约落地，加快长江商学院、益民药业、三合动力等项目开工建设。注重存量企业服务，重点对规模较大、后发优势明显、成长性高的企业，加大政策扶持和定点支持力度，发挥头部企业引领带动作用，拢聚上下游企业，形成有利企业发展的生态系统。

深化融入“两区”和国际消费中心城市建设。聚焦通用航空、蜂产业、葡萄酒等特色产业的发展定位，建立完善“两区”招商引资“一库三清单”，发挥休闲旅游、高端商务等功能优势，积极承接国际会展活动，构建融入国际化、市场化的“两区”招商引资平台，提高开放质量和水平。发挥密云区国家文化和旅游消费试点作用，优化旅游、体育、冰雪消费等环境，挖掘消费潜力，培育引进中高端消费业态，促进文旅体农融合发展，加快国电投集团矿山转型融合发展项目、中旅集团露营总部基地项目尽快落地建设。实施密云水库环湖路生态环境提升工程，建设环湖自行车赛道，打造全国一流的滨水骑行路线。实施休闲农业“十百千万”畅游行动，重点提升20个美丽休闲乡村、22个休闲农业园，大力发展高端休闲旅游业、乡村民宿旅游业、都市型现代农业及健康养生等绿色产业，构建“京华韵、田园风、国际范”的都市休闲农业先行区。办好2023年密云消费季和密云葡萄酒节等活动，发展夜间经济，打造多元消费聚集地，提振消费市场活力。以“朝密双创中心”为核心，加快土地开发与配套基础设施建设，引导和鼓励优质资源聚集，打造朝密生态商务区。加快推进消费商圈规划布局和改造提升，建设5个便民服务圈，构建“城市一地区一社区”三级商业消费空间体系。

持续推动数字经济发展。加快实施数字经济创新发展三年行动，新建和改造5G基站150个以上，稳妥推进科技超算与金融云计算基地等数据基础建设，启动“数智密云”城市大脑二期工程，谋划建设数字经济产业园区、数字经济协同创新研究中心。在科学城东区、中关村密云园、古北水镇等区域建设一批数字经济示范应用场景，促进数字经济和实体经济深度融合。推动购物消费、交通出行等智能化升级，构建数字生活新图景。支持智慧农业、电商直播等数字化

农业基地发展，推进农业数字化赋能。积极推动清华大学密云水库元宇宙建设，创新密云城市虚拟数字人“密哥”“云妹”等IP形象，打造密云数字品牌。

持续提升营商环境。全面落实营商环境6.0版改革任务，完善重点企业“服务包”“服务管家”机制，强化区领导联系走访服务企业制度，着力帮助解决企业发展中遇到的难题。深化行政审批制度改革，全面推进“一网通办”“一证通办”，聚焦高频事项推出系列“场景式”服务，提升群众办事获得感。持续加强社会信用体系建设，建立市场主体“黑名单”制度，着力构建“守信激励、失信惩戒”的良好氛围。深化财源建设，优化项目落地机制，落实支持企业发展和助企纾困政策，最大限度发挥惠企政策和债券资金作用，提供用地保障，扩大有效投资。加强与金融机构合作，优化金融资源配置，支持创新金融产品，不断提升金融精准服务水平。持续培育国家高新技术企业，与高校、院所、企业、社会资本协同推进成果落地转化，支持新增30家国家“专精特新”企业。

持续深化国资国企改革。持续优化调整国有经济布局和结构，推动“管企业”向“管资本”转变，优化资源配置、盘活闲置资产，提高国有资本运行效率和质量。探索国有资本运营新模式，创新投融资体制，拓宽融资渠道，助力7大板块发展。加快“智慧国资”动态监管平台建设，构建“横向到边，纵向到底”的监管新模式。稳妥推进混合所有制改革，深化与社会资本的合作，培育竞争类企业整体上市。深化与央企国企的合作，积极争取重大项目落地，不断增强区属国有企业核心竞争力。大力弘扬企业家精神，注重经营人才的培育与引进，全力支持区属国企做强做优做大，促进国有经济持续向好发展。

（三）巩固提升富民强集体，高标准打造乡村振兴密云样板

深入贯彻全面推进乡村振兴、加快建设农业强国的战略部署，铆足干劲，全力抓好以“五兴乡村”为重点的“三农”各项工作，大力推进农业农村现代化，打造乡村振兴密云样板。

推动产业设施兴。全面落实粮食安全责任制，建设1.3万亩高标准农田，完成复耕复垦和全年种养任务。深化创建国家农业现代化示范区，建立农业大数据中心及国家现代农业产业园智慧平台，推进数字农业建设，打造都市型现代农业示范区。深入实施“密云特色农业”区域品牌战略，开展农产品“三品一标”行动，擦亮“密云水库鱼”“蜂盛蜜匀”“密云八珍”等特色品牌，支持提升邑仕山谷等一批带动性强的农旅融合项目。实施西红柿特色产业行动计划，新建1000亩大棚设施，打造3个特色产业园区，培育20个以上家庭农场。加强农业科技创新，深化院区、院企合作，推动现代种业关键技术应用示范、优质特色农业新品种试验示范、高效生产与社会化服务模式示范，提升农业机械化水平，引进10项以上示范新品种、新技术。全面加强耕地保护，完善“村地区管”机制，深化农村产权制度改革，稳步推进集体建设用地入市试点，巩固提升“消薄”成果，促进农民增收致富。

推动人才服务兴。加强乡村振兴人才培养示范基地建设，着力打造能够引领一方、带动一片的乡村振兴带头人和新农人。充分发挥乡村振兴研究院、院士专家工作站等专家智库作用，总结推广“科技小院”“金叵罗11队”等经验模式，完善乡村人才队伍培养机制，加强第一书记、乡村振兴指导员培养。完善人才服务保障机制，提升农村公共服务供给，优化人才引进及创业政策，让人才引得来、留得住、干得好、能出彩。

推动文化文明兴。加强红色文化、长城文化、水库文化、农耕文化等特色文化的挖掘、保护和利用，打造特色文化街区、长城人家、古堡人家、红色人家，培育发展特色文创产业和研学旅游基地。利用好文旅推介会、长城文化节、长城书院、鱼王美食文化节、北京网红打卡地评选等节庆活动和推荐平台，开发“密云礼物”，宣传推介密云，讲好密云故事。持续深化文明村镇和文明家庭创建，深入开展邻里守望相助活动，推进农村移风易俗，培育文明乡风、良好家风、淳朴民风，提升农村群众文明素养。

推动生态环境兴。加快推动美丽乡村建设，强化村庄风貌、建筑风格管控引导，统筹地下、地上、空中工程项目实施，完成70个美丽乡村建设。加快农村交通路网、供水供电、污水处理、物流体系建设，全面实施16个镇132个村农村污水处理设施建设，补齐乡村基础设施短板，不断改善农村生产生活条件。加快实施山区农村供水工程，力争解决10个镇77个行政村157个自然村群众饮水问题。持续实施农村地区冬季取暖“煤改电”工程，完成40个村庄1.6万户群众清洁取暖任务，实现全区冬季取暖“无煤化”目标。持续开展农村人居环境整治提升，重点抓好垃圾处理、厕所革命、村容村貌提升等工作，建立完善长效管护机制，打造“望得见山、看得见水、

记得住乡愁”的宜居宜业和美乡村。

推动组织机制兴。牢固树立大抓基层的鲜明导向，全力支持农村基层党组织标准化、规范化建设，持续增强党组织政治功能和组织凝聚力。深化实施“1＋9＋N”组团式帮扶协作机制，完善农户＋合作社＋公司利益共同体，壮大村集体经济，带动群众致富。推进乡村依法治理，深化民主法治示范村（居）创建。加强职业技能培训和科技指导，促进多渠道就业创业，增加“绿岗”就业，多措并举促进农民增收，努力实现共同富裕。

（四）围绕宜业宜居宜游目标，建设高品质城市生活空间

持续提升城市精细化治理水平。持续巩固全国文明城区创建成果，完善网格化管理机制，整治背街小巷，改善社区环境秩序，全面提升创建质效，让城乡“有面子更有里子”。积极回应群众关切，持续实施老旧小区综合整治，开展老楼电梯加装，房屋漏雨修缮、电动车充电桩安装、燃气配件换装等工作，完成5栋危楼翻建主体结构建设。全面提升群众居住体验，推进生活垃圾分类示范创建，促进源头分类习惯养成，实施物业管理“红黑榜”制度，完善社区治理体系建设。建立环境巡查和城市体检机制，推动西大桥、溪翁庄、大小王3个项目和长安小区东地块、鼓楼西区南侧地块等回迁安置房开工建设，完善新刘回迁项目基础设施和服务配套，全力改善群众居住环境。优化调整公交线路，增加镇村线网覆盖率，扩大共享单车投放规模，完成启源二街等6条照明工程建设，方便群众出行。持续开展交通运输行业安全大检查，严厉打击非法营运、擅自改装和超重超标超速等违法行为，保障交通运输安全有序。

持续提高城市规划建设运营水平。坚持规划引领，完成镇域规划和街区规划编制、申报、审批工作。巩固提升“基本无违建区”创建成果，开展公共公益类违法建设专项整治，严控新增各类违建。完成海绵城市专项规划编制，推进新城周边地区雨污管网建设，保障城市水生态、水环境、水安全。优化完善路网结构，编制推进南部绕城线方案，完善城南地区干线路网，加快推进新北路东延、密兴路建设和密三路扩建工程，提升路网通行能力。启动兵马营等5个110千伏电力工程、巨各庄天然气站建设。强化城区道路、排水、照明等市政设施巡查养护，完成城区积水点一期治理工程，推进老旧小区地下管线改造，新建34处电动汽车充电桩，确保市政设施完好率。全力推动“拔钉子”专项行动，为项目落地、土地上市和民生改善提供用地保障。

（五）完善城乡基本公共服务，持续增进民生福祉

继续办好人民满意的教育。创建区域高质量教育体系，积极争创国家义务教育优质均衡发展区，优化区域教育资源配置，加大与市区名校结对合作力度，深化教育综合改革。深入推进义务教育“双减”工作，深化干部教师轮岗交流，提高教育教学质量。落实学前教育发展提升行动计划，做好国家学前教育普及普惠区验收准备工作。加快推进密云一小综合楼、檀营小学、朝阳滨河学校一期、第七小学、第八中学等新建、改扩建工程，全力保障学位供给，巩固提升群众满意度。

持续推进健康密云行动。深化国家基层卫生健康综合试验区建设，完善分级医疗机制，推进“智慧医疗”建设，拓展互联网医疗应用。积极推动北京中医药大学第三附属医院密云院区三级医院创建，安定医院与区精防院深度融合共建，加快区中医院和妇幼保健院选址迁建，完成康复医院改造并投入使用。加快檀营社区卫生服务中心建设，完善乡村医疗卫生体系运行机制，提高基层诊疗机构防治和健康管理能力，促进“区一镇一村”紧密型医共体建设。不断完善公共卫生应急管理体系，提升传染病防控能力，完成区医院感染楼改扩建和ICU扩容提升工程，建设高素质突发公共卫生事件应急队伍。完善积极生育支持措施，改善优生优育服务，增加普惠托育服务供给，尽最大努力满足群众需求。

丰富文体服务供给。高标准完成北京市公共文化服务体系示范区验收工作，加快文化中心选址建设，提升公共服务保障能力。坚持以人民为中心的创作导向，深化与中国东方演艺集团、北京文联等合作，推出更多增强人民精神力量的优秀作品，开展千场群众文化活动，打造百支群众精品文化品牌队伍和三支品牌乐团，举办送戏下乡、星火演出等文化惠民工程。深化公共文化数字化服务，巩固提升“三馆一平台”运行水平，打造城市阅读空间，深化全民阅读。广泛开展全民健身运动，推动“一刻钟”便民公共体育设施全覆盖，促进群众体育和竞技体育全面发展。加快建设马拉松主题公园，推动密云生态马拉松品牌赛事争创国际田联标牌赛事。丰富研学和科普活动，助力文旅产业发展，推动科普基地和研学基地建设，建成不少于20家劳动实践示范基地和5家区级科普基地。

提高公共服务水平。高质量办好34件民生实事。实施就业优先政策，全力保障稳就业，积极拓宽就业渠道，加大重点人群、特殊人群精准就业帮扶力度，确保零就业家庭动态为零。健全社会保障体系，推动统一社会保险费征收模式改革，提高社会救助实效，建立支出型困难家庭救助制度，全面落实残疾人、孤困儿童、老年人保障政策。发展养老事业和养老产业，完善邻里互助点和幸福晚年驿站，规范运营区级福利中心。持续解决房产证办理难等群众急难愁盼问题。深入开展双拥模范城创建，加快军民融合深度发展。积极争创民族团结示范区和妇女儿童纲要示范区，推动各项社会事业高质量发展。

（六）聚焦安全保稳定，持之以恒推进平安密云建设

坚定不移把维护国家政治安全放在首要位置，有力化解影响社会稳定的突出问题，严密防范系统性安全风险，从严从细从实抓好防风险、保安全、护稳定、促发展各项工作。

抓好常态化疫情防控。始终坚持人民至上、生命至上，因时因势完善防控工作，认真执行优化防控各项措施，在疫情监测、药品保供、核酸检测、医疗服务、疫苗接种、服务保障等方面采取更为精准有效的举措，最大限度保护人民生命安全和身体健康，最大限度减少疫情对经济社会发展的影响。

提高公共安全治理水平。积极推进韧性城市建设，优化完善公共安全体系，推动公共安全治理模式向事前预防转型。完善防火、防汛应急管理体系和能力建设，强化监测预警和应急演练，加强人防物防技防水平，完成地质灾害隐患治理项目48个。压紧压实安全生产主体责任，健全公共安全体制机制和管理制度，全面排查治理安全生产隐患，加大安全生产领域失信联合惩戒力度，提高防灾、减灾、救灾能力。强化气象灾害风险普查成果应用，筑牢防灾减灾防线。加强食品、药品、产品和特种设备安全监管，确保安全保供运行。

优化完善社会治理体系。深入落实《信访工作条例》，坚持和发展新时代“枫桥经验”，畅通和规范群众诉求表达、利益协调、权益保障通道，强化信访问题源头预防和多元化解，维护群众合法权益。深入落实《北京市接诉即办工作条例》，以“满分镇街”“无诉社村”创建、“每月一题”为抓手，推动主动治理、综合治理、依法治理，持续提升响应率、解决率和满意率。

四、全面加强政府自身建设

始终加强政治建设。牢记“看北京首先要从政治上看”的要求，深入学习贯彻党的二十大精神，坚决落实中央、市委市政府决策部署，深刻领悟“两个确立”的决定性意义，增强“四个意识”、坚定“四个自信”、做到“两个维护”，凡事从政治上考量、在大局下行事，不断提高政治判断力、政治领悟力、政治执行力。深化中央、市级环保、自然资源领域督察、巡视巡察和审计问题整改，以实际行动和扎实成果体现忠诚干净担当。

始终践行初心使命。认真践行新时代群众路线，巩固拓展“公仆心、云水情”教育实践活动成果，深化“密云先锋”行动，始终保持同人民群众的血肉联系，牢记民之所忧我必念之，民之所盼我必行之，深入一线调查研究，掌握解决群众最迫切的需求，全力服务群众、服务企业、服务发展。加强数字政务建设，强化绩效考评，形成比学赶超、争先创优的局面，全面提高惠企便民服务效率和水平。

始终坚持依法行政。全面贯彻习近平法治思想，持续抓好法治政府示范创建，推动“八五”普法工作落地见效。健全科学依法民主的决策程序，认真执行“三重一大”集体决策制度，提高决策质量和效率。建立政府顾问制度，调动发挥专家学者等智库人才的优势和作用，提升科学决策水平。坚持和完善依法统计，做好第五次全国经济普查工作。自觉接受人大法律监督、工作监督和政协民主监督、社会舆论监督，强化审计监督，深化政务公开，让权力在阳光下运行。

始终锤炼过硬作风。坚持正确政绩观，锲而不舍落实中央和市委关于八项规定的有关精神，持续深化纠治“四风”，加大精文减会，重点纠治形式主义、官僚主义，切实转变作风。牢固树立“过紧日子”思想，大力压减一般性支出，切实降低行政运行成本，提升财政绩效管理水平。主动担当作为，狠抓工作落实，做到说办就办、马上就办、办就办好，实现承诺的事一诺千金，谋定的事一以贯之，部署的事一抓到底，确保干一件成一件。

始终做到清正廉洁。严格落实管党治党主体责任，推动政府系统全面从严治党向纵深发展。完善权力运行监督制约机制，拓展巡察、审计监督的广度和深度，强化重点领域、关键岗位监管，建立共管资金账户，提升重点项目资金监管水平。持续深化廉政勤政教育和警示教育，教育引导政府系统干部筑牢反腐

倡廉的思想防线，永葆为民务实清廉的政治本色，树立良好的政府形象。

各位代表，各位委员，同志们、朋友们。蓝图已绘就，扬帆正当时！让我们更加紧密团结在以习近平同志为核心的党中央周围，高举中国特色社会主义伟大旗帜，全面贯彻习近平新时代中国特色社会主义思想，以党的二十大精神为指引，以新时代首都发展为统领，自信自强、守正创新，踔厉奋发、勇毅前行，奋力谱写中国式现代化密云新篇章，为建设美丽北京作出密云更大更新贡献！

专　　文

FEATURES

密云水库上游流域生态环境联建联防联治 2022 年实施方案

为深入贯彻落实《密云水库上游流域“两市三区”生态环境联建联防联治合作协议》《密云水库流域“两市三区”“十四五”时期生态环境保护和协同发展工作要点》重点工作，切实加大流域水生态环境保护力度，提升流域水环境保障水平，持续改善水环境质量，全力保障密云水库上游流域水环境安全，河北省承德市、张家口市，北京市密云区、怀柔区、延庆区五地生态环境部门共同制定本工作方案。

一、指导思想

以习近平新时代中国特色社会主义思想为指导，全面贯彻党的十九大精神，深入践行习近平生态文明思想，坚持“绿水青山就是金山银山”的发展理念，加快构建现代化环境治理体系，按照“责任共担、问题共商、目标共治、信息共享”的原则，不断健全区域生态环境联建联防联治体系，强化密云水库流域生态空间管控，努力扩大绿色生态空间，确保密云水库上游流域水环境安全。

二、年度目标

持续推动《北京市密云水库流域水生态保护与发展规划（2021—2035 年）》《京冀密云水库水源保护共同行动方案》落地，密云水库上游流域水质指标稳定保持地表水Ⅱ类水平，总氮浓度呈下降趋势。流域重点区域村庄生活污水处理体系进一步完善，环境风险源监管及应急处置力度增强，细化生态保护红线边界，逐步实施流域空间管控措施，多渠道多途径加大宣传教育力度，流域污染防治共建共保共享机制不断完善，为密云水库水质安全提供可靠保障。

三、重点任务

随着五地协同合作不断向纵深推进，密云水库上游流域生态环境保护工作到达新的阶段。本年度方案聚焦生态空间管控、流域污染防治、风险源监管与应急处置、宣传教育、积极探索生态共享五方面，通过细化生态保护红线边界，进一步实施流域空间管控措施；通过健全流域污水治理体系、开展联合监测、联动检查、联合演练，降低流域污染风险；提升风险源监管与应急处置能力；多渠道多层次多方式加大宣传教育，提高社会公众舆论认可；通过积极探索生态共享，共同推进流域生态环境保护与经济社会持续健康发展。

（一）联合构建流域生态空间管控格局

根据国家及市级工作部署，衔接好各市、区生态保护红线细化规定相关工作及成果，加强对建设项目的监管，严格遵守生态保护红线管控要求。

（二）共同推进流域水污染防治

1. 推进流域统一标准

继续推进流域城镇污水处理设施出水标准与《城镇污水处理厂水污染物排放标准》（DB11/890—2012）衔接，农村生活污水处理设施出水标准与《农村生活污水处理设施水污染物排放标准》（DB11/1612—2019）、《农村生活污水排放标准》（DB13/2171—2020）衔接，促进流域污水处理设施建设和改造力度。

2. 推进流域统一监测

2022 年，由五地生态环境局组成联合监测队伍，采用同一地点采样、同一时间采样的方式，在密云水库上游流域的主要河流的跨界断面由断面上下游的属地生态环境部门开展一次联合监测，监测项目包括《地表水环境质量标准》（GB 3838—2002）表 1 中 24 项基本项目和电导率，共计 25 项。

3. 开展总氮削减防控

依托总氮阶段性检测及初步分析结果，持续推动密云水库流域总氮防控工作，开展污染溯源治理，加强生态保护修复，提升生态系统消耗总氮能力，以黑河为试点，京冀上下贯通，协同开展总氮削减防控。推动“两市三区”逐步将总氮纳入对区县乡镇的考核工作范畴，强化全流域总氮监管。

4. 推进流域联动检查

为深化密云水库上游流域水污染防治联合检查机制，开展本年度流域水污染防治联合检查工作，建立完善“指挥统一、责任明确、联合行动、严格规范、高效运转”的联合检查体系，形成“执法必严、违法必究”的高压态势，按照“边检查、边复查、边督查、边销号”的工作方式，严厉打击水污染犯罪，快速处理水污染行为，发挥水污染防治联合检查合力。

建立流域内工业企业、镇级以上污水处理厂、河道排口等重点污染源台账，由延庆区生态环境局牵头协调五地开展流域联合检查工作，重点排查潮河、白河、清水河流域范围内重点污染源、“散乱污”企业、非法入河排污口、群众反映强烈的企业及其他各类涉及水污染的非法生产行为；建立流域内工业企业固体废物（含危险废物）管理台账，由延庆区生态环境局牵头协调五地开展流域联合检查工作，重点排查潮河、白河、清水河流域范围内工业企业固体废物（含危险废物）污染源、建筑渣土和农村生活垃圾等固体废物、群众反映强烈的企业及各类固废非法堆放、倾倒、处置行为。联合检查行动结束后，3 个工作日内梳理、汇总、上报检查情况和流域生态环境联合检查台账。对联合检查发现的问题，由属地生态环境部门进行查处或移交属地职能部门处理。对环境违法情节严重、存在较大水环境风险隐患的，予以曝光并严肃查处。

5. 推进综合协调指挥中心建设

携手打造密云水库上游流域“两市三区”综合协调指挥中心，构建科学、高效的密云水库流域生态环境综合指挥调度中枢，整体推动密云水库流域环境保护和全域治理，为“两市三区”保水共同体形成保水合力提供强有力的保障。

6. 加强人才交流

大力推进生态环境相关领域人才交流工作，在具备必要条件下，通过人才交流、专题培训、委托培养等方式，交流好的经验做法，不断提升人员管理水平和监测技术能力，打造一批过硬水环境管理者，开创五地水生态环境治理工作新局面。

7. 推广试点经验

各市区选择一处试点，推广“以空间换时间、以时间保安全”的“南阳实践”经验，编制“一河一策一图”。

（三）联合开展宣传报道

充分发挥报刊、广播、电视、网络及新媒体平台传播优势，多形式、多渠道、多层次、多角度宣传密云水库上游流域联防联建联治的重要意义和重大活动，牢牢把握正确舆论导向，宣传五地落实年度各项任务取得的进展成效，为协同合作营造良好舆论氛围。由延庆区生态环境局策划活动路线、采访内容、拍摄点位、采访对象等，形成宣传报道材料，在市区级媒体平台进行宣传。承德市、张家口市、怀柔区和延庆区要积极收集、汇总密云水库上游流域联建联防联治相关工作材料，及时向延庆区提供媒体报道素材和典型案例。

（四）积极探索生态共享

1. 监测数据共享

汇总监测数据，对环境质量情况进行深入分析和评价，形成年度生态环境质量报告，客观的评价环境质量状况，更好地满足环境管理需要。

2. 坚持绿色发展

坚持问题导向，源头防控，科学合理控制开发强度，共同推进农村生活污水设施建设、控制农业农村面源污染，协同全流域水生态、水环境修复，逐步提升流域生态系统的质量和稳定性。创造人与自然和谐共生的流域生态系统。

四、保障措施

（一）加强组织领导，落实各级责任

全面落实生态环境保护“党政同责”、“一岗双责”，进一步压紧、压实生态环境保护责任。两市三区政府要高度重视密云水库上游流域生态环境保护工作，切实加强组织领导，狠抓责任落实，明确工作进度安排。

各有关部门切实履行生态环境保护职责，强化工作统筹、密切协作配合、形成工作合力，协调解决重点难点问题，健全联动的区域联防联控联治体系，构建密云水库上游流域生态环境保护齐抓共管大格局。

（二）定期开展工作调度交流

根据任务进展和实际需求，组织召开联席会议，就污染防控、环境检查、应急处置等工作做法、经验进行交流，研究解决有关问题，推进五地协作工作。

按照轮值制度安排，由张家口市生态环境局承担 2023 年轮值牵头任务，组织印发实施《密云水库上游流域生态环境联防联建联治 2023 年实施方案》，并组织联合开展年度重点工作任务。

（三）加强舆论宣传

五地要加大对流域生态环境联防联建联治工作的宣传报道，大力宣传共保流域生态环境、打击跨界环境违法行为、保障人民群众身体健康的坚强决心，充分体现政府执政为民的理念。要深入报道五地在密云水库上游流域生态环境协作的进展和成效，提高全社会的环保意识和参与意识，切实增强舆论监督和公众监督。

2022年北京市密云区
国家森林城市建设情况报告

2022年，按照国家林草总局森林城市创建总体部署，在首都绿化委员会指导和区委区政府的领导下，密云区围绕创建初心，紧紧把握创建动向，以成功创建为目标，积极主动、攻坚克难、全力以赴，圆满地完成创建任务，于11月3日被国家林草总局授予森林城市称号。现将创森年度工作总结如下：

一、取得的成效

（一）高标准地完成创建评比规定程序。认真遵照书面审评、现场考察、问卷调查工作程序开展针对性准备工作，确保程序不丢项，标准不走样。依据新的考核办法，严格准备审批材料，完成《密云区国家森林城市规划实施报告》和《密云国家森林城市指标自查报告》的报送工作。开展森林城市公众态度调查，参与人数远超要求。优化考察点位，制定实地考察线路，迎检方案得到首绿办认可。

（二）高质量地完成创建各项指标任务。经过评估，《密云区国家森林城市建设总体规划（2018—2035）》执行到位，创建期重点工程建设良好，规划建设实际完成率为146.53%，其中规划内容完成率平均为95.67%。自评创森36项指标全部达到或远超国家标准，均达到申报“国家森林城市”称号条件，具备一定的评比优势。

（三）高视野挖掘打造密云创森特色亮点。密云区是第一个按照时限和标准要求报送评审材料和申报评比的区；组织问卷调查是响应最快、参与人数最多的区；从规划任务落实上看，体量相对较大，内容相对较多，是完成质量较好的区；36项指标中加分项较多，在林木覆盖率、乡村绿化、道路绿化指标项上有绝对优势，在动物生境营造、生态产业、古树名木指标项上有特色亮点。

（四）高层次创建带来的生态价值凸显。截至2021年底，全区森林面积15.6万公顷，森林覆盖率达到70.13%，林地面积17万公顷，林木绿化率达到75.3%，在全市排名第二；森林乔木蓄积量525万立方米全市最大；湿地面积1.9万公顷、湿地保护率97.21%，在全市排名第一；全区公园数达到43个，绿地面积达到1885公顷，绿化覆盖率57.07%（北京市49.29%），人均公园绿地面积为15.19平方米，低于全市平均标准（北京市为16.62平方米）。

二、全力推进创建工作

（一）顶层部署推动。区委区政府高度重视创森工作，利用区委常委会、月度书记点评会、区两会、农业农村工作会议等对创森工作提出要求。召开创建国家森林城市工作推进专题会、调度会和区政府专题会议5次，对创森宣传、资料收集等工作进行研究部署，广泛开展讨论，推进创建国家森林城市工作有效落实。并将创森工作纳入区政府重点工作和区人大视察监督事项。

（二）方案计划引领。先后与国家林草局生态保护修复司、首绿办积极沟通了解创森步调十余次，及时掌握标准要求、检查内容等变动情况。横向掌握通州区、怀柔区创森情况，纵向比较在全国同创城市的优劣势情况。正式通知下发后，制定创森实施方案、任务推进路线图，对资料收集、创森宣传、实地勘验、迎检等工作做出详细规划，倒排工期。

（三）攻克难点堵点。依据新的考核办法，在评审材料上扬长避短，在特色亮点上下足功夫，对薄弱项补短板、找差距，采取技术更新、文字说明、部分工程同类替换、突出特色项等措施弥补资料中存在的不足。先后自查改进问题20余次，与首绿办及专家会商修改2次。不等不靠，积极协调规自分局、生环局等单位，完善补充相关材料。先后三次请森林城市专家面对面指导创森报告编写工作。

（四）督查调度并举。设立督查和绩效考核机制，每月区委区政府督查问询，对存在的问题和进展给予解决调度。将工程进展和宣传等任务纳入镇街考核制度。做到督查与调度的统一，调度与任务推进的统一。

（五）营造宣传氛围。结合植树节、爱鸟周等开展线下宣传活动，向国家总局创森简报投稿11篇，通过《关注森林网》、宜居密云、密云 360 公众号和政府网发布创森信息 62 余篇，推出短信 2 批 100 万人次，对道旗、生态标识牌等宣传进行布展。利用密云电视台播放宣传片和口号。对城区主次街道部分宣传牌进行更换翻新，不断打造浓厚的创森氛围。

三、持续开展重点任务工作

2022 年，在完成好创建目标任务的同时，对密云区创森规划提升期任务紧抓不放，力度不减，加强统筹调度，圆满完成年度规划各项任务。

（一）全力推进绿色空间建设取得新成效。2022 年 5 月，密云区在全市率先完成 2022 年新一轮百万亩造林任务，5 年来累计完成新造林 8 万亩，圆满完成市政府下达的造林任务，全区森林面积、森林乔木蓄积量进一步增加；加快推进 9.8 万亩森林健康经营、3.46 国家重点公益林管护工程，目前已全部完成，在全市排名第一；积极争取国土绿化示范项目，北京市密云水库国土绿化试点示范项目在全国 20 个省市（地区）竞争评审中排名第三，为北京市唯一入选区，争取国家级建设资金 2 亿元、市级资金 1 亿元；每年接待中央国家机关、企事业单位、高校师生、社会团体、普通市民、各类志愿者以及区内各单位开展义务植树活动 210 次、10 余万人次，每年栽植、抚育苗木 30 余万株。进一步扩大城市绿色空间，增加城市绿量，着力打造亲民绿化，实施太阳公园等景观改造提升工程，小蜜蜂儿童公园，全龄友好公园改造工程、飞鸿世纪园云鼎改造工程、密西绿地景观提升改造工程及禧悦府小区南侧绿地建设工程等一批高质量公园绿地景观环境提升工程，打造百姓舒适生活圈，营造良好城乡环境。积极做好留白增绿和战略留白工程，2022 年留白增绿任务为 380 亩，已全部完成。全区已有 46 个村庄开展了绿化美化建设工作，其中按照设计完成全部绿化任务的村庄为 34 个。

（二）产业富民取得新突破。**一是“蜂盛蜜匀”成为密云新名片**。全区养蜂规模达到 12.35 万群、2145 户，占全市蜂群总量的 45.2%，是北京市养蜂第一大区；连续三年举办国际蜂产业盛会，全区蜂产业的知名度和影响力不断提升；已建成国家级蜂产品标准化示范基地、绿色无公害蜂产品生产基地、蜂产品深加工基地、西方蜜蜂良种繁育基地和成熟蜜生产基地等基地 22 个；2022 年制订了蜂产业发展三年行动计划，高效规划了三年蜂产业发展方向，并与中国农业科学院达成合作意向，合力将密云区打造成为“蜜蜂科学中心”“蜜蜂科普中心”和“蜜蜂国家窗口”；密云区先后荣获“全国优秀蜜蜂之乡”“产业发展贡献奖”等 5 项殊荣，神农之乡、奥金达两家合作社的荆条蜜分别摘得“国民好蜜”金奖和银奖、中国绿色食品博览会金奖。**二是林果产业成为增收新途径**。全区果树面积达到 45 万亩，打造出新城子苹果、黄土坎鸭梨、穆家峪红香酥梨等一批密云特色林果品牌，其中黄土坎鸭梨、石峨御皇李子、大城子红肖梨、坟庄核桃已被列入《老北京果品资源名录》，收录到北京市系统性农业文化遗产资源名录，并入选农业农村部《全国地域特色农产品普查备案名录》；2022 年实现年果品产量 5549 万公斤，年产值近 4.5 亿元。全区注册登记果品产销专业合作社 338 家，从事果树生产农户 7.5 万户，户均果品收入近万元，全区已经形成了以板栗为主导的“一主、二优、三特色”果品产业格局。

（三）生态保护取得新成效。**一是扎实推进森林防灭火工作**。建成集太空卫星遥感、空中无人机巡查、高点探头监测、重点区域视频监控、地面林长制网格化巡护的“五位一体”森林防火防控网格，全区森林火灾视频高山监控探头二期建设已基本完成，探头总数 149 个，通过红外和烟感两种模式 24 小时不间断自动监测。在主要进山路口、卡口建有无线视频监控警示语音杆 180 个，用于弥补高山探头监控盲区和智能宣传，全区林区整体视频监控覆盖度达到 90%左右；同时在 5 个镇新建了生态保水防火瞭望平台，进一步提高水库一级圈重点区域森林防火瞭望覆盖范围。不断深化“互联网＋防火督查系统”和“森林防火码”的应用，加强进山入林人员的管控，充分发挥 16 支管护专业队 378 名队员和以生态公益林管护员为主体的 5122 名森林防火队伍作用。2021—2022 防火年度，首次实现无森林火警、无森林火灾的“双无目标”。**二是迅速有效开展林业有害生物防治**。区政府主要领导、主管领导多次召开第三代美国白蛾防控工作专题会，研究部署防控工作，多次就美国白蛾防控工作进行批示，多次赴实地检查、督导各项工作，各相关部门、各镇街迅速落实，积极推进，我区美国白蛾虽有局部散发，但发现及时、防控有力，美国白蛾在密云区没有造成灾害。**三是在全市率先完成新型集体林场建设**。全区已经成立了 17 个镇级、1 个村级的集体林场，有 12 个集体林场被列为北京市示范林场，全区 180 万亩生态公益林得到规范管护，每年有 9 千万元资金用于平原生态林养护，管护队伍中 80%是当地农民参与生态林养护，壮大了集体经济、保障了农民在家门口实现绿岗增收；截至目前，在新型集体林场接管养护平原生态林工作中排名全市第一。**四是扎实推进林长制工作**，研究制定了《密云区 2022 年林长制工作要点》《密云区 2022 年度林长制工作方案》《密云区林长制目标责任督查考核管理办法（试行）》《密云区 2022 年度林长制考核实施方案》等文件，并以区林长制办公室名义印发实施。同时，按照“一长两员”工作要求及市林长办相关政策调整，全区网格划分任务已全部完成，累计划分网格 1400 个。区总林长 2 名、区副总林长 2 名、区级林长 16 名、镇级林长 218 名、村级林长 413 名、4907 名生态林管护员“落图入网”，实现林长制组织体系及资源管护全域覆盖。累计设置林长制公示牌 247 块，成为全市首个完成林长制公示牌设立区。**五是强化古树保护管理**。对现有的 1206 株古树加强管护复壮措施，依托“九搂十八杈”古柏建成新城古柏公园，成为全市首个以古树为特色的主题公园，中央电视台、北京电视台、新华社等多家国内外媒体对古柏保护及古柏公园建设进行宣传报道，有效提升我区古树保护及古柏公园的知名度；正在积极谋划推动古银杏公园建设，全区古树资源得到进一步保护，为带动周边乡村旅游和民宿发展、助力乡村振兴夯实基础。**六是进一步完善自然保护区建设**。全面启动雾灵山、云蒙山、云峰山三个自然保护区总体规划编制工作，雾灵山自然保护区被国家林草局列为履行《联合国森林文书》示范单位、北京市首批现代化国有林场试点单位。**七是全面强化生物多样性保护**。在全市率先公布区级陆生野生动物名录，全区陆生野生动物达到 472 种，其中重点保护陆生野生动物 96 种；植物达到 1200 种，其中重点保护野生植物 79 种。今年，在我区首次监测到栗鸢和栗耳短脚鹎，也使《密云区野生动物名录（鸟类）》从 404 种增加至 406 种，体现了密云优越的生态环境，也引起学术界和各级领导广泛关注。**八是积极主动推进森林图斑整改**。邀请国家林草局、北京市园林绿化局领导来密云实地调研指导，多举措加快推进 2021 年 192 个森林督查图斑销账等工作，目前已完成整改销账 181 个，年底前可完成全部图斑整改工作。

三、下一步及明年工作安排

密云区创建国家森林城市建设目标，以 2017 年为基准年，2018 年至 2020 年为建设期，2021 年至 2025 年为提升期，2026 年至 2035 年为巩固期，是一项长期的生态工程，森林城市建设永远在路上，也是密云区永远做下去的生态答卷、民生答卷。

2023 年，是密云区国家森林城市守牌保牌的开局年，密云区将继续贯彻国家、首都绿化委员会安排部署，眼睛向外找差距，眼睛向内练内功，稳扎稳打确保完成创森年度工作。

（一）坚持生态立区，丰富生态资源。继续实施新一轮百万亩造林、京津风沙源治理等营林造林工程，增加森林资源总量。持续开展森林健康经营、国家公益林抚育，持续加大绿化改造提升力度，加快推进公园绿地建设和国家森林城市创建进程，促进人与自然和谐发展。

（二）坚持林水结合，突出生态特色。充分利用森林、湿地资源，建设生态屏障，强化大型土地斑块之间的生态连接，构筑空间分布相对均衡、片带网连成一体的生态用地格局，形成贯通的林水生态廊道，健全密云森林城市生态网络体系。

（三）坚持合理开发，促进绿色发展。促进产业结构优化调整，推进森林旅游业、特色林果、种苗花卉、蜂产业等绿色产业发展，提升产业富民惠民能力。加强保护现有森林、湿地资源，在用地结构调整、生态保护与经济发展布局等方面统筹规划、因地制宜、分类施策。

（四）坚持全民参与，繁荣生态文化。突破单纯的部门绿化理念，把生态建设、生态产品、生态景观、生态旅游等要素与生态文化传播有机结合，深入开展义务植树、纪念林、科普宣传等生态文化活动，建设具有地域特色的生态文化载体，繁荣生态文化，助力密云生态文明建设再上新台阶。

中共北京市密云区委
北京市密云区人民政府
关于 2022 年推进乡村振兴工作情况的报告

2022 年，密云区以习近平新时代中国特色社会主义思想为指导，深入学习宣传贯彻党的二十大精神，牢记习近平总书记重要回信嘱托，全面落实市委市政府工作部署，以建设“产业设施兴、人才服务兴、文化文明兴、生态环境兴、组织机制兴”的“五兴乡村”为抓手，全力打造乡村振兴密云样板。现将有关工作情况报告如下：

一、强化领导保障机制

（一）加强组织领导。加强党对乡村振兴工作的领导，坚持五级书记抓乡村振兴，区委主要负责同志亲自部署、调度具体工作。区委全会对全区乡村振兴工作进行重点部署。充分发挥区委农村工作领导小组作用，及时研究解决乡村振兴重大问题。成立“五兴乡村”工作专班，统筹推进各项工作。各镇村围绕“五兴乡村”建设目标，明确职责分工，加强协调配合，形成区、镇、村三级协同推进的工作格局。

（二）完善工作机制。建立“三农”例会机制、区委书记月点评会机制，压实各级责任。区委办、区政府办加强督导检查，定期通报排名情况。区委农办对市级乡村振兴考核任务指标细化分解，把各镇、各部门抓乡村振兴工作纳入绩效考核范围，作为年终评优评先的重要依据，推动责任落实到位。

（三）加大财政保障。坚持农业农村优先发展，持续加大“三农”领域资金投入力度，全区农林水支出共计 13.6 亿元，土地出让金收入用于农业农村比例超过 7.2%，确保高标准农田建设、人居环境整治等重点工作和项目稳步推进。

（四）强化政策支撑。制定实施《密云区关于做好 2022 年全面推进乡村振兴重点工作的实施方案》《密云区乡村振兴“五兴乡村”建设实施方案》《建立“组团式帮扶协作”机制的实施意见》等指导性文件，为乡村振兴工作提供强有力的保障。

二、推动“五兴乡村”建设取得新成效

（一）大力发展密云特色农业。积极构建优化“水库鱼、特色蜜、环湖粮、山区果、平原菜”产业体系，密云水库鱼实现全域有机认证，蜂产业规模位列全市首位，特色西红柿产业集群正在加快布局，不断增强“密云水库鱼”“蜂盛蜜匀”“密云八珍”等品牌影响力。扎实做好复耕工作，区级粮食储备排名全市前列，人均储备量排名全市第一。密云获评“全国农业现代化示范区”“国家现代农业产业园”等称号。

（二）加快推动产业融合发展。深化农旅产业发展，密云入选北京市全域旅游示范区，荣获第一批“北京微度假目的地”称号。长城古镇、古树名镇、北京长寿之乡、百年梨乡以及中华蜜蜂、冰雪、通航、摄影等特色乡镇建设加快推进。养生山吧、帐篷露营、乡村咖啡等一批以田园综合体为特征的农旅融合、文旅融合新业态相继涌现。“鱼王美食文化节”入选全国百个丰收节庆特色活动，生态马拉松获评“北京市体育产业示范项目”“北京市体育旅游十佳精品赛事”，古北口镇入选全国乡村旅游重点镇名单。全区乡村旅游收入达 7.6 亿元，位居全市前列。

（三）持续推动富民增收。引导镇村通过组建农民合作社、联营公司等集体经济组织，发展特色农业、特色文旅、绿色能源等项目，全区 331 个村集体经营性收入实现 1.8 亿元，同比增长 31.4%。探索建立“1+9+N”组团式帮扶协作机制，全区 197 个集体经济薄弱村年经营性收入全部超过 10 万元，提前一年完成“消薄”任务。制定落实《密云区促进农民增收工作方案》，农村居民人均可支配收入实现稳步增长。全力打造极星农业、密农人家等千万元级电商平台，实现销售额 1.76 亿元。

（四）着力建设宜居宜业和美乡村。242 个美丽乡村达到市级验收标准，1000 户“美丽庭院”、100 条“美丽街巷”全部挂牌，密云水库南线获评全国“十大最美农村路”，西火路、穆石路上榜北京“最美乡村路”。累计完成 126 个村街坊路、绿化美化和照明设施建设，完成 72 个村污水治理工程、8410 户

“煤改电”改造任务，农村地区公厕全部达到三类以上标准。加强对农村文化历史挖掘，建成乡情村史陈列室 60 个。推进乡风文明建设，充分发挥 406 个新时代文明实践中心和所、站作用。

（五）加快推动人才兴农和科技兴农。充分发挥高等院校、专家工作站等人才智库作用，采取驻村帮扶、技术指导，吸引“金叵罗 11 队”等一批创客进驻乡村。推广“科技小院”新模式，建立“亲子小院”乡村人才会客厅，形成人才互通、资源共享的新格局。深入实施“农村基层干部乡村振兴主题培训计划”，年内累计培训基层干部 4682 人次。坚持创新驱动发展，制定实施数字菜田建设实施方案，建设规模达 6326 亩。86 个农业新品种获得国家（地方）审定。密云《互联网＋一村一品差异化品牌助力乡村振兴》项目，获得北京市创新创业项目决赛第二名。

（六）强化农村地区疫情防控工作。坚决打好疫情防控阻击战，坚持农村与城区协调联动，仅用 10 天时间对河北沧州关联疫情“清零”。进入疫情防控新阶段后，认真落实各项优化调整政策，坚持保健康、防重症、降病亡，抓好医疗救治、用药保障、重点人群服务等重点工作。农村地区 17 个卫生服务中心、69 家药店以及 318 家村卫生室全部开放，确保看病及时、供药顺畅；147 个家庭医生团队下沉村（居）充分发挥作用，建立“多帮一”结对帮扶机制，为农村独居老人等重点人群提供各方面服务保障，坚决守护农村地区人民群众生命安全和身体健康。

（七）全面加强党建引领。打造“密云先锋”特色党建品牌，推进“1＋10”党员密切联系群众机制，广大党员带领农村地区群众积极参与到疫情防控、环境整治、绿色发展、乡村治理等重点工作中，充分发挥基层党组织战斗堡垒和党员先锋模范作用。探索建立“第一书记联盟”机制，从市、区、镇三级选派 201 名优秀干部任第一书记，全面覆盖集体经济薄弱村和软弱涣散村，深入推进乡村振兴。健全乡村治理体系，溪翁庄镇东智北村、河南寨镇套里村获评“全国乡村治理示范村”。

三、下一步工作安排

（一）推动“产业设施兴”实现新跨越。深入实施“密云特色农业”品牌战略，擦亮“密云水库鱼”“蜂盛蜜匀”“密云八珍”等特色品牌。培育壮大乡村特色优势产业。守住粮食安全根基，逐步把永久基本农田全部建成高标准农田。以创建全国农业现代化示范区为契机，推进物联网、大数据等现代技术应用。坚持以农村交通路网、污水设施建设为抓手，补齐乡村基础设施短板。

（二）推动“人才服务兴”实现新突破。加强乡村振兴人才培养示范基地建设，总结推广“科技小院”“金叵罗 11 队”等经验模式，完善乡村人才队伍培养机制。优化农村教育、医疗、养老等公共服务供给，让人才引得进、留得住、干得好、能出彩，为全面推进乡村振兴提供人才支撑。

（三）推动“文化文明兴”实现新提升。加强红色文化、水库文化等特色文化的挖掘、保护和利用，培育发展特色文创产业。发挥古北水镇等景区带动作用，发展壮大露营经济、乡村咖啡等新业态。开展特色活动，开发“密云礼物”。持续深化文明村镇和文明家庭创建，培育文明乡风、良好家风、淳朴民风。

（四）推动“生态环境兴”实现新进步。加快推动美丽乡村建设，强化村庄风貌、建筑风格和色彩管控引导。持续开展农村人居环境整治提升，完善长效管护机制，打造“望得见山、看得见水、记得住乡愁”的宜居宜业和美乡村。

（五）推动“组织机制兴”实现新作为。继续坚持五级书记抓乡村振兴，推动农村基层党组织标准化、规范化建设。完善乡村振兴各项机制，深化实施“1＋9＋N”组团式帮扶协作机制，发展壮大村集体经济，多措并举促进农民增收，推动共同富裕。

中共北京市密云区委员会

MIYUN DISTRICT COMMITTEE OF THE COMMIUNIST PARTY OF CHINA

综 述

Overview

【概　况】 2022年，中共北京市密云区委员会（简称区委）坚持以习近平新时代中国特色社会主义思想为指导，认真学习宣传贯彻党的二十大精神，深入落实习近平总书记重要回信精神，全面落实市第十三次党代会精神，坚持“保水、护山、守规、兴城”，坚持生态优先、保水富民、绿色发展、特色一流，攻坚克难、真抓实干，争分夺秒、争创一流，各项事业取得新进展、新成效。

（高晓阳）

【保　水】 深入贯彻落实习近平总书记重要回信精神，严格落实市委“保安全、多蓄水”要求，持续完善“5+2”保水体系，坚决守护好密云水库“无价之宝”。制定《密云区密云水库流域生态保护和绿色发展实施方案》等系列政策措施。签订“两市三区”政法机关法治保水协作框架协议。实施《密云区密云水库总氮治理工作方案》，入境入库总氮浓度逐步下降。密云水库生态文明建设研究中心挂牌成立，建成国内首例大型水库饮用水源地水环境保护场景智能视频分析系统。精心组织习近平总书记重要回信两周年系列主题活动。密云水库水质稳定保持国家地表水Ⅱ类标准，潮河、白河首次同时达到地表水环境质量Ⅰ类标准。密云水库成为北京市唯一入选生态环境部“美丽河湖”优秀案例。

（高晓阳）

【保生态】 深入贯彻习近平生态文明思想，始终把生态文明建设作为战略性任务来抓，坚决守护好绿水青山。全区$PM_{2.5}$平均浓度26微克/立方米，空气质量排名全市第一。在全市率先制定《环境保护禁止令实施办法》，签发全市首个环境保护禁止令，“法治护航生态文明建设”被司法部评为全国法治政府建设示范项目。入选首批“国家气候投融资试点”。在全市率先制定《关于密云区建立健全生态产品价值实现机制的实施意见（试行）》。成功创建“国家森林城市”“中国天然氧吧”，生态环境质量指数跃居全市第一，生态服务价值全市最高。

（高晓阳）

【绿色高质量发展】 坚持生态优先、绿色发展，荣获“2022国际化高质量发展环境建设标杆区”。2022年实现地区生产总值361.9亿元，同比增长0.5%；地方级财政收入62.6亿元，还原留抵退税因素后，同口径增长2.2%；一般公共预算收入39.7亿元，同口径增长4.8%；居民人均可支配收入44271元，同比增长3.8%。“一条科技创新和生命健康战略发展带、四条特色文化旅游休闲发展带、多个特色乡镇和特色产业”的全域发展格局加速构建。怀柔科学城东区建设强力推进，地球系统数值模拟装置项目通过国家验收，北京大学怀密医学中心项目规划方案和一期选址意见获得批准，正式与北大医学部签署项目建设协议。中关村密云园区高新技术企业总收入突破500亿元，增速位居一区十六园首位。密云入选北京市全域旅游示范区。197个集体经济薄弱村提前一年全部实现“消薄”。“两区”新增市级入库项目超额完成年度任务目标2倍。重组七大区属国有企业集团公司，与10余家央企、市属国企和知名企业签署战略合作协议。财源建设考核成绩始终位于生态涵养区前列，引入京外企业数连续两年排名全市第一。

（高晓阳）

【保安全】 坚持把统筹发展和安全作为重要保障，平安密云建设扎实推进。全力落实好中央和市委各项疫情防控政策，创新建立全市首家非冷链进口货物“首库”，组建新型冠状病毒基因扩增检验（PCR）实验室，创新开发“密云区核酸检测信息登记录入系统”，做好“十个服务”，确保防控措施调整转段平稳有序，人民群众生命安全和身体健康得到有效保护。圆满完成党的二十大、北京冬奥会冬残奥会、全国“两会”等重大安保任务。全力抓好安全生产、社会稳定、防汛防火、防灾减灾各项工作，为8万余户居民免费更换液化气安全配件，投资3.4亿元开展48个地质灾害治理项目，完成尾矿库安全体检和气象灾害风险区划及评估，有效应对极端天气，消除安全隐患，森林防火防汛实现“零火情”“零事故”。获评市级安全生产先进单位。群众安全感连续排名全市前列。

（高晓阳）

【保障民生】 坚持把民生作为最大政治，持续改善民生福祉。“接诉即办”综合成绩和“七有”“五性”监测评价位居全市前列。全国文明城区创建持续深化，城乡环境和市民文明素养稳步提升。抓好两个“关键小事”，物业服务管理水平持续改善，垃圾分类闭环基础设施体系基本建立。超额完成城乡劳动力就业任务。“双减”工作走在全市前列，教育工作满意度保持全市前茅，入选国家义务教育优质均衡先行创建区。密云入选国家基层卫生健康综合试验区，为北京市唯一。邻里互助点服务模式入选全国农村公共服务建设优秀成果案例。

（高晓阳）

【民主法治建设】 深入贯彻习近平法治思想，坚持党的领导、人民当家作主、依法治国有机统一。认真贯彻《中国共产党地方委员会工作条例》，支持人大、政府、政协、监委、法院、检察院充分履职尽责。党管武装工作扎实推进，群团组织作用有效发挥。巩固和发展最广泛的爱国统一战线，形成推动密云发展进步的强大合力。积极争创全国法治政府建设示范区，统筹法治政府、法治社会建设，依法行政工作持续加强。建立政法队伍教育整顿长效机制，推动扫黑除恶专项斗争常态化。

（高晓阳）

【全面从严治党】 压紧压实全面从严治党政治责任，强化管党治党各项措施。严格执行民主集中制，全年召开区委全会 4 次、区委常委会会议 53 次，切实做到依法决策、科学决策、民主决策。充分发挥区委各议事协调机构作用，加强党对各领域工作的领导。区委理论学习中心组开展党的二十大、市第十三次党代会精神等专题学习和研讨 20 次，持续强化理论武装。开展“公仆心、云水情”干部教育实践活动，创新建立“积分榜”“马上落实、立即反馈”等机制，激励干部担当作为。创新打造“密云先锋”特色党建品牌，实施“1＋10”党员密切联系群众机制，充分发挥党员先锋模范作用。严格落实中央八项规定及其实施细则精神，深化“三不腐”一体推进，政治生态持续向好。密云区加强政治生态建设、办理纪检监察建议工作情况得到市纪委主要领导批示肯定，作为典型经验供各区借鉴。

（高晓阳）

重要会议

Important Meetings

【概　况】 2022 年，区委认真谋划、精心准备，组织召开区委常委会会议、全区领导干部会议、区委全会、半年工作会议等，传达学习党的二十大和市第十三次党代会精神，研究部署党的二十大和北京冬奥服务保障工作，总结、巩固和拓展党史学习教育成果，深入开展“密云先锋”行动、“公仆心、云水情”干部教育实践活动和警示教育。聚焦疫情防控、保水保生态、乡村振兴等重点工作，组织召开疫情防控、生态保护、“三农”等各项会议，统筹“疫情要防住、经济要稳住、发展要安全”，坚持生态优先、保水富民、绿色发展、特色一流，推动经济社会发展取得新进展新成效。

（高晓阳）

【党史学习教育总结会议】 1 月 24 日，密云区党史学习教育总结会议召开。会议强调，要深入学习贯彻习近平总书记关于不断巩固拓展党史学习教育成果的重要指示和中央、全市党史学习教育总结会议精神，认真总结全区党史学习教育成效和经验，持续巩固和拓展党史学习教育成果。

（高晓阳）

【北京冬奥服务保障动员部署会】 2 月 4 日，密云区领导干部会议召开，对全区冬奥会冬残奥会期间相关工作再部署、再动员。会议强调，要守护好安全、疫情防控、稳定、城市运行、民生、密云一方平安，要加强值班值守，高标准、高质量做好各项服务保障工作，为北京冬奥会、冬残奥会举办贡献密云力量。

（高晓阳）

【区保水委全体会议】 2 月 7 日，密云区 2022 年保水委员会全体会议召开。会议宣布密云区委关于调整北京市密云区保水委员会组成人员的决定；总结 2021 年密云区保水委工作，部署 2022 年主要工作任务。会议强调，要深入贯彻习近平总书记重要回信精神，落实好市委书记蔡奇对密云工作的重要指示精神，以更强的责任感使命感、更高的标准、更实的举措守护好密云水库，守护好绿水青山，为建设美丽北京、建设美丽密云作出新的更大贡献。

（高晓阳）

【抓基层党建述职评议会】 2 月 18 日，密云区 2021 年度镇街（地区）、系统党（工）委书记抓基层党建述职评议会召开，对过去一年的基层党建工作进行盘点，对“一把手”履行党建第一责任人职责情况进行评议。区委书记余卫国对镇街（地区）、系统党（工）委书记述职情况逐一点评，强调要始终把抓好党建作为主责，以党的政治建设为统领，以增强基层党组织政治功能和组织功能为重点，全面提升基层党建工作水平。

（高晓阳）

【“密云先锋”行动动员部署会】 3 月 22 日，密云区“密云先锋”行动动员部署大会召开。会议强调，全区广大党员要迅速行动起来，在保水、保生态、保安全、保障民生和绿色高质量发展等各项工作中，冲锋在前、争当表率，发挥好先锋模范作用，让“密云先锋”特色党建品牌在京郊大地发出夺目光彩。

（高晓阳）

【区委全面深化改革委员会会议】 5月7日，区委全面深化改革委员会召开第十一次会议。会议学习传达中央、市委深改委相关会议精神；审议通过2021年工作总结报告和2022年工作要点；听取密云区生态环境综合执法大队改革情况和密云区创新“农村邻里互助点”养老服务模式的汇报。会议强调，要牢固树立改革意识，以改革创新引领密云经济社会全面发展；要着重突出成果意识，抓好改革任务落地落实，努力探索形成一系列长效机制；要不断强化总结宣传，在全区营造浓厚的改革创新氛围。

（高晓阳）

【区委生态文明建设委员会会议】 5月10日，区委生态文明建设委员会召开会议，学习传达全国和北京市有关会议精神，总结2021年生态文明建设工作，部署2022年工作任务。会议强调，要深入贯彻习近平生态文明思想，全面落实习近平总书记重要回信精神，按照“保水、护山、守规、兴城”要求，切实把思想和行动统一到党中央和市委的决策部署上来；要坚持生态立区，始终把保水保生态作为首要政治责任抓紧抓实，力争生态文明建设工作在全市乃至全国走在前列、成为标杆。

（高晓阳）

【国资国企改革发展会议】 6月16日，密云区召开国资国企改革发展大会，部署全区国资国企改革发展工作。会上，北京密云生态发展集团有限公司、北京密云科技发展集团有限公司、北京密云城市建设投资集团有限公司、北京密云城市服务集团有限公司、北京密云文化旅游发展集团有限公司、北京密云农业发展集团有限公司、北京密云建设工程集团有限公司获得授牌。会议强调，要深入贯彻落实市委市政府部署要求，以更加开阔的视野、更加昂扬的斗志、更加扎实的作风，着力深化国资国企改革发展，锻造一批密云优质特色品牌国企。

（高晓阳）

【传达学习市党代会精神会议】 7月1日，密云区领导干部会议召开，传达学习北京市第十三次党代会和市委十三届一次全会会议精神，研究部署密云区贯彻落实工作。会议强调，全区上下要进一步传达学习、深入贯彻落实市第十三次党代会和市委十三届一次全会精神，落实好市委各项决策部署，奋力谱写新时代首都发展、密云发展的崭新篇章，以优异成绩迎接党的二十大胜利召开。

（高晓阳）

【“公仆心、云水情”干部教育实践活动动员部署会】 7月15日，密云区“公仆心、云水情”干部教育实践活动动员部署大会召开。会议强调，全区广大干部要永怀公仆心，厚植云水情，以深化“密云先锋”行动为牵引，高标准、高质量开展好干部教育实践活动，为建设美丽北京、谱写现代化建设密云篇章而努力奋斗，以优异成绩迎接党的二十大胜利召开。

（高晓阳）

【半年工作研讨会】 8月12日，密云区2022年半年工作研讨会召开。与会区领导和各部门、各镇街（地区）负责同志“围绕落实市、区党代会精神，抓好下半年工作、迎接党的二十大”交流研讨。会议强调，要深入学习贯彻习近平总书记重要回信精神，全面贯彻市第十三次党代会精神，坚持以首都发展为统领，全力抓好下半年工作，确保全年目标任务圆满完成，以优异成绩迎接党的二十大胜利召开。

（高晓阳）

【区委三届四次全会】 8月20日，中国共产党北京市密云区第三届委员会第四次全体会议召开。全会以习近平新时代中国特色社会主义思想为指导，深入贯彻落实习近平总书记重要回信精神，全面学习贯彻市第十三次党代会精神，坚持以新时代首都发展为统领，总结2022年以来工作，部署下阶段工作任务。全会强调，要深刻理解习近平总书记重要回信的丰富内涵，以习近平总书记重要回信精神为根本遵循，不断开创各项工作新局面；坚持把保水护水作为头等大事，坚持把生态文明建设作为战略性任务来抓，坚持完整、准确、全面贯彻新发展理念，坚持以人民为中心的发展思想，坚持统筹发展与安全，坚持党要管党、全面从严治党。

（高晓阳）

【传达学习党的二十大精神会议】 10月25日，密云区委常委会扩大会议召开，传达学习党的二十大、二十届一中全会和习近平总书记重要讲话精神以及市委常委会扩大会议精神，对学习宣传贯彻党的二十大精神进行安排部署。会议强调，要全面落实党中央和市委部署要求，高度重视，精心组织，迅速掀起学习宣传贯彻党的二十大精神的热潮；要把党的二十大精神体现到新时代密云发展各方面、全过程，全面提升各领域工作水平，更好满足人民群众美好生活需要，开创密云各项事业发展新局面。

（高晓阳）

【区委农村工作领导小组会议】 10月26日，区委农村工作领导小组会议召开，学习宣传贯彻党的二十大精神，研究部署乡村振兴有关工作。会议听取并研究成立乡村振兴五大专班、密云特色农业发展领导小组组成及分工等事项，审议通过建立“组团式帮扶协作”机制的实施意见和“五兴乡村”建设实施方案。会议强调，要全面完整准确学习领会党的二十大作出的战略部署，深入落实党中央和市委部署要求，全力推进“五兴乡村”示范建设。

（高晓阳）

【区委三届五次全会】 12月29日，中国共产党北京市密云区第三届委员会第五次全体会议召开。全会深入贯彻党的二十大和中央经济工作会议、中央农村工作会议精神，认真落实习近平总书记重要回信精神，贯彻落实市第十三次党代会和市委十三届二次全会精神，总结2022年工作，研究部署2023年工作任务。全会听取审议区委常委会工作报告，审议区委常委会抓党建工作情况报告，表决通过《中国共产党北京市密云区第三届委员会第五次全体会议决议》。

（高晓阳）

【“以案为鉴、以案促改”警示教育大会】 12月30日，密云“以案为鉴、以案促改”警示教育大会召开。通过深刻剖析违纪违法案例、集体观看警示教育片，给党员干部敲警钟、亮红灯，旗帜鲜明反对腐败，坚定不移推进全面从严治党。会议强调，要永葆“赶考”的清醒和坚定，充分认识全面从严治党永远在路上、党的自我革命永远在路上，坚持不懈把全面从严治党向纵深推进。

（高晓阳）

【新冠肺炎疫情防控工作调度会】 年内，召开79次新型冠状病毒感染肺炎疫情防控工作调度（视频）会议，及时传达学习党中央和市委关于疫情防控工作有关精神和最新的防控政策，部署调度全区疫情防控工作，保障好密云人民生命安全和身体健康，守护好首都东北大门。

（高晓阳）

【月度工作点评会】 年内，召开4次月度工作点评会，传达市级点评会有关精神。每月突出主题，安排功能相近、工作协同的镇街(地区)和部门发言，接受区委书记现场点评。会议通报全区接诉即办成绩、亮点工作、突出情况，以及物业管理、垃圾分类等工作排名情况，并对下一阶段重点工作进行安排部署。

（高晓阳）

主要工作和重点活动

Main Tasks and Key Activities

【概　况】 2022年，区委始终坚持以习近平新时代中国特色社会主义思想为指导，深入学习宣传贯彻党的二十大精神，以新时代首都发展为统领，坚持“保水、护山、守规、兴城”，聚焦保水、保生态、绿色高质量发展、保安全、保障民生、全面从严治党等重点工作，做好服务保障重要会议活动、东西部协作、疫情防控、全国文明城区创建等重点任务，坚持生态优先、保水富民、绿色发展、特色一流，大兴调查研究之风，深入基层一线，察实情、听民意、谋实策、办实事，各方面工作取得新进展。

（高晓阳）

【调研怀柔科学城东区】 1月14日，区委书记余卫国带队到怀柔科学城东区调研，详细了解各重点项目推进情况，现场看规划、勘地形、督进展。余卫国强调，要充分发挥科学城东区“神来之笔”引擎辐射带动作用，以战略眼光和战略思维谋划布局产业项目，加强与央级科研院所和“高精尖”龙头企业的战略合作，吸引国际、国内一流创新要素和产业资源集聚融合，着力打造包括科学城东区、生命健康科学小镇、中关村密云园在内的科技创新和生命健康战略发展带，不断为密云绿色高质量发展赋能。

（高晓阳）

【调研中关村密云园】 2月19日，区委书记余卫国带队到中关村密云园调研。实地走访北京康辰药业股份有限公司、今麦郎饮品股份有限公司等企业，并在中关村密云园管委会主持召开座谈会。余卫国指出，中关村密云园是科技创新和生命健康战略发展带的重要组成部分，要求中关村密云园以改革创新的精神，主动担当、奋发图强，为密云绿色高质量发展作出更大贡献。

（高晓阳）

【“保水富民发展”主题调研】 3月1日，区委书记余卫国带队围绕“保水富民发展”主题，到不老屯镇调研，详细了解高水位运行下保水、保生态、保障民生工作情况。余卫国强调，不老屯镇是保水重镇、生态大镇，要按照市委和区委要求，坚决履行好保水首要政治责任，积极处理好保水与富民的关系，全力解决库区群众生产生活问题；要着力做好“不老”特色文章，打造健康长寿特色小镇，不断促进农民增收致富。

（高晓阳）

【调研绿色高质量发展】 3月5日，区委书记余卫国带队到河南寨镇南山滑雪场、巨各庄镇东白岩村马拉松公园项目地块、巨各庄镇首云铁矿等地，就密云打造时尚运动和体育旅游发展带开展调研。余卫国指出，北京成功举办冬奥会，为区域发展带来新契机，要站在全局和战略高度谋划发展，积极打造包括冰雪小镇、京沈客专密云站、马拉松公园、首云铁矿在内的时尚运动和体育旅游发展带，促进文、体、旅、农等多产融合。

（高晓阳）

【学习贯彻党的十九届六中全会精神专题研讨班】 3月30日，密云区党政正职领导干部学习贯彻党的十九届六中全会精神专题研讨班开班。区委书记余卫国作开班动员和专题辅导报告，强调要进一步强化理论武装、政治引领，推动党的十九届六中全会精神学习贯彻走向深入，引导全区党员干部进一步从百年党史中汲取智慧和力量，奋发有为推动新时代密云发展，以实际行动迎接党的二十大胜利召开。

（高晓阳）

【调研保水】 4月1日，区委书记余卫国带队到密云水库库区及部分镇检查城乡环境建设等工作。余卫国强调，要始终将保水护水作为头等大事，进一步加强库区周边环境治理，结合创建全国文明城区，打造优美城乡生态环境，建设密云美丽岸线。

（高晓阳）

【调研基层党建】 4月15日，区委书记余卫国到穆家峪镇大石岭村、巨各庄镇豆各庄村调研指导农村基层党建工作，主持召开区委党的建设工作领导小组全体（扩大）会议。余卫国强调，今年是党的二十大召开之年，是实施“十四五”规划承上启下的重要一年，抓好全区党的建设工作，意义特殊、影响深远；全区各级党组织要推动党建工作提质增效，以实际行动和优异成绩迎接党的二十大和市第十三次党代会胜利召开。

（高晓阳）

【检查指导疫情防控】 5月10日，区委书记余卫国带队深入封控区、管控区、方舱医院和集中隔离点建设区、区疾控中心等防疫一线检查指导工作。余卫国强调，当前处于疫情防控的关键时期，要紧盯形势，快速反应，压紧压实“四方责任”，严格落实“十应十尽”，以最坚决的态度、最果断的措施，打赢疫情防控阻击战。

（高晓阳）

【应急管理部领导调研】 7月1日，应急管理部党委委员、副部长，国家矿山局党组书记、局长黄玉治带队到密云区开展矿山安全检查调研。黄玉治一行实地调研威克郝家庄尾矿库、首云和尚峪尾矿库。黄玉治强调，要深入贯彻习近平总书记关于安全生产重要指示精神，持续保持对违法违规行为严处罚、严问责的高压态势，有针对性地做好尾矿库等安全风险防范化解工作，以具体行动和良好成效迎接党的二十大胜利召开。北京市副市长谈绪祥参加检查调研。

（高晓阳）

【密云水库保护专题调研】 7月5日，区委书记余卫国就密云水库保护工作进行专题调研。实地察看密云水库调节池泄洪闸改建工程、密云水库管理处水环境监测分中心、密云水库展览馆等点位。余卫国强调，全区上下要深入贯彻习近平总书记重要回信精神，认真落实市十三次党代会部署要求，坚持“保安全、多蓄水”，准确把握密云水库高水位运行的新形势、新任务，进一步完善“5+2”保水体系，以更高标准守护好密云水库。

（高晓阳）

【对接东西部协作工作】 7月18日至19日，密云区委书记余卫国率密云区党政代表团赴内蒙古自治区通辽市库伦旗就京蒙东西部协作工作进行对接。代表团实地调研当地产业合作项目和消费帮扶工作开展情况。在库伦旗与密云区京蒙东西部协作工作联席会上，余卫国代表密云区委区政府向库伦旗捐赠帮扶资金，密云区部分单位、镇街、企业捐赠帮扶资金和物资，协作双方签订教育结对帮扶协议。余卫国表示，密云区要对标首善标准，明确协作措施，以更加坚定的决心，更加扎实的作风，更加务实的举措，加大工作力度，与库伦旗并肩携手，实现乡村振兴，打造结对协作的典范。

（高晓阳）

【调研保生态】 7月26日，区委书记余卫国到北庄镇、新城子镇、太师屯镇、溪翁庄镇，调查研究生态文明建设和乡村振兴工作。余卫国强调，要深入贯彻习近平生态文明思想，认真落实市第十三次党代会精神，始终把保水护水作为头等大事，把生态优势转化为发展优势，全面推动乡村振兴，走好绿色发展之路。

（高晓阳）

【首都文明办调研】 9月1日，北京市委宣传部副部长、首都文明办主任滕盛萍带队到密云区督导检查全国文明城区创建工作。滕盛萍一行以“四不两直”方式，深入老旧小区、背街小巷、农贸市场等地，详细察看创城工作落实情况。滕盛萍指出，要继续坚持问题导向，集中攻坚，抓紧补齐短板；要在联动上继续发力，全域整体推进创城，压实责任，开展好专项整治，持续巩固工作成果；要将集中攻坚和日常管理相结合，瞄准薄弱环节，全力推动创建任务落地落实。

（高晓阳）

【调研乡村振兴】 9月27日，区委书记余卫国到大城子镇调研“五兴乡村”建设工作。实地察看梨园、精品民宿、河下村党支部、镇旅游服务中心等点位以及“河长制”“林长制”“田长制”工作落实情况。余卫国强调，大城子镇要主动融入京承高速文化旅游休闲发展带、长城文化旅游发展带建设，依托好山、好水、好生态，挖掘独特资源禀赋，推进文旅、农旅等产业融合发展，努力建设“产业设施兴、人才服务兴、文化文明兴、生态环境兴、组织机制兴”的“五兴乡村”。

（高晓阳）

组织工作

Organization Work

【概　况】 中共北京市密云区委组织部（简称区委组织部）是区委的重要职能部门，是党员之家、干部之家、人才之家。2022年，开展软弱涣散基层党组织整顿转化检查验收，3个市级软弱涣散村提前实现转化提升。建立农村基层党建“1+3”制度体系，推进基层党组织标准化规范化建设。强化党组织政治功能，提高“两个覆盖”质量，深化新业态新就业群体党建工作，不断提升全区“两新”组织党建工作水平。深化“密云先锋”专项行动，教育引导广大党员在对党忠诚、为民服务、保水保生态等八个方面争一流、当先锋、作表率，树牢打响“密云先锋”党建品牌。创新“1+10”党员密切联系群众机制，组织4.2万名有活动能力的党员就近就便联系47万余名群众，实现党员联系服务群众全覆盖、常态化。抓好社区疫情防控工作，制定20余项制度文件，创建无疫社区（村）108个，成立326个临时党组织、293个“党员先锋岗”，将党的战斗堡垒建在防疫最前沿。精细化调控发展党员数量、结构及行业分布，优化新发展党员结构。开展排查解决农村违规违纪发展党员试点，规范发展党员。坚持党员教育常态化，按月定时推送优质教育资源。做好党的二十大代表推荐提名和市第十三次党代会代表选举。

（王鹏程）

【转发《关于印发〈基层党组织党建活动经费管理办法〉和〈城乡基层党组织服务群众经费管理办法〉的通知》】 1月6日，转发《中共北京市委组织部、北京市财政局关于印发〈基层党组织党建活动经费管理办法〉和〈城乡基层党组织服务群众经费管理办法〉的通知》（京组通〔2021〕45号），进一步提高基层党组织党建活动经费和城乡基层党组织服务群众经费使用效益和管理水平。

（孙亭亭）

【完成党的二十大代表推荐提名】 1月12日，召开推荐提名北京市出席党的二十大代表工作部署会，全区25个推荐单位按照要求，严格程序、周密部署、精心组织，认真开展推荐提名工作，全区基层党组织和党员参与率达到100%。经市第十三次党代会选举，并经二十大代表资格审查委员会审查确认，密云区1名党员干部当选党的二十大代表。

（张海锐）

【开展2021年度基层党组织组织生活会和开展民主评议党员工作】 1月，制定下发《关于召开2021年度基层党组织组织生活会和开展民主评议党员的通知》，全区2137个基层党支部严格按照要求召开组织生活会，广大党员围绕发挥作用情况进行民主评议党员，党员领导干部落实双重组织生活制度，以普通党员身份参加所在党支部组织生活。

（屈春阳）

【完成市第十三次党代会代表选举】 2月18日，召开市第十三次党代会代表推荐提名工作培训部署会，全区各级党组织按照要求，坚持把党的领导贯穿市第十三次党代会代表推选全过程，精心组织实施，广泛宣传发动，严格落实结构比例要求，党支部和党员参与率达到100%。严格程序，从严从实做好考察审查、公示公告、预备人选确定等工作，高标准筹备组织党代表会议，17 名市第十三次党代会代表满票或高票当选。

（张海锐）

【召开 2021 年度书记抓基层党建工作述职评议考核会议】 2 月 18 日，组织召开 2021 年度镇街（地区）、系统党（工）委书记抓基层党建述职评议会，14 位镇街党（工）委书记和 6 位系统党（工）委书记依次述职，6 个镇街党（工）委因书记空缺、区委中关村密云园工委因书记任职不满 3 个月，以党（工）委名义书面述职，余卫国同志对每位书记述职情况进行了逐一点评。与会区领导、区委党建工作领导小组成员以及部分区党代表、人大代表、政协委员、基层干部和群众代表对密云区抓基层党建工作进行考核测评。

（孙亭亭）

【开展春节帮扶慰问工作】 春节前，区委组织部广泛开展基层党员干部帮扶慰问工作。向 28 名新中国成立前入党的老党员发放 1 月至 7 月生活补贴 92.87 万元和 2.99 万元慰问品，向全区 496 名困难党员发放慰问金 118.6 万元，向 20 名现已离任且生活困难的村干部发放慰问金 5.1 万元，向 20 名优秀村、社区书记发放 2.0 万元慰问金和 2.26 万元慰问品。

（吕　鹏）

【下发《致全区“两新”组织党组织和党员倡议书》】 3 月 28 日，区委组织部下发《致全区“两新”组织党组织和党员倡议书》，号召全区“两新”组织党组织充分发挥党建引领作用，进一步压实“四方责任”，落实复工复产疫情防控规定，统筹做好生产经营和疫情防控工作。

（张海锐）

【印发《北京市密云区村党组织第一书记管理办法》】 3 月 31 日，印发《中共北京市密云区委组织部关于印发〈北京市密云区村党组织第一书记管理办法〉的通知》（京密组字〔2022〕8 号），进一步明确第一书记选拔条件、职责与任务，严格工作纪律，加强日常管理，推进密云区村党组织第一书记管理工作科学化、制度化、规范化，充分调动第一书记的工作积极性、主动性和创造性。

（孙亭亭）

【建立密云区村级后备人才库】 3 月，为强化抓党建促乡村振兴，进一步拓宽后备人才来源渠道，优化后备人才队伍结构，按照每村 2—3 人的数量，建立村级后备人才库，全区储备村级后备人才 784 人。

（孙亭亭）

【印发《关于进一步完善密云区村干部基本待遇和基本保障的实施办法》】 4 月 12 日，印发《关于进一步完善密云区村干部基本待遇和基本保障的实施办法的通知》（京密组字〔2022〕9 号），进一步健全完善村干部待遇保障机制，加大对农村基层干部的关心关爱力度，充分调动村干部的工作积极性、主动性和创造性。

（孙亭亭）

【开展换届“回头看”区领导回访调研】 4 月至 6 月，按照市级要求，区级领导班子成员对全区 17 个镇 327 个村进行回访调研。通过听取汇报、实地查看、入户走访、分析研判，区级领导班子成员了解换届后村级组织“班子运行顺不顺、工作能力强不强、精神状态好不好、群众反映怎么样、矛盾问题有没有”，着力推动集中换届后镇村干部干事创业，深入推进抓党建促乡村振兴，持续夯实党在农村的执政根基。

（孙亭亭）

【印发《密云区抓党建促乡村振兴工作措施》】 5 月 18 日，印发《密云区抓党建促乡村振兴工作措施的通知》（京密组发〔2022〕3 号），形成 29 项措施并细化分解 129 项具体任务，压实牵头单位、配合单位和责任单位工作责任，推动各项任务落地落实。

（孙亭亭）

【印发《关于在疫情防控中进一步发挥基层党组织战斗堡垒和党员先锋模范作用的通知》】 5 月 22 日，印发《关于在疫情防控中进一步发挥基层党组织战斗堡垒和党员先锋模范作用的通知》（京密组字〔2022〕16 号），要求充分发挥基层党组织的战斗堡垒作用和党员的先锋模范作用，坚定不移推进社会面动态清零行动，坚决打赢首都疫情防控歼灭战。

（孙亭亭）

【开展发展对象和预备党员区级联审工作】 6 月、9 月，联合区纪委区监委、区委政法委、区公安分局、区法院、区检察院等部门，对全区党员发展对象和拟转正预备党员进行区级联审，共计审核发展对象和拟转正的预备党员 1489 人，发现有问题线索的 12 人，有效提升新发展党员质量。

（屈春阳）

【做好“光荣在党 50 年”纪念章颁发工作】 “七一”前夕，按照党中央、市委有关工作要求，向全区 482 名党龄 50 周年以上、一贯表现良好的党员颁发“光荣在党 50 年”纪念章，进一步增强党组织的凝聚力和老党员的荣誉感、归属感、使命感。

（吕　鹏）

【开展“七一”帮扶慰问】 “七一”前夕，区委组织部广泛深入开展基层党员干部帮扶慰问工作。向28名新中国成立前入党的老党员发放8月至12月生活补贴48.87万元，向全区387名困难党员发放慰问金105.0万元，向16名现已离任且生活困难的村干部发放慰问金4.8万元，向15个因公牺牲的党员家庭发放帮扶慰问资金7.5万元，向1名生活困难的建国前老党员发放慰问金0.5万元。

（吕　鹏）

【开展“共产党员献爱心”活动】 “七一”前夕，全区以“致力共同富裕·强国复兴有我”为主题，广泛开展“共产党员献爱心”捐款活动。各级领导班子成员积极带头，广大党员干部踊跃参与，全区62个基层党（工）委，47294名党员群众参加捐献活动，累计捐献善款209.45万元，捐款人数与金额均创历年新高。

（吕　鹏）

【印发《区领导党建工作基层联系点》】 7月7日，印发《区领导党建工作基层联系点的通知》，明确区领导联系基层党建相关工作要求，19位区领导联系38个党建工作基层联系点。

（孙亭亭）

【清查整治突出问题规范党务工作】 7月，组织全区20个镇街和7个系统党（工）委及其所属基层党组织，就党务工作事项外包、委托辅助服务事项中不规范、非党员从事党务工作等问题，逐级开展自查，推动规范提升。在基层自查的基础上，区委组织部联合区纪委区监委、区财政局等部门组成联合检查组，抽查部分镇街、村、区直机关企事业单位、非公企业，均未发现相关问题。

（孙亭亭）

【密云区抓党建促乡村振兴工作调度会召开】 8月9日，召开密云区抓党建促乡村振兴工作调度会，区委组织部汇报组织振兴相关工作情况，区农业农村局汇报人才振兴相关工作情况，区民政局汇报加强基层治理工作情况，河南寨镇、穆家峪镇、太师屯镇、冯家峪镇、石城镇、古北口镇依次汇报抓党建促乡村振兴工作进展情况。区委常委、组织部部长葛俊凯就扎实推进密云区抓党建促乡村振兴各项重点工作落地落实提出工作要求。

（孙亭亭）

【软弱涣散基层党组织整顿转化】 8月，按照市委组织部印发的《软弱涣散村党组织整顿转化检查验收工作方案》，区委组织部组织开展软弱涣散基层党组织整顿转化检查验收。经过自检自查、查阅资料、实地检查、随机走访党员群众，并上报市委组织部，穆家峪镇羊山村、河南寨镇芦古庄村、石城镇黄土梁村整顿转化效果明显，提前实现转化提升。

（孙亭亭）

【抓党建促乡村振兴示范村评审】 8月，落实村级组织分类提升计划，在全区范围内选树上报8个在乡村振兴中党组织、党员发挥积极作用的基层党组织。经过市委组织部专家评审、现场汇报、实地调研，密云区河南寨镇套里村、古北口镇司马台村、溪翁庄镇尖岩村荣获首批北京市抓党建促乡村振兴示范村。

（孙亭亭）

【密云区两家非公企业党组织获全市非公企业党组织奖励经费】 8月，北京市委“两新”工委在全市组织开展年度非公企业党组织奖励评选，北京东方神韵工贸有限公司党委和超同步股份有限公司党支部获市级经费奖励。

（张海锐）

【面向优秀社区、村党组织书记招录公务员】 8月至9月，按照市委组织部统一部署，开展面向优秀社区、村党组织书记招录公务员工作。经过笔试、面试、政治素质和工作实绩评价环节，2名优秀社区党组织书记和2名优秀村书记招录为公务员。

（孙亭亭）

【宝城公司党委“行进中的密云先锋”入选全国年度百个两新党建优秀案例】 11月，宝城公司党委充分利用公交车流动性强、覆盖面广、离群众近的优势，创新打造三条先锋线路，“行进中的密云先锋”成为党组织流动阵地，该做法入选全国年度百个两新党建优秀案例。

（张海锐）

【开展农村党组织书记专题培训】 11月，为提升新一届村党组织书记综合素质和履职能力，印发《关于做好2022年农村党组织书记专题培训工作的通知》，各镇党委通过线上培训、集中授课等方式，组织327名村党组织书记和201名第一书记开展专题培训，全面提升村党组织书记规范履职的意识和能力。

（吕　鹏）

【建立农村基层党建“1+3”制度体系】 年内，制定

《关于加强和改进农村基层党组织建设的指导意见》，编制党支部标准化手册，推广优秀党支部工作法，梳理基层党建实用政策汇编，形成农村基层党建“1＋3”制度体系，全面推进基层党组织标准化规范化建设。

（孙亭亭）

【新冠肺炎核酸检测】 年内，制定《密云区常态化核酸检测工作方案》《密云区国庆及重要会议期间核酸检测工作方案》等，建立日常、节日、应急等不同时段核酸检测工作机制。按照“固定＋弹性＋流动”原则，不断优化核酸采样点和核酸采样窗口设置，满足市民核酸检测需求。定期对采样点物资配备、人员保障、运营时间、秩序维护、落实“两米线”间隔等工作进行监督检查，及时发现问题，督促采样点立行立改。

（齐桀赓）

【抓好集中隔离工作组各项工作】 年内，成立区疫情防控指挥部集中隔离工作组，制定工作方案，健全领导和运行体制。分级分类优化房源储备，完成市级储备指标，多次支援朝阳、西城、海淀、丰台等区。组建24支集中隔离点管理团队，统筹抓好医疗团队、服务团队建设。坚持党建引领，成立隔离点临时党支部，建立“三三五一”管理机制，加强规范管理，圆满完成涉冬奥移出人员、中国体育代表团、北京援沪援藏医疗队集中隔离等重大保障任务。坚持应隔尽隔，协调外区房源，顺利完成本土密接、次密接人员集中隔离工作。通过“先锋领航、制度上墙、以老带新、强化监督”等措施，在平谷区高标准完成4轮次2487名入境人员集中隔离任务，得到市集中隔离组的充分肯定。

（张海锐）

【提升新就业群体党建水平】 年内，对5个快递外卖行业临时党支部进行动态管理、动态指导，打造102个“密小哥加油站”，定期开展暖“新”服务大集，引导快递员、外卖员到社区报到，参与社区治理，推动新就业群体融入基层党建格局。相关做法被人民网、学习强国、北京电视台等多家媒体报道，快递外卖行业状况调研被《市委改革交流》《非公有制企业党建》杂志刊登。

（张海锐）

【常态化开展“党群阵地@你”主题活动】 年内，推动党群服务中心在春节、中秋、国庆等重要时期和重大节日常态化开展“党群阵地@你”主题活动，特别是党的二十大期间，全区各级党群服务中心共组织开展学习研讨、服务保障等活动300余次，参与者近8000人次。

（张海锐）

【拨付疫情防控专项党费】 年内，划拨专项党费470.4万元，用于走访慰问战斗在抗疫一线的基层干部、购买疫情防控有关物资，体现党组织的关怀与温暖，增强基层党组织的凝聚力和战斗力，坚定党员干部战胜疫情的信念与决心。

（吕　鹏）

【深化“密云先锋”行动】 年内，围绕全区中心工作，以“四建一树”为抓手，深化“六大先锋行动”，各单位共建立党员先锋岗2347个、党员先锋队527个。广大党员亮身份、当先锋、办实事、作示范，有力推动保水保生态、绿色高质量发展、维护安全稳定以及疫情防控、创城等重点工作开展，基层党组织战斗堡垒作用和党员先锋模范作用得到充分彰显。

（屈春阳）

【创新“1＋10”党员密切联系群众工作机制】 年内，创新实施“1＋10”党员密切联系群众机制，每名党员就近就便联系服务10名左右群众，全区4.2万名有活动能力的党员联系服务47万余名群众，成立1453个楼门党小组、1380个网格党小组，推动党的组织和工作全覆盖，实现联系服务群众零距离，引领带动群众共同参与全国文明城区创建、疫情防控、垃圾分类、生态保护、乡村振兴等工作，切实打通基层治理“神经末梢”，形成党员示范带动、群众广泛参与的共建共治共享格局。

（孙亭亭）

【开展“公仆心、云水情”干部教育实践活动】 年内，在全区开展大学习、大检视、大提升活动，各单位结合实际，组织岗位练兵、业务比武等活动3050

7月15日，密云区“公仆心、云水情”干部教育实践活动动员部署大会召开

（区融媒体中心　供图）

次，检视整改问题3.49万个，完成为民办实事项目2474项。通过教育实践活动深入开展，广大干部群众观念进一步增强，工作作风进一步转变，服务能力进一步提升。

（屈春阳）

【做好2022年度发展党员工作】 年内，按照市委组织部工作要求，加强发展党员指标宏观调控，注重在产业工人、青年农民和高知识群体中发展党员。坚持区级联审、集中培训、专项督查等工作机制，强化发展党员过程管理，完成507个年度发展党员指标，进一步规范发展程序，提升新发展党员质量。

（屈春阳）

人事管理

HR Management

【概　况】 2022年，区委组织部坚持正向引导，调整区管干部120人次，干部队伍建设再上新台阶。发挥职级政策的激励和保障作用，为59名干部晋升二级调研员及以上职级。创新实行积分榜机制，对全区91家单位完成工作情况进行量化积分，激励干部主动担当作为。开展“公仆心、云水情”干部教育实践活动。组织全区处级领导干部和区属国有企业领导班子成员集中报告个人有关事项，清理规范领导干部经商办企业和在企业兼职（任职）行为。举办处级领导干部进修班、学习贯彻党的十九届六中全会专题研讨班、专业化能力提升培训、公务员初任培训班等班次，强化理论武装。完成公务员招录134人，从优秀社区（村）书记中招录公务员4人，招录定向选调生9人，引进紧缺急需人才24人，协调完成9期《云聚英才》宣传节目，协调8名“人才京郊行”专家来密挂职锻炼，助力密云绿色高质量发展。

（王鹏程）

【慰问援派挂职干部家属】 1月，区委组织部对赴青海、内蒙古、湖北等地8名援派挂职干部家属进行节日慰问。

（王大伟）

【完成公务员年度考核奖励工作】 1月至5月，开展2021年度全区各机关（含参照公务员法管理单位）的非领导成员公务员年度考核奖励工作，完成各相关单位考核奖励备案和奖金核定发放工作。2021年度非领导成员公务员参加考核2161人，其中优秀477人、称职1605人、不定等次79人。受奖励人员728人，其中嘉奖557人，记三等功171人。

（孙明月）

【领导干部个人有关事项报告】 2月，组织全区处级领导干部和区属国有企业领导班子成员集中报告个人有关事项。6月，对领导干部个人有关事项报告开展随机抽查，按照10%比例分类分级随机抽查76人，在此基础上随机抽查“一把手”23人。7月，对4名家庭财产新增较多的处级领导干部进行查核验证，均未发现家庭财产来源不明问题。年内，共查核领导干部个人有关事项报告207人，如实率同比提高近3个百分点。

（齐桀赓）

【科级干部选拔任用工作“一报告两评议”】 2月，组织全区93家区属处级单位开展科级干部选拔任用工作“一报告两评议”，各单位报告2021年度科级干部选拔任用工作开展情况，对选拔任用工作及新选拔任用科级干部开展民主评议。3月，对区属处级单位评议结果进行深入分析，形成《2021年度区属处级单位干部选拔任用工作“一报告两评议”结果分析报告》，针对测评反映较多的问题，逐一制定下一步改进措施。

（齐桀赓）

【密云区党政正职领导干部学习贯彻党的十九届六中全会精神专题研讨班举办】 3月30日至4月1日，密云区党政正职领导干部学习贯彻党的十九届六中全会精神专题研讨班在区委党校举办，全区各镇街党政正职、区直部门主要领导共103人参训。

（李文超）

【干部兼职清理规范】 3月，组织区属处级单位对本单位科级及以下干部违规在社团和企业兼职情形进行全面排查。按照分类施策、从严管理、清理到位要求，各单位对确因工作需要兼职但未履行审批手续的，严格按照程序重新进行审批，对其他违规兼职情形进行全面清理。

（齐桀赓）

【开展“双满意”公务员推荐评选活动】 3月，开展全国和北京市“人民满意的公务员”和“人民满意的公务员集体”推荐评选活动，经过初审、上报、审批、公示等阶段，密云水库综合执法大队崔小军同志荣获全国“人民满意的公务员”，区政务服务局文宇同志荣获北京市“人民满意的公务员”。

（孙明月）

【完成参公事业单位人员过渡和新增审批工作】 3月，完成我区6支执法队和2个参公事业单位人员过渡工作，220 人过渡为行政执法类公务员，28 人过渡为参照公务员法管理事业单位人员。9 月，完成区城指中心列入参照公务员法管理单位审批工作，增加参公事业单位编制 51 名。

（孙明月）

【密云区处级领导干部学习贯彻党的十九届六中全会精神专题研讨班举办】 4 月 12—14 日，采取线上线下相结合的方式，举办全区处级领导干部学习贯彻党的十九届六中全会精神专题研讨班，全区区管处级领导干部、区管国有企业领导人员共 737 人参与学习并完成结业测试。

（李文超）

【实行积分榜机制】 4 月 21 日，《密云区积分榜机制（试行）》印发实施。通过量化方式对全区 91 家单位完成工作情况进行积分，按分值排序形成积分榜单，作为体现各单位履职尽责和干部担当作为情况的重要方式。包含“重点任务积分”“表彰奖励加分”“主动作为加分”“减分项目”四大类积分项目、28 项具体内容。截至年底，共有积分事项 4352 件，总积分 13607.7 分。

（王大伟）

【处级干部年度考核】 4 月至 6 月，区委组织部开展 2021 年度区属处级单位领导班子和领导干部年度考核工作，确定 213 名处级干部为“优秀等次”、630 名处级干部为“称职”或“合格”等次。

（王大伟）

【做好选调生培养管理工作】 4 月，制定下发《密云区选调生到村（社区）任职工作补助资金管理使用实施细则（试行）》《关于加强在村（社区）任职选调生日常管理有关工作的通知》。有序做好 2018 届选调生期满转正定级和 2019 届选调生到期任职工作。

（于 琪）

【举办专业化能力提升培训】 4 月至 9 月，联合全区各有关职能部门，聚焦生态文明、乡村振兴、“两区”建设、接诉即办、依法行政、纪检监察、城管执法等内容，在区委党校举办专业化能力培训班 8 期，培训相关干部共 752 人次。

（李文超）

【开展干部教育培训规划实施情况总结评估】 7 月 14 日至 8 月 20 日，协助市委组织部对《2018—2022 年北京市干部教育培训规划》实施情况进行总结评估，对五年来全区干部教育培训工作主要做法、经验成效、存在的问题，以及今后 5 年的工作思路和措施进行全面总结，并形成总结评估报告上报市委组织部。

（李文超）

【修订完善《关于区管干部使用的基本规则（试行）》】 7 月，落实新时代好干部标准，深入贯彻落实党政领导班子建设规划纲要相关措施，修订完善《关于区管干部使用的基本规则（试行）》，鲜明树立重实干重实绩重基层的选人用人导向。

（李明雷）

【“首都干部治理能力提升”专项挂职】 7 月，按照市委组织部关于“首都干部治理能力提升”专项挂职工作部署要求，区委组织部选派 6 名干部赴市级部门挂职锻炼，其中处级干部 2 人、科级干部 4 人。密云区接收市级部门来密挂职干部 7 人，其中处级干部 4 人、科级干部 3 人，挂职时间 1 年。

（王大伟）

【第十四批“人才京郊行”专家来密云开展挂职及专项服务工作】 7 月，接收来自中国社会科学院、华北电力大学、北京物资学院、北京妇产医院、北京城市副中心投资建设集团有限公司、北京文化艺术传承发展中心、北京京剧院、北京农学院等 8 名第十四批“人才京郊行”专家到区农业农村局、区科委、区商务局、区妇幼保健院、中关村密云园管委会、区文旅局、古北口镇、河南寨镇开展为期一年的挂职及专项服务工作。专家们充分发挥桥梁纽带作用和资源优势，助力密云绿色高质量发展。

（卢 剑）

【干部监督工作联席会议】 7 月，组织纪检、巡察、审计、信访等 16 家成员单位召开 2022 年干部监督工作联席会议，各成员单位介绍了干部监督相关工作情况，审议并通过《关于进一步健全密云区干部监督工作联席会议制度的意见》。

（齐桀赓）

【举办处级领导干部进修班】 8 月 22 日至 9 月 22 日，采取脱产培训方式，举办密云区第 12 期处级领导干部进修班，共有 75 名处级领导干部参训。

（李文超）

【组织领导干部健康体检】 8 月，组织 18 名离退休局级干部健康体检；9 月，组织 35 名在职局级干部健康体检；10 月，组织 1400 余名在职、退休处级干部健康体检。

（王大伟）

【举办“公仆心、云水情”干部教育实践活动专题培训】 8 月至 9 月，采取加密视频会议直播的方式，围绕践行以人民为中心的发展思想、群众工作方法、新时代突发事件中的媒体沟通与舆情引导等主题，举办完成“公仆心、云水情”干部教育实践活动专题培训3期，培训全区各单位干部1.2万人次。

（李文超）

【选派年轻干部赴朝阳区学习锻炼】 9月，按照朝密结对协作工作安排，选派20名优秀年轻干部赴朝阳区发展改革委、财政局、文旅局等单位及结对镇街学习锻炼，锻炼时间3个月。

（王大伟）

【完成市十六届人大代表选举工作】 9月至11月，按照市委部署安排，制定《推荐和选举密云区出席北京市第十六届人民代表大会代表工作方案》，认真做好代表人选的酝酿、推荐、考察等各环节工作，切实把好人选质量。完成密云区出席市第十六届人民代表大会代表选举工作，市、区两级党派团体联合推荐的25名市十六届人大代表候选人均满票当选。

（卢佳婷）

【选派政法干警挂职】 10月，区委组织部、区委政法委选派7名政法干警赴镇街（地区）挂职锻炼，挂职时间6个月。

（王大伟）

【举办全国新录用公务员初任培训班密云分会场培训】 11月17—21日，采取集中视频授课与专题研讨相结合、主课堂与分课堂同步的方式，举办全国新录用公务员初任培训班密云分会场培训，全区新录用公务员135人参训。

（李文超）

【开展公务员年度信息采集和数据统计工作】 12月，完成2022年度全区公务员及参公工作人员的信息采集和数据统计工作。经统计，截至12月31日，密云区共有公务员（含参公）3209人（不含法检），其中公务员2718人、参照公务员法管理事业单位工作人员444人、参公群团47人。

（孙明月）

【开展公务员招录工作】 年内，完成公务员考试录用和补充录用工作，设置招录职位128个，招录公务员134人；完成从社区（村）书记中招录公务员工作，招录公务员4人；完成两批次定向选调生招录工作，招录选调生9人。

（孙明月）

【开展科级干部职务职级任免审核备案工作】 年内，组织科级干部任免联审会10次，提交部务会审议任免事项288人次，其中晋升科级领导职务121人次，平级交流117人次，免职37人次。完成45家单位61批次一级主任科员及以下职级晋升备案工作，涉及337人次，其中晋升一级主任科员82人，晋升二级主任科员52人，晋升三级主任科员116人，晋升四级主任科员87人。办理公务员转任43人次，其中区内调动26人，调往区外8人，区外调入9人。办理公务员调任8人。

（孙明月）

【选派援派挂职干部】 年内，区委组织部选派4名干部赴对口帮扶地区援派挂职，其中赴青海玉树2人，挂职时间3年；赴湖北竹溪1人、河北承德1人，挂职时间1年。

（王大伟）

【干部调整】 年内，提交区委常委会研究调整干部8批120人次。

（张志超）

【贯彻落实公务员职务与职级并行制度】 年内，严格执行《公务员职务与职级并行规定》，充分发挥职级政策的激励和保障作用，共晋升二级巡视员（督办）7人、一级调研员16人、二级调研员36人、三级调研员44人、四级调研员43人。

（张志超）

【做好年轻干部培养锻炼和选拔使用】 年内，选派96名优秀年轻干部到接诉即办、巡察、全国文明城区创建等重点工作任务中接受实践锻炼，抽调427名年轻干部组建疫情防控青年先锋队，增强基层一线防疫力量，筑牢基层疫情防线。坚持用当其时、用其所长，提拔和进一步使用5名综合素质好、有发展潜力的优秀年轻干部。

（刘　常）

【组织公务员在线学习】 年内，全区共3242人参加北京干部教育网学习，其中处级干部872人，科级及以下干部2341人，全部参加考核，均按时完成年度学习任务，考核通过率为100%。

（李文超）

【为区内各类创新主体引进紧缺急需人才】 年内，引进人才落户34人，其中高级人才21人、留学人才8人、为人才解决夫妻两地分居5人。各类引进人才充分发挥支撑引领作用，为地区经济社会发展作出积极贡献。

（王文慧）

【开办“云聚英才”栏目】 年内，播出《云聚英才》

融媒体人才宣传栏目9期，通过拍摄人才工作生活鲜活场景，讲述人才故事，对密云区各领域优秀人才进行系统集中宣传报道，营造识才爱才敬才用才的浓厚社会氛围。

（王文慧）

【推荐区内人才参与市级以上表彰项目】 年内，积极组织推荐北京康辰药业股份有限公司、北京美中双和医疗器械股份有限公司等重点企业高层次人才，农业、科技、生态环境等重点领域专家，参与全市“青年北京学者”“外籍高层次人才资助计划”“北京市有突出贡献的农村实用人才”等人才工程、项目、奖励评选，全年共向市级推荐27人次，为人才提供脱颖而出的平台，激发人才干事创业热情。

（任　硕）

【选人用人工作专项检查】 年内，结合区委巡察工作，派出检查组对12家被巡察单位选人用人工作进行专项检查，共查找各单位党组织领导把关作用发挥不力、干部选拔任用程序执行不规范、落实选人用人制度不严格等问题40个，提出整改意见建议40条。

（齐桀赓）

【乡镇党委书记离任检查】 年内，采取听取报告、开展民主评议、查阅纪实材料等形式，对13名离任的乡镇党委书记履行干部选拔任用工作职责情况进行离任检查。

（齐桀赓）

宣传工作

Publicity Work

【概　况】 2022年，中共北京市密云区委宣传部（简称区委宣传部）坚持以习近平新时代中国特色社会主义思想为指导，深入贯彻落实中央、市委和区委各项决策部署，紧紧围绕迎接学习宣传贯彻党的二十大精神主线，坚持围绕中心、凝心聚力，守正创新、争创一流，各项工作扎实有效开展。坚持思想引领，区委理论学习中心组开展专题学习20次，对处级理论学习中心组巡听旁听实现全覆盖。召开意识形态研判通报会4次，对全区90家单位党委（党组）开展全面从严治党意识形态专项检查评估。组织开展党的二十大精神宣讲2000余场，推动理论入脑入心。全力推进密云区文明城区创建工作，城乡环境和市民文明素养稳步提升，在中央文明办测评中，获得全国第九的好成绩。在新华网、中央广播电视总台、《北京日报》等中央和市属媒体刊播稿件1300余篇，密云声音更加响亮。深入落实习近平总书记重要回信精神，以“牢记嘱托续新篇·奋进复兴新征程”为主题，开展大型文艺演出、主题展览、主题实践和志愿服务等12类活动。

（张珊珊）

【文化科技卫生“三下乡”活动】 3月，区委宣传部印发《关于深入组织开展2022年文化科技卫生“三下乡”活动的通知》，部署开展迎接党的二十大宣传教育、推进乡村文化振兴、开展农村科普活动、推进健康乡村建设等重点工作。3月25日，密云区2022年文化科技卫生“三下乡”启动仪式在大城子镇大龙门村文化活动广场举行，开展图书赠送、科普宣传、健康义诊等活动。年内，各成员单位深入镇村送演出、送电影、送图书，开展科普宣传、农业技术培训、健康义诊等公益服务，助力美丽乡村建设。

（张小红）

【全民阅读】 3月，区委宣传部印发《密云区2022年全民阅读工作方案》，践行“生态密云 满城书香”阅读理念，以“诵读密云”品牌活动为引领，组织开展全民阅读工作。4月，与青海省玉树市通过现场连线直播方式，举办“童心向党·童声诵读”云读书活动。年内，指导全区各中小学开展“悦读·阅美——静心阅读三刻钟”“美好清晨”“书香满校园，阅读助成长”等活动，激励少年儿童形成良好的阅读习惯。参加第十二届书香中国·北京阅读季活动，密云区全职读物博主王蔷荣获金牌阅读推广人称号，钱蕾家庭荣获书香家庭称号。密云区图书馆河南寨镇分馆获评“阅读北京·十佳优读空间”。

（王坛鑫）

【“强国复兴有我”主题活动】 5月，区委宣传部印发《密云区迎接党的二十大胜利召开 组织开展“强国复兴有我”群众性主题宣传教育活动的通知》，部署开展学习体验、榜样选树、文化展演等七大类53项重点活动。年内，开展“强国复兴有我”主题宣讲34场，5000余人次参与；举办主题知识竞赛，2万余人参与；推出红色文旅线路10条，吸引20余万人次游览；在清明节、烈士纪念日等开展缅怀革命先烈、线上祭扫等教育活动160余场，1.5万余人次参与；线上线下开展文艺展演、主题征文等活动1000余场，50余万人次参与；“生态密云”微博微信、密云区政府网站等开设网上展示专栏，推出微视频、文艺作品展、主题快闪等专题栏目180余条；密云文明网开设百姓故事汇专栏，讲好10余名榜样奋斗奉献的故事。

（李昊源）

10月25日，密云区开展“强国复兴有我”主题知识竞赛决赛活动　（区委宣传部　供图）

【百姓宣讲】 5月，区委宣传部印发《2022年北京市密云区百姓宣讲工作实施方案》。7月6日至8日，在镇街组织开展3场百姓宣讲汇讲活动，通过以会代训形式，培训基层宣讲骨干93人。7月27日，组织5名宣讲员参加北京市“强国复兴有我”百姓宣讲调研汇讲比赛。全年各镇街、各工委百姓宣讲团深入机关、企业、社区、农村等开展宣讲百余场。

（张小红）

【爱国主义教育】 7月至9月，区委宣传部筹集资金50余万元，对邓玉芬雕塑主题广场、白乙化烈士纪念碑地、密云水库文化展览展示中心、承兴密联合县政府旧址、古北口战役阵亡将士公墓和区档案馆等6家市级爱国主义教育基地的主题小品、学雷锋志愿服务站、无障碍设施等设施设备进行修缮提升。在清明节、烈士纪念日、抗战胜利纪念日等重要节日、纪念日，组织干部群众走进爱国主义教育基地，开展缅怀先烈、重温入党誓词等主题教育活动，传承红色基因。

（张小红）

【参展服贸会】 9月1日，区委宣传部以“密水润京华”为主题，组织区内19家企业参加2022年中国国际服务贸易交易会文旅专题并设置展位。展区通过“密之水、水之梦、水之境、水之韵”四个版块，展现密云山水相依、蓝绿交织的生态美丽画卷，突出展示密云将生态优势转化为绿色发展优势的成果。

（王坛鑫）

【“公仆心、云水情”主题宣讲比赛】 9月至10月，区委宣传部、区委组织部联合印发《关于组织开展“公仆心、云水情”主题宣讲比赛活动的通知》，在全区党员干部中开展“公仆心、云水情”主题宣讲比赛，全区2万余名党员干部积极参与。经过各单位初赛，推选出119名优秀宣讲员参加镇街、区直机关工委、教育工委、卫健委和国资委系统5场复赛。

（贾延杰）

【党的二十大服务保障】 9月，区委宣传部按照全市“四统一”要求，在全区部署开展国旗红旗、灯笼灯饰等环境布置工作；在奥林匹克公园等主要点位布置成就宣传挂图56块；在密云桥、区大剧院、密云水库展览馆等设置22块硬质宣传横幅，根据时间节点完成内容转换和7×24小时值守看护任务。10月至12月，聚焦学习贯彻党的二十大精神，在市、区级媒体推出党员干部群众热议党的二十大报告专题报道，营造学习宣传贯彻党的二十大精神的浓厚氛围。

（李昊源）

【党的二十大精神宣讲】 11月，制定学习宣传贯彻党的二十大精神实施方案、学习方案和宣讲方案，明确各环节重点任务。组织全区领导干部参加北京市党的二十大精神宣讲报告会视频会议，邀请市级宣讲团来密宣讲，区领导带头宣讲。组织开展“一十百千”大宣讲活动，遴选20名政治素质好、理论水平高、宣讲能力强的党员领导干部，组建“密云区学习贯彻党的二十大精神宣讲团”，深入基层开展集中宣讲2000余场。成立纪检监察、统战、政法、教育等工委、系统宣讲分团，由主要领导任团长，面向本系统本领域党员干部群众开展宣讲。全区百余名处级单位“一把手”带头宣讲，千余名各级党组织书记立足工作岗位宣讲，组建区级特色宣讲团深入基层巡讲，掀起学习宣传贯彻党的二十大精神的热潮。

（张珊珊）

【北京文化创意大赛密云分赛举办】 11月，以“山水田园 创意密云”为主题成功举办第六届北京文化创意大赛密云分赛。通过线上初赛评选，共有10个项目进入决赛，内容涵盖创新创意、内容生产、文创产品开发、文化IP等多个类别。经决赛评比，北京新锐互娱文化传媒有限公司《“一县一品”在新媒体环境下的运用》、北京大美山水旅游发展有限责任公司《密云西线、东线红色爱国主义教育活动策划案》等6个项目分别获得一二三等奖。

（王坛鑫）

【“双优”评选】 年内，区委宣传部组织开展第十六届北京市思想政治工作优秀单位、优秀思想政治工作者评选推荐，区市场监管局综合执法大队副队长、一级主办马延荣，果园街道上河湾社区党总支书记、居委会主任赵夫奎，区委宣传部文明城区创建中心主任董孟启被评为优秀思想政治工作者；鼓楼社区卫生服务中心、区第三中学、高岭镇石匣村党支部被评为思想政治工作优秀单位。

（张小红）

【传统节日文化活动】 年内，区委宣传部以弘扬中华优秀传统文化为主线，线上线下组织开展多种类传统节日文化活动。春节、元宵节期间，举办“福满京城 春贺神州”线上主题诗歌朗诵、作品展演、密云传统民俗“花会”展播等活动，累计点击量和阅读量超40余万人次；清明节期间，开展“忆满京城 情思华夏”主题红色祭扫、“清明祭英烈 线上寄哀思”清明诗会直播、忆英烈讲密云红色故事等活动；端午节期间，以“和满京城 奋进九州”为主题开展文艺展演、诵读、民俗讲解、学习体验制香囊、包粽子等活动；七夕节期间，开展“浓情七夕 爱在密云”主题文艺演出、诵读、交友联谊等活动，在古北水镇举行七夕直播活动，10万余人次线上观看；中秋节期间，开展“月圆京城 情系中华”中秋歌会、线上诗歌诵读、电影公益放映、月饼手工制作等系列活动，累计参与10余万人次；重阳节期间，开展“孝满京城 德润人心”主题文艺展演、座谈会和志愿服务等活动。

（李昊源）

【“四史”学习教育】 年内，区委宣传部印发《密云区深入推进党史、新中国史、改革开放史、社会主义发展史学习教育工作方案》，在全区广泛开展“四史”宣传教育活动。邀请专家到河南寨、密云镇等开展“四史”主题讲座8场，1000余人次参与。区委党史宣讲团、“水库儿女”志愿讲解团等开展党史、新中国史等主题宣讲200余场。组织老教师、老红军等到学校、社区开展红色故事会50余场。开展“红色图书”配送、“红色电影”放映等公益活动3000余场次。开展“颂党恩·传家风”主题宣传教育活动100余场，1万余人次参与。通过“文明密云”网站推出《一文速览改革开放史》等图文报道，线上开展“四史”教育答题活动，累计访问量超1万余人次。

（李昊源）

【疫情防控社会面宣传布置】 年内，区委宣传部结合疫情防控要求，在全区开展疫情防控社会面宣传环境布置工作。5月，布置疫情防控主题宣传横幅700余条、宣传栏400余块、电子屏70余块。10月，印发宣传海报2.5万张，在奥林匹克公园布置主题宣传栏56块。

（张小红）

【党史学习教育常态化长效化】 年内，牵头组织全区各单位常态化长效化开展党史学习教育。7月，制定印发《密云区推动党史学习教育常态化长效化的工作措施》，明确八大类20项具体举措，以重大节日和纪念日为契机，依托区内红色资源，组织群众开展党史学习教育主题活动100余场、2万余人次参与。在“生态密云”微信公众号推出“传承红色基因 汲取奋进力量”党史知识线上有奖答题系列活动4期，4000余人参与。

（张珊珊）

【学习宣传贯彻习近平新时代中国特色社会主义思想】 年内，区委宣传部围绕学习宣传贯彻习近平新时代中国特色社会主义思想，制定《2022年区委理论学习中心组学习计划》，区委理论学习中心组通过交流研讨、专题讲座等形式，开展习近平生态文明思想、习近平法治思想等专题学习20次。制定中心组重点学习内容安排，开展巡听旁听和学情通报，推动理论学习中心组深学实学，增强学习成效。指导各单位配发《习近平谈治国理政》第四卷、《习近平关于社会主义精神文明建设论述摘编》《习近平经济思想学习纲要》等学习书籍。广播电视台设置专题栏目，《密云报》开设理论专版，“生态密云”“文明密云”微信公众号推出专题文章，宣传阐释习近平新时代中国特色社会主义思想在密云的生动实践。

（张珊珊）

【落实意识形态工作责任制】 年内，召开意识形态研判会4次，通报情况4期，区委常委会2次专题研究意识形态工作。开展全面从严治党意识形态专项检查，在基层党（工）委书记党建述职评议会上对意识形态落实情况逐一点评，推动责任全面落实。对意识形态阵地开展全方位自查自纠，学校、展览、宗教场所等各类阵地安全稳定。

（张珊珊）

【开展落实习近平总书记重要回信精神两周年系列活动】 年内，以“牢记嘱托续新篇·奋进复兴新征程”为主题，开展12类文化文艺和媒体宣传活动，举办

“水库回响”大型文艺演出、“绿色密云新变化”主题展览；围绕“守护密云水库、守护绿水青山”，开展主题实践和志愿服务活动200余场。创作国画山水长卷《密云水库形胜图》，推出“百里骑迹”环水库骑行线路。媒体融合报道，中央和市属媒体报道38篇，新华社《见信如晤》专题节目单日浏览量达150余万人次，联合北京电视台录制一场“沉浸式”外景直播活动，制作并展播成就宣传片《夏条绿已密，奋进云起时》，展现密云区接续保护绿水青山，让发展成果惠及百姓的生动实践。

（于珊珊）

【对外宣传】 年内，在习近平总书记重要回信两周年之际，多次协调中央和市属媒体赴密云实地采访，全面展示密云保水保生态成效。在党的二十大、北京市党代会和“两会”召开之际，组织区委区政府主要领导和6位基层一线党代表接受市属媒体采访，传递密云声音。以举办鱼王美食文化节为契机，宣传密云特色产业发展成果。以举办长城文化节和中国农民丰收节金秋消费季为平台，宣推密云特色产业、特色文旅。聚焦养蜂故事，深入报道密云蜂产业发展现状、特色做法和经验成效。聚焦加快构建“一条科技创新和生命健康战略发展带、四条特色文化旅游休闲发展带、多个特色乡镇和特色产业”全域发展格局，对怀柔科学城东区引擎辐射带动作用、密云好山好水资源禀赋、“五兴乡村”示范建设等内容进行宣传推介。

（张琳琳）

【疫情防控】 年内，落实区疫情防控指挥部宣传舆情组工作职责，在生态密云“两微一端”等区级官方媒体平台发布风险提示和通知通告，持续做好信息公开和政策解读。围绕社会关切、居民诉求、典型人物等，重点对各镇街地区防疫故事、疫情处置和服务保障情况、“密云先锋”助力疫情防控等内容进行报道，强化正面发声，回应群众关切，提前化解舆情风险，坚定抗疫信心决心。

（张琳琳）

【公益电影放映】 年内，围绕迎接学习宣传贯彻党的二十大工作主线，充分发挥电影公益放映基层宣传文化阵地作用，结合党史学习教育常态化以及文明城区创建等工作，放映各类题材公益影片12192场，观影近40万人次。

（王　双）

【新闻出版】 年内，办理行政审批事项38件。其中，出版物零售单位设立24件，出版物零售单位变更13件；电影放映单位延续换证1件。

（王坛鑫）

【软件正版化】 年内，对区属86家机关事业单位、区属5家一级国企、25家二级国企、1家三级国企、27家区属医疗机构、8家区属教育系统直属单位及3家试点学校，开展软件正版化专项培训。通过北京市软件正版化检查服务系统现场检测、查阅资料与上机检查相结合方式，对区属155家单位使用正版软件情况进行检查、复查，推动软件正版化工作再上新台阶。

（林　鹤）

统战工作

Work on the United Front

【概　况】 2022年，中共北京市密云区委统一战线工作部（简称区委统战部）坚持以习近平新时代中国特色社会主义思想为指导，深入学习宣传贯彻党的二十大精神和习近平总书记关于做好新时代党的统一战线工作的重要思想，制定《密云区统一战线“喜迎二十大·奋进新时代”主题教育活动方案》，线上线下开展各类主题教育活动16场；发放《基层统战工作指导手册（试行）》，实现镇街基层统战工作站全覆盖；围绕创建国家生态产品价值实现机制试点等内容确定8项协商议题，支持民主党派开展“不忘合作初心，继续携手前进”主题教育，统筹推进统战社团规范化建设和党外干部队伍建设；打造“和合讲堂”民族团结品牌，开展“九进”等宣传活动84场、参与群众近4万人；加强教育管理，推进宗教中国化；秉持“两岸一家亲”理念，成功举办第四届密台两地蜂产业交流活动暨第三届密云高雄蜂产业视频连线活动；成立“一办九组”，圆满完成北京冬奥会、冬残奥会密云区票务和观众组织各项工作任务；组建“同心”服务团，抗击疫情展风貌。

（高功我）

【组织密云片区群众观赛冬奥】 1月至2月，制定《北京2022年冬奥会和冬残奥会密云区票务和观众组织工作总体工作方案》，成立“一办九组”，组织开展密云片区观赛工作。组织冬奥会和冬残奥会观赛15场、观众3257人、观众到位率达99.76%，居全市前列。

（高功我）

【推进政党协商工作】 2月14日，制定《密云区

2022 年政党协商计划》，围绕创建国家生态产品价值实现机制试点等内容确定 8 项协商议题，推进政党协商工作有序发展。

（高功我）

【做好统战领域意识形态工作】 3 月 10 日，区委统战部召开意识形态工作会议，加强新形势下统战领域意识形态分析研判，支持、引导各领域统战成员在意识形态领域主动正面发声，巩固主流意识形态，维护统一战线和谐稳定。

（高功我）

【争当保水保生态先锋】 3 月 25 日，区委统战部组织机关全体党员干部到十里堡镇十里堡村举办“植入绿色希望，追求生态时尚，争当保水保生态先锋”植树活动，教育引导全体党员做生态文明的先行者和绿色低碳的引领者。

（高功我）

【九三学社实地调研】 4 月 16 日，九三学社中央委员会农林委常务副主任、农业农村部突出贡献专家、中国农业大学高振江教授带领农业专家到九三学社科技助农项目“原味西红柿”和“九三学社蔬菜公园”种植基地调研，开展技术指导。

（高功我）

【市委常委、统战部部长到密云区调研】 4 月 22 日，北京市委常委、统战部部长游钧带队到密云区调研民族、宗教和统战资源助力水源保护等工作。通过调研，深度聚焦市区统战资源和优势，广泛凝聚社会各界共识和力量，推动新时代统战工作高质量发展，为保护首都生态屏障、建设美丽北京提供政治保障。

（高功我）

【创建密云区首批“京台基层交流基地”】 6 月 28 日，“京台基层交流基地”授牌仪式在北京蜜蜂大世界举行。“京台基层交流基地”启动，发挥增强两岸沟通、促进两岸民间文化交流的作用，打造密云区对台交流活动的专属品牌。

（高功我）

【开展“弘扬爱国情、建功新时代，争当对党忠诚的先锋”主题教育活动】 6 月 30 日，在中国共产党成立 101 年之际，组织机关党员干部到承兴密联合县政府旧址开展“弘扬爱国情、建功新时代，争当对党忠诚的先锋”主题教育活动。在承兴密联合县政府旧址纪念馆，面对鲜红的党旗，重温入党誓词，深切表达为党的事业奋斗终身的坚定决心。

（高功我）

【开展“七一”系列主题教育活动】 在“七一”来临之际，党支部组织全体党员开展庆“七一”系列主题教育活动，深入领会习近平总书记对北京重要讲话精神，扎实开展“1＋10”党员密切联系群众活动，发挥支部战斗堡垒和党员先锋模范作用，以实际行动和饱满的精神状态迎接党的二十大胜利召开。

（高功我）

【民盟清华大学委员会课题组赴密云区调研】 7 月 6—8 日，民盟清华大学委员会课题组赴密云区围绕“完善生态产品价值实现机制，促进北京生态涵养区共同富裕”进行专题调研，推动密云区生态优势转化为经济发展优势。

（高功我）

【学习宣传贯彻市第十三次党代会精神】 7 月 12 日，组织召开密云统一战线学习宣传和贯彻落实北京市第十三次党代会精神动员部署会暨交流座谈会，各民主党派密云支部（支社）负责人，知联会、新联会、青企联负责人，非公经济、民族村和宗教界代表同志及区委统战部班子成员参加会议，结合党代会精神深入研讨统战事业工作重点。

（高功我）

【举办“守正创新保生态·凝心聚力谱新篇”主题教育活动】 7 月 18 日，密云区新联会举办“守正创新保生态·凝心聚力谱新篇”主题教育活动，认真学习社会主义核心价值观，深刻领会社会主义核心价值观的重要意义，用实际行动践行社会主义核心价值。

（高功我）

【区委统战暨对台工作领导小组会议召开】 7 月 25 日，密云区召开区委统战工作领导小组暨对台工作领导小组会议，传达学习统战工作会议精神、对台工作会议精神及其民族宗教工作会议精神；听取密云区 2021 年统战暨对台工作工作总结及 2022 年工作要点；审议通过《密云区新的社会阶层人士联席会议制度》和《关于持续推进密云区民营企业产权保护社会化服务体系实施意见》。

（高功我）

【教育系统统战工作调研】 8 月 8 日，区委常委、统战部部长朱锡才带队调研区教育系统统战工作。座谈会上，听取区教育系统统战工作开展情况；大家围绕教育统战领域工作开展情况交流发言，并对统战领域教育工作进行安排部署。

（高功我）

【新的社会阶层人士统战工作联席会召开】 8 月 11

日，区委统战部牵头召开2022年密云区新的社会阶层人士统战工作联席会，对《密云区新的社会阶层人士统战工作联席会议制度》作具体说明，安排部署密云区新联会新一届会员人选推荐工作。

（高功我）

【民族乡村振兴实地调研】 8月17日，北京市委统战部副部长、北京社会主义学院党组书记、常务副院长吕仕杰带队调研穆家峪镇民族乡村振兴和铸牢中华民族共同体意识教育实践基地，指导工作，推进示范点建设。

（高功我）

【助力铸牢中华民族共同体意识基地建设】 截至8月，争取铸牢中华民族共同体意识项目市级资金710万元，对古北口镇河西村街巷进行仿古改造，为穆家峪镇北穆家峪村建设高标准蔬菜设施大棚，项目全部完成。

（高功我）

【推进民族团结建设工作】 8月25日，区委统战部推荐民族舞《祖国不会忘记》，获得第十七届北京市民族健身操舞大赛三等奖。打造“和合讲堂”民族团结品牌，全年开展“九进”等宣传活动84场、参与群众近4万人，有效推进中华民族共有精神家园建设。

（高功我）

【促进宗教和谐稳定】 年内，深入开展宗教政策法规宣传教育培训8场、培训教职人员200多名；开展“四进”和谐寺观教堂创建活动，密云清真寺被市民宗委评选为市级示范场所；对互联网宗教活动进行排查，依法管理基督教私设聚会点，严厉打击非法传教活动；做好“双暂停”期间教职人员和信教群众的思想引导工作，有效促进宗教和谐稳定。

（高功我）

【第四届密台两地蜂产业交流活动】 9月19日，以“携手两岸情 共筑甜蜜梦”为主题的第四届密台两地蜂产业交流活动暨第三届密云高雄蜂产业视频连线在北京密云蜜蜂大世界举行，促进农民增收致富，不断加强两地民众之间的感情，共同推进两岸蜂产业迈上新台阶。

（高功我）

【“乡村振兴、健康先行”义诊活动】 9月28日，密云区知联会、新联会会员在东邵渠镇东葫芦峪村开展“乡村振兴、健康先行”义诊活动。区医院、区中医院、区博爱康医院的内科、眼科、口腔科等5名专家，为村民进行健康咨询、测量血压、眼科和口腔检查，对慢性病进行健康宣教，普及健康知识，共计60余名村民接受义诊。

（高功我）

【民族工作调研】 10月20日，北京市民宗委党组书记、主任钟百利带队到密云区调研民族工作。钟百利一行深入到古北口镇、檀营满族蒙古族乡、穆家峪镇、溪翁庄镇调研民族乡村振兴工作，听取密云区铸牢中华民族共同体意识、民族乡村振兴等工作情况。

（高功我）

政策研究

Policy Research

【概　况】 2022年，中共北京市密云区委研究室（简称区委研究室）全面贯彻落实区委决策部署，有效发挥领导决策参谋、重要文稿起草、调查研究、政策宣传职能作用，完成区委各类文稿80余篇、130余万字。高质量完成区委三届四次、五次全会报告、在全区党的二十大精神宣讲报告会上的讲话等重要文稿起草。聚焦壮大村集体经济、蜂产业发展等重要课题，完成领导参阅4篇；围绕乡村振兴等重点工作，形成多篇调研报告；完善调研制度，制定《中共北京市密云区委关于进一步加强和改进区领导调查研究工作的实施意见》《密云区关于开展全区大调研工作的实施方案》；坚持问题导向，以物业管理、垃圾分类等小切口开展调研，将对策建议融入区委书记月度点评会等重要文稿中。推进20项重点调研课题如期完成；编印《密云调研》（发文版）、《密云调研》（领导参阅），促进调研成果交流展示。《引进专业人才助力乡村振兴的实践与思考》在国家级刊物上发表，《引来“新农人”，助力乡村振兴迈出“新路子”》《文化铸魂，京北古村焕发新活力》等多篇调研报告在《京郊调研》《北京农村经济》等市级刊物刊登。

（朱靖如）

【起草区委三届四次全会报告】 年内，区委研究室起草区委三届四次全会报告，报告以“深入贯彻落实习近平总书记重要回信精神，坚持以新时代首都发展为统领，为建设美丽北京、谱写现代化建设密云篇章而努力奋斗”为主题，全面总结区委上半年主要工作，对贯彻落实习近平总书记重要回信精神进一步作出安排，部署下半年工作任务。提出要坚持以习近平新时代中国特色社会主义思想为指导，深入贯彻落实习近平生态文明思想和习近平总书记重要回信精神，以新时代首都发展为统领，坚持“保水、护山、守规、兴城”，坚持生态优先、保水富民、绿色发展、特色一流，为建设美丽北京、谱写现代化建设密云篇章而努力奋斗，以优异成绩迎接党的二十大胜利召开。

（朱靖如）

【起草区委三届五次全会报告】 年内，区委研究室起草区委三届五次全会报告，报告以“深入学习宣传贯彻党的二十大精神，坚持以新时代首都发展为统领，奋力谱写新征程上中国式现代化密云新篇章”为主题，总结全年工作，提出学习贯彻党的二十大精神有关安排，部署2023年工作任务，提出“团结才能胜利，奋斗才会成功，要更加紧密地团结在以习近平同志为核心的党中央周围，在市委的坚强领导下，坚持以习近平新时代中国特色社会主义思想为指导，以新时代首都发展为统领，坚定信心、同心同德，埋头苦干、奋勇前进，奋力谱写新征程上中国式现代化密云新篇章”。

（朱靖如）

【起草学习贯彻党的十九届六中全会精神专题研讨班上的讲话】 年内，区委研究室完成学习贯彻党的十九届六中全会精神专题研讨班上的讲话。讲话从深刻认识“两个确立”的决定性意义，带头坚持和捍卫“两个确立”，更加自觉做到“两个维护”；深刻认识马克思主义中国化、现代化的重要意义，坚持以科学理论武装头脑，更加自觉地在习近平新时代中国特色社会主义思想的指引下奋勇前进；深刻认识正确把握社会主要矛盾和中心任务，抓在关键处、干出高效率，着力解决好发展中的现实问题；深刻认识重视战略策略问题，善于从战略上认识和分析问题，努力把党中央的战略谋划转化为密云的生动实践；深刻认识永葆马克思主义政党的政治本色，打好自我革命攻坚战、持久战，建设持久风清气正的政治生态五个方面，对党的十九届六中全会精神进行全面系统的解读，对全区党员干部群众深入理解党的十九届六中全会精神，把党的百年奋斗伟大成就、历史经验、历史意义转化为推动密云绿色高质量发展的智慧力量提供理论指导和行动指南。

（朱靖如）

【起草在全区党的二十大精神宣讲报告会上的讲话】 年内，区委研究室完成在全区党的二十大精神宣讲报告会上的讲话，讲话包括坚持学深悟透，全面准确学习领会党的二十大精神；坚持知行合一，全力推动党的二十大精神在密云大地落地生根、形成生动实践两部分，从主题和主要成果、过去五年的工作和新时代十年的伟大变革、开辟马克思主义中国化时代化新境界、中国式现代化的中国特色和本质要求、全面建设社会主义现代化国家的目标任务、坚持党的全面领导和全面从严治党的重大部署、风险挑战应对七个方面对党的二十大报告进行系统解读，结合密云实际，提出贯彻落实党的二十大精神有关部署，为推动党的二十大精神在密云落地生根、形成生动实践提供根本遵循。

（朱靖如）

【起草市第十三次党代会精神宣讲提纲】 年内，区委研究室完成北京市第十三次党代会精神宣讲提纲，从深刻认识和把握大会的重大意义、过去五年工作成绩、推动新时代首都发展宏伟蓝图、未来一段时期首都发展的重点任务、全面从严治党五个方面对报告进行阐释，号召全区上下以学习宣传贯彻市第十三次党代会精神为契机，抓好各项部署要求的贯彻落实，抓好保水、保生态、保安全、保障民生、绿色高质量发展和全面从严治党各项工作，在市委的坚强领导下，坚持以新时代首都发展为统领，埋头苦干、勇毅前行，争分夺秒、争创一流，奋力谱写新时代首都发展、密云发展的崭新篇章，以优异成绩迎接党的二十大胜利召开。

（朱靖如）

【起草在半年工作研讨会上的讲话】 年内，区委研究室完成在半年工作研讨会上的讲话，讲话系统总结了上半年工作的特色亮点，深入剖析了工作中存在的短板不足，结合密云实际，从保水保生态、高效统筹疫情防控和经济社会发展、加快推进重点项目和重点工程、补齐基础设施和公共服务短板、提升基层治理能力和水平、增强风险防范意识、增强斗争意识提高斗争本领、加快完善体制机制、加强党的建设九个方面对下半年工作进行了谋划部署，号召在市委的坚强领导下，踔厉奋发、砥砺前行，争分夺秒、争创一流，为建设美丽北京、谱写现代化建设密云篇章而努力奋斗，以优异成绩迎接党的二十大胜利召开。

（朱靖如）

【制定《中共北京市密云区委关于进一步加强和改进区领导调查研究工作的实施意见》】 年内，区委研究室制定《中共北京市密云区委关于进一步加强和改进区领导调查研究工作的实施意见》。内容包括完善调研制度、注重调研实效、改进调研方式、加强调研成果转化四部分。对区领导开展蹲点调研、深入联系点调研时间和完成调研课题数量作出详细安排，提出发扬唯实求真精神、改进工作作风、丰富调研方法、加强统筹协调，善于在调研中发现新情况、研究新问题、探求新规律、提出新对策，推动调研成果转化为决策预案和工作措施。

（朱靖如）

【制定《密云区关于开展全区大调研工作的实施方案》】 年内，区委研究室制定《密云区关于开展全区大调研工作的实施方案》。从指导思想、工作原则、参加范围、实施步骤、成果运用、工作要求六个方面对全区开展调查研究作出具体安排，对大兴调查研究之风，发扬唯实求真精神，不断提高全区科学决策、民主决策水平具有重要意义。

（朱靖如）

【乡村人才振兴政策研究】 年内，区委研究室完成调研报告《引进专业人才助力乡村振兴的实践与思考》，全面梳理溪翁庄镇金叵罗村推进乡村人才振兴的典型经验，系统总结推动乡村人才振兴的思路启示，为密云推进乡村人才振兴提出思路，提供借鉴。

（朱靖如）

【乡村人才振兴调研】 年内，区委研究室完成调研报告《引来“新农人”，助力乡村振兴迈出“新路子”》系统总结溪翁庄镇金叵罗村11队推进乡村振兴经验和成效，归纳分析推动乡村人才振兴的思路启示，为推进“五兴”乡村示范建设，打造乡村人才振兴“密云样板”提供可复制可借鉴的经验。

（朱靖如）

【乡村文化振兴调研】 年内，区委研究室完成调研报告《文化铸魂，京北古村焕发新活力》，从文化遗产保护、民俗产业发展、文化生活打造等方面系统总结古北口镇古北口村推进乡村文化振兴的典型经验，为打造乡村文化振兴“密云样板”提供借鉴。

（朱靖如）

【向外推荐优秀调研报告】 年内，区委研究室积极向国家级、市级刊物推介调研成果，扩大密云影响力。《引进专业人才助力乡村振兴的实践与思考》在国家级期刊《中国乡村振兴》第37期发表；《引来“新农人”，助力乡村振兴迈出“新路子”》《文化铸魂，京北古村焕发新活力》等多篇调研报告在《京郊调研》《北京农村经济》等市级刊物刊登，为全国、全市乡村振兴提供密云经验。

（朱靖如）

【编发《密云调研》】 年内，编发《密云调研》（发文版）6期，重点刊登区领导最新调研成果，包括《关于践行“两山”理论，打造乡村振兴“密云样板”的调查与思考》《密云区快递、外卖行业状况的研究报告》《关于密云区加强和改进农村基层党组织建设的实践与思考》等。编发《密云调研》（领导参阅）6期，主要内容涉及壮大村集体经济、蜂产业发展等方面，其中多篇文章得到区委主要领导关注，区委领导批示1次，为区委科学决策摸清实情、提供依据。

（朱靖如）

机构编制工作

Organization Stoffing Work

【概　况】 中共北京市密云区委员会机构编制委员会办公室（简称区委编办）为中共北京市密云区委员机构编制委员会的常设办事机构，承担区委编委日常协调服务工作，为正处级，归口区委组织部管理。2022年，按照“严控总量、统筹使用、有减有增、动态平衡、保证重点、服务发展”的要求，主动对接全区中心工作和重点任务，探索体制机制创新，着力完善机构职能体系，统筹配置机构编制资源，不断提升机构编制服务保障能力。深入推进规范开发区管理机构促进开发区创新发展、建立健全怀柔科学城东区服务管理体制机制，深化综合行政执法体制改革，巩固乡镇机构改革成果、实行权力清单动态调整、做好事业单位登记管理及机关群团赋码等工作，持续推进机构编制法定化，推动机构编制工作高质量发展。

（王　隽）

【开展乡镇机构改革评估】 4月，根据《北京市乡镇机构改革评估工作方案》精神，制定印发《关于开展北京市密云区乡镇机构改革评估工作的通知》。通过组织乡镇开展自评、召开区级部门代表座谈会、面向辖区群众开展线上调查、与乡镇各层级干部和村（社区）干部面对面交流等方式，深入挖掘改革特色亮点，及时发现基层工作中的困难和问题，研究制定整改措施，确保乡镇改革各项任务落实到位。

（王　隽）

【调整区应急管理综合执法队机构规格】 4月，北京市委编办印发《关于调整密云区应急管理综合执法队机构规格等事项的通知》（京编办发〔2022〕30号），将北京市密云区应急管理综合执法队更名为北京市密云区应急管理综合执法大队（简称区应急执法大队），机构规格由正科级调整为副处级，为区应急局管理的副处级行政执法机构，以区应急局名义执法。

（王 隽）

【推进相关领域体制机制改革】 4月，落实市级关于加强文物保护工作要求，完善文物管理部门机构设置。5月，完成行政复议体制改革机构编制调整工作，整合行政复议职责、完善工作机构，补充工作力量。9月，推进财源建设和收入管理机构整合组建工作；完善调整精神文明工作机构设置，增加工作力量，健全组织推动架构。11月，落实建立中小学校党组织领导的校长负责制工作要求，健全学校党务工作体系。

（王 隽）

【规范开发区管理机构】 8月，制定印发《中共北京市密云区委中关村科技园区密云园工作委员会、中关村科技园区密云园管理委员会职能配置、内设机构和人员编制规定》，整合组建中关村密云园党工委、管委会（生态商务区管委会），落实“一园多区”管理模式，构建集中统一、精简高效的开发区管理体制。重构开发区机构体系，推动开发区集中精力抓好经济发展、投资促进工作。剥离开发区社会事务管理职能，推动实现开发区管理机构编制分类管理、人员统筹使用，实现编制资源集约化利用、科学化管理。

（王 隽）

【建立健全怀柔科学城东区服务管理体制机制】 8月，制定印发《关于调整北京市密云区推进怀柔科学城东区建设工作领导小组的通知》（京密编委〔2022〕10号），建立健全“一办六组”，从优化组织架构、明确职能分工、强化组织落实、引入市场机制等方面，着力完善怀柔科学城东区服务管理体制机制，推动形成高位统筹、综合协调、合力推进的工作格局。

（王 隽）

【实行权力清单动态调整】 8月，按照北京市工作部署，区委编办组织区相关部门、各镇街对权力清单事项进行研究、确认，经区法制部门合法性审核后，面向社会公布《北京市密云区权力清单（2022版）》，包括行政许可、行政检查等8+X类行政职权事项共1690项。各单位在权力清单事项动态调整的基础上，进一步完善相应的责任清单，确保权责统一，依法依规。

（王 隽）

【深化综合行政执法体制改革】 年内，整合执法队伍，凝聚执法合力，实现“一个领域一支队伍管执法”。改革后区级综合行政执法队伍共15支，比改革前减少30支，精简比例67%，有力推动行政执法系统从“条块分割”向“统筹整合”改革，从“分散执法”向“集中执法”转变。各执法队伍充实到一线的执法力量超过人员编制总数的85%，做到重心下移、力量下沉，从源头解决执法体系“头重脚轻”、基层执法力量薄弱等问题。

（王 隽）

【登记成立密云水库生态文明建设研究中心】 年内，落实密云区委要求，积极沟通北京市委编办，登记成立密云水库生态文明建设研究中心，将整合科研院所资源，谋划布局密云水库生态环境产业。

（王 隽）

【做好党政机关、社会群团赋码及证书发放和变更工作】 年内，根据《国务院关于批转发展改革委等部门法人和其他组织统一社会信用代码制度建设总体方案的通知》要求，完成上级授权垂管机关9家、本区机关87家、群团7家、其他1家单位赋码工作。

（王 隽）

【做好事业单位法人变更登记】 年内，办理事业单位法人设立、变更、注销登记53家，在“北京密云”门户网站“密云区人民政府行政许可和行政处罚双公示信息栏”进行集中公示。5月31日前对全区登记的238家经本单位和举办单位审查盖章合格的事业单位年度报告书在登记管理系统平台进行年度报告公示。对全区设立登记的事业单位法人发放事业单位电子证书。

（王 隽）

区直机关党建

Party Building of District Government Offices

【概 况】 中共北京市密云区委区直属机关工作委员会（简称区直机关工委），是负责区直机关党的建设和思想政治工作的区委工作机关。区直机关工委下设（所属）74个党组织，党员8900名，其中党委3个，机关党委36个，党总支14个，党支部21个。区直机关党委新发展党员19人，男13人、女6人，大学以上学历17人，大专学历2人，预备党员转正28人。

2022年，组织区直机关党员干部学习贯彻党的十九届六中全会、党的二十大精神，贯彻落实中央市委区委重要会议精神及重大决策部署。开展“公仆心、云水情”干部教育实践活动和“密云先锋”行动。推广机关党建标准化经验，印发基层党支部标准化建设典型汇编。创新机关党建，推动机关党建与业务工作深度融合。深化“三进四帮扶”，开展“区直机关走在前 消费助农作表率”活动。搭建区直机关党组织党员进企业服务平台，与区青企联开展共建活动。强化党建责任落实，逐级签订党建工作责任制，制定书记抓党建责任清单，开展基层党建述职评议考核，对74个单位党组织进行督导调研。

（田　华）

【推荐提名党代表和人大代表】 1月至2月，组织区直机关各级党组织推荐遴选出席党的二十大代表候选人推荐人选3人，出席北京市第十三次党代会代表候选人推荐人选15人。9月，推荐提名出席北京市第十六届人民代表大会代表初步人选14人。7月至8月，区直机关工委选举分会组织第109选区37个区直机关单位3301名选民，补选密云区第三届人民代表大会代表1名。

（田　华）

【冬奥会、冬残奥会服务保障】 1月下旬至3月中旬，组织区直机关198名机关干部现场观看北京冬奥会、冬残奥会开闭幕式，组织800余名机关干部现场观看部分比赛项目和全要素演练的报名、培训和疫情防控等工作。

（田　华）

【争当垃圾分类“桶前指导员”活动】 1月至5月，开展机关走在前、党员作表率，争当垃圾分类“桶前指导员”活动，区直机关党员干部向所在社区报到，助力社区垃圾分类。落实垃圾分类周报、月报制度。机关工委成立督导组，每周对4个单位的桶前值守台账进行督导检查。对工委系统39个单位的生活垃圾分类示范单位创建工作进行培训、督导，各单位全部通过检查验收。

（田　华）

【区直机关党组织书记述职评议考核会】 2月24—25日，分两批召开区直机关党组织书记述职评议考核会。32个基层党组织书记进行现场述职，并及时反馈述职评议考核情况；各基层党组织书记针对自身查找及领导点评存在的问题进行认真整改。

（田　华）

2月24日，区委区直机关工委2021年度党委、机关党委书记抓基层党建工作述职评议考核现场会召开　　（曹建龙　摄）

【“三进四帮扶”活动】 4月，区直机关工委与区青企联开展共建活动，举行共建签约仪式、机关党组织书记与青年企业家座谈交流、编印下发共建签约活动材料汇编，为民营企业送温暖、送法律、送人才、送信息，以“马上服务”为保障，打造一流的营商环境，服务支持企业发展。机关工委梳理区税务局、区发改委、区市场监管局等单位服务企业工作情况，编印下发《优化营商环境，助力民营企业高质量发展典型材料汇编》。持续开展“区直机关走在前，消费助农作表率”活动。协调帮扶资金15万元用于东邵渠镇南达峪村、史长峪村、石峨村3个帮扶村发展集体经济，协调区青企联共同开展“公仆心、云水情”扶贫帮困志愿服务活动，走访慰问3个帮扶村共30户困难户。区直机关各级党组织共开展帮扶活动1851次，协调帮扶物资4114万元，其中各单位通过食堂、组织活动使用、协调销售和党员干部个人购买等形式，采购密云本地优质农产品价值2173万元。

（田　华）

【机关干部下沉社区助力疫情防控】 5月至12月，组织区直机关工委系统3100余名机关干部下沉社区一线，驻守小区卡口206个、常态化核酸检测点24个。协助开展卡口值守、核酸检测组织、居家人员服务管理、风险人员排查等工作。区直机关工委通过采取实地督查的方式，每日对下沉社区干部到岗到位、履行职责以及对下沉干部日常管理的情况进行督导检查，并向区委组织部上报督查报告。10 月至 12 月，抽调机关干部参与区社区防控组督导检查工作。

（田 华）

【“共产党员献爱心”活动】 6 月下旬至 7 月上旬，在区直机关党员干部中开展“共产党员献爱心”捐献活动。区直机关党委 1135 名党员干部，共计捐款 9.7 万元。

（田 华）

【庆祝中国共产党成立 101 周年暨“密云先锋”行动推进会】 7 月 8 日，组织召开庆祝中国共产党成立 101 周年暨“密云先锋”行动推进会。会上组织新党员宣誓、全体党员重温入党誓词，对工委评选的“先锋党员”和“先锋党员群体”进行通报，区直机关工委书记王作兴做“认真学习尊崇党章，擦亮做实‘密云先锋’品牌，在建设生态密云的伟大实践中增修养、走在前、作表率”主题党课。

（田 华）

7 月 8 日，区直机关工委庆祝中国共产党成立 101 周年暨“密云先锋”行动推进会召开

（曹建龙 摄）

【百姓宣讲活动】 7 月 27 日，举办学习宣传落实北京市第十三次党代会精神区委宣讲团区直机关工委报告会。7 月至 10 月，在区直机关广泛开展以“强国复兴有我 争当密云先锋”为主题的百姓宣讲活动共 7 场。在密云区百姓宣讲汇讲（工委场）活动中，区直机关工委宣讲团获得一等奖 1 人，二等奖 1 人，三等奖 6 人。组织开展理论宣讲和党史学习教育进机关活动。

（田 华）

【“密云先锋”行动】 年内，围绕学习贯彻习近平新时代中国特色社会主义思想、落实保水保生态责任、落实“1＋10”党员联系群众机制、聚焦中心工作“岗位建功”、推动绿色高质量发展等五个方面，在区直机关党组织党员中广泛开展“密云先锋”行动。区直机关工委系统 68 个单位 7175 名党员参与，在职党员回社区报到 5491 名，联系群众 50736 名。组建 206 支“密云先锋”特色品牌队伍，机关工委系统评选出“先锋党员”52 名、“先锋党员群体”46 个；有 20 人被评为区级“密云先锋”，11 个党组织被评为区级“密云先锋党组织”，20 个机关岗位被评为区级“密云先锋岗”，编印下发《区直机关“密云先锋”典型材料选编》。

（田 华）

【党员干部教育培训】 年内，组织区直机关基层党务干部参加“支部云课堂”线上培训 6 场。以学习贯彻习近平新时代中国特色社会主义思想、十九届六中全会精神、党的二十大精神和习近平总书记在北京冬奥会冬残奥会总结表彰大会上重要讲话精神为重点，通过集中学习、专题辅导、交流研讨、主题党课、知识竞赛等形式，全面提升机关党员干部的思想素质和政治理论水平。组织做好区直各单位党委（党组）理论学习中心组学习督导和巡听旁听工作。定期通报机关党委系统各单位“学习强国”学习情况、存在的问题和下一步要求，部分单位围绕典型做法进行经验交流，下发学习情况通报 11 次。

（田 华）

【机关党组织建设】 年内，建立基层党组织换届工作台账。健全按期换届提醒督促机制，开展基层党组织按期换届工作自查，指导审批 17 个处级单位党组织完成换届选举工作。持续优化基层党组织的设置，撤销区投资促进服务中心党总支，组建成立区城市指挥中心党支部。加强基层党务干部队伍建设，及时选齐配强基层党组织书记、副书记 14 人。

（田 华）

【党支部规范化建设】 年内，推广使用区市场监督局编制的《党支部标准化工作手册》。利用党员 E 先锋系统，每月对各基层党支部“三会一课”、党员活动日落实情况进督促检查，及时反馈通报各基层党支部落实情况，实现基层党支部活动全程纪实。组织召开党支部标准化建设推进会，开展党支部标准化建设典型评选工作，选树标准化建设示范党支部 24 个，编印下发基层党支部标准化建设典型汇编。

（田 华）

【机关党建创新】 年内，持续开展“一部门一品牌一特色”党建创新活动。开展优秀主题党日和党建创新项目评选活动，评选出优秀主题党日 15 个，党建创新项目 12 个，编印下发 2022 年区直机关党建先进典型案例汇编。

（田　华）

【党员队伍管理】 年内，开展全国组织关系线上转接工作，规范党组织关系转接，审查北京市外转入的党员档案，接转党组织关系 192 人，恢复 1 名 90 多岁老党员的党组织关系。春节、“七一”前夕，走访慰问老党员、抗战时期老党员、困难党员 36 人。申报 2022 年第一批和第二批区级困难党员补助 6 人。审批发放 50 年党龄老党员纪念章 40 枚。

（田　华）

【党建督查考核】 年内，把工委所属 74 个处级单位党组织划分到 5 个联系指导组，每名领导班子成员任组长，明确班子成员及科室负责人指导党建工作的目标、任务和要求。制定机关工委基层党支部联系点制度，每名领导班子成员联系一个基层党支部，通过开展一次调查研究、参加一次组织生活会和民主评议党员、参加一次主题党日活动等形式，深入基层党支部，帮助解决实际问题，推动区直机关各基层党支部全面进步、全面过硬。3 月，采取现场参会和查看会议记录的形式，全面督查 74 个单位党组织主要领导所在党支部的组织生活会和民主评议党员情况。

（田　华）

【参与创建全国文明城区工作】 年内，开展全国文明城区创建“先锋行动”、“党员带头、群众参与”创城周末大扫除、文明礼让斑马线专项行动、创城调查问卷测评、升国旗等活动，组织在职党员主动到社区报到，主动认领创城工作志愿服务岗位，每两周至少开展一次志愿服务，常态化参与创城工作。每周六上午到所包街面和社区，开展“全民参与、创城有我”周末大扫除活动，对环境卫生和非机动车乱停放情况进行清理整治。

（田　华）

【保水“三个一”活动】 年内，开展保水“三个一”（践行一项保水承诺，精心设计一次保水主题党日活动，围绕保水做一件实事活动）。以深入贯彻习近平总书记重要回信精神两周年为契机，教育引导机关党组织和党员干部进一步贯彻落实习近平总书记关于保护密云水库重要指示和重要回信精神。

（田　华）

【党风廉政建设】 年内，组织机关党员干部开展党风廉政教育活动，强化纪律和规矩意识，认真贯彻落实市区警示教育大会精神，以案为鉴，以案促改。紧盯重要时间节点，通过会议、集中学习、观看警示教育片等加强党章党纪教育、法律法规教育和家教家风教育。开展廉政知识测试 4 期，每期 5000 余名党员参加，以考促学，提升党员知法守法、知纪守纪的行动自觉。加强作风建设，深化运用监督执纪“四种形态”，加强监督检查，做到早警示、勤提醒，严查处。

（田　华）

【群团建设】 年内，机关工会联合会开展职工欢乐过大年、“两节”送温暖、“助力冬奥・巾帼我最美”作品展示等活动。完成基层工会换届工作。区直机关工会联合会被评为十佳工会组织，基层工会 4 名会员被评为行业标兵。加强对机关团员青年的思想政治引领，做好党史学习教育、评星定级、垃圾分类周报、志愿服务等工作。

（田　华）

党校工作

Party School Work

【概　况】 2022 年，中共北京市密云区委党校（简称区委党校）以习近平新时代中国特色社会主义思想为指导，深入学习贯彻党的二十大精神、习近平总书记对北京工作重要指示精神、给建设和守护密云水库的乡亲们的重要回信精神、关于党校办学治校系列重要指示精神，统筹谋划干部培训、教学科研、决策咨询、党建等各项工作，努力建设首都生态涵养区特色一流党校。

强化理论武装，“六位一体”领学促学党的二十大精神。推进干部教育培训，举办处级领导干部进修班等培训班次 17 期，培训学员 2332 人次。教研咨工作取得新进展，研发《从三个历史决议看党的百年奋斗历程》等 7 门课程，确定市委党校科研协作课题和校级重点课题 10 余项，申报市委党校决策咨询项目 1 项，向区委区政府报送决策咨询报告 4 篇，入选第三届北京市情论坛暨《北京市情研究文辑》（第四辑）征文 4 篇。区委党校理论政策宣讲团被评为密云先锋党员群体。

（刘思雨）

【密云区各级领导干部学习贯彻党的十九届六中全会精神专题研讨班】 3 月 21—23 日、3 月 30—4 月 1

日、4月12—14日，密云区局级领导、党政正职领导干部、处级领导干部学习贯彻党的十九届六中全会精神专题研讨班分别在党校举办，全区25名局级领导干部、103名党政正职领导干部、745名处级领导干部分别参加培训。培训采用集中授课、自学和分组研讨相结合的方式开展，内容主要有党的十九届六中全会精神解读、三个历史决议解读等。

（刘思雨）

【密云区组工干部学习贯彻市第十三次党代会精神专题培训班】 7月13—15日，密云区组工干部学习贯彻市第十三次党代会精神专题培训班举办。区直部门主管组织人事工作的副职领导、科室负责人，乡镇组织委员、党群工作办公室副主任，街道党工委副书记、党群工作办公室副主任等166人参加培训。培训班采取专题辅导、区领导讲党课、区委组织部科室负责人上讲台的方式，进一步深化全区组工干部对市第十三次党代会精神的领会把握、贯彻落实。

（刘思雨）

【密云区“两区”建设和培育建设国际消费中心城市专项工作专题培训班】 8月3—5日，密云区“两区”建设和培育建设国际消费中心城市专项工作专题培训班举办。区服务业扩大开放领导小组区属成员单位主管领导、主管科室负责人，各镇街相关工作主管领导、主管科室负责人共91人参加培训。本次培训包括“双碳”背景下的碳市场发展、后疫情时代的国际消费回流等5次专题辅导。

（刘思雨）

【密云区第12期处级领导干部进修班】 8月22日至9月22日，密云区第12期处级领导干部进修班举办，75名处级领导干部参加培训。本次培训综合运用讲授式、现场教学、影视教学、学员讲台等多种方式开展，重点安排习近平新时代中国特色社会主义思想理论学习、贯彻总书记关于党性教育重要论述精神、新时代首都科学发展与奋力打造践行习近平生态文明思想典范之区、提升贯彻落实习近平新时代中国特色社会主义思想的素质和能力4个模块29讲培训专题。

（刘思雨）

8月22日，密云区处级领导干部进修班开班

（李文超　摄）

【密云区接诉即办专题培训班】 8月23—25日，密云区2022年接诉即办专题培训班举办，104名主管接诉即办工作副职领导及接诉即办专班负责人参加培训。培训内容包括12345热线市民诉求办件规范、接诉即办新思考新问题新对策、接诉即办考评办法解读等课程。

（刘思雨）

【密云区纪检监察干部履职能力提升培训班】 9月9日、23日、28—29日，密云区纪检监察干部履职能力提升培训班举办，区纪委区监委机关干部、各派驻纪检监察组干部、各镇街纪（工）委专职纪检监察干部等共计250人参加培训。

（刘思雨）

【密云区第1期新任副处职领导干部能力提升暨廉洁从政培训班】 9月13日至10月19日，密云区第1期新任副处职领导干部能力提升暨廉洁从政培训班举办，43人参加培训。培训班以理论武装、党性教育、国情市情区情教育为重点，以提升履职能力为主线，重点安排习近平新时代中国特色社会主义思想、党性党规党纪教育、新时代首都科学发展与打造践行习近平生态文明思想典范之区、领导者素质与能力四个专题，综合运用讲授式、研讨式、案例式、现场式、情景模拟式、学员讲台等多种教学方式开展培训。

（刘思雨）

9月13日，密云区第1期新任副处职领导干部能力提升暨廉洁从政培训班开班（王越男　摄）

【密云区生态文明建设专题培训班】 9月14—16日，密云区2022年生态文明建设专题培训班举办，103名主管生态文明建设工作副职领导及科室负责人参加培训。培训内容主要有习近平生态文明思想、生态文明引领乡村振兴、生态环保督察、污染防治攻坚等。

（刘思雨）

【密云区选调生素质能力提升专题培训班】 9月19—23日，密云区2022年选调生素质能力提升专题培训班举办，2019—2021年选调生共计48人参加培训。本次培训形式多样，包含政治理论学习、实地现场教学、专家教授授课、分组交流研讨等，旨在激励选调生队伍不忘初心、扎根基层，为打造践行习近平生态文明思想典范之区提供人才保障和智力支持。

（刘思雨）

9月19日，密云区2022年选调生素质能力提升专题培训班开班 （孙烨 摄）

【密云区乡村振兴和美丽乡村建设专题培训班】 9月20—22日，密云区乡村振兴和美丽乡村建设专题培训班举办，各镇街（地区）和相关区直部门主管领导及科室负责人共88人参加培训。围绕全面推进乡村振兴战略、美丽乡村建设、农村一二三产业融合发展等开设培训专题，引导学员深刻领会新发展阶段乡村振兴工作的重要内涵和重点工作，不断增强“三农”工作本领，为全力打造乡村振兴“密云样板”贡献力量。

（刘思雨）

【密云区城市管理执法工作专题培训班】 9月26—28日，区委组织部、区城管执法局与区委党校联合举办密云区城市管理执法工作专题培训班，各镇街（地区）、中关村密云园主管综合执法工作的副职领导及执法队长共41人参加培训。本次培训综合运用专家讲授、视频教学、现场答疑等方式，教育引导学员强化法治思维，增强工作交流，形成全区执法工作合力。

（刘思雨）

【“六位一体”领学促学党的二十大精神】 一是领导带头学。主要领导带领全体教职工原原本本学习“三个决议”等文件。二是线上专题学。全体教职工积极参加中央党校、市委党校组织的线上专题培训。三是支部分组学。利用学习强国、人民日报等官媒自学党的二十大精神。四是围绕宣讲学。迅速部署党的二十大精神宣讲工作，组织骨干教师反复学习党的二十大报告原文，积极筹备宣讲稿，为“六进”做足准备。五是编印特刊学。第一时间编印党的二十大精神学习特刊，为教职工深入学习领会党的二十大精神提供系统全面的学习资料。六是全校研讨学。开展“学报告、谈体会、抒心声”活动，通过撰写心得体会等形式互学促学，形成党员干部热学热议党的二十大精神的浓厚氛围。

（刘思雨）

【以“密云先锋”为抓手推进机关党建工作】 年内，以“1+10”党员联系群众工作机制为依托，扎实开展“公仆心、云水情”干部教育实践活动，积极参与疫情防控、岗位建功、保水“三个一”、创建文明城区等先锋行动。区委党校理论政策宣讲团被评为密云先锋党员群体，一名同志被评为密云先锋岗先进个人，一名教师被密云区总工会评为“百名行业标兵”。

（刘思雨）

【课程开发】 年内，精心研发《社会主义发展史解读》《中国共产党与三个历史决议》《习近平生态文明思想概论》《学习弘扬密云水库宝贵精神》4门专题课程，更新完善《继承革命文化，赓续共产党人的精神血脉》《延安精神及其时代价值》《认真学习党章，严格遵守党章》3门课程。在主体培训班中安排7讲课程，推动教师上讲台、精品课程进课堂。

（刘思雨）

【理论宣讲】 年内，精选10名骨干教师组建理论宣讲团，打造“百讲党课进基层”宣讲品牌，深入机关、农村、社区、学校、企业、网站开展理论宣讲71场，听众5000余人次，为谱写新征程上中国式现代化密云新篇章贡献党校智慧和力量。

（刘思雨）

【调查研究】 年内，围绕区委中心工作，聚焦群众关注热点，深入开展调查研究，确定《密云区气候经济发展问题研究》《密云区“接诉即办”问题研究》《关于密云区集体经济薄弱村帮扶现状研究》等市委党校科研协作课题和校级重点课题10余项，其中《密云区气候经济发展问题研究》《密云区“接诉即办”问题研究》分别获评优秀、良好等次。

（刘思雨）

【文章发表】 年内，在《学习时报》、“前线”客户端等报刊媒体发表理论文章12篇；参加第三届北京市情论坛暨《北京市情研究文辑》（第四辑）征文活动，报送理论文章8篇，入选4篇。

（刘思雨）

【决策咨询】 年内，成功申报《关于传统村落保护和利用的实践路径探析》1项市委党校决策咨询项目，获评优秀等次。向区委区政府报送4篇决策咨询报告，其中《关于密云民宿品牌化发展的对策建议》《密云区“1+10”党员包保联系群众机制的实践探索与思考》2篇获区委主要领导肯定性批示。

（刘思雨）

党史编研

Research on Party History

【概　况】 2022年，中共北京市密云区委党史研究室（简称区委党研室）深入学习贯彻习近平新时代中国特色社会主义思想，全面贯彻党的二十大精神，以巩固拓展党史学习教育成果、推进党史学习教育常态化长效化为主线，深入挖掘密云历史文化、红色文化、长城文化和密云水库文化，用足用好红色资源。完成《渔阳太守张堪》《密云先贤》等编纂出版工作；启动《密云简史》编纂工作；做好白乙化纪念馆、水库展览馆等展陈更新、调整工作；挖掘“密云八珍”“密云八景”文化，促进文化和旅游产业融合发展；深化党史、新中国史、改革开放史、社会主义发展史“四史”学习教育，组织开展主题宣讲活动；开展“为烈士找亲人、为亲人找烈士”活动。

（孔令佩）

【《渔阳太守张堪》出版】 8月，《渔阳太守张堪》完成出版工作。该书4月完成初稿，6月完成统稿，形成送审稿，8月通过编委会审查，内部出版。全书版面文字15万字，插图54幅，全面系统客观地记述张堪的典型事迹以及蕴含的时代价值。截至年底，编印3000册普发至各基层党组织。

（孔令佩）

8月，《渔阳太守张堪》出版发行

（区委党研室　供图）

【《密云简史》编纂工作启动会】 9月，区委党研室召开专题会议，正式启动《密云简史》编纂工作。会议强调，要按照“实事求是、导向正确；主线清晰、重点突出；内容翔实、史实准确；论述精当、行文规范”的原则，全面系统客观记述密云地区发展历程，严格按照计划分工如期完成编纂任务，确保2025年底前完成出版。

（孔令佩）

9月，《密云简史》编纂工作启动会召开

（区委党研室　供图）

【《密云先贤》送审稿完成】 年内，《密云先贤》完成编纂工作。该书10月完成初稿，12月完成统稿，形成送审稿。全书共有70余篇专文，收入先贤100余人（不含仅提到姓名者），版面文字30余万字，插图

150 幅，深入挖掘密云先贤蕴含的思想观念、人文精神、道德规范及其当代价值。

（孔令佩）

【党史主题宣讲】 年内，区委党研室成立党史主题宣讲志愿服务队，开展“伟大建党精神与密云共产党人的精神谱系”“党的三个历史决议”“党的二十大精神”等主题宣讲。按照人人都是宣讲员的要求，进机关、进农村、进社区、进学校、进企业、进单位、进军营、进医院，共宣讲 32 场，受众 3000 余人。

（孔令佩）

3 月 24 日，区委党史研究室主任赴基层开展“伟大建党精神与密云共产党人精神谱系”主题宣讲

（区委党研室　供图）

【“八珍八景”挖掘开发】 年内，区委党研室按照区委部署，查阅历史文集，在传统密云“八珍”“八景”的基础上深入挖掘其蕴含的特色文化，促进文化和旅游产业融合发展。传统“密云八珍”包括燕山板栗、西田各庄金丝小枣、坟庄核桃等农特产品。传统“密云八景”包括冶塔仙灯、圣水鸣琴、白檀晴光等特色景观。

（孔令佩）

【纪念馆展陈优化】 年内，区委党研室开展走访调研，对白乙化纪念馆、水库展览馆等纪念设施的展陈内容进行全面核查，严把政治关、保密关、史实关、文字关，优化丰富展陈内容和部分设施的解说词，深入研讨展点中配图图注等问题，努力实现红色文化资源精准、精彩转化。

（孔令佩）

老干部工作

Senior Cadres Work

【概　况】 中共北京市密云区委员会老干部局（简称区委老干部局）是负责管理全区离退休干部工作的职能部门。2022 年，区委老干部局以习近平新时代中国特色社会主义思想为指导，加强政治、思想、组织建设，扎实开展“喜迎二十大”和“学习贯彻二十大会议精神”系列活动，认真做好“五老”关爱工程，引导老同志争当“密云先锋”之“银发先锋”。开展离休干部“一对一”精准服务工作，认真落实区委区政府为老同志办实事项目，不断提升离退休干部服务管理水平。注重强基固本，持续深化党建引领老干部工作向基层延伸。

（王　元）

【看望慰问】 3 月 24 日，对自管离休干部生活特殊困难遗属进行走访看望，对她们身体情况、家庭情况以及子女的工作情况、收入情况等进行详细了解并为她们送去生活困难补助金。

（王　元）

【老干部工作领导小组会】 4 月 14 日，密云区委老干部工作领导小组会议召开。区委常委、组织部部长、区委老干部工作领导小组组长葛俊凯同志主持会议并讲话，区委老干部工作领导小组成员单位参加。会上，传达学习全国老干部局长会和北京市老干部工作会议精神，听取 2021 年老干部工作情况、2022 年老干部工作要点汇报及区委区政府为老同志拟办实事建议项目。会议决定将全区老干部工作要点、区委区政府为老同志拟办实事建议项目提交区委常委会审定。

（王　元）

【征集意见建议活动】 年内，在老干部中开展征集党的十九届六中全会精神、党的二十大意见建议和党的二十大会议精神学习体会活动，引导老干部学习宣传贯彻党的十九届六中全会精神、党的二十大会议精神，收到老干部学习体会和意见建议 120 余条。

（王　元）

【开展“十大行动”】 年内，以扎实开展“密云先锋”行动为契机，组织离退休干部深入开展思想引领、赓续红色血脉、银发先锋、党建强基、能力提升、文体引领等“十大行动”，引领离退休干部在政治立场、政治方向、政治原则、政治道路上始终同以习近平同志为核心的党中央保持高度一致，持续输出银发力量，为建设美丽北京、谱写现代化建设密云篇章贡献力量。

（王　元）

10 月 10 日，法院离退休干部党支部开展“夕阳红·云水情”主题实践活动　（区法院　供图）

【关心下一代工作】 年内，扎实开展“强国有我，做新时代好少年”“红心向党”“革命传统在红色的歌声中传扬”“五老四走进，唱响红色主旋律”“老少同声颂党恩，携手喜迎二十大”等主题教育活动，推动未成年人校外心理健康辅导站心理健康讲座进社区，开展心理健康科普教育专题授课、《疫情下的心理危机与应对》主题讲座等线上线下心理辅导活动。

（王　元）

【“五老”关爱工程】 年内，完善各级关工委“五老”队伍建设。挖掘、动员有能力有专长愿意致力关心下一代工作的老同志加入到队伍中来，建立“五老”数据库，建设一支素质优良、人数众多、覆盖面广、结构合理的“五老”队伍。

（王　元）

【解困帮扶】 年内，开展生活有特殊困难离退休干部及离休干部无工作遗属解困帮扶工作。对区内 27 位生活有特殊困难的离休干部及离休干部无工作遗属发放帮扶资金 9.9 万元，对区内 17 位生活有特殊困难的退休干部发放帮扶资金 6.9 万元。实现“调查摸底准确、申报程序规范、发放快捷高效”。

（王　元）

【开展家庭适老化改造试点工作】 年内，对 51 位离休干部、8 位抗战参工离休干部及 29 位区级退休干部提供居家适老化改造帮扶项目，以满足其居家生活照料、起居行走、康复护理等需求为核心，改善居家生活照护条件，增强居家生活设施设备安全性、便利性和舒适性，提升居家养老服务品质。

（王　元）

【保障离休干部经费】 年内，重大节日普遍走访慰问全区离休干部。为 62 名离休干部发放春节慰问金、家政服务费、生活服务费、过生日经费 19.24 万元，实现重大节日慰问全覆盖。

（王　元）

9 月 28 日，在重阳节来临之际，走访慰问离休干部　（区委老干部局　供图）

【区级老同志联络服务】 年内，做好重大节日走访慰问服务保障工作。春节前夕区领导带队，对区级离退休干部进行走访看望，局分管领导带队看望 16 位区级老干部遗属，为 21 位区级老干部过生日，看望生病住院的老干部 5 人次。

（王　元）

【开展征集活动】 年内，做好“中国共产党人精神谱系”主题展览、“我家的‘人世间’故事”等征集活动，共征集相关典型事迹、纪念物品、艺术作品、图文音视频资料等 200 余件。

（王　元）

【宣传工作】 年内，收集整理宣传素材，向学习强国、《北京老干部》杂志、老干部公众号、宜居密云等市区媒体平台报送对外宣传稿件及书影画作品 300 余篇，其中被“学习强国”北京学习平台刊登采用 5 篇，被市区媒体采用 60 余篇。邀请曾当选过党代表的退休干部史桂荣、孙立凤两位同志参与制作《银发力量》系列微视频，点赞党和国家事业取得的历史性成就，发生的历史性变革，讲述他们为密云绿色农业和教育事业作出的积极贡献。编印《密云老干部之声》，加强与老干部互动，提高刊物质量，提升刊物吸引力和知名度。

（王　元）

【队伍建设】 年内，深入贯彻党的二十大会议精神和历次全会精神，坚持理论学习中心组“领学”，组织理论学习中心组集中学习交流研讨。从严从细抓落实，压紧压实全面从严治党责任，明确责任内容，健全工作机制。持之以恒抓好作风建设。严格落实重大事项汇报制度，发挥制度的刚性约束作用，扎紧制度的“笼子”。严格落实带班领导和值班人员在岗带班制度。积极响应号召，落实疫情防控工作，多批次抽调党员干部，参与社区疫情防控等工作。发挥党员先锋模范作用，扎实开展“密云先锋”行动。做好垃圾分类、创建文明城区等工作。参与“桶前值守”活动620次，累计志愿服务1240小时，参与创城活动累计280人次。深入开展“公仆心、云水情”干部教育实践活动。全面开展“大学习”“大检视”“大提升”活动，参加集体学习145人次，个人自学725小时。检视问题27项，制定整改措施33项，已整改完成17项。

（王　元）

保密工作

Secrecy Work

【概　况】 中共北京市密云区委保密委员会办公室（简称区委保密办）、北京市密云区国家保密局（简称区保密局），既是中共北京市密云区委保密委员会的日常办事机构，又是负责密云区行政区域内保密工作的政府职能部门，区委保密办（区保密局）设在区委办公室。2022年，区委保密办（区保密局）坚持围绕中心、服务大局，不断深化保密宣传教育，强化“三大管理”，严格监督检查，细化服务保障，持续推进保密自查自评规范化常态化建设。组织召开区委保密委员会全体会议、全区保密工作大会。开展“双随机”保密检查、中高考保密检查等各类检查30余次。举办各类教育培训班7次，开展上门保密指导培训20余次，培训领导干部、涉密人员、保密干部、公职人员3200余人次。

（高　跃）

【冬奥会冬残奥会保密工作】 1月，印发通知要求相关单位进一步加强冬奥会、冬残奥会保密管理。对3家重点单位开展上门检查指导，要求相关单位切实落实保密责任，筑牢保密防线。

（高　跃）

【北京市保密工作先进集体和先进个人申报工作】 4月，组织各机关、单位参与北京市保密先进集体和先进个人申报工作，对各机关、单位报送的先进材料进行筛选，并结合日常保密工作情况向北京市保密局推荐。

（高　跃）

【区委保密委员会全体会议】 4月19日，中共北京市密云区委保密委员会全体会议召开，调整区委保密委成员，审议通过区委保密委员会2022年工作要点，对全年重点工作进行部署。

（高　跃）

4月19日，中共北京市密云区委保密委员会全体会议召开　（谷阳　摄）

【全区保密工作会议】 4月19日、密云区召开全区保密工作会议，传达学习全国、北京市保密工作会议精神，对进一步加强机要文件保密管理工作进行专项部署，总结部署全区保密工作。

（高　跃）

【保密工作管理责任书】 6月，结合保密工作新形势新任务新要求，修订《北京市密云区保密工作管理责任书》（简称《责任书》），区委保密委主任与各机关、单位主要领导签订《责任书》。

（高　跃）

【网络安全专题培训】 7月29日，密云区网络安全专题培训会召开。邀请国家互联网应急中心北京分中心有关负责同志围绕当前网络安全形势、上网安全、办公安全等内容做专题授课，解读网络安全政策法规。全区各机关、单位保密委员会成员、保密干部参加培训。

（高　跃）

7 月 29 日，密云区网络安全专题培训会召开

（谷阳　摄）

【互联网计算机保密自查培训】 9 月 22 日、10 月 9 日，分两批组织 40 家区属重点单位开展互联网计算机保密自查培训，并为各单位配发计算机保密检查工具，组织各单位开展互联网计算机保密自查工作。

（高　跃）

【“双随机”保密检查】 10 月 14—18 日，随机抽取 3 家区属保密资质企业开展“双随机”实地检查，对企业 9 大类 34 项保密管理情况进行综合检查。

（高　跃）

【涉密人员管理】 年内，组织开展 2021 年度涉密人员情况统计工作，协助区委组织部完成 35 名退休处级干部涉密情况查核工作。

（高　跃）

【党的二十大服务保障】 年内，组织召开区委保密委员会扩大会议，对党的二十大保密服务保障工作进行专项部署。通过印发通知明确保密要求、开展风险隐患大排查、上门提供指导等方式，持续加强涉密信息保密管理。

（高　跃）

【新冠肺炎疫情防控保密工作】 年内，印发通知要求全区各机关、单位进一步加强疫情防控保密工作，组织各机关、单位重点围绕微信、互联网计算机、手机等保密管理情况开展自查，组织疫情防控工作人员签订保密承诺书。对区疫情防控办提供上门培训，开展专项检查，及时消除隐患，堵塞漏洞。持续加强疫情防控重要会议保密管理，指派专人赴会场开展巡检巡查 60 余次。

（高　跃）

【保密宣传教育】 年内，组织开展“4·15”全民国家安全教育日保密宣传教育月活动、《北京市保守国家秘密条例》实施一周年宣传活动、“保密故事大家讲”主题讲述等活动。组织全区各单位干部职工参与《保密条例》知识竞赛活动，制作近百张公务员系列保密教育专题片光盘，组织全区各单位干部职工观看。举办定密管理培训、涉密人员在线培训，依托区委党校处级干部、公务员培训班和上门授课等形式，培训 3200 人次。同时，运用电视、广播、报纸、网站、微信公众号、电子大屏幕等平台广泛宣传保密法律法规。

（高　跃）

【中高考保密检查】 年内，开展高考、成人高考保密检查，对试题的领运、交接、保管、发放等关键环节进行检查，实地检查区考试中心和各考点（包括备用酒店考点）8 次，开展考场环境保密安全技术检测 20 次。

（高　跃）

【保密服务保障】 年内，为区委全会、区“两会”等重要会议活动开展保密服务保障 80 次，为区委区政府集中办公区重要办公场所、重点保密部门等开展保密技术检测 50 次。

（高　跃）

【保密自查自评及检查】 年内，深入推进保密自查自评工作规范化常态化建设，组织各机关、单位开展保密自查自评工作。开展上门抽查 20 余次，对存在问题隐患的单位督促指导及时整改。

（高　跃）

综合服务
Comprehensive Services

【概　况】 2022 年，中共北京市密云区委员会办公室（简称区委办）以习近平新时代中国特色社会主义思想为指导，深入学习贯彻党的二十大精神，认真落实习近平总书记“五个坚持”重要指示要求，坚持“规范、创新、提升”，完成“三服务”各项工作任务。按照区委部署，组织召开全区领导干部会议、党的二十大安保维稳动员部署会议等，明确工作要求，推进党的二十大服务保障工作顺利开展、圆满完成。

制发贯彻落实习近平总书记重要回信精神两周年工作方案，明确26项重点工作，促进保水保生态工作取得新进展、新突破。服务区委领导围绕“保水富民发展”等主题，到水库周边乡镇开展调查研究，深入了解密云水库一级保护区的新情况。聚焦学习贯彻市第十三次党代会和市委十三届二次全会精神，制定重点任务分工方案，明确工作要求，强化跟踪督办，确保落地落实。服务保障区委三届四次、五次全会成功召开，做好会议组织工作。履行好参谋助手、督促落实、调研指导、会议组织等职能，助力打好疫情防控阻击战、整体战。

（高晓阳）

【综合协调】 年内，有序做好全年会议计划、月计划、周计划等，严格规范会议材料准备及审批流程，组织召开区委全会等全区大型会议43次，区委常委会53次，服务保障区领导及办公室各类会议210余次，组织区领导参加市级疫情防控会200余次，完成精简会议下降20%的工作目标。围绕重要会议服务保障、保水保生态、绿色高质量发展、创城、疫情防控等重点工作，组织区领导深入20个镇街（地区）及相关委办局开展调研工作140余次，制作调研手板58张。周密部署，科学制定工作方案，完成党中央、市委、区委以及外省市、企业领导等到密云调研的接待服务保障任务50余次。

（高晓阳）

【文秘工作】 年内，聚焦党的二十大、保水保生态、绿色高质量发展、创建全国文明城区、疫情防控、党的建设等中心工作，完成文稿600多篇、超过100万字。起草学习贯彻党的二十大精神相关文稿和报道文章，制发学习通知、学习材料，服务保障党的二十大精神入脑入心、落地生根。制发公文296件，实现“零失误”。以区委名义向市委请示报告54件，规范性文件全部通过市委办公厅合法性审查。收文174件，保障区委部署要求上传下达。全面规范公文处理各环节、各流程，制发进一步规范报文程序的通知，做好日常服务指导。创新开展下一级党委规范性文件备案审查工作，得到市委办公厅肯定。

（高晓阳）

【信息工作】 年内，创新信息工作机制，党委信息工作列入党建统领综合考评及政府绩效考核。围绕区委中心工作，编发《密云信息》255期，《信息专报》277期。刊种数量、出刊期数及单期页数均增长1倍以上。《密云信息》新增积分榜、工作通报刊种。结合密云保水保生态、科学城东区建设、气候经济、生命健康、疫情防控等领域特色亮点，在市委《北京信息》刊登密云区获批国家气候投融资试点地区、在北京市率先制定生态产品价值实现机制、打造环密云水库“百里骑迹”骑行线路等信息153篇，多条信息获得市委主要领导批示。

（高晓阳）

【督查工作】 年内，规范督查督办机制，制发《关于建立“马上落实、立即反馈”机制的通知》《关于进一步规范督查督办事项办理工作的通知》等，形成日报、周报、月报等重点事项督查督办机制。办理督办事项1330件，形成市级、区级、督查专报、日报等共515份督查成果报告。做好区委书记批示件转办工作，登记转办批示件4382件。会同区委组织部研究建立“积分榜”机制，细化工作细则，累计向积分办申报积分688项。深入落实为基层减负各项要求，研究制定25项具体减负措施。规范督检考工作，大力合并精简，将全区督查检查考核事项压缩至10项。

（高晓阳）

【机要工作】 年内，收发各类电报、邮件5351件，来文量创历史新高。无差错拟办落实建议495条，有效发挥参谋作用。综合工作成绩在市级考核中位居全市第二，并获优秀组织奖。按照党中央和市委要求，稳步推进信创工作，超额完成市级下派的各类任务。服务市区加密视频会议3100余次，完成区委领导视频会议随行保障，确保区委指挥调度高质高效。机要文件运转安全高效，克服疫情不利影响，建立周清退、市领导批示转报、全区机要员“京办”群等机制，确保上传下达安全有序。提出领导同志批示内容建议232件，服务领导科学决策；传阅领导文件信息9015余件，同比增长36.6%；转办领导批示件968件，同比增长超过3倍。完成全区2023年《中办通讯》、区委办《秘书工作》等征订工作。组织收发各类文件信息简报近8万份，印制文件材料46.5万页。

（高晓阳）

【档案工作】 年内，首次制定档案事业发展规划，有力指导档案工作科学发展。区档案馆“两馆”建设加速推进，均实现开工建设。首次召开全区档案工作会议，明确工作要求，提升全区档案工作质效。全国首批档案工作服务农村基层社会治理试点项目，通过国家档案局验收确定。创新开展“双先表彰”选拔推荐，密云区 2 个集体和 5 名个人荣获 2017—2021 年度北京市档案系统先进集体和先进个人。区档案局荣获先进集体荣誉称号。制定档案“八五”普法规划，深入开展档案法治宣传，依法依规开展执法检查。持续做好档案政务服务，完成 1112 项政务服务事项电子归档审核，“全程网办”“一网通办”响应率、解决率、满意率均达到 100%。完成年度立卷归档工作，形成档案 2492 卷件（其中上级文件 855 件，一套档案 1589 件，二套档案 48 卷）。修订完善《核心档案查阅制度》，把控核心档案借阅流程，档案查阅利用 88 人次，利用档案 378 余卷件。

（高晓阳）

【改革工作】 年内，扎实开展改革督办督察工作，确定 43 项改革任务、16 项重点改革任务、20 项“微改革、微创新”，均按计划完成。注重引导各单位以改革创新破解发展难题，强化典型经验推广，冯家峪镇“打造密云乡村振兴样板镇”改革经验在市委改革办进行交流宣传，冯家峪镇荣获“推进改革优秀乡镇”；“农村邻里互助点”养老服务模式、太师屯镇基层“多员融合”生态环境综合治理新路径被市委改革办评为“微改革、微创新”典型案例，新业态新就业群体党建、生态产品价值实现机制、密云积分榜机制在市委改革信息工作交流以专刊形式刊载，3 篇典型经验在密云信息工作交流专刊刊载。

（高晓阳）

【党建工作】 年内，制发《区委党建工作领导小组 2022 年工作要点》，明确 122 项重点任务。持续完善“党建统领、赋权下沉、精简高效、全程管理、激励约束”的综合考核评价体系，推动树立重视基层、关注基层的鲜明工作导向。坚持抓班子、带队伍，全面落实意识形态责任制，不断提升干部队伍的凝聚力、战斗力，多名同志参加市区竞赛获奖。全面提升党建规范化水平，完成党总支和五个支部换届工作。制定《区委办公室党总支关于开展“密云先锋”行动的工作计划》，结合区委办公室“三服务”职能，组织党员积极投身保水保生态、疫情防控、创建全国文明城区等区委重点工作。发挥“四办”党建联盟作用，定期召开工作协调会商会，推动“三服务”水平不断提升。落实“1＋10”党员密切联系群众工作机制，做好与东邵渠镇小岭村、银冶岭村结对帮扶工作，帮助村集体顺利完成“消薄”任务。

（高晓阳）

北京市密云区人民代表大会

BEIJING MIYUN DISTRICT PEOPLE'S CONGRESS

综　述

Overview

【概　况】 2022年，北京市密云区人民代表大会常务委员会（简称区人大常委会）坚持以习近平新时代中国特色社会主义思想为指导，深入落实习近平总书记重要回信精神，认真学习宣传贯彻党的二十大精神和市第十三次党代会精神，全面落实中央、市委和区委人大工作会议精神，紧扣区第三次党代会决策部署，认真执行区三届人大一次会议决议决定，依法履行职权，各项工作圆满完成。

（王明增）

【政治建设】 坚持用习近平新时代中国特色社会主义思想统揽人大工作，把学习宣传贯彻党的二十大精神作为当前和今后一个时期的首要政治任务，切实把思想和行动统一到党中央的决策部署上来。自觉接受区委的全面领导，落实重大事项请示报告制度，始终把党的领导贯穿人大依法行权、履职尽责的全过程。充分发挥党组把方向、管大局、保落实的作用，加强对常委会重点工作的研究谋划、统筹调度、督促落实。坚持会前学法和“第一议题”学习制度，严明政治纪律和政治规矩，落实好意识形态工作责任制。

（王明增）

【履职行权】 用好宪法法律赋予的各项职权，聚焦区委保水、保生态、保安全、保障民生和绿色高质量发展等中心工作，实行正确监督、有效监督、依法监督。保证宪法法律法规有效实施，听取区政府法治政府建设情况的报告，加强规范性文件备案审查工作，组织开展《北京市非机动车管理条例》《北京市接诉即办工作条例》执法检查，持续深入开展宪法法律宣传教育。参与立法调研工作，围绕《北京市城市更新条例》《北京市节水条例》法规草案深入开展“万名代表下基层”立法征求意见活动。推动重点任务落地落实，听取和审议“一府两院”关于密云水库上游流域“两市三区”联建联防联治工作、密云“生态检察”公益诉讼高质量发展、法治保水工作等报告，开展水库流域水生态保护与绿色发展视察。视察科学城东区科技创新工作和旅游高质量发展工作情况。听取和审议区政府关于城乡路网规划实施情况的报告，对新刘棚改区域、京沈高铁密云站周边等路网规划及实施情况进行视察。深化财经领域审查监督，以“四问该不该”为切入点，切实做好对国民经济和社会发展计划、财政预决算工作的有效监督。听取和审议区政府关于发展壮大农村集体经济推动实现共同富裕工作情况的报告，开展“发展壮大农村集体经济，促进农民增收工作”专题调研系列活动和林下经济建设情况视察，助力乡村振兴战略实施。促进民生保障持续改善，聚焦推进解决密云城区义务教育阶段学位缺口问题开展专题询问，坚持按月督办区政府重要民生实事项目进展情况。稳步推进讨论决定重大事项常态化工作，坚决保证区委重大决策和意图的实现。坚持党管干部原则与人大依法行使人事任免权相统一，保证党组织推荐的人选通过法定程序得到实现。

（王明增）

【代表工作】 深入落实发展全过程人民民主的重大理念，牢固树立为代表服务意识，坚持紧紧依靠代表做好人大工作。依法做好密云区出席北京市第十六届人民代表大会代表选举工作，指导镇街（地区）人大做好区、镇人大代表补选工作。推进区委改革任务落实，深入推进人大代表“家站”规范化建设，全区建设20个代表之家、90个代表联络站，重点打造20个区级示范站。提升代表建议办理实效，区三届人大一次会议以来提出建议共81件，办复率为100%，满意率达到96.3%。强化代表履职服务保障，开展代表政治能力专题培训，密切区人大常委会、“一府一委两院”同代表的联系，高质量完成市人大密云团代表履职服务。

（王明增）

【自身建设】 修订区人民代表大会议事规则，把发展全过程人民民主重大理念融入其中。健全区人大常委会组成人员联系区人大代表、区人大代表联系选民工作制度，开展倾听实情、倾听民意、倾听建议、倾听需求的“四倾听”活动。健全落实主任会议成员联系镇街人大工作机制，重要议题共同发力，上下联系更加紧密。贯彻区委做好新时代密云人大工作的意见和要求，指导基层人大履职更加规范。定期召开区、镇街人大工作座谈会，交流习近平总书记关于坚持和完善人民代表大会制度的重要思想的学习成果和推进全过程人民民主的实践成果。健全宣传信息工作制度及机制，设立《密云人大信息》专刊，创建“密云人大”微信公众号，及时宣传党的大政方针、法律法规和密云人大工作动态，讲好人大故事、代表故事。《人大监督的密云“答卷”》获第十八届北京市宣传人民代表大会制度好新闻评选电台、电视台类二等奖。

（王明增）

重要会议和活动

Major Conferences and Activities

【概　况】 2022年，区人大常委会筹备组织召开1次区人民代表大会会议；全年共召开常委会会议9次，审议议题51项，其中，听取审议专项工作报告和计划预算报告25个，作出决议决定16项。

（王明增）

【第三届人大常委会第二次会议】 2月11日，北京市密云区第三届人大常委会召开第二次会议。传达学习了习近平总书记在十九届中央纪委六次全会上的重要讲话和全会精神；审议通过了区第三届人大常委会代表资格审查委员会组成人员名单、区人大常委会2022年工作要点；表决通过了由区人大常委会主任会议、区人民政府区长、区人民法院院长分别提请的人事任免等事项，并组织新任命人员向宪法宣誓。

（王明增）

【第三届人大常委会第三次会议】 3月31日，北京市密云区第三届人大常委会召开第三次会议。传达学习了习近平总书记重要讲话精神及全国人大五次会议精神；审议通过了《北京市密云区人民检察院关于充分发挥新时代能动检察职能作用　积极推进密云“生态检察”公益诉讼高质量发展工作情况的报告》；作出了关于批准北京市密云区2022年新增地方政府债务限额、新增地方政府债务和预算调整方案的决议；表决通过了由区监察委员会主任、区人民法院院长分别提请的人事任免等事项，并组织新任命区监察委委员向宪法宣誓。

（王明增）

3月31日，区第三届人大常委会召开第三次会议，作出批准新增地方政府债务限额、新增地方政府债务和预算调整方案的决议（王明增　摄）

【第三届人大常委会第四次会议】 5月26日，北京市密云区第三届人大常委会召开第四次会议。传达学习了习近平总书记在庆祝中国共产主义青年团成立100周年大会上的重要讲话精神和在中共中央政治局常务委员会上关于疫情防控工作的重要讲话精神；书面听取了《北京市密云区人民政府关于2021年度法治政府建设情况的报告》；审议通过了《北京市密云区人民政府关于城乡规划（路网规划）实施情况的报告》；作出了关于批准北京市密云区2022年新增地方政府债务限额、新增地方政府债务和预算调整方案的决议；表决通过了由区人大常委会主任会议、区人民法院院长提请的人事任免事项，并组织新任命的果园街道人大工委主任向宪法宣誓。

（王明增）

【第三届人大常委会第五次会议】 6月23日，北京市密云区第三届人大常委会召开第五次会议。传达学习了习近平总书记在主持中共中央政治局第四十次集体学习和四川考察时的重要讲话精神；作出了关于批准北京市密云区2022年新增地方政府债务限额、新增地方政府债务和预算调整方案的决议。

（王明增）

【第三届人大常委会第六次会议】 7月26日，北京市密云区第三届人大常委会召开第六次会议。传达学习了习近平总书记在省部级主要领导干部学习贯彻党的十九届六中全会精神专题研讨班上的重要讲话精神和市第十三次党代会精神；听取和审议了《北京市密云区人民政府关于北京市密云区2021年区级决算草案的报告》《北京市密云区人民政府关于2021年度本级预算执行和其他财政收支情况的审计工作报告》《北京市密云区人民政府关于2022年上半年国民经济和社会发展计划执行情况的报告》《北京市密云区人民政府关于北京市密云区2022年上半年预算执行情况的报告》《北京市密云区人民法院关于法治保水工作开展情况的报告》，作出了批准北京市密云区2021年区级决算的决议；审议通过了关于许可对密云区第三届人民代表大会个别代表采取行政拘留措施的决定；审议关于个别区人大代表辞职、个别代表的代表资格变动情况、调整代表名额分配和补选区、镇人大代表等事项，作出了相关决议决定；表决通过了由区人民法院院长提请的人事任免事项。

（王明增）

【**第三届人大常委会第七次会议**】 9月27日，北京市密云区第三届人大常委会召开第七次会议。传达学习了习近平总书记在省部级主要领导干部专题研讨班上的重要讲话精神；听取和审议了区政府关于2022年区三届人大一次会议代表建议、批评和意见办理情况的报告、区政府关于环境状况和环境保护目标完成情况（密云水库上游流域“两市三区”联防联建联治工作情况）的报告；听取了区人大常委会备案审查办公室关于北京市密云区人大常委会备案审查工作情况的报告、区人大常委会代表资格审查委员会关于个别代表的代表资格审查报告，通过了相关决议；通过了区人大常委会主任会议、区人民政府区长、区人民法院院长提请的人事任免事项。

（王明增）

【**第三届人大常委会第八次会议**】 10月27日，北京市密云区第三届人大常委会召开第八次会议。传达学习了党的二十大精神；听取了区政府关于全域无隐性债务试点工作完成情况的报告；审议通过了关于调整代表名额分配和补选区、镇人大代表等事项，作出了相关决议决定；决定了区第三届人民代表大会第二次会议有关事项，通过了相关决定（草案）和建议名单；审议了《北京市密云区人民代表大会议事规则（修订草案）》。

（王明增）

【**第三届人大常委会第九次会议**】 11月17日，北京市密云区第三届人大常委会召开第九次会议。传达学习了习近平总书记在中共中央政治局常务委员会会议上关于新冠肺炎疫情防控工作的重要讲话精神；听取了《北京市密云区第三届人大常委会代表资格审查委员会关于个别代表的代表资格审查报告》，通过了相关决议。

（王明增）

【**第三届人民代表大会第二次会议**】 11月18—19日，北京市密云区第三届人民代表大会第二次会议在北京云湖时代会议中心举行。传达学习了党的二十大精神；表决通过了《北京市密云区第三届人民代表大会第二次会议选举办法》，依法选举产生了25名密云区出席北京市第十六届人民代表大会的代表；审议了《北京市密云区人民代表大会议事规则（修订草案）》，表决通过了关于修订《北京市密云区人民代表大会议事规则》的决议。

（王明增）

【**第三届人大常委会第十次会议**】 12月2日，北京市密云区第三届人大常委会召开第十次会议，会议以加密视频方式召开。传达学习了习近平总书记关于宪法的重要论述；听取和审议了区政府关于2022年重要民生实事项目完成情况的报告、2021年度行政事业性国有资产管理情况的专项报告、2021年度本级预算执行和其他财政收支审计查出问题整改情况工作报告和发展壮大农村集体经济，推动实现共同富裕工作的报告，书面审议了区政府关于2021年度国有资产管理情况的综合报告和行政事业单位国有资产管理使用情况审计工作报告；听取和审议了区政府关于2022年预算调整方案（草案）的报告，通过了相关决议；决定了区第三届人民代表大会第三次会议有关事项，通过了相关决定（草案）和建议名单；审议了北京市密云区人大常委会工作报告稿；通过了人事任免事项。

（王明增）

重大事项决定

Major Matter Decisions

【**概　况**】 2022年，区人大常委会围绕贯彻落实区委重大决策部署，稳步推进讨论决定重大事项常态化工作，依法审查和批准国民经济和社会发展计划、财政预决算等重大事项，加强对区政府31件重要民生实事项目决议决定贯彻实施情况的监督，坚决保证区委重大决策和意图的实现。

（王明增）

【**作出关于批准北京市密云区2022年新增地方政府债务限额、新增地方政府债务和预算调整方案的决议**】 3月31日、5月26日、6月23日，区第三届人大常委会第三次会议、第四次会议、第五次会议连续3次听取和审议了区政府关于2022年新增地方政府债务限额、新增地方政府债务和预算调整方案的报告，听取了区人大财经委员会关于2022年新增地方政府债务限额、新增地方政府债务和预算调整方案的审查结果报告，根据会议审议情况，分别作出了关于批准北京市密云区2022年新增地方政府债务限额、新增地方政府债务和预算调整方案的决议。

（任 菲）

【作出关于批准北京市密云区2021年区级决算的决议】 7月26日，区第三届人大常委会第六次会议听取和审议了区政府关于北京市密云区2021年区级决算草案的报告，结合区人大财政经济委员会调研情况和会前初审情况以及会议审议情况，作出了关于批准北京市密云区2021年区级决算的决议。

（任 菲）

【作出关于批准2022年预算调整方案（草案）的决议】 12月2日，区第三届人大常委会第十次会议听取和审议了区政府关于2022年预算调整方案（草案）的报告，听取了区人大财政经济委员会关于2022年预算调整方案（草案）的审查报告，根据会议审议情况，作出了关于批准2022年预算调整方案（草案）的决议。

（任 菲）

人事任免

Appointment and Removal of Personnel

【概 况】 2022年，区人大常委会坚持党管干部原则与人大依法行使人事任免权相统一，依法任免国家机关工作人员128名，组织宪法宣誓50人次，保证党组织推荐的人选通过法定程序得到实现。

（王明增）

【任免事项】 2月11日，区三届人大常委会第二次会议，根据区人大常委会主任会议的提请，决定：免去周广明北京市密云区人民代表大会常务委员会鼓楼街道工作委员会主任职务；免去耿晓婧北京市密云区人民代表大会常务委员会果园街道工作委员会主任职务。任命王红为北京市密云区人民代表大会常务委员会办公室主任；任命范英奇为北京市密云区人民代表大会常务委员会法制办公室（备案审查办公室）主任；任命孙明朝为北京市密云区人民代表大会常务委员会财政经济办公室（预算审查办公室）主任；任命段嗣博为北京市密云区人民代表大会常务委员会教科文卫体办公室主任；任命于庭满为北京市密云区人民代表大会常务委员会城建环保办公室主任；任命田立文为北京市密云区人民代表大会常务委员会农村办公室主任；任命方铁洪为北京市密云区人民代表大会常务委员会研究室主任；任命单德玲为北京市密云区人民代表大会常务委员会代表联络室（市人大代表联络处）主任（处长）；任命刘晓丽为北京市密云区人民代表大会常务委员会办公室副主任；任命曲志刚为北京市密云区人民代表大会常务委员会办公室副主任；任命王海静为北京市密云区人民代表大会常务委员会信访室主任；任命张立强为北京市密云区人民代表大会常务委员会法制办公室（备案审查办公室）副主任；任命王雪梅为北京市密云区人民代表大会常务委员会财政经济办公室（预算审查办公室）副主任；任命陈亚军为北京市密云区人民代表大会常务委员会教科文卫体办公室副主任；任命师会芬为北京市密云区人民代表大会常务委员会城建环保办公室副主任；任命史瑞兰为北京市密云区人民代表大会常务委员会农村办公室副主任；任命张云呈为北京市密云区人民代表大会常务委员会代表联络室（市人大代表联络处）副主任（副处长）；任命刘振江为北京市密云区人民代表大会常务委员会鼓楼街道工作委员会主任；任命孙岳为北京市密云区人民代表大会常务委员会檀营地区工作委员会主任；任命陆广为北京市密云区人民代表大会常务委员会鼓楼街道工作委员会副主任；任命骆腾麒为北京市密云区人民代表大会常务委员会果园街道工作委员会副主任。

根据区人民政府区长马新明的提请，决定：免去耿智慧北京市密云区水务局局长职务；免去宋印双北京市密云区住房和城乡建设委员会主任职务；免去王东北京市密云区商务局局长职务；免去田立文北京市密云区园林绿化局局长职务；免去杨光辉北京市密云区政务服务管理局局长职务。任命林立为北京市密云区政府办公室主任；任命李東方为北京市密云区发展和改革委员会主任；任命杨福军为北京市密云区教育委员会主任；任命彭根明为北京市密云区科学技术委员会主任；任命祝刚为北京市密云区经济和信息化局局长；任命孙绍志为北京市密云区民政局局长；任命张连福为北京市密云区司法局局长；任命吴成刚为北京市密云区财政局局长；任命晁怀国为北京市密云区人力资源和社会保障局局长；任命张长峰为市规划和自然资源委员会密云分局局长；任命兰天为北京市密云区生态环境局局长；任命王东为北京市密云区住房和城乡建设委员会主任；任命王东利为北京市密云区城市管理委员会主任；任命周忠明为北京市密云区交通局局长；任命胡勇为北京市密云区水务局局长；任命吴显生为北京市密云区农业农村局局长；任命杨光辉为北京市密云区商务局局长；任命赵志政为北京市密云区文化和旅游局局长；任命王文平为北京市密云区卫生健康委员会主任；任命付全利为北京市密云区退役军人事务局局长；任命王如新为北京市密云区应急管理局局长；任命常艳军为北京市密云区市场监督管理局局长；任命孙红军为北京市密云区审计局局长；任命李长全为北京市密云区国有资产监督管理委员会主任；任命许宝生为北京市密云区体育局局长；任命付小平为北京市密云区统计局局长；任命齐超为北京市密云区园林绿化局局长；任命高英杰为北京市密云区政务服务管理局局长；任命张涛为北京市密云区人民防空办公室主任；任命李国良为北京市密云区信访办公室主任；任命段起良为北京市密云区医疗保障局局长。

根据区人民法院院长刘玉民的提请，决定：任命马静茹为北京市密云区人民法院审判员；任命刘昕迪为北京市密云区人民法院审判员；任命苏小琴为北京市密云区人民法院审判员；任命陈义建为北京市密云区人民法院审判员；任命徐文静为北京市密云区人民法院审判员；任命徐秀丽为北京市密云区人民法院审判员；任命韩丽丽为北京市密云区人民法院审判员。

3 月 31 日，区三届人大常委会第三次会议，根据区监察委员会主任刘永强的提请，决定：任命李春梅为北京市密云区监察委员会副主任；任命朱琳为北京市密云区监察委员会委员；任命祝立忠为北京市密云区监察委员会委员；任命何润生为北京市密云区监察委员会委员。

根据区人民法院院长刘玉民的提请，决定：免去李金北京市密云区人民法院副院长、审判委员会委员、审判员职务；免去付铁军北京市密云区人民法院民事审判一庭庭长职务；免去周铁军北京市密云区人民法院行政审判庭庭长职务；免去宋英伟北京市密云区人民法院综合审判庭庭长职务；免去李元轮北京市密云区人民法院西田各庄人民法庭庭长职务；免去王晓芳北京市密云区人民法院巨各庄人民法庭庭长职务；免去杜春武北京市密云区人民法院溪翁庄人民法庭庭长职务；免去马振军北京市密云区人民法院太师屯人民法庭庭长职务；免去王雪北京市密云区人民法院立案庭（诉讼服务中心）副庭长职务；免去席引路北京市密云区人民法院立案庭（诉讼服务中心）副庭长职务；免去吕书义北京市密云区人民法院刑事审判庭副庭长职务；免去李娜北京市密云区人民法院刑事审判庭副庭长职务；免去朱成辉北京市密云区人民法院民事审判一庭副庭长职务；免去熊开学北京市密云区人民法院民事审判二庭副庭长职务；免去王宁北京市密云区人民法院行政审判庭副庭长职务；免去王世营北京市密云区人民法院综合审判庭副庭长职务；免去徐学武北京市密云区人民法院西田各庄人民法庭副庭长职务；免去徐征征北京市密云区人民法院西田各庄人民法庭副庭长职务；免去代祖勇北京市密云区人民法院巨各庄人民法庭副庭长职务；免去单青林北京市密云区人民法院溪翁庄人民法庭副庭长职务；免去崔道远北京市密云区人民法院溪翁庄人民法庭副庭长职务；免去任晓辉北京市密云区人民法院太师屯人民法庭副庭长职务；免去孟娜北京市密云区人民法院太师屯人民法庭副庭长职务。任命王雪为北京市密云区人民法院立案庭（诉讼服务中心）庭长；任命赵玉福为北京市密云区人民法院行政审判庭庭长；任命王晓芳为北京市密云区人民法院综合审判庭庭长；任命熊开学为北京市密云区人民法院立案庭（诉讼服务中心）副庭长；任命王宁为北京市密云区人民法院立案庭（诉讼服务中心）副庭长；任命刘珍君为北京市密云区人民法院刑事审判庭副庭长；任命李娜为北京市密云区人民法院民事审判一庭副庭长；任命徐征征为北京市密云区人民法院民事审判一庭副庭长；任命单青林为北京市密云区人民法院行政审判庭副庭长；任命李慧杰为北京市密云区人民法院行政审判庭副庭长；任命徐学武为北京市密云区人民法院综合审判庭副庭长；任命刘昕迪为北京市密云区人民法院综合审判庭副庭长；任命王世营为北京市密云区人民法院西田各庄人民法庭副庭长；任命朱成辉为北京市密云区人民法院西田各庄人民法庭副庭长；任命相颖为北京市密云区人民法院巨各庄人民法庭副庭长；任命孟娜为北京市密云区人民法院溪翁庄人民法庭副庭长；任命席引路为北京市密云区人民法院太师屯人民法庭副庭长。

5 月 26 日，区三届人大常委会第四次会议，根据区人大常委会主任会议的提请，决定：任命王德强为北京市密云区人民代表大会常务委员会果园街道工作委员会主任。

根据区人民法院院长刘玉民的提请，决定：免去胡晓颖北京市密云区人民法院审判员职务。

7 月 26 日，区三届人大常委会第六次会议，根据区人民法院院长刘玉民的提请，决定：免去曹志勇北京市密云区人民法院审判员职务；免去张柏林北京市密云区人民法院审判员职务。

9 月 27 日，区三届人大常委会第七次会议，根据区人大常委会主任会议的提请，决定：任命吴显生为北京市密云区人民代表大会法制委员会委员；任命相远军为北京市密云区人民代表大会教科文卫委员会委员。

根据区人民政府区长马新明的提请，决定：免去林立北京市密云区政府办公室主任职务；免去晁怀国北京市密云区人力资源和社会保障局局长职务；免去吴显生北京市密云区农业农村局局长职务。任命魏志刚为北京市密云区政府办公室主任；任命赵双武为北京市密云区人力资源和社会保障局局长；任命任玉文为北京市密云区农业农村局局长。

根据区人民法院院长刘玉民的提请，决定：任命王宇为北京市密云区人民法院审判员；任命刘海香为北京市密云区人民法院审判员；任命王海波为北京市密云区人民法院审判员。

12月2日，区三届人大常委会第十次会议，根据区人民法院院长刘玉民的提请，决定：免去赵贵东北京市密云区人民法院审判员职务；免去郭必荣北京市密云区人民法院审判员职务；免去刘诗博北京市密云区人民法院人民陪审员职务。

（杨哲音）

监督工作

Supervision Work

【概　况】 2022年，区人大常委会用好宪法赋予人大的监督权，紧扣区委贯彻落实党中央和市委决策部署，聚焦改革和民生重点领域，坚持问题导向，实行正确监督、有效监督、依法监督，合理安排听取和审议专项工作报告、执法检查、视察调研、专题询问等监督形式，切实增强监督工作实效。其中，听取和审议专项工作报告和计划预算报告25个，开展重点视察检查9项、专题调研1项、专题询问1次，作出决议决定16项。

（王明增）

【《北京市非机动车管理条例》实施情况执法检查】 3月至4月，采用专题检查、“三边”检查和群众参与相结合的方式，围绕非机动车的源头治理、电动自行车充电设施的设置及规范化管理、共享单车的合理配置和投放、废弃非机动车的处理、交通执法部门对非机动车违法行为执法的常态化等问题开展《北京市非机动车管理条例》实施情况执法检查。通过召开座谈会、实地检查、暗访检查、问卷调查等形式，征求意见建议300余条，发现并梳理出源头治理、交通安全、消防安全等五方面9条问题。严格落实“检查报告＋问题清单＋督促整改”机制，组织召开督办会，就电动自行车集中充电设施安装维护、共享单车点位布置等问题开展了督办，实现了“边检查、边督促、边改进”的效果。

（郑雪艳）

【《北京市接诉即办工作条例》实施情况执法检查】 3月至7月，按照“四有要求”，围绕“五项重点”和“六个是否”，采取实地检查、座谈、区镇联动检查、相关部门和单位自查方式，对全区20个镇街（地区）、37个相关部门和5家公共服务企事业单位贯彻执行《北京市接诉即办工作条例》情况开展执法检查，共涉及点位89个，收集配套性文件62份，经典案例43件。依托代表“家站”开展106次代表联系选民活动，征集意见建议83条。针对法规宣传、平台建设、工作机制、协同力度、队伍建设等方面存在的不足，提出法治宣传强思维、强化保障夯基础、优化机制提效能、强化责任促落实、加强培训提水平等5个方面的建议，并坚持边检查边督促整改，严格落实“检查报告＋问题清单＋督促整改”机制，促进接诉即办工作水平提升。

（陈　新）

【《中华人民共和国环境保护法》实施情况执法检查】 4月至5月，按照《北京市人大常委会关于检查〈中华人民共和国环境保护法〉实施情况的工作方案》的要求，区人大常委会成立了执法检查组，制定了检查工作方案，明确了检查内容、工作方式和工作要求，以人大代表工作家站为平台，通过召开座谈会、听取部门汇报、实地检查等方式，围绕能源低碳化、

4月15日，区人大常委会召开人大代表“家站”规范化建设工作推进会　（王明增　摄）

科技赋能、执法队伍建设等内容，对密云区贯彻实施环保法情况进行了执法检查，形成执法检查报告后提交市人大。

（兰　莹）

【科学城东区科技创新工作情况视察】　7月22日，组织代表和委员视察科学城东区科技创新工作情况，实地察看了怀密医学中心项目地块，了解科学城东区整体规划和项目进展情况。针对科学城东区科技创新工作存在的问题，代表们建议区政府进一步做好“科学+城”文章，加快基础设施和公共服务配套设施建设，完善区域功能；积极争取多方支持，进一步推进重大项目建设，服务保障好大科学装置项目运行；做好产业项目谋划布局，加快推进科技成果转化，充分发挥“神来之笔”对密云区经济社会发展的引擎辐射带动作用。

（王　引）

【旅游高质量发展工作情况视察】　8月2日，组织委员和代表到石城镇和冯家峪镇视察旅游高质量发展情况，实地查看了石城镇捧河岩村乡村旅游产业、冯家峪镇西白莲峪村精品民宿，并开展了专题座谈。委员和代表们针对密云区旅游产业发展不均衡、旅游特色镇专业村总量不足、促进农民增收作用不明显等问题，建议，发挥政府的统筹协调作用，科学规划，优化布局；加大扶持引导力度，增加旅游特色镇、旅游专业村的建设；壮大农村集体经济，发挥旅游产业的富民作用等视察意见，进一步促进密云区做好规划布局、做新产品业态、做优服务品质、做响国际品牌，实现旅游富民强区。

（王　引）

【林下经济建设工作情况视察】　9月28日，组织区人大代表视察林下经济建设发展情况。代表们先后到溪翁庄镇金叵罗示范基地、太师屯镇前南台、大城子镇苍术会林下种植项目，察看林旅、农旅结合发展情况，听取了全区林下经济建设工作开展情况的报告。代表们建议，深化认识，坚定发展，把发展林下经济作为实现生态增效、产业增值、农民增收的重要途径；保护优先，绿色发展，将林下经济打造成生态生产生活融合、一产二产三产整合的农林复合体；遵循规律，科学发展，选准业态，抓好林下经济专项发展规划；提质增效，创新发展，加强林下经济产品品牌建设，提高林下产品附加值，延伸产业链。

（果　旭）

【解决义务教育阶段学位缺口问题专题询问】　10月25日，针对区政府推进解决城区义务教育阶段学位缺口问题开展了专题询问。部分委员、区人大代表重点围绕区政府资源统筹、新建和扩建校项目推进情况、建设项目用地、审批、资金保障等方面提出问题，区教委、区发改委、区住建委、规自分局和区财政局就相关问题进行了详细答复，加快推进义务教育阶段学位缺口问题解决进程，促进密云区教育工作高质量发展。

（王　引）

【密云水库流域水生态保护与绿色发展实施情况视察】

10月28日，组织区人大代表视察水库流域水生态保护与绿色发展情况。代表们先后到石城镇石塘路村、不老屯镇学各庄村进行实地视察，听取了水库一级保护区有序疏解工作进展情况和高水位下保障群众饮水、排水安全工作情况的报告。代表们建议，要坚持生态优先，坚定不移履行好保水首要政治责任；要坚持保障民生，统筹推进“一级圈”相关政策制定和工作开展；要坚持绿色发展，统筹生态保水与增收富民，多措并举促农增收。

（果　旭）

【发展壮大农村集体经济，促进农民增收工作情况专题调研】　年内，区人大常委会开展发展壮大村集体经济系列调研。组织相关涉农部门召开座谈会4次，先后10次到相关镇、50余个村进行实地调研，同步委托17个镇人大开展专题调研，形成了《关于密云区集体经济薄弱村发展情况的调研报告》，为推动密云区农村集体经济消薄增收，进一步夯实共同富裕基础，提供工作参考和决策依据。

（果　旭）

【听取和审议“一府两院”专项工作报告】　年内，深入推进法治密云建设，听取区政府法治政府建设情况的报告，听取和审议区人大常委会备案审查办公室关于备案审查工作情况的报告。推动重点任务落地落实，听取和审议区政府关于环境状况和环境保护目标完成情况（密云水库上游流域“两市三区”联防联建联治工作情况）的报告、区人民检察院关于充分发挥新时代能动检察职能作用积极推进密云“生态检察”公益诉讼高质量发展工作情况的报告、区人民法院关于法治保水工作开展情况的报告、区政府关于城乡路网规划实施情况的报告。深化财经领域审查监督，听取和审议区政府关于2021年决算草案报告、2021年预算执行和其他财政收支的审计工作报告、2022年上半年国民经济和社会发展计划执行情况的报告、2022年上半年预算执行情况的报告、关于行政事业单位国有资产管理专项情况的报告（《关于密云区行政事业单位国有资产管理使用情况的审计工作报告》《关于2021年度国有资产管理情况的综合报告》的书面报告）。助力乡村振兴战略实施，听取和审议区政府关于发展壮大农村集体经济推动实现共同富裕工作情况的报告。促进民生保障持续改善，听取和审议区政府关于办理区三届人大一次会议代表建议、批评和意见工作情况的报告、关于2022年重要民生实事办理情况的报告。

（王明增）

【备案审查工作制度和工作规程建设】 年内，根据新修订的《北京市各级人民代表大会常务委员会规范性文件备案审查条例》，制定《北京市密云区人大常委会规范性文件备案审查工作规程（修订草案）》，创新绘制备案审查工作流程图。按照"有件必备、有备必审、有错必纠"原则，持续做好"一府一委两院"报送备案的规范性文件审查工作。年内，共备案审查规范性文件10件，未发现有与宪法、法律法规相抵触的情形。

（郑雪艳）

【密云区养老服务工作情况视察】 年内，组织区人大代表对密云区养老服务工作情况视察2次，分别前往太师屯镇养老驿站、河南寨村幸福晚年驿站及邻里互助服务点，围绕工作机制、设施建设、社区养老、机构养老、居家养老等情况开展实地察看调研，详细了解密云区农村养老服务体系建设情况，推动养老服务工作水平进一步提升。

（陈　新）

【区政府2022年重要民生实事办理情况视察】 年内，组织区人大代表视察区政府2022年度重要民生实事办理情况2次，并坚持按月开展督办，及时掌握项目进展情况。针对督办过程中发现的统筹谋划与部门协调需加强、项目实施与既定目标有出入、项目进度与群众迫切需求有差距等三方面问题，代表们建议，加强协调联动，合理安排进度，增强民生实事项目推进的整体性、系统性和协同性；精准谋划部署，坚持尽力而为、量力而行，确保按时完成既定任务指标；强化责任担当，以高度的责任感和使命感，主动担当作为，扎实推进各项民生实事落地落实。

（陈　新）

议案和建议

Proposals and Suggestions

【概　况】 2022年，区人大代表围绕全区中心工作和人民群众普遍关心的问题，依法提出建议81件（三届人大一次会议期间提出79件，闭会期间提出2件）。根据建议内容和有关机关组织职责职能，均交区政府研究办理。81件建议办复率为100%，其中，确定年内解决或采纳的建议（A类）有48件，占59.3%；列入近年计划解决或采纳的建议（B类）有24件，占29.6%；受政策、财力等客观条件限制，向代表解释说明的建议（C类）有9件，占11.1%。人大代表对建议整体办理情况满意率达到96.3%。

（刘小宾）

【召开代表建议办理集中督办会】 6月24日，区人大常委会召开代表建议集中督办会，了解建议办理进展情况，组织相关部门交流办理经验做法，协调解决相关问题。区农业农村局、水务局、公路分局等8家单位分别汇报建议办理工作的具体情况、存在问题及下一步工作计划，并与代表面对面进行沟通交流。区人大常委会代表联络室、城建环保办公室、农村办公室、教科文卫体办公室有关领导、部分提出建议的区人大代表参加建议督办活动；区政府办公室、农业农村局、水务局、公路分局、住建委、城管委、交通局、文旅局、园林绿化局等部门主管领导参加会议。

（刘小宾）

【视察区政府代表建议办理情况】 9月8日，区人大常委会组织部分区人大常委会委员和人大代表视察区政府办理区三届人大一次会议代表建议情况。实地察看花园小区危旧楼改造、电动自行车充电设施建设等代表建议办理情况，听取相关部门负责人的情况汇报。对《区政府关于区三届人大一次会议代表建议、批评和意见办理情况的报告》进行初审，委员和代表们对报告提出修改意见。

（刘小宾）

【代表建议督办】 年内，区人大各专门委员会结合职责分工及对口单位情况，分别选取1—2件代表建议开展重点督办。代表联络室与政府办及承办单位就代表建议办理情况进行四次专题研究，邀请代表参与建议交办会、督办会、调研检查等工作；法制委与对口单位召开部门专题督办会；农村委组织代表到相关部门召开建议办理座谈会；财经委结合听取审议财政报告工作推动代表建议落实；城建环保委、教科文卫委、社会建设委通过电话沟通、实地走访等方式，积极了解建议办理落实情况。

（刘小宾）

代表工作

Representatives' Work

【概 况】 2022年，区人大常委会深入落实发展全过程人民民主的重大理念，牢固树立为代表服务意识，坚持紧紧依靠代表做好人大工作，依法做好代表选举工作，积极拓展代表履职服务平台，着力提升代表建议办理实效，持续强化代表履职服务保障，使发挥代表作用成为保障人民当家作主的重要体现。截至2022年末，区第三届人民代表大会代表实有236人。

（王明增）

【举办区、镇人大代表政治能力专题培训班】 7月19日，以“现场＋视频”形式举办区、镇人大代表政治能力专题培训。区人大常委会党组书记、主任以《深入学习贯彻党的十九届六中全会、中央人大工作会议和市第十三次党代会精神 推动全过程人民民主在密云形成生动实践》为题，为代表们讲党课。区人大常委会分管代表工作的副主任围绕代表在依法履职中需要重点把握和注意的几个问题进行专题辅导。邀请北京外国语大学教授、市委党校教授分别以“总结经验再创辉煌 学习党的十九届六中全会精神”“学习贯彻中央人大工作会议精神 做好新时代的首都人大工作”为题进行专题培训。区人大常委会组成人员、400余名区镇两级人大代表、区镇人大干部参加培训活动。

（刘小宾）

【开展“万名代表下基层”活动】 8月8—19日，在市人大常委会统一部署下，采取市、区、镇三级人大联动的方式，围绕《北京市城市更新条例》《北京市节水条例》法规草案开展“万名代表下基层”立法征求意见活动。全区1100余名市、区、镇人大代表深入镇街（地区）代表之家和社区、村代表联络站听取人民群众意见建议。活动共征求6167位市民群众的意见，汇总形成城市更新7个方面47条意见建议，节水立法3个方面26条意见建议。

（刘小宾）

【举办密云区当前经济社会发展形势报告会】 9月15日，以“现场＋视频”形式在区政府会议中心举办密云区当前经济社会发展形势报告会。区政府从当前经济形势分析、密云经济社会发展情况、存在的主要问题、下一步措施等方面进行详细解读。区人大常委会组成人员及机关干部在主会场参加会议，区、镇人大代表300余人以视频形式参加会议。

（刘小宾）

【密云区出席北京市第十六届人民代表大会代表选举】 11月18—19日，北京市密云区第三届人民代表大会举行第二次会议，依法选举产生了马丽、马新明、王小兵、王伟、孔博、任佩文、刘长礼、刘金良、刘振江、刘馨硕、许其功、李永红、李芳、李颖津、杨苗、杨明宇、杨珊、余卫国、宋宝君、张久龙、张春玲、段小龙、谈绪祥、寇昉、熊林等密云区出席北京市第十六届人民代表大会代表25名。

（郑雪艳）

【举办党的二十大精神专题辅导报告会】 11月19日，举办党的二十大精神专题辅导报告会，邀请中央党校（国家行政学院）研究室主任作专题辅导报告。从新时代的伟大变革、开辟了马克思主义中国化时代化的新境界、对全面建设社会主义现代化国家的战略谋划、对继续推进全面从严治党的战略部署、创新观点与创新举措等方面，对党的二十大精神作系统解读和深入阐释。区人大常委会组成人员、区人大代表、区镇人大干部参加报告会。

（刘小宾）

11月19日，举办区人大代表党的二十大精神专题辅导报告会 （兰鑫雨 摄）

【开展市十六届人大密云团分团活动】 12月29日，采取线上视频方式，组织市十六届人大密云团代表开展市十六届人大一次会议会前分团活动。会议讨论了大会会议议程（草案）、主席团和秘书长名单（草案）、选举办法（草案）等；讨论了密云团代表拟向大会提交的议案建议。代表们对市人大常委会、市政府、市高级人民法院、市人民检察院工作报告等进行了讨论和初审，针对保水保生态、生态涵养区绿色低碳发展、加大促进就业政策资金帮扶、加强公益诉讼理论研究等方面提出了意见和建议。22名市人大代表参加活动。

（刘小宾）

【区人大代表辞职与补选工作】 年内，2名区人大代表调离密云区行政区域；9名区人大代表因工作变动，本人提出辞去代表职务。根据代表法的有关规定，以上11名代表的代表资格终止。2022年8月、11月，根据区人大常委会的决定，依法补选了10名同志为区第三届人民代表大会代表。

（郑雪艳）

【邀请代表参加区人大常委会、“一府一委两院”活动】 年内，区人大常委会践行全过程人民民主，密切区人大常委会、“一府一委两院”同代表的联系。组织代表自主选择参与区人大常委会年度重点工作24项，参与代表915人次。推荐、邀请代表列席区人大常委会会议、区政府常务会议30人次，参加政务开放日、法检两院活动30余人次。推荐20余名代表担任政务服务领域特约监督员、检察院听证员等社会职务。各专委会组织代表参加专委会会议12次、视察检查30次、专题调研25次，参与代表256人次。

（刘小宾）

【开展常委会组成人员“四倾听”活动】 年内，修订《北京市密云区人大常委会组成人员联系区人大代表制度》，依托代表“家站”创新开展区人大常委会组成人员联系区人大代表“四倾听”（倾听实情、倾听民意、倾听建议、倾听需求）活动。35名组成人员通过电话了解、实地走访、现场座谈等形式开展“四倾听”活动，联系基层区人大代表145人，征集意见建议360余条。

（刘小宾）

【开展《北京市非机动车管理条例》《北京市接诉即办条例》“三边”检查】 年内，按照市人大工作部署，依托代表“家站”与镇街（地区）人大上下联动开展《北京市非机动车管理条例》《北京市接诉即办条例》身边、路边、周边“三边”检查工作。组织市、区、镇三级人大代表共计1231人，利用市人大“三边”检查反馈平台，向各级人大代表发放执法检查问卷，鼓励代表发动群众参与并填写反馈问卷，收集整理问题清单3000余条，实现了“边检查、边督促、边改进”的效果，切实提高工作实效。

（刘小宾）

【推进代表“家站”规范化建设】 年内，制定《北京市密云区人大常委会关于进一步加强人大代表之家、人大代表联络站规范化建设的实施方案》，召开全区代表“家站”规范化建设推进会，邀请市人大常委会相关领导现场指导，形成党委领导、人大牵头、上下联动、全面推进代表“家站”建设的工作新局面。按照“五具备、四统一、三上墙”标准，深入推进人大代表“家站”规范化建设。全区建设20个代表之家、90个代表联络站，重点打造20个区级示范站。全年代表之家开展活动140次，代表联络站开展活动670次，参与代表8567人次，联系选民42894人次，收集意见建议424件。

（刘小宾）

【参加全市代表“家站”建设经验交流】 年内，总结密云区代表“家站”建设与作用发挥的实践，参加2022年北京市人民代表大会制度理论研究会举办的第八届民主与法治座谈会，以《人大代表“家站”建设与作用发挥的实践与思考》为题作了典型发言，交流密云区人大常委会在深入推进人大代表“家站”规范化建设，常态化落实代表“月进站、季回家、年述职”制度，积极探索全过程人民民主建设的生动实践和具体做法。古北口镇、河南寨镇人大作为全市乡镇代表，参加市级层面媒体见面会和学术研讨会，讲好全过程人民民主在密云的实践故事。

（刘小宾）

专门委员会工作

Special Committees Work

【概　况】 2022年，区第三届人民代表大会设立法制委员会、财政经济委员会、教育科技文化卫生委员会、城市建设环境保护委员会、农村委员会、社会建设委员会等6个专门委员会。2022年，区人大各专门委员会积极履行法定职责，持续加强自身建设，不断强化与“一府一委两院”对口部门的沟通联系，认真完成了法制工作、财政经济、教育科技、文化卫生、城市建设、环境保护、农村工作、社会建设等领域的各项任务。

（王明增）

【法制委员会】 年内，区人大法制委员会召开委员会会议 6 次；组织委员及代表学习 6 次；协助区人大常委会听取和审议专项工作报告 4 项；对区政府报送的 10 件规范性文件进行备案审查；对区司法局 2022 年部门预算编制情况进行初步审查；协助区人大常委会开展执法检查 1 项；许可公安机关对人大代表采取行政强制措施 2 项；督办重点代表建议 7 件；组织任前法律知识考试 3 次；指导相关镇街（地区）人大（工委）依法补选区人大代表 10 名；依法做好密云区出席北京市第十六届人大代表的选举相关工作；与市人大联动开展执法检查 1 项；协助市人大常委会开展立法征求意见 2 件次。

（郑雪艳）

【财政经济委员会】 年内，区人大财政经济委员会召开委员会会议 13 次；协助常委会听取和审议议题 13 项；审查和批准预算调整和决算 5 项；开展一季度经济运行“开门红”、上半年经济社会发展、审计查出问题整改、国资管理等情况专题调研 14 次；督办代表建议 2 件；组织相关业务培训 10 次。

（任 菲）

【教育科技文化卫生委员会】 年内，区人大教科文卫委员会召开委员会会议 7 次；开展专题询问 1 次；组织代表视察 3 次；协助市人大常委会开展立法调研 1 次；对区教委 2022 年预算执行和 2023 年预算编制情况进行初步审查；参加市人大业务培训、专题座谈会 4 次。

（王 引）

【城市建设环境保护委员会】 年内，区人大城建环保委员会召开委员会会议 5 次；组织委员及代表学习 5 次；协助常委会听取和审议专项工作报告 2 项；协助常委会对《密云分区规划（国土空间规划）（2017—2035 年）修改方案》进行书面审议；协助区人大常委会主任会议听取议题 2 项；组织代表视察 2 次；与市人大联动开展执法检查 1 项；督办重点代表建议 18 件；审查区政府规范性文件 3 件；对区生态环境局 2022 年预算编制情况进行初步审查。

（兰 莹）

【农村委员会】 年内，区人大农村委员会召开委员会会议 4 次；协助常委会听取审议政府专项工作报告 1 项；组织代表视察 2 项；协助市人大开展立法调研 2 项；开展重点代表建议督办 2 项；召开专题座谈会 5 次；进行实地调研 24 次，形成调研报告 1 项；对区水务局 2022 年预算编制情况进行初步审查；重点督办“关于解决农村煤改电设备过保修期维修问题”“促进冯家峪镇中蜂产业发展”等代表建议。

（果 旭）

【社会建设委员会】 年内，区人大社会建设委员会召开委员会会议 3 次；组织学习培训 9 次；协助常委会听取和审议专项报告 1 项；开展执法检查 1 项；组织代表视察 2 项；对区民政局 2022 年预算执行情况进行监督；督促关于加大资源整合力度推进密云生态马拉松“旅游产品化”转变等社会事业方面的建议办理；协助市人大开展《中华人民共和国预备役人员法（草案）》及修订《北京市安全生产条例》立法调研工作。

（陈 新）

北京市密云区人民政府

BEIJING MIYUN DISTRICT PEOPLE'S GOVERNMENT

综 述

Overview

【概　况】 2022年，北京市密云区人民政府（简称区政府）围绕服务保障和学习贯彻党的二十大精神主题主线，始终坚持以习近平新时代中国特色社会主义思想为指导，深入贯彻习近平总书记重要回信精神和市第十三次党代会精神，认真落实市委市政府、区委部署要求，以新时代首都发展为统领，坚持生态优先、保水富民、绿色发展、特色一流，推动密云绿色高质量发展，较好完成年度各项目标任务。

（齐欣然）

【政治建设】 深入学习贯彻党的二十大和市第十三次党代会精神，制定《北京市密云区人民政府工作规则》等62项制度，科学、依法、民主成为政府决策基本遵循，主动担当作为、团结干事成为政府工作导向，“说办就办、马上就办、办就办好”成为大力倡导的作风。建设廉洁政府，强化对重点岗位、关键环节权力运行监督。制定《密云区财政资金审批管理规则》，加大项目资金审核力度，节约资金5.48亿元，三公经费持续下降。强化审计监督，审减资金8343万元。自觉接受区人大、政协监督，办理人大代表建议81件、政协委员提案100件，办复率均达100%。

（齐欣然）

【生态文明建设】 制定《密云水库流域生态保护与绿色发展方案》系列文件，建设水库一级区“生态特区”，密云水库入选全国“美丽河湖”优秀案例。拓展“5+2”保水机制，成立密云水库生态文明建设研究中心，建成国内首例大型水库水环境保护分析系统。制定总氮治理方案，密云水库水质保持地表水环境质量Ⅱ类以上标准，潮河、白河上游首次同时出现Ⅰ类标准，累计向水库下游生态补水15.1亿立方米。制定全市首个《环境保护禁止令实施办法》，“法治护航生态文明建设”被评为全国法治政府建设优秀案例。推进无燃煤区和基本无裸露区建设，一微克精细化治理示范项目荣获2022年中国地理信息产业工程金奖，$PM_{2.5}$平均浓度26微克/立方米，创有记录以来最好成绩。实施“双碳”战略，率先在全市启动创建国家环境保护模范城市。在全市率先完成新一轮百万亩造林任务，森林蓄积量达525万立方米，湿地面积1.9万公顷，野生鸟类增至406种。率先出台《建立健全生态产品价值实现机制的意见》，推进国家生态产品认证，生态服务价值达到1150亿元。

（齐欣然）

【绿色高质量发展】 构建“一条科技创新和生命健康战略发展带、四条特色文化旅游休闲发展带、多个特色乡镇和特色产业”全域发展格局，完成14个镇域国土空间规划，编制科技创新和生命健康战略发展带建设三年行动计划。科学城东区地球系统数值模拟装置顺利通过国家验收并正式运行，5个交叉研究平台项目土建工程如期完工。北京大学怀密医学中心、北京第二实验学校办学方案获得批复。京东物流、复星北铃等重点产业项目加快建设，自如生活、友宝在线成长为“独角兽”企业，华源泰盟等5家企业通过国家级专精特新“小巨人”认证，康辰、北陆等62家企业列入专精特新企业，全区专精特新中小企业数量位居生态涵养区首位。主动融入“两区”建设平台，新增154个市级入库项目，超额完成年度任务2倍，实现进出口总额42.9亿元，排名生态涵养区前列。提升“中国天然氧吧”品牌影响力，蜂产业规模位列全市首位，密云水库鱼实现全域有机认证，古北水镇被评为首批北京市旅游度假区，养生山吧、乡村咖啡、露营经济等新业态竞相涌现。鱼王美食文化节入选全国百个丰收节庆特色活动，生态马拉松被评为北京体育旅游十佳精品赛事和北京市体育产业示范项目。密云区荣获全国休闲农业重点区（县）称号。

（齐欣然）

【乡村振兴】 第一批30个“五兴乡村”示范项目全面启动，242个美丽乡村达到市级验收标准。完成复耕土地4.36万亩，建成种植业标准化基地70家，完成有机认证48个、绿色认证18个，86个农业新品种获得国家和市级认定，建立9个领域220名专家资源库，创建国家现代农业产业园。推进和美乡村建设和农村人居环境整治，实施6项乡村公路大修工程、158项道路水毁应急抢险工程，1000余户“美丽庭院”、100余条“美丽街巷”相继挂牌亮相。环密云水库“百里骑迹”被评为市级“漫步北京”文旅骑行线路，密云水库南线获评全国“十大最美农村路”，西火路、穆石路上榜北京“最美乡村路”。完成两个全国民主法治示范村和28个市级民主法治示范村（居）验收。197个集体经济薄弱村提前一年实现“消薄”目标，331个村集体经营性收入实现1.8亿元，同比增长31.4%。

（齐欣然）

【文明城区创建】 开展十大专项整治和百日攻坚行动，修复破损路面5万平方米，施划停车位2.3万余个、非机动车停车区域1.5万余处，安装电动自行车充电装置1.8万余个，规范提升城区67家“三修一配”摊点“进商入市”，拆除立柱广告牌88个，完成82条背街小巷整治提升和88个小区“飞线”整治，城乡环境考核和垃圾分类考核排名稳中有升。开展密关路、新南路、新东路、环湖骑行线、鼓楼东西大街整治提升工程，创造“兴盛速度”。推动“疏整促”工作，拆除违法建设15.2万平方米、腾退土地18.8公顷，完成市级“无违建区”复评验收。推动老旧小区综合整治，9万平方米房屋漏雨修缮工作全部完工，20部高层建筑电梯加装全部开工，5栋危旧楼改建试点提前半年完成任务。启动“数智密云”城市大脑工程项目建设，智慧城市治理取得新进展。

（齐欣然）

【民生保障】 民生领域投入占财政支出超过80%，完成31件民生实事，“七有”“五性”监测评价位居全市前列。稳就业保增收，12670人实现就业，超2倍完成城乡劳动力就业任务；落实困难群众保障政策，发放各类救助和补贴资金4.88亿元。深化教育领域综合改革，推进“双减”工作，“朝—密”“海—密”协作成效显现；启动与市区名校“手拉手”结对合作，在全市率先开展干部教师轮岗交流。区医院与北大医院深度融合创建三级医院，推动区中医院与北京中医药大学深度合作，实现村级医疗卫生机构全覆盖，3.1万人享受城乡医疗保险免缴政策。加强普惠托育服务建设，超额完成市级托位服务供给任务。建成230个邻里互助点，入选全国农村公共服务建设优秀案例；完成8692户房产证登记办理。古北口镇荣获第十批全国民族团结进步示范单位称号。

（齐欣然）

【安全工作】 完成党的二十大、冬奥会冬残奥会、全国“两会”和市第十三次党代会维稳安保任务，密云区被评为安全生产先进区，群众安全感排名全市第一。加强疫情防控体系和能力建设，创建PCR实验室和进口非冷链货物“首库”，创新信息录入查询系统，核酸检测全员日检日出。抓好安全生产、社会稳定、防汛防火、防灾减灾各项工作，为8万余户居民免费更换液化气安全配件；投资3.4亿元开展48个地质灾害治理项目；完成尾矿库安全体检和气象灾害风险区划及评估；森林防火“零火情”，防汛“零事故”；食品抽检合格率99.5%，药品抽检合格率100%；做好粮食市场预警监测、储备轮换等工作，保证市场供应和价格稳定；完成市委市政府安全生产督察55项整改任务。

（齐欣然）

重要会议

Important Meetings

【概　况】 2022年，区政府围绕学习宣传贯彻党的二十大精神，坚持以习近平生态文明思想和习近平总书记重要回信精神为指导，自觉融入新时代首都发展大局，坚持生态优先、绿色发展，召开区政府全会，全面贯彻市委市政府部署，深入落实区党代会和区“两会”要求，部署全年重点工作任务；召开区政府常务会议，讨论、决定区域内政治、经济、教育、科学、文化、卫生、环境和资源保护、民政等重大事项；召开区政府专题会议，专项研究解决经济、“三农”、自然资源、民生等领域存在重点难点问题；召开安全生产部署会、防火防汛部署会等安全领域工作会，研究部署相关工作；召开经济工作调度会、财源建设调度会、重点项目推进会等，推动区域经济发展、部署阶段性工作，慎终如始保水保生态，深入推进绿色高质量发展，各项工作成效显著。

（葛　波）

【政府常务会】 全年召开政府常务会32次。

（葛　波）

密云区政府常务会一览表

表1

序号	日期	会议名称	会议议题
1	1月12日	第2次 区政府常务会议	1. 区政府办关于报审《北京市密云区人民政府工作规则》的请示
			2. 区政府办关于报审《〈政府工作报告〉2022年重点工作分解方案》的请示

续表

序号	日期	会议名称	会议议题
1	1月12日	第2次 区政府常务会议	3. 区城指中心关于报审《密云区2022年接诉即办“每月一题”推动解决重点民生诉求工作计划》的请示
			4. 区城市管理委通报2021年11月城乡环境建设管理检查考核情况
			5. 区住建委关于报审《密云区农村低收入群体危房改造工作方案（2021—2025年）》的请示
			6. 区财政局关于区委组织部申请下拨第六批村党组织第一书记相关经费的意见
			7. 区征收办关于报审《密云区果园街道西大桥棚户区改造项目房屋征收补偿方案征求公众意见及修改情况》的请示
			8. 区财政局关于密云镇政府申请拨付大唐庄、小唐庄、王家楼三村棚改前期拆迁2022年1—6月和新增人口周转金请示的核实报告
			9. 怀柔科学城东区建设办关于“生态环境智慧感知监测平台”项目落地怀柔科学城东区的请示
			10. 区财政局关于规自委密云分局申请拨付密云区2021年度国土变更调查项目资金的核实报告
			11. 区水务局关于报审全国水旱灾害防御工作先进个人的请示
			12. 区人力社保局关于人事任免的请示
2	1月21日	第3次 区政府常务会议	1. 区发改委关于报审《2020年密云区高质量发展综合绩效评价结果分析报告》的请示
			2. 区发改委关于报审《密云区2022年市区两级重点工程计划（报审稿）》《密云区2022年市区两级重点推进前期工程计划（报审稿）》《密云区2022年一季度投资“开门红”工作安排（报审稿）》的请示
			3. 区河长办通报2021年第4季度及年度密云区河长制工作考核排名情况
			4. 区农业农村局关于报审《关于进一步健全完善农村人居环境长效管护机制的实施方案（报审稿）》的请示
			5. 区规自分局关于报审《密云区耕地保护空间奖惩方案》的请示
			6. 区发改委关于申请拨付密云区积水点治理工程（一期）项目资金的请示
			7. 区发改委关于报审《密云区2021年度第一批企业发展支持资金联合复审情况报告》的请示
			8. 区财政局关于拨付密云北线旅游基础设施二期——密云绿色休闲走廊建设工程资金的意见

续表

序号	日期	会议名称	会议议题
3	2月10日	第4次 区政府常务会议	1. 区城指中心关于报审《密云区关于进一步加强接诉即办工作激励约束的若干措施》《密云区推动解决接诉即办疑难问题的工作办法》的请示
			2. 区司法局关于报审《北京市密云区人民政府2021年法治政府建设年度情况报告》的请示
			3. 区财政局关于区城指中心申请2021年4月至12月“接诉即办”工作月考核奖励的意见
			4. 区体育局关于举办2022年密云生态马拉松赛事的请示
			5. 区财政局关于区城管委申请拨付2021年9—12月垃圾分类指导员补贴资金的意见
			6. 区征收办关于报审《密云区果园街道西大桥棚户区改造项目的房屋征收决定（代拟稿）》的请示
			7. 区财政局、区体育局关于2022年体彩资金安排情况的请示
			8. 区财政局关于区卫生健康委申请拨付抗疫特别国债资金的请示的意见
			9. 区财政局关于区交通局申请清算2020年度免费乘车补贴资金，清算2021年7月至9月、申请拨付2021年10月、11月免费乘车补贴，清算2021年7月至9月、申请拨付2021年10月至12月票价折扣补贴款的意见
			10. 区人力社保局关于人事任免的请示
4	2月16日	第5次 区政府常务会议	会前学习：区检察院检察长熊正解读《中共中央关于加强新时代检察机关法律监督工作的意见》及北京市委《实施意见》
			1. 区妇儿工委关于报审《密云区“十四五”时期妇女儿童发展规划》的请示
			2. 区环境办通报2021年12月及年终城乡环境建设管理检查考核情况
			3. 区城市管理委关于报审《密云区村居生活垃圾分类考核管理办法（试行）》的请示
			4. 区财政局关于2022年一般公共预算收入预期目标分解方案的报告
			5. 区生态环境局关于报审《2021年水环境跨界断面考核补偿情况通报》的请示
			6. 区生态环境局关于报审《北京市密云区水环境跨界断面考核补偿办法（试行）（报审稿）》的请示
			7. 区住建委关于报审《密云区2022—2023年度老旧小区综合整治工作实施方案（报审稿）》的请示

续表

序号	日期	会议名称	会议议题
4	2月16日	第5次 区政府常务会议	8. 区财政局关于鼓楼街道世纪家园A座住宅楼及十里堡镇博世庄园小区二期不动产登记所需资金的请示
			9. 鼓楼街道关于报审《鼓楼街道老旧小区环境提升试点项目实施方案（报审稿）》的请示
			10. 区发改委关于报审《密云区2016—2020年度北京市节能先进个人评选推荐工作》的请示
			11. 区城指中心关于报审《评选2022年北京市接诉即办工作先进典型评选表彰活动建议名单》的请示
			12. 区创城办关于报审《密云区委、区政府关于通报表扬2021年度创建全国文明城区工作先进集体和先进个人的决定（讨论稿）》的请示
			13. 区农业农村局、财政局、农业服务中心关于调整《2021年密云区精品蔬菜基地生产资料补贴项目（第一批）》项目资金来源的请示
			14. 区财政局关于拨付考试中心各类教育考试补助费用请示的核实意见
			15. 区财政局关于拨付新城再生水厂污水处理服务费的意见
5	3月3日	第6次 区政府常务会议	1. 区安全生产委员会办公室关于报审《密云区安全生产工作暨督察工作方案》的请示
			2. 区生态环境局关于报审《北京市密云区深入打好污染防治攻坚战2022年系列行动计划（报审稿）》的请示
			3. 区发改委关于报审《密云区征收城市基础设施建设费管理办法》的请示
			4. 区发改委关于报审《密云区政府投资项目决策管理办法》的请示
			5. 区规自分局关于报审《密云区新生违法用地违法建设控制处置机制（试行）》的请示
			6. 区农业农村局关于报审《北京市密云区人民政府 北京市农林科学院战略合作协议》的请示
			7. 区财政局关于区人防办申请拨付2022年人防转移支付资金的意见
			8. 区住建委关于报审《鼓楼西区定向安置房建设方案》的请示
			9. 区发改委关于报审《朝密共建双创中心支持政策》的请示
			10. 区卫生健康委关于北京市密云区医院感染楼改扩建工程委托第三方代管的请示

续表

序号	日期	会议名称	会议议题
5	3月3日	第6次 区政府常务会议	11. 区生态环境局关于报审2016－2020年度北京市节能减排先进个人（密云区减排领域）评选推荐工作的请示
			12. 区经信局关于报审《北京市密云区政府投资信息化项目技术评审管理办法》的请示
			13. 区财政局关于古北口抗战历史展览项目所需资金的核实意见
6	3月10日	第7次 区政府常务会议	1. 区城指中心关于报审《密云区2022—2023年城市部件普查工作实施方案》的请示
			2. 区规自分局关于报审《密云区重大房屋类建设工程"多规合一"协同平台推进工作方案（试行）》的请示
			3. 区城市管理委关于报审《密云区2022年密云水库周边、上游及水源保护地环境综合整治提升工程（一期）项目实施方案》的请示
			4. 区城市管理委关于报审《密云区积水点治理工程（一期）项目工作实施方案》的请示
			5. 区城市管理委关于报审《密云区西统路（河北路—密关路）道路工程拆迁实施方案的补充意见》的请示
			6. 区农业农村局关于报审穆家峪镇沙峪沟村出租集体资源事项联审意见的请示
			7. 区财政局关于区城管委缴纳京通铁路兵马营牵引站110千伏外部供电工程森林植被恢复费的意见
			8. 区财政局关于区城管委申请拨付2021年春节及元宵节景观布置项目资金的意见
			9. 区财政局关于市财政局下达2022年中央大气污染防治资金分配方案的请示
7	3月16日	第8次 区政府常务会议	1. 区发改委关于报审《北京市密云区培育和激发市场主体活力持续优化营商环境工作方案（报审稿）》的请示
			2. 区应急管理局关于报审《密云区"十四五"时期应急管理发展规划》的请示
			3. 区财政局关于2022年政法转移支付资金安排的请示
			4. 区财政局关于区政务服务局申请2018年政务大厅改造扩租建设项目资金的意见
			5. 区人力社保局关于人事任免的请示
			6. 传达3月16日市疫情防控会议精神，部署密云区疫情防控工作

续表

序号	日期	会议名称	会议议题
8	3月24日	第9次 区政府常务会议	1. 区卫生健康委关于报审《密云区卫生健康系统推进落实“两个允许”试行办法（报审稿）》
			2. 区财政局关于拨付密云区美丽乡村规划成果数据库建设及村庄规划执行效果评估聘请第三方技术服务费用的意见
			3. 区财政局、区委组织部、区人力社保局关于追加2021年度平安建设奖和公务员绩效考核奖的请示
			4. 区财政局关于下达2022年新增政府专项债券资金的请示
			5. 区财政局关于报审密云区2022年新增地方政府债务和预算调整方案报告的请示
			6. 区财政局关于住建委申请支付十里堡镇王各庄棚户区改造项目利息的请示
			7. 区财政局关于2022年一季度急需拨付人员类项目资金的请示
			8. 区发改委关于使用2020年朝密结对协作项目资金解决我区2019年农村饮水提质增效工程和小水窖饮水改造工程资金需求的请示
9	4月8日	第10次 区政府常务会议	会前学习：解读学习《全国政府系统值班工作规范（试行）》
			1. 区政府办通报2021年度密云区政府绩效考评情况
			2. 区城市管理委关于报审《密云区电动自行车全链条管控实施方案》的请示
			3. 区信访办通报2021年信访工作情况及2022年工作思路
			4. 区信访办关于报审全国信访系统先进集体和先进个人的请示
			5. 区国资委关于报审《北京市密云区国有企业改革三年行动实施方案（2023—2025年）》《关于支持密云区管国有企业加快改革发展的实施意见》《关于密云区区管企业选聘职业经理人工作办法（试行）》《密云区国资国企改革发展大会筹备方案》的请示
			6. 区经信局关于报审《“数智密云”城市大脑工程项目建设方案》的请示
			7. 区规自分局关于成立北京市密云区自然资源确权登记工作专班的请示
			8. 区财政局关于区城管委申请拨付2021年度城乡道路占地补偿资金的意见
			9. 区住建委关于授权北京密云城市建设投资开发有限公司为密云新城MY00—0101—6011地块项目实施主体的请示
			10. 区城市管理委关于报审太师屯镇集中供暖项目应急接管程序的请示

续表

序号	日期	会议名称	会议议题
9	4月8日	第10次 区政府常务会议	11. 区规自分局关于报审《密云区市政交通基础设施信息化规划建设管理工作方案》的请示
			12. 区园林绿化服务中心关于申请拨付密云区小蜜蜂主题公园景观工程（白河儿童公园）资金的请示
			13. 区园林绿化服务中心关于报审《2022年密云城区花卉景观布置方案》的请示
			14. 区发改委关于拨付密云区2022年第一批“疏解整治促提升”专项行动引导资金的请示
			15. 区人力社保局关于人事任免的请示
			16. 部署森林防灭火工作
10	4月15日	第11次 区政府常务会议	1. 区司法局关于报审行政规范性文件清理结果的请示
			2. 区司法局关于报审《密云区法治政府建设实施方案（2021—2025年)》的请示
			3. 区财政局关于印发《北京市密云区财源建设工作评估办法（2022年)》的请示
			4. 区城市管理委关于报审《北京市密云区安全型液化气配件推广工作方案》的请示
			5. 区住建委关于报审《密云区抗震节能农宅建设工作方案（2021—2025年)》的请示
			6. 区科委关于报审《北京市密云区推进气候经济发展工作领导小组组建方案（报审稿)》的请示
			7. 区经信局关于报审《北京市密云区推进数字经济创新发展三年行动方案（2022—2024年)》的请示
			8. 密云水库综合执法大队关于报审《关于加强密云水库水源保护促进农民保水就业推进网格化管理的实施意见（2021.7—2024.6)》的请示
			9. 区住建委关于报审《密云区2022年住宅楼房屋漏雨修缮项目实施方案》
			10. 区财政局关于返还水源路南侧、檀营居住区（京密投实施部分)、新城0306、溪翁庄走马庄、新城子曹家路土地一级开发项目成本的请示
			11. 区政府办关于报审《北京市密云区人民政府 北京首农食品集团有限公司战略合作协议（报审稿)》的请示
			12. 区财政局关于实施密云水库一级区被淹污水管线修复工程的意见

续表

序号	日期	会议名称	会议议题
10	4月15日	第11次 区政府常务会议	13. 区财政局关于拨付王各庄棚改政府购买服务费用的请示
			14. 区财政局关于报审密云区2022年新增地方政府债务限额、新增地方政府债务和预算调整方案报告的请示
			15. 区财政局关于区国资委申请北京市密云区矿山露天采场生态修复治理项目（鞍子沟采坑、萝卜峪采坑、四合采坑）资金的意见
			16. 区财政局关于拨付区国资委北京市密云区放马峪铁矿鞍子沟尾矿库、北京建昌矿业有限责任公司新、老尾矿库闭库治理工程项目资金的意见
			17. 区财政局关于区直单位报废更新公务用车及新购置行政执法用车的意见
			18. 区人力社保局关于人事任免的请示
11	4月20日	第12次 区政府常务会议	1. 区政务服务局关于报审《北京市密云区2022年政务公开工作要点》的请示
			2. 区农业农村局关于报审《密云区关于做好2022年全面推进乡村振兴重点工作的实施方案（报审稿）》的请示
			3. 区应急局关于报审《关于进一步加强密云区应急物资保障体系建设的若干意见》的请示
			4. 区住建委关于报审《密云区限额以下工程施工安全管理实施细则（试行）》（初稿）的请示
			5. 区农业农村局关于报审《密云区农村地区“煤改清洁能源”过程取暖设备后期运行维护工作方案（试行）》的请示
			6. 区公路分局关于报审密云区乡村公路2021年汛后应急抢险和恢复重建工程计划的请示
			7. 密云镇关于报审长安小区东地块定向安置房项目办理立项申请相关事宜的请示
			8. 区水务局关于报审《密云区农村污水治理PPP项目实施方案》的请示
			9. 区农业农村局关于拨付穆家峪镇政府用于无害化处理生猪补偿资金的请示
12	4月30日	第13次 区政府常务会议	1. 区发改委关于报审《密云区“疏解整治促提升”专项行动2022年工作计划（报审稿）》的请示
			2. 区司法局关于报审《北京市密云区关于落实〈法治政府建设督察反馈意见的整改方案〉》的请示
			3. 区教委关于报审《北京市密云区教育委员会关于2022年义务教育阶段入学工作的意见》等文件的请示

续表

序号	日期	会议名称	会议议题
12	4月30日	第13次 区政府常务会议	4. 区财政局关于区应急管理局申请2021年密云区自然灾害救助资金使用方案、密云区消防救援支队申请批准国家综合性消防救援队伍工资、区应急管理局新招录区森林消防大队人员所需经费、区城市管理指挥中心申请2022年继续聘请第三方机构承办12345市民热线服务资金、水上分队迁移办公地点所需资金的意见
			5. 区水务局关于报审《北京市密云区村镇公共生活污水处理设施建设与运行管理办法》和《北京市密云区村镇公共生活污水处理设施运行考核细则（试行）》的请示
			6. 区农业农村局、区财政局关于拨付穆家峪镇大石岭村等4个镇8个村美丽乡村地上工程建设所需资金的请示
			7. 区住建委关于报审《密云区棚户区改造项目成本审核工作规则（报审稿）》、将密云区十里堡王各庄棚户区改造项目北京银行借款超过同期银行贷款的利息纳入棚改成本的请示
			8. 区城市管理委关于报审《西田各庄220千伏输变电工程拆迁实施方案》《密云新城新东路南延（水源路—顺潮街）道路工程拆迁实施方案》的请示
			9. 区生态环境局关于报审《北京市密云区气候投融资试点工作方案》《北京市密云区气候投融资试点实施方案》的请示
			10. 区财政局、区生态环境局、区农业农村局关于2022年污染防治专项转移支付资金安排情况的请示
			11. 区财政局、区教委关于2022年市级教育转移支付资金及学校修缮改造、设备配备、信息化建设资金安排的请示
			12. 区财政局关于留抵退税专项资金项目安排、上缴2022年城乡居民基本医疗保险财政补助资金的请示
13	5月18日	第14次 区政府常务会议	1. 区司法局关于报审《北京市密云区创建全国法治政府建设示范区工作实施方案》的请示
			2. 区生态环境局通报2022年第一季度大气污染防治工作情况
			3. 区城市管理委通报2022年第一季度生活垃圾分类和城乡环境建设管理检查考核情况
			4. 区河长办通报2022年第一季度密云区河长制工作考核排名情况
			5. 区农业农村局通报密云区2022年一季度农村人居环境整治排名情况
			6. 区发改委关于报审《关于密云区建立健全生态产品价值实现机制的实施意见（报审稿）》的请示

续表

序号	日期	会议名称	会议议题
13	5月18日	第14次 区政府常务会议	7. 区发改委关于报审《密云区落实〈关于继续加大中小微企业帮扶力度加快困难企业恢复发展的若干措施〉的实施细则（报审稿）》的请示
			8. 区防汛办关于报审《密云区2022年防汛工作方案》《2022年密云区防汛抗旱（应急）总指挥部、分指挥部成员名单》和《密云区防汛抗旱（应急）总指挥部领导成员及有关部门防汛责任制》的请示
			9. 区信访办关于报审《密云区领导干部接待信访群众工作方案（讨论稿）》的请示
			10. 区农业农村局关于报审修订《密云区“村地区管”管理办法（试行）》《北京市密云区农村产权流转交易管理办法（试行）》的请示
			11. 区农业农村局关于修订《密云区美丽乡村建设实施方案》的请示
			12. 区住建委关于报审《密云区果园街道果园新里中区1、9号楼翻建改造方案》《密云区鼓楼街道花园小区28、29、30号楼翻建改造方案》的请示
			13. 区城市管理委关于报审《密云区“十四五”电力规划建设深化战略合作协议》的请示
			14. 区财政局关于规自委密云分局申请落实《密云区耕地保护空间奖惩方案》所需资金的请示
			15. 区农业农村局、区财政局关于拨付冯家峪北栅子村等5个镇10个村美丽乡村地上工程建设所需资金的请示
			16. 区财政局关于报审2022年新增地方政府债务和预算调整方案报告的请示
			17. 区财政局关于2022年地方政府债券资金用途调整有关情况的请示
			18. 区财政局关于报审《关于落实北京市密云区人大常委会关于对北京市密云区人民政府〈关于2020年度国有资产管理情况的综合报告〉〈关于2020年度国有自然资源（资产）管理情况的专项报告〉和〈2020年度国有自然资源（资产）管理情况的审计工作报告〉的审议意见研究处理方案》的请示
			19. 区财政局关于区住建委申请果园街道西大桥和十里堡镇王各庄棚户区改造项目资金的请示
			20. 区财政局关于区交通局申请拨付2022年1月至3月票价折扣补贴款和预拨1月至3月免费乘车补贴的意见
			21. 区财政局、区文旅局关于2022年市级文物、文化和旅游资金安排情况的请示
			22. 区财政局关于北京市密云区委宣传部关于申请2022年创建全国文明城区所需资金的核实意见

续表

序号	日期	会议名称	会议议题
14	6月2日	第15次 区政府常务会议	1. 区环境办关于报审《密云区城乡环境建设管理工作方案（试行）》的请示
			2. 区城市管理委关于报审《密云区生活垃圾分类工作提醒约谈办法（报审稿）》的请示
			3. 区气象局关于报审《密云践行“两山”理论提升“中国天然氧吧”影响力三年行动计划（2022年—2024年）（报审稿）》的请示
			4. 区公安分局关于报审《密云区2022年交通安全治理集中攻坚专项行动方案》的请示
			5. 区住建委关于报审《密云区城镇国有土地房屋安全隐患排查和危险房屋解危实施方案（报审稿）》的请示
			6. 区规自分局关于2022年地质灾害隐患治理项目确定实施主体的请示
			7. 区规自分局关于报审利用“三非”空间开展土地复垦项目的请示
			8. 区商务局关于报审《2022年北京密云·法国波尔多葡萄酒节合作备忘录（报审稿）》的请示
			9. 区规自分局、中关村密云园关于报审《密云新城0205、0206、0301、0302街区控制性详细规划（街区层面）（2020年—2035年）》的请示
			10. 区机关事务管理服务中心关于报审《密云区数字档案馆建设实施方案》的请示
			11. 区发改委关于报审《密云区2021年度企业发展支持资金联合复审情况报告》的请示
			12. 区教委关于报审北京市密云区人民政府与北京师范大学签署合作终止协议书等事宜的请示
			13. 区财政局关于拨付区农业服务中心2022年急需实施项目所需资金的意见
			14. 区财政局关于2022年二季度急需拨付人员类项目资金的请示
			15. 区财政局关于信息系统等级保护加固所需资金的意见
15	6月7日	第16次 区政府常务会议	会前学习：区法院院长刘玉民作《学习贯彻习近平法治思想共同推进法治政府法治社会建设》专题讲座
			1. 区国资委关于报审北京密云建设工程集团有限公司与央企、市属国有企业合作成立建设工程公司的请示
			2. 区河长办关于报审2022年度河长制工作要点、落实市总河长令实施方案及河长制工作情况报告的请示

续表

序号	日期	会议名称	会议议题
15	6月7日	第16次区政府常务会议	3. 区发改委关于报审《2022年东西部协作协议（密云区—库伦旗）》的请示
			4. 区规自分局关于印发《打击“洗洞”盗采金矿专项整治行动工作方案》的请示
			5. 区住建委关于报审《北京市密云区房屋征收拆迁腾退在途项目治理工作方案（报审稿）》的请示
			6. 区住建委关于报审《密云区物业管理2022年工作要点（报审稿）》的请示
			7. 区住建委关于报审《北京市密云区防范化解处置房地产开发企业经营风险工作方案（报审稿）》的请示
			8. 区财政局关于规范聘用第三方服务机构实施意见的请示
			9. 区水务局关于报审《关于密云区农村供水情况的汇报》的请示
			10. 区发改委关于申请拨付密云区2022年区级财政支援合作援助资金的请示
16	6月19日	第17次区政府常务会议	会前学习：区发改委主任李東方解读《国务院关于印发扎实稳住经济一揽子政策措施的通知》，并传达学习陈吉宁市长在本市落实全国稳住经济大盘工作部署电视电话会议上的讲话精神
			1. 区发改委关于报审《密云区落实〈北京市统筹疫情防控和稳定经济增长的实施方案〉工作指南（报审稿）》的请示
			2. 区司法局关于报审《密云区行政执法“双提升”行动实施方案》的请示
			3. 区农业农村局关于报审《密云区“十四五”时期提升农村人居环境建设美丽乡村实施方案（报审稿）》的请示
			4. 区农业农村局关于报审《北京市密云区人民政府北京京东世纪贸易有限公司战略合作协议（报审稿）》的请示
			5. 区投促中心关于报审《密云区2022年招商引资指导性任务分解意见》的请示
			6. 区交通综治办关于报审《密云区2022年交通综合治理行动计划》的请示
			7. 密云水库保护公益基金会关于进一步完善基金会体制机制的请示
			8. 区国资委关于报审《北京市密云区人民政府北京建工集团有限公司战略合作协议》《北京市密云区人民政府国家电投集团北京电力有限公司战略合作协议》的请示
			9. 区国资委关于报审《北京密发鑫达投资管理有限公司与北京玖桥投资管理有限公司债务纠纷和解方案》的请示

续表

序号	日期	会议名称	会议议题
16	6月19日	第17次 区政府常务会议	10. 区城市管理委关于报审《密云区党政机关及社会单位生活垃圾分类考核管理办法（试行）》的请示
			11. 区卫生健康委关于报审《密云区关于促进3岁以下婴幼儿照护服务发展的实施方案（报审稿）》的请示
			12. 区公路分局关于报审《密云区2022年乡村公路建设养护计划》的请示
			13. 区城市管理委关于报审《密云区2023年密云水库周边、上游及水源保护地环境综合整治提升工程（二期）项目》的请示
			14. 区住建委关于报审《密云区2022年度既有多层住宅加装电梯工作实施方案（报审稿）》的请示
			15. 区财政局关于报审《北京市密云区人民政府关于2022年新增地方政府债务限额、新增地方政府债务和预算调整方案报告》的请示
			16. 区规自分局关于水源路南侧B—6054地块和王各庄棚改项目平衡资金地块申请入市的请示
			17. 区卫生健康委关于报审《委托北京安定医院管理北京市密云区精神卫生防治院协议》的请示
			18. 区财政局关于国家税务总局北京市密云区税务局申请2022年度项目经费的意见
			19. 区财政局关于化解新城0306街区土地一级开发项目隐性债务的请示
17	6月23日	第18次 区政府常务会议	1. 区住建委关于报审《密云区自建房安全专项整治实施方案（报审稿）》的请示
			2. 区规自分局关于报审《密云区耕地占补平衡指标管理办法（试行）》的请示
			3. 怀柔科学城东区办关于报审《北京大学怀密医学中心建设用地协议书》的请示
18	7月13日	第19次 区政府常务会议	会前学法：中国人民大学公共政策研究院黄传炜作《北京市接诉即办工作条例释法与运用》专题讲座
			1. 区应急局关于报审《北京市密云区突发事件总体应急预案》的请示
			2. 区政府办关于报审《北京市密云区人民政府 中国交通建设集团有限公司战略合作协议》的请示
			3. 区林长办关于报审《北京市密云区总林长2022年1号令》《密云区2022年林长制工作要点》《密云区2022年林长制工作方案》和《密云区2022年度林长制督查考核实施方案》的请示

续表

序号	日期	会议名称	会议议题
18	7月13日	第19次 区政府常务会议	4. 区城指中心关于报审《关于深化推进网格化管理工作的实施方案》的请示
			5. 区水务局关于报审2022年度水库移民中央资金项目计划的请示
			6. 区规自分局关于审定九宗拟完善手续公共公益项目的请示
			7. 区规自分局关于拟对密云新城MY00—0104、MY00—0105街区剩余地块进行土地前期开发有关情况的请示
			8. 区规自分局关于申请撤销密云区密云镇季庄西村土地一级开发项目有关事宜的请示
			9. 区机关事务管理服务中心关于报审密云区档案馆新馆建设土地使用的请示
			10. 区支援合作办关于报审《密云区2021年国家东西部协作考核及北京市支援合作成效考核整改方案》的请示
			11. 区支援合作办关于通报报审《2021年密云区支援合作援建项目进展情况》《2022年密云区支援合作援建项目计划》的请示
			12. 区财政局关于区卫生健康委申请疾控中心PCR实验室购置核酸检测辅助设备及耗材所需资金的意见
			13. 区财政局关于拨付中关村密云园2022年财政体制分成资金的核实意见
			14. 区财政局关于区城管委申请拨付密云新城新东路南延（水源路—顺潮街）道路工程森林植被恢复费的意见
			15. 区财政局关于疫情防控补助资金项目安排的请示
			16. 区财政局关于区城市管理指挥中心申请2022年4、5月“接诉即办”工作月考核奖励资金的意见
19	7月22日	第20次 区政府常务会议	1. 区发改委关于报审《2022年上半年国民经济和社会发展计划执行情况的报告（报审稿）》的请示
			2. 区财政局关于报审《2021年区级决算草案和2022年上半年预算执行情况》的请示
			3. 区审计局关于报审《北京市密云区人民政府关于2021年北京市密云区人民政府办公室年度本级预算执行和其他财政收支情况的审计工作报告》的请示
			4. 区民政局关于报审《北京市密云区未成年人保护工作方案》的请示
			5. 区委宣传部关于未成年人思想道德建设工作情况的汇报
			6. 区文旅局关于报审《北京市密云区加强互联网上网服务营业场所管理工作方案》的请示

续表

序号	日期	会议名称	会议议题
19	7月22日	第20次 区政府常务会议	7. 区财政局关于密云镇政府申请拨付大唐庄、小唐庄、王家楼三村棚户区改造项目前期拆迁2022年7—12月和新增人口周转金的请示
			8. 区财政局关于区公安分局申请拨付河南寨派出所建设项目土地转让费的意见
			9. 区财政局关于区公安分局申请执行特殊倾斜奖中重大活动一次性资金的请示
			10. 区财政局关于区公安分局申请"创城"交通协管员经费的请示
			11. 区财政局关于区委办公室申请拨付区电子政务内网运行维护和机要密码业务专项经费所需资金的意见
			12. 区财政局关于区城指中心申请开展全区城市部件普查工作所需资金的意见
			13. 区财政局关于区城管委申请拨付西田各庄220千伏输变电工程森林植被恢复费的意见
			14. 区财政局关于申请下达医药卫生体制改革补助资金的请示
			15. 区财政局关于区经信局开展密云区通信网络和有线电视飞线整治项目的意见
			16. 区长马新明部署近期相关工作
20	8月10日	第21次 区政府常务会议	会前学习：区发改委主任李東方传达陈吉宁市长在本市碳达峰碳中和工作领导小组第一次全体会议上的讲话精神
			1. 区国资委关于报审《北京市密云区人民政府北京市首都公路发展集团有限责任公司战略合作协议》《北京市密云区人民政府中国水电基础局有限公司战略合作协议》的请示
			2. 区规自分局关于报审《密云区城市更新三年行动计划》的请示
			3. 区规自分局关于报审《密云区规划和自然资源领域问题整改进展情况汇报》的请示
			4. 区信访办关于报审《密云区加强基层基础工作提升信访工作质效的办法（讨论稿）》的请示
			5. 区城市管理委关于报审《密云区非居民厨余垃圾计量收费管理工作实施方案》的请示
			6. 区园林绿化局关于报审《2022年市级下达我区功能及重点区域补助转移支付资金计划安排情况》的请示
			7. 区财政局关于区城市管理指挥中心申请2022年6月"接诉即办"工作月考核奖励资金的意见

续表

序号	日期	会议名称	会议议题
20	8月10日	第21次 区政府常务会议	8. 区财政局关于规自委密云分局申请第二批耕地保护空间复耕工程所需资金的请示
			9. 区文旅局关于报审《2022 北京长城文化节活动方案》的请示
			10. 区文旅局关于报审以区政府名义与滦平县政府签订《密云区、滦平县边界长城保护合作协议》的请示
			11. 区住建委关于确定通用博园共有产权住房项目销售均价和份额比例的请示
			12. 区财政局关于区文旅局举办 2022 北京长城文化节活动所需资金的核实意见
			13. 区财政局关于区国资委申请北京市密云区放马峪生态修复治理项目资金的意见
			14. 区财政局关于拨付农林水项目急需资金的请示
			15. 区财政局关于拨付密云区 2022 年支援合作工作经费的意见
			16. 区财政局关于区总工会申请工会经费集中上缴部分所需资金的意见
			17. 区财政局关于区城管委拨付西田各庄 220 千伏输变电工程森林植被恢复费（市级）的意见
			18. 区人力社保局关于人事任免有关事项的请示
21	8月18日	第22次 区政府常务会议	1. 区发改委关于报审《密云区 2022 年第一批拟列入政府投资项目计划》的请示
			2. 区园林绿化局关于报审《北京市密云区推进蜂产业发展三年行动计划（2022—2024）》的请示
			3. 区财政局通报 2022 年上半年区对镇街、经济功能区财源建设工作评估报告
			4. 区河长办通报 2022 年第二季度密云区河长制工作考核排名情况
			5. 区基本无违建创建办关于调整 2022 年违法建设拆除经费标准的请示
			6. 区生态环境局通报 2022 年上半年密云区水环境跨界断面考核补偿情况
			7. 区城市管理委关于报审《密三路（潮河右堤路—东白岩）扩建工程拆迁实施方案》的请示
			8. 区投促中心关于密云区政府在服贸会上与中国旅游集团投资和资产管理有限公司签订意向合作协议的请示
			9. 区农业农村局关于报审《北京市密云区人民政府北京农学院战略合作协议（报审稿）》的请示

续表

序号	日期	会议名称	会议议题
21	8月18日	第22次 区政府常务会议	10. 区生态环境局关于密云区人民政府与民族团结杂志社、中节能生态产品发展研究中心开展三方合作的请示
			11. 区财政局关于区生态环境局申请拨付空气质量监测系统运维工作所需费用的意见
			12. 区财政局关于2022年中央政法一般性转移支付资金安排的请示
22	8月30日	第23次 区政府常务会议	1. 区科协关于报审《密云区全民科学素质行动规划纲要实施方案(2021—2035年)》的请示
			2. 区体育局关于报审《密云区全民健身实施计划（2021—2025年)》的请示
			3. 区生态环境局关于报审《北京市密云区环境噪声污染防治工作方案（2022—2025年)》的请示
			4. 区经管站关于报审《密云区全面开展农村涉地合同和集体资产资源核查工作实施方案（报审稿)》的请示
			5. 区国资委关于报审《北京市密云区人民政府国家电投集团北京电力有限公司项目合作协议》的请示
			6. 区规自分局关于报审十一宗拟完善手续公共公益项目的请示
			7. 檀营地区办事处关于设立悦欣嘉园社区居委会的请示
			8. 区财政局关于拨付古北口镇古北口村及河西村美丽乡村地上工程建设所需资金的意见
			9. 区财政局关于拨付2021年渔业产销合作社改造项目资金的意见
			10. 区财政局关于拨付失能老年人护理补贴资金核实情况的意见
			11. 区财政局关于区人力社保局申请密云区城乡居民养老保险2022年度9—12月基础养老金和丧葬补助金核实情况的意见
			12. 区财政局关于区交通局申请清算2021年度免费乘车、拨付2022年4—6月免费乘车和票价折扣补贴资金的意见
23	9月8日	第24次 区政府常务会议	会前学习：区财政局局长吴成刚通报北京市财政局关于2022年上半年密云区财源建设建议书
			1. 区政府办关于报审《2022年度密云区落实市政府绩效考核任务工作方案》的请示
			2. 区民政局关于报审《密云区殡葬改革工作方案》的请示
			3. 区市场监管局关于报审《密云区食品药品安全工作情况汇报》的请示
			4. 区城市管理委关于报审《关于开展特许经营立柱式户外广告设施规范治理工作专项方案》的请示

续表

序号	日期	会议名称	会议议题
23	9月8日	第24次 区政府常务会议	5. 区财政局关于报审《北京市密云区政府性债务管理办法（报审稿）》的请示
			6. 区财政局关于区商务局申请发放2021年移民口粮补贴的意见
			7. 区水务局关于报审《密云区农村污水治理PPP项目合作协议》《密云区农村污水治理PPP项目合同》的请示
			8. 区卫生健康委关于报审《统筹共建北京中医药大学第三附属医院密云院区合作协议》的请示
			9. 区财政局关于拨付河南寨钓鱼台村土地复垦资金的请示
			10. 区财政局关于区交通局申请2022年上半年综合检查站运行所需资金的意见
			11. 区发改委关于拨付密云区2022年“疏解整治促提升”专项行动引导资金的请示
24	9月21日	第25次 区政府常务会议	1. 区生态环境局关于报审《北京市密云区“十四五”时期“无废城市”建设实施方案（报审稿）》的请示
			2. 区统计局关于报审《北京市密云区统计局关于开展统计监督工作的情况报告》的请示
			3. 区发改委关于申请拨付密云区2022年第二批市政府固定资产投资资金的请示
			4. 区财政局关于拨付溪翁庄镇金叵罗村等7个镇10个村美丽乡村建设地上工程建设所需资金的意见
			5. 区生态环保督察办关于报审《密云区关于中央和北京市生态环境保护督察整改进展情况的报告》的请示
			6. 区国资委关于报审《北京市密云区人民政府北京控股集团有限公司战略合作协议（报审稿）》《北京市密云区人民政府中国电力建设集团有限公司战略合作协议（报审稿）》的请示
			7. 区规自分局关于拟补办公共公益项目手续的请示
			8. 区发改委关于报审《密云区2022年第二批拟列入政府投资项目计划》的请示
			9. 区发改委关于免缴区教委、区公安分局建设项目城市基础设施建设费的请示
			10. 区财政局关于区机关事务管理服务中心申请区委区政府集中办公区水电费所需资金的意见
			11. 区教委关于拆除檀营地区办事处旧址的请示
			12. 区退役军人事务局关于报审《北京市密云区符合政府安排工作条件退役士兵安置办法》的请示
			13. 区发改委关于申请拨付密云区特许经营立柱式户外广告设施规范治理项目资金的请示

续表

序号	日期	会议名称	会议议题
25	10 月 9 日	第 26 次 区政府常务会议	1. 区发改委关于报审《北京市密云区新增产业的禁止和限制目录联席会议制度（审议稿）》的请示
			2. 区发改委关于报审《密云区支持企业发展办法（试行）（审议稿）》的请示
			3. 区城市管理委关于先期启动七条道路工程建设的请示
			4. 区财政局关于拨付数字菜田建设项目资金的意见
			5. 区财政局关于拨付十里堡镇、西田各庄镇、东邵渠镇、新城子镇垃圾转运站工程资金的请示
			6. 区财政局关于区城管委申请西统路（河北路—密关路）道路工程竣工验收第三方检测及交通科技设备采购相关资金的意见
			7. 区财政局关于区委办公室申请 2022 年北京市普通密码设备换装资金的意见
			8. 区财政局关于报审全域无隐性债务试点工作报告的请示
			9. 区机关事务管理中心关于报审《北京市密云区党政机关办公用房维修管理办法》的请示
			10. 区发改委关于拨付密云区生态环境建设领导小组办公室项目结余上缴资金的请示
			11. 区发改委关于报审《北京市密云区金融服务办公室与方正证券股份有限公司战略合作框架协议（报审稿）》的请示
			12. 区人力社保局关于人事任免的请示
			13. 区消防救援支队关于报审第六届全国 119 消防先进个人拟表彰对象的请示
26	10 月 18 日	第 27 次 区政府常务会议	1. 区人力社保局关于报审《北京市密云区促进本地城乡劳动力就业再就业办法（报审稿）》的请示
			2. 区农业农村局关于报审《北京市密云区高标准农田建设规划（2021—2030 年）（报审稿）》的请示
			3. 区规自分局通报加快推进密云区 2022 年上半年卫片执法警示约谈整改工作
			4. 区财政局关于拨付 2021 年农村人居环境奖励资金的意见
			5. 区商务局关于报审《2022 年北京密云国际葡萄酒文化节总体方案》的请示
			6. 区财政局关于拨付高岭镇下甸子村等 3 个镇 4 个村美丽乡村地上工程建设所需资金的意见
			7. 区财政局关于拨付大城子镇大城子村等 3 个镇 7 个村美丽乡村地上工程建设所需资金的意见

续表

序号	日期	会议名称	会议议题
26	10月18日	第27次区政府常务会议	8. 区财政局关于拨付太师屯镇太师屯村等6个村美丽乡村地上工程建设所需资金的意见
			9. 太师屯镇关于报审《太师屯镇2022—2023年度集中供暖接管工作实施方案》的请示
			10. 区住建委关于调整云北一期、清水湾二期公共租赁住房租金标准的请示
			11. 区财政局关于拨付中关村密云园2022年1—8月财政体制资金的核实意见
			12. 区财政局关于拨付低保、特困人员一次性生活补贴资金核实情况的意见
			13. 区财政局关于拨付老年人养老服务津贴补贴资金核实情况的意见
27	11月9日	第28次区政府常务会议	会前学法：副区长、区公安分局局长刘传虹解读《习近平法治思想学习纲要》
			1. 区生态环境局关于报审《关于生态环境保护工作情况的汇报》的请示
			2. 区生态环境局关于报审《北京市密云区“十四五”国家重点生态功能区县域生态环境质量监测与评价工作实施方案（报审稿）》的请示
			3. 区发改委关于成立密云区碳达峰碳中和工作领导小组及领导小组办公室的请示
			4. 区商务局关于报审《密云区落实粮食安全责任制实施方案（报审稿）》的请示
			5. 区商务局关于报审《密云区关于落实2022年度党委政府粮食安全责任制考核工作方案（报审稿）》的请示
			6. 区政务服务局关于报审《密云区推进民宿行业改革优化营商环境工作的方案（试行）》及配套文件的请示
			7. 区财政局关于拨付镇2022年第一批次复耕土地流转费的请示
			8. 区财政局关于拨付古北口镇龙洋村、北庄镇抗峪村壮大集体经济项目资金的意见
			9. 区金融办关于设立中国邮政储蓄银行北京密云绿色支行的请示
			10. 区发改委关于使用2022年朝密结对协作资金支持小蜜蜂主题公园的请示
			11. 区财政局关于拨付穆家峪镇体制经费的核实意见
			12. 区财政局关于区城管委申请拨付环卫中心更新作业车辆采购项目资金的意见

续表

序号	日期	会议名称	会议议题
27	11月9日	第28次 区政府常务会议	13. 区财政局关于拨付中关村科技园区密云园管理委员会基础设施建设费的核实意见
			14. 区财政局关于密云区消防救援支队申请2022年度下半年公用经费及网络运维费核实情况的意见
			15. 区财政局关于2022年年度前急需拨付人员类项目资金的请示
28	11月17日	第29次 区政府常务会议	1. 区机关事务管理服务中心关于报审《北京市密云区党政机关公务用车管理办法（报审稿）》的请示
			2. 区司法局关于报审《北京市密云区重大行政决策事项目录管理办法（试行）》的请示
			3. 区预防煤气中毒办关于报审《密云区2022至2023年度预防煤气中毒工作方案》的请示
			4. 区审计局关于报审《北京市密云区人民政府关于行政事业单位国有资产管理使用情况审计工作报告》的请示
			5. 区审计局关于报审《北京市密云区人民政府关于2021年度本级预算执行和其他财政收支审计查出问题整改情况工作报告》的请示
			6. 区财政局关于拨付东邵渠镇高各庄村等5个村壮大集体经济项目资金的意见
			7. 区财政局关于拨付高岭镇下河村等6个村美丽乡村地上工程建设所需资金的意见
			8. 区商务局关于报审《北京市密云区人民政府与北京物资学院战略合作协议（报审稿）》的请示
			9. 区农业农村局关于报审《北京市密云区人民政府与中国农业科学院战略合作框架协议（报审稿）》的请示
			10. 区经信局关于报审《北京市密云区人民政府中国联合网络通信有限公司北京市分公司战略合作框架协议》《北京市密云区人民政府中国移动通信集团北京有限公司战略合作框架协议》《北京市密云区人民政府中国电信股份有限公司北京分公司战略合作框架协议》《北京市密云区人民政府中国铁塔股份有限公司北京市分公司战略合作框架协议》的请示
			11. 区市场监管局关于报审《北京市密云区规范互联网平台经济工作领导小组组建方案》的请示
			12. 区经信局关于报审《北京市密云区数据中心统筹发展工作方案（报审稿）》的请示
			13. 区财政局关于区生态环境局申请开展国控、市控水环境监测点位提升改造项目所需资金的意见
			14. 区财政局关于区生态环境局申请开展密云水库水质监测码头改造项目所需资金的意见
			15. 区财政局关于区交通局申请清算2022年4—6月、申请拨付2022年7—9月票价折扣补贴款、免费乘车补贴款的意见

续表

序号	日期	会议名称	会议议题
29	11 月 22 日	第 30 次 区政府常务会议	会前学法：区信访办主任李国良解读《信访工作条例》
			1. 北京市密云区人民政府办公室通报市级考核通报排名任务 1—10 月进展及察访核验情况
			2. 区安委会办公室关于报审《密云区落实市委市政府安全生产第三督察组督察反馈意见的整改报告（报审稿）》的请示
			3. 区环境办通报 2022 年第二、三季度城乡环境建设管理检查考核情况
			4. 区发改委关于报审《密云区 2022 年重大投资项目谋划工作方案》《密云区 2021 年重大投资项目谋划资金拨付计划》的请示
			5. 区河长办通报 2022 年第三季度密云区河长制工作考核排名情况
			6. 区城市管理委通报 2022 年第二、三季度生活垃圾分类工作检查考核情况
			7. 区农业农村局通报密云区 2022 年三季度农村人居环境整治排名情况
			8. 区城市管理委关于报审《密云新城城后东街（檀营街—宜兴路）及新刘棚改地区周边三条道路工程拆迁实施方案》的请示
			9. 区城市管理委关于报审《2023 年密云春节和元宵节景观布置方案》的请示
			10. 区财政局关于十里堡镇王各庄村征地超转人员结余资金调整用于王各庄村棚改项目的请示
			11. 区发改委关于报审《密云区 2022 年第三批拟列入政府投资项目计划》的请示
			12. 区财政局关于报审《2021 年度国有资产管理情况的综合报告》的请示
			13. 区财政局关于报审《北京市密云区人民政府关于 2022 年预算调整方案（草案）的报告（报审稿）》的请示
			14. 区财政局关于报审《2021 年度行政事业性国有资产管理情况的专项报告（报审稿）》的请示
30	11 月 30 日	第 31 次 区政府常务会议	会前学法：市司法局执法协调监督处一级调研员王明东作题为《中华人民共和国行政处罚法》讲座
			1. 区司法局通报 2022 年 1—10 月市对区依法行政考核指标完成情况
			2. 区气象局关于报审《密云区“十四五”时期气象事业发展专项规划（报审稿）》的请示

续表

序号	日期	会议名称	会议议题
30	11月30日	第31次 区政府常务会议	3. 区国资委关于报审《密云区人民政府与中国农业发展银行北京分行战略合作协议》《密云区人民政府与中国农业银行股份有限公司北京市分行战略合作协议》的请示
			4. 区生态环境局通报2022年前三季度大气污染防治工作情况
			5. 区财政局关于报审2022年市对区生活垃圾分类以奖代补专项转移支付资金安排情况的请示
			6. 区财政局、区生态环境局关于报审2022年第二笔污染防治专项转移支付资金安排情况的请示
			7. 区发改委关于报审2022年朝密结对协作资金使用计划的请示
			8. 区财政局关于报审调整下达2022年污染防治专项转移支付资金的请示
			9. 区财政局关于报审规自委密云分局申请耕地保护空间复耕地块竣工测绘等相关工作资金的请示
			10. 区发改委关于报审拨付密云区2022年"疏解整治促提升"专项行动引导资金的请示
31	12月7日	第32次 区政府常务会议	会前学习：区规自分局局长张长峰解读《北京市规划和自然资源违法线索分类及处置办法实施细则（2022年修订版）》《关于解决北京市公共公益专项整治行动难点问题的补充意见》
			1. 区发改委关于报审《密云区2022年国民经济和社会发展计划执行情况与2023年国民经济和社会发展计划（草案）的报告（报审稿）》的请示
			2. 区财政局关于报审《密云区2022年预算执行情况和2023年预算（草案）的报告》的请示
			3. 区财政局关于报审2022年生态涵养区综合性生态保护补偿资金项目安排的请示
			4. 区规自分局关于申请区政府对四宗公共公益项目进行审定的请示
			5. 区文旅局关于报审《北京市密云区人民政府北京印刷学院合作框架协议》的请示
			6. 中关村密云园关于审定怀柔科学城东区内原经济开发区B区已征未供土地开发成本事宜的请示
			7. 区财政局关于申请拨付密云区2020年设施农业以奖代补项目财政补贴资金的请示
			8. 区财政局关于溪翁庄镇尖岩村水库移民文化示范村整体环境提升工程所需资金的核实意见
			9. 区财政局关于区商务局2022年购买应急防控物资资金的请示
			10. 区财政局关于申请拨付政府投资财政项目评审中介机构服务费的请示

续表

序号	日期	会议名称	会议议题
32	12月15日	第33次 区政府常务会议	1. 区政府办关于报审《区政府工作报告（审议稿）》的请示
			2. 区政府办关于报审《密云区2023年重要民生实事项目》的请示
			3. 区规自分局关于印发《密云区2021年度自然资源督察问题整改工作方案》的请示
			4. 区规自分局关于报审涉及荒山荒滩合同土地复耕流转费的请示
			5. 区财政局关于拨付东邵渠等5个镇7个精品民宿项目财政补助资金的意见
			6. 区财政局关于拨付石城镇贾峪村等5个镇9个村美丽乡村地上工程建设所需资金的意见
			7. 区财政局关于拨付巨各庄镇东白岩村等4个镇6个村美丽乡村地上工程建设所需资金的意见
			8. 区财政局关于拨付西田各庄镇疃里村等2个镇8个村美丽乡村地上工程建设所需资金的意见
			9. 区财政局关于疫情防控补助资金项目安排的请示
			10. 区财政局关于协调解决北京怀柔科学城建设发展有限公司部分出资款所需资金的核实意见
			11. 区财政局关于拨付北京密云企业服务有限公司财政体制资金的核实意见

【政府专题会】 全年召开政府专题会85次。

（葛　波）

2022年区政府专题会一览表

表2

序号	日期	会议内容
1	1月11日	关于研究水岸花墅项目代征绿地清理整治工作
2	1月22日	关于研究《打造乡村振兴“密云样板”实施方案》专题会议
3	1月24日	关于研究密云区2021—2022年度老旧小区综合整治工作推进会议
4	1月26日	研究市政府绩效考评结果确认申诉工作专题会议
5	1月30日	研究《打造乡村振兴“密云样板”实施方案》专题会议
6	2月7日	研究密云水库相关工作方案会议
7	2月10日	研究密云区2022年一季度经济“开门红”暨财源建设调度会议
8	2月10日	关于研究朝阳滨河学校一期新建工程征地费用所需资金有关工作会议
9	2月10日	关于研究政府债券、隐性债务进展工作专题会议

续表

序号	日期	会议内容
10	2月15日	研究国企改革工作专题会议
11	2月21日	关于研究水源路南侧 C-1 东地块居住项目规划设计方案
12	2月22日	关于研究 2022 年度建设用地供应计划及保障性安居工程用地供应计划专题会议
13	3月3日	关于研究教育项目征占地所需资金的专题会议
14	3月7日	关于接诉即办约谈专题会议
15	3月17日	研究走马庄村北土地一级开发项目隐性债务化解工作
16	3月18日	关于研究百万亩造林、农村污水治理、美丽乡村、农房改造相关工作会议
17	3月22日	关于密云区落实北京市农村工作会议研讨会议
18	3月28日	关于春耕备耕工作以及复耕土地种植工作专题会议
19	3月31日	关于研究檀营地区办事处旧址改造专题会议
20	4月4日	2022 年密云区第二季度公共安全形势分析会议
21	4月7日	关于研究王各庄棚改平衡资金地块指标论证方案专题会议
22	4月12日	关于“两区”建设和培育建设国际消费中心城市工作会议
23	4月12日	关于研究农村污水治理 PPP 项目专题会议
24	4月13日	关于调度复耕土地春播工作专题会议
25	4月13日	关于调度 2022 年度违法建设治理工作专题会议
26	4月24日	2022 年密云区审计工作会议
27	4月30日	研究密云水库生态涵养区保护条例专题会议
28	5月5日	关于特种水产网箱养殖试验专题会议
29	5月16日	关于研究破坏森林问题整改工作专题会议
30	5月16日	关于研究北京密发鑫达投资管理有限公司担保涉诉案件专题会议
31	5月23日	关于研究《密云区农村住宅风貌管控指导性图集》《农房质量提升试点村实施方案》工作会议
32	5月24日	关于研究密云区旅游集散中心建设相关工作会议
33	5月24日	关于研究汛后恢复和密云水库高水位运行生态保护项目资金情况专题会议
34	5月24日	关于研究《北京大学怀密医学中心建设用地协议书》编制工作会议
35	5月24日	关于研究闲置土地认定工作专题会议
36	5月25日	关于研究密云水库一级区相关工作会议
37	5月26日	关于研究 2022 年密云区财源建设工作部署会议
38	5月29日	关于研究讨论密云水库水源保护和一级保护区群众生产生活相关事宜工作会议
39	5月29日	关于研究 2022 年供地项目入市推进工作会议
40	5月30日	关于研究停车综合治理工作专题会议

续表

序号	日期	会议内容
41	5月30日	研究讨论密云水库水源保护和一级保护区群众生产生活相关事宜专题会议
42	6月1日	关于密云区自建房安全专项整治工作部署会议
43	6月7日	关于研究密云区自然保护区总体规划编制工作会议
44	6月14日	关于研究云蒙山风景区相关工作专题会议
45	6月15日	关于研究将潮河、白河、潮白河纳入公园管理范围及划定垂钓区工作会议
46	6月15日	关于研究密三路方案专题会议
47	6月15日	关于研究十里堡镇王各庄棚改项目征地超转工作会议
48	6月16日	关于研讨密云水库一级区人口有序疏解工作专题会议
49	6月22日	关于研究《密云水库保护条例（草案）》专题会议
50	7月8日	关于2022年北京密云·波尔多葡萄酒文化节工作调度会议
51	7月22日	研究区中医医院迁址新建工程、檀营社区卫生服务中心新建工程设计方案专题会议
52	8月9日	关于研究《密云新城0202、0203控制性详细规划（街区层面）》工作专题会议
53	8月10日	关于研究举办2022密云体育消费周相关工作会议
54	8月15日	关于研究土地入市相关工作会议
55	8月16日	关于研究殡葬改革工作专题会议
56	8月17日	关于审计整改工作专题部署会
57	8月18日	关于北京大学怀密医学中心项目专题会议
58	8月18日	关于研究新农村刘林池棚户区改造项目专题会议
59	8月22日	研究筹建密云生态马拉松主题公园建设工作会议
60	9月2日	研究美丽乡村建设和管护资金支出进度工作、部署密云区农村涉地合同和集体资产资源核查工作专题会议
61	9月5日	研究密云区正高级教师医疗待遇暂行规定工作会议
62	9月5日	研究社区工作者规范整合工作专题会议
63	9月13日	研究中央和北京市生态环境保护督察整改工作会议
64	9月21日	区政府审计整改工作专题部署会议
65	9月22日	关于研究安全生产督察整改工作会议
66	9月23日	关于研究“民宿一件事”改革工作调度会议
67	9月28日	关于区档案馆新馆建设专题工作会议
68	9月28日	关于研究《密云区规划工作领导小组工作规则》专题会议
69	9月29日	关于密云区2022—2023年度森林防灭火工作专题会议
70	10月18日	关于研究檀营地区信访问题专题会议
71	10月21日	关于研究不老屯派出所用房维修改造工作会议

续表

序号	日期	会议内容
72	10月27日	关于研究部署国家自然资源督察北京局2022年耕地保护和矿产资源督察工作会议
73	11月15日	关于研究道路停车位电子化收费改革工作专题会议
74	11月15日	关于研究住建领域工作专题会议
75	11月15日	关于研究市审计局2021年汛后恢复资金管理使用情况会议
76	11月16日	关于研究大气污染防治工作专题会议
77	11月21日	关于研究逾期未安置项目清理整治工作专题会议
78	11月22日	关于研究2023年密云城区花卉景观布置工作专题会议
79	11月23日	关于研究国民经济社会发展经济指标、政府工作报告相关工作会议
80	11月24日	关于研究乡村振兴相关工作专题会议
81	11月24日	关于研究污水处理工程建设相关工作专题会议
82	12月1日	关于研究建设新北路东路、檀东路工程使用建设用地工作会议
83	12月2日	关于研究2023年环境建设市级重点项目设计方案专题会议
84	12月5日	关于研究水源路南侧BC1地块旧城改建项目推进工作会议
85	12月14日	关于研究密云区矿山转型规划及项目推进专题工作会议

主要工作和重点活动

Main Tasks and Key Activities

【概　况】 2022年，区政府围绕服务保障和学习贯彻党的二十大主题主线，始终坚持以习近平新时代中国特色社会主义思想为指导，深入贯彻习近平总书记重要回信精神和市第十三次党代会精神，以新时代首都发展为统领，全面统筹“疫情要防住、经济要稳住、发展要安全”，坚持“保水、护山、守规、兴城”，坚持生态优先、保水富民、绿色发展、特色一流，推动经济社会发展取得新进展新成效。

（王浩天）

【中关村（密云）绿色科技前沿技术创新中心揭牌】 1月11日，中关村（密云）绿色科技前沿技术创新中心揭牌。位于生态商务区万象星座写字楼C座，建筑面积约8000平方米；以健康医疗为核心，吸引生命科技、医药健康、节能环保等科技领域的前沿项目，产学研、投融资等相关科技服务机构参与。

（王浩天）

【获评国家现代农业产业园】 1月21日，密云区获评第四批国家现代农业产业园称号。在4镇92村范围内形成1个核心区、3个高效农业创新中心、N个农民果蔬基地的“1+3+N”现代农业产业布局，培育省级以上龙头企业7家，以股份合作、订单生产等方式带动2.98万农户增收。

（王浩天）

【打造“民宿一件事”办事场景】 1月24日，密云区通过明确一套准入标准、提出一套监管标准、制定一套分级分类标准、搭建一个数字化运行平台，打造“民宿开办一件事”“民宿监管一件事”办事场景，解决事项跨部门、跨层级协同难题。

（王浩天）

【推行林长制改革】 2月，密云区建立“一长两员”网格化管理体系，全区划分责任网格1503个，明确镇级林长241名，村级林长409名，同步完成466名林务员及4726名生态林管护员信息录入工作，实现森林防火、林业有害生物防治等工作与林长制责任体系深度融合。设立村级责任区域林长制公示牌255块，明确资源情况及责任主体，推进园林绿化第三方社会平台监管，实现“巡察暗查结果实时反馈—属地镇村快速处理—园林绿化部门督促指导整改”工作闭环。

（王浩天）

【入选“2022 年林业改革发展资金支持国土绿化试点示范项目”】 2 月 17 日，密云水库周边国土绿化试点示范项目入选“2022 年林业改革发展资金支持国土绿化试点示范项目”。总投资 3.19 亿元（中央财政投资补助 2 亿元），建设期为 2022—2023 年。计划建设高质量水源涵养林 12 万亩，实施科学绿化造林、退化林分修复、复层异龄林营建、高密度林分调整、森林乡村建设示范，以及作业道、围栏、小微湿地等系统治理辅助设施建设等内容。建成后，增强密云水库周边水土保持和水源涵养能力，净化入库水质，提升生物多样性。

（王浩天）

【区政府第一次全体会议召开】 2 月 28 日，区政府召开第一次全体会议，区委副书记、区长马新明出席会议并讲话。深入学习贯彻中央和市委市政府系列重要会议精神，落实“保水、护山、守规、兴城”总要求，按照区第三次党代会和区“两会”部署，坚持生态优先、保水富民、绿色发展、特色一流，进一步认清形势，抢抓机遇，聚焦重点，狠抓落实，推动各项任务高质高效完成。

（王浩天）

【密云水库南线获评 2021 年度“十大最美农村路”】 3 月 1 日，密云水库南线获评 2021 年度“十大最美农村路”，成为北京市唯一入选道路。密云水库南线全长 23.8 公里，与密云水库同期建成，是保水护山的重要交通联络线，沿线周边汇集渔街美食、精品民宿、采摘园等多种旅游资源，串联成为一条休闲、生态、自驾、骑行的环湖路线。

（王浩天）

【果园街道西大桥棚改项目启动房屋拆除】 3 月 22 日，果园街道西大桥棚改项目正式启动房屋拆除。项目实施范围总用地面积约 26.56 公顷，预计开发周期 5 年，共涉及拆除面积约 12 万平方米。

（王浩天）

【举行“青山有幸埋忠骨 哀思无限祭英魂”烈士遗骸迁葬仪式】 4 月 2 日，密云区“青山有幸埋忠骨 哀思无限祭英魂”烈士遗骸迁葬仪式在区烈士陵园举行，安葬 5 位抗日战争时期牺牲的烈士。区烈士陵园安葬抗日战争、解放战争及新中国成立后牺牲的英烈 500 余名。

（王浩天）

【密云区停车资源供需平衡】 4 月 8 日，密云区启动全市首个远郊区全区域停车综合治理项目，28 家机关企事业单位面向社会共享错时停车资源，建成共享停车场 6 个，利用拆违腾退及闲置空地、开放人防空间、内部道路双行改单行单停、借用道路施划夜间临时停车位等方式，挖潜停车位资源 1.9 万个。

（王浩天）

【打造气候经济发展高地】 4 月，密云区与中科院、清华大学围绕气象装备、气象云及气象应用软件开发和现代气象信息服务等产业，建设气候服务产业发展聚集地。依托地球数值模拟系统等大科学装置和交叉平台，储备气候经济相关成果 22 项，将库中科技成果向区内 40 家节能环保企业集中发布，达成合作意向 14 个。明确密云水源地保护的四大方向和 19 个应用场景，加速成果落地应用。

（王浩天）

【市“两区”办与密云区共同举办“全球超链接”系列之德国专场推介会】 5 月 20 日，北京市“两区”办与密云区共同举办“全球超链接”系列之德国专场推介会。会议主题为“共享北京开放先机——通用航空及文旅服务精准对接”，古北水镇等 20 余家企业线上参与。密云区商务局、区科委、区文旅局、区投促中心等多部门推介重点项目，创造跨境投资合作机会。

（王浩天）

【生态环境质量指数（EI）首次位居全市第一】 5 月 26 日，《2021 年北京市生态环境状况公报》发布，2021 年密云区 EI 指数为 76.3，生态环境状况级别达到“优”，自 2013 年北京市开始发布各区县 EI 指数以来，首次取得全市第一。

（王浩天）

【在全市率先完成 2022 年新一轮百万亩造林任务】 5 月 31 日，密云区完成春季造林 5004 亩，栽植各类苗木 28 万余株，五年来累计实施造林绿化 8 万余亩。

（王浩天）

【在全市率先制定生态产品价值实现机制实施意见】 5 月，围绕密云水库流域开展自然资源确权和生态产品信息普查，建立 GEP 核算体系。探索点状供地，促进生态环境保护修复和生态产品经营开发。建立密云区生态银行，通过构建生态产品服务中心、交易中心和商业中心实现实体化运行管理。构建“生态密云”区域公用品牌建设体系，提升“蜂盛蜜匀”“密云水库鱼”品牌影响力。探索生态信用积分管理体系，创新成立生态产品价值研究中心。

（王浩天）

【密云区分子生物学实验室投入使用】 6月6日，密云区分子生物学实验室投入使用。占地面积约500平方米，包括全自动核酸检测区和人工核酸检测区。配置万人份高通量核酸检测系统2套，96通量核酸提取仪12台，384通量的荧光定量PCR仪9台，日检测能力可达5.21万管。

（王浩天）

【首都律师助力密云乡村振兴】 6月22日，来自首都知名律师事务所的53名律师组成专家顾问团走进密云，助力高质量发展和乡村振兴。市律师协会与密云区政府发出联合倡议，邀请首都律师事务所与密云区92个经济薄弱村和105个巩固提升村结成“一村一所”帮扶对子。密云区支持首都各大律师事务所到密云设立分所，提升密云法律服务水平。

（王浩天）

【密云区政府与北京新发地农产品股份有限公司签订战略合作框架协议】 7月7日，密云区政府与北京新发地农产品股份有限公司签订战略合作框架协议，双方将在打造首都优质农产品生产基地、拓展农产品销售渠道等八方面携手，共同推进密云乡村振兴。

（王浩天）

【北京乡村振兴服务团密云行活动】 7月13日，14名来自首都医科大学、北京农学院、北京农林科学院、北京市农村教育发展中心、京东集团、中商国能有限公司的专家、博士后，走进20余个村，开展科技服务活动，助力密云区乡村振兴建设。

（王浩天）

【密云区首批“美丽庭院”挂牌】 7月15日，共评选出“美丽庭院”130个，涉及河南寨镇、大城子镇、古北口镇、东邵渠镇、石城镇。

（王浩天）

【密云区危旧楼房改建试点启动搬迁】 7月28日，涉及花园小区28、29、30号楼，果园新里中区1、9号楼，采取“政府补助＋居民出资”模式进行，228户全部完成缴费。

（王浩天）

【密云区党政代表团赴玉树市对接对口支援工作】 7月28日，区委副书记、区长马新明率密云区党政代表团赴玉树市对接对口支援工作。玉树州委常委、玉树市委书记张琨明，玉树州委常委、副州长、玉树市委副书记、市长扎西旺加出席相关对接工作。召开“守望三江源·密玉一家亲”对口支援工作五周年座谈会，马新明代表密云区委、区政府向玉树市捐赠帮扶资金；密云区部分单位、镇街向玉树市捐赠帮扶资金。

（王浩天）

【内蒙古自治区通辽市库伦旗政府代表团到密云区对接京蒙东西部协作工作】 7月31日，区委书记余卫国，区委副书记、区长马新明参加有关对接工作。库伦旗委副书记、旗长王薇代表库伦旗委、旗政府向密云区委区政府捐赠锦旗。

（王浩天）

【密云区创新生态检察机制】 7月，打造“云水蓝·生态检察”特色品牌，成立生态检察办公室，发布《生态检察白皮书》，发挥“案件办理＋环境修复＋警示宣传”示范效应。与密云水库上游流域承德市、张家口市开展跨界生态环境和资源保护公益诉讼检察协作，围绕保护密云水库水源进行“云会商”。创新辅助检察官办案模式，聘任生态环境部门专业人员作为检察官助理、生态环境资源司法保护领域专家学者作为生态检察专家咨询委员会委员。

（王浩天）

【怀柔科学城东区环境污染物识别与控制协同创新平台土建工程完工】 7月，项目土建工程完工。由中国科学院生态环境研究中心承建，规划面积43.19亩，建筑面积2.5万平方米，主要建设控制科研楼、识别科研楼两个单体科研建筑，包括环境污染物识别、环境过程综合模拟、污染物控制和污染物支撑4个子平台。

（王浩天）

【密云区发展“观鸟经济”打造生态旅游新业态】 7月，选取龙云山、黑龙潭等自然风景区作为观鸟路线，开设白河峡谷自然教育实践基地，提供“徒步＋观鸟＋餐饮＋住宿”特色旅游服务，带动周边80余家餐饮、民宿发展，年接待观鸟人员8万余人次。

（王浩天）

【政务服务“无差别”一窗受理】 7月，密云区实现政务服务“无差别”一窗受理。政务服务窗口设置企业开办、不动产登记、办税、工程建设项目、公共服务等5类服务场景，将人力社保、医保、公安类涉企事项100％纳入公共服务类综合窗口。

（王浩天）

【获得2022年北京市体育旅游精品项目多项成果】 7月，古北水镇（司马台长城）国际旅游度假区被评为

"2022年北京市体育旅游十佳精品景区"，古北水镇山水长城微度假精品路游被评为"2022年北京市体育旅游十佳精品线路"，北京云蒙山景区被评为"2022年北京市体育旅游十佳目的地"，密云生态马拉松被评为"2022年北京市体育旅游十佳精品赛事"。

（王浩天）

【入选首批国家气候投融资试点地区】 8月10日，密云区成功入选国家气候投融资试点名单，成为国家首批试点地区。试点从2022年开始到2025年结束，将依托科学城东区大科学试验装置建设，打通零碳、固碳等碳中和新技术"产学研"转化路径。

（王浩天）

【密云水库安全整治百日行动启动】 8月15日，密云区启动密云水库安全整治百日行动，通过水陆配合、联合执法、昼夜巡查、重点蹲守、围网检查、增派卡口值守人员等多种方式，严打非法捕捞、垂钓、翻越、破坏围网等行为。

（王浩天）

【2022北京长城文化节在密云区开幕】 8月20日，以"双奥之城 长城之约"为主题，举办1场重磅开幕式、2项精品活动。发布"京畿长城"国家风景道主线、举行李可染画院长城主题国画《司马台远眺图》赠予仪式、表彰2022年北京最美文物守护人。举办"美丽北京·魅力长城"北京长城国际摄影周、"千年古镇·长城之约"古北口长城庙会，呈现长城东方美学韵味。

（王浩天）

【2022年服贸会密云区达成各类成果7个】 9月5日，密云区在服贸会达成各类成果7个，包括成交项目类3个、投资类3个、首发创新类1个，一年内拟执行额共6089.95万美元，项目数量和金额均赶超上届。

（王浩天）

【密云区2022年科技周闭幕】 9月6日，以"走进科技，你我同行"为主题，首次采取线上线下相结合方式举办，累计开展科技制作、科学表演等活动50余场，吸引4000余人参加活动。

（王浩天）

【2022年中国农民丰收节金秋消费季启动】 9月13日，2022年中国农民丰收节金秋消费季在密云区启动，活动由农业农村部、商务部、中央广播电视总台、国家林业和草原局、中华全国供销合作总社联合发起。邀请海南琼山、河南西峡、成都新津等地农民视频连线，组织电商企业发布《产销对接倡议书》，设置全国脱贫地区产销对接专区、北京特色农产品展区等。拼多多、京东、美团、抖音等电商企业、直播平台和新发地等农产品批发市场、物美等商超企业等，通过打折让利、流量倾斜、减免费用等方式，开展农产品促销，激发市场消费活力。

（王浩天）

【入选2022年农业现代化示范区创建名单】 9月16日，农业农村部、财政部、国家发展改革委公布2022年农业现代化示范区创建名单，密云区成为北京市唯一上榜的区。创建工作自2022年起至2024年结束，将开展现代农业基础强化、农业多功能拓展、特色产业集聚、生态循环农业、数字农业赋能五大工程。

（王浩天）

【密云区首个保障房小区免费养老助残餐厅正式运营】 9月22日，本市首个保障房小区免费养老助残餐厅正式运营。餐厅占地面积130平方米，位于密云区公租房项目——清水湾小区，保障人群为低保、低收入、大病、重残家庭。餐厅工作人员由专业社工及志愿者组成，可提供站内就餐与送餐服务，每周供餐5天。租户提前预约订餐，每餐服务费用2元，全部餐品免费，不收取其他费用。

（王浩天）

【"生态密云 幸福密马"2022密云生态马拉松线上赛开启报名】 "生态密云 幸福密马"2022密云生态马拉松线上赛由区体育局和区体育总会主办，报名时间9月10—24日，比赛时间9月25—30日，赛事设置5公里、10公里、半程马拉松、全程马拉松四个大项，将通过动画赛道形式全程呈现密马美景。

（王浩天）

【第十九届"2022北京密云鱼王美食文化节"开幕】 9月26日，第十九届"2022北京密云鱼王美食文化节"开幕，采用"线上直播+线下活动"方式，展示厨王争霸赛金勺美食，推介"赏金秋·赶大集"文旅地图，李可染画院赠送《开渔图》画作，10家合作社现场展销特色农产品，线上同步展示、互动。朝阳区与密云区企业参与青鱼、鲢鱼、鳙鱼、草鱼和"鱼王"竞拍，拍卖所得善款76.8万元全部捐赠给密云水库保护公益基金会，用于密云水库生态保护。第一网鱼拍卖所得善款8.7万元捐赠给渔民。

（王浩天）

【密云区人民政府与民族团结杂志社、中节能生态产品发展研究中心签约】 10月13日，密云区人民政府与民族团结杂志社、中节能生态产品发展研究中心举行签约仪式，围绕生态环境保护、绿色产业发展、铸牢中华民族共同体意识教育实践基地建设等领域开展合作。

（王浩天）

【“地球系统数值模拟装置”通过国家验收并正式运行】 10月17日，怀柔科学城“地球系统数值模拟装置”通过国家验收并正式运行。“地球系统数值模拟装置”是怀柔综合性国家科学中心首个国家重大科技基础设施，是我国成功研制的首个拥有自主知识产权的地球系统模拟大科学装置，规模和综合技术水平位居世界前列。

（王浩天）

【超额完成“三秋”粮经作物生产任务】 10月，密云区超额完成“三秋”粮经作物生产任务。收获粮食作物14.56万亩，完成全年任务的100.6%；油料作物5730亩，完成全年任务的481.9%。

（王浩天）

【围绕“水库鱼、特色蜜、环湖粮、山区果、平原菜”打造优质农产品本地尖货】 10月，美团等电商平台设置线上专属频道，水库开渔2周销售量超5000千克。建成全国首个蜂产品追溯系统与蜂业智慧管理平台，打造国家级蜂产品标准化示范基地、蜂产品深加工基地和成熟蜜生产基地22个。引进优质品种、更新生产技术，发展谷子、玉米等杂粮种植，培育石匣甘薯、金叵罗贡米等优质农产品。对苹果、樱桃等百年老树进行挂牌管理、科学复壮，让本地老味道焕发新生机。建成后焦家坞原味西红柿、圣水头黄瓜、金钩草莓等25个蔬菜种植专业村，集成推广绿色防控、水肥一体、循环农业等技术，让生态有机菜品走上市民餐桌。

（王浩天）

【获评“国家森林城市”称号】 11月3日，国家林业和草原局授予密云区“国家森林城市”称号，全区林木覆盖率75.3%，森林资源蓄积量252.79万立方米，城区人均公园绿地面积提高到15.19平方米。建成本市首家古柏公园和古树花园，两株古树名木被纳入《中国古树名木画册》。

（王浩天）

【入选国家基层卫生健康综合试验区】 11月25日，国家卫生健康委公布基层卫生健康综合试验区名单，新增北京市密云区等4个区（县）为综合试验区。截至目前，全国国家基层卫生健康综合试验区共有12个，密云区为北京市唯一入选的区。

（王浩天）

【密云区推进建筑节能减排】 11月，北京市首个全被动式房超低能耗示范社区首开国樾·天晟小区通过竣工验收，获得绿建三星认证、德国PHI认证、美国LEED金级认证，打造本区商品房健康环保新标杆。

（王浩天）

【197个集体经济薄弱村全面“消薄”】 12月，197个集体经济薄弱村年经营收入全部超过10万元。优选精品民宿、蜂产业等8种增收路径，实施企业、科研机构等9个主体联合扶助机制，制定“一村一策”产业规划。

（王浩天）

【密云区全面强化生物多样性保护】 12月，划定生态保护红线1106.95平方千米，建设自然保护地10个，开展野生动植物本底调查，在全市率先公布区级陆生野生动物名录（鸟类）。

（王浩天）

【密云水库流域智慧化监测防控】 年内，建成国内首例大型水库饮用水源地水环境保护场景智能视频分析系统。构建水面、岸线、空中立体化监管新模式。开展库区及13条出入库河流数据调查分析，优化8个监测点位和20项常规预警指标及毒性预警指标。

（王浩天）

【密云区对口帮扶玉树市经济社会发展】 年内，密云区出资330万元，助力玉树市建设下巴塘村自驾游营地，增加集体经济收入23.48万元。采取土地、农户入股，年终分红的形式，因地制宜发展乡村旅游等优势产业，带动下巴塘村559户1842人稳定就业增收。统筹市区财政援建资金1830万元，用于发展壮大集体产业，实施特色手工艺扶持、饲草料产业链条体系建设、合作社能力提升等项目。

（王浩天）

【密云区蜂产业高质量发展】 年内，申请国家专利17项，获得软件著作权11项，建成中华蜜蜂繁种场2个，选育中华蜜蜂优良杂交品种2个，推广蜂群2260群，年产蜜量提高40%。设立6个蜜蜂疫病监控点，分析病毒、寄生虫发病规律，示范推广3万群次，损失率仅为1.25%，远低于全国20%的水平。

成功研发附加中药组方的蜂胶、蜂花粉片及蜂王浆片3种功能性蜂产品。

（王浩天）

【密云区焕发葡萄产业新活力】 年内，发展生态葡萄种植园3000余亩，推出葡萄主题旅游线路，打造11家葡萄酒精品民宿，接待游客超过30万人次。

（王浩天）

【密云区用好小微空间丰富市民健身场景】 年内，首批3处、559平方米小区健身角陆续投入使用，在公园绿地“树荫下”布设乒乓球台166张，更新白河两岸、碧水公园等52处公共体育场地、1000件健身器材，增设划船器、秋千等。全区人均体育场地面积超4.48平方米，居全市前列。

（王浩天）

【重要民生实事】 全年完成重要民生实事31项。

（王昕馨）

2022年密云区重要民生实事一览表

表3

序号	实事内容	责任单位	完成时间
一、优化基本公共服务（5件）			
1	持续深化“双减”工作，在义务教学阶段，严格规范校外培训，提升校内教学质量，开展体育、文艺、课业答疑辅导等课后延时服务	区教委	12月31日
2	持续改造提升学校操场，改善教育教学环境和校内资源开放条件，更好服务师生和周边群众	区教委	12月31日
3	新增急救站点和急救人员，组织开展院前急救人员业务技能培训，不断提升全区院前急救服务能力，确保呼叫满足率达到95%以上	区卫生健康委	12月31日
4	建设覆盖密云区医院、中医院、妇幼保健院、精神卫生防治院和19家社区卫生服务中心的密云区远程医疗会诊平台，实现区域内全面互联远程会诊模式	区卫生健康委	12月31日
5	新建11个基层社会心理服务站点，实现24个站点运营服务全覆盖，为居民提供健康知识宣传普及、心理疏导、情绪调节等专业心理服务	区民政局	12月31日
二、改善群众居住条件（8件）			
6	实施密云水库一级区农村应急饮水工程，新打水源井20眼、铺设连接管道及安装配套井房设备，解决12个村饮水困难问题	区水务局	6月30日
7	持续推进农村污水及供水治理，在25个村实施污水及供水配套管网基础设施建设工程	区水务局	12月31日
8	启动实施20个村的美丽乡村地上部分基础设施建设，进一步提升农村人居环境	区农业农村局	12月31日

续表

序号	实事内容	责任单位	完成时间
9	推进农村地区取暖“煤改电”工程对25个村庄的取暖设备进行清洁能源改造，持续改善空气质量和群众生活环境	区农业农村局	11月中旬
10	实施老旧小区综合整治工程，对鼓楼街道、果园街道4个小区58幢住宅楼进行节能保温改造为主的基础设施升级，同步推进小区内部破损路面修复、增补绿化面积等工作，提升老旧小区公共区域环境	区住房城乡建设委	12月31日
11	实施鼓楼和果园2个街道约9万平方米住宅楼房屋漏雨改造提升工程，改善居民居住条件	区住房城乡建设委	6月30日
12	推进清水湾一期公租房项目室内装修、产权转移登记和产权性质变更工作，切实解决困难家庭住房需求	区住房城乡建设委	12月31日
13	实施人防工程基础设施建设，规划利用人防工程设施建设停车位600个，缓解居民停车难问题	区人防办	11月30日
三、提高生活便利性（3件）			
14	推进全区社区（村）政务服务规范化建设全覆盖，不断提升为民服务水平	区政务服务局	11月30日
15	持续精准补建便民商业服务网点10家，实现便民商业社区覆盖率达到100%，让群众日常生活消费更加便捷	区商务局	11月30日
16	推动便民商业服务网络建设，依托心连心为民服务热线平台，在物业辖区推出“智慧社区、智慧家政”便民化服务，设立5个便民服务中心，推动小区公共服务向家庭精准服务延伸	区国资委	12月31日
四、方便群众出行（3件）			
17	修建檀城北街道路工程，打通断头路，改善周边群众出行条件	区城市管理委	12月31日
18	优化调整15条公交线路；增加共享单车点位30个，新增投放共享单车2000辆，让市民享受更加多样化的公共交通服务，出行更顺畅、更便捷	区交通局	12月31日
19	统筹做好公共停车场、旅游景点周边电动汽车充电桩建设工作，新增公共充电桩场站6处，增设公共充电桩36台	区城市管理委	12月31日
五、营造宜居环境（2件）			
20	实施背街小巷环境提升工程，打造5条优美街巷，优化群众身边环境	区城市管理委	12月31日

续表

序号	实事内容	责任单位	完成时间
21	实施小蜜蜂主题公园景观工程，打造以“小蜜蜂”为主题的特色儿童公园；在十里堡镇、西田各庄镇开工建成3处村级公园，满足群众健身、休闲等多元化需求	区发展改革委 区园林绿化中心	12月31日
六、丰富文体生活（3件）			
22	开展科技周和科普课堂等线上、线下科普活动，组织开展群众性应急救护和城乡劳动力就业技能培训，惠及群众3.5万人次	区科委 区人保局 区红十字会	12月31日
23	丰富群众体育赛事活动，举办区级以上赛事活动3项次以上；新建冰场、健身广场、微运动体育健身角等体育活动场所5处以上；维修、更新体育设施1000件；创建体育特色镇3个	区体育局	12月31日
24	加大文化惠民力度，依托“农村文艺演出星火工程”，开展百姓喜闻乐见的群众文化活动1000场	区文化和旅游局	12月31日
七、保障公共安全（3件）			
25	推进电动自行车集中充电设施规范化建设，更好地满足居民日常充电需求	区城市管理委	12月31日
26	实施密云水库一级圈生态保水防火瞭望台建设，进一步提升水库一级圈生态环境质量监测网络和重点区域森林防火瞭望覆盖范围，有效保障密云水库水源及周边群众生产生活安全	区发展改革委	12月31日
27	做好《法律援助法》宣传和落实工作，为经济困难公民和符合法定条件的当事人无偿提供优质、高效、便捷的法律援助服务。提供现场及12348热线法律咨询15000人次，办理法律援助案件600件次	区司法局	12月31日
八、提高社会保障水平（4件）			
28	补足首都无障碍设施短板，完成密云区无障碍环境建设整治、整改工作，提升残障人士幸福感	区残联	12月31日
29	擦亮“蜂盛蜜匀”金名片，新建经济薄弱村村集体蜂10个，新增蜂群8500群，组织蜂农培训2000人次，促进农民增收	区园林绿化局	12月31日
30	提高就业服务质量，举办线上、线下招聘活动；充分发挥社会公益性就业组织托底安置作用，全年实现城乡劳动力就业6000人	区人保局	12月31日
31	继续实施补充医疗保障政策，提高居民医疗保障水平，减少低收入家庭因病致贫、因病返贫现象	区医保局	12月31日

政务服务

Government Affairs Service

【概　况】 2022年，北京市密云区政务服务管理局（简称区政务服务局）以习近平新时代中国特色社会主义思想为指导，深入学习宣传贯彻党的二十大精神，承担推进“委托受理”“授权审批”、社区（村）政务服务示范站点建设、“好差评”结果运用、“全程网办”、主动公开与依申请公开、政策解读与平台建设7项重点工作。全年受理各类审批事项50.5920万件，日均2024件；办结50.5504万件，日均2022件，综合办结率99%；累计接待量28.5820万人次，日均1143人次。其中，综合窗口累计受理各类审批事项计28.1481万件，累计办结28.1065万件，办结率99%。

（文　宇）

【开展“密云先锋”行动】 年内，以“开展密云先锋行动，打造北京一流政务服务中心”为主题，大力实施以争创红旗党支部、争做星级党员为抓手的“一题双争”先锋工程，激励引导党员在各项工作中当先锋、创一流。“七一”前夕评选出1个红旗党支部、3名优秀党务工作者、10名先进共产党员，累计评选出“星级党员”109人次。

（李斐然）

【社区（村）政务服务规范化建设】 年内，配备自助智能服务终端，采用远程视频交互服务方式实现社区与街道数据联动，设置140个“综合窗口”，通过区一体化在线政务服务平台实现信息数据资源共享。编制全区统一的政务服务事项清单、办事指南，明确咨询、受理、职责和操作规范等，线上线下同源发布、同步更新，实现“社区办、村口办”。配置“好差评”评价终端440余台，展示评价二维码610余个，覆盖到所有区级镇街（地区）及社区（村）级政务服务窗口，实现即办即评，建立健全差评整改复核机制，提升政务服务水平。

（侯佳凝　崔秀云）

【做好政务公开工作】 年内，全网主动公开政府信息29163条；共受理申请477件，引发行政复议28件，其中维持31件，撤销1件，引发行政诉讼14件，其中驳回16件，撤回2件，撤销1件。做好《密云区人民政府公报》编制工作。全市首创“政府信息公开行政诉讼案模拟法庭”，据真实案例改编为模拟庭审，由政府部门工作人员扮演法庭角色，模拟案件审理全过程，组织全区各行政机关领导干部和工作人员现场观摩，以案为鉴、举一反三，提升法治思维，提高执法能力。

（范超英）

【提升政府网站能力建设】 年内，发挥政府网站网上宣传主渠道作用，转载各大新闻媒体宣传报道密云相关信息1688条，访问人数达58万人次以上。政府网站发布信息31996条，围绕重点工作开设“惠企政策”“两区建设”等6个专题，发布重点政策解读916条，回应社会关切18次，发布疫情防控信息490条。办理留言1206条，开展调查征集82期，征集意见13262条。开展访谈式政务公开14期，网站政策、事项办理、互动等服务向新媒体延伸。集中公开1252项“热点全程网办事项”，密云区率先实现“指尖上”无障碍服务。网站访问人数达1249万人次以上，点击量超过3亿次，在全市政府网站季度检查中成绩位居16区前列。

（李艳艳）

优化营商环境

Optimize the Business Environment

【概　况】 2022年，区政务服务局按照《北京市培育和激发市场主体活力持续优化营商环境实施方案》《北京市2022年政务服务行动计划》等文件要求，发挥党建统领作用，持续优化营商环境，以落实“放管服”改革各项任务、提高一网通办水平、服务中央驻密单位及部队、政务公开、公共资源交易、疫情防控、创建全国文明城区等工作为重点，切实为企业、办事群众提供高效、优质、便利的政务服务。

（郑　劼）

【深化“民宿一件事”改革】 年内，以优化营商环境5.0版改革为主线，聚焦“办好一件事”强化集成服务，聚焦“管好一件事”探索监管新模式，用“民宿一件事”的“小切口”撬动“大改革”，制定《密云区推进民宿行业改革优化营商环境工作的方案（试行）》及配套文件，推动优化营商环境5.0版中新型市场准入机制改革任务在密云落地落实。

（文 宇 赵一鸣）

【深化综合窗口改革】 年内，坚持目标导向、问题导向，对标企业群众需求，推动综合窗口改革向纵深发展，创新打造纳税服务综合窗口，率先实现不动产登记领域“大综窗”模式，同时将人力社保、医保、公安类涉企事项全部纳入公共服务类综合窗口，不单独设置专业窗口，每类综合窗口均可“无差别”受理，持续提升政务服务效能，营造便捷高效的政务服务环境。

（文 宇 赵一鸣）

【密云区“密切帮”App升级改造】 11月15日，密云区“密切帮”App全面升级改造，实现与“京通”三端小程序融合统一，办事群众可通过微信、支付宝、百度小程序三种渠道咨询、预约、办理区级、镇街级政务服务事项，形成“多端融合、统一入口”的移动办新模式。

（金泽成）

【开展“政务服务监督员”活动】 年内，深化“放管服”改革、持续优化营商环境，选聘“政务服务社会监督员”参与政务服务领域建设和监督工作；召开密云区“政务服务监督员”优化营商环境座谈会，邀请聘任10位人大代表和10位政协委员参观区政务服务中心及公共资源交易中心运转情况，颁发聘书，开展座谈交流。

（文 宇 赵一鸣）

年内，与政协委员“政务服务监督员”开展座谈交流 （区政务服务局 供图）

【开展“一把手走流程”活动】 年内，在全区范围内开展“一把手走流程”活动。通过一把手全程亲身体验政务服务事项办理流程，重点发现办事过程中的堵点和痛点问题，站在服务企业、方便群众的角度制定改进措施，推动事项从“能办”到“好办”。各部门、各镇街共计开展330次，发现问题69个，建立整改台账，全部完成问题整改。

（文 宇 赵一鸣）

【创新“评立改”工作方式】 年内，开展“评立改”专项活动。围绕大厅硬件设施、服务水平、人员形象等方面，进行全方位、不定期抽查检测，发掘存在问题，“评定”中心服务水平，“建立”标准，对存在的问题“立行立改”，通过“评立改”三步走全面提升服务水平。共计开展203次，发现问题7个，建立整改台账，全部整改到位。

（文 宇 赵一鸣）

【打造公共资源阳光交易平台】 年内，公共资源交易中心服务全区566个交易项目，预算金额约62.46亿元，中标金额约61.79亿元，节约资金约0.67亿元。聚焦老旧小区改造、鼓楼西区定向安置房、新城公租房、中铁十六局集团棚户区改造等重点项目、民生工程，做到“提前介入，靠前服务”，确保依法规范有序开展交易活动。对未能在8小时工作时间内完成开评标的项目，提供延时见证服务600余小时，有力保障项目招标投标工作顺利完成。

（田晶晶）

【释放公共资源交易红利】 年内，免费发放招标文件，全面取消工程、货物、服务等招标（采购）项目文件费、报名费等相关费用。降低企业交易成本，房屋建筑、水利水务、园林绿化及市政基础设施项目全面实现电子化招投标。取消规模条件限制，在工程建设、政府投资和政府采购等项目招标时，明确企业注册资本、资产总额、营业收入等6类不得作为资格要求或评审因素的内容，扩大参与招标采购企业准入范围，激活市场活力。

（李占华 田晶晶）

【助企纾困政策服务向前一步】 年内，围绕助企纾困，聚焦定政策、送政策、解政策、讲政策、用政策，推出“全链条政策服务”，实现惠企政策直达快享，入选清华大学发布的《2022年中国政府网站绩效评估报告》全国实践创新案例。在区政府网站、政务新媒体“标签化”展示市、区两级政策性文件信息，通过区工商联分类推送优化营商环境、行政审批制度改革、企业投资项目制度改革等领域政策，惠及企业200余家。领先16区开设区政府网站惠企政策兑现专题，及时发布稳经济增长、助企纾困、企业服务等政策措施，提供综合性政策解读及政策兑现服务。在全市率先实现简单咨询“一个工作日内答复”。发挥“一号统领”便捷服务优势，精准解答企业咨询，“密切帮”服务团队全程帮办，详细梳理助企纾困政策，解决政策适用过程中企业对办理流程不清楚、材料标准不知晓等问题，打通助企纾困类政策落地“最后一公里”。

（文　宇　范超英　李艳艳）

接诉即办

Immediate Action

【概　况】 2022年9月，经北京市委组织部批复，北京市密云区城市管理指挥中心（简称区城指中心）列入参照公务法管理范围。主要负责本区12345市民热线服务、网格化管理和城市管理领域的信息收集、分析处理、指挥调度、督办落实以及城市管理案件的立案、派发、协调和督办汇总及结案案件的复核、审查和评估工作，落实本区城市管理网格化体系建设、运行和日常工作，承担12345市民热线服务中心接诉即办工作绩效考评。年内，区城指中心坚持“以人民为中心”的发展思想，围绕“民有所呼，我有所应”“闻风而动，接诉即办”工作要求，发扬走访问题到一线、解决问题在一线的工作作风，解决一大批市民群众“急难愁盼”问题，全区百姓对接诉即办工作的知晓度、满意度持续提升，基层治理水平和治理能力明显提高，接诉即办工作探针作用得到显著发挥。

（齐　雨）

【接诉即办市级排名再提升】 1月至12月考核期，密云区共受理热线工单203554件，平均响应率99.46%、解决率95.72%、满意率96.31%，平均综合成绩96.51分，排名全市第4位；市民热线“七有”“五性”综合评价平均综合得分96.18分，排名全市第3。

（齐　雨）

【保障“创城”工作】 年内，发挥机关党员“1＋10”联系群众机制，动员全体党员干部和所联系群众，参与周末大扫除、包保路段环境整治以及问卷调查等创城相关工作，累计参与周末大扫除1000人次，确保机关内保、包保路段“不失分”。深入挖掘接诉即办推动创城工作创新做法、系统总结经验，《密云区接诉即办发挥“四种作用”深化与创城结合融合》在市级创城专刊发表。建立“创城＋网格”工作模式，重点对街道（地区）的居住小区内环境问题进行专项巡查，实现社区环境卫生和群众幸福感双提升。

（齐　雨）

【建立健全工作机制】 年内，制定《密云区推动解决接诉即办疑难问题的工作办法》《密云区关于进一步加强接诉即办工作激励约束若干措施》《密云区接诉即办疑难工单研判机制》《密云区疑难工单分派法定依据及研讨结论》，进一步提升全区热线承办单位、热线干部的工作积极性。制定《密云区关于推动主动治理未诉先办的实施意见》，推进接诉即办向主动治理深化发展。

（齐　雨）

【“组团式帮扶协作”工作】 年内，区城指中心党支部联系密云联通公司市场营销中心党支部，分别与东邵渠镇界牌村党支部、太保庄村党支部签订三方共建协议，明确对接联络人，召开座谈研讨会，深入了解基层党建工作和群众生产生活情况。帮助基层分析村域发展路径，为村域治理赋能。同时，捐赠口罩、沙袋等防汛抗疫物资，帮助基层缓解物资紧张情况，平稳度过工作关键期。

（齐　雨）

【严谨规范业务办理】 年内，精准派单9.3万件，召开疑难工单研判会45次，研派疑难工单1800余件；全量审核工单近20.1万件，驳回批改7141件次，催办2.5万件次；上报剔除材料7.68万份，审改8.2万次；实时公布成绩365天，报送统计周报34刊，月度分析12篇。

（齐　雨）

【挖掘推介典型案例】 年内，整理上报“我为群众办实事”典型案例179篇，市级刊登29篇，位居全市五个生态涵养区第一。统筹拍摄《接诉即办》栏目6期、《向前一步》栏目3期。推选北京市接诉即办工作先进典型，10个“先进集体”、16位“先进个人”、4篇“优秀案例”获评。

（齐　雨）

【监督重点事项办理】 年内，持续推进“每月一题”工作，形成《每月一题》（半月刊）23期，及时掌握“17＋4”个主题的政策制定情况和工作推进成果。自9月30日起，将安全稳定、服务保障两大类18项市民诉求一并纳入重点事项专项督办，责成专人每2小时核对市级快报，按时段全面筛查密云区受理的工单内容，做好重要会议期间市民诉求保障工作。

（齐　雨）

【保障“疫情防控”工作】 年内，建立健全人员信息台账，每日核实健康监测、核酸检测、行动轨迹等情况，确保机关内部风险人员实时可控。落实“1+10”党员联系群众工作机制，组织党员干部下沉社区，成立临时党支部，配合社区做好卡口执勤、核酸检测点维持秩序等工作。在区级综合数据处理平台设置“新型冠状病毒”专题模块，贯通区、镇、村三级热线平台；建立“新型冠状病毒感染肺炎疫情热线”报告机制，及时梳理督办市级“热线反映”所列工单，成立疫情期间不稳定诉求、涉疫工单 24 小时全天候应急工作组，及时响应涉及本区工单办理，4 月 27 日至 12 月 19 日，开展涉疫工单专项督办累计 30345 件，印发疫情日报 146 期、周报 48 期。

（齐　雨）

【规绘网格化城市管理蓝图】 年内，精心谋划《关于深化推进网格化管理工作的实施方案》，配套制定《2022 年度密云区网格化城市治理区域责任制考核细则（试行）》，建立区级网格专员、镇级网格专员和兼职网格员专兼职相结合的网格员队伍体系，研究起草《密云区网格员工作手册》，明确各级网格员工作职责与考核管理办法，推进网格员实名制管理，实现“定岗、定人、定格”。

（齐　雨）

【解决网格问题隐患】 年内，利用“热线+网格”模式，强化主动治理，制发《网格化城市管理考核结果通报》6 期，5 月、6 月网格治理考核成绩并列全市第一。建立“创城+网格”工作模式，每日开展巡查、复查和督导复核，每日报送《创城工作》快报，每周形成突出问题及典型问题台账，6 月 22 日至 12 月 31 日，共巡查发现问题 35089 个，通过对高复发问题的复查复核，累计整改率约 71%。

（齐　雨）

【摸清城市部件管理家底】 年内，首次开展全区城市部件普查工作，制定《密云区 2022—2023 年城市部件普查工作实施方案》，组建密云区城市部件普查工作专班，组织召开工作启动会、培训会等，保障工作有序开展。自 9 月 26 日正式开展普查工作，于年底顺利完成第一批 4 个镇街（地区）的城市部件普查工作目标，共采集城市部件 124 类，数量 15.71 万个，并完成 99%的城市部件确权（确责）工作，为进一步摸清城市部件管理家底打下基础。

（刘宏扬）

支援合作

Support Collaboration

【概　况】 2022 年，密云区深入贯彻落实中央、国务院和北京市委、市政府关于东西部协作和对口支援工作新精神新部署，按照巩固拓展脱贫攻坚成果同乡村振兴有效衔接工作要求，区党政主要负责同志紧抓疫情窗口期，赴库伦旗和玉树市调研对接，共商京蒙东西部协作和对口支援工作。全年召开区领导小组会、区政府常务会、专题会，研究部署支援合作工作，印发 2022 年工作要点、任务清单，层层压实责任；制定《密云区支援合作工作领导小组工作规则》，明确工作机制，建立制度框架；修订《北京市密云区支援合作资金和项目管理办法》，加强资金项目管理，确保资金使用安全，圆满完成各项支援合作任务。

（李　楠）

6 月 14 日，2022 年密云区支援合作工作领导小组全体会议召开　　（区融媒体中心　供图）

【保持资金项目支持力度】 年内，拨付库伦旗、玉树市和竹溪县区级援建资金 1500 万元，实施区级项目 11 个，其中库伦旗 3 个，玉树市 6 个，竹溪县 2 个。围绕不断壮大产业经济、逐步配套基础设施、有效提升公共服务、明显改善人居环境的协作目标，库伦旗产业帮扶资金占比达到 70%以上，高于占比 60%的要求；玉树市资金 85%向基层和民生倾斜，高于占比 80%的要求；竹溪县水源区保护和产业项目占比达到91%，高于占比50%的要求。市区两级援建项目开工率达100%，实现带贫17492人。部门镇街捐赠资金547.2万元，动员社会力量捐资捐物总价值863.18万元。

（李　楠）

7月18—19日，密云区党政代表团赴内蒙古自治区通辽市库伦旗对接京蒙东西部协作工作

（区发改委　供图）

【人才支援】 年内，调整援派结构，加大干部人才交流学习力度。发挥援派干部“骨干”作用，争先锋做表率。做好玉树市和竹溪县挂职干部压茬轮换工作，新选派赴玉树市和竹溪县各1名挂职干部。新选派37名专业人才支医支教，其中赴库伦旗30人，赴玉树市7人。接收库伦旗43名医疗教育人才来密云跟岗学习。密云区2所学校、1所医院分别赴库伦旗和玉树市开展为期2—3年的“组团式”帮扶，发挥“头雁”作用，开展乡村振兴干部培训3期148人次，乡村振兴人才（教育医疗领域）培训1355人次。密云区援青医生在玉树完成首例踝关节复杂损伤手术（无C型臂透视下），切实提升国家乡村振兴重点帮扶县公共服务能力。

（李　楠）

【劳务协作】 年内，抓紧落实解决企业复产，来京劳动力复工难题，帮助支援合作地区脱贫人口、低收入人群和就业困难人员与用人单位实现供需对接，密云区与支援合作地区优化提升就业信息服务，联合组织招聘会3场，推送招聘信息10次，提供就业岗位125个，招聘1000余人，为用工单位、企业发布招工信息，为求职者提供就业岗位、就业政策咨询。通过“千校行动”持续给予36名贫困家庭学生来京技工院校就读每人每年3000元补贴，总计补贴10.8万元。支持体验馆建设，体验馆用工全部采用内蒙古籍贯的农村劳动力，并给予转移就业补贴。

（李　楠）

【消费帮扶】 年内，动员全区200余家财政预算单位预留30%财政资金，通过832平台和消费帮扶分中心优先采购全国帮扶认定产品515.78万元，完成率108.9%。举办“京彩西品”工会消费帮扶月活动，结合节日慰问活动、工会会员节日福利、城市保障共赢、线下线上商贸流通、企业节日促销活动等，进一步加大支援合作地区特色优质农副产品采购销售，促进居民消费提质升级。采购、帮助销售国家乡村振兴重点帮扶县农副产品和特色手工艺产品2325万元。

（李　楠）

【结对帮扶】 年内，实现密云区与库伦旗8个镇街、竹溪县15个镇街、玉树市12个镇街结对全覆盖，累计建立镇街结对关系35对。建立村（社区）结对23对（库伦旗17对，玉树市6对）；学校结对7对（库伦旗4对，玉树市2对，竹溪县1对）；医院结对7对（库伦旗5对，玉树市1对，竹溪县1对）；村企结对9对（库伦旗4对，玉树市3对，竹溪县2对）；社会组织与村结对7对（库伦旗5对，玉树市2对），持续深化各项结对帮扶工作。

（李　楠　周保军）

【东西部协作】 年内，签署《2022年东西部协作协议》，拨付市区两级财政援助资金6501.4万元，其中市级5820万元，区级500.2万元，镇级及部门资金181.2万元。实施市区本级项目18个，产业类项目资金占比76%；通过部门和镇街直接拨付援助财政资金181.2万元，实施项目4个。动员社会各方力量捐资捐物549万元，其中捐资291万元，捐物折款258万元。助力库伦旗实现农村劳动力就业1309人，其中帮助农村劳动力转移到北京就业121人，帮助农村劳动力转移到其他地区就业412人，帮助农村劳动力在省内就近就业776人，在东部结对省份稳定就业119人。给予来京技工院校就读4名困难家庭学生每人每年3000元补贴，补助资金1.2万元。围绕内蒙古“两个基地”建设，依托库伦旗沙漠稻，打造特色农产品示范基地和消费帮扶产品供应基地各1个，“种植＋养殖＋文旅”创新模式入围北京市京蒙协作乡村振兴典型案例。推动极星农业、檀州农业与库伦旗绿洲农业开展产业合作，实现农产品进京农超对接。助力库伦旗农畜产品和特色手工艺品进京销售2325余万元。

（李　楠）

【对口支援】 年内，全面贯彻落实新时代党对支援合作的新部署、新要求，加强民族交往交流交融，两地主要领导调研对接 1 次，累计向玉树市捐赠资金 984.92 万元。其中，捐赠财政资金 706.2 万元（区级财政项目资金 500.2 万元，镇街（部门）财政资金 206 万元），社会力量捐资捐物 278.72 万元。实施区级援建项目 6 个，切实将 80%以上资金投向基层和民生。选派 2 名干部压茬任职；选派医疗教育人才 7 名，开展“组团式”帮扶。引导 2 家企业到玉树市落地投资兴业。玉树市抗击疫情期间，第一时间捐赠防疫物资价值 20.68 万元，解决物资紧张问题。连续三年开展“玉树先心病儿童免费筛查救治活动”，筛查儿童 730 名，确诊 85 名患儿，帮助“玉树患儿”北京“心”生。举办密云区对口支援玉树市五周年文化交流年及“守望三江源·密玉一家亲”对口支援五周年成果展等系列交往交流交融活动。

（李　楠）

7 月 24—27 日，密云区党政代表团赴青海省玉树州玉树市参加密云玉树对口支援五周年成果展　（区融媒体中心　供图）

【对口协作】 年内，按照市委、市政府关于南水北调对口协作工作要求，围绕“保水质、强民生、促转型”工作主线，深入推进交流协作，携手竹溪县实现水源区水质水量持续稳定达标，经济社会绿色高质量发展。区级财政资金拨付援助 500 万元，实施区级援建项目 2 个，聚焦水源生态保护、生漆产业发展、党建示范区创建等项目。新选派挂职干部 1 名。优选 15 个经济强镇开展结对共建，实现镇街结对全覆盖。打通竹溪县贡米、茶叶、中药、丝织品等特色产品进京渠道，密云区年内采购竹溪产品 100 余万元。

（李　楠）

外事及港澳台事务

Hong Kong, Macao, Taiwan and Foreign Affairs

【概　况】 2022 年，北京市密云区人民政府外事办公室（简称区外办）坚持以习近平新时代中国特色社会主义思想为指导，坚决贯彻党中央和北京市对外工作决策部署，统筹疫情防控和对外交往，更加积极主动推进国际交往中心功能建设，更加奋发有为助力密云经济社会高质量发展，为谱写中国式现代化密云新篇章贡献外事力量。

（赵婷婷）

【与日本长野县山之内町开展互赠图书活动】 1 月，区外办向日本长野县山之内町赠送 3 本中国本土作品，区长马新明致信长野县山之内町町长竹节义孝进行友好问候，并诚挚邀请竹节义孝町长率团来访，竹节义孝町长回信表达感谢并回赠图书。

（赵婷婷）

【推进“十四五”时期国际交往中心建设】 7 月，区外办聚焦北京市“十四五”时期加强国际交往中心功能建设规划和密云区国际交往功能定位，立足生态文明、乡村振兴、文化旅游等资源优势，制定印发《密云区贯彻落实〈北京市“十四五”时期加强国际交往中心功能建设规划〉实施方案》和密云区“十四五”时期加强国际交往中心功能建设重点任务。

（赵婷婷）

【邀请日本长野县山之内町参加 2022“一带一路”文化旅游推介展】 8 月 31 日至 9 月 5 日，区外办邀请日本长野县山之内町参加由北京市人民对外友好协会牵头举办的 2022“一带一路”文化旅游推介线上展览，让中国及世界各地文旅爱好者足不出户就能“云”游山之内町。

（赵婷婷）

【开展公共场所外语标识核查纠错】 年内，区外办聘请专业机构，对重点景区、五星级（或相当于五星级）酒店以及应急避难场所设置的外语标识进行走访核查，对不规范或错误标识进行改译。

（赵婷婷）

【组织外籍人士和港澳同胞接种新冠病毒疫苗】 年内，区外办本着“愿接尽接”“属地属人”的原则，分批组织外籍人士和港澳同胞接种新冠病毒疫苗。截至12月底，统一组织外籍和港澳人士接种新冠疫苗36批332剂次。

（赵婷婷）

【开展预防性领事保护宣传活动】 年内，区外办在公安出入境大厅、产业园区、交通站点以及各大旅行社等重要区域，通过张贴海报、发放宣传材料、播放“北京领保 祝您平安”公益广告等形式，开展预防性领事保护宣传活动，提高全区人员和机构海外出行安全风险防范意识和应对能力。

（赵婷婷）

【支持企业申办APEC商务旅行卡】 年内，区外办修订《北京市密云区APEC商务旅行卡业务办事指南》，支持本区企业拓展海外业务。截至12月底，共为区内2家企业11位人员申办APEC商务旅行卡，已有7人成功领取。

（赵婷婷）

信 访 工 作

Petition Work

【概　况】 2022年，北京市密云区信访办公室（简称区信访办）坚持以习近平新时代中国特色社会主义思想为指导，全面贯彻党的十九大和十九届历次全会精神，深入学习贯彻习近平总书记关于加强和改进人民信访工作的重要思想，以做好党的二十大信访稳定工作为主线，围绕服务党和国家工作大局，坚持人民至上，坚持稳字当头，扎实开展学习宣传贯彻《信访工作条例》、“大督查大接访大调研”、全国信访工作示范县（区）创建三大专项活动，坚决扛起信访部门四项职责使命（服务党和国家大局、维护群众合法权益、化解信访突出问题、促进社会和谐稳定），强力推进信访积案化解专项工作、深化信访制度改革、信访问题源头治理、重点时期信访保障、信访干部队伍建设五项重点任务，更好地服务建设高水平的平安密云，年内，密云区被国家信访局评为“全国信访工作示范区”。

（商　波）

【《信访工作条例》宣传】 5月1日，制定《密云区学习宣传贯彻落实〈信访工作条例〉工作措施及分工方案》。11月22日，区政府召开第30次常务会，集体学习《信访工作条例》；邀请市信访办处室负责人为全区各单位全体机关干部、村（社区）党组织书记4000余人进行视频培训；在密虹公园法治长廊设立宣传展板；与区总工会合作，在微信公众号和电台设立栏目，宣传《信访工作条例》；组织全区处级领导干部和新任职副处级领导学习培训《信访工作条例》2次共118人。

（商　波）

【制发信访工作要点】 6月，制发《密云区2022年信访工作要点》，要求各信访考核单位从六个方面抓好全年信访工作：提高政治站位，坚持和加强党对信访工作的全面领导；全力服务大局，坚决做好重点时期信访安全保障工作；持续攻坚克难，强力推动治理重复信访、化解信访积案专项工作提质增效；坚持创新发展，系统谋划和推进信访制度改革；强化源头预防，推动信访问题解决在基层；加强队伍建设，为圆满完成全年任务提供坚强组织保障。

（商　波）

【区委召开专题会议研究信访工作】 8月19日，召开区委书记工作专题会，对未化解的信访积案和区级重点信访矛盾进行分析研判，高位调度。会议要求要建立健全联系镇街区领导和分管区领导共同包案制度，充分发挥信访联席会议机制作用，全面落实“一人一案、一人一组、一人一策”工作措施，对于暂时无法化解的，各属地镇街要做好政策解释和疏导稳控，紧盯重点人，确保不出区。

（商　波）

【领导接访下访】 年内，区委常委会研究通过《密云区领导干部接待信访群众工作方案》，明确规定区、镇街部门领导接访要求，将区领导每月接访2次增加到4次。每周五为区领导信访接待日，由一名区领导到区信访办接待上访群众。同时，开展重点约访、带案下访、结案回访、联合会访为补充。9月21日，区委书记余卫国，10月9日，区委副书记、区长马新明分别到穆家峪镇娄子峪村和中关村密云园接访并召开现场调度会。

（商　波）

【开展集中治理重复信访、化解信访积案专项工作】 年内，制定《密云区信访工作联席会议关于治理重复信访、化解信访积案专项工作交办第二批信访事项工作方案》，建立“区、镇（街）、村（居）三级领导包案治理重复信访、化解信访积案”工作机制，严格落实包掌握情况、包解决化解、包思想疏导、包教育稳控的“四包”责任，坚持“三到位一处理”原则，树立有解思维，运用心理疏导、帮扶救助等化解方法手段。第二批信访积案得到化解，完成中央联席办交办的任务。

（商　波）

【重点时期信访服务保障】 年内，圆满完成冬奥会、冬残奥会、全国“两会”、党的二十大等信访安全保障工作，确保“四个不发生”（不发生重大信访群体性事件，不发生信访极端恶性案件，不发生大规模集体越级上访，敏感时期不发生非正常集体访），信访总量不断下降，秩序明显好转。

（商　波）

【完善信访考核机制】 年内，根据《2022 年北京市信访工作考核评分细则》和“平安密云”创建有关要求，制定下发《2022 年密云区信访工作考核评分细则》，主要考核信访绩效指标“四率”（受理、答复、参评、满意）、信访业务规范率水平和信访积案化解工作完成情况。

（商　波）

【疫情防控】 年内，按照区疫情防控总体要求，进一步落实信访接待场所疫情防控工作。安排专人在接访大厅入口向上访群众宣传防控政策，对来访群众进行登记、测温，查询本人健康宝及 48 小时内核酸检测结果，保证人与人两米线以上距离，适当控制人流量，保证大厅内一次性信访人员不超过 5 人。先后抽调 18 名机关干部，分别到檀营地区和果园街道绿地社区进行卡口执勤，累计值守 1000 余小时。

（商　波）

机关事务管理服务

Government Offices Administration and Service

【概　况】 2022 年，北京市密云区机关事务管理服务中心（简称区机关事务中心）在区委、区政府的坚强领导下，始终坚持以习近平新时代中国特色社会主义思想为指导，深入学习宣传贯彻党的二十大精神，认真贯彻落实习近平总书记重要回信精神，按照《北京市机关事务“十四五”发展规划》和区委、区政府提出的目标要求，以推进机关事务管理体系和治理能力现代化水平为抓手，将“科学管理、精心保障、创优服务”的理念融入到各项工作中，全力推动机关事务工作取得新成效。

（陈琼霞）

【办公用房】 年内，做好党政机关办公用房基础设施建设，推进市、区重点工程项目——档案馆新馆（数字档案馆）建设，完成关键工期节点目标。推进全区办公用房规范管理，印发《密云区党政机关办公用房维修管理办法（试行）》，推动办公用房维修管理工作制度化、规范化、标准化。推进各单位办公用房维修改造工程，启动维修改造流程项目 11 个，涉及资金约 960 万元。发挥办公用房使用调配职能，完成对区妇联、区文旅局、区经管站办公用房调配工作，节省财政资金 30 余万元。

（陈琼霞）

【公车管理】 年内，印发《密云区党政机关公务用车管理办法（试行）》，推动公务用车改革取得新成效。发挥北京市公务用车信息化管理平台作用，精准查询全区 1457 辆公务用车行驶轨迹、停车地点等信息，为公务用车监管工作插上科技“翅膀”。管好用好密云区公务车辆管理平台系统，健全完善“一车一档”电子工作台账，推动公务用车管理智能化、信息化、网络化。

（陈琼霞）

【公共节能】 年内，推进节约型机关创建工作，制发《密云区 2022 年节约型机关创建行动方案》，32 家党政机关达到市级创建标准并通过验收，截至 12 月底，全区 82 家党政机关全部建成节约型机关，实现三年完成 100％的创建目标，超额完成市级要求三年完成 80％的创建任务。在全市率先将公共机构节能和节约型机关创建工作纳入年度绩效考评，完成党群序列 25 家、政府序列 68 家单位考评。推动节能管理各项规定落实落细，制发《密云区实施〈公共机构能源资源消费统计调查制度〉工作方案》，完成全区 260 家公共机构能源资源消费统计信息审核和上报。开展反食品浪费行动，成立密云区机关食堂反食品浪费成效评估和通报制度工作领导小组，制发《密云区机关食堂反食品浪费工作成效评估和通报制度实施方案（试行）》，监督指导 55 家党政机关食堂开展反食品浪费季度自查和线上自评。深化节能宣传教育，联合区委宣传部开展“反对食品浪费、崇尚节约”文明行动，会同区生态环境局、区教委、区发改委在全区 40 所小学开展第一届“我和低碳共成长”宣教活动，组织全区公共机构开展节水宣传周、节能宣传周、世界粮食日等主题活动，营造节能降碳浓厚氛围。

（陈琼霞）

【餐饮接待】 年内，制定完善餐厅、食堂各项规章制度，健全管理体制机制、规范工作流程。升级改造政府集中办公区自助餐新饭卡，实行人脸识别系统及智能化充值系统。根据疫情防控新形势、新要求，停止堂食期间，实行餐饮配发服务；疫情严重时，进行闭环管理，有效保障广大干部职工用餐安全。开发运用食堂库房管理系统，一键查询，减少人员计算时间和繁琐程序，实现库房系统全面智能化升级。增加外卖服务，给集中办公区干部职工增加用餐多样化服务。完成一层自助餐大厅大屏幕及电视同步播放，做到食堂、外卖、食品节约宣传片、重要通知及时准确宣传到位。全年共保障集中办公区干部职工用餐约 30 万人次，平均每天 1000 人次，圆满完成干部职工用餐及各项接待任务。

（陈琼霞）

【会议接待】 年内，按照会议接待管理规定，接待大小会议 960 余次，接待与会人员约 34670 人次，完成疫情调度会、市委月度点评会、区委月度点评会、区委全会、区委常委会、政府常务会、区委理论学习中心组学习电视电话会、全区领导干部大会、密云先锋推进会、党建述职评议会、五一劳动节庆祝会、市里领导部门来密云调研检查等各项接待工作。

（陈琼霞）

【后勤保障】 年内，坚决执行 24 小时不间断维修服务，完成集中办公区水、电、气、暖、电梯、输配电、中央空调机组等重要设备日常、极端天气及重大节日期间巡检、维护、维修、应急演练救援等工作。全年服务维修总数达 1000 余次，完成 10 部电梯安全检测工作，空调管线系统老化漏水抢修 6 次。更换节能灯具近 500 只，各项电气维修近 300 余次。在重大节日、恶劣天气及特殊供电要求时段，加强 8 个输配电室内输配电设备巡检工作。供暖管线老化漏水抢修 5 次，管线维修近 18 次，管线巡视 15 次，更换暖气片 5 次、各种节水器件近 200 次。更换门锁和抽屉锁 50 把，各种门窗桌椅维修近 100 次，极端天气加固门窗 10 余次。

（陈琼霞）

【垃圾分类】 年内，根据节约型机关建设及垃圾分类工作要求，着力打造干净整洁的机关工作环境。在办公楼每个卫生间设置其他、可回收物、厨余垃圾桶三个，开水间设置一个茶叶渣收集容器，每栋办公楼一层大厅配备一个有害垃圾收集容器，整个机关大院共计配备垃圾桶 350 个，在机关院西设有一个垃圾集中存放点。

（陈琼霞）

【安全保卫】 年内，完善《区委区政府机关集中办公区出入通行管理办法》《区委区政府机关集中办公区个人出入证和车辆通行证管理办法》《区委区政府机关集中办公区传达室管理制度》，更换个人出入证和车辆通行证为人脸识别（1565 人）和电子通行证（1907 个）。会同信访办共同完善《区委区政府机关集中办公区处置非正常上访工作预案》，分清职责、相互配合，疏导上访人员 1293 人次。新增设北门传达室。发放报纸 276320 份、平信及挂号 19017 件、刊物 99881 册，汇款 12856 元。完成大剧院冬奥集结点安保工作任务。每月一次对集中办公区内所有消防设施进行检查，确保消防设施正常使用。开展集中办公区各单位干部职工防火演练 1 次，通过课堂培训和实际操作，树牢消防安全意识，提升处置突发事件能力。

（陈琼霞）

【组织人事】 年内，根据密云区政府第 4 期专题会议研究决定，不再保留区机关事务中心所属区委党校教学基地的机构设置，11 名人员安置到区机关事务中心相关科室，其中 3 名安置人员转隶到区退役军人事务局。

（陈琼霞）

【机关运行成本】 年内，根据北京市机关事务管理局文件精神，圆满完成密云区 2021 年度机关运行成本统计调查工作。统计范围为区政府所属行政单位、参照公务员法管理的单位及其所属机关后勤服务事业单位。调查内容包括 2021 年度单位基本信息和财政拨款总额、机关运行经费支出、机关运行成本以及单位资产、办公用房、“三公”经费等情况。统计调查的数据材料已报送北京市机关事务管理局。

（陈琼霞）

【疫情防控】 年内，根据疫情防控要求，制定《区委区政府集中办公区疫情防控工作方案》（第四版），建立健全各单位工作人员基础信息台账，对 192 名跨区流动人员（包括共同居住的跨区流动人员）和 193 名“快、修、保、食、洁”等重点人员实行健康监测“日报”管理，落实落细防控措施。每天有序组织干部职工核酸检测，累计检测人数近 8 万人次。抽调全区 64 家单位共 110 辆公务用车和 127 名司勤人员下沉疫情防控一线，全力保障转运任务，跑出疫情防控

“加速度”。组织区委区政府集中办公区内23家单位成立46人疫情防控督查员队伍，筑牢区委区政府集中办公区疫情防控安全屏障。

（陈琼霞）

【创城工作】 年内，制定《区机关事务中心创建全国文明城区百日攻坚行动方案》，严格落实规定值守时间和包保点位要求，细化实施步骤，全力保证创城工作任务落地落实。组织开展“周末大扫除”活动，按照“科室负责、党员带头、群众参与、全员覆盖”的工作要求，建立划区分组制度，逐片推进，实现责任区域全覆盖。

（陈琼霞）

综合服务

Comprehensive Services

【概　况】 2022年，北京市密云区人民政府办公室（简称区政府办）围绕服务保障和学习贯彻党的二十大精神主题主线，始终坚持以习近平新时代中国特色社会主义思想为指导，深入贯彻习近平总书记重要回信精神和市第十三次党代会精神，以新时代首都发展为统领，全面统筹“疫情要防住、经济要稳住、发展要安全”，坚持“保水、护山、守规、兴城”，坚持生态优先、保水富民、绿色发展、特色一流，推动经济社会发展取得新进展新成效。

（齐欣然）

【政务信息】 年内，聚焦生态保护、绿色发展、优化营商环境、民生保障等重点领域撰写政务信息，收集整理各单位、各镇街（地区）报送信息4500余条，编发《昨日区情》126期、《领导参阅》6期、《工作交流》7期。挖掘特色做法、亮点工作，《密云水岸山间“村儿咖”展现乡村文旅消费新场景》等106篇信息被市级以上信息刊物采用，获市领导批示5条。围绕重要政策落地、社会各界反响深入一线开展调研，完成国办、市政府办公厅调研型约稿40篇，183篇信息被市级刊物《今日舆情》采用。

（王浩天）

【建议提案办理】 年内，区政府办组织协调政府各相关部门办理区人大代表建议81件、区政协委员提案100件，办复率均为100%。办理市人大代表建议5件、市政协委员提案6件。

（徐良军）

【政府督查督办】 年内，区政府督查室共对188项重大决策事项和250项专项事项开展跟踪督查，向市政府反馈有关情况报告171件，共制发《督查与反馈》31期、《督查通报》2期。区政府确定2022年重要民生实事31件，其中优化基本公共服务5件、改善群众居住条件8件、提高生活便利性3件、方便群众出行3件、营造宜居环境2件、丰富文体活动3件、保障公共安全3件、提高社会保障水平4件，全年31件民生实事项目全部如期完成。

（王昕馨）

【绩效考评】 年内，强化党建引领，深入推进政府序列行政机关、事业单位以及镇街、经济功能区“全面履职”绩效考评。围绕生态保护、绿色发展、重点工作三个方面，编制《全面履职绩效考评细则》，为列入考评的47个政府部门和20个镇街、经济功能区制定《全面履职绩效任务书》，实行“一单位一表格”的清单式管理。强化过程督导和日常考评，促进绩效提升。

（张　颖）

【公文流转】 年内，区政府办登记各委办局上报区政府公文2577件，呈报区政府办公文885件。下发以区政府（区政府办）名义公文及其他文件材料约25万件；登记呈报上级文件7000余件、区委领导批示件2072件，通过市委市政府内网收发公文及其他文件材料16400余件，全年签收登记邮件2177余封，寄出邮件190余封。

（王　睿）

【服务保障】 年内，区政府办承办区委、区政府各类会议382个，国务院、市委、市政府电视电话会议326个。接待市政府、市部门、周边区、外省市、重要企业来密调研、督查、学习等活动93次。服务区政府领导同志调研、检查工作81次。办理区政府各类活动9个。

（葛　波）

政协北京市密云区委员会

BEIJING MIYUN DISTRICT COMMITTEE OF CPPCC

综 述

Overview

【概 况】 2022年，政协北京市密云区委员会（简称区政协）在中共密云区委坚强领导下，以习近平新时代中国特色社会主义思想为指导，深入学习贯彻中共十九届六中全会和二十大精神、市第十三次党代会精神，紧紧围绕区委三届三次、四次全会的决策部署，牢牢把握人民政协性质定位，不断完善制度机制，认真履行政协职能，推动各项工作取得新进展，圆满完成年度各项工作任务，展现了新一届政协集体的新作为新气象。

（何 园）

【思想政治引领】 制定《区政协二十大精神学习宣传方案》，机关干部、委员撰写学习感言、体会文章80余篇。组织十九届六中全会、党的二十大、市十三次党代会精神学习交流会。建立完善党员委员履职临时党支部经常性学习制度和委员集体学习季度座谈会制度，开展委员工作室（站）、兴趣小组活动，举办2022年度政协委员专题培训班和6场委员学习报告会。修订区政协党组、机关党组工作规则等5项制度，优化调整机关党支部和5个委员临时履职党支部，完善党组成员和党员委员“双联”机制，推动党的组织和工作“两个全覆盖”。完成机关党委改选、机关党支部调整换届、发展党员和机关工会换届工作。用好区政协微信公众号、政协简报等宣传平台，全年刊发信息报道17期147条，加大重要会议、重大活动、委员履职情况新闻报道力度，在密云电视台制作播出《委员风采》5期，在北京日报、北青网、学习强国、人民政协网、人民网、央视频和市政协、全国政协网站和微信公众号刊发报道28篇。

（何 园）

【协商议政】 落实中共中央办公厅印发《关于加强和改进新时代市县政协工作的意见》的通知要求，围绕区委区政府中心工作，确定年度六大协商议题。聚焦密云保水保生态和绿色高质量发展，围绕“推进科技创新和生命健康战略发展带建设”和“完善保水工作机制，高水平保护好密云水库”协商议题分别召开2次专题议政性常委会，先后组织20次专题调研视察活动和研讨座谈会，形成调研报告报区委区政府作为决策参考。开展《加强生态产品价值评估与价值实现的建议》重点提案办理协商，召开承办单位座谈会跟进了解督办，提出办理建议。围绕“打造乡村振兴密云样板，壮大农村集体经济”“挖掘提升密云红色文化，打造红色文化品牌，推进密云红色教育基地建设”“加快再生资源回收体系建设、巩固垃圾分类成果”等议题开展视察调研，召开专题协商会，以协商报告、提案和信息等形式向区委区政府反映意见建议。

（何 园）

【民主监督】 紧贴“七有”“五性”问题，围绕群众关心的“关键小事”，确定居民小区物业管理、城乡生活垃圾分类、城市精细化管理和接诉即办等4个年度监督性议题，组织委员开展视察监督，与相关部门面对面沟通交流，提出具体意见建议10余条。组织委员就科学城东区和北大怀密医学中心项目建设、消除集体经济薄弱村等开展知情视察。开展垃圾无害化处理专题知情视察，组织委员了解密云区垃圾综合处理中心、垃圾填埋场的管理运维情况，提出视察建议报区政府决策参考。围绕学校“双减”工作情况到中小学校开展知情视察，与区教委召开座谈会，就推动“双减”实施、贫困生救助等沟通协商。修订《密云区政协特约监督员工作简则》，各专委会办公室结合委员行业特点和关注重点，建立委员特约监督员信息库。选派20名委员担任政务服务局监督员、检察院听证员，按照监督职能就群众关心和行风建设中难点痛点问题开展调查研究，提出意见和建议。先后推荐20余名委员分别参加区委区政府年度民主评议和各类协商座谈、征求意见活动，就相关工作提出意见建议。

（何 园）

【凝聚共识】 组建诵读、棋牌、书画、羽毛球、健步走等5个委员兴趣活动小组，吸引100余名委员自愿参与，开展活动20余次。举办新春送福送春联、政协助力冬奥“我们一起向未来”、“三八”节插花培训、纪念“五一口号”发布74周年长走、醒狮越野“云上跑”、国庆诵读、书画欣赏讲座等跨界别特色联谊活动。组织少数民族宗教界委员走访视察龙泉寺、普照寺、大云峰禅寺、古北口娘娘庙和密云清真寺、十里堡基督教活动点等宗教场所，了解密云宗教场所运行管理情况，就加强信众管理，促进民族团结、宗教和顺、社会和谐等方面建言献策，建立半年工作交流例会机制，帮助推动相关问题逐步解决。不断完善政协委员工作室（站）、委员兴趣活动小组等工作机制，开展联系走访委员活动。

（何　园）

6 月 22 日，区政协领导带队到密云宗教场所调研　（区政协　供图）

重要会议和活动

Major Conferences and Activities

【概　况】 2022 年，政协北京市密云区第三届委员会共召开常委会会议 5 次，传达学习有关会议精神、文件 7 项，审议议题 30 项，其中，议政性常委会召开 2 次。市政协来密云区开展 2 次专题调研。区政协组织 6 场专题辅导报告会。

（闫　妍）

【第一次会议】 1 月 20 日召开。传达学习习近平总书记在北京考察 2022 年冬奥会和冬残奥会筹办备赛工作时的重要指示精神和市委常委会扩大会议精神、中共中央办公厅印发《关于加强和改进新时代市县政协工作的意见》的通知（中办发〔2021〕57 号）、市政协十三届五次全会精神；审议通过《政协北京市密云区第三届委员会常务委员会关于任命副秘书长的决定》《政协北京市密云区委员会常务委员会工作规则》《政协北京市密云区第三届委员会常务委员会关于任命各专门委员会主任、副主任、委员的决定》《政协北京市密云区第三届委员会常务委员会 2022 年工作要点》《密云区政协 2022 年协商工作计划》；通报《政协北京市密云区委员会主席、副主席、秘书长工作分工》《区政协机关各室主任、副主任调整情况》《政协北京市密云区委员会关于各专委会工作办公室联系界别委员的安排》。

（何　园）

【第二次会议】 8 月 15 日召开。听取区政协经济科技委员会关于“推进科技创新与生命健康战略发展带建设”议政性常委会调研报告情况的汇报；委员交流发言；区发改委、科委、规自分局、中关村密云园管委会围绕“推进科技创新与生命健康战略发展带建设”议政性常委会调研报告情况和委员交流发言情况进行发言。

（李　浩）

【第三次会议】 9 月 28 日召开。传达学习中央统战工作会议精神、北京市第十三次党代会精神、关于加强和改进新时代区政协工作的实施意见（京办发〔2022〕14 号）文件精神；审议通过《关于同意潘建富辞去政协北京市密云区第三届委员会委员职务的决定》《关于政协北京市密云区第三届委员会成立农业农村委员会的决定》《政协北京市密云区第三届委员会常务委员会关于任命农业农村委员会主任、副主任、委员的决定》；审议通过修订后的《政协北京市密云区委员会常务委员会工作规则》《政协北京市密云区委员会全体会议工作规则》《政协北京市密云区委员会专门委员会通则》《政协北京市密云区委员会提案工作规则》《政协北京市密云区委员会反映社情民意信息工作规则》《密云区政协特约监督员工作简则》《政协北京市密云区委员会委员履职工作规则》等 7 项工作制度和新起草制定的《政协北京市密云区委员会关于加强和改进专门委员会工作的意见》。

（何　园）

【第四次会议】 11 月 24 日召开。区政协城建环保委员会做关于“完善保水工作机制，高水平保护密云水库”议政性常委会调研情况的报告；委员交流发言；区水库综合执法大队、水务局、生态环境局、不老屯镇政府主要负责同志围绕“完善保水工作机制，高水平保护密云水库”议政性常委会调研情况报告和委员发言情况进行交流发言。

（张松涛）

【第五次会议】 12 月 28 日召开。听取区政府办公室《关于 2022 年提案办理情况的通报》；听取《政协北京市密云区第三届委员会第二次会议筹备工作报告》；审议通过《关于召开政协北京市密云区第三届委员会第二次会议的决定（草案）》；审议《政协北京市密云区第三届委员会第二次会议会议议程（草案）》；通报《政协北京市密云区第三届委员会第二次会议会议日程（草案）》；通报《关于政协北京市密云区第三届委员会第二次会议各次会议主持人名单（草案）》；审议通过《政协北京市密云区第三届委员会第二次会议委员分组和召集人名单（草案）》；审议通过《政协北京市密云区委员会关于表彰2022年度优秀提案和优秀社情民意信息的决定（草案）》；审议《2022年委员履职情况分析报告》；审议《政协北京市密云区第三届委员会常务委员会工作报告》；审议《政协北京市密云区第三届委员会常务委员会关于提案工作情况的报告》。

（闫　妍）

【市政协调研】 3—8月，市政协来密云区开展2次专题调研。3月21日，市政协农业和农村委员会组织部分市政协委员、民主党派成员和专家学者就“聚焦共同富裕目标，多措并举促进农民增收”开展专题调研。调研组听取密云区政府及农业农村局在“聚焦共同富裕目标，多措并举促进农民增收”方面的主要举措、存在问题、发展规划及建议，实地考察溪翁庄镇尖岩村促进农民增收工作情况。8月24日，市政协调研组实地考察密云区政协通过建立委员工作站等方式助力区域发展、乡村振兴、文旅融合等工作进展，听取区政协基本情况和相关工作开展情况的汇报。

（朱　峰　高　嵋）

【专题辅导报告会】 3—11月，区政协组织6场专题辅导报告会。3月17日，区政协在分会场组织收听收看题为“世界大变局中人民民主的比较优势与光明前景”的报告会。3月25日，区政协在分会场组织收听收看题为“我和冬奥会——冬奥村的故事”的报告会。6月24日，区政协在分会场组织收听收看题为“在‘两个结合’中继续推进马克思主义中国化”的专题辅导报告会。7月8日，区政协在分会场组织收听收看“我是政协委员”宣讲报告会，听取“新时代政协委员的责任与担当”专题辅导报告。9月15日，区政协参加密云区2022经济形势发展报告会。11月17日，区政协在分会场组织收听收看市政协中国共产党第二十次全国代表大会精神宣讲报告会。

（张亚娟　李　伟）

政治协商

Political Consultation

【概　况】 2022年，政协北京市密云区第三届委员会落实中共中央办公厅印发《关于加强和改进新时代市县政协工作的意见》的通知要求，围绕区委区政府中心工作，确定年度六大协商议题。

（何　园）

【重点提案办理协商】 年内，区政协围绕《关于加强生态产品价值评估与价值实现的建议》，制定办理协商方案，组织成立调研组，召开动员部署会，多次与重点提案办理协商调研组成员进行电话和线上沟通，了解工作进展、提供调研素材、推动调研进程；与区发改委、区生态环境局重点提案调研小组主要领导及具体经办人员召开座谈会，研究调研方案、确定职责清单、组织调研报告材料，并开展相关活动。

（高　嵋）

【“挖掘提升密云红色文化”调研】 3月8日，区政协教文卫体委员会组织部分政协委员开展“进一步挖掘提升密云红色文化，打造红色文化品牌，推进密云红色教育基地建设”调研。调研组实地查看英雄母亲邓玉芬家乡——石城镇张家坟村猪头岭红色游击根据地、邓玉芬纪念广场和邓玉芬墓地，听取关于云蒙山抗日斗争、英雄母亲邓玉芬事迹的介绍。政协委员围绕如何进一步挖掘密云红色文化、讲好红色故事、推进红色教育基地建设等内容进行讨论交流。

（李　伟）

【开展“生态循环农业绿色发展”专题协商】 7月22日，区政协组成调研组调研北京海华云拓能源研发中心有限公司污水、畜便、餐厨垃圾处理设施及有机肥生产线，并就完善项目建设运营机制、充分发挥项目带动作用、促进农业循环绿色发展等问题，围绕“加快再生资源回收体系建设，巩固垃圾分类成果”开展专题协商。

（王长明）

【“推进科技创新和生命健康战略发展带建设”议政性常委会】 8月15日，区政协召开议政性常委会会议，围绕“推进科技创新和生命健康战略发展带建设”专题协商议政。“推进科技创新和生命健康战略发展带建设”是2022年区政协重点协商议题之一。会上，委员分别围绕将生态优势转化为发展优势、建立科技金融服务体系、发展机制创新优势、打造气候经济产业园区、加快推进怀密医学中心建设等方面协商建言；区发改委、区科委、区规自分局、区中关村密云园就“推进科技创新和生命健康战略发展带建设”工作采取的措施、取得的成效、存在的问题和下一步工作重点与委员们进行交流讨论。

（李　浩）

8月15日，区政协召开“推进科技创新和生命健康战略发展带建设”议政性常委会会议

（区政协　供图）

【开展“打造乡村振兴密云样板，壮大农村集体经济”专题协商】 9月23日，区政协提案委组织部分政协委员开展“打造乡村振兴密云样板，壮大农村集体经济”专题协商活动。委员们实地考察溪翁庄镇尖岩村村史馆、精品民宿、帐篷营地和黑山寺村科技小院及林下经济项目，听取区农业农村局关于“打造乡村振兴密云样板，壮大农村集体经济”工作开展情况汇报。

（王长明）

10月21日，区政协主席席成坡带队开展精品民宿发展视察活动　（区政协　供图）

【“关于进一步挖掘提升密云红色文化 打造红色文化品牌 推进密云红色教育基地建设”专题协商】 10月21日，区政协组织召开“关于进一步挖掘提升密云红色文化，打造红色文化品牌，推进密云红色教育基地建设”专题协商会，区宣传部、文旅局、发改委、农业农村局、规自分局、生态环境局、退役军人事务局、石城镇主管领导，调研组成员参加会议。与会委员围绕建立云蒙红色精神瞻仰区、云蒙山抗日烽火体验区、红色文化传承创新区、红色生态旅游休闲区、红色民俗文化融合发展区等方面积极建言献策。

（李　浩）

【“完善保水工作机制 高水平保护好密云水库”专题座谈会】 8月29日，区政协召开“完善保水工作机制，高水平保护好密云水库”专题座谈会。区保水大队、区生态环境保护局、区水务局、溪翁庄镇、穆家峪镇、太师屯镇等单位分别就保水工作职责、政策依据、主要做法等情况进行汇报，与会人员围绕保水主题存在问题、改进措施及意见建议等内容积极协商建言。

（张松涛）

【“完善保水工作机制，高水平保护密云水库”议政性常委会】 11月24日，区政协召开“完善保水工作机制，高水平保护密云水库”议政性常委会，会上，区政协专委会四室就“完善保水工作机制，高水平保护密云水库”调研报告作说明；委员分别围绕深化联防联治机制建设、主动与市级对口单位建立联席制度、深化落实“5+2”保水措施、提升库区污水治理水平、降低总氮浓度提升保水能力、推进水库一级区人口有序疏解等方面深入协商建言；区水务局、环境保护局、密云水库综合执法大队、不老屯镇就近几年“保水”工作采取的措施、取得的成效、下一步工作重点及部分委员提出的建议与委员们进行协商。

（张松涛）

11月24日，区政协召开“完善保水工作机制，高水平保护密云水库”议政性常委会会议

（区政协　供图）

民主监督

Democratic Supervision

【概　况】 2022 年，政协北京市密云区第三届委员会紧贴“七有”“五性”问题，确定居民小区物业管理、城乡生活垃圾分类、城市精细化管理和接诉即办等年度监督性议题，组织委员开展知情视察监督，提出意见建议。

（何　园）

【生活垃圾无害化处理知情视察】 4 月 20 日，区政协组织部分政协委员就生活垃圾无害化处理工作开展知情视察。委员们查看密云区垃圾综合处理中心和密云区宾阳垃圾卫生填埋场，详细了解项目设施建设管理和运营维护情况，委员们围绕加强引导、持续推进，把工作做细做实等方面内容提出了意见建议。

（董　建）

【教育“双减”政策落实情况知情视察】 7 月 6 日，区政协教文卫体委组织部分政协委员开展教育“双减”政策落实情况知情视察。委员们到密云区第二小学，实地视察低年级期末乐考、运动场馆建设、创客空间、无人机教室管理等工作。听取该校“双减”探索成果和取得成绩；区教委负责同志从提高教学质量、严控作业总量，深化校外培训机构治理及下一步工作计划等方面介绍全区落实国家“双减”政策工作情况。

（张亚娟）

【创城督导检查】 7 月 27 日，区政协部分委员先后到久润东区、檀营国际生态城南区检查督导密云创城工作，详细查看楼道和公共空间环境维护、电动自行车飞线治理等情况。年内，区政协主席和副主席带队，机关干部和委员组成 5 个督导组，对 3 个街道地区、15 个社区、46 个小区开展督导检查 632 次。

（张亚娟）

【视察小区物业管理】 8 月 11 日，区政协组织部分政协委员围绕“密云区居住小区物业管理工作”开展专题调研视察活动。委员们实地视察鼓楼街道禧悦府小区、宾阳北里小区，听取区住建委相关负责同志关于密云区居住小区物业管理工作介绍及下一步重点工作，听取鼓楼街道相关负责同志关于鼓楼街道辖区内居住小区物业管理情况。委员们对今后密云居住小区物业管理工作提出了意见和建议。

（李爱军）

【视察“库区农民增收 消除集体经济薄弱村”】 9 月 3 日，区政协提案委员会组织部分政协委员围绕“库区农民增收，消除集体经济薄弱村”开展知情视察活动。委员们考察不老屯镇丑山子鲜食玉米基地和高岭镇东关菊花产业园、石匣甘薯基地，听取不老屯镇、高岭镇和农业农村局关于增加库区农民收入，消除经济薄弱村工作介绍，并就大力发展特色农业、开拓农产品销售渠道、充分发挥项目带动作用、完善组团帮扶机制等问题进行提出意见和建议。

（高　嵋）

【监督视察接诉即办工作】 9 月 20 日，区政协组织部分政协委员就密云接诉即办工作开展监督视察。委员们先后到北庄镇朱家湾村和鼓楼街道综合指挥调度中心，了解接诉即办、未诉先办及网格化治理等工作情况，听取北庄镇接诉即办工作情况汇报。委员们认为，各属地单位坚持日分析、周研判、月总结的工作机制，在解决问题上狠下功夫，注重实效，提高办单水平，提升服务质量。

（董　建）

参政议政

Participation and Commentary on Political Affairs

【概　况】 年内，政协北京市密云区第三届委员会围绕中心、服务大局，聚焦密云区保水保生态和绿色高质量发展，积极建言资政。

（何　园）

【朝密双创中心调研】 3 月 2 日，区政协经济科技委员会组织部分政协委员到朝密双创中心调研。调研组实地查看朝密双创中心建设、运营情况，了解双创中心定位和企业入驻政策，听取朝密协作对接情况汇报，并就如何做好后续工作进行座谈。

（朱　峰）

【科技创新和生命健康战略发展带建设专题座谈会】 3 月 9 日，区政协召开“推进科技创新和生命健康战略发展带建设”专题座谈会。会议听取区发改委、区科委、区规自分局、中关村密云园关于推进科技创新和生命健康战略发展带建设工作情况汇报。与会委员围绕科技创新和生命健康战略发展带建设与相关部门进行讨论交流，提出意见建议。

（李　浩）

【科学城东区视察调研】 3 月 23 日，区政协经济科技委组织部分政协委员开展“推进科技创新与生命健康战略发展带建设”专题调研。委员们实地考察北京大学怀密医学中心选址地块、华远达公寓，听取科学城东区整体规划建设和项目进展情况介绍，了解大科学装置在碳中和、防灾减灾、生态文明建设等方面的作用。

（李　浩）

【区政协召开创城督导工作部署会】 3月31日，区政协召开落实区委创城督导工作部署会。会议讨论通过《北京市密云区政协创建全国文明城区工作督导方案（2022年度）》，就区政协负责督导的政务环境建设组、市场环境建设组、未成年人教育环境建设组、生态环境建设组各项指标体系、督导工作任务等进行解读，各督导组就如何做好督导工作进行交流讨论。

（朱　峰）

【走访督导提案承办大户】 7月5日，区政协提案委员会会同区政府办集中走访区文旅局、农业农村局、公安分局交通支队、城管委、教委等10个提案承办单位，就区政协2022年提案办理及答复落实情况进行协商座谈。委员们认为，提案承办大户在提案办理过程中，认真落实，积极沟通，效果显著，有高度、有速度、有温度。

（王长明）

7月6日，区政协开展集中走访督导提案承办大户活动　（区政协　供图）

【中关村密云园专题调研高质量发展情况】 7月21日，区政协组织部分经济科技界政协委员，到中关村密云园专题调研园区高质量发展情况。调研组先后到北京康辰药业股份有限公司、京东密云智能电商产业园，详细了解两家企业建设、运营等情况，听取中关村密云园高质量发展情况的汇报。与会人员围绕中关村密云园高质量发展，从各自不同专业角度，提出了有针对性的意见建议。

（李　浩）

【“特色农业综合体高质量发展”调研】 9月14日，区政协组织农业界别委员到高岭镇开展“特色农业综合体高质量发展”调研活动。调研组成员实地考察北京爱农基业科技发展有限公司、北京青山秀水庄园特色农业综合体建设情况、美味番茄种业繁育基地种植生产情况，听取企业负责人关于企业转型创新发展情况汇报。委员们围绕密云农业产业创新发展、科技兴农助农等方面进行座谈交流，就农产品品牌市场化运营等方面提出意见建议。

（王长明）

【调研密云宗教场所管理工作】 9月22日，区政协组织民族宗教界委员，到区内宗教场所龙泉寺、大云峰禅寺、普照寺进行调研。听取密云民族宗教事务管理情况的汇报。委员们建议宗教场所要在爱党、爱国、爱教方面发挥引领作用，贯彻党和国家宗教政策，持续搞好各项教务活动，促进地区和谐稳定。

（董　建）

10月21日，区政协召开“关于进一步挖掘提升密云红色文化 打造红色文化品牌 推进密云红色教育基地建设”专题协商会议　（区政协　供图）

提案工作

Proposal Work

【概　况】 2022年，政协北京市密云区第三届委员会委员共提交提案120件，经审查立案108件。先后召开审查立案协商会，集中走访督导提案承办大户，召开征集市政协2023年协商议题建议专题会。

（王长明）

【三届一次会议提案审查立案协商会】 1月18日，区政协提案委员会召开三届一次会议提案审查立案协商会。会议听取提案委员会关于三届一次会议期间提案征集整理汇总情况的汇报。提案委委员对提案逐一讨论分析，提出意见建议，会议讨论并拟定2022年重点、难点提案。

（高　嵋）

【征集市政协2023年协商议题建议专题会】 11月29日，区政协提案委员会召开征集市政协2023年协商议题建议专题会。与会人员按照市政协《关于征集2023年协商议题建议的通知》要求，与区委区政府“两办”沟通协商，认真征求各方面意见，研究提出“密云水库高水位运行下，保障水库水质，切实解决库区周边农民生产生活困难问题”“加大对蜂产业扶持力度，促进生态产业高质量发展”“关于明确密云生态产业发展定位，建设康养＋医养＋旅游产业融合发展示范区的建议”3条协商议题建议。

（高　嵋）

11月29日，区政协征集市政协2023年协商议题建议专题会召开　　（区政协　供图）

【全年提案办理情况】 年内，政协北京市密云区委员会有集体提案1件，委员提案107件；列为年度主席领衔督办的重点提案1件，副主席督办的难点提案4件；提案办复率100％。全部或部分采纳意见、建议的提案占办理总数的94％。社情民意信息15条，均已反馈办理结果。

（高　嵋）

凝聚共识

Build Consensus

【概　况】 2022年，政协北京市密云区第三届委员会着眼凝聚委员思想共识，搭建沟通联谊平台，通过组建委员兴趣活动小组，开展活动，营造团结协作良好氛围，在互动交流、团结联谊等中了解委员思想动态、交流履职经验、凝聚政治共识。

（何　园）

【拍摄助力冬奥短视频】 1月4日，区政协组织部分政协委员和机关干部在密云高铁站、南山滑雪场等地拍摄“一起向未来”助力冬奥短视频，引导广大市民、干部群众树牢“东道主”意识。

（朱　峰）

【拍摄新春送祝福短视频】 1月26日，区政协组织政协领导参与拍摄《心之所向 未来可期》新春送祝福短视频，向全体区政协委员、全区各界人士送上新春的问候和诚挚的祝福。

（何　园）

【妇女节园艺插花培训】 3月4日，区政协组织女政协委员和机关女同志开展庆“三八”国际劳动妇女节插花培训活动。

（张松涛）

【羽毛球兴趣小组活动】 4月15日，区政协城建环保委员会组织部分政协委员开展羽毛球兴趣小组活动。邀请区体育局教练讲解羽毛球比赛规则、打法技巧等。委员们交流打球技术，畅谈履职体会，在锻炼身体的同时凝聚共识。

（张松涛）

【政协委员培训班】 6月8日，区政协举办2022年度政协委员培训班。邀请密云区区长分别从重要形势、重要机遇、重要进展、重点工作、重要期待等五方面围绕密云经济社会发展现状及发展规划作专题报告。会议传达学习十九届六中全会精神、习近平总书记关于加强和改进人民政协工作的重要思想、中共中央关于加强和改进新时代市县政协的工作意见精神。

（朱　峰）

【诵读兴趣小组活动】 6月28日，区政协诵读兴趣小组组织部分政协委员在张艳红委员工作室开展“喜迎二十大 颂党传佳话”庆“七一”主题诵读活动。活动以线上直播的形式，百余名委员同步参与。

（李　伟）

【“七一”主题党日活动】 6月29日，区政协机关组织部分党员、预备党员、积极分子到石城镇白乙化烈士牺牲地开展“踏寻先辈足迹，重温入党誓词”主题党日活动。

（王　琦）

【学习贯彻市第十三次党代会精神专题研讨】 7月7日，区政协党组理论学习中心组学习（扩大）会议召开，围绕学习贯彻市第十三次党代会精神开展专题研讨交流。会议要求，要深入学习贯彻好党代会精神，结合密云实际研究工作，切实发挥政协职能作用。

（王　琦）

【“传承弘扬密云水库建设守护精神”宣讲报告会】 8月29日，区政协举办“传承弘扬密云水库建设守护精神”宣讲报告会。4位区政协委员和2位区政协机关干部从修建水库、搬迁移民、保护水库等不同角度讲述密云人民为保水护水建设美丽北京作出的贡献。9月22日，区政协“传承弘扬密云水库建设守护精神”宣讲团走进不老屯镇中学，拉开宣讲团进校园的序幕。

（李　伟）

8月29日，区政协举办“传承弘扬密云水库建设守护精神”宣讲报告会　（区政协　供图）

【悦读悦享·书香密云——区政协委员诵读队成立】 9月21日，区政协“悦读悦享·书香密云”——政协委员诵读队正式成立，并开展了“倡导全民读书·共建书香密云”全民阅读系列读书活动。

（李　伟）

【学习传达党的二十大精神】 10月26日，区政协机关党委召开扩大会议，学习传达党的二十大、二十届一中全会、习近平总书记在参加广西代表团讨论、闭幕会和中央政治局常委同中外记者见面会上的重要讲话精神以及市委常委会扩大会议精神，并对学习宣传贯彻党的二十大精神活动进行安排部署。

（张　建）

专门委员会工作

Special Committees Work

【概　况】 2022年，区政协各专门委员会积极履行职责，持续加强自身建设，搭建联系界别群众平台，新建委员工作室（站）9个，积极开展走访委员、联系界别群众等活动。

（何　园）

【文化艺术体育界委员送春联】 1月18日，区政协组织部分文化艺术体育界委员到区水库综合执法大队开展送春联活动。

（李　伟）

1月18日，区政协组织文化艺术体育界书法家委员开展送春联活动　（区政协　供图）

【社会科学、民族宗教、共青团界“双联”走访委员活动】 2月22日，区政协社会和法制与民族宗教委员会组织部分政协委员开展“双联”走访委员活动。委员们实地考察北京密云中港汇晟儿童行为矫正中心，听取卢刚委员对自闭症儿童开展专业康复干预，履行社会责任的情况介绍。

（董　建）

2月22日，区政协社会和法制与民族宗教委员会组织政协委员开展“双联”走访委员活动

（区政协 供图）

【经济科技委员会“双联”走访委员活动】 3月1日，区政协经济科技委员会组织部分政协委员开展“双联”暨走访委员活动。委员们实地视察坤德财富科创中心，听取该企业委员关于基地建设企业发展情况的介绍。委员们立足本职结合履职实践，围绕如何进一步履职担当，为密云绿色高质量发展献计出力进行讨论交流。

（李 浩）

【工商联界妇联界“双联”走访委员活动】 3月11日，区政协城建环保委员会组织工商联界、妇联界委员开展“双联”走访委员活动，视察北京星辰中医院，听取杜美丽委员在医院发展、创新管理、特色服务等方面的情况汇报。委员们围绕推动民营经济发展、委员履职、社会担当等方面内容进行交流。

（张松涛）

【教育、文化艺术体育、医药卫生界“双联”走访委员活动】 3月18日，区政协教文卫体委员会组织教育界、文化艺术体育界、医药卫生界部分委员开展“双联”走访委员活动。委员实地查看图熹书院，听取孙健委员关于书画创作理念、蕴含精神内涵讲解。委员们围绕如何更好履职尽责，广泛凝聚共识进行交流研讨。

（李 伟）

【委员工作室（站）挂牌成立】 3—8月，区政协新建委员工作室（站）9个。3月11日，卢刚委员工作站挂牌成立。4月14日，蔡京城委员工作站挂牌成立。4月20日，王唯伊委员工作室挂牌成立。4月21日，贺国凯委员工作室挂牌成立。孙健委员工作室挂牌成立。4月27日，郭凤新委员工作室挂牌成立。5月17日，张艳红委员工作室挂牌成立。7月15日，席相东委员工作室挂牌成立。8月23日，薛静委员工作站挂牌成立。

（闫 妍）

【走访社会科学界委员】 5月17日，区政协组织部分政协委员到太师屯镇北京市孤独症儿童康复协会农疗托养基地走访社会科学界委员卢刚，并进行调研。活动中，委员们听取卢刚委员关于基地基本情况的介绍，参观基地果园、原味西红柿种植设施大棚，绿色蔬菜种植区及储存冷库。

（董 建）

【“同心抗疫、履职为民——区政协委员在行动”活动】 6—9月，区政协各界委员纷纷奉献爱心，助力密云区疫情防控工作，共捐款捐物100余万元。

（何 园）

【“悦读悦享·书香政协——密云区政协悦读书屋”启动】 7月22日，区政协在区图书馆举行“悦读悦享·书香政协——密云区政协‘悦读书屋’读书活动”启动式。部分委员和界别群众现场进行了读书分享并开展图书漂流活动。央视频、密云360网站现场直播，在线观看人数达到4万余人。

（张亚娟）

【义诊活动】 9月15日，区政协教文卫体委员会组织部分医药卫生界委员到西田各庄镇太子务村开展政协委员联系群众工作暨委员义诊活动。活动免费为村民提供500张健康体检卡，捐赠心脑血管、祛风止痛等9类药品共计1500余盒。

（张亚娟）

【经济界委员联系群众】 10月26日，区政协经济科技委员会组织部分经济界别委员到十里堡镇开展政协委员联系群众活动。委员们实地考察排山汽车城、比亚迪4S店、一汽红旗4S店，详细了解企业经营销售情况、企业发展思路，听取十里堡镇相关负责同志关于汽车服务业发展情况的汇报。

（李 浩）

纪检监察

DISCIPLIN ARY INSPECTION AND SUPERVISION

【概　况】 2022 年，区纪委区监委坚持以习近平新时代中国特色社会主义思想为指导，在市纪委市监委和区委领导下，全区各级纪检监察组织履行党章和宪法赋予的职责，持之以恒正风肃纪反腐，不断推进全面从严治党向纵深发展，纪检监察工作高质量发展取得新成效。

（武国栋）

【绿色高质量发展监督】 年内，区纪委区监委召开全系统保水监督工作部署会，推进保水政治监督，发现并督促整改问题 90 个。围绕全区经济社会发展重点任务开展调研督导、监督检查 55 次，推动解决项目开工建设、行政审批等难点堵点问题 26 项。推进乡村振兴专项监督，全区 197 个集体经济薄弱村提前一年全部实现“消薄”。监督护航冬奥会服务保障、全国文明城区创建、优化营商环境等区委重点工作。

（武国栋）

【疫情防控监督】 年内，区纪委区监委制定出台督查问责机制，建立常态化疫情防控下的日常监督体系和突发性疫情下的应急监督体系，向各镇街（地区）及重点部位、关键环节派出监督组实行驻点监督，围绕排查管控、核酸检测、院感防控、物资保障等关键环节强化监督检查，对 120 起病例开展复盘溯责，发现并督促整改问题 840 余个。

（武国栋）

【一体推进“三不腐”】 年内，全区纪检监察组织处置问题线索 478 件，立案审查调查 180 件，给予党纪政务处分 156 人。集中力量对市纪委市监委交办案件进行快速突破，先后留置 10 人，移送司法机关 2 人。开展开发区、国有企业、粮食购销、“窗口”腐败、领导干部违规在农村建豪宅、离职公职人员违法乱纪等专项整治工作。开展化解信访举报积案专项攻坚行动，确定 138 批次信访件作为专项攻坚重点，集中办理化解，全年接收信访举报 590 件次，举报量连续两年下降三分之一以上。推动办案、整改、治理贯通融合，下发纪律检查建议、监察建议 10 份。制定年度系列教育活动工作方案，开展“送纪律到基层”宣讲活动，协助区委召开“以案为鉴、以案促改”警示教育大会。

（武国栋）

【纠治“四风”】 年内，全区查处违反中央八项规定精神问题 11 件。深化违规收送礼品礼金、违规吃喝等顽瘴痼疾的专项治理，防治购物卡券、高价月饼、快递送礼等背后的不正之风。聚焦解决好群众急难愁盼问题，筛选核查“接诉即办”重点领域、高频事项工单 1865 件，督促整改问题 87 个，批评教育帮助和处理 151 人，下发提醒函 2 份。

（武国栋）

【严惩损害群众利益微腐败】 年内，区纪委区监委根据国家审计署反馈问题线索，严肃查处民政系统违规办理遗弃儿童入院、违规支取使用特困人员养老金系列案件。开展耕地地力保护补贴专项监督检查，立案审查 2 人，组织处理 13 人，原渠道退回违规领取补贴资金 17 万余元。开展低保人员问题数据信息核查工作，形成涉嫌违规享受低保待遇问题线索 4 件，推动整改问题 9 个。

（武国栋）

【全面从严治党】 年内，区纪委区监委推进全面从严治党（党建）工作考核和政治生态分析研判工作，将日常监督和动态抽查发现的 520 个问题，逐一向被考核单位反馈，组织区领导开展现场督导检查。严把党风廉政意见回复关，全年回复处级“一把手”和班子成员党风廉政意见 237 人次。深化政治巡察，对保水重镇、涉农部门及开发区领域 14 家单位、161 个村（社区）党组织开展常规巡察，发现问题 1272 个。开展二届区委巡察反馈问题整改情况“大起底”，对巡察整改工作一督到底。

（武国栋）

【纪检监察体制改革】 年内，区纪委区监委聚焦履行保水首要政治责任，调整派驻机构设置和监督范围，将监督力量向保水保生态、接诉即办、开发区、国有企业等重点领域倾斜。制定《区纪委区监委派驻（出）机构重要情况报告办法》，深化“室组”联动监督、“室组地”联合办案机制，推动监督任务、监督力量有效统筹、合理分配。

（武国栋）

重要会议

Important Meetings

【区纪委三届二次全会】 2 月 23 日，密云区召开第三届纪律检查委员会第二次全体会议。区委常委、区纪委书记、区监委主任刘永强以《营造风清气正政治生态，服务保障密云现代化建设，以实际行动迎接党的二十大胜利召开》为题向全会报告工作。会议要求全区党员干部要把思想和行动统一到党中央和市委决策部署上来，坚持不懈把全面从严治党向纵深推进。

（武国栋）

【区纪委常委会会议、区监委委员会议】 年内，区纪委区监委召开区纪委常委会会议27次、区监委委员会议25次，传达学习重要会议、文件精神28次，研究、审议议题101个，发挥区纪委常委会对全区纪检监察工作的领导核心作用，推进区纪委常委会工作的科学化、民主化、制度化建设。

（丁　健）

监督检查

Supervision and Inspection

【执纪监督】 年内，区纪委区监委对贯彻落实习近平总书记重要指示批示和党中央重大决策部署情况开展监督检查发现问题303个，到基层一线调研33次，主动约谈2852人，报请或会同党委（党组）召开党风廉政建设专题会议106次，参加监督单位民主生活会或专题组织生活会198次。

（张　鑫）

【履行全面从严治党协助职责和监督责任】 年内，区纪委区监委协助区委一体推进全面从严治党（党建）工作考核和政治生态分析研判。细化完善检查考核指标，明确10大类104条具体指标内容，逐一列明来源依据和检查方式。统筹各成员单位开展动态抽查，对91家处级单位党委（党组）开展全覆盖检查考核，并协助开展现场督导检查。针对市级反馈问题，制定整改工作方案，从加强党的政治建设、思想建设、组织建设等8个方面，制定41项具体整改措施，明确26家牵头单位责任，确定整改时限，跟踪督促检查。

（张　鑫）

【疫情防控专项监督】 年内，区纪委区监委根据常态化疫情防控工作要求，调整监督工作重点，做好常态化疫情防控监督。突出平战结合、平急转换，对镇街（地区）、重点行业、八小时指挥部、高校开展抵近监督，围绕人员管控、场所防控、行业管理、流调溯源、核酸筛查、诉求办理等重点环节加强监督检查。全年制发监督方案、通知、清单50余份，检查点位9300余个，发现并督促整改问题840个，运用第一种形态批评教育帮助和处理23人，制发纪检监察建议、提醒函11份。

（张　鑫）

【冬奥会和冬残奥会服务保障监督】 年内，区纪委区监委紧盯冬奥会和冬残奥会开闭幕式远端集结点各环节开展全程监督。成立4个监督工作组，抽调10名精干力量，紧盯观演人员组织、远端集结点防控、涉奥隔离场所管控等情况开展专项检查，发现问题现场督促整改到位。围绕冬奥农产品保供稳价等9项重点工作落实情况加强跟进监督，推动冬奥会期间社会面平稳运行。

（张　鑫）

【服务保障党的二十大监督】 年内，区纪委区监委制发《关于做好服务保障党的二十大监督的工作方案》，明确疫情防控、社会安全稳定、安全生产、城市运行保障、城市环境氛围布置、森林防火、应急值守、廉洁过节等8项监督重点，坚持做到日监督、日报告、日总结、日研判，确保及时发现问题、纠正偏差，督促各项工作部署到位、隐患排查到位、措施管控到位，保障重要会议期间持续安全稳定。

（张　鑫）

【经济社会发展重点任务监督】 年内，区纪委区监委制发《2022年密云区经济社会发展重点任务监督方案》，围绕区委区政府年度重点工作、重要民生实事等六大类310项重点工作建立监督台账，对主责单位任务完成情况全覆盖监督，全面了解、全程跟踪重点工程建设、特色产业发展、助企纾困政策落实等工作，开展调研督导、实地检查55次，协调推进项目开工建设、行政审批等难点堵点26项。

（张　鑫）

【全国文明城区创建监督】 年内，区纪委区监委制发《关于严明纪律推动创建全国文明城区责任落实的通知》，督促全区各级党组织和广大党员干部履职尽责、担当作为。紧盯实地点位检查指标、百日攻坚行动、周末大扫除活动、模拟测评检查等区委各项部署要求，聚焦任务推进、指标落实、人员履职等情况实地检查点位2400余个、督促整改问题480个。对市级检查反馈、区创城办移交的问题整改情况开展“回头看”，督促责任单位找原因、查责任、建台账、抓整改，严肃纠治推诿扯皮、消极应付、不担当不作为行为。

（张　鑫）

【纠治“四风”】 年内，区纪委区监委紧盯元旦春节、五一端午、国庆中秋等重要时间节点，聚焦违规吃喝、违规收送礼品礼金、违规发放津补贴等享乐奢靡问题，运用明察暗访、专项检查、随机抽查等方式，开展监督检查595次。节前主动约谈各单位领导班子成员和财务、工会、后勤管理、公车管理等重点部门、重点岗位负责人2354人次。通报曝光违反中央八项规定精神典型案例10起，重申节日禁令和纪律要求。全年查处违反中央八项规定精神问题11件，处理处分11人，其中给予党纪政务处分6人。

（张　鑫）

【低保人员问题数据信息核查】 年内，区纪委区监委聚焦市纪委、市监委转到密云区的387条低保人员问题数据，运用系统查询、入户核查、调阅档案材料等方式，开展逐户核查、逐一甄别，对低保申请、民主评议、审核审批、动态管理等环节开展重点核查，按规定形成涉嫌不符合低保政策、违规享受低保待遇问题线索4件，推动整改问题9个。

（张　鑫）

【供热领域突出问题专项整治】 年内，区纪委区监委制发《关于开展供热领域突出问题专项整治的工作方案》，聚焦履行供热领域主体责任不到位、利用供热资源谋私贪腐、漠视侵害群众利益等具体问题，细化整治措施。督促7个职能部门和20个镇街开展自查自纠，梳理风险点5个，制定工作措施6项。全年开展监督检查33次，主动约谈20人次，列席重要会议6次，下发提醒函1份，督促整改问题3个。

（张　鑫）

【欠薪讨薪突出问题监督】 年内，区纪委区监委强化对欠薪讨薪突出问题监督检查，以招用农民工较多的工程建设领域为重点，聚焦相关行业主管部门及属地的党员干部和公职人员履职担当、秉公用权以及不作为、乱作为、慢作为等问题，督促相关职能部门认真履行工作责任、主动查找问题、及时堵塞漏洞、强化长效机制建设，着力推动解决群众关切的“痛点问题”。全年开展监督检查116次，主动约谈重点岗位领导干部和工作人员53人次。

（张　鑫）

【规划和自然资源领域问题专项监督】 年内，区纪委区监委开展规划和自然资源领域问题监督检查13次，形成专题报告12篇，问责6人，约谈提醒14人次，梳理新增问题线索9件。

（史笑妍）

【粮食购销领域问题专项监督】 年内，区纪委区监委采取“四不两直”方式，组织区商务局、区财政局、区农发银行、中储粮密云粮库、粮油总公司等单位，分3批对区内2家国有粮食企业的6家国有粮库进行专项检查，并督促涉粮企业开展自查10次，根据检查问题，推动区商务局新增、修改工作制度5个，核实问题线索2件，立案1人，形成报告12篇、报表12次，严防腐败问题发生。

（史笑妍）

【教育领域问题专项监督】 年内，区纪委区监委落实市纪委、市监委关于“打着教育旗号侵害群众利益行为”专项整治工作要求，组织开展实地监督检查3次，到行业主管部门进行调研2次，向市纪委上报专题报告2篇，持续纠治侵害群众利益行为。

（史笑妍）

【违规建豪宅问题专项监督】 年内，区纪委区监委落实“密云区领导干部违规在农村建豪宅问题专项排查整治工作”，统筹相关镇街、部门开展摸排调查工作，完成涉及全区党员领导干部5888人，发现违建豪宅1处，涉及违建面积4400平方米。

（史笑妍）

【自建房问题专项监督】 年内，区纪委区监委与区专项整治办协同配合，建立协调调度机制、联合监督检查机制，对全区自建房实行清单化管理，开展实地监督检查3次，检查摸排台账20余份，向市纪委市监委上报专项检查报告4篇。

（史笑妍）

【就业困难精准监督和帮扶】 年内，区纪委区监委为推动主责单位做好离校未就业困难家庭毕业生帮扶工作，全年开展专项监督检查和精准帮扶工作。督促区人力资源和社会保障局开展离校未就业困难家庭毕业生帮扶工作。通过精准监督，推动解决密云区离校未就业困难家庭毕业生5人实现就业。开展精准就业帮扶，实现2名困难家庭毕业生就业。

（温泽明）

巡察工作

Patrol Work

【巡察全覆盖】 年内，区委巡察机构重点对不老屯镇等7个水库周边镇党委及161个村（社区）党组织、区农业农村局等3家涉农单位、中关村密云园工委等4个开发区领域行政企业单位开展常规巡察，发现问题1272

个，提出意见建议213条，移交问题线索32件。

（乔　桥）

【巡察整改和成果运用】 年内，区级领导落实巡察整改领导督办机制，带队到分管领域及地区现场推动整改落实工作，逐级压实巡察整改主体责任。区委巡察机构履行巡察整改“统筹协调、跟踪督促、汇总分析”职责，与监督检查部门共同对22家单位巡察整改报告进行审核把关，对二届区委巡察反馈问题整改情况进行“大起底”，了解掌握整改进展情况，持续跟踪督办，推动各责任主体担负起巡察整改责任。分领域、行业及时将巡察发现的问题报送分管区领导及水务、规划、党建等各行业主管部门，促进综合施治、共同整改，发挥巡察标本兼治战略作用。

（乔　桥）

纪律审查

Disciplinary Review

【信访举报处理】 年内，区纪委区监委接收信访举报590件次。其中检举控告类338件次，占57.3%；检举控告类中初次举报227件次，占67.2%。

（任凤波）

【案件查办】 年内，全区纪检监察组织保持反腐败斗争高压态势，全年处置问题线索478件，立案180件，给予党纪政务处分156人，查处涉嫌职务犯罪18人，移送检察机关5人。运用“四种形态”批评教育帮助和处理703人次，其中第一种形态544人次，占总人次的77.4%；第二种形态111人次，占15.8%；第三种形态16人次，占2.3%；第四种形态32人次，占4.6%。

（王一蒙）

【信访举报积案专项攻坚行动】 年内，区纪委区监委印发《关于开展化解信访举报积案专项攻坚行动的工作方案》，确定138批次信访件作为专项攻坚的重点，集中办理化解，实现息诉罢访，信访举报量连续两年下降三分之一以上。到信访举报激烈、重复举报问题突出的10个镇实地调研原因、化解措施等情况，并形成调研报告，为领导决策提供参考。

（任凤波）

【服务保障党的二十大】 年内，区纪委区监委为做好党的二十大召开期间维护社会和谐稳定工作，印发《关于做好党的二十大期间来访接待工作的通知》，督促20个镇街（地区）纪（工）委坚持底线思维，强化责任担当，做好群众来访接待工作。全面排查苗头隐患，密切关注重点群体、重点问题、重点人员，做好源头稳控。建立健全区纪委区监委、区信访办、各镇街（地区）纪（工）委沟通反馈机制，遇重大、敏感、紧急突发情况，第一时间报告，及时妥善处置，营造良好信访举报秩序。

（任凤波）

【查处侵害群众利益问题】 年内，区纪委区监委加强对农村基层党员干部侵蚀农村“三资”问题的查处力度，梳理分析典型案例，总结规律特点，确定一批农村基层党员干部涉嫌侵蚀农村资金资产资源的重点问题线索，立案查处侵害群众利益问题21件，集中查处某镇某村原出纳邓某某、某镇某村原党支部书记兼村主任缴某某等一批基层干部侵害集体利益问题，维护群众利益。

（王一蒙）

【审查调查安全监督检查】 年内，区纪委区监委深入一线对审查调查安全工作开展检查指导。针对发现的安全隐患，下发《关于进一步从严从紧抓好“走读式”谈话安全工作的意见》，要求办案部门举一反三、全面整改，确保安全责任明确到岗，落实到人。

（王一蒙）

【案件质量评查】 年内，区纪委区监委对全区纪检监察系统2020年5月至2021年12月审结的494件案件开展自查，发现问题139个，其中事实证据问题50个、定性处理问题4个、程序手续问题39个、管理文书问题43个、处分执行问题3个。结合评查期间发现的典型问题，开展办案质量工作培训，通报评查结果，对案件质量及审查调查公文写作进行专题讲解，督促办案部门举一反三，提高案件办理质量。

（郝祥祥）

【查处经典案例】 年内，区纪委区监委查处由风及腐、小官贪腐案例，对密云区某中心（处级事业单位）下属单位吴某某等11人违反中央八项规定精神问题进行查处。经区纪委常委会研究，决定给予吴某某开除党籍处分、政务撤职处分，其他干部按具体情况分别受到党内警告、诫勉谈话或其他组织处理。查处履职不力、侵害群众利益案例，查核市纪委、市监委交办国家审计署审计区医保局、民政局发现的13项20条问题线索，立案审查10人，批评教育12人，诫勉2人，制发工作提醒函2份，纪检监察建议书1份。

（温泽明）

【离职公职人员违法乱纪问题专项整治】 年内，区纪委区监委开展关于离职公职人员违法乱纪问题专项整治工作。统筹全区各委办局、各镇街梳理退休、离职人员 3800 余人，对相关人员的问题线索进行梳理、筛查，摸清底数，建立线索台账。

（温泽明）

【国有企业“三类问题”专项整治】 年内，区纪委区监委在全区开展“国有平台腐败案件频发”“部分地区和部门助推资本无序扩张、平台垄断”“少数国有企业领导人员‘靠企吃企’”等问题专项整治。制定并印发《关于国有企业“三类问题”专项整治工作方案》，明确组织领导、责任分工、工作机制和工作要求，督促纪检监察组织加大问题线索查核力度，净化地区政治生态和营商环境。

（王　震）

【查处国有企业工作人员滥用职权问题】 年内，区纪委区监委查处某区属国有企业原副总经理王某某滥用职权一案。王某某在担任某区属二级国有企业总经理期间，违法分包工程项目，违规结算工程款，致使国家利益遭受重大损失。王某某受到开除党籍、开除公职处分，其涉嫌国有企业工作人员滥用职权罪问题移送司法机关。

（朱浩辅）

反腐倡廉宣传教育

Anti-Corruption Promotion and Education

【全区警示教育大会】 12 月 30 日，密云区召开“以案为鉴、以案促改”警示教育大会。与会人员观看警示教育片《危险关系》《失控的欲望》，通报上年度警示教育大会以来受处分的处级干部名单。区委书记余卫国作集体警示谈话，要求全区各级党组织和广大党员干部要以警示教育大会为镜鉴，增强拒腐防变的思想自觉和行动自觉。

（武国栋）

12 月 30 日，密云区“以案为鉴、以案促改”警示教育大会召开　（武国栋　摄）

【警示教育】 年内，区纪委区监委强化反面典型警示震慑作用，围绕查处的严重违纪违法案件，拍摄制作警示教育片《危险关系》《失控的欲望》。在密云纪检监察网登载《案说 101 个罪名》《图解监察法实施条例》及审查调查有关情况通报等内容，提升警示教育力度。

（闻嘉璇）

【纪律宣讲】 年内，区纪委区监委制定《关于开展“送纪律到基层”宣讲活动的实施方案》，组建纪检监察系统“清风”宣讲团，围绕查处的典型案例，聚焦党政机关、国有企业、农村基层、年轻干部、党员干部 5 个主题分别编写宣讲通稿，以 9 月为集中“宣讲月”，开展“送纪律到基层”宣讲活动。为全区中层以上干部和村“两委”干部讲法释纪、以案明纪。全年开展 94 场次，覆盖党员干部 8000 余人。

（闻嘉璇）

民主党派

DEMOCRATIC PARTIES

中国国民党革命委员会北京市密云区支部

Miyun District Branch of Beijing Municipal Committee of the Chinese Kuomintang

【概　况】 中国国民党革命委员会北京市密云区支部（简称民革密云支部）有党员31人，平均年龄45岁，主要为同原中国国民党有关系的人士、同民革有历史联系和社会联系的人士、同台湾各界有联系的人士以及社会和法制、“三农”研究领域专业人士。研究生学历13人，占比41.9%；本科学历15人，占比48.3%；大专学历3人，占比9.8%。其中有市人大代表1人、区人大代表1人、市政协委员2人、区政协副主席（不驻会）1人、区政协委员3人。

（李宗玺）

【思想建设】 年内，民革密云支部采取线下班子带头学、线上党员集中学、优秀经验云端享等方式，组织党员学习党的二十大精神、北京市十三次党代会精神等内容，提高党员思想政治觉悟。

（李宗玺）

【参政议政】 年内，民革密云支部围绕全区基层医疗、疫情防控政策优化等方面提出意见建议，累计上报提案与建议型信息10余条。

（李宗玺）

【党员之家“同心阁”】 年内，民革密云支部组织编写党员之家“同心阁”相关材料，收集活动照片并制作党员之家“同心阁”宣传片。

（李宗玺）

【社会服务】 年内，民革密云支部为古北口镇古北口村、河西村，鼓楼街道东菜园社区捐赠口罩；协调民革中央企联会、中山博爱基金会向石城镇捐赠抗疫物资5万余元；组织党员参加社区值守、核酸检测等各类志愿活动108人次。

（李宗玺）

6月，民革密云支部向石城镇捐赠抗疫物资

（区委统战部　供图）

中国民主同盟北京市委员会密云区支部

Miyun District Branch of Beijing Municipal Committee of China Democratic League

【概　况】 中国民主同盟北京市委员会密云区支部（简称民盟密云支部）有盟员25人，平均年龄43岁，主要为文化教育以及相关的科学技术领域高、中级知识分子。研究生学历3人，占比12.0%；大学学历20人，占比80%；大专学历2人，占比8.0%。其中有区人大代表1人、区政协委员8人。

（李宗玺）

【调研与提案】 年内，民盟密云支部向区政协提交提案，其中《关于加强未成年人法治教育的建议》《关于国有土地城镇危险房屋解危的工作建议》提案被区政协评为2022年优秀提案。

（李宗玺）

【盟员之家】 年内，民盟密云支部开展组织建设，成立“盟员之家”，为盟员学习、交流、履职提供场所，增强组织凝聚力与吸引力，促进基层组织开展活动、履行职责。

（李宗玺）

【主题活动】 年内，民盟密云支部举办“民盟先贤肖像巡回展”活动；与民盟清华大学委员会开展“完善生态产品实现机制，促进北京生态涵养区共同富裕”

7月6日，民盟密云支部与民盟清华大学委员会课题组召开专题调研座谈会

（区委统战部　供图）

专题调研并召开座谈会，区发改委、区文旅局、区生态环境局等部门参与调研。

（李宗玺）

【社会服务】 年内，民盟密云支部组织盟员参与核酸检测、环境消杀、防控检查等社区疫情防控工作；深化“党派1+1”结对共建活动，在党盟共建基地高岭镇石匣村为10户困难家庭送去肉、面、油等慰问品，共计5000元。组织盟员参加民盟市委组织的“健康迎冬奥·一起向未来”北京冬奥会助力活动，民盟密云支部被授予“优秀组织奖”，3名支部盟员被授予先进个人。

（李宗玺）

【《密云民盟》电子专刊】 年内，《密云民盟》电子专刊发刊6期。重点宣传民盟北京市委、北京市委统战部、密云区委统战部相关重要会议精神及民盟密云支部特色活动。

（李宗玺）

中国民主建国会北京市委员会密云区直属支部

Miyun District Branch of Beijing Municipal Committee of China Democratic National Construction Association

【概 况】 中国民主建国会北京市委员会密云区直属支部（简称民建密云直属支部）有会员39人，平均年龄51岁，主要为以经济界人士及相关的专家学者。研究生学历7人，占比18.4%；大学学历24人，占比63.2%；大专学历8人，占比18.4%。其中有区人大代表3人、区政协委员7人。

（李宗玺）

【组织建设】 年内，民建密云直属支部完善学习教育、重大事项集体决策、班子谈心谈话等制度，召开支委会7次。与房山区总支部、丰台区科技支部、西城区建材支部建立友好支部，签订共建协议书，制订共建计划，建立联络机制，定期开展学习交流活动。

（李宗玺）

【调研与提案】 年内，民建密云直属支部围绕科技创新与生命健康战略发展带、保水工作机制、长城文化带发展、红色旅游等方面提出意见建议，累计上报提案与建议型信息8条。

（李宗玺）

【社会服务】 年内，民建密云直属支部组织捐献防疫物资，深入一线开展慰问活动，组织会员参加疫情防控值守。

（李宗玺）

【主题活动】 年内，民建密云直属支部与西田各庄镇政府共同举办“喜迎二十大，奋进新征程，民建助力乡村振兴——走进西田各庄镇交流会”活动，对西田各庄镇卸甲山村等3个村开展考察，70余人参加交流活动。

（李宗玺）

中国民主促进会北京市委员会密云区支部

Miyun District Branch of Beijing Municipal Committee of China Association for Promoting Democracy

【概 况】 中国民主促进会北京市委员会密云区支部（简称民进密云支部）有会员35人，平均年龄44岁，主要为以教育文化出版传媒及相关的科学技术领域高、中级知识分子。研究生学历10人，占比29.4%；大学学历23人，占比64.7%；大专学历2人，占比5.9%。有区人大代表2人、市政协委员1人、区政协副主席（不驻会）1人、区政协委员5人。

（李宗玺）

【思想建设】 年内，民进密云支部组织领导班子成员学习《习近平谈治国理政》第四卷、《中国共产党统一战线工作条例》及民进北京市委各项规章制度，带领全体会员学习民进会史会章、党的二十大精神、北京市第十三次党代会精神等内容。

（李宗玺）

【调研与提案】 年内，民进密云支部组织开展“密云农文商旅产业融合，积极融入首都消费中心建设”沙龙论坛，组织会员线上参与论坛，为密云区经济发展建言献策。组织政协委员参与区政协“密云科技创新与生命健康产业发展带建设”议政性常委会活动，参与密云文化产业专题调研协商并提出意见。提出的《核酸检测社会化的建议》，被区政协评为“2022年度优秀社情民意信息”。

（李宗玺）

【社会服务】 年内，民进密云支部到溪翁庄镇、北庄镇、太师屯镇举办“民进密云支部新春送福活动”和新春慰问活动，为村民书写600余副春联和福字，走访慰问北庄镇苇子峪村等4个村贫困户，为村民们送去新春温暖。

（李宗玺）

1月，民进密云支部到太师屯镇开展“民进密云支部新春送福活动”（区委统战部 供图）

【组织建设】 年内，民进密云支部选优配强“青年小组”班子成员，指导青年小组制订工作计划，开展线上线下集体学习、争当创建文明城区志愿者、争当疫情防控志愿者、健康科普宣传员等活动。

（李宗玺）

中国农工民主党北京市委员会密云支部

Miyun District Branch of Beijing Municipal Committee of Chinese Peasants and Workers Democratic Party

【概　况】 中国农工民主党北京市委员会密云支部（简称农工党密云支部）有党员13人，平均年龄42岁，主要为医药卫生、人口资源和生态环境及相关的科学技术、教育领域高、中级知识分子。研究生学历3人，占比22%；大学学历8人，占比62%；大专学历1人，占比8%；中专学历1人，占比8%。其中有区人大代表1人、区政协委员5人。

（李宗玺）

【思想建设】 年内，农工党密云支部把政治理论学习作为首要任务，将党章、中国特色社会主义理论、党的二十大精神和习近平总书记系列讲话精神列入理论学习和教育培训计划，组织党员通过集中学习、辅导报告、专题讨论、个人自学等形式开展学习培训。

（李宗玺）

【调研与提案】 年内，农工党密云支部围绕完善立法、生态涵养区城市更新项目等方面上报提案。

（李宗玺）

【社会服务】 年内，农工党密云支部组织党员参与疫情防控社区24小时值守，参与疫情防控宣传、进出口检查、站点值守、居民摸底调查、重点部位消毒等工作。到曹家路龙脉度假村、金水屯度假村、华电培训中心隔离酒店慰问工作人员，发放慰问品500余件。

（李宗玺）

九三学社北京市密云支社

Miyun District Branch of Beijing Municipal Committee of Jiu San Society

【概　况】 九三学社北京市密云支社（简称九三学社密云支社）有社员20人，平均年龄44岁，主要为科学技术及相关的高等教育、医药卫生领域高、中级知识分子。研究生学历8人，占比40%；大学学历11人，占比55%；大专学历1人，占比5%。其中有区人大代表2人、区政协副主席（不驻会）1人、区政协委员5人。

（李宗玺）

【思想建设】 年内，九三学社密云支社组织全体社员通过线上、线下等形式开展学习座谈会，学习传达党的二十大精神、九三学社北京市委、中共北京市委统战部、密云区委统战部相关会议精神并开展集体讨论。

（李宗玺）

【调研与提案】 年内，九三学社密云支社实地调研密云延生托养中心、平谷鱼菜共作项目。九三学社中央主席率队到密云区开展“助力乡村振兴、促进共同富裕”课题调研，到原味西红柿大棚和蔬菜公园考察。

（李宗玺）

【社会服务】 年内，九三学社密云支社与巨各庄镇政府协商以原味西红柿为主业带动巨各庄镇农业产业发展，依托九三学社农业专家技术帮扶，将西红柿产业做大做强。“九三学社院士专家服务站”引进蔬菜进行规模化种植，种类增加10余种。为区环卫服务中心捐赠N95口罩5000个、医用外科口罩2万个、一次性非医用口罩1.04万个、大米1000斤、矿泉水480瓶。

（李宗玺）

人民团体

PEOPLE'S ORGANIZATION

北京市密云区总工会

Beijing Miyun District Federation of Labor Unions

【概　况】 北京市密云区总工会（简称区总工会）是密云区委和北京市总工会领导下的职工群众自愿结合的群众组织，是密云区委区政府联系广大职工群众的桥梁和纽带，是全区各级工会的领导机关。全区有工会组织 864 家，其中镇、街（地区）、中关村科技园区密云园总工会 23 家、联合工会 22 家、单独基层工会委员会 679 家、联合基层工会 140 家。区总工会通过会员管理信息数据库进行动态管理，会员人数 91785 人。全区共建有职工之家 292 家，暖心驿站 357 个，全国书屋 4 个，建立镇街劳动争议调解委员会 24 个，调解联络员 36 人，268 家企事业单位成立劳动争议调解组织，设立调解联络员 304 人。

2022 年，区总工会围绕中国共产党第二十次全国代表大会的召开、习近平总书记给建设和守护密云水库乡亲们的重要回信等，重点围绕强化思想引领、评树先进典型、推进维权服务、开展特色活动、关心关爱职工、加强自身建设等方面履职尽责，主动担当作为，努力打造有为工会、品牌工会、满意工会。

（张　微）

【“工会服务惠万家·职工欢乐过大年”活动】 1 月，区总工会以工会会员互助服务卡加盟商为载体，通过北京工会“12351”手机 App，开展“工会服务惠万家·职工欢乐过大年”活动，包含理发、洗车、蛋糕、本地农副产品等 24 项内容，投入金额近 137.9 万元，服务职工 1.31 万余人。

（张　微）

【关心关爱劳动模范】 1 月，区总工会完成劳模专项补助资金和区总配套资金发放工作，投入资金 35.7 万元（其中区总配套资金 12.2 万元）。14 名低收入劳模补偿金 21.67 万元。16 名生活困难劳模补助金 21.67 万元，10 名特殊困难劳模帮扶金 12.92 万元。6 月 21—30 日，区总工会组织 240 余名在职劳模和退休劳模分别在北京市康复医院和区中医院进行健康体检并建立档案。

（张　微）

【“冬送温暖”慰问活动】 1—3 月，区总工会走访慰问 104 家企事业单位，向岗位一线职工、在档困难职工、劳模先进、患病干部及为北京 2022 年冬奥会和冬残奥会闭环内服务保障人员分别进行慰问，慰问职工 1.5 万余人，慰问金额 150 万余元。

（张　微）

1 月 12 日，区总工会开展“冬送温暖”慰问活动（李雨生　摄）

【“三八”妇女节活动】 3 月 7 日，区总工会开展“关爱女职工 情暖半边天”走访慰问活动，为 18 户困难单亲女职工送去关心关爱。组织全体机关女职工到北京奥金达蜂产品专业合作社，参观、学习蜜蜂知识，领略现代科技助力农业生产魅力。

（张　微）

【弘扬“三种精神”】 3 月 8 日，“密云工会”微信公众号开通女职工风采展示专栏。5 月，对 100 名行业标兵进行宣传报道。9 月至 10 月分别召开农民劳模先进座谈会和“劳动创造幸福”主题宣讲活动，通过张玉良等 11 位劳模先进讲述亲身经历，诠释、宣传“劳模精神、劳动精神、工匠精神”。

（张　微）

【第一届委员会第六次全体会议】 3 月 11 日，区总工会召开第一届委员会第六次全体会议。会议审议并通过《关于赵秦岭同志替补为北京市密云区总工会第一届委员会委员和何丽娟同志不再担任北京市密云区总工会第一届委员会委员、常委、主席职务的决定》，选举赵秦岭同志为北京市密云区总工会第一届委员会主席。40 名委员参加。

（张　微）

【消防演练赛】 3 月 30 日，区总工会、区园林绿化局和区应急管理局在东邵渠镇联合开展镇级消防队伍演练赛，来自巨各庄镇、东邵渠镇、河南寨镇的 75 名消防队员参与火情接报及火情早期处理、机具操作演练、队列演练等，其他 13 个镇在所属镇域开展演练赛。区总工会为全区 16 个镇 376 名消防队员发放价值 10 万元慰问品。

（张　微）

【五一国际劳动节庆祝活动】 4 月 28 日，区总工会举办“当好主力军 建设美丽密云”五一国际劳动节庆祝活动。对荣获 2022 年首都劳动奖状的密云区水库综合执法大队、首都劳动奖章的区第二小学正高级教师马丽等 4 人、北京市工人先锋号的区农业服务中心粮食经济作物科等 2 个科室、十佳工会组织称号的鼓楼街道总工会等 20 个工会组织、行业标兵称号的区医院核酸采样门诊护士长马书文等 100 名职工进行表彰。

（张　微）

4 月 28 日，区总工会举办“当好主力军 建设美丽密云”五一国际劳动节庆祝活动

（李雨生　摄）

【疫情防控】 4—12 月，区总工会落实市总、区委疫情防控工作部署，分批次下沉 50 余名机关干部到宾阳、果园西里、西源里等社区参与疫情防控；近 6000 名职工志愿者在全区各条抗疫战线上“工”献力量“会”战疫情；4—7 月，区总工会先后对疫情防控隔离点、核酸检测采样、检查站等疫情防控一线工作人员进行慰问，慰问职工 4700 余名，投入资金 110 余万元；12 月初，下拨抗疫专项资金 700 余万元，支持各基层工会组织疫情防控，并对 11 个隔离点 700 余名工作人员开展慰问。

（张　微）

【单身职工联谊会】 5 月 18 日，区总工会组织开展“缘起工会 为爱相约”520 单身职工线上联谊活动，300 余位单身青年职工开启恋爱交友体验。8 月 4 日，与团区委在巨各庄镇天葡庄园联合举办“爱满京城相约幸福”主题交友联谊活动，32 名适龄单身职工参加。

（张　微）

【劳动争议调解】 6 月 30 日，区总工会召开“六方联动”工作会，区人保局、区工商联、区信访办、区司法局、区法院、开发区总工会和北京檀州律师事务所代表受邀参加，发挥各成员单位在化解劳动争议、协调劳动关系、维护社会和谐中的职能作用。全年劳动争议调解中心受理劳动争议案件 108 件，涉及职工 151 人，挽回经济损失 100 余万元。受理法律援助案件 112 件，关心弱势群体，维护弱势群体合法权益。利用“12345”和“12351”职工热线接派单 79 件，办结率 100%。

（张　微）

【对口帮扶】 7 月 1 日，区总工会开展“我为群众办实事”实践活动，到鼓楼街道行宫南社区和新城子镇吉家营村，对 20 户困难党员群众进行走访慰问并发放慰问品。8 月 26—28 日，区总工会带领北京东方神韵产业发展集团有限公司订购内蒙古通辽市库伦旗 4 吨农副产品，助力农副产品销售，并为对口扶贫地区青海省玉树市总工会、内蒙古通辽市库伦旗总工会拨付扶贫资金 30 万元。

（张　微）

【“夏送清凉”慰问活动】 7 月 29 日至 8 月 4 日，区总工会重点对户外工作者、社区工作者、新就业形态工作者及抗疫一线工作者开展“夏送清凉”慰问活动，慰问企事业单位 59 家、职工 6000 人，慰问金额 58 余万元。

（张　微）

7 月 29 日，区总工会开展“夏送清凉”活动

（李雨生　摄）

【经济技术创新竞赛活动】 8月11—31日，区总工会分别开展“厨王争霸赛”和“青岛啤酒杯”电工、叉车工技能大赛及啤酒品评展示活动，47家镇街及企业5000余名职工参赛。通过岗位练兵和技能比武，“厨王争霸赛”评出金勺奖9个、银勺奖25个、铜勺奖36个、创新创意奖6个、优秀组织单位奖21个；“青岛啤酒杯”电工、叉车工技能大赛中杜宝华、李洪海分别获电工组、叉车工组冠军；张洋、吕庆海、杜宗军、胡文杰4位选手获一等奖。

（张　微）

8月16日，区总工会举办电工、叉车工技能大赛　（李雨生　摄）

【新就业形态劳动者健康体检】 8月16—18日，区总工会组织邮政、美团、中通等8家单位快递员、网约配送员、网约车司机、货车司机等500名新就业形态劳动者，在密云世济医院和密云区博众中医医院开展为期3天的免费健康体检活动，投入资金40万元。

（张　微）

【密云农产品线上销售】 8月18日，区总工会和密云邮政公司联合举行“服务工会会员 助力乡村振兴”邮会万家会员服务平台上线启动仪式，以“服务首都职工、助力农民增收”为切入点，打造密云农产品线上平台。全年销售密云农产品400余万元。

（张　微）

【免收普通门诊医事服务费活动】 8月31日，区总工会在区医院、区中医医院、区妇幼保健院、密云世济医院、北京脑血管病医院、北京星辰中医医院6家定点医院开展工会会员互助服务卡（京卡）免收普通门诊医事服务费活动。全年服务职工10.46万人次，服务金额19.85万元。

（张　微）

【“金秋助学”活动】 9月，区总工会开展“金秋助学”活动。救助困难职工子女和困难单亲女职工子女18人，发放助学款12.74万元。

（张　微）

【传承水库精神宣讲活动】 9月2日，区总工会联合首都职工志愿服务运行中心，在北京市总工会职工服务中心开展“传承水库建设守护精神 携手共筑首都生态屏障”主题宣讲活动，倡导全市职工做密云水库守护者、节约用水践行者和绿色北京奋斗者。在线观看人数6.1万人。

（张　微）

9月2日，区总工会开展“传承水库建设守护精神 携手共筑首都生态屏障”主题宣讲活动　（李雨生　摄）

【朝阳密云深度结对协作】 10月28日，密云区总工会与朝阳区总工会召开结对协作座谈会，为深度协作、推动两区工会事业协同发展和助力乡村振兴进行交流研讨，密云区总工会和3家农业企业向朝阳区总工会赠送锦旗。截至年底，密云区总工会与朝阳区总工会、其他区工会和产业工会沟通对接，为农民销售农副产品，增收近1000万元。

（张　微）

【产业工人队伍建设改革工作会】 11月22日，区总工会召开推进产业工人队伍建设改革工作会。会上解读《关于推进密云区产业工人队伍建设改革工作实施意见》，通过提升产业工人技术技能素质，提高产业工人政治、经济、社会地位，壮大产业工人队伍，完善制度机制，加强组织领导和工作协调，打造高素质、高技能人才。

（张　微）

【职工文体活动】 年内，区总工会以职工文化体育协会为载体，组织开展象棋、围棋、台球、乒乓球、羽毛球、篮球、工间操、广播体操展示大赛、合唱、书画下乡等文体活动10余场，参与职工4000余人次。

（张　微）

【“安康杯”竞赛活动】 年内，区总工会以“强意识、查隐患、促发展、保平安”为主题，开展“安康杯”竞赛活动。全区参赛企业9家，参赛职工1080人，提高职工群体安全保障能力和职业健康意识。

（张　微）

【维护职工劳动经济权益】 年内，区总工会通过集体协商指导员主动联系包片机制，以“四必谈”和质效评估为抓手，推动集体协商提质增效。开展“培育助推和谐劳动关系企业”共同行动计划，对中航建设集团有限公司和北京庄构人防设备厂2家企业进行“点对点”指导服务，提升企业用工管理水平、劳动关系和谐程度。全年签订维护职工劳动经济权益集体合同339家，百人以上企业签订率100%。

（张　微）

【厂务公开民主管理机制】 年内，区总工会推进厂务公开民主管理工作机制建设，规范厂务公开内容，严格厂务公开时限，扩展厂务公开形式。全区396家符合建制条件的企事业单位全部建立职代会和厂务公开制度，建制率100%，其中事业单位170家、公有制企业35家、非公有制企业191家。

（张　微）

【职工互助保险】 年内，区总工会以京卡·互助服务卡为载体，推进在职职工医疗互助保障计划。全年收取重大疾病保险等7项保费127万元，累计赔付职工173人，赔付金额130.89万元。在职职工医疗互助保障计划受益职工人数2.3万人，赔付总额近570万元。

（张　微）

共青团北京市密云区委员会

Beijing Miyun District Committee of China Communist Youth League

【概　况】 共青团北京市密云区委员会（简称团区委）是密云区各级团组织的领导机关。团区委动员团员青年学习党的二十大精神、习近平总书记在庆祝建团100周年大会上的重要讲话精神，开展保水、创城、疫情防控等志愿服务，助力乡村振兴、青年创业就业等，团结引领广大青年为密云各项事业高质量发展贡献青春力量。团区委获评“建团100周年北京市五四红旗团委”称号，在2022年度团市委对各区考核中获评生态涵养区第一。

（付　佐）

【共青团政治学习】 年内，团区委动员各级团组织开展“学习二十大、永远跟党走、奋进新征程”主题教育实践活动66场，覆盖团员青年5800余人。以“团干部上讲台”制度为抓手，开展各形式宣讲活动190余场，覆盖青少年6000余人次。面向全区660个基层团组织共6000余名团员，开展学习宣传贯彻党的二十大精神等共四次组织化专题学习，实现团支部学习覆盖率100%。通过“线上+线下”形式，分领域、分区域组织4000余名团员青年实时收听收看建团100周年大会直播，并围绕大会精神开展交流研讨200余场。依托基层青年之家阵地，开展“庆祝建团100周年”等系列活动30余场次，覆盖青年600余人次。

（付　佐）

6月8日，团区委召开学习贯彻建团100周年大会重要讲话精神座谈会　（杨晓彤　摄）

【共青团网上阵地建设】 年内，团区委加强“青春密云”宣传阵地管理，以思想引领为主要任务，展现密云团组织工作动态、青年活动、优秀青年事迹，宣传普及乡村振兴、创业就业、扶贫助困等与青年群众相关政策内容。全年推出相关文章900余篇，阅读点击量53万余次。

（付　佐）

【青少年保水护水志愿服务】 年内，团区委加大保水护水工作力度，深化《密云区保水志愿服务行动计划》，开展传承水库精神文化宣讲、保水理念宣传等12项志愿服务行动。全年发布保水相关志愿服务项目近200项，参与志愿者近5000人次，服务时长9000余小时。

（付 佐）

【助力乡村振兴】 年内，团区委围绕“1+9+N”组团式帮扶协作机制，主动链接市级高校资源和青年人才，对接6个镇12个村，从农产品品牌设计推广、基础设施改造等方面开展助农实践活动，并分别为197个村集体对接至少1名以上乡村振兴志愿者。开展“青讲堂”直播活动，为青年讲授实用技术和知识，全年吸引27万人次在线观看。

（付 佐）

【全国文明城区创建志愿服务活动】 年内，团区委完成2022冬奥会冬残奥会城市志愿服务工作，开展“冬奥有我”学雷锋志愿服务活动。打造“小蜜蜂”未成年人志愿服务品牌，引导未成年人培育和践行社会主义核心价值观。组织8000余名“水库儿女”志愿者开展周末大扫除和交通秩序整治行动志愿服务项目，服务时长11万余小时。

（付 佐）

7月，团区委组织“水库儿女”志愿者参与文明交通志愿服务 （团区委 供图）

【关心关爱青少年健康成长】 年内，团区委开展“两节送温暖”活动，为195名困境青少年家庭发放慰问品和慰问金。依托“密云微公益”，满足176名生活困难家庭青少年“微心愿”。发放“希望之星（1+1）奖学金”等各类款项13.85万元，捐助贫困学生97人。开展“阳光助成长”等普法和自护宣传活动24场次，开展心理咨询服务43人次，为涉案未成年人提供司法服务5次。

（付 佐）

【“我为青少年群众办实事”活动】 年内，团区委开展“我为青少年群众办实事”活动。公开面向团员青年主动征求意见建议37条，明确实事项目8个并推进落实。围绕创业就业、基层治理、婚恋交友等主题，开展群体活动159场，服务青年1万余人次。开展大学生返家乡社会实践活动，发布实习岗位126个，对接上岗53人。向玉树市中小学生捐赠课外读物7000本。依托区级青年联席会议机制，全年出台服务青少年事业发展的政策性文件8个。动员青联委员筹建2所“青联希望小屋”，并捐赠物资3万余元。建立65个小哥加油站，定期开展密小哥暖“新”服务大集。

（付 佐）

【青年创业就业】 年内，团区委联合区相关单位，开展创业就业类活动20余场，覆盖青年500余人次。发挥区青年创业联盟作用，为创业青年提供免费办公工位、创业贷款个人担保、银行贷款申请等服务，带动创业青年打造“小蜜蜂劳动趣味课堂”项目。关注大学生创业群体，帮助2人获“首都共青团大学生乡村创业帮扶计划项目”资金。

（付 佐）

【青年联席会】 年内，团区委立足区青年联席会办公室职责，组织召开北京市密云区青年工作联席会2022年第一次全体会议。传达市青年工作联席会议2022年第一次全体会议精神，总结全区《中长期青年发展规划（2016—2025年）》落实情况，落实好《密云区落实北京市“十四五”青少年事业发展规划任务分工方案》。依托区级青年联席会议机制，全年出台服务青少年事业发展的政策性文件8个。

（付 佐）

【社区青年汇】 年内，社区青年汇根据市、区两级重点工作，围绕喜迎二十大、建团100周年、创业就业、基层治理、小哥加油站等主题，开展群体活动170场，服务并联系青年1.4万余人次。

（付 佐）

【疫情防控志愿服务活动】 年内，团区委组织在密大学生和社会组织1000余名志愿者开展疫情防控各项工作，服务时长3085小时。建立密云疫情防控青年突击队和志愿服务队，并协助区委组织部选拔432名年轻干部，组建管理密云区疫情防控青年先锋队。为志愿者按需及时发放防护服、N95口罩、手套等防疫物资。

（付 佐）

6月，团区委建立密云疫情防控青年突击队，参与卡口管控和便民服务　（赵一娜　摄）

【团组织活动】 年内，团区委严格政治理论学习、组织生活、团员先进性评价、团员发展、对标定级、学社衔接6个方面规范举措。开展“十佳主题团日”“团建百强”品牌项目征集评选工作，进一步激发团组织活力，提升团组织效能。新建快递外卖行业团工委。

（付　佐）

【团干部队伍建设】 年内，团区委丰富团干部培训形式，开展团的理论知识学习，强化党性教育课程。深入落实基层团组织述职考评制度，采取“工作述职＋现场点评＋述职互评”方式召开现场述职会，并将评议等次向各单位党组织进行反馈，推动考核结果与干部评优表彰、选拔任用结合。

（付　佐）

【团员教育管理】 年内，团区委坚持把思政课考评优良、8学时团课学习合格、年度20小时志愿服务时长等作为入团必备条件，增强团员先进性和光荣感。开展团员教育实践活动，推动团员集中性教育和经常性教育相结合。团区委严格团员发展标准，按计划发展团员，组织开展区级入团仪式1次，指导基层团组织举行线上入团仪式19场，全年发展新团员564名。

（付　佐）

北京市密云区妇女联合会

Beijing Miyun District Federation of Women's Union

【概　况】 北京市密云区妇女联合会（简称区妇联）是区委领导下的妇女群众团体，是党和政府联系妇女群众的桥梁和纽带。全区有镇、街道、地区妇联组织20个，委办局妇委会（妇工委）71个。2022年，区妇联加强对基层妇联干部队伍思想政治引领，围绕市委和区委中心工作，在疫情防控、保水保生态、保安全、保民生、绿色高质量发展和创建全国文明城区工作中，发挥全区广大妇女群众和各级妇联组织优势，立足家庭做文章，开创密云妇女儿童事业的新局面。

（陶思遐）

【“三八”妇女节活动】 3月7日，区妇联以“巾帼心向党　奋进新时代”为主题，召开密云区妇联庆祝“三八”妇女节各界优秀女性代表座谈会。11名来自各行各业的优秀女性畅谈在社会、工作、家庭中的贡献和成就，展示密云区妇女事业美好图景和各行各业女性精神风貌。

（王　颖）

【“春风送暖农家女”保水护水座谈会】 3月22日，市水务局、市妇联带队到石城镇召开“春风送暖农家女”保水护水促发展座谈会。石城镇主要领导介绍全镇生态保水及家庭发挥作用情况，石塘路村书记介绍全村保水、护水、退养禁种等典型做法，护水网格员、节水型家庭代表在大会上做交流发言。

（王　鑫）

【禁毒、防艾、维权宣传】 3月28日，区妇联召开镇街妇联主席工作调度会，部署全年禁毒、艾滋病防治和维护妇女儿童权益“进村庄、进社区、进家庭”活动，并在果园街道澜悦社区开展艾滋病预防知识讲座。会后20个镇街（地区）联动，在单位、居民楼宇、休闲活动场所等村（居）民活动较为集中的区域播放艾滋病防治宣传教育“五进”宣传片。采取线上与线下相结合形式举办讲座、发放禁毒宣传资料，扩大宣传覆盖面。

（李春雨）

3 月 28 日，区妇联在澜悦社区举办艾滋病防治知识讲座　　（区妇联　供图）

【妇女专场线上招聘会】 3 月，区妇联与区人力资源社保局举办“三八妇女专场线上招聘会”。组织区内 18 家企业参与，提供就业岗位 747 个，职位 103 个，达成就业意向 11 人。

（王　鑫）

【农村妇女创新创业发展项目】 4 月 11 日，区妇联联合区财政局、区农业农村局、区审计局举行密云区 2022 年农村妇女创新创业项目资金发放会暨项目培训会，向北京南山新农蔬菜种植专业合作社等 10 家项目单位发放 2022 年项目扶持资金 140 万元；对 2022 年度北京农村妇女创新创业项目实施做出具体安排，确保资金专款专用；对项目实施、资金监督管理、绩效考评等内容开展培训。2022 年度项目进行中期、终期评估督导检查，在区级基地基础上推选上报 2023 年市级“双学双比”示范基地项目 5 家、重点项目 2 家，巾帼科技示范基地 1 家，申报金额 130 万元。

（王　鑫）

【妇女儿童权益保护机制建设】 5 月 30 日，区妇联与区法院签订《妇女儿童权益保护工作合作协议书》。在反家暴工作、家庭教育指导、心理服务回访观护、家事调查、工作联席会议、普法宣传、交流培训、先进典型选树沟通联络与保障 8 个方面开展合作，共同构建妇女儿童权益保护联动机制。

5 月 30 日，区妇联与区法院领导签订《妇女儿童权益保护工作合作协议书》

（区妇联　供图）

（李春雨）

【“美丽庭院”和“美丽街巷”创建】 5 月，区妇联、区农业农村局联合制定下发《关于开展“美丽庭院”和“美丽街巷”评比活动的实施方案》。截至年底，全区完成 1000 户美丽庭院、100 条美丽街巷创建评比工作，助力农村人居环境整治和美丽乡村建设。

（王　鑫）

【打击拐卖妇女儿童普法教育活动】 8 月 29 日，区妇联联合区公安分局、刑侦支队、西滨河派出所在学府花园社区，开展严厉打击拐卖妇女儿童犯罪行为普法教育活动。通过悬挂条幅、摆放宣传展板、发放宣传品、现场讲解问答等方式向社区居民进行防拐卖、防诈骗等知识宣传，发放维护妇女儿童权益、平安建设、防拐卖、防诈骗等宣传材料 400 余份。

（李春雨）

8 月 29 日，区妇联在学府花园社区开展严厉打击拐卖妇女儿童犯罪行为普法教育活动

（区妇联　供图）

【《民法典》宣传活动】 9 月 30 日，区妇联在檀营地区办事处结合案例，开展《民法典》婚姻家庭篇、继承篇宣传活动。重点解读夫妻共同财产、共同债务、离婚冷静期、家庭赡养、继承的类型、遗产分配和老年人的人身和财产权益，通过“以案释法”指导和提升基层妇联干部开展婚姻家庭矛盾纠纷调解工作的能力和水平。全区各镇街妇联专职副主席和维权干部

30 人参加。

（李春雨）

【妇女宣传引领】 年内，区妇联开展“巾帼心向党 奋进新时代”等各类主题系列宣传活动 300 余场，征集典型事迹 260 余篇；向市、区报送各行业优秀女性事迹、抗疫信息 127 篇；转载市妇联、全国妇联宣传内容 50 余篇。拍摄录制“碧水润童心 一起向未来”“巾帼大学习 今天我来读”“我奋斗 家国美”“和睦有爱驿家亲”等短视频 183 个。组织全区妇女群众收听收看北京市第十三次党代会和党的二十大开幕式 19 万人次，征集妇联系统干部、执委、两新组织、优秀女性代表、巾帼志愿者、最美家庭感言感想及演讲稿件 500 余篇。《中国妇女报》报道密云区先进事迹、经验 5 篇。

（王 颖）

【“两癌”救助】 年内，区妇联建立 2022 年密云区“两癌”妇女信息库，根据区卫计委“两癌”筛查数据，依托镇妇联、镇民政，对反馈名单进行统计筛选。掌握“两癌”患病妇女基本情况，为开展关爱行动提供基础材料，根据市妇联分配的救助指标，对 3 名贫困妇女发放 3 万元救助金，其中农村特困人员救助 1 人、农村低保对象救助 2 人。

（王 鑫）

【妇女维权服务】 年内，区妇联接待妇女群众来电访 21 件，其中婚姻家庭权益类 9 件，占全部问题类 42.9％；人身权益类 2 件，占全部问题类 9.5％；文化教育类 1 件，占全部问题类 4.8％；其他类涉及法律咨询等内容 9 件，占全部问题类 42.9％，21 件信访均登记、回复。

（李春雨）

【婚姻家庭纠纷化解】 年内，区委政法委召开矛盾纠纷排查化解工作会议，区妇联提出婚姻矛盾纠纷排查、化解工作目标和工作重点，持续推进婚姻家庭矛盾纠纷预防月报告制度，重点掌握贫困、残疾、单亲、婚姻关系变化、抚养关系变动、遗产继承变动、发生家庭暴力等情况。通过与政法委、公安、司法等职能部门联动各镇（街）社区（村）实现全年婚姻矛盾化解率 100％，促进平安家庭创建。

（李春雨）

【新业态新就业妇女组织建设】 年内，区妇联在非公组织、社会组织和新业态、新就业群体中指导新建妇女组织 150 家，对 116 名新业态新就业群体女性建档建册。打造 28 个镇村级“妇女之家”“驿港湾”。开展线下职场女性知识讲座、“月满中秋 情暖驿路”主题文化活动 5 场，线上推送法律知识讲解、家庭教育讲座、“礼让斑马线”“创城有我”“垃圾分类做表率”等公益讲座 40 余期，配备暖心物资 28 套。向区委组织部推送宣传报道 5 篇。组织参与市妇联“和睦有爱驿家亲”新业态新就业群体家庭幸福视频、照片录制活动，向市妇联推送录制作品 3 个，2 个作品进入全市前 50 名，在“北京女性”微信公众号展示。

（王 颖）

【执委培训】 年内，区妇联依托市妇女干部学校对 5000 余名各级执委开展线上培训和 20 期党的二十大精神应知应会百题赛。通过“妇女微家”推送党的二十大应知应会知识题 8 期。委托中华女子学院对区级执委和机关干部 65 人开展家庭建设指导师培训并颁发初级证书，提升妇联干部的履职能力和服务水平。

（王 颖）

【执委领办项目】 年内，区妇联制定执委履职工作制度，定期召开村、社区执委工作会议 190 场。强化“1＋10＋100”联系群众工作法，收集妇女群众意见和建议 50 余件，开展执委领办项目并带动妇女群众参与疫情防控、美丽乡村建设、垃圾分类、生态保护、防火防汛等农村重点工作 10 余万人次。

（王 颖）

【双拥活动】 年内，区妇联做好创建全国双拥模范城迎检工作，整理汇总 2019 年至 2021 年档案资料，发动全区各级妇女组织开展拥军优属工作，“八一”期间开展双拥活动 23 场次。

（王 颖）

【家庭家教家风工作机制建设】 年内，区妇联起草并与区教委、区文明办等部门联合下发《进一步加强家庭家教家风实施方案》《密云区家庭工作联席会制度》《关于指导推进家庭教育五年工作（2021—2025 年）的实施方案》《关于密云区家庭教育工作指导委员会工作方案》，在密云社区教育中心建立密云区家庭教育指导中心，形成四级家庭教育指导服务模式。完成《密云区儿童之家调研报告》，全年建立儿童之家 405 所、家长学校 383 所、市级家庭家教家风实践基地 6 个，涌现区级最美家庭和绿色家庭 200 户。

（赵 媛 王 楠）

【家庭教育活动】 年内，区妇联在春节、元宵节等 7 个传统节日和重要时间节点，通过线上、线下开展家庭文明建设主题实践活动，覆盖 30 余万家庭。邀请市区两级家庭教育教师讲授“教育始于家庭”“关爱儿童健康”等家庭教育知识专题讲座200余场，1.4万余名家长参加。“生态密云”公众号推送《家庭教育促进法》3期，点击量1.1万；制作“家教微视频”6期并通过“文明密云”公众号发布；发放家庭教育宣传单1万张。

（穆 艳 王 楠）

【未成年人思想道德主题教育实践活动】 年内，区妇联以“五教”工作法推进“感恩与爱伴成长 最美家庭传家风”工作品牌，在全区社区（村）家长学校开展1000余场未成年人思想道德主题教育实践活动，2.5万余户家庭参与，强化未成年人思想道德建设。

（王 楠）

【春蕾计划】 年内，区妇联实施“春蕾计划——梦想未来”北京行动，募集善款37.41万元。推动“春蕾计划——梦想未来”北京行动公益项目，为小学、初中、高中168名儿童提供9.96万元教育帮扶资金。开展女童安全、女童健康和女童心理关爱帮扶项目7个，助力女童健康成长。

（赵 润）

【关爱困难家庭】 年内，区妇联开展困境青少年和儿童关爱行动，摸排全区困境儿童、残疾儿童、留守儿童、观护对象及困难家庭基本情况，协调区慈善协会为671名困境青少年和儿童发放慰问资金21万元。为80岁以上独居妇女、困难儿童和大病妇女等269户家庭发放防疫物资包和慰问品。

（王 楠）

【巾帼志愿服务队伍建设】 年内，区妇联注册成立207个志愿家庭。动员三级执委、志愿家庭、巾帼志愿者等1.1万人参与疫情防控志愿服务，服务群众17.6万人次，协助700余居家老人完成疫苗接种。对全区居家隔离孕产妇54人提供关爱服务；动员执委和企业为区内核酸检测点捐赠物资；对贫困儿童、残疾妇女、独居老人助贫扶困志愿服务活动12次；协调北京密云众智社会工作事务所开展“少年急救官”公益培训项目，128人取得学员证书，43人获优秀学员称号，8人获全国百强少年急救官称号；协调“北京市红十字会应急救护培训——人人学急救 你行我也行”项目走进社区，为儿童普及安全防范知识和急救常识。为环卫、保洁女工、快递“驿姐”发放疫情爱心包1250套。为227名冬奥闭环服务家庭开展慰问活动。

（赵 润）

【对口帮扶】 年内，区妇联号召2023年京郊妇女发展项目企业开展爱心捐款5万元，全部用于湖北省竹溪县对口援建工作。发挥“双学双比”创新创业发展示范基地典型带动作用，为高岭镇界牌峪村农民售卖红薯3.6万元，区妇联帮扶“消薄”工作做法经验入选《密云区农业农村局“削薄”工作典型案例汇编》，机关党员购买石匣村红薯，协调帮助销售粉条6900元。

（王 鑫）

【推优树典】 年内，区妇联推选出国家级荣誉2个，其中鼓楼街道妇联被评为全国家庭工作先进集体、董世杰家庭被评为全国最美家庭。推选出市级荣誉25个，其中密云镇巾帼志愿服务队被评为首都最佳志愿服务组织，马延荣、杨桂香2人被评为首都最美巾帼奋斗者，安然家庭、张磊家庭等13户被评为首都最美家庭，张广杰家庭、张悦家庭被评为首都最美家庭提名奖，朱杉家庭被评为京津冀“最美绿色家庭”。张艳春获市级最美妇联执委，何秀玲、郑莉莉、张佑获市级最美妇联执委提名奖。“巾帼心向党 喜迎二十大”市级演讲比赛，吴婧获三等奖，周宇航获优秀奖。

（陶思遐）

北京市密云区科学技术协会

Beijing Miyun District Association for Science and Technology

【概 况】 北京市密云区科学技术协会（简称区科协）是党领导下的人民团体、科技工作者的群众组织。区科协开展科普之春、全国科普日等科普活动130余场。区科协组织的“飞向太空航天科普展”被中国科学技术协会办公厅评为“2022年度全国科普日优秀活动”。组织区内中小学生1万人参加北京市“加油！小答人”青少年科学素质竞答主题活动，被北京科学中心（北京青少年科技中心）评为优秀组织单位奖。

（邢向阳）

【“送科技下乡”活动】 1—3月，区科协在大城子镇、溪翁庄镇、太师屯镇组织开展“送科技下乡”活动共3场，向村民发放全民科学素质知识培训手册，发放低碳环保、健康生活等科普宣传资料3200余份，展出科普知识展板70余块，受益人数超3200人次。

（苏立霞）

1月12日，区科协在太师屯镇城子村开展“送科技下乡”活动 （区科协 供图）

【参加北京青少年科技创新大赛】 1—5月，区科协组织区内51所学校1.2万余名中小学生参加第41届北京青少年科技创新大赛。推荐101个科技项目、科幻画作品参赛，获市级一等奖6个、二等奖25个、三等奖63个。

（郭爱静）

【“科普之春·科普赶大集”活动】 3—5月，区科协以“提升科学素质·助力乡村振兴”为主题，在全区组织开展“科普之春·科普赶大集”等各类科普活动61次，发放各类科普宣传资料5.68万份，受益群众3万人次。

（苏立霞）

【参加北京青少年创客国际交流展示活动】 4月，区科协组织推荐3所学校的师生参加第四届北京青少年创客国际交流展示活动，获市级一等奖1人、二等奖11人、三等奖13人。

（郭爱静）

【“小手拉大手”科普知识竞赛】 6月，区科协举办“小手拉大手”科普知识竞赛。初赛借助市级“加油！小答人”答题平台，组织区内21所中小学校近6000名学生及家长参与答题，参与率居全市前列，决出小学、初中组10支队伍晋级决赛，区科协获“加油！小答人”优秀组织单位奖。9月18日，决赛通过线上平台直播，区第一小学李元峰家庭和第三中学张昊旸家庭分获小学组和中学组一等奖，直播观看6万人次。

（郭爱静）

【科普工作联席会暨全民科学素质工作会】 7月8日，密云区2022年科普工作联席会暨全民科学素质工作会召开。会议就《密云区全民科学素质行动计划纲要实施方案（2021—2035年）》进行说明并征求相关单位意见，部署提高科普供给侧能力、做大做强科普品牌活动、提升重点人群科学素质、助力保水保生态等方面重点工作。

（邢向阳）

7月8日，密云区2022年科普工作联席会暨全民科学素质工作会召开 （区科协 供图）

【“农文体旅融合发展”座谈活动】 8月19日，区科协组织10余位相关专家、教授，到溪翁庄镇金巨罗村实地调研，围绕“新发展格局下密云助力北京国际消费中心城市建设”和“密云区农文体旅融合发展的新形势新机遇新未来”两个主题进行座谈交流。区政协主席出席并致辞。活动通过北京学通社直播平台进行网络直播，在线观看5000人次。

（郭爱静）

【“全国科普日”密云主场活动】 9月，区科协围绕

9月18日，区科协开展“全国科普日”密云主场活动 （区科协 供图）

“喜迎二十大· 科普向未来”主题开展“全国科普日”密云主场活动。组织开展线上、线下科普讲座、展览、咨询、参观、科学实验秀等活动 50 余场，科普志愿者及专家 100 人参加，张贴科普日海报，发放宣传资料 3.12 万份，受益群众 3 万余人次。

（苏立霞）

【首都前沿学术成果报告会】 11 月，区政府与北京市科协等单位主办，区科协等单位承办的 2022 年首都前沿学术成果线上报告会开幕。报告会分 3 天进行，俄罗斯自然科学院、俄罗斯工程院外籍院士张以河等 10 位专家学者分别就“能源与环境”“新能源领域资源对接”“无机化学合成”和“生物医学中的图形图像分析”等领域展开交流探讨。

（郭爱静）

【企业科协组织建设】 12 月，区科协指导瑞景励德能源环境科技（北京）有限公司成立开放型企业科协，为科技工作者搭建成长平台，提升企业科技创新能力。截至年底，全区有企业科协 13 家。

（苏立霞）

【全国文明城区创建】 年内，区科协组织开展科普志愿服务活动 7 场，发放科普宣传品 5000 余份，受益群众 1000 余人次；举办科学普及新时代文明实践活动 12 场。组织专人参加道路卫生清理等 800 余人次。打造“科技筑梦·创新成长”未成年人科技教育品牌活动，提升未成年人的科学素养。在创城简报中刊登信息 2 篇。

（苏立霞）

【疫情防控】 年内，区科协派出工作人员下沉疫情防控一线，参与社区疫情防控工作 400 余人次，为社区居民测量体温、查看出入证、开展疫情防控科普知识宣传，发放疫情防控科普宣传资料 1 万余份。

（邢向阳）

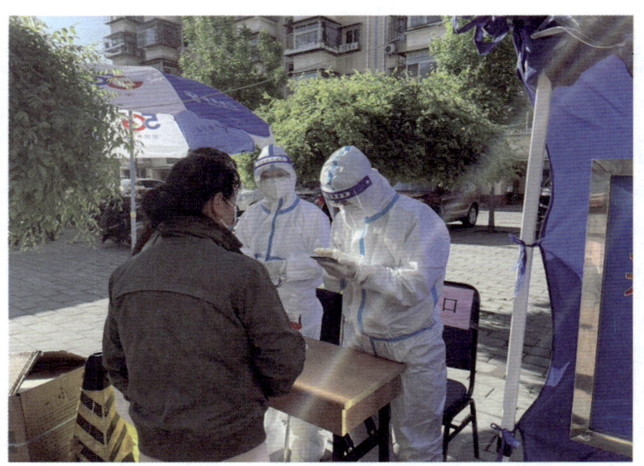

5 月 29 日，区科协在长安东区社区开展疫情防控志愿活动　　（区科协　供图）

【新媒体科普宣传】 年内，区科协利用“密云科普”微信公众号开展科普信息推送工作和有奖答题活动，全年推送文章 282 篇，开展有奖答题活动 6 次；《密云科普开讲啦》《科普五分钟》两套科普专题节目总播出时长 5000 余分钟；新媒体科普宣传平台观看阅读数 10 余万人次。

（邢向阳）

【优秀科技论文评选交流表彰活动】 年内，区科协举办优秀科技论文评选活动。全区各学（协）会推荐上报科技论文 189 篇，专家组评审出一等奖 8 篇、二等奖 20 篇、三等奖 50 篇，印发《密云区 2022 年度优秀科技论文选编》600 册。

（郭爱静）

【北京市科协金桥工程申报】 年内，区科协经论证推荐密云区医学会等地 8 个项目，申报北京市科协金桥工程。

（郭爱静）

【北京市优秀青年工程师创新工作室申报】 年内，区科协经论证推荐窦硕的《多箱体蜜蜂管理机械化提升的探索与研发》和郑少辉的《筋骨草总环烯醚萜苷片的产业化研究》2 个项目申报北京市优秀青年工程师创新工作室项目。

（郭爱静）

【首都科普基层行项目】 年内，区科协推荐太师屯镇养蜂协会获评首都科普基层行项目实施单位。该单位完成科普活动 15 场，制作展板、展架、橱窗等科普制品 77 个，印制各类科普活动资料 3400 余份，制作科普视频 6 个，助力密云农业发展，服务乡村振兴。

（苏立霞）

【科普阵地宣传建设】 年内，区科协围绕全国文明城区创建、低碳环保、全民科学素质知识内容，更新维护太师屯科普宣传一条街，石城镇、高岭镇、蔡家洼村科普长廊，滨河公园科普宣传栏 139 块，总面积 551.46 平方米，维护整修石城镇、太师屯镇、冯家峪镇、高岭镇、鼓楼街道、果园街道、檀营地区宣传栏，覆盖全区 8 个镇街 19 个村（社区）。

（苏立霞）

北京市密云区青年联合会

Beijing Miyun District Youth Federation

【概　况】 北京市密云区青年联合会（简称区青联）是区委领导下的基本人民团体，是以密云共青团为核心力量的各青年团体的联合组织。2022年，区青联团结凝聚全区各族各界青年砥砺奋进、开拓创新，开展“希望小屋”建设、助农帮扶、困境儿童援助等重点工作，为密云区经济社会发展和青年成长成才作出贡献。

（付　佐）

【青联委员理论学习】 5月，区青联组织青联委员学习习近平总书记在建团100周年大会上的重要讲话精神。9月，开展“青联思享汇”活动，青联委员交流创业故事和心得体会。11月，开展学习党的二十大精神培训班。秘书处在微信群分享时政、要政，号召委员认真学习习近平总书记重要讲话精神和党的二十大精神。组织委员参加共青团网上青年大学习答题活动，提升委员政治素养。

（付　佐）

7月19日，区青联委员开展“法在身边”普法课程　（张鸽　摄）

【青联“希望小屋”建设】 年内，区青联委员代表为冯家峪镇中心小学“希望小屋”和新城子镇中心小学“希望小屋”挂牌，并为学生们发放电脑、投影仪、科技类益智玩具、书籍等物资。青联委员罗其花为学生们讲解蜜蜂和酿造蜂蜜相关知识，青联委员唐容为学生们开展“法在身边”普法课程。

（付　佐）

【青联委员服务千村】 年内，区青联生态农业界别服务团到河南寨镇台上村，调研乡村产业发展情况，为河南寨镇两河村发放防暑饮料等抗疫慰问品20余箱，与古北口镇潮关村就村域欧李产业开展需求对接工作。区青联经济金融界别服务团协助村庄完成农产品电子商务渠道建设，协助村庄开展薄弱集体企业增收工作，开展产品收购等帮扶。

（付　佐）

【京蒙共青团结对帮扶】 年内，区青联与库伦旗对接，开展“青讲堂”直播活动，采用直播形式，向团员青年讲授实用技术和知识，第一讲主题为电商日常运营流程，第二讲主题为风林宿——诠释新的生活方式。全年累计27万人次在线观看。

（付　佐）

【关爱困境青少年成长】 年内，区青联依托“密云微公益”微信小程序，为100名生活困难家庭青少年提供援助，100个微心愿全部被认领并完成。参与“我在北京有个家”青少年助学扶贫项目，全年捐助资金6万余元。

（付　佐）

【助力乡村振兴】 年内，区青联围绕“1＋9＋N”组团式帮扶协作机制，主动链接市级高校资源和青年人才，在部分集体经济薄弱村开展农产品品牌设计推广、基础设施改造等助农实践活动，并分别为197个村集体对接至少1名以上乡村振兴志愿者。青联委员服务团继续与河南寨镇两河村、大城子镇张泉村等乡村结对，开展技术支持、乡村规划和产业振兴咨询、电商销售、人才培训等服务活动，助力乡村振兴。

（付　佐）

北京市密云区工商业联合会

Beijing Miyun District Federation of Industry and Commerce

【概　况】 北京市密云区工商业联合会（简称区工商联）是具有统战性、经济性、民间性有机统一基本特征的人民团体和商会组织。2022年，开展经济调研、政策辅导、乡村振兴、疫情防控等工作，围绕企业需求开展服务，为推动区域经济高质量发展作出贡献。

（吴婷婷）

【“民营企业百强”推荐】 年内，区工商联开展“北京市民营企业百强”工作。全年推荐6家民营企业上榜北京市民营企业“1+4”百强榜单，为区域民营经济发展树立“风向标”。

（吴婷婷）

【乡村振兴】 年内，区工商联为库伦旗捐赠40万元帮扶资金、10万只口罩，签订3对结对帮扶协议书。组织22家民营企业参与区域集体经济薄弱村帮扶对接工作，引导电商企业创新“互联网+消费帮扶”模式收购本地农产品1536万元。

（吴婷婷）

【疫情防控】 年内，区工商联成立督导组对村、社区核酸检测点进行督导86次，对85家民营企业疫情防控措施落实情况开展检查。在抗“疫”工作中引导会员企业捐赠核酸采集站、口罩、防护隔离衣、食品等物资，价值610.68万元。

（吴婷婷）

6月7日，区工商联为果园社区卫生服务中心捐赠的核酸采集站 （区工商联 供图）

【服务企业】 年内，区工商联开展线上、线下政策辅导讲座12场，参与企业800余家次。与建设银行、农业银行、农村商业银行密云分行等金融机构建立长期战略合作伙伴关系，帮助200余家企业与银行机构实现需求精准对接。

（吴婷婷）

【朝密对接交流活动】 年内，区工商联创新朝阳区、密云区民营企业联盟工作模式，开展“朝密携手行，共谱新篇章”对接交流活动和商协会沙龙活动，通过党建协作、产业协作、专项活动协作，推动两地工商联合作。

（吴婷婷）

【荣誉成绩】 年内，经密云区工商联推荐，所属商协会青年企业家联合会和鼓楼街道商管协会，获2021—2022年度全国“四好”商会荣誉。区工商联调研报告——《关于建立密云区创业孵化基地，促进地区民营企业健康成长的建议》获全市工商联系统三等奖。

（吴婷婷）

法　　治

RULE OF LAW

政法委与综治

Political and Legal Affairs Commission and Comprehensive Governance

【概　况】 中共北京市密云区委政法委员会（简称区委政法委）完成北京冬奥会、全国“两会”和党的二十大安保维稳工作。牵头与密云水库上游两市三区五县政法系统签订“1+3”法治保水框架协议，法治保水工作在人民网、新华网等 14 家央视媒体转载刊发，并在全网推送，总阅读量破亿。在全市率先组织实施政法系统干部到乡镇挂职实训。群众安全感满意度持续攀升至全市前列。平安北京建设考核位列全市第九。

（曹　菲）

【疫情防控工作专题调度会】 3 月 21 日，区委政法委召开与河北省接壤地区疫情防控工作专题调度会。区委政法委、公安分局、古北口、冯家峪、大城子、北庄、冯家峪、新城子、不老屯、高岭 8 个与河北接壤镇的主要负责同志参加。会议汇报 8 个镇与外省接壤地区疫情防控工作基本情况、主要做法及存在问题和建议，提出要强化乡村道路查控措施，加强高风险人员落地核查工作，抓实流动人口摸排管理登记，加强出租房屋管理，落实“5+3+N”疫情防控措施提出相关要求。

（曹　菲）

【“4·15 全民国家安全教育日”主题活动】 4 月 15 日，密云区在全国青少年公益普法教育总部基地开展 2022 年全民国家安全教育日普法宣传活动。活动现场大屏幕播放《我们都是国家安全的守护人》公益宣传短片，设置《总体国家安全观》《反恐怖主义法》《反有组织犯罪法》等知识展板 17 块。发放《国家安全机关举报受理平台》《反间谍安全防范工作规定》《北京市禁毒条例》《反恐怖主义法》《中华人民共和国反有组织犯罪法》，拒绝邪教宣传册、密云区扫黑除恶斗争领导小组办公室致全区市民的一封公开信、人员密集场所应对恐怖活动行为指南等宣传材料 400 余份、发放急救包、折扇、扑克牌等宣传纪念品 400 余份。在全区 100 余家行政机关、企事业单位、学校、医院、鼓楼地区和万象汇商业区发放张贴海报和宣传条幅，利用新媒体推送“国家安全、人人有责”等相关知识。

（曹　菲）

【打击整治养老诈骗专项行动推进会】 5 月 17 日，密云区打击整治养老诈骗专项行动办公室召开打击整治养老诈骗专项行动推进会。会议对全区开展好打击整治养老诈骗专项行动进行部署推进。区委平安密云建设领导小组成员单位主要负责同志参加。

（曹　菲）

【“5·26 我爱路”宣传教育活动】 5 月 26 日，密云区平安铁路专项办联合北京铁路局北京北站，在区大剧院开展“5·26 我爱路”宣传教育活动。发放印有铁路宣传标语布袋 1000 个，《铁路法》《铁路安全管理条例》《铁路沿线漂浮物隐患须知》等宣传折页 1000 余张，铅笔袋、纸巾 800 余包，受众 3000 余人。

（曹　菲）

【2022 年政法系统政治轮训班】 6 月 27—30 日，密云区组织开展 2022 年政法系统政治轮训班。培训采取视频会议方式，在区会议中心设主会场，政法各单位设分会场，政法各单位领导班子成员、内设（派出）机构负责人，各镇街（地区）政法委员等 145 人参加。会议邀请副区长、区公安分局局长刘传虹，区法院院长刘玉民，区检察院检察长熊正、区司法局局长张连福及区纪委区监委有关领导和区委党校教研室副主任、讲师申艳丽分别进行专题辅导授课。

（曹　菲）

6 月 27 日，密云区组织开展 2022 年政法系统政治轮训班　（曹菲　摄）

【区法学会会员代表大会】 7 月 13 日，密云区法学会召开第二次会员代表大会暨第二届理事会第一次会议。会议审议通过《密云区法学会第一届理事会工作报告》《北京市密云区法学会工作规则（修改草案）》；表决通过《代表大会选举办法（草案）》；选举产生区法学会第二届理事会理事、常务理事、会长、副会长、秘书长；任武军当选为区法学会第二届理事会会长。会议聚焦全区工作大局，在法治宣传、促进法学交流、开展法律服务等方面开展交流。

（曹　菲）

【区委平安铁路建设协调专项组全体会议】 8月3日，区委平安密云建设领导小组平安铁路建设协调专项组第二次全体会议召开。会议传达市委平安北京建设领导小组2022年全体（扩大）会议精神，通报平安铁路2022年上半年工作情况，部署了下一阶段重点任务，听取十里堡镇、密云镇、河南寨镇分别汇报平安铁路相关工作。

（曹　菲）

【政法系统宣讲活动】 8月9日，密云区召开政法系统宣传落实北京市第十三次党代会精神宣讲活动。宣讲采取视频会议方式，在区会议中心设主会场，政法各单位设分会场，政法各单位领导班子成员、内设机构负责人及区委政法委全体干部参加。活动对市第十三次党代会主要精神进行解读，结合全区政法工作实际和学习体会，改进工作作风，提升履职能力。

（曹　菲）

【政法干警到镇街挂职实训工作动员部署会】 10月25日，区委政法委联合区委组织部召开政法干警挂职实训工作动员部署会，部署、安排挂职实训工作。区委组织部、区委政法委、区法院、区检察院、区公安分局、区司法局分管领导，相关镇街党（工）委书记、组织委员、政法委员及政法单位挂职实训政法干警参加。经区委组织部、区委政法委研究，从区法院、区检察院、区公安分局、区司法局择优推荐7名政法干警到棚户区改造、旧村改造、征地拆迁等涉及的鼓楼、果园、檀营、密云、穆家峪、十里堡、河南寨等镇街（地区）进行挂职实训。会议明确政法干警挂职实训职责任务、挂职实训时间、日常管理要求，宣读挂职实训单位和人员名单，挂职实训政法干警代表和镇街政法委员代表进行交流发言。

（曹　菲）

10月25日，密云区召开政法干警到镇街挂职实训工作动员部署会　（曹菲　摄）

法治政府建设

Law-Based Government Construction

【概　况】 北京市密云区司法局（简称区司法局）推进依法行政，加快建设法治政府，促进全区经济社会平稳健康发展。全年受理行政复议申请159件，办理以区政府为被告的行政诉讼案件105件，指导各级人民调解组织调解民事纠纷4792件、行政纠纷23285件，审查政府文件草案205件，清理区政府行政规范性文件156件，按要求向市政府备案区政府规范性文件5件，报请区政府向区人大常委会备案规范性文件5件，办理市政府规章草案征求意见14件；审核32次区政府常务会共计360件上会文件，研提意见150余条；审查全区各类协议、合同55份。

（郭天旭）

【多元调解】 年内，区司法局加强人民调解员队伍建设，做好人民调解员等级评定工作。深化“医调”“访调”“诉调”等矛盾纠纷联调联动化解机制，促进基层人民调解组织与区法院“线上司法确认”衔接工作落实做细。开展“村居律师在行动”主题活动，发挥村居律师职能，邀请村居律师为各镇街（地区）调委会的调解主任进行人民调解业务培训。加强对行政调解工作的指导力度，聚焦消费者权益保护、旅游等重点领域，调动行政调解组织积极性，引导群众通过行政调解手段化解矛盾纠纷。全年各级人民调解组织开展矛盾纠纷排查26575次，调解矛盾纠纷4792件，调解成功3935件。全区受理行政调解案件23285件，调解成功11253件。

（郭天旭）

【行政复议接待】 年内，区行政复议接待中心接待来访279批次380余人次。其中符合行政复议条件的276件，案前成功调解128件，立案159件。法律法规咨询3件，接待电话咨询200余次。案件类型重点主要集中在信息公开类74件、交通类53件、行政答复类43件、违法建设类26件、市场监管类18件、治安类17件、答复意见类19件、投诉举报类11件，其他各类案件 34 件。

（郭天旭）

【行政复议应诉】 年内，区司法局完成复议体制改革工作，印发《北京市密云区行政复议体制改革工作方案》，集中行政复议职能，落实机构设置、人员设置、办公场所建设等改革任务，打造全市靠前的正规化、专业化、职业化行政复议队伍。全年受理行政复议申请 159 件，审结 130 件，其中维持 95 件，驳回复议申请 9 件，以调解、和解等方式终止 9 件，撤销 15 件；以区政府为被告的行政诉讼案件 105 件，各级法院审结以区政府为被告的一审案件 59 件。区政府负责人（区领导）出庭应诉 6 件。

（郭天旭）

【执法监督】 年内，区司法局定期在区政府常务会通报全区行政执法情况，督促执法部门依法高效履行执法权。对部门、镇街执法规范化及执法“三项制度”落实情况进行监督检查，加大“行刑衔接”案件移送办理力度，全年办理涉刑案件 12 件。印发《密云区行政执法“双提升”行动方案》，切实提升全区行政执法质效，提升一线执法人员业务素质，加强重点难点执法问题的培训力度，行政执法人员业务知识和法律法规在岗培训每人 60 学时。组织开展 3 次密云区行政执法资格考试，参加考试人员共计 149 人，考试通过率 93.8%。对全区 20 个镇街、16 个区属部门、1 个市属部门开展案卷评查工作，案卷评查质量抽验合格率为 100%。

（郭天旭）

【合法性审查】 年内，区司法局落实行政规范性文件合法性审核机制，严把区政府规范性文件、重大合同、重要决议的合法性审查关，全年审查政府文件草案 205 件，按要求向市政府备案区政府规范性文件 5 件，报请区政府向区人大常委会备案规范性文件 5 件，办理市政府规章草案征求意见 14 件；审核 32 次区政府常务会 360 件上会文件，研提意见 150 余条；审查全区各类协议、合同 55 份。建立规范性文件库，清理规范性文件 156 件。谋划建立重大行政决策目录管理制度，起草《北京市密云区重大行政决策事项目录管理办法（试行）》，提升决策履行的质效。

（郭天旭）

【依法治区】 年内，区司法局对标北京市法治政府建设要点和《北京市法治政府建设实施意见（2021—2025 年）》，制定《2022 年密云区法治政府建设要点》《密云区法治政府建设实施方案（2021—2025 年）》《密云区关于落实〈北京市全面依法治市规划（2021—2025 年）重点任务分工方案〉的实施方案》。筹备召开区委全面依法治区委员会 2022 年推进依法行政工作协调小组会议、执法协调小组会议及区委全面依法治区委员会办公室第四次会议，审议并通过《中共北京市密云区委全面依法治区委员会 2022 年工作要点》《北京市密云区 2022 年推进法治政府建设工作要点的分工方案》《执法协调小组 2022 年工作要点》等制度文件。

（郭天旭）

【创建全国法治政府建设示范区】 年内，区司法局启动全国法治政府建设示范区创建工作，制定《北京市密云区创建全国法治政府建设示范区工作实施方案》，经第 14 次区政府常务会议审议通过。联合区民政局、区农业农村局积极组织开展全国和市级民主法治示范村（居）创建工作，以创建促提升，以示范带发展，提升全区法治政府建设工作水平。完成 2 个全国民主法治示范村和 26 个市级民主法治示范村（居）申报工作。

（郭天旭）

【依法行政专项考核】 年内，区司法局组织召开推进依法行政工作协调小组会议及执法协调小组会议，审议并通过《北京市密云区 2022 年推进法治政府建设工作要点的分工方案》《执法协调小组 2022 年工作要点》等 4 项制度文件。按要求完成密云区法治政府示范项目创建和重大行政决策评审相关材料报送。落实领导干部学法机制，拟定常务会会前学法计划，共组织常务会前学法 5 次、法制讲座 2 次、依法行政专题研讨班 2 期。

（郭天旭）

【“八五”普法】 年内，区司法局完成“八五”普法规划重点任务分解，组建法治宣传教育联盟、法治副校长等志愿者队伍 2000 余人，围绕妇女、儿童、军人、村居民等重点人群，开展送法进校园、进家庭、进军营、进村居等活动 800 余场覆盖 7 万余人次。实施“乡村法律明白人”培养工程。落实“谁执法谁普法”普法责任制，全区 80 余家普法责任单位设立法治宣传栏 1129 块，打造“法治宣传风景线”。

（郭天旭）

公 安

Public Security

【概　况】 2022年，北京市公安局密云分局（简称密云分局）忠实履行“保水、守边、护平安”职责任务，统筹做好“防风险、保安全、净环境、战疫情、护稳定”各项工作。完成冬奥会、冬残奥会和党的二十大等各项安保维稳任务，实现辖区重点人“零脱管、零滋事”。筑牢疫情防控屏障，牵头区8小时指挥部24小时运转，固化流调排查、追阳转运、推送落控、数据汇总等防控机制。落实“保水第一政治责任”，推进系列平安行动，“百日行动”期间破案、刑拘、治拘均创历史同期新高，全年刑事破案率全市第一，命案创历史最低，群众安全感全市第四。全年破获刑事案件763起、刑事拘留486人，治安拘留1323人，比上年增加18%。破获电诈案件324起，电诈劝阻预警26余万次，挽回群众损失1640余万元；攻坚涉破坏森林、野生动物、食品药品领域违法犯罪，破案22起、抓获犯罪嫌疑人58人；破获涉毒案件5起，打掉黄赌窝点116个、抓获759人；检查行业场所3600余家次，查处三非案件6起6人；加强对2家危爆物品单位、86家物流寄递安全监管；查获成品汽柴油49.3吨，收缴加油机5套、油罐8个、黑加油车4辆；管控“低慢小”爱好者1156人、器具836件，查处“黑飞”活动49起、行政拘留6人。全年刑事案件和刑事、治安类警情同比分别下降17%和23.6%、29.3%。查处各类交通违法行为为46万余起，全区交通事故起数和亡人数同比分别下降4.3%、12.7%。涌现全国优秀人民警察、全国“平安之星”、首都生态文明建设先进个人等新典型。发挥“平安密云”新媒体作用，围绕“保水、守边、护平安”，组织策划“平安而来”网络直播，网民点击量700余万次。编撰发布系列宣传文章300余篇，网民阅读量3000余万次。

（王　艳　张晓红）

【支援朝阳主媒体中心】 1月18—25日，密云分局51名民警支援朝阳主媒体中心，开展冬奥外环安保工作，支援民警严格落实疫情防控及各项安保工作要求，负责进出主媒体中心人员、车辆、物品安全检查。检查人员8500余人，车辆130余辆，物品3200余件，检出弹簧刀、打火机、白酒、液压罐等禁限带物品共计320余件。

（王　艳　张晓红）

【全区公安工作会议】 1月25日，密云分局召开2022年密云区公安工作会议，学习贯彻习近平总书记关于政法工作重要指示和中央政法工作会、全国公安厅局长会、市委政法工作会、全市公安工作会议精神、区党代会和区“两会”精神，总结2021年密云公安工作，分析把握面临的新形势新任务新要求，研究部署2022年密云公安工作。区委、区政府，分局领导，铁路公安、消防救援支队、武警大队等单位领导，局属各单位班子成员，离退休老干部、功模和文职辅警代表分别在主会场和分会场参加会议。

（王　艳　张晓红）

【“除夕”安保任务】 1月31日（除夕夜），密云分局启动高等级防控方案，全警在岗、积极履职。领导一线指挥禁放，统筹部署烟花爆竹禁放，抽调165名机关警力支援基层派出所，深入辖区重点禁放区域。劝阻燃放烟花爆竹行为为79起、批评教育76人，罚款400元，当场收缴非法烟花爆竹40箱。

（王　艳　张晓红）

【“两会”安保任务】 3月4—10日，3月5—11日（“两会”期间），密云分局5个外围检查站和3个乡村卡点共核查人员12.1万人、车辆5.5万辆，查获违法犯罪人员7人、收缴管制刀具等59件；每日组织发动群防力量1.7万余人强化动态巡逻；检查出租房3600余间，流动人口4500余人，重点场所750余处；完善内部单位方案预案133份，整改隐患11处，完成“两会”安保任务。

（王　艳　张晓红）

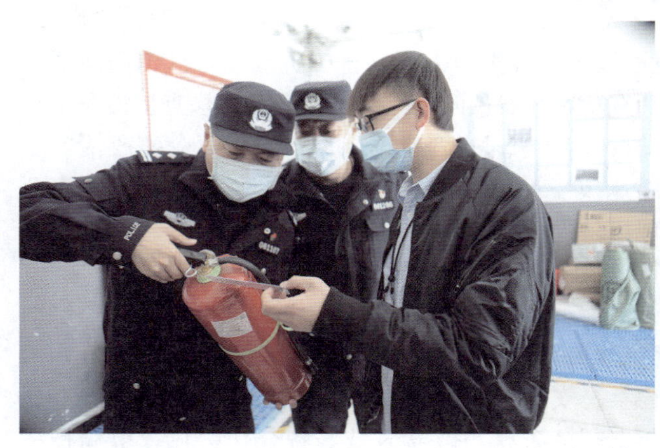

3月7日，密云分局检查物流站点安全工作

（刘浩楠　摄）

【“五一”安保任务】 5月1—4日（“五一”小长假期

间），密云分局在城区主要路口部位、热门景区、高速公路以及核酸检测点等重点区域、路段，设置执勤岗位 20 余处，每日实名制投入警力 80 余人次，备勤 20 人次，严格开展秩序维护疏导，确保车辆有序通行。

（王 艳 张晓红）

【“端午节”安保任务】 6 月 3—5 日（“端午节”期间），密云分局结合疫情防控和节日期间安保工作要求，强化辖区中心商圈、旅游线路、景区周边的秩序维护工作。同时，坚持全天 24 小时不间断查控，严查一切可疑人、车、物，严守首都东北大门，为守护辖区安全保驾护航。

（王 艳 张晓红）

【夜间设卡盘查行动】 7 月 20 日，密云分局牵动社会面巡逻力量，为提升街面见警率、查控率，开展夜间集中设卡盘查专项行动。牵动社会面设卡点位 17 处、外围五站启动进出京双向查控。检查车辆 987 辆、人员 1775 人，交巡联合执法处罚 40 起。

（王 艳 张晓红）

【夏夜治安巡查宣防集中统一行动】 8 月 12—14 日，密云分局启动第二次夏夜治安巡查宣防集中统一行动。出动警力 1200 余人次，检查出租房屋 271 间，核查流动人口 298 人，发现整改电动车违规充电等安全隐患 5 处、适用《反恐怖主义法》处罚违规出租房屋 2 家、取缔黑开场所 1 家；查获非法储存烟花爆竹人员 1 人，收缴非法烟花爆竹 19 箱；扣留非机动车 19 辆，处罚其他交通违法 250 余件，抓获肇事逃逸人员 1 人；外围检查站共盘查检查进京车辆 2.7 万余辆、人员 6.7 万余人，劝返 297 车 595 人。

（王 艳 张晓红）

【校园安全检查】 8 月，密云分局联合区消防救援支队在辖区开展校园、托育机构安全大检查。检查中小幼校园 32 家、托育机构 3 家。当场责令整改治安隐患 35 处，发现消防安全隐患 21 处，由消防部门责令现场整改 16 处、限期整改 5 处，依法查封泡沫彩钢板建筑 2 处，罚款 1.5 万元。

（王 艳 张晓红）

【京津冀八区县区域警务合作会议】 9 月 23 日，承德县公安局组织召开京承七区县联防委员会第 63 届年会暨京津冀八区县区域警务合作会议，市局指挥部、平谷区、怀柔区有关领导及相关职能部门领导在密云会场出席会议。会议回顾总结了第 62 届年会暨京津冀八区县区域警务合作会议以来联防联控工作取得的成效和经验，分析了制约联防工作的突出问题，就进一步强化区域联防提出指导意见，并展望未来广阔发展前景。

（王 艳 张晓红）

【“全民反诈”宣传】 9 月 30 日晚，密云分局联合中国电信密云区分公司在万象汇举办“全民反诈·密云无诈”主题宣传活动。通过发放宣传折页，参观反诈宣传展板，现场案例介绍和有奖问答、警民互动等方式进行。到场观看群众 200 余人，发放宣传品 500 余份，安装全民反诈 App 100 余次。年内，分局不断完善反诈工作体系，强化电信网络诈骗犯罪防控打击，推动“心防”工程建设，普及“全民反诈”App 安装，安装率达到区实有人口总量 24.16 %，《心防》手册发放 30 万册。

（王 艳 张晓红）

【“国庆节”安保任务】 10 月 1—7 日（国庆节期间），密云分局外围检查站查进京车辆 11.5 万余辆，人员 22.9 万余人。其中检查涉疫车辆 1.4 万余辆、人员 4000 余人，劝返 1216 车 2025 人。

（王 艳 张晓红）

【反恐应急处突综合演练】 10 月 21 日，密云区反恐办在密云水库主坝组织开展反恐应急处突综合演练活动，区、分局相关领导及反特巡支队、派出所以及密云水库管理处、区卫健委、应急局和环库属地政府等 18 个单位参加。以模拟暴恐分子翻越水库大门、抢夺水库工程车辆意图进入水库主坝实施爆炸、投毒，被拦阻后发生驾车冲撞、刀斧砍杀等情况为背景，开展嫌疑人对抗抓捕、现场救护、打捞包裹、水质化验、可疑物搜排爆等多项演练科目，出动人员 150 人、各类专业车辆 35 台、船只 2 艘。

（王 艳 张晓红）

【反恐防恐】 年内，密云分局持续深化“六住”机

9 月 16 日，密云分局在加油站开展反恐怖领域集中清查活动 （于宗洋 摄）

制，适用《反恐怖主义法》处罚47起，开展全区反恐演练4次，开展反恐怖领域集中清查活动。网络推送反恐宣传阅读量（点击量）11万余次，发放反恐宣传品1.1万余份，奖励举报线索群众7人，持续推动无人机反制实战应用，依法反恐，织密“地面、人力、技术”三张感知网络。

（王 艳 张晓红）

【专案打击】 年内，密云分局依托“百日行动”和“七大攻坚战”，以打开路，抽调精干警力建立专案打击模式，多波次开展夏夜治安巡查宣防集中统一行动，特别是在“百日行动”期间，分局破获刑事案件386起、刑事拘留406人，打击处理涉黄赌违法犯罪405人，均创历史同期最高。

（王 艳 张晓红）

【筑牢首都东北屏障】 年内，密云分局依托区域警务合作、警种融合执法等机制，落实“以面保点、守边把口”职责任务，不断加强5个外围检查站和3个乡村卡口人物技防建设。累计检查进京车辆271万余辆、人员518万余人，劝返9.1万余车、人员112.3万余人，查获网上在逃、临控人员137人，外省重点涉访人员342人、带道绕行非法进京人员137人，管制刀具等违禁品136件，协助拦截闯卡车辆12辆。开辟绿色通道，先后为76名进京救治群众提供通行保障。

（王 艳 张晓红）

【疫情防控】 年内，密云分局依托疫情防控“一办十二组”指挥架构，对全区12处隔离点、45处常态核酸检测点、方舱医院等重点部位治安查控，处置各类涉疫警情1694件，依法打击涉疫违法人员104人。

（王 艳 张晓红）

【社会面防控】 年内，密云分局持续织密社会面防控网络，推进“两台合一”，开展常态化区域性联勤联动整治，落实“3、5分钟”快速响应和公安武警联巡联防联控机制，强化千车夜巡24小时重点部位巡逻防控。开展夜间设卡专项行动28次，快速妥善处置持刀等突出警情136起。

（王 艳 张晓红）

【交通文明宣传】 年内，密云分局深化交通安全“七进”宣传，通过多种形式开展各类交通宣传190余场次，发放交通宣传教育材料18万余份，制作张贴禁止酒驾宣传海报170张；深入35家餐饮企业发动劝诫酒驾宣传员270余名，全区22家单位、6个镇街、3家社区（村）参与“零酒驾”创建并全部通过市级评比；深入30余所中小学校讲好交通安全课，确保安全出行。

（王 艳 张晓红）

【创建文明城区】 年内，密云分局结合“创城”工作，深化文明交通建设，新增配备105名交通协管员在29条城市主干道、交通路口配合民警执勤执法。对新建70处信号灯的348套监控设备逐步启用，改善城区交通秩序。

（王 艳 张晓红）

【执法规范化培训】 年内，密云分局为提升执法队伍规范化建设水平，开展执法专项培训3次，参训人员500余人；组织参加诉讼旁听4次，共80余人参加；到基层单位开展点对点培训5次；开展规范执法抽考抽测4次，参考人员400余人次；组织分局民警参加未成年人案件办理、高级执法资格考试、二十大安保法制教育大讲堂等专项培训20余次；组织汇编重大安保、疫情防控等教学素材，开展针对性执法规范等培训70余次，警种系统抽考抽测14次。

（王 艳 张晓红）

【交通基础设施建设】 年内，密云分局开展道路交通设施常态化排查，发现整改交通设施类隐患60余处，新装信号灯3处、改造调整信号灯7处。排查辖区130所校园周边交通设施，再次施划人行道标线500平方米、网格线1100平方米，安装标志145面。对城区10处主要交通路口施划“礼让行人”地面注字40组、自行车标识149个，铺设非机动车双道红色铺装4000余平方米，安装分道标志14面，施划标线815.68平方米。

（王 艳 张晓红）

【公检法联席机制】 年内，密云分局加强智慧案审建设，提高敏感意识，强化介入指导，第一时间确定专人与办案单位及相关部门进行对接，全程跟进，拉列工作提纲，研究法律适用意见，加强公检法三方面的刑事司法资源协调配合，做好线索移交转递工作。会同检、法研判会商、提前介入命案疑难案件40余件，召开联席会议6次，有效推进了诉讼进程。

（王 艳 张晓红）

【执法监督管理】 年内，密云分局通过执法监督措施的运用、典型案例通报、执法监督委员会会商等措施全力提升全局执法质量，拓展监督渠道，提高信访及“12345”接诉即办工作效率。

（王 艳 张晓红）

【督察专员常态运行】 年内，密云分局坚持明察暗访双线督导、网上网下协同推动，累计开展实地督导检查900余次，对18起突出案事件进行督察倒查，办理侵害民警执法权威案件53件，发布《警务督察工作专刊》10期。

（王　艳　张晓红）

【爱警暖警】 年内，密云分局坚持把民警生活冷暖放在心上，领导干部落实替岗执勤451人次、支援一线630人次，开展“一帮一”健康干预180人次，利用分局网上网下“医务室”问诊、开药3280次，依托“卫士康”App，举办健康知识讲座5次，走访慰问4100余人次。

（王　艳　张晓红）

【保水联动执法】 年内，密云分局依托“河长制”工作机制，进一步强化源头治理、综合治理，联合密云水库综合执法大队、区水务局、区生态环境局等部门，推动对水库周边及河流河道等重点区域开展联动执法工作，集中违法整治。配合水务、保水部门开展保水联动执法40余次，查获各类违法行为人20余人，破获污染环境案1起，非法占用农用地案1起，非法捕捞水产品案5起，抓获犯罪嫌疑人16人。

（王　艳　张晓红）

【森林领域防范与打击】 年内，密云分局发挥森林公安优势，指导、协调、牵动森林系统各项工作落地落实。会同区应急局、园林绿化局、供电公司开展全区集中检查2波次，大型森林防火宣传活动6次，发放宣传材料8000余份。出动警力460余人次，巡控野生动物栖息地、迁徙通道、密云水库周边、潮白河道沿线流域、风景旅游区等重点部位380余处。处置森林系统警情61件，救助野生动物32只，其中国家二级以上保护动物11只。

（王　艳　张晓红）

案例举要

【打掉非法狩猎团伙】 5月7日凌晨3时，密云分局民警在巡逻中发现左堤路与碱万路交汇处有人非法捕猎野生动物，将张某（男，1984年10月出生，北京密云区人）、罗某（男，1983年6月出生，北京密云区人）、李某某（男，1994年5月出生，北京密云区人）、吕某（男，1989年9月出生，北京密云区人）、张某某（男，1986年7月出生，内蒙古巴林左旗人）等6名嫌疑人抓获，现场查获厢式货车1辆、热成像仪2部、弹弓1把、灵缇犬（猎狗）3只、强光灯3个，收缴猎获蒙古兔5只、雉鸡1只。经审查，该团伙对长期非法狩猎违法犯罪行为供认不讳，被分局依法刑事拘留。

（王　艳　张晓红）

【破获伪造、变造、买卖国家机关公文、证件案】 8月22日，密云分局刑侦支队在工作中获悉辖区存在一制贩假章、假证窝点线索。23日凌晨5时许，分局开展集中统一行动，将主犯王某某（男，1988年7月出生，江苏省东海县人）抓获，起获各种伪造证件3000余本、伪造印章2000余枚、制章磨具300余个、制章制证设备20余台，经深挖彻查，陆续抓获该团伙违法人员40余名，刑事拘留7人。

（王　艳　张晓红）

【破获非法储存成品油案】 9月27日，密云分局联合区检察院在西田各庄、穆家峪、河南寨镇等4处发现存在非法储存成品油情况，并将井某某（男，1977年8月出生，北京密云区人）、张某（男，1991年12月出生，北京密云区人）、祁某某（男，1977年6月出生，北京密云区人）、宗某某（男，1975年1月出生，北京密云区人）等7名犯罪涉案嫌疑人抓获，查获成品柴油、汽油20吨，收缴加油机4套、油罐8个、黑加油车3辆。经审查，7名嫌疑人对非法储存成品汽、柴油，以及涉嫌危险作业的犯罪事实供认不讳，均被分局依法刑事拘留。

（王　艳　张晓红）

【破获帮助信息网络犯罪活动案】 10月18日，密云分局在审查涉案一级卡线索时，扩线深挖，发现辖区有一与境外勾结的电信诈骗洗钱团伙，先后将于某某（男，1980年3月出生，河北省承德市人）、邢某（男，1997年2月出生，河北省承德市人）、曹某某（男，1992年3月出生，北京市密云区人）等30余名涉案嫌疑人抓获，依法刑事拘留25人。

（王　艳　张晓红）

【破获跨境网络赌博案】 年内，密云分局在对一起涉嫌开设赌场案侦办过程中，发现多条通过“环球360”网站进行赌博犯罪线索，涉案金额10亿元。7月5日至8月12日，分局先后将果某某（女，1969年5月出生，北京市密云区人）、郝某某（男，1974年11月出生，北京市大兴区人）、李某某（男，1978年8月出生，北京市平谷区人）等75名涉案嫌疑人抓获并依法刑事拘留。

（王　艳　张晓红）

检 察

Procuratorial

【概 况】 北京市密云区人民检察院（简称区检察院）是国家法律监督机关，负责密云区各项检察工作。全年批准逮捕168件227人，提起公诉319件360人。常态化开展扫黑除恶斗争，严厉惩治故意伤害、寻衅滋事、抢劫等违法犯罪48件56人。打击帮助信息网络犯罪活动案件18件19人。依法办理陈某等7人以“电话问诊”方式诈骗老年人违法犯罪，入选北京市检察机关典型案例。制发社会治理类检察建议102份。深化“检察版”接诉即办，办理群众信访160件；开展“公开听证＋专业释法”第三方参与化解机制，重复信访率持续下降，申诉案件息诉罢访率持续提升。开展普法活动，覆盖人群5万余人。制定落实加强新时代法律监督工作三年行动方案，办理监督案件1286件，实现监督方式全覆盖。办理民事检察案件467件，对大标的额民商事案件审判、民事执行活动、民法典衔接适用等领域开展类案监督；支持农民工起诉257件，协同为农民工追回欠薪310余万元。办理行政检察案件118件。办理公益诉讼案件207件。全年有47个集体和个人获荣誉表彰，8名同志入选全市检察机关专家骨干人才，16件案件入选全市检察机关各类典型案例和案件专刊。

（孙广民）

【平安密云建设】 年内，区检察院批准逮捕168件227人，提起公诉319件360人。主动适应犯罪结构变化特别是轻罪案件占比不断上升的趋势，深化适用宽严相济刑事政策，批捕率、起诉率分别为58.96％和74.53％，同比下降8.37％和13.17％；准确规范适用认罪认罚从宽制度，认罪认罚适用率与确定刑量刑建议提出率分别为93.61％和86.34％。常态化开展扫黑除恶斗争，严厉惩治故意伤害、寻衅滋事、抢劫等违法犯罪48件56人。有效打击帮助信息网络犯罪活动案件18件19人。依法办理陈某等7人以“电话问诊”方式诈骗老年人违法犯罪，入选北京市检察机关典型案例。深挖以郑某某为首的涉案人数众多、赌资过亿元的网络赌博犯罪团伙，由该案总结提炼的监督模型被列为全市检察机关“25＋n”大数据法律监督模型。

（孙广民）

【社会综合治理】 年内，区检察院制发社会治理类检察建议102份，实现以个案办理推动类案监督再到促进社会治理的良好效果。深化数字检察赋能区域治理，运用黑自流法律监督模型联合公安机关查封“黑加油站、自建油罐、流动加油车”的问题油品约30吨，依法审查涉嫌危险作业罪4件7人；运用成品油涉税法律监督模型推动企业主动补缴税款65.5万元，督促相关部门及时消除安全隐患并建立长效机制。开展电动自行车“飞线充电”专项治理，将小区消防安全隐患消除在前端。深化“检察版”接诉即办，办理群众信访160件，合理诉求得到及时解决；有效开展“公开听证＋专业释法”第三方参与化解机制，重复信访率持续下降，申诉案件息诉罢访率持续提升。围绕区域定位精准开展普法活动，覆盖人群5万余人。

（孙广民）

【检察监督】 年内，区检察院制定落实加强新时代法律监督工作三年行动方案，认真践行“双赢多赢共赢”监督理念，办理监督案件1286件，实现监督方式全覆盖。做优刑事诉讼监督，稳妥办理首例依当事人申请监督撤案案件；开展减假暂和巡回检察专项监督；刑事审判监督实现新的突破，“谭某某诈骗案”入选《首都检察案例参阅》《刑事抗诉典型案例》。做强民事诉讼监督，办理民事检察案件467件，对大标的额民商事案件审判、民事执行活动、民法典衔接适用等领域开展类案监督，沟通并灵活运用检察建议等方式，取得良好监督效果；支持农民工起诉257件，协同为农民工追回欠薪310余万元。做实行政诉讼监督，办理行政检察案件118件，精准解决群众急难愁盼。做好公益诉讼检察，办理公益诉讼案件207件，坚持以诉前实现维护公益目的为最佳司法状态，履行好“公共利益”代表职责。

（孙广民）

【生态检察】 年内，区检察院在全市率先设立“生态检察办公室”，集中统一办理涉生态环境资源类刑事、民事、行政、公益诉讼案件，有效形成“横向到边，纵向到底”的检察侧工作机制。运用提前介入、引导侦查、重点督办等方式，严厉打击非法捕捞、非法采矿、污染环境等案件，强化密云全域生物多样性保护，完善惩治犯罪与修复生态、纠正违法与源头治理相适应的制度机制。其中办理生态检察类刑事案件41件、民事案件18件、公益诉讼案件189件，生态检察职能部门被评为全国“两打”专项表现突出集体，是北京市检察机关唯一受表扬集体。积极践行

“专业化法律监督＋恢复性司法实践＋社会化综合治理”的生态检察模式。依法严惩密云区近十年来案值最大的破坏密云水库渔业资源电捕鱼案，首次实现捕销链条一体打击，该案入选北京市检察机关“守初心、护民心”典型案件。提前介入夏某某等人非法“洗洞”污染环境案，深挖彻查污染环境罪行，该案入围最高检、公安部、生态环境部联合评选典型案例。依法提起全市首例生态环境损害惩罚性赔偿刑事附带民事公益诉讼案件，刘某某等5名被告人被判处刑罚的同时连带承担生态环境损害惩罚性赔偿金，并在市级以上媒体公开赔礼道歉，实现惩治犯罪与保护生态的双重法治效应。将公益诉讼作为生态环境司法保护的重要内容，组织开展美丽乡村污水处理公益诉讼专项活动，通过制发检察建议助推污水集中收集和有效处理。开展汛期河道行洪安全公益诉讼专项监督，对影响行洪安全等问题制发检察建议5份，协同推动相关单位抢险拆除潮河上垮塌的漫水桥、清理平整河底，切实保障密云水库高水位安全运行。开展环水库环境保护公益诉讼专项检察，对违法排污、乱堆乱放、倾倒垃圾等违法行为予以民事公益诉讼立案27件并持续跟进监督。

（孙广民）

【法治＋生态】 年内，区检察院打造生态检察守护密云水库“一体两翼多方”密云样本。坚持“法治＋生态”一体理念。将生态检察主动融入区域“5＋2”保水护水工作体系，成立全市首家生态检察“专家咨询委员会”；建立国家检察官学院生态检察特色教学实践示范基地；发布北京市首份《生态检察白皮书》。增强“司法＋行政”两翼合力。充分发挥生态检察办公室一个窗口对外的履职优势，办理涉生态环境资源类行刑衔接案件7件。落实“河长＋检察”“林长＋检察”“田长＋检察”协作机制；在全市率先聘任区生态环境局等10名专业人员担任特邀检察官助理参与办案；与区城市管理指挥中心、区市场监督管理局签订协作办法，接收保水保生态类线索1300余条，重点对群众不满意的涉生态类线索进行分类核查与立案监督。完善“检察＋库区”多方机制。加大与属地政府的信息互通与监督协作力度，推动在环水库周边7个镇构建线索发现、案件办理、生态修复、法治宣传“四位一体”的生态保护格局。深化“检察长包镇、检察官包点”的工作机制，开展座谈研判20余次，密云水库及周边破坏环境资源系列案入选北京市检察机关典型案例。连续3年在密云水库水域组织开展“禁渔期”后增殖放流活动和鸟类放飞回归大自然活动。深化落实京冀共同保护密云水库要求，与密云水库流域承德市、张家口市、怀柔区、延庆区“两市三区”检察机关会签生态检察协作机制，协同形成更多守护密云水库有益经验。

（孙广民）

【经济服务】 年内，区检察院推进保障民营经济及促进科技创新法治服务。聚焦中关村密云园、怀柔科学城东区、生命健康科学小镇等重点工程建设，严厉惩治侵犯知识产权、制售假冒伪劣商品犯罪等案件9件13人，同比上升28.6%。将打击涉众型经济犯罪与追赃挽损结合起来，为企业和个人挽回经济损失320余万元，推动化解金融经济风险。积极助力乡村振兴，选派干警担任驻村第一书记，带领帮扶村实现“消薄”的目标任务。服务保障北部长城文化旅游发展带，联合承德市滦平县检察院加大对长城的公益保护，北京卫视对开展“墙子雄关”古堡保护情况连续报道。

（孙广民）

【优化法治营商环境】 年内，区检察院参与规范市场经济秩序，严厉打击侵害企业合法权益犯罪，办理非法吸收公众存款、非法经营等案件3件3人。统筹推进涉案企业合规改革，落实全市检察机关第三方监督评估机制，对民营企业及其负责人涉经营类犯罪，落实少捕慎诉慎押刑事司法政策，保障企业权益和促进守法合规经营并重。在办理一起涉民营企业案件中，依法督促及时解封企业对公账户，使同时陷入停业状态的两家企业恢复正常经营。

（孙广民）

【重点工作法治服务】 年内，区检察院先后组织干警4批次1500人次参加疫情防控；提前介入妨害传染病防治、妨害公务等涉疫情刑事案件，有效保障疫情防控法治环境；开展“消字号”抗（抑）菌剂非法添加专项活动，督促规范消毒产品市场秩序。服务创建全国文明城区，组织开展环境卫生整治、法治宣传等志愿服务2000余人次；发挥“六大保护”体系综合效能，推动解决托育机构违规经营，KTV、宾馆、网吧等违规接待未成年人的管理漏洞；开展校园周边场所专项整治，对无证售烟商户进行公益诉讼立案；对不依法履行监护职责的监护人，发出督促监护令和督促家庭教育指导令7份。

（孙广民）

案 例 举 要

【医保基金系列诈骗案】 年内，本案由区检察院第一检察部办理。2018年始，曲某、周某刚、赵某龙、蒋某亮分别在北京市密云区、昌平区、朝阳区、海淀区、通州区等地散发“收药”广告，并从多人手中定期低于市场价格大量收购药品，后通过物流、快递等方式加价转卖至河北省、吉林省等地的以柴某升为首的收药团伙和大量药店，曲某之父曲某坤帮助曲某收药、发货，曲某与赵某龙、蒋某亮之间经常相互串药并有资金往来。马某雨、马某亮系北京密云人，2018年通过捡拾“收药”广告认识曲某、周某刚，后马某雨冒用赵某才、李某华等11人医保卡、马某亮冒用马某红等5人医保卡分别多次在密云区世济医院、鼓楼街道社区卫生服务中心、太扬家园社区卫生服务中心等医疗机构虚假就医、购买药品，并将上述药品定期出售给曲某、周某刚。经审计，马某雨骗取医保基金损失44.1万元，马某亮骗取医保基金损失4.54万元。曲某、周某刚、赵某龙、蒋某亮还分别从王某海、刘某等51人处大量收购药品，53人造成医保基金损失300余万元，曲某非法收购药品金额37.75万元、周某刚非法收购药品金额18.65万元、赵某龙非法收购药品金额43.64万元、蒋某亮非法收购药品金额10.57万元。2021年4月陆续对马某雨、马某亮等22名开药人以诈骗罪向区法院提起公诉，于2021年5月对曲某等5名收药人以非法经营罪提起公诉。4名收药人均以犯非法经营罪被判处一年至四年不等刑罚；已被提起公诉的开药人以犯诈骗罪被判处七个月至八年不等刑罚，未被提起公诉的开药人因犯罪情节较轻、不需要判处刑罚，由该院作出不起诉处理。该案例年内入选国家医疗保障局2022年第一期典型案例和北京市检察机关运用大数据思维办理普通犯罪典型案例。

（张 雪 王艺璇）

【全市首例生态环境损害赔偿诉讼案】 年内，本案由区检察院第五检察部办理。刘某甲等4人曾多次相约实施非法狩猎行为，并于2022年4月28日，伙同刘某乙5人驾车在密云水库周边生态保护红线内树林，使用弹弓、弹弓枪、复合弓等禁用工具，强照明、热成像仪等专业设备，采用夜间照明行猎等禁用方法，捕获6只野生动物，均为国家保护陆生野生动物资源，经鉴定为雉鸡，整体价值1800元。5名被告人的行为造成生态资源损失，危害国家利益和社会公共利益。2022年10月，区检察院在履职中发现，刘某甲等5人使用禁用工具、禁用方法，在生态保护红线范围内非法狩猎野生动物6只，经初步调查核实后予以立案。庭审中，提出生态保护红线的实质是生态环境安全底线，5名被告人使用禁用工具和禁用方法在密云水库周边生态保护红线范围内进行非法狩猎，危险性更高，破坏力更大，社会影响更恶劣。要求5人在承担生态环境损失本值以外，再承担法定2倍以下惩罚性赔偿金。5名被告人当庭认罪悔罪，并表示自愿承担惩罚性赔偿责任、赔礼道歉。

（于 杰 朱益平）

【涉生态环境资源类行刑衔接案】 年内，本案由区检察院第六检察部办理。3月4日，市规划和自然资源委员会密云分局向区检察院移送一起涉嫌非法破坏耕地犯罪案件线索。经审查，张某未经批准，擅自在其租赁的土地内开采建筑用砂，造成耕地破坏8310.95平方米，毁坏严重，难以恢复。案件承办检察官对张某询问笔录、现场勘验照片、占地测量成果报告书、破坏耕地鉴定意见等涉案资料进行核实，多次与市规划和自然资源委员会密云分局及区公安分局召开案件会商联席会议，就案件定性、侦查方向等行刑衔接配合工作进行沟通，针对调取鉴定人资质等证据问题提出关键性意见，最终形成证据链。公安机关已对张某涉嫌非法占用农用地罪立案侦查。本案严厉打击生态环境资源类违法行为，对相关犯罪分子起到极大震慑作用。

（刘东海 刘 浩）

法 院

People's Court

【概 况】 北京市密云区人民法院（简称区法院）受理各类案件1.77万件，审执结1.78万件。其中审结刑事案件380件，判处犯罪分子428人；审结民商事案件1.08万件；审结行政案件312件；审结司法救助案件10件；审结破产清算案件2件；执结案件6294件。开展“两个确立”主题教育，推进党史学习教育常态化，开展法治保水工作，持续优化法治营商环境，助推法治政府建设。参与社会治理创新，助力乡村振兴，切实解决执行难，推进为民办实事工作，为区域绿色高质量发展提供司法保障。

（常玉倩）

【民生司法保障】 年内，区法院审结民事案件 1.08 万件。注重社会矛盾化解，审结涉教育、医疗、社会保障等民生案件 2490 件。调处新刘地区、西大桥、溪翁庄等棚户区改造相关纠纷 71 件，保障经济开发区三期、密云区医院等重点工程顺利进行。妥善处理因“买房落户”引发的商品房预售合同纠纷，有效阻断涉及 200 名购房者的后续诉讼。审结劳动争议案件 610 件，追索劳动报酬 6535 万元。审结涉土地经营权流转、相邻关系等案件 130 件，守护八旬老人“幸福田”和保障相邻地块排水权等典型案件。

（常玉倩）

【法治保水】 年内，区法院推动水库上游流域两市三区法治保水合作，在全市率先建立“河长+院长”协作机制。出台《环境保护禁止令实施办法》，签发全市首份环境保护禁止令。在刑事附带民事公益诉讼案件中，在全市率先判处惩罚性赔偿并责令公开赔礼道歉。创新绿色执行工作机制，拆除违法建设 2.8 万平方米，腾退林地田地 1.6 万平方米，补植复绿 600 平方米。审结河堤土地租赁案件，强制腾退封堵 22 年的河边道路。发布全市首份《法治保水白皮书》，开展“法治保水在行动”系列宣传。

（常玉倩）

【优化法治营商环境】 年内，区法院制定《为“两区”建设高质量发展提供司法服务和保障的意见》，召开民营经济法治建设座谈会。妥善化解标的额 3.5 亿元的合同纠纷案件，远赴广西冻结某粮食储备库资金 4600 万元，活封 1.18 万吨玉米。审结宝沃公司系列案件 30 件，审结涉浩搏基业、富亿通房地产公司等破产案件 4 件。针对房屋电路设计缺陷问题，判决开发商修复赔偿，案例入选最高法院消费者权益保护典型案例。简化案件办理流程，民商事案件平均审理天数 55.5 天，用时全市法院最短。

（常玉倩）

【助力法治政府建设】 年内，区法院在区政府常务会前讲法，开展全市首例行政机关负责人出庭应诉巡回审判，联合区政务服务管理局开展全市首个“政府信息公开行政诉讼案”模拟法庭，提升行政机关依法行政能力。发布《行政审判白皮书》和工伤认定、政府信息公开典型案例，引导行政机关规范执法。加大行政案件协调化解力度，实质性化解各类行政争议 68 件。

（常玉倩）

10 月 21 日，区法院开展全市首例行政机关负责人出庭应诉巡回审判 （代迨 摄）

【巩固基本解决执行难】 年内，区法院设立财产线索接转中心，整合线索接转与信访化解功能，接收财产线索 625 条，执行到位金额 2672 万元。妥善执结 17 年积案，腾退 1200 平方米厂房。推动某国有企业 1.2 亿元债权债务达成和解，妥善执结开发商违规售房引发的群体性案件，329 名业主 1.37 亿元案款全部执行到位。腾退涉 3 个村 5000 名村民的九松山高尔夫球场，为区里收回土地 3000 亩。设立民生案件快立快执绿色通道，为 2000 余名农民工追讨欠薪 689 万元。

（常玉倩）

【改造诉讼服务大厅】 年内，区法院建立“一站通办”诉讼服务中心，推出“一次办好”15 项服务，99%的案件当场登记立案。开展电子卷宗随案同步生成和深度应用，推行移动微法院“一网通办”，网上立案 7835 件，在线庭审 1.3 万次，电子送达 4.88 万次。建立 12368“一号响应”诉源治理机制，在全市率先实现 20 个镇街全覆盖。推进“接诉即答、接单即办”工作，响应基层社会治理需求 227 个，联系法官到位率、反映事项办结率 100%。

（常玉倩）

【为群众办实事】 年内，区法院推出“夜间法庭”“周末法庭”，解决群众因上班、农忙无法及时参与诉讼问题。构建“1+4”家庭教育法治服务体系，发出家庭教育令 31 份。加强法治副校长工作，录制反校园暴力等法治微课 16 期，受众覆盖全区中小学及幼儿园。联合三中院、区卫健委签署《关于构建和谐医患关系化解医患矛盾的联动协议》，与区城指中心签订“12345”市民服务热线工作联动协议。坚持“五访并行”化解信访难题，发放司法救助金 102.5

万元。

（常玉倩）

【助力乡村振兴】 年内，区法院持续落实“院长包镇、法官包村”工作机制，诉前化解纠纷1000余起，23个村实现“零诉讼”。妥善审理涉大城小苑、玫瑰情园相关纠纷，与区农业农村局、区经管站裁审联动，高效化解涉水库退养、土地承包纠纷1200起。在市级以上媒体刊发稿件325篇，微信公众号发布文章566篇，阅读量46.8万人次。打造全市首条公交普法专线，推出“小案大道理”“小谯说法”“枫桥剧场”特色栏目，组织巡回讲堂、“法律十进”等普法活动122场，受众20余万人次。

（常玉倩）

【助力家庭文明建设】 年内，区法院深化家事审判方式改革，审理全市首例生产销售伪劣婴幼儿护肤品案件，签发人身安全保护令10份。制定《关于加强老年人权益司法保护的实施意见》，善意执行丧子老人隔代探望案件。与区妇联联动保护妇女儿童合法权益，签发全市首份人身安全保护令，入选北京法院涉民生案件典型案例。持续发挥“密之语”心理工作室作用，与同心圆心理服务中心合作，为失婚妇女、单亲子女、家暴受害人开展心理疏导40次，挽救破裂家庭23个。

（常玉倩）

【审判管理】 年内，区法院强化考核引领作用，制定院级考核办法，个性化分解指标，促进弱势指标提升。实行精细化管理，建立“三报一表一单”工作机制，每周编发《工作周报》《三周指标对比表》，每月编发《审管工作月报》《业务庭工作月报》，针对各庭短板问题制发《整改通知单》。制作《民商事案件审判指引及风险提示》，梳理高频风险点219个。审判执行工作在市高院目标考核中得分全市第二。

（常玉倩）

案例举要

【全市首例赔偿并公开道歉公益诉讼案】 4月28—29日，被告人刘某等5人驾驶车辆从北京市顺义区至北京密云水库上游太师屯镇、高岭镇多个树林内，使用弹弓、弹弓枪、复合弓等禁用工具，强照明、热成像仪、鸡媒播放器等专业设备，夜间照明行猎等禁用方法，捕获野生动物6只，后被查获。经鉴定，6只野生动物物种为雉鸡，雉鸡为国家保护的有益的或者有重要经济、科学研究价值的陆生野生动物，整体价值为人民币1800元。公诉机关以非法狩猎罪提起公诉并附带提起民事公益诉讼，要求5名被告人连带赔偿国家野生动物资源损失1800元，连带承担惩罚性赔偿金3600元，并公开赔礼道歉。区法院经审理认为，被告人违反狩猎法规，在禁猎区、禁猎期，使用弹弓、复合弓等禁用工具、夜间照明的禁用方法进行狩猎，属于情节严重。经鉴定，被告人猎获的6只雉鸡为国家保护的、有益的或者有重要经济、科学研究价值的陆生野生动物。被告人的行为均已构成非法狩猎罪。附带民事公益诉讼被告的犯罪行为破坏野生动物资源，损害社会公共利益，属生态环境侵权行为，为更好地惩戒教育行为人，警示教育社会公众，判处被告人拘役5个月、有期徒刑6个月至7个月不等刑罚，同时一并判决被告人连带赔偿国家野生动物资源损失1800元，承担惩罚性赔偿金3600元，责令其在市级以上媒体上公开赔礼道歉。

（常玉倩）

【签发全市首份环境保护禁止令】 年内，某化工公司未经审批，擅自在厂房内安装开炼机和密炼机制作橡胶制品，生产过程中排放粉尘等大气污染物。区生态环境局对该问题立案后，考虑到在执法处理过程中该公司还有再次生产的可能，如不及时制止将使生态环境继续遭受损害，故向法院申请禁止令，责令该公司立即停止使用开炼机、密炼机从事生产经营活动。区法院经现场勘查和依法询问，认定某化工公司未经审批，擅自安装开炼机和密炼机制作橡胶制品，生产过程中排放的粉尘等大气污染物，对生态环境造成损害。开炼机、密炼机及原材料仍存放在厂房内，且具有再次生产可能，故依法签发环境保护禁止令，裁定某化工公司立即停止使用开炼机、密炼机从事生产经营活动。

（常玉倩）

【执结绿地集团违规售房群体性案】 年内，区法院执结绿地集团违规售房群体性案。2017年3月，北京市出台“3.26”购房新政，明确商业和办公类项目未经批准，不得擅自改变为居住等用途。绿地京纬公司在未取得预售许可证的情况下，将商业办公用房作为居住房屋进行销售，受到相关部门行政处罚。320余名购买房屋的业主因失去购房资格纷纷要求退房，并多次集体到市、区住建委等部门上访。在与绿地京纬公司协商未果后，业主陆续向区法院提起诉讼，要求退还购房款并赔偿房屋差价损失。区法院判决支持了业主的部分诉讼请求。判决生效后，涉案的329名当事人接连申请强制执行，相关案件500余件，总标额1.94亿元。案件进入执行程序后，鉴于涉及人数众多、标的额巨大、不稳定因素突出等情况，区法院成立“涉绿地京纬公司执行案件”专案组，建立案件执行台账，有针对性采取执行及稳控措施。考虑到绿地京纬公司因相关房屋未能出售导致缺乏资金而无力一次性清偿债务的情况，专案组以将该公司纳入失信被执行人及对公司负责人限制高消费等强制措施作为威慑，督促被执行人积极筹款。同时采取灵活执行措施，对房屋等公司财产尽可能“活封”，暂缓评估拍卖，允许被执行人在保证购房款进入法院案款账户前提下自行销售房屋，避免加剧公司资金周转困难而影响偿还能力。购房人获得案款1.94亿元，500余件案件得到妥善化解。

（常玉倩）

【全市首份人身安全保护令】 年内，申请人张某与被申请人李某系夫妻，李某脾气暴躁，曾多次对张某进行打骂。2021年，李某持刀将张某及其父母扎伤，被依法判处有期徒刑一年三个月。李某即将出狱之际，张某担心李某出狱后对她和家人再次做出过激行为，故向法院申请人身安全保护令。区法院经审查认为，李某曾对张某实施殴打、辱骂、威胁等家庭暴力行为，对张某的人身安全及身心健康造成严重威胁和损害，现李某即将出狱，张某及其家人产生心理负担影响家庭生活，且李某存在再次实施家庭暴力可能，张某基于心理恐惧和担忧申请人身安全保护令，符合《最高人民法院关于办理人身安全保护令案件适用法律若干问题的规定》第六条“人身安全保护令案件中，结合相关证据，法院经审理认为申请人遭受家庭暴力或者面临家庭暴力现实危险的事实存在较大可能性的，可以依法作出人身安全保护令”之规定，故依法签发人身安全保护令，裁定禁止李某对张某实施家庭暴力，禁止李某威胁、辱骂、殴打、骚扰、接触张某。

（常玉倩）

司法行政

Judicial Administration

【概 况】 北京市密云区司法局（简称区司法局）结合市区重点工作任务，落实2022年密云区政府为民办实事项目，做好《法律援助法》宣传和落实工作，为经济困难公民和符合法定条件的当事人无偿提供优质、高效、便捷的法律援助服务。三级公共法律服务平台接待电话咨询2.33万人次，受理法律援助805件，办理各类公证829件。深入学习贯彻党的二十大精神，围绕中心、服务大局，推进“谁执法谁普法”责任制有效落实，不断扩大“法润密云”普法品牌的影响力，推进法治宣传教育工作，开展各类主题法治宣传活动1500余场次，发放各类宣传材料20万余份，受教育人数20万余人次。全年各级人民调解组织开展矛盾纠纷排查2.65万次，调解矛盾纠纷4792件，调解成功3935件。全区受理行政调解案件2.32万件，调解成功1.12万件。

（郭天旭）

【区社区矫正委员会第一次全体会议】 1月20日，区社区矫正委员会召开第一次全体会议。会议宣读密云区社区矫正委员会成立和委员会名单，审议通过《北京市密云区社区矫正委员会工作规则》，区法院、区检察院、区公安分局、鼓楼街道办事处围绕落实《中华人民共和国社区矫正法》《中华人民共和国社区矫正法实施办法》和北京市关于贯彻落实《中华人民共和国社区矫正法实施办法》的实施细则等内容作交流发言。区政府党组成员、副区长，北京市公安局密云分局党委书记、局长、区社区矫正委员会主任刘传虹出席会议并讲话。区社区矫正委员会副主任、委员等50人参加。

（郭天旭）

【司法行政工作暨安保维稳部署会】 1月21日，区司法局召开2022年司法行政工作暨北京冬奥会、冬残奥会安保维稳再部署会。会上，各司法所负责人立足工作实际，对2021年体制改革后新职能履职情况、特色亮点工作、存在问题及2022年工作设想简要汇报。李保民和王林英同志分别就“两类人员”稳控和矛盾纠纷排查化解工作对北京冬奥会、冬残奥会期间安保维稳工作进行再部署。局班子成员、20个司法所和相关科室负责人参加。

（郭天旭）

【“迎接冬奥 法治同行”活动】 1月，区委全面依法治区委员会办公室制定《密云区关于做好北京冬奥会法治宣传工作的活动方案》。以重要时间节点为契机开展“迎接冬奥 法治同行”主题宣传活动，在“法润密云”普法平台开辟“冬奥小课堂”“冬奥遇上民法典”等宣传板块，发布冬奥原创短视频1条、公众号文章 34 篇，提高全区市民法律素质。

（郭天旭）

【“生态司法”先锋行动】 2 月，区司法局制定《关于促进律师与保水保生态法律服务的意见》，深化与市律师协会的战略合作，成立“生态司法律师顾问团”。发挥“支持密云高质量发展公益法律服务专家团”作用，区律协联合怀柔区、延庆区律协，向三个区发出保水保生态倡议书，引导并支持律师代理环境公益诉讼、调解生态环境纠纷、参与生态文明建设政策制定并就政策实施提出法律意见等。全年律师代理环境类公益诉讼 11 件、提出相关法律意见 10 条。

（郭天旭）

【妇女专项维权活动】 3 月 1 日，区法援中心联合巨各庄司法所、镇妇联、村居律师等共同开展妇女公共法律服务专项维权活动，活动现场村居律师采取以案释法的形式对《反家庭暴力法》重点内容、家庭暴力概念、主要的危害、常见的家庭暴力类型、处置方法以及保护对象等作详细讲解，并对妇女享受的专属福利、权益保护以及相关的法律责任及救助途径进行了重点解说。活动专门设立妇女维权咨询点为市民提供免费咨询服务，发放《妇女权益保障法》《反家庭暴力法》《民法典》宣传资料及宣传品 600 余份。

（郭天旭）

【密云区律师行业党总支换届选举大会】 3 月 29 日，中共北京市密云区律师行业党总支召开换届选举大会。会议审议通过上届党总支委员会向大会所作的工作报告，表决通过《密云区律师行业党总支部党员大会选举办法（草案）》，经无记名投票，选举李铁冬、胡海军、侯文生、康春杰、张策、宗大鹏 6 人为区律师行业党总支部委员，李铁冬同志当选为区律师行业党总支书记，胡海军同志当选为区律师行业党总支副书记。

（郭天旭）

【法治文艺演出】 3—12 月，区司法局先后联合十里堡镇、大城子镇、溪翁庄镇、檀营地区、果园街道、鼓楼街道开展“密云区 2022 年法治文化宣传系列活动”9 场。演出以歌曲、舞蹈、大鼓书、快板书等形式演绎，向群众发放各类法律知识手册和纪念品，并为群众现场普及宪法、民法典等法律知识。

（郭天旭）

4 月 22 日，区司法局联合大城子镇政府开展法治文艺演出活动 （区司法局 供图）

【调确对接工作机制】 4 月 15 日，区司法局、区法院、区人民调解协会联合举办《“线上一站式司法确认”三方共建协议》签约仪式。区司法局四级调研员王林英、区法院立案庭（诉讼服务中心）庭长王雪、区人民调解协会会长马俊杰参加签约仪式。通过《“线上一站式司法确认”三方共建协议》签订，解决辖区内山区群众享受司法服务不便的问题，打通法律服务“最后一公里”。

（郭天旭）

【三区律协同筑法网保生态】 5 月，密云区律协联合怀柔区、延庆区律协共同向三区 139 名律师发出“保水保生态”倡议书。倡议并支持三区律师积极参与代理环境公益诉讼、调解生态环境纠纷，为生态文明建设政策制定、推进政策实施研提法律意见。据统计，全区律师共代理环境公益诉讼 11 件、提出生态环境法律意见 10 条。

（郭天旭）

【“迎接二十大 送法进万家”活动】 5—10 月，区司法局在全区范围内集中开展“迎接二十大 送法进万家”主题普法宣传活动，邀请普法志愿者、公益律师到社区、村、学校开展《民法典》《家庭教育促进法》《未成年人保护法》等主题的法治讲座，为平安密云建设营造良好法治环境。

（郭天旭）

【“法律明白人”骨干培训】 6 月 14—15 日，区司法局组织全区 200 余名乡村“法律明白人”骨干在线参加全市“八五”普法暨乡村“法律明白人”骨干培训班。培训围绕《论习近平法治思想的与时俱进特征》

《新媒体发展与未来科技》《实施“法律明白人”培养工程 助力乡村振兴》等内容，采取专家授课、理论解读、案例分析等形式，重点培训“法律明白人”的政策宣讲能力、纠纷化解技巧和群众工作方法。

（郭天旭）

【“一村一所”结对帮扶行动】 6月22日，密云区人民政府与北京市律师协会联合向全市广大律师事务所发出倡议，邀请首都律师事务所参与密云乡村振兴工作，利用自身资源和专业优势，开展产业帮扶、消费帮扶和法治帮扶等。全年121家律师事务所与330个行政村结成帮扶对子，通过“双向主动对接”，利用电话沟通、实地考察和开展座谈等方式了解具体情况，拓宽帮扶思路、创新帮扶手段、丰富帮扶内容，为推进密云乡村振兴战略实施注入新生机和力量。

（郭天旭）

【“民主法治示范村（社区）”创建】 6—10月，区司法局按照《北京市加强法治乡村建设三年行动计划（2020—2022年）》安排部署，联合区民政局、区农业农村局开展“民主法治示范村（社区）”创建活动，创建全国民主法治示范村2个，北京市民主法治示范村（社区）26个，完成三年行动计划既定目标任务。

（郭天旭）

【建党101周年庆祝活动】 7月1日，区司法局组织开展“献礼二十大 建功新时代”——庆祝建党101周年活动。组织优秀党员代表、预备党员和入党积极分子观看金一南教授的《从苦难到辉煌》，老党员带领新党员重温入党誓词后开展座谈，党员代表交流心得，党组书记、局长张连福对青年党员和入党积极分子提出寄语。

（郭天旭）

【《社区矫正法》法治宣传活动】 7月8日，区司法局在密虹公园开展“喜迎二十大 忠诚保平安”暨《社区矫正法》实施二周年法治宣传活动。活动通过摆放宣传展板、悬挂横幅、发放宣传资料、解答群众咨询等方式开展。宣传《中华人民共和国社区矫正法》颁布的目的和意义，讲解什么是社区矫正、社区矫正的适用范围等内容，呼吁居民了解和支持社区矫正工作，促进社区矫正对象顺利融入社会，维护社会稳定。活动发放《中华人民共和国社区矫正法》等普法宣传资料1000余份，解答群众法律咨询100余人次。

（郭天旭）

【“线上一站式”调确对接工作培训会】 7月20日，区司法局、区法院联合举办“线上一站式”调确对接工作培训会。培训以视频形式召开，全区20个镇街司法所负责人和调解工作人员40人参加。区法院立案庭副庭长从司法确认的定义、优势、工作开展情况、受理范围、申请流程以及文书格式要求等内容开展讲解。

（郭天旭）

【普法志愿先锋岗】 7月，区司法局“司法为民，法治同行——普法志愿先锋岗”被区委组织部评为密云区“密云先锋”党员先锋岗。自“密云先锋”活动开展以来，区司法局成立“司法为民，法治同行——普法志愿先锋岗”，普法志愿先锋岗主要结合司法局工作职能，围绕全区中心工作、重点任务及重要时间节点，以“法律十进”为依托着重加强各类群体的法治宣传教育工作，组织党员利用三八国际劳动妇女节、环境保护日、国家安全日、禁毒日等重要时间节点，开展各类主题法治宣传、法治文艺演出等普法志愿活动50余场次。以文明城区创建、全民反诈为主题开展线上宣传活动，共制作播出《法润密云》电视节目11期、微信公众号发布文章1264篇，微信视频号发布原创视频13条，提升基层群众法律素质。

（郭天旭）

【“公仆心 云水情”干部教育实践活动】 7—10月，区司法局开展“公仆心 云水情”干部教育实践活动。围绕《习近平关于坚持以人民为中心重要论述》《习近平谈治国理政》第四卷、廉政风险防范等内容开展专题培训。召开“献礼二十大 建功新时代”庆祝建党101周年座谈会，青年党员围绕如何践行初心使命，用实际行动迎接党的二十大胜利召开进行交流。邀请基层群众代表开展征求意见座谈会，围绕自身存在的问题开展大检视，不断改进工作作风。推出16项“我为群众办实事”项目并全部完成。

（郭天旭）

【基层法治建设工作督察】 8月2日，市司法局副局长带队到密云区就基层法治建设工作开展实地督察。督察组采取召开督察见面会、查阅案卷档案资料、突击暗查、访谈群众、现场检查、网上督察等方式，对部分街乡镇、执法部门、政务服务大厅、社区等单位开展实地督察。重点检查学习宣传贯彻落实习近平法治思想情况、党领导法治建设的制度机制贯彻落实情况、深入推进依法行政、推进法治政府建设和基层法治化治理、优化营商环境等重点工作推进落实情况。

（郭天旭）

【领导干部依法行政专题培训班】 8月3—5日，区司法局依托北京市干部教育网络学院举办线上2022年密云区第一期领导干部依法行政专题培训班。20个镇街负责依法行政或执法工作的主管领导及相关科室负责人，区属各部门负责依法行政或执法工作的主管领导、法制机构负责人或执法机构负责人110人参加。培训重点包括习近平法治思想、法治政府建设、民法典学习、行政处罚、个人信息保护、接诉即办等内容。

（郭天旭）

【民主法治示范创建及普法工作调研】 8月17日，市司法局普法与依法治理处副处长带队到密云区调研民主法治示范创建、普法责任制落实和年度重点普法工作开展情况。调研小组一行实地察看鼓楼街道宾阳北里社区民主法治示范社区建设情况，随后召开座谈会，听取区司法局普法依法治理重点工作情况落实情况汇报，就下一步工作提出要求。座谈会后，调研人员到溪翁庄镇石马峪村实地察看民主法治示范村建设情况，并就“谁执法谁普法”普法责任制落实工作与区农业农村局、溪翁庄镇相关负责人座谈交流。

（郭天旭）

【公益法律服务座谈会】 8月24日，区司法局组织召开市公益法律服务专家顾问团成员走进密云答疑解惑座谈会。区穆家峪镇党委书记、北京住总绿都投资开发有限公司法务总监、区律协监事唐容律师等人参加会议。会议就棚改征收拆迁项目中存在的行政职权、合同纠纷、强制措施等问题进行研讨。市公益法律服务专家顾问团结合最新修订的《土地管理法》及实施条例，从落实集体土地征收相关规定及实操等角度进行指导。

（郭天旭）

【法律援助进社区活动】 8月24日，区法律援助中心组织区法律援助女律师服务团律师到密云区果园街道上河湾小区参加众益惠民直通车活动。普法工作人员与村居律师为群众发放《中华人民共和国法律援助法》《民法典》等宣传手册和法律援助宣传品，面对面解读法律援助法，解答群众咨询。活动发放宣传资料及宣传片100余份，提供群众咨询5人次。

（郭天旭）

【行政处罚案卷评查】 8—9月，区司法局按照市推进依法行政办《2022年度区政府依法行政考核指标》《2022年推进法治政府建设工作要点》部署，组织开展2022年度行政处罚案卷评查工作。评查采取镇街、委办局交叉互评方式，对全区181本案卷中随机抽查73本进行评查，其中合格率100%，优秀率76.7%，案卷评查质量抽验合格率100%。

（郭天旭）

【心理测查风险评估行动】 9—10月，密云区阳光中途之家分三阶段，对全区160余名社区矫正对象开展全覆盖式心理测查风险评估行动，完成测查116名，形成测评报告116份。

（郭天旭）

【乡村“法律明白人”线上培训】 9月20日，区司法局组织开展乡村“法律明白人”线上培训。全区各镇街司法所负责乡村“法律明白人”工作人员及1000余名乡村“法律明白人”参会。区司法局副局长王蕾、区人民检察院第二检察部检察官助理冯思远、北京市檀州律师事务所律师唐容、区人民法院综合审判庭庭长王晓芳分别进行线上授课，内容涵盖习近平法治思想、防范诈骗、人民调解、生活中的民法典等内容。

（郭天旭）

【社会组织助力社区矫正】 9月20日，区司法局与北京市密云区仁和法律服务中心签约，通过向社会组织购买社区矫正服务项目形式，由社会力量对拟适用社区矫正人员的社会危险性和对所居住社区的影响进行公平公正调查评估，综合提出专业评估意见。缓解司法所社区矫正工作人员少、管控压力大突出问题。

（郭天旭）

【“一村一所”结队帮扶启动仪式】 9月26日，区司法局、北京市京师律师事务所、区不老屯镇政府共同

9月26日，密云区司法局、北京市京师律师事务所、不老屯镇政府举行“一村居一律所”结对帮扶启动仪式 （区司法局 供图）

举行“一村居一律所”结对帮扶启动仪式。京师律师事务所与不老屯镇16个行政村建立结对帮扶关系，利用自身专业优势及社会资源，依法帮助化解农村基层治理中的矛盾纠纷，宣传带动企业到不老屯镇投资发展，为辖区农产品销售、农民增收和盘活闲置资产、促进集体经济发展提供法律帮扶、消费帮扶和产业帮扶，共同推动法治向基层延伸，打造律师行业参与乡村振兴的“密云样板”。

（郭天旭）

【区委全面依法治区委员会推进依法行政工作会议】 9月28日，密云区召开区委全面依法治区委员会推进依法行政工作协调小组第一次会议。会议传达北京市委全面依法治市委员会第五次会议、2022年北京市推进依法行政工作领导小组（扩大）会议精神。审议通过《2022年密云区推进法治政府建设工作要点（审议稿）》《关于转发〈2022年度区政府依法行政考核指标〉的通知》《关于2021年度法治政府建设示范项目创建评审情况及2022年开展创建活动的通知（审议稿）》4个文件。区委副书记、区长、推进依法行政工作协调小组组长马新明出席会议并讲话。

（郭天旭）

【行政执法资格考试】 9月29日，区司法局组织10个区属部门46名执法人员参加2022年第三批行政执法资格考试。区司法局提前安排由各考点本单位法制机构或执法机构从事行政执法监督工作的2名人员作为监考员，负责维护考场纪律和解决现场突发技术问题，46名参考人员全部完成考试。

（郭天旭）

【执法协调小组第一次会议】 9月30日，区委全面依法治区委员执法协调小组召开2022年第一次会议。会议传达亓延军在北京市委全面依法治市委员会协调小组2022年第一次会议上的讲话精神，对执法协调小组2022年工作进行部署，审议通过《中共北京市密云区委全面依法治区委员会执法协调小组2022年工作要点》。执法协调小组副组长、区司法局局长张连福，执法协调小组副组长、区纪委副书记、区监委副主任万强及小组成员出席会议。

（郭天旭）

【关爱未成年人健康成长专题宣传】 9月，区司法局利用密云电视台“法润密云”电视专栏，制作以“预防性侵 守护花开——密云区司法局开展关爱未成年人健康成长宣传”为主题的电视节目。节目邀请北京檀州律师事务所唐容律师，为全区中小学生开展教育课。

（郭天旭）

【社区矫正“云”课堂】 9月，区司法局结合全区矫正工作实际，借助法治教育网平台，开展“2022线上+社区矫正工作”政治和业务培训。区、镇街两级社区矫正委员会主管分管领导、矫委会成员、司法所负责人、司法助理员、矫正协管员及派驻援矫干警100人参加。培训是区司法局社区矫正机构首次采用线上模式，学员通过“电脑端”或“微信端”进行自主线上学习。

（郭天旭）

【“惠民直通车”法治宣传】 9—11月，区司法局利用果园、鼓楼社区“惠民直通车”开展创城宣传活动。通过在各社区广场设立法治宣传专门普法摊位，邀请公益律师、普法志愿者为社区群众普及法律知识，发放普法宣传资料。到40个社区开展普法宣传，覆盖群众5000余人。

（郭天旭）

【社区矫正和安置帮教常态化互通机制】 11月14日，区司法局联合密云公安分局制定《密云区司法局密云公安分局社区矫正、安置帮教工作协作暂行办法》。《暂行办法》强化联动协作各项机制建设和发展，增强“两类人员”监管力度，减少“两类人员”风险隐患，有效震慑存在侥幸违规心理的社区矫正对象，确保社区矫正刑事执行公平公正。

（郭天旭）

【第二期领导干部依法行政专题研讨班】 11月21—23日，密云区采取线上、线下相结合方式举办第二期领导干部依法行政专题研讨班。培训聘请相关领域领导、专家、律师，重点围绕法治政府建设、示范项目创建、行政执法、行政应诉、行政规范性文件合法性审核等内容设置课程。全区34个部门、20个镇街（地区）及中关村密云园的负责依法行政工作主管领导及法治工作的科室、执法队负责人参加。

（郭天旭）

【守法普法协调小组第五次会议】 11月22日，区委全面依法治区委员会守法普法协调小组召开第五次会议。会议传达中共北京市委全面依法治市委员会守法普法协调小组第六次会议精神，审议通过《密云区国家机关普法责任制履职报告评议实施办法》并进行“谁执法谁普法”责任制履职评议。区委常委、区委宣传部部长、区委全面依法治区委员会守法普法协调小组组长耿晓婧主持会议并讲话，小组副组长及小组成员参加。

（郭天旭）

【密云首例“线上入矫”】 11月23日，密云区首次采取线上方式，依法接收一名居家隔离社区矫正对象。因矫正对象从事快递工作曾涉风险点位，按防控机构要求居家隔离。为保证刑事执行和疫情防控需要，区社区矫正机构报请市司法局矫正管理处同意后，决定采取线上方式办理入矫手续。通过视频履行接收宣告程序并进行首次接受谈话教育。在疫情防控常态化形式下，密云区通过“线上入矫”形式，杜绝社区矫正对象脱管、漏管情况发生。

（郭天旭）

【宪法书法线上作品展】 12月4日，密云区10位优秀书法家围绕全国宪法宣传周“学习宣传贯彻党的二十大精神，推动全面贯彻实施宪法”活动主题，以“习近平法治思想、《宪法》法条、古代法律名言”为题材，以楷书、行书、隶书、草书、篆书等书体进行创作，作品在公众号上进行展览，用书法形式，抒发爱党爱国和尊崇宪法情怀。

（郭天旭）

【“12·4”国家宪法日宣传】 12月4—10日，区司法局在“宪法宣传周”期间举办各类宪法主题宣传活动。邀请律师、检察官、法官为青少年群体进行线上授课。各镇街、各单位以“学习宣传贯彻党的二十大精神 推动全面贯彻实施宪法”为主题开展法治宣传活动，在全区掀起宪法学习高潮。

（郭天旭）

【引进优秀律师事务所】 年内，区司法局为提升密云区吸引优质法律资源竞争力，制定出台《关于支持律师事务所在密云区发展的若干政策（试行）》，从场地租赁、资金支持、积分落户、子女入学和公租房等方面为律师提供优惠服务。截至年底，有北京市盈科律师事务所、北京市炜衡律师事务所、北京浩天律师事务所和北京威诺律师事务所等4家律师事务所在密云区设立分所。

（郭天旭）

【“密云先锋”行动】 年内，区司法局制定《中共北京市密云区司法局党组关于开展2022年度“密云先锋”行动的工作方案》，召开动员部署会，成立11支党员先锋队，建立“法律服务”“明法释理 定纷止争”“先锋助矫”等23个党员先锋岗。基层党支部开展“缅怀先烈述忠诚，砥砺奋进新征程”“守护绿色家园，共创美好环境”等主题党日20余次，落实“1+10”党员服务机制，开展重大任务服务保障、疫情防控、文明城区创建、为民办实事等先锋行动60余次，组织76名司法行政干警下沉鼓楼街道、果园街道，支援疫情防控。

（郭天旭）

【“迎接二十大 送法进万家”普法活动】 年内，区司法局制定印发《关于在全区开展“迎接二十大 送法进万家”主题普法宣传活动的实施方案》，围绕迎接、宣传、贯彻党的二十大，以宣传习近平法治思想、宪法、民法典等为重点，开展服务大局普法行活动，各单位各镇街开展普法宣传“进机关、进校园、进社区、进乡村、进企业、进重点公共场所、进网络”等活动。全区开展各类宣传活动300余场，发放宣传品6000余件。

（郭天旭）

【引入专家型律师推进全面依法治区】 年内，区司法局依据密云区政府与北京市律师协会签订的《支持密云高质量发展公益法律服务战略协议》，市律师协会遴选出53名知名专家型律师组成公益法律服务专家团，在环境保护、依法行政、工程建设等10个方面，为密云区法治政府建设和高质量发展提供公益性法律支持。专家团律师围绕密云中心工作，在规范重大行政决策、制定规范性文件等工作中提供法律意见，参与涉及密云区重大立法项目的论证和研讨，为密云提供高水准法治保障。

（郭天旭）

【法律援助规范化建设】 年内，区司法局结合市区重点工作任务，围绕服务大局、服务民生两大领域，宣传贯彻落实《中华人民共和国法律援助法》，加强法律援助规范化建设，提高工作质量，提升法律援助工作能力。组织各镇街工作站分别开展妇女、未成年人、军人军属、农民工等重点人群法律援助专项维权活动。全年服务群众4.02万人次，受理法律援助案件805件，其中刑事案件108件、民事案件420件、中彩金案件277件。“12348”法律咨询专线解答法律咨询2.33万人次。开展重点人群法律援助宣传活动60场，发放各类宣传资料6000份。

（郭天旭）

【人民调解和行政调解】 年内，区司法局加强人民调解员队伍建设，做好人民调解员等级评定工作。深化“医调”“访调”“诉调”等矛盾纠纷联调联动化解机制，促进基层人民调解组织与区法院“线上司法确认”衔接工作落实。开展“村居律师在行动”主题活动，发挥村居律师职能，邀请村居律师为各镇街（地区）调委会的调解主任进行人民调解业务培训。加强对行政调解工作指导，聚焦消费者权益保护、旅游等重点领域，调动行政调解组织积极性，引导群众通过行政调解手段化解矛盾纠纷。全年各级人民调解组织开展矛盾纠纷排查 2.65 万次，调解矛盾纠纷 4792 件，调解成功 3935 件。全区受理行政调解案件 2.32 万件，调解成功 1.12 万件。

（郭天旭）

【矫正帮教】 年内，完善和建立社区矫正工作新机制，按照市局部署，完成社区矫正改革，组建完成区、镇两级社区矫正委员会。依法制定完善社区矫正工作配套文件，强化社区矫正执法规范化建设。制定《密云区司法局关于在社区矫正对象中开展心理筛查风险评估工作方案》，对全区 160 余名社区矫正对象开展全覆盖式心理测查风险评估行动。做好刑满释放人员安置帮教工作，落实“三无人员”无缝衔接、困难帮扶等相关工作。截至年底，全区在册社区矫正对象 154 人，在册安置帮教对象 1210 人，共开展社区矫正对象分类教育 179 人次、解矫教育 130 人次。妥善帮扶 52 名特困“两类”人员，发放救助金共 7.3 万元。

（郭天旭）

【法律服务】 年内，区司法局加强网络协同调度平台督查考核力度，严格落实帮办员值班制度，全年通过平台录入工单 1.77 万条，其中法律咨询 1.68 万条、人民调解 328 条、法律援助 456 条、公证咨询 70 条，全年帮办员为来访人员提供取号服务 6930 余次，提供指引服务 1.06 万余次。

（郭天旭）

【法治宣传】 年内，区司法局以党的二十大为主线，围绕中心、服务大局，推进“谁执法谁普法”责任制有效落实，不断扩大“法润密云”普法品牌的影响力，推进法治宣传教育工作。全年开展各类主题法治宣传活动 1500 余场次，发放各类宣传材料 20 万余份，受教育人数 20 万余人次。

（郭天旭）

【文明城区创建】 年内，区司法局贯彻落实《创建全国文明城区测评体系指标任务分解》，制定《密云区司法局创建全国文明城区百日攻坚活动方案》《密云区司法局创建全国文明城区问卷调查宣传工作方案》等文件，统筹法治文艺志愿者、律师、普法讲师团等法律服务队伍，以妇女维权、民法典、《法律援助法》等内容为主题开展“送法下乡”、线上普法课堂等活动，利用社区“一车一站”、制作专题视频、电子保姆入户等多种形式提升问卷调查知晓率。

（郭天旭）

【重大活动维稳安保】 年内，区司法局建立司法行政系统重大活动维稳安保指挥体系，实施战时会商研判机制。指导各级调解组织围绕疫情防控、全国“两会”、北京冬残奥会、党的二十大等中心工作，对辖区内矛盾纠纷开展“滚动式”排查。严格“两类人员”教育管理，全面落实教育管控、请假报备、电子监管等措施，排查“两类”人员 3.26 万人次，入户走访 3213 人次，谈话教育 8256 人次，实现安全风险全部清零，完成重大活动维稳安保工作。加强公证律师行业监督管理，落实律所主任、公证处主任第一责任人职责，教育引导律师、公证员参与维稳安保工作。落实《密云区司法局关于常态化开展扫黑除恶斗争的实施意见》，贯彻执行扫黑除恶问题线索排查、律师代理重大敏感案件报备等工作机制，开展《反有组织犯罪法》学习宣传贯彻活动。

（郭天旭）

军事

MILITARY AFFAIRS

人民武装部

People's Armed Forces Deparment

【概 况】 北京市密云区人民武装部（简称区人武部）在政治建军、应急应战、从严治军、强基固本、军民融合发展上下功夫，开展理论学习、练兵备战、国防教育等重点工作，区人武部全面建设呈现向上向好发展态势。

（谷 阳）

【党管武装】 年内，区人武部党委落实理论学习制度，开展党的二十大精神学习教育，结合工作实际定期对上级文件和指示学习研讨。区、镇两级党委带头落实常委议军、武装工作述职、领导干部过军事日、现场办公等制度，研究解决民兵整组、国防动员、双拥共建中的实际问题，以庆祝建军 95 周年为契机，邀请专家为区“四套班子”及处级以上领导干部作“国际战略形势”辅导报告。

（谷 阳）

【民兵队伍建设】 年内，区人武部做到疫情防控和练兵备战两不误。深化战备综合整治。结合保水护水、社会维稳和防汛防火等重点任务，落实战备教育，建立健全军地应急联动机制，动态化修订完善 4 类 22 种方案预案。突出抓好集训轮训。组织基层武装部长参加卫戍区组织的国防动员系统业务培训，强化业务能力。组织基干民兵轻武器实弹射击、民兵教练员集训、应急民兵力量集中轮训，选派 17 名民兵参加卫戍区首都民兵 6 个课目比武，取得防暴弹投掷个人第三名、防汛抢险第六名、总成绩第六名的成绩。聚力安保执勤。冬奥、冬残奥和“两会”期间，组织 6 个镇的民兵在 8 个进京卡口配合公安执勤。组织 66 名民兵参加党的二十大安保执勤任务，排查人员 16 万人次，车辆 7 万台次。抽组 724 名基干民兵，依托镇街完成疫防技能培训，做好疫情防控力量储备和应急准备。

6 月，区人武部开展民兵训练（区人武部 供图）

（谷 阳）

【国防动员】 年内，区人武部印发《2022 年度民兵组织整顿暨练兵备战总体方案》《密云区 2022 年武装工作安排》。完成年度基干民兵和普通民兵编组任务，着力抓好民兵应急营、排和支援力量编组。编建民兵直升机侦察救援连、网络舆情监控引导分队和网络攻防分队，所编民兵党员比例达 40%、退伍军人比例达 30.3%、专业对口率达 88.7%、新质新域力量达 37%，构建陆、水、空、网民兵立体救援体系。结合春秋两季征兵特点，持续开展征兵宣传，做到电视有视频、镇街有公告、手机有短信、公园有横幅。协调区教委摸清近 6 年大学生信息，动员镇街搞好点对点宣传动员，完成新兵征集任务，全部为全日制大学生新兵，无退兵情况。持续开展国防教育“五进入”等活动，为全区机关团体、乡镇、村队订阅《中国民兵》《华北民兵》《国防》等 5 种 2 万余份报刊杂志；在行宫南区、长安社区、法制公园等居民聚集区组织国防教育专题宣讲活动；会同区教委完成密云二小、三中和高岭学校作为全国国防教育示范校的复核与申报工作；会同军委机关和部队、北庄镇政府大力推进北庄镇中心小学“八一爱民学校”建设挂牌；会同退役军人事务局前往立功受奖官兵家庭送喜报。

（谷 阳）

7 月，区人武部开展全民国防教育进社区活动

（区人武部 供图）

【从严治军有序推进】 年内，区人武部严抓疫情防控。成立疫情防控专班，传达学习上级指示要求，编

发防疫手册，严格落实军委、陆军及卫戍区疫情防控政策和要求，动态调整人武部防控措施，常态化做好体温检测、营区洗消、营区封闭点对点上下班及在外人员动态跟踪等工作，实现末端防控“零感染”目标。开展“学法规、用法规、守法规”和法治军营建设活动。坚持每月开展一次安全教育、召开一次安全形势分析会、组织驾驶员开展警示教育，保密教育和检查常抓不懈，扎实做好一人一事的工作，及时消除问题隐患和苗头。落实党委理财各项制度，推进资产管理、公务卡结算，抓好物资采购、伙食保障、车辆管理，完成资产可视化建设工作，落实武器装备管理各项规章制度，做好春秋两季保养，提高经费使用效益和服务保障水平。

（谷　阳）

【巩固军民关系】 年内，区人武部协调驻区部队参与地方建设，做好创建双拥模范城和创建全国文明城区活动，开展爱国卫生月、创城大扫除、节水文明周、义务植树等活动。协调驻区部队在区法制公园、金正福寿敬老院、密云献血站等地开展学雷锋志愿服务活动，为群众帮危助困。为退伍军人查证档案 9831 份。协助做好军人子女入学入托，协调区领导和镇街主要领导慰问演练驻训官兵。疫情时期为驻密部队协调解决核酸检测、道路疏导、驻地帮助等需求。

（谷　阳）

人 民 防 空

People's Aerial Defense

【概　况】 北京市密云区人民防空办公室（简称区人防办）坚持人民防空为人民的发展理念，履行“战时防空、平时服务、应急支援”使命任务，完成《密云区人民防空分区规划（2021 年—2035 年）》《密云区防空袭方案》修编工作。完成“全民国防教育日”和 12 月 6 日全国哀悼日警报鸣放任务。升级改造人防指挥所并完成验收，建设人口疏散地域。做好防空防灾宣传教育“五进入”工作。更新社区 150 块人防宣传栏及 6 处宣教阵地宣传内容。优化营商环境，落实“四方责任”和市、区两级疫情防控措施，开展人防工程检查 300 余次，对 2 起违法行为进行处罚，人防工程内无散租住人现象，无疫情发生，保持“动态清零”。“12345”接诉即办三率达 100%。

（刘双杰）

【组织指挥体系】 年内，区人防办完成人民防空指挥所升级改造和验收工作，建设人口疏散地域。定期对已建设的高点监控设备、区防空防灾指挥中心各项设备、系统进行巡检，各项设备运行正常，与市人防、区应急办、各镇（街）指挥所联通顺畅，完成应急值守监控工作。开展固定、移动人防指挥自动化系统日常训练和维护管理工作，在“节、假、日”和重大活动期间，完成应急保障任务。

（刘双杰）

【防空警报试鸣】 年内，区人防办对全区所有防空警报设备进行巡检，参加市人防办组织的防空警报系统培训，完成“全民国防教育日”和 12 月 6 日全国哀悼日警报鸣放工作。

（刘双杰）

9 月 14 日，区人防办开展警报鸣放工作，在中加荣园社区开展疏散演练　（刘双杰　摄）

【安全生产】 年内，区人防办对人防工程开展安全检查。重点开展可燃物清理、违规停放电动车及充电等检查工作，消防安全隐患得到治理，提高消防火灾险情处置能力。指导各人防工程使用单位做好防汛工作，确保安全度汛。牵头开展地下空间三年整治行动，开展人防工程安全隐患排查治理工作，保持全区人防工程无散租住人现象。

（刘双杰）

【行政执法】 年内，区人防办检查人防工程 300 余次，保持全区人防工程无散租住人现象，确保“动态清零”。办理人防工程标准审查事项 19 项、平时利用审批 44 项、竣工验收备案 4 项，行政处罚 2 起。开展人防工程易地建设费追缴工作，截至年底，追回欠款 727 余万元。

（刘双杰）

3 月 22 日，区人防办对新刘棚户区改造项目开展人防工程施工质量监督检查

（张正峰　摄）

【民生实事】 年内，区人防办负责承担密云区 2022 年重要民生实事项目第 13 项“实施人防工程基础设施建设，规划利用人防工程设施建设停车位 600 个”。通过严格规划、应建尽建，提前完成任务。

（刘双杰）

【人防宣传教育】 年内，区人防办在社区安装 150 块人防宣传栏，社区覆盖率 85%。完善社区人防基础设施，为观唐小区、弗农小镇、悦欣汇、锦悦府 4 个小区安装人防应急亭和疏散标识牌。组织社区居民开展防空防灾应急演练活动，增强社区的组织能力和居民的应急避险能力，落实人民防空“最后一公里”。

（刘双杰）

9 月 14 日，区人防办到中加荣园社区开展应急演练知识宣传活动　（刘双杰　摄）

【疫情防控】 年内，区人防办落实“十应十尽”，做好疫情防控政策宣传和机关内部疫情防控工作，确保“零感染”。按照区委组织部安排，下沉机关干部支援社区做好疫情防控工作。严格落实“四方责任”和市、区两级各项疫情防控措施，做好全区所有人防工程疫情防控工作。

（刘双杰）

保水保生态

PROTECTING WATER AND ECOLOGY

综 述

Overview

2022年，密云区始终践行保水保生态首要政治责任，制定实施《密云水库流域生态保护与绿色发展方案》系列文件，积极探索建设水库一级区“生态特区”，密云水库入选全国“美丽河湖”优秀案例。持续拓展“5+2”保水机制，深化科技保水，挂牌成立密云水库生态文明建设研究中心，建成国内首例大型水库水环境保护分析系统。密云水库水质保持地表水环境质量Ⅱ类以上标准，潮河、白河上游首次同时出现Ⅰ类标准，累计向水库下游生态补水15.1亿立方米，水资源战略储备能力全市最强。制定全市首个《环境保护禁止令实施办法》，强化“河长+警长+检察长+法院院长”协同机制。打好污染防治攻坚战，扎实推进无燃煤区和基本无裸露区建设，$PM_{2.5}$平均浓度26微克/立方米，创有记录以来最好成绩。实施“双碳”战略，率先在全市启动创建国家环境保护模范城市。生态建设大幅提升，在全市率先完成5322亩新一轮百万亩造林任务，森林蓄积量达525万立方米，湿地面积1.9万公顷，野生鸟类增至406种。率先出台《建立健全生态产品价值实现机制的意见》，主动推进国家生态产品认证，促进生态产品增值，生态服务价值达到1150亿元。强化督察整改，扎实完成中央、市级生态环境保护督察整改年度任务。

（孙旭彤）

水 源 保 护

Source Water Protection

【概 况】 2022年，密云水库综合执法大队深入贯彻落实习近平生态文明思想和习近平总书记重要回信精神，深化“5+2”保水体系，强化综合执法，开展密云水库安全整治百日行动，提高管理效能，提升保水科技水平，水源保护各项工作取得成效。

（王 星）

【密云水库生态文明建设研究中心成立】 8月30日，密云水库生态文明建设研究中心揭牌成立。研究中心由密云水库综合执法大队、区生态环境局、区科委等部门牵头和推动，是以清华大学环境学院为领军力量，联合启迪瑞景能源环境科学研究院等行业机构和专家共建的事业单位。研究中心以国家生态文明和重大环境战略需求为导向，突出“五新”创新特色，围绕“水环境、水资源、水生态、水经济、水机制”开展研究。

（王 星）

【密云水库安全整治百日行动】 8—10月，密云水库综合执法大队开展密云水库安全整治百日行动。对密云水库一级保护区及上游河道开展地毯式大排查、大清理，建立问题台账，清除环境污染隐患，全面提升库区环境。出动执法队员5086人次，执法车998车次，执法船201船次，清退游人663人，行政处罚立案180起，罚款8.4万元。

（王 星）

【密云水库监测、防控及管理体系课题研究】 12月，密云水库流域监测、防控及管理体系构建课题研究通过市科委验收。根据密云水库保护区精细化管理要求，课题构建区域协调、空间联动、立体监测和智能化的管理模式，研建水源保护网格化综合智能管理平台系统，为密云水库水质水生态监测和风险预警提供科学技术支撑。

（赵冰洁）

【区保水委员会建设】 年内，区保水委员会办公室制定《北京市密云区保水委员会2022年重点工作任务》，确定8个方面26项具体措施，组织召开2022年密云区保水委员会全体会议，将具体举措落实到各部门、各镇街。对北京市密云区保水委员会组成人员等进行调整，印发《关于调整北京市密云区保水委员会组成人员的通知》，将各镇街（地区）党（工）委书记、镇长、办事处主任纳入区保水委员会成员。

（赵冰洁）

【水源保护】 年内，区保水委员会办公室协调推进密云水库保水三年行动计划、市区党代会重点任务等工作。针对库区安全管护、网格化管理等问题，制定印发《密云水库安全管护工作方案》《关于进一步加强密云水库安全管护工作的通知》《关于加强保水网格化管理监督检查的通知》等，督促各镇结合水位上涨调整库区管护方式，推动不老屯镇、石城镇增加管护卡口4处，确保责任落实到人、安全管护到位。

（赵冰洁）

【密云水库高水位运行安全保障】 年内，区保水委员会办公室制定印发《密云水库安全管护工作方案》，围绕实现“水体水质安全、生态环境安全、防火防汛安全、人民生命安全、生产生活安全”5 个安全目标，动态调整库区卡口管护方式，合理设置值守点位、巡查路线和时间，增加巡查频次，高水位运行以来调整值守点位 60 余个。

（王　星）

8 月，密云水库高水位运行水上执法巡查

（李腾云　摄）

【综合执法检查】 年内，密云水库综合执法大队加强非法捕鱼、乱倒垃圾、破坏围网等方面日常执法，在清明、中秋、端午等重点节日及冬奥会等重要时间节点开展打击垂钓执法行动、清网行动等专项执法。全年出动执法队员 3.09 万人次，执法车 6020 车次，执法船 869 船次，罚没物品 656 件，立案 771 起，罚款 38.29 万元。

（王　星）

8 月，密云水库综合执法大队对非法垂钓开展执法检查　（李腾云　摄）

【保水网格精细化管理】 年内，密云水库综合执法大队制定印发《加强密云水库水源保护促进农民保水就业推进网格化管理的实施意见（2021 年 7 月—2024 年 6 月）》，对密云水库一级保护区及潮河白河上游主河道“定格、定人、定责、定章、定效”，层层压实责任，确保精细化管理落到实处。通过督查检查巡查发现水源保护问题 717 个，全部完成整改。

（王　星）

【一级区污水处理设施执法检查】 年内，密云水库综合执法大队对一级区污水处理设施开展常态化执法检查，通过召开整改现场会、部门协调会，对运维公司警示教育，与区水务局建立联合检查机制等方式，督促解决溪翁庄白草洼、石城镇市场、云蒙山、河北村、太师屯镇煤厂、小漕村等污水处理站污水溢流，不老屯杨各庄、董各庄等村个别住户污水直排问题。全年检查污水处理站 1500 余座次，发现问题联系属地镇并完成整改。

（赵冰洁）

【重点污染源监管】 年内，密云水库综合执法大队针对污水、垃圾、油烟等重点污染源制定监管办法，建立工作台账，实行“一户一档”，对一级区企事业单位污水处理、垃圾分类、油烟净化等方面开展每月一次全面执法检查，确保不对水源产生污染。

（赵冰洁）

【行刑衔接】 年内，密云水库综合执法大队按照《关于建立联合打击密云水库环境类违法犯罪联合协作工作机制的意见》，发挥水源执法人员专业性和公安机关的侦查优势，严厉打击涉水违法违规行为。建立案件会商机制，针对重大、疑难案件，同区公安局、法院、检察院及时召开会商会，对处置流程开展交流研讨。

（王　星）

【联合执法检查】 年内，密云水库综合执法大队与北京市水务局综合执法总队联合印发《密云水库库区执法权责划分及联动工作方案》《2022 年联合执法、水源保护宣传及党建联动工作重点任务》，厘清水源保护责任，确定联合执法方式、执法内容。同市生态环境局、市农业综合执法总队、市水务综合执法总队，针对电鱼、禁渔期非法捕捞以及一级区污水处理问题，开展联合执法检查，发现问题并完成整改。

（王　星）

【保水就业】 年内，密云水库综合执法大队争取惠民资金，推进保水就业。由库区周边镇村农民组建保水网格员队伍 2150 人，每月发放 1500 元劳务补贴。“水源生态保护岗”700 个，执行北京市最低工资标准，协助各镇及执法分队开展水源保护工作。争取网格化管理惠民资金和公益性就业岗位惠民资金 7000 余万元。

（赵冰洁）

【总书记重要回信两周年系列活动】 年内，密云水库综合执法大队开展“习近平总书记重要回信两周年”系列活动。聚焦密云保水举措和保水成效，协调新华社、中央广播电视总台、人民日报等中央媒体，北京日报、北京广播电视台、新京报和北京青年报等市属媒体实地采访，对密云区构建“5＋2”保水体系、建立京冀“两市三区”保水共同体，打造全领域全覆盖保水格局，全方位守护密云水库进行宣传报道，在中央和市属媒体播发密云保水保生态报道 70 余条。

（王　星）

【保水志愿服务活动】 年内，密云水库综合执法大队成立“首都老兵——密云水库护水志愿服务队”，围绕密云水库环境保护、保水护水宣传、重大节日和活动辅助工作开展志愿服务，助力破获多起涉水违法案件。打造“水库儿女”志愿者队伍，助增保水力量。携手区青年企业家联合会开展保水护水活动，12 家企业代表跟随队员到水库执法一线，助力水源保护。

（王　星）

6 月，首都老兵——密云水库护水志愿服务队成立　（李腾云　摄）

密　云　水　库

【概　况】 2022 年，北京市密云水库管理处坚持以防汛供水、工程管理和保水护水为重点，围绕工程安全、供水安全、防汛安全、水质安全目标，推进各项工作开展。密云水库持续高水位运行，全年库水位在 151.45 米至 153.87 米，最大蓄水量 33.39 亿立方米。针对常态化的高水位运行状况，大幅度增加巡视检查、安全监管和隐患排查频次，全年开展工程巡查约 2.6 万人次。全年可利用来水量 2.76 亿立方米，汛期可利用来水量 0.64 亿立方米；全年流域平均降水量 332.7 毫米，比上年同期偏少 49%，成功应对“7·27”“8·18”等典型降雨及大风冰雹等极端天气。执行供水和生态补水任务，向城市供水 1.52 亿立方米，生态补水 4.7 亿立方米。全年对 233.33 公顷涵养林实施有害生物绿色防治，未发生规模性虫害。开展湿地生态修复，栽植水葱等湿地植物 26.67 公顷。观测鸟类 228 种，编制完成首部《密云水库鸟类图册》。密云水库调度运行科获全国水旱灾害防御工作先进集体称号。

（崔亚伟）

【水生态保护与发展规划座谈会】 4 月 7 日，密云水库管理处为推动《北京市密云水库流域水生态保护与发展规划（2021—2035 年）》落实，市水务局党组成员、副局长杨进怀带队到密云水库调研并召开座谈。会上，市水文总站汇报密云水库流域涉及密云区相关乡镇断面水文水质监测评价结果；密云区有关单位和流域内相关 11 个乡镇围绕落实《规划》重点任务分别进行汇报，与会人员开展交流并提出工作要求，要做实 2022 年水源保护重点任务，强化水生态空间管控，提高协同联动效率，构建专人专项工作机制。

（崔亚伟）

【防洪、生态补水及河道规划调研】 4 月 21 日，北京市副市长谈绪祥带队到密云水库第一溢洪道、潮河输水隧洞、下会水文站等地点，围绕潮白河防洪保安、生态补水及河道规划建设开展调研。到第一溢洪道改建工程施工现场听取项目进展情况汇报，了解重点水利工程建设和防汛备汛工作推进情况；到潮河输水隧洞生态补水现场了解密云水库生态补水工作、水库水位、上年降雨及来水情况；到下会水文站了解水文站建站历史、河道水情及主要业务，查看水文站运行情况，观摩下会水文站职工铅鱼实测流量、设备操作和计算流量数据等水文测报过程。

（崔亚伟）

【密云水库向潮白河生态补水】 8 月 28 日，历时 486 天的密云水库向潮白河生态补水工作完成。是 21 世纪以来北京境内潮白河流域实施的最大规模生态补水，分为两个阶段，总补水量 15.1 亿立方米。第一阶段为 2021 年 4 月 30 日至 5 月 27 日潮白河春季试验性生态补水，为探索潮白河河道补水能力，了解流域内水资源、水生态、水环境现状，历时28天，补水量1.9亿立方米。第二阶段为2021年7月26日至2022年8月28日，补水量13.2亿立方米，实现潮白河流域内的水系连通，北京境内河道全线通水，缓解流域内水资源紧缺现状。

（崔亚伟）

【密云水库第一溢洪道改建工程】 12月，密云水库第一溢洪道改建工程新闸结构建设完成，并完成全部配套附属设施建设，具备挡水能力。密云水库第一溢洪道改建工程，位于穆家峪镇潮河黄各庄，总投资2.3亿元。2019年7月1日开工，建设单位为北京市密云水库管理处、设计单位为北京市水利规划设计研究院、施工单位为北京通成达水务建设有限公司。新建溢洪道建筑物级别为1级，为5孔9m×8m带胸墙潜孔式水闸，工作闸门采用潜孔弧形钢闸门，液压启闭机启闭，合理使用年限150年，闸门合理使用年限50年。设计洪水位157.5米时，泄流能力4300立方米/秒；校核洪水位158.5米时，泄流能力4490立方米/秒。

（崔　凯）

密云水库鱼

在北京市密云城区北13千米处，有片一望无际的绿水，坐落于燕山群峰中，山水相映，风景如画，它就是素有“燕山明珠”之称的密云水库。密云水库是华北地区最大的水库，也是首都北京最重要地表饮用水水源地，水面面积188平方千米，库容43.75亿立方米，环密云水库有200千米，涉及溪翁庄、石城、冯家峪、不老屯、高岭、太师屯、穆家峪7个镇。

密云水库特产野生密云水库鱼，是北京著名的鱼乡，库区水质长期保持国家地表水Ⅱ类水标准，为鱼类生长提供良好的自然条件。主要鱼种有鲢鱼、鳙鱼、青鱼、草鱼、鲫鱼、鲤鱼、鲂鱼7种，2021年、2022年连续两年获得密云水库鱼有机产品认证证书。

密云水库鱼可谓“密云美食一绝”，以其肉质鲜嫩、营养丰富、无土腥味儿、无污染而闻名京城。密云水库水域广阔，30—50斤的大鱼屡见不鲜。“全鱼宴”是密云的招牌菜，讲究鱼身上的任何部位都不能浪费，鱼鳞、鱼皮、鱼鳍都可做成佳肴。自2003年以来，密云区连续举办鱼王美食节，这使得密云水库鱼更加声名远播，作为京郊旅游特色饮食文化的代表，成为北京人心目中的鱼之上品。

密云水库鱼最受欢迎的菜：侉炖鱼和酱炖鱼。侉炖鱼讲究原水炖原鱼，鲜鱼入锅后加入密云水库的水，只放盐、葱、姜、蒜等少量佐料。炖出来的鱼肉紧实又鲜嫩，不腥不腻，汤乳白似奶，味鲜醇香。酱炖鱼最美味的首数酱炖鱼头，酱炖鱼头就是以“胖头鱼”为主料，在铁锅内倒入浓浓的酱汁，再加入炖鱼老汤，临出锅前在锅沿儿贴上一圈玉米饼，鱼头带股浓郁的酱香，再以玉米饼蘸酱汁，别有一番风味。吃酱炖鱼头讲究先从鱼唇吃起，鱼脑、鱼眼睛、螺丝转都是特别有营养的部位。

（区农业服务中心）

水　务

Water Affairs

【概　况】 2022年，北京市密云区水务局（简称区水务局）负责密云区水行政管理工作，撤销局属科级事业单位1个（密云水务站），新设科级事业单位1个（河长事务中心）。区水务局坚持以习近平生态文明思想及“节水优先、空间均衡、系统治理、两手发力”治水方针为指导，统筹密云水库一级区保护与发展，牵头制定《密云区密云水库流域生态保护与绿色发展实施方案》。完成72个村污水治理任务、2021年供水和排水设施水毁修复工程及密云水库一级区农村应急饮水工程。制定《密云水库高水位运行防汛抢险工作方案》，制定密云区总河长令，成立河长事务中心。开展水资源管理、水土保持及安全防护设施修复、智慧水务1.0建设、海绵城市建设等重点工作。

（姚周知）

水资源管理

【水资源调度】 年内，半城子、遥桥峪、沙厂3座中型水库向下游补水2738.32万立方米。其中半城子水库向密云水库补水391.06万立方米，遥桥峪水库向密云水库补水1444.4万立方米，沙厂水库向下游补水902.86万立方米（通过南干渠向巨各庄镇补水186.62万立方米，通过东水西调管线向密云城区补充景观用水716.24万立方米）。配合密云水库向潮白河开展生态补水工作，全年密云水库向潮白河生态补水4.96亿立方米。

（姚周知）

【取用水管理专项整治行动】 年内，区水务局开展取用水管理专项整治行动整改。组织开展取水口核查登记，对未经批准擅自取水、取水监测计量不规范、未按规定条件取水等问题进行认定，建立 667 个问题台账，并全部督促整改完成。

（姚周知）

【地下水管理专项排查整治】 年内，区水务局对全区机井开展全面排查，分类梳理整改问题清单，向取水户下发 281 份整改通知书（其中市级 16 份、区级 265 份），完成整改 241 份（其中市级 10 份、区级 231 份）。

（姚周知）

【取水许可电子证照治理】 年内，区水务局开展取水许可电子证照治理，推进取水许可证照标准化、规范化，治理区级电子证照 921 件、市级电子证照 54 件。

（姚周知）

【地下水地源热泵用户监督检查】 年内，区水务局根据北京市《地下水地源热泵基础台账》，对密云区上账的 19 户开展监督检查，并督促存在问题的 4 户完成问题整改。

（姚周知）

【地下水动态观测】 年内，区水务局对全区 21 眼典型观测井开展动态观测。平原区 13 眼观测井地下水埋深平均值为 20.59 米，与去年同期对比处于下降状态，下降平均值为 5.11 米；库北山区 4 眼观测井地下水埋深平均值为 7.14 米，与去年同期对比处于上升状态，上升平均值为 0.71 米；库南山区 4 眼观测井地下水埋深平均值为 97.99 米，与去年同期对比处于下降状态，下降平均值为 2.77 米。

（姚周知）

供 水 管 理

【强化供水管理】 年内，区水务局编制《密云区镇级供水厂运营工作指导意见》。委托第三方对全区供水厂（站）定期开展水质检测、设施巡查、水厂运行安全检查工作，并督促整改。梳理全区供水设施供水方式、水源、供水站数量、消毒设施等数据，更新供水设施台账。

（姚周知）

【密云水库一级区农村应急饮水工程】 年内，区水务局完成密云水库一级区农村应急饮水工程，彻底解决 5 个镇 14 个村饮水问题，安装净水设备 27 台，工程设计总投资 4800 万元。

（姚周知）

【集中供水村庄分户水表安装工程】 年内，区水务局开展集中供水村庄分户水表安装工程。截至年底，安装分户水表 1.49 万块。

（姚周知）

【饮水井智能远传计量设施安装工程】 年内，区水务局根据北京市水务局《智慧水务 1.0 总体设计方案》要求，融合 5G、NB－IoT 等新一代通信技术，搭建感知物联网平台。对农村地区 235 眼规模以上饮水井安装水量远传设施，实现用水量实时上传，工程设计投资 125.73 万元。

（姚周知）

【农民用水协会及管水员管理】 年内，区水务局完成全区 8 个农民用水协会年审工作。汇总各镇管水员更换考试需求人数，及时选取发放考试试题，督促镇政府按计划组织管水员开展考试，全年完成 73 人次管水员更换、考试录用工作。

（姚周知）

节 水 管 理

【计划用水指标执行情况】 年内，密云区生产生活计划用水指标 7175 万立方米（新水 6680 万立方米，再生水 495 万立方米），其中居民家庭 2386 万立方米（新水）、公共服务 1023 万立方米（新水）、工业 562 万立方米（新水）、农业 2560 万立方米（新水）、环卫绿化 644 万立方米（新水 149 万立方米，再生水 495 万立方米）。全年实际生产生活总用水量 5222.03 万立方米，其中新水 4939.81 万立方米。

（姚周知）

【节约用水管理】 年内，区水务局制定《密云区“十四五”用水总量管控方案》《密云区节水行动实施方案（2021—2025）》《密云区 2022 年节水行动重点工作方案》。计划用水管户 1320 户，单月下发自备井和自来水预警通知 380 户次，双月下发自备井超计划告知书 201 户次，自来水超计划用水单位 10 户次，收取超计划加价水费 3.95 万元，季度下发镇街（地区）生产生活用水超计划预警通知 11 户次，约谈 4 个镇街和 12 个用水单位。

（姚周知）

【节水器具改造工程】 年内，区水务局在宾阳里、檀府家园、宾阳西里、康馨雅苑 4 个小区升级改造节水器具 3006 件。

（姚周知）

【节水型村庄和节水型企业（单位）创建】 年内，区水务局开展节水型村庄和节水型企业（单位）创建工作。开展节水载体建设 61 个，复验 5 个。其中创建节水型机关 36 个，全部机关和事业单位节水创建达 100%（含 30 个党政机关、6 个事业单位）。创建节水型企业（单位）10 个，复验 4 个。创建节水型村庄 15 个，复验 1 个。

（姚周知）

【节水监督检查】 年内，区水务局对各用水单位及特行用水单位开展定期和不定期监督检查 1443 余次。对 830 户用水单位开展节水评价标准和节水定额宣贯，指导督促用水单位挖掘节水潜力。办理临时用水指标、节水设施竣工验收等事项 70 项。

（姚周知）

【节水宣传】 年内，区水务局利用“世界水日”“中国水周”和“全国城市节水宣传周”契机，开展节水“七进”宣传活动 26 次、节水大讲堂 5 次，发放宣传材料 3 万余份，微信群线上宣传 10 余次，发送节水短信 23 万余条。

（姚周知）

5 月 15 日，区水务局开展“全国城市节约用水宣传周”宣传活动　（区水务局　供图）

【水资源费改水资源税】 年内，区水务局开展用水单位水资源税征收核量工作。对已建自备井单位水量远程监控系统及设备运维巡检 1512 次。全年征收污水处理费 233.96 万元，追缴镇级水厂水资源费 39 万元。

（姚周知）

【海绵城市建设】 年内，密云建成区海绵城市达标面积比例达到 32.4%，建成区面积 27 平方千米，增加达标面积 2.21 平方千米。新增海绵城市相关项目 38 处，主要设施包括透水铺装 11614 平方米、下凹绿地 29566 平方米、蓄水池 3408 平方米。

（姚周知）

水利工程建设与管理

【中型水库维护】 年内，区水务局投资 75 万元，完成沙厂、遥桥峪、半城子 3 座中型水库的岁修工程。

（姚周知）

【行洪障碍物清理整治】 年内，区水务局按照水利部、市水务局关于做好妨碍河道行洪障碍物清理整治工作的通知要求及任务清单，开展密云区妨碍河道行洪障碍物清理整治工作，拆除障碍物 9 处，其中漫水桥 5 处、挡水坝 3 处、成片树林 1 处。

（姚周知）

【肖河峪水库险加固工程】 年内，密云区肖河峪水库经安全评价属病险水库，需进行除险加固。主要施工内容为对大坝上下游坝面进行维修、加固，并改造泄洪洞及闸门，工程总投资 661.94 万元。于 3 月开工，10 月 31 日完工。肖河峪水库建成于 1969 年，位于潮河支流红门川河支流右岸支沟，库容 16.75 万立方米，流域面积 14.91 平方千米，为小（2）型水库。

（姚周知）

10 月 20 日，区水务局开展肖河峪水库险加固工程　（李勋　摄）

水 土 保 持

【水土保持监督】 年内，区水务局按照《中华人民共和国水土保持法》《北京市水土保持条例》要求，完成 19 个生产建设项目水土保持设施自主验收报备，开展生产建设项目水土保持事中事后监督检查 84 个，下发水土保持告知书 22 个、督查函 16 个。

（姚周知）

【水土保持监测及设施设备维护】 年内，区水务局完成 2022 年密云区水土流失监测与设施维护及 2022 年石匣水土保持科技示范园运行维护项目工作。开展石匣、大关桥坡面径流场水土流失定位监测和监测设施设备维修维护工作，并向市水生态与水保中心提交监测成果及运行维护工作报告，编制发布《2021 年密云区水土保持公报》。

（姚周知）

【村庄水土保持及安全防护设施修复项目】 年内，区水务局完成密云区村庄水土保持及安全防护设施修复项目，修复 43 条小流域水毁设施，涉及不老屯、东邵渠、冯家峪等 13 个镇 53 个行政村，主要建设内容为护地坝 6772 米，护村坝 1297 米，挡土墙 2763 米。项目预算资金 2710.54 万元，其中工程直接费 2472.27 万元。

（姚周知）

水旱灾害防御工作

【防汛组织机构及制度】 年内，区水务局按照市局水务防汛指挥体系架构和区防指要求，成立 4 个流域防汛指挥部，修订完善水务分指、3 座中型水库、潮白河道、19 座小型水库、54 座塘坝的防洪抢险应急预案和洪水调度方案，编制《2022 年密云水库高水位运行防汛抢险工作方案》《2022 年密云水库高水位运行人口转移工作方案》，与滦平县、兴隆县水务局签订了《共同推进水旱灾害防御工作机制》。成立 5 人防洪专家组，指导洪水调度工作。组建水务专业技术抢险队 1 支，3 座中型水库、潮白河道抢险队 4 支，合计 165 人。

（姚周知）

【雨水情况】 年内，密云本站累计降水量 483.1 毫米，去年同期 1235.2 毫米。其中汛期（6 月 1 日至 8 月 31 日）降雨量 393.2 毫米，去年同期为 818.1 毫米，比上年同期减少 52%。

（姚周知）

【防汛物资储备】 年内，区水务局在半城子水库、沙厂水库、遥桥峪水库、潮白河道管理所储备防汛抢险物资，主要包括编织袋 7.35 万条、膨胀麻袋 1500 条、砂石料 2 万立方米、铅丝笼 1200 立方米、铁锨 500 把、镐 470 把等，增加物资储备种类、数量，完善防汛物资储备调拨机制。

（姚周知）

【监测设备维护检测】 年内，区水务局完成全区 34 部电台、73 座雨量遥测站、25 座水位雨量一体站、16 座卫星站的检修，新建 20 座小水库视频、雨量、水位一体站，完成区级山洪灾害预警平台升级改造。

（姚周知）

河长制工作

【河长制巡查】 年内，区级河长巡河 171 人次，镇级河长巡河 993 人次，村级河长巡河 3.66 万人次，巡河率稳定保持在 100%。

（姚周知）

【河湖“清四乱”】 年内，区水务局结合密云区中小河道、水库和小微水体等水环境现状，常态化持续推进“清河”“清四乱”工作。市、区部门发现问题 1789 处，整改 1740 处，整改率 97.26%。

（姚周知）

【防溺水专项行动】 年内，区水务局制定《北京市密云区汛期暑期防溺水专项行动实施方案》。组织开展汛期暑期防溺水专项行动，排查涉水风险点位 11 处，并针对风险点位，增设标识警示标牌 40 块、语音提示器（手持喊话器）14 个、救生圈 28 个、救生绳 6 条、救生衣 20 件、救生杆 6 根。

（姚周知）

【河道非法采砂专项整治行动】 年内，区税务局开展河道非法采砂专项整治行动。累计组织巡查检查 1400 余人次，巡查长度 2 万余千米，查处违法案件 3 起。

（姚周知）

【创建“河长+院长”协作机制】 年内，区水务局、区法院及密云水库一级保护区内溪翁庄、石城、冯家峪、穆家峪、太师屯、不老屯、高岭镇在区人民法院签订《“河长+院长”法治保水合作协议》，确立联席会议、联动巡查、能动互助、资源共享、联组培训、联合普法等工作机制。

（姚周知）

【北京优美河湖评定】 年内，区水务局组织相关单位发动市民参与 2022 年优美河湖评选活动，白马关河累计投票数 48 万张，全市排名第一。

（姚周知）

水环境治理

【第二批村农村污水配套管网工程】 年内，区水务局开展第二批 53 个村农村污水配套管网工程。项目涉及不老屯镇、石城等15个镇53个村，各镇工程于5月具备施工条件，截至年底，15个镇38个村开工建设，累计新建污水管网73.86千米。

（姚周知）

【供水及污水前端收集系统建设工程】 年内，区水务局开展密云区美丽乡村穆家峪镇西穆家峪村等132个村供水及污水前端收集系统建设工程。项目涉及穆家峪镇西穆家峪村等16个镇132个村，各镇工程于2022年5月具备施工条件，截至年底，15个镇52个村已开工建设，累计完成管网217千米。

（姚周知）

【第三批农村污水配套管网工程】 年内，区水务局开展第三批42个村农村污水配套管网工程。项目涉及溪翁庄镇等10个镇42个村，截至年底，十里堡镇、东邵渠、西田各庄、穆家峪、大城子、河南寨6个镇取得施工许可证；东邵渠、十里堡、穆家峪、西田各庄4个镇完成安全、质量监督注册手续；穆家峪镇开工建设，累计完成管网16.4千米。

（姚周知）

【污水治理PPP项目】 年内，区水务局开展132个村污水治理PPP项目。项目涉及不老屯、石城、北庄等16个镇132个村，截至年底，各镇取得区发改委项目建议书（代可研报告）和初步设计概算批复，完成施工图设计；3个片区《PPP项目实施方案》《PPP合作协议》和《PPP项目合同》通过区政府常务会审议，完成社会投资人招标工作。

（姚周知）

政务服务

【行政许可】 年内，区水务局落实“双随机”“双公示”制度，公示“双随机检查”169件，通过密云公共信用信息交换共享平台数据归集功能公示行政许可信息163条，行政处罚信息18条。审批取水许可57件，水影响评价28件，办理排水许可证92件。

（姚周知）

【潮白河道管理】 年内，区水务局出动河道保洁人员9253人次、清运车708车次、水草清割船及垃圾打捞船1500台班，打捞清割水草等水域漂浮物及清理河道管理范围内垃圾3560余方；与区融媒体中心联合录制宣传节目12期，向区教委、沿河各镇街及相关单位发放《珍爱生命，共同维护城市水域环境倡议书》22份；新增及更换警示牌及喷涂混凝土警示牌警示标语470块，在橡胶坝、河道漫水桥两侧边坡喷涂“禁止钓鱼、游泳、烧烤、宿营”等警示宣传口号40处；联合渔政、公安、园林中心等部门开展联合执法15次，全年出动执法人员、坝房及巡查人员2.12万人次，劝离垂钓、游玩、烧烤等人员3.14万余人次，查扣渔网60余片，移交区农业农村局渔政部门电鱼、使用禁用渔具、下网捕鱼案件45起。

（姚周知）

【水政执法】 年内，区水务局履行保水责任，加大水事违法查处力度。全年开展行政检查4612次，办结行政执法案件251起，批评教育600余人，行政处罚金额41万余元。

（姚周知）

【大中型水库移民后期扶持】 年内，区水务局核定农户移民人口57108万人，较上年减少529人，按照每人每年600元标准，发放资金总额3421.08万元。核定农转非移民7779人，较上年减少467人，按照每人每年560元标准，发放资金总额435.62万元。核定水库一级保护区内生活困难群众31926人，较上年减少196人，按照每人每年2000元标准，发放资金总额6385.2万元。核定大中型水库库区和移民安置区内户籍家庭子女教育扶持人口1742人，发放教育扶持资金312.2万元。

（姚周知）

生态环境保护

Environment Protection

【概　况】 2022年，北京市密云区生态环境局（简称区生态环境局）以密云区生态环境质量进一步改善为目标，坚持生态优先、保水富民、绿色发展、特色一流，持续完善生态环境保护体制机制。区域细颗粒物（$PM_{2.5}$）年均浓度26微克/立方米，排名全市第一，创有监测记录以来最好水平；空气质量达标天数288天。密云水库水质始终保持国家地表水Ⅱ类并稳中向好，主要入库河流潮河、白河河流水质首次同时达到Ⅰ类标准。氮氧化物、挥发性有机物、化学需氧量、氨氮4项主要污染物减排指标及温室气体排放控制完成年度任务目标。农用地安全利用率和重点建设用地安全利用率均达到100%。生态环境状况指数（EI）跃居全市第一。1月，密云水库获评首批全国美丽河湖优秀案例；区生态环境局获第一届首都生态文明建设先进集体。4月，密云区入围“十四五”时期“无废城市”建设名单。8月，密云区入选首批国家气候投融资试点地区；“密云区‘一微克’精细化管理平台”获2022地理信息产业优质工程金奖。

（辛思行）

生态文明建设

【区委生态文明建设委员会会议】 5月10日，区委生态文明建设委员会召开年度第一次会议，会议审议通过《中共北京市密云区委生态文明建设委员会2022年工作要点》。区委生态文明委主任、副主任及成员单位主要领导参加会议。

（辛思行）

【“六五”系列宣传活动】 6月，区生态环境局以“共建清洁美丽世界”为主题，开展“六五”环境日系列宣传活动。录制《生态环境知识微课堂》系列视频6期、《共建清洁美丽世界 密云少年漫谈》系列宣讲视频3期，6月1—6日在微博、微信平台发布科普生态知识，传递环保理念。6月4—5日，分别以《了解世界环境日 参与环保行动》和《六五环境日 共建清洁美丽密云》为题，举办两场线上主题宣讲活动，并与河北省承德市共同开展“绿水青山 有为少年”线上宣讲活动。6月6日，“绿水青山青春力量”志愿者服务队以“追寻信仰之光 勇担青春使命”为题，开展服务队成立两周年主题活动。6月15日，在全区各小学开展第一届“我和低碳共成长”低碳环保宣教活动，由中国环境科学研究院、“绿水青山 有为少年”宣讲团通过微课堂形式，讲解绿色低碳环保科普知识。

（辛思行）

【生态创建】 年内，区生态环境局推进“国家生态文明建设示范区”“绿水青山就是金山银山”实践创新基地各项指标建设，巩固创建成果。开展“无废城市”建设试点创建工作，制定并印发实施《北京市密云区“十四五”时期“无废城市”建设实施方案》，结合区域实际开展“无废景区”“无废民宿”“无废农场”“无废细胞”等建设工作。推进国家环境保护模范城市创建工作。

（辛思行）

【生态文明考核体系建设】 年内，区生态环境局开展年度国家重点生态功能区县域生态环境质量监测评价与考核。完善生态文明思想典范之区指标体系，制定考核实施方案。推进密云区生态系统生产总值（GEP）核算体系建设。

（辛思行）

污染防治

【大气污染防治】 年内，区域细颗粒物（$PM_{2.5}$）年均浓度26微克/立方米，排名全市第一，创有监测记录以来最好水平；空气质量达标天数288天。深化“一微克”攻坚行动，加强NOx和VOCs专项治理行动。检查重型柴油车18.65万辆次，处罚1431辆次，检查涉VOCs企业583家。完成重要时间节点空气质量保障工作，在冬奥会冬残奥会期间，$PM_{2.5}$平均浓度排名全市第一；发挥“一微克精细化治理示范项目”效能，加强对密云新城及周边建设地块的督导，严控降尘。全年降尘量3.1吨/平方公里·月，排名全市第一，创历史最优水平。“一微克精细化治理示范项目”获2022年中国地理信息产业工程金奖。

（辛思行）

【水污染防治】 年内，密云水库水质始终保持国家地表水Ⅱ类并稳中向好，主要入库河流潮河、白河水质首次同时达到Ⅰ类。修订《北京市密云区水环境跨界断面考核补偿办法》，增加区级饮用水源地考核。继续推进潮河规划6类23项重点任务，配合生态环境部开展潮河规划2022年度密云区实施情况评估。启动白河规划编制工作。成立密云水库总氮治理专项工作小组，印发密云水库总氮三年治理方案，上游河流入库总氮浓度逐步下降。协助区级相关部门成立密云水库生态文明建设研究中心。开展饮用水源保护区、密云水库流域执法行动。开展跨界联合执法、联合监测，实现监测结果共享。开展水生态系统健康状况调查研究，谋划鱼类完整性指数等工作。

（辛思行）

【土壤污染防治】 年内，区生态环境局强化建设用地风险防控，督促重点监管单位完成隐患排查、自行监测、有毒有害物质排放报告等年度任务，组织对关停企业原址用地开展拉网式筛查，督促“一住两公”地块开展土壤污染状况调查。推进农用地安全利用，开展化肥农药减量增效及农膜、包装废弃物回收行动，开展受污染耕地土壤和农产品协同监测。开展未利用地保护，完成未利用地巡查检查2563次。

（辛思行）

生态环境监管

【生态环境督察整改】 年内，区生态环境局推进市级环保督察剩余4项整改任务。按要求完成第二轮中央生态环保整改任务 22 项，按序时进度推进 1 项；督察期间移交 57 件信访件，全部办结。

（辛思行）

【生态环境执法】 年内，区生态环境局强化行政处罚与行刑衔接，加大生态环境违法犯罪行为惩处力度。非道路移动机械处罚、VOC 专项执法、三大攻坚战综合执法等考核项位居全市前列。固定源执法检查超 1.1 万家次，查处违法行为 451 起。进京综合检查站检查重型柴油车 27.09 万辆次，移交交警处罚 1868 辆次。入户检查重型柴油车 6110 辆次，处罚 166 辆次。检查非道路移动机械 637 辆次，监测 426 辆次，处罚 52 辆次，超标检出率全市排名第一。

（辛思行）

【司法保障】 年内，区生态环境局推动行政处罚与行刑衔接，违法行为纳入检查率等行政执法考评指标均达到 100%，启动 13 件生态环境损害赔偿案件。做好环境损害赔偿和公益诉讼相关工作。

（辛思行）

【生态环境监测】 年内，区生态环境局完成市、区两级下达的地表水、地下水、大气降水、农村环境、噪声、土壤及污染源常规监测任务，出具监测数据 1 万余个。完成冬奥会和冬残奥会地表水饮用水源地监测、水环境跨省界补偿联合监测、“两市三区”跨界联合监测、地下水“双源”监测、区域水环境状况调查监测和乡镇跨界断面水质监测。加强生态环境监测质量管理，完善监测管理体系，提升监测技术水平，获得 40 个项目的监测能力。编制完成《北京市密云区生态环境质量报告书（2021 年）》。

（辛思行）

综 合 管 理

【“两市三区”联席会】 8 月 25 日，区生态环境局以线上会议方式参加市级密云水库上游流域“两市三区”联席会，共同交流研讨密云水库上游流域生态环境联建联防联治工作。北京市生态环境局水生态处负责人、密云区主管区领导出席会议；河北省承德市、张家口市及北京市密云区、怀柔区、延庆区生态环境局主要负责人、主管负责人及相关负责人参加会议。

（辛思行）

【服务首都“双碳”战略】 年内，密云区入选“首批国家气候投融资试点城市”；推动用能终端电气化，推进机动车“油换电”工作，完成 613 辆公交车及出租车纯电动替换。推进“无煤区”建设，全市首个全部采用被动式低碳小区投入使用；推动本地能源脱碳化，京能 100 兆瓦光伏发电项目落户密云；推动传播形式立体化，与气候投融资专委会联合举办“国家气候投融资试点密云讲坛”2 期，在大型会议和媒体上分享气候投融资经验。

（辛思行）

【疫情防控服务保障】 年内，区生态环境局实施生态环境领域疫情防控各项措施。开展涉疫医疗废物、废水处置监督检查，处置率 100%，为防疫物资企业开辟绿色通道服务。

（辛思行）

【优化营商环境】 年内，区生态环境局继续执行《北京市密云区生态环境局“马上办”工作方案》《北京市密云区生态环境局行政审批服务指南》，完善“简流程、优服务、降成本、强监管”服务方式，全年受理办结审批项目 13 件，办结环评验收项目 35 件。

（辛思行）

【接诉即办】 年内，区生态环境局继续执行《北京市密云区生态环境局“接诉即办”系列工作制度》《北京市密云区生态环境局“接诉即办”生态环境类工单指导帮扶制度（试行）》，全年接收“12345”市民热线服务工单 133 件，比上年减少 53.3%，群众满意率 100%。

（辛思行）

【生态环境保护队伍建设】 年内，区生态环境局结合工作实际，持续打造生态环境保护督察、行政审批、生态环境执法、生态环境监测、生态环境综合统筹、环境污染应急处置、固体废物污染防控、辐射安全监管、生态环境宣传、政务运行保障、党建和法律工作、志愿者服务 12 支生态环境保护铁军队伍。12 月 24 日，区生态环境局获首届“首都生态文明奖”先进集体。10 月，“绿水青山·青春力量”志愿者服务队获优秀环保公益组织。

（辛思行）

【信息宣传】 年内，区生态环境局继续执行政务信息工作管理办法、工作积分制管理办法，对政务信息进行量化管理。发布政务信息 494 条，被区级、市生态环境局、生态环境部分别采用 42 条、42 条、15 条，微信、微博分别发布原创信息 475 条、456 条。

（辛思行）

【志愿服务】 年内，区生态环境局“绿水青山·青春力量”志愿者服务队围绕清新过年、垃圾分类、保水保生态及文明城区创建等主题，开展 10 余次志愿服务活动，获评“秀环保公益组织”。“绿水青山·有为少年”志愿者宣讲团，围绕清新过年、低碳生活、保水保生态及生物多样性保护等主题，开展10余次宣讲活动。

（辛思行）

环境卫生

Sanitation

【概　况】 区城管委持续开展环境卫生整治，集中整治77条大街“小广告”，对户外广告设施、护栏、座椅、果皮箱等不间断开展巡查检查，105条道路清扫保洁实现全覆盖。开展街面秩序整治，加大与属地和部门协作力度，75个“三修一配”摊点完成进商入市，新增7个停车场，施划机动车停车位8879个、非机动车停车位3900个。

（朱　聪）

【环境检查】 年内，区城管委（密云区城乡环境建设管理委员会办公室）优化完善环境巡查考核机制，贯彻落实首环办精神，修改制定《密云区城乡环境建设管理工作方案（试行）》。完善“日检查、日复查、周排名、月通报”机制，加大环境巡查范围、力度、频次，对全区范围进行全覆盖检查，打造常态化管理新模式。落实城市精细化管理工作，研究制定门前责任区、清理堆物堆料、背街小巷环境精细化整治、公共服务设施规范治理等专项工作方案，推进解决城乡环境顽疾。全年整治市级脏乱点942个，实现市级现场检查点位100%达标。

（王东江）

【国家卫生区复审和国家卫生镇创建】 年内，区城管委推进国家卫生镇创建工作，冯家峪镇、西田各庄镇、鼓楼街道和果园街道分别被命名为北京市卫生乡镇和北京市卫生街道，实现北京市卫生镇街全覆盖。根据《国家卫生城镇评审管理办法》和《国家卫生城市和国家卫生县标准》《国家卫生乡镇标准》要求，区创卫办到各创建镇检查指导工作20余次，组织线上培训学习6次。完成石城、冯家峪、巨各庄、东邵渠、大城子、古北口、河南寨、西田各庄、新城子9个镇的区级验收工作，撰写推荐报告，上报市爱卫办。

（李　航）

国土绿化

Land Greening

林　业

【概　况】 2022年，北京市密云区园林绿化局（简称区园林绿化局）以创建国家森林城市为目标，推动密云区园林绿化高质量发展。全区森林覆盖率70.13%，林木绿化率75.3%，湿地保护率97.21%，绿化覆盖率57.07%。在全市率先完成新一轮百万亩354.8公顷造林任务，森林健康经营林木抚育项目6533.3公顷和国家级公益林管护抚育项目2306.6公顷任务全部完成，作业设计在全市排名第一。为密云区首次争取到国家级建设资金，建设《北京市密云水库国土绿化试点示范项目》。完成义务植树工作，全年接待社会各界和区内各单位开展义务植树活动210次，参与人数10余万人，栽植、抚育苗木30余万株。制订蜂产业发展三年行动计划。全区果树面积达3万公顷，打造出新城子苹果、黄土坎鸭梨、穆家峪红香酥梨等一批密云特色林果品牌。全区森林火灾视频高山监控探头149个，视频监控覆盖度90%，首次实现无森林火警、无森林火灾的“双无目标”。11月3日，密云区被授予“国家森林城市”称号。

（李中南）

【新一轮百万亩造林工程】 年内，区园林绿化局完成新一轮百万亩造林绿化工程354.8公顷，总投资4523.7万元，涉及不老屯、大城子、冯家峪、穆家

4月，区园林绿化局开展新一轮百万亩造林工程　（区园林绿化局　供图）

峪、石城、新城子 6 个镇 16 个行政村。栽植完成率 100%，累计栽植各类苗木 27 万余株，于 5 月 31 日在全市范围内率先完成建设任务。5 年来累计完成新造林 5333.33 公顷，完成市政府下达的造林任务。

（李中南）

【森林健康经营林木抚育项目】 年内，区园林绿化局完成森林健康经营林木抚育项目 6533.3 公顷，总投资 4200.302 万元，涉及北庄镇、不老屯镇、大城子镇、东邵渠镇、冯家峪镇、高岭镇、巨各庄镇、穆家峪镇、石城镇、西田各庄镇 10 个镇 107 个村。其中定株 666 余公顷、间伐 2000 余公顷、补植 1333 余公顷、人工促进天然更新 2666 余公顷，建设景观步道 109 千米，设置永久性示范区 2 处。密云区作业方案设计在全市评审得分排名第一。

（李中南）

【国家级公益林管护抚育项目】 年内，区园林绿化局完成公益林管护抚育项目 2306.6 公顷，总投资 1959.78 万元，涉及新城子镇、古北口镇、太师屯镇 3 个镇 23 个村。其中间伐 800 公顷、补植 666.67 公顷。设立永久性示范区 2 处，设计作业、景观步道 32.8 千米，建设内容为林木抚育、林间作业道、宣传牌示、游憩区、座椅、垃圾桶等。密云区作业方案设计在全市评审得分排名第二。

（李中南）

【“留白增绿”和“揭网见绿”】 年内，区园林绿化局实施园林领域“留白增绿”10.63 公顷，全部完成销账。实施“揭网见绿”地块 101 个，图斑面积 246 万平方米，完成任务率 100%，在全市领先完成工程任务。

（李中南）

【全民义务植树】 年内，区园林绿化局在新城子镇、西田各庄镇等地，开展“一起来植树，一起向未来”主题义务植树活动。全年组织义务植树活动 160 次，实体活动接待 5000 人。全区各镇（街）组织义务植树 90 次，参加义务植树尽责人数 11.7 万人。全区共栽植苗木 15 万株，抚育修枝 20.1 万株。

（李中南）

【国家森林城市创建】 年内，区园林绿化局执行《密云区国家森林城市建设总体规划（2018—2035）》到位，规划建设实际完成率 146.53%，自评创森 36 项指标全部达到国家标准。11 月 3 日，密云区被授予“国家森林城市”称号。

（李中南）

【果品产业】 年内，全区果树面积 3 万公顷，涉及 7 万农户。打造出新城子苹果、黄土坎鸭梨、穆家峪红香酥梨等一批密云特色林果品牌，其中黄土坎鸭梨、石峨御皇李子、大城子红肖梨、坟庄核桃被列入《老北京果品资源名录》，收录到北京市系统性农业文化遗产资源名录，并入选农业农村部《全国地域特色农产品普查备案名录》。实现年果品产量 5549 万千克，年产值近 4.5 亿元，通过网络培训、微信平台、电话答疑等方式为果农传授果树管理技术，培训果农 4000 余人次。全区形成以板栗为主导的“一主、二优、三特色”果品产业格局。

（李中南）

10 月，新城子苹果成熟

（区园林绿化局　供图）

【蜂产业】 年内，密云区有蜂农 2145 户，蜂群 12.35 万群，占全市蜂群总量 45.2%，是“北京市养蜂第一大区”。建成国家级蜂产品标准化示范基地、绿色无公害蜂产品生产基地、蜂产品深加工基地、西方蜜蜂良种繁育基地和成熟蜜生产基地等基地 22 个。制订蜂产业发展三年行动计划，高效规划三年蜂产业发展方向。与中国农业科学院达成合作意向，合力将密云区打造成“蜜蜂科学中心”“蜜蜂科普中心”和“蜜蜂国家窗口”。发放高产蜜王 2000 只，浆王 2000 只。组织蜂农参加成熟蜜生产技术培训 900 余人次；建立密云蜂蜜生产标准和产品质量标准，密云蜂蜜和密云荆条蜜被纳入中国真实蜂蜜核磁图谱库，为全国真实蜂蜜检测提供标准。与中国农业科学院蜜蜂研究所合作，针对养蜂生产阶段的重点难点问题，在合作社示范蜂场和部分养蜂大户蜂场进行现场多箱体成熟蜂蜜技术指导 800 余人次；在密云蜂业抖音平台，录制22期成熟蜜生产技术培训视频，提高蜂农养殖技术，推广多箱体养蜂技术应用。举办“5·20”世界蜜蜂日主题活动《蜜不可分 共筑绿色生态》，通过微信公众号和抖音直播开展，累计观看量4500人次。

（李中南）

【森林防火】 年内，区园林绿化局在全区建成集太空卫星遥感、空中无人机巡查、高点探头监测、重点区域视频监控、地面林长制网格化巡护“五位一体”森林防火防控网格。森林火灾视频高山监控探头149个，视频监控覆盖度90%左右，通过红外和烟感两种模式24小时不间断自动监测。发挥16支管护专业队378名队员和5122名生态林管护员的森林防火队伍作用，与林长制相结合，强化巡逻巡护，严格野外用火管理。召开防火专题会议8次，下发转发指导性文件14次，指导各镇、林场签订责任书6508份。全区发放宣传材料20余万份，开展森林防火宣传活动30余场次，发送预警提示短信200万余条。清理可燃物面积6466.67公顷，出动人员400余人次，检查单位、点位1500余处。全年首次实现无森林火警、无森林火灾的“双无目标”。

（李中南）

【林长制】 年内，区园林绿化局为压实各级党委和政府主体责任，明确各级林长工作职责。结合密云区实际，研究制定《密云区2022年林长制工作要点》《密云区2022年度林长制工作方案》《密云区林长制目标责任督查考核管理办法（试行）》《密云区2022年度林长制考核实施方案》等文件，并以区林长制办公室名义印发实施。按照“一长两员”工作要求及市林长办相关政策调整，继续实施完善网格化管理。全区网格划分任务全部完成，划分网格1400个。区总林长2名、区副总林长2名、区级林长16名、镇级林长218名、村级林长413名、4907名生态林管护员“落图入网”，实现林长制组织体系及资源管护全域覆盖。设置林长制公示牌247块，成为全市首个完成林长制公示牌设立区。

（李中南）

【古树保护】 年内，区园林绿化局在新城子镇启动“九搂十八杈”古树保护复壮工程，依托古柏遗产及其文化影响，整合周边林地资源，建设古柏公园，占地21.33公顷，成为北京市首家建成的古柏公园。全区1206株古树全部完成健康体检工作，建立健全“一树一档”制度，每株古树明确管护责任人，并建立古树名木智慧系统平台，依据《密云区“十四五”古树名木保护规划》《古树名木健康状况体检报告》，制定《2022年古树保护复壮项目实施方案》，实现古树名木信息化。

（李中南）

8月，古柏公园 （区园林绿化局 供图）

【野生动植物保护】 年内，区园林绿化局开展野生动物救助活动114次，救助动物35种118只，其中国家级保护动物32只、市级保护动物62只。全区77个监测点，监测到鸟类316种。更新密云区《北京市密云区陆生野生动物名录（鸟类）》，更新后记录鸟类21目、71科、404种，其中有国家一级保护鸟类共21种、国家二级保护鸟类68种、北京市级保护鸟类99种。

（李中南）

6月，太师屯镇清水河天鹅

（区园林绿化局 供图）

【种苗产业】 年内，区园林绿化局开展苗木质量检查134批次，迎接市级苗木质量监管成员单位赴密抽查1

次。1—10月，对符合申办条件的生产经营者受理许可事项38件，其中新办“林草种子生产经营许可证”6件，延续25件，变更7件。全区在册苗圃企业127个，总面积290.4公顷，总产苗量251万株，产值1.6亿元，全年销售苗木12.3万株，销售额400万元。

（李中南）

【林木有害生物防控】 年内，全区设测报点108个，悬挂黑光灯1000台，发放美国白蛾、松褐天牛等诱芯诱液、诱捕器475套，诱虫板2000张，开展物理防治病虫害1853.67公顷。开展“5·25植物检疫宣传日活动”“第二、三代美国白蛾防控关键技术培训活动”，发放宣传品、宣传海报3500份。

（李中南）

【涉林案件查处】 年内，区园林绿化局录入行政检查1800次，受理线索86条，办理林业行政案件112件，无公害处理非国家重点保护野生动物33只，收缴国家二级保护野生动物2只，罚款金额45.14万元。

（李中南）

【林政资源管理】 年内，区园林绿化局完成城市树木砍伐移植审批37件，其中砍伐32件、移植5件，涉及砍伐移植树木320余株。办理林地占用审批及备案75件，涉及林地面积48.86公顷，收取植被恢复费6879.79万元。推进“零跑腿”、“一网通办”审批流程，注重与涉林企业和群众线上互动反馈，为申报人提供主动服务，提高审批效率。

（李中南）

【城镇绿化美化】 年内，区园林绿化局接收代征绿地10块，总面积17.93公顷。取得《土地划拨决定书》绿地3块，办理不动产登记绿地0块。

（李中南）

【社区环境美化】 年内，区园林绿化局完成创建首都绿化美化花园式单位6个、首都绿化美化花园式社区2个、首都森林村庄6个。发挥4处园艺驿站面向基层、面向群众优势，组织线上、线下活动72场，5100人次居民参加活动。

（李中南）

园林绿化

【概　况】 2022年，北京市密云区园林绿化服务中心（简称区园林中心）以城市生态建设和公共空间改造为目标，优化城市绿色空间结构，厚植绿色基底，推进生态文明建设。区园林中心主要负责城区15个公园（奥林匹克健身园、云启公园、时光公园、法制公园、长城环岛公园、密虹公园、滨河公园、白河公园、太扬公园、迎宾公园、新城滨河森林公园、冶仙塔文化休闲公园、白河城市森林公园、潮河体育休闲公园、月季公园），园林中心管辖公园680.5万平方米，绿地51块99.26万平方米，道路60条167.32万平方米，管护总面积947.07万平方米。其中新城滨河森林公园364.14万平方米，白河城市森林公园120.1万平方米，潮河体育休闲公园73.11万平方米。

（王恩娣）

【全龄友好型公园建设项目】 年内，区园林中心完成太扬公园改造提升，总占地面积5.78公顷。在改造过程中考虑园路铺装安全、遮阳避雨需求、不同年龄段人群需求，增设活动场地、儿童沙坑、休息座椅、标识系统等，满足群众“全龄、全时、全域、全季”多元服务需求。截至年底，完成编制施工组织设计、图纸会审等前期工作，开展工程实施。

（王恩娣）

【林荫大道建设项目】 年内，区园林中心完成对通城胡同、檀营街、檀阳路、新南路等道路实施林荫路建设。在现状道路结构不变情况下，增加行道树数量，两侧绿地种植乔木；丰富道路两侧景观效果，补植花灌木、地被植物；部分道路绿地增设浇灌系统。截至年底，完成招投标、前期技术准备、现场实地勘查等工作，开展工程实施。

（王恩娣）

【城区花卉景观布置工程】 年内，区园林中心完成密云城区花卉常态化布置、国庆花坛布置、创城布置等，通过花卉景观布置展示“生态密云、美丽密云”

9月29日，奥林匹克公园国庆花坛布置

（孙小红　摄）

城市风貌。在鼓楼东西大街、鼓楼南北大街、滨河路等地开展花卉景观布置。花卉布置方式以花箱、花树花钵、地栽花卉为主。在奥林匹克健身园东南角、天女散花雕塑路口、区政府内、阳光公园等地布置花坛8处。花卉摆放至10月底。

（王恩娣）

【公园养护】 年内，区园林中心完善管理制度，提升养护管理标准，做好日常公园养护管理工作。合理规划绿地改造提升工程，打造精品园林项目，始终保持专业养护在全市生态涵养区领先地位。通过网络、报刊、电视、广播等信息媒体对园林绿化成果宣传120余篇。截至年底，区园林中心管护总面积1004.58万平方米，其中公园732.2万平方米、绿地40块81.12万平方米、道路83条191.25万平方米。

（王恩娣）

【创建全国文明城区】 年内，区园林中心开展全国文明城区创建工作。完成总计39处公益广告及景观小品布置工作，创城主题花坛3座，设置疫情防控宣传板34块，施划停车位、停车标识103处，各类提示牌103块，增加缓坡无障碍通道等设施，加强公园基础设施建设，确保8个公园及1个广场静态管理满分。截至年底，治理各类台账220个，全部按照创城标准完成整改。

（王恩娣）

9月16日，创建全国文明城区主题花坛布置

（孙小红　摄）

【公园疫情防控】 年内，区园林中心开展各项公园疫情防控工作。对施工工地及养护管理等一线人员实行闭环管理，持续推进疫苗接种、核酸检测、健康监测、疫情排查、环境消杀等各项防疫措施。加强城区公园疫情管护力度。严格落实公园限流、入园佩戴口罩、扫码测温等管控措施，加强园内卫生清理、消杀、垃圾清运等工作。利用广播、电子屏、宣传栏、警示牌等形式宣传疫情防控知识，维护良好公园游园环境。

（王恩娣）

农业农村

AGRICULTURE RURAL AREAS

综　述

Overview

【概　况】 2022 年，区农业农村局坚持生态优先、保水富民、绿色发展、特色一流的原则，以建设产业设施兴、人才服务兴、文化文明兴、生态环境兴、组织机制兴的“五兴乡村”为抓手，统筹推进农业产业发展、美丽乡村建设、乡村治理水平提升、农民持续增收等工作，取得了阶段性成效。

（姜　何）

【农业绿色高质量发展】 粮食播种面积、产量，蔬菜播种面积、产量，生猪存栏等均超额完成市级下达任务指标。开展高标准农田建设，编制完成全区高标准农田规划。开展第三次全国土壤普查试点建设，推进设施棚室建设。开展“大棚房”问题专项整治“回头看”和农村乱占耕地建房专项整治行动。

（姜　何）

【农业转型升级】 完成数字菜田应用场景建设工作。举办第四场北京市休闲农业“十百千万”畅游行动现场推介会，扩大密云休闲农业知名度、影响力，创建美丽休闲乡村及星级农业园区，实现一二三产业的互融互动，提高农民收入。

（姜　何）

【美丽乡村建设】 围绕清理小广告、清理堆物堆料、背街小巷精细化管理、公共服务设施规范治理四项整治行动进行专项督查。完成美丽乡村基础设施建设，推进农房质量提升试点建设。开展“飞线”整治工作，全面提升村容村貌。

（姜　何）

【多措并举促增收】 利用“组团式帮扶协作”机制，发挥基层党组织党建引领作用，实施薄弱村产业发展项目，结合各薄弱村实际，选准产业发展项目，利用好帮扶资源，发展壮大村集体经济，促进农民增收。实施农民充分就业工程，鼓励企业、合作社、家庭农场吸纳农民从事农业生产、旅游服务等工作，带动更多农民本地就业；推进农村劳动力就业参保工作，并督促各相关单位及时做好发放工作。

（姜　何）

【农村基层治理】 加强村党组织第一书记日常管理和监督，提高第一书记履职能力。规范村级重大事项民主决策“八步法”“票决制”“三务公开”等决策程序，推进村级民主管理科学化、规范化。组织开展密云区乡村振兴和美丽乡村建设专题培训班，开展农村实用人才和高素质农民培训，推动市级“头雁”项目产业带头人培育工作。

（姜　何）

【安全生产】 落实安全生产监管主体责任，加大督查力度，抓好农产品安全，农业机械、农业设施等行业安全生产检查。加强重大动物疫病防控，强化动物免疫工作，加大动物疫病监测力度，强化产地检疫和屠宰检疫监管，严格进京道口管控，保证进京动物及动物产品安全。

（姜　何）

都市型现代农业

Urban Modern Agriculture

【概　况】 2022 年，区农业农村局按照粮食安全、“菜篮子”区长负责制，推动农业绿色高质量发展，投资建设高标准农田项目。

（张　洋）

【农林牧渔业产值】 年内，全区完成农林牧渔业总产值 33.5 亿元，与上年基本持平。其中，农业产值 17.1 亿元，比上年增长 9.3%；林业产值 9 亿元，比上年下降 14.3%；牧业产值 5.8 亿元，比上年下降 2.9%；渔业产值 1.1 亿元，比上年增长 60.2%。

（姜　何）

【农业领域“留白增绿”】 年内，全区完成农业领域留白增绿面积 29.74 公顷，涉及 17 个镇 132 个地块，主要种植各种蔬菜、玉米等农作物。2018 年至 2022 年农业领域完成 140.65 公顷拆违腾退土地的复种复绿任务，涉及 17 个镇 450 个地块。

（刘西贝）

【数字农业农村建设】 年内，区农业农村局制定《密云区 2022 年数字菜田建设实施方案》，启动密云区 2022 年数字菜田应用场景建设工作。通过实施智慧化生产环境监控服务、智慧农事履历标准化服务、精细化投入品管理服务，推进设备自动化控制管理服务。投资 286.5 万元，涉及河南寨、巨各庄等 11 个镇 31 家园区，占地 413 公顷，建设 618 个数据采集点，已建设完成并通过市级专家组验收。

（任红先）

【高标准农田建设项目】 年内，全区高标准农田建设总面积926.67公顷，涉及高岭镇、不老屯镇、西田各庄镇、十里堡镇、河南寨镇、大城子镇6个镇19个村，项目总投资4055.49万元。项目建设内容包括农田基础设施建设工程和农田地力提升工程，农田基础设施建设包括田块整治工程、灌溉工程、田间道路工程、农田输配电工程和农田防护与生态环境保护工程；农田地力提升工程主要包括土壤培肥和翻耕工程。

（孔令鑫）

【畜禽养殖】 年内，全区生猪存栏4.56万头，出栏3.85万头；奶牛存栏1.17万头，鲜奶产量5.65万吨；蛋鸡存栏66.5万只，鸡蛋产量0.76万吨；肉羊存栏3.82万只，出栏2.29万只；肉牛存栏0.23万头，出栏0.15万头。

（李 毅）

【病死猪无害化处理】 年内，区农业农村局贯彻落实市农业农村局工作要求，做好数据统计、汇总和上报工作，全区养殖环节处理病死猪1.66万头。

（李 毅）

【稳产保供】 年内，区农业农村局落实粮食播种面积1.01万公顷（其中大豆293.33公顷）、油料作物播种面积346.67公顷，均超额完成市级下达任务指标。完成蔬菜播种面积4173.33公顷，产量17.1万吨，超额完成市级下达任务指标。

（张 洋）

【特色农业发展】 年内，区农业农村局聚焦“水库鱼、特色蜜、环湖粮、山区果、平原菜”产业布局，在库南平原地区发展以西红柿、黄瓜为主导的设施农业，在库北地区以发展以甘薯、谷子、籽种为主的特色产业。制定《密云区特色西红柿产业发展三年行动方案》，按照“一心”“多点”产业布局（即以国家现代农业产业园为核心，辐射带动周边10个镇、75个村）发展西红柿产业，建设西红柿特色产业集群。

（姜 何）

【农旅融合发展】 年内，区农业农村局推进休闲农业“十百千万”畅游行动，提升9个美丽休闲乡村整体水平、14个休闲农业园区品质、43户民俗户接待能力；举办第四场北京市休闲农业“十百千万”畅游行动现场推介会，扩大密云休闲农业影响力；创建美丽休闲乡村及星级农业园区，创建美丽休闲乡村11个，星级农业园区22个。

（姜 何）

美丽乡村建设

Beautiful Rural Construction

【概 况】 2022年，区农业农村局大力推进美丽乡村基础设施建设工作，制定实施《关于印发〈密云区美丽乡村建设实施方案（2022－2024年）〉的通知》，明确责任分工、实施主体和实施流程等内容。完成了50个村的农村街坊路、绿化美化和照明设施等基础设施建设，推进全区美丽乡村建设的整体进度。

（秦 宇）

7月，新城子镇塔沟村美丽乡村建设绿化美化 （秦宇 摄）

【垃圾分类】 年内，农村地区（不含密云镇）创建完成市级示范小区（村）14个；分类设施基本达标，年度平均达标率为96.58%；垃圾分出质量明显提升，家庭厨余垃圾日均分出量为37.97吨，分出率为20.37%；居民自主分类投放习惯初步养成，自主分类投放准确率为73.72%。

（杨燕萍）

【农村人居环境综合整治】 年内，各镇村拆除私搭乱建2916处；清理农村生活垃圾9690处；清理乱堆乱放、乱贴乱堆乱画2.5万处；清理污水直排、河塘沟渠2671处，2022年农村人居环境整治工作全市排名第七。

（郭 腾）

【农村厕所改造】 年内，完成户厕改造1486户，全区卫生户厕覆盖率98.46%；完成公厕提升改造398座，全区农村公共卫生厕所全部达到三类以上水平。

（赵 洋）

3 月 15 日，东邵渠镇东邵渠村公厕提升改造成果 （史海军 摄）

【煤改清洁能源】 年内，煤改电设备安装完成 27 个村 8410 户，安装完成率 100%；累计完成“煤改清洁能源”294 个村 10.5 万户。继续在未实施煤改电村庄推广使用优质燃煤，订购优质燃煤 2.4 万吨，并全部在取暖季前配送到位。

（杨 帆）

【“大棚房”整治】 年内，区农业农村局加强设施农业监管，严防“大棚房”死灰复燃、反弹回潮，会同区规自分局、区农业综合执法大队对全区设施农业大棚园区开展“大棚房”问题回头看及四个季度检查工作，实行动态台账管理，重点检查 7000 余栋大棚，做到逢园必进、逢棚必查，均未发现“大棚房”问题。

（贾 赛）

【生态环境保护队建设】 年内，太师屯镇和东邵渠镇持续开展“生态环境保护队”建设，匹配相应资金、增强人员力量、完善机械装备，实现农村环境治理“有制度、有标准、有队伍、有督查、有考核”的五有标准。

3 月 15 日，东邵渠镇生态环境管护队 （史海军 摄）

（马 英）

【第三次全国土壤普查试点建设】 年内，区农业农村局推进开展第三次全国土壤普查试点建设，本区共 593 个样点任务，占全市任务 15.6%，已完成全区 593 个样点的外业校核、样品转送等前期工作，积极开展土壤样品检测。

（姜 何）

【设施棚室建设】 年内，区农业农村局在河南寨镇、巨各庄镇、穆家峪镇开展设施棚室新建、改建提升工作，共涉及 13 个园区、36 公顷棚室，全部完工并将资金拨付至实施主体。

（姜 何）

【精神文明建设】 年内，区农业农村局组织开展密云区“听党话、感党恩、跟党走”宣传教育活动。其中包括组织各镇开展“美丽乡村健康跑”系列活动、乡村治理典型案例及乡风文明建设先进典型案例征集活动、密云区“中国农民丰收节”开幕式、中国农民丰收节金秋消费季启动活动、密云区第 33 届北京农民艺术节活动。征集到各类作品 500 余件，报送 202 余件，其中获奖作品 16 件，上报典型案例 11 个，制作音视频 38 个，各项活动参与人数累计 15 万余人。

（刘 丹）

【农村人居环境整治“十百千”创建活动】 年内，区农业农村局加快推进农村人居环境整治“十百千”创建活动，激励镇村人居环境持续向好，稳步提升，年内完成 1000 户“美丽庭院”和 18 条“美丽街巷”的挂牌工作，100 个激励村和 10 个激励镇的评选工作。

（姜 何）

【“飞线”整治】 年内，区农业农村局创新开展“飞线”整治工作，重点在溪翁庄镇金叵罗村主街开展“架空线入地”项目，将现有缆线引入地下，同时拆除主街道路中联通、移动、电信、歌华等线杆（仅保留供电杆路），全面提升村容村貌，年内完成项目建设。

（姜 何）

【村庄风貌管控】 年内，区农业农村局加强村庄风貌管控，推进农房质量提升试点建设，在石城镇王庄村、北石城村两村开展试点建设，以院落为单位，重点对房屋外立面、屋顶等进行改造，完成 172 宗院落改造及区级验收工作。

（姜 何）

乡村振兴

Rural Revitalization

【概 况】 2022年，区农业农村局落实市委市政府实施乡村振兴战略的工作部署，以“五兴乡村”建设为抓手，围绕五大产业，稳步发展密云特色农业，打造乡村振兴“密云样板”，跑出绿色高质量发展“加速度”。制定《密云区关于做好2022年全面推进乡村振兴重点工作的实施方案》《密云区乡村振兴“五兴乡村”建设实施方案》《建立“组团式帮扶协作”机制的实施意见》等多个指导性文件，为乡村振兴工作提供政策保障，各项工作按要求稳步推进，打造“五兴乡村”示范村30个。密云区获评第四批国家现代农业产业园。

（赵雪莲）

【农村实用人才培训】 年内，区农业农村局围绕番茄、木耳、谷子、甘薯、板栗、赤松茸、草莓等农作物种植技术开展农村实用人才和高素质农民培训，共计培训3243人次。

（廖柏生）

【农村人才培养】 年内，区农业农村局配合组织部组织开展乡村振兴和美丽乡村建设专题培训班，全区相关区直单位主管领导、相关科室负责人，各镇街主管领导相关科室负责人共计88人参加，同时采用腾讯会议手机客户端对全区201名第一书记进行了线上培训。推动市级“头雁”项目产业带头人培育工作，今年密云区共有6人参加第一批培养计划。

（姜 何）

【组团帮扶】 年内，区农业农村局探索建立“组团式帮扶协作”机制，组建1+9+N“组团式帮扶协作”团队。其中，“1”即打造一个坚强有力的村党组织，“9”即逐步为每个乡村安排联系一家党政机关或区直单位、一家企业或金融机构、一家科研教育机构、一名驻村第一书记、一名科级以上干部、一名乡村振兴规划师、一家社会组织、一家律师事务所、一家志愿者机构等，“N”即因地制宜采取多种帮扶协作措施。

（李占云）

【政策性农业保险】 年内，全区政策性农业保险完成种植业参保1.72万公顷，养殖业参保20.86万头（只），参保农户共1.21万户，总保费共计9749.94万元。全年共理赔1.09万户，理赔总金额8404.63万元，赔付效果明显。

（张佳鹏）

【村地区管】 年内，区农业农村局结合密云区实际对《密云区“村地区管”管理办法（试行）》进行重新修订，会同区经管站、区规自分局、区司法局、区园林绿化局、区水务局对村集体资产资源出租、发包的程序、价款、递增机制、用途、承包年限等内容进行初步审核。完成了东邵渠、高岭、巨各庄等镇10宗资源资产发包、出租、流转的审核。

（李占云）

【集体经济薄弱村“消薄”】 年内，区农业农村局实施薄弱村产业发展项目，结合各薄弱村实际，选准产业发展项目，利用好帮扶资源，发展壮大村集体经济，促进农民增收。197个集体经济薄弱村年经营性收入全部超过10万元，总收入达到6458.5万元，同比增长95.8%，提前一年完成“消薄”任务，市政府《昨日市情》特刊刊登。

（李占云）

【农村增收】 年内，区农业农村局制定《促进农民增收工作方案》，实施农民充分就业工程，鼓励企业、合作社、家庭农场吸纳农民从事农业生产、旅游服务等工作，带动农民本地就业。

（姜 何）

【农村劳动力就业参保】 年内，区农业农村局积极推进农村劳动力就业参保工作，农村劳动力就业参保完成5813人（指标5100人），完成指标的113.9%。

（姜 何）

【接诉即办】 年内，区农业农村局深入落实《北京市接诉即办工作条例》，围绕农业农村领域高频共性问题，建立综合分析、定期调度机制。全年共受理“12345”市民服务热线502件，市级考核响应率、解决率、满意率为98.87%。

（姜 何）

农业综合执法

Comprehensive Law Enforcement in Agriculture

【概 况】 2022年，区农业农村局落实安全生产监管主体责任，加大督查力度，全力抓好农产品安全、农业机械、农业设施等行业安全生产检查。加强辖区内种业、畜牧、兽医兽药、渔业、农药肥料、动植物检疫和防疫、动植物保护、农业转基因、农机、农村土地等方面的法律法规宣传。加强重大动物疫病防控，强化动物免疫工作，强化产地检疫和屠宰检疫监管，严格进京道口管控，保证进京动物及动物产品安全，确保不发生重大动物疫情。

（姜 何）

【畜禽养殖场（小区）备案更新】 年内，按照北京市农业农村局统一部署，区农业农村局严格按照备案登记程序，开展两次畜禽养殖场备案登记工作，全区登记备案更新的规模养殖场（小区）23个。

（李 毅）

【动物免疫及免疫抗体监测】 年内，全区畜禽重大动物疫病强制免疫486.3万头（羽、只、条），应免免疫率100％；指导性动物疫病免疫3.7万头（羽、只、条）。监测、检测采样场数6068个场（户）次，监测、检测禽流感、口蹄疫、布病、结核病、马传贫、马鼻疽、瘦肉精、非洲猪瘟等样品5.67万份，监测、检测覆盖面100％，免疫抗体合格率96％以上。

（王晓磊）

11月，区动物疫病预防控制中心实验室检测口蹄疫抗体 （王晓磊 摄）

【农业综合监督执法】 年内，农业综合执法大队强化执法监督，开展行政执法检查各类监管对象1953家次，出动执法人员5899人次，出动执法车辆1298车次，填写行政检查单1953份 。开展本部门双随机执法检查254家次，开展部门联合双随机执法检查118家次。全年查办查处各类涉农违法案件272件（渔政类案件55起、农机类案件71起、动物卫生类案件141起、医药类案件3起、农安类案件1起、种植类案件1起），其中普通案件76件，简易案件196件。办理涉刑案件2起，均通过“行刑衔接”移送至公安机关。配合区水务部门、公安部门、生态环境、市场监管局等部门完成联合执法25次。开展现场普法28次，区级以上媒体普法40篇次。

（孙 雨）

【检疫监督】 年内，农业综合执法大队依法依规落实产地检疫、屠宰检疫和公路检疫工作。产地检疫：生猪4.04万头、禽类36.92万只、种蛋105万枚、牛1554头、马8匹、其他动物849只；淡水鱼115.2万尾。屠宰检疫：禽2.03万只、牛553头，监督无害化处理病死禽382只，修割不合格动物产品及有害腺体0.02吨。监督生猪定点屠宰场出厂动物产品2.3万吨。古北口、番字牌公路动物防疫监督检查站监督检查：生猪12.29万头、牛1672头，畜禽产品22.96万吨，消毒车辆3.02万辆。

（孙 雨）

【行政审批】 年内，农业综合执法大队办理行政审批事项652件，其中办理生鲜乳准运证明2件、兽药经营许可证4件。办理农药经营许可3件，植物产地检疫合格证14份，植物检疫证书229份。办理拖拉机新车注册3台，年检合格237台，联合收割机新车注册3台，年检合格27台，车辆注销8台。办理拖拉机驾驶证122人次。

（李 毅 朱 磊）

农民专业合作社

Specialized Farmers Cooperatives

【概 况】 2022年，区农业农村局全面提升密云农业品牌的影响力，促进农民专业合作社规范化发展；扶持电商合作社及电商企业发展。增强农民专业合作社经济实力、发展活力和带动能力，使之成为引领农民参与国内外市场竞争的现代农业经营组织。全区累计注册登记农民专业合作社1576家，其中，种植业383家，果品业332家，养殖业369家，农产品产销业239家，农机服务业44家，民俗旅游业123家，农宅业68家，手工艺业4家，联合社14家。登记入社成员6.12万户，非登记入社成员1.79万户，入社率82.4％。工商注册户数3.68万户，注册资本12.69亿元。密云区农民专业合作社规范化建设走在全市前列。

（谢云龙）

【合作社规范化发展】 年内，根据《农业农村部关于开展2022年国家农民合作社示范社申报工作的通知》，区农业农村局联合区经管站、区财政、镇政府等相关单位推荐国家级示范社3家，市级示范社4家；依据北京市农业农村局《关于开展2022年农民合作社市级示范社监测及申报工作的通知》《北京市农民合作社市级示范社评定及监测办法》文件要求，对全区34家市级、国家级示范社进行监测，对不合格、不能正常运转，不符合示范社标准的合作社，上报上级部门建议取消示范社称号，实行动态管理，使示范社确实发挥示范带动作用。

（谢云龙）

【提升密云农业品牌影响力】 年内，区农业农村局加大“密云农业”品牌宣传力度，组织60余家有特色农产品的合作社参加鱼王美食节和农民丰收节的农产品展卖。借助线上直播间、电台、电视台，密云360等多渠道的媒体传播力量，由区至市扩大受众群体覆盖维度和影响力，实现消费者触达和销量双提升，助力优质特色农产品销售和农民增收。

（谢云龙）

【提升合作社质量】 年内，区农业农村局引导农民专业合作社建立健全基本制度，推进农民合作社发展，支持农民合作社规范提升资金共计400万元，项目资金主要用于生产加工车间改造、冷链运输车辆及包装设备购置等，着重围绕发展壮大单体农民合作社、促进联合与合作、提升指导扶持服务能力等，创建农民合作社高质量发展示范区。

（谢云龙）

【组建蜂产业合作社联合社】 年内，组建北京密云蜂产业专业合作社联合社，由北京奥金达、北京京纯、北京保峪岭、北京惠生4家养蜂专业合作社联合组成，结合《北京市密云区推进蜂产业发展三年行动计划（2022—2024）》，推进蜂产业联合社发展壮大，打造密云蜂产业品牌。

（谢云龙）

【组建渔业产销合作社】 年内，区农业农村局探索建立“渔民＋合作社＋公司＋龙头企业”的净水渔业发展模式，指导“密云渔业产销合作社”组建工作。一是由区供销社负责组建“密云渔业产销合作社联社”；二是由水库周边5个捕鱼重点镇（溪翁庄、石城、不老屯、太师屯、穆家峪）负责组建“密云水库渔业产销合作社分社”。

（谢云龙）

2022年国家级示范社一览表

表4

序号	镇	合作社名称	级别
1	河南寨镇	北京荆栗园蔬菜专业合作社	国家级
2	河南寨镇	北京山泉养殖专业合作社	国家级
3	河南寨镇	北京密农人家农产品产销专业合作社	国家级
4	河南寨镇	北京喜逢春雨蔬菜种植专业合作社	国家级
5	河南寨镇	北京河南寨农机服务专业合作社	国家级
6	太师屯镇	北京京纯养蜂专业合作社	国家级
7	十里堡镇	北京市岭东肉鸡养殖专业合作社	国家级
8	十里堡镇	北京企福园农产品产销专业合作社	国家级
9	高岭镇	北京奥金达蜂产品专业合作社	国家级
10	高岭镇	北京金地达源果品专业合作社	国家级
11	穆家峪镇	北京庄头峪潮河果品专业合作社	国家级
12	穆家峪镇	北京新宇阳光农副产品产销专业合作社	国家级
13	冯家峪镇	北京裕民顺种植养殖专业合作社	国家级
14	冯家峪镇	北京龙耘种植专业合作社	国家级
15	新城子镇	北京密富有机苹果专业合作社	国家级

续表

序号	镇	合作社名称	级别
16	北庄镇	北京诚凯成柴鸡养殖专业合作社	国家级
17	大城子镇	北京龙泉板栗种植专业合作社	国家级
18	大城子镇	北京云旺农产品产销专业合作社	国家级
19	巨各庄镇	北京密清源养殖专业合作社	国家级
20	巨各庄镇	北京栗栗飘香农产品产销专业合作社	国家级
21	巨各庄镇	北京张家庄农产品产销专业合作社	国家级
22	巨各庄镇	北京巨海阔种植专业合作社	国家级
23	不老屯镇	北京圣森农产品产销专业合作社	国家级
24	石城镇	北京云蒙山有机杂粮种植专业合作社	国家级

农业生产服务

Agricultural Production Services

【概　况】 2022年，区农业服务中心（简称区农服中心）完成农产品稳产保供，推进设施农业产业发展、推动高效特色杂粮产业建设、提升农业机械化水平、开展密云水库增殖放流、推进化肥农药减量、防控农业面源污染、保障农产品质量安全，做好农业融资保险服务、农业技术指导服务等重点工作。全区蔬菜（含食用菌）播种面积3153.14公顷，总产量1.47亿千克；粮经作物播种面积1.07万公顷，总产量6089.37万千克。密云区入选率先基本实现主要农作物生产全程机械化示范县（市、区）。

（王秋悦）

【密云水库增殖放流】 4月1—30日，向密云水库投放鲢、鳙、鲂等净水鱼苗581.75吨，其中，鲢鱼苗348吨、鳙鱼苗146吨、鲤鱼苗58吨、鲂鱼苗17.75吨、鲫鱼苗12吨。

（李昱含）

4月1日，在密云水库2号坝开展增殖放流

（王秋悦　摄）

【农产品质量安全检测能力考核】 7月15日，区农业综合检验检测站参加北京市农业农村局开展的农产品质量安全检测能力验证考核，一次性通过考核。

（车　铬）

【区农业综合检验检测站通过检测机构资质认定复评审和参数扩项】 10月15日，区农业综合检验检测站通过检测机构资质认定复评审和参数扩项，101项检测参数通过复评审，134项检测参数扩项。

（车　铬）

【北京冬奥会、冬残奥会农产品质量安全检测】 北京冬奥会、冬残奥会期间，区农服中心完成奥运蔬菜供应基地的18批次144个蔬菜样品7200项次的农药残留检测。

（车　铬）

【设施蔬菜产业】 年内，区农服中心新建、改建全钢型日光温室36.03公顷，推广无土栽培技术、冬季防寒保温技术等新技术11项，通过田间地头指导、集中培训和线上解答等方式开展蔬菜种植技术指导2000余人次。

（胡　博）

【特色杂粮产业】 年内，全区粮食作物播种面积1.07万公顷，其中：小麦474.51公顷，玉米8571.02公顷，谷子718.55公顷，薯类375.56公顷，豆类440.23公顷，高粱161.34公顷，稻谷5.1公顷。

（翟鑫源）

【品种推广】 年内，区农服中心开展西红柿、黄瓜等新品种试验示范 4 项，筛选甜脆脆、莎丽、中番九号等适宜本地种植的新品种 15 个；推广西瓜红等甘薯品种 361.47 公顷；推广中谷 7、豫谷 18、京谷 2 等节水、抗旱、高产、抗逆谷子品种 395 公顷。

（胡　博　翟鑫源）

【西红柿产业】 年内，区农服中心推进西红柿产业建设，初步制订西红柿特色产业发展三年行动计划，在河南寨镇、巨各庄镇和穆家峪镇等 11 个镇发展西红柿种植 66.67 公顷。

（胡　博）

【草莓产业】 年内，区农服中心在河南寨镇、西田各庄镇和东邵渠镇等城区周边乡镇发展草莓种植，规模 60 余公顷。其中，河南寨镇金沟村已发展成为占地 23.33 公顷，拥有 130 余个高标准日光温室的草莓专业种植园区。

（胡　博）

【食用菌栽培】 年内，区农服中心推广种植黑木耳、赤松茸、平菇、香菇等食用菌 41.8 公顷，总产量 196 万千克，总产值 1196 万元，其中黑木耳种植面积 19.4 公顷，干耳产量 8 万千克，产值 608.5 万元；赤松茸种植面积 18 公顷，产量 54.7 万千克，产值 439 万元。

（刘瑞梅）

【农业机械化】 年内，全区投入大中型拖拉机、玉米精量播种机、旋耕机等各式作业机具 2847 台套。完成机播小麦 473.33 公顷、机播玉米 8066.67 公顷、机播谷子等其他作物 566.67 公顷；机收小麦 473.33 公顷、机收玉米 7653.33 公顷。全区小麦耕种收综合机械化水平达 100%，玉米耕种收综合机械化率达 94%以上。

（王　虹）

【全国秸秆综合利用展示基地建设】 年内，区农服中心在高岭镇、北庄镇各建设 1 处农作物秸秆综合利用部级展示基地，引进一体式秸秆发酵处理等综合利用设备 2 台，示范展示秸秆利用新技术、新成果。

（王　虹）

【露地大白菜全程机械化试验示范】 年内，区农服中心在十里堡镇统军庄村 2 公顷的试验地块开展露地蔬菜全程机械化试验示范，成功试验集旋耕、起垄、铺滴灌带、铺种绳、镇压一体化的大白菜播种机，引进可一次性完成夹持、切根、输送、收集、装框等功能的大白菜收获机，实现大面积露地大白菜的机械化种植。

（刘　平）

2 月 16 日，在高岭镇石匣村，一体式秸秆发酵处理机正在对秸秆进行高温杀菌、发酵处理

（王虹　摄）

【农机购置补贴】 年内，区农服中心全面落实北京市农机购置补贴政策，审核受理申请补贴机具 433 台套，受益农户 351 户，涉及补贴资金 944.07 万元，其中中央财政补贴资金 67.51 万元，市级财政补贴资金 876.56 万元。

（王　虹）

【保护性耕作技术作业】 年内，区农服中心开展保护性耕作技术作业 2000 公顷，其中机械化深松整地 1333.33 公顷，秸秆粉碎覆盖还田 333.33 公顷，少免耕播种 333.33 公顷。

（王　虹）

【农业投入品废弃物回收】 年内，区农服中心在全区 12 个乡镇的 36 个农药包装废弃物回收点回收农药包装废弃物 68.29 万个，合计 8.53 吨。在 31 个地膜回收置换点回收地膜、滴灌带、肥料袋、育苗盘等农业投入品废弃物 220 吨，并全部无害化处置。

（张　宁　朱　岳）

【有机肥替代化肥】 年内，区农服中心在全区推广应用有机肥 1625 公顷，其中密云水库一级保护区及潮河流域推广应用有机肥 993.2 公顷，其他粮菜主产镇推广应用有机肥 631.8 公顷。

（王　跃）

【生物防治】 年内，区农服中心繁育赤眼蜂、周氏啮小蜂等各类天敌昆虫 160 亿头，减少化学农药用量 125 吨，减少防治用工约 14 万个。

（张　宁）

【病虫草鼠害防治】 年内，区农服中心在全区 1.33 万公顷农田、50 个标准化蔬菜园区开展统一灭鼠工作，全部采用物理防控代替鼠药防治，防控率 98%以上，防效率 100%。指导病虫草鼠害防治 6.75 万公顷次，预报准确率 90%以上，防效率 85%以上。

（张　宁）

【农产品质量安全】 年内，区农服中心完成各类检测样品 6016 个，其中蔬菜农药残留快速检测样品 4357 个，蔬菜农药残留定量检测样品 864 个，指导基地、电商农药残留速测样品 475 个，承检顺义和朝阳两个区蔬菜样品 320 个。

（车　铬）

7 月 15 日，区农业综合检验检测站参加市农业局开展的农产品质量安全检测能力验证考核

（刘佳　摄）

【畜禽粪污资源化利用】 年内，区农服中心开展密云地区畜禽粪污覆膜式静态好氧发酵资源化利用技术示范，示范奶牛场应用"覆膜式静态好氧发酵技术"实现卧床垫料"再生"，奶牛乳房炎的发病率由 2.85%下降到 0.7%，减少购买垫料费用 2114 万元，且相较于其他处理方式更加节能，每立方物料耗电量不足 1.0 千瓦·时。覆膜式静态好氧发酵技术获得北京市农业技术推广奖。

（温富勇）

【功能性鸡蛋示范应用】 年内，区农服中心在北京京密蛋鸡场开展功能性鸡蛋示范应用，生产富硒鸡蛋 64 万枚。

（温富勇）

【奶牛遗传改良技术的研究与示范应用】 年内，区农服中心组织区内奶牛养殖场进行泌乳牛生产性能测定检测 2.67 万头次，在北京鼎晟誉玖牧业有限责任公司开展 160 头泌乳牛的基因检测分析。

（温富勇）

【全国名特优新农产品标识】 年内，区农服中心授权 6 家企业（合作社）使用"密云荆花蜂蜜"和"密云百花蜂蜜"全国名特优新农产品标识。

（李　莹）

【"北京优农"品牌】 年内，区农服中心组织北京石匣碧水甘薯种植专业合作社、北京金禾绿源农业科技有限公司等 8 家单位申报"北京优农"品牌，北京金禾绿源农业科技有限公司万谷食美品牌入选"北京优农"企业品牌。

（王　宇）

【农业标准化基地建设】 年内，区农服中心开展农业标准化基地建设，5 家标准化基地被评为北京市优级标准化基地，1 家北京市优级标准化基地被评为北京市现代农业全产业链标准化示范基地。全区种植业标准化基地 88 家，北京市优级标准化基地 30 家，北京市现代农业全产业链标准化示范基地 1 家。

（李　莹）

【种植业绿色、有机认证】 年内，全区种植业（含水产）绿色、有机认证总产量 1.86 万吨。绿色食品获证认证基地 13 家，认证品种 23 个，认证面积 125.6 公顷，批准产量 6948.2 吨；有机农产品获证基地 37 家，认证品种 27 个，认证面积 9741.7 公顷，批准产量 1.17 万吨。

（肖长坤）

【水库鱼有机认证】 年内，区农服中心完成密云水库 7 种鱼（青鱼、草鱼、鲢鱼、鳙鱼、鲂鱼、鲤鱼、鲫鱼）、沙厂水库 4 种鱼（草鱼、鲢鱼、鳙鱼、鲤鱼）的有机产品认证，获得有机产品认证证书。

（马占兴）

【农业融资担保】 年内，区农服中心为本区农民专业合作社、涉农企业、农产品销售电商平台、农户、合作社联合体等农业经营主体推荐融资项目 37 个，涉及担保金额 7272 万元。

（宗　晔）

【农业保险投保和理赔】 年内，全区政策性农业保险累计承保规模为种植业 1.72 万公顷、养殖业 20.86 万只(头)；累计总保费 9740.31 万元，累计总保额 16.52 亿元，累计赔付资金 8403.17 万元。

（宗　晔）

【农业领域贷款贴息】 年内，区农服中心对在划定时间内贷款到期且已全部归还本息的农业经营主体给予贷款贴息，贴息总额1022.18万元，涉及贷款110笔，贷款金额为2.05亿元。

（宗 晔）

【农民培训】 年内，区农服中心针对30余个村域，围绕番茄、黄瓜、草莓、木耳、甘薯等农作物开展种植技术、绿控技术、电子商务、农产品安全生产等农民技能培训1300人次。

（郝 维）

【畜牧兽医技术员素质提升】 年内，区农服中心组织本区畜牧兽医技术员参加第八届京津冀畜牧兽医科技创新“新思想、新方法、新观点”论文评选，获得二等奖2篇，三等奖9篇。

（温富勇）

【全科农技员补助】 年内，区农服中心为全区328名村级全科农技员发放绩效补助及基本补助，绩效补助平均500元/月/人，基本补助1000元/月/人。

（张 赛）

农村经济管理

Rural Economic Management

【概 况】 2022年，区经管站立足农村经管工作职责，开展农村涉地合同和集体资产资源核查工作、农村产权流转交易工作、农村经济统计工作，推进农村土地承包经营权流转、土地复耕流转指导工作，推动农村集体经济组织建立新型分配制度，强化农村经济审计，规范村级组织财务管理，促进本区农民增收和农村经济高质量发展。全区实现集体经济总收入3.65亿元，同比增加0.62亿元，增长20.5%。全区集体资产总额47.41亿元，同比减少0.10亿元，下降0.2%。农户总收入实现146.05亿元，同比增加1.29亿元，增长0.9%；农民人均所得2.78万元，同比增加652元，增长2.4%。全区按股分红涉及5个镇20个村集体经济组织，分红总金额1.26亿元，截至年底，累计按股分红4.72亿元。

（苏智军）

【农村涉地合同和集体资产资源核查】 年内，全区17个镇，331个村集体经济组织，共有资源性资产17.28万公顷；房屋、建筑物资产4740处，建筑面积1111.97公顷；其他固定资产152项。本次核查资源性资产合同2.11万余份，面积3.25万公顷；房屋、建筑物资产合同1127份，建筑面积634.93公顷；近三年即将到期资源类合同635份，面积1971.28公顷，资产类合同15份，建筑面积0.81公顷。

（苏智军）

【农村产权交易】 年内，区经管站完成8宗农村产权流转交易项目，成交金额8739.11万元，成交面积1613.33公顷。

（苏智军）

【村地区管】 年内，区经管站新修订《密云区“村地区管”管理办法（试行）》《北京市密云区农村产权流转交易管理办法（试行）》，完成13宗农村集体资产资源出租、发包联审工作。

（苏智军）

【土地承包经营权流转】 年内，全区流转土地1万公顷，占土地确权面积的53.2%。从流转方式看，出租（转包）6933.33公顷，其他方式流转3066.67公顷；从流转去向看，流转入农户的1400公顷，流转入专业合作社的666.67公顷，流转入企业的1333.33公顷，流转入其他主体的6600公顷；从流转用途看，用于粮食、蔬菜种植4000公顷，用于果品生产133.33公顷，用于林木种植3266.67公顷，用于农业综合开发2600公顷。

（苏智军）

【新型分配制度】 年内，全区按股分红涉及5个镇20个村集体经济组织，分红总金额1.26亿元，主要包括土地租金、征占地补偿款，其中集体股分红0.25亿元，个人股分红1.01亿元，受益股东2.8万余人。截至年底，累计按股分红4.72亿元。

（苏智军）

【土地复耕流转】 年内，区经管站依据相关法律及本区复耕土地政策，制定复耕土地流转合同文本，指导镇村做好复耕土地流转合同签订工作，各镇上报复耕土地签订流转合同17675份，合同面积2290.22公顷。

（苏智军）

【村级组织财务管理】 年内，区经管站开展村级财务公开检查指导工作，完成全区17个镇托管中心业务检查工作，对发现问题立行立改。

（苏智军）

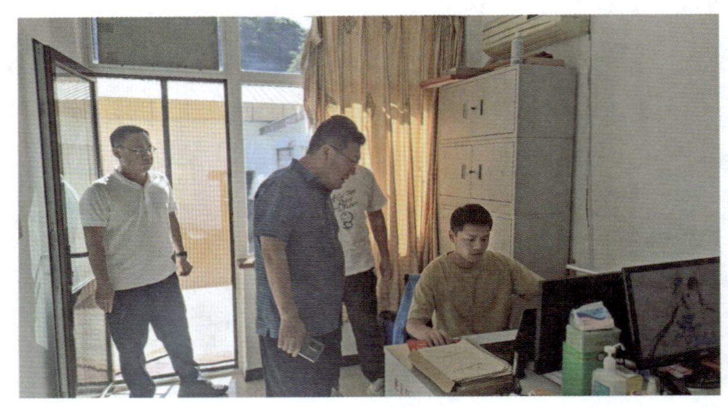

9月20日，区经管站工作人员在冯家峪镇开展检查核查工作　　（康海东　摄）

【镇村“三资”管理人员业务培训】 年内，区经管站加强镇村“三资”管理人员业务培训，线上培训83人，线下培训65人。组织17个镇财务管理工作相关人员参加农村财务管理制度培训班；对镇级业务人员进行农村集体资产监督管理平台财务监管新系统模块线上培训，并建立了财务系统维护群，交流解答日常问题。

（苏智军）

【经济薄弱村经营性收入监测】 年内，全区331个村集体经营性收入实现2.03亿元，同比增加6631.9万元，增长48.3%；197个经济薄弱村集体经营性收入实现6458.5万元，同比增长95.8%；92个“消薄”重点村集体经营性收入实现2341.5万元；全区331个村集体经营性收入全部达到10万元以上，超额完成市级“消薄”任务。

（苏智军）

【村级公益事业专项补助资金审计】 年内，全区17个镇334个村级组织2021年度村级公益事业专项补助资金年初余额295.9万元，应收市（区）财政拨付7515万元，实际收到7515万元，资金到位率100%，使用7321.1万元，年末余额489.7万元。

（苏智军）

【村集体经济组织资金年度审计】 年内，区经管站完成17个村2021年度资金年度审计工作，共提出审计建议43条，查出有6个镇存在15个问题，下发6份审计意见书。

（苏智军）

【征地补偿费管理使用情况审计】 年内，区经管站完成征地补偿费管理使用情况审计工作，经统计，全区共有5个镇29个村涉及土地征地补偿情况，2020年征占地补偿费结余1.65亿元，2021年收入0.19亿元，支出0.15亿元，结余1.68亿元。

（苏智军）

【候选人资格审查】 年内，区经管站对村“两委”干部、村党组织、拟新进“两委”班子等45名候选人进行资格审查。

（苏智军）

【农民专业合作社】 年内，区经管站帮助指导13家农民合作社完成注册登记，接待来访咨询注册组建合作社46人次，电话、微信咨询78人次，帮助办理合作社变更手续及提供相关资料12次，推荐3家市级示范社申报国家级示范社、4家区级示范社申报市级示范社。

（苏智军）

旅　　游

TOURISM

综 述

Overview

【概　况】 2022年，北京市密云区文化和旅游局（简称区文旅局）统筹推进全域旅游建设、乡村旅游发展、旅游环境提升、行业监管等工作，举办鱼王美食文化节等特色节庆活动，旅游产业高质量发展取得了阶段性成效。截至年底，全区有旅游景区38家，星级宾馆和规模酒店30家，市级以上乡村旅游重点村20个，精品民宿193个品牌、283个院落，精品乡村酒店8家。全区实现旅游综合收入53.8亿元，接待724.4万人次。乡村旅游收入7.61亿元，接待466.1万人次。A级及以上景区收入9.97亿元，接待345.7万人次。密云区获评“2022生态自然空间”称号，“心宿密云山水·休闲古北”获评首批“北京市微度假目的地品牌”，古北水镇入选首批“北京市旅游度假区”。

（梁司琪）

【创建国家全域旅游示范区】 年内，区文旅局发挥全域旅游示范区领导小组作用，组织召开创建成员单位会议30余次，开展3次全域旅游创建培训，制定出台24项促进全域旅游发展的新政策，完成1000余份佐证材料收集及创建视频制作，累计投入2000万元推进全域旅游“四大体系”（全域旅游咨询服务体系、全域旅游交通服务体系、全域智慧旅游体系、全域旅游标识体系）的完善提升，文旅大数据中心、旅游集散中心等项目顺利竣工。密云区获评北京市全域旅游示范区。环密云水库“百里骑迹”骑行线路获评市级“漫步北京”文旅骑行线路。

（梁司琪）

【推进乡村旅游提质升级】 年内，区文旅局贯彻落实“1+4”政策文件，完成142户民俗户贷款条件确认工作及563户乡村旅游经营单位的乡村旅游政策性保险投保工作，发放精品乡村酒店、精品民宿院落补贴扶持资金790万元。打造全国、市级乡村旅游重点村镇，古北口镇被评为全国乡村旅游重点镇，遥桥峪村被评为全国乡村旅游重点村；新城子镇被评为市级乡村旅游重点镇。完成市级乡村民宿等级评定工作，31家乡村民宿通过市级乡村民宿等级验收。

（梁司琪）

【产业融合发展】 年内，打造“旅游+乡村振兴”模式，精选酒店、景区、民宿20家，设置货架40个，配备农产品包括板栗、小米、杂粮、蜂蜜等，销售产值3万多元。在服贸会发放木耳、养生茶、蜂蜜等伴手礼3500件，商品销售11万元。打造“旅游+体育”模式，借助2022年北京冬奥会，打造“春节到古北水镇过年、到南山滑雪场滑雪”市民过节热点。打造“旅游+夜经济”模式，推动古北水镇夜游长城、南山夜场滑雪、蔡家洼玫瑰情园夜景公园等夜间文旅消费。

（梁司琪）

【营销活动】 年内，区文旅局组织中国国际服务贸易交易会文旅板块、北京长城文化节及系列活动、第十九届北京密云鱼王美食文化节、“休闲北京 画境密云”暨北京户外生活节活动。参加北京市网红打卡地评选，北京张裕爱斐堡酒庄、北京不老屯长寿谷生态农庄、北京丛林鸟户外休闲营地、日光山谷、野鸭部落、北京海湾半山温泉酒店、美山澍民宿、米棉庄园、中国福院儿·不老屯精品民宿、子亥觅雲民宿、大城小苑精品民宿等提名市级网红打卡地。完成2022年京郊过大年、冬季冰雪活动、农耕体验、清明踏青以及迎“五一”假期等文旅主题活动的宣传报道，累计发布26条微度假主题线路；推出密云长城之旅等八条秋季旅游路线；黑龙潭—云蒙山—渔街—金巨罗旅游线路、密云古北水镇线路、“京郊之夏”精品农事体验旅游线路入选全市精品旅游线路。

（梁司琪）

【行业监管】 年内，区文旅局落实文旅行业疫情防控，全力服务保障新冠疫苗接种、核酸检测工作。及时对酒店承办的婚宴、会议等聚集性活动进行管控。落实安全生产行业监管职责，做好接诉即办和依法行政工作。

（梁司琪）

【人才队伍建设】 年内，区文旅局联合密云区人力资源和社会保障局举办文旅行业专场线上招聘会，古北水镇、云湖度假村等8家企业提供400余个就业岗位；举办密云经济技术创新竞赛系列活动暨2022年厨王争霸赛；创设文旅讲堂。

（梁司琪）

旅游设施建设

Construction of Tourist Facilities

【概　况】 2022年，区文旅局推进三条特色文旅发展带建设（密云区京承高速文化旅游休闲发展带、休闲美食和旅游度假发展带、长城文化旅游发展带），建立特色文旅发展带领导机制，启动规划编制工作。启动新中街、行宫街、渔街等三条美食街区全域旅游标准化提升工作，推进旅游集散服务中心改造提升项目，加强旅游公共服务设施改造提升。与宝城公司共同研究制定《关于开通旅游观光巴士方案》，推进旅游观光巴士工作，完成车身广告以及站牌设计。

（梁司琪）

【实施碳中和智能物联网控制器项目】 7—12月，区文旅局投入17万元，实施碳中和智能物联网控制器项目，对古北水镇景区、麦语云栖精品民宿、仙居谷景区、云峰山景区等完成安装智能物联网开关控制器，并投入使用。

（付爱萍）

【创建全国文明城区工作】 年内，区文旅局配合区创城办落实未成年人思想道德建设、材料申报、实地点位、宣传和问卷调查五方面指标。推进10项网上材料申报任务、3项未成年人任务、3项市级部门评价任务和23个实地考察点位创建工作。制作完成景观小品16个、公益广告193块、电子屏24块、文化墙1处、文明劝导牌14块。组织开展社会主义核心价值观教育主题活动30场、志愿服务98场、“文化润童心”未成年人专场活动22场。法定节假日期间报道文明旅游正面引导与反面曝光图片48张。

（梁司琪）

【旅游公共服务设施建设】 年内，区文旅局对景区、民俗村、精品民宿等厕所、无障碍坡道、旅游标识、座椅等旅游公共服务设施改造提升。完成9座旅游厕所改造，设置生态移动卫生间38个厕位（8座），升级改造垃圾桶90个、休闲座椅140个、桌椅组合6套、标识牌870.2平方米、游客中心258平方米、无障碍坡道105米，配备轮椅10个。

2022年，玫瑰情园景区更换旅游标识

（区文旅局　供图）

（张子旭）

【星级旅游饭店】 年内，区内共有星级旅游饭店6家，其中三星级4家，二星级2家。

（梁司琪）

2022年密云区星级旅游饭店一览表

表5

序号	饭店名称	星级
1	北京世纪阳光假日酒店有限公司	☆☆☆
2	北京密云雾灵山庄	☆☆☆
3	北京云湖度假村有限公司	☆☆☆
4	北京金地来商务会馆有限责任公司	☆☆☆
5	北京市密云区燕山大酒店	☆☆
6	中国科学院密云绿化基地	☆☆

旅游景点

Tourist Attaction

【概　况】 2022年，区内共有景区38家，A级及以上景区21家，其中AAAA级景区4家、AAA级景区11家、AA级景区6家。

（梁司琪）

2022年密云区A级景区一览表

表6

序号	景区名称	等级	地址
1	司马台长城	AAAA	古北水镇司马台村北
2	黑龙潭	AAAA	石城镇大关桥
3	张裕爱斐堡国际酒庄	AAAA	巨各庄东白岩村
4	仙居谷	AAAA	太师屯镇令公村甲1号
5	邑仕庄园	AAA	G101太师屯镇
6	桃源仙谷景区	AAA	石城镇（密关路）
7	清凉谷风景区	AAA	石城镇四合堂村
8	云峰山景区	AAA	不老屯镇燕落村
9	云龙涧	AAA	溪翁庄镇北白岩村北

续表

序号	景区名称	等级	地址
10	玫瑰情园	AAA	巨各庄镇蔡家洼村宁蔡路东
11	冶仙塔	AAA	檀营地区
12	雾灵西峰景区	AAA	新城子镇沙滩
13	古御道	AAA	古北口镇古北口民俗村古北口隧道旁
14	白龙潭景区	AAA	太师屯镇龙潭沟村
15	捧河湾景区	AAA	石城镇横捧路
16	云岫谷	AA	遥桥峪村
17	天门山景区	AA	石城镇柳棵峪
18	伊利	AA	经济开发区清源路1号
19	京都第一瀑	AA	石城镇柳棵峪
20	云蒙山长城遗址公园	AA	石城镇王庄村
21	紫海香堤香草艺术庄园	AA	古北口镇汤河村北大街9号

北京·密云古北水镇(司马台长城)国际旅游度假区

【概　况】 2022年，北京·密云古北水镇（司马台长城）（简称古北水镇）国际旅游度假区以文旅融合为抓手，以“山、水、城”一体化资源为依托，坚持价值取向、创新转化和实践路径，培育出一系列兼具文化和旅游特色的产品集群和主题活动，古北水镇品牌知名度和美誉度不断提升。截至年底，景区内共建有10个精品酒店、7个主题酒店、28家民宿客栈、30余家独立餐厅、50余处商铺和10余个文化展示体验区，全年共接待游客112.95万人次，实现营业收入68817万元。

（周建红）

【主题活动】 1月，“长城庙会过大年”活动拉开帷幕，活动包括舞龙舞狮、长城庙会、冰雪运动、花式祈福等内容；3月，“长城脚下纸鸢探春”系列活动拉开帷幕，活动包括快闪歌舞、春季市集、踏青赏花、花艺课程、《北京的长城》阅读体验等内容，央视新闻对活动进行了报道；6月，推出“儿童月”活动，邀请14周岁（含）及以下儿童免费畅游古北水镇及司马台长城景区；7月，由突尼斯驻华大使馆、突尼斯国家旅游局、古北水镇景区、文旅联合举办的“打开任意门——来古北水镇寻找属于你的突尼斯快乐星球”夏日活动正式开启；10月21—23日，第四届古北水镇红叶雅集活动开启，景区推出“穿汉服入园享80元优惠门票”政策，活动包括国风集市、潮流秀场等内容；11月22—30日，古北水镇举办八周年庆典活动，活动包括线下客户答谢会、抖音日不落直播、周年庆大促产等内容；11月26日至12月25日，“长城下的童话小镇”举办童话巡游、童话点灯、童话市集、冰雪运动等一系列活动。

（周建红）

【媒体传播】 1月21日，古北水镇及司马台长城夜色等场景亮相央视虎年春晚，在《中国年，我们在一起》公益广告中惊艳登场；2月，在古北水镇实景录制的哔哩哔哩《上元千灯会》节目播出，以全实景舞台呈现上元灯会繁华；4月，CCTV－15音乐频道《乐游天下》清明专题节目《2022致春天》播出，吕薇、张英席、任志宏等嘉宾在古北水镇，以诗歌踏青追思、礼赞春天；央视频《二十四节气——芒种》《二十四节气——夏至》、北京卫视《我的桃花源》第二季第13期、电视剧《林深见鹿》以及CCTV－3《艺览吾遗——非遗文化寻访特别节目》先后播出，景区品牌传播在影视综三栖全面开花。

（周建红）

【产品集群】 年内，古北水镇根据游客出游的空间距离、停留时间和消费活跃度，培育优质产品集群。结合“春游碧水、夏观星空、秋赏红叶、冬享童话”的四季景观特点，推出“鸳鸯湖观鸟·守望千年鸟道”“长城观星·和天宫的约定”“汤河识冰·遇见冰河世纪”等优质研学产品，开发出颂钵音疗、禅修抄书、游船下午茶、晨曦长城早餐等疗愈私享体验项目。

（周建红）

【获奖情况】 年内，古北水镇成为密云社会实践大课堂资源单位，助力北京市研学旅游扩容提质；7月，景区入选“2022年北京市体育旅游十佳精品景区”；9月，景区先后入选“全国非遗旅游景区”和首批“北京市旅游度假区”；在第19届北京密云鱼王美食文化节中，古北水镇凭借“福禄葫芦酥”菜品，在厨王争霸赛上获两项大奖——金勺奖与创新创意奖。

（周建红）

北京张裕爱斐堡酒庄

【概　况】 张裕爱斐堡酒庄位于北京市密云区巨各庄镇，总占地1500余亩，是由烟台张裕公司融合多国资本，投资8亿余元，于2007年6月打造完成。酒庄建设得到了国际葡萄与葡萄酒组织（OIV）的鼎力支持，是集葡萄种植、葡萄酒酿造和葡萄酒知识文化培训、葡萄酒主题文化旅游、休闲度假于一体的综合性酒庄。丰富的娱乐设施，可以满足不同游客的多层次需求。游客可亲身体验专业的葡萄酒培训课程和趣味横生的3D错觉体验馆，穿梭在张裕百年民族工业博物馆，领略张裕百年的葡萄酒传奇。2022年，实现旅游收入1800.35万元，接待游客5.88万人。

（范　月）

【营销活动】 年内，张裕爱斐堡酒庄开展各项营销主题活动，举办第十一届市民品酒节和第十三届葡萄采摘节，以及CCTV－17农业农村频道的农民丰收节系列拍摄活动。通过区文旅局等官方媒体渠道发布酒庄活动相关信息，通过抖音本地生活官方合作、旅游达人及自媒体等方式发布酒庄参观游览等短视频；利用直播方式增加酒庄关注度，全年关注度超1000余万次。开发以“谍战城堡逃脱”为主题的剧本杀项目，全年接待游客1万余人次；对接婚纱影楼，签订婚纱拍摄协议，接待婚纱拍摄共计9000余对；与影视公司、车展公司签订合作协议承接影视剧拍摄活动。

（范　月）

【基础设施维保建设】 年内，张裕爱斐堡酒庄做好参观区域的日常检查、保养、维修等基础工作，对园区大型导览图进行翻新、路名展板重新制作、增加标识牌共计70平方米，翻新修复园区内无障碍坡道。完成主楼博物馆各展厅的灯光改造提升工作，提高游客的参观质量。

（范　月）

旅 游 活 动

Travel Activities

【概　况】 2022年，在节庆、节气等时间节点，举办主题营销活动。成功组织2022中国国际服务贸易交易会文旅板块、2022年第十九届北京密云鱼王美食文化节、“休闲北京 画境密云”暨北京户外生活节等活动。参加北京市网红打卡地评选，10家旅游企业入选市级网红打卡地。密云区获得“2022生态自然空间”“北京市微度假目的地”等称号。

（梁司琪）

【迎新春主题活动】 1月30日，区文旅局以“欢欢喜喜过大年 冬奥迎春来密云”为主题，举办迎新春主题活动，活动包括“滑雪观冰听风铃、甜蜜采摘迎冬奥、密云年货迎新春”三大板块、60余项系列活动以及3条冬季冰雪乡村游线路。

（李　玲）

【迎春分主题活动】 3月16日、18日，区文旅局分别以“边吃边玩 去京郊‘采摘’春天”“迎春分，不负好时光，习俗值多少”为主题，举办迎春分主题活动，活动邀请《首都经济报道》拍摄并播出2期密云春分农事活动，累计时长共15分9秒。

（李　玲）

【清明主题活动】 3月25日，区文旅局以“清明踏青”为主题举办清明主题活动，活动围绕抗日英雄白乙化、英雄母亲邓玉芬、承兴密联合县政府旧址纪念馆等旅游资源推出10条主题游线路，共25家媒体报道，发稿29篇。

（李　玲）

【春季营销活动】 4月19日，区文旅局以“轻抚漫花香·春日寻密云”为主题举办春季营销活动，推出“十大线路、赏花地图、网红打卡地”三大板块活动及10条微度假精品旅游线路。活动邀请28家媒体考察古北水镇微度假内容，共发稿64篇。

（李　玲）

【参加2022年中国国际服务贸易会】 9月1—5日，2022年中国国际服务贸易会在北京首钢园举办，区文旅局组织15家本地企业参展，发放密云文旅宣传资料5000册，发放木耳、养生茶、蜂蜜等伴手礼3500件，商品销售11万元。

（李　玲）

【“休闲北京·画境密云——微度假趣京郊系列活动”】

9月7日，由市文旅局、市商务局、市体育局、北京日报报业集团和密云区政府联合主办的“微度假趣京郊”系列活动第三站“休闲北京 画境密云”暨北京户外生活节在日光山谷举办。市文旅局发布10条“二十四节气秋之白露主题游线路”，区文旅局同步推荐了寻渔味道之旅、密云“百里骑迹”环湖骑行之旅等8条秋季旅游路线。北京同仁堂科技发展集团与区文旅局开展大健康旅游资源对接，双方携手针对“健康＋文旅”产业开展战略合作，涉及“京味文化”“京药文化”以及其他业务板块。

（葛　瑞）

年内，区文旅局与北京同仁堂科技发展有限公司针对“健康文旅”产业开展战略合作

（区文旅局 供图）

【第十九届北京密云鱼王美食文化节】 9月26日，由区文旅局主办、巨各庄镇政府及各有关单位协办的2022（第十九届）北京密云鱼王美食文化节在密云区国家现代农业产业园蔡家洼核心区举办。本届鱼王美食文化节以“生态密云 吉庆有鱼”为主题，由“1+4”活动版块构成，即“一场开幕式”和“密云喊你来开渔”“密云喊你来吃鱼”“密云喊你来打卡”“密云喊你来赶集”四个活动环节。在文化节上还推出了七大主题活动和十条金秋微度假线路、定制一张“赏金秋·赶大集”文旅地图等。本届活动邀请《北京新闻》《首都经济报道》、北京日报等10大平台直播、7家电商平台、52家主流媒体宣传，累计发布新闻资讯66篇，覆盖661.42万人次。

（李 玲）

【密云区获评“2022生态自然空间”】 11月5日，由新华网主办的“第九届文化和旅游融合创新论坛”在北京召开。论坛以“文旅融合赋能新未来”为主题，紧紧围绕“文旅新发展”“旅游软实力”“数字经济赋能文化产业”“城市升级”等话题，探讨新时代文化和旅游融合发展之道，通过实践案例分享理念和交流经验，共商创新发展之策，共谋发展之路。密云区获得“2022生态自然空间”称号。

（李 玲）

9月26日，2022（第十九届）北京密云鱼王美食文化节在密云区国家现代农业产业园蔡家洼核心区举办 （区文旅局 供图）

【《英雄母亲》上榜“强国复兴红色主题”TOP20】 12月1日，由市文旅局主办的2022北京旅游商品和文创产品大赛落幕。大赛于7月27日启动，采取“线上+线下”相结合的模式，面向全社会征集优秀作品。经评选，密云区选送的《英雄母亲》上榜“强国复兴红色主题”TOP20。

（卢彦军）

【10家旅游企业入选北京网红打卡地】 12月12日，由市文旅局主办的“2022北京网红打卡地”评选结果揭晓，密云10家企业入选。北京张裕爱斐堡酒庄入选新晋网红打卡地榜单休闲生活类；北京海湾半山温泉酒店、米棉庄园MM·Farm、美山澍民宿、中国福院儿·不老屯精品民宿入选网红打卡地提名榜单酒店及精品民宿类；北京不老屯长寿谷生态农庄、北京丛林鸟户外休闲营地、日光山谷、野鸭部落入选网红打卡地提名榜单休闲生活类；大城小苑精品民宿入选最具人气网红打卡地榜单。

（李 玲）

【密云区获评“北京市微度假目的地品牌”称号】 12月26日，市文旅局紧扣“复工复产、文旅消费”主题，推出“北京微度假”文旅新消费品牌，发布首批6个北京微度假目的地品牌，密云区“心宿密云山水·休闲古北”获评首批“北京市微度假目的地品牌”称号。

（葛 瑞）

旅游行业管理

Tourism Industry Management

【概 况】 2022年，区文旅局扎实有效落实疫情防控，落实安全生产行业监管职责，全面做好安全生产各项工作。推进乡村旅游提档升级，完成年度乡村旅游政策性保险投保、全国乡村旅游重点村镇申报、市级乡村民宿等级评定、区级精品乡村酒店和精品民宿评定等工作。强化人才队伍建设，联合区人保局举办文旅行业专场线上招聘会，开展“赓续红色血脉 培育时代新人”红色讲解员进校园活动，举办密云经济技术创新竞赛系列活动暨2022年厨王争霸赛。

（梁司琪）

【疫情自我防护与应急处置技能提升班】 1月26日，区文旅局利用密云文旅讲堂举办疫情自我防护与应急处置技能提升班。本次课程聘请了区疾控中心副主任医师陈永亮，从新冠疫情自我防护原则、自我防护要求、应急处置等方面进行授课。共有旅游从业者0.5万人参训，线上关注人数达2.5万人次。

（席立军）

1月26日，区文旅局利用密云文旅讲堂举办疫情自我防护与应急处置技能提升班

（区文旅局 供图）

【文旅行业文明旅游线上培训】 2月23日，区文旅局联合区委宣传部，举办文旅行业文明旅游线上培训。培训班聘请中国书法家协会会员、区书法家协会主席任学增和联合大学旅游学院副教授张丽娟授课。

2月23日，区文旅局联合区委宣传部，举办文旅行业旅游文明线上培训

（区文旅局 供图）

课程内容包括《弘扬中国传统文化，助力民宿文化品质提升》《塑造良好文明旅游形象，做文明有礼旅游人》。课程在宜居密云、密云文旅平台同步直播、回看。各镇街、景区、宾馆酒店、旅行社、民俗村（户）、精品民宿和帮扶共建村旅游从业者0.3万人参训，线上关注人数达8万人次。

（席立军）

【乡村民宿纳入政府采购】 3月，根据《北京市财政局关于支持各区乡村民宿纳入会议定点范围工作的函》文件要求，区文旅局与区财政局进行对接，动员具备申报条件的民宿和乡村酒店，按照自愿申报原则，全区有5家单位向北京市政府采购中心提交申请，其中3家参加现场投标，经北京市政府采购中心评审，野鸭部落和风林宿2家正式纳入乡村民宿会议定点单位。

（郭 伟）

【文旅行业专场线上招聘会】 3月29日，区文旅局联合区人保局举办文旅行业专场线上招聘会。古北水镇、云湖度假村等8家企业共提供400余个就业岗位。本次招聘信息同时在密云区、对口帮扶外省区、县人力资源市场和密云360公司等平台推送，为推动密云文旅产业发展提供人力资源保障。

（席立军）

【乡村旅游业态等评定标准解读线上培训班】 3月30日，区文旅局举办乡村旅游业态等评定标准解读线上培训，密云文旅平台同步直播。本次培训聘请首都经济贸易大学教授蔡红进行授课，课程内容为《新时代北京乡村旅游的高质量发展暨北京乡村旅游特色业

3月30日，文旅讲堂第三课——密云区2022年文旅行业旅游文明线上培训班

（席立军 摄）

态、乡村旅游民宿等评定标准的解读》。全区旅游行业运营管理人员1500余人参加培训，线上关注人数达2.2万人次。

（席立军）

【乡村旅游运营与管理线上培训班】 4月27日，区文旅局举办乡村旅游运营与管理线上培训第四课开讲，密云文旅平台同步直播。本次培训聘请北京市民宿协会副会长梁晴、日光域集团董事长孙建东进行授课，课程内容为《乡村民宿的运营管理》《乡村旅游带动乡村振兴》等，全区旅游行业运营与管理人员1000余人参加培训，线上关注人数达4.11万人次。

（席立军）

【全国乡村旅游重点村镇申报】 6月，区文旅局下发《北京市密云区文化和旅游局关于开展第四批全国乡村旅游重点村镇及市级乡村旅游重点村镇遴选推荐工作的通知》，根据各镇申报情况确定推荐名单。经文化和旅游部、国家发展改革委联合评审，古北口镇入选全国乡村旅游重点镇、遥桥峪村入选全国乡村旅游重点村。

（郭　伟）

【民俗业运营和管理提升线上培训班】 6月15日，区文旅局举办民俗业运营和管理提升线上培训班，密云文旅平台同步直播。本次培训聘请田妈妈品牌创始人、北京观光休闲农业协会副理事长要雁峥、北京爱丘山居经理程大军进行授课，课程内容包括《民俗户提升总体趋势及案例分析》《爱丘山居的运营和管理》。全区旅游行业运营与管理人员1500余人参加培训，线上关注人数达4万人次。

（席立军）

【露营产业行业标准和运营管理线上培训班】 6月29日，区文旅局举办露营产业行业标准、运营管理线上培训班，训期半天，密云文旅平台进行了直播。本次培训聘请汽车露营地开放条件和等级评定业标准评审专家组成员贺伟、中国旅游车船协会自驾游与露营房车分会副会长廖红斌、北京房车露营自驾旅游协会副秘书长侯启凯，课程内容包括《露营地的建设标准和经营管理》《北京市露营产业发展趋势、方向，政策标准解读》《露营地开发运营逻辑及案例解析分享》。全区旅游行业运营与管理人员1500余人参加本次培训，线上关注人数达4.5万人次。

（席立军）

6月29日，区文旅局举办露营产业行业标准、运营管理线上培训班　　（席立军　摄）

【乡村旅游经营单位投保“京郊旅游政策性保险”】 7月，按照市文旅局关于京郊旅游政策性保险的工作要求，区文旅局与安华保险公司对接，要求乡村旅游经营单位应保尽保，全年共计承保563户，其中特色业态53户、星级民俗户419户、精品民宿91户，为乡村旅游经营提供保障，防范风险。

（郭　伟）

7月，“赓续红色血脉 培育时代新人”红色讲解员进校园活动　　（席立军　摄）

【红色讲解员进校园活动】 7月，由区文旅局组织的“赓续红色血脉 培育时代新人”红色讲解员进校园活动启动，共有20所中小学校参与活动，青少年学生接受爱国主义教育达1.1万人次。

（席立军）

7月8日，区文旅局举办文旅行业燃气安全知识线上培训班 （席立军 摄）

【文旅行业燃气安全知识线上培训班】 7月8日，区文旅局举办文旅行业燃气安全知识线上培训班，密云文旅平台进行线上直播。培训班聘请市液化石油气有限公司安全运营部经理、燃气专业高级工程师张晋进行授课，内容为文旅行业燃气安全知识培训。全区文旅行业2000余人参加此次培训，线上关注达3万人次。

（席立军）

【旅游联合执法】 7月9日，区文化市场综合执法大队会同市文化市场综合执法总队、区交通局执法大队，在古北水镇景区依法对北京世纪悦途旅行社有限公司组织的“老年团”游进行联合执法，对违法行为依法立案查处，共出动执法力量12人次，4车次；7月17日，区文化市场综合执法大队会同市文化市场综合执法总队、古北口镇政府及综合执法队、派出所联合对古北水镇景区内3个旅行团进行检查，对远航少年（北京）体育科技有限公司涉嫌未经许可经营旅行社业务的违规行为，依法立案查处，共出动14人次，5车次；10月10日，区文化市场综合执法大队会同市文化市场综合执法总队六支队、区市场监管局及区城关市场所、区城关派出所依法对华蜂盛贤（北京）文化发展有限公司接待“黑旅行团”予以取缔，共出动执法力量11人次、6车次。

（张合青）

7月17日，旅游联合执法

（区文旅局 供图）

【旅行业国际交往语言建设线上培训班】 7月27日，区文旅局举办文旅行业国际交往语言建设线上培训班，训期1天，密云文旅平台进行直播。培训班聘请北京联合大学旅游学院教授刘爱服、北京城市学院副教授郑洁，针对旅游从业者在行业英语、国际旅游服务接待礼仪与语言环境建设标准等方面进行培训。全区文旅行业旅游从业者1500人参加本次培训，线上关注人数达2.5万人次。

（席立军）

【市级乡村民宿等级评定】 8月，区文旅局研究制发《北京市密云区文化和旅游局关于申报市级乡村民宿等级评定工作的通知》，明确申报时间、依据、范围、原则及申报评定程序等。依据乡村民宿地方标准《乡村民宿服务要求及评定》，共有38家乡村民宿申报市级乡村等级民宿，31家乡村民宿通过验收（其中五星级4家，四星级11家，三星级16家），2021年度被评为全国丙级旅游民宿的6家直接转为北京市三星级乡村民宿。

（郭 伟）

2022年密云区北京市乡村民宿一览表

表7

序号	民宿名称	地址	星级	备注
1	青山丘	东邵渠镇西邵渠村596号	五星级	
2	拱院	冯家峪镇西白莲峪村16号	五星级	
3	矾根	古北口镇古北口村东队主街2号	五星级	

续表

序号	民宿名称	地址	星级	备注
4	归璞南山	新城子镇大树洼村南梁甲 11 号	五星级	
5	森语	大城柏崖村孝女台 57 号	四星级	
6	陆人行	东邵渠镇大岭村 65 号	四星级	
7	明舍	东邵渠镇西邵渠村 178 号	四星级	
8	隐之谷	古北口镇古北口村二寨主街 1 号	四星级	
9	拾光小院	古北口镇古北口村二寨主街 49 号	四星级	
10	望景园	十里堡镇西大桥路 79 号	四星级	
11	仁合山居 2 号院（北对峪）	石城镇黄土梁村 16 号	四星级	
12	美山澍	溪翁庄镇黑山寺村 93 号	四星级	
13	山今宿	新城子镇崔家峪村下稍子 8 号	四星级	
14	北京福院儿	新城子镇塔沟村西湾子 20 号	四星级	
15	墅苑	新城子镇头道沟村寨子 21 号	四星级	
16	悦和山居	北庄镇大岭村 55 号	三星级	2021 年丙级直转
17	清悠逸居	北庄镇土门村黄土梁 11 号	三星级	2021 年丙级直转
18	清水云上	北庄镇朱家湾村 40 号	三星级	2021 年丙级直转
19	蔓湾小筑	不老屯镇转山子村转山子 20 号	三星级	
20	芳菽一味	古北口镇古北口村大岭主街 87 号	三星级	
21	宁山居	古北口镇古北口村道里人家第一排东属第 9 间	三星级	
22	南山小楼	古北口镇南关街 48 号	三星级	
23	司马台 19 号院	古北口镇沙岭 19—2 号	三星级	
24	山水流年	古北口镇司马台村小岭居住区 28 号	三星级	
25	流白民宿	古北口镇司马台沙岭新村 81—1	三星级	
26	凡与不凡	古北口镇汤河村秋千峪上庄子 9 号	三星级	
27	仁合山居 1 号院（南对峪）	石城镇黄土梁村 25 号	三星级	
28	老何的家	石城镇黄土梁村 5 号	三星级	
29	江南驿精品民宿	石城镇捧河岩村北 1000 米	三星级	2021 年丙级直转
30	依草依木民俗饭庄	新城子镇巴各庄村 33 号内 1 号	三星级	2021 年丙级直转
31	晓巷礼	新城子镇蔡家甸村 104-1 号	三星级	
32	一宿一夕	新城子镇曹家路村 239 号	三星级	
33	悦山居	新城子镇崔家峪村 16 号内 2	三星级	
34	柏岭泉	新城子镇头道沟村 48 号	三星级	
35	望京楼	新城子镇新城子村大石沟 14 号	三星级	
36	望山居	新城子镇新城子村邮政所 168 号	三星级	
37	倪文明民俗饭庄	新城子镇遥桥峪村 95 号	三星级	2021 年丙级直转

【参加北京市星级饭店从业人员服务技能竞赛选拔赛】 7月20日至9月9日，市文旅局举办北京市星级饭店从业人员服务技能竞赛选拔赛，区文旅局组织全区星级饭店从业人员参加选拔赛。区文旅局获得优秀组织奖。

（梁司琪）

【文旅行业厨艺技能提升培训班】 8月11日，区文旅局举办文旅行业厨艺技能提升线上培训班，培训班聘请中国烹调大师牛金生及中国烹饪大师、原钓鱼台国宾馆高级面点师李占全、行政总厨马凤义，就创新面点理论、创新菜品理论和技能实操等方面针对性授课。全区文旅行业旅游从业者1500人参加线上培训，网上关注人数达2.5万人次。

（席立军）

8月11日，区文旅局举办文旅行业厨艺技能提升线上培训班（席立军 摄）

【厨王争霸赛决赛】 9月7日，由区文旅局主办的密云区经济技术创新竞赛系列活动暨2022年密云区厨王争霸赛决赛在北京金地来大酒店举行。来自全区各镇街餐饮企业的70余名选手同台竞技，共评出金勺奖9个、银勺奖25个、铜勺奖36个、创新创意奖6个、优秀组织单位奖21个。

（席立军）

【第二期民俗业运营和管理线上培训班】 9月28日，区文旅局举办民俗业运营和管理（第二期）线上培训班，密云文旅平台进行了直播。田妈妈品牌联合创始人讲授《赋能乡民·激活乡村，实现美丽乡村全面振兴》课程；金叵罗民俗带头人现场进行亲子小院儿红泥、特色亲子面点体验实操；区非物质文化遗产宿家剪纸传承人宿珈涤实操剪纸。全区民俗从业者1500人参加培训，线上关注人数达4.58万人次。

（席立军）

9月28日，区文旅局举办民俗业运营和管理（第二期）线上培训班（席立军 摄）

【区级精品乡村酒店和精品民宿评定】 10月，区文旅局组织各镇召开乡村旅游工作部署会，下发《北京市密云区文化和旅游局关于开展2022年精品乡村酒店、乡村民宿（精品民宿）评定工作的通知》（密文旅发〔2022〕17号），明确了评定内容和条件、评定时间及具体工作安排等。11月底，聘请第三方专家对全区申报的5家精品乡村酒店、92个精品民宿品牌从建筑风格、庭院设计、客房结构、特色文化等方面进行现场评定，最终共3家精品乡村酒店、42个精品民宿品牌通过评定。

（郭 伟）

【研学旅行指导师线上培训班】 10月26日，区文旅局举办研学旅行指导师线上培训班，密云文旅平台进行直播。培训聘请国旅集团旅游劳务培训中心主任、国旅海外经济合作有限公司联席总裁李金武进行授课，课程内容为《文旅产业结合下的研学旅行》。全区文旅从业者1200人参加本次培训，线上关注人数达2.2万人次。

（席立军）

10月26日，区文旅局举办研学旅行指导师线上培训班（席立军 摄）

【兑现补贴支持政策】 12 月，根据《北京市密云区人民政府关于印发〈密云区促进文化和旅游产业发展的支持办法（试行）〉的通知》文件精神，区文旅局对 2021 年评定验收合格的精品民宿 52 个品牌、59 个院落拨付补贴支持资金 590 万元；对 2021 年评定验收合格的 4 家精品乡村酒店拨付补贴支持资金 200 万元。

（郭　伟）

【安全基础工作】 年内，围绕元旦、春节、五一、十一、北京冬奥会和北京冬残奥会、全国“两会”等重大服务保障任务，区文旅局采取日常检查、联合检查、联组互查等形式，对重点文旅企业消防、防汛、食品卫生、用电用油用气、有限空间、大型游乐设施、高风险旅游项目、反恐等各项内容进行明察暗访检查，共检查旅游企业 1204 家次，出动检查人员 2936 人次。

（李　征）

【签订安全责任制】 年内，区文旅局督促旅游企业履行好安全生产主体责任，与 69 家企业（其中酒店 26 家，景区 31 家，旅行社 12 家）签订安全生产责任书，明确责任目标，强化安全管理，确保不发生安全事故。

（李　征）

【旅游投诉案件处理】 年内，区文旅局贯彻落实《北京市接诉即办工作条例》，做好接诉即办工作，共接收“12345”市民热线工单 1865 件，满意率 97.13%，综合评分 96.53 分，全年考核成绩位列密云区第10 名。

（谢　芬）

【防汛工作】 年内，区文旅局制定 2022 年度《北京市密云区文旅防汛专项分指挥部防汛工作方案》，调整文旅防汛专项分指挥部成员名单，完善防汛应急工作预案，召开防汛工作部署会，与各旅游企业签订防汛责任书 75 份。汛期督导各景区开展防汛演练 20 余家次，累计关闭景区 120 家次，关闭民俗民宿 1362 家次，劝返游客 3509 人次。

（张舞乐）

【疫情防控工作】 年内，区文旅局完善局疫情防控工作领导小组组织架构和工作职责，做好文旅行业的疫情防控。督导文旅企业做好免疫疫苗接种工作。关闭文化娱乐场所，暂停、取消、延缓举办婚宴、会议。开展隔离酒店储备协调、费用审核工作。完成市级大数据派单排查 9810 人，区级大数据派单排查 9148 人，涉及区文旅局的大数据派单人员均排查并落实管控措施。

（李　义　王宏宇）

【行政审批】 年内，区文旅局梳理细化政务职权事项，制作 770 余张办事流程图、100 余张模板及样表，编制完成政务职权事项公开事项标准目录，并实行动态调整。简化行政审批流程，提升审批服务便利度。全年受理行政审批事项 100 余件，审批过程严格遵守法律法规，做到办件清楚，档案整齐，无一件超时，无一起群众投诉。

（王文韬）

【信用体系建设】 年内，区文旅局落实信用体系建设各项工作：行政许可和行政处罚公示工作，累计行政许可公示 17 件、行政处罚公示 7 件，全部于 7 个工作日内进行公示，报送信息合格率 100%；已实施信用承诺事项 4 件，并推进将承诺履约情况记入信用记录工作；在政府采购、招标投标、资质审核三个领域行政管理和服务过程中应用信用报告；对有意向从事文旅行业工作的企业等，在“信易＋”领域加大扶持力度；为保护文旅行业信用主体合法权益，对文旅企业开展信用分级分类管理。

（张舞乐）

【旅游行业扫黑除恶】 年内，区文旅局实施文旅行业扫黑除恶治理整顿工作。围绕“两会”“清明”“五一”“中秋”“国庆”安保节点，开展行业扫黑除恶斗争工作，按时召开相关会议；月工作动态 12 期；接收 12345 热线、12301 旅游投诉热线、电话投诉处理中，均未发现文旅系统存在涉黑现象。

（谢寒冰）

旅游宣传

Tourism Promotion

【概　况】 2022 年，区文旅局强化宣传营销，提升密云文旅品牌知名度，通过加大媒体报道、广告投放、策划组织各类大型活动、推出精品旅游线路方式加强旅游宣传报道。

（梁司琪）

【推出 3 条冰雪旅游路线】 1 月 27 日，区文旅局以南山、云佛两大滑雪场及冬季资源串联推出 3 条冰雪体验游线路，通过北京广播电视台《都市晚高峰》《首都经济报道》报道密云冰雪资源，累计时长 11 分 40 秒。通过北京交通广播等其他形式宣传，受众人群超

290 万人次。

（李　玲）

【"春日的三瀑十八潭，总有童趣和美食相伴"入选市级精品线路】 3 月 4 日，市文旅局发布 10 条"二十四节气（春之惊蛰）主题游"精品线路，密云区"春日的三瀑十八潭，总有童趣和美食相伴"线路入选，带领市民、游客感受春天气息。

（李　玲）

【古北水镇旅游线路入选市级精品线路】 3 月 31 日，市文旅局会同 16 个区文旅局，以水为脉，以水为媒，推出 16 条"漫步北京——清明上河徒步游主题游"线路，密云区古北水镇旅游线路入选。

（李　玲）

【"自然教育之旅·走进有机生态乡居"入选市级精品线路】 7 月 29 日，市文旅局发布 10 条"京郊之夏"精品农事体验线路，密云区"自然教育之旅·走进有机生态乡居"线路入选。

（李　玲）

【拍摄《我的桃花源》节目】 年内，区文旅局与北京广播电视台卫视频道合作拍摄《我的桃花源》密云专题节目。围绕本区乡村振兴、山水美景、非遗奥秘等文旅资源拍摄并播出 3 期。其中 6 月 12 日古北水镇——司马台长城篇，全国 35 城收视 0.15，全国排名第五；9 月 25 日云蒙山、老友季、玲珑枕篇，全国 35 城收视 0.12，全国排名第五。

（李　玲）

【拍摄《四海漫游》节目】 年内，区文旅局与北京广播电视台生活频道合作拍摄《四海漫游》密云专题节目，以"密云喊你来吃鱼"为主题，介绍鱼王节厨王争霸赛代表菜品及密云特色资源，拍摄并播出 2 期。

（李　玲）

【拍摄《一起出发吧》节目】 年内，区文旅局与北京广播电视台生活频道合作拍摄《一起出发吧》密云专题节目，围绕密云古北水镇、张裕爱斐堡酒庄等美景，拍摄并播出 2 期。

（李　玲）

【传统媒体营销】 年内，在北京广播电视台《天气预报》黄金栏目，累计播出 24 期文旅广告；央视、北京广播电视台新闻报道 22 次，比上年增长 0.05%；在北京日报、人民网、今日头条、中国旅游报、密云融媒体、密云文旅自媒体以及新媒体等市、区级媒体累计 200 家，累计发布 761 篇新闻资讯，同比增长 17.77%。

（李　玲）

【与北京人民广播台合作】 年内，区文旅局与北京交通广播合作。一是利用北京广播电视台旗下多频率进行口播资讯、硬广短音频、直播节目及内容引导宣传等涉及广播线上的宣传共计 135 余次；二是利用微信、微博、今日头条等多平台图文、短视频及视频直播等方式进行推广，宣传频次累计 130 余次；三是直播活动 2 次，将密云经典景区、特色品牌活动及产业推广给大众，累计传播覆盖 7100 余万人次。

（李　玲）

【与京哈高铁广告合作】 年内，区文旅局在京哈高铁密云站候车大厅及出站通道投放"山水田园 画境密云"旅游广告 7 块。全年更换"张裕爱斐堡、古北水镇·司马台长城、北京瑞海姆酒店、关注未来、建设北京市公共文化服务体系示范区、大美密云文明旅游、密云·创建全域旅游示范区、南山滑雪场"画面 8 幅。

（李　玲）

【自有新媒体营销】 年内，区文旅局发挥"密云文旅"微信公众号和"北京市密云文旅"抖音官方账号信息发布窗口作用进行宣传推广。微信公众号发布文章 223 篇，总阅读量 27.09 万人次，粉丝 10.5 万人，粉丝数同比增长 10%；抖音官方账号共发布作品数 122 条，直播 9 场，视频总播放量为 3189.52 万，总点赞量为 8 万余次，总评论量为 2662 条，粉丝 28.3 万人。

（李　玲）

北京密云文化旅游发展集团有限公司

【概　况】 北京渔阳文化旅游集团有限公司，注册资金 1 亿元，经过改革重组后，于 2022 年 6 月 22 日区政府授牌更名为北京密云文化旅游发展集团有限公司。下有出资企业 8 家，其中全资二级公司 7 家，分别为北京大美山水旅游有限责任公司、北京大美裕农科技有限公司、北京雾灵山庄有限公司、北京市密云区医药药材公司、北京金渔阳区域电动小客车出租有限公司、北京市密云区新华书店有限公司、北京京云天宇商贸有限公司。控股二级公司 1 家，为北京云龙涧景区管理有限公司。参股公司 1 家，为北京云蒙山投资发展有限公司。公司业务主要涉及景区、酒店运营；新能源出租车运营；国家现代农业产业园；全域旅游资源运营；图书销售；医药药材配送、商业地产出租等。2022 年底企业资产总额 19.03 亿元，净资产 1.52 亿元，营业收入总额 12233.28 万元，上缴税金 711.54 万元。企业在职人员 553 人。

（张红蕊）

【企业运营】 年内，北京密云文化旅游发展集团有限公司多措并举努力提升经营业绩。全年本公司系统 8 家企业累计实现营业收入 12233.28 万元，比上年同期 8808.6 万元增长 38.88%，利润总额累计亏损 2104.74 万元，剔除雾灵山庄 902.1 万元利息支出客观因素的影响，实际亏损 1202.64 万元，比上年同期亏损 3127.22 万元，减少亏损 1924.58 万元，实现利润同比增长 61.54%，累计上缴税金 711.54 万元，比上年同期 654.46 万元增长 8.72%。

（张红蕊）

【党建引领企业发展】 年内，北京密云文化旅游发展集团有限公司强化党建引领，扎实开展各项工作。一是通过“密云先锋”行动的深入开展，共涌现出区级“密云先锋”1 人，区国资委系统“密云先锋”3 人、先锋党组织 1 个、党员先锋岗 2 个、党员先锋队 1 个；二是做好冬奥会、冬残奥会服务保障工作。先后承担 1600 余人的疫情防控隔离观察任务，特别是在承担国家体育总局、冬奥会及冬残奥会赛后 106 人的集中隔离观察任务中受到了总局领导的高度肯定，为服务北京“冬奥”作出了密云国企贡献；三是全面推进“1+10”党员联系群众工作模式。集团 129 名党员回社区报到率 100%，共联系群众 426 户 1337 人；四是精心部署“公仆心、云水情”干部教育实践活动，共检视问题 392 条，制定整改措施 422 条，为群众办实事 9 件；五是干部人才队伍建设。先后选调 8 名年轻职工从基层走到机关，选拔任用两名青年人才充实中层干部队伍；六是严格落实意识形态工作主体责任。围绕深化国企改革，迎接党的二十大召开等重大任务及重要活动，统筹部署风险防控，强化舆情管控，消除意识形态领域各类风险隐患，牢牢掌握意识形态主动权。

（张红蕊）

【践行社会责任】 年内，北京密云文化旅游发展集团有限公司组建“疫情防控应急保障车队”，完成转运疫情隔离人员任务 1000 余人次，成立“党员爱心车队”，与果园西里新区居委会党支部签订结对共建协议，为社区内残疾人提供每月两次免费乘车服务，实现点对点精准爱心帮扶，与帮扶村大岭村签署共建协议，为村里提供资金扶持，助推村经济消薄；开展疫情防控、垃圾分类桶前值守、创建文明城区志愿服务以及宣传清明文明祭扫等活动 400 人次。

（张红蕊）

【安全生产及综治维稳】 年内，北京密云文化旅游发展集团有限公司以严的主基调贯彻落实上级部门各项安全生产相关部署来开展安全维稳工作。每季度召开安全生产专题会，每月至少开展一次集团及各分公司的综合检查和专项检查；做好冬奥会、冬残奥会、二十大等重要时间节点安全生产工作。全年未发生重大安全责任事故。全力做好接诉即办 12345 热线工作，全年共承办 216 件工单，处理结果全部为双满意。

（张红蕊）

【重点工作】 年内，一是北京密云文化旅游发展集团有限公司聘请专业管理团队经营雾灵山庄，业绩取得较大突破。二是云龙涧景区经营业绩大幅提升，收入实现历史最高。三是聘请策划公司对新华书店内外踏勘，出具改造提升方案。四是已初步完成云龙涧景区打造极限运动公园项目踏勘及山下的测绘工作。五是与北京北陆药业股份有限公司合作，由药材公司负责九味镇心颗粒的配送与销售。六是与首汽集团对接金渔阳电动出租车的经营模式，评估下一阶段车辆购置和运营方式。七是开展创新项目。设计密云礼物图标，整合推广密云农副特色产品和非遗产品，精心挑选出 11 款农产品进入区内 15 家民宿、酒店、景区推广，并组织挑选密云礼物参加 2022 年服贸会“北京主题日”展览。八是设计文创产品参加 2022 年北京旅游商品文创产品大赛。九是统计全区闲置文旅资源并制作台账，探索与乡镇合作盘活闲置资源。

（张红蕊）

【推动重点项目】 年内，北京密云文化旅游发展集团有限公司推动与中交交旅组建平台公司，共同运营盘活闲置资源。与中交交旅签署战略合作框架协议，组建项目推进专班，制定《中交投项目专班工作方案》。推动中交交旅与城建集团在云蒙山景区的合作；配合中交生态集团谋划潮白河流域综合提升治理方案；分析梳理云龙涧景区资源禀赋，策划云龙涧景区改造提升一期项目。

（张红蕊）

功能区建设

FUNCTION AREA CONSTRUCTION

综 述

Overview

2022年，密云区以习近平新时代中国特色社会主义思想为指导，坚持稳中求进工作总基调，坚持规划引领，加速构建“一条战略发展带、四条特色文化旅游休闲发展带、多个特色乡镇和特色产业”全域发展格局，全力推动密云经济社会绿色高质量发展。怀柔科学城东区建立健全组织机构，成立东区建设办公室；地球系统数值模拟装置顺利通过国家验收并正式运行，5个交叉研究平台项目土建工程如期完工。北京大学怀密医学中心、北京第二实验学校办学方案获得批复，华远达公寓投入使用，云西二路等道路加快建设，科学+城的功能不断完善。中关村密云园完成体制机制改革，加快腾退盘活低效产业用地，京东物流、复星北铃、友康生物等重点产业项目加快建设，自如生活、友宝在线成长为“独角兽”企业，华源泰盟等5家企业通过国家级专精特新“小巨人”认证，康辰、北陆等62家企业列入专精特新企业，全区专精特新中小企业数量居生态涵养区首位。怀柔科学城东区和中关村密云园协同发展，主动融入“两区”建设平台，被列入市级“服务业扩大开放综合示范重点园区”。

科学城东区建设

Construction of Science City East District

【概　况】 怀柔科学城东区是怀密联动、融合发展的关键区域，以顶尖科研机构及大学为带动，重点发展地球系统科学和生命科学。2022年，成立以区委书记和区长为组长的密云区推进怀柔科学城东区建设工作领导小组，下设办公室（简称科学城东区办），作为领导小组的日常办事机构。科学城东区办内设综合协调部、规划建设部、服务保障部、招商联络部。职工23人，均为区级部门和镇街抽调人员，编制在原单位，包括行政编制9人，事业编制11人，企业身份1人，劳务派遣2人。科学城东区办发挥“统筹协调和督办落实”职能，围绕“重点项目促开工”“在建项目强保障”，推进科学城东区建设。

（王　研）

【领导调研】 1月14日，区委书记余卫国带队到科学城东区调研科学城东区项目推进情况。实地查看了科学城东区周边多处电网、路网项目拟建设现场以及人才公寓、商业微中心等配套设施项目所在地。召开座谈会，会议强调各相关单位部门属地要强化沟通配合，加快推进各类基础设施和服务配套设施项目建设，加强与央级科研院所和“高精尖”龙头企业的战略合作。

（王　研）

【科学城东区10千伏配网工程开工】 3月1日，科学城东区10千伏配网工程开工。项目建设主体为怀柔科学城公司，总投资6677万元。按照4个“十三五”科教基础设施和空地一体环境感知和智能响应研究平台项目用电需求完成供电，解决永久用电问题，为科学设施项目设备调试、试运行提供重要保障。

（程　翔）

【北京大学怀密医学中心完成规划设计方案国际征集工作】 3月11日，北京大学怀密医学中心完成规划设计方案国际征集工作，11家设计单位申报，通过资格审查、应征设计、技术初步核查、专家评审等环节，选取3家设计单位的优胜方案，1家方案通过。

（柳　奇）

【环境污染物识别与控制协同创新平台土建工程完工】 6月23日，环境污染物识别与控制协同创新平台土建工程完工，成为科学城东区首个土建工程全部完工的“十三五”科教基础设施项目。项目由中国科学院生态环境研究中心承建，主要以京津冀地区为重点研究区域，探明环境污染物转移与转运的内在机制，攻关环境多介质中环境污染物的控制技术，推进环境工程和生态工程治理示范，实现区域复合污染的综合整治和控制。

（程　翔）

6月23日，环境污染物识别与控制协同创新平台土建工程完工　（中科院生态中心　供图）

【云西二路道路工程项目建议书（代可研）获北京市发展改革委批复】 6月23日，云西二路道路工程项目建议书（代可研）获北京市发展改革委批复。该道路南起雁密路，北至云西一街，全长1.753千米，双向四车道，红线宽35米。该道路主要为科学城东区北部科学设施与相关配套设施连接及其周边地区发展提供基础设施保障，促进“科学+城”融合发展。

（程　翔）

【密云区政府与北京大学签署怀密医学中心项目建设协议】 6月24日，密云区政府与北京大学签署怀密医学中心项目建设协议，双方以此次签约为契机，推动怀密医学中心落地建设。签约仪式在北京大学医学部举行，区委书记余卫国出席，北京大学常务副校长、医学部主任乔杰与区委副书记、区长马新明签署协议。

（柳　奇）

6月24日，密云区政府与北京大学签署怀密医学中心项目建设协议　　（柳奇　摄）

【科学城东区项目建设专题会】 8月4日，科学城东区项目建设专题会召开。区发改委就科学城东区科研机构、道路交通、市政基础设施、公共服务等方面汇报重点项目实施计划。会议决定，由科学城东区办结合科学城东区实际情况，坚持打通道路交通、优先市政设施原则，调整完善项目实施计划。

（王　研）

【北京大学怀密医学中心项目取得北京市规划和自然资源委员会复函】 8月5日，北京市规划和自然资源委员会向北京大学出具《关于北京大学怀密医学中心项目规划条件及设计方案等有关事宜的复函》，原则同意怀密医学中心项目选址于科学城东区南部地块现状西统路东侧；并结合街区控规优化完善规划设计方案；明确北京大学可通过多规合一平台向区规自分局申请办理初审意见、选址意见书。

（陈　阳）

【科学城东区“十四五”时期重点项目台账梳理完成】 8月11日，科学城东区办会同区发改委、区规自分局等单位梳理完成《科学城东区“十四五”时期重点项目台账》，包括“科学创新、教育、居住、基础设施、综合配套、公共服务、生态环境”七大类35个项目，总投资160余亿元。

（陈　阳）

【北京大学怀密医学中心项目专题推进会】 8月18日，北京大学怀密医学中心项目专题推进会召开。会议决定，中关村密云园、十里堡镇要全力做好土地供应相关工作；科学城东区办和区各相关部门要统一思想、协同配合、靠前参与，推进项目手续办理等工作；北京大学医学部要抓紧推进项目立项、方案设计和资金筹措等工作。

（陈　阳）

【北京第二实验学校办学方案获北京市教育委员会批复】 8月23日，北京第二实验学校办学方案获北京市教育委员会批复。该学校为市教委直属财政补助的独立法人事业单位，由具有丰富办学经验和优质资源的北京市第四中学承办，占地面积约11.99公顷，办学规模96个教学班，在人事管理、经费使用、招生政策等方面开展改革试验，探索办学新模式。

（陈　阳）

【怀柔、密云两区对接怀柔科学城建设工作】 8月25日，怀柔区、密云区对接怀柔科学城建设工作，并召开座谈会。怀柔区委副书记、区长、怀柔科学城党工委副书记于庆丰，密云区委副书记、区长马新明出

8月25日，怀柔区与密云区领导对接怀柔科学城建设工作座谈会　　（区融媒体中心　摄）

席。座谈会上，两区领导听取了怀柔科学城建设进展和怀柔科学城东区建设情况汇报。

（王　研）

【北京大学怀密医学中心项目完成“多规合一”初审】 8月26日，区规自分局向北京大学出具《关于北京大学怀密医学中心项目“多规合一”协同平台初审意见的函》，初步同意该项目规划建设指标，明确项目一期用地面积约为47.43公顷，地上建筑面积约48.91万平方米，其中启动区用地面积约11.09公顷，地上建筑面积约14.92万平方米。

（宋映蓓）

8月11日，北京大学怀密医学中心项目效果图　　（北京大学医学部　供图）

【梳理形成科学设施项目入驻人员服务保障台账】 9月7日，科学城东区办与项目单位精准对接，梳理形成科学设施项目入驻人员服务保障台账，确定27项服务保障事项，其中即时协调事项17项、持续推进事项10项。科学城东区办将每月动态更新台账，逐项督办落实，与区内各主责部门共同为入驻人员提供高质量服务。

（程　翔）

【科学城东区10千伏配网工程完工】 9月29日，科学城东区10千伏配网工程完工，正式送电。该工程是北京国际科技创新中心建设重点项目，为科学设施平台开展设备安装、调试提供动力保障。

（陈　阳）

【科学城东区社区公园项目开工建设】 10月4日，科学城东区社区公园项目开工，项目位于科学城东区云西三街南侧，占地面积1.49公顷，总投资约330万元，依据京津冀地区真实地质条件进行环境模拟改造。

（陈　阳）

【北京大学怀密医学中心项目开工前准备对接会召开】 10月15日，北京大学怀密医学中心项目开工前准备对接会召开。会议提出北京大学应尽快取得立项批复，为项目开工解决核心问题；密云区加强研究推进配套设施建设，确保具备项目开工所需条件。

（陈　阳）

【地球系统数值模拟装置通过验收】 10月17日，地球系统数值模拟装置通过国家验收并正式开放运行。项目采用国产海光芯片，是我国成功研制的首个拥有自主知识产权的地球系统数值模拟大科学装置，规模和综合技术水平位居世界前列。项目主要服务于应对气候变化、生态环境建设、双碳愿景目标、防灾减灾等国家重大需求。

（程　翔）

10月17日，地球系统数值模拟装置项目国家验收会召开　（中科院大气物理研究所　供图）

【科学城东区景观提升工程开工建设】 10月25日，科学城东区景观提升工程正式开工，项目建设主体为北京路桥瑞通养护中心有限公司，总投资702.3万元。重点对云西二街原有道路增设绿化隔离带及非机动车道，对云西三街东口原有花园进行改造提升。

（柳　奇）

中关村密云园

Miyun Zone of Zhongguancun Science Park

【概　况】 2022年，中关村密云园围绕科技创新和生命健康产业招优引强，加快疏解腾退低端低效企业。中关村（密云）绿色科技前沿技术创新中心揭牌；与中关村管委会共同承办的碳中和领域“中关村国际前沿科技创新大赛”顺利举办；梳理园区低端、低效企业土地，并纳入腾退盘活范畴；新认证国家高新技术企业248家、中关村高新企业32家，复审中关村高新企业43家；64家企业入选市级专精特新中小企业，11家企业入选市级专精特新“小巨人”企业，3家企业入选国家级绿色工厂，34项产品入选市新技术新产品，163家企业入选市科技型中小企业，两家企业生产车间入选市级数字化车间；4家企业入选北京民营企业“1＋4”百强榜单，两家企业入选“2022北京企业100强‘1＋5’榜单”；怀柔科学城东区重点建设项目，中国科学院大气物理研究所“地球系统数值模拟装置”项目通过国家验收；截至年底，园区共有高新技术企业810家，其中国家高新技术企业553家、中关村高新企业257家。

（王希华）

【11项产品（服务）入选第十五批北京市新技术新产品（服务）名单】 1月7日，“第十五批北京市新技术新产品（服务）名单”公布，中关村密云园10家企业产品入选，包括北京德开医药科技有限公司“蜜橙好医软件”“德开医药中台业务管理软件”、北京华环电子股份有限公司“5G网络前传通信系统设备”、北京北陆药业股份有限公司“碘克沙醇注射液”、北京倍舒特妇幼用品有限公司“失禁垫”、北京博识广联科技有限公司“铁路无线电智能监测系统”、北京国环莱茵环保科技股份有限公司“垃圾渗漏液处理系统”、北京博思伟业机电贸易有限公司“智能扭矩套筒”“液压拉伸器”、北京北创网联科技股份有限公司“柜式灭火装置”等11项产品。

（王希华）

【14家企业入选北京市第一批“专精特新”中小企业名单】 1月10日，北京市经信局发布《关于对北京市2022年度第一批拟认定“专精特新”中小企业名单进行公示的通知》，中关村密云园14家企业入选。包括北京大疆实业有限公司、北京宏扬迅腾科技发展有限公司、北京鸿锐嘉科技发展有限公司、北京国环莱茵环保科技股份有限公司、北京神州泰业科技发展有限公司、北京小悟科技有限公司、北京国建标工程设备科技有限公司、北京石管家石材护理科技有限公司、北京辰宇恒通科技有限公司、开业基业（北京）阀门制造有限公司、泰斯福德（北京）科技发展有限公司、北京益商慧评网络科技有限公司、北京微笑海科技有限公司、北京朗信能源环保科技有限公司。

（王希华）

【中关村（密云）绿色科技前沿技术创新中心揭牌】 1月11日，2021中关村国际前沿科技创新大赛总决赛在中关村示范区展示中心举行。在此次总决赛上，中关村（密云）绿色科技前沿技术创新中心正式揭牌。主要用于集中展示密云区及密云园基本情况、企业产品、创新成果、政策宣传等，接待各界人士参观。同时，承办路演、创新大赛等创新创业活动及相关会议。企业办公区约6000平方米，用于引进中关村前沿技术企业、金种子企业、掌握重大前沿技术的海外高层次人才创业团队、重点创新型企业、具备服务前沿企业能力的产学研或者上下游服务机构入驻办公。

（王希华）

【3家企业获评国家级绿色工厂】 1月15日，国家工业和信息化部办公厅发布《关于公布2021年度绿色制造名单的通知》，密云园超同步股份有限公司、北京科勒有限公司、北京倍舒特妇幼用品有限公司3家企业获评国家级绿色工厂。

（王希华）

1月15日，超同步股份有限公司生产车间获评国家级绿色工厂 （中关村密云园 供图）

【9项产品入选第十六批北京市新技术新产品（服务）名单】 3月1日，市科委、中关村管委会等单位联合发布《关于公布第十六批北京市新技术新产品（服务）名单的通知》，密云园7家企业产品入选。包括北京市京海换热设备制造有限责任公司研发生产的“分布式低碳供热站”、北京永兴源工贸有限责任公司“散热防尘防火系统的电气配电柜”、北京博识广联科技有限公司“无线电监测网智能运维系统”、中科鼎实环境工程有限公司“地下水污染阻隔管控的柔性垂直防渗系统”“一种工程化的重金属砷、铅污染土壤

的淋洗设备和淋洗方法”、北京七九七音响股份有限公司“远程定向声波警示系统”、北京华源泰盟节能设备有限公司“燃煤烟气余热深度回收机组”“能源站型大温差吸收式换热机组”、北京仁创科技集团“硅砂井砌块”9 项产品。

（王希华）

【9 家企业入选北京市专精特新“小巨人”企业名单】 3 月 1 日，市经信局发布《关于对 2021 年度第二批北京市专精特新“小巨人”企业名单公告的通知》，密云园 9 家企业入选，包括超同步股份有限公司、北京市京海换热设备制造有限责任公司、中联云港数据科技股份有限公司、北京国环莱茵环保科技股份有限公司、北京圣通和科技有限公司、北京倍舒特妇幼用品有限公司、睿智合创（北京）科技有限公司、康为同创集团有限公司、北京康华远景科技股份有限公司。

（王希华）

【超同步公司市级科技计划课题通过验收】 3 月 16 日，超同步股份有限公司承担的怀柔科学城成果落地项目《自主化核心功能部件五轴智能机床规模化生产》课题通过验收。该课题针对新能源汽车、航空航天、高端装备等领域复杂结构件的加工需求，突破了高精度大扭矩电主轴、直驱转台等核心功能部件设计、制造技术，完成了四大核心功能部件自主研制，获得 5 项课题成果，实现 6 项技术创新，获得 2 项专利和 1 项软件著作权，发表 5 篇科技论文，完成 100 台机床的量产指标，实现 V5－320B、V5－630B 五轴智能机床规模化生产。

（王希华）

【8 家企业入选北京市第二批“专精特新”中小企业名单】 3 月 29 日，市经信局发布《关于对 2022 年度第二批北京市“专精特新”中小企业名单公告的通知》，密云园 8 家企业入选，包括同方威视科技（北京）有限公司、北京方等传感器研究所股份公司、站坐（北京）科技有限公司、北京圣通和科技有限公司、北京华信创银科技有限公司、北京杰利阳能源设备制造有限公司、东为商业集团有限公司、联通智网科技股份有限公司。

（王希华）

【同方威视公司收到北京冬奥组委感谢信】 4 月 8 日，北京冬奥会、冬残奥会总结表彰大会在北京召开。会后，密云园企业——同方威视技术股份有限公司收到北京 2022 年冬奥会和冬残奥会组委会、张家口冬奥村（冬残奥村）场馆等单位的感谢信，对该公司为张家口赛区提供的智慧安检整体解决方案给予充分肯定。智慧安检整体解决方案包括智能安检可视化平台，以及满足安检、搜爆、排爆、核生化检测等需求的 100 余种、1.6 万余台（套）安检产品。

（王希华）

【21 家企业入选北京市第三批科技型中小企业名单】 4 月 29 日，市科委、中关村科技园区管委会发布《关于北京市 2022 年第三批拟入库科技型中小企业名单的公示》，密云园 21 家企业入选，包括北京美中双和医疗器械股份有限公司、北京双悦时代水处理设备有限公司、北京中科三清环境技术有限公司、中创泰科（北京）科技有限公司、北京国通合众信息技术有限公司、北京益商慧评网络科技有限公司、北京传递快乐科技有限公司、北京家梦科技有限公司、信智慧通科技（北京）有限公司、北京易构先胜展览展示有限公司、北京盛世融达科技开发有限公司、北京美中双和医疗器械股份有限公司、北京合众创思网络技术有限公司、北京路上智能科技有限公司、北京闻壹信息技术有限公司、北京昌益和自动化设备制造有限公司、北京中防恒立人防设备有限公司、北京中健天行医药科技有限公司、至诚至拙（北京）科技有限公司、北京海普瑞森超精密技术有限公司、北京摇光智能科技有限公司、北京方鸿智能科技有限公司。

（王希华）

【15 家企业入选北京市第三批“专精特新”中小企业名单】 5 月 19 日，市经信局发布《关于对 2022 年度第三批北京市“专精特新”中小企业名单进行公告的通知》，密云园 15 家企业入选，包括电科北方智能电气有限公司、北京昌益和自动化设备制造有限公司、北京思诺博信息技术有限公司、北京动科瑞利文科技有限公司、北京新源智慧水务科技有限公司、北京金东高科科技有限公司、北京哈泰克工程技术有限公司、中智游（北京）科技有限公司、北京欧美环境工程有限公司、北京鸿耀科技发展有限公司、北京星启邦威电子有限公司、北京华尊建设集团有限公司、北京创捷科技有限公司、北京富华鑫标准件有限公司、信智慧通科技（北京）有限公司。

（王希华）

【15 家企业入选北京市第五批科技型中小企业名单】 6 月 6 日，市科委、中关村科技园区管委会发布《关于北京市 2022 年第五批拟入库科技型中小企业名

单的公示》，密云园15家企业入选，包括北京富特盘式电机有限公司、康明克斯（北京）机电设备有限公司、北京七九七华音电子有限责任公司、建研晖润（北京）能源科技有限公司、科影视讯（北京）信息科技有限公司、站坐（北京）科技有限公司、开能康德威健康科技（北京）有限责任公司、心升时代（北京）科教仪器有限公司、北京神州黎明网络技术有限公司、雅派朗迪（北京）科技发展股份有限公司、北京数可视科技有限公司、北京天乐居家科技有限公司、北京钱方银通科技有限公司、中智游（北京）科技有限公司、北京密云水泥制品有限责任公司。

（王希华）

【2家企业研发技术入选首版《北京市创新型绿色技术推荐目录名单》】 6月10日，市发改委、市科委、中关村科技园区管委会联合发布《关于发布北京市创新型绿色技术（节能和能效提升领域）推荐目录（2022年版）的通知》，密云园两家企业入选，包括北京华源泰盟节能设备有限公司“烟气余热深度回收和减排技术”、北京市京海换热设备制造有限责任公司“一种模块式低碳换热站”两项研发技术。

（王希华）

6月10日，北京市京海换热设备制造有限责任公司“一种模块式低碳换热站”技术入选首版《北京市创新型绿色技术推荐目录》

（中关村密云园　供图）

【中关村国际前沿科技创新大赛碳中和领域决赛举办】 8月11日，由中关村高科技产业促进中心、中关村密云园管理委员会、中关村前沿科技与产业服务联盟联合主办，北京银行股份有限公司中关村分行承办的“2022中关村国际前沿科技创新大赛碳中和领域决赛”在京举办。经过预赛选拔，共有15家碳中和领域的优质企业进入最后决赛，包括生活垃圾资源化建设、铅蓄电池资源再生利用、工业有机废气超低排放等多项技术。霖和气候科技（北京）有限公司、北京势蓝科技有限公司等10家企业荣获碳中和领域TOP10榜单。

（王希华）

8月11日，国际前沿科技创新大赛碳中和领域决赛举办　　（中关村密云园　供图）

【4家企业入选北京民营企业“1＋4”百强榜单】 9月26日，市工商联、中国工商银行北京市分行联合召开2022北京民营企业百强发布会，发布北京民营企业“1＋4”百强榜单，密云园4家企业入选。其中，金诚信矿业管理股份有限公司、国美控股集团有限公司、北京自如生活企业管理公司3家企业入选“2022北京民营企业百强榜单”，搏世因（北京）高压电气有限公司入选“2022北京民营企业中小百强榜单”，国美控股集团有限公司同时入选“2022北京民营企业社会责任百强榜单”。

（王希华）

【2家企业入选国家工信部第四批专精特新“小巨人”企业名单】 9月28日，市经信局发布《关于对第四批国家级专精特新“小巨人”企业和通过复核的第一批国家级专精特新“小巨人”企业名单进行公告的通知》，密云园两家企业入选，分别是超同步股份有限公司、北京美中双和医疗器械股份有限公司。

（王希华）

【27家企业入选北京市第四批“专精特新”中小企业名单】 10月9日，市经信局发布《关于对2022年度第四批北京市“专精特新”中小企业名单进行公告的通知》，密云园27家企业入选，包括北京北铃专用汽车有限公司、北京汉典制药有限公司、北京博恩特药

业有限公司、北京恒久实验设备有限公司等。

（王希华）

【2家企业入选第一批市级企业技术中心创建名单】 10月18日，北京市经信局发布《关于公布2022年度第一批北京市市级企业技术中心创建名单的通知》，密云园两家企业技术中心入选，分别是搏世因（北京）高压电气有限公司技术中心、北京博恩特药业有限公司研发中心。

（王希华）

【127家企业入选北京市第九批科技型中小企业名单】 10月24日，北京市科委发布《关于北京市2022年第九批拟入库科技型中小企业名单的公示》，密云园127家企业入选，包括北京精益捷检测科技有限公司、北京海王中新药业股份有限公司、北京金诚信矿山技术研究院有限公司、北京博思伟业机电贸易有限公司等。

（王希华）

【华源泰盟公司"吸收式换热器"入选国家制造业单项冠军产品】 11月10日，国家工信部与中国工业经济联合会发布《关于印发第七批制造业单项冠军及通过复核的第一批、第四批制造业单项冠军企业（产品）名单的通知》，密云园企业——北京华源泰盟节能设备有限公司原创产品"吸收式换热器"入选第七批制造业单项冠军产品名单。吸收式换热器在既有热源和管网不变的情况下，提高管网输送能力80%，提高系统回收低品位余热能力30%，增加长距离热水经济输送距离5倍以上，降低供热能耗40%，广泛应用于城市集中供热、石油化工、钢铁焦化、冶金等领域。

（王希华）

【2家企业入选市级数字化车间名单】 11月25日，市经信局发布《关于发布2022年度北京市智能工厂和数字化车间名单的通知》，密云园两家企业数字化车间入选，分别是超同步股份有限公司"智能装备核心功能部件数字化车间"、今麦郎饮品股份有限公司"瓶装饮品高速加工数字化车间"。

（王希华）

11月25日，今麦郎饮品股份有限公司"瓶装饮品高速加工数字化车间"入选2022年度北京市数字化车间名单　（中关村密云园　供图）

【14项产品入选第十七批北京市新技术新产品（服务）名单】 11月25日，市科委、中关村科技园区管委会、市发展改革委等5部门发布《关于公示第十七批北京市新技术新产品（服务）名单的通知》，密云园12家企业14项产品入选，包括搏世因（北京）高压电气有限公司"干式电容型变压器套管"、复星北铃（北京）医疗科技有限公司"核酸检测车"、金诚信矿业管理股份有限公司"地下矿山高效水污分离系统"、北京华环电子股份有限公司"新一代光传送网设备"、华源泰盟节能设备有限公司"吸收式换热器"、中科鼎实环境工程有限公司"多阻加热一多相抽提一原位强化生物集成修复与装备"、中科三清科技有限公司"水生态环境管理数据库设计和溯源系统"、北京紫云腾中药饮片有限公司"基于新型炮制工艺的制马钱"、北京斯伯乐科学技术研究院"聚丙烯装置环管工艺用杀活剂"、北京博识广联科技有限公司"专用通信网络智能运维系统""通信网络安全防护系统"、金诚信矿山技术研究院"浓密机底流浓度检测系统"、北京昌益和自动化设备制造有限公司"玻璃自动下片机""中空玻璃生产线"。

（王希华）

【2家企业入选2022北京企业100强"1+5"榜单】 12月22日，北京企业联合会、北京市企业家协会联合召开北京企业100强工作新闻发布会，发布北京企业100强榜单及《北京企业100强发展报告》。密云园内的北京北陆药业股份有限公司、北京康辰药业股份有限公司入选制造业企业100强榜单；北京康辰药业股份有限公司同时入选高精尖企业100强榜单。

（王希华）

12月，北京康辰药业股份有限公司入选高精尖企业100强榜单　（中关村密云园　供图）

【密云园国家级高新技术企业553家】 年内，密云园286家企业通过高新技术企业认定。其中国家级高新技术企业248家，包括今麦郎饮品股份有限公司、北京倍舒特妇幼用品有限公司等；中关村高新技术企业38家，包括北京管桥医疗科技有限公司、北京三合动力科技集团有限公司等。

（王希华）

重大项目

Major Projects

【概　况】 2022年，京东密云智能电商产业园A3、A4库主体结构及内部装修全面竣工；“地球系统数值模拟装置”项目通过国家验收，正式开放运行；复星北铃（北京）医疗科技有限公司“公共卫生应急产业与危重症诊疗技术工程中心”主体工程竣工。

（王希华）

【京东密云智能电商产业园】 京东密云智能电商产业园项目是《北京物流专项规划》落地后全市第一个物流节点项目，也是列入市级“两区”建设重点项目，占地面积12.27公顷，总投资3.1亿元，建筑面积7.9万平方米。依托京东集团电商平台优势，打造具有稳定货源、智能管控、优质运力及全渠道全网配送的高质量区域城市配送平台，能够有效提升物流产业布局及整体水平，充分、高效保障民生物资供应提升人民生活品质。京东密云智能电商产业园项目建设以现代信息技术为依托，以多式联运为特色，打造集物资集散、仓储加工、多式联运、电商购物、信息处理、配套服务等功能于一体的现代化、系统化、生态化、全智能化的电商产业园，实现全品类商品手机、电脑、相机、数码产品、电器、食品生鲜等销售，其中以3C类产品为主。设立京东密云电商结算中心，包含订单生产物流中心，大型分拨中心及大型转运中心等功能的综合电商产业园区，辐射大北方区进出京商贸交易活动，其中包括朝阳、顺义、承德、北三县、赤峰滦平以及东三省进出京商品等。2022年，A3、A4库主体结构及内部装修全面竣工，A1库、A2库开展内部装饰装修、机电装修，完成总工程量的84%。

（王希华）

京东密云智能电商产业园效果图

（中关村密云园　供图）

【“地球系统数值模拟装置”项目通过国家验收】 10月17日，国家发展改革委、中国科学院、教育部联合召开地球系统数值模拟装置验收会议，位于怀柔科学城东区密云地块的国家重大科技基础设施项目“地球系统数值模拟装置”项目顺利通过国家验收，正式开放运行。该项目是怀柔综合性国家科学中心首个正式运行的国家重大科技基础设施。地球系统数值模拟装置项目是国家发展改革委“十二五”期间部署建设的重大科技基础设施建设项目，由中国科学院大气物理研究所和清华大学共同建设。地球系统数值模拟装置的核心目标是认识地球环境复杂系统的基本规律，探索地球系统大气圈、水圈、冰冻圈、生物圈、岩石圈的物理、化学、生物过程，探究各圈层及其相互作用对地球系统整体和我国区域环境的影响。主要建设内容包括地球系统模式数值模拟系统、区域高精度环境模拟系统、超级模拟支撑与管理系统、支撑数据库和资料同化及可视化系统、面向地球科学的高性能计算系统等。是我国首个具有自主知识产权，以地球系统各圈层数值模拟软件为核心，软、硬件指标相适应，规模及综合技术水平位于世界前列的专用地球系统数值模拟装置，实现了“将地球搬进实验室”，可大幅提升我国地球系统科学研究水平。

（王希华）

【复星北铃（北京）医疗科技有限公司“公共卫生应急产业与危重症诊疗技术工程中心”】 复星北铃（北京）医疗科技有限公司具有国家工信部颁发的专用车生产资质，主要从事医疗救护车、疫苗冷藏运输车（燃油、纯电动）、卫生防疫车、救援车等医疗救护领域的特种车制造、医疗设备提供、系统集成。2021

年10月10日，该公司“公共卫生应急产业与危重症诊疗技术工程中心”项目开工建设。项目总建筑面积5.6万余平方米，围绕“产、研、创、保”四大功能板块规划建设，构建高端智慧工业云制造平台，打造集研发、生产、营销、服务于一体，拥有国际先进技术的“智造”基地。该中心由生产楼、联合厂房、宿舍楼等多个建筑群构成，总投资约4.36亿元。2022年，主体工程竣工，进入内部装修阶段。

（王希华）

重点工业企业

Key Industrial Enterprises

北京青岛啤酒三环有限公司

【概　况】 2022年，北京青岛啤酒三环有限公司（简称三环公司）产销量完成14.59万千升，同比降低12%，完成预算的91%；销售收入4.04亿元，同比降幅12%；上缴：税金6369万元，同比降幅26%；利润总额3037万元，同比降幅36%。三环公司获北京市安全生产先进单位、纳税A级企业、北京市粮食企业经营活动守法诚信企业。公司疫情防控办荣获区国资委“密云先锋队”荣誉称号；生产安全支部、安全生产部荣获区国资委“密云先锋岗”荣誉称号。

（王　佳）

【提质增效】 10月，三环公司成立一线项目实施工作组，建立发酵罐项目实施临时党支部。富强线指标快速提升、生产逐渐顺畅，线效率由79.1%提升至93.2%，TPO合格率由45.9%提升至90.6%，生酒积分由7.8分提升至9.62分，蒸汽消耗由87.9kg/kL降至65.4kg/kL。

（王　佳）

4月26日，富强易拉罐线正式投产仪式举行

（王佳　摄）

【安全生产】 年内，三环公司坚持安全至上，提升全员安全意识。上门禁、安护栏，通过技术防范实现人车分流；设安全岛、拉生命线，解决实际问题。安装智能化设备，实现物流区自动识别预警。持续完善成品库消防设施。

（王　佳）

【实验项目推进】 年内，三环公司实施经典麦香项目，麦香物质提升10%，经典发酵度合格率提升23%，经典醇酯比经过工艺调整后控制在5—5.5，总部品评硫臭的品出率显著降低。实施酿造水项目，酸涩感品出率降低30个百分点，全年节省成本约25万元，水耗降低0.12吨/千升，减少辅料称量、添加操作7000余次，实现了一键锁定pH，前置处理替代人工调酸。

（王　佳）

【项目投资】 年内，三环公司累计投资8309万元（32项），其中大项目7768万元，日常技改投资额541万元。富强线投资额1568万元：3月投入使用，11—12月效率完成99.73%，单月产量突破5700千升；创新线投资额413万元：8月31日第一批7日鲜顺利试制；立仓投资额800万元：10月30日试运行；发酵罐投资额4900万元。

（王　佳）

【TPM管理】 年内，设备管理开展活动区域32个，其中包装部22个、工程部5个、酿造部5个；全员设备管理活动覆盖全部生产区域。其中27个机台已通过第一步骤的公司级诊断；5个机台开展第一步骤初期清扫活动。各小组开展小组活动264次，累计发现问题2686个，提出改善提案193个，制作简易培训表141个。

（王　佳）

【酒吧经营】 年内，三环公司旗下酒吧实现营收132.5万元，同比增加3.3万元。与销售大区开展社区推广活动10场、周末啤酒节4场，传播人群超过2000余人次，带动营收15万余元。全年引入青啤新、奇、特产品31个，中高端啤酒销量超过8600箱，春节战役实现营收31万元，生鲜战役实现营收17万元，中秋战役实现营收23万元。沟通企事业单位，促成50箱以上大宗团购9单，最大企业订购895箱白啤。

（王　佳）

万都（北京）汽车底盘系统有限公司

【概　况】 万都（北京）汽车底盘系统有限公司（简称万都公司）隶属韩国汉拿集团，是一家韩国在京独资企业，于2003年1月14日经北京市人民政府批准成立。公司注册资金为3800万美元，投资额为9500万美元。2022年在职员工达655人，实现工业产值34.3亿元。万都公司是一家高新技术企业，主要生产和销售汽车制动系统、转向系统、减震系统。公司产品质量可靠、性能优越、技术先进，是国内二十余个汽车生产厂家的汽车底盘一级供应商。2021年，被北京市税务局授予纳税信用A级企业、北京海关授予北京市高级认证企业、上汽通用汽车授予优秀供应商等荣誉称号。

（吴　迪）

超同步股份有限公司

【概　况】 超同步股份有限公司成立于2008年，注册资本10095万元，致力于高端装备智能制造领域。是一家集伺服系统、核心功能部件、高端智能装备、智能生产线于一体的规模化“智能制造”型企业。公司是国家高新技术企业、国家级专精特新“小巨人”企业、国家级绿色工厂、北京市专利示范单位、北京市科技研究开发机构、北京市企业技术中心、北京市共铸诚信企业。公司产品包括全系列交流伺服电机，交流伺服驱动器，电主轴、伺服刀塔、直驱转台等机床核心功能部件，五轴机床、车铣复合等高端智能装备。核心技术达到国际先进水平，关键产品可替代进口同类产品，广泛应用于智能装备制造、工业机器人、新能源汽车等领域。公司拥有智能装备核心技术的完全自主知识产权，其中，伺服控制系统技术处于国内领先水平，掌握了伺服控制空间矢量算法、控制软件开发技术、伺服驱动设计、伺服电机电磁方案设计等核心技术。截至目前，已拥有发明专利14项，实用新型专利80项，外观专利83项，软件著作权36项。公司拥有完善的销售服务体系，设有30个办事处，销售服务网络遍布全国，可为广大用户提供24小时高效、快捷、专业的售前、售中及售后服务。

（张　静）

北京康辰药业股份有限公司

【概　况】 北京康辰药业股份有限公司（简称康辰药业）于2003年落户中关村密云园，是一家集高新医药研发、生产、销售于一体的全国性制药公司。2018年8月27日，康辰药业公司在上海证券交易所主板挂牌上市，首次公开发行股票，股票代码603590。康辰药业是中国研发驱动型制药企业，覆盖化学药、生物药、中药三大业务板块，形成了从上游到下游的全产业链条。且拥有专门从事创新药物研发的专业机构——康辰药物研究院，建立了从选题调研、临床前研究、注册申报，到临床研究、知识产权保护的完整研发体系。目前，康辰药业拥有出凝血、抗肿瘤、骨科和妇科等产品管线，在研产品有KC1036、CX1003、CX1026等多款肿瘤领域1类新药和KC－B173、KC－B203等出凝血领域药物及妇科领域创新药物ZY5301，并已获得多项国内、国际PCT发明专利，填补了多项国际国内空白。其中，国内血凝酶制剂唯一的一类创新药“苏灵”，是全球唯一单组份蛇毒血凝酶产品，已成为业内领军品牌。2022年，公司完成工业总产值52054万元，产品销售收入53869万元，上缴税金5451万元。

（易晓琳）

北京北陆药业股份有限公司

【概　况】 北京北陆药业股份有限公司（简称北陆药业）成立于1992年，注册资金约4.9亿元，1999年入驻中关村密云园，是一家从事医药产品研发、生产和销售的国家高新技术企业。公司拥有北京密云、河北沧州和浙江台州三个生产基地，北京和浙江两个研发基地。公司推出的第一支国产造影剂——钆喷酸葡胺注射液，打破了国外产品垄断，填补了国内市场空白。2009年10月30日，作为首批28家企业之一，北陆药业在深圳证券交易所创业板挂牌上市（股票代码300016）。2020年收购海昌药业后，实现了造影剂原料药的战略布局和造影剂产业链的整合，奠定了公司“原料药＋制剂”一体化的经营模式。在2021年的国家医药集采中，碘海醇成为全国三个中标产品之一。2021年9月，北陆药业公司荣获“北京民营企业中小百强”和“北京民营企业社会责任百强”两项荣誉称号。2022年，公司实现营业收入7.66亿元，实现净利润1120.6万元。

（王希华）

金诚信矿业管理股份有限公司

【概　况】 金诚信矿业管理股份有限公司（简称金诚

信股份）是一家集有色金属矿山、黑色金属矿山和化工矿山工程建设、矿山运营管理、矿山设计与技术研发等业务于一体的专业性管理服务企业，是行业内专注度最高的矿山开发服务企业之一。近年来，公司在采矿运营管理和矿山建设业务方面发展迅速，成绩显著。公司拥有矿山工程施工总承包一级资质和对外承包工程资格，全资子公司金诚信矿山工程设计院有限公司拥有冶金矿山工程专业设计甲级资质。公司是国内矿山行业最早通过质量、环境、职业健康安全管理体系认证的企业之一。

金诚信股份注册资本金为5.83亿元，在境内外设有30余家分子公司及1家省级研发中心。公司目前具有同时施工10余条深大竖井，同时施工10条大型斜坡道，同时安装4个深大竖井井筒装备、井架安装、提升机安装、溜破系统、排水系统、运输系统，同时施工数条400米天井，同时承接超过20个年产百万吨以上矿山，建设和运营单体年产矿石量1250万吨以上采矿项目的能力。金诚信股份现在境内外承担30多项大型矿山工程建设和采矿运营管理项目，其中竖井最深达1526米，斜坡道最长达8008米，目前均处于国内前列。

（刘珊珊）

今麦郎饮品股份有限公司

【概　况】 今麦郎饮品股份有限公司成立于2005年10月28日，注册资本13.13亿元人民币，占地203亩，下设28家分子公司，24个工厂，主要从事饮料产品研发、生产和销售，拥有国际先进生产线110多条，分别在黑龙江哈尔滨、吉林长春、河北唐山、河北隆尧、北京密云、山西晋中、山西运城、陕西宝鸡、河南汤阴、河南郑州、河南遂平、湖北咸宁、山东兖州、山东安丘、安徽天长、安徽淮北、浙江杭州、四川眉山、云南曲靖、广东河源建立了20多个生产基地，主要生产包装饮用水、茶饮料、乳酸菌饮料、果汁饮料及功能饮料等产品。年产包装饮用水、茶饮料、乳酸菌饮料、果汁饮料及功能饮料等产品500多万吨，年总产值80多亿元人民币。今麦郎凉白开开创了中国的熟水品类，连续两年蝉联瓶装熟水全国销量第一，是中国熟水行业名副其实的领导品牌。

（于子龙）

北京博恩特药业有限公司

【概　况】 北京博恩特药业有限公司成立于2004年9月，注册资金6000万元人民币，主营 业务：生产冻干粉针剂、小容量注射剂。博恩特药业是致力于高端制剂研发和生产的国家高新技术企业、中关村高新技术企业、北京市专精特新企业、北京市企业技术中心、北京市级企业科技研究开发机构、北京市知识产权试点单位、连续多年北京市信用AAA级企业。公司秉承“专心医药微球”的理念，致力于医药微球制剂的产业化研究，并建成了专门用于药物微球生产的产业化平台和药物微球制剂技术的研发平台。目前主营产品“注射用醋酸亮丙瑞林缓释微球（博恩诺康）”是国内第一个被批准上市的微球品种，也是国内突破注射微球制剂技术垄断的标志性产品，其上市填补了无国产注射用微球制剂的空白，实现了进口替代，推动了我国微球技术从实验室转向临床应用。产品销售地域涉及全国范围，终端客户为医院，销售网络现已覆盖全国90%的省份，医院4000多家。

（王小雨）

工业与信息化

INDUSTRY AND INFORMATION

综 述

Overview

【概　况】 北京市密云区经济和信息化局（简称区经信局），是负责工业产业促进与中小企业行业管理、信息资源管理及推进信息化等工作的政府工作部门。2022年，全区工业经济一季度平稳开局，二季度受疫情和国际地缘政治的影响，下行压力明显加大，7—10月连续4个月单月连续正增长，降幅呈不断收窄趋势，11月和12月，受疫情短期冲击加大的影响，增速回落加快；推进信息化建设提质增效，数字经济与实体经济融合逐步加深，城市智慧化治理能力稳步提高；社会信用体系建设持续加强，信用监管制度更加完善。

（张秀珍）

工业管理

Industrial Management

【概　况】 2022年，区经信局疫情防控和复工复产保障措施有力，管理服务体系进一步丰富，为工业企业解决了物流运输、备案审批等一系列问题，工业企业节能环保宣传与监管力度加大，有效助力工业企业绿色发展。

（张秀珍）

【统筹推进疫情防控和复工复产】 年内，区经信局开展工业企业防控和安全生产督导，累计督导企业186家次，392人次；开展涉及中高风险地区进返京人员排查15轮；开展疫情防控培训和演练10期；加强工业企业从业人员疫苗接种和核酸检测。坚持“人、物、环境”同防，组织落实进口非冷链疫情防控指引。推广使用“人员核酸比对登记簿”，工业企业和进口非冷链企业使用单位数居生态涵养区首位。

（田兆龙）

【生产物资物流运输保障】 年内，区经信局加强生产物资物流运输保障，安排专人负责政策解答和问题处置，加强生产物资物流运输保障，办理生产物资转运证明4226车次，有效缓解工业企业生产物资物流运输困难问题。

（宋　哲）

【固定资产投资项目备案】 年内，区经信局优化非政府投资工业和信息化固定资产投资项目备案审批流程，推行“全程网办”“特事特办”，压缩办理时限，提升审批效能，优化营商环境。执行《禁限目录》等政策，全年完成备案项目27个（新建项目14个，技改升级项目13个），备案总投资额9.1亿元。

（王靖峰）

【深化企业“服务包”工作】 年内，区经信局通过上门走访等方式，了解企业诉求，协调督促有关部门解决企业困难。发挥“行业管家”机制作用，办结25家企业的46项服务需求，企业满意率100%。

（刘建龙）

【工业领域空气重污染应急】 年内，加强政策宣贯，明确工业涉气企业清单措施，全力保障工业领域空气质量。督察检查工业企业194家次，措施全部落实到位。

（王爱民）

【工业企业重型柴油车、非道路移动机械使用情况监管】 年内，加强工业企业重型柴油车、非道路移动机械统计和督查，检查重型柴油车22辆、非道路移动机械45台，未发现冒黑烟现象。

（王建武）

工业产业发展

Industrial Development

【概　况】 2022年，区经信局攻坚克难，统筹工业经济增长与绿色低碳转型，积极走访工业企业进行调研，强化跟踪监测，抓好工业经济运行调度，抓牢高精尖产业发展，抓实企业转型升级，抓细中小企业服务，持续为企优环境、助企解难题。

（张秀珍）

【规模以上工业企业发展】 年内，全区136家规模以上工业企业实现产值224亿元，按同口径对比下降4.7%，高于全市1.3个百分点，与上年基期数比下降1.7%。从横向看，规模以上工业产值在全市17个区（含亦庄开发区）增速排名第9位；五个生态涵养区中，总量居第2位，增速第4位。

（张秀珍）

【重点产业运行】 年内，六大产业三升三降，增长产业分别为都市产业、生物工程和医药产业、电子信息产业；下降产业为汽车及交通设备产业、装备制造业、基础与新材料产业。

（张秀珍）

2022 年密云区重点产业运行情况表

表 8

产业名称	企业数（个）	本期（万元）	同期（万元）	同比额（万元）	同比%	占比%	同期占比%	拉动力%
合计	136	2240126	2350450	−110323	−4.7	100.0	100	−4.7
都市产业	32	564052	550490	13562	2.5	25.2	23.4	0.6
汽车及交通设备产业	17	517999	564098	−46098	−8.2	23.1	24.0	−2.0
装备制造业	45	552863	638554	−85691	−13.4	24.7	27.2	−3.6
生物工程和医药产业	10	374320	357435	16884	4.7	16.7	15.2	0.7
基础与新材料产业	30	225224	234566	−9342	−4.0	11.9	10.5	−0.4
电子信息产业	2	5668	5306	362	6.8	0.3	0.2	0.0

2022 年生态涵养发展区规模以上工业总产值对比

表 9

区域	工业总产值（万元）	排位	同比增速（%）	排位
怀柔	4448243	1	−27.6215	5
密云	2240133	2	−4.6935	4
平谷	1776863	3	9.312	1
延庆	1338232	4	−0.1926	2
门头沟	4448243	5	−4.2694	3

【重点企业运行情况】 年内，产值实现亿元以上企业 35 家，较上年度减少 4 家（上亿 2 家，下亿 6 家）。35 家亿元以上企业全年累计实现产值 182 亿元，同比增长 0.8%，占比 81.3%。5 亿元以上企业 8 家，较上年度增加 1 家（北京倍舒特妇幼用品有限公司本年度产值未达 5 亿元，高频美特利环境科技有限公司和北京燃气密云有限公司本年度产值达 5 亿元以上），8 家 5 亿元以上企业实现产值 112.1 亿元，同比增长 3.5%，占规模以上工业总产值的 50%。

（印明星）

2022 年密云 5 亿元以上企业产值完成情况

表 10

企业名称		工业产值（万元）					
		实际	同期	同比额	同比%	拉动力%	占规模企业%
合计		1121004	1083118	37887	3.5	1.7	50
10 亿元以上	万都（北京）汽车底盘系统有限公司	343212	352280	−9068	−3	0	15
	今麦郎饮品股份有限公司	281929	234040	47889	20	2	13

续表

企业名称		工业产值（万元）					
		实际	同期	同比额	同比%	拉动力%	占规模企业%
10亿元以上	北京博恩特药业有限公司	150133	90202	59930	66	3	7
	北京科勒有限公司	108553	154903	—46350	—30	—2	5
5—10亿元	北京北陆药业股份有限公司	70046	110740	—40694	—37	—2	3
	高频美特利环境科技（北京）有限公司	63346	28999	34347	118	2	3
	北京燃气密云有限公司	51908	48467	3441	7	0	2
	北京康辰药业股份有限公司	51878	63486	—11608	—18	—1	2

【工业固定资产投资】 年内，工业制造业投资项目14个，累计完成固定资产投资4亿元，完成市局全年任务的133.9%。

（张秀珍）

【高精尖产业发展】 年内，区经信局发挥高精尖产业发展工作组机制优势，加强工作统筹调度。对区内高精尖重大建设项目和在途项目，按照“五个一批”推进机制，加强项目谋划储备、固定资产投资统计、项目库调整优化和持续跟踪服务，协调解决项目落地建设过程中遇到的政策、土地、资金、人才等问题，推进项目早建设、早竣工、早投产、早达产。北陆、康辰、友康生物、复兴药业等一批生物医药产业项目建设加快推进，方恒科技超算与金融云计算基地、益民药业、中航发航材（透明件）等项目持续做好街区控规批复前的各项准备工作。聚焦发展方向和功能定位，从固定资产投资、智能化绿色化数字化转型升级、平台基地培育、壮大规模、创新融资等方面，落实2021年度密云区支持企业发展政策，涉及49家企业，兑现资金4742.5万元。加强惠企政策宣贯和培训指导，鼓励和支持企业扩大投资、技改升级和发展壮大规模，为符合条件的企业争取北京市高精尖产业发展支持资金，申报技改固投项目12项、升规破亿项目22项，全年33家工业企业共获得市级资金支持4573万元。其中，今麦郎获得专项支持资金2243万元；23家企业“升规破亿”，获得市级奖励资金890万元，培育上规企业数量和获得奖励支持额度在五个生态涵养区中居第一位，受到市经信局表扬；再益生物、康为同创获贷款贴息支持资金161万元。

（田兆龙）

【一般制造业疏解退出】 年内，区经信局通过建立台账、实地走访、跟踪服务等举措，全年完成一般制造业企业疏解退出3家，绿色化、智能化、数字化技改升级9家，利用腾退空间引入高精尖产业项目1个（卡迪诺厂房建筑竣工验收并投入使用），完成市级下达任务100%。同时，完成计划外31家企业整改提升，并通过市区两级验收，一般制造业疏解提质任务完成总量居16区首位。

（田兆龙）

【数字化绿色化转型】 年内，智能化数字化转型升级加快推进，七九七、搏世因等4家企业申报“单项冠军示范企业”和“制造业单项冠军产品”；20家行业重点企业开展免费智能制造诊断评估服务，再益生物、北陆药业等13家企业完成智能化诊断评估。加快推进绿色体系建设，6家企业完成绿色化诊断评估，合纵、今麦郎不断加大绿色改造投入，申报绿色工厂和绿色供应链管理示范企业。鼓励重点企业开展节水循环、工艺创新、清洁生产等工作，加快推进绿色体系建设。青岛啤酒三环有限公司对热能回收系统进行改造，改造完成后，年节约蒸汽约680吨。

（田兆龙　王　祎）

【工业重点行业空气重污染应急企业绩效升级】 4月，区经信局组织工业重点行业空气重污染应急D级企业召开工业重点行业绩效评级部署会，讲解《重污染天气重点行业企业绩效评级及减排措施制定技术指南》和相关文件内容，设置现场答疑环节，解答企业实际填报中遇到的问题；下发通知全面摸排应急企业的管控类型、绩效分级提升意愿等情况；要求相关镇街依托政府网站、工作群对相关文件再次进行全面宣贯，督促D级企业对标C级及以上标准进行改造提升；联合区生态环境局对18家重点行业企业绩效分级情况进行材料和现场审核，其中1家家具企业按照B级执行、1家企业符合D升C的标准。

（王　祎）

【行业能耗达标测算】 年内，区经信局组织重点行业企业对照国家和地方能耗限额和用水定额标准，自查企业单位产品能源消费和水耗达标情况，督促未达到能耗限额标准限定值的企业规范用能管理。密云区共有白酒和啤酒、整车制造、中成药行业生产企业7家（1家整车制造企业停产），经核查，其中3家企业达到先进值要求，3家企业达到通用值要求。

（王　祎）

【节能环保】 年内，区经信局开展工业领域重点用能企业管控与VOCs专项治理等工作。加强对《北京市工业污染行业、生产工艺调整退出及设备淘汰目录》（2021年版）和原辅材料标准限值的宣贯，开展国家相关产品VOCs含量限值标准专题培训。

（王爱民）

【“创客北京”密云区创新创业大赛】 年内，9个企业项目参赛，并推荐参加市级决赛，4家企业项目获得北京市区域赛TOP150奖项，其中：睿智合创和博恩特药业2家企业项目分别荣膺科技服务产业和医药健康产业十强项目，腾达泰源企业凭借云原生πCloud工业互联网平台项目获得中国通号·轨道交通通信信号行业优胜奖。

（郭森怡）

8月4日，密云区首次独立线上举办“创客北京”密云区创新创业大赛　（区经信局　供图）

【“专精特新”中小企业培育】 年内，区经信局组织开展“专精特新”中小企业梯度培育认定，63家企业获得创新型中小企业公告资格，新增认定北京市“专精特新”中小企业66家，“专精特新”企业数量达到106家（其中国家级专精特新“小巨人”企业5家），居生态涵养区首位。

（郭森怡）

【106家“专精特新”中小企业】 年内，全区共有106家企业获得北京市“专精特新”中小企业认定；其中，本地实体企业51家，总部型企业55家；规模以上企业75家；制造业企业37家，其中医药制造业企业6家；建筑业企业3家；服务业企业66家，其中软件信息服务业10家，科技推广服务业48家。2021年全区106家“专精特新”企业社保缴纳人数11408人，解决本地劳动力就业3397人，实现纳税8.34亿元，其中32家企业利润过千万，43家企业营业收入过亿元。

（郭森怡）

基础设施建设

Infrastructure Construction

【概　况】 2022年，区经信局坚持统筹规划，完善工作机制，紧盯项目进展，全区信息化基础设施建设水平不断提升。

（张秀珍）

【5G基站建设】 年内，区经信局定期召开联席会议和基础电信运营商5G建设工作会，协调解决实际问题。全年计划建设改造5G基站160个，建设完成171个，完成年度任务110%。累计建设5G基站1150个，数量居五个生态涵养区前列。

（王效辉）

【信创项目建设】 年内，区经信局加强组织协调，统筹项目管理，做好风险管控，提前两月完成竣工验收任务；完成全区信创项目固定资产划拨相关工作。

（张　鹏）

【城区通信网络和有线电视“飞线”专项治理】 年内，区经信局加强组织领导，成立工作专班，统筹协调推进“飞线”整治工作；制定《密云区城区通信和有线电视网络“飞线”整治专项工作方案》，明确整治范围、整治标准，确定专人负责；采用公开招标方式确定项目实施单位，通过比选方式确定项目监理服务单位，确保项目顺利实施；加强调度，推进整治工作进度。利用40天时间完成密云区城区88个小区的通信和有线电视网络“飞线”整治工作任务；同时，加强整治效果“回头看”，防止已整改问题反弹，确保整治效果常态保持。对已完成“飞线”整治的小区进行实地检查验收，对整治不达标的位置进行记录并重新整治。

（张 鹏）

7 月 28 日，果园西里“飞线”整治前后对比

（张鹏 摄）

信息化应用

Information Applications

【概 况】 2022 年，区经信局多措并举，加强网络应急通信和安全保障，及时对接、做好疫情防控信息化保障，为全区疫情防控提供有力支撑，在全区积极推广使用“京办”，完成 9 个系统和三家单位的共享交换节点的入云部署调试工作，实现信息化多场景应用。

（张秀珍）

【疫情防控信息化服务保障】 年内，区经信局以信息化手段助力科学防控，对接“北京市集中隔离信息化平台”做好管理维护。完成 23 个集中隔离点的门磁报警器安装及必要的视频监控升级补点等工作，为集中隔离点提供网络基础设施保障。联通、移动电信运营商通过电话协查核酸检测阳性人员同时空人员信息，累计完成约 4000 人的信息补全，为疾控部门开展落位管控提供了先决条件。在市场、商超、景区、医院、家具城等重点场所安装皮基站 574 个并激活使用，为全区疫情防控提供有力支撑。

（王效辉 张 鹏）

【推广使用“京办”】 年内，区信息中心为全区 110 家委办局、镇街共 120 余名管理员组建“京办”二级管理员工作组，开展线上业务培训，做到应装尽装，应用尽用，率先服务疫情防控一线部门。全区范围内平台激活人数达到 1.3 万余人。

（孙 攀）

【业务系统入云调试部署】 年内，区信息中心完成 9 个系统和三家单位的共享交换节点的入云部署调试工作，包括：机关事务管理服务中心的公车管理系统在政务云里的部署工作、区委视频会议备用保障系统的入云上线调试和纪委区监委官方网站入云重新部署、人大微信小程序、发改委的投资项目决策管理平台、城指中心的三方巡查应用、数智密云的前期部署、政务服务局的叫号系统和镇村审批系统、政法委的铁路护路联防防控平台系统的移动巡更巡检系统和卫健委、生态环境局、城市指挥中心三家共享交换节点的部署。

（杨荣森）

信息化环境

Information Environment

【概 况】 2022 年，区经信局加大宣传与培训力度，落实环境整治工作，信息化环境得到优化。

（张秀珍）

【无线电管理宣传和执法】 9 月 23 日，区经信局组织开展“珍惜无线电频谱资源，维护空中电波秩序”无线电宣传活动。活动中向社区居民宣传无线电知识和无线电管理法律法规，发放宣传册 200 余份。会同基础电信运营商在密云镇、溪翁庄镇等重点区域开展专项整治工作，对区域内信号放大器进行排查、调整。联合不老屯、溪翁庄、穆家峪等属地政府开展天文台、通用机场等无线电重点保障场所周边电磁环境检查及无线电管理宣传，切实保障三个重点场所的正常运行。参加北京市无线电管理工作线上培训，分别就无线电技术及管理和北京无线电管理工作任务等方面进行学习，提高无线电管理工作人员能力。

（郭 洁）

【老年人信息无障碍宣传】 年内，区经信局开展老年人信息无障碍宣传活动10次，参与人数300人次。

（郭 洁）

【城乡环境整治】 年内，区经信局协调基础电信运营企业完成城乡环境整治台账任务92项，参加城乡环境月检查和门前责任区月检查10次，配合区城市管理委完成背街小巷空中缆线治理工作任务。

（郭 洁）

信息化管理

Information Management

【概 况】 2022年，区经信局立足职能，按照“统筹规划、搭建平台、资源共享、强化应用”的发展原则，突出重点，统筹兼顾，以信息化带动工业化，以工业化促进信息化，助推全区信息化建设水平不断提升。

（张秀珍）

【软件和信息服务业】 年内，全区信息传输、软件和信息服务业规上企业15家，实现营业收入48.9亿元，同比增长68.2%。完成固定资产投资3.7亿元，同比增长4.3倍，其中建安投资2.2亿元，同比增长2.3倍。

（周 梅）

【区通信建设管理办公室揭牌】 年内，为推动5G网络和新型网络基础设施建设工作，按照市委相关要求部署，推动北京市密云区通信建设管理办公室挂牌成立。

（王效辉）

网络安全

Cyber Security

【概 况】 2022年，区经信局摸清全区行政事业单位业务系统底数，规范政务计算机管理，做好政务网络运维工作，有力保障全区政务信息安全。

（张秀珍）

【区委网信委第四次会议】 9月15日，召开区委网信委第四次会议，审议并通过《2022年密云区网络安全和信息化工作要点》《密云区党委（党组）网络意识形态工作责任制实施细则》《密云区“十四五”时期网络安全规划》《密云区“十四五”时期互联网内容建设与管理规划》。区委书记、区委网信委主任余卫国对区委网信办的工作给予高度肯定，并对全区网信工作做了部署。

（陈振海）

9月15日，召开区委网信委第四次会议

（陈振海 摄）

【全区业务系统摸排】 年内，对全区行政事业单位的业务系统进行了调查和梳理，51个单位共有344个系统：其中国家29个，市属263个，区属3个，自建49个。

（陈 君）

【党的二十大期间终端的安全保障】 年内，对全区100多个委办局、20个镇街的2万余台计算机用户的上网进行运维保障，对全区要求入网的计算机使用者IP地址和物理MAC地址通过上网行为管理设备进行了登记和绑定，并实时进行监控。根据《北京市经济和信息化局关于开展北京市电子政务外网安全专项检查工作的通知》文件精神，10月14日对政务外网用户关闭DHCP服务，9月6日开始对全区84家单位，9974个用户进行IP和MAC地址重新进行了绑定，同时清理已淘汰的计算机用户，由原来的28000多个注册用户，减少到20000多个注册用户，减轻了设备的负担，规范了各单位的IP管理。

（孙 攀）

【定级备案自查】 年内，3 个系统进行备案，具体为：北京市密云区政务外网安全等级三级，密云区政务邮件系统安全等级二级，密云区协同办公系统安全等级三级。9 月政务外网和密云区协同办公系统等级保护 2.0 三级测评工作顺利完成，得分分别为 77.4 和 77.17。

（孙 攀）

【强化安管平台应用】 年内，通过安管中心平台综合分析，平均每月共有 70000 多条告警事件，成功进行了拦截；对政务外网已感染病毒的 142 个 IP 地址进行封锁，指导督促相关单位进行杀毒处理，验收合格后才进行解封；对有攻击行为的 128 个互联网地址进行封堵。

（孙 攀）

【政务云运维】 年内，区信息中心为政务云内服务器统一安装云防护软件，及时升级，定期清除隔离病毒的文件夹，实施实时监控。共 19 家单位的 145 台虚拟机运行于云，其中数据中心云 97 台，互联网业务云 48 台。

（杨荣森）

【政务外网运维管理】 年内，区信息中心对全区 110 多个委办局，20 个镇街边界交换机及约 2 万台计算机进行日常监管和维护。对全区要求入网的计算机使用者的 IP 地址和物理 MAC 地址通过上网行为管理设备进行登记并实时监控，截至 2022 年 10 月 22 日，共登记用户 2228 台，其中新增 1460 台，更换 614 台，报废 154 台。新增医保结算单位 77 家接入政务外网、国资委下属企业新增 4 家接入政务外网。

（尹宗鹏）

【项目技术评审】 年内，组织相关领域专家，对鼓楼社区服务中心的“信用＋医疗”、密云绿水青山一张蓝图平台、“数智密云”城市大脑工程项目、大美密云客户端、冯家峪生态环境智能保护平台、密云区数字档案馆、政法委铁路护路智慧综合防控项目、移动端整合及线上预约取号系统等 8 个信息化项目进行技术评审，根据评审意见对调整优化后的项目可行性研究报告进行论证，并出具建设意见函。

（郭 洁）

【做好正面宣传】 年内，围绕“社会主义核心价值观”“网络文明”“预防未成年人网络沉迷”等 16 个主题，开展集中推送 78 次，共推送信息 4000 余条。组织区内社会新媒体合成“矩阵”，对社会主义核心价值观、预防未成年人网络沉迷、文明交通以及创城工作亮点等相关工作进行持续跟进，营造人人皆知、广泛参与的良好社会氛围。通过“生态密云”官方微信、微博、手机客户端三个渠道，发布“冬奥有我”“密云先锋”“密云水库战线上的尖兵”“云聚英才”“创城进行时”“常态化疫情防护工作”等专栏信息万余条。

（陈振海）

【“网络中国节”】 年内，发挥新媒体平台作用，搭建专题，开展网络文化活动，弘扬爱国主义主旋律，培育和践行社会主义核心价值观。注重传统节日网络文明主题宣传，办好“网络中国节”，在清明、中秋、端午、重阳节等节日开展“云上诗会”，总观看量约 60 万人次。对端午、七夕节举办的“和满京城，奋进九州”“爱满京城，相约幸福”等多场主题文化活动进行网络直播，总观看量达 95 万人次。

（陈振海）

【服务保障党的二十大专题培训】 年内，邀请国家计算机北京分中心的网络安全专家陈亮，结合党的二十大网络安全服务保障工作，对全区各单位主管领导、机要员、保密员等进行培训；邀请市委网信办应急处处长郭玉松，对区政府理论学习中心组成员和相关单位主要负责同志进行了专题培训。

（陈振海）

【预防未成年人网络沉迷】 年内，开展“预防未成年人网络沉迷，护航未成年人健康成长”系列主题推送，每月一次以图文、漫画等形式，宣传预防网络沉迷内容。制作推出“预防未成年人网络沉迷”、“@家长 暑假如何预防未成年人网络沉迷”H5 原创作品，倡议人人争当网络文明建设者。在“生态密云”微博开设“预防未成年人网络沉迷调查问卷”话题，呼吁全社会关注未成年人健康成长。

（陈振海）

【网络安全宣传教育】 年内，开展国家网络安全宣传周活动和网络安全宣传进社区、进农村、进校园、进机关的“四进”活动，以张贴海报、播放宣传片、发放宣传资料、开展主题日活动等形式向全民宣传网络安全知识，进一步提高网民安全意识。召开互联网企业“文明办网 守法办网”座谈会，签订《“文明办网、守法办网、诚信经营”承诺书》。与区公安分局共同开展“2022 年 4·15全民国家安全教育日”暨反恐宣传活动，组织社会新媒体对反恐怖主义法、全民反电信诈骗和首都网络安全日系列活动进行宣传推送。

（陈振海）

数字经济发展

Development of Digital Economy

【概　况】 2022年，区经信局抢抓机遇，积极谋划工作思路，推进数字经济创新发展，坚持“走出去、引进来”，促进数字技术与实体经济深度融合，赋能传统产业转型升级。

（张秀珍）

【组织领导】 年内，密云区成立以区政府主要领导为组长、分管区领导为副组长的密云区数字经济发展建设工作领导小组，统筹协调全区数字经济创新发展工作；密云区经济和信息化局牵头成立密云区数字经济工作专班，谋划全区数字经济建设重大事项，推动重点任务、重大项目等落地实施。

（王效辉）

【密云区推进数字经济发展实施方案】 年内，密云区印发《北京市密云区推进数字经济创新发展三年行动方案（2022—2024年）》（密政办字〔2022〕6号），行动方案包含指导思想、发展目标、总体部署、主要任务和保障措施五个方面内容，明确了数字经济“四大工程”21项任务。

（王效辉）

【空地一体环境感知与智能响应研究平台项目】 年内，该项目土建工程已完工，正在办理土建竣工验收手续，科研设备采购已完成15.5%，异地安装、调试完成11%。

（张　鹏）

【参与2022全球数字经济大会】 年内，区经信局参与2022全球数字经济大会，确定数字经济特色主题“打造数字生态密云样板”，录制“一区一品”介绍和邀请体验短视频用于启动仪式宣传推广，推荐密云水库展览馆作为“数字科普”体验场景。

（王效辉）

【数字经济产业园建设】 年内，区经信局协调对外经贸大学、民族贸易促进会、京东集团、天际汽车等多个重点高校、企事业单位参与推进密云数字经济产业园规划建设，实地考察首云矿区，对密云数字经济产业园建设和矿山产业转型融合的可行性进行综合评估。积极推进中国联通、中国移动、中国电信、中国铁塔四大运营商北京分公司和密云区政府的战略合作，引导运营商参与密云数字经济产业园建设。

（王效辉）

【“数智密云”城市大脑重点项目建设】 年内，区经信局加快推进“数智密云”一期项目建设，已完成共享交换、数据治理、领导驾驶舱等7个系统的设计开发和领导驾驶舱设计、城市数字地图基础要素服务等5项实施服务。共梳理国家部委、市、区116个单位，共15521类数据目录；汇聚市、区两级共15522类数据资产，约5800万条数据量；完成公安分局4684路视频对接融合工作，基于数字地图已标注并应用3586路。同时结合区防控办和区政务服务局实际需求，依托“数智密云”平台的共性技术支撑能力，一周内快速定制设计开发了“密云区核酸检测信息查询比对子系统”和“密云区政务服务企业用户空间信息上报子系统”。

（张　鹏）

社会信用体系

Social Credit System

【概　况】 2022年，区经信局加强组织协调，完善监管制度，推进公共信用信息共享应用，多项社会信用体系指标排名全市前列。

（张秀珍）

【完善区级信用工作统筹协调机制】 年内，区经信局完善密云区社会信用体系建设联席会议机制，结合密云区机构设置、人员变动情况和工作需要，调整成员单位1家，成员调整为41个区职能部门和20个镇街。制发《北京市密云区2022年社会信用体系建设重点工作任务》，明确五大方面14项工作任务，将具体任务分解至成员单位，并召开年度社会信用体系建设工作会议，对年度重点工作任务进行再部署。

（周　振）

【事前信用监管制度】 年内，区经信局向各职能部门制发“信用承诺信息归集模板”和“履约践诺及整改情况信息归集模板”，每月汇总收集各类信用承诺信息，收集并向市级平台成功报送3200余条承诺数据和3200余条履约践诺信息。持续做好企业自愿注册引导工作。制发通知，部署各镇街、中关村密云园，继续引导企业在“信用中国（北京）”网北京市市场主体信用信息自愿注册栏目进行注册。完成478家市场主体自愿注册信用信息。

（齐 城）

【维护“信用密云”专栏】 年内，区经信局对信用政策制度、行政许可和行政处罚信息、守信激励、失信惩戒、信用承诺、信用修复、信用事件、风险提示等栏目，按照网站要求及时更新完善，并按照市级要求及时增加专题栏目。全年通过“信用密云”累计公示黑红名单、动态信息、风险提示等各类信用信息5100余条，累计4.4万余条。

（齐 城）

【常态化诚信宣传】 年内，区经信局印发政务诚信宣传海报，并部署各成员单位利用公益宣传视频以及本单位收集掌握的诚信工作素材等宣传资源，结合本单位实际情况，采取张贴海报、单位宣传栏、宣传展板、宣传标语横幅、电子显示屏滚动播放、微信公众号、抖音、网站、发放宣传材料、开展诚信知识讲座培训、发表诚信署名文章、开展诚信调研等多种形式，在属地辖区、本单位及所负责管理的区域场所持续开展常态化诚信宣传活动。

（齐 城）

【“双公示”】 年内，区经信局建立“双公示”周报制度，“双公示”合格率、迟报率、瞒报率持续全市前列，年度共享报送市级平台“双公示”数据4800余条，累计2.9万余条。

（齐 城）

【信用修复进大厅】 年内，区经信局与区政务服务局对接，3月底对政务服务大厅窗口人员就信用修复政策背景、办理流程、注意事项等进行专题培训，确保事项进驻后解答清晰、办理便捷。

（齐 城）

【“信用＋医疗”创新试点应用试运行】 年内，区经信局联合区卫生健康委，申请财政资金40万元，在区鼓楼社区卫生服务中心开展“信用＋医疗”创新试点应用。通过金融大数据分析筛查，将个人守信基本状况和就医过程中的守信行为良好的常住人口，列为信用就医服务对象，为守信市民提供“先看病后付费”的信用医疗服务，免除门（急）诊过程中检查、检验和取药等环节多次排队缴费问题，实现“一次就诊、一次缴费”，普惠辖区100％守信居民，平均可节省患者60％就诊时间，覆盖全区20万常住人口。累计服务群众600余人次。

（陈 阳）

【城市信用状况监测月报】 年内，区经信局按月及时报送城市信用状况监测报表，分析《北京市区域信用环境状况监测月报》，针对城市信用状况监测排名状况，根据国家和北京市新版监测指标调整情况，组织召开年度社会信用体系建设工作会，邀请重点部门现场座谈，共同梳理指标，仔细查找工作中的不足，共同研究问题，分析原因，梳理各项指标报送材料，按时按质报送市级部门。本年度，密云区综合信用指数为72.16，在北京市16个区中排名第六位。

（周 振）

建筑业 房地产业

CONSTRUCTION AND REAL ESTATE

【概　况】 2022 年，北京市密云区住房和城乡建设委员会（简称区住建委）坚持稳中求进发展总基调，坚持民生导向，整治与提升并举，不断提高住房保障水平，保障密云区人才住房需求，确保房地产市场平稳发展，圆满完成市级安全生产监督。

（王　钰）

【行业管理水平升级】 开展“拔钉子”行动，王各庄平衡资金地块、水源路南侧 B 地块提前上市。组建执法大队，开展工地扬尘治理，圆满完成市级安全生产督查，16 个工地获得市级绿色安全工地称号，2 个老旧小区综合整治项目成功创建全市首批老旧小区改造“绿色安全样板工地”，8 个项目获得建筑工程“长城杯”奖项，全市首个全被动式超低耗能住宅项目——国樾天晟完成竣工验收。

（王　钰）

【房地产市场平稳发展】 坚持实施保房源、保资金、保交楼等多种手段，有效化解项目风险，溪山悦项目一期顺利交付，恒大项目稳步推进。加大对密云区优质商品房项目的推介力度，加快密云区房地产项目去化速度。

（王　钰）

【民生实事取得实效】 完成漏雨屋面维修，启动既有建筑电梯安装，电动自行车充电桩安装顺利完工，群众宜居体验不断提升。完成老旧小区综合整治节能保温施工，提前半年启动危楼翻建改造，楼体重新粉刷，“老小区”焕发“新容颜”。研究建立密云区人才住房保障制度，保障密云区人才住房需求。优化审核分配管理机制，调整市场租房补贴标准，强化使用监管。

（王　钰）

【物业管理水平提升】 加快党建引领社区治理框架下的物业管理体系建设，梳理各小区情况，形成《密云区居住小区物业管理工作的调研报告》，研究建立物业企业“红黑榜”和退出机制，开展物业服务专项治理。

（王　钰）

建筑业（建筑工程）

Construction (Construction Work)

【概　况】 2022 年，全区房屋建筑和市政基础设施在施工程 64 项，其中房建项目 32 项，建设规模 189.85 万平方米，市政基础设施 32 项，建设规模 203.35 万米。高峰期施工现场从业人员达 12000 余人。区住建委在深入落实疫情防控相关文件要求的同时，加强建设工程质量监督管理，充分利用质量监督、行政执法等信息平台，采取“双随机”抽查为主、专项检查和综合检查为辅的监督管理模式，对在建工程实施差别化监管，对重要工程、重点部位、关键环节加大日常监督检查，保障建设工程质量安全。北京怀柔科学城东区综合性国家科学中心协同创新交叉研究平台—环境污染物识别与控制协同创新平台等 4 个项目基本完工，穆家峪新刘棚改项目八个地块已完工，老旧小区改造项目、密云新城 MY00-0302-0066 地块公租房项目进展顺利，水库一级区和“三起来”农村污水提质改造项目质量整体受控。

（鹿　冰）

【竣工工程】 年内，全区竣工工程 31 项，面积 83.4 万平方米，工程总造价 29.25 亿元。其中，商品住宅项目建筑面积 33.3 万平方米，工程总造价 25.13 亿元；装修改造项目建筑面积 40.7 万平方米，工程总造价 2.12 亿元；工业厂房项目建筑面积 8528.91 平方米，工程总造价 2190 万元；公建项目 6.57 万平方米，工程总造价 1.4 亿元；商业金融项目建筑面积 1.93 万平方米，工程总造价 2401 万元；市政基础设施项目建筑面积 4528 平方米，工程总造价 517.78 万元。

（鹿　冰）

2022 年度密云区建设工程竣工验收项目一览表

表 11

序号	工程名称	建筑面积（m^2）	工程类别	建设单位	施工单位	监理单位	验收日期
1	密云区 2018 年度老旧小区节能保温综合整治工程（兴云甲区）	38104	装修改造	北京烨庆房地产开发有限公司	北京市顺建工程有限公司	北京星舟工程管理有限公司	1 月 13 日
2	密云区 2018 年度老旧小区节能保温综合整治工程（檀城北区）	24254	装修改造	北京烨庆房地产开发有限公司	陕西建工第二建设集团有限公司	北京星舟工程管理有限公司	1 月 13 日
3	密云区 2018 年度老旧小区节能保温综合整治工程（上营东区）	38702	装修改造	北京烨庆房地产开发有限公司	北京房修一建筑工程有限公司	北京星舟工程管理有限公司	1 月 13 日
4	密云区 2018 年度老旧小区节能保温综合整治工程（上营北区）	34221	装修改造	北京烨庆房地产开发有限公司	中国建筑一局（集团）有限公司	北京星舟工程管理有限公司	1 月 13 日
5	密云区 2018 年度老旧小区节能保温综合整治工程（行宫东区）	46865	装修改造	北京烨庆房地产开发有限公司	中航天建设工程有限公司	北京星舟工程管理有限公司	1 月 13 日
6	北京奎百宜山居旅游文化有限公司生产车间及附属用房 2 号库房消防改造及装修项目	34709.2	装修改造	北京奎百宜山居旅游文化有限公司	北京中拓佳承建设工程有限公司	深圳市九州建设技术股份有限公司	1 月 17 日
7	量子家（北京）文化发展有限公司装修工程	1444.61	装修改造	量子家（北京）文化发展有限公司	中望消防工程（北京）有限公司		1 月 14 日
8	密云区 2019 年度老旧小区综合整治工程（一标段）	25402	装修改造	北京市密云区房地产开发总公司	河南七建工程集团有限公司	北京首发工程监理有限公司	3 月 1 日
9	密云区 2019 年度老旧小区综合整治工程（二标段）	101837	装修改造	北京市密云区房地产开发总公司	北京城建道桥建设集团有限公司	北京首发工程监理有限公司	3 月 1 日
10	密云区密云镇长安街 1 号 7 号楼地块重建商业用房项目（7-1＃商业楼等 3 项）	10763.41	商业金融项目	北京市渔阳天泰房地产开发有限公司	北京巨佳正业建设工程有限公司	北京日日豪工程建设监理有限责任公司	3 月 15 日
11	卡迪诺科技（北京）有限公司新建精密加工车间、厂房项目（1＃精密加工车间等 3 项）	8528.91	工业厂房	卡迪诺科技（北京）有限公司	北京巨佳正业建设工程有限公司	北京仁源利云建设工程管理有限公司	5 月 18 日

续表

序号	工程名称	建筑面积（m^2）	工程类别	建设单位	施工单位	监理单位	验收日期
12	密云区溪翁庄镇京密引水渠调节池东侧 A-02、B-02、B-03、B-04 地块项目（A1-01＃（客房）等135项）工程（第一次验收剩余所有）	19236.21	公建	北京宁溪房地产开发有限责任公司	北京城建北方集团有限公司	北京赛瑞斯国际工程咨询有限公司	3月4日
13	密云区水源路北侧住宅项目（1＃住宅楼等16项）	67221.77	住宅	北京绿州博园投资有限公司	北京城建六建设集团有限公司	北京大正建设监理有限公司	8月8日
14	密云区檀营乡居住区储备开发项目檀营街、檀营北街（檀支一路）道路工程、给水、雨污水、电力、燃气、热力管线工程	4528.26	市政	北京市土地整理储备中心密云区分中心	北京市市政一建设工程有限责任公司	北京正远监理咨询有限公司	8月5日
15	教学综合楼等2项（密云区十里堡镇中心小学新建教学综合楼工程）	3809	公建	北京市密云区十里堡镇人民政府	中国新兴建设开发总公司	北京星舟工程管理有限公司	8月24日
16	研发中心建设项目	840	装修改造	北京北陆药业股份有限公司	四川法泰洁净技术有限公司	北京中建协工程咨询有限公司	7月29日
17	密云区云西三街3号院2号楼-1至6层装修工程	5672.8	装修改造	北京华远达电力投资有限公司	北京棋森集团股份有限公司	北京京龙工程项目管理有限公司	9月5日
18	黄城根小学密云分校教学楼等5项（新建北京市黄城根小学密云分校工程）	13118.92	公建	密云区第二小学	承德长城建设集团有限公司	北京仁泽建设监理有限公司	9月7日
19	密云区檀营乡6023等地块R2二类居住用地、A33基础教育用地项目（1＃住宅楼等12项）	76591.64	住宅	北京祥晟辉年置业有限公司	北京住总第六开发建设有限公司	北京光华建设监理有限公司	7月21日
20	综合教学楼一等7项（密云区第六中学改扩建工程）	23797	公建	密云区第六中学	北京城建六建设集团有限公司	北京京盛工程建设监理有限公司	10月26日
21	北京银行中关村分行新中街支行装修工程	645	装修改造	北京银行股份有限公司中关村分行	北京华融经纬装饰工程有限公司	北京双圆工程咨询监理有限公司	10月24日

续表

序号	工程名称	建筑面积（m^2）	工程类别	建设单位	施工单位	监理单位	验收日期
22	中国工商银行股份有限公司密云车站路支行装修改造项目	398.6	装修改造	中国工商银行股份有限公司密云支行	北京启新建筑装饰工程有限公司	北京康迪建设监理咨询有限公司	11月1日
23	密云区檀营乡6023等地块R2二类居住用地、A33基础教育用地项目（11＃住宅楼等23项）	97334.07	住宅	北京祥晟辉年置业有限公司	北京住总第一开发建设有限公司	北京光华建设监理有限公司	10月31日
24	密云区2021年鼓楼街道老旧住宅楼房屋漏雨改造提升工程	54300	装修改造	北京市密云区鼓楼街道办事处	北京市顺建工程有限公司	北京日日豪工程建设监理有限责任公司	10月19日
25	密云区水源路南侧土地储备项目A-2地块F2公建混合住宅用地、F3多功能用地、R53托幼用地项目（幼儿园）	3010	公建	绿地集团北京京纬置业有限公司	承德长城建设集团有限公司	京建工京精大房工程建设监理公司	11月14日
26	密云区云溪花园A-02地块住宅小区30＃住宅楼等14项（30号楼未验）	42816.64	住宅	北京宁溪房地产开发有限责任公司	吉林省苏通建筑工程有限公司	北京赛瑞斯国际工程咨询有限公司	12月8日
27	密云区云溪花园A-02地块住宅小区A区地下车库	20527.43	住宅	北京宁溪房地产开发有限责任公司	吉林省苏通建筑工程有限公司	北京赛瑞斯国际工程咨询有限公司	12月8日
28	密云区溪翁庄MY02-0201-6001地块（原圆明三园C地块）R2二类居住用地项目（1＃住宅楼等7项）	28497.93	住宅	北京臻德兴云置业有限公司	北京兴宏建设有限公司	中科华信（北京）工程咨询有限公司	12月20日
29	高端智能注射剂车间建设项目	1800	公建	北京北陆药业股份有限公司	四川法泰洁净技术有限公司	北京中建协工程咨询有限公司	6月10日
30	坤德财富科创中心	900.42	公建	坤德财富科技有限公司	中建宜诚建设工程有限公司		12月19日
31	密云区水源路南侧土地储备项目A-2地块其他类多功能用地（A-11、A-19、A-20、A-26、A-28地块）项目A-20地块29＃商业楼	8533.71	商业金融项目	绿地集团北京京纬置业有限公司	承德长城建设集团有限公司	北京仁泽建设监理有限公司	11月28日

【优质工程评选】 年内，密云区 10 个项目荣膺建筑工程“长城杯”奖项。其中密云区水源路北侧住宅项目获得建筑（结构）长城杯金奖；密云区穆家峪镇新农村刘林池村棚户区改造项目 5 项、京能密云建材市场住宅项目、密云区檀营乡 6023 等地块基础教育用地项目 2 项工程获得建筑（结构）长城杯银奖；地球系统数值模拟装置项目荣膺建筑（竣工）长城杯银奖。

（鹿　冰）

2022 年密云区获奖工程项目一览表

表 12

序号	项目名称	建设规模（平方米）	施工单位	建设单位	监理单位	获奖名称
1	密云区水源路北侧住宅项目 1＃～10＃住宅楼、S1＃配套楼、S2＃及S3＃人防出入口、1＃及 2＃地下车库、充电车棚	67222	北京城建六建设集团有限公司	北京绿洲博园投资有限公司	北京大正建设监理有限公司	建筑（结构）长城杯金奖
2	密云区刘林池回迁安置房项目 H-1＃～H-18＃住宅楼、H-19＃～H-24＃ 配套楼、1＃～5＃人防主要出入口、CK-H 地下车库	155674	北京住总第一开发建设有限公司	北京住总绿都投资开发有限公司	北京方正建设工程管理有限公司	建筑（结构）长城杯银奖
3	密云区穆家峪镇刘林池村棚户区改造项目 MY00-0400-0027 地块 F1＃-F16＃住宅楼、E17＃-E20＃配套楼、地下车库及人防出入口	116705	北京住总第一开发建设有限公司	北京住总第三开发建设有限公司	北京光华建设监理有限公司	建筑（结构）长城杯银奖
4	密云穆家峪镇新农村 MY00-0400-0005（G 地块）1＃～12＃、13＃～15＃配套楼及地下车库	104594	北京住总第四开发建设有限公司	北京住总绿都投资开发有限公司	北京云湖建筑工程有限公司	建筑（结构）长城杯银奖
5	密云区穆家峪镇新农村刘林池村棚户区改造项目 MY00-0400-0016（C 地块）C1＃～C11＃楼、C 地下车库；MY00-0400-0033（D 地块）D1＃～D10＃楼、D 地下车库	196617	北京住总第六开发建设有限公司	北京住总绿都投资开发有限公司	北京中建协工程咨询有限公司 北京光华建设监理有限公司	建筑（结构）长城杯银奖
6	京能密云建材市场住宅项目 1＃～7＃住宅楼、8＃配套服务设施、电动自行车棚、1＃及 2＃门卫室、1＃～3＃人防主要出入口、地下汽车库	91659	北京京能建设集团有限公司	北京京能云泰房地产开发有限公司	北京中景恒基工程管理有限公司	建筑（结构）长城杯银奖
7	密云区檀营乡 6023 等地块 11＃～24＃住宅楼、2＃及 3＃公服楼、非机动车充电车棚、人防出入口 1＃～4＃楼梯及 7＃人防竖井、2＃地库	97334	北京住总第一开发建设有限公司	北京祥晟辉年置业有限公司	北京光华建设监理有限公司	建筑（结构）长城杯银奖
8	密云区檀营乡 6023 地块 A33 基础教育用地项目 1＃～10＃住宅楼、1＃配套楼、1＃地下车库	76591	北京住总第六开发建设有限公司	北京祥晟辉年置业有限公司	北京光华建设监理有限公司	建筑（结构）长城杯银奖

续表

序号	项目名称	建设规模（平方米）	施工单位	建设单位	监理单位	获奖名称
9	地球系统数值模拟装置项目	24309	中铁建设集团有限公司	中国科学院大气物理研究所	北京市曙晨工程建设监理有限责任公司	建筑（竣工）长城杯银奖
10	密云区穆家峪镇刘林池村棚户区改造项目 MY00-0400-0047 地块 E-1♯-E-6♯住宅楼、E-7♯及 E-8♯配套楼、CK-E 车库、电动自行车棚、11♯-13♯人防出入口	59984	北京住总第三开发建设有限公司	北京住总绿都投资开发有限公司	北京光华建设监理有限公司	建筑（结构）长城杯银奖

【绿牌工地评选】 年内，区住建委积极推进“绿牌工地”称号评选，充分发挥“绿牌工地”先进示范和激励作用，提升施工现场扬尘精细化治理水平。区住建委、区生态环境局、区城管执法局及属地政府联合评审，授予北京市密云区水源路南侧 MY00-0104-6106 等地块 R2 二类居住用地项目（6017 地块 1♯住宅楼等 16 项）、中铁十六局集团有限公司路桥公司密云新北路 29 号院棚户区改造项目（中铁十六局集团有限公司路桥公司密云新北路 29 号院棚户区改造项目 MY00-0202-6006 地块 1♯住宅楼等 18 项）（1♯住宅楼、2♯住宅楼、3♯住宅楼、4♯住宅楼、5♯住宅楼、6♯住宅楼、7♯住宅楼、15♯公服楼、地下车库）、北京市密云区穆家峪镇新农村刘林池村棚户区改造项目新农村回迁地块 MY00-0400-0008（A 地块）地块及 MY00-0400-0014（B 地块）地块回迁安置房等 3 项工程“绿牌工地”称号。

（鹿　冰）

【竣工备案】 年内，全区在施房屋建筑工程面积 367 万平方米，竣工验收面积 83.4 万平方米。年内，办理工程竣工验收备案 21 项，建筑面积约 57.47 万平方米。

（鹿　冰）

国家、市级重点工程、城市更新项目

National and Municrpal Rey Projects, Urban Renewal Projects

【北京怀柔综合性国家科学中心协同创新交叉研究平台—泛第三极环境综合探测平台】 该项目位于密云区西田各庄镇，工程规模 40000 平方米，工程总造价 19588.52 万元，开工日期 2020 年 3 月 1 日，竣工日期 2022 年 7 月 2 日，建设单位中国科学院青藏高原研究所，施工单位北京城建建设工程有限公司，设计单位中外建工程设计与顾问有限公司，单体数量 1 栋，为科研办公用房，地上 6 层，地下 1 层。

（王　钰）

【北京怀柔综合性国家科学中心协同创新交叉研究平台—环境污染物识别与控制协同创新平台项目】 该项目位于密云区西田各庄镇云西二街，工程规模 24999.32 平方米，工程总造价 13773.39 万元，开工日期 2020 年 3 月 26 日，竣工日期 2022 年 3 月 25 日，建设单位中国科学院生态环境研究中心，施工单位中航建设集团有限公司，设计单位中科院建筑设计研究院有限公司，单体数量 2 栋，包括识别平台（识别科研楼），地上 5 层，地下 1 层；控制平台（控制科研楼），地上 6 层。

（王　钰）

【北京怀柔综合性国家科学中心协同创新交叉研究平台—深部资源探测技术装备研发平台】 该项目位于密云区西田各庄镇云西二街，工程规模 29986.14 平方米，工程总造价 15464.89 万元，开工日期 2020 年 4 月 10 日，竣工日期 2022 年 6 月 30 日，建设单位中国科学院地质与地球物理研究所，施工单位中铁建设集团有限公司，设计单位中科院建筑设计研究院有限公司，单体数量 5 栋，包括循环系统动力室、深地环境与地层条件模拟实验厂房、深地装备研发楼（科研办公用房）、智能导钻与环境可靠性测试实验厂房、无磁无感环境测试实验室（工艺坊）。

（王　钰）

【西田各庄 220 千伏输变电工程（变电站工程）】 该项目位于密云区西田各庄镇仓头村，工程规模 7051

平方米，工程总造价 6624.36869 万元，开工日期 2022 年 7 月 30 日。建设单位国网北京市电力公司，施工单位北京电力工程有限公司，设计单位北京电力经济技术研究院有限公司。单体数量 3 栋，包括警卫室、消防泵房、配电装置楼。

【公共卫生应急产业与危重症诊疗技术工程项目中心】
该项目位于密云区经济开发区科技路 30 号，工程规模 56605.55 平方米，工程总造价 21999.67 万元，开工日期 2022 年 3 月 15 日。建设单位复星北铃（北京）医疗科技有限公司，施工单位北京市朝阳田华建筑集团公司，设计单位中国中元国际工程有限公司。单体数量 4 栋，包括 1＃生产楼、非机动车充电车棚、2＃厂房、3＃集体宿舍。

（王　钰）

【密云区 2022—2023 年度老旧小区综合整治工程】
该项目位于密云区果园街道、鼓楼街道。工程规模 394704 平方米，工程总造价 32586 万元，开工日期 2022 年 8 月 6 日，建设单位北京市密云区住房和城乡建设委员会。单体数量 18 栋，包括果园西里 8 栋、花园小区 8 栋。

（王　钰）

房 地 产 业

Real Estate

【概　况】 年内，北京市建委出台《北京市住房和城乡建设委员会关于进一步做好房地产开发企业资质管理有关工作的通知》，根据规定将房地产开发企业资质分为一、二两个资质等级，原二级资质有效期内的继续有效。区固投投资任务为 125 亿元，区住建委投资任务为 80 亿元，占全区投资比重为 64%，较上一年投资完成情况基本持平。2022 年全年房地产业固定资产投资 70.97 亿元，同比下降 10.5%，其中建安投资 35.19 亿元，同比下降 7%。

（李小龙）

【房地产开发企业情况】 年内，全区资质内房地产开发企业共计 123 家，其中二级资质企业 62 家、四级资质企业 55 家、暂定级资质企业 6 家。自 2022 年 4 月开发资质出台新政以来，共完成房地产企业二级资质初审 59 项。

（李小龙）

【建筑业企业资质管理】 年内，市住建委根据《住房和城乡建设部办公厅关于建设工程企业资质有关事宜的通知》（建办市函〔2022〕361 号），减轻企业负担，激发市场主体活力。资质证书有效期于 2023 年 12 月 30 日前期满的，统一延期至 2023 年 12 月 31 日。据统计全区共有资质内建筑业企业 1871 家，建筑企业资质 3807 个。其中：建筑工程总承包资质 249 个（特级 1 个、一级 2 个、二级 10 个、三级 236 个）；公路工程总承包资质 1 个（三级 1 个）；水利水电工程总承包资质 3 个（二级 1 个、三级 2 个）；电力工程总承包资质 16 个（三级 16 个）；矿山工程总承包资质 2 个（一级 1 个、三级 1 个）；石油化工工程总承包资质 3 个（三级 3 个）；市政公用工程总承包资质 204 个（一级 2 个、二级 2 个、三级 200 个）；通信工程总承包资质 4 个（三级 4 个）；机电工程总承包资质 64 个（二级 1 个、三级 63 个）；专业承包资质 1915 个（一级 52 个、二级 848 个、三级 619 个、不分等级 396 个）；施工劳务资质 1346 个。1—12 月，共办理完成建筑业企业资质新设立 55 家、升级 12 家、增项 18 家、延续 0 家、变更 314 家、注销 5 家、企业重组分立 5 家；劳务备案 633 家。

（李小龙）

【建筑企业人员资格管理】 年内，共办理完成建造师注册 1274 人，其中：初始注册 134 人；变更注册 355 人；重新注册 77 人；延续注册 482 人；增项注册 49 人；注销注册 177 人。截至年底，全区有二级注册建造师 1738 名，一级建造师注册 1152 名。

（李小龙）

【北京城建六建设集团有限公司】 北京城建六建设集团有限公司，隶属于北京城建集团有限责任公司，2002 年进行国有企业改制，注册资本金 3 亿元，是以施工总承包为主业、经营多元化的大型综合性企业集团。公司具有建筑工程施工总承包特级资质，建筑行业建筑工程、人防工程双甲级设计资质。公司还具有建筑装修装饰工程专业承包、钢结构工程专业承包、建筑机电安装工程专业承包等壹级资质 3 项，电子与智能化工程专业承包等贰级资质 3 项。公司现有员工约 2000 人。百余项工程先后荣获中国建设工程“鲁班奖”、中国土木工程“詹天佑奖”、国家优质工程奖、绿色施工科技示范工程奖，以及省部级奖项。公司先后荣获“中国优秀企业”“奥运工程建设先进单位”“四川抗震救灾重建家园工人先锋号”“建设行业诚信企业”“用户满意企业”“劳动关系和谐企业”

"全国工程建设质量管理优秀企业""安全生产先进单位""纳税信用A级企业"等荣誉称号，并且连续十余年被评为"重合同守信用单位"和信用等级AAA级企业。年内，北京城建六总收入41.56亿元（不含税），上缴税金1.02亿元。

（李小龙）

北京密云城市建设投资集团有限公司

【概　况】 北京密云城市建设投资集团有限公司（简称密云城投）由原密云区房地产开发总公司于2020年改革重组成立，是一家直属密云区政府领导、多元化经营的国有集团公司，业务涵盖项目投资、地产开发、棚户区改造、建筑施工、咨询服务、市场管理、文化旅游、幼儿教育等领域。2022年，全年完成总收入21715万元，上缴税金约1456万元。

（王　亮）

【商务区C1地块】 年内，密云城投联合住总祥业、旭辉、首开股份公司以20.7亿元人民币的价格，成功获取密云区水源路南侧MY00-0104-6016等地块R2二类居住用地国有建设用地使用权。项目一期工程已开盘销售，累计销售313套，销售金额11.69亿元，销售面积40543平方米。

（于　淇　王　亮）

【鼓楼西区定向安置房工程】 年内，区政府授权密云城投负责鼓楼西区定向安置房项目建设主体，该项目用于安置康复西巷52户拆迁居民，项目总用地规模约1.06万平方米，规划总建筑面积约2.66万平方米，建设安置房2栋128套，项目总投资约1.85亿元。12月取得建筑工程施工许可证，并完成施工、监理招标工作。该项目已完成地下底板施工工程。

（于　淇　王　亮）

鼓楼西区定向安置房工程　（密云城投　供图）

【花园小区28＃、29＃、30＃危旧楼改建项目】 年内，区政府授权密云城投负责花园小区28＃、29＃、30＃危旧楼改建项目建设主体，该项目是涉及危旧楼改造的民生工程，能够为114户居民切实排除居住安全隐患，改善居民的居住条件和生活品质。项目总用地规模约5258.96平方米，规划总建筑面积约9639.88平方米，改建后为2栋144套，项目总投资约6572.46万元。

（于　淇　王　亮）

【果园新里中区1＃、9＃危旧楼改建项目】 年内，区政府授权密云城投负责果园新里中区1＃、9＃危旧楼改建项目建设主体，该项目是涉及危旧楼改造的民生工程，能够为84户居民切实排除居住安全隐患，改善居民的居住条件和生活品质。项目总用地规模约3123.07平方米，规划总建筑面积约5925.74平方米，改建后为1栋84套，项目总投资约3479.14万元。

（于　淇　王　亮）

果园新里中区危旧楼改建项目（密云城投　供图）

【老旧小区综合整治】 年内，为提高居民生活品质，解决民生问题，区政府2021年第116次常务会议授权密云城投为密云区兴云小区1、6、7号楼老旧小区综合整治工作实施主体，密云城投对果园街道兴云小区1、6、7号3幢住宅楼进行以楼本体节能保温改造为主的基础设施升级和公共区域室外环境提升整治。对166户空置房屋室内改造，拆除恢复室内装修，墙面找平、室内水泥地面、预留洁具点位、更换入户门、改水、改电及暖气设施更新、楼内外公共区域供电改造等。改造工程预计投入资金约5411.6万元。

（于　淇　王　亮）

兴云小区老旧小区综合整治项目

（密云城投　供图）

【冶仙塔重点项目进程】 年内，景区引进山地滑车项目，该项目推出后游客接待量屡创新高，抖音等网络平台主动合作，冶仙塔山地滑车成为北京市网红打卡点，全年接待游客 24 万余人次，实现旅游综合收入 500 万元。

（李方妤）

年内，冶仙塔景区引进山地滑车项目

（密云城投　供图）

【冶仙塔拓宽销售渠道】 年内，与锦绣华北、京津冀一卡通、京津冀名胜年卡等票务公司合作，年卡全年实际收入 25 万元。加大商铺招租工作，积极引进符合景区特色的文化商户，招租素食餐厅、汉服租赁、字画展卖、工艺品超市等 10 家商铺，出租面积 1794 平方米，租金实际收入 60 多万元。

（李方妤）

【冶仙塔景区设施完善】 年内，重新整合园区植被分布、维修陈旧基础设施、根据规划在山地滑车道两侧增加安全防护网 3400 米；修复万佛殿、冶仙居漏雨处；对绿化植被品种优化，种植观赏植被月季、玫瑰 8000 余株，紫藤 110 株；完成景区 3A 复核工作；对景区 4 个公共卫生间改造，优化标识标牌 200 块；完成普照寺殿宇彩绘；完成净水观音审批手续。

（李方妤）

经济管理

ECONOMIC MANAGEMENT

【概　况】 北京市密云区发展和改革委员会（简称区发展改革委）是负责全区国民经济和社会发展统筹协调、经济体制改革综合协调的区政府工作部门。2022年，制定《密云区落实〈关于继续加大中小微企业帮扶力度加快困难企业恢复发展的若干措施〉的实施细则（试行）》等政策，从减轻中小微企业负担、保障产业链供应链稳定等方面助力企业渡过难关。成立碳达峰碳中和工作领导小组，制定工作机制和规则，为绿色低碳发展提供制度保障。制定《关于密云区建立健全生态产品价值实现机制的实施意见（试行）》，生态产品认证体系建设工作典型经验纳入国家发展改革委《关于建立健全生态产品价值实现机制实施意见》辅导读本。"十三五"节能减碳目标责任考核"优秀"等级。建立健全重大投资项目谋划机制，印发《密云区重大投资项目谋划工作方案》。提前谋划重点储备项目，形成"储备一批、开工一批、建设一批、竣工一批"的项目储备推进格局。"疏解整治促提升"效果民意调查持续排名全市首位。

（张莹莹）

综合调控

Comprehensive Regulation

【概　况】 2022年，区发展改革委加强宏观调控，健全完善综合经济调度机制，积极谋划重大事项，推进绿色高质量发展。推进项目建设，扩大有效投资。抓好营商改革落地实施，持续激发市场主体活力，确保经济平稳运行。聚焦民生关切，提升群众获得感。

（区发展改革委）

【经济社会发展指标】 年内，实现地区生产总值361.9亿元，比上年增长0.5%（不变价）。分产业看，第一产业增加值为14.1亿元，比上年下降0.8%；第二产业增加值为95.9亿元，比上年增长1.6%；第三产业增加值为251.9亿元，比上年增长0.2%。三次产业结构由2021年的3.9∶25.9∶70.2调整至3.9∶26.5∶69.6。实现一般公共预算收入39.7亿元，较上年下降3.1%。全区居民人均可支配收入4.43万元，比上年增长3.8%。促进城乡劳动力就业1.7万人。万元地区生产总值能耗、水耗分别上升0.4%和2.8%。

（张小利）

2022年密云区经济社会主要指标统计表

表13

项目	2022年（亿元）	2021年（亿元）	增速（%）
地区生产总值	361.9	356.4	0.5
第一产业	14.1	14	−0.8
第二产业	95.9	92.8	1.6
第三产业	251.9	249.6	0.2

【绿色高质量发展】 年内，从减量发展看，中关村密云园推进园区闲置低效土地盘活工作，完成腾退盘活土地约20公顷。从创新发展看，组织开展高精尖产业发展资金重点项目征集，征集企业技改固投项目12项，"升规破亿"项目22项，累计兑现市级政策资金4573万元。地球系统数值模拟装置项目通过国家验收开放运行。从绿色发展看，水资源战略储备能力全市最强，PM$_{2.5}$平均浓度26微克/立方米，密云水库入选全国"美丽河湖"优秀案例。全区蜂产业规模达12.35万群，占全市45.2%，"蜂盛蜜匀"品牌影响力更加凸显。从协调共享发展看，31件民生实事完成，"七有""五性"监测评价位居全市前列；建设密云国家农业科技园区，86个农业新品种获得国家和市级认定，创建国家现代农业产业园。从金融服务助力发展看，金融机构存贷款余额1370.4亿元。在第二届中国城市高质量发展与国际合作大会上，获"国际化高质量发展环境建设标杆区"称号。

（刘晶晶）

【碳达峰碳中和工作】 年内，区发展改革委制定《密云区碳达峰碳中和工作领导小组工作规则》《密云区碳达峰碳中和工作领导小组办公室工作细则》《密云区碳达峰碳中和领导小组成员名单》《密云区碳达峰碳中和工作领导小组各成员单位主要职责》。编写完成区"十三五"节能减碳目标责任制考评自查报告并上报市发展改革委。

（周立丽）

【节约型机关创建】 年内，区发展改革委制定完成2022年度公共机构节能（区发改委）专项考评细则，会同区机关事务管理服务中心开展节约型机关创建工作；完成对镇街、行业主管部门节能工作的绩效考核。

（周立丽）

【项目节能审查】 年内，区发展改革委加强固定资产投资项目节能审查及新增实体项目能耗准入管理，完成北京量子创芯安全智能芯片产业化基地项目节能审查意见批复。

（周立丽）

【节能监察】 年内，区发展改革委制定年度节能监察计划，开展16家区级重点用能单位节能综合监察、5家固定资产投资项目节能审查意见落实情况专项监察；落实北京市节能十条各项措施，开展公建室内温度控制检查。开展能耗数据统计月度监测、节能形势季度分析会商。完成5家市级重点用能单位能源负责人备案审核、16家区级重点用能单位能源利用状况报告报送和审查、北京北陆药业清洁生产项目初审。

（周立丽）

【政府投资项目招标】 年内，区发展改革委公开招标选择10家咨询机构负责开展日常评估工作，其中包括5家甲级资信工程咨询机构和5家工程造价咨询机构，并与中标单位签署为期3年的《工程咨询服务项目框架协议》。

（刘　蕊）

【政府投资项目评审】 年内，区发展改革委完成政府投资项目评审46个，申报总投资24.8亿元，审定投资21.9亿元，调整方案211项，涉及项目41个，依法依规评审核减投资资金2.9亿元，核减比例11.7%。

（刘　蕊）

【投资工作】 年内，区发展改革委发挥“4＋1”保障体系作用，落实“一项一榜”“四级调度”“马上就办”“督查督办”工作机制，通过密云区投资项目调度与服务平台，投资精准性与有效性全面提高。

（祝　浩）

【重点工程建设】 年内，区发展改革委制定2022年区级重点工程计划，明确85项工程主责单位、推进计划、完成投资，逐项倒排工期、挂图作战；8项市级重点工程均按计划实现开工建设，完成年度建设任务；29项“160市区重大项目”实现开工，按计划时序推进。

（祝　浩）

【资金保障】 年内，争取市级支持资金约12.19亿元。其中“疏解整治促提升”专项引导资金1.51亿元，市发改委资金10.68亿元，确保基础设施、生态环境、社会事业、清洁能源和产业发展等37个项目建设。

（杜思禹）

【基础设施建设】 年内，密云新城新北路东延、宜兴路、城后东街、檀东路、新东路南延道路工程、密云城区积水点治理工程（一期）全部开工建设；密三路（潮河右堤路—东白岩）扩建工程、遥桥峪水库除险加固工程完成初步设计概算批复；密云新城密兴路道路工程、怀柔科学城东区云西二路（雁密路—云西一街）道路工程完成项目建议书（带可行性研究报告）批复；圣水泉路南延道路工程、密云新城新农村街（宜兴路—新泰路）道路工程完成可行性研究报告批复；檀新刘河、密西路建设工程方案设计基本稳定。档案馆新馆建设工程完成初步设计概算批复，取得市发改委资金补助批复，争取资金4960万元。溪翁庄镇南路工程、8.09水毁河道、公路及桥梁修复工程完工，云蒙风情大道（石城镇段）生态修复及配套基础设施建设工程完成总工程量30%。2021年水毁修复工程取得市发展改革委全额投资支持，溪翁庄镇云山路建设工程、巨各庄镇京沈客专拆迁安置区红线外基础配套设施工程完成审批工作。垃圾转运站进展顺利。十里堡镇、东邵渠镇、新城子镇、西田各庄镇均基本完工，完成设备安装、调试。高岭镇重新选址已获得立项批复，取得规划综合会商意见。

（孙德恩　宋　健　曹　龙）

【生态建设】 年内，完成2022新一轮百万亩造林年度项目浅山荒山造林工程审批工作，造林面积354.8公顷，全部完工。继续实施京津风沙源治理二期2021年项目，完成总工程量的85%，其中完成封山育林466.67公顷、小流域综合治理70公顷，易地搬迁424人。完成古北口镇生态保护和配套基础设施建设工程、白马关河流域面源污染控制示范工程、放马峪铁矿生态修复治理项目（兵马营采坑、四合排土场、瑶亭排土场、萝卜峪排土场）立项审批工作。

（宋　健　王兆辉）

【保水工程建设】 年内，美丽乡村农村污水治理工程主干管网工程及132个村水及污水前端收集系统建设工程全部开工建设，其中第一批15个村全部完工，第二批53个村完成总工程量的28%，第三批42个村完成总工程量的10%。16个镇农村污水处理设施（PPP）完成审批工作。

（宋　健　王兆辉）

【民生保障】 年内，水源路南侧C1东地块、长安小区东地块定向安置房、鼓楼西区定向安置房、大小王棚户区改造、新刘棚改重新立项，项目获市发改委批复；南菜园新村棚改工作稳步推进。

（王 静）

【社会事业】 年内，完成朝阳滨河学校一期、第八中学、第七小学、檀营小学4所新建、改扩建中小学建设项目的立项前期手续办理，启动项目立项审批程序。提升区域传染病防控能力，加快补齐公共卫生短板，批复区医院感染楼改扩建项目，设置床位47张。深入实施积极应对人口老龄化国家战略，《北京市密云区"一老一小"整体解决方案》通过国家发展改革委评审。

（陈光禹）

【旅游发展】 年内，强化顶层设计，完善规划体系，开展长城国家文化公园及长城文化带保护发展规划和密云水库环湖自行车赛道提升等规划谋划工作，从文化传承、生态建设、产业发展、管理保护等多维度深入研究，推动全域旅游高质量发展。

（陈光禹）

【科学城东区建设】 年内，科学城东区发挥引擎辐射带动作用，地球系统数值模拟装置投入运行，在冬奥会等重大活动保障方面取得重要成果；4个"十三五"科教基础设施和空地一体环境感知与智能响应研究平台土建工程全部完工。推进北京大学怀密医学中心项目，与北京大学医学部正式签署建设协议。基础设施和公共服务加快完善，云西二路道路工程成功获批，西田各庄220千伏输变电工程有序推进，北京第二实验学校办学方案获得市教委正式批复。

（孙德恩 张小利）

【产业项目】 年内，办理青岛啤酒三环有限公司设备智能化、绿色化改造等项目备案4个，总投资1.1亿元。方恒科技超算与金融云计算基地项目、公共卫生应急产业与危重症诊疗技术工程项目中心项目纳入"3个100"市级重点工程。京东智能产业园、复星北铃应急诊疗中心、友康生物基地主体工程全部完工。新增北京市"专精特新"中小企业66家。国家发改委新认定华源泰盟节能设备有限公司为国家企业技术中心。

（孙德恩）

【新能源发展】 年内，新增分布式光伏发电规模1.2兆瓦，全年分布式光伏发电量3466千瓦·时。

（冯军英）

【电网设施建设】 年内，投产西智35千伏变电站升压工程、高岭110千伏变电站主变增容工程，在施西田各庄220千伏输变电工程、河南寨110千伏输变电工程、京通铁路兵马营牵引站110千伏外部供电工程、塘峪220千伏变电站110千伏配套送出工程，持续推进山区农村"煤改电"工程，并不断优化完善配网网架结构。

（冯军英）

【营商环境优化】 年内，印发《北京市密云区培育和激发市场主体活力持续优化营商环境工作方案》（营商环境5.0版），推出深化行政审批制度、完善公平竞争制度、构建新型监管体系等7个领域、76项改革任务。全区各部门对标对表全市要求，聚焦重点领域、关键环节改革，推动改革任务落地见效，各项改革任务全面完成。

（李远）

【为企服务】 年内，优化"服务包"重点企业范围，全区"服务包"企业增加至381家，区领导联系走访企业扩大至240家。选派80名科级干部组建服务专员队伍，与企业建立常态化联系，精准解决问题。制定印发《2022年密云区区级领导联系走访企业工作方案》，区领导联系走访企业310家次，各级管家走访企业1315家次，为企业办理人才引进8人，办理工作居住证218人，协调子女入学37人，办理毕业生落户39人。依托北京市企业服务包平台办理企业诉求366项，包括融资、土地、人才落户、政策支持、疫情防控等方面。

（王项楠）

【"疏整促"市区两级任务】 年内，完成市级下达17项任务目标，其中非施工类围挡规范治理、发展便民服务网点、腾退土地、违法建设拆除、揭网建绿等5项任务目标超额完成。完成市级下达《向前一步》栏目录制任务3期。拆除违法建设15.03万平方米，腾退土地18.83公顷。完成市级下达33处施工围挡、4处桥下空间、1处临时建筑治理、1处商品住宅小区配套公共服务设施建设和移交任务，保持群租房、占道经营、"开墙打洞"等工作动态清零。

（祝源泽）

【便民服务】 年内，完成便民网点发展10家、老年餐桌发展10家，实现"留白增绿"39.3公顷、"揭网建绿"248.2公顷，实施"林荫路"改造2条。

（祝源泽）

【环境提升项目】 年内，围绕水库一级圈、怀柔科学城东区两重点区域，统筹推进13项治理提升项目落地实施。推进以密云水库防火保水瞭望平台项目为代表的环境设施提升项目，完善库区保水防火智能化监控体系，美化村庄环境，提升健身休闲空间。构建科学城东区外围绿色景观廊道，通过红光公园、牛盆峪河道环境提升等项目，提升公共休闲空间品质，推动科学城东区周边村庄旅游服务业态提档升级。

（祝源泽）

【人口调控目标】 年内，区发展改革委加强人口基数情况摸排及动态监测，坚持月督导工作机制，联合区统计局、区公安局、区卫计委及各镇街跟踪区内流动人口变化情况，据区统计局反馈数据，本区2022年末常住人口规模控制在52.6万人，较2021年下降0.1万人，超额完成市级下达年度调控目标（53.1万人）。

（祝源泽）

【生态保护和绿色发展】 年内，区发展改革委印发《推动形成绿色发展方式和生活方式工作小组2022年工作要点》，完成19项重点任务。完成《北京市推动生态涵养区生态保护和绿色发展2022年重点任务计划》49项任务和《北京市平原区与生态涵养区结对协作2022年重点实事》6项任务。

（宋　健　王兆辉）

【京津冀协同发展】 年内，深化“两市三区”协同保水，签署新一轮密云水库上游潮白河流域水源涵养区横向生态保护补偿协议。在加强疫情联防联控和复工达产、坚定不移疏解非首都功能、深化生态环境保护和联防联治、推动构建高质量发展格局等4个方面，完成2022年本区推进京津冀协同发展各项工作任务。

（孙德恩）

【价格认证及市场环境】 年内，区发展改革委受理公安机关及各行政部门委托涉案财物价格认定337件，认定金额73.63万元。对28个固定监测点、8大行业（副食品、蔬菜、食盐、日用消费品、工业生产资料、农业生产资料、城乡居民服务和停车场收费）开展日常价格监测，累计上报市发改委价格监测中心近万余次，日价格监测分析稿件百余篇。

（陈　曦　贾昆鹏）

统筹协调疫情防控和经济发展

Overall Coordination of Epidemic Prevention and Control and Economic Development

【概　况】 2022年，区发展改革委认真贯彻落实市、区疫情防控和复工复产工作部署，通过一手抓疫情防控，一手抓复工复产，保障全区各行业、各领域安全有序复工复产，促进疫情防控期间经济平稳运行。

（区发展改革委）

【政策支持】 年内，区发展改革委制定《密云区落实〈关于继续加大中小微企业帮扶力度加快困难企业恢复发展的若干措施〉的实施细则（试行）》《密云区落实〈北京市统筹疫情防控和稳定经济增长的实施方案〉工作指南》《密云区关于〈北京市积极应对疫情影响助企纾困若干措施〉的落实指引》等政策。组织企业参加政策培训会20余场，共计培训1.4万余人次。

（孙德恩　杨菲菲）

【助企纾困】 年内，区发展改革委从减轻中小微企业负担、保障产业链供应链稳定等方面助力企业渡过难关，为541家单位缓缴社会保险11942万元，为1692户服务业小微企业和个体工商户减免房屋租金2705万元。新发放中小微企业贷款2238笔、金额净增51.16亿元。为复工复产领域重点企业免费发放抗原10万支，方便企业及时掌握员工的健康状况。

（孙德恩　杨菲菲）

【复工复产】 截至年底，全区重点行业企业及工程项目983个中，开复工924个，开复工率94%，人员到岗率95%。区住建委、区城管执法局等5支执法检查队伍加大执法检查力度，累计执法检查14万余家次，累计发现问题8677件，公示841家次，均完成整改。

（杨菲菲）

财　政

Finance

【概　况】 北京市密云区财政局（简称区财政局）是区政府的综合经济管理部门。2022年，全年地方级收入完成62.6亿元，还原留抵退税后，同口径增长2.2%，完成全年预期目标的100.3%；全区一般公共预算收入完成39.7亿元，同口径增长4.8%，完成预算的94.3%，在五个生态涵养区中，密云区收入总量排在第2位，同口径增幅排在第4位。全区一般公共预算支出138.1亿元，完成调整预算的106.5%，投入民生领域支出110.7亿元，占一般公共预算支出的80.1%，连续13年占比保持八成以上。

（陈思斯　冯冷月）

5月26日，召开2022年财源建设工作会

（娄敏　摄）

【财源建设】 年内，区财政局出台《北京市密云区财源建设工作评估办法（2022）》《2022年一般公共预算收入指导性预期目标》等政策文件，高频次召开财源建设大会调度相关工作；引进京外企业121户，引进数量连续两年排名全市首位；全年各级管家、服务专员累计走访回访服务企业1237家次，解决企业诉求374项，381家区级“服务包”企业累计贡献全区一般公共预算收入13.5亿元，同比增长19.4%；建立高新技术企业动态监测台账，迁至京外企业5户（非高新），比上年同期减少94.4%；通过市级考核标准的财源储备项目39个，比上年度增加6个，累计贡献地方级收入4.7亿元。

（陈思斯　冯冷月）

【助企纾困】 年内，区财政局落实大规模减税降费政策，让利企业32.6亿元；累计办理留抵退税18.1亿元；加大助企纾困帮扶力度，兑付支持企业发展资金6.03亿元；做好区域内中小微企业扶持工作，减免1185户小微企业和个体工商户房租1334.92万元。

（陈思斯　冯冷月）

【招商引资】 年内，区财政局通过以商招商、委托招商等方式，引进4家企业，累计纳税2022万元，超出区政府下达全年任务1222万元。

（陈思斯　冯冷月）

【争取资金】 年内，区财政局争取各类转移支付资金76.2亿元，支持全区经济社会发展，弥补区级财力不足；争取新增债券30.54亿元，支持新刘棚改、果园西大桥棚改、档案馆等区委区政府确定的重大项目和重点工程；争取再融资债券41.6亿元，偿还2022年到期债券本金和化解隐性债务，缓解区级财力紧张的压力。

（陈思斯　冯冷月）

【成本管控】 年内，区财政局出台《预算绩效评价中介机构管理考核办法》等管理办法，将绩效自评范围扩大到所有纳入年度部门预算管理和追加资金的项目，将成本预算绩效管理向镇街延伸，实现自评和监控运行双覆盖；建立区级财政运行综合绩效评价常态化机制，提升财政资金配置使用效率；压减非必要、非紧急、非刚性支出，全年收回结余资金10.88亿元；通过政府采购、投资评审、审核承办件，全年节约资金5.5亿元。

（陈思斯　冯冷月）

【直达资金】 年内，区财政局实施财政资金直达机制，发挥直达资金惠企利民作用，加快资金拨付支出进度，全年下达直达资金9.2亿元，累计支出7.1亿元，支出率77.2%。

（陈思斯　冯冷月）

【政府采购】 年内，区财政局用好政府采购政策工具，扩大预留中小企业项目范围，降低政府采购交易成本，全年中小企业完成政府采购合同金额12.2亿元，其中：中型企业完成10.4亿元，小型和微型企业完成1.8亿元，小微企业占中小企业份额占比15%。

（陈思斯　冯冷月）

【改革创新】 年内，区财政局收集整理中央、市、区三级财政政策和法律法规，编制成《密云区财政局制度汇编》手册，使财政工作有效落实、有据可依、有法可循；推进“八大资金管理模块”融入新的预算管理一体化系统，形成密云特色；全力推动预算管理、非税收入收缴、财政票据管理“三大集中系统”上线，实现“书同文、车同轨”的一体化目标。

（陈思斯　冯冷月）

11月1日，区财政局召开财政工作推进会

（冯冷月　摄）

【文化宣传】 年内，区财政局被财政部按照“代表性较强、工作有特色、重视新闻宣传”的选点要求确定为《中国财经报》全国首批基层财政新闻宣传工作示范点，为北京市仅有的2个示范点之一。

（陈思斯　冯冷月）

税　务

Taxation

【概　况】 2022年，国家税务总局北京市密云区税务局（简称区税务局）聚焦16项税种、13项非税和社会保险基金的征收管理中心工作，统筹抓好疫情防控和税收中心工作，推动新的组合式税费支持政策落地生根。全年完成税费收入170.4亿元，完成税收收入88.5亿元，同口径增长2.3%；非税收入3.1亿元，同比增长4.5%；征收社会保险基金收入78.9亿元，同比增长17.5%；完成区级一般公共预算收入30.86亿元，同比增长2.5%，同口径增长5.8%。各项工作获得市级以上荣誉称号8个，受到市税务局和区委、区政府领导肯定性批示31次，其中获得省部级领导批示6次。在区政务服务管理局对进驻部门综合考核中，第四税务所、第一税务所分别位列第一、第二。

4月1日，国家税务总局北京市密云区税务局干部到北京汇源农业股份有限公司宣传讲解最新的退税减税降费政策　　（区税务局　供图）

（杜凯艳）

【税源建设】 年内，区税务局制定15项40条组收措施，建立重点税源监测台账，梳理重点税源运行态势，实施企业“一户一档”，建立“一对一”专属服务清单。与区财源办协同配合，建立联席工作机制，提升引入税源质量，选派税务指导员为属地开展税收政策指导，各税务所配合镇街走访企业175户次。加强土地增值税清算管理，全年清算入库土地增值税6.3亿元，较同期增加1.7亿元。

（杜凯艳）

【非居民企业管理】 年内，区税务局强化非居民企业管理，建立动态跟踪机制，全年非居民企业实现税收收入7517万元，同比增长7.5%。

（杜凯艳）

【纳税服务】 年内，区税务局打造“专业服务＋业务通办”复合式服务窗口，业务平均受理时长压缩至20分钟之内，提速约60%；创新推出分级分类宣传辅导模式，依托大数据和AI智能语音，对企业开展针对性宣传辅导；疫情期间，办税服务厅推出平行办公模式，确保服务不间断、标准不降低。

（杜凯艳）

【智慧税务】 年内，区税务局上线AI语音，利用智能机器人向纳税人传递税收政策、申报提醒及纳税辅导等信息，提高工作效率。引入个人股权转让“e导税”网上服务平台，搭建智慧办税厅，平均办结时长压缩至30分钟以内；建立分流导税模式，办税服务厅纳税人平均等候时长缩短58.6%。

（杜凯艳）

3月4日，国家税务总局北京市密云区税务局落实深化改革目标，深入企业开展活动

（区税务局 供图）

【税费管理】 年内，区税务局制定个税汇算征管服务工作方案，细化五大类人群的“四分”引导方案，完善协同共治机制，2021年度个税汇算申报率达88.65%，排名全市第一。成立自然人异议申诉专业团队，平均处理率均在99%以上，处理时长从15天缩短至6.28天，对申诉超50人次的企业制定“一企一策”，从源头降低涉税风险。强化分级分类管理，将机动车经销企业和成品油经销企业调整至固定税务所管理，提高监管精准度。

（杜凯艳）

【跨部门协作】 年内，区税务局加强与区住建委、中信银行协同共治，推动解决“恒大上河院”房地产项目欠税和购房者发票开具问题。推进解决“溪水花园”“紫金大厦”两个房地产历史遗留项目，完成108户房产证登记办理。

（杜凯艳）

【税收征管】 年内，区税务局针对注销及欠税管理两项基层征管实操业务难题，编写全流程工作指引，细化工作程序，缩减一般注销业务办理时长9.6小时；制作“三项制度”新旧对比表，编制案例教学课件，开展系统操作辅导；开展重大执法决定法制审核4件；通过执法公示平台对外公示信息5177条；税收执法音像记录平台上传音像记录1245条；推行柔性执法，637户次纳税人享受首违不罚政策；探索建立涉税案件“诉前调解”机制，提前化解复议、诉讼风险。

（杜凯艳）

【风险防控】 年内，区税务局加大风控清欠力度，实行以票控欠，用足催缴措施，清理欠税3.1亿元；加强税收大数据应用，对重点领域组织实施风险应对，入库金额2.4亿元。

（杜凯艳）

【接诉即办】 年内，区税务局完善“12345”工单闭环管理流程，高效回应群众诉求。“接诉即办”考核成绩全年在全市税务系统排名第一。推进“主动治理、未诉先办”，全年考核期“接诉即办”总量为826件，同比下降34.44%，“未诉先办”成效显著。

（杜凯艳）

【税收宣传】 年内，区税务局联合区教委、团区委，选聘15位优秀税务干部，为全区48个少先队大队、2.3万名少先队员担任校外辅导员，促进青少年税法宣传教育同少先队组织建设互动融合。9月1日，开展《开学第一课 税收点亮美好生活》活动。拍摄税收公益广告《窗》，获第五届全国税收公益广告大赛（视频类）二类作品。是全市税务系统唯一获此殊荣的作品；拍摄退休老干部崔雪斌人物纪录片《向阳而生 逐光而行》，在税务总局开展的“金税映初心 喜迎二十大”税务系统离退休干部影像作品征集展播活动中获得三等奖。

（杜凯艳）

4月14日，密云区教委、共青团密云区委领导为税务干部颁发少先队校外辅导员聘书并合影。

（陈乾 摄）

【监督执纪】 年内，区税务局积极构建一体化综合监督机制，统筹开展会议监督、联合监督、专项监督和明察暗访，运用税务所专职监督员“面对面”监督、5位特约监督员社会监督和地方纪委监委及公检法部门外部监督。开展“一案双查”、查办信访举报及问题线索，打造风清气正政治生态。开展专项督导12

次，建立《督察发现问题整改台账》，逐项销号，确保问题整改到位。针对稽查移交的留抵退税问题线索，开展“一案双查”，严格责任追究。

（杜凯艳）

【警示教育】 年内，区税务局组织开展“五个以案”系列警示教育活动，创办“廉动课堂”，开展廉政宣讲 9 期，刊载漫画谈纪 5 期，廉政公益展播 5 期，组织纪律学习及警示教育 12 次，编发警示教育典型案例 123 个。

（杜凯艳）

【巡视整改】 区税务局积极做好巡视整改工作，制定巡视对照自查整改清单台账，确定 38 项整改任务推进措施，保证整改任务件件有着落。

（杜凯艳）

统　计

Statistics

【概　况】 2022 年，北京市密云区统计局队（简称区统计局队）发挥统计部门职能，聚焦经济社会发展新形势，印发统计分析报告 133 篇；聚焦数字经济、高技术制造业、互联网＋消费等领域完成。课题研究 14 项；聚焦经济、生态等热点开展 3 项自主调查。推进第五次全国经济普查工作，完成了机构组建、名录库核实工作；开展区级五经普经费预算编制工作。接受来自企事业单位、社会公众统计数据咨询 302 人次，提供数据 15.3 万笔。完成各项执法检查 361 家。国家统计局密云调查队（简称密云调查队）认真贯彻落实中央、国家统计局和国家统计局北京调查总队关于统计工作重大决策部署，充分发挥统计调查职能，为推进区域经济高质量发展提供扎实的统计保障。在完成各项常规统计调查工作的同时，完成住户调查大样本轮换工作，确保新旧样本平稳衔接；疫情期间开展居民消费品价格监测工作，为区委区政府制定保供稳价政策提供数据支撑。

（张金梅　李明睿）

【统计服务】 年内，区统计局队研究制定《2022 年关于提升统计服务效能、更加有效履行统计监测评价职能工作要点》，明确工作思路和具体举措；研究制定《2022 年统计信息、统计分析工作考核办法》，明确撰写任务、撰写要求、考核方式等相关要求；全年撰写统计分析报告 133 篇，受到区领导批示 21 篇，其中区委区政府主要领导批示 15 篇；监测分析全区经济运行情况，开展对经济形势的统计研判 30 余次；创新统计服务产品《密云统计监测》，主要承载形势研判、重点领域监测、重点区域监测等过程性内容；监测分析通过《密云统计简报》（印发 55 篇）、《密云统计专报》（印发 35 篇）、《密云统计监测》（印发 39 篇）形成“事前抓预警”“事中抓监测”“事后抓总结”的分析服务格局；通过《密云经济社会发展月报》《密云统计年鉴》《初步统计》等产品，形成“进度数据＋年度数据”全覆盖的数据服务格局；受理部门、企事业单位及社会公众关于统计数据等各类咨询，来函来电 302 人次，对外提供统计数据 15.3 万笔。密云调查队开展经济形势分析工作。发表统计信息、统计分析报告、统计文化等文章 372 篇。其中：在北京总队内网发布统计信息和分析 128 篇、党建信息 28 篇、纪检监察信息 27 篇、统计文化 26 篇；调查专刊 12 期；区级媒体 86 篇；国家局内网 58 篇；《中国信息报》7 篇。建立区级疫情期间价格监测体系，掌握与群众密切相关的重要民生商品市场价格动态。每季度公布密云区居民八大类收入和消费支出相关情况。关注疫情对畜牧业影响，开展春耕备耕情况、新型农业经营主体、大豆种植情况、生猪生产情况、秋粮生产形势和耕地流转情况调查等调研调查，掌握密云区生猪存出栏变动、粮食生产等情况，并提出意见建议。加强对重点区域、重点群体就业失业状况的监测，完成月度劳动力调查、劳动力就业失业状况调查等工作，为区委区政府制定措施提供数据支撑和决策参考。

（曹莉茹　张金梅）

【课题研究】 年内，区统计局队立足密云生态涵养区功能定位，聚焦数字经济、高技术制造业、互联网＋消费等领域完成课题研究 14 项。其中按照区领导批示要求，组织完成《从“供”“需”两端盘点密云消费》《“产业数字化”深入推进“数字产业化”仍需提升——2021 年密云区数字经济发展情况分析》两项重点课题；利用人口普查结果，开展人口发展趋势预测、人口老龄化状况等方面的研究，其中研究报告《驿站安老山水怡老——密云区人口老龄化状况与养老保障问题研究》受到区委领导批示。

（曹莉茹）

【第五次全国经济普查】 年内，区统计局队组建五经普筹备领导小组及办公室，明确 2022 年主要工作安排；开展基本单位名录库数据质量核查，对辖区内

777 家年报单位和 236 家纳税百万的非年报单位进行核查；按照厉行节约、精打细算、从严从紧、精准设计的原则，开展区级五经普经费预算编制工作。

（曹莉茹）

【专项调查】 年内，区统计局队完成市局布置的中小微型企业生产经营情况调查等 8 项调查；完成居民对生态文明建设参与度及满意度、“疏解整治促提升”工作成效、一次性消费品人均使用量 3 项自主调查；撰写调查报告 7 篇，其中《疫情影响持续加大 纾困发展形势严峻——2022 年二季度密云区中小微企业发展情况调查报告》获区委领导批示，《精准服务暖企纾困 助理经济回稳向好——2022 年三季度密云区中小微企业发展情况调查报告》获区政府领导批示，《我区垃圾分类工作水平位居全市前列——2022 年密云区第一次居民垃圾分类意识及现状调查报告》被领导参阅采编。密云调查队开展粮食调查、畜牧业调查、畜禽监测调查、农产品生产者价格调查、农户耕地流转情况调查等；开展新设立小微企业和个体经营户跟踪调查；开展服务零售结构调查、生产性服务业高质量发展情况调研、2022 年全面从严治党民意调查，开展汽车、家电等大宗商品消费情况调研。

（王学静　杨根泠）

12 月 24 日，开展密云区居民对生态文明建设参与度及满意度调查

（区统计局　供图）

【统计法治建设】 年内，区政府常务会、区委常委会听取《北京市密云区统计局关于开展统计监督工作的情况报告》；区统计局队印发《北京市密云区统计局党政主要负责人履行推进法治建设第一责任人职责清单》；贯彻执行“双随机、一公开”制度，推进统计执法，落实“三项制度”规范统计执法全过程。完成各项执法检查任务 361 家，其中，常规检查 70 家，专项检查 106 家，非现场 185 家，其中牵头区市场监管局对本区统计调查对象开展跨部门联合双随机抽查 138 家，配合区发改委专项检查耗能大户 3 家；首次对农业开展执法检查，涉及 8 家村民委员会（合作社），2 家填报《休闲农业与乡村旅游情况》的观光园。密云调查队制定并印发《国家统计局密云调查队 2022 年统计法治工作要点》。坚持以习近平总书记关于统计工作重要讲话和指示批示精神为指导，贯彻落实《意见》《办法》《规定》《监督意见》文件精神。执行“领导干部违规干预统计工作记录制度”。通过党组理论学习中心组、党支部、全体会等形式进行会前学法。利用统计业务培训会，“量身定制”法治课件，为参会人员讲解法律法规。利用“统计开放日”“法治宣传月”“农村集贸日”“社区党员活动日”等时间节点，入户入社区、入企业开展法治宣传系列活动，提高统计调查的配合度和参与度，坚持实施面向调查对象的法律义务告知制度、加强统计诚信宣传等。年内上报法治工作信息被北京总队采用 9 篇，其中 9 篇被国家局内网采用。落实统计执法检查单位 4 家。每月完成法宣动态上报工作，承办 2022 年第 11 期法治工作简报工作。

（张德亮　张金梅）

【统计造假不收手不收敛问题专项纠治】 年内，区统计局队成立统计造假不收手不收敛专项纠治工作领导小组；制定《密云区统计造假不收手不收敛问题专项纠治实施方案》，印发《关于开展统计造假不收手不收敛问题专项纠治工作的通知》，要求就 2017 年以来权力干预、“数据寻租”、执法不严、入退库等的相关内容开展自查。将市局整理的《中华人民共和国统计法》《统计法实施条例》规定的领导干部统计法律底线及国家统计局近期查处的干预统计工作有关案例等有关内容转发至全区 63 个部门及镇街和开发区管委

8 月，区统计局队工作人员在河南寨镇金沟村农业统计执法检查　（王波　摄）

会学习。

（张德亮　郑云学）

【自然资源资产负债表编制】 年内，区统计局队按照全市统一要求，完成本区自然资源资产负债表编制工作，数据年份为2020年度。编制内容涵盖土地资源、林木资源、水资源、矿产资源共四个账户，8张表，本局队主要负责组织、协调、数据汇总及审核工作。

（曹莉茹）

【统计巡查】 年内，区统计局队印发《密云区统计巡查工作办法》，研究制定《2022年密云区镇街统计巡查工作方案》《2022年密云区部门统计巡查工作方案》，对4个镇街和2个部门开展统计巡查工作，通过巡查切实加强对基层基础工作的管理和指导，帮助被巡查对象发现问题、及时整改、促进工作。

（曹莉茹）

【基层基础统计工作】 年内，区统计局队研究制定《关于加强统计基层基础工作的实施方案》《关于落实〈北京市部门统计工作规范化管理办法〉做好部门统计工作实施方案》，明确镇街、部门工作目标、任务分工及具体工作职责；将“统计”纳入区政府对镇街、中关村密云园的绩效考评体系，与国家统计局密云调查队联合印发《2022年密云区街道、乡镇统计业务和数据质量考核办法》，完成对各镇街统计工作的绩效考评工作，内容涉及统计业务、数据质量、督查整改、社区村工作室管理等；组织各专业对密云区统计质量全过程管理办法开展修订工作，结合密云统计工作实际研究印发《密云区政府统计机构统计质量全过程管理办法》。

（曹莉茹）

【生态产品总值（GEP）核算工作启动】 年内，区统计局队按照《北京市生态产品总值（GEP）核算工作方案》要求，研究制定《密云区生态产品总值（GEP）核算工作方案》，并发送至各相关部门，开展部分核算数据资料的收集、审核和报送工作。

（曹莉茹）

【干部队伍管理】 年内，区统计局队选派2名青年干部参加2022年北京市统计系统业务骨干培训班；组织符合条件的干部参加国家统计局第173期时代统计大讲堂暨学习贯彻党的十九届六中全会专题讲座视频会、北京市统计局统计讲坛、亚太统计研修所开放式网络培训课程、第六十四期“统计讲坛”暨“我为统计献一策”专题宣传交流活动、2022年北京市统计系统基层统计人员岗位知识培训；组织局队领导干部参加区委组织部举办的党政领导干部学习贯彻党的十九届六中全会精神专题研讨班、“公仆心、云水情”干部教育实践活动。

（王　帅）

8月12日，区统计局举办“公仆心 云水情”干部教育实践活动大讨论　（朱小月　摄）

【住户调查】 年内，密云调查队按照全国住户调查大样本轮换方案开展住户调查大样本轮换工作，在全区19个镇街6000户居民家庭中，抽选60个调查小区600户常住居民家庭，作为2023年度住户收支与生活状况调查的调查对象。在原调查点开展月度住户收支与生活状况调查，开展季度农民工监测调查。开展统计法普法宣传工作，做好疫情期间物资准备和防疫知识宣传工作。开展农户固定资产投资调查、网购用户专项调查、农民工市民化进程动态监测调查。开展临时性市级调研工作8项。

（闫志坚）

【价格调查】 年内，密云调查队组织开展各项价格调查，为区政府及有关部门制定政策、实施管理提供参考依据。密云区流通和消费价格调查共涉及84个调查点，疫情期间，对全区粮油、肉蛋和蔬菜等生活必需品的价格变动和供应情况进行日监测，为密云区保供稳价决策提供实时数据。做好37家工业企业生产者价格调查工作，关注生产领域价格变动情况，为国民经济核算、工业发展速度计算提供科学准确的依据。交通运输和邮政业价格调查，涉及1家企业。房地产价格调查，涉及1家中介机构。

（王春武）

【劳动力调查】 年内，密云调查队按照《全国月度劳动力调查制度》组织开展本区月度劳动力调查工作，准确反映城乡劳动力资源、就业和失业人口数量、结构情况，为加强就业服务提供依据。劳动力调查涉及全区20个镇街区32个居（村）委会，每月样本量512户。开展2次劳动力就业失业状况专项调查，以及涉企违规收费情况专题调研、新就业形态劳动者就业状况调研，重点群体就业情况专题调研，开展互联网和教育行业就业情况专题调研等一些临时性调研，为月度劳动力调查进行相应数据补充。

（张金梅）

【数据质量管理】 年内，密云调查队执行《国家统计局密云调查队统计数据质量全过程管理办法》《国家统计局密云调查队统计数据对外提供管理办法》，夯实统计数据质量，规范统计资料上报、对外提供和发布管理工作。明确各科室的职责和权限，对外提供统计数据和统计资料严格遵守国家统计局密云调查队有关保密时限和提供范围的规定以及审批程序，保证统计数据发布的准确性、统一性，坚持统计数据的客观性、公正性。

（张金梅）

审计
Audit

【概　况】 2022年，北京市密云区审计局（简称区审计局）依据《中华人民共和国审计法》的规定，负责独立开展密云区审计监督。履行区委审计委员会办公室职责，组织召开区委审计委员会两次，研判重大事项，开展重大政策措施落实情况跟踪审计、领导干部经济责任审计等任务。推进中央、市级预算执行审计查出问题和本区原党政主要领导的经济责任审计和自然资源资产离任审计查出问题的整改落实工作；协同区政府办，督促全区30余个单位（部门）全力推进整改落实；牵头起草审计整改方案和审计整改结果报告。开展审计项目74项，是年初计划的107.25%，涉及被审计（调查）单位276个次，被审计领导干部16人。出具审计报告48份，提出审计建议128条。查出问题金额28.84亿元，查出非金额计量问题181个，应上缴财政资金2258.64万元，应归还资金原渠道3151.77万元，审减政府投资成本6156.02万元。出具移送处理书9份，审计决定书11份。

（赵丽杰）

【经济技术开发区领域专项审计】 1—3月，区审计局开展经济技术开发区领域专项审计，重点关注北京密云经济开发区有限责任公司和北京密云生态商务区开发有限责任公司贯彻落实国资国企改革政策措施、企业财务收支、资产负债损益、资产质量、国有资产管理使用情况等。审计揭示未履行国有资产监管职责，未按合同约定及时收取相关款项8401.92万元等问题。

（赵丽杰）

【信息化建设专项资金审计】 2—3月，区审计局对2021年度密云区信息化建设专项资金跟踪审计。重点关注重点信息化建设目标任务和政策落实、信息化建设专项资金筹集、管理和使用、信息化项目建设和管理、产业支撑保障推进等情况。

（赵丽杰）

【预算执行审计】 2—6月，区审计局成立13个审计组，对区财政局组织2021年度区本级财政预算执行、区人力社保局等11个部门（单位）2021年度预算执行和决算草案情况进行现场审计，对区教委、区卫健委2个重点部门所属98个基层单位2021年预算执行和其他财政收支情况进行数据审计。揭示出预算编制不准确、资产管理要求未有效落实等各类问题111个。

（赵丽杰）

6月15日，首都经济贸易大学密云分校2021年预算执行和决算草案审计小组汇报

（史晓含　摄）

【密云区委审计委员会第八次会议】 3月31日，密云区委审计委员会召开第八次会议，参会人数共计9人。会议传达学习全国审计工作会议、市委审计委员会第十一次会议和北京市审计工作会议精神，审议通过《区委审计委员会2022年工作要点》《区委审计委员会办公室 区审计局2022年度审计（调查）项目计划（草案）》以及原区委书记潘临珠和原区长龚宗元

任职期间《经济责任审计发现问题的整改结果报告》和《自然资源资产离任审计发现问题的整改结果报告》。

（赵丽杰）

3月31日，密云区委审计委员会第八次会议召开（刘珊 摄）

【密云区委审计委员会第九次会议】 12月27日，密云区委审计委员会召开第九次会议，参会人数共计9人。区委书记、区委审计委员会主任余卫国主持会议并讲话。会议传达学习了中共北京市委审计委员会第十二次会议精神，审议通过了《北京市密云区关于进一步建立健全审计查出问题整改长效机制的实施方案》《“十四五”密云审计工作发展规划》《关于调整审计项目的请示》。

（赵丽杰）

12月27日，密云区委审计委员会第九次会议召开（刘珊 摄）

【政府重大投资建设项目审计】 年内，区审计局开展政府重大投资建设项目审计和跟踪审计。对密云区“基本无违法建设区、镇街（地区）”创建工作资金使用情况、溪翁庄镇棚户区改造项目、西大桥棚户区改造项目等25项政府重大投资建设项目进行跟踪审计。审减政府投资成本6156.02万元。

（赵丽杰）

【内部审计】 年内，区审计局印发《关于2022年内部审计指导监督的工作要点》，组织区水务局等10家不在政府审计范围内的区一级预算单位对所属67个基层预算单位对照《密云区部门预算执行审计发现问题提示提醒清单（2022版）》列示的各类问题，开展2021年基层预算单位预算执行和其他财政收支内部审计，达到基层单位内部审计全覆盖和规范整体行业的目的。

（赵丽杰）

【经济责任审计】 年内，区审计局开展经济责任审计项目16个，审计领导干部16人，涉及9个区直部门、3个镇、1个区属国有企业。重点关注贯彻执行党和国家经济方针政策、决策部署情况；本部门重要发展规划和政策措施的制定、执行和效果情况；重大经济事项的决策、执行和效果情况；财政财务管理和经济风险防范情况；生态文明建设项目、资金等管理使用和效益情况以及在经济活动中落实有关党风廉政建设责任和遵守廉洁从政规定情况等。审计揭示出国民经济和社会发展“十三五”规划部分指标未完成，“三重一大”制度执行不到位等问题。

（赵丽杰）

4月14日，区应急管理局经济责任审计进点会召开（李霜 摄）

【自然资源资产离任审计】 年内，区审计局开展自然资源资产离任审计项目4个，审计领导干部6人，涉及1个区直部门，3个镇。重点关注领导干部贯彻执行生态文明建设方针政策和决策部署、遵守自然资源资产管理和生态环境保护法律法规、履行监督职责、相关目标任务完成等。审计揭示出农村污水治理工作三年行动任务未完成、生活饮用水设施管护不到位，违规审批在饮用水水源保护区范围内改扩建排放污染物建设项目等问题。

（赵丽杰）

【民生审计】 年内，区审计局以促进提高资金使用绩效，推动区委区政府政策措施落实，开展公共卫生应急管理体系建设情况及资金使用情况专项审计调查、老旧公园和休闲步道、荒地复绿等环境改造提升项目资金审计、区级储备粮管理情况专项审计等，审计揭示出家庭医生签约服务工作不规范，多领取财政补助资金，部分社区卫生服务中心（站）建设标准不符合规范要求等问题。

（赵丽杰）

【政策落实跟踪审计】 年内，区审计局按季度开展重大政策措施落实情况跟踪审计。聚焦密云“十四五”规划确定的重点目标和任务，重点关注供给侧结构性改革、创新驱动发展、减税降费、优化营商环境、就业优先政策落实、“放管服”改革、污染防治、乡村振兴等重大战略实施。审计揭示出延伸调查的 4 家协会均未按规定在“信用中国”网站公示收费信息等问题。

（赵丽杰）

市场监督管理

Market Supervision and Management

【概　况】 2022 年，北京市密云区市场监督管理局（简称区市场监管局）准确把握市场监管新局面和密云区绿色高质量发展新要求，以综合素质提升为核心，持续深化“大党建、大服务、大监管、大安全”四位一体市场监管“大格局”，坚持以首善标准持续营造公平透明的营商环境、优质高效的供给环境、安全放心的消费环境。

（洪佳男）

【市场主体登记注册】 年内，全区新设市场主体 8014 户，其中个体 2270 户，同比增长 30.24%；企业 5661 户，同比下降 13.04%；企业变更登记 1.1 万户，变更企业户数同比增加 73.81%；企业注销登记 2911 户，同比增长 0.24%。

（洪佳男）

【市场疫情防控】 年内，区市场监管局牵头区市场疫情防控组和冷链食品疫情防控组工作，全年开展“伸手五查”、放大器场所检查等防疫执法检查 5.99 万户次，发现防控不到位市场主体 6156 户次，其中责令立即整改 6025 户次，公示 757 户，停业整顿 152 户。组织市场领域从业人员核酸检测 369 万人次，追溯冷链经营企业收发货 1091 批次，进口冷链食品 268.8 吨，收集购药人员信息 18 万条次。牵头区医药物资保障专班工作，向全区 140 余家在营药店和 25 家医院、社区卫生服务中心统筹调配重点涉疫药品，保障全区药品市场供应平稳，满足市民用药需求。

（洪佳男）

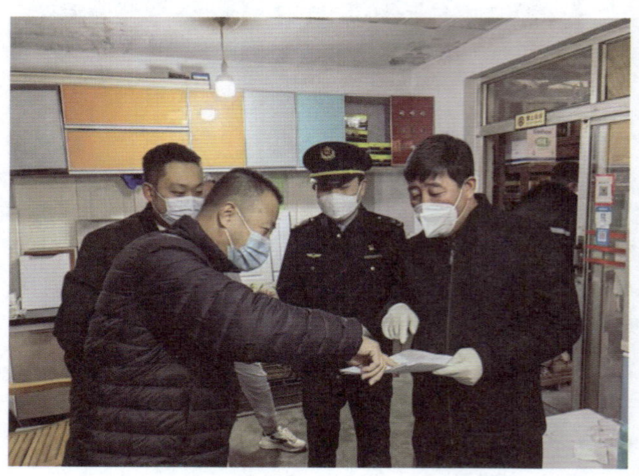

10 月 13 日，区市场监管局对建材市场开展“放大器”场所疫情防控检查

（区市场监管局　供图）

【文明城市创建】 年内，区市场监管局结合市场监管职能，统筹安排，营造文明诚信的市场环境。针对药店门前责任区管理，通过召开专项治理工作会、实地检查等方式，指导药店自觉维护门前的卫生、秩序、设施、建筑、绿化和文明环境。针对未成年人保护，加大学校周边 291 户市场主体的监管力度，全面禁止销售涉未成年有害玩具、文具、饰品、出版物及酒水，做好 3300 户网上经营主体的日常巡查，重点打击含有危害未成年人身心健康的涉黄涉非网络交易行为。

（洪佳男）

【双随机、一公开】 年内，区市场监管局通过“双随机、一公开”强化跨部门综合监管。根据 2022 年市政府绩效考核和市营商环境考核指标要求，调整区级参与部门、抽查重点、覆盖领域，制发《密云区 2022 年度跨部门联合双随机抽查计划》《密云区 2022

年部门联合任务分解表》，组织22个部门发起“双随机、一公开”联合检查70余批次，检查市场主体4000余户次。

（洪佳男）

【营商环境】 年内，区市场监管局贯彻各项登记改革措施，落实《优化营商环境5.0版》政策，实现“证照分离”改革全覆盖，“证照联办”各场景渠道畅通，“一照多址”改革达到规范有序。在食品经营、民办幼儿园、道路货运公司、道路客运公司等10个行业达成“证照联办”。

（洪佳男）

【企业发展服务】 年内，区市场监管局从协助评优、信用支持等方面给予企业政策支持，累计为企业出具无违规证明34份，协助企业评奖评优26件。与区投促局、经信局、科委等单位协同配合，对企业发展给予资金扶持，共审核企业958家、涉及资金3亿余元，受理对外咨询500余件。

（洪佳男）

【公平审查】 年内，区市场监管局组织区公平竞争审查联席办成员单位，参加“2022年度公平竞争审查网络培训会”，提升公平竞争审查业务水平。开展2022年密云区首届中国公平竞争政策宣传周活动，营造有利于公平竞争的社会环境。

（洪佳男）

【惠企收费监管】 年内，区市场监管局对涉企优惠政策落实情况强化监管，降低企业负担。全年检查行业协会（商会）5家、商业银行3家、中介机构（律所）8家、机场1家、供水暖电气热企业8家、转供电企业4家，超额完成上级要求的检查数量。解决转供电投诉举报3起，规范一小区停车场充电服务收费行为。督促公用企业退费共计338.2万余元，其中，供电企业对销户客户电费余额清理退费234户，退费金额262万元，供气企业对燃气计量装置费用退费76.20万元。

（洪佳男）

【重要时间节点市场秩序保障】 年内，区市场监管局在冬奥会冬残奥会、党的二十大、全国“两会”、市第十三次党代会等重大活动服务保障中，全体干部在岗在位在责，保障市场秩序平稳有序，实现“零差错”“零事故”。在冬奥会冬残奥会保障中，4名执法干部获“北京市2022年冬奥冬残奥会北京市先进个人”称号。2件侵犯奥林匹克标志专有权案入选北京十大奥标侵权案件。

（洪佳男）

【接诉即办】 年内，区市场监督局全年累计处理投诉举报2.51万件，解决率满意率始终保持在99.5%以上，帮助群众挽回经济损失250余万元。“三率”成绩在全市市场监管系统考评中多次获得满分成绩。

（洪佳男）

【价格监管】 年内，区市场监管局开展重点民生商品价格监管，规范市场价格行为。全年召开提醒告诫会、检查调度会15余次，发放各类价格提醒告诫书1500余份，制发价格类责令改正通知书20余份，处理价格类投诉举报127件，办结率100%。

（洪佳男）

【案件查办】 年内，区市场监管局开展“网剑行动”“治乱除害五大战役”“双减行动”“筑安行动”“骄阳行动”涉企收费专项整治等执法行动，打击侵害群众合法权益的违法行为，全年累计查办行政处罚案件1466件(不含集中吊销案件)，罚没款总数307.25万元。

（洪佳男）

【民生“铁拳”行动】 年内，区市场监管局开展2022年“铁拳”行动，围绕食药安全、民生价格、污染治理、质量安全等重点领域，开展12个民生领域执法检查和案件处置工作，累计查处民生重点案件29件，涉及案值共8.62万元。其中，北京翰海辰星商业有限公司虚假商业宣传案入选2022民生领域案件查办“铁拳”行动典型案例，安慕斯科技有限公司发布儿童牙膏违法广告案入选北京市市场监管局“铁拳”行动查办的6起典型案例。

（洪佳男）

【广告监管】 年内，区市场监管局推进互联网广告整治，以医疗、药品、保健食品、房地产、教育培训、金融投资理财类等关系到人民群众身体健康和财产安全的商品和服务广告作为整治的重点商品服务类别，开展辖区互联网广告整治工作，规范线上经济秩序。累计办理涉网广告案件129件，罚没款66.59万元。

（洪佳男）

质量技术监督

Quality Technical Supervision

【概　况】 2022年，区市场监管局结合安全生产专项整治，开展社会面特种设备安全保障、城镇燃气安全排查整治、停暖前后特种设备安全监管、无合法手续天然气充装站治理等多项工作，实现“全年未发生特种设备事故及重大影响突发事件”的工作目标。立足计量监管职能，聚焦医疗机构、集贸市场、邮政快递、加油站、眼镜制配等行业领域，开展计量专项检查、计量检定和自我承诺活动，维护辖区内市场计量秩序稳定。落实产品质量安全监管职能，紧盯燃气灶具及配件等燃气具产品、电动自行车等重点工业产品质量安全，严守产品质量安全底线。主动打响污染防治攻坚战，查处生产销售不符合标准的含挥发性有机物产品的违法行为，坚决守护密云蓝天。

（洪佳男）

【特种设备质量监管】 2022年，区市场监管局以景区在用客运索道、大型游乐设施、家用电梯等特种设备为重点，检查特种设备1546台，下达监察指令书9个，立案2件，保障全区特种设备安全运行，未发生特种设备事故及重大影响突发事件。

（洪佳男）

【无合法手续天然气充装站治理】 年内，区市场监管局协同区城管委等相关部门综合治理无合法手续天然气充装站。制定十里堡CNG母站“一站一策”方案，明确工作推进时间表，组织专班成员单位及北京燃气公司召开“加快推进农村地区无合法手续天然气充装站治理工作会”，现场指导企业“合规取证”工作。

（洪佳男）

【计量监管】 年内，区市场监管局弘扬绿色节能环保理念，对辖区内生产、流通领域15家企业86批次商品开展限制商品过度包装专项检查，并对15批次商品进行定量包装市级监督抽查，合格率100%。加强对集贸市场、商超、加油站等民生重点领域在用强检计量器具监管和检定，严厉查处缺斤短两、计量作弊等违法行为。

（洪佳男）

【产品质量监管】 年内，区市场监管局加大专项督查和日常巡查力度，严查无证无照、不按新标准生产、销售“三无”产品、以次充好等违法行为。加大电动自行车、燃气灶具等重点产品监管力度，抽检发现不合格电动自行车2组，罚没款约2.2万元，罚没不合格电动自行车6辆。

（洪佳男）

【生态环境保护】 年内，区市场监管局严厉打击生产、销售不符合标准的含挥发性有机物产品、煤及其制品行为；强化油品制售企业质量监督管理，对辖区5家自备油库的油品质量监督抽查，结果全部合格。

（洪佳男）

食品监督管理

Food Supervision and Management

【概 况】 2022年，区市场监管局推进国家食品安全示范城市创建，坚持“源头严防、过程严管、风险严控”，强化监管能力建设，提升依法监管、科学监管的能力和水平。深化“守底线、查隐患、保安全”食品专项行动、“餐饮行业食品安全问题”每月一题等工作，排查食品安全隐患，打击各类食品安全违法行为，营造安全、放心的食品消费市场环境。全年未发生食品安全事件。

（洪佳男）

【食品生产安全监管】 年内，区市场监管局严格落实“一企一档”“一品一策”建立食品安全风险清单、措施。累计对辖区45家食品生产企业及11家食品加工作坊开展监督检查183家次，检查发现问题40家次，问题发现率31.3%。

（洪佳男）

2月26日，区市场监管局开展校园周边文明城市创建工作　　（区市场监管局　供图）

【食品流通安全监管】 年内，区市场监管局以食品安全“守底线、查隐患、保安全”专项行动为主线，开展校园周边食品经营专项检查、流通环节熟食销售专项整治、食品连锁企业专项检查、保健食品行业清理整治、保健食品生产企业风险隐患排查等多项整治工作，累计开展监督检查1.52万家次，检查覆盖率100%。

（洪佳男）

【餐饮服务安全监管】 年内，区市场监管局开展餐饮服务环节大检查，重点对景区景点周边餐厅、品牌连锁餐饮门店、网红餐厅、集体用餐配送单位等业态开展重点监督检查，督促餐饮服务单位落实食品安全主体责任，防控食品安全风险隐患。全年开展餐饮业大检查17轮，检查餐饮服务单位1347户次，发现问题367户，问题发现率20%以上，立案率51%。对存在食品安全违法违规行为的餐饮单位进行行政处罚，并通过密云区政府网站予以公示，强化社会监督。

（洪佳男）

10月18日，区市场监管局检查辖区食品生产企业食品安全（区市场监管局 供图）

【有形市场监管】 年内，区市场监管局抓紧抓牢农贸市场监管疫情防控和食品安全，累计组织检查农贸市场841个次，市场内商户5876户次，整改市场内食品安全、防疫措施落实不到位等问题共计185个，市场经营秩序安全稳定。

（洪佳男）

【社会监督】 年内，区市场监管局鼓励群众参与社会监督，对符合条件的食品安全违法行为线索给予奖励，全年累计审批奖励申请13件，发放奖励金21800元。

（洪佳男）

【食品安全监测】 年内，区市场监管局开展食品监督抽检2085批次，范围全面覆盖34大类食品品种，合格率98.99%。

（洪佳男）

【食品安全宣传】 年内，区市场监管局开展食品安全宣传周、“光盘行动”等活动，通过悬挂宣传条幅、设置宣传展板、发放宣传品等丰富形式，开展食品安全宣传活动，营造食品安全人人关心、人人参与的氛围，全年累计开展宣传活动150余场次，发放宣传材料2万余份。

（洪佳男）

年内，区市场监管局开展食品安全宣传周活动（区市场监管局 供图）

国有资产监管

State-Owned Assets Supervision

【概 况】 2022年，区国资系统全面落实区委区政府决策部署，高位推进国资国企改革工作。区国资委组织召开密云国资国企改革发展大会，为国资国企改革把关定向；统筹做好国资国企改革发展；重组七大板块，构建“密云+”国有经济发展新格局；全力推进“三个平台”建设、“三项机制”完善；与央企、市属国企对接，推动合作项目；拓展融资渠道，推进银政银企战略合作。

年内，区属监管国有企业63家，账面资产总额163.41亿元，负债总额90.44亿元，所有者权益总额72.97亿元；全年实现营业总收入12.9亿元，同比增长4.54%；亏损4137万元，与2021年亏损2.01亿万元减亏79.4%；上缴税金7551万元。汇总63户企业，年末从业人员总数为3578人，年末职工人数3561人，年末离休人数0人，年末退休人数3235人。

（贺 艺）

【国资国企改革发展大会】 6月16日，国资国企改革发展大会召开，会上以两办名义制定印发《北京市密云区“十四五”期间国有企业改革实施方案》，确定了“十四五”期间密云国资国企改革思路。

（贺 艺）

【国资国企改革】 年内，区国资委成立主管区长任组长的密云区国资国企改革专项工作小组，建立“两级调度”工作机制，召开调度会23次，推出《北京市密云区深化国资国企改革工作专刊》6期。制定《区国资委2022年重点工作目标责任制》，统筹谋划党的建设、深化国资国企改革等13个方面65项重点工作。建立《国资系统2022年重点任务台账》，明确50项重点任务，以“清单式”管理、“项目化”推进国资国企改革各项工作。牵头制定《支持密云区管国有企业加快改革发展的实施意见》，建立促进国企发展会商机制。

（贺 艺）

【国企改革三年行动】 年内，区国资委扎实推进国企改革三年行动，围绕8个方面51项重点任务，完善中国特色现代企业制度，健全市场化经营机制，加快推进国有经济布局优化和结构调整。开展“提质增效”“三降一减一提升”专项行动，稳步推进经营性国有资产集中统一监管，各项重点任务靠前落实，改革不断走深走实。

（贺 艺）

【国企改革重组情况】 年内，区国资委重新组建“密云生态”“密云科技”“密云城投”“密云城服”“密云文旅”“密云农业”“密云建工”七家区属国企，构建“密云+”国有经济发展新格局。

（贺 艺）

【“三个平台”建设】 年内，区国资委推进国有资本运营及投融资平台建设，创新国有资本运营管理新机制，引导和带动社会资本支持密云城市建设开发、公共设施领域投资、特色文旅产业发展和特色农业品牌建设等重点项目；建设“智慧国资”动态监管平台，财务在线动态监管系统于年初投入应用，启动土地、房屋等重要资产动态监管系统建设；建设总部经济管理服务平台，密云企服集团引进优质总部企业和实体企业项目签约落地，全年累计引入企业550家，招商企业纳税总额15.4亿元，同比增长33.39%，实现区级财政收入3.85亿元，同比增长38.91%。

（贺 艺）

【绩效考核管理机制优化】 年内，区国资委调整2022年度经营业绩考核责任制指标，严格债务刚性约束，完成区管企业隐性债务“清零”工作，偿还、核销557.12万元。

（贺 艺）

【市场化经营机制推进】 年内，区国资委深化劳动、人事、分配三项制度改革，落实“管理人员能上能下、员工能进能出、收入能增能减”的“三能”机制；探索职业经理人制度，制定《密云区区管企业选聘职业经理人工作办法（试行）》，建立完善职业经理人市场化选聘、契约化管理等机制。

（贺 艺）

【国资监管机制完善】 年内，区国资委制定《密云区国有企业投资监督管理办法》《关于规范国有企业房屋土地出租管理工作的意见》等规范性文件，加强对重要环节重点领域的监督。强化合法合规性审查前置程序，严格违规责任追究等关键环节。

（贺 艺）

【深化与央企、市属国企对接合作】 年内，区国资委与国电投集团、中交集团、北京建工集团和北京首农集团4家央企、市属国企签订战略合作协议，与首发集团、北控集团、中国电建战略合作已通过政府常务会议、与国电投签署项目合作协议，与7家央企、市属国有企业的子公司洽谈成立合资公司。

（贺 艺）

【银政银企战略合作】 年内，区国资委推动区政府与中国农业银行股份有限公司北京市分行和中国农业发展银行北京市分行2家重要金融机构签署战略合作，为做强做大区属国企提供金融支持，开创银政银企“同向发力、合作共赢”新局面。

（贺 艺）

私营个体经济监管

Private Individual Economic Regulation

【概　况】 北京市密云区私营个体经济协会（简称区私个协），是由密云区民政局注册的社团组织，隶属密云区委组织部。年内，充分发挥协会职能作用，扎实开展做好问情服务、普法宣传、精神文明创建、“10·18光彩服务日”等工作，推动密云区非公有制经济又好又快发展。

（洪佳男）

【问情服务】 年内，走访私营企业及个体工商户，召开“问情服务”活动座谈会，摸实情、问需求、送政策，以实际行动帮助协会会员单位纾困解难。共走访个体工商户50户数，帮助个体工商户解决实际问题和困难8个。

（洪佳男）

【精神文明建设】 年内，区内2家私营企业被评为第五届北京市优秀私营企业者，3户个体工商户被评为第五届北京市个体工商户优秀经营者；芳莹服装店相远军被推荐为2022年全国优秀个体工商户。

（洪佳男）

【普法宣传】 年内，对私营企业及个体工商户开展普法宣传工作。宣讲扶持私营个体经济发展的法律法规和助企、惠企相关政策；组织区内10家高新技术企业参加市级专题培训会，了解助企纾困和双创资金支持政策。

（洪佳男）

【疫情防控】 年内，引导广大会员企业助力首都疫情防控工作，全面贯彻落实市委市政府疫情防控相关要求，发布《倡议书》，发挥非公企业党组织和党员引领示范作用。

（洪佳男）

投资促进

Investment Promotion

【概　况】 2022年，区投促中心扎实做好促项目、增税收、扩网络、强服务等各项工作。加强统筹，促进全区招商引资工作健康发展，积极引进实体项目；持续发力，推进全区财源建设和财政支持政策落实；认真落实重点企业“服务包”制度；强化资源统筹，做好招商保障，推进招商手册和招商政策落地；完成服贸会期间招商引资工作。全区各镇街（地区）、经济功能区集中办公区企业形成税收44.66亿元，超全年任务指标42.87亿元4.18个百分点，同比增长11.59%。

（郭　旺）

【重点实体项目引进】 年内，区投促中心引进国电投矿山新能源＋生态修复项目和中旅自驾露营MALL项目落户密云，两个项目协议投资总额89.9亿元。

（郭　旺）

【总部型企业财政支持、奖励资金申请初审】 年内，区投促中心对申报2021年度总部型企业财政支持、奖励资金的433家企业和10家中介机构进行审核，共完成252份支持资金申请和10份奖励资金初审工作，确保符合政策的总部型企业能够及时兑现财政支持、奖励资金。

（郭　旺）

【企业服务】 年内，区投促中心落实《密云区落实重点企业“服务包”制度工作机制》，协调重点企业的属地管家、行业管家，配合区发改委，修订完善《2022年区领导走访服务企业名单》，编写《密云区区级领导联系走访企业制度（试行）》，协调服务区领导走访活动。全年，区领导走访重点企业共计310家次，推动解决企业诉求366项。

（郭　旺）

【会展招商】 年内，区投促中心完成2022年中国国际服务贸易交易会参会工作，组织经济功能区和镇街110余人次在现场开展政策推介、商务洽谈，接洽项目25个，促成5家总部型企业落户密云。

（郭　旺）

【“两区”建设】 年内，区投促中心梳理汇总全区可利用招商资源123个，土地资源总面积约6333.33公顷，可利用建设用地面积约1000公顷，现状建筑面积约184.8万平方米。逐步更新全市“两区”建设招商引资项目管理平台和投资北京地图网站的资源库信息，建立内容持续更新的长效机制。

（郭　旺）

烟草专卖管理

Tobacco Monopoly Management

【概　况】 2022年，北京市密云区烟草专卖局（公司）〔简称区烟草专卖局（公司）或密云烟草〕始终秉承“国家利益至上，消费者利益至上”价值理念，落实“保水、护山、守规、兴城”总要求，力争为密云区经济高质量发展作贡献。辖区现持有烟草专卖许可证2115户，其中有效经营2068户，2022年被密云区政务服务管理局评选为2022年第一季度至第四季度“先进集体”，密云烟草党支部获得密云区直机关工委“先锋党组织”称号。

（张玲玉）

【查获辖区首起“微信”销售专供出口卷烟大案】 1月4日，密云烟草联合区公安分局环食药旅大队查获一起利用“微信”销售专供出口卷烟大案。当场查获当事人经营的熊猫（硬5盒时代版出口）、钓鱼台（黄景泰蓝出口）、凤凰（细支出口）等共计17个品种4.84万支违法卷烟，3月25日，判定被告人王某犯非法经营罪，判处拘役4个月，罚金人民币五千元，在案扣押的卷烟依法没收。

（张玲玉）

【“3·15”普法宣传活动】 3月15日，密云烟草开展“3·15”消费者权益日法律宣传活动。此次活动采取“送法上门”方式，以农村零售户及消费者为主要宣传对象，通过发放普法宣传资料向零售户、消费者讲解许可证管理、未成年人保护法、控烟条例、真假烟鉴别等相关法律法规，并针对许可证后续管理等热点问题进行现场解答。

（张玲玉）

【卷烟库房改造回迁】 3—9月，密云烟草将闲置车库改造为卷烟配送中转库房。9月30日完成该项目，结束了为期20年的外租卷烟配送中转库房历史。

（张玲玉）

【电子烟危害宣传教育】 4月1日，密云烟草联合区教委在全区中小学范围内开展电子烟危害宣传教育，本次宣传教育利用学校网站、公众号等方式，对辖区普通小学、普通中学、九年一贯制学校及职业学校进行广泛宣传教育。

（张玲玉）

【联合开展电子烟检查】 4月2日，密云烟草联合区市场监管局、区公安分局针对电子烟经营户开展专项检查。此次专项检查主要针对密云城区校园周边、学生聚集场所的5户电子烟经营户，检查过程中，执法人员主动向电子烟经营户宣传了《未成年人保护法》《北京市控制吸烟条例》《电子烟管理办法》等规定，重点查看电子烟经营户销售台账和年龄核验落实情况。

（张玲玉）

【建设密云高铁站文明吸烟设施】 9月，密云烟草多次实地测量密云区高铁站站前广场、出站口、临时停车区等场地状况，确定吸烟点安装位置和配置数量。10月31日，完成密云高铁站文明吸烟环境建设，共计在密云高铁站建设吸烟点10处，投入吸烟设施30个。

（张玲玉）

10月31日，密云烟草顺利完成密云区高铁站吸烟环境设施建设 （密云烟草 供图）

【烟草终端管理】 年内，密云烟草培育现代终端云POS优质户，制定《现代终端建设工作方案》，确定优质户目标客户群开通安装云POS和聚合支付，截至年底，共发展现代终端593户。其中，优质数采客户333户。发展聚合支付326户，引导城区与农村客户经理通力协作开展现代终端建设，共同提升农村终端建设水平。

（张玲玉）

商贸服务

BUSINESS AND TRADE SERVICES

【概　况】 2022年，北京市密云区商务局（密云区粮食和物资储备局）为应对新冠疫情和重点企业外迁影响，引进社零额贡献率较大企业，培育成长型企业7家，有力收窄社零总额下降趋势，社零总额增长整体呈稳定回暖趋势。全区实现社会消费品零售额162.8亿元，比上年下降—3.9%。引导和扶持大星发、檀州农业等蔬菜龙头配送企业在密云新城及周边共新建和规范便民商业网点12家，超额完成市级年度任务目标，便民服务网点和服务功能向农村延伸。完成实际利用外资3787万美元，比上年增长3.3%。受疫情和汇率波动影响，实现进出口总额57.2亿元，比上年下降44.9%，其中出口总额26.5亿元，比上年下降37.7%，进口总额30.8亿元，比上年下降49.9%。

（韩雨彤）

【扎实做好民用应急物资保障】 年内，在区疫情防控指挥部工作指导下，区商务局动态储备棉帐篷、取暖器等防寒保暖民用物资和口罩、帐篷等民用防护物资，重点抓实门磁、N95口罩等关键民用防疫物资储备。及时向镇街、集中隔离点和相关部门等28家单位等调拨门磁、防护服等民用应急物资64万余件。

（韩雨彤）

【生活必需品保供稳价】 年内，为有效应对多轮散点疫情风险，区商务局紧抓批零两端，对华远批发市场和物美、檀州农业等重点商超启动"日监测、日分析"，及时了解市场供应情况。指导华远批发市场和物美等企业加大备货力度，24小时不间断补货。组织大星发、檀州农业启动20余辆次的流动售货车，向封管控区发放约5000千克惠民蔬菜包。组织外卖、餐饮等保供企业加入"白名单"，纳入率居全市前列。向社会面招募保供志愿者，参与志愿服务累计308人次，服务总时长1023.5小时，有效保障配送力量。做好保供复盘，修改完善应急预案，建立健全区—镇街—社区（村）三级指挥体系。

（韩雨彤）

【疫情防控】 年内，区商务局向各镇街和餐饮外卖等企业制发各类工作通知30余条，疫情防控和安全生产等各类工作方案10余份。班子成员带队，督促商务行业企业严格落实防控指引，加强对员工宿舍、食堂、冷库等重点场所、重点人群的管理和风险排查，对商超、餐饮等易发生"放大器效应"的企业和风险较高的商务企业进行集体约谈50余家次，压实企业主体责任。强化镇街联动，督促生活服务业企业上万名从业人员按规定频次进行核酸检测，制发日报142份。落实"乙类乙管"，指导商业企业有序恢复营业。

（韩雨彤）

【参加服贸会进博会】 年内，区商务局组建2022年服贸会密云交易分团，集中签约"国电投矿山新能源+生态修复""中旅自驾露营MALL"2个项目，总投资89.9亿元。共达成成果7项，金额6089.95万美元，项目数量、金额均超过上届。全区12家单位对接企业，洽谈项目25个，促成5家总部型企业落户密云，与2家国际知名的会计师事务所初步达成中介招商合作意向。组建2022年进博会密云交易分团，组织动员44家企业112人报名注册进博会专业观众，预筹采购成果395万美元，注册企业家数和预筹采购金额均赶超上届。

（韩雨彤）

【促消费稳经济】 年内，区商务局以"生态密云·畅享消费"为主题，引导万象汇、燕赛奥特莱斯等重点商业企业举办"潮购密云，幸福女人节""踏青出游季，新鲜生活节"等系列促消费活动。及时出台纾困扶持政策，对补建便利店等便民网点、商圈改造等项目，符合条件的给予一定比例的资金支持。中秋节期间，万象汇、鑫海韵通等14家重点监测商超实现销售额2641.66万元，同比增长11.74%，国庆节期间，重点监测商超实现销售额6393.15万元，同比增长4.3%。

（韩雨彤）

【拉动社零额增长】 年内，区商务局加强社零额指标统筹，分解指标任务至各镇街，召开调度会7次。建立重点企业联系制度，抓指标到企业，走访调度商超、餐饮、汽车等重点行业企业15家次。协调引进社零额贡献率较大企业，有力收窄社零额下降趋势。培育成长型企业，新增东晨汽车等企业7家，拉动社零总额增长1个百分点。积极挖掘增量，对接市局梳理潜在"升规"企业，做到应统尽统。经多方努力，2022年9月本区社零额指标顺利实现由负转正目标。

（韩雨彤）

【补建便民商业网点】 年内，区商务局将便民服务网点和服务功能向农村延伸，精准补建便民商业网点

12 家，超额完成市级年度任务目标。

（韩雨彤）

重点商贸企业

Key Commercial Enterprises

北京密云供销合作社

【概 况】 北京密云供销合作社为集体所有制企业现系统有职工 225 人，下属 5 个基层单位：北京云建城市建设工程有限公司、北京燕赛商贸有限公司、北京山林丰再生资源回收有限公司、北京密云太师屯供销合作社和冯家峪供销合作社。经营范围包括销售日用品、针纺织品、五金、交电、化肥、农药、农膜、农副产品、建筑施工总承包、专业承包、市场开发、市场服务、出租摊位柜台等。2022 年，实现营业收入 5624 万元，上缴税金 255 万元。

（曹希平）

【密农集团推广】 年内，成立密云农业发展集团有限公司，通过参加“农民丰收节”、“鱼王美食文化节”、京东官方举办的网上“丰收节”等各类活动，对“密农集团”的认知度及农产品销售起到了很好的宣传效果。开通“密云农业集团发展有限公司”公众号，与东方甄选直播平台合作，利用网络直播让密云特色农产品真正走出密云，面向全国销售。

（曹希平）

【成立合作社联合社】 年内，按照区农业农村局要求，成立“北京密云蜂产业专业合作社联合社”，积极推进营业执照办理等各项具体工作；着手准备北京密云农副产品专业合作社联合社所需相关手续，为联合社的成立做好各项具体工作。

（曹希平）

【水库鱼品牌建设】 年内，以保障生态环境为基础，把保水和渔业生产有机结合，参加区委、区商委组织召开的关于水库鱼宣传、销售等专题会议，与区相关部门沟通探讨水库渔业发展方案，制定《特色农业发展实施方案》，完善密云渔业经营发展的工作方案。参加“2022 北京·密云鱼王美食文化节”活动，展示水库鱼，为全力打造密云水库有机鱼品牌起到很好的宣传作用。

（曹希平）

【服务“三农”】 年内，推进“三社”融合发展，以服务“三农”和助力巩固脱低攻坚为主要工作目标，创新农业生产组织和服务方式。成立大宗农产品收购组，自 9 月初至 10 月底，与密云区 16 家板栗专业合作社签订合作协议，主导控价，做好收购衔接工作，对密云区大宗农产品板栗联合收购近 3000 吨，助农增收约 150 万元；10 月中旬起收购红果、黄土坎鸭梨、新城子苹果、金叵罗小米等特色农产品，实现了保价收购常态化，促进农民增收。

（曹希平）

9 月 13 日，蔡家洼农民丰收节展台

（张合军 摄）

9 月 22 日，在冯家峪村收购板栗

（曹希平 摄）

北京密云华润万象汇购物中心

【概 况】 北京密云华润万象汇隶属华润集团华润万象生活旗下商业品牌，是华润置地布局全国的第 26

个商业项目，是集时尚餐饮、娱乐休闲及精致生活方式于一体的社交型购物中心。截至年底，项目出租率98%、在营店铺数220家。2022年，密云万象汇年零售额达成5.76亿元（零售3.73亿元、餐饮1.55亿元、儿童业态0.48亿元）；整体客流396万人；整体车流76万辆。

（北京密云万象汇管理中心）

【项目升级】 7月，万象汇完成一层百货区的升级改造，改造后调整停车场出入口方向，增加入口车道，缓解节假日车流堵车问题。更改后的区域，完成了新能源品牌的落位及升级，整体区域客流同比提升30%以上。

（北京密云万象汇管理中心）

【维稳经营】 年内，万象汇坚持发挥市场主体责任，为符合减免条件的中小微企业减免6个月的租金，涉及商户180余家，减免金额超2300万元。

（北京密云万象汇管理中心）

北京密鑫农业发展有限公司

【概　况】 北京密鑫农业发展有限公司是一家集种植、储存、配送、销售、品牌打造、服务于一体的互联网＋农业的综合性企业。“檀州农业”品牌创立于2015年，是集综合超市、生鲜店、种植合作社于一体的综合性便民企业。公司通过与社区合作，以“5分钟便民菜店”为原则进行超市网点布局。截至年底，檀州农业拥有大中小型生鲜超市49家，总营业面积1.39万余平方米。店铺覆盖密云整个城区及部分偏远村镇，服务居民16.4万余人。职工688人。主营业务为销售生鲜类、粮油类等农副产品。公司秉承“锐意进取，服务大众”的理念，以社区服务＋电子商务为驱动，进行“互联网＋”檀州农业综合信息服务平台建设，打造以农业生产、经营、服务、管理为核心应用的综合性平台，2022年檀州农业总营业收入达到3亿元，总销售金额同比增长16.28%。

（北京密鑫农业发展有限公司）

【市场拓展】 年内，檀州农业新开生鲜超市直营店6家，新增就业人数42人，农民增加农产品销售收入1620万元。公司承担蔬菜储备工作，日储备蔬菜不低于50吨。

（北京密鑫农业发展有限公司）

【对口扶贫】 年内，帮助密云区对口帮扶地——内蒙古库伦旗，销售大米100余吨，购进菌棒12000余根。并与内蒙古绿洲食品有限公司合作培育菌棒，实现了库伦旗菌棒在密云大棚内生长，并在密云市场销售。

（北京密鑫农业发展有限公司）

【营销活动】 年内，开展多次促销活动及满赠活动。2022年公司为提高门店整体销售，通过年内春节、“五一”、“十一”、中秋、元旦等重要节日节点，进行促销活动，以提高进店客流量，使得公司第四季度销售额同比增长7.7%。活动每天总客流量达到11582人次，同比增长18%。

（北京密鑫农业发展有限公司）

檀州农业蔬菜展柜

（北京密鑫农业发展有限公司　供图）

北京大星发配送中心

【概　况】 北京大星发配送中心是北京市密云区领先使用商业自动化管理系统的综合零售及配送龙头企业。截至年底，在原有连锁便利店、社区便民菜店及提升改造商业零售网点的基础上，强化配送中心设施设备建设及提高配送能力，巩固其在密云市场的龙头企业地位。优化后直营连锁超市6家，直营配送中心1家，加盟社区便民菜店292余家，加盟便利超市300余家，山区应急储备网点11家。本部员工及加盟店员工共1200余人，拉动上下游就业人数5500余人。

（北京大星发配送中心）

【物价稳定】 年内，大星发配送中心发挥其应急物资储备单位保供稳价的作用，响应市区两级保供急价政策，推出14种商品“两不涨”，充分保障百姓生活用品和防疫用品的正常供应，公司6家直营超市正常营业，加强采购、分拣、加工、理货、收银、配送等环节，确保百姓日常所需，严控价格关，做到疫情期间价格稳定。

（北京大星发配送中心）

【业务经营】 年内，实现综合营业收入2.45亿元（含加盟店营业收入），生活必需品配送率超过80%。突破原有的线下销售的固化模式，通过加强微信群销售，小程序销售，线上下订单，线下集中时间统一配送的方式扩大销售层面，实现了密云地区18个乡镇全覆盖，配送商品数量4万余种，全年配送时间不间断。

（北京大星发配送中心）

【疫情防控】 年内，大星发配送中心加大基地直采力度及厂家直接进货力度，保障日常防疫商品采购渠道畅通且货源充足，实现公司食品安全管理做到“四级检测”“六级监控”（四级检测：环境检测—源头检测—入库检测—出库检测。六级监控：种植—运输—入库—储存—出库—配送）。日常疫情防控做到每日测量工作人员的体温，严格按要求对全体员工进行核酸检测，保障配送物资的商品安全和人员安全。

（北京大星发配送中心）

【物资储备运输】 年内，大星发配送中心发挥作为密云区应急物资储备网点作用，多方位寻找上下游合作伙伴。公司配备有年储备量200余吨的民生物资专用库房。运输车辆44辆，小物流车辆20辆，可满足日均130吨的运输配送，对购买不方便的人员做到送货上门，对线上采购的商品做到按时上门，满足线上线下同时配送且零接触。

（北京大星发配送中心）

北京大星发配送中心仓储库房

（北京大星发配送中心仓储库房 供图）

北京家联旺超市有限公司

【概　况】 北京家联旺超市有限公司是一家集连锁经营、统一配送的大型连锁超市，已开设8家门店。2022年是家联旺超市发展速度和质量同步迈进的一年，年销售额达1.98亿元。

（北京家联旺超市有限公司）

【拓宽营业新渠道】 年内，在已有的线上商城基础上，上线美团外卖，坚持线上线下同价，保障广大人民群众购买到便宜实惠的生活物资。对于超市周边的封控小区，超市员工提供送货上门服务。参加2022年天津糖酒会，了解商品市场，扩宽进货渠道，引进优质产品。

（北京家联旺超市有限公司）

【组织培训】 年内，公司在稳步发展中提升职工工作技能，组织公司员工参加“大五合”组织的线上会议，与同行交流经营管理经验。开展消防、防爆演习，做好应急预案，应对各类突发情况。

（北京家联旺超市有限公司）

对外经济贸易

Foreign Economic and Trade

【概　况】 2022年，全区实际利用外资3787万美元，同比增长3.3%；完成年度目标的126.23%；完成进出口总额8.7亿美元，同比下降46.1%。

（胡婷婷）

【打造“两区全球超链接”】 5月20日，区“两区”办面向德国开展“两区云推介”，精准对接通航产业、文旅产业、葡萄酒产业，德国特色酒店管理集团、法兰克福通航中心、德国舒马赫家族运动中心等30家企业参与线上推介活动，宣传“两区”建设新成果、新机遇，扩大密云国际朋友圈，不断深化国际合作。

（胡婷婷）

【助力企业“请进来”“走出去”】 年内，借助服贸会、进博会平台，增强企业在密发展信心。2022年服贸会共达成成果7项，其中成交项目类3个、投资类3个、首发创新类1个，项目数量、金额均超过上届。集中签约“国电投矿山新能源+生态修复”“中旅自驾露营MALL”2个项目。促成5家总部型企业落户密云。第五届进博会密云分团各企业通过实地洽谈或“云对接”“云签约”“云成交”等方式积极参与进博会，参会家数、人数、采购成果均赶超上届，累计意向成交额同比增长 31.83%。

（胡婷婷）

“两区”建设

“Two District” Construction

【概　况】 2022 年，区商务局完善健全密云区“两区”建设工作机制，成立工作专班，设立 8 个专项工作组，建立“三级调度”机制。保持高频调度，密云区政府主要领导、主管副区长召开“两区”建设调度会，定期督导工作进展。在全市“两区”建设格局中发出密云声音，《以创建碳中和示范区为引领 推动区域高质量发展》入选北京市“两区”建设第二批改革创新实践案例，在全市复制推广。北京市“两区”办以密云区、平谷区、延庆区为产业发展重点区域，启动开展低空经济政策“会诊”。

（胡婷婷）

【“两区”和国际消费中心城市建设】 年内，区商务局制定 2022 年工作要点，梳理出 7 个方面 31 条重点工作，建立完善 5 个动态工作清单，设立 8 个专项工作组，对各推进组工作实行清单化管理。截至目前，区主要领导、主管区领导召开“两区”建设调度会、专题会共 43 次，加强对组建服贸会交易分团、通航机场建设等工作统筹研判，有力促进各领域融合、协调发展。

（区商务局）

【“两区”重点园区和重点项目建设】 年内，区商务局推进重点园区建设，制定《重点园区发展建设三年行动方案》。4 月 20 日，市“两区”办对两个园区均授予“服务业扩大开放综合示范区重点园区”名牌。加快通航产业园项目建设，密云通航产业发展列为市“两区”建设政策问诊课题。5 月 20 日，举办北京“两区”建设“全球超链接”系列活动之德国线上专场推介会，展现密云优质产业资源。“两区”招商引资项目库入库 155 个，完成年度任务的 218%，投入资金 125 亿元。

（区商务局）

金　融

FINANCE

金　融

Finance

【概　况】 2022年，密云区有银行机构12家，其中1家政策性银行是农业发展银行密云支行；5家国有银行支行分别是工行、农行、中行、建行和邮储银行；3家全国性股份制商业银行支行分别是华夏银行、中信银行和平安银行；2家地区股份制商业银行支行分别是北京银行和北京农商银行；1家村镇银行是密云汇丰村镇银行。共开设银行网点70个，从业人员总数1595人，全区20个镇街和地区实现银行网点服务全覆盖。其他地方金融组织25家，其中小额贷款公司8家，年内迁入1家；融资担保公司1家；典当行11家，年内迁出1家；融资租赁公司4家，年内完成注销1家；商业保理公司1家；从业人员共计106人。保险公司分支机构16家，相关从业人员共计299人。证券公司1家，从业人员16人。2022年密云区实现金融业增加值24.2亿元，比上年增长12.9%，高于全区地区生产总值增速12.4个百分点，占全区地区生产总值比重达到6.7%，较上年提升0.7个百分点，金融业对全区经济增长的贡献率达到50.7%。

（郑　帅）

【金融管理】 年内，信贷融资主渠道作用凸显，服务实体经济质效不断提高。截至2022年底，全区金融机构人民币存款余额837.7亿元，同比增长14.1%；金融机构人民币贷款余额532.7亿元，同比增长45.5%。存贷款余额居五个生态涵养区首位。其中单位贷款382.7亿元，同比增长72.9%；个人经营性贷款24.5亿元，同比增长12.3%。

（郑　帅）

【企业上市】 年内，企业上市挂牌工作进展顺利，区内上市企业数量实现新突破。国环莱茵环保2022年8月成功挂牌新三板，挂满一年后将申请转板北交所上市；联通智网、超同步、华源泰盟等公司上市工作正式启动。

（郑　帅）

【金融风险防范】 年内，区发展改革委推进金融风险监测预警工作，利用大数据监测预警平台，对全区一万余家涉金融业务企业进行“全息体检”，预警“冒烟”指数40以上风险企业42家，并成功清退11家。开展非法金融活动治理，针对养老领域涉嫌非法集资、私募基金及第三方财富管理公司存量风险等突出问题和乱点乱象开展专项治理行动，清退、化解问题企业6家。本区“冒烟”指数60以上高风险企业动态为零，金融风险形势持续保持全市较低水平。加强金融风险防范宣教，组织各镇街（地区）、各相关单位开展防范金融风险宣传活动，受众达46.4万人次。

（张冰洁）

【地方金融组织监管】 年内，区发展改革委完成4家小额贷款公司、2家融资租赁公司、1家融资担保公司变更备案及4家典当行年审初审，清退未合规经营的典当行、融资租赁公司各1家。完成区内21家经市地方金融监管局审批的地方金融组织现场检查及问题整改。对34家企业进行了详细的风险审查，审查通过新迁入投资类企业1家，变更3家。

（张冰洁）

【金融风险监测预警】 年内，区发展改革委推进金融风险监测预警工作。利用大数据监测预警平台，对全区一万余家涉金融业务企业按月进行“全息体检”，动态监测以非法集资为主的非法金融活动风险。每季度以市、区两级监测结果为主要内容形成监测预警情况通报，及时向各属地、各部门进行金融风险预警提示，为风险事件的事前预防和事后处置提供有效依据。年内，成功预警“冒烟”指数40以上风险企业42家、拦截问题企业入区21家。

（张冰洁）

【非法金融活动治理】 年内，区发展改革委强化金融行业源头管控、全链条治理。针对养老领域涉嫌非法集资、私募基金及第三方财富管理公司存量风险等突出问题和乱点乱象开展专项治理行动，清退、化解问题企业6家。本区“冒烟”指数60以上高风险企业动态为零，金融风险形势持续保持全市较低水平。

（张冰洁）

【金融风险防范宣教】 年内，区发展改革委开展以“防范非法集资宣传月”“百千万工程”为主题的宣教活动，以微信公众号宣传、网络培训授课、竞赛答题、村村通广播、海报张贴、电子屏展示等为主要宣传形式，组织各镇街（地区）、各相关单位开展防范金融风险宣传活动，受众达46.4万人次，宣传教育覆盖面不断扩大，社会公众金融风险防范意识普遍提升。

（张冰洁）

【金融服务保障】 年内，区发展改革委加强服务实体力度，建立密云区“融资纾困直通车”，聚焦服务中小微企业、助力乡村振兴、支持高精尖产业发展等5大领域93款金融产品，编制《密云区优质金融产品手册》，提高企业融资便利性。截至年末，全区金融机构人民币存款余额837.7亿元，同比增长14.1%；金融机构人民币贷款余额532.7亿元，同比增长45.5%，信贷支持绿色高质量发展能力显著提升。做好企业上市工作，举办密云区金融服务“早春行”暨“专精特新”企业上市专题培训活动。为重点拟上市企业提供专项服务，加快企业上市进程，北京友宝在线、金万众机械有望近年实现上市；国环莱茵环保2022年8月成功挂牌新三板，挂满一年后将申请转板北交所上市；联通智网、超同步、华源泰盟等公司上市工作已正式启动。推进机构金融创新，年内邮储银行密云支行设立绿色支行，北京银行密云支行联合北京市农业融资担保公司密云分公司和首创融资担保有限公司，创新推出银担政采通贷款产品，合理利用企业存量应收账款扩大企业贷款额度，首家试点企业1200万元贷款完成放款。助力打赢脱薄攻坚战，组织全区各银行机构通过农产品购买、发放贴息贷款、防疫物资捐赠、贫困资金慰问、解决人员就业、主动上门服务等形式，开展乡村振兴消薄对接帮扶工作，覆盖全部92个经济薄弱村和105个脱薄巩固提升村。2022年，驻区各银行累计购买农产品价值6.79万元；捐赠防疫物资价值6万元、慰问金20万元；解决经济薄弱村大学生就业30余名。

（任子墨　郑　帅）

中国工商银行股份有限公司密云支行

【概　况】 中国工商银行股份有限公司密云支行隶属中国工商银行北京市分行领导。办理人民币存款、贷款、结算业务；办理票据贴现；代理发行金融债券；代理发行、代理兑付、销售政府债券；代理收付款项；在中国银行业监督管理委员会和总行批准的业务范围内授权的业务。截至年末，各项存款时点余额94.60亿元，增幅8.21%；各项存款日均余额88.69亿元，增幅15.87%；各项贷款时点余额79.42亿元，增幅55.60%；各项贷款日均余额58.27亿元，增幅19.17%；拨备前利润1.43亿元；中间业务收入4973.05万元。

（刘　响）

【风险防控】 年内，支行推动新版案防责任制落地实施。深化信贷、挪用资金、非法集资等案件重点领域风险防控，抓好各类异常行为排查，提高洗钱高风险客户管控，强化高风险业务精细化管理，严格组织案件风险排查专题培训，针对专项排查重点要点，逐一进行说明，对于日常排查工作要求及记录要求，做好全面督导，避免出现排查流程不符合要求情况。

（刘　响）

【服务管理】 年内，支行加强服务口碑建设，提升厅堂服务温度，打造人民满意的金融银行。深化投诉专项治理，监管转办工单呈下降趋势，投诉工单逐月下降，治理成效显著。

（刘　响）

中国农业银行股份有限公司北京密云支行

【概　况】 中国农业银行股份有限公司北京密云支行成立于1984年。主要业务包括办理人民币存款、贷款、结算业务，办理票据贴现，代理发行金融债券，代理发行、代理兑付、销售政府债券，代理收付款项，办理外汇存款、外汇贷款、外汇汇款、国际结算、结汇、售汇、保险法律法规和行政规章制度许可范围内的险种。2022年，全口径总存款余额154.03亿元，比年初增加37.07亿元，同比多增24亿元，其中，对公存款时点余额52.77亿元，比年初增加20.97亿元，增长率达40%；个人存款余额101.26亿元，比年初增加16.1亿元，增长率15.9%。各项贷款时点余额98.52亿元，比年初增加38.6亿元，其中法人客户贷款时点余额69.01亿元，比年初增加36.26亿元；个人客户贷款时点余额29.51亿元，比年初增加2.34亿元。

（林　飞）

【金融服务】 年内，支行始终立足区域金融服务需求，坚守服务实体本源，为重点项目提供资金扶持。为北京市范围内规模最大景区发放固定资产贷款6.34亿元，为中铁某局集团路桥工程有限公司授信供应链融资1亿元，为国内知名的饮用水生产销售企业——某饮品股份有限公司开立外债专户、外债签约并结售汇1115万美元。

（林　飞）

【乡村振兴】 年内，支行提高政治站位、扛好服务“三农”政治责任。为22家专业合作社及农产品电商授信，金额4000余万元。落实“密云区特色农业”品牌战略，针对蜂产业区级以上示范社实现信贷支持全覆盖。针对西红柿特色产业，为区内唯一一家全国性生态农场北京某农业科技有限公司发放信用贷款1000万元。支行以“惠农e贷”作为服务“三农”的重要抓手，组建包村建档团队，通过乡镇组委提取辖内行政村“两委”名单，实现330个行政村建档的全覆盖，为农户投放农村生产经营贷款103笔，金额1.63亿元；为个体工商户投放惠农e贷（信用）51笔，金额1062万元，缓解涉农客户“融资难”的痛点，打通服务“三农”工作的“最后一公里”。

（林　飞）

3月18日，密云支行为北京京纯养蜂专业合作社举行《“乡村振兴”金融创新产品重点支持单位》授牌仪式（杨帅　摄）

【普惠金融】 年内，支行发展普惠金融业务，提升金融服务的覆盖面。银保监会口径普惠金融贷款余额7.1亿元，比年初增加2.4亿元，同比多增2亿元，全年计划完成率104.01%；普惠金融客户350户，年增量82户，全年计划完成率105.71%。

（林　飞）

【数字化转型】 年内，支行互联网场景高频客户达10665户，对公线上活跃客户净增1531户。净增互联网高频场景12户，先后为区内委办局、医院及学校上线智慧食堂、智慧党费等场景，大幅改善各企事业单位缴费体验。

（林　飞）

【风险管控】 年内，支行不良贷款余额1061.46万元，不良率为0.15%，全年未发生严重违规违纪行为，零案件、零事故，运营环境平稳。

（林　飞）

【业务突破】 年内，支行为北京某卫生用品有限公司跨境人民币减资款汇出887万元；为某粮油公司办理远期结售汇业务及开立NRA账户，并完成离岸转手买卖结算量2000万美元；为某公司开立信用证，带动对公存款3000万元，实现多项国际业务的破冰与突破。

（林　飞）

【社会责任】 年内，支行助力密云水库流域生态保护，向密云水库保护公益基金会捐款100万元。联系太师屯卫生院及属地街道办事处，统筹防疫物资，为抗疫一线人员送去慰问品。助力区域构建无诈社区，加强反诈宣传，走进社区、市场开展防范非法集资、防范网络诈骗、反假币等宣传活动。

（林　飞）

1月27日，密云支行赴太师屯卫生院慰问防疫一线医防人员（肖鹏　摄）

中国银行股份有限公司北京密云支行

【概　况】 中国银行股份有限公司北京密云支行（简称中行密云支行）成立于1988年7月。2022年，本行资产总额为64.84亿元，比上年增长21.41亿元，增幅为49.31%。负债总额为64.81亿元，比上年增长21.8亿元，增幅为50.69%。

（周若婷）

【存贷款业务】 截至年底，公司存款日均31.61亿元，较年初日均新增15.3亿元，增长率93.8%，存款市场份额提升0.4%。公司贷款余额25.67亿元，实现新增 5.6 亿元。储蓄存款时点是 27.1 亿元，较年初新增 4.3 亿元；储蓄日均存款 24.86 亿元，较年初新增 3 亿元。个人贷款业务年末余额 9.9 亿元，较年初新增 0.3 亿元，累计新增投放 1.78 亿元。

（周若婷）

【普惠金融】 年内，普惠金融小微企业贷款余额 4.34 亿元，较年初新增 1.5 亿元，增幅 52.8%；户数 137 户，较年初净增 43 户，增幅 46%。其中，线上普惠贷款余额 1.68 亿元，较年初新增 1.43 亿元，占年内新增普惠的 90%以上，极大提高了小微企业的融资便利度。

（周若婷）

【乡村振兴】 年内，支行成立现代农业专业化小组，聚焦本地现代农业发展，累计实现低息涉农贷款投放 1.14 亿元，放款户数 36 户，涵盖区内种植业、养殖业、蜂产业、设施农业和产销业等；主动开展消费帮扶，累计金额 20 余万元，助力消除薄弱村；对接区河南寨镇政府、西田各庄镇政府，参与美丽乡村建设，开立美丽乡村建设资金账户。

（周若婷）

10 月 11 日，中行密云支行前往北京极星农业有限公司开展实地贷前调研（郭峻 摄）

【绿色发展】 年内，支行紧扣绿色金融重点领域，新增发放绿色金融贷款 12.44 亿元，用于支持区内重点建设项目。

（周若婷）

【消费促进】 年内，支行抢抓国际消费中心城市建设机遇，丰富个人产品体系，重点聚焦“新市民”等消费贷款需求相对旺盛的客群，围绕长尾客群发展消费金融。积极拓展新能源汽车、传统汽车更新换代、家庭装修、保障性租赁住房和出国留学等重点场景，新增分期投放 2500 万元。

（周若婷）

【金融服务】 年内，支行贯彻落实国家减费让利相关要求，减免新开账户首年金融产品费用，已累计减免 80 余万元，真正做到“应免尽免、应降尽降”；所有网点场所均配备坡道、老花镜、长者服务座椅、LED 放大镜等基本适老化服务设施，设置呼叫按钮，为老年客群提供优质服务；利用线上、线下渠道，开展消费者权益保护、反假货币等宣传教育活动，保护金融消费者合法权益。

（周若婷）

3 月 15 日，中行密云支行前往鼓楼街道东菜园社区开展金融消费者权益保护知识宣传

（娄诗尧 摄）

【安全经营】 年内，支行从安全教育、预案演练等方面入手，落实日常及重要敏感时期安全保卫要求，开展预防群体性事件、治安类事件或灾害类事故、杜绝起火冒烟事件、疫情类安全事件等主题演练，强化员工安全防范意识，实现全行安全经营无事故。

（周若婷）

【内控合规】 年内，支行开展“内控合规和清廉金融文化建设线上警示案例展”警示教育活动、“补短板·防风险”内控合规文化反思大讨论等活动，培育员工守法合规观念，树立合规创造价值理念。

（周若婷）

中国建设银行股份有限公司北京密云支行

【概 况】 中国建设银行股份有限公司北京密云支行

（简称建行密云支行），成立于1980年。主要业务包括办理人民币存取款、贷款、结算业务；办理票据贴现；代理发行金融债券；代理发行、代理兑付、销售政府债券；代理收付款项；办理外汇存款，外汇贷款、外汇兑换、国际结算；结汇、售汇；代理保险、法律法规和行政规章制度许可范围内的险种等。截至年底，建行密云支行实现本外币账面利润1.88亿元。本外币全口径存款时点余额152.6亿元。本外币各项贷款时点余额144.08亿元。

（郭　强）

【业务经营】 截至年末，本外币对公存款日均余额30.67亿元，时点余额30.34亿元，实现对公中间业务收入1000万元，对公有效客户（折算后）新增1355户。坚持“全员干普惠”的理念，全力推进普惠金融业务，支持区域小微企业发展，普惠金融口径贷款余额7.41亿元，新增1.01亿元。

（郭　强）

【个人金融业务】 年内，建行密云支行落实零售优先战略，以客户为抓手，把握存款和中收两个重点，推动个人金融业务发展。存款日均和时点新增均突破10亿元，其中日均新增13.30亿元，时点新增17.63亿元；实现个人中间业务收入4600万元；个人有效客户（折算后）新增32080户。

（郭　强）

【房金业务】 年内，建行密云支行发放自营性贷款358笔，金额2.73亿元；代理公积金贷款余额59.28亿元，年内发放480笔，金额2.98亿元，贷款余额四行第一。

（郭　强）

【信用卡业务】 年内，建行密云支行推进建行生活场景建设，上架门店数突破100家，商户优惠笔数14.29万笔，优惠满减金额约293万元，助力营商环境提升，推动小微企业复工复产，带动大众消费；建行生活卡发卡3658张；消费交易额96543万元。

（郭　强）

【助力区域发展】 年内，建行密云支行支持密云区两级重点工程，为区内水源路房地产项目发放贷款4亿元；加大区域助企纾困力度，对域内纾困名单内企业投放2000余万元信贷支持；加强对科技企业支持，为密云区某国家级“小巨人”科技企业成功发放“科技易贷”信用贷款3000万元。

（郭　强）

11月8日，建行密云支行行长带队到超同步股份有限公司实地调研考察　　（建行密云支行　供图）

【乡村振兴】 年内，建行密云支行支持河南寨镇两家农村合作社大棚更新改造流动资金贷款250万元，助力集体经济发展；完成“十大最美农村路—密云水库南线”建行生活场景搭建工作，促进文旅产业发展；推荐域内优质电商参与建行生活线上“京郊好物 抢鲜一步”农产品销售，成功打造“农户＋电商＋消费者”的超短供应链模式。

（郭　强）

【风险管理】 年内，建行密云支行严格落实党委管、全面管、主动管风险管理要求，夯实风险管理基础，加强员工行为管控，全年未发生重大风险事项。严格落实公安部、监管部门、总分行关于反赌反诈工作的各项要求，结合支行实际，联防联控做好各类账户的排查、管控工作。全方位开展合规警示教育，通过“案件防控每周一讲”、观看警示教育片、专题会议等形式，进行合规文件制度学习与案例宣讲，持续强化合规理念，提升合规意识，不断强化底线意识，努力培养全行懂法纪、知敬畏、存戒惧、守底线的合规文化。

（郭　强）

中国邮政储蓄银行股份有限公司北京密云区支行

【概　况】 中国邮政储蓄银行股份有限公司北京密云区支行（简称邮储密云支行）坚持“普之城乡，惠之于民”的经营理念，在提供普惠金融服务、发展绿色金融、支持精准扶贫等方面，履行社会责任。内设综合管理部、风险合规部/安全保卫部、公司金融部、零售金融部4个职能部门。2022年，全行业务收入超9319万元，同比增长2.53%左右；年累计实现利润近4056万元。

（蔡丽梅）

【存贷款业务】 截至年底，各项存款19.87亿元。储蓄存款余额18.14亿元。公司存款余额1.73亿元，日均余额1.75亿元。消费类贷款结存20.71亿元，年净增−0.01亿元；小额贷款余额7.46亿元，年净增1288万元；普惠贷款余额7.11亿元，年净增4117万元。

（蔡丽梅）

【客户拓展业务】 年内，实行公私联动，整合融资支撑、商圈建设、收付款场景建设等工作，全年建成信用村26个，信用户458户。

（蔡丽梅）

【风险管控】 年内，支行不良贷款余额3379.18万元，不良率为1.12%，较年初增加0.26个百分点。

（蔡丽梅）

【金融知识宣传】 年内，邮储银行密云支行开展金融知识宣传活动，走进社区、学校、企业开展“金融知识进万家”“金融知识普及月”等活动。提升社会公众的风险意识，倡导理性消费，构建和谐的金融消费环境。

（蔡丽梅）

【绿色金融业务】 年内，邮储银行密云支行推进特色化支行建设。成立北京分行首家绿色支行，以绿色支行设立为契机，积极参与区域绿色金融、气候金融相关工作中，加大区域内绿色重点领域资金投放，支持区域气候融资试点工作及绿色金融业务发展。

（蔡丽梅）

【数字化转型】 年内，邮储银行密云支行多维度建立网点微信客户群，夯实客户基础；对接平台，开展线上批量获客，推动手机银行、无实体账户、邮储食堂客户规模增长。

（蔡丽梅）

中国农业发展银行北京市密云区支行

【概　况】 中国农业发展银行北京市密云区支行（简称农发行密云支行）是承担国家规定的农业政策性和经国务院批准开办的涉农商业性金融业务，代理财政性支农资金的拨付，为农业和农村经济发展服务的一家政策性银行。2022年，支行立足城市行区域特点，坚持以高质量发展打破困局的理念，与政府部门对接、与业务需求企业沟通，与潜在项目洽谈。在制度允许的范围内拓展业务品种，丰富客户服务内容，增加支行盈利能力。

（桑园园）

【经营绩效】 截至年底，支行各项资产211938万元，比上年增加13158万元；各项负债217493万元，比上年增加12620万元。全年净利润1864万元。

（桑园园）

【存贷款业务】 年内，支行各项存款余额25284万元，比上年增加3496万元，增幅16.05%；存款日均余额16013万元，比上年减少6143万元，增幅−27.72%。支行各项贷款余额为204066万元，比上年增加3153万元，增幅1.56%；贷款日均余额204643万元，比上年增加35884万元，增幅21.26%。

（桑园园）

【其他业务】 年内，国际业务累计营销额19万美元，比上年减少40万美元。

（桑园园）

北京银行股份有限公司密云支行

【概　况】 2022年，北京银行股份有限公司密云支行始终秉承“真诚，所以信赖”的服务理念，全面落实“保水、护山、守规、兴城”总要求，扎根密云，发挥金融职能，助推密云区经济高质量发展。截至年底，管辖行存款业务：对公存款时点余额18.72亿元，对公存款日均余额20.97亿元。零售储蓄时点余额44.28亿元，较上年增长9.23亿元；零售储蓄日均余额39.21亿元，较上年增长6.97亿元；零售资金量时点余额79.38亿元，较上年增长9.35亿元。贷款业务：管辖行对公贷款时点全口径余额6.18亿元，个人贷款余额12.12亿元。

（王裔腾）

【普惠金融业务】 年内，管辖行人行口径普惠金融贷款余额9.08亿元；银监口径普惠金融户数82户，银监口径普惠金融贷款余额1.99亿元；个人普惠金融贷款余额4.49亿元。落地密云区首笔市管公积金贷款，发放公司科技类贷款30笔1.13亿元，较去年同比增长55%。发挥“六保”“六稳”政策产品优势，对符合条件普惠客户进行资产业务投放贷款360笔、9.92亿元。落实乡村振兴战略，年度新增民宿院落提档升级贷款76笔、金额2990万元。

（王裔腾）

【零售业务】 年内，管辖行零售业务指标完成4项，其中储蓄日均增量、新增信用卡客户数、医保关联、基金及私募代销全部完成指标。保险销量（APE）2028万元；考核利润5610万元；零售中间业务收入（含信用卡）1230万元；零售中间业务收入（不含信用卡）1115万元；代发工资增量31108万元；新增手机银行有效客户数15500户。

（王裔腾）

【疫情防控】 年内，管辖行严格落实各项疫情防控政策，加强人员管理，确保人员安全稳定。加强网点管理措施，做好防疫物资保障、日常服务工作，确保防控有效到位。组织向东庄禾等村捐献防疫物资。助力乡村振兴，积极开展消费帮扶工作，采购不老屯镇农产品440份，金额2.6万元。

（王裔腾）

【金融服务】 年内，管辖行发挥密云区首家银行业“千佳服务示范单位”优势，开展“金融宣讲”“上门服务”“山村助残”等活动，上门办理社保卡、残联卡业务，累计服务全区19个乡镇、街道约2万人。开展“博爱在密云”捐款5750元，向密云区不老屯村、兵马营村各捐赠10万元。

（王裔腾）

7月7日，密云管辖行携手密云区城管委前往不老屯镇不老屯村开展结对共建帮扶活动

（北京银行密云支行 供图）

【安全经营】 年内，将风险防控摆在第一位，形成支行高质量发展安全底线；强化员工合规教育，树立风险防范意识；坚定落实各项制度要求，规范操作流程；加强合规管理、安全保卫、疫情防控工作，开展防火、防抢演练，开展车辆安全培训，将安全保卫工作落到实处，保障支行安全稳定发展。

（王裔腾）

北京农村商业银行股份有限公司密云支行

【概　况】 北京农村商业银行股份有限公司密云支行（简称北京农商银行密云支行）主要经营范围包括办理人民币存款、贷款、结算；办理票据贴现；代销基金、国债、保险；代收代付业务；办理外汇存款；国际结算；贸易融资；结汇、售汇等。2022年，缴纳地方税款1156.05万元，开展各类捐赠30万元。

（齐琳琳）

【存贷款业务】 截至年末，各项存款余额210.07亿元，较年初增长4.46亿元。其中，储蓄存款余额162.03亿元，对公存款余额48.04亿元。各项贷款余额94.81亿元，较年初增加13.82亿元。累计清收表外不良贷款本息1155.68万元，资产质量持续改善。

（齐琳琳）

【渠道建设】 年内，践行普惠金融责任，开展渠道建设，累计布放自助取款机和存取款一体机93台、自助终端175台、POS机215台、网银体验机29台、存折补登机30台、智能柜员机25台、票据受理机5台、回单打印机32台，建成智能化网点12家、乡村便利店134家，解决金融服务最后一公里的难题。

（齐琳琳）

【普惠金融】 年内，累计代发各类民生项目40余项，代发业务资金8.39亿元，人数66.13万人次；完成养老助残卡客户提升户数8166户，带动资产量增长2.02亿元；累计开通养老驿站96家。

（齐琳琳）

【乡村振兴】 年内，聚焦乡村振兴领域，助力乡村经济、农民增收，向区域内合作社企业、涉农龙头企业和农村电商企业投放贷款2.78亿元。着力推动“三信工程”落地，完成485户信用评定工作，逐步推动信用村、信用镇建设，助力薄弱村消薄工作。

（齐琳琳）

【服务小微】 年内，聚焦小微客户纾困，持续落实稳企业保就业政策。向小微企业发放贷款149笔3.39亿元；办理贴现306笔1.87亿元；新增普惠小微信用贷款余额7872.58万元。

（齐琳琳）

【产品推广】 年内，利用云会计财务软件、资金管理系统、跨区域资金收款业务，为企业提供财务支持、跨区域收款服务。利用银农直联业务，实现银行系统和乡镇经管站财务系统的有机融合和平滑对接，提高财务管理的工作效率。开展“智慧餐饮系统”银企合作项目，通过“手机银行充值订餐＋刷脸取餐”取代“现金充值＋饭卡支付”的缴费模式。推广凤凰信用卡普卡、金卡、白金卡、红卡、速通卡、福瑞卡、国际卡、京东金融联名卡、爱奇艺联名卡、金色时光信用卡、公务卡等系列凤凰卡产品。推进互联网金融业务发展，推出“农商 e 链通”“农商 e 信通”“农商 e 商通”“社区 e 服务”“凤凰乡村游”等产品。开展理财产品、贵金属、基金、保险、外汇等业务，满足客户多样化理财需求。

（齐琳琳）

【反诈治赌】 年内，协同公安机关联合开展专题直播活动，进行涉赌涉诈对公账户风险自查及账户倒查管控工作，从源头上堵截电信诈骗等非法金融活动，保护消费者合法权益。

（齐琳琳）

【金融知识宣传】 年内，累计开展“3·15 金融消费者权益日”“普及金融知识万里行”“金融知识普及月 金融知识进万家 争做理性投资者 争做金融好网民”“反假货币宣传月”“反洗钱宣传月”等宣传活动 100 余次，发放宣传折页 2 万余份，受众超过 1 万人次，将金融知识和金融产品带到社区、农村、学校、养老院、工地，提高居民的金融知识水平和权益保护意识，促进地区信用环境建设。

（齐琳琳）

8 月 19 日，北京农商银行密云支行开展“普及金融知识 守护财产安全”宣传活动

（北京农商银行密云支行 供图）

中信银行北京密云支行

【概　况】 中信银行股份有限公司北京密云支行（简称中信银行密云支行）是一家国有股份制商业银行，办理人民币存款、贷款、结算业务，办理票据贴现，代理发行金融债券，代理发行、代理兑付、销售政府债券，总行在中国银行业监督管理委员会批准的业务范围内授权的业务。2022 年，营业收入 3470 万元，其中非息收入实现 1275 万元（零售非息收入实现 1182 万元）；对公核心存款日均余额 3.75 亿元；零售管理资产余额年增 3.79 亿元。

（张祎铭）

【普惠金融】 年内，法人普惠业务贷款增量 0.34 亿元，普惠活跃客户数增量 11 户；有效票据直贴发生额 0.7 亿元，实现非普惠贷款投放 1 笔。

（张祎铭）

【零售业务】 年内，家族信托保有量增量 1091 万，全委保有量增量 1079 万元，代销资管 605 万元，非货基销量 4400 万元，价值型保险 646 万元，规模型保险 1505 万元，理财年销量 450045 万元。

（张祎铭）

6 月 18 日，中信银行密云支行开展零售客户沙龙活动　　（中信银行密云支行　供图）

【特色业务】 年内，中信银行密云支行上线党费通业务，已在相关居委会进行推广使用，效果反响热烈。“党费通”业务规范党费交纳流程，不用新开党费账户，支持任意银行党费账户免费跨行归集。支付方式多样化，支持任意银行跨行交纳党费，同时支持微信支付。缴费便捷、入口丰富，党员可登录微信官微、党费通小程序、手机银行、网上银行交纳党费。

（张祎铭）

北京密云汇丰村镇银行有限责任公司

【概　况】 北京密云汇丰村镇银行有限责任公司（简称密云汇丰村镇银行）是香港上海汇丰银行有限公司的全资子公司，成立于 2008 年 12 月。截至年末，各项存款余额 14528 万元，较年初增加 274 万元，增长 1.92%；各项贷款余额为 22420 万元，较上年增加 1435 万元，增长 6.84%。注册资本 11000 万元，资本充足率为 45.72%，流动比率为 69.53%，均高于监管要求；资产质量良好，不良贷款率为 0.04%。

（南全喜　刘秀军）

【产品与服务】 年内，密云汇丰村镇银行借鉴汇丰集团其他成员在农村金融方面的经验，更新产品和服务，优化个人无抵押贷款产品，根据经济发展状况将新客户的首次申请额度提升至 50 万元，贷款期限延长至 3 年，同时增加信用贷款，满足农户及小微企业的融资需求。

（唐洁轩）

【稳企业保就业】 年内，密云汇丰村镇银行扶持餐饮、零售、文化、旅游、交通运输等困难行业企业，排查小微企业和个体工商户客户受疫情影响情况，研究和出台相应解决办法，开展关怀计划，通过调整贷款还款日期、延期、展期、重组方案等措施帮助受困企业和个人客户渡过难关。

（唐洁轩）

【应急管理】 年内，密云汇丰村镇银行开展防抢劫、消防等现场演练两次，桌面推演两次，以防范自然灾害、运行环境变化、系统软硬件故障等原因造成的各类风险，提升员工应急意识和应急能力，增强为客户提供服务的能力。

（南全喜）

【消费者权益保护】 年内，密云汇丰村镇银行开展多种公益性金融知识教育宣传活动，先后于宾阳西里社区、百合园社区、溪翁庄镇溪翁庄村开展存款保险、3·15 权益保护、防范电信诈骗等金融知识主题宣传线下活动，同时开展普及金融知识原创小视频拍摄工作，以通俗易懂的方式讲解金融知识，提高全民消保意识，切实保护金融消费者合法权益。

密云汇丰村镇银行在宾阳西里社区开展金融知识宣传活动　（密云汇丰村镇银行　供图）

（孙双凤）

华夏银行北京密云支行

【概　况】 华夏银行股份有限公司北京密云支行，（简称华夏银行北京密云支行）是一家国有股份制商业银行。2022 年，对公存款时点余额 5.52 亿元，个人存款时点余额 3.62 亿元，对公贷款余额 5040 万元，其中普惠贷款余额 1.98 亿元，个人贷款投放余额 1.91 亿元，金融资产总量 12 亿元。

（郭　佳）

【融资支持】 年内，华夏银行对密云区内重点企业、重点项目加大融资支持，与华夏金租等其他金融机构联合，为重点项目设计融资方案。围绕发改委鼓励的领域，积极做好基础设施领域项目服务，政策优先支持基础设施补短板项目。

（郭　佳）

【创城服务】 年内，支行紧跟区政府、发改委部署。以创城为契机，着力提升服务质效，主要对服务规范、公益广告、“门前三包”环境、厅堂内环境、消防设施、禁烟标识、工作人员专业性及服务规范等方面开展治理，压实责任，以实际行动为创建文明城市贡献一份金融力量。

（郭　佳）

【安全经营】 年内，始终坚持内控管理，保障支行安全稳定运营。从安全生产、安全教育、合规案防、预案演练等方面入手，定期组织全员开展防火、防抢、防恐、防诈骗、防非法集资等培训演练。强化员工安全防范意识，加强安全保卫工作力度。严守零案件、零风险事件底线，实现全行安全经营无事故。

（郭　佳）

【金融知识宣传】 年内，支行累计开展“3.15 金融消费者权益日”“普及金融知识万里行”“金融知识普及月金融知识进万家”“反假货币宣传月”“反洗钱宣传月”“防诈骗”“防非法集”宣传活动 20 余次。发放宣传折页 2000 余份，将金融知识和金融产品通过丰富多彩的形式带到社区、农村。提高居民的金融知识水平和权益保护意识，构建和谐的金融消费环境。

（郭　佳）

3月23日，华夏银行北京密云支行在西田各庄镇新王庄村开展反假币宣传 （郭佳 摄）

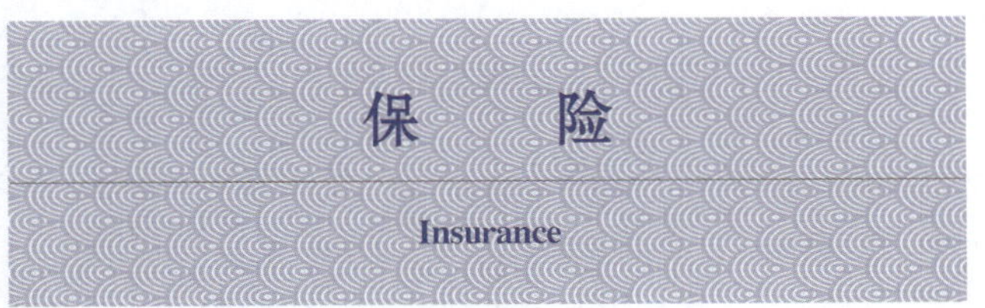

中国人民财产保险股份有限公司北京市密云支公司

【概　况】 2022年，中国人民财产保险股份有限公司北京市密云支公司（简称人保财险密云支公司）完成保费收入2.09亿元，承担各类风险约930亿元，赔款支出1.6亿元。

（崔晨旭）

【民生服务】 年内，人保财险密云支公司与政府各职能部门配合，将民生保险、农房统保等项目列入2021年密云区政府为民办实事工程中；为全区17个乡镇5万余户续保农村住房保险；续保了政策性农业保险、行政区域公众责任保险、政府救助保险、见义勇为救助责任保险。

（崔晨旭）

【安全生产责任保险】 年内，人保财险密云支公司落实《北京市安全生产委员会关于建立安全生产责任保险制度试点工作的指导意见》，为本区近300家企业提供安全生产责任保险保障。

（崔晨旭）

【家庭保险】 年内，人保财险密云支公司承保17个镇2个街道328个行政村的计划生育家庭意外伤害保险和男性、女性特定疾病保险两险种，承保家庭3.3万余户，男性特定疾病保险承保人数1.2万余人、女性特定疾病保险承保人数2.1万余人。

（崔晨旭）

【北京市普惠健康保险】 年内，人财保险密云支公司开展密云区“北京普惠健康保”的续保工作，因11、12月受疫情影响，公司全体业务人员多次与各镇相关工作负责人线上沟通，解封后马不停蹄前往各乡镇对接，完成续保人数共计9000余人。

（崔晨旭）

【农业保险】 年内，人财保险密云支公司农业农村保险部与密云区园林局合作，搞调研、抓创新，积极宣传绿色蜂产品保险项目，促使七个养蜂专业合作社、422户蜂农成功投保72074群气象指数保险和蜂业商业保险。

（崔晨旭）

【“612”重大雹灾】 6月12日密云发生重大雹灾，人财保险密云支公司快速启动大灾理赔应急预案，开启理赔绿色通道，成立灾害统计小组，在做好疫情防控工作的基础上，派出定损指导小组进行理赔技术指导，与各个村委会一道做好客户的情绪安抚工作，并与受灾客户进行交流沟通，指导、提醒客户做好灾后减损工作，确保灾害理赔“工作不断档、标准不降低、服务不停歇”。充分发挥人民保险的“社会稳定器”作用。9月末，人保财险密云支公司已将3600万余元赔款送到受灾保户手中。

（崔晨旭）

中国人寿保险股份有限公司北京市分公司密云支公司

【概　况】 中国人寿保险股份有限公司北京市分公司密云支公司（简称中国人寿密云支公司）是中国人寿在密云区分支机构，2022年，实现总保费17645万元，其中首年期交保费2672万元，十年期及以上期交保费1111万元，首年标准保费788万元，短期险保费766万元。

（王丽荣）

【业务经营】 年内，大个险渠道达成期交保费2204万元，十年期保费1111万元，标准保费732万元，短险保费541万元。总保费15921万元。坚持有效队伍驱动业务的发展战略，以系统思维持续推进队伍建设。团险渠道完成短期险保费225万元，其中老年险保费111万元，学平险保费40万元，承保环卫工人、保水人员、采集人员三类公益性岗位人员意外险，保费 4.34 万元。银保渠道期交保费 468 万元，其中五年期期交保费 291 万元，标准保费 56 万元。目前合作银行有中行、建行、工行、农商行和北京银行，星级网点 4 个，其中百万网点 2 个。

（王丽荣）

【风险防控】 年内，中国人寿密云支公司开展虚假承保、虚列费用等问题专项整治、声誉风险专项排查整治、资产管理重点风险排查等数项风险专项排查工作，持续做好防范非法集资和反洗钱宣传教育工作。开展“费用及风险治理”排查工作；开展“反洗钱宣传月”“金融知识普及月”宣传活动，进行“疫情防控演练”和“声誉风险应急演练”，做好满期给付和非正常退保风险防范工作。

（王丽荣）

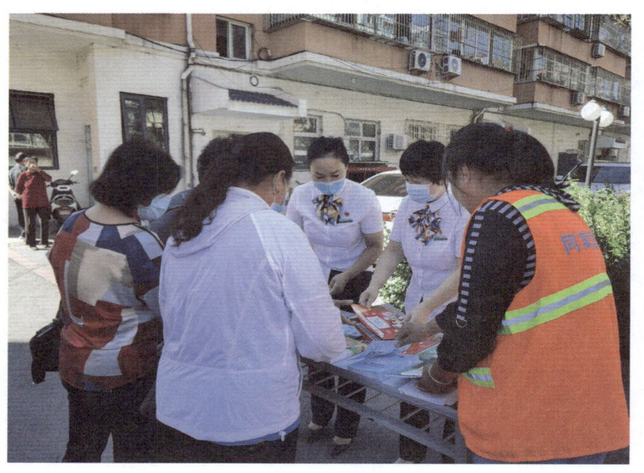

9 月 17 日，中国人寿密云支公司进社区向居民宣传防范非法集资知识　（王晓梅　摄）

【客户服务】 年内，中国人寿密云支公司服务临柜客户 9600 人次，平均办理时效 23 分钟，业务办理 e 化率达 99.96%；线下新单受理 954 件，保全受理 2455 件，服务老年客户 4200 人次，开展上门服务 38 人次；理赔受理 3848 件，进行查勘走访 67 件次，创建面向环卫工人、公路养护者、执勤民警、快递人员等户外劳动者的“爱心驿站”，开放营业厅 VIP 室和洽谈室，开展旗袍秀、儿童节、小画家、党建知识答题、中秋节、幸福驿站等客户养护增值活动。

（王丽荣）

10 月 9 日，向值勤交警赠送口罩、手套防护用品　（王晓梅　摄）

证　券

Securities

海通证券股份有限公司北京密云鼓楼东大街证券营业部

【概　况】 海通证券股份有限公司北京密云鼓楼东大街证券营业部（简称海通证券密云营业部）是密云区首家合法的证券经营机构，2022 年，营业部取得营业收入 1099 万元。营业部与当地银行和企业合作，通过银行及企业渠道，全年新增客户 4010 户，现有客户 45000 余名。

（刘向蕾）

【理财产品】 年内，营业部年内实现基金产品首发销售 5567 万元，理财产品日均保有量 1.98 亿元，公司固收类产品理财宝、权益类产品通聚荟萃、沪盈集合计划等受到客户广泛认可。

（刘向蕾）

【风险防控】 年内，营业部依托营业场所，进行反洗钱、防范非法集资、消费者权益保护等宣教活动，为保护投资者合法投资作出贡献。

（刘向蕾）

城乡规划与建设

URBAN AND RURAL PLANNING AND CONSTRUCTION

综　述

Overview

【概　况】 2022 年，北京市规划和自然资源委员会密云分局（简称市规划自然资源委密云分局）坚持以习近平新时代中国特色社会主义思想为指导，紧紧围绕北京新总规目标要求，完善国土空间规划体系，逐层落实总体规划任务目标；严格土地资源管理，促进自然资源节约集约利用；推进城市更新，创造优良人居环境；强化地质灾害防治，推进矿山环境治理工程；推动高质量发展，优化营商环境；强化拆违打非工作，坚持抓好源头防控，强化执法力度，圆满完成各项工作任务。

（朱琰豪）

【推进规划编制工作】 年内，市规划自然资源委密云分局完成《北京密云区 MY00-0104 等街区控制性详细规划（街区层面）（2020—2035 年）》报审工作，并获得市政府批复；配合怀柔科学城管委会完成《怀柔科学城控制性详细规划（街区层面）（2020—2035 年）》市级部门联审、报请市政府审查等工作。指导各镇政府完成 14 个镇国土空间规划编制工作，其中首批 5 个试点镇规划成果已通过市级部门联审会；其余乡镇规划成果均已报市规自委审查。

（朱琰豪）

【城市基础设施完善】 年内，市规划自然资源委密云分局配合区城管委完善城区路网体系，完成密三路扩建工程及新城东部两横（新北路东延、城后东街）、一纵（宜兴路）骨干路网工程初步设计方案批复工作；完成新农村街、圣水泉路南延、密兴路、檀东路等道路工程用地预审与选址意见书核发工作。配合怀柔科学城东区开发建设，完成怀柔科学城东区云西二路用地预审与选址意见书核发工作。配合住总绿都投资开发公司，提升密云东片区交通出行条件，完成新刘棚改地区东源路等 9 条支路用地预审与选址意见书核发工作。

（朱琰豪）

【地质灾害防治和矿山环境治理】 年内，市规划自然资源委密云分局成立密云区地质灾害防汛专项分指挥部，制定密云区 2022 年地质灾害防治工作方案。组建应急调查队，开展地质灾害防治行动；梳理地质灾害点位台账，开展地质灾害治理行动；持续关注关停矿企业转型工作，督促矿山企业办理注销采矿许可证工作。

（朱琰豪）

城乡规划

Urban and Rural Planning

【概　况】 2022 年，北京市规划和自然资源委员会密云分局（简称市规划自然资源委密云分局）推进规划编制工作，落实总体规划任务目标。完成密云区 2021 年城市体检工作；推进密云区镇域国土空间规划报审工作；完成“三区三线”划定工作；推进市政基础设施建设相关工作。

（朱琰豪）

【完成密云区划定“三区三线”工作】 年内，按照市级工作部署，密云区于 2022 年 5 月组织开展“三区三线”划定工作，划定成果通过市级专班审查，经市政府同意后按期上报自然资源部。2022 年 10 月，“三区三线”划定成果经自然资源部质检通过并正式下发启用。

（丁　爽）

【推进街区控规编制报审工作】 年内，市规划自然资源委密云分局配合怀柔科学城管委会完成《怀柔科学城控制性详细规划（街区层面）（2020—2035 年）》市级部门联审、报请市政府审查等工作；完成《北京密云区 MY00-0104 等街区控制性详细规划（街区层面）（2020—2035 年）》报审工作，已于 2022 年 4 月取得市政府批复。

（丁　爽）

【有序推进镇域国土空间规划的编制及报审工作】 年内，指导镇政府完成 14 个镇国土空间规划编制工作，其中首批 5 个试点镇规划成果已通过市级部门联审会；其余乡镇规划成果均已报市规自委审查。

（李　侠）

【2021 年度城市体检】 年内，北京市规划和自然资源委密云分局组织 50 余个部门及镇街并委托技术单位开展 2021 年度密云区城市体检评估工作，形成 2021 年度密云区城市体检评估报告，已通过区政府专题会审议。

（丁　爽）

【责任规划师】 年内，市规划自然资源委密云分局组织新城、平原地区、山区三个片区生态责任规划师广泛参与城市更新、助力生态保护与生态建设、推动美丽乡村建设、组织特色宣传活动等工作，为密云区绿色高质量发展贡献责师专业力量。

（丁　爽）

【市政交通】 年内，市规划自然资源委密云分局配合区城管委完善城区路网体系，完成密三路扩建工程及新城东部两横（新北路东延、城后东街）、一纵（宜兴路）骨干路网工程初步设计方案批复工作；完成新农村街、圣水泉路南延、密兴路、檀东路等道路工程用地预审与选址意见书核发工作。配合怀柔科学城东区开发建设，完成怀柔科学城东区云西二路用地预审与选址意见书核发工作。配合住总绿都投资开发公司，提升密云东片区交通出行条件，完成新刘棚改地区东源路等9条支路用地预审与选址意见书核发工作。

（李艳阳）

【城乡建设用地减量工作完成】 年内，市规划自然资源委密云分局圆满完成市级减量任务。制定出台了《密云区2022年城乡建设用地减量计划及实施方案》，累计上报城乡建设用地减量地块图斑100个，涉及17个镇，总面积约24.2公顷。全面落实市级减量发展要求，完成了十里堡王各庄棚改、巨各庄京沈高铁回迁安置房、大城子35千伏输变电工程、河南寨110千伏输变电工程等10余个重点项目新增建设用地减量挂钩工作，实现本区城乡建设用地增减平衡同时保障了重点工程合理用地需求。

（吴　颖）

【办理行政许可类、行政服务类事项144件】 年内，市规划自然资源委密云分局办理行政许可类、行政服务类事项144件。其中，建设工程规划许可证29件，建筑面积77.27万平方米，市政管线约1845.26千米；简易低风险项目建设工程规划许可证5件，建筑面积90平方米；乡村规划许可证9件，建筑面积2.14万平方米；施工暂设13件，建筑面积3.85万平方米；临时用地审批手续6件，用地面积15.30万平方米；选址和预审合并办理18件，用地面积13.4万平方米；划拨决定书14件，用地面积165.68万平方米；规划验收15件；联合验收3件；钉桩条件32件。

（白素梅、李艳阳）

【59次“多规合一”平台项目完成研究工作】 年内，市规划自然资源委密云分局通过“多规合一”协同平台完成线上28次房屋建筑项目及31次市政项目研究审查。完成北京大学怀密医学中心、北京市密云区第一小学综合楼、云西二路等项目研究工作。

（吴　颖　李艳阳）

【地名审批及建筑物名称核准3件】 年内，市规划自然资源委密云分局办理完成地名命名审批2件，建筑物名称核准1件。

（白素梅）

【档案管理】 年内，市规划自然资源委密云分局城乡规划类档案共接收947件；国土资源档案共接收312件；接收文书档案共8000余件。建筑及市政工程档案前期登记共26件；接收竣工档案共23件，出具档案验收意见共23份。档案查阅人数520余人次，提供利用档案2 000多卷。出具档案证明复印件共计100多份。

（孙亚洁）

自然资源管理

Management of Natural Resources

【概　况】 2022年，北京市规划和自然资源委员会密云分局（简称市规划自然资源委密云分局）开展开发区土地集约利用监测统计，完成3个征地项目，完成年内商品住宅用地供应任务，落实耕地保护工作，开展地质灾害防治工作。

（朱琰豪）

【开发区土地集约利用监测统计】 年内，市规划自然资源委密云分局组织开展开发区土地集约利用监测统计工作，包括开发区基本信息调查、用地状况调查、用地效益调查、管理绩效调查、土地供应状况调查等内容，相关成果已提交自然资源部。

（李　孟）

【《国有自然资源（资产）管理情况的专项报告》编制工作开展】 年内，市规划自然资源委密云分局会同密云区水务局、密云区园林绿化局以区政府名义起草了《2021年度国有自然资源（资产）管理情况的专项报告》，包括自然资源资产基本情况、国有自然资源资产管理情况、国有自然资源资产管理成效、国有自然资源资产管理存在问题和下一步改进措施建议五方面，已提交至密云区财政局汇总形成综合报告，通过区人大常委会审议。

（李　孟）

【土地供应】 年内，市规划自然资源委密云分局全年共完成商品住宅用地供应 6.56 公顷，完成年度任务比例约 220%，其中水源路南侧 B 地块土地一级开发项目 MY00-0104-6054 地块 R2 二类居住用地（约 1 公顷）和十里堡镇王各庄棚户区改造项目 MY00-0500-0001 地块 R2 二类居住用地（约 5.56 公顷）。上述两宗土地均于 8 月 18 日在北京市第三批次集中供地中挂牌出让，于 9 月 22 日在土地市场成交。2022 年度商品住宅用地入库任务为 14 公顷，落实在十里堡镇王各庄棚改项目，实现入库 16.12 公顷。

（于洪宇）

【耕地保护】 年内，市规划自然资源委密云分局完成 3 个土地整理项目验收，新增耕地 6.48 公顷。完成密云区耕地保护空间划定工作，已经自然资源部审核下发。组织全区开展耕地保护空间复耕复种工作，已完成 4.3 万亩复耕任务。

（刘福勇）

12 月 8 日，于德泉副区长调研高岭镇土地复耕工作 （市规划自然资源委密云分局 供图）

【土地征收】 年内，市规划自然资源委密云分局办理完成 3 个征地项目，分别是国网北京密云供电公司大城子 35 千伏输变电站工程、密云区十里堡镇王各庄棚户区改造项目、西田各庄 220 千伏输变电工程，总面积 32.2958 公顷，其中涉及农转用 22.0124 公顷，总投资 381618 万元。

（刘福勇）

【地理国情监测】 年内，完成本区地理国情监测相关工作。协助市规划自然资源委开展 2022 年度密云区域内地理国情调查，编制《密云区 2022 年度地理国情监测（城市国土空间监测）成果对比分析报告》。

（梁博明）

【执法监察】 年内，市规划自然资源委密云分局核查各类卫片线索图斑 1003 宗（含拆分图斑），立案查处违法案件 148 宗，其中非法开采矿产资源立案查处 20 件。

（宗 芳）

【不动产登记业务办理】 年内，市规划自然资源委密云分局完成各类登记业务 25314 件。其中，初始登记 94 件、转移登记 12434 件、抵押权登记 10961 件、查封登记 685 件、查封注销登记 424 件、更正登记 60 件、其他登记业务 656 件。共颁发不动产权证书 14254 本、不动产权证明 6596 本。

（康智明）

11 月 7 日，密云规自分局党组书记、局长张长峰到区不动产登记大厅窗口开展“一把手走流程”活动 （市规划自然资源委密云分局 供图）

【历史遗留项目不动产登记办理】 年内，密云区超额完成解决历史遗留问题目标任务。按照全市 2022 年度化解历史遗留颁证任务，本区应解决 500 户居民“办证难”问题。年初，本区拟推进解决溪水花园、世纪家园 A 座、博世庄园、紫金大厦四个项目的首次登记，共涉及居民 514 户。截至 12 月底，本区已解决完成上述四个项目的首次登记工作，使 514 户业主具备申办不动产权证书条件，任务完成比例 102.8%，切实保障了产权人合法权益。

（康智明）

【普法宣传】 年内，市规划自然资源委密云分局利用

4月21日，密云规自分局会同溪翁庄镇政府、密云水库管理处相关负责人召开解决碧水花园项目历史遗留问题推进会

（市规划自然资源委密云分局　供图）

“4·22世界地球日”“6·25全国土地日”“12·4国家宪法日”，开展《信访工作条例》《依法分类处理信访诉求清单及主要依据（试行）》《地名管理条例》《北京市城市更新条例》《北京市接诉即办工作条例》等宣贯活动，向社区、镇村居民发放宣传册，通过设置宣传专栏、悬挂横幅、现场讲解政策等方式，宣传规划国土相关法律法规。

（白海花）

【信访工作】 年内，市规划自然资源委密云分局共受理信访事项1637件次，其中“12345”来信件900次，信访举报件共737次。接待群众来访492余人次。

（白海花）

【热线办理】 年内，市规划自然资源委密云分局承办“12345”工单900余件，月均受理群众来电60余件，解决率88.16%，响应率99.73%。问题热点主要体现在房本办理、违建查处、征地补偿、规划设计等方面。其中，不动产登记类工单500余件、执法类工单110余件、规划审批类工单80余件、其他类工单130余件。

（白海花）

【行政复议】 年内，市规划自然资源委密云分局共接收行政诉讼16件、行政复议17件，案件总量较去年同期复议诉讼量下降31.3%。

（白海花）

【信息公开】 年内，市规划自然资源委密云分局受理依申请信息公开170余件，较去年增加16.4%。

（白海花）

【地质灾害防治】 年内，市规划自然资源委密云分局成立密云区地质灾害防汛专项分指挥部，制定密云区2022年地质灾害防治工作方案。组建应急调查队，设立群测群防员，竖立警示牌。向地质灾害威胁群众发放地质灾害防治明白卡3080余张。与区气象局沟通研判降雨形势，发布地质灾害气象风险预警4次，均为蓝色预警。严格落实“汛前排查、汛中调查、汛后核查”的三查工作，共计派出应急调查队70余人次。

（王海东）

6月13日，规自分局前往密云镇指导防汛工作　（市规划自然资源委密云分局　供图）

【矿业权管理】 年内，持续关注关停矿企业转型工作，督促矿山企业办理注销采矿许可证工作。要求密云区5家采矿许可证到期固体矿产开采企业依据采矿许可证注销工作流程，注销其采矿许可证。

（王海东）

市政工程

Public Works

【概　况】 2022年，区城管委积极落实市区两级对违规户外广告开展整治的工作要求，加强户外广告、牌匾标识安全管理。开展2022年度无灯路建设工作，在新西路照明工程、启源一街道路补建路灯。做好市政设施日常管护工作，在城区热点位置布置重要节日景观，打造密云城区独特节日景观。

（朱　聪）

【户外广告设施销账任务】 年内，区城管委严格按照时间节点要求全面完成市、区两级违规户外广告设施销账任务，共处置市级大型违规户外广告设施 37 块，处置区级违规户外广告、牌匾标识、软质标语宣传品 446 块（条），共拆除 111 根立柱式户外广告设施，完成市级销账任务。

（张　英）

【户外广告管理】 年内，区城管委按照市级要求全面开展立柱式户外广告设施规范治理工作。按照《北京市户外广告设施、牌匾标识和标语宣传品设置管理条例》相关要求，区城管委聘请专业规划部门完成万象汇商圈总面积 8.5 平方公里的街区户外广告设施规划编制工作；全面推动综合服务信息系统应用，组织各镇街（地区）全面摸排辖区内公益宣传栏并录入综服系统中，共计审核通过 566 处；做好户外广告、牌匾标识安全管理工作，与 5 家特许经营广告单位签订《2022 年户外广告设施安全运行责任承诺书》，全面做好双随机巡查检查，并在极端天气时向各产权单位、镇街下发大风预警通知，共计下发 57 次；督促属地做好安全隐患排查整治工作，开展辖区内广告设施安全隐患自查工作，共计开展巡查总次数 335 次，排查户外广告设施 79 处，牌匾标识 3532 块，发现安全隐患共计 25 处，均已全部整改；按照《条例》职责，选定第三方专业机构制定安全管理台账，按照市级规定比例，抽取 35 处广告设施进行区级安全检定抽测工作，全面确保通过专业力量发现隐性问题，切实将安全管理工作落实落细。

（张　英）

【照明管理】 年内，区城管委完成市级无灯路补建实事任务，实施新西路照明工程，安装路灯 57 基、泛光灯 44 盏；实施启源一街道路路灯补建工程，安装路灯 11 基。督促照明设施管护单位定期对城区范围内各道路照明、景观照明设施进行巡查，发现断亮、安全隐患等问题及时进行维修，特别是重大节假日期间，确保各类设施运行稳定，共计更换光源 7198 个，处理各类故障事件 1472 起。

（张　英）

【市政设施管护工作】 年内，发现修复各类市政设施病害、处理市政设施故障共 27423 件，其中道路类 7493 件、排水类 4675 件、照明设施类 14787 件、交通设施类 468 件，市政设施完好率 98%以上，市政设施病害处理率达到 100%。加强井盖、占掘路管理，加大私挖处置力度，全年共对城区 14 处已审批的道路占掘路施工进行全程监督，确保道路设施完好。

（曹德满）

【春节景观布置】 年内，区城管委围绕鼓楼东西大街、鼓楼南北大街、滨河路 3 条主要大街及天女散花、净水瓶、密虹公园等 13 个节点，以“国潮引领、时尚融合、利旧添新、品味新春”为主题，利用常态化景观、利旧往年材料，按照“整体统筹、全面融合；突出重点、主题鲜明；简约适当、节俭利旧；创新形式”的工作原则，创新设计全新道路、节点景观，突出本区青山绿水、长城文化、产业人文、国潮时尚，打造出“一横两纵、十三节点”的密云城区春节和元宵节景观。

（曹德满）

1 月 10 日，密云春节景观布置万象汇节点

（曹德满　摄）

建材管理

Building Materials Management

【概　况】 2022 年，区住房城乡建设委加强对预拌混凝土搅拌站的日常监督管理，确保混凝土企业严格执行《搅拌站绿色生产管理规程》。继续加强施工现场材料规范管理，使材料管理更好地服务于工程质量安全。

（孔令怡）

【搅拌站治理】 年内，区住建委联合市住建委邀请专家进行年度绿色生产管理规程检查。每季度与质监站、行管科等科室开展联合检查，通过现场检查和视频监控检查相结合的方式进行绿色生产监管，督促企业严格落实预拌混凝土绿色生产管理规定。每月，不定时抽查搅拌站生产管理情况，向全区 20 个乡镇街道印发《加大对“非法新建搅拌站”打击力度的函》。

（孔令怡）

【建筑材料管理】 年内，区住建委通过规范施工现场材料管理，抽查建立出入库台账情况、施工现场码放材料是否符合要求、建筑材料进场前是否具备质量证明文件等，使材料管理更好地服务于工程质量安全。

（孔令怡）

建筑节能

Building Energy Efficiency

【概　况】 2022 年，区住房城乡建设委推进既有建筑绿色改造和公共建筑节能管理，全区新建建筑 100%实行绿色建筑标准，政府投资项目、保障性住房和棚户区改造项目全面落实装配式建筑要求，新开工装配式建筑项目 10 个 36.66 万平方米，占全区新开工建筑面积 73.8%，超额完成市级 40%以上目标任务，节能减排工作成效明显。

（孔令怡）

【超低能耗建筑建设完成】 年内，北京市首个碳中和示范小区（首开国樾天晟项目）建设完成，该项目占地面积约 3 万平方米，建筑面积约 6.7 万平方米，其中超低能耗建筑约 3.6 万平方米。目前已全部建设完成并投入使用，并于 2022 年 9 月 7 日完成项目验收工作。

（孔令怡）

【装配式建筑】 年内，按照装配式相关要求政府投资项目、商品房项目均落实装配式建筑要求，全年新开工装配式建筑 10 个项目 36.66 万平方米，占全区新开工建筑面积 73.8%，超额完成市级 40%以上要求。

（王　钰）

【公共建筑电耗限额管理】 年内，公共建筑电耗限额管理覆盖 254 栋公共建筑，涉及建筑面积 152.9 万平方米。

（王　钰）

【农村危房改造】 年内，完成 168 户“低保、低收入、分散供养”3 类对象低收入群体户危房改造。

（王　钰）

【老旧小区改造】 年内，按照《密云区 2022—2023 年度老旧小区综合整治工作实施方案》，对鼓楼街道花园小区（东区）16 幢住宅楼、花园小区（西区）25 幢住宅楼、果园街道果园西里南区 16 幢住宅楼，共计 3 个小区，57 幢，建筑面积 39.47 万平方米的住宅楼进行以楼本体节能保温改造为主的基础设施升级和 14.20 万平方米小区公共区域环境提升整治，计划投入资金约 36769 万元，已完成 2022 年度工作任务。

（王　钰）

基础设施建设

Infrastructure Construction

【概　况】 2022 年，区城管委全力推进重点工程建设，推进西智 35 千伏升压工程建设，开展积水点治理工程，积极推进新刘棚改地区配套道路、京沈客专周边配套道路相关工程建设以及随道路建设相关的拆迁协调、征地工作，做好云西二路、密兴路、新农村街等道路的前期手续办理，做好电力、燃气相关工程的拆迁协调和征地工作。积极谋划推进密云区公共汽车充电桩建设。

（朱　聪）

9 月 15 日，京沈客专密云站完成环境提升项目

（裴崇盛　摄）

【西智 35 千伏变电站升压工程】 年内，区城管委积极推进西智 35 千伏升压工程建设，西智 35 千伏升压工程投产运行。工程将 2 台 2 万千伏安变压器更换为 2 台 5 万千伏安变压器，新建 110 千伏双回架空线 12.9 千米，新建铁塔 41 基，敷设单回电缆 181 米。由区城市管理委员会负责拆迁协调，由区供电公司负责前期手续和工程建设。

（李月新）

【密云区积水点治理工程（一期）】 年内，区城管委积极推进密云区积水点治理工程（一期）建设，完成总工程量的70%。项目计划新建雨水主管4950米，对5个积水点进行改造，包括新东路（行政服务大厅前）、新东路（沙河早市前）、果园西路（38号院前）积水点、西门外大街（档案局前）、水源路（水源路与园林路交叉口），项目总投资18047万元。工程于6月21日开工，截至12月31日完成总工程量的70%。一标段施工单位为泛华建设集团有限公司，二标段施工单位为中国新兴建设开发有限责任公司。

（王新为）

8月11日，积水点治理工程（一期）施工

（王猛 摄）

【新北路东延（新檀路—密兴路）道路工程】 年内，区城管委积极推进新北路东延（新檀路—密兴路）道路工程建设，道路规划为城市主干路，道路全长约1141米，红线宽40米，机动车道宽16米，中央隔离带宽3米，两侧人行道各宽3米，设计速度50千米/小时，工程投资7748万元，工程含约47米上跨规划檀新刘河新建桥梁一座。工程于11月15日开工，施工单位为北京政平建设投资集团有限公司，随路实施交通、照明、绿化、雨水、污水、给水、再生水等工程。

12月5日，新北路东延施工 （商利文 摄）

（商利文）

【新东路南延（水源路—顺潮街）道路工程】 年内，区城管委积极推进密云新城新东路南延（水源路—顺潮街）道路工程建设，道路规划为城市主干路，道路全长约940米，道路红线宽40米，机动车道宽16米，两侧分隔机动车道和非机动车道的分隔带各宽2.5米，两侧非机动车道各宽3.5米，两侧人行道各宽4米，绿化带宽各2米，设计时速50千米/小时，工程投资8674万元，工程含约120米上跨潮河新建桥梁一座及上跨潮河右堤路6乘3.2米箱涵一座。工程于10月30日开工，施工单位为北京政平建设投资集团有限公司和北旺路桥建设有限公司，随路实施交通、照明、绿化、雨水、污水、给水、再生水等工程。

（张立山）

【城后东街（檀营街—宜兴路）道路工程】 年内，区城管委积极推进密云新城城后东街（檀营街—宜兴路）道路工程建设，道路规划为城市次干路，道路全长约1027米，红线宽40米，机动车道宽16米，中央隔离带宽3米，两侧非机动车道各宽3.5米，两侧人行道各宽3米，设计速度40千米/小时，工程投资4768万元，工程含约47米上跨规划檀新刘河新建桥梁一座。工程于11月17日开工，施工单位为大元建业集团股份有限公司，随路实施交通、照明、绿化、雨水、污水、给水、再生水等工程。

（张云辉）

【宜兴路（G101绕城线—新南路）道路工程】 年内，区城管委积极推进密云新城宜兴路（G101绕城线—新南路）道路工程建设，道路规划为城市次干路，全长约1262米，红线宽30米，机动车道宽20米，中央分隔带宽2米，两侧行道树设施带各宽1.5米，两侧人行道各宽2.5米。设计速度40千米/小时，工程投资4313万元。工程于2022年12月12日开工，施工单位为中交建筑集团有限公司，随路实施交通、照明、绿化、雨水、污水、给水、再生水等工程。

（于 强）

【檀东路（新北路—新南路）道路工程】 年内，区城管委积极推进檀东路（新北路—新南路）道路工程建设，道路规划为城市主干路，全长约 1090 米，红线宽 40 米，机动车道宽 16 米，中央隔离带宽 3 米，两侧机非隔离带各宽 2.5 米，两侧非机动车道各宽 3.5 米，两侧人行道各宽 4.5 米，设计速度 50 千米/小时，工程投资 6246 万元。工程于 10 月 24 日开工，施工单位为北京市政路桥管理养护集团有限公司，随路实施交通、照明、绿化、雨水、污水、给水、再生水等工程。

（刘敬一）

【云西二路（雁密路—云西一街）道路工程】 年内，区城管委积极推进云西二路（雁密路—云西一街）道路工程建设，已取得“多规合一”协同意见、用地预审及选址意见书、项目建议书（代可研）批复、水评批复、地灾专家意见、初步设计方案批复、地上物调查。云西二路道路规划全长约 1750 米，红线宽 35 米，规划为城市次干路，同步实施交通、照明、绿化、雨水、污水、给水、再生水等工程。

（金 鼐）

【圣水泉路南延（顺潮街—滑雪场北侧路）道路工程】 年内，区城管委积极推进圣水泉路南延（顺潮街—滑雪场北侧路）道路工程，已取得“多规合一”协同意见、用地预审及选址意见书、项目建议书批复、可行性研究报告批复、地上物调查。圣水泉路道路规划全长约 1370 米，红线宽 40 米，规划为城市次干路，同步实施桥梁、交通、照明、绿化、雨水、污水、给水、再生水等工程。

（金 鼐）

【密兴路（G101 绕城线—新南路）道路工程】 年内，区城管委积极推进密兴路（G101 绕城线—新南路）道路工程，已取得“多规合一”协同意见、用地预审及选址意见书、项目建议书批复、可行性研究报告批复、地灾报告专家意见。密兴路道路规划全长约 660 米，红线宽 50 米，规划为城市主干路，其中与 G101 绕城线为立交路口，上跨 G101 绕城线新建跨线桥，同步实施桥梁、交通、照明、绿化、雨水、污水、给水、再生水等工程。

（金 鼐）

【新农村街（宜兴路—新泰路）道路工程】 年内，区城管委积极推进新农村街（宜兴路—新泰路）道路工程，已取得“多规合一”协同意见、用地预审及选址意见书、项目建议书批复、可行性研究报告批复。新农村街规划全长约 470 米，红线宽 25 米，规划为城市次干路，同步实施交通、照明、绿化、雨水、污水、给水、再生水等工程。

（金 鼐）

【新东路南延（水源路—顺潮街）道路工程拆迁工作】 年内，区城管委积极推进新东路南延（水源路—顺潮街）道路工程，道路涉及河南寨镇红线内已具备交地条件，国有土地部分待完成树木砍伐后交地。

（吴 仪）

【密三路改扩建工程拆迁工作】 年内，区城管委积极推进密三路改扩建工程，开展地上物调查登记工作，项目拆迁实施方案经区政府常务会审议通过后印发实施，巨各庄镇按照拆迁实施方案开展补偿协议签订工作。密三路（潮河右堤路—东白岩）扩建工程全长约 1.27 千米，由公路分局负责道路建设，区城管委负责道路拆迁工作。

（郭 成）

【新北路东延（新檀路—密兴路）道路工程拆迁工作】 年内，区城管委积极推进密云新城新北路东延（新檀路—密兴路）道路工程，已完成拆迁实施方案的编制工作，并通过区政府常务会审议印发实施，区城管委负责新刘棚改范围外的拆迁工作，随道路建设进行拆改移工作。

（王 博）

【宜兴路（G101 绕城线—新南路）道路工程拆迁工作】 年内，区城管委积极推进宜兴路（G101 绕城线—新南路）道路工程，已完成拆迁实施方案的编制工作，并通过区政府常务会审议印发实施。区城管委负责新刘棚改范围外的拆迁工作，随道路建设进行拆改移工作。

（王 博）

【檀东路（新北路—新南路）道路工程拆迁工作】 年内，区城管委积极推进檀东路（新北路—新南路）道路工程，已完成拆迁实施方案的编制工作，并通过区政府常务会审议印发实施，随道路建设进行拆改移工作。

（王 博）

【西田各庄 220 千伏输变电工程拆迁工作】 年内，区城管委积极推进西田各庄 220 千伏输变电工程，站址部分已完成地上物拆除并交地。线路部分，溪翁庄镇正在拆除剩余 2 基塔地上物，穆家峪镇正在拆除剩余 1 基塔地上物，巨各庄镇、西田各庄镇已完成全部塔基交地工作。工程由区供电公司负责建设，区城管委负责拆迁协调工作。

（王 帅）

【西智35千伏变电站升压工程拆迁工作】 年内，区城管委积极推进西智35千伏变电站升压工程，全线41基铁塔已完成全部交地工作。工程由区供电公司负责建设，区城管委负责拆迁协调工作。

（王 帅）

【塘峪220千伏变电站110千伏配套送出工程拆迁工作】 年内，区城管委积极推进塘峪220千伏变电站110千伏配套送出工程涉及的16基铁塔已交地，剩余8基铁塔正在进行树木伐移工作。工程由区供电公司负责建设，区城管委负责拆迁协调工作。

（王 帅）

【密云门站天然气工程拆迁工作】 年内，区城管委积极推进密云门站天然气工程，已完成全部拆迁补偿协议签订及树木伐移工作并已交地。工程由北京燃气集团公司负责建设，区城管委负责拆迁协调工作。

（袁 静）

【巨各庄接收站至密云县城次高压A管线联络线工程拆迁工作】 年内，区城管委积极推进巨各庄接收站至密云县城次高压A管线联络线工程，已经按照一会三函程序提前启动拆迁工作，完成与密三路重合部分的地上物清登工作，北京燃气集团公司正在办理工程前期手续，确定工程拆迁范围。工程由北京燃气集团公司负责建设，区城管委负责拆迁协调工作。

（袁 静）

【密云城区积水点治理工程（一期）拆迁工作】 年内，区城管委已完成水源路800管线拆除工作，待雨水方涵水完工后，恢复管线。

（袁 静）

【征地工作】 年内，区城管委积极推进征地工作。檀东路（新北路—新南路）道路工程和新东路南延（水源路—顺潮街）道路工程，完成征地预公告发布，召开完村民代表大会并形成有效决议，签订完成征地补偿安置协议，完成征地补偿安置方案公告。新北路东延（新檀路—密兴路）道路工程、城后东街（檀营街—宜兴路）道路工程、宜兴路（G101绕城线—新南路）道路工程、密兴路（G101绕城线—新南路）道路工程、新农村街（宜兴路—新泰路）道路工程、圣水泉南延（顺潮街—滑雪场北侧路）道路工程完成征地预公告发布，召开完村民代表大会并形成有效决议。云西二路完成征地预公告发布，解决了争议地问题，村里正在进行农业人员结构表填报。

（王 燕）

【协助征地工作】 年内，区城管委协助公路分局做好征地工作。密三路改扩建工程完成征地预公告发布，召开完村民代表大会并形成有效决议，签订完成征地补偿安置协议；顺潮街道路工程开展征地补偿安置方案的公示。此两项工程由公路分局负责建设，区城管委负责道路征地工作。

（王 燕）

【电动汽车公共充电桩安装工程】 年内，区城管委在大城子镇政府、云佛山滑雪场停车场、巨各庄镇文体公园、巨各庄镇庄头村委会、区政府后院停车场、政府服务局停车场、隆源大厦停车场、古北水镇停车场安装46台公共充电桩，方便居民日常生活，解决电动汽车充电问题。

（李月新）

3月9日，大城子镇政府电动汽车充电桩

（李月新 摄）

城乡环境建设

Urban and Rual Enviromental Construction

【概 况】 2022年，区城管委按照区委区政府创城工作部署，围绕“整齐、有序、靓丽”的城市精细化管理目标，全面推进全国文明城区创建工作，同时积极推进创卫工作。加强城乡环境建设，做好两个环境检查考核，做好市容环境卫生监督检查考核和城乡环境建设管理考核，实施密云区2022年环境综合整治提升工程（一期）。巩固垃圾分类工作，积极推进市级示范村居、区级示范村居、镇街级示范村居创建工作，开展市级示范单位创建申报，搭建生活垃圾排放登记管理信息平台。

（朱 聪）

【创建全国文明城区】 年内，区城管委按照全国文明城区创建指标要求，聚焦城市精细化管理、环境卫生、市容秩序、基础设施建设等方面存在的突出问题，进一步创新体制机制、完善治理举措、补齐设施短板、治理城市顽疾，全面推进全国文明城区创建工作。城市基础设施进一步优化。整治基础设施短板，年初制定硬件改造计划，建立攻坚整治台账，对标开展“城市体检”，完成1159处硬件设施整改工作；累计修缮沥青路面31325平方米、建筑退线区路面30529平方米、步道1638平方米；维修更换灯源、中国结维修1265基；持续优化80座室外公厕卫生及配套设施，16座室外公厕得到了全面的提质升级、3座新建公厕已全部落成投入使用。重点区域环境进一步改善。在全力做好各项市政设施维修养护工作外，主动承担区级重点区整治提升任务，攻坚完成兴盛北路主路水泥硬化11500平方米，沥青路面1100万平方米、施划复划停车标线950平方米、铺设雨水管线480米、新建雨水检查井2座、雨水篦子16座、路灯移改13基，周边环境、道路焕然一新。东门外大街沥青路面铺设3200平方米、路缘石铺设900米；于家胡同完成沥青路面铺设600平方米；长城环岛围墙临时修缮工程600平方米；101绕城线文化墙粉刷工程9300平方米。

（张 英）

【市容环境管理】 年内，区城管委优化完善市容环境卫生监督检查考核办法，贯彻落实市城管委2022年新要求，提高全区市容环境卫生作业质量和服务水平；加大督查检查力度，共计整改问题点位98余处，实现市级现场检查点位百分百达标。

（王佳旺）

【2022年环境提升工程】 年内，区城管委实施密云区2022年密云水库周边、上游及水源保护地环境综合整治提升工程（一期），完成累计整修道路16004平方米，清洗粉饰和改造建筑外立面44965平方米，新建及修复围墙3090米，围栏、护栏改造500米，清运垃圾渣土3670立方米，清理和完善城市道路公共服务设施41处。

（裴崇盛）

【垃圾分类工作】 年内，区城管委持续巩固垃圾分类工作，20个镇街已全部通过市级示范片区检查验收，覆盖率达到100%。创新开展“市、区、镇”三级示范村居创建工作，已创建109个市级示范村居、96个区级示范村居、155个镇街级示范村居。完成293家示范单位、8座商务楼宇、1条商业街区创建的市级申报工作。建成20个镇街（地区）、中关村密云园全覆盖的生活垃圾排放登记管理信息平台，全区垃圾分类所有环节实现有效监管。以“日检查、日曝光、周排名、月考核”的方式创新开展全覆盖检查考核，每月对各镇街、各社区（村）、各物业公司进行考核排名，建立村居动态分级管理机制，以“好、中、差”三个评分等次推进督导检查，创新“2+1”复查复核机制，并强化叠加轮动式检查。

（胡新征）

创建全国文明城区

Building Civilized Cities

【概 况】 密云区创建全国文明城区工作由区创城工作指挥部统领，指挥部下设创建全国文明城区工作指挥部办公室（简称“创城办”）、政务环境建设组、法治环境建设组、市场环境建设组、生活环境建设组、社会环境建设组、生态环境建设组、未成年人教育环境建设组、思想道德和人文环境建设组、基层政治建设和社会动员组、监督执纪组（简称“一办十组”），负责指挥部各项决策落实。指挥部设督导组，由区人大、区政协对创城工作推进情况和重点点位整改落实情况进行全程督导。密云区创建全国文明城区工作指挥部坚持双指挥、双主任高位统筹，坚持“双点评”“双调度”“双包保”协调调度，完善“一办十组”组织架构。强化机制创新，制定《密云区创建全国文明城区工作指挥部运行办法》，建立“五专”机制等5大类、20项常态化创建工作机制，推动创城工作与城乡治理深度融合。聚焦城市治理“难点”、群众生活“堵点”，坚持“十无”标准，以“十大专项整治”为核心，开展“百日攻坚”活动，治理“十乱”，累计修复路面步道9.4万平方米，施划机动车停车位2.3万余个、非机动车停车区域1.5万余处，安装电动自行车充电装置1.8万余个，规范提升城区67家“三修一配”摊点“进商入市”，拆除立柱广告牌88个，完成82条背街小巷整治提升和88个小区通信和有线电视网络整治。开展密关路、新南路、新东路、环湖骑行线、鼓楼东西大街整治提升工程，在三周时间内，解决困扰三十多年的兴盛北路环境问题，创造密云 创城“兴盛速度”，被人民网、北京日报等多家媒体广泛宣传。推进“美丽岸线”建设行动，在水库、河流及沿岸，道路及沿线，同步开展环境卫生、公共秩序、景观风貌整治提升，累计扫保整治道路5.3万千米，绿地保洁提升600万平方米。坚持农村人居环境整治与创建全国文明城区同部署、同落实、同检查、同考核，累计整改点位问题39079处，完成1000户“美丽庭院”、100条“美丽街巷”验收挂牌及15个生活垃圾示范村居市级评选。优化路网结构，西统路全线通车，新东路南延、新北路东延、宜兴路、檀东路、城后东街等道路开工建设，优化完善慢行系统，群众绿色出行便捷通畅。推动“疏整促”工作，拆除违法建设15.2万平方米、腾退土地18.8公顷，圆满完成市级“无违建区”复评验收。抓好两个“关键小事”，物业服务管理水平持续改善，垃圾分类闭环基础设施体系基本建立，20个镇街全部完成市级示范片区验收，293家单位全部完成市级示范单位创建。

（白晓东）

【组织“十大专项整治”】 5月，启动清理小广告专项工作、清理堆物堆料专项工作、门前责任区专项工作、背街小巷专项工作、飞线治理专项工作、停车秩序整治专项工作、交通路口整治专项工作、礼让斑马线专项工作、市民文明素养提升工作、公共基础设施提升工作十项专项整治攻坚行动。区城管委、区住建委、区经信局、区交通支队、区委宣传部、区农业农村局等牵头单位统筹抓总，制定工作方案，成立工作专班，细化责任分工，明确推进举措，实施挂图作战，倒排工期任务，开展专项治理，其他责任单位、镇街（地区）主动认领任务，各项整治工作得以高质高效完成。

（赵　瑞）

【启动“美丽岸线”建设行动】 7月，区创城工作指挥部开始在密云水库、区内河湖及沿岸，铁路、高速公路、国道及城市主次干道及沿线等重点区域，同步开展环境卫生、公共秩序、景观风貌整治提升、累计扫保整治道路5.3万千米，绿地保洁提升600万平方米。同时，农村人居环境整治与创建全国文明城区同部署、同落实、同检查、同考核，累计整改点位问题3.9万余处，完成1000户“美丽庭院”、100条“美丽街巷”验收挂牌及15个生活垃圾示范村居市级评选。

（赵　瑞）

年内，区创城办推进“美丽岸线”建设

（杨武群　摄）

【开展“百日攻坚”活动】 7—10月，开展创建全国文明城区“百日攻坚”活动。此项活动结合“五专”工作机制，以“十大专项整治”为核心，通过集中攻关，实现了城市基础设施建设、城市精细化管理水平、市民文明素质显著提升、居民生活环境有效改善，群众的获得感、幸福感、安全感不断增强，创城各项指标建设全面推进。

（赵　瑞）

【坚持“双点评”“双调度”“双包保”】 年内，创城工作强化顶层设计，坚持创城“一把手”工程，区创城指挥部配强领导力量，设双指挥、双主任。通过创城推进会、区委书记月度点评会“双点评”，指挥部调度和专题调度“双调度”，区领导包社区小区、包点位类型“双包保”，加强执行力度，督促部门镇街“双主体”责任落实落地。

（赵　瑞）

【建立“五专”机制】 年内，为巩固提升全国文明城区创建成果和创建水平，深入整治短板弱项，区创城工作指挥部建立“五专”机制，即：难题设专项、专项建专班、专班定专人、攻坚行专治、结果有专报的工作机制。以“五专”机制为代表，本区创城注重机制创新，共建立会议调度、执纪监督等5大类、20项常态化创建工作机制，夯实文明创建制度保障。

（赵　瑞）

【推进创城工作积分制】 年内，区创城办严明奖惩，依据《密云区积分榜机制（试行）》，制定《密云区创城工作积分细则》，细化区级积分标准，每月对单位、镇街（地区）创建工作分类排名、按绩奖惩，以此提高各级各单位参与创建工作积极性，加大问题整治力度。

（赵　瑞）

【开展环境秩序整治】 年内，区创城办组织多部门联合开展背街小巷环境精细化整治、门前责任区治理、占道经营、清理堆物堆料及小广告等环境秩序专项整治。责任单位和相关镇街协同，累计完成1159处硬件设施整改，修缮路面步道9.4万平方米，修补粉刷立面43万平方米，整改门前责任区问题1万余处、背街小巷问题1.9万余处、清理堆物堆料1.8万处、清除小广告19万余张，完成82条背街小巷整治提升。

（赵　瑞）

年内，北源里社区治理初见成效

（来一凡　摄）

【提升文明交通素质】 年内，区创城办聚焦不文明交通乱象，开展礼让斑马线、交通路口及停车秩序专项治理。协同区委宣传部，启动2022年文明交通专项整治行动，签订“文明礼让承诺书”3.7万份，发动志愿者3万余人次参与路口执勤，开展文明交通安全进社区进学校宣讲活动，参与群众30余万人次。区交通支队增配105名交通执法管理力量，规范交通秩序，累计处罚各类交通违法3.5万余起。

（赵　瑞）

年内，开展文明交通进社区活动

（来一凡　摄）

【缓解停车难、充电难问题】 年内，区创城办协同区城管委、区交通局、区公路分局，联合属地镇街，扩大停车位施划范围，做好交通标识复划工作，施划机动车停车位2.3万余个、非机动车停车区域1.5万余处、交通标线5.4万平方米，区住建委超额完成年度任务，安装电动自行车充电口1.8万余个。

（赵　瑞）

【创造密云创城“兴盛速度”】 年内，区创城办协同区城管委针对兴盛北路环境脏乱、侵街占道问题开展快速攻坚，果园街道、密云镇、十里堡镇主动靠前、联合行动，用3周时间就解决了困扰三十余年的难题，创造了密云创城“兴盛速度”，被人民网、北京日报等多家媒体报道。

（赵　瑞）

【常态均衡开展文明实践活动】 年内，区创城办“一对一”培训帮带49家单位150余场次，组织指导各单位开展活动5000余场。全区各单位组织政策宣讲、文化文艺服务、科学普及等文明实践活动1.4万余场，吸引80余万人次线上线下参与。

（赵　瑞）

【建设“生态文明好少年”品牌】 年内，区创城办开展文明交通、环境保护、法制宣传、帮扶助残等11类志愿服务190余场；组织4.5万余名师生参与“争做好少年”“永远跟党走”“强国复兴有我”等教育实

4月9日，“小蜜蜂”未成年人志愿者走进密云博物馆参与讲解、登记、引导等“学雷锋”志愿服务活动

（齐俊杰　摄）

践活动1300余场，推进“生态文明好少年”特色育人品牌建设。

（赵　瑞）

【坚持党员带头全员创建】 年内，区创城办推动党建引领创城新局面、新作为，树立“密云先锋”旗帜，通过干部下沉执勤和党员“1+10”包保机制，4.2万名党员联系带动群众累计参加志愿服务100余万人次。

（赵　瑞）

【打造创城“先锋行动”品牌】 年内，区创城办依据“围绕创建抓先锋，抓好先锋促创建”理念，围绕“十大专项整治”和重点点位建设，培育十支先锋队伍、打造百个先锋点位，通过先锋示范带动作用，引导党员群众心往创建想、劲往创建使，共同破解创建难题，塑造创城“先锋行动”品牌。

（赵　瑞）

【创城宣传】 年内，区创城办设计制作具有密云特色的国潮风创城公益广告，打造“山哥 水妹”创城IP形象，制作创城动漫作品。组织“创城大篷车”进基层活动，举办主题活动83场，多轮次开展“敲门行动”，发放《应知应会口袋书》等宣传物料40万件，发动居民30万户次参与创城，在2022年首都文明办二、三、四季度问卷测评中，密云区连续获得北京市第一名。

（赵　瑞）

【开展周末大扫除活动】 年内，82家单位包保93条（段）道路，20个镇街包保辖区社区、村庄，全区干部职工克服严寒酷暑，按照包保责任，坚持做好环境卫生日巡查维护和周末大扫除，全年参与10万余人次，在环境卫生清理、公共秩序维护、市民文明行为引导中发挥不可替代作用，推动共建共治城市治理新格局快速形成。

（赵　瑞）

年内，区创城办积极组织创城大篷车进社区活动　（区创城办　供图）

年内，区领导带头开展周末大扫除活动　（区创城办　供图）

城 乡 管 理

URBAN－RURAL MANAGEMENT

综 述

Overview

【概 况】 2022年，区城管委以创建全国文明城区为契机，以城乡环境和垃圾分类考核检查为抓手，以重点工程建设为保障，以实现城市精细化管理为目标，强化统筹、持续发力，全力以赴推进落实各项重点工作任务，市容面貌形象、街道空间品质、城市保障水平实现了较大提升，城市建设管理事业迈上了新台阶。

（牛志超）

【市政工程】 年内，区城管委完成市、区两级违规户外广告设施销账任务，按照市级要求全面开展立柱式户外广告设施规范治理工作，做好户外广告、牌匾标识安全管理工作。实施新西路照明工程、启源一街道路路灯补建工程，安装路灯68基、泛光灯44盏。做好市政设施管护工作，市政设施完好率98%以上，市政设施病害处理率达到100%。在城区热点位置布置重要节日景观，打造出“一横两纵、十三节点”的密云城区春节和元宵节景观。

（朱 聪）

1月10日，密云春节景观布置少年宫节点

（曹德满 摄）

【基础设施建设】 年内，区城管委推进重点工程建设及征地拆迁工作，全年完成10.6亿元投资任务。西智35千伏升压工程投产运行，做好密云区积水点治理工程（一期）、新北路东延道路工程、新东路南延道路工程等工程的开工。做好云西二路、密兴路、新农村街道路工程等工程的前期手续办理工作。协调做好密三路改扩建工程、西田各庄220千伏输变电工程、西智35千伏变电站升压工程等工程的拆迁工作。做好檀东路道路工程、新东路南延道路工程、新北路东延道路工程等工程的征地工作。在大城子镇政府、区政府后院停车场、古北水镇停车场等8处安装46台公共充电桩。

（朱 聪）

【城乡环境建设】 年内，区城管委按照区委区政府创城工作部署，聚焦城市精细化管理、环境卫生、市容秩序、基础设施建设等方面存在的突出问题，进一步创新体制机制、完善治理举措、补齐设施短板、治理城市顽疾，全面推进全国文明城区创建工作。按照国家有关文件要求推进国家级卫生镇创建工作，冯家峪镇、西田各庄镇、鼓楼街道和果园街道分别被命名为北京市卫生乡镇和北京市卫生街道。优化完善市容环境卫生监督检查考核办法，共计整改问题点位98余处，实现市级现场检查点位百分百达标。优化完善环境巡查考核机制，贯彻落实首环办2022年新精神，修改制定《密云区城乡环境建设管理工作方案（试行）》，全年共整治市级脏乱点942个，实现了市级现场检查点位百分百达标。实施密云区2022年密云水库周边、上游及水源保护地环境综合整治提升工程（一期）。巩固垃圾分类工作，20个镇街已全部通过市级示范片区检查验收，109个村居成功创建为市级示范村居，96个区级示范村居完成创建工作，155个镇街级示范村居完成创建工作，完成293家示范单位、8座商务楼宇、1条商业街区创建的市级申报工作，建成20个镇街（地区）、中关村密云园全覆盖的生活垃圾排放登记管理信息平台。

（朱 聪）

【城市运行保障（市政管理）】 年内，区城管委加大道路清扫保洁机械作业力度，“冲、扫、洗、收”组合工艺作业率达96.15%，城区垃圾清运作业及时规范，新投入吸污车、高压清洗车、医疗垃圾车、水车等14台环卫作业车辆，并引进5台多功能洒水高压清洗车。实施公厕升级改造，完成二类公厕整体改造6座，三类公厕更新为活动公厕12座，新增活动公厕3座以及对部分老旧公厕进行维修及设施完善。开展停车综合治理工作，做好经营性备案停车场日常检查工作，停车专项治理考核成绩取得满分，利用腾退土地建设临时停车场，便民停车。开展老旧小区地下管线改造前期工作，完成老旧小区加装电梯点位管线拆改移施工。加强供热行业管理，开展“冬病夏治”工作，联合第三方专业机构对全区供热单位进行安全检查，对供热单位进行约谈，督促供热企业提高供热服务质量。加强电力行业管理，督促区供电公司等企业落实安全生产主体责任，定期对密云区供电设施进行抽查，开展用电安全宣传活动。加强渣土消纳和运输管理，开展城区非法小广告清理工作。铁路道口成功实现16年无事故、11年零停车安全标准。

（朱　聪）

【燃　气】 年内，区城管委加强燃气行业管理，和各燃气企业签订《安全生产责任书》，完成安装安全型燃气配件工作。持续开展隐患排查治理，督促燃气供应企业做好入户巡检工作，开展燃气安全联合检查，成立无合法手续点供站治理工作专班，对无合法手续的LNG、CNG点供站、充装站开展联合检查。

（朱　聪）

城市运行保障（市政管理）

Guarantee of City Operation (Municipal Administration)

【概　况】 2022年，区城管委做好城区道路的日常清扫保洁，及时清运城区垃圾，按照计划增加环卫作业车辆，做好公厕日常维护管理和升级改造。开展停车综合治理工作，做好经营性备案停车场管理，利用腾退土地建设临时停车场，便民停车。开展老旧小区地下管线改造前期工作，完成老旧小区加装电梯点位管线拆改移。加强供热行业管理，开展“冬病夏治”工作，强化安全检查，提高供热服务质量。加强电力行业管理，督促企业落实安全生产主体责任，定期抽查，开展用电安全宣传活动。加强渣土消纳和运输管理，开展城区非法小广告清理工作。铁路道口成功实现16年无事故、11年零停车安全标准。

（朱　聪）

【环境卫生运行保障】 年内，区城管委做好道路清扫保洁工作，切实落实一、二、三级城市道路作业频次和工艺要求，加大道路机械作业力度，“冲、扫、洗、收”组合工艺作业率达96.15%。城区垃圾清运作业及时规范，全年收运47座垃圾收集站、181个小区、335家餐饮单位、156家医疗单位的生活垃圾37289.6吨、厨余垃圾11687.26吨、餐厨垃圾2348.62吨、医疗垃圾1243吨。做好城区80座公厕的运行维护。加强渗沥液处理运行管理，进一步强化设施设备的维护、保养工作。年内新投入使用吸污车、高压清洗车、医疗垃圾车、水车等14台环卫作业车辆，同时，城区道路清扫保洁能力提升项目于12月进入采购阶段，其中5台道路高压清洗车已采购到位。

（徐晨亮）

【公厕升级改造】 年内，区城管委完成二类公厕整体改造6座、三类公厕更新为活动公厕12座；在新里格庄西门、季庄村南、南门公交站旁新增活动公厕3座以及对部分老旧公厕进行维修及设施完善。升级后公厕实现多功能、数字现代化、舒适便捷于一体的城市公厕，增强市民使用舒适感，体现具有城市特点的公厕设施。

（徐晨亮）

【停车综合治理】 年内，密云区5家空闲地块共享停车场和28家机关错时共享停车场运行状况良好，为周边500余户居民提供固定停车位。区城管委停车专项治理考核工作圆满完成，绩效成绩取得满分；38家经营性备案停车场全部完成与市级平台数据对接；强化违规停车执法工作，会同区交通支队制定了城区停车执法日报表，每日上报区领导，督促违停执法工作；开展路侧停车费电话催缴工作，共拨打欠费提示电话22607个；开展外埠车辆欠费车主电话查询工作，与区交通支队建立对接机制，利用交管综合平台查询欠费车主电话，共查询到欠费车主手机号10355个；为提升路侧电子收费停车位收费实缴率，加大停车收费车位宣传力度，在正式运营的922个路侧电子收费停车位内增设“收费车位”标识；利用兴盛北路通用博园小区西墙外拆违腾退土地建设临时停车场，共向周边村民提供83个停车位；对经营性备案停车场进行日常检查工作，建立问题台账，责令停车场经营单位限期整改完毕。

（李博思）

【地下管线管廊工作】 年内，区城管委完成2022年密云区城市地下管线运行综合协调管理工作。对城区管辖范围内累计清掏雨水口23772座，冲洗雨水管道129千米。完成南更大街、东鱼市口胡同、阳光街三处雨污管线错接混接问题的治理。完成1处污水管道隐患，采用内衬治理方式对105米老化腐蚀管道进行了修复。完成供热管网改造25处，涉及供热面积约205万平方米，改造二次管线10172米，全年整改安全隐患85项。完成9200米燃气老旧管网工程改造，共计治理隐患715处。完成2021年度密云区地下管廊（古北水镇景区地下管廊）信息统计工作并报送至市城管委。

（王来运）

【老旧小区管线改造】 年内，区城管委开展老旧小区地下管线改造前期摸排工作，确认有改造需求的小区数量，基本完成工程量和资金测算统计工作，计划“十四五”期间实施改造。完成《密云区“十四五”时期老旧小区管线改造项目工作方案》编制工作。完成果园新里中区、行宫南区、季庄小区共 14 个加装电梯点位管线拆改移施工，与加装电梯实施主体同步完成场地移交。

（王来运）

【供热行业管理】 年内，区城管委组织供热单位对上一采暖季问题较多的小区开展“冬病夏治”工作，对康馨雅苑、康居北区、密西一期等 22 个小区的二次管网、地沟入户和 1 座换热站进行改造，涉及供热面积约 205 万平方米，改造二次管线 10172 米并投入使用。开展供热安全检查 130 余次，配备供热应急抢险队伍 3 支，供热安全水平及应急处置能力稳步提升。约谈供热单位 7 家，召开约谈会 18 家次，督促供热企业提高供热服务质量。

（周　楠）

【电力行业管理】 年内，区城管委加强风险防控及隐患排查，督促区供电公司等企业落实安全生产主体责任，同时开展变电站安全检查 8 次，对涉及公共交通、景区的公共充换电设备进行随机抽查 16 次。定期对密云区供电设施进行抽查，总结密云区窨井盖、配电箱未整改隐患数据，及时督促区供电公司整改。配合区生态环境局开展世界环境日、国际生物多样性日、全国低碳日等生态环境保护主题宣传。

（李月新）

【渣土管理】 年内，区城管委加强渣土消纳和运输管理。一是加强消纳场所管理。紧盯源头管理，研究制定《密云区建筑垃圾暂存点管理规定》，备案乡镇临时暂存点 190 余个，每月对暂存点进行一次全覆盖检查；对现有 5 家资源化处置场和 4 家临时贮存点共开展检查 170 余次，完成 5 家资源化处置场的半年验收和全年联审。二是开展建筑垃圾治理工作。全年组织区生态环境局、住建委、交通局、交通支队和城管执法局开展联合执法 72 次，其中夜查 15 次，检查施工工地 250 余个，共查处建筑垃圾违法违规行为 298 起，罚款 126.25 万元。每月定期组织召开规范管理工作联席会议。对北京市建筑垃圾运输车辆管理系统里派发的未办理消纳备案、准运许可和乱倒乱卸点位等问题进行核实、整改、回复，全年共核实回复问题 150 余个。三是加强运输企业管理。对区域内注册满一年的运输企业进行综合评估，对运输车辆进行审验，已完成 240 余家运输企业的审核工作。四是做好审批手续办理工作。全年共办理建筑垃圾车辆准运许可 1899 余张，审批运输企业 79 家，办理建筑垃圾消纳备案 270 件。五是牵头组织开展清理整治违法违规砂石料、渣土、建筑垃圾堆放场（点）专项行动，共清理整治点位 40 处。

（席婷婷）

【非法小广告清理】 年内，区城管委委托北京宜捷通物业管理服务有限公司负责清理城区非法小广告工作，清理范围：以密云区大剧院为中心，东至檀东路（密云区医院东侧）、西至 101 国道兴云路口、南至水源路（含水源路）、北至沙河铁路桥四至范围内的 77 条主街，全年共清理 7.37 万张非法小广告。

（席婷婷）

【铁路道口管理】 年内，区城管委加强密云辖区铁路道口安全管理，对监护员进行线上安全业务培训 1 次，班长安全管理专题培训 1 次；全员疫苗接种及核酸检测；召开安全例会 12 次、班长例会 9 次；加强视频监控及夜查管理，全年视频检查 872 小时，实地检查 16 余次，夜查 24 次，纠正违规行为 2 次，处罚 1 次；对道口房屋粉刷、修缮、设施改造。成功实现 16 年无事故、11 年零停车安全标准。

（李晓亮）

公安交通管理

Public Security Traffic Management

【概　况】 2022 年，北京市公安局密云分局交通支队（简称密云交通支队）负责疏导维护密云区路面交通秩序，纠正处理交通违法行为。负责重要领导、外宾及重大活动（会议）路线和现场交通安全保卫。指导、协调各级交通安全组织开展交通安全宣传教育，监督、管理、检查考核交通安全落实情况。负责全区地方机动车、电动自行车和驾驶员管理。负责处理交通事故，交通犯罪侦破，参与规划城市交通设施建设。

（王晓东）

【成立交通肇事逃逸专案组】 2 月 14 日，密云交通支队精选骨干力量成立打击交通事故肇事逃逸专案组，通过“一案一分析”、建立快速出警机制、多警种联合协作、传统与科技相结合等有力举措，全方位打击交通肇事逃逸违法行为。专案组成立以来，共侦破肇事逃逸类事故警情598起，侦破率上升69.9%，获赠锦旗20面，“12345”表扬9次，群众满意度、安全感显著上升。

（王晓东）

【搭建事故远程处理平台】 4月1日，密云交通支队组织民警、辅警、保险公司人员成立远程交通事故处理中心，明确工作职责、受理范围、运行流程，对相关工作人员进行为期半个月的实践培训，并于4月15日正式上线运行，实现“信息多流转、群众少跑腿、一线多减负”高效便民的良好效果。上线以来，处理交通事故3578起，处理量占同时段交通事故总量的45.3%，平均单起处理用时不足半小时，较出警处理用时缩短近一半。

（王晓东）

【开展“创城”攻坚】 7月，密云交通支队用时15天完成105名交通协管员招收录取、岗位培训、装备配备等工作，重组创建全国文明城区（创城）攻坚小分队，开展“路口抓劝导，路段管违停”攻坚任务。在城区10处主要路口高峰时段部署协管员开展定点劝导管控；以城区26条主次干路和3条重点背街小巷为主，兼顾其他城市道路，实行实名包片包段责任制，开展违法停车治理。7—10月，日均发送违法停车提示短信800余条，粘贴违法停车告知单200余张，下半年违停处罚量达当年上半年的5倍，主要街道违法停车基本清零。“创城”小分队获得区委“密云先锋”荣誉称号。

（王晓东）

2月24日，密云分局交通支队民警在交通主干道指挥交通　　（张成龙　摄）

【完成重大安保任务】 年内，密云交通支队将冬季奥林匹克运动会（冬奥会）、冬季残疾人奥林匹克运动会、中国共产党第二十次全国代表大会等重大安保任务和交通管理各项工作统筹规划，同步落实。安保战时警力24小时在岗，超常规措施开展各项工作，确保重大活动、会议期间道路交通安全、平稳、有序。冬奥会安保期间，组织相关演练6次，完成要人路线勤务12次，观众集结点路线勤务17次。61名警力支援闭环内外各个岗位，确保核心圈安全。其间，支队民警在主媒体中心查获一名一级临控人员，仅用17小时成功侦破辖区夜查强行闯卡案件，历经3个昼夜快速妥善处置网络舆情事件。

（王晓东）

【提升基础建设】 年内，密云交通支队开展道路交通组织设施常态化排查，实地踏勘重点路段、点位，深挖风险隐患，积极推动治理。发现并整改交通设施类隐患60余处，新装信号灯3处，改造调整信号灯7处。排查辖区130所校园周边交通设施，施划人行道标线500平方米、网格线1100平方米，安装标志145面。对城区主要路口施划“礼让行人”地面注字40组、自行车标识149个，铺设非机动车双道红色铺装4000余平方米，安装分道标志14面，施划标线等815.68平方米。

（王晓东）

【狠抓源头监管】 年内，密云交通支队将交通违法超标单位列为工作重点，逐一走访检查。对发现存在安全隐患的单位，通过责令限改、禁驶车辆、经济处罚等措施，督促单位落实安全防范主体责任。对亡人交通事故涉及的单位，下发督办单，督导检查安全防范责任制落实情况，发现安全隐患的一律采取处罚监管措施。检查单位1100余家次，发放责令限期改正通知书784份，禁止机动车上路行驶150辆次，罚款51家次，累计罚款54万元。

（王晓东）

【非现场执法建设】 年内，密云交通支队申请安装的70套信号灯全部建成，同时配备410套电子警察非现场交通违法抓拍设备，实现了未办理进京证、开车拨打接听电话、不系安全带、货车闯禁行等交通违法采集，全面拓展了非现场执法种类。下半年，单日非现场执法近2000起，是上半年的4.5倍。全年共录入各类非现场交通违法27.4万起。

（王晓东）

【交通信号灯智能化】 年内，密云交通支队积极向市交管局申请新建交通信号灯 55 处，将区顺密路、密关路、鼓楼东西大街等 15 处信号灯全部更新为具备联网和手控功能的新型信号灯。新建信号灯控制智能化程度大幅提高，可以根据路口车流量、不同时段采用不同配时，使信号灯运行时间紧密贴合实际路况需求，减少绿灯空放和车辆等红灯时间。通过科学调整信号灯配时，有效提高了本区万象汇路口、西大桥路口、滨河大桥五岔路口、密关路与白云街路口等重点路口的通行能力。

（王晓东）

【打击交通违法】 年内，密云交通支队精准分析研究管界内交通违法、交通事故、民意舆情等数据，以“平安系列行动”“三清三个一批”“百日行动”等专项行动为平台，深化警种融合，开展小兵团作战和多部门联合执法行动，统筹推进各类交通执法工作深入开展，坚持日日查、夜夜查，一日一清整。全年，交通执法共计 46.3 万起，同比提升 124%；抓获酒驾人员 46 人、醉驾人员 84 人；发生交通事故 1.19 万起，同比下降 4.3%，事故伤人和亡人量分别下降 8.7% 和 12.7%。

（王晓东）

【强化文明宣教】 年内，密云交通支队深化交通安全“七进”宣传，围绕“绿色出行守护行动”和农村“一老一小”专题教育，组织全区各单位在商圈市场、公园广场、客运场站、农村劝导站等场所，通过多种形式开展各类宣传 190 余场次，发放宣传教育材料 18 万余份。发挥“交通副校长”“法制副校长”职能，深入 30 余所中小学校讲好交通安全课，告诫学生群体在交通活动中应注意事项，掌握安全避险常识，“小手拉大手”效应最大化，确保安全出行。制作张贴禁止酒驾宣传海报 170 张，深入 35 家餐饮企业发动劝诫酒驾宣传员 270 余名，本区 22 家单位、6 个镇街、3 家社区（村）参与“零酒驾”创建并全部通过市级评比。

（王晓东）

城 管 执 法

Urban Management Law Enforcement

【概　况】 2022 年，密云区城市管理综合行政执法局（简称区城管执法局）依法开展治理和维护城市管理秩序的相关工作，坚持“党建统领、精准执法、精细管理”的工作思路，围绕党的二十大、冬奥会冬残奥会、全国“两会”等重大活动执法保障，以督察考核为抓手，以创建全国文明城区、抓好门前责任区执法为重点，统筹推进市区两级重点任务及城管重点专项执法。全区城管系统执法总量 155246 件（其中：执法检查量 141287 件，同比增长 46.94%；处罚量 13959 件，同比增长 42.79%），罚款总额 205.3 万元。

（刘奥林）

【拆违腾地专项行动】 年内，区城管执法局发挥区创建办统筹协调作用，牵头起草下发《2022 年密云区违法建设治理工作方案》，坚持“周报告、月调度、季研判”的工作模式，及时梳理治违工作中存在的实际困难，报请区领导召开调度会，有效调度全区治违工作。全年拆除违法建设面积 142632.7 平方米，补办手续 7700 平方米，共计 150332.7 平方米，完成进度 100.2%，腾退土地 18.83 公顷，完成进度 104.6%，圆满完成 2022 年度治违工作任务。

（刘奥林）

【占道经营专项整治】 年内，区城管执法局制定印发《密云区 2022 年占道经营整治工作方案》和《密云区占道经营整治专项行动综合评价细则》，细化分解各镇街（地区）年度任务目标，压实责任，对街头游商占道经营进行月举报动态监控，针对月举报高发的镇街，及时下发督办通知督促整改。全年共受理“12345”接诉即办占道经营类举报 484 件，同比 2021 年举报量下降 55%，整治各类占道经营行为立案处罚 6555 起，处罚 130053 元，立案诉求比 13.8。

（刘奥林）

【执法协调工作】 年内，区城管执法局落实区城管执法协调办工作职责，适时组织召开执法协调工作会议，汇总、分析综合执法工作开展情况，并组织相关部门研究解决问题的意见和建议。全年组织属地执法队伍召开协调会议 20 余次，组织市场监管、燃气等其他部门参与联合执法 4 次，与公安部门共开展“并肩行动”联合执法 9 次，查处占道经营、店外经营共 60 余起。结合年度重点工作与市级考核项目中有关工作目标，及时向属地执法队制发《监管通知单》865 件，接收并反馈市发区政府及区城管执法局《监管通知单》65 件，所涉问题已全部整改反馈完毕。

（刘奥林）

【保障创城工作推进】 年内，区城管执法局研究制定《密云区城管执法局 2022 年创建全国文明城区工作要点》《门前责任区专项执法工作方案》，督促属地执法队聚焦街面环境秩序问题，加大对早中晚高峰时段环境秩序的监管，涉及重点点位的做到人盯车巡，加大立案处罚力度，防止违法行为反弹。成立门前责任区督导工作专班，每天开展街面巡查，每日对发现问题情况和立案处罚情况进行通报，并督促属地执法队及时立案处罚，全年共向镇街移送检查问题线索11014件，全体城管系统执法人员共立案处罚8850件，街面环境秩序明显好转。

（刘奥林）

【“三类场所”疫情防控】 年内，区城管执法局坚持“日督导、周研判、月调度”的工作机制和“领导包片科室包点”的工作制度，统筹全区城管执法系统持续抓好“三类场所”疫情防控监督检查执法工作，指导属地执法队加强对“三类场所”落实扫码测温查验、戴口罩、员工健康监测、规范通风消杀等疫情防控措施情况的检查执法。全年，各属地综合执法队共检查“三类场所”72495家次，发现问题3961起，执法公示320家。局机关督导组每周对属地开展督导，抽查辖区内“三类场所”疫情防控措施落实情况，全年共抽查检查相关经营场所2216家次，发现问题168起，向镇街派发疫情防控类督办单、整改通知等文件209件，有效筑牢疫情防线。

（刘奥林）

【重大活动执法保障】 年内，在党的二十大、冬奥会、冬残奥会、全国“两会”等重要时期，督促全区城管执法系统进入全面状态，以安全稳定为工作核心，突出重点领域和重点区域，按照首善标准深入开展排查整治，严格落实疫情防控、执法检查、应急值守等各项工作任务，对发现的问题落实挂销账管理，全力消除各类安全隐患，确保不出现秩序类问题和扰序现象，为重大活动保驾护航。

（刘奥林）

【大气污染源头防治】 年内，区城管执法局指导属地执法队持续加大对施工扬尘、道路遗撒、露天烧烤、露天焚烧等问题的整治力度，与环保、交通等部门强化联合执法，对不符合要求、出现遗撒的车辆和涉气类违法行为，依法予以处罚。全年大气污染类执法案件立案处罚318起，罚款127.1万元。

（刘奥林）

【燃气安全专项执法】 年内，区城管执法局指导属地执法队突出抓好燃气安全专项执法，以液化石油气非居民用户为重点，加大燃气安全检查频次和执法处罚力度，加强隐患排查，发现问题全环节、全链条进行督促整改，切实保障市民群众生命财产安全。全年立案43起，罚款1.65万元。

（刘奥林）

【生活垃圾分类专项执法】 年内，区城管执法局督促属地执法队密切关注辖区市民诉求情况，在做好对辖区常规执法检查的基础上，重点聚焦分类基础薄弱、12345群众诉求高发、舆情曝光以及市指挥部例会上通报问题多发的地区，持续加大对不正确分类投放违法行为的执法检查力度，形成执法震慑，以高强度的行政处罚，倒逼环境秩序的改善提高。全年执法检查投放环节单位6729家次，立案处罚5856起，罚款21万元。

（刘奥林）

【非法小广告专项整治】 年内，区城管执法局制定印发《密云区清理小广告专项工作方案》，成立专项工作领导小组，进一步明确小广告清理整治范围、工作重点以及职责分工。组建清理小广告督导检查组，持续开展督导检查，制发《小广告问题点位整改通知书》《小广告问题线索移送函》60余个，跟踪督办整改落实。结合周末大扫除活动，组织各物业服务企业配合各镇街（地区）、社区集中开展小广告清理整治行动，累计清理居民小区小广告8万余处。全年录入非法小广告停机警示系统108起，停机号码3个，警示外地号码2个，立案处罚49起，罚款16200元。

（刘奥林）

供　水

Water Supply

【概　况】 2022年，北京檀州自来水有限责任公司（简称自来水公司）以习近平新时代中国特色社会主义思想为指导，认真贯彻党的十九大、二十大精神，坚决落实集团党委各项决策部署，统筹抓好经济发展、疫情防控、高峰供水、降本增效、安全生产、全面从严治党等工作，全力保证2022年度工作目标的实现，推动密云地区供水事业高质量发展。2022年，自来水公司供水1598万立方，吨水耗电0.426千瓦时，单日最高供水量为6月3日5.23万立方米。水质综合合格率为100%。管网明漏12处。产销差率18.31%。实现全年安全生产无事故，完成集团下达的各项任务指标。

（高　远）

【管网运行保障】 年内，自来水公司对密云城区内供水管网及设施重点部位、重点地段、重点时间加强巡视，全年收缴违章用水、违章私接相关费用36万余元。完成檀州老旧小区综合整治二期、独立计量区（DMA）建设工程、檀州管网消隐工程、消火栓增设补建工程、管网补测工程等投资建设项目，降低管网漏损和跑水损失。在党的二十大、市十三次党代会等重大政治活动及重要节假日期间，加强巡视，保障水源九厂DN2600管网安全运行，其间制止管线占压21处。完成52个小区83处过单元表跑水修复工作，每月可减少跑水损失约830立方米。积极配合密云新刘地区棚改项目市政配套给水建设、积水点治理和老旧小区加装电梯改移管线等区政府重点工程，确保民生工程顺利实施。

（高 远）

【地表水厂通水运行和管网阀门调节工程】 年内，自来水公司继6月16日实施地表水厂复通水工作后，又于9月6日开展了密云东南城区新南路DN600主干管线并网通水工程，此次调试并网期间未发生“黄水”问题，所有监测点水质全部合格，地表水厂日供水量由此前的6800立方米上涨至1万立方米，进一步优化了水厂、地表水厂和城区东南部管网的经济运行。

（高 远）

【管网测漏工作】 年内，自来水公司通过对已建成小区DMA数据分析，发现6处DMA小区的夜间最小流量出现异常情况，维修人员及时修复减少漏损。通过与深圳智能水务有限公司合作，完成已建成43处DMA小区存量漏失分析工作。

（高 远）

【更换NB远传水表工作】 年内，自来水公司主要领导靠前指挥，协调施工队伍，动用人力50余人，突破疫情防控难题，仅用19天，圆满完成2022年度20010块NB远传水表更换任务。

（高 远）

【降本增效】 年内，自来水公司落实以兼职司机取代专职司机的工作要求，将大部分专职司机编入人员空缺部门，组织各部门29名职工学习兼职驾驶，提高职工工作效率。积极拓展能源管理工作新思路，将新城地表水厂容量计费方式改为需量计费方式，运行电费由之前的每月15万余元降至每月近6万元，年节约电费100余万元。探索工艺运行模式，按照“峰谷分时，经济用电”原则，计划采取夜间进水的方式运行，降低制水成本。

（高 远）

【整理易维数据】 年内，自来水公司进行九级规范地址的编制，完善了用户产权信息和联系方式，更改信息117983条。易维营销系统中共有水表146288只，总户数为137712户，实际录入户数为132257户。易维营销系统的运行渐趋规范，为公司营销工作奠定基础。

（高 远）

【优化营商服务环境】 年内，自来水公司对两个营业厅的业务和管理进行重新梳理改革，对外业务纳入营业厅的服务范围。积极优化营商环境，不断提升供水接入服务，全年共完成20处小微工程，用户满意度100%，两个营业厅实现零投诉、零服务事故发生。

（高 远）

【接诉即办】 年内，自来水公司规范“接诉即办”工作流程，完善管理办法，形成部门联动机制，建立考核机制，实现用户满意率100%。全年，热线电话共计29437起，接线员派发率、及时率均达100%，总计处理各类问题1300余件。

（高 远）

【安全生产】 年内，自来水公司落实安全生产主体责任，加强职工安全教育培训和治安保卫等工作，保证全年重大安全生产责任零事故、交通死亡责任零事故。与各部门负责人及相关职工签订安全责任书、防汛责任书等，实现责任到岗、落实到人；开展风险评估和隐患排查治理，组织相关人员开展公司级安全检查200余次；节假日及重大活动期间安全检查21次；消防、防汛、危化品等专项安全检查20次。

（高 远）

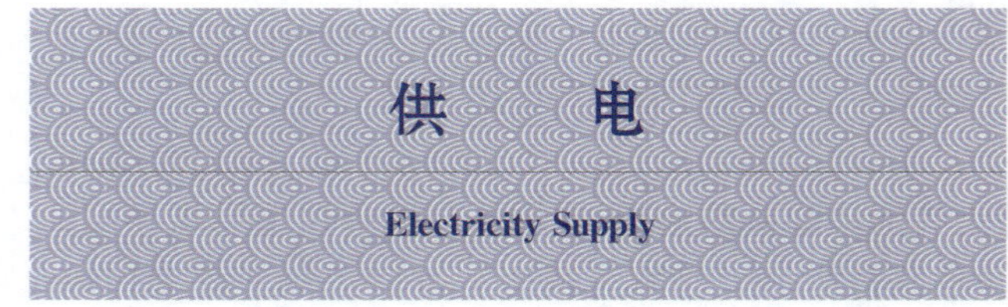

供 电

Electricity Supply

【概 况】 国网北京密云供电公司（简称密云供电公司）是国网北京市电力公司直属供电企业，负责密云地区2229.45km^{2}范围内的电网规划建设、运行管理、电力销售和30.85万客户的供电服务工作。密云区域内共有220kV变电站2座，容量90万kVA；110kV变电站14座，容量132.6万kVA；35kV变电站12座，容量40万kVA；110kV线路9条，长度152.69km；35kV线路24条，长度263.2km；10kV

线路267条，长度312km。地区供电用户30.85万户。全年售电量完成24.7亿kWh，2022年12月18日录得最大负荷61.42万kW。

（孙佩佳）

【人力资源】 截至年底，密云公司共有全口径用工731人，其中长期工248人。长期工中研究生及以上学历42人，本科学历136人，专科学历60人；高级职称35人，中级职称41人；技师及以上职业资格89人，高级工61人，中级工31人。

（孙佩佳）

【优化人员机构设置】 年内，密云供电公司提升组织机构效能，将怀柔科学城密云园区业务统筹划归到开发区供电服务中心。加大核心班组人员配置，设立稽查室。青年人才托举取得初步成效，2名青年员工入选北京公司青年人才库。选拔出三级专家2人，按照“一人一案”的培养方式，签订年度任务书，有效发挥专家人才引领作用。

（孙佩佳）

【电网规划与建设】 年内，密云供电公司与政府签订《密云区“十四五”电力规划建设深化战略合作协议》，更新“十四五”电网规划成果，在“十四五”密云电网规划中新增1项庄头峪输变电及其配套线路工程，由2020年“1+6+1”座变电站规划，深化为“1+7+1”座变电站（220kV西田各庄站，110kV西智、河南寨、燕落寨、大辛庄、西恒河、商务区南、庄头峪，35kV古北口站）。开展密云区14镇镇域空间规划编制工作，目前已同各镇编制科对接，初步完成现状及规划供电所、变电站土地类别性质校核，优化220kV高岭西，110kV溪翁庄、庄头峪、古北口3座站址位置。取得主配网规划意见、备案、核准等前期节点26项；紧密对接区规自分局和溪翁庄、西田各庄、高岭等14乡镇，优化落实变电站址6个。完成西田各庄220kV输变电工程属地协调任务。河南寨架空线、高岭增容、西智升压工程相继竣工投产。塘峪配套送出C段、兵马营外部供电工程开工建设。全年完成土地手续关键节点12项，工程前期手续26项。西智升压工程获得国网公司现代智慧标杆工地称号。

（孙佩佳）

【疫情防控供电保障】 年内，密云供电公司制定疫情防控供电保障工作方案，对涉疫的54条配电线路开展差异化特巡，对29个疫情防控客户开展隐患排查并制定“一户一案”，重点保障定点医院等七类重要防疫客户和涉疫封控场所的电力可靠供应。

（孙佩佳）

【提质增效】 年内，密云供电公司紧抓23项核心量化指标，推进提质增效49项重点任务，制定提质增效方案。全年累计接电容量20.11万kVA，完成全年接电指标的105.84%。与政府部门有效联动，顺利完成负控系统建设任务。电费回收率达到99.98%，全力确保电费回收“颗粒归仓”。开展手工抄表精准治理和精准电价稽查，采集抄表实用化率达到99.99%。“电e金服”推广落地，制定推广方案、对营业厅窗口人员加强培训。严格落实“先利库，后采购”原则，消纳本单位、外单位工程结余物资，规避了增量结余物资的积累，使库龄五年以内结余物资的盘活利用率达到90%。盘活存量资产，组织梳理房屋土地台账，优化公司资源配置。

（孙佩佳）

6月24日，国网北京密云供电公司带电作业班开展带电线路改造工作　（林一轩　摄）

【供电保障】 年内，密云供电公司完成国家体育馆保电任务。开展120项“一岗一案”、6轮次隐患排查、7次应急演练，“五个最”“四个零”目标圆满实现。

2月1日，国网北京密云供电公司驻国家体育馆电力保障团队开展设备巡视　（林一轩　摄）

保障期间，创新性制定场馆负荷管控制度。累计完成保电任务 38 项、保电天数 272 天。保障人员累计巡视线路 1.63 万千米、杆塔 2.84 万基，开展重要客户设备巡视 215 次和电话问询 113 次。

（孙佩佳）

【工程安全管控】 年内，密云供电公司加大“四不两直”督查力度，公司领导及管理人员现场检查 337 次，督查队巡检生产作业现场 1726 个，抢修现场 20 余次，组织开展“战秋检、压责任、防风险、保安全”和“强责任、控风险、反违章、保安全”专项活动。严格作业风险审核，建立两级风险审核机制，组织召开周安全风险会商会 50 次，全年共计审核风险作业 1293 余项。组织完成安全生产专项整治三年行动“三下三上”工作，完成整改验收并提交报告。组织开展安全隐患大排查大整治行动和消防安全专项行动，排查治理各类隐患 164 项。完成北京公司专家组应急能力建设评估复查评工作，完成“1＋30”个应急预案的修订、外审、发布工作，修订印发 4 项度冬应急预案。组织开展冬奥保障、防汛、度冬应急演练 16 次。深化安全例会机制，召开安委会和安委会专题会议 4 次、月度安全分析会 11 次。修订公司领导班子成员安全责任“两个清单”并签订履责承诺书。编制完成 1 项安全管理手册、39 项专业程序文件、11 项风险管控手册。修订《公司安全工作奖惩实施方案》。成立网络安全攻防演练领导工作小组，抓好网络安全保障部署。“护网行动”期间，以“防守零失分、加分满分”的成绩完成演习任务。

（孙佩佳）

6 月 24 日，国网北京密云供电公司带电作业班开展带电线路改造工作　（林一轩　摄）

【营销与优质服务】 年内，密云供电公司开展手工抄表精准治理和精准电价稽查，采集抄表实用化率达到 99.99%，深化“一台区一指标”应用，以理论值为目标对台区进行核查治理，台区线损率压降至 2.57%。制定发布《供电服务问题认定与处理工作机制》等一线服务处置标准和原则。强化客户诉求管控，加强服务问题分析。客户服务满意率达到 98.68%，业务处理及时率达到了 100%。2022 年实现同期计算，理论线损按月进行统计。

（孙佩佳）

【煤改电】 年内，密云供电公司启动大会战模式，领导班子带队下现场一线督导，各级管理人员现场办公，调配资源力量，坚持“日调度、夜会商”，仅用 2 个月的时间完成投资 3.24 亿的工程建设任务，确保 28 个村、0.86 万“煤改电”用户全部按时接电。作业计划数量累计执行 1065 条。组织管理人员下现场，累计开展现场检查 569 次。提升施工图纸的准确性，实现设计图纸标记地理信息。建立分布式光伏接入前联动机制，拓宽充电桩适用范围。累计接电容量 19.40 万 kVA，完成全年接电指标的 102.11%，其中“三零”接电 3.98 万 kVA，服务客户 4182 户。与政府部门有效联动，完成负控系统建设任务。

（孙佩佳）

9 月 10 日，国网北京密云供电公司施工人员在太师屯镇大漕村开展“煤改电”台区安装作业

（林一轩　摄）

【科技与创新】 年内，密云供电公司完成 5 项群创项目验收工作，完成 4 项群创项目、1 项科技项目实施，作为参与单位参与 1 项新型电力系统项目。专利方面，申报 4 项发明专利、3 项实用新型专利、2 项软件著作权；授权 2 项发明专利、7 项实用新型专利。创新成果方面，获得国网北京市电力公司 2022 年科技进步三等奖 1 项。参与国网公司调考竞赛，获得团体第 8 名的成绩。实现 2 人入选北京公司青年托

举人才库，2 人获得五四优秀个人的荣誉。

（孙佩佳）

【党的建设】 年内，公司扎实推动宣传贯彻党的二十大精神走深走实，邀请专家学者进企业，举办支委培训班，组织“党员回党校”，开展“学习宣传贯彻党的二十大精神公开课”，多角度、深层次解读党的二十大精神，引导广大员工更加坚定拥护“两个确立”，坚决做到“两个维护”。着力提升党建价值创造能力，对标密云生态涵养区“密之水”绿色定位，以弘扬密云水库建设“牺牲、创新、奋斗”三种精神为主线，聚焦年度重点工作任务，积极开展“密之电”党建特色实践活动，实现党建与业务深度融合、多维出彩。

（孙佩佳）

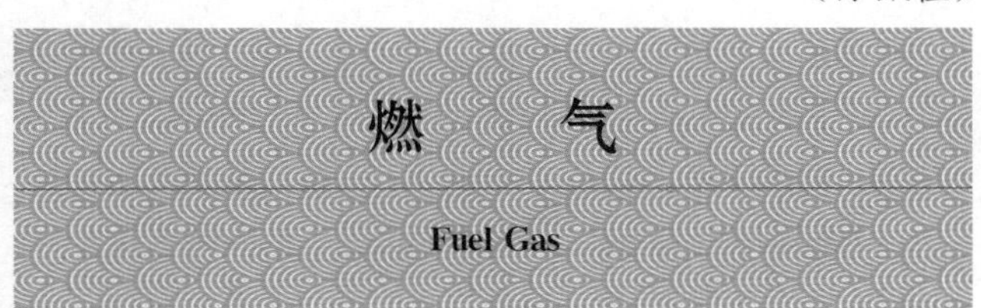

燃　气

Fuel Gas

【概　况】 2022 年，区城管委加强燃气行业管理，开展安装安全型燃气配件专项工作，开展燃气安全专项整治工作，加强联合检查，要求燃气供应企业做好入户巡检工作，治理无合法手续 LNG、CNG 点供站。

（朱　聪）

【燃气行业管理】 年内，区城管委做好燃气行业管理工作，一是年初和各燃气企业签订《安全生产责任书》，要求各燃气企业加强自身管理，层层分解落实目标责任，确保安全供气；二是持续开展隐患排查治理，对 8 家燃气供应企业的场站、管线等燃气设施进行全面排查，将隐患排查治理工作常态化，督促企业及时完成隐患整改，保障运行安全，全年共检查燃气企业 86 家次，出动人员 172 人次。三是做好日常管理工作，每月召开燃气行业安全生产例会，强化“12345”工单承办能力。

（蒋月昌）

【安装安全型燃气配件】 年内，区城管委安全型燃气配件安装工作被列为市级实事工程，密云区市级任务为完成 5182 户天然气用户和 43566 户液化气用户安全型配件的更换。全年，天然气配件已完成 11218 户，完成年计划的 216.5%。液化气用户配件已完成 88482 户，完成计划的 203%。

（蒋月昌）

【燃气安全专项整治工作】 年内，区城管委开展燃气安全专项整治工作，一是开展安全隐患消隐工作，完成燃气管线占压隐患治理 726 处，户内老旧管线改造 6000 米，燃气阀门旋塞阀更换 246 座。二是要求燃气供应企业做好入户巡检工作，全年居民用户累计检查 117965 家，非居民用户累计检查 16082 家次，累计发现隐患 1983 个，整改 1983 个，整改率 100%。三是强化联合检查，完成 12 次燃气排查整治督导考核工作，抽查 36 家非居民用户的燃气使用情况。成立无合法手续点供站治理工作专班，对全区无合法手续的 LNG、CNG 点供站、充装站联合检查 83 家次，发现安全隐患 31 项，已全部整改完成。

（蒋月昌）

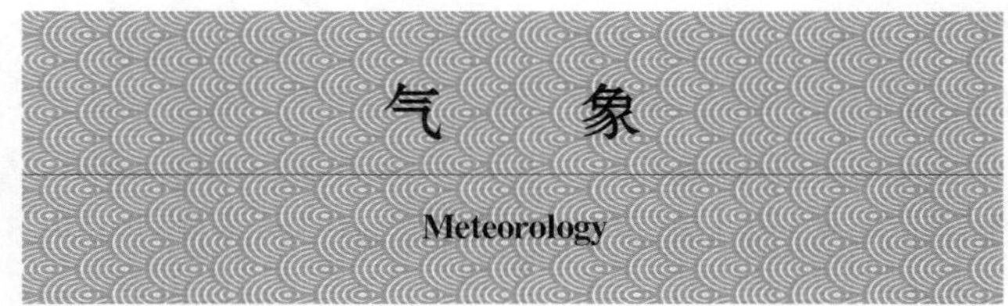

气　象

Meteorology

【概　况】 2022 年，北京市密云区气象局（简称区气象局）及时发布预报预警信息，保证全区平安度汛；抓住时机开展人工影响天气作业，有效增雨减灾；强化社会管理职责，规范开展雷电防护装置设计审核和竣工验收行政许可，严格升放气球活动审批；深入挖掘气候资源，扩大“中国天然氧吧”影响力；做好森林防灭火、反恐应急、重大会议期间气象服务保障；推进气象灾害风险普查，编制气象灾害系列综合防治区划图。年内，区气象局被评为 2021 年度密云区“信息工作优秀单位”、区气象台被密云区委组织部授予“密云先锋岗”称号。

（付立娟）

【参加“守护天然氧吧 做双碳先行者”倡议活动】 4 月 18 日，密云区委副书记、区长马新明受邀出席“守护天然氧吧 做双碳先行者”倡议活动启动大会并介绍密云经验。启动《守护天然氧吧 做双碳先行者》倡议，将促进天然氧吧经济与“双碳”目标更加紧密结合。

（廖明水）

【首次参加第三届氧吧产业发展大会】 7 月 30—31 日，第三届氧吧产业发展大会暨“中国天然氧吧”媒体推介会在江苏省东台市举办。北京市密云区等 56 个 2021 年度获评地区接受“中国天然氧吧”证书。林立副区长代表密云区在会上分享密云经验，介绍了密云保护生态环境、创建中国天然氧吧的做法和成果，以及提升“氧吧”影响力、将“氧吧”与争创碳中和示范区相结合的目标、计划。

（廖明水）

【服贸会密云氧吧展区受关注】 9月1—5日，2022中国国际服务贸易交易会在北京·国家会议中心举办。密云区应邀参加“创‘双碳’示范城市展暨中国天然氧吧第四届文化旅游节”活动，展示密云丰富的旅游资源、优质的农副产品及优美的城市风貌。会展期间接受来自中央广播电视总台、北京广播电视台《美丽北京》栏目等多家新闻媒体采访报道。

（廖明水）

【印发《密云区践行“两山”理论 提升“中国天然氧吧”影响力三年行动计划》】 9月7日，密云区委全面深化改革委员会正式印发《密云区践行“两山”理论提升“中国天然氧吧”影响力三年行动计划（2022—2024年）》。《行动计划》明确筑牢“氧吧”基础、扩大“氧吧”影响力、“氧吧”赋能全域旅游、“氧吧”赋能乡村振兴、“氧吧”赋能康养产业五大任务。

（廖明水）

【印发《密云区“十四五”时期气象事业发展专项规划》】 11月30日，经区政府第31次常务会审议通过，印发《密云区“十四五”时期气象事业发展专项规划》。规划明确“十四五”期间密云气象事业发展的三项重点任务，即完善气象灾害防御体系，服务区域安全发展；挖掘气候生态价值，助力全域旅游发展；加强科技成果综合应用，服务生态系统保护。

（廖明水）

【气象概况】 年内，密云本站年平均气温11.5℃，与常年（11.5℃）持平。年极端最高气温37.6℃，出现在8月5日。年极端最低气温－17.7℃，出现在12月17日。年降水量483.0毫米，比常年（621.7毫米）偏少2成。最大日降水量56.4毫米出现在6月12日。年平均风速为1.2米/秒，北风、北东北风风速最大，年平均达2.3米/秒。年日照时数为2536.0小时，比常年（2321.0小时）偏多一成。

（刘凤辉）

【气象探测】 截至年底，密云区初步建成地面观测与遥感遥测相结合的立体化综合探测系统。地面观测系统包括42个地面自动气象观测站和9个土壤水分观测站，其中4要素及以上地面自动气象站点平均网格间距8.35千米。遥感遥测系统包括1部X波段双线性偏振多普勒天气雷达和5个GNSS遥感大气水汽监测站。此外，在景区、林场和城市公园建成9个空气负（氧）离子观测站。

（李翔宇）

【气象服务】 年内，区气象台发布气象灾害预警信号12类，共计168期，其中大风预警66期、雷电预警33期、暴雨预警19期、大雾预警13期。制作发布《重要天气报告》46期、《天气情况》74期、《天气快报》60期、《密云地区天气月报》12期。汛期（6月1日—9月15日）密云地区一般性降水预报准确率同比增长1.5%，暴雨预警提前量同比增加5分钟，冰雹预警提前量同比增加119分钟。加强为农气象服务工作，在农时关键期及转折性天气，编写《设施农业气象灾害影响预报》等6种气象服务材料36期。

（李翔宇）

【开展多种气象宣传活动】 年内，借助多个时间节点开展气象科普活动。“3.23”世界气象日继续进社区、进校园，利用密云官方融媒体直播、密云气象微信公众号等线上平台开展多种宣传活动。先后在鼓楼街道、密云镇、太师屯镇、大城子镇、东邵渠镇开展5场气象科普讲座，走进檀营小学开展气象知识讲堂。首次在融媒体官方微信“宜居密云”直播间开展世界气象日主题直播，累计观看人数10.5万人次。

（廖明水）

【开展防雷装置审批违法行为专项整治】 年内，根据全市统一部署，全区43家危化企业被列入防雷安全专项整治重点单位，在两年内完成防雷安全重点单位雷电防护装置未经设计审核施工以及未经竣工验收交付使用违法行为专项整治，进一步消除雷电防护装置存在的安全隐患，妥善解决历史遗留问题。

（徐柳溪）

【密云区启动“避暑旅游目的地”申报工作】 年内，为深挖气候资源，力争把生态气候优势转为经济发展优势，区气象局收集、整理近30年的气候资料，启动密云区申报“避暑旅游目的地”工作。“避暑旅游目的地”是国家气候标志品牌，2022年国家气候中心启动全国首批“避暑旅游目的地”认定。

（廖明水）

【完成密云区第一次气象灾害风险普查】 年内，根据《北京市第一次全国自然灾害综合风险普查气象灾害风险普查实施方案》的整体安排，区气象局开展密云区干旱、暴雨、高温、低温冷冻、大风、冰雹、雪灾、大雾和雷电灾害9种气象灾害致灾危险性调查，年底前完成全部调查数据汇交、数据质检核查、区级综合评估区划、成果审查等工作。

（廖明水）

【加密自动气象站建设】 年内，根据《密云区“十四五”时期气象事业发展专项规划》重点任务及区政府重点工作要求，区气象局开展区域自动气象站点建设规划编写。从站点密度、市级要求、气象灾害风险、监测数据应用效率四个方面综合分析，以提升东部、北部地区监测能力为重点，拟在全区增加56个区域自动气象站。

（廖明水）

房屋管理

Housing Management

【概　况】 年内，区住建委为做好民生保障工程，提升居民幸福感，完成花园东区、花园西区、果园西里南区3个老旧小区综合整治项目，共计57幢住宅楼。完成鼓楼街道、果园街道、檀营地区、十里堡镇、溪翁庄镇、密云镇6个镇街的房屋漏雨修缮项目，修缮面积约9万平方米。为保障居民住用安全，积极做好城镇房屋危房解危工作。定期开展自建房、村民自建出租房屋消防安全与城乡结合部重点村综合整治工作，其中完成检查经营性自建房1.6万栋。全力推进西大桥、溪翁庄棚改剩余滞留户的清理工作。

（王　钰）

【房屋征收拆迁】 年内，区住建委完成拆迁640户，拆迁面积17.11万平方米（涉及3个项目：中铁十六局新北路29号院棚户区改造项目1户0.0034万平方米；果园街道西大桥棚户区改造项目192户5.47万平方米；溪翁庄镇溪翁庄村棚户区改造项目447户11.63万平方米）。拆迁现场检查6次，未发现违法行为。全年办理拆迁许可证延期3件（分别为：穆家峪镇新农村刘林池棚户区改造项目、十里堡镇王各庄棚户区改造项目、檀营土地一级开发项目）。

（王　钰）

【棚户区改造】 年内，超额完成市级棚改签约任务200户。截至12月底，已签约659户，完成率329.5%。果园街道西大桥棚户区改造项目，已签约214户，签约比例98.2%。溪翁庄镇溪翁庄村改造项目，已签约443户，签约比例95.48%。长安新村和南菜园新村旧城改建棚户区改造项目完成剩余2户签约，完成棚改拔钉子任务，回迁房544套已于4月交付使用。穆家峪镇新农村刘林池棚户区改造项目，住宅全部完成签约，非宅剩余56户正在继续签约中，4919套回迁安置房已完工，正在进行各项验收工作。中铁十六局集团有限公司路桥公司密云新北路29号院棚户区改造项目，已全部签约完毕，东侧地块正在进行主体结构二次施工。十里堡镇王各庄棚改项目已完成棚改成本审核工作，土地分期入市，其中MY00-0500-0001地块已摘牌。

（王　钰）

【公租房管理】 年内，本区共有512户家庭申请保障性住房并通过市级备案，其中公租房家庭225户，市场租房补贴家庭188户，公租房租金补贴家庭99户。本区对各类保障房家庭开展资格复核工作，共计35批次，2309户。其中公租房家庭1577户，市场租房补贴家庭352户，公租房补贴338户，廉租补贴42户。

（王　钰）

【房改工作】 年内，区住建委办理房改房产权转换手续2户、建筑面积142.65平方米。

（王　钰）

【共有产权剩余房源再销售】 年内，区住建委通过递补选房模式完成再申购工作，即首创悦欣嘉园共有产权项目214套，隽成云河上苑家园项目72套。

（王　钰）

【政策性住房建设】 年内，超额完成政策性住房建设任务。其中保租房开工任务500套，已开工727套，涉及项目为北京市密云新城MY00-0302-0066地块公租房项目。竣工任务870套，已完成878套，涉及项目为李各庄云河上苑共有产权房项目和密云区长安新村和南菜园新村旧城改建棚户区改造项目。筹集公租房任务294套，已筹集688套，涉及项目为北京市密云新城MY00-0302-0066地块公租房项目。

（王　钰）

【自建房排查】 年内，区住建委组建6个“三合一”综合整治工作及“百日活动”工作组，积极推进自建房安全专项整治工作，完成经营性自建房排查工作。共排查自建房125814栋，其中经营性自建房16208栋，管控率100%。

（王　钰）

【既有住宅电梯加装】 年内，共开完工21部，完成2022年开工20部市级目标任务。其中，鼓楼街道矿山公司家属院C楼3、4、6单元等7部加装电梯工程已完工，鼓楼街道行宫南区4号楼2、4单元及果园街道果园新里中区4号楼2、4单元等14部电梯管线改移已完工。

（王　钰）

北京住房公积金管理中心密云管理部

【概　况】北京住房公积金管理中心密云管理部负责管理部范围内住房公积金及单位住房基金（售房款）、售后公有住房住宅专项维修资金、商品住宅专项维修资金、住房补贴等其他住房资金的归集、使用管理工作；负责住房公积金的催建、催缴、执法和投诉处理工作；负责管理部各类档案的建立、归档工作；负责接待住房公积金咨询、查询及信访工作；负责管理部区域范围内的住房公积金贷款相关工作。2022 年，有归集开户单位 9500 个，开户登记人数 125700 人，余额 46.08 亿；当年归集 20.35 亿元，支取 15.95 亿元，新增单位数 585 个，新增人数 6318 人；全年共发放公积金贷款 1404 笔，发放公积金贷款金额 8.55 亿元，贷款回收情况良好；商品住宅专项维修资金，归集金额 3114.88 万元，使用金额 1643.34 万元，余额 12.19 亿元。

（叶　明）

【便民服务】年内，北京住房公积金管理中心密云管理部做好延时服务和“好差评”，严格落实各项便民服务政策，实现精细化管理组织，多措并举，助力“智慧公积金建设”。分批次、分阶段实现 5 个综合窗口，设置自助机引导员，全体职工时刻以首善标准为追求，不断提升自身综合素质和业务办理水平，广泛宣传“网上办”、“掌上办”，引导客户通过自助机办理业务，推动“自助机＋引导员”业务办理模式。落实服务首问负责制、一次告知等制度。投诉受理方面，受理 260 件，立案 251 件，结案 215 件，为 354 人追缴公积金 3874897 元。

（叶　明）

【公积金个人贷款】年内，北京住房公积金管理中心密云管理部按要求审核公积金贷款，及时公示政策；结合疫情防控形势，调整分配每月贷款额度加强资金风险防范，确保人员、资金安全。召开“优化营商环境 梳理组合贷款流程”调研会，积极联系银行、中介机构和评估公司等相关单位，按计划发放公积金贷款。加强政策宣传，讲解公积金政策、公积金与组合贷款流程和注意事项，实现公积金个人住房贷款有序发放。

（叶　明）

【商品住宅专项维修资金】年内，北京住房公积金管理中心密云管理部配合管理中心资金管理处，协调区住建委及相关部门，做好各项工作。通过参加老旧小区综治专班，摸排区老旧小区维修资金补建、续筹试点工作，解决老百姓维修难问题；通过区市场监管局、区鼓楼街道、区密云镇、区果园街道等部门组织的“回迁安置住户”“清理遗留拆迁问题”等“吹哨活动”，积极配合所涉及小区缴存、使用维修资金；通过现场查看住宅小区并会商，确定商维资金缴存标准。

（叶　明）

物业管理

Estate Management

【概　况】2022 年，区住建委加强物业服务企业行业监督管理，提升全区物业服务企业整体服务水平，物业管理工作取得明显成效。全区现有物业服务企业管理的物业项目 194 个，物业服务企业 72 家，从业人员 3400 余人，管理面积约 1407.7 万平方米。

（王　钰）

【电动自行车充电设施安装】年内，区住建委提前超额完成区两级电动自行车充电设施建设指标任务。市级建设任务量为 13000 个充电接口，区级任务量为 17643 个充电接口，共涉及 15 个镇街（地区）82 个住宅小区及 90 个村。9 月 8 日，全区电动自行车充电设施建设工作完成 13221 个充电接口，已顺利完成市级年度建设指标任务。10 月 14 日，已建设完成 17819 个充电接口，已顺利完成区级年度建设指标任务。截至目前，全区完成电动自行车充电设施接口安装 18476 个，接口通电 15816 个，小程序上报完成 14255 个。

（王　钰）

【创建全国文明城区】年内，区住建委成立创城工作专班，将创城工作列入《密云区住建委 2022 年重点工作责任清单》，2022 年制定印发了《密云区物业小区“周末卫生大扫除活动方案”》《关于开展住宅小区清理堆物堆料专项工作方案》和《关于开展住宅小区清理小广告专项工作方案》等 6 个专项治理工作方案。年内多次召开创城工作部署会，将创城办制定的指标说明下发至物业服务企业，对创城点位指标内涵和要求进行讲解，提出明确工作要求，建立工作台账，加大问题整改工作力度，并监督指导各物业服务企业配合属地镇街（地区）开展各类专项治理工作。成立 6 个创城专项工作组，由各主管副主任牵头“包物业小区”，各科室全部下沉至所有住宅小区，开展创城检查300余次，督促指导物业企业针对发现的各类问题“立行立改”。区住建委联合物业服务企业落实创城各项治理工作，每日开展专项治理活动情况：日常巡查中，共清理小广告51278处，清理堆物堆料6241处，擦拭公共服务设施2380处；组织各物业服务企业配合各镇街（地区）、社区开展“周末大扫除”活动37次，出动人员16432人次，清理小广告61823处、堆物堆料3786处、卫生死角9325处，规范自行车停车入位13783辆，劝阻不文明晾晒432处，整改公共服务设施143处。

（王　钰）

北京密云城市服务集团有限公司

【概　况】 北京密云城市服务集团有限公司（简称城服集团）组建于2020年12月，注册资金1亿元，为区属公共服务型企业，涉及供暖管理、物业服务、煤炭供应、园林绿化4个行业，共8家子公司。承担供暖面积约1300万平方米，下设4个热源厂、88个换热站，供暖范围涵盖全区148个小区、2100余栋楼房、11万户居民、6000户非居民用户。承担物业服务面积约490万平方米，下设17个小区管理处，物业服务范围涵盖密云55个小区、714栋楼、2748个单元、37227户居民。承担城区348公顷五河十路、平原造林养护、兴云路、新西路等7条道路、京沈高铁周边绿地美化整洁工作。承担本区40个尚未进行煤改电乡村冬季减煤换煤工作。

（赵子庆）

【疫情防控】 年内，城服集团选派1118名职工参与心连心物业55个小区75个卡口疫情防控，累计值守达4.07万人次。抽调190名职工下沉社区，配合街道落实扫码测温登记防疫政策。先后19次协助区委组织部开展流调工作，排查9072余名与确诊病例有时空交集人员。

11月5日，城服集团员工参与长安东区疫情防控

（李仕营　摄）

（赵子庆）

【助力创城】 年内，各二级企业138名骨干人员、362名物业职工、239名垃圾分类指导员、138名保洁员，近千人投身创城一线，参与物业辖区环境卫生综合治理，为推动密云创建全国文明城区贡献重要力量。

（赵子庆）

8月27日，城服集团员工在宾阳北里开展创城支援服务活动

（王鑫蕊　摄）

【安全生产】 年内，城服集团采取定期检查和不定期抽查相结合的方式对所属企业、4大热源厂、施工现场、居民小区进行安全大检查，查出隐患立行立改，确保职工群众生命安全，减少国家财产损失。全系统未发生安全生产事故。

（赵子庆）

【“一微克”行动】 年内，城服集团推进“一微克”行动，对所属供暖企业换热站供暖设备升级改造，实现能源清洁低碳安全高效利用，降低企业运行成本。

（赵子庆）

【供暖管理】 年内，夏季维修项目敷设供热一次网管线5600米，更换管道4466米、阀门1165个，承接新刘、国祥府项目约65万平方米供暖服务。

（赵子庆）

【便民服务项目】 年内，城服集团完善物业15分钟服务圈，建成花园、宾阳、密东、果园新里北区和果园中区 5 个家政便民服务中心并投入运行，惠及周边 11351 户居民。

（赵子庆）

【物业管理】 年内，城服集团采取“4＋X”党建引领创城工作模式，抽调 100 余名党员组建突击队，下沉社区开展创城宣传、环境整治等志愿服务活动，指导物业辖区垃圾分类桶站落实“四有三选配”。在辖区内试点实施先尝后买服务模式，打造阳光家园、东菜园 2 个高端服务品质样板小区。

（赵子庆）

【接诉即办】 年内，城服集团组建 12345“接诉即办”专班，定期召开分析研判会，依托“6903 3333”热线平台及时梳理和预判共性问题，受理“12345”工单及“6903 3333”热线工单 37620 件，响应率 100％，解决率 94％，满意率 95％。

（赵子庆）

【煤炭供应】 年内，城服集团落实按需采购要求，控制煤炭质量，配送优质燃煤约 2.4 万吨。

（赵子庆）

【园林绿化管理】 年内，城服集团开展园林植物养护管理，主要涉及 348 公顷五河十路和平原造林养护工程、城区内 7 条道路范围内等项目，林地、林木管理及基础设施维护等工作，圆满完成全年养护任务。

（赵子庆）

【为民办实事实践活动】 年内，城服集团围绕“密云先锋”行动，以“供暖管家”和“连心物业”为抓手，定制 400 份先锋行动暖心包和活动记实手册。123 名在职党员联系群众 387 户、1237 人，先后组织开展助力创城、扮靓密云、“排民忧解民愿”主题活动 14 次，累计出动党员、积极分子达 672 人次，累计发放各类宣传、服务卡册近 1200 份、毛巾 372 条、口罩 3720 只，切实将先锋行动融入日常服务工作。

（赵子庆）

4 月 22 日，在康居南区开展日常保洁（姜维 摄）

【履行社会责任】 年内，城服集团应急接收太师屯镇约 23 万平方米供暖任务，完成 25 部老旧小区电梯加装任务住建委备案工作。

（赵子庆）

应急管理

EMERGENCY ADMINISTRATION

【概　况】 2022 年，北京市密云区应急管理局（简称区应急局）狠抓防控安全风险不放松，系统推进应急管理事业向纵深发展，顺利完成预期目标任务。深入开展安全隐患专项整治三年行动。做好市委市政府安全生产督察迎检和督察反馈问题整改工作。加强重要时期及重大会议活动的服务保障。推进总体预案编制，《北京市密云区突发事件总体应急预案（2022 年修订）》已编制完毕。强化灾害风险研判，减少各类自然灾害及安全生产类突发事件。在全市率先将区内 380 个行政村（社区）接入应急单兵系统，实现村村全覆盖。积极做好防汛准备工作，全面排查消除防汛隐患，强化防汛重点部位防范。统筹协调做好全区森林防灭火工作，逐步完善森林消防体系。

（宇　航）

【安全生产监管】 年内，区应急局制定《密云区安全生产大检查工作方案》。贯彻落实《北京市党政领导干部安全生产责任制实施细则》，印发《密云区安全生产督察工作方案》，制定并印发 2022 年《安全生产目标任务书》。制定安全生产专项整治三年行动 2022 年度监督执法检查计划。推进城镇燃气安全排查整治工作。加强重要时期及重大会议活动的服务保障。制定《密云区应急管理局重大活动期间危险化学品安全管理保障工作方案》，加强隐患排查和安全巡查。

（王海山）

【突发事件快速响应】 年内，区应急局编制《北京市密云区突发事件总体应急预案（2022 年修订）》。每月对各类灾害重点行业领域安全生产舆情风险进行研判。在全市率先将区内 380 个行政村（社区）接入应急单兵系统，实现村村全覆盖。完成党的二十大期间维稳安保工作。

（王海山）

【防汛抗旱】 年内，区应急局制发《密云区 2022 年防汛工作方案》《密云区 2022 年防汛工作任务书》，科学部署全区防汛工作。实现全区 20 个镇街（地区）380 个行政村（社区）和 11 个下凹式立交桥应急单兵全覆盖。对全区尾矿库开展“体检”式专家检查和安全评估，落实尾矿库安全管理“五方责任”。强化与密云接壤地区上下游、左右岸联防联动机制和抗洪抢险军地联动机制，聚焦汛期降雨应对。

（王海山）

【森林防灭火】 年内，区应急局组织全区范围内的实战拉练。修订印发《密云区森林火灾扑救应急预案》。开展森林防火“百日行动”。开设防火隔离带 120 万余延米。完善综合救援队伍建设。

（王海山）

安全生产监管

Administration of Work Safety

【概　况】 2022 年，区应急局加强安全隐患治理，开展安全生产整治“百日行动”督查工作。推进城镇燃气安全排查整治工作。落实市、区安全生产工作要求，切实做好党的二十大、冬奥会、冬残奥会等重要时期及国家重大活动期间的安全保障工作。做好密云区尾矿库安全管理工作，开展事故应急演练。

（宇　航）

【安全生产保障及工业企业疫情防控检查】 3 月 5 日起，区应急局对重点区域、重点领域开展安全生产督导和工业企业疫情防控检查，重点检查生产经营单位用电安全、燃气安全、危化品销售和使用、消防安全、工业企业内部冷库疫情防控措施落实等。出动检查人员 30 人次，检查各类企业 20 家次，查出安全生产隐患 10 项，并责令隐患单位限期整改，全部整改完毕。

（张宏伟）

【全国“两会”和冬残奥会期间服务保障】 全国“两会”及冬残奥会应急保障工作期间，区应急办、森防办下发极端天气应对工作通知，确保各项安全防范措施落到实处。区应急和住建、城市管理等行管部门加强监管，梳理管控复工复产安全风险，做好全方位的督导检查。制发《关于进一步加强全国“两会”期间全区公共安全和应急管理工作的通知》，对全区各单位应急值守、信息报送、应急准备、应急处置等方面工作进行具体安排。完善各类应急预案并强化演练。加强应急值守，按照“在岗、在职、在责”要求，执行三级 24 小时带班值班制度。

（夏志田）

【尾矿库安全管理】 年内，区应急局委托中国安全生产科学研究院对 7 座尾矿库和 11 座排土场进行“体检”式检查，并编制检查报告书。3 月 29 日，区应急局组织区国资委、高岭镇、巨各庄镇和相关企业召开专题会议，研究部署整改工作。会议通报检查结果，针对检查报告书提出的问题，制定整改方案，明确整改时限、整改措施、整改责任单位，要求各尾矿库管理单位落实“一库一策”防范措施，并下达责令限期整改指令书。

（梁乃顺）

【尾矿库事故应急演练】 5月25日，区应急局组织尾矿库管理单位以实战和桌面推演的形式开展事故应急演练，相关行业部门、属地镇政府和尾矿库下游村民参与演练。演练预设尾矿库因急降暴雨、水位急剧上涨，造成洪水漫坝等情况为背景进行演习。参演人员积极准备、迅速响应、默契配合，完成演练。

（梁乃顺）

【观摩尾矿库溃坝风险应急处置演练】 6月15日，区应急局组织7座尾矿库管理单位的主要负责人和相关工作人员以视频会议形式观摩河南省尾矿库溃坝应急处置演练。演练模拟在暴雨情况下，应急救援队伍开展尾矿库下游人员疏散、排洪系统清理疏通、坝体加固等应急处置工作。观摩学习后，区应急局要求各尾矿库管理单位进一步修订完善预案、强化风险预警、加强隐患排查治理，真正做到“管住水、护住坡、看住井、应好急”，确保尾矿库安全度汛。

（梁乃顺）

【重大活动期间安全生产服务保障】 10月16日，区应急局派出3个检查督导组开展重大活动期间专项巡回检查行动，对6家危险化学品经营单位、2家工业企业开展安全生产执法检查。检查内容为安全生产体系建设、安全生产教育培训、日常巡查检查、风险隐患排查治理、重大活动保障方案制定、应急救援物资储备、重要设备设施管控等。重大活动期间，区应急局开展工业企业疫情防控检查和重点企业专项巡查行动，遏制各类安全事故发生。

（张宏伟）

【密云区获得市级安全生产综合考核奖励资金】 2021年区委、区政府安全生产工作综合考核结果优秀，被评为“北京市安全生产工作先进单位”。市安委会依据密云区2021年度安全生产工作综合考核结果下达奖励资金148万元。

（梁乃顺）

【修订目标任务清单】 年内，全区对12个专题（专项）目标任务清单进行修订完善，完善33项目标任务，最终梳理出254项目标任务，其中2022年度需要完成的有244项，并将《密云区安全生产专项整治三年行动目标任务清单（2022版）》印发至各相关单位。

（梁乃顺）

【安全生产整治“百日行动”】 年内，按照北京市密云区安全生产整治“百日行动”工作方案要求，区应急局开展安全生产整治“百日行动”督查工作。9月13—30日，区应急局对巨各庄、河南寨、大城子、东邵渠、西田各庄等镇政府进行督导检查，详细查看各属地政府工作方案制定、召开动员部署会、领导带队检查、隐患问题整改等情况。检查发现个别单位存在资料不完善等问题，发现问题均整改完毕。

（梁乃顺）

安全隐患排查治理

Safety Hazard Investigation and Management

【概　况】 2022年，区应急局推进安全生产专项整治三年行动工作，组织第三方机构对密云区安全隐患治理工作开展排查核查，完成企业隐患排查治理。加强燃气领域安全整治，联合相关单位进行燃气安全督导检查。

（宇　航）

【燃气领域安全整治】 1月11日，区安办制发《密云区城镇燃气安全排查整治工作方案》，在全区范围内开展全面、彻底的排查整治，动态更新各类台账。全年，各镇街（地区）、有关部门和燃气企业累计检查非居民用户2.81万家次、居民用户11.94万户，排查隐患5214个，已整改4555个。累计检查燃气设施9.76万个及管道9.18万千米。燃气公司已完成666处管线占压隐患整改工作。全区完成1.12万户天然气配件安装工作，达全年任务量的216.2%。

（梁乃顺）

【燃气安全督导检查】 3月1—3日，区应急局联合区园林局、区经信局以及聘请的燃气专家对东邵渠、河南寨、大城子、巨各庄、西田各庄镇进行燃气安全督导检查。现场查阅属地政府燃气安全排查整治工作部署落实情况，同时，每个属地抽查2家燃气供应或使用单位燃气情况，检查中发现的隐患均已整改。

（梁乃顺）

【核查安全隐患治理工作】 8月15—19日，市安办组织第三方机构对密云区安全隐患治理工作开展为期

5天的排查核查。检查组随机抽取38个挂账隐患点位（其中重大隐患1项）和15家企业，涉及鼓楼街道、果园街道、十里堡镇、河南寨镇、溪翁庄镇、巨各庄镇、中关村密云园、区城管执法局、区国资委、区人防办、区城管委、区消防支队、区应急局。重点核查38个点位的销账隐患是否整改到位，已治理隐患是否存在反弹情况，并排查15家企业存在的隐患，尤其是重大隐患。发现隐患均已整改完毕，未发现反弹情况。

（梁乃顺）

【“国庆”假期服务保障】 9月1—30日，区应急和文旅、消防、水务等行管部门检查生产经营单位2844家次，出动人员4658人次，排查隐患630项，均已要求涉及单位整改。针对野外露营营地相关单位、进口冷链单位和危险化学品经营单位等开展集中执法检查，燃气领域隐患排查治理，电动自行车全链条管控，旅游景区、民宿露营专项检查行动，水务设施运行检查等隐患排查行动。全区安全生产领域保持安全稳定态势，无致人伤亡的生产安全事故发生。电气热、户外广告、市政设施、环境卫生等应急队伍42支607人全部在岗在位，各项应急物资储备充足。假期共安排运维人员686人次对重点变电站、线路和台区进行特巡；对燃气管线等设备设施加密巡检，91人次各级值班人员在岗值守，另配备专门应急抢修人员28人次，各种专用抢修车辆12辆，全天备勤；市政设施安全保障队伍包括巡查人员、道路、排水、照明、交通设施维修人员共计375人次，出动巡查维修车辆共计93车次对果园西路、新西路、鼓楼东西大街、鼓楼南北大街等市政设施重点巡护；全区13家供热企业392人在岗，5支应急抢险队共210人、10辆工程抢险车随时待命应对突发事件。10月1日起，提前进入2022—2023年度森林防火期，区森防办和区防火分指分别印发《关于加强国庆节和党的二十大期间森林防灭火工作的通知》，要求全区各级森林防灭火机构进一步压实森林防灭火责任，加大野外火源管控力度、督导检查频次以及重点区域宣传教育。区、镇相关部门工作人员3000余人在岗在位、各村两委班子1500余人在岗在位、以生态林管护员为主的5004名管护巡查人员全员在岗，临时增加426名管护巡逻人员。全区37支专业森林消防队伍共计900名专业森林消防人员全员在岗，全部24小时备勤，进入临战状态。“国庆”节期间全区未发生森林火情，森防工作平稳有序。

（夏志田）

【安全生产专项整治三年行动】 年内，本区推进安全生产专项整治三年行动工作。全年监督检查单位1.51万家次，排查隐患1580项，挂账问题隐患686项，销账685项，销账率99.85%（其中重大隐患1项，突出问题1项）。完成目标任务242项，完成率100%。

（梁乃顺）

【企业隐患排查治理】 年内，区应急局完成1300家小微企业、30家规模企业隐患排查治理系统清单编制工作的培训、指导，帮扶企业完成新版隐患信息系统初始化操作，并对小微企业在使用系统过程中遇到的困难进行指导。

（梁乃顺）

危险化学品安全监管

Hazardous Chemical Safety Supervision

【概　况】 2022年，区应急局制定《密云区应急管理局重大活动期间危险化学品安全管理保障工作方案》，督促危险化学品行业管控措施执行，禁止加油站销售散装油，开展危险化学品票据经营企业检查，督促企业做好危险化学品储存管理，加强隐患排查和安全巡查，确保重点时期危险化学品企业安全稳定。

（宇　航）

【重点企业危险化学品信息登记】 3月10日，区应急局组织开展危险化学品登记综合服务系统推广应用工作，完成重点涉危企业登录注册和企业信息、人员信息、生产工艺、危险化学品等相关信息填报，实现市区两级贯通。根据登记行业范围，密云区2家企业涉及信息登记填报，其中危险化学品生产企业1家、化工企业1家。

（梁乃顺）

【危化品企业安全生产行政许可现场核查】 6—11月，区应急局组织5名专家，对16家危险化学品企业应急处置能力、安全管理状况、设备设施运行等方面内容进行现场核查，并及时反馈核查情况，提出合理整改建议。截至11月28日，密云区2022年度危险化学品企业安全生产行政许可现场核查工作完成。

（梁乃顺）

【危化品安全生产专项检查】 6月20日，区应急局分管领导带队，对1家制药企业、3家加油站开展

“四不两直”检查，检查重点为是否严格执行安全生产责任制、安全生产管理制度及操作规程；是否对各类安全设施定期维护保养，确保运转正常；是否深入开展隐患排查治理并公示；是否规范实施动火作业、有限空间作业、装卸作业等危险作业；是否制定切实有效的应急预案；是否配备充足的应急物资等。通过检查发现，各企业危险化学品安全管理制度较为完善，存储场所、设施无明显缺陷，安全设施运行良好。

（张宏伟）

执法监察

Law Enforcement Supervision

【概　况】 2022 年，区应急局以年度执法计划为基础，同时发挥综合监管职能联合属地和行业部门开展联合执法，完成事故调查、安全生产举报投诉处理、重大活动保障等工作。全年检查各类生产经营单位2515 家次，下达执法文书 2524 份，其中责令限期整改指令书 153 份，查处各类安全隐患 333 项。进行一般行政处罚 8 起，罚款 2.8 万元。

（宇　航）

【文化旅游行业专项检查】 1 月 5—18 日，区应急局联合区文旅局对密云区文化旅游行业的 20 家生产经营单位进行专项安全生产执法检查，重点抽查有冰雪游乐项目的景区的安全生产情况，重点检查营业场所的安全警示标识、安全防护设置情况、变配电室的安全管理情况、各项安全管理制度的落实情况、应急预案制定演练情况及疫情防控工作开展情况。累计出动 130 人次，下达执法文书 27 份，其中责令限期整改指令书 7 份，发现并消除事故隐患 32 项，均已整改完毕。

（张宏伟）

【安全生产执法检查】 1 月 31 日至 2 月 3 日，区应急局每日派出执法人员，对危险化学品企业、涉奥场所及其周边生产经营单位进行专项检查，重点对安全生产体系建设、从业人员培训教育、应急救援物资储备、领导带班应急值守及疫情防控措施落实等相关情况进行检查。共计检查重点企业 18 家次，排查消除各类安全隐患 7 项，责令 2 家存在问题的企业限期改正，全部整改完毕。

（张宏伟）

6 月 3 日，区应急局执法人员在二分旁小超市开展安全生产专项执法检查　　（任冠龙　摄）

【疫情防控检查】 5 月 1—4 日，区应急局派出督导检查组，重点对 5 家涉及进口冷链的食品生产加工企业持续开展监督检查，执法人员按照《冷库疫情防控检查清单（第二版）》对相关企业食堂、餐厅、冷库等重要场所开展监督检查，督促相关企业严格落实冷库环境每 2 天开展 1 次核酸检测、冷链食品从业人员持 24 小时核酸检测阴性证明上岗等相关要求；及时排查中高风险地区进返京人员，落实从业人员的个人防护措施；加强对进口冷链及非冷链货物企业人员核酸对比登记簿小程序的使用；严格落实《做好“五一”期间复工复产防控工作的通知》要求，从业人员需持 48 小时内核酸阴性证明返岗复工。共计检查企业 18 家次，出动人员 36 人次，发现各类问题 3 项，立行立改 2 项，责令限期整改 1 项。

（张宏伟）

【城市运行行业专项检查】 5 月 5—19 日，区应急局联合区城市管理委对密云区城市运行行业的 20 家生产经营单位进行专项安全生产执法检查，重点检查生产经营场所的安全警示标识、安全防护设置情况、各项安全管理制度的落实情况、应急预案制定演练情况、从业人员劳动防护用品配备使用情况及疫情防控工作开展情况。累计出动 133 人次，下达执法文书 29 份，其中责令限期整改指令书 10 份，发现并消除事故隐患 40 余项，实施行政处罚 1 起，约谈企业主要负责人 1 次。

（张宏伟）

【高考考点周边安全生产专项检查】 6 月 3—6 日，区应急局联合相关属地镇街对密云区高考考点周边

200米内生产经营单位开展安全生产专项执法检查行动，重点检查安全生产制度建立、安全教育培训、重点设备设施运行维护、危险化学品管理、应急预案演练等相关情况。累计出动执法人员165人次，检查考点周边各类企业52家次，发现并消除各类问题隐患11项，未发现重大事故隐患。

（张宏伟）

【尾矿库安全生产检查】 6月14—20日，区应急局联合区矿山公司安全部、高岭镇安全科对全区6座尾矿库集中开展安全生产大检查，重点检查六座尾矿库本年经安全评估发现的问题的整改落实情况、尾矿库排洪设施堵塞、应急物资储备、应急预案演练情况。累计出动45人次，下达执法文书6份。安全评估报告提出的涉及尾矿库30项事故隐患均已整改完毕。

（张宏伟）

【小微企业专项执法检查】 11月1—21日，区应急局联合溪翁庄镇政府对其辖区内餐饮、商贸和民宿等企业开展专项执法检查行动，重点对企业的疏散通道、安全警示标识、电气线路、可燃气体报警装置、消防器材和隐患排查治理等情况进行检查。本次执法行动共计检查小微企业150家次，发现问题隐患63项，问题主要集中在个别企业安全生产现场管理欠缺、电气线路私拉乱接、安全警示标识不明显、消防器材配备不到位等。均已整改完毕。

（张宏伟）

【建筑工地冬季施工安全专项检查】 11月23日至12月31日，区应急局联合区住建委对全区各在建工地开展冬季施工安全专项检查。检查组采取查阅台账、现场检查等方式，重点对工人的三级教育培训、特种作业人员持证上岗、疫情防控、安全技术交底、项目经理及安全责任人员履职情况等方面，以及施工中隐患排查和治理落实情况进行专项检查。检查中发现，施工单位存在教育培训未登记考核结果、临边防护不到位、未设置明显的安全警示标识、个别工人安全防护不到位等问题。均已整改完毕。

（张宏伟）

宣传培训

Publicity Training

【概　况】 2022年，区突发事件应急委员会办公室、区安全生产委员会办公室、区防火安全委员会办公室联合开展2022年密云区安全宣传“五进”工作，推进安全宣传进企业、进农村、进社区、进学校、进家庭，组织开展“5.12全国防灾减灾日宣传周”活动、“安全生产月”活动等宣传活动。组织开展处级干部安全生产专题培训、城市协管员及职能部门安全员安全生产专题培训。

（宇　航）

【安全社区及综合减灾示范社区创建】 2月23日，区应急局制定印发《关于开展2022年密云区安全社区及综合减灾示范社区创建工作的通知》，采取全面推广的方式开展北京市安全社区创建工作。大城子镇、穆家峪镇共有9家启动北京市综合减灾示范社区创建；河南寨镇、鼓楼街道和果园街道共有7家全国级综合减灾示范社区开展复评；鼓楼街道、果园街道共有5家北京市综合减灾示范社区开展复评。最终，大城子镇河下村、王各庄村、杨各庄村、大龙门村、聂家峪村被评为“北京市综合减灾示范社区”；果园街道嘉益社区、福荣社区、学府花园社区和鼓楼街道行宫南区社区、宾阳里社区通过“北京市综合减灾示范社区”复评。

（张宏伟）

【安全文化建设示范企业创建】 2月23日，区应急局制定印发《关于推荐参与2022年北京市安全文化建设示范企业集团及示范企业创建的通知》，对申报和复审企业的范围、条件、数量以及申报程序等进行了限定，同时，全区需要参加复评企业2家，分别为北京威克冶金有限责任公司和赛龙（北京）汽车部件有限公司，因企业关停和经营业务转移原因，放弃复评。开发区申报3家企业、十里堡申报1家企业，均已将相关材料审核上报市局。中关村密云园申报的内蒙古伊利实业集团股份有限公司北京乳品厂被评为“北京市安全文化建设示范企业”。

（张宏伟）

【社区减灾、防灾及应急宣传教育活动】 3月28日、3月29日、4月12日、7月12日，区应急局分别在宾阳里社区服务站、花园东社区服务站、果园新里北区南门、车站路社区百合园小区开展减灾、防灾及应急宣传活动，活动现场放置宣传展板、悬挂横幅，向社区居民发放宣传资料、宣传品等；5月12日、24日、25日、26日，联合鼓楼街道、果园街道和檀营地区，组织社区居民150人，通过腾讯会议形式开展5场消防知识、防震知识等防灾减灾宣传讲座；6月28日，在冯家峪镇前火岭村开展安全宣传进农村活动，现场设置防汛知识展板8块，发放宣传海报、布袋、围裙、扑克牌等宣传品500余份；7月26日，在锦悦府小区开展消防演练及防灾减灾、应急知识宣传活动，现场设置宣传展板8块，发放宣传品800余份，出动消防车1辆，参与群众30人；8月17日、9月20日、9月22日、10月25日、10月26日，分别在檀城西区、鼓楼社区、康居社区、瑞和园社区、檀营社区、檀营第二社区开展恶劣天气应对、洪水逃生、避灾自救、火灾逃生、地质灾害小常识、水电气事故处理知识讲座，讲座结束后，为现场参训居民发放宣传品。

（张宏伟）

【“5·12”防灾减灾周宣传】 5月7—13日，区应急局联合区融媒体中心在密云电视台《密云新闻》播放前，以视频形式穿插播放防灾减灾应对措施、主题标语等相关内容；通过“密云应急”公众号以图文、视频形式将防灾减灾主题海报和地震、洪水、泥石流、火灾等防灾减灾常识及应对措施推送宣传，扩大宣传覆盖范围；5月12日，组织全区约5000人收看2022年北京市云上“5·12”防灾减灾日活动直播，推动防灾减灾知识普及；联合鼓楼街道、果园街道和檀营地区，组织社区居民150人，通过腾讯会议形式开展5场消防知识、防震知识等防灾减灾宣传讲座；在3个社区开展线下防灾减灾宣传活动，现场设置展板30余块，发放宣传海报、布袋、围裙、扑克牌等宣传品300余份，切实提升社区居民防灾减灾意识和应急避险、自救互救能力。

（张宏伟）

【“安全生产月”活动】 6月1—30日，联合区融媒体中心在密云电视台《密云新闻》播放前，以视频形式穿插播放防灾减灾应对措施、主题标语等相关内容；通过“密云应急”公众号以图文、视频形式将“安全生产月”主题海报和“疯狂安全家”系列短片推送宣传；6月16日，组织全区约5000人收看2022年北京市安全生产月活动专题宣传节目直播，促进企业第一责任人严格履行安全生产法定职责，提升全区安全生产水平，确保安全生产形势持续稳定；为全区21个镇街、中关村密云园发放“安全生产月”主题海报600张，要求各单位进村进企业将海报张贴宣传，扩大宣传覆盖范围；自6月29日起，联合区融媒体中心在《我的社区我的家》专题广播节目中开设子栏目“防灾减灾知识进农村”，于每周三将防灾减灾知识连续广播三期。

（张宏伟）

【安全生产专题培训】 10月26日，区安办制定印发《北京市密云区安全生产委员会办公室关于举办2022年密云区安全生产专题培训班的通知》。11月7日至11月30日，通过“北京市密云区安全生产培训平台”开展密云区线上安全生产专题培训，此次培训班以线上授课的形式开展，授课内容涵盖习近平总书记对北京发表重要讲话精神讲座、国务院安委会安全生产十五条措施解读、安全生产“双重预防机制”方法技术及政府安全风险监管应用实例、《北京市安全生产条例》解读、《关于加强安全生产执法工作的意见》解读、《刑法》危害安全生产行为的有关法律责任、安全生产应急管理执法检查清单、安全生产执法程序规定、城镇燃气安全管理、危险化学品企业检查重点、工贸制造企业检查重点、北京多发灾害认识及应对措施等，共计40学时，全区59个相关单位分管领导参加培训。截至11月30日，59名学员均已完成学习并通过考试。

（张宏伟）

【城市协管员、专职安全员培训】 11月2—28日，区应急局对全区113名镇街城市协管员、36名职能部门安全员开展线上业务培训，课程包含《北京市安全生产条例》解读、《关于加强安全生产执法工作的意见》解读、公共场所隐患排查重点、《刑法》危害安全生产行为的有关法律责任、安全生产执法检查规范公共卫生突发事件的处理、扎实做好新常态下的应急管理工作、应急状态下的媒体应对、新冠肺炎疫情挑战下的事故应急处置及启示等。

（张宏伟）

【“法律十进”及“以案释法”主题普法宣讲活动】 11月28日，区应急局会同十里堡镇政府50余人，共同参加北京市应急管理局、北京市安全生产联合会举办的“法律十进”及“以案释法”主题普法宣讲活动。活动通过线上主题宣讲、播放专家授课视频及解读新法规等方式，面向企业员工开展普法宣传。

（张宏伟）

【获赠锦旗】 12月1—13日，区应急局采取“党员领导带头、下沉干部轮岗”的工作模式，在果园街道密西花园社区开展车辆和人员信息登记、测量体温、环境消杀、卡口值守、核酸检测等防疫工作。12月14日，果园街道密西花园社区党委向区应急局赠送一面“同舟共济战疫情、情暖基层勇担当”的锦旗，表达对区应急局疫情期间“勇作先锋当表率、敢于作为冲在前”的感谢之情。

（王海山）

【推荐公共安全文化教育基地】 年内，区应急局推荐密云镇政府辖区内企业北京铂云蓝山教育科技有限公司，自主申报企业御道影界（北京）国际文化发展有限公司参加全市公共安全教育基地分类分级评估。最终，北京铂云蓝山教育科技有限公司通过综合类一级公共安全教育基地评估。

（张宏伟）

【安责险信息系统培训宣导会】 年内，安责险信息服务系统升级上线。7 月 14 日，区应急局组织召开安责险信息系统培训宣导视频会。各镇街（地区）经济开发区安责险工作负责人参加会议。会议就安责险信息系统新增设的宣导会管理和线上走访功能进行介绍，对参保数量、会议场次、参会人员等数据汇聚功能进行讲解，便于各级安责险工作管理人员进行查询统计，掌握工作进度，推进工作开展。

（梁乃顺）

防汛抗旱

Flood Control and Drought

【概　况】 2022 年，区应急局制发《密云区 2022 年防汛工作方案》《密云区 2022 年防汛工作任务书》，编制完善各项防汛预案，部署全区防汛工作。完善形成“1+7+6+21+51”防汛指挥体系，并落实各项防汛责任。指导编制密云水库高水位运行抢险和人口转移方案，确保水库周边人民群众生命财产安全。强化与密云接壤地区上下游、左右岸联防联动机制和抗洪抢险军地联动机制。

（宇　航）

【汛前督查】 4 月 18—22 日，区防汛办组织区水务局、区规自分局、区文旅局、区住建委、区城管委、区应急局分六组督查全区各镇街（地区）防汛准备工作，检查防汛组织机构建设、各项防汛责任制落实、各项预案编制完善、汛前准备工作、防汛物资及抢险队落实、重点项目和重点工程防汛、防汛隐患台账、避险演练开展准备等情况。检查发现个别镇尚未完成一镇一册一村一策一户一卡编制、未对属地全域开展防汛检查等问题，检查组已现场责成相关镇村立即整改。相关镇村已按要求整改并将结果上报区防汛办。

（窦法荣）

【风险普查阶段验收】 5—6 月，市级评审专家组采取线上评审方式对密云区第一次全国自然灾害综合风险普查项目应急系统调查阶段各类成果材料进行评审。本次风险普查项目完成了密云区公共服务设施调查、历史灾害灾情调查、综合减灾能力调查、非煤矿山自然灾害承灾体调查、危险化学品企业（含加油加气加氢站）等重点企业调查，并形成规范合格的数据和文字总结报告等材料。经专家组评审，第一次全国自然灾害综合风险普查应急系统调查阶段各项数据成果质量合格，文字报告内容全面准确，各项工作满足应急管理系统风险普查相关技术规范及合同要求，评审验收合格。

（窦法荣）

【《防汛工作方案》审议通过】 5 月 18 日，密云区召开第 14 次区政府常务会议，会议审议通过《密云区 2022 年防汛工作方案》《2022 年密云区防汛抗旱（应急）总指挥部、分指挥部成员名单》和《北京市密云区防汛抗旱（应急）总指挥部领导成员及有关部门防汛责任制》。

（窦法荣）

【恶劣天气应对】 6 月 12 日，密云区迎来入汛以来最强强对流天气，带来较大冰雹、降雨。区防汛办、区应急办 4 次下发关于做好雷电、降雨、冰雹应对工作通知，区防汛办发送短信 3 批次 1461 条，部署相关应对工作。区领导在区应急指挥中心调度降雨应对工作，全区各级防汛责任人 8100 余人全部在岗在位。区防汛办及时启动防汛Ⅳ级、升级启动防汛Ⅲ级应急响应。全区各类防汛物资 200 余种 41 万件准备到位，以备随时调用。7 月 3 日 3 时起，密云地区自西南向东北出现降雨，雨势平稳。在市、区领导的部署和区防指的组织协调下，全区各级防汛人员、物资和各项应对措施均落实到位，有效应对了此次强降雨过程。7 月 27 日至 7 月 28 日，本区迎来一次强降雨过程。区防汛办下发《关于做好强降雨应对工作的通知》，要求全力做好监测预报、城市内涝和山洪地质灾害防范、应急值守及信息报送等重点工作。各相关区领导按照“七包七落实”要求安排部署调度各自所包镇街（地区）防汛应对工作。区防汛办、区气象局、区水务局和区规自分局加密汛情会商，并及时精准发布预报预警和启动响应。

（窦法荣）

【防汛调度演练】 6 月 29 日，区防办组织区公路分局、区城管委、十里堡镇政府开展 11 座下凹式立交桥防汛调度演练。以密云区突发极端强降雨导致下凹式立交桥严重积水为背景，采取桌面推演加现场实操方式，对应急指挥中心指挥调度、下凹式立交桥硬隔离封路、单兵图像声音回传指挥中心、现场积水排除四个科目进行演练。应急指挥中心、硬隔离封路组、单兵图像组、巡查组、抢险组按照预案和各项分工安全有序开展调度、封控、监控及抢险工作，有效应对此次极端降雨事件。

（窦法荣）

【迎战主汛期】 7月22日，密云区主汛期防汛工作部署会召开。会议要求认真贯彻落实市里主汛期防汛部署动员会议精神，按照余卫国书记“十个加强”要求全力做好密云区各项防汛工作，坚决打赢打好主汛期防汛工作这场硬仗。全区各防汛专项分指、流域防指主管负责同志，20个镇街（地区）和中关村密云园主要及主管负责同志参加会议。

（窦法荣）

【第一次全国自然灾害综合风险普查调查】 年内，密云区自筹资金4800余万元，完成普查调查阶段工作。区应急局、区住建委、区城管委、区规自分局、密云公路分局、区地震局、区气象局、区水务局、区园林绿化局作为普查主要行业部门，承担本行业普查任务。通过普查，获取地震灾害、地质灾害、气象灾害、水旱灾害、森林火灾五大类自然灾害的致灾因子信息，人口、房屋建筑、基础设施、非煤矿山和危险化学品企业、公共服务系统、三次产业和国内生产总值（GDP）、资源与环境等重要承灾体信息，年度历史灾害灾情及重大历史自然灾害信息，政府、企业和社会组织、镇街、社区和家庭减灾能力情况，实现了摸清本区自然灾害风险隐患底数，查明重点区域抗灾能力的总目标。

（窦法荣）

森林防火

Forest Fire Prevention

【概　况】 2022年，区应急局组织全区范围内的实战拉练4次，各镇街（地区）自行组织本单位森林消防队伍实战拉练20余次。修订印发《密云区森林火灾扑救应急预案》。开展森林防火“百日行动”，完善本区综合救援队伍建设。完成10月23日火情处置。

（宇　航）

【应急演练竞赛获“区级三等奖”】 1月19日，市应急办组织召开2021年全市应急演练总结视频会议，对全市85个应急演练竞赛项目按照市级、区级、企业和防汛专项四个参赛组别进行竞赛评比，密云区应急局组织的森林火灾应急拉动演练在北京市首届应急演练竞赛中荣获“区级三等奖”。

（夏志田）

【森林防灭火检查】 3月24—25日，区森防办协调组织公安、应急、园林、文旅、民政、农业农村等部门对密云区森林防火重点区域、重要节点工作部署落实情况进行联合检查。此次检查采取“四不两直”的方式进行，检查覆盖巨各庄、古北口、新城子、不老屯等10个森林防火重点镇。通过实地查看、听取汇报、随机询问等方式，了解各镇、村森林防灭火责任落实、宣传教育、应急值守、队伍备勤等情况，重点对各镇、村清明节期间火源管控和应急准备等措施进行检查督导，针对检查中发现的问题要求各相关单位及时进行整改，确保森林防灭火安全。

（夏志田）

【森林消防队伍实战演练】 4月2日，密云区2022年森林消防队伍实战演练在云蒙山景区举行。演练采取“四不两直”的方式进行，共调动机动支队、驻密分队、区消防救援支队、区级森林消防大队、镇级森林消防中队、云蒙山应急小分队等15支森林消防力量共计380人参与扑救。现场扑火队员用灭火工具进行灭火，并调度直升机参与吊桶灭火。经过一个半小时的全力扑救，明火扑灭，火情得到控制。演练运用无线短波、卫星单兵图传等通信系统，在应急指挥车内进行了全程实时、点对点的可视化直播。区委书记、区长先后在集结现场应急指挥车内观摩演练，并通过视频系统现场实时指挥调度。武警警种学院教授、森林防灭火专家白雪峰现场点评。

（夏志田）

4月2日，密云区2022年森林消防队伍实战演练在云蒙山景区举行　　（区应急局　供图）

【清明节假期安全服务保障】 4月5—7日，全区未发生森林火灾。应急部门升级发布森林火险橙色预警，全区36支森林消防队伍800名队员进入临战状态；5122名生态林管护员全员在岗，同时增加管护力量4121人，设置临时卡点1295个，检查人员6117人。全区未发生较大以上及有重大社会影响的生产安全事故。应急管理部门出动安全生产检查力量500余人次，检查生产经营单位300家次，消除问题及隐患40项。区应急办严格执行24小时专人值班、领导干部带班制度和突发事件信息报告制度。清明节期间，共保障市级指挥调度两次，区级会议和指挥调度各1次，接报并成功协调处置较突出情况6件次，完成"清明"期间应急值守工作任务。公共安全形势总体稳定。

（夏志田）

【新入职森林消防员集训】 7月5日至8月19日，新入职104名森林消防员在区大队白石岭驻地开展为期一个半月的集训，本阶段集训由区大队骨干教员授课，以队列、体能和常用扑火机具操作训练等科目为主。8月22日至9月22日，区大队特邀市森防总队和机动支队驻密分队教员，组织新入职队员在石城镇贾峪训练基地开展为期一个月的封闭集训，从队列、体能负重、扑火机具的操作、维护与保养、扑火班组战术配合、安全避险常识等方面进行综合集训。

（夏志田）

7月5日至8月19日，新入职森林消防员开展集训　　（区应急局　供图）

【森林防火"百日行动"专项检查】 8月12日，区应急局联合区园林局、区公安分局森林公安大队组成联合检查组开展森林防火"百日行动"专项检查。检查组首先到西田各庄镇详细查看该镇森林防火"百日行动"开展情况，实地查看林区输配电设施火灾隐患排查治理整改落实情况；随后到溪翁庄镇尖岩村详细了解该地区森林防火常态化管理工作；最后到黑龙潭景区检查景区森林防火常态化管理和输配电设施火灾隐患排查治理工作；采取随行汇报的形式听取溪翁庄镇和石城镇森林防火"百日行动"工作开展落实情况，同时与区供电公司就林区输配电设施火灾隐患排查治理工作的重点、难点和下一步工作进行探讨。各单位森林防火常态化工作平稳有序，森林防火"百日行动"同步有序开展。个别单位存在隐患治理不及时、森林防火工作力度不够等问题，针对所发现的问题检查组当即与相关单位负责人进行沟通，均整改完毕。

（夏志田）

【"野外化、实战化"大练兵行动】 9月7—13日，区森林消防大队开展为期一周的"野外化、实战化"大练兵行动，特邀市应急局防火处领导、消防救援学院白雪松教授和王学标教授给予全程指导。坚持理论培训与实战练兵相结合，以训练为主、演练为辅，更加注重实战导向、专家跟训指导，设置理论培训、技战术演练和实地模拟扑火作业等模块。在理论培训中，以国内外扑火案例和应急避险常识为主，提高参训队员对扑救森林火灾的认知程度；在技战术演练中，结合密云地区林情地貌，重点培训适用于本地区森林扑火作业的常用技战术，有效提高参训队员整体战术素养；在实地模拟扑火作业中，由白雪松教授和王学标教授负责部署指挥工作，采取"四不两直"的方式，模拟附近发生森林火情，区大队立即组织扑火力量赶赴现场处置，教授悉心指导队伍接警后的每一项工作，从勘验现场到制定灭火方案，同时现场检验

9月7—13日，区森林消防大队开展"野外化、实战化"大练兵行动　　（区应急局　供图）

应急避险常识和“一点突破、递进超越”等灭火战术的应用，最后控制火场态势，同时指出实战演练中队伍现存的不足，以及如何面对“野外化、实战化”的恶劣火场环境。

（夏志田）

【驰援延庆、怀柔交界处森林火灾扑救】 10月22日15时许，怀柔区、延庆区交界处突发一起森林火灾。10月22日18时30分，根据市森防办统一指挥，密云区森林消防救援队伍组织30名指战员立即赶赴现场支援，到达现场后按照前线指挥部的命令，迅速赶往起火点，面对复杂的火场情况，在确保人员安全的情况下，合理安排扑火技战术，协助开展森林火灾扑救任务，待明火扑灭后，于当日23时50分从火场撤离。10月23日16时根据前指命令，密云区森林消防救援队伍全程参与火场夜间值守和巡逻任务，主要负责西南火线的看护任务，在负责的火线范围内不间断进行巡逻，防止复燃，10月24日14时返回前线指挥部附近休整。返程前，前线指挥部领导对全体指战员进行慰问并充分肯定了救援工作，同时赠送了“绿水青山共同守护 烈火熊熊兄弟情深”的锦旗。参与支援的队员于10月24日20时左右安全返回到驻地。

（夏志田）

【春季森林火情防范】 春季，密云区多措并举确保森林防灭火工作平稳有序。一是强化责任落实。坚持“区领导包镇街、镇领导包村、村领导包片、党员和群众代表包地块、生态林管护员包责任区”的“五包”防火责任，累计签订责任书6500余份，切实将森林防火责任落实到“最后一公里”；二是提高检查频次。区委、区人大、区政府、区政协四套班子领导多次深入一线检查督导所联系镇森林防灭火工作。全区平均每天20余支各级巡逻检查队伍加大巡检频次和力度，每天累计巡逻4000余千米严查森林防灭火工作落实；三是严格火源管控。充分发挥5000余名管护巡逻人员、42座防火检查站和瞭望塔（哨）的作用，巡查巡逻全覆盖、无死角，针对旅游景区、农林结合部等重点区域和春节、冬残奥会和“全国两会”等重要节点临时增加管护人员和防火卡点，严查火种进山，全区各级森林火灾视频监控设备24小时有专人值守，形成地面巡逻、高山瞭望、视频监控“三结合”的防控网络，密切监测野外火源；四是狠抓隐患排查。全面开展林区输配电设施火灾隐患专项排查治理行动，排查隐患559处，整改125处，整改进度22.4%，同步排查其他火险隐患68处，已全部整改完毕，同时累计清理可燃物约6533.33公顷，开设防火隔离带126万余延米，有效降低森林火灾隐患；五是做好力量备勤。全区36支专业森林消防队伍共计800名森林消防人员全员在岗，强化训练演练，进入临战状态，确保发现火情后第一时间进行有效处置；六是加大宣传力度。全区各级森林防灭火机构采取多种形式、多种手段加大森林防灭火宣传教育力度，已发放宣传材料20余万份，横幅、标语、宣传画7000余幅，牌示640块，森林防火宣传30余场次，发放预警信息共计5万余条；七是严格应急值守。全区各级森林防灭火机构严格值班备勤，坚持24小时值守。

（夏志田）

【森林消防大队强化训练演练】 年内，区森林消防大队各中队强化训练演练。白石岭中队以突出实战、贴近实战为目标，在冶仙塔景区开展“以水灭火”实战演练，模拟水源移动、引水上山、水枪架设和以水灭火等项目，全面检验队伍在复杂环境下“以水灭火”能力；高岭中队联合属地镇级扑火队开展演练，从队列训练、机具操作和联合灭火等方面进行有针对性的演练，提升区、镇级扑火队伍的协调配合水平，强化联防联控能力；新城子中队从实战角度出发开展负重越野训练；石城镇中队强化班组配合和技战术演练，增强队员协同能力和综合素养；北庄中队在日常五公里训练的基础上，强化携带装备机具的训练，开展五公里负重登山训练，激发队员的工作热情和战斗能力；新城子中队和巨各庄中队也同步强化训练演练，切实做到常规训练不断档，实战演练有突破，提高队伍的综合战斗能力。

（夏志田）

【应急指挥通讯保障能力建设】 年内，区应急局切实落实市区两级领导提出的应急指挥现场要“随时可看、随处可看、看的清楚”的要求，针对应急指挥实际需求，在全市应急部门中率先提出“宽窄融合指挥”的系统建设构想，并会同市应急局及相关支撑单位研制开发森林灭火指挥调度通信和信息化系统。区应急局率先在全市各部门中配备应急单兵，为全区20个镇街配备140个应急单兵；为联系各镇的区领导配备应急单兵20个；为全区行政村配备330个，社区配备50个，共计380个；为区应急局配备应急单兵17个；共配选应急单兵账号568个。

（夏志田）

【森林防灭火工作首次取得“双零”成绩】 年内，本年度森林防火期（2021 年 11 月 1 日至 2022 年 5 月 31 日）全区未发生森林火情和森林火灾，首次实现在年度森林防火期内森林火情和森林火灾零发生的“双零”优异成绩，为全区经济发展和生态文明建设营造良好的安全稳定环境。

（夏志田）

消 防 救 援

Fire Rescue

【概　况】 2022 年，北京市密云区消防救援支队（简称区消防救援支队）开展火灾隐患排查，强化队伍管理教育，落实规章制度，完成重要节日和全国“两会”、国庆等消防保卫任务。支队出动检查力量 9169 余人次，检查单位 3186 余家，发现整改隐患 5233 余处，临时查封 135 处，“三停”97 余家，累计行政处罚 135.7 余万元。共接警 1482 起，火警 530 起、抢险救援 359 起、社会救助 593 起。全年共抢救被困人员 111 人，疏散群众 41 人。

（白　波）

【冰面救援技术培训】 1 月 11—13 日，区消防救援支队针对低温雨雪冰冻灾害天气，组织 55 名消防救援人员开展冰面救援培训，现场模拟“人员掉入冰洞”实战救援，教官组分别利用两节拉梯、脊柱板、冰面抛绳包、救生圈、冰面救援船、漂浮担架等多个救援装备进行教学演示，完善水域救援中适合多水情、多流域、多灾情的训练操法和安全规程。

（白　波）

【配发消防宣传教育体验车】 1 月 29 日，密云区蓝山文化园邀请消防救援支队参加园区应急消防科普教育基地消防体验车发放暨北京市 2021 年度“火焰蓝贴心人”表彰仪式，区消防救援支队为密云区蓝山文化园应急消防科普教育基地配发 2 部消防宣传教育体验车，利用高科技手段为群众普及消防常识。

（白　波）

1 月 29 日，为蓝山文化园应急消防科普教育基地配发宣传教育体验车（饶继猛　摄）

【“一警六员”实操实训】 2 月 18 日，区消防救援支队应密云区公安交通支队邀请，对区公安交通支队新招录辅警人员开展为期 4 天的消防基本技能实操实训，结合考核成绩挑选 20 名骨干作为整个公安交通支队“一警六员”实操实训的带动力量。9 月 15 日，对 100 余名员工进行实操实训，同时邀请密云电视台到辖区“一警六员”消防基本技能实操实训现场拍摄专题节目。

（白　波）

【处置群众遇险警情】 2 月 26 日，区消防救援支队接到报警，冯家峪镇内某处未开放野长城上 19 名游客受伤被困。15 名消防员分组进行救助，将被困群众安全转移下山。人民日报客户端、北京日报、北京青年报客户端等多家媒体宣传报道密云支队成功处置游客登山被困社会救助警情。

（白　波）

【厂房综合实战演练】 3 月 2 日，区消防救援支队全勤指挥部，十里堡镇、鼓楼街道、河南镇 3 个消防救援站和怀柔支队雁栖消防救援站共计 12 部消防车 70 余名消防救援人员以及属地政府、公安、医疗等联勤联动力量开展大跨度厂房综合实战演练。

（白　波）

【录制森林火灾扑救节目】 4 月 10 日，区消防救援支队在开展森林火灾扑救演练中，邀请中央电视台 12 套栏目组到现场录制森林火灾扑救节目，该节目 4 月 12 日 18 时 30 分首播，22 时 30 分及次日 11 时 30 分重播。

（白　波）

【处置大货车侧翻事故】 5月24日，区消防救援支队接到报警，京承高速出京方向67.5千米处一辆大货车撞坏高速护栏，侧翻在路旁排水沟，驾驶室内有1人被困。由于整车倒扣，车头损毁严重，破拆处置十分困难，吊车将整车轻微吊起，1名消防员钻进车底利用木板做扩张受力点，1名消防员在驾驶室内贴身保护司机，用身体撑起司机，另外2名消防员在司机脚部被卡位置实施破拆，司机被救出并移交120。

（白 波）

【获赠群众致谢锦旗】 6月9日晚，区消防救援支队收到群众送来的印有“人民子弟兵 危难见真情”的两面锦旗，感谢消防员有警必出、有求必应，全心全意为人民服务的无私奉献精神。

（白 波）

【检查涉疫消防重点场所】 6月16日，区消防救援支队对1家医院、7处区管隔离点和1家在建方舱共9个涉疫重点场所开展消防安全检查，分析研判风险，跟进火灾防控措施。出动监督员18人次，发现整改可燃物堆放、酒精集中管理、堵塞疏散通道等隐患30余处，推动相关单位安装门磁报警器55套，解决安全出口锁闭情况。

（白 波）

【完成防汛抢险救援综合实战演练保障任务】 7月14日，全市2022年防汛抢险救援综合实战演练在密云区碧水公园举行。区消防救援支队协调公安、园林、水务等13个区属部门、4个镇街解决人力、物力、场地、用电、保障等32项困难问题。区消防救援支队参加综合实战演练全部7个工作组的相关攻坚和保障工作，其中承担2项牵头任务，参与12个演练科目中的4个科目，投入人数150人，有参演骨干人员90人。

（白 波）

【微型消防车进乡】 8月26日，新城子镇出资改造微型消防车18辆，古北口镇配备微型消防车12辆，实现每个行政村微型消防车全覆盖。

（白 波）

【线上直播消防安全亲子活动】 7月20日，区消防救援支队走进国家级应急消防科普教育基地，线上直播“我是小小消防员”消防安全亲子活动，现场10余个家庭参观消防安全馆，并参与灭火器灭真火、消火栓出真水操作。直播观看量2000余次。

（白 波）

【野外露营营地专项检查】 9月30日，区消防救援支队联合区应急、园林、文旅、规自、水务、环境、卫健委及公安等部门，成立4个联合检查组，由区消防、文旅、园林、公安各出1名副处级领导干部带队，共计43人，对全区涉及12个乡镇、23处野外露营营地开展消防安全专项检查。

7月，开展线上直播消防安全亲子活动

（饶继猛 摄）

（白 波）

【社会面集中夜查行动】 10月12—15日，区消防救援支队吸取“10·10”火灾事故教训，整合科室、消防站力量，联合属地镇街、公安、应急、市场监管、城管等部门，成立15个检查组，集中对全区餐饮场所、仓储库房、老旧小区、村民自建出租房屋等不放心场所开展夜查行动，检查单位130家，发现整改火灾隐患184处，清理建筑周边电动车35辆，查封5家，三停2家，拟处罚17万元。

（白 波）

【线上直播119宣传活动】 11月9日，区消防救援支队采取线上直播的方式启动密云区第三十二届119消防宣传月活动，直播时长约2小时，3万网友在线观看。直播中，3位“蓝朋友”互动带领大家参观水域保障、三剂联用、应急照明等消防车辆以及各类灭火救援装备器材，科普消防安全知识。

（白 波）

【处置三车连撞交通事故】 12月13日，区消防救援支队接警，太师屯镇黄各庄村密古路发生一起交通事故，3辆小轿车相撞，有人员被困，到场后，发现司机腿部被卡住，立即进行破拆作业，直至司机脱险。

（白 波）

【消防知识宣传】 年内，区消防救援支队紧盯火灾防控重点，依托消防宣传车，深入全区20个镇街的108个火灾防控重点社区、农村，在人员密集及醒目地段搭台宣传，播放消防安全警示片，用火灾案例向群众宣传火灾的危害及居家安全知识、火场逃生自救常识。

（白 波）

防震减灾

Earthquake Prevention and Disater Relief

【概 况】 2022年，北京市密云区地震局（简称区地震局）聚焦防震减灾重点业务，加强地震监测能力水平提升，完成监测预报工作，完成第一次地震自然灾害风险普查工作；加强监测站点日常维护，完成两轮次对区域内所有微观台站的巡查工作；配合区应急局等牵头单位，完成《密云区地震应急预案》编写工作；健全地震应急响应机制，完成《区地震局应急预案》《2022年震情跟踪及应急保障工作方案》。推进防震减灾科普宣教，开展防震减灾“六进”线下宣传，利用多平台进行线上防震减灾科普宣传，开展防震减灾知识志愿宣讲活动，完成密云区房屋设施抗震设防信息采集，开展“地震科普 携手同行”主题活动等。

（张 旭）

【线上宣传】 3月，区地震局联合区教委，组织全区39所学校共计2.4万名师生，观看由中国地震局、北京市地震局举办的“地震科普 携手同行”主题启动仪式线上直播活动。4月，组织参加市地震局第八届防震减灾科普知识讲解大赛，并获得优秀组织奖。同月，利用宜居密云官方微博、微信公众号开展第八届防震减灾科普知识讲解大赛线上直播活动，累计点击量达7.3万人次。

（赵 军）

【第一次自然灾害风险普查工作】 5月，区地震局按照第一次自然灾害风险普查项目推进安排，完成地震灾害普查项目招投标工作，督促检查第三方单位完成密云区地震灾害致灾调查与评估工作，收集密云区内晚第四纪活动断层成果和区域内钻孔资料，完成密云区内夏垫—程各庄的断裂活动断层补充探测，编制全区1：5万活动断层分布图、1：25万地震构造图、1：25万场地类别分布图，并通过专家组预评审。

（伊大山）

【房屋设施抗震设防信息采集及动态管理】 年内，区地震局完成全区房屋设施抗震设防信息采集工作。采集工程范围包括自2021年度已完成加固、2022年度计划完成的抗震加固和新建、改建、扩建的所有居民小区、学校、医院、农村民居，以及重要交通生命线、电力和电信网络、水库大坝、危险化学品厂库、应急避难场所等房屋设施抗震设防信息。

（刘 建）

【优化地震微观观测台站】 年内，区地震局完成两轮对区域内所有微观台站的巡查工作，根据各监测台站的具体情况，对所有监测台站进行提升整合，经北京市地震局监测处批复同意，局党组讨论批准，优化撤销巨各庄、河南寨、冯家峪3个人工二氧化碳微观监测站。同时根据实际情况，强化梨寨台站管理。

（伊大山）

【健全地震应急响应机制】 年内，区地震局配合区应急局等牵头单位，完成《密云区地震应急预案》编写工作；健全地震应急响应机制，完成《区地震局应急预案》《2022年震情跟踪及应急保障工作方案》。

（伊大山）

【监测数据】 年内，区地震局坚持24小时应急值守，每天上午将6个微观观测站数据进行汇总分析，上传至北京市地震局系统。每周一将6个宏观动物观测站上报信息进行汇总并记录存档，保证监测数据的连续性和可靠性。

（段金荣）

【地震会商制度】 年内，区地震局严格执行地震会商制度，认真分析各项前兆数据变化，做出震情会商报告。完成地震会商50余次，其中春节、全国“两会”等特殊时段加密会商9次。

（段金荣）

【防震减灾宣传活动】 年内，区地震局在“5·12”防灾减灾日、“7·28”唐山纪念日、“全国科普日”等重要节日期间，采取悬挂宣传条幅、摆放防震减灾知识展板、设置咨询台、发放防震减灾宣传品等方式，对全区广大群众进行防震减灾科普知识宣传，提升广大群众的防震减灾意识。

（张海华）

交通　邮电

TRANSPORT POSTS TELECOMMUNICATIONS

综 述

Overview

【概　况】 2022年，北京市交通委员会密云公路分局（简称密云公路分局）围绕“优供、控需、强治”的工作思路，着力为促进区域经济社会发展和服务百姓平安顺畅出行提供保障。持续优化供给，推进工程建设项目，优化区域路网结构。提升设施管护精细化水平，持续优化道路出行环境。助力乡村振兴，推进“四好农村路”建设。加大行业安全生产监管力度，强化安全生产监督检查。强化公路应急保障体系建设，确保突发事件应对处置迅速高效，保障路网运行安全畅通。

（高　原）

【密云区公路网基本情况】 年内，密云区国省干线公路技术状况指数（MQI）为89.7，路面技术状况指数（PQI）为86.2；县级公路的公路技术状况指数（MQI）为84.3，路面技术状况指数（PQI）为84.3；乡村公路的公路技术状况指数（MQI）为86.43，路面技术状况指数（PQI）为80.91。截至年底，辖区内公路总里程2171.588千米，公路密度97.4千米/百平方千米。按行政等级分：高速公路80.65千米/1条，国道164.173千米/2条，省道122.751千米/7条，县道407.397千米/71条，乡道726.877千米/241条，村道559.428千米/556条，专用公路110.312千米/41条。按技术等级分：高速公路80.65千米，一级公路114.774千米，二级公路287.465千米，三级公路460.447千米，四级公路1228.252千米。辖区内普通公路桥梁共617座（24934.71延米），按行政等级分：国道桥梁80座（3626.15延米）、省道桥梁64座（4520.54延米）、县道桥梁151座（7773.2延米）、乡道桥梁224座（6594.01延米）、村道桥梁98座（2420.81延米）；按桥梁跨径分：特大桥1座、大桥47座、中桥131座、小桥438座；按技术状况分：一类桥97座、二类桥480座、三类桥34座、四类桥梁2座、未评定4座。辖区内普通公路隧道共21座（4733.2延米），按行政等级分：国道隧道10座（1786.7延米）、省道隧道2座（1486延米）、县道隧道5座（658.8延米）、乡道隧道4座（801.7延米）；按隧道长度分：中隧道2座、短隧道19座；按技术状况分：二类隧道21座。

（高　原）

【公路建设养护管理】 年内，实施公路建设养护工程31项，其中新改建工程1项，1.3千米；预防性养护工程1项，慢行系统综合治理工程1项，道路中修工程2项，合计44.4千米；桥梁提级改造工程1项，旧桥改造工程3项，桥梁中修工程3项；地灾防治工程1项，共27处点位；交通安全隐患治理工程1项，7.4千米；公路安全设施精细化提升工程1项。乡村公路大修6项，13.32千米；乡村公路2021年汛后应急抢险14.35千米、重建工程24.97千米；其他日常养护类项目8项。全年办理涉路行政许可1638件。全年建设养护完成投资4.45亿元。党的二十大等重大活动服务保障工作顺利完成，密三路（潮河右堤路—东白岩）扩建工程取得关键进展，新南路、新东路慢行系统综合治理工程完工，西火路3座旧桥改造工程完工；乡村公路“路长制”不断深化，“四好农村路”建设稳步推进。

（高　原）

【密云公路分局获奖情况】 年内，密云公路分局获“2021年度首都城市环境建设管理样板单位”“北京市2022年度市级交通安全工作成绩突出单位”“密云区2021年度创建全国文明城区工作先进集体”等称号，在2022年度平安密云建设工作考核中被评为优秀等次，连续多年保持“首都文明单位标兵”称号，3名同志被授予市、区级先进称号。在交通运输部组织的“我家门口那条路”主题宣传活动中，北京密云站被评为“2021年度中国交通十佳直播活动”。西火路、穆石路被评为北京市2022年度“最美农村路”。

（高　原）

公路建设与养护

Highway Construction and Maintenance

【概　况】 年内，密云公路分局推进公路建设养护，密三路（潮河右堤路—东白岩）扩建工程取得关键进展，新南路、新东路慢行系统综合治理工程完工，区域路网结构进一步完善，交通出行条件得到改善。完成养护巡查34.67万千米，修复病害30.68万平方米，保障交通基础设施经常性完好。

（高　原）

【公路地质灾害防治工程】 9月15日，2022年密云区第一批普通公路沿线地质灾害防治工程完工。工程主要涉及G234兴阳线、X014马北路2条道路，通过清理山体浮石、安装防护网、砌筑防护墙等措施消除公路沿线地质灾害安全隐患27处，计划总投资5277万元，由中材地质工程勘察研究院有限公司、中国电建集团北京勘测设计研究院有限公司设计，核工业华东建设工程集团有限公司、湖南湘江工程建设有限公司施工，北京中城建建设监理有限公司、达华工程管理（集团）有限公司监理，于2022年6月8日开工，历时99天完工。

（刘珊珊）

【交通安全隐患治理工程】 9月28日，2022年密云区交通安全隐患治理工程完工。工程主要对G101京沈线（K61＋960－K69＋339）交通安全设施进行完善，包括对不清晰标线进行重新施划，对受损隔离栅进行更换，增设Am级混凝土护栏，完善路口处防撞消能筒，更新交通标志等，计划总投资262万元，由北京市七环工程技术咨询有限责任公司设计，北京万里明交通工程有限公司施工，北京中咨路捷工程技术咨询有限公司监理，于2022年8月19日开工，历时41天完工。

（刘珊珊）

【公路安全设施精细化提升工程】 10月26日，2022年密云区公路安全设施精细化提升工程完工。工程主要对G101京沈线、G234兴阳线部分路段以及鼓楼东西大街的交通安全设施进行精细化提升，增设交通标志94个、道口标柱21根、黄闪灯2个，更换、调整标志牌5面，施划交通标线9989.71平方米，铺筑路面薄层162平方米，计划总投资124万元，由北京市七环工程技术咨询有限责任公司设计，北京路桥瑞通养护中心有限公司施工，北京中咨路捷工程技术咨询有限公司监理，于2022年10月10日开工，历时16天完工。

（刘珊珊）

【密古路（K9＋700－K20＋000）中修工程】 11月15日，密古路（K9＋700－K20＋000）中修工程完工。工程南起密云区穆家峪镇万岭村（K9＋700），北至密云区太师屯镇流河沟村（K20＋000），全长10.3千米，路基宽7米，路面宽6.5米，设计等级为三级公路，设计速度30千米/小时。施工内容为铣刨旧路、病害处理、重新铺筑沥青混凝土面层、更换破损路缘石，计划总投资400万元，由北京特希达交通勘察设计院有限公司设计，北京路桥瑞通养护中心有限公司施工，北京中咨路捷工程技术咨询有限公司监理。工程于2022年10月8日开工，历时39天完工。

（刘珊珊）

【密兴旧路（K9＋086－K22＋000）中修工程】 11月15日，密兴旧路（K9＋086－K22＋000）中修工程完工。工程西起密云区巨各庄镇八家庄村（K9＋086），东至密云区大城子镇大城子村（K22＋000），全长12.91千米，路基宽7.8—32米，路面宽6.8—28米，设计等级为二、三级公路，设计速度60千米/小时。施工内容为铣刨旧路、病害处理、重新铺筑沥青混凝土面层，计划总投资660万元，由北京七环工程技术咨询有限责任公司设计，北京路桥瑞通养护中心有限公司施工，北京中咨路捷工程技术咨询有限公司监理。工程于2022年10月8日开工，历时39天完工。

（刘珊珊）

【路网外场设备建设工程】 11月15日，2022年密云区公路路网交通信息采集与发布设施建设工程完工。涉及穆九路、京沈线、密关路、密兴路、兴阳线、松曹路、西火路共计9个点位，更新交通量调查1套、视频采集设备4套、新建卡口设备4套，总投资110.3461万元，由北京国道通公路设计研究院股份有限公司设计，厦门兴南洋信息技术有限公司施工，北京中咨路捷工程技术咨询有限公司监理，于2022年8月31日开工，历时77天完工。

（肖　薇）

【治超非现场执法设备建设工程】 11月15日，2022年密云区普通公路治超非现场执法设备建设工程完工。涉及京沈线、左堤路、密三路、密兴路、顺密路、西统路、兴阳线共计6个点位，新建非现场执法系统设备3套，增加补光设施2处，新建交通违法取证设备6处。总投资1030.18万元，分为两个标段同时进行施工，由北京国道通公路设计研究院股份有限公司设计，第1标段由陕西交通电子工程科技有限公司和陕西福林源路桥建设有限公司联合体施工，第2标段由北京诚达交通科技有限公司和贵州星辉联创工程有限公司联合体施工，北京中咨路捷工程技术咨询有限公司监理，于2022年8月31日开工，历时77天完工。

（肖　薇）

【乡村公路大修工程】 12月11日，2022年密云区乡村公路大修工程全面完工。工程共6项，均为路面大修，总长13.32千米，总投资1720.2685万元，惠及6个镇6个村，于2022年9月开工。

（刘星雨）

【新南路、新东路慢行系统综合治理工程】 12月15日，新南路、新东路慢行系统综合治理工程完工。工程分为新南路、新东路两部分，总长7.417千米。其中新南路治理范围为京沈路至长城环岛（桩号K0＋000—K7＋017），长7.017千米，路基宽54米，路面宽38米，道路等级为一级公路，设计速度为80千米/小时；新东路治理范围为新南路至鼓楼东西大街（桩号K1＋820—K2＋220），长0.4千米，路基宽28米，路面宽21米，道路等级为一级公路，设计速度为80千米/小时。工程主要对道路慢行系统进行综合治理，包括自行车系统、步行系统和机动车系统三大部分，主要内容包括施划标识、雨水篦子更换、步道坡化、改移占道设施、增设盲道功能区分、增加树池盖板、路面病害处理等，计划总投资507万元，由中交综合规划设计院有限公司设计，北京鑫旺路桥建设有限公司施工，北京育才交通工程咨询监理有限公司监理，于2022年10月1日开工，历时76天完工。

（王子晨）

【密三路（潮河右堤路—东白岩）扩建工程】 年内，密三路（潮河右堤路—东白岩）扩建工程取得关键进展。该工程为2022年密云区重点工程，位于密云区巨各庄镇，扩建段起点为潮河右堤路（桩号K0＋510），终点为东白岩村南（桩号K1＋780），全长1.27千米，道路等级为一级公路，设计速度为80千米/小时，路基全宽25.5米，道路横断面采用两幅路形式，其中中央隔离带宽2米，两侧路面各宽11米，两侧路肩各宽0.75米。施工内容为新建路基1088.92米，考虑与现况半幅道路的衔接，本着“便于道路征地和减少对现况道路影响”的原则，与旧路配合设置，在旧路北侧新建加宽13米，与旧路共同构成一级公路整体式路基。旧路一般路段补强抬高6厘米，重铺路面结构，拆除并新建缘石、护栏、路肩等。新旧路之间采用樱花中央分隔带，设置U形槽收集路面雨水并通过雨水管排出路基范围。随工程同步新建潮河桥全长181.08米，全宽12.5米，桥梁行车道宽11米，设置两条机动车道和硬路肩，两侧设置0.75米防撞护栏，全线设置照明灯杆和绿化设施。工程概算总投资4516万元，由北京国道通公路设计研究院股份有限公司设计，中交第三公路工程有限公司施工，北京正远监理咨询有限公司、北京兴通工程咨询有限公司监理，于年底完成施工前准备工作。

（王子晨）

【兴阳线北庄桥改造工程】 年内，兴阳线北庄桥改造工程取得阶段性进展。该工程位于密云区北庄镇，国道兴阳线（G234）K45＋360处，跨越清水河。改造内容为将原有北庄1号、2号两座漫水桥整体拆除，新建预制混凝土箱梁桥，全长133米，桥面全宽12米，其中双向机非混行道宽9米，两侧步行道各宽1.5米。新桥上部结构采用两联（3×26米）＋（2×26米）共5跨预制混凝土箱梁，梁高1.5米。0号和5号桥台采用薄壁台，桩基础；1号至4号桥墩采用柱式墩，桩基础。设计荷载等级为公路一级。工程概算总投资3216万元。由中铁城际规划建设有限公司设计，北京路桥瑞通养护中心有限公司施工，北京正远监理咨询有限公司监理，于2022年9月14日开工。截至年底，桥梁主体已完成，其余部分跨年施工。

（王子晨）

【密关路预防性养护工程】 年内，密关路预防性养护工程取得阶段性进展。该工程起点为青少年宫路口（桩号K0＋000），终点为七孔桥（桩号K13＋196），全长13.196千米，路面宽度15—23.5米，路基宽度15—23.5米，设计等级为一级公路，设计速度为60千米/小时。施工内容为拆除圬工、铣刨旧路、病害处理、加铺面层、完善排水设施、附属工程等，计划总投资2164万元，由中交基础设施养护集团有限公司设计，北京鑫旺路桥建设集团有限公司施工，北京正宏监理咨询有限公司监理，于2022年10月1日开工，截至年底完成总工程量的66%，其余部分跨年施工。

（王子晨）

12月27日，密关路预防性养护工程完工段

（王子晨　摄）

【公路日常养护】 年内，密云区县级以上普通公路日常养护工作有序开展，累计完成道路清扫保洁 17.37 万千米，完成养护巡查 34.67 万千米，修复路面病害 30.68 万平方米，灌缝 19.38 万延米，整修路肩边坡 364.76 万平方米，浆砌挡墙 3869 立方米，整修明沟 1949.33 千米，整修道牙 7458.5 延米，修复盖板沟 788 米，整修雨水篦子 197 个，油饰千米碑百米桩 4077 个。完成桥梁、隧道经常性检查 1640 次，对 93 座桥梁、17 座隧道、950 座涵洞开展定期检测，对流河沟桥、大关桥开展特殊检测，对 G101 京沈线安达木河桥、北台 1 号桥进行预防性养护作业，对黄下路半城子水库隧道洞门进行修复作业。上述工作计划总投资 11380.35 万元，由北京路桥瑞通养护中心有限公司实施，北京中咨路捷工程技术咨询有限公司监理。

（刘珊珊）

【绿化管护】 年内，密云区公路绿化管护有序开展，累计完成绿地保洁 3055 万平方米，管护乔灌木 351.75 万株、绿篱、地被、草坪 147.65 万平方米，护林防火 1100 千米。春秋两季完成乔灌木补植 8757 株、地被 5326.5 平方米。入冬前完成绿篱色带防寒防盐作业 34367 平方米。上述工作总投资 1230.5 万元，由北京路桥瑞通养护中心有限公司实施，北京中咨路捷工程技术咨询有限公司监理。

（刘珊珊）

【交通工程日常维护】 年内，密云区公路交通工程日常维护工作有序开展，累计完成护栏清洗 1240 千米、修复 15.821 千米；完成悬臂交通标志清洗 93468 平方米，清洗维护标志牌面、防眩板等共 57162 块，维修更换 1491 块；修复完善防撞桶、隔离栅、黄闪灯、广角镜等安全设施 2069 个；施划各类交通标线 82330.54 平方米。上述工作总投资 1113.6 万元，由北京西门交通设施工程有限公司实施，北京中咨路捷工程技术咨询有限公司监理。

9 月 28 日，清洗标志牌　　（仇新磊　摄）

（刘珊珊）

【乡村公路 2021 年汛后应急抢险和恢复重建工程】 年内，乡村公路 2021 年汛后应急抢险和恢复重建工程全面完工。工程分为应急抢险和恢复重建两部分，总投资 6099.1459 万元，惠及 15 个乡镇 158 个村。其中应急抢险工程共 90 项，抢通道路 14.35 千米，于 2022 年 5 月 30 日完工；恢复重建工程共 104 项，修复道路 24.97 千米，修复桥梁 4 座，于 2022 年 12 月完工。

（刘星雨）

桥梁隧道建设与养护

Bridge and Tunnel Construction and Maintenance

【概　况】 年内，密云公路分局提升桥隧管护水平，完成西火路火石岭桥、大平台桥、高庄子桥等桥隧维修改造工程，推进北庄桥提级改造，提升百姓出行服务品质。

（高　原）

【3 项桥梁中修工程】 12 月 7 日，密云区东邵渠 1 号桥、小口桥、曹家路桥 3 项桥梁中修工程完工。东邵渠 1 号桥位于密云区东邵渠镇东邵渠村，河东路 K18＋141处，桥长 10 米，宽 8.6 米，设计荷载为汽车—15 级，本次中修改造内容为拆除旧桥并新建 2×8 米新桥；小口桥位于密云区新城子镇小口村，松曹路 K25＋370 处，原桥长 32 米，宽 7.7 米，原设计荷载为汽车－15 级，本次中修改造内容为拆除旧桥并新建 2×14 米新桥；曹家路桥位于密云区新城子镇曹家路村，松曹路 K33＋079 处，原桥长 19 米，宽 8 米，原设计荷载为汽车－15 级，本次中修改造内容为拆除旧桥并新建一跨 20 米新桥。3 项工程计划总投资 920 万元，由中铁城际规划建设有限公司设计，北京鑫实路桥建设有限公司施工，北京正宏监理咨询有限公司监理，于 9 月 7 日开工，历时 91 天完工。

（刘珊珊）

【西火路高庄子桥旧桥改造工程】 12 月 27 日，西火路高庄子桥旧桥改造工程完工。该工程位于密云区冯家峪镇高庄子村，县道西火路（X008）K7＋676 处。本次改造内容为对原桥整体拆旧建新，新桥上部结构为1孔7米现浇普通钢筋混凝土实心板，下部结构采用薄壁墩台身及扩大基础。新桥全长7米，全宽9米，设计荷载等级为公路一级，工程概算总投资112万元，由北京国道通公路设计研究院股份有限公司设计，核工业华东建设工程集团有限公司施工，北京正远监理咨询有限公司监理，于10月1日开工，历时88天完工。

（王子晨）

12月27日，西火路高庄子桥旧桥改造工程完工

（王子晨 摄）

【西火路火石岭桥旧桥改造工程】 12月27日，西火路火石岭桥旧桥改造工程完工。该工程位于密云区冯家峪镇前火石岭村，县道西火路（X008）K31＋123处。本次改造内容为对原桥整体拆旧建新，新桥上部结构为1孔7米现浇普通钢筋混凝土实心板，下部结构为柱式墩、薄壁台、扩大基础。新桥全长7米，全宽9米，设计荷载等级为公路一级，工程概算总投资117万元，由北京国道通公路设计研究院股份有限公司设计，核工业华东建设工程集团有限公司施工，北京正远监理咨询有限公司监理，于10月1日开工，历时88天完工。

12月27日，西火路火石岭桥、旧桥改造工程完工 （王子晨 摄）

（王子晨）

【西火路大平台桥旧桥改造工程】 12月27日，西火路大平台桥旧桥改造工程完工。该工程位于密云区冯家峪镇大平台村，县道西火路（X008）K19＋872处，跨白马关河。本次改造内容为对原桥整体拆旧建新，新桥上部结构采用2×30米预应力混凝土连续现浇箱梁，0号桥台采用桩柱式桥台、桩基础，2号桥台采用重力式U形桥台、扩大基础，1号桥墩采用柱式墩、桩基础。新桥全长68米，全宽9米，设计荷载等级为公路一级，工程概算总投资499万元，由中交综合规划设计院有限公司设计，核工业华东建设工程集团有限公司施工，北京正远监理咨询有限公司监理，于10月1日开工，历时88天完工。

（王子晨）

12月27日，西火路大平台桥旧桥改造工程完工 （王子晨 摄）

应急处置与服务保障

Emergency Response and Service Guarantee

【概　况】 年内，密云公路分局贯彻落实总体国家安全观，统筹发展与安全，健全完善突发事件应急处置制度体系，发挥部门协同、扁平高效的应急协作机制作用，结合重大活动服务保障任务，强化应急检查和实战演练，及时处置“3·19”兴阳线K126＋700山体塌方事件；公路防汛、铲冰除雪落实到位，普通公路水毁恢复重建工程按期完工，及时解决车站路北段积水问题，保障百姓出行安全。

（高　原）

【重点时期安全保障大检查】 1月28日，密云公路分局结合春节及北京冬奥会、冬残奥会安全保障工作要求，开展重点时期安全保障大检查，重点检查公路服务站应急物资及设备储备、应急值守安排、疫情防控、公路道班安全看护及消防安全、重点管养道路运行及安全防护设施管理、重点桥梁安全保障等方面情况。

（王明雪）

【铲冰除雪】 2月13日，密云地区普降小到中雪。密云公路分局提前部署降雪应对工作。自凌晨降雪开始时起，分局安排除雪保障队伍24小时对辖区管养道路进行扫雪铲冰作业，在机械扫雪为主、融雪剂融雪为辅的基础上，科学预撒融雪剂，防止道路积雪、结冰。截至当日16时，累计出动应急抢险人员1327人次、车辆机械677台次，撒布融雪剂478吨，全区管养道路除雪工作基本完成，未发生因积雪导致的交通阻断情况，路网运行平稳有序。

（张 雷）

2月14日，顺潮街人行步道铲冰除雪

（葛凤清 摄）

【应对“3·19”兴阳线山体崩塌事件】 3月19日上午11时30分，G234兴阳线K126＋700处发生山体崩塌，塌方量约80立方米，造成公路全幅阻断，未发生人员伤亡及车辆损失情况。密云公路分局立即启动应急预案，对涉险路段采取封闭措施，设专人现场值守劝返社会车辆，在沿线多处路口路段明显位置设置提示标志，通过公路可变情报板发布绕行信息，并按规定上报险情，配合区规自部门开展突发地质灾害应急调查踏勘工作。经有关专家组研判论证，确定了“先清危、后防护、再抢通”的应急抢险处置方案，于4月3日开始应急抢险处置工作，历经23天，于4月25日12时20分处置完毕，道路恢复正常通行。

（刘珊珊）

3月，G234兴阳线K126700山体崩塌应急处置

（张雷 摄）

【春季道路养护行动】 4月8日，密云公路分局开展春季道路养护行动。一是结合春季气候特点和病害发展趋势，制定养护修复方案，修复京沈线、兴阳线等4条国省干线路面病害共1500平方米、404处，灌缝3.7万延米，完成密三路、密古路等5条道路路基标准化整修12.4万平方米，同步清理了路侧边沟等排水设施。二是加强管养道路清扫保洁，对国省干线城区段增加冲刷频率，对兴阳线、密三路、密兴路等200余千米道路加大洒水降尘力度。三是加强公路交通设施管护，对京沈线、兴阳线等79条道路的交通标志、钢板护栏、中央护栏等进行集中清洗保洁，清洗护栏243千米、隔离栅11.97千米，清洗交通标志版面11500平方米，对河东路、卸河路等道路的不清晰标线进行覆划补划，施划面积9300平方米。四是加强绿化管护，完成25万株苗木、44万平方米地被浇灌解冻及60.5万株乔灌木病虫害防治工作。

（刘珊珊）

【国家安全教育日主题宣教活动】 4月15日，密云公路分局开展以“树牢总体国家安全观，感悟新时代国家安全成就，为迎接党的二十大胜利召开营造良好氛围”为主题的宣传教育活动。重点围绕《国家安全法》《反恐怖主义法》《刑法》等法律常识，在全体职工中深入开展学法普法活动，组织职工56人参加“北京反恐”微信公众号在线答题活动，利用分局电子大屏、政务微博等播发国家安全宣传标语、海报、微视频等素材20余篇。

（高 原）

【安全检查】 4月29日，密云公路分局开展节前安全检查，重点检查顺潮街、密关路等旅游线路设施安全情况以及各公路服务站、公路道班安全保障情况，现场查看双石路漫水点、黑龙潭支线塌方点安全防护情况。检查组要求相关从业单位切实加强节日期间安全保障工作，强化管养道路及设施安全巡视，做好突发事件应急处置工作。

（王明雪）

【道路积水隐患治理】 5月31日，市民通过北京交通广播“1039调查团”节目反映密云区车站路北段汛期隐患大的问题，密云公路分局会同城市管理、排水等部门研究制定治理方案，通过对车站路5号至云秀中街段道路增设409米排水管线，新增7座旋流式排水井盖，增加雨水篦子等方式，解决该路段积水问题，治理工程于6月13日开工，7月11日完工，由北京市七环工程技术咨询有限责任公司设计，北京路桥瑞通养护中心有限公司施工，北京中咨路捷工程技术咨询有限公司监理，总投资77.25万元。

（张 雷）

【安全生产咨询活动】 6月16日，密云公路分局在北京市政路桥养护集团第四工程处组织开展以“遵守安全生产法，当好第一责任人”为主题的安全生产宣传咨询日活动，来自密云公路行业的20余名从业人员参加，通过安全承诺签名、发放安全教育宣传材料、观看安全教育宣传展板等形式，向从业人员宣传安全生产知识，弘扬安全文化。活动中共发放各类安全宣传材料20余份，展出宣传展板10块。

（王明雪）

【突发公共卫生事件应急演练】 7月19日，密云公路分局按照《突发公共卫生事件应急预案》规定程序，开展突发公共卫生事件应急演练（桌面推演）。通过演练，明确了各部门工作职责，熟悉了突发公共卫生事件应急处置流程。

（高 原）

【桥隧检测】 7月，密云公路分局对辖区内85座桥梁、17座隧道以及近1000座涵洞进行常规检测，对G234兴阳线大关桥、二道河隧道进行特殊检测，重点检查桥梁结构强度、刚度、稳定性以及隧道土建结构隐患情况，并针对检测中发现的问题和隐患制定修复方案。

（祁 青）

7月27日，G234兴阳线大关桥桥梁检测

（赵翀 摄）

【普通公路水毁恢复重建工程】 9月6日，2022年密云区普通公路水毁恢复重建工程完工。工程包括对京沈线、兴阳线、密古路、黄下路、古北口火车站路等7条道路实施水毁恢复重建，修复挡墙、护坡、海墁等设施；对京沈线、兴阳线、松曹路、马北路、黄下路、河东路、密兴旧路、水库南线等8条道路共计32处破损山体防护网进行修复，计划总投资676万元，由北京特希达交通勘察设计院有限公司、北京市七环工程技术咨询有限责任公司、中材地质工程勘察研究院有限公司设计，中交一公局海威工程建设有限公司施工，北京正宏监理咨询有限公司监理，于6月13日开工，历时85天完工。

（刘珊珊）

10月26日，密云水库南线路面施划“非机动车优先”标识 （刘珊珊 摄）

【西火路、穆石路获评2022年度北京市“最美乡村路”】 10月28日，北京市交通委员会印发了《关于公布2022年度“最美乡村路”名单的函》，密云区冯

家峪镇西火路、穆家峪镇穆石路榜上有名。

（高　原）

交通运输管理

Traffic and Transport Management

【概　况】 北京市密云区交通局（简称区交通局）是负责全区交通运输行业管理和交通战备工作的区政府工作部门。2022 年，辖区共有公交客运企业 3 家，营运客车 815 辆，客运线路 60 条，线路总里程 4099.4 千米。年内，共优化调整公交线网 16 条；新增共享单车 2000 辆，点位 30 个，目前每日骑行量平均约为 9000 辆次，单车日骑行率达 1.7 次/辆；各综合检查站检测车辆 117.3 万辆次，卸载车数 1211 辆，卸载 1482.3 吨；共检测重型柴油车 26.63 万辆次，检出超标车 1868 辆次；新增 2 处非现场执法设备，8 个点位非现场设备共检测车辆 836 万辆次，超限车 4.4 万辆次，主要路段超限率稳定控制在 1%以下；强化学医景商周边交通综合治理；受理各种申请事项 16511 件，办结率 100%。

（杜　航　肖　强）

【新增公路不停车称重检测点位】 2 月 18 日，北京市第六批公路不停车称重检测设备启用，密云区有 2 个点位，分别位于：密兴旧路久远庄村东 K12＋600 双向，2 个监测车道；木邵路葫芦峪村北 K12＋300 双向，2 个监测车道。

（杜　航　肖　强）

【缓解北甸子综合检查站交通拥堵】 年内，区交通局多措并举缓解北甸子综合检查站交通拥堵。增开安检通道，针对复工复产后进京物流车辆由日均 500 辆增至日均 2500 辆现状，在车流高峰时段增开大货车安检通道，对尾气检测合格的车辆进行分流引导，加快通行速度。安装引导标识。在主要路口安装警告牌 5 面、地面导向标 2 处、客货车分流圆筒 6 个，为货车通行做好精准指引。优化检查流程。高峰时段执法人员前置，做到站前引导、站内分流，实现快检快放、安全畅通，平均通行时间由 1 小时缩短至 10 分钟。

（杜　航　肖　强）

【开通定制公交专线】 年内，区交通局开通首条定制公交专线 D1 康居南区至高岭市场，满足太师屯镇、高岭镇沿途地区职工上下班通勤需求；增加密 3 路区间单向车 1 班，首站上河湾站，末站沿湖西门；延长密 7 路至统军庄村，方便村内学生乘车上下学；调整密 51 路，每日调整 4 班次绕行古北水镇长城源著 2 期门口，方便市民乘坐公交车到古北水镇旅游及长城源著公寓居住。

（杜　航　肖　强）

年内，区交通局开通首条定制公交专线 D1

（区交通局　供图）

【启用首个公交一卡通多功能自助终端】 年内，区交通局在区政务服务大厅安装一卡通多功能自助终端，具备发卡、充值、退卡、查询、补登等功能，支持支付宝、微信等多种互联网支付方式，操作简单，为市民提供自助充值服务。

（杜　航　肖　强）

【优化调整公交线路】 年内，区交通局优化调整后途经万象汇的公交线路有 7 条：密 3 路、密 10 路、密 13 路、密 58 路、密 66 路、郊 89 路、980 快线，日增加班次 144 班，每日共有 777 班次，城区和山区群众最多通过 1 次换乘即可到达万象汇。

（杜　航　肖　强）

【打通京哈高铁接驳“最后一千米”】 年内，区交通局采取“公交车＋出租车＋骑行”方式，为群众高铁出行提供多样化接驳服务。增加密 3 路公交车每日发车班次至 120 班，直通高铁站；增设划定 2 个出租车位，方便出租车停车泊位；协调哈啰单车公司在高铁站停车点位增加 100 辆共享单车，方便市民骑行。

（杜　航　肖　强）

【扩大共享单车投放规模】 年内，为更好的服务群众短途接驳出行，区交通局在新东路、檀营路、水源西路等街区增加 30 个点位、2000 辆单车。共享单车自投放运营以来，单车日骑行率达 1.7 次/辆。

（杜　航　肖　强）

【治超与治污工作】 年内，区交通局坚持 24 小时不间断值守制度，量化考核指标，提高检测率、卸载率，降低超限率。各综合检查站检测车辆 117.3 万辆次，卸载车数 1211 辆，卸载 1482.3 吨。非现场执法 8 个点位共检测车辆 836 万辆次，超限车 4.4 万辆次。检测重型柴油车 26.63 万辆次，检出超标车 1868 辆次，劝返国三以下车 52 辆次。

（杜 航 肖 强）

客七分公司第十车队（980 公交总站）

【概　况】 2022 年，北京公共交通控股（集团）有限公司客七分公司第十车队（简称 980 公交总站）发放车次 28.03 万次，完成客运量 1191.68 万，行驶 2009.48 万千米，实现收入 3504.39 万元。运送老年人、残疾人乘客 273.84 万，比上年（200.19 万）增加 73.65 万人次，增长 36.79%。年内被评选为公交集团级金方向盘奖驾驶员 26 人，银方向盘奖驾驶员 21 人。

（任晓霞）

【车辆运营】 年内，车队有运营车辆 201 部，为福田 LNG 燃气车辆，分别是 BJ6127C8MTB 型 95 部，BJ6147C8BTD 型 76 部，BJ6147C8BTD—1 型 30 部。公司完成一级保养 3029 辆次，二级保养 1001 辆次，保养兑现率 100%，年内完成年检验车 375 车次，尾气检测合格率 100%。

（任晓霞）

【线路运营】 年内，车队有运营线路 6 条。3 条平原线路，980 普线（密云—东直门枢纽）单程 76 千米（另发区间—密云—后沙峪单程 52 千米）；868（云佛山滑雪场—于家园汽车站）单程 47.5 千米；970（密云—俸伯地铁站）单程 43.8 千米。3 条高速线路，980 快（密云—东直门枢纽）单程 80.4 千米；987（云佛山滑雪场—望京）单程 95.3 千米；970 快（密云—望京）单程 75 千米，日均行驶 55054 千米。日均收入 9.6 万元，日均运送乘客人数 3.26 万人次。

（任晓霞）

【运营优化】 年内，启用密云区域集中调度模式，由 4 个调度台缩减为 2 个调度台，由 22 名调度员缩减为 12 名调度员。987、868 实现跨线联运行驶。日发车 814 车次。全面实现六条线路的无人售票工作。通过自主申报、理论考核聘任助理技师 15 人。

（任晓霞）

【安全检查】 年内，车队组织对春运、礼让斑马线、安全月、路口量化标准等安全宣传教育活动，宣传教育面 100%。签订各类责任书 2352 份。设立安全岗点 3 个，叮嘱测酒 37342 万人次。安全检查 4690 车次，车上检查 1980 车次，3G（GPS）检查 2840 车次。查出问题 47 个，纠违率 0.67%。批评教育 5 人，扣分处理 29 人。共计处理驾驶员 201 名，扣 313 分，扣款 1.14 万元。

（任晓霞）

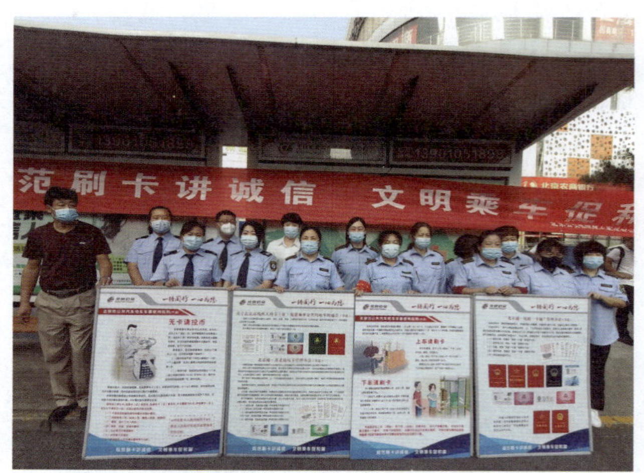

年内，980 公交总站组织站台宣传活动

（王燕 摄）

【交通事故】 年内，发生事故 15 件，比上年下降 4 起，其中行车责任事故 10 起，占总事故 66.67%。同等 1 起，占总事故 6.67%。次责事故 1 起，占总事故 6.66%。无责事故 3 起，占总事故 20%。外转违法行为 12 件，比上年上升 6 件。

（任晓霞）

【建议接收】 年内，车队接到原始意见 348 件。原始建议为：96166 热线 171 件，占原始建议总数 49.14%。“12345”政府热线 92 件，占原始建议总数 26.44%。交委 25 件，占原始建议总数 7.18%。网络 3 件，占原始建议 0.86%，表扬 57 件，占原始建议 16.38%。锦旗 4 面。

（任晓霞）

北京市宝城客运有限责任公司

【概　况】 2022 年，北京市宝城客运有限责任公司（简称宝城公司）依托公交车流动性强、覆盖面广、离群众近等优势，打造“行进中的密云先锋”即“红色教育先锋号”“文明实践先锋号”和“法制宣传先锋号”。配合政府疫情防控转运工作，投入 60 余辆公交车、转运 1167 名隔离人员。公司全年运营约 68.5 万班次，客运量约 2049.3 万人次，运营总里程约

2321.7万千米，实现客运收入5656.8万余元，较去年同比减少近40%。年内，公司获北京市总工会“喜迎二十大，强国复兴有我”企业形象片展示三等奖。

（孙继鑫）

行进中的“密云先锋”——红色教育先锋号

（宝城公司 供图）

【疫情转运】 5月16日，宝城公司接到上级疫情转运任务，投入20辆公交车，转运485人；11月1—10日，投入41辆公交车、52名驾驶员，转运隔离人员46次、运送隔离人员682人。

（孙继鑫）

5月，宝城公司参与疫情转运

（宝城公司 供图）

【新增公交线路】 1月4日，宝城公司开通D1定制公交专线（康居南区—高岭镇），配备新能源纯电动公交车1辆，路长49千米。

（孙继鑫）

邮 政

Postal Service

【概 况】 中国邮政集团有限公司北京市密云区分公司（简称区分公司）隶属中国邮政集团有限公司，担负着全区邮政通信服务工作。2022年，区分公司共设立了332个村邮站，建制村直接通邮率达到100%。现有员工351人，其中合同用工238人，劳务用工69人，劳务承揽备案人员44人。纳税总额99.31万元。

（宗 然）

【代理金融业务】 年内，区分公司整合如厂家商户（雪伦羽绒服、倍舒特日用品）、采摘种植合作社（密农人家、蔡家洼）、精品民宿（密云印象、邑仕庄园）等优质的属地客户资源，利用每周一到周四的非黄金时间段及厂家批发价格等优势，为城区金融、集邮、报刊等各类客群提供优质实惠的客户权益。为社区、村镇进行“电费充值卡、防诈骗宣传、赏学、赏话”等现场服务。整合医疗资源，组织航天微磁项目，开展邮政送健康活动，定期为居民、村民进行免费体检活动。

（宗 然）

【函件业务】 年内，函件业务全年出口13.69万件，进口288.88万件。区分公司加强专业间板块协同，拓展融媒体业务，以朋友圈广告、政务公益型明信片、节日主题函件产品为抓手，促进传统函件业务增收。

（宗 然）

【集邮业务】 年内，区分公司累计销售邮票186.34万枚，邮册7.1万册。区分公司开展关于“新年好物节”主题营销活动，累计举办“新年好物节”营销活动19场，到场人员300余人。在宜居密云公众号宣传推广冬奥特许产品的预订，共计预订冬奥邮品销售70余万元。

（宗 然）

【发行业务】 年内，区分公司提高发行服务质量，拓宽政务类图书销售渠道，以“党的二十大”系列图书为抓突破点，实现政务图书销售1.3万册，销售款额88万余元。

（宗 然）

【包裹快递业务】 年内，包裹快递出口43.95万件，进口 230.92 万件。

（宗 然）

【电商分销业务】 年内，区分公司做好渠道平台建设，服务区域地方经济、做好“助农惠农”工作。推广密云名特优产品在邮乐平台和邮政菜单线上销售工作，利用邮政线上和线下渠道宣传密云特色农产品。全年累计销售密云农副产品 450 余万元，累计开展有效团购 236 场，形成订单 4483 单，实现社区团购交易额 48.36 万元。开展城郊结对联动活动，为京郊引流带客，累计引流 84 人，累计开发京郊游民宿 4 户。

（宗 然）

年内，密云邮政销售合作社农产品

（区分公司 供图）

【网格化管理】 年内，区分公司落实安全生产责任制管理，将生产、营业场地纳入安全网格化管理，落实网格安全责任人，执行生产作业组织标准，确保邮件上下行及时、安全、高效。坚持月交通安全生产例会和车辆“三检”制度，强化落实安全员责任制和准驾人员的教育培训工作。

（宗 然）

【助力乡村振兴】 年内，区分公司依托邮政网点及邮乐网、邮乐优鲜、北京邮政菜单等线上平台引入 25 家合作社 150 个品种。以“邮政菜单”小程序为依托，上线“密云专属客户采购专区”。利用同城趟车、区内趟车及协议客户拉运车辆资源，释放客户人财物等各类采购成本，提供五街代取和配送服务；以“践行乡村振兴战略、发挥邮政综合服务优势、服务工会会员”为指引，搭建“邮惠万家—密云工会会员服务平台”；助力密云优质合作社的发展，把密云区潼玉华硕合作社打造成为全市“首家全国级示范社”，北京密农人家农业科技有限公司被认定为“中邮惠农区域级示范社”。巨各庄镇后焦家坞村成为全市首家“信用村”，并于 7 月 20 日举办授牌仪式。

年内，后焦家坞村“信用村”举行授牌仪式

（区分公司 供图）

（宗 然）

【疫情防控】 年内，区分公司落实市分公司、区政府常态化防疫工作要求，做好突发事件的防控预案，加强全员轨迹查询、接触人员登记、外来人员测温、体温异常跟踪随访、车辆消毒登记等防疫工作，确保防疫工作万无一失。做好重大政治活动安保工作，加强网点安全、服务检查巡查工作，采取日查和夜查相结合的方式，进行安全生产、安全保卫检查活动，对检查发现的问题及时通报，限期整改，做到闭环管理，保障疫情防控和重大政治活动期间的安全生产有序进行。

（宗 然）

中国移动通信集团北京有限公司密云分公司

【概 况】 中国移动通信集团北京有限公司密云分公司（简称密云移动）隶属中国移动通信集团北京有限公司。2022 年，密云移动深入学习落实集团公司“世界一流信息服务科技创新公司”发展定位，围绕个人市场、家庭市场、政企市场、新兴市场全向发力，全面落实作风建设与能力提升，实现高质量可持续发展。密云移动持续登榜 2023 年诚信服务承诺单位。

（杨　楠）

【网络建设】 年内，密云移动网络建设累计投资 8239 万元，其中基站建设投资近 4409 万元。新建 4G 基站 18 个，提升新建楼宇及山区的深度覆盖，实现密云城区、密云重要政府所在地、行政村及重点旅游景区全覆盖。新建 5G 基站 169 个，覆盖密云区政府、各乡镇政府所在地、城区部分居民区、密云鼓楼商圈、人口热点区域、4A 景区等重要场所。扩容 141 个小区，提升属地网络容量。为属地 21.7 万户家庭提供家庭宽带覆盖，其中城区 12.6 万户，农村 9.1 万户。

（杨　楠）

【产品推广】 年内，密云移动在本区陆续推出 5G 套餐、畅享套餐、全家享套餐等热销产品；移动高清、智能组网、全屋智能等数字家庭产品；咪咕视频、和彩云、PLUS 会员权益等新兴产品，满足广大用户日益多样的使用需求。为政府和企事业单位提供互联网专线、数字传输专线、IDC 等基础电信服务，利用大数据、云平台等前沿技术应用，针对不同行业提供个性化的信息化解决方案。

（杨　楠）

8 月，密云移动分公司北京长城文化节营销活动　（密云移动　供图）

【属地合作】 年内，密云移动围绕保水、护山、智慧农业＋智慧旅游，在乡村振兴方面寻求创新合作模式的突破。疫情期间，为全区常住人口发送防疫短信，为区内疫情防控工作提供有效服务。防火、防汛期间，配合区应急局、园林局做好防火、防汛等应急工作，配合区政府做好区级、局级、镇级指挥调度平台运维工作，确保调度平台正常使用。

（杨　楠）

【惠民服务】 年内，密云移动完成 7400 余个智能电动车充电桩投资建设工作，实现 7 个乡镇充电桩的全覆盖；在疫情管控中，为 4 个乡镇安装 103 个“电子哨兵”设备，实现对 4 个乡镇的卡口全覆盖。推进智慧城市建设，为密云辖区内 20 个街道提供垃圾分类服务，优化垃圾分类管控，提升垃圾分类管理质量。

（杨　楠）

【通信保障】 年内，在保证日常通信生产的基础上，完成冬奥、全国“两会”、党的二十大等重点活动通信保障，应对强降雨的自然灾害通信抢修，累计派发保障计次工单 1200 余人时，出动人员 100 人次、抢修车辆 40 辆次、架设油机 32 站次。解决民生类感知问题 87 个，提升客户满意度。加强基站建设，提升密云老城区和开发区的 5G 深度覆盖，跟进新建小区的网络覆盖。

（杨　楠）

中国联合网络通信有限公司
北京市密云区分公司

【概　况】 中国联合网络通信有限公司北京市密云区分公司（简称密云联通）隶属中国联通集团北京市分公司，致力于密云区信息化基础设施建设，支撑和服务区域经济发展。截至年底共有普通电话 8.36 万户、宽带客户 8.74 万户、移动客户 19.04 万户。2022 年，密云联通以“大联接、大计算、大数据、大应用、大安全”为主责主业，加快推动数字经济和实体经济融合发展，以数字乡村和智慧社区助力智慧社会建设，为区内企事业单位提供场景化数字融合方案，为广大人民群众创造数字工作生活新体验。

（孙　静）

【产品推广】 年内，密云联通提升创新供给能力，推出全屋光宽带（FTTR）产品，实现联通光纤网络从到户转为到房间的突破，网速可达千兆。

（张晨笛）

【数字乡村】 年内，密云联通推动数字乡村大发展，签约数字乡村 90 个，打造东智北村、尖岩村数字乡村示范标杆，开通第三方视频监控、村务预约、慢直播等应用，实现村务管理数字化。依托“互联网＋农业”发展模式，开展“心选好物”线上系列宣传，为区域内 20 余个乡村推广特色农产品，带动村民增收。

（张晨笛）

【数字赋能】 年内，密云联通推动5G赋能经济社会数字化，构建基于5G的网络基础架构平台，打造慢直播、5G直播、5G＋VIP服务、5G＋无感通行等多款应用，带动区域内旅游产业效应，促进8000余间民宿提升服务水平。

（邓　鑫）

年内，密云联通在东智北村探讨“数字乡村”建设　（密云联通　供图）

【智慧农业】 年内，密云联通承建密云区国家现代农业产业园智慧农业平台，为30余个智慧农业子系统提供数据底座支撑。以GIS、卫星遥感等信息技术相结合，对农业数据进行融合及挖掘分析，打造集数据共享、数据分析、数据应用于一体的农业农村时空一张图，构建现代产业园综合监管体系，形成领导指挥舱、农业振兴、三资监管等专题应用，提高乡村振兴数据管理的实时化、可视化、精细化。

（孙　静）

【通信保障】 年内，密云联通完成冬奥会、冬残奥会、党的二十大及区域内重要活动、汛期通信保障；快速反应满足疫情防控需求，承接皮基站建设、方舱医院通信保障主要工作；完成83个小区、3个“美丽乡村”线路优化整治，美化居民生活环境。

（李文辉）

中国电信股份有限公司北京市密云区分公司

【概　况】 中国电信股份有限公司北京市密云区分公司（简称密云电信）隶属中国电信股份有限公司北京分公司，2022年，密云电信作为属地产业数字化转型的重要推动者，坚持深入实施“云改数转”战略，充分发挥5G、人工智能、大数据、物联网等新一代信息通信技术和云网平台等优势，为政府、企事业单位、乡村振兴提供综合智能信息服务，为建设数字化标杆城市贡献力量。

（李东方）

【疫情防控】 年内，密云电信助力全区做好疫情防控，配合向全区发送疫情防控短信，协调防疫物资支援社区，组成青年先锋队参与境外回国人员信息登记；为街道、企业提供防疫一体机设备，通过人工智能技术做好疫情防控流调信息收集工作。

（李东方）

【信息安全】 年内，密云电信开展防范网络诈骗宣传工作，组织10余场反诈宣讲活动，并持续开展诈骗、骚扰电话治理工作，积极承担社会责任和企业责任。

（李东方）

【数字乡村】 年内，密云电信积极推进乡村信息化建设，通过加大乡村网络投资建设，加强5G信号覆盖，加载视频监控、天翼云广播等设备，助力智慧乡村建设。

（李东方）

【网络建设和业务发展】 年内，密云电信加快部署网络资源覆盖及双千兆升级工作，提升5G、宽带网络质量，网络建设投资同比增长312%，5G用户同比增长28%，宽带用户数同比增长35%。

（李东方）

【提速降费】 年内，积极响应国家对中小微企业宽带和互联网专线降费的号召，密云电信为中小微企业客户提供费用下调、免费提速等优惠政策，共提速降费73户。

（李东方）

【爱心翼站】 年内，密云电信开设“爱心翼站”，组织爱老助老互动，为老年人提供微课堂讲座，帮助老年群体学习使用智能手机。营业厅内为户外工作者、快递小哥提供充电、饮水等服务。

（李东方）

【创建全国文明城市】 年内，密云电信参与区创城工作，承包街段卫生扫除、攻坚小区飞线治理、清理通信设施小广告等工作，为密云区创建全国文明城市贡献力量。

（李东方）

科　　技

SCIENCE AND TECHNOLOGY

综 述

Overview

2022年，北京市密云区科学技术委员会（简称区科委）落实密云区科技领导小组办公室职责，立足区域绿色高质量发展，围绕科学城东区重大项目建设、国家高新技术企业培育、农业科技创新和科学普及等工作，完成49项工作任务和重点项目。科技服务实现新提升，落实市区优化营商环境工作部署，坚持立足企业需求，深化首问责任制，确保问题“不出科委”，开展“一对一、面对面”政策指导280余家，解决科技资质申报、融资、资源与渠道等方面问题10余类；举办线上政策培训10余期、2400余人次；拨付34家企业奖励资金692.4万元，推动9家企业获批银行贷款金额6950万元；指导267家科技企业完成国家高新技术企业申报，全区国家高新技术企业发展到520家；51家企业与高校院所签署合作协议、技术合同147份，支持5支科技创新团队开展技术攻关，承担科技项目10余项、参与标准创制27项、拥有知识产权164件。加强密云国家农业科技园区建设，与中国农科院、北京农科院、中国农业大学等科研院所对接，建成涵盖9个领域220余名专家的动态资源库；开展密云特色种业园建设研究，形成初步成果；制定出台《密云区科普基地管理办法》，明确评选条件、运行管理机制。发挥科技馆科学普及核心作用，针对不同群体，开展科技冬奥、科技周、科普讲堂等线上线下科普活动157期，惠及10万余人次，密云科技馆成为全区首家市级科普基地。

（焦　扬）

科 技 管 理

Technology Management

【“会议开放”活动】 3月14日，区科委组织相关班子成员、科室负责人及相关企业代表开展“会议开放”活动，共同研究密云区发展气候经济相关工作。参会人员及企业代表围绕《北京市密云区推进气候经济发展工作领导小组组建方案（征求意见稿）》开展深入研讨，初步确定组织架构、工作机制。

（冯小丹）

【绿色农产品精深加工研究项目】 3月30日，《基于真空微波技术应用的密云绿色农产品精深加工研究》项目通过验收。项目由北京密农人家农业科技有限公司承担，实施期限为2020年1月至2021年12月，形成红肖梨脆、甘薯脆等6种产品，制定应用真空微波技术加工农产品生产工艺规范，该生产工艺较传统果蔬冻干技术可减少营养损失10%以上，电力能耗降低50%，加工时间缩短60%。

（赵红霞）

【科普工作联席会】 7月8日，密云区召开2022年科普工作联席会暨全民科学素质工作会。会议听取2021年密云区科普工作情况和全民科学素质工作情况汇报，部署2022年科普工作和全民科学素质重点工作，就《密云区全民科学素质行动计划纲要实施方案（2021—2035年）》进行说明并征求相关单位意见。

（李大轩）

7月8日，密云区召开2022年科普工作联席会暨全民科学素质工作会　（李大轩　摄）

【奥金达蜜蜂生态科普馆获市级荣誉】 9月22日，北京奥金达蜜蜂生态科普馆获2022年北京市休闲农业十大学农教育和农事体验园荣誉称号。馆内分为五大展区，利用先进AR、虚拟现实、物联网、人工智能等技术，展示密云生态环境优势、蜜蜂先进养殖技术、蜜蜂采蜜过程等科普知识，开展学农教育和农事体验，延伸产业链条，实现一二三产融合发展。

（李大轩）

【发布密云区科普基地管理办法】 10月28日，由区科委、区科协联合制定的《密云区科普基地管理办法》通过密云区科技领导小组2022年第一次全体会议审议、印发。面向区内科技场馆、科普研发机构、科技传播机构3类科普单位，开展区级科普基地命名。通过命名的基地在人才培养、科技资源科普化、前沿技术示范应用科普场景建设等方面得到支持，并优先向国家、市有关部门推荐申报科普项目。

（李大轩）

【密云水库流域监测防控课题】 12月9日，由密云水库综合执法大队、市生态环境保护科学研究院、市水科学技术研究院共同承担的《密云水库流域监测、防控及管理体系构建》课题通过市科学技术委员会、中关村科技园区管理委员会验收。构建区域协调、空间联动、立体监测和智能化管理模式，为密云水库水质水生态监测和风险预警提供科学合理技术支撑。建成水源保护网格化综合智能管理平台系统，首次实现在密云水库实施网格化管理应用，创建人防、物防、技防相结合新型管理模式，推进水源地保护领域管理创新。

（李大轩）

【疫情防控先锋行动】 年内，区科委先后选派21名干部下沉鼓楼社区参与疫情防控志愿服务。完成1.2万人次全员核酸检测志愿服务和200余户隔离人员核酸检测，配合安装门磁设备100余户，入户核酸采样550余人次，日均查验进入小区人员健康码、核酸状态1000人次。协调区市场监管局、区城管执法局对科技类校外培训机构疫情期间线下培训情况进行专项检查，要求区内12家培训机构严格落实疫情防控要求，停止线下培训。

（李大轩）

【农业新品种通过国家审定】 年内，密云区农业国家高新技术企业北京中农斯达农业科技开发有限公司研发的斯达糯50、密花甜糯3号等10个鲜食玉米新品种通过国家玉米品种审定，其中鲜食糯玉米品种5个、鲜食甜玉米品种4个、爆裂玉米品种1个，分别在东华北、黄淮海、东南、西南四大玉米种植区推广。全区有86个农业新品种（配套系）获国家（地方）审定，涉及玉米、月季、草莓等品类。

（赵红霞）

【北京市新技术新产品（服务）】 年内，区内中科鼎实环境工程有限公司研发的“地下水污染阻隔管控的柔性垂直防渗系统”等17家国家高新技术企业的22项创新成果被市科委认定为北京市新技术新产品（服务），涉及智能制造、医药健康、新一代信息技术、节能环保等领域。全区115家国家高新技术企业的195项科技成果获此认定。

（李　杰）

【农田碳中和管理模式项目】 年内，由启迪瑞景能源环境科学研究院（北京）有限公司、清华大学、北京巨海阔种植专业合作社、北京密鑫农业发展有限公司共同承担的“基于微气象管理的封闭式碳一氮一水耦合循环农业系统研究示范”项目进展顺利，项目依托怀柔科学城东区地球系统数值模拟装置，集成密云本地农业、土壤、遥感、气候以及典型样地监测数据，建成密云农业碳监测综合管理平台，实现气象、植物、土壤、温室气体通量等相关数据的采集、核算。

（柳　奇）

【科技创城活动】 年内，区科委开展创城活动100余次，劝阻违规停车220余次，完成公共区域社会主义核心价值观等公益广告展板、公益广告景观小品和学雷锋志愿服务站点设置，实施卫生间无障碍改造工程，修复破损路面，规范机动车停放。针对不同群体开展社会主义核心价值观、新时代志愿服务总队科学普及、科技周、科技冬奥、科普进基地进学校进社区等活动108期，惠及群众2.7万人次。

（焦　扬）

【第二批优秀科技创新团队】 年内，区科委启动第二批优秀科技创新团队培育工作，联合区委组织部连续三年给予区内5支科技创新团队10万元支持。围绕医药健康、节能环保等领域关键技术攻关和成果转化，承担科技项目10余项。参与标准创制27项、拥有知识产权164件，7项科技成果被认定为北京市新技术新产品。拥有硕士及以上科技人才77人，其中高级职称18人，在中国医学装备、中国药学杂志等核心期刊发表论文4篇。

（宋玉美）

【科技型中小企业认定】 年内，北京艾普希隆生物科技有限公司、北京精益捷检测科技有限公司等230家企业被认定为科技型中小企业，涉及智能制造、节能环保、新一代信息技术等“高精尖”领域。

（李　杰）

【国家高新技术企业】 年内，区科委以“产业园区＋经济功能区＋重点镇街”的复合模式，指导267家企业完成申报，申报数量居生态涵养区首位，全区国高新企业达到520家，其中收入亿元以上国家高新技术企业79家。

（李　杰）

2022年密云区收入亿元以上国家高新技术企业一览表

表14

序号	企业名称
1	今麦郎饮品股份有限公司
2	金诚信矿业管理股份有限公司
3	北京亿万无线信息技术有限公司
4	中铁十六局集团路桥工程有限公司
5	北京博恩特药业有限公司
6	中联云港数据科技股份有限公司
7	北京科勒有限公司
8	北京金万众机械科技股份有限公司
9	北京北陆药业股份有限公司
10	北京金信润天信息技术股份有限公司
11	联通智网科技股份有限公司
12	高频美特利环境科技（北京）有限公司
13	北京华源泰盟节能设备有限公司
14	北京同仁堂兴安保健科技有限责任公司
15	北京康辰药业股份有限公司
16	北京燃气密云有限公司
17	北京智想有为通信技术有限公司
18	北京梵客家居科技有限公司
19	同方威视科技（北京）有限公司
20	北京倍舒特妇幼用品有限公司
21	北京大豪工缝智控科技有限公司
22	复星北铃（北京）医疗科技有限公司
23	睿智合创（北京）科技有限公司
24	北京欣环龙节能环保技术有限公司
25	北京永创众信建筑设计有限公司
26	北京友宝在线科技股份有限公司
27	北京万链建筑科技有限公司
28	北京新源智慧水务科技有限公司
29	欧时表廊（北京）贸易有限公司
30	北京国环莱茵环保科技股份有限公司
31	北京紫云腾中药饮片有限公司
32	北京德开医药科技有限公司
33	北京荣创岩土工程股份有限公司
34	斯普屹科技（北京）有限公司
35	超同步股份有限公司
36	北京北铃专用汽车有限公司
37	北京自如信息科技有限公司
38	北京华体体育场馆施工有限责任公司
39	北京中山消防保安技术有限公司

续表

序号	企业名称
40	北京春播科技有限公司
41	北京京东方真空电器有限责任公司
42	东为商业集团有限公司
43	北京亿典科技有限公司
44	卡迪诺科技（北京）有限公司
45	北京杰利阳能源设备制造有限公司
46	安慕斯科技有限公司
47	电科北方智能电气有限公司
48	北京瑞科恒业喷涂技术有限公司
49	康为同创集团有限公司
50	北京青鸟环宇消防系统软件服务有限公司
51	北京圣通和科技有限公司
52	北京微笑海科技有限公司
53	北京金东高科科技有限公司
54	中科鼎实环境工程有限公司
55	北京贝壳时代网络科技有限公司
56	北京国通合众信息技术有限公司
57	北京兴业源科技服务集团股份有限公司
58	北京汉典制药有限公司
59	北京瑞福缘动网络科技有限公司
60	北京神指飞扬科技有限公司
61	北京北燃环能科技发展有限公司
62	北京思诺博信息技术有限公司
63	北京鑫泰绿能科技有限公司
64	北京方鸿智能科技有限公司
65	九洋建设集团有限公司
66	北京世纪蓝箭防水材料有限公司
67	北京中防恒立人防设备有限公司
68	北京人和创建信息技术有限公司
69	北京数字一百信息技术有限公司
70	联通航美网络有限公司
71	易通远见（北京）科技有限公司
72	北京易云时代信息技术有限公司
73	北京康高特仪器设备有限公司
74	北京动科瑞利文科技有限公司
75	北京海王中新药业股份有限公司
76	搏世因（北京）高压电气有限公司
77	北京汇源生物科技有限公司
78	北京无忧乐道科技有限公司
79	北京哈泰克工程技术有限公司

【市级科技研发机构】 年内，北京市倍舒特妇幼用品有限公司等3家国家高新技术企业被市科委认定为北京市级企业科技研究开发机构。全区有市级以上研发机构14家，其中国家级科技研发机构2家、市级企业科技研发机构10家、市重点实验室1家、市工程技术研究中心1家。

（李 杰）

2022年密云区市级及以上研发机构一览表

表15

序号	科技研发机构分类	依托单位	研发机构名称
1	国家重点实验室	北京仁创科技集团有限公司	仁创集团硅砂资源国家重点实验室
2	国家工程技术研究中心	北京机床研究所	国家超精密机床工程技术研究中心
3	北京市级企业科技研究开发机构	北京荣创岩土工程股份有限公司	北京荣创岩土工程股份有限公司
4	北京市级企业科技研究开发机构	北京市倍舒特妇幼用品有限公司	北京市倍舒特妇幼用品有限公司科学技术分公司
5	北京市级企业科技研究开发机构	睿智合创（北京）科技有限公司	睿智合创（北京）科技有限公司
6	北京市级企业科技研究开发机构	北京龙鼎源科技股份有限公司	北京龙鼎源科技股份有限公司技术开发中心
7	北京市级企业科技研究开发机构	北京康辰药业股份有限公司	北京康辰药业股份有限公司药物研究院
8	北京市级企业科技研究开发机构	北京方鸿智能科技有限公司	北京方鸿智能科技有限公司
9	北京市级企业科技研究开发机构	超同步股份有限公司	超同步股份有限公司北京智能装备技术研发中心
10	北京市级企业科技研究开发机构	北京麦康医疗器械有限公司	北京麦康医疗器械有限公司
11	北京市级企业科技研究开发机构	北京华厚能源科技有限公司	北京华厚能源科技有限公司
12	北京市级企业科技研究开发机构	北京亨通智能科技有限公司	北京亨通斯博通讯技术有限公司光电技术研发中心
13	北京市工程技术研究中心	北京亨通智能科技有限公司	北京市光电通信线路工程技术研究中心
14	北京市重点实验室	北京美中双和医疗器械股份有限公司	心脏药械技术和循证医学研究北京市重点实验室

知识产权保护

Intellectual Property Protection

【概 况】 北京市密云区市场监督管理局（知识产权局）加强商标、专利、地理标志的监督管理，促进知识产权的创造、运用和保护。履行区打击侵犯知识产权和制售假冒伪劣商品工作领导小组办公室职责，统筹推进打击侵权假冒工作。并通过法律宣传、走访调研、政策宣讲等方式加强指导与服务，提升全区商标、专利的拥有量。截至年底，密云区注册商标49048件，新增注册商标4959件；有效发明专利拥有量1349件，年内新增专利授权1267件。国家知识产权局商标业务密云受理窗口受理商标申请业务355件，其中商标注册申请187件、后续申请168件，开展咨询359人次。

（洪佳男）

【知识产权服务】 年内，区市场监管局围绕“特色蜜、水库鱼、环湖粮、山区果、平原菜”五大特色产业体系，主动对接农业农村局、园林绿化局、农业服务中心等部门，挖掘农业、林业、渔业等特色产业商标品牌培育对象和资源。以蜂产业、密云水库鱼为重点，指导完善知识产权布局，协助区农服中心完成“水库鱼”商标申办，帮扶蜂产业协会完成商标注册43件。

（洪佳男）

【知识产权管理】 年内，区市场监管局围绕生物医药、智能制造、节能环保等行业，努力培育拥有自主知识产权和市场竞争力的优势企业。经培育推荐，区内12家企业被认定为市知识产权试点单位、1家企业被认定为市知识产权示范单位。

（洪佳男）

【知识产权运用】 年内，区市场监管局落实《密云区支持企业发展办法（试行）》，组织开展2021年度企业知识产权资助工作，通过组织申报、初审及联合复审，对28家符合条件的企业予以资金支持50.85万元，进一步支持企业知识产权创造和运用。鼓励企业以知识产权融资，进行科技创新和扩大生产，为区内企业办理专利质押项目10件，质押金额14500万元。

（洪佳男）

【知识产权保护】 年内，区市场监管局加大对冰雪运动场馆、商超、旅游景区、广告经营单位的检查力度，严查未经授权为商业目的使用奥林匹克标志的违法行为。以驰名商标、涉外商标为重点，开展酒类、建筑材料、服装鞋帽等领域检查，查处侵犯注册商标专用权行为。全年查办商标侵权类案件17件，罚没款13.47万元。

（洪佳男）

【知识产权宣传】 年内，区市场监管局围绕“全面开启知识产权强国示范城市建设新征程”主题，开展知识产权进乡镇、进园区、进景区、进校园、进商场、进市场等宣传活动，提升社会公众“尊重知识、崇尚创新、诚信守法、公平竞争”的知识产权文化意识。

（洪佳男）

科技活动

Science and Technology Activities

【专家“把脉问诊”服务农业企业】 2月8日，区科委聘请北京农科院植保所专家，前往北京春播科技有限公司、北京汇源康民有机农业有限公司进行技术指导。在春播基地蔬菜大棚，专家了解并查看种植管理情况，指导制定精细化管控方案，并免费提供氨基酸水溶肥、木醋液，帮助基地防治根结线虫。在汇源康民草莓种植温室，针对草莓僵果、叶片干边等问题，提出通过减少浇水量提高基质温度、根据植株不同生长期调整液体肥比例等建议。

（赵红霞）

【农林科学院专家调研指导蜂授粉应用】 2月11日，区科委与北京市农林科学院专家工作站蜂授粉专家共同到高岭镇北京祥和源农业科技股份有限公司、北京奥金达农业科技发展有限公司，调研设施樱桃熊蜂授粉技术应用及熊蜂授粉繁育车间建设情况，并进行技术指导。

（赵红霞）

【科技政策“线上课堂”】 3月29日，区科委协同专业科技服务机构开展“线上课堂”科技政策宣讲活动，区内200余家国家高新技术企业参加活动。活动邀请科技政策专家围绕“高新技术企业认定、科技型中小企业评价、专精特新”等系列科技政策进行精准解读，并逐一解答企业提出的问题，帮助企业分析科技资质的申报要点，提高企业对科技政策的理解和政策知用率。

（李 杰）

【“诚信建设万里行”宣讲活动】 7月18日，区科委深入睿智合创（北京）科技有限公司开展“诚信建设万里行”宣讲活动。与企业进行座谈交流，深入了解企业经营现状、产学研合作、科技创新发展等情况，向企业详细解读市科委、中关村管委会“1+5”系列政策和社会信用体系建设的重要性，激发企业创新发展意识。

（李 杰）

【区领导带队到清华大学考察对接】 10月19日，区委常委、宣传部部长耿晓婧带队到清华大学，就密云区与清华大学合作相关事项进行考察对接。区科委党组书记、主任彭根明及相关人员一同参加。在清华大学环境学院，与院长刘毅就共建区域与流域生态环境安全全国重点实验室进行对接。参观清华大学水沙科学与水利水电工程国家重点实验室，并与中科院院士、清华大学副校长王光谦以及土水学院相关负责同志，围绕清华大学与密云合作框架协议、共建水沙科学与水利水电工程国家重点实验室水利元宇宙技术中心进行深入交流，就开展合作达成共识。

（张笑一）

10月19日，区委常委、宣传部部长耿晓婧带队到清华大学就合作相关事项开展考察

（张笑一 摄）

【社会信用体系建设线上培训会】 11月25日，区科委组织相关企业开展社会信用体系建设线上培训会，了解企业经营现状、产学研合作、科技创新发展等情况，对相关科技创新政策进行宣传、辅导，激发企业创新意识，提升企业创新能力。组织企业学习《普及信用知识，共建诚信社会—北京市企业信用知识普及材料》，宣传社会信用体系建设相关内容，引导企业珍视信用、规范经营、加强自律，为区域经济社会高质量发展提供良好信用环境支撑。

（李 杰）

【对口支援】 年内，区科委落实对口支援任务，为内蒙古库伦旗引进玉米新品种7个，为湖北省十堰市竹溪县疾控中心捐赠10.5万元抗疫物资。

（李大轩）

【公民网络身份数字钱包系统项目】 年内，由北京收付宝信息安全科技有限公司承担的公民网络身份数字钱包系统项目通过验收。以公安部公民网络身份凭证为认证基础，研发公民网络身份数字钱包系统，包括空中开户、交易鉴权、个人授权书、电子签章、司法存证、虚拟智能卡6个模块，实现线上身份认证、个人征信授权、线下闪付、线上支付等功能。该系统已在区政务服务局投入使用，实现线上取件、不见面审批、线上反馈等服务功能，提升行政给付事项的办事效率和便利化水平。

（宋玉美）

【智能医疗机器人检测开放平台】 年内，智能医疗机器人检测开放平台课题通过市科委验收。课题基于市场对医疗和各类工业机器人在定位、传动精度等性能指标的检测需求，建成减速器试验室和环境与可靠性试验室，配备7套环境模拟试验设备、五轴机器人、物流机器人，可开展位置精度、减速比、路径精度的标定及高低温、酸性大气、盐雾试验等检测服务。课题实施期间，形成减速器试验室机器人检测、环境与可靠性试验高低温湿热及盐雾试验标准和相应的质量管理体系，截至年底，为区内外119家次企业提供检测服务。智能医疗机器人检测平台的建成，实现密云区第三方智能医疗检测服务零的突破。

（李大轩）

科 普

Popular Science Activities

【科普工作者科普能力提升线上培训】 1月13—18日，区科委举办“科普工作者能力提升”线上培训，区内22家科普相关单位参加培训。培训邀请中科院“老科学家科普演讲团”成员周又红、北京市科学技术研究院城市系统工程研究所研究员朱伟、中国青少年科技辅导员协会讲师团首席科普讲师滕保华等7位科普专家，围绕科普短视频拍摄、科普活动设计与实施、创新科普活动探究、“小制作，大技巧”以及社区人员如何开展应急科普等 8 方面内容进行讲解，并与参会人员互动交流。

（李大轩）

【“脑洞大开”脑科学科普展】 1 月 25 日，“脑洞大开”脑科学科普展在区科技馆拉开帷幕。展览由区科技馆与北京中科毓智科技有限公司合作举办，分为人类大脑计划与中国脑计划、人脑的结构及功能、脑疾病和脑健康、类脑研究四大板块，8000 余人参观。

（许小亮）

1 月 25 日，“脑洞大开”脑科学科普展在密云科技馆拉开帷幕 （李娜 摄）

【密云科技馆被命名为北京市科普基地】 2 月 15 日，密云科技馆被市科委命名为北京市科普基地，成为 2022 年实施《北京市科普基地管理办法》后的密云区首个市级科普基地，将优先享受市级科普项目支持。自《北京市科普基地管理办法》和申报系统启动以来，区科委坚持扩增量、提质量，组织、指导区内有条件的农业合作社、农业企业、教育机构及相关事业单位进行注册申报，全区有 28 家单位完成注册，其中 22 家通过市科委形式审查。

（李大轩）

【科普统计】 4 月 11 日，密云区启动 2021 年度科普统计工作。统计数据实行在线填报，包括科普人员、科普场地、科普经费、科普传媒、科普活动和科学教育 6 大类 139 项指标，涉及区内 110 余家单位。

（李大轩）

【科技周活动】 8 月 20—27 日，区科技馆开展 2022 年密云区科技周活动，主题为“走进科技 你我同行”。首次采取线上线下相结合方式，分为科技馆主场活动和科普进基层系列活动，开展“三球仪”“小小牛顿摆”等科技制作、“掌上火焰”“液氮实验”等科学表演以及乐享编程、科普进基地、进社区、进学校等活动 50 余场，吸引 4000 余人参加。密云科技周活动在“学习强国”平台《北京科技报》进行报道。

（许小亮）

教　育

EDUCATION

综 述

Overview

【概 况】 2022年，密云区教委辖属教育单位139个。其中幼儿园78所（教育部门办园52所、地方企业办园4所、集体办园2所、民办园20所），小学26所（教育部门办校26所），初级中学17所（教育部门办校17所），完全中学1所（教育部门办校1所），高级中学3所（教育部门办校3所），九年一贯制学校3所（教育部门办校3所），特殊教育学校1所，中等职业学校1所，其他法人单位9个。招生14348人（幼儿园4576人、小学4209人、初中3070人、普通高中2243人、中等职业学校250人）；毕业12880人（幼儿园4401人、小学3270人、初中3302人、普通高中1796人、中等职业学校111人）；在校生56256人（幼儿园15532人、小学23785人、初中9669人、普通高中6611人、中等职业学校512人、特殊教育学校147人）。教职工总数7417人（幼儿园2643人、小学2055人、中学2493人、中等职业学校175人、特殊教育51人），其中高级职称1510人、中级职称2502人。北京市特级教师23人、北京市骨干教师78人、北京市学科教学带头人12人。全年教育总投入303552.3万元。中小学固定资产总值234504.53万元。新建小学分址1所。设立教育集团2个、初中学区4个、小学城乡教育共同体7个、幼儿园学习与发展共同体5个。2022年，区教委围绕喜迎党的二十大这条主线，统筹疫情防控和教育改革发展，迎难而上、砥砺奋进，完成各项工作。

（王云阶）

【特色教育】 年内，区教委推进德育课程体系建设，构建“1＋N”主题教育活动体系，“荷美”“爱·美”等一批学校德育课程特色凸显；坚持全员家访、重点回访；推进“大思政课”建设，将课堂搬到红色基地、烈士陵园；开展“红领巾学堂”，打造“王亢中队”“邓玉芬大队”等育人品牌，13个团队分获全国、市级优秀集体。推进校园篮球、足球、游泳等运动普及；市运会上，密云二中男篮勇夺冠军。组织开展第25届学生艺术节，建成市级艺术教育特色学校13所，学校美育品质不断提升。加强科技教育，研究制定《全面加强和改进学校科技教育工作的实施方案》，组织学生参加第二十二届金鹏科技论坛、第41届北京青少年科技创新大赛，10所学校入选市级科技教育示范校，2个项目在科技活动评比中获国家级一等奖。推进劳动教育实践基地建设，“一校一案”开发个性化劳动清单，探索多学科相融合劳动课程。

（王云阶）

【各类教育发展情况】 年内，区教委做好学前教育“双普”验收准备工作，编制学前教育发展提升行动计划；深化资源共享机制，发挥学前教育共同体优势，组织开展线上线下研训26次，推动各类型幼儿园协同发展；启动家园共育系统提升项目，初步构建全程超前伴随式家长培训体系。推进“双减”工作，制定出台《密云区义务教育阶段课程实施方案》，围绕教研活动规范、常态课堂质量、课堂教学改革、作业设计研究、学业质量监控、课后服务实效六大方面，赋能教学质量不断提升；开展教材教法培训300余场次、课例观摩研讨120余场次，围绕单元整体教学，举行课堂教学展示活动，全市1000余名教师在线观摩；推进义务教育优质均衡先行区创建工作，深化与教育强区的合作，与市区名校“手拉手”实现全覆盖，优质教育资源多渠道扩增；推进实验区建设“六大行动”，启动中小学课堂大数据诊断服务项目，探索新技术环境下教与学方式变革，4所学校获批市教委“双百”示范行动优秀基地、2个创新课题获评优秀课题。推进普通高中多样化特色发展，举行主题研修活动和展示活动，推进课程整体育人，3门课程参加北京市普通高中特色课程认定，认定率100%；面向高三年级教师进行全员常态课覆盖式线上听课，开展学科质量分析、备考研讨、命题研讨160余次，备考实效性不断增强。加快数字电商、无人机等新兴信息技术专业建设，职校育人质量不断提升；推进市场化职业技能培训，全年面向社会组织开展各类短期技能培训480人次、特种作业线上培训600人次。

（王云阶）

【队伍建设】 年内，区教委出台《师德师风建设工作部署实施方案》，全方位构建师德师风建设长效机制；组织全区6100余名教职工开展“喜迎二十大 我（我们）的育人故事”宣讲活动，评选表彰140名“优秀教师”“优秀教育工作者”，选树典型带动教师队伍活力。完善干部教师轮岗交流机制，安排交流轮岗307人，城乡师资结构不断优化。制定《密云区“十四五”时期干部教师培训工作实施方案》，面向各级各类教师实施“四进阶”“两提升”课程，师资培训的针对性、实效性不断增强。开展信息技术应用能力提升工程2.0培训，全区共4714名教师参与项目学习，助力“基于教学改革、融合信息技术的新型教与学模式”实验区建设。推进“百名教师拜师”项目，开展3次通识培训、15次学科培训，参训700余人次。与海淀教师进修学校联合开展“密·海”合作一体化教研，组建12个名师工作室。构建“一站多坊”研训机制，推进班主任研训方式转型。成立“张鲁静特级教师工作室”，制订菜单式培养计划，指导英语学科薄弱教师100余人次。5人在市级教学设计大赛、赛课、京教杯比赛中获一等奖。1人获首都劳动奖章。

（王云阶）

教育管理

Education Management

【北京市英语特级教师张鲁静密云工作站成立】 3月2日，区教委举行北京市英语特级教师张鲁静密云工作站启动仪式。仪式上宣读《北京市特级教师张鲁静密云区工作站实施方案》，向工作站指导教师张鲁静及领衔教师刘连红颁发聘书，为基地校授牌。工作站由北京市基教研中心特级教师张鲁静领衔，经区教委遴选确定4所基地校16名核心成员以及17名培养对象为工作站成员。区教委、教师研修学院、各基地校领衔教师、核心成员及培养对象代表30余人参加启动仪式。

（张文华）

【干部主题演讲】 4—5月，区教委开展“夯实中坚力量 聚力促优提质”学校副职干部主题论坛和“向我看 跟我干 我的岗位是模范”中层干部主题演讲。活动设校级初选和区级比赛2个环节。全区71个单位120名副校级干部、300名中层干部参加初选，有63名副校级干部、68名中层干部参加区级评选。由教委机关干部、校长、研修员组成评委，采取线上评选的方式，评出副校级干部论坛一等奖12名、二等奖20名，中层干部演讲一等奖13名、二等奖22名。

（李士新）

【入职新教师“启航杯”教学风采展示活动】 5月12—13日，区教委举办2021年入职新教师“启航杯”教学风采展示活动。活动采取线上方式举行，139名新教师分11个赛场参加风采展示。参赛教师从教学背景分析、教学目标确定、教学方式与策略、教学活动设计、作业设计、板书设计、教学特色与反思7个方面进行15分钟的教学设计展示；区教师研修学院36名研修员担任评委，从教学设计撰写、教师展示效果、教师专业素质、教学的整体表现等方面对展示情况进行评价，评选出一等奖26名、二等奖47名。推荐22名教师参加北京市比赛，获市级二等奖5名。

（杨海芳）

【教师研修学院迁入新址】 6月14日，密云区教师研修学院迁入新址办公。新址位于密云区兴云路25号，占地面积6473.69平方米，建筑面积11676.12平方米，为地下一层地上四层的框架结构综合办公楼。设有教室19个、办公室42个、报告厅2个。2019年4月开始施工，2022年6月投入使用。

（李绍振 李士新）

【启动双法治副校长工作机制】 6月，区教委启动双法治副校长工作机制。区教委出台《密云区中小学法治副校长聘任与管理办法实施意见》，由区教委牵头，联合区法院、区检察院、区公安分局、区司法局建立联席会议机制，六部门协调配合，为全区中小学生健康成长提供法治保障。法治副校长工作采用双法治副校长工作机制，即每所学校（幼儿园）配备2名法治副校长，1名侧重法治宣传教育工作，1名侧重安全管理工作。区法院选派30名法官、区检察院选派30名检察官、区司法局选派30名律师、区公安分局选派90名干警，担任全区90所中小学、幼儿园法治副校长。

（马 飞 李士新）

【“我的育人故事”评选活动】 7—9月，区教委组织开展讲述“我的育人故事”评选活动。活动设一线教师讲述“我的育人故事”、学校管理者讲述“我们的育人故事”两方面内容，各学校采取线上线下相结合形式，组织干部、教师在校内开展讲述活动。经校级评选推荐112名干部、教师参加区级评选，区教委成立由相关科室、教师研修学院人员组成评审组，依据参评教师上交材料和事迹，评出“我的育人故事”一等奖11名、二等奖23名、优秀奖26名，“我们的育人故事”一等奖1名、二等奖12名、优秀奖14名。9月，区教委推荐4人参加北京市评选，获特等奖1名、一等奖3名。

（杨海芳）

【庆祝第38个教师节暨表彰大会】 9月8日，区教委召开庆祝第38个教师节暨表彰大会。大会以“迎接党的二十大 培根铸魂育新人”为主题，播放《守正

创新 勇毅前行 奋力谱写新时代密云教育高质量发展新篇章》宣传片，对教委系统工作进行全面总结；授予140名教师优秀教育工作者、优秀教师称号；师生表演合唱、京剧、舞蹈、篮球操等节目。区委、区政府领导，教育“两委”班子成员，教委机关科室负责人，教委系统各基层单位党政正职，镇街教委副主任，受表彰教师代表及2022年入职新教师代表300余人参加。

（李士新）

9月8日，区教委召开庆祝第38个教师节暨表彰大会（区教委 供图）

【“十四五”校级干部任职资格培训项目启动】 9月23—24日，密云区“十四五”校级干部任职资格培训项目启动。北京教育学院教育管理与心理学院教师曹慧解读培训方案，明确学习任务、考核方式及研修成果；北京教育学院教育管理与心理学院院长胡淑云分别以《中小学领导人员的知识结构》《思维品质与校长领导力提升》为题，从干部任职资格培训的定位、政策依据、课程体系等方面进行专题讲座；北京教育学院原党委书记马宪平以《新时代校长必备的职业素养》为题，从校长必备的政治素养、道德素养、管理素养、专业素养等进行专题讲座。项目由区委教育工委、区教委与北京教育学院合作，培训期一年，其间，围绕政德修养、专业理念、专业知识、专业职责五大领域，开展300学时系统培训。全区中小学、幼儿园和直属单位38名新任校级干部参加。

（李士新）

【“公仆心、云水情”主题宣讲比赛】 10月13日，区委教育工委举行“公仆心、云水情”主题宣讲比赛。来自中小学、幼儿园、直属单位、区教委机关和首都经济贸易大学密云分校的20名宣讲员参加比赛。参赛教师结合本职工作，从不同角度、不同层面讲述自己对“公仆心、云水情”认识理解，讲述自己或身边同志敬业奉献，投身创城防疫、教育教学改革、服务师生等内容的典型故事。活动邀请区委宣传部、首都经济贸易大学密云分校、教委机关相关科室负责人担任评委，从宣讲内容、语言表达、形象风度、综合印象等方面进行评分，评选出一等奖4名、二等奖8名、三等奖8名。

（金亚平 李士新）

【落实各类学生资助资金】 年内，密云区发放各项学生资助资金1585.21万元，惠及学生28798人次。其中义务教育阶段发放生活补助金6307人次913.24万元，助学金15333人次230.00万元，免住宿费4989人次79.82万元；高中阶段发放国家助学金、免学费、免教科书费694人次127.00万元，免住宿费337人次9.44万元；学前教育阶段免保教费209人次116.92万元；职业学校发放国家助学金144人次、免学费772人次、政府奖学金13人次，资助金额108.80万元。

（佟志新 李士新）

【深化干部教师岗位交流】 年内，区教委深化干部教师岗位交流制度。在原有政策基础上，制定《关于所属事业单位干部教师交流轮岗工作的实施办法》，将干部教师轮岗交流分为城乡间交流、同区域调整、中小衔接交流、兼职交流、研修交流、指导交流、跨省交流、“以干带训”交流等8种形式。全年安排轮岗交流307人，占符合交流人数的18.6%。其中城乡间交流147人、同区域调整100人、兼职交流4人、指导交流32人、跨省交流19人、“以干带训”交流5人。

（李士新）

【50所中小学与市区优质学校合作】 年内，密云区中小学（含九年一贯制学校）全部与市区优质学校建立结对合作关系。根据区委教育工作领导小组要求，密云区26所小学、21所中学、3所九年一贯制学校分别与市区优质学校联系，建立结对合作关系。各校借力市区名校优质资源，在教师培训、课程建设、教学改革、中高考研究等方面开展合作，提升教师专业能力，促进密云区教育优质发展。

（李士新）

【“新型教与学模式”实验区建设】 年内，区教委推进“基于教学改革、融合信息技术的新型教与学模式”实验区建设。迭代优化智慧教育环境，出台《密云区关于推进“双师课堂”工作的指导意见》，为14所学校改造“双师课堂”教室14间，开展11所“双师课堂”试点校工作，探索市区一体化学校、城区强校与乡村薄弱校及寄宿制学校、乡村地区“一带多”校际之间实施“双师课堂”新样态。自主创建数字资源，建成“空中课堂”录制基地，录制优秀课30节、精品微课2000节、《家长学校》学习资源600节，为线上线下教学、家校合作提供优质数字教育资源。提升教师信息素养与能力，4714名教师完成信息技术应用能力提升工程2.0培训，120名干部参加“校园数字化转型助力教学改革”专题培训；组织中小学校长在线观摩学习外省实验区经验做法，参加“教育数字化转型、深化教学改革”暑期专题培训；启动“中小学课堂诊断服务项目”，举办2次中小学信息技术应用融合成果展示活动。

（张学虎　李士新）

学 前 教 育

Pre-school Education

【第十届幼儿体育节】 4月，区教委举办第十届幼儿体育节。体育节以“童心贺冬奥 健康向未来”为主题，历时1个月。全区78所幼儿园分别开展奥运火炬传递、冬奥体育项目展示、民间传统体育游戏等体育活动。

（廖山川）

【第十届幼儿艺术节】 5月，区教委举办第十届幼儿艺术节。艺术节以“德润童心，玩‘美’童年”为主题。各幼儿园线上指导家长、幼儿开展“家庭博物馆展览会”“品格家庭秀”“童谣颂党、红歌献党”“我身边的先锋”“配音游戏”“扮演游戏”“诗情画意”“云端庆六一”等活动。

（樊纪萍）

【“双普”创建工作部署会】 6月19日，区教委召开创建学前教育普及普惠区工作部署会。会议解读县域学前教育普及普惠督导评估工作的背景目的、内容指标、评估流程，部署下一阶段幼儿园“双普”创建工作的任务目标。会议要求各幼儿园围绕目标任务，提升管理水平和办园质量，对标对表，确保硬件和软件双达标，实现督导评估与园所发展双赢。全区各类型幼儿园园长54人参加。

（张燕妮）

【农村镇幼儿园园长论坛】 7月12日，区教委举办幼儿园干部工作经验交流暨农村镇幼儿园园长论坛。16个镇中心幼儿园园长围绕镇域幼儿园一体化管理、队伍培养、课程实施、德育工作、幼小衔接、卫生保健、疫情防控下的家园沟通等内容进行汇报交流。区教委学前科、教师研修学院学前研修员26人参加活动。

（樊纪萍）

【幼儿园骨干教师优质课示范观摩】 9月29日，区教委开展幼儿园骨干教师优质课示范观摩活动。9名区级骨干教师分别在第五幼儿园、第十幼儿园、第十三幼儿园同时展示健康、语言、社会等领域的教育活动，参会教师围绕教育活动设计、组织与实施进行研讨。各类型幼儿园60余名教师参加活动。

（张燕妮）

9月29日，区教委举办幼儿园骨干教师优质课示范观摩活动　（区教委　供图）

【非教育部门办幼儿园规范管理专题工作会】 11月13日，区教委召开非教办园规范管理专题工作会。会议通报专项资金审计情况，解读相关资金管理与申请方案；围绕“强化管理促规范 提质增效促发展”主题，从日常管理、课程实施、队伍建设等方面明确要求，提出指导意见。区教委主要领导，非教育部门办幼儿园举办者、园长30余人参加会议。

（张燕妮）

基 础 教 育

Basic Education

【“润物杯”优秀班主任、先进班集体评选】 3月15日、17日，区教委开展小学“润物杯”优秀班主任、先进班集体评选活动。经校级初选，推选出 36 名班主任和 35 个班级参加区级现场评选。由区教委小教科负责人、区教师研修学院研修员、“紫禁杯”优秀班主任特等奖获得者、市级班主任基本功一等奖获得者 7 人组成评委，优秀班主任从教育情怀、育人智慧、举措成效等方面，先进班集体从落实“双减”政策、班级管理策略、家校共育、育人成效等方面进行现场打分，评选出 20 名 2022 年密云区小学“润物杯”优秀班主任、20 个先进班集体。

（张　鑫）

【心理健康教育表彰交流展示】 4 月 26 日，区教委开展中小学心理健康教育表彰交流展示活动。活动向大城子学校和 30 名教师分别颁发北京市“中小学心理健康教育实践研究特色学校”证书和北京市第十一届心理教育成果奖获奖证书。古北口小学等 5 所学校教师进行课例说课展示，大城子学校心理团队做学校心理健康教育工作典型经验介绍；市教科院德育研究中心心理专家白玉萍做《创伤中以及创伤后成长》心理讲座。全区中小学校主管领导、心理健康教师、班主任 140 余人线上参会。

（李士新）

【中学线上教学展示观摩活动】 5 月 26 日，区教委举办中学线上教学展示观摩活动。第三中学展示语文、数学 2 节线上教学课，教师研修学院研修员分别对 2 节课进行点评，并提出线上教学要精选精讲精练、精准分析学情、适当放缓节奏、调动学生兴趣、关注实际获得等要求。第三中学副校长介绍学校落实线上教育教学工作的典型做法。区教委从线上教学基本要求、学生管理、家校协作 3 个方面对下一阶段线上教学工作提出要求。全区各中学副校长、教学干部、年级主任、教备组长、学科研修员、相应学科教师 400 余人线上参加活动。

（汪　飞）

【小学线上教育教学研讨会】 5 月 27 日，区教委召开小学线上教育教学研讨会。第二小学展示语文、数学、英语 3 个学科线上课堂教学，区教师研修学院学科研修员分别对 3 节课例进行点评，同时结合日常线上巡课中发现的问题进行微讲座。第二小学数学教研组长以《加强线上教研，提高课堂效果》为题，围绕“2＋1”教研模式、前置学习任务、科学设计作业等相关内容进行交流发言；第二小学副校长以《因“幸福”而相聚，因遇见而美好》为题，交流学校常规教学和线上教学管理的做法；第二小学校长以《精准幸福定位，持续教育深耕》为题，介绍学校幸福教育理念与架构。区教委提出加强人工智能赋能教育教学研究，开展全时空学习探索，提高线上教学实效性；关注学生心理健康，做好特殊群体关爱和线上线下家访工作；抓好教学常规管理，全面落实“双减”工作，不断提升学校育人能力水平等要求。全区各小学教学干部、相关学科任课教师 300 余人线上参加活动。

（张文华）

【第五届中小学班主任基本功评优】 6 月 21 日、6 月 23 日，区教委举办第五届中小学班主任基本功评优活动。经校级初选，小学 20 名、中学 23 名班主任参加区级决赛。区级决赛设线下主题班会设计评比和线上带班育人方略宣讲、教育故事讲述、情景问答 4 个环节。线上展示部分为 6 分钟带班育人方略、4 分钟育人故事、3 分钟情景问答；主题班会将根据选手提交的书面方案进行评选，综合 4 项成绩进行评价。由教委中小教科、教师研修学院相关人员组成评委，评出区级一等奖 21 名，其中小学 8 名、中学 13 名；二等奖 22 名，其中小学 12 名、中学 10 名。

（张　鑫 朱明璋）

【2 所学校承办小学生暑期托管服务】 7 月 18 日至 8 月 5 日，密云区 2 所学校承办 2022 年小学生暑期托管服务。区教委结合区域内实际及学生报名情况，设立第七小学、季庄小学 2 所学校承办小学生暑期托管服务。暑期托管服务时间为 7 月 18 日至 8 月 5 日（不含周六、日）共 15 天，全区有 38 名学生参加托管服务，涉及密云二小、三小、七小，季庄小学、朝实密云学校、十里堡小学 6 所学校，51 名干部教师参与服务。其中特级教师、骨干教师、骨干班主任、党员教师参与暑期托管志愿服务比例达 70％以上。

（张文华）

【中小学课堂诊断服务项目启动】 7 月 19 日，区教委召开国家级信息化密云实验区“中小学课堂诊断服务项目”启动会。项目首席专家王陆以《基于大数据循证的教学实践改进》为题，讲解如何运用大数据对教师课堂教学行为进行可视化分析诊断，帮助教师着眼批判性与创造性问题的提出与破解，提升课堂教学质量。项目负责人路征就项目实施的总体目标、预期成果、阶段性工作计划与目标等进行解读并部署研修任务。该项目由北京优学社教育咨询服务有限公司（靠谱 COP 项目团队）负责实施，周期为 2022 年 5 月至 2025 年 9 月，服务对象为密云区 8 所项目学校的 120 名教师及 8 名研修员，学科主要为语文、数学、英语和体育。服务形式为面对面培训、网络研修和混合式校本研修；服务内容为课堂观察与诊断、基于大数据的教研能力提升、基于大数据的课例分析、区级绩效评估、校级绩效评估、平台使用服务和平台技术支持等服务。靠谱 COP 项目团队成员，项目参与校长、副校长、教师 140 余人参加会议。

（张树臣）

【朝·密联动课堂教学展示】 9 月 23 日，“朝·密”教育合作项目开展“基于核心素养培育，探索教学方式转变”区域联动课堂教学展示活动。活动由北京教科院基教研中心主办，密云区教师研修学院、朝阳区教育科学研究院、密云区第七小学承办。活动采取线上同课异构形式，密云、朝阳教师展示小学道德与法治、语文、数学、英语等 12 个学科 43 节优质课例，北京教科院基教研中心各学科专家进行点评。与会人员围绕教学中体现学科育人功能，弘扬社会主义核心价值观；准确把握学科本质，体现学科教与学规律，推进教与学方式变革；以学习任务为载体，以学科实践活动为主线，在真实的情境中促进学生核心素养发展；注重大单元结构化学习过程设计，体现课时教学与单元学习进程的紧密联系等内容进行研讨交流。北京教科院基教研中心，朝阳区教育科学研究院，密云区各小学干部、教师及其他区骨干教师代表 1000 余人线上参会。

（张文华）

9 月 23 日，“朝·密”教育合作项目开展“基于核心素养培育，探索教学方式转变”区域联动课堂教学展示活动　（区教委　供图）

【第六届少先队活动课评优展示】 9—10 月，区教委举办第六届少先队活动课评优展示活动。活动以“喜迎二十大 争做好队员”为主题，采取线上评选、展示方式，在校级初选的基础上，征集云队课 49 节参加区级评选。由区少工委、教师研修学院、优秀少先队辅导员组成评委，评选出《精神谱系我传承》《传统文化不能丢》等少先队活动课一等奖 20 节，《党团队血脉相承》《新中国一路走来》等二等奖 20 节。10 月 11 日，区少工委办公室开展第六届少先队活动课优秀成果展示，北庄镇中心小学、季庄小学、太师屯镇中心小学、第二小学、第五小学 5 名获一等奖的大中队辅导员进行展示交流。

（吕　萌）

【中学课程整体育人展示】 12 月 9 日，区教委举办主题为“深度课堂提素养 五育并举促成长”的中学课程整体育人展示活动。与会人员在线观摩育英学校密云分校语文、体育 2 节课后服务特色课程展示。育英学校密云分校从聚焦学生学习，关注质量提升，突出信息技术与学科教学融合，凸显课程育人作用等方面介绍学校课程建设成果。北京教科院副主任王凯作《核心素养驱动下的新课程落实》专题讲座，对密云区课程建设与整体育人做深入指导。区教委从学校课程体系整体设计、新课改背景下跨学科课程设计、课程群建设、课堂教学、校本教研、技术融入等 6 个维度解读中学课程整体育人发展方向。各中学副校长、分管课程工作干部等 80 余人在线参加活动。

（张树臣）

高等教育

Higher Education

【概　况】 首都经济贸易大学密云分校（简称首经贸密云分校）是 1984 年经北京市政府批准成立的一所公办全日制普通高等院校。全校有高职在校生 1005 人、远程教育在籍生 352 人。有教职工 207 人，其中专业技术岗 145 人（含双肩挑 22 人）、管理岗 57 人、工勤岗 5 人，高级以上职称 37 人、中级职称 73 人，专任教师 85 人。年内，首经贸密云分校统招录取 251 人，报到率 89.6%。2022 届毕业生 492 人，毕业生毕业去向落实率 95.33%。46 名学生升入本科院校。组织学生参加全国大学生创业综合模拟演训活动和 OSG 新中青年领袖营活动。获批教育部人文社会科学研究项目规划基金项目立项一项。被认定为 2022 年 23 个新增首都职工教育培训示范点之一。组织学生参与创建全国文明城区、社区垃圾分类桶前值守、环境治理、疫情防控等志愿服务。

（穆 蕊）

【招生就业】 年内，首经贸密云分校自主招生录取68人，报到率98.5%，统招录取251人，报到率89.6%，共计招生319人。2022届毕业生492人，签就业协议和劳动合同37人，升学73人，灵活就业359人，待就业23人，毕业生毕业去向落实率95.33%。

（曹伯妍）

【专升本】 年内，首经贸密云分校完成2022届学生的专升本辅导、考试组织等工作，46名学生升入本科院校。

（佟 玮）

【就业服务】 年内，首经贸密云分校举行校园招聘会，提供与学校学科专业契合的岗位1200余个，与区人力社保局联合推出首场密云区医疗卫生行业专场招聘会，开展就业指导公开课和“直播带岗”网络招聘会，为毕业生提供2730余个热门岗位。

（曹伯妍）

【校企合作】 年内，首经贸密云分校加深与中航联盟合作，组织完成首都机场要客视频面试。7月，与中京旅服建立合作关系，入校学生培训156人。

（曹伯妍）

【特色教育培训】 年内，首经贸密云分校被认定为2022年23个新增首都职工教育培训示范点之一，举办劳动关系协调员特色教育培训项目，72名学员参加培训并完成学习任务与考核。

11月，首经贸密云分校举办劳动关系协调员特色教育培训 （首经贸密云分校 供图）

（曹伯妍）

【疫情防控】 年内，首经贸密云分校制定学校疫情防控工作方案等文件，严格实施进校园“211”管理措施，完成京外16名学生集中健康监测工作，组建由12名教师组成的校内核酸检测队伍，在校内搭建临时核酸检测点，每周四为全校师生及服务人员在校进行核酸检测。严格执行“日报告”机制，快速准确完成25次“敲门活动”信息排查，摸排5673人次，先后组建8个批次，330人次完成疫情防控下沉任务。

（王申柏）

【志愿服务】 年内，首经贸密云分校全体师生开展创城实践志愿服务活动，176人次参加道路值守，其中校级领导26人次，党员在社区志愿服务187人次，学校团员青年们参加社区垃圾分类桶前值守、环境治理、疫情防控各项志愿服务258人次，服务时长619小时。

（王申柏）

【科研成果】 年内，首经贸密云分校教师廖敏同志申报的《新冠肺炎中老年患者语言认知功能长期损伤的跟踪研究》获批教育部人文社会科学研究项目规划基金项目立项。

（佟 玮）

【竞赛活动获奖】 年内，首经贸密云分校组织学生参加OSG新中青年领袖营活动斩获银奖，“学创杯”全国大学生创业综合模拟演训活动荣获全国总决赛创业营销赛项二等奖。

（曹伯妍）

11月，首经贸密云分校开展“学创杯”全国大学生创业综合模拟演训活动

（首经贸密云分校 供图）

职业与成人教育

Vocational and Adult Education

【春季学期教师评优课】 3月21—29日，社区教育中心开展2022年春季学期评优课活动。活动历时6天，28名干部教师参加评比，涉及社区课程18节，开大课程10节，专业门类15个。活动由学校业务科室干部担任评委，依据北京市相关课程评价标准，从教学课件、教学设计、现场教学、教学反思4个要素进行评价，评出综合奖一等奖15名、二等奖14名。

（许 宏）

【3个项目认定为教育部创新项目】 4月，社区教育中心3个项目被教育部认定创新项目。教育部职业教育与成人教育司公布《社区教育“能者为师”实践创新项目首批启动名单》共计403个项目（示范类105个、特色类298个），密云区社区教育中心申报的《戏剧密云》《也丹文学沙龙》2个项目经专家评审和社会公示被批准为实践创新示范类项目。教育部发布全国首批“智慧助老”优质工作案例、教育培训项目及课程资源推介名单，全国共评选出38个优质工作案例、65个教育培训项目及64门课程资源，密云区社区教育中心老年大学申报的《密云区老年教育线上线下教学融合方法探究》经专家评定、社会公示获批优质教育培训项目。

（许 宏）

【8个课程和案例认定为市级以上优秀】 5月，社区教育中心推荐的8个课程和案例被认定为北京市社区教育优秀课程和典型案例。密云区社区教育中心推荐的《28式陈氏太极拳》《数独》《唱简谱 学钢琴》3门课程被认定为北京市优秀课程，《线上线下融合，推动智慧助老》《文学滋养心灵》《戏剧艺术，魅力密云》《“合”聚檀州，“唱”响密云》《应急安全进社区》5个典型案例被认定为北京市优秀案例，以上课程在密云全民学习网PC端以及微信端展示，北京市社区教育指导中心开设“居家抗疫云课堂”，首批选取《28式陈氏太极拳》展播。其中《28式陈氏太极拳》课程和《文学滋养心灵》案例被推荐参加教育部优秀课程和案例评选，最终《文学滋养心灵》案例入选教育部推介典型案例“人文艺术”主题36个案例之一，相关材料在中国社区教育、“网上社区教育大讲堂”微信公众号、日新学习网等平台展示。

（许 宏）

【参加第二届“丝路工匠”国际技能大赛获奖】 6月22—25日，职业学校幼儿保育专业学生参加第二届“丝路工匠”国际技能大赛并获奖。大赛由北京市教育委员会、俄罗斯教育部职业教育发展研究院、白俄罗斯教育部职业教育研究院、哈萨克斯坦教育部工业联盟和职业教育学会主办。密云区职业学校幼儿保育专业6名学生参加幼儿主题画、幼儿歌曲表演唱赛项评比，获一等奖2名、二等奖2名、三等奖2名。

（高艺文）

【职校学生军事训练】 9月5—14日，职业学校组织全校学生在延庆龙庆峡学生训练基地开展军训活动。529名学生在为期10天的军训中进行形体队列、内务整理、国防教育、急救培训等训练。14日，举行军训成果汇报暨总结表彰大会，参训学生进行队列分列式、军体拳、匕首操、旗语、青春健美操等课目展示，表彰56名军训标兵。

（赵明凤）

【“秋实杯”现场课评优活动】 10月25—27日，社区教育中心开展“秋实杯”现场课评优活动。20名教师报名参加，由中心教学干部及外聘专家7人担任评委。依据北京市相关课程评价标准，评出教学设计一等奖10名、二等奖10名，现场教学一等奖13名、二等奖6名。

（王雪巧）

【主题班会评优活动】 12月8日，职业学校开展“学习二十大 永远跟党走 奋进新征程”主题班会评优活动。主题班会以“创城”践行核心价值观为主线，各班结合专业特点，采用多种表现形式阐述创城的意义、要求和如何用实际行动践行二十大精神。全校共有6个班参加评优，由德育处主任、副主任、团委书记组成评委，评出一等奖2个、二等奖4个。

（赵明凤）

【3个项目获首批京韵特色社区教育示范项目】 12月28日，社区教育中心3个项目被市教委、市民政局认定为首批京韵特色社区教育示范项目。经单位申报、专家组评审、实地考察、综合评议和社会公示，北京市认定31个项目为京韵特色社区教育示范项目，其中社区教育中心申报的《戏剧密云》《党史故事我来讲》2个项目入选红色文化主题类特色示范项目；《也丹文学沙龙》项目入选创新文化主题类特色示范项目。

（许 宏）

【职业学校教师参加市级教学比赛获奖】 年内，职业学校教师参加市级各类比赛获奖。4 月参加北京市职教学会京郊职成教联盟课程思政主题研究课活动，2 名教师获市级一等奖，1 名教师获二等奖。9 月参加北京市职业院校技能大赛教学能力比赛，汽修、客服团队 8 名教师获市级一等奖，语文团队 4 名教师获市级二等奖，思政、数控、计算机团队 12 名教师获市级三等奖；参加北京市职教学会京郊职成教联盟线上说课比赛，3 名教师获市级一等奖。

（赵明凤）

社会教育

Social Education

【概　况】 2022 年，密云区青少年宫遵循“一切为了青少年儿童健康成长和全面发展服务”理念，开展思想道德、文学艺术、科学技术、体育健康、劳动技能等教育活动。组织科技创新大赛、金鹏科技论坛、科学建议奖、人工智能、合唱、舞蹈等竞赛活动，参与师生 10 余万人次。面向学生、学校、社会，开展兴趣培训，培养学生特长。依据教育综合改革和校外教育改革相关要求，开设 60 余个课外培训项目，每学期服务学生 5000 余人次。

（彭秀伶）

【参加春节群众主题文化实践活动】 1 月 20 日，区青少年宫京剧团、合唱团、民乐团、舞蹈团参加密云区 2022 年春节“金虎纳福迎冬奥 多彩密云贺新春”群众主题文化活动。4 个艺术团参与京歌《走向复兴》、传统剧目《小放牛》、古筝三重奏《洪湖水 浪打浪》、歌曲《节日欢歌》《丰收中国年》《与冰雪共舞》6 个节目的录制，师生 85 人参加活动。

（彭秀伶）

1 月 20 日，区青少年宫组织学生参加春节群众主题文化实践活动　（区教委　供图）

【合唱阳光团专场音乐会】 1 月 24 日，区青少年宫举办合唱阳光团专场音乐会。合唱团初级班、中级班、高级班、拔高班、表演团录制《癞蛤蟆和小青蛙》《螃蟹歌》《萱草花》等 13 首作品，将录制视频通过微信发送给 100 余名家长观看。

（彭秀伶）

【参加北京市第十三届科学建议奖活动获奖】 1 月 24 日，密云区参加北京市第十三届科学建议奖活动，71 人获奖。中小学生“科学建议奖”活动是市教委主办的一项重要科技教育活动，密云区学生在科学建议项目中，获科学建议提名奖 1 个、二等奖 1 个、三等奖 5 个；在建言献策项目中，获一等奖 5 个、二等奖 10 个、三等奖 49 个，总获奖数创历届参赛新高。

（彭秀伶）

【京剧团汇报演出】 1 月 25 日，区青少年宫举办京剧团 2021—2022 学年第一学期期末汇报表演。京剧团初、中、高级 129 名学生表演传统京剧《珠帘寨》《武家坡》《柜中缘》和原创儿童京剧《和谐家园》《老虎学艺》《红缨》等 10 个剧目，利用网络向家长进行教学汇报展示。

（彭秀伶）

【第二十二届金鹏科技论坛】 2 月 27 日，区教委举办第二十二届金鹏科技论坛区级答辩活动。11 所中小学和区青少年宫 41 个项目、91 名学生报名参加，活动邀请《中国科技教育》杂志副主编毕晨辉、中国气象局教授曹云担任评委。评出区级一等奖 8 个、二等奖 12 个、三等奖 21 个。推荐 30 个项目参加市级终评，获市级一等奖 1 个、二等奖 6 个、三等奖 15 个。

（彭秀伶）

【密云区第二十四届学生艺术节】 3—12 月，区教委举办密云区第二十四届学生艺术节。艺术节设合唱、班级合唱、器乐、舞蹈、朗诵、戏曲、话剧 7 项集体项目和 2 项个人项目，全区 52 所中小学校报名参加。经过专家评定，艺术节评出合唱金奖 80 个、银奖 81 个、铜奖 11 个；班级合唱金奖 6 个、银奖 10 个、铜奖 2 个；话剧金奖 44 个、银奖 75 个、铜奖 20 个；器乐金奖 85 个、银奖 51 个、铜奖 3 个；舞蹈金奖 70 个、银奖 68 个、铜奖 1 个。密云区参加北京市第二十四届学生艺术节展演，获金奖 1 个、银奖 8 个、铜奖 2 个。

（彭秀伶）

【第 42 届青少年科技创新大赛区级评选】 4 月 15 日，

区教委组织第42届青少年科技创新大赛（发明项目）区级评审活动。9所中小学和区青少年宫20个项目、42名学生报名参加，活动邀请清华大学教授袁涛担任评委。评出区级一等奖5个、二等奖5个、三等奖10个。

（彭秀伶）

【获第十七届宋庆龄少年儿童发明奖金奖】 8月21日，密云区学生参加第十七届宋庆龄少年儿童发明奖评选，获人工智能（编程）作品奖金奖。区教委推荐第五小学、第五中学、第二中学等学校的9个作品参加市级竞赛，第五小学的人工智能作品被推荐参加全国比赛。全国500支代表队作品参加评选，评出金奖作品10个，第五小学武子晨、王梓豪设计的《基于传感器和智能音响的智慧家庭》作品，在人工智能分组中（含小学、初中、高中）获全国金奖第一名。

（彭秀伶）

【参加“第八届中国童声合唱节”比赛获奖】 8月，区青少年宫合唱团参加“第八届中国童声合唱节”比赛获奖。青少年宫大、小合唱团均参加比赛，大合唱参赛作品《月亮喊下来》《朝的山道》获第八届中国童声合唱节E组金奖；小合唱参赛作品《小白船》《Cirandeiro》获第八届中国童声合唱节E组银奖，区青少年宫获第八届中国童声合唱节优秀组织奖。

（彭秀伶）

【第二十五届学生艺术节校级合唱评选】 10月24日，区教委开展第二十五届学生艺术节校级合唱评选，全区50所中小学上交100首合唱曲目。活动邀请孟大鹏、李茵、王亦天3位专家担任评委，采用观看视频的方式评选。评出金奖9个、银奖23个、铜奖13个。

（彭秀伶）

特殊教育

Special Education

【新任资源教师专题培训】 3月17日，教师研修学院举行新任资源教师规范资源教室运作专题培训。德育研修员作《规范资源教室运作 完善档案资料管理》培训，梳理资源教室档案资料的种类、数量，整理日常工作记录。2名优秀资源教师分别作《资源教室设备的管理和使用》《履行资源教师职责 服务融合教师和特殊学生》主题培训。6所学校13名新任资源教师参加活动。

（刘荣琴）

【第六届水墨童心艺术展】 4月1—7日，特教学校在密云万象汇举办第六届“水墨童心”书画艺术展暨第15个世界自闭症日主题画展。画展以“关爱自闭症儿童，走进星星的世界”为主题，展出师生作品60幅，社会人士1000余人次观看画展。

（赵丽娟）

【资源教师个案管理线上研讨交流】 11月24日，教师研修学院德育研修室开展资源教师个案管理线上研讨交流活动。巨各庄中学、溪翁庄小学等学校5名教师从个案基本情况分析、干预的方法策略、干预指导效果、教育反思等方面分享特殊学生个案管理经验；与会教师结合5名特殊学生管理个案，就特殊学生居家学习期间在身体、心理、学习以及家庭教育方面的需求进行分析、研讨，并提出辅导、干预的方法策略。全区13名资源教师参加活动。

（刘荣琴）

【创立“家庭作坊”就业模式】 年内，特教学校创立“家庭作坊”就业模式。特教学校支持毕业生在家自主创业，由教师义务提供钻石画技术指导，毕业生在家制作，学校负责装裱宣传，“社会爱心人士”义买收购。4名毕业生制作9幅作品，通过义卖收到善款1.8万元，全部送到学生手中。

（赵丽娟）

教育科研

Educational Research

【单元作业设计交流研讨】 3月11日、25日，教师研修学院组织2次小学六年级数学单元作业设计交流、研讨活动。活动以“减负 增效 提质”为主题，以线下现场研修、线上腾讯会议形式组织展开。在各小学开展单元作业设计研究的基础上，形成各校单元作业设计方案进行区级交流。每校发言人围绕单元作业目标、课时规划、课时作业目标、作业来源、具体作业内容、作业时长预估等内容进行交流；与会教师就作业方案中的作业内容进行研讨，从目标制定、作业设计、时长等方面提出建议；研修员针对单元作业设计，从目标制定、精选内容、培养习惯、批阅讲评3个方面对教师进行微培训；各校结合研讨提出的建议进行修改，完善单元作业设计，上交、集结成作业资源，供各校选用。全区各校六年级全体数学教师、部分数学教学干部 90 余人参加活动。

（李绍振　李士新）

【中学跨学科主题实践课程建设研修】 3 月 23 日，教师研修学院在太师庄中学开展“探寻家乡生态、争做时代新人——‘知家乡、爱家乡’生态文明教育实践活动”跨学科主题实践课程建设研修活动。太师庄中学初一年级到金崇山烈士陵园开展“缅怀先烈、致敬英雄、争做最美太中生——清明节祭奠金崇山烈士”教育活动；到清水河畔天鹅驿站，师生共同完成“临家乡、知家乡、绘家乡、赏家乡、颂家乡、赞家乡、建家乡”7 个主题，涵盖地理、历史、音乐、美术、生物、语文、英语、思政等多学科融合的实践活动。太师庄中学介绍学校依托地域资源开展生态文明教育主题实践活动经验和典型做法；教师研修学院课程建设办公室主任作《以生态文明思想为引领、推进区域特色课程建设》主题发言，阐述生态文明教育的意义与实施策略；教师研修学院教科室主任作课题研究专题培训，指导课题研究的实施、过程管理及成果的提炼。库北学区各校《生态文明教育主题实践课程的开发与实施研究》课题负责人，各初中校课程建设负责人及教师代表 120 余人参加活动。

（张艳秋　李士新）

【幼小衔接系列研修】 4 月 8—21 日，教师研修学院开展小学一年级数学幼小衔接系列研修活动。活动依托实验区协同备课项目，组织教师开展线上协同备课、观课、专家专题培训等系列研修活动。活动中，第三小学教师赵美琦作为主备课教师，发布《摆一摆 想一想》教学设计，全体一年级数学教师在市基教研中心教研员范存丽指导下，通过云平台参与备课，形成协同备课成果。全区一年级数学教师共同观摩赵美琦执教的《摆一摆 想一想》一课；范存丽对课堂教学实践进行点评、指导，并以《做好入学适应教育，促进幼小科学衔接》为主题，从幼小衔接的重要意义、主要内容，常态课中如何实现学生的身心适应、生活适应、社会适应、学习适应等内容对教师进行专题培训。全区各校一年级全体数学教师、部分数学教学干部 110 人参加活动。

（李绍振　李士新）

【实验区协同备课项目研修】 4 月 8—23 日，教师研修学院开展实验区协同备课项目研修活动。活动以“基于核心素养培育 构建单元整体教学”为主题，依托密云区教育云平台、腾讯会议等线上形式，组织教师开展线上协同备课、线上观课系列研修活动。活动中，檀营小学教师李启超作为主备教师，发布《正比例意义》教学设计，全体六年级数学教师参与协同备课，形成协同备课成果；在共同研课的基础上，分别由檀营小学、数学研修员、第二小学教师执教《正比例意义》《正比例图像》《反比例意义》进行观摩。全区六年级全体数学教师、部分数学教学干部 90 余人参加活动。

（李绍振　李士新）

【八年级语文线上教学研讨】 5 月 26 日，教师研修学院开展初中八年级语文线上教学研讨活动。活动中，第三中学教师韩文皓展示线上课程《绘景写物见情思——壶口瀑布》第二课时；教师研修学院研修员从聚焦语文知识和关键能力、落实单元目标等层面对课例进行解析和简要点评；第三中学教师郑香军以《线上学习——“语”你共成长》为题，分享课上与学生的互动、学情监测、作业批改等经验；育英学校密云分校教师刘艳平以《巧用腾讯会议小功能，增效线上教学大讲堂》为题，分享让课堂高效、测试有效、批改作业便捷的实用小功能。各校教学干部、初二年级语文教师 50 余人参加活动。

（李绍振　李士新）

【获北京市基础教育教学成果一等奖】 9 月 19 日，市教委公布 2021 年北京市基础教育教学成果评审结果，首都师范大学附属密云中学校长李文平领衔申报的《从学科教学到学科育人：普通高中生活实践场域构建与实施》获 2021 年北京市基础教育教学成果一等奖，为密云区首次获得该奖项。该成果围绕“学科育人”“生活实践场域”两个核心概念，并在知行合一的教育观、经验取向的课程观和学习科学下的学习环境论等理论指导下，梳理学校教育教学改革进程中的问题，总结过程与方法，建构从学科教学到学科育人过程的 W 模型；提出学校层面构建生活实践场域的理念，并在实践圈层构建高中生活实践场域的结构模型；建设校园生活的场域资源，整合、开发密云区域社会实践资源。该成果基于生活实践场域，探索学科育人策略方案，注重理论与路径创新；探寻育人本质、重构高中学习生活，注重学生主体性的发挥；落实以人为本、立德树人，以生活实践场域助力家乡发展，注重反哺社会与家园。

（闫　霞　李士新）

【高中多样化特色发展主题研修】 11 月 30 日，教师研修学院课程建设办公室在第二中学举行高中多样化特色发展主题研修活动。活动主题为“培育特色课程、促进多样发展”。第二中学教师展示 2 节北京市特色课程的研究课；课程建设办公室主任以《密云区高中特色课程的发展历程》为题回顾密云区高中特色课程开发、提炼、完善、认定的过程；首师大附属密云中学介绍“绿水青山校本”“戏剧校本”课程；第二中学介绍学校“一体化篮球校本”“化学校本化实施”课程；北京教科院课程教材发展研究中心研究员黄晓玲对活动进行点评，以《特色课程促进普通高中多样化特色发展》为主题做讲座。4 所高中校副校长、教学干部、教师代表及教师研修学院研修员 100 余人参加活动。

（李绍振）

教育督导

Educational Supervision

【区政府教育督导委员会扩大会】 3 月 1 日，密云区召开 2022 年区政府教育督导委员会扩大会。会议宣布密云区第二届督学聘任结果，审议区政府教育督导委员会 2021 年工作报告和 2022 年工作要点，部署创建国家义务教育优质均衡发展区工作。区教委主要领导、区政府教育督导委员会各成员单位主管领导、区第二届督学 50 余人参加会议。

（孙芳莹　李士新）

【第二届责任督学上岗培训】 3 月 1 日、18 日，区教委督学科组织第二届责任督学岗前培训。督学科相关人员组织责任督学学习教育督导条例、制度和相关文件；以第一次督导为例，介绍如何开展入校督导和北京教育督导信息管理应用平台、蓝信使用方法。72 名责任督学参加培训。

（孙芳莹　李士新）

【2022 年教育满意度调查】 9 月，区教委开展 2022 年中小学校、幼儿园教育满意度调查。区教委委托北京教育科学研究院教育督导与教育质量评价研究中心进行，调查内容围绕教育重点工作，增加课后服务、作业布置与批改、线上教学、体育和艺术开展情况、办学特色等指标，侧重“双减”的落实情况。调查采用家长扫码填写方式。经统计，2022 年密云区学校工作满意度总体得分 97.1 分，较上一年度高 1.5 分。其中幼儿园得分 98.7 分、小学得分 96.3 分、普通中学得分 97 分、职业学校得分 99.6 分、特殊教育学校得分 99.2 分，各类教育分别较上年度高出 0.6 分、1.5 分、2.8 分、1.3 分、1.8 分。在由人大代表、政协委员、学生家长、校（园）长教师、督学人员组成的市教委对区教育工作满意度调查中，密云区综合得分 92.4 分，较上一年提高 1.8 分，高于全市平均分 6.4 分，居全市首位。

（孙芳莹　李士新）

3 月 9 日，朝阳实验小学密云学校开展课后管理服务　（区教委　供图）

【督学责任落实】 年内，区教委压实督学责任，保障各项政策落地、落实。全年组织 59 名责任督学对全区 65 所中小学（含完全小学）、77 所幼儿园、1 所职业学校，开展疫情防控、规范办学、秋季开学、线上教学、学校安全、课后服务、“双减”等专项督导 5 次。督学下校、下园督导 1413 人次，听课 137 节，接收来电来访 45 个，参加学校活动 31 次，要求学校、幼儿园整改 18 项，推动区教委各项政策文件的落地、落实。

（孙芳莹　李士新）

【全国义务教育优质均衡发展先行区创建】 年内，区教委督学科多举措推进全国义务教育优质均衡发展先行区创建工作。印发《密云区创建全国义务教育优质均衡发展区实施方案》，组织相关科室部门召开推进会、研讨会、部署会 27 次，采取分层协调解决创建工作中遇到的问题；针对指标达成难度大的 7 所学校，督学科联合财基科、中小教科、办公室逐校分析现状，与校领导一起研究解决措施；做好区级自评工作，督学科协同相关科室，设计表格、制作模板、整理填表说明及监测平台操作流程，指导学校填报，完成“监测系统”数据填报、区级支撑材料、自评报告上传等创建工作。

（孙芳莹　李士新）

教育系统疫情防控

Epidemic Prevention and Control in the Education System

【疫情防控工作落实情况实地检查】 10 月 7 日，区教委开展基层单位疫情防控工作落实情况实地检查。区教育“两委”成立 20 个检查组，分别到各中小学、幼儿园实地查看学校校门管理制度、教学和生活设备保障场所、防疫物资储备、校园整体环境，了解学校整体安全工作落实情况。经查，各校各项疫情防控工作落实，开学准备各项工作平稳有序。

（李士新）

【建立疫情防控信息台账】 年内，区教委建立疫苗接种、核酸检测、中高风险排查等台账，精准掌握疫情防控信息。建立五类（3—11 岁、12—17 岁、教职工、退休人员、动员亲友团）人群疫苗接种信息台账，定期公布各单位接种数据，督促各单位完成疫苗接种动员工作。截至年底，完成 9 万余人疫苗接种工作。针对周边疫情，开展对师生及共同居住人有无中高风险旅居史或与确诊病例有无时空交叉等情况进行集中排查和每日常态化排查，27498 名师生及共同居住人纳入敲门行动台账。坚持师生核酸检测数据、健康情况日报制度，准确掌握师生跨区通勤、出返京情况、管控状态、新冠感染情况，建立信息台账。

（张程序）

【疫情防控物资保障】 年内，区教委中小学卫生保健所做好各类疫情防控物资保障工作。为全系统发放 N95 口罩 9000 余只、一次性医用口罩 2 万余只、各类消毒液 100 余瓶、防护服 5200 余套、隔离衣 300 余件、中药饮品 12.5 袋，保障各级各类考试、日常检查等活动正常进行。

（张程序）

【学校疫情防控】 年内，区教委做好学校疫情防控工作。加强对疫情防控工作领导，成立疫情专班，全年召开疫情防控视频会 10 余次，第一时间传达全国、市、区疫情防控要求，部署教育系统疫情防控工作；下发指导性工作方案、应急处置预案 8 次，组织学校卫生主管干部、保健教师召开视频会、突发疫情处置培训 60 余次；开展“四不两直”全覆盖督导检查 300 余校次，严格落实门口登记、测温、扫码、戴口罩、通风消毒等防控要求，确保各项防疫措施落地落实；强化核酸动态筛查，每天对 20%的师生和食堂从业人员进行核酸检测，做到核酸筛查全覆盖；严格师生管理，执行教师出京报备审批制度，倡导学生及家长非必要不出京，不前往中高风险地区，落实返京师生及亲属向社区和学校报告制度，做到行程可追溯。

（李士新）

文　化

CULTURE

综　述

Overview

【概　况】 2022年，北京市密云区文化和旅游局（简称区文旅局）以全国文化中心建设及北京市公共文化服务体系示范区建设工作为抓手，推进长城文化带建设，完善三级公共文化服务设施功能，举办各类群众文化活动，“七有”“五性”指标水平不断提升，密云区获评“2022公共文化服务优秀城市”称号。

（梁司琪）

【文化活动】 年内，区文旅局围绕“助力北京2022年冬奥会”“贯彻总书记重要回信精神两周年”“强国复兴有我”等主题，以“我们的节日”为主线，以区级品牌文化活动为引领，采取“线上线下相结合”的方式，以“1＋20”（1即区级群众文化活动，20即20个镇街级群众文化活动）形式，组织开展群众主题文化活动1019场，惠及群众约100万人次。

（梁司琪）

【文化事业】 年内，乡镇（街道）综合文化中心效能评估成绩优异，排名全市第2位，生态涵养区第1位；总分馆制建设逐步深化，总馆指导镇街分馆和基层服务点开展文化活动、文艺创作、送戏下乡、队伍培训等业务145场，图书与北京市各级公共图书馆数据互联、通借通还，推动优质文化艺术资源向基层下移，促进公共文化均等化发展；区文化馆、区图书馆、区博物馆法人治理结构改革走向深入，发挥理事会议事机制，优化文化供给渠道，满足广大群众文化需求。

（梁司琪）

【文化遗产保护利用】 年内，区文旅局加强文物安全检查，做好长城资源保护利用，完成古北口长城抗战纪念馆展陈提升工程及4项长城抢险加固项目，举办长城文化节开幕式及系列活动。弘扬传统文化，完成区级“非遗代表性项目名录”和“非遗项目代表性传承人”评审，举办各类文化展陈活动。

（梁司琪）

【文化市场监管】 年内，密云区文化市场综合执法大队围绕执法改革和机构职责，聚焦北京冬奥会和北京冬残奥会、全国“两会”、创建文明城区、疫情防控等重大节点和重点任务，开展专项治理和普法宣传活动。

（梁司琪）

文化设施建设

Cultural Facilities Construction

【文化设施情况】 年内，区文旅局完成北京市公共文化服务体系示范区建设验收前期准备工作，投入1.5亿元，新增公共文化基础设施建筑面积7.2万平方米。截至年底，全区有公共文化设施917个，总面积108.96万平方米，人均公共文化基础设施建筑面积2.1平方米，居全市第3位，区、镇街、村社区三级公共文化设施覆盖率达100%，所有公共文化设施均实现免费开放。

（张子旭）

【老艺术家文化志愿服务工程活动基地落成】 9月28日，“文化和旅游部老艺术家文化志愿服务工程活动基地”签约暨授牌仪式在区文化馆剧场举行。文化和旅游部离退休人员服务中心领导和区文旅局相关领导出席揭牌仪式，双方领导共同签订共建协议。

（宋歆鑫）

文化活动

Cultural Activities

【小学生剪纸、年画、书法作品展】 1月14日，由区委宣传部、区文旅局主办，区博物馆承办，区第四小学、溪翁庄小学、东邵渠小学协办的《“年味——博物馆里过大年”小学生剪纸、年画、书法作品展》开展。展览展出剪纸、年画、对联等作品，向受众者普及传统节日知识，弘扬优秀传统文化。

（于晓民）

【“送福到家”活动】 1月，区文旅局为弘扬中华优秀传统文化，区文化馆组织文化志愿者以“一起向未来·挥毫贺新春”为主题开展第十四届北京文化志愿者“送福到家”暨“我家春联我来写”活动。活动为基层群众书写精美春联500余副、福字1000余张。

（宋歆鑫）

【诗歌作品线上诵读活动】 2月15日，区图书馆举办“福满京城·春贺神州”诗歌作品线上诵读活动，丰富群众春节期间文化生活，传播冬奥文化。活动通过宜居密云微信公众号和宜居密云微博进行网上直播，35.6 万人次观看。

（郝　迪　马　超）

【博物馆进乡镇】 3 月 1 日，区博物馆与巨各庄镇妇联、区司法局举办“博物馆进乡镇”志愿服务活动。活动以展板流动展的形式，在巨各庄镇大集摆放 26 块流动展板，悬挂 5 条横幅，通过发放宣传册页、宣传品、免费知识讲解、参观导览咨询等形式宣传家教家风优良传统。4 月 20 日，区博物馆到石城镇西湾子村开展文化服务活动，活动通过摆放流动展板、发放宣传册页、宣传品、免费知识讲解、参观导览咨询等形式弘扬新时代文明，助力密云区创建全国文明城区工作。

（于晓民）

【“文化润童心”品牌活动】 3 月 3 日，区文旅局举办“文化润童心”品牌活动，东邵渠小学 45 名学生到博物馆参观《“年味——博物馆里过大年”剪纸、年画、书法作品展》。学生们通过观展，感受文化艺术魅力，了解传统文化知识。

（于晓民）

【红色文化进校园】 3 月 11 日，区博物馆在东邵渠小学举办“红色文化进校园”活动。活动以社会主义核心价值观为核心，把红色展览送到校园，为学生讲述党的故事、革命故事，加强革命传统教育，传承和弘扬优秀传统文化。

（于晓民）

【区文化馆职工干部脱产培训班】 3 月，区文化馆举办总分馆干部职工及文化骨干舞蹈脱产培训。培训分两期，每期 3 天，学员包括文化馆总分馆干部职工及基层文化骨干 80 余人。培训通过数字文化馆远程培训系统覆盖乡镇学员 400 余人，提高基层文化工作者的文化服务技能和组织开展文化活动的能力。

（宋歆鑫）

3 月 14 日，区文化馆举办总分馆干部职工及文化骨干舞蹈脱产培训　　（区文旅局　供图）

【清明诗会活动】 4 月 2 日，由区委宣传部、区委网信办、区新时代文明实践中心、区文旅局主办，区总工会、区妇联、团区委、区教委、区作协、石城小学协办，区图书馆承办的“忆满京城 情思华夏”2022 年密云区清明节主题活动在区图书馆举办。活动以诗歌诵读方式祭奠先烈、教育后人、歌颂英烈。直播活动观看 3.5 万人次。

（郝　迪　马　超）

【第十二届书香中国·北京阅读季启动式活动】 4 月 22 日，区图书馆与青海省玉树市共同举办“童心向党·同声诵读”云读书暨第十二届书香中国·北京阅读季启动式活动。活动通过现场连线直播，以两地诵读的方式弘扬中华优秀传统文化，推进书香社会建设和对口支援工作。活动得到人民日报等省市级媒体报道，直播观看 12 万人次。

（郝　迪　马　超）

【缅怀革命先烈 弘扬爱国精神展】 4 月，由区委宣传部、区委党史研究室、区文旅局、区退役军人事务局主办，区博物馆承办的《永远的丰碑——缅怀革命先烈 弘扬爱国精神展》开展。展览采用图文并茂形式，展示革命精神，以缅怀革命先烈，弘扬爱国精神。光明网、北京市人民政府门户网站——首都之窗、北京文博、学习强国等平台和媒体对展览给予报道。

（于晓民）

【端午节原创诗歌作品诵读活动】 6 月 2 日，由区委宣传部、区新时代文明实践中心、区委网信办、区文旅局主办，区图书馆承办，区总工会、团区委、区妇联、区融媒体中心协办的端午节原创诗歌作品诵读活动在区图书馆举办。活动分为端午节由来讲述和诵读两部分，展现端午节文化内涵，弘扬爱国情怀。

（郝　迪　马　超）

【未成年人红色文化学习分享活动】 6 月 7 日，区博物馆联合密云五小以“红色密云 红色遗址”为主题开展未成年人红色文化学习分享活动，活动通过视频进行线上直播，向学生们讲述在抗日战争年代密云地区涌现出的白乙化、邓玉芬等英雄人物事迹。线上活动吸引 200 名未成年人参加。

（于晓民）

【喜迎二十大群众主题文化活动】 6 月 30 日，由区委宣传部、区文旅局共同主办，区融媒体中心、区文化馆承办的密云区 2022 年“强国复兴有我”喜迎二十大——迎七·一群众主题文化活动在区文化馆微信公众号进行线上直播，吸引 50 余万人观看。晚会分为初心担使命、赞歌颂党恩、领航新征程3个篇章。

（宋歆鑫）

【戏曲曲艺大赛决赛落幕】 7月20日，“礼赞新时代·曲韵展新姿”——密云区2022年戏曲曲艺大赛决赛在区文化馆剧场开赛。经过初赛和复赛，22个参赛作品进入决赛，其中戏曲组14个、曲艺组8个。经过专家评委评定，最终评选出戏曲类一等奖3名、二等奖5名、三等奖5名；曲艺类一等奖1名、二等奖3名、三等奖4名。

（宋歆鑫）

【智慧助老志愿服务活动】 7月25日，为解决老年人“不会用、不想用、不敢用、不能用”智能手机问题，区文化馆志愿服务人员到东邵渠镇礼堂举办智慧助老志愿服务活动。活动采用大讲堂形式，志愿者老师与老人面对面“教学”、一对一“辅导”，教授老年村民使用智能手机。

（宋歆鑫）

【银幕上的共产党员形象展】 7月28日，由区委宣传部、中国电影博物馆、区文旅局、中国电影家协会主办，区博物馆承办的“喜迎二十大 光影映初心——银幕上的共产党员形象”开展。展览展出系列红色影片海报，重温红色经典，见证银幕上共产党员的光辉形象。北京卫视《北京新闻》、北京市人民政府门户网站——首都之窗、光明网、腾讯网、今日头条、生态密云等媒体给予报道。

（于晓民）

【“七夕非遗学技艺 巧手聚乐童心趣”活动】 8月2日、4日，为弘扬七夕传统文化，区文化馆举办以“传承民间手工技艺 弘扬传统乞巧文化”为主题的“爱满京城·相约幸福——七夕非遗学技艺 巧手聚乐童心趣”活动。活动聘请风筝制作技艺传承人夏兰英和宿家剪纸传承人宿珈涤传授制作风筝和剪纸技艺，制作心心相印、鹊桥相会、玫瑰花等手工作品。

（宋歆鑫）

【红色展览进乡镇】 8月3日，区博物馆分别到西田各庄镇于家台村、西田各庄村、沿村举办红色展览活动，为村民们传播先进文化、传递正能量，赓续红色血脉。

（于晓民）

【“红领巾”讲解员志愿服务活动】 8月4日，区博物馆联合密云二小、三小、果园小学等学校开展“红领巾”讲解员志愿服务活动，20余名学生参观博物馆4个展区65块展板，讲解员通过看一看、说一说、画一画、讲一讲等形式进行讲解，选取8位学生作为志愿者向80余位现场观众开展讲解。北京电视台、密云电视台进行报道。

（于晓民）

【七夕节群众性主题文化活动】 8月4日，区文化馆举办“爱满京城 相约幸福”七夕节群众性主题文化活动——文艺展演，节目包括传统戏曲黄梅戏《到底人间欢乐多》、舞蹈串烧《星河与你共璀璨》、歌曲《哈哈哈》《歌儿越唱心越甜》等，全区文艺工作者、文化志愿者和各社区的居民朋友200余人参加。

（宋歆鑫）

【喜迎二十大·定格——摄影展】 8月8日至9月22日，区文化馆举办喜迎二十大·定格——摄影展暨张红个人摄影展，展览分为“风光之美、群文之美、人物之美”3个部分，展出作品100幅。展览用镜头视角，定格密云区30年间经济、文化、人文景观、群众文化工作的发展与变迁，展现密云区生态美景与各行业新时代的新变化、新风貌、新成就。

（宋歆鑫）

【“双奥之城·长城之约”长城文化节开幕式】 8月20日晚，2022北京长城文化节开幕式在古北水镇长城剧场启幕。开幕式由市委宣传部主办，市文物局、区委、区政府、市委网信办、市文旅局、市体育局承办。开幕式由“铁血精神 气吞山河”“双奥之城 长城之约”“绿水青山 初心永续”“传承发展 迈向未来”4个篇章组成。分别通过长城文化带系列成果发布、2022年长城文化带重点任务部署、长城文化宣传片播放及节目展演，反映长城历史与当下、展现长城风貌与保护、畅想长城新生与未来。邀约5家直播媒体现场直播，334.3万观众在线观看；邀请央视新

8月20日，2022北京长城文化节开幕式在古北水镇长城剧场启幕 （区文旅局 供图）

闻、北京电视台、新华社、中国日报、北京日报、人民日报等70家媒体平台发布信息106篇，传播覆盖人群360万人次。

（梁司琪）

【北京长城国际摄影周活动】 8月20—27日，区文旅局在古北水镇举办“美丽北京·魅力长城”北京长城国际摄影周活动。活动展出100幅长城优秀摄影作品，展现北京长城文化带建设成果和密云“绿水青山就是金山银山”转化成果。

（梁司琪）

【古北口长城庙会活动】 8月21日，由区文旅局主办、古北口镇政府承办的“千年古镇·长城之约”长城庙会在古北口村举办。活动包括“古韵古北口民间花会巡演、千秋古北口情景表演、品读古北口文化展示、品味古北口古风集市，及观庙宇、爬长城、揽胜景”5种活动形式。活动将古北口长城文化衍生的庙宇文化、民俗文化、饮食文化、商贾文化和边塞文化等历史文化有机结合，提高游客参与度。

（梁司琪）

【中秋诗会】 9月9日，由区委宣传部、新时代文明实践中心、区委网信办、区文旅局主办，区图书馆承办，区总工会、团区委、区妇联、区融媒体中心协办的我们的节日主题文化系列活动——“月圆京城 情系中华”密云区2022年中秋诗会在区图书馆举办。活动通过诵读的方式弘扬中秋节传统文化，线上观看7.8万余人次。

（郝 迪 马 超）

【“喜迎二十大 欢度国庆”主题诗歌朗诵活动】 10月2日，由区委宣传部、新时代文明实践中心、区委网信办、区文旅局主办，区图书馆承办，区总工会、团区委、区妇联、区融媒体中心协办的我们的节日主题文化系列活动——“喜迎二十大 欢度国庆”主题诗歌朗诵活动在密云区图书馆举办。活动通过生态密云微信公众号全程线上直播，1.5万余人在线观看。

（郝 迪 马 超）

【红色展览进社区】 10月11日，区博物馆分别到绿地社区、新北路社区、行知始成幼儿园开展红色展览活动。活动在社区广场及校园操场摆放21块流动展板，宣传“最美儿媳”感人事迹、《中华人民共和国公共文化服务保障法》，向群众发放“永远的丰碑”“最美儿媳”“密云历史”等各类宣传手册、宣传品4263份。

（于晓民）

【密云先锋事迹展】 10月26日，由区委组织部、区文旅局主办，区博物馆承办的“庆祝二十大 奋进新征程——密云先锋事迹展”开展。展览共分《密云先锋》《密云先锋党组织》《密云先锋岗》《密云先锋队》《光荣榜》5个部分，展示“密云先锋”先进事迹和良好形象。

（于晓民）

【文化名人与名作展】 12月21日，由市文物局、北京博物馆学会、西城区委宣传部、密云区委宣传部、区文旅局联合主办，“8＋”名人故居纪念馆联盟及密云区博物馆承办的“梦想之志力量之源——文化名人与名作展”开展。展览展出63块展板，以图文并茂形式展示14位近现代名人人生故事和代表作品。

（于晓民）

【红领巾系列读书活动】 年内，区图书馆协调全区各学校参加首都图书馆主办的红领巾系列读书活动。在“我是小小追梦人”红领巾故事汇活动、“览浩瀚星辰 筑航天梦想”青少年科普剧比赛、“我的书屋·我的梦”农村少年儿童阅读实践活动中，密云区获一等奖2名、二等奖2名、三等奖9名、优秀指导教师3名、最佳编剧奖1名，蔡默寒、郭田利、廖雨霏、倪羽瑶、宋建宏等学生获“读书小状元”称号。

（郝 迪 马 超）

文化市场监管

Cultural Market Supervision

【未成年人普法宣传活动】 4月14日，区文化市场综合执法大队会同区教育工委、区人民检察院在朝阳实验小学密云学校开展未成年人普法宣传活动，向学生发放《预防未成年人沉迷网络倡议书》，发放笔袋、便签、折页等普法宣传品600余件，号召学生绿色阅读，文明上网。

（张合青）

【世界知识产权日宣传活动】 4月26日，区文化市场综合执法大队会同区市场监管局、区人民检察院联合在万象汇广场开展“4·26”世界知识产权日宣传活动，向200余名群众发放各类文化市场普法宣传品1000余份。

（张合青）

【“五一”期间文化市场监管】 4月30日至5月3日，为保障“五一”期间文化市场安全，区文化市场综合执法大队出动156人次，检查各类文化市场78家次。

其中网吧 10 家次、歌厅 21 家次、电游 3 家次、艺培 8 家次、景区 17 家次、星级酒店 1 家次、印企 3 家次、书店 13 家次、影院 2 家次。

（张合青）

【普法宣传进学校活动】 7 月 5 日，区文化市场综合执法大队在密云区檀营地区檀营小学开展预防未成年人网络沉迷宣传教育活动，学校师生和执法人员 100 余人参加宣传活动。活动期间，执法人员向学生宣读《致同学们一封信》，开展知识问答，发放宣传品 500 余份。

（张合青）

【文化市场综合执法】 年内，区文化市场综合执法大队聚焦北京冬奥会和北京冬残奥会、全国“两会”、创建文明城区、疫情防控等重大节点和重点任务，开展专项治理和普法宣传。出动 7213 人次，下发检查单 2964 件，办案 38 件，作出处罚 16 件（其中为优化营商环境，对 8 家经营主体违规行为适用“首违不罚”），罚没款 28.49 万元，没收出版物 3086 册。组织线上培训 13 批次 210 课时。发放普法宣传品 4100 余份。受理“12345”诉求 789 件。开展市区职能部门和属地镇街联合执法 107 次，其中对印刷、网吧、歌厅等市场主体开展跨部门“双随机”6 批次 100 家次。

（张合青）

【冬奥专项检查】 年内，北京冬奥会和冬残奥会期间，区文化市场综合执法大队开展文化市场“双随机”抽查、执法夜查和六日专项检查。2 月 16—17 日，加大对文保单位、宗教场所、旅游景区、印刷企业、图书门店、娱乐场所等文化市场日常执法“双随机”抽查力度；2 月 18 日，依法对北京万都金港歌厅、北京英伦汇娱乐有限公司、北京天和俊达文化娱乐有限公司 3 家歌舞娱乐场所开展执法夜查；2 月 19—20 日，对北京哈尼贝贝熊文化发展有限公司等 5 家出版物经营单位开展周六日专项检查。

（张合青）

【疫情防控】 年内，区文化市场综合执法大队指导文化企业建立制定完善相关制度和工作台账，严格落实扫码、测温和 48 小时核酸检测等防控措施，开展问题整改回查工作。5 月 4—12 日，出动 550 人次，检查各类文化经营主体 237 家次，发现从业人员未佩戴 N95 口罩、核酸检测超 48 小时、消杀记录不规范、无专人负责扫码测温等问题 63 个，约谈企业 1 家，责令企业立行立改。6 月 15 日，开展疫情防控全覆盖检查，其中歌厅、网吧、电游全部关停，未营业；对 2 家营业影院加强疫情防控督导，出动执法力量 72 人次、24 车次，检查歌厅、网吧、电游、影院 24 家次。

（张合青）

文化产业

Cultural Industry

【区文化馆理事会会议】 10 月 21 日，区文化馆召开 2022 年理事会会议。会议由区文化馆馆长、理事会理事长宋歆鑫向理事会作 2022 年文化馆理事会工作报告及 2023 年理事会工作计划，理事们分别发表意见建议。

（宋歆鑫）

【密云区获评“公共文化服务优秀城市”称号】 11 月 5 日，由新华网主办的“第九届文化和旅游融合创新论坛”在北京召开。论坛以“文旅融合赋能新未来”为主题，围绕“文旅新发展”“旅游软实力”“数字经济赋能文化产业”“城市升级”等议题，探讨新时代文化和旅游融合发展之道。密云区获“2022 公共文化服务优秀城市”荣誉称号。

（李　玲）

【乡镇（街道）综合文化中心效能评估】 年内，区文旅局推动乡镇（街道）综合文化中心效能评估工作，将工作纳入对镇街的绩效考评体系，召开区级调度会 2 次，开展“明查”“暗访”“满意度调查”和“云台账材料审查”4 个方面模拟评估，实地督导 40 次。9 月，市文旅局开展评估工作，密云区平均分 83.34 分，高于全市平均水平（75.68 分），在全市的贡献率 10.13%，排第 2 位；在生态涵养区中排名第 1 位，高于所属功能区平均水平（79.28 分）。

（张子旭）

【送书进基层】 年内，区图书馆为本区基层图书服务点送书 12 次，5200 册；为镇街级分馆送书 20 次，5.19 万册；为 384 个社区、村级基层图书室送书点送书 2.45 万册。

（宋鹰春）

【地方文献】 年内，区图书馆接待读者 300 余人次，为读者查找相关本地文献和有用文献信息 200 余条，为读者提供咨询解答服务时长 600 余小时。采集本地相关或有重要参考价值图书 100 余册，收集本土作家、学者优秀作品 20 余部，接收读者捐赠图书 500 余册。

（王伟名）

【图书采编】 年内，区图书馆完成2022年期刊340种新建单册工作；完成新入藏图书5.43万册，其中包括2021年村社区级图书采购、加工、入藏工作，共计348个村，2.45万册；区图书馆馆配图书2.75万册；鼓楼街道图书馆分馆接受捐赠图书2231册。

（王贞贞）

【图书馆评估定级】 年内，按照文化和旅游部办公厅关于开展第七次全国公共图书馆评估定级工作的通知要求，区图书馆开展评估定级工作，成立评估定级指导小组，制订工作计划，完成服务效能、业务能力、保障条件3个方面、66项指标，82册档案材料整理工作。

（尉红英）

【区图书馆志愿服务】 年内，区图书馆志愿服务分队有注册成员1456名，服务时长3.22万小时，通过线上视频会议形式开展手语、朗诵培训课程27场，参与志愿者419人，时长3536小时。开展“法韵书香”“密云区图书馆导询”“牵手未来”“诵读密云”“助力书香”“送书下乡”“志愿服务沙龙”等活动，其中法韵书香活动开展11次，惠及市民125人。组织8名志愿者参加冬残奥会开幕式，6名志愿者获得优秀城市志愿者称号。志愿者靳丽萍被评为北京市第八批五星志愿者，马莉华志愿家庭、于洋志愿家庭被评为“首都最美志愿服务家庭”。

（李云龙）

【图书馆总分馆制建设】 年内，以区图书馆为总馆、镇街综合文化中心为分馆、行政村（社区）综合文化室为基层服务点的三级总分馆制服务体系完成建立并投入使用，区总馆、镇（街）分馆和基层服务点实现数字资源上下互通，图书通借通还“一卡通”实现全覆盖，河南寨分馆获北京市“十佳优读空间称号”。

（徐晨辉）

文学艺术

Literature and Art

【概　况】 北京市密云区文学艺术界联合会（简称区文联）是由密云区各文艺家协会组成的人民团体。有11个协会和1个书画院，分别是：作家协会、美术家协会、书法家协会、摄影家协会、音乐家协会、舞蹈家协会、戏剧家协会、曲艺家协会、根雕奇石协会、民间文艺家协会、影视家协会、密云区书画院。有会员1286人，其中国家级会员40人、市级会员211人。区文联围绕“喜迎二十大”开展系列文艺创作活动，举办“奋斗新征程 建功新时代——密云区诗书画影剪纸艺术精品展”。开展“新春送福”“助力冬奥·密云区冰雪运动艺术作品展”等活动。围绕创建国家文明城区工作，开展“密云区创建全国文明城区剪纸艺术展”和“密云区书法、美术进校园”活动。成立密云区影视家协会。组织机关党员下沉社区防控一线，发挥战斗堡垒作用。举办各类展览、展示、展演活动22次；编辑、出版作品集4种；出版《渔阳文艺》4期。

（冯晓文）

【“助力冬奥·密云区冰雪运动艺术作品展”开幕】 1月20日，由区体育局、区文联共同主办的“助力冬奥·密云区冰雪运动艺术作品展”在区文联展厅开幕。展出的130件（组）作品以文艺为载体，在全区上下营造“冰雪运动”氛围。

（冯晓文）

【“书法家新春送福”活动】 1月27日，区文联以“党建+志愿服务”模式，开展“2022年密云区新时代文明实践志愿服务队‘新春送福’文化文艺志愿服务”活动。在区文联文明实践服务基地组织密云书法家题写春联100余副、“福”字300余张，为果园街道社区居民送去新春祝福。

（冯晓文）

【密云区影视家协会成立大会】 2月16日，区文联召开密云区影视家协会成立大会。该协会的成立填补密云区影视事业发展空白，标志密云区影视工作迈入新发展阶段。

（冯晓文）

【艺术进校园活动】 2—4月，区文联以课堂为主阵地，结合校园文化建设，开展书法、美术等艺术进校

4月13日，区文联开展书法进校园活动

（赵童　摄）

园活动。组织区书法家协会和美术家协会主席团成员，到密云小博士幼儿园、第二小学等，举办9场书画培训。

（冯晓文）

【密云区创建全国文明城区剪纸艺术展】 7月12日，由区委宣传部、区创城办、区文联主办，区民间文艺家协会承办的“密云区创建全国文明城区剪纸艺术展”在区文联展厅开幕。展出以密云区创建全国文明城区为主题的剪纸作品130件。

（冯晓文）

【书画活动暨传统文化知识讲座】 9月9日，由区文联主办，区作协、书协、美协共同参与的“月圆京城·情系中华——丹青溢彩润中秋”书画活动暨传统文化知识讲座在密云书画院举办，以书画为媒服务社区居民。区作家协会副主席陈奉生从中秋节的来历、传统风俗及衍生的历史故事等方面作传统文化知识讲座。区书法家协会、美术家协会老师，现场创作并赠送居民100幅中秋主题书画作品。

（冯晓文）

【采风活动】 9月28—29日，北京作协组织40余位作家到密云区开展采风活动。区文联、区作协发挥自身基层文艺组织作用，带领市作家参观密云水库展览馆，学习习近平总书记给建设和守护密云水库的乡亲们重要回信精神，回顾密云水库建设史、移民史、奉献史。到密云水库、石城民俗石画馆和邓玉芬雕塑广场，重温英雄母亲邓玉芬事迹，组织作家就“中国诗歌的发展趋势”“当代儿童文学的流变”开展主题研讨交流。

（冯晓文）

【密云区诗书画影剪纸艺术精品展】 10月11日，由区委宣传部、区文联主办，区作家协会、书法家协会、摄影家协会、美术家协会、民间文艺家协会承办的“奋进新征程 建功新时代”——密云区诗书画影剪纸艺术精品展，在区文联多功能展厅开幕。展览以100件诗、书、画、影、剪纸作品为载体，宣传密云区高质量发展成果，多角度展示密云区在“民生、旅游、新能源、市政市容、乡村振兴、经济发展”等重点领域的新变化、新气象。

（冯晓文）

【“新时代山乡巨变”创作研讨会】 10月13日，市文联在金叵罗村以“捧起北京文学的金叵罗——用文学缀缀山乡巨变中的时代锦绣”为主题，举办“新时代山乡巨变”创作研讨会暨老舍文学院第二届“行走北京”社会实践活动。区文联带领作家们利用两天时间，走访金叵罗农场、老友季花园民宿、西口研食社和“飞鸟与鸣虫”生态农场休闲空间，了解村史、企业奋斗史，积累创作素材。

（冯晓文）

【“密云先锋”文艺志愿服务队】 年内，区文联将“密云先锋”行动融入志愿服务全过程，组建由区内国家级和市级文艺家组成的“密云先锋”文艺志愿服务队，主动对接鼓楼街道、溪翁庄镇、新城子镇等10个镇街（地区）和区第二小学等，根据群众文化文艺需求，推出“定制”培训服务，通过线上、线下相结合方式，开展书法、美术、舞蹈、剪纸、摄影、曲艺6类培训21场，近1000名群众受益。

（冯晓文）

地 方 志

Local Chronicles

【概　况】 2022年，北京市密云区地方志办公室（简称区地方志办）健全地方志工作体系，推进密云地方志事业高质量发展。持续巩固“一年一鉴，公开出版”，深入实施中国年鉴精品工程，多次召开年鉴座谈交流会，完成《北京密云年鉴（2022）》编纂出版工作。地名志工作圆满收官，《北京市密云区地名志》正式出版发行，为促进密云经济社会发展提供高质量地名服务。在全市率先启动镇街志书编纂工作，协助各镇街成立编纂委员会和编辑部，力争在“十四五”时期完成20部镇街志编纂出版工作。

（孔令佩）

【年鉴业务培训】 3月1—3日，区地方志办分两期召开年鉴编纂业务培训会。密云年鉴执行编辑结合具

3月1—3日，区地方志办召开年鉴编纂业务培训会 （区地方志办 供图）

体案例，重点围绕年鉴基础知识、编纂规范、常见问题等方面，对新撰稿员进行培训。区直各部门、街道、乡镇等单位的30余名新撰稿员参加会议。

（孔令佩）

【镇街志编纂工作推进会】 7月26日，密云区镇街志编纂工作推进会召开。区地方志办作镇街志编纂方案说明，明确编纂任务、编纂要求、进度安排、审查验收、近期任务等，要求各镇街8月底前成立编纂委员会和编辑部，同时启动资料收集工作。各镇街20余名负责同志参加会议。

（孔令佩）

7月26日，密云区镇街志编纂工作推进会召开

（区地方志办 供图）

【《北京市密云区地名志》终审通过】 7月，区地方志办开展多轮地名考证、地名辨析、实地调研、专家论证以及广泛征求意见等工作，《北京市密云区地名志》完成终审验收。该志自2017年5月启动编纂，在广泛征求意见和多次反复修改的基础上，历时五年完成，这是继1992年版《密云县地名志》之后的第二部地名志。

（孔令佩）

【《北京密云年鉴（2022）》三审三校】 7—9月，区地方志办完成《北京密云年鉴（2022）》三审三校工作，如期将年鉴初稿送至中央文献出版社审阅，以高度负责的态度，严格按照审稿专家关于框架结构、资料内容、语言文字等方面提出的意见进行修订完善，进一步提升年鉴编纂质量。

（孔令佩）

【精品年鉴品读季】 9月20—22日，区地方志办组织年鉴编辑部人员线上观看“精品年鉴品读季”活动启动会议暨2022年中国年鉴精品工程研讨会，学习外省市同行的经验做法，积极参加以“读精品、学精品、用精品”为主题的学习、研讨等活动，结合年鉴工作实际撰写品读文章和年鉴理论研究文章。

（孔令佩）

【年鉴主编培训】 9月，由中国地方志指导小组举办的第七期全国年鉴主编培训班以视频会议形式召开，区地方志办组织相关业务人员集中参与收看了视频培训，参训人员认真收看视频直播，做好笔记，并利用培训间隙进行讨论交流。

（孔令佩）

【《北京市密云区地名志》出版】 11月，《北京市密云区地名志》正式出版发行。全书上限至地名发端，下限至2018年底，以密云区行政区划为界，记载密云地名资料，包括地理位置、地名来历、含义演变、历史沿革及自然地理、社会历史和经济文化状况等信息。正文设自然地理实体、政区聚落、交通设施、生产建筑、公共设施、古迹名胜、历史地名、地名管理，共8篇28章65节，另含凡例、概述、大事记、附录、参考资料、后记，文字部分合计64万字。收录表格75张，前插图照4幅，随文图照214幅。

（蔡长亮）

11月，《北京市密云区地名志》出版发行

（蔡长亮 摄）

【《北京密云年鉴（2022）》出版】 12月，密云区地方志编纂委员会编纂的《北京密云年鉴（2022）》由中央文献出版社出版发行。该年鉴设置区情概览、大事记、特载等37个类目，记述了密云区2021年经济社会发展情况。年鉴为大16开精装本，共计118万字，收录条目2000余条、表格32个、前彩插32页、

照片 390 张、地图 2 张，采用四色印刷，附设电子光盘，提升了直观性、资料性和可读性。

（孔令佩）

12 月，《北京密云年鉴（2022）》出版发行

（孔令佩 摄）

【镇街志编纂指导】 年内，区地方志办加强镇街志编纂组织协调和指导监督，协助各镇街成立编委会和编辑部，通过以会代训的方式对全区 19 个镇街志编纂单位和编纂人员进行业务培训，并就修志过程中遇到的篇目设置、资料收集、资料长编、志稿编纂等问题逐一进行指导，有序推进镇街志编纂工作。

（孔令佩）

档 案

Archives Work

【概 况】 北京市密云区档案馆（简称区档案馆）为全区经济社会发展、镇村棚改、乡村规划及乡村文旅建设等重大活动、重要工作提供档案服务。截至年底，馆藏档案数量 13.38 余万卷 10.2 余万件、资料 26748、照片档案 6.38 万张 836G、音视频档案 1270 分钟 598G。区档案馆被市档案局、市人力社保局评选为“2017—2021 年度北京市档案系统先进集体”。

（张珊珊）

【区档案馆新馆建设】 年内，区档案馆推进新馆建设项目。5 月，新馆建设规模通过市档案局核定并批复。11 月，完成招投标工作。

（张珊珊）

6 月，密云区档案馆新馆效果图

（区档案馆 供图）

【区数字档案馆建设】 年内，区数字档案馆建设取得突破，完成可研报告、技术评审、密码应用方案评审、财评等工作。截至年底，完成招投标工作。

（张珊珊）

【重大活动档案整理】 年内，区档案馆继续做好重大活动档案接收整理工作。整理密云区农村土地承包经营权确权登记颁证涉农档案 3527 卷。

（张珊珊）

【服务全区经济社会发展】 年内，区档案馆主动为接诉即办工单办理、乡镇文旅工程建设、农村房屋情况核查等工作提供档案服务，查阅档案 980 卷。

（张珊珊）

【档案开发利用】 年内，区档案馆发挥档案馆作用，弘扬密云水库精神，搜集整理档案资料 15 万字，编印《建库英雄 时代先锋——密云水库建设者先进事迹选编》。与区融媒体中心合作，在“生态密云”官方微信公众号推出同主题专栏，全年发布水库建设者先进事迹 38 篇 5.9 万字，点击量 2.2 万人次。

（张珊珊）

【第六批档案接收】 年内，区档案馆推进第六批档案接收工作。严格接收标准，把控档案质量，履行移交手续，完成 7 家立档单位，1.91 余万卷（件）20 万页文书档案接收工作。

（张珊珊）

【档案数字化】 年内，区档案馆持续优化档案数字化工作。完成 1 万条 2.4 万页数字化成品检测、接收、导入、挂接、应用、备份等工作，6.2 万条 25 万页电子目录及相应图像的检查工作及 1.8 万条招工、调动两类档案资源共享数据整合、上传、在线发布、部分数据挂接及跨馆利用的测试工作。

（张珊珊）

【档案查阅利用】 年内，区档案馆加强查阅利用窗口标准化建设，打造党员服务示范先锋岗。实行“午间查档”“送档上门”等便民制度。全年接待档案利用者5286人次，出具证明6587份，其中接待午间查档群众90人次，为4名群众提供送档上门服务。强化“未诉先办”工作机制，接诉即办工作实现全年“零工单”。

（张珊珊）

【档案开放鉴定】 年内，区档案馆完成馆藏1990年92个全宗6.77万余件档案、1991年83个全宗6.32万余件档案和1978—1979年69个全宗6.3万余件档案，以“件”重新鉴定开放审核及数据统计工作。

（张珊珊）

【重要会议重点工程照片拍摄】 年内，区档案馆主动围绕区级重点会议、重大建设项目、重点工程和为民办实事工程进行专项定期拍摄，积累密云区发展变迁影像资料。全年拍摄照片600余张，视频50余分钟，丰富声像档案资源。

（张珊珊）

【爱国主义教育基地】 年内，区档案馆与果园小学、溪翁庄镇中心小学、石城镇中心小学联合开展“诗诵密云水库情”主题教育活动，加强“水文化”宣传，让“档案文化走出去，送编研成果进校园”，向3所学校赠送编研材料1400份。

（张珊珊）

文化遗产保护

Protection of Cultural Heritage

【区级非遗项目专家评审会】 4月21日，区文化馆召开“第七批密云区级非物质文化遗产代表性项目名录专家评审会”和“第二批密云区级非物质文化遗产项目代表性传承人专家评审会”。会议由区文化馆馆长宋歆鑫主持，市级非遗专家石振怀、李劲松等5名专家对12个申报项目和5名传承人进行评审。

（宋歆鑫）

【非遗云直播活动】 6月11日，区文化馆与青海省玉树市携手举办以“连接现代生活 绽放迷人光彩”为主题的喜迎二十大·“璀璨非遗，密玉情牵”非遗云直播活动。活动推动非遗与现代生活相连接，深化密云区与玉树市对口支援合作，推动文化交流，培育文化援建品牌。

（宋歆鑫）

6月11日，区文化馆举办喜迎二十大·“璀璨非遗，密玉情牵”非遗云直播活动

（区文旅局 供图）

【签订边界长城保护协议】 7月5日，密云区与滦平县在新城子镇政府签订《边界长城保护合作协议》。合作内容重点包括长城保护合作、长城执法合作、长城活化利用合作3个方面，通过建立政府联席会议、成立两地合作工作小组等机制，确保各项合作事项落实、落地。国家文物局、北京市文物局、天津市文物局、河北省文物局主要领导通过视频会议出席活动。

（田 野）

【非物质遗产项目】 年内，区文旅局组织非物质文化遗产项目申报。截至年底，区级以上非物质遗产项目42个。

（宋歆鑫）

2022年密云区区级以上非物质遗产项目一览表

表16

序号	项目类别	项目名称	级别
1	民间文学	冶仙塔的传说	区级
2	民间文学	黍谷山的传说	区级
3	民间文学	密云民间谚语	区级
4	民间文学	密云民间歌谣	区级
5	传统音乐	墙子路村轿子坊音乐	区级
6	传统舞蹈	密云蝴蝶会	市级
7	传统舞蹈	上金山狮舞	市级
8	传统舞蹈	霸王鞭	市级

续表

序号	项目类别	项目名称	级别
9	传统舞蹈	耍龙	区级
10	曲艺	密云蔡家洼村五音大鼓	国家级
11	曲艺	拉洋片	区级
12	传统体育、游艺与竞技	檀营满族撩跤	区级
13	传统体育、游艺与竞技	庄禾屯武术	区级
14	传统体育、游艺与竞技	纸牌	区级
15	传统体育、游艺与竞技	形意拳	区级
16	传统体育、游艺与竞技	杨氏太极拳	区级
17	传统美术	密云传统民居建筑	区级
18	传统美术	密云剪纸	区级
19	传统美术	布艺堆绣画	区级
20	传统美术	烙画	区级
21	传统美术	宿家剪纸	区级
22	传统美术	工笔水陆画	区级
23	传统技艺	鲁班枕（瞎掰）制作技艺	市级
24	传统技艺	密云烧饼制作技艺	区级
25	传统技艺	密云烧肉制作技艺	区级
26	传统技艺	密云烧酒酿制技艺	区级
27	传统技艺	玲珑枕制作技艺	区级
28	传统技艺	古北口花灯制作技艺	区级
29	传统技艺	大义动物标本制作技艺	区级
30	传统技艺	核雕	区级
31	传统技艺	风筝制作技艺	区级
32	传统技艺	石刻彩绘	区级
33	传统技艺	京式古典家具制作技艺	区级
34	传统技艺	中山装制作技艺	区级

续表

序号	项目类别	项目名称	级别
35	传统技艺	满汉二八席制作技艺	区级
36	传统技艺	虎头鞋制作技艺	区级
37	传统医药	中医正骨法（满族白氏）	区级
38	民俗	元宵节·九曲黄河阵灯俗	国家级
39	民俗	西邵渠金钟总督老会	市级
40	民俗	永乐村轿子坊	区级
41	民俗	蔡家洼开路老会	区级
42	民俗	祭祀水神共工习俗	区级

【文物抢险修缮】 年内，区文物所完成古北口311敌台抢险加固、不老屯429敌台抢险加固、冯家峪497敌台抢险加固和冯家峪25号水关抢险加固项目年度目标任务，排除险情。完成古北口蟠龙山抢险修缮前期勘察项目财政评审工作。完成古北口药王庙建筑群抢险、曹家路戏台抢险、东邵渠大石门井寺抢险、冯家峪镇上峪娘娘庙环境整治等项目批复，保证了文物本体安全。

（贾东昊）

【文物安全检查】 年内，落实文物建筑和博物馆火灾风险指南及检查指引行动，开展文物安全宣传活动，发放文物安全宣传品，营造浓厚的文物保护氛围。组织文物、公安、消防等部门开展联合检查，全年开展安全检查100余次，出动检查人员300余人次，检查各级文保单位150余家次。

（田　野）

【长城保护巡查】 年内，制定出台《密云区长城专职保护员考勤管理制度》，利用巡查相机App对保护员巡查系统进行升级完善。长城保护员巡查长城8000次，上传照片4.5万张，有效保护长城本体安全。

（田　野）

【地下文物保护】 年内，区文物所参加区檀营小学改扩建工程、司马台旅游接待中心项目、区第一小学综合楼项目等土地联审会18次，按照《北京市地下文物保护管理办法》，配合市文物行政管理部门对需要进行考古勘探的地块，组织考古调查、勘探，推进项目进度；函复密云区古北口、巨各庄、穆家峪、溪翁庄、新城子镇国土空间规划等 7 个建设项目，协调做好地下文物调查保护工作。

（相晨燕）

【不可移动文物】 年内，密云区区级以上不可移动文物 54 处，其中国家级 1 处、市级 4 处、区级 49 处。

（梁司琪）

2022 年密云区区级以上不可移动文物一览表

表 17

序号	文物名称	级别	年代	公布时间	坐落地点
1	密云境内明长城	国家级	明代	2006 年	跨越 11 个镇
2	番字石刻	市级	元代	1990 年	冯家峪镇番字牌村
3	白乙化烈士陵园	市级	现代	1995 年	石城镇河北村南
4	古北口战役阵亡将士公墓	市级	现代	1995 年	古北口镇古北口村西南
5	白龙潭四组古建筑	市级	清代	1995 年	太师屯镇龙潭沟村
6	小水峪瓷窑遗址	区级	辽金	1983 年 9 月	西田各庄镇小水峪村西
7	西庄窠瓷窑遗址	区级	辽金	1996 年 9 月	西田各庄镇西庄窠村西
8	超胜庵	区级	唐代	1996 年 9 月	不老屯镇燕落村北云峰山中
9	护城古堤遗址	区级	清代	1996 年 9 月	县城西北
10	杨令公庙	区级	辽代	1983 年 9 月	古北口村东上坡
11	吕祖庙	区级	清代	1983 年 9 月	古北口镇河西村万寿山上
12	文庙大成殿	区级	元代	1983 年 9 月	鼓楼东大街区图书馆院内
13	药王庙	区级	清代	1983 年 9 月	古北口村东上坡
14	瘟神庙	区级	明代	1996 年 9 月	古北口镇潮关村西北角
15	大公主府	区级	清代	1991 年 12 月	县城白河西
16	财神庙	区级	清代	1996 年 9 月	古北口村东上坡
17	古北口清真寺	区级	明代	1996 年 9 月	古北口镇河西村南
18	白马关城堡	区级	明代	1996 年 9 月	冯家峪镇白马关村
19	小口城堡	区级	明代	1996 年 9 月	新城子镇小口村内
20	白道峪内城堡	区级	明代	1996 年 9 月	西田各庄镇白道峪村
21	吉家营城堡	区级	明代	1996 年 9 月	新城子镇吉家营村
22	姜毛峪城堡	区级	明代	1996 年 9 月	新城子镇塔沟村南
23	关上城堡	区级	明代	1996 年 9 月	大城子镇关上村
24	司马台城堡	区级	明代	1996 年 9 月	古北口镇司马台村
25	燕山勒功碑	区级	明代	1996 年 9 月	暂存北京冶仙塔旅游风景区管理处
26	白乙化烈士牺牲地	区级	民国	1983 年 9 月	石城镇河北村
27	承兴密联合县政府旧址	区级	民国	1996 年 9 月	北庄镇大岭村西
28	丰滦密联合县政府遗址	区级	民国	1983 年 9 月	西田各庄镇牛盆峪村
29	云峰山摩崖石刻（四项）	区级	不详	2000 年 9 月	不老屯镇燕落村
30	白土沟古崖居（四项）	区级	不详	2000 年 9 月	不老屯镇白土沟村

续表

序号	文物名称	级别	年代	公布时间	坐落地点
31	三世佛浮雕造像	区级	元代	2000 年 9 月	白龙潭水库上游东岸
32	上峪城堡	区级	明代	2000 年 9 月	冯家峪村
33	遥桥峪城堡	区级	明代	2000 年 9 月	新城子镇遥桥峪村
34	古北口保卫战纪念碑	区级	民国	2000 年 9 月	古北口镇河东村北头东山坡上
35	吉祥寺	区级	明代	2000 年 9 月	不老屯镇边庄子村南
36	大安寺遗址	区级	北齐	2000 年 9 月	不老屯镇白土沟村西云峰山上
37	黍谷山西严寺	区级	辽金	2000 年 9 月	河南寨镇荆粟园村
38	黍谷山风台顶道观遗址	区级	明代	2000 年 9 月	河南寨镇荆粟园村
39	青洞山三教寺	区级	明代	2000 年 9 月	太师屯镇许庄子村
40	二柏搭枝庙	区级	明代	2000 年 9 月	太师屯镇令公村
41	密云古城遗址	区级	明代	2000 年 9 月	鼓楼街道
42	冶仙塔	区级	辽代	2000 年 9 月	檀营地区办事处檀营村
43	司营子关帝庙	区级	清代	2007 年 12 月	冯家峪镇司营子村
44	瑶亭关帝庙	区级	清代	2007 年 12 月	高岭镇瑶亭村
45	小口关帝庙	区级	不祥	2007 年 12 月	新城子镇小口村
46	古北口玉皇庙	区级	清代	2007 年 12 月	古北口镇古北口村
47	东关二郎庙	区级	清代	2007 年 12 月	古北口镇古北口村
48	瘟神庙戏楼	区级	清代	2007 年 12 月	古北口镇潮关村
49	范公井石刻	区级	清代	2007 年 12 月	西田各庄镇小石尖村
50	大石门井寺古庙	区级	清代	2012 年 7 月	东邵渠镇大石门村
51	古北口七勇士纪念碑	区级	现代	2012 年 7 月	古北口镇古北口村
52	古北口三眼井	区级	清代	2012 年 7 月	古北口镇古北口村
53	卸甲山法兴寺	区级	待定	2012 年 7 月	西田各庄镇卸甲山村
54	平头村平坨寺	区级	清代	2012 年 7 月	河南寨镇平头村

媒体传播

Media Communication

【概　况】 2022 年，北京市密云区融媒体中心（简称区融媒体中心）围绕保水、保生态、保安全、保障民生、绿色高质量发展、全面从严治党等工作，全方位宣传报道密云，加速推进媒体深度融合。密云电视台高标清节目播出 5395 小时 3 分钟，调频广播节目播出 5395 小时 55 分钟；上载电视剧 24 部 1037 集及脱贫攻坚纪录片若干；宜居密云微信公众号发布信息 3100 条，App 信息 6200 条，微博博文 986 条，北京号信息 850 条，短视频信息 280 条；《密云报》出版 51 期。

（丛　杉）

【党的二十大精神宣传报道】 年内，区融媒体中心围绕六大主题宣传活动、20 个镇街亮点展示，策划系列“喜迎二十大　奋进新征程”特别报道，全媒体平台联动播出，展示密云区五年来经济社会、绿色高质量发展成就，以独特视角、精美画面展现全区人民爱党、爱国、爱社会主义的情感。党的二十大开幕后，制作推出“密云区各界干部群众积极收听收看党的二十大开幕盛况”“踔厉奋发、勇毅前行——密云区广大党员干部群众持续热议党的二十大报告”等报道和信息。

（丛 杉）

【总书记重要回信精神宣传报道】 年内，区融媒体中心宣传密云区“两区”建设，重点对生态、保水加大宣传报道，深挖“蜂盛蜜匀”“密云水库鱼”等特色品牌故事，提升密云对外知名度和影响力。在习近平总书记回信两周年之际，推出融媒体综合报道，制作成就宣传片——“夏条绿已密，奋进云起时”。加大“密云特色农业”“密云特色旅游”宣传推广，“密云水库本月投放58万公斤净水鱼苗”“春花灿烂 踏青赏花正当时”“扛牢护林保水使命 守护密云绿水青山”等100余条生态文明主题原创报道登上《新闻联播》《北京新闻》。利用抖音、快手、微博等新媒体平台，对长城文化节、鱼王美食节进行现场直播，网上46万人收看。广播新闻专题“‘蜜蜂博士’罗其花助蜂农过上甜蜜生活”获北京广播影视协会优秀广播节目奖。

（丛 杉）

【新冠肺炎疫情防控新闻报道】 年内，区融媒体中心宣传报道全区防控举措、战“疫”信心、疫情进展、科普辟谣等。密云新闻“24小时核酸检测服务 守好东北进京高速通道”“澜茵山解封，居民最想做的事情是‘感谢’”在北京电视台播出。制作“爱在密云”等相关短视频，全方位报道医务工作者、社区志愿者等感人事迹。《宜居密云》平台发布疫情相关报道1500余条，信息“密云发现两名核酸检测阳性人员，凡有时空交集人员请立即主动报备”当日阅读量50余万人次，“密云在全区设立46个免费常态化核酸采样点”阅读量7.8万人次。在看、点赞、评论量居北京市各区级微信公众号第一名。

（丛 杉）

【北京冬奥会宣传报道】 年内，区融媒体中心在北京冬奥会、冬残奥会期间，播发各类冬（残）奥主题新闻401篇（条）。原创IP“与密云朋友的一天——寻找密云冰雪乐趣”以体验式呈现密云冰雪运动资源，受到网友高度关注，被学习强国平台评选为2022年度全国县级融媒作品一等奖。

（丛 杉）

【创建全国文明城区新闻报道】 年内，区融媒体中心开设专题栏目“创城进行时”，展示全区上下积极行动，形成齐抓共建创城氛围。全年播出、发布、刊登融媒体报道800余条。

（丛 杉）

【技术建设和安全播出】 年内，区融媒体中心加快构建全媒传播体系。新媒体传播矩阵整体更名为“生态密云”，优化手机客户端、智能内容管理平台、媒体资源管理系统。“宜居密云”手机客户端嵌入政务服务功能，便利群众办事流程，构建“融媒体新闻＋政务服务＋文明实践”新闻宣传功能，打造“运行全媒化、传播分众化、服务社会化”的立体“宣传大格局”。在信息系统等级保护、电台节目制作和播出系统升级改造、地面电视数字化改造三大工程基础上，实施播出系统升级改造二期工程。完成全国“两会”、冬奥会及党的二十大等重要会议安全播出及转播任务。保证调频广播和密云电视台节目播出和发射。

（丛 杉）

10月，区融媒体中心广播电台记者为节目安全播出开展筹备工作 （李东方 摄）

北京歌华有线电视网络股份有限公司密云分公司

【概 况】 北京歌华有线电视网络股份有限公司密云分公司（简称歌华有线密云分公司）负责密云区有线广播电视网络的建设开发、经营管理和维护，并从事广播电视节目收转传送、视频点播、网络信息服务、基于有线电视网的互联网接入服务、互联网数据传送增值业务、承办（不含发布）外省市卫星电视节目落地频道在北京有线电视台发布的广告业务等。全年完成2022年“两会”、北京“双奥”、党的二十大等重要时期安全保障工作，实现重要时期和重要时段零播出事故。全年实现高清交互注册用户数 18.62 万户，个人宽带在线用户数 2.4 万户。

（刘艳丽）

【安全传输】 年内，歌华有线密云分公司为确保机房安全播出，定期开展机房巡检、主备路信号切换操作等应急演练，并在重要时期、重要时间段加大巡检密度，确保机房安全运行。更换 2 台使用年限超过 10 年的 UPS 主机、3 个镇二级机房 161 块 UPS 蓄电池。将分公司办公网、业务网和 GIS 网进行拆分，并优化升级，提高安全防护等级。为确保全年全网安全传输，迎接党的二十大，分公司强化安全生产责任，持续开展隐患排查整改工作。全年排查分配网设备箱体和线路隐患 238 处、杆路隐患 174 项、管道隐患 178 处，全部完成整改。

（刘艳丽）

【网络传输建设】 年内，歌华有线密云分公司继续以 FTTH 为技术路线，推进新建楼和网络改造工作。紧盯新建小区进度，开工南菜园二期等 10 个地块 7907 户，年底具备条件的 8 个地块全部完成施工，竣工 6409 户。全年完成各类 FTTH 网络改造工程 35 项，覆盖 1.5 万户。

（刘艳丽）

【经营业务】 年内，歌华有线密云分公司跟踪精品微客项目、密云图书馆 WiFi 覆盖项目及宣传部创城宣传等项目，全部落地，实现政企业务新突破。与公安监控线路、高点监控、首信物联网等光链路租用项目，教委精品课堂，开发区、文化馆等单位 WiFi 覆盖项目全部续约成功。全年实现高清交互注册用户数 18.62 万户，个人宽带在线用户数 2.4 万户。

（刘艳丽）

【主动服务】 年内，歌华有线密云分公司全年接到总公司客服及营业厅派单 10.78 万单，比上年减少 11.25%；全年接到“12345”非紧急救助中心派单 169 单，“12345”非紧急救助中心三率考核反馈率 100%、解决率 100%、满意率 99.39%，综合评分 99.76 分，在 15 家分公司综合成绩排名第三。

（刘艳丽）

卫　生

HEALTH

综　述

Overview

2022年，北京市密云区卫生健康委员会（简称区卫健委），负责全区卫生健康工作。全区医疗机构41家，其中三级医院1家、二级医院（含妇幼保健院、精神疾病专科医院）3家、一级医疗机构20家（含19家社区卫生服务中心）。辖区户籍人口出生率5.50‰、自然增长率1.11‰。死因顺位前十位的疾病分别为心脏病，脑血管病，恶性肿瘤，呼吸系统疾病，损伤和中毒，内分泌，营养、代谢疾病、消化系统疾病，神经系统疾病，泌尿系统疾病，肌肉骨骼和结缔组织疾病。户籍人口平均期望寿命80.31岁，其中男性77.43岁，女性83.48岁。全区各级各类医疗机构诊疗总量508.51万人次，健康检查13.77万人次，全年入院3.95万人次，出院3.9万人次，住院病人手术9787人次。医疗机构病床使用率48.56%，平均住院日7.3天。其中区属医院全年诊疗总量211.04万人次，出院3.65万人次，病床使用率65.00%，平均住院日7.35天（不含精神专科医院），全年住院手术9787人次。持续推进公立医院改革，加强区级医院综合能力建设。深化区医院与北大医院融合共建，以急诊急救、重症医学、心脑血管、妇儿、呼吸内科、整形科、检验科等重点专科建设为目标，加强人才培养。推进中医医联体建设，发挥中医药在诊疗、康复领域特长，提升脑病重点专科水平。推进中医医院迁址新建项目，与北京中医药大学第三附属医院签订托管合作协议，助力区中医医院创建三级。提升区精防院管理和业务能力，安定医院筹备组于3月2日入驻区精防院，加强医院管理、心理健康和精神卫生服务建设工作。

（邢　颖）

医疗改革

Health Care Reform

【“加强依法行政 积极履职尽责”专题研讨会】 2月10日，区卫健委召开“加强依法行政 积极履职尽责”专题研讨会。政策法规科、妇幼健康家庭发展科及卫生健康监督所等相关科室、部门及2名法律顾问参会。会议结合区卫生健康委相关工作，围绕《中华人民共和国行政处罚法》《中华人民共和国人口与计划生育法》等重点法律法规条文理解适用等内容分专题进行交流研讨。

（邢　颖）

【医疗支援合作】 6月22日，区卫健委召开2022年支援合作工作推进会，相关科室及9家医疗机构负责人参会。会议传达2022年密云区支援合作工作领导小组全体会议精神，对相关工作进行解读，部署卫生健康系统医疗技术人才选派工作，与会人员就支援合作内容、形式等进行探讨。区卫健委承担内蒙古库伦旗、青海省玉树市及湖北省竹溪县3个地区医疗支援合作任务，派出医疗支援人才13人，医院结对7对。根据工作要求和受援医院需求，制定针对性结对协议，在医院管理、人才培养、技术交流等方面开展结对帮扶，提升支援合作地区医疗技术水平和诊疗服务能力。

（邢　颖）

【区中医医院签订托管合作协议】 9月30日，区中医医院与北京中医药大学第三附属医院签订统筹共建协议，10月14日挂牌，北京中医三院密云院区成立。

（邢　颖）

【搭建区域远程医疗服务会诊平台】 年内，区卫健委建立以区医院为会诊中心，覆盖中医医院、妇幼保健院、精神卫生防治院和19家社区卫生服务中心的密云区远程医疗会诊平台。截至年底，23家医疗机构远程医疗会诊平台完成安装调试，运行机制明确规范。9月7日，高岭镇社区卫生服务中心与区医院完成远程会诊系统技术测试。通过网络语音视频，高岭镇社区卫生服务中心将病历资料发起申请，图像和相关文字资料传到区医院，双方通过桌面共享方式进行会诊，实现远程疾病分析、病情诊断及确定治疗方案，完成首例“面对面”远程视频交互式会诊，缓解山区患者看病难问题，实现医疗服务“零距离”。

（邢　颖）

【完善公共卫生服务体系】 年内，区卫健委完善并巩固突发公共卫生事件应急工作机制，修订《北京市密云区突发公共卫生事件应急预案（2021年修订版）》，完成20处急救工作站建设工作。建立健全公共卫生监测预警体系，发挥乡镇卫生院发热门诊、诊所、药店“哨点”作用，形成传染病智慧化多点触发预警机制。以医防融合为导向，制定《北京市密云区医防融合培训实施方案》，建立以应对突发公共卫生事件胜任力为核心的培训机制。完善村（居）公共卫生委员会工作机制，发挥426个社区（村）居委会公共卫生委员会，1550名公共卫生委员联系群众纽带作用。开展爱国卫生运动，创建101家市级控烟示范单位，实现全区党政机关全覆盖。

（邢 颖）

【信息化建设】 年内，区卫健委加快“智慧健康”建设，健全推动全民健康信息平台、区域检验系统、区域影像系统、双向转诊系统、健康档案和电子病历共享调阅平台、“健康密云App”和“密云家医App”使用，基本实现医院间系统数据交换共享查询，为辖区居民提供区域预约挂号、处方查询、检验检查结果查询、居民建档、家医签约等便民服务。整合线上线下医疗资源，建设密云区远程医疗会诊平台，实现区域内全面互联远程会诊模式。开展“信用＋医疗”试点建设，提升患者就医体验，缩短60％院内滞留时间，截至年底，“信用＋医疗”服务平台预约就诊患者715人次，就诊575人次，医疗总金额13.48万元。

（邢 颖）

医疗服务

Medical Service

【冬奥会和冬残奥会保障】 年内，区卫健委承担2022年冬奥会和冬残奥会保障密云区医疗防疫组工作，制定冬奥冬残奥期间应急预案，开展应急演练5次，组织170名精英医疗卫生人员、1个医疗救治车组，赴朝阳、海淀、延庆区提供医疗保障、疫情防控等工作。创新工作方法，完成开幕式外国政要服务保障人员移出隔离工作和冬奥会赛后国家体育总局冬奥保障工作人员移出期集中隔离阶段各项服务保障工作，管理并解除冬奥移出人员4批次395人。获国家文化和旅游部、延庆区、海淀区卫生健康委员会感谢信，区卫生健康监督所获“北京2022年冬奥会、冬残奥会北京市先进集体”称号。

（邢 颖）

【医疗服务】 年内，全区各级各类医疗机构诊疗总量508.51万人次，健康检查13.77万人次，全年入院3.95万人次，出院3.9万人次，住院病人手术9787人次。医疗机构病床使用率48.56％，平均住院日7.3天。其中区属医院全年诊疗总量211.04万人次，出院3.65万人次，病床使用率65.00％，平均住院日7.35天（不含精神专科医院），全年住院手术9787人次。

（邢 颖）

【医疗资源】 年内，辖区医疗卫生单位607家，其中区属医疗卫生单位44（含18家社区卫生服务站），民营医院10家，诊所、医务室、门诊部118家，村卫生室409家。卫生技术人员4316人，其中执业（助理）医师2129人，注册护士1371人，床位1872张。平均每千常住人口拥有卫生技术人员8.96人、执业（助理）医师4.05人、注册护士2.61人、床位3.61张。

（邢 颖）

【卫生经费管理】 年内，区卫健委规范财务管理，强化资产管理，节约运行成本。修订《密云区卫生健康委员会机关财务管理办法》，严格财务审批流程，确保资金规范安全高效使用。制定《密云区卫生健康委员会内部审计工作规定》，推进财审分离、实现内部审计工作制度化、规范化。修订19家社区卫生服务中心《内控手册》，强化制约措施，落实岗位责任，把预防腐败的要求落实到权力运行的各个环节，实现内部制约与外部监督有机统一。全年全区卫生系统收入21.12亿元，其中财政补助收入7.41亿元，业务收入12.51亿元；总支出31.54亿元。

（邢 颖）

【社区卫生】 年内，全区有社区卫生服务中心及服务站58家，其中政府办社区卫生服务中心（站）37家，社会办21家；在岗职工2224人，其中卫生技术人员1635人，内执业（助理）医师920人（其中全科医生396人），注册护士415人；全年门急诊及家庭卫生服务计217.92万人次，其中门诊213.51万人次、急诊4.24万人次、家庭卫生服务1664人次。147支家庭医生团队配合社区做好疫情防控工作，家庭医生重点人群签约服务覆盖率97.31％。接收上级医院向下转诊18人次，向上级医院转诊2.74万人次。居民健康档案累计建档45.59万人，规范化电子建档37.08万人。

（邢 颖）

【农村卫生】 年内，全区有村卫生室409个，其中村办282个、私人办124个、乡镇卫生院设点1个、其他类型2个，村卫生室覆盖率100％；全年接诊患者23.08万人次。在岗职工492人，其中执业（助理）

医师 94 人，注册护士 2 人，乡村医生 396 人。

（邢　颖）

【血液管理】 年内，区属医院临床用血总量 6253（u），其中全血 2（u），红细胞 3801（u），血浆 1860（u），血小板 587（u）。区内设有采血点 3 个，采血车 1 辆。全年采集血液总人数 4623 人次，采血量 6061.44（u）；血小板采集血液总人数 6567 人次，采集量 12796（u）。全年供血量 12799.5（u），其中全血 7（u），悬红、血浆、血小板等成分血使用 12792.5（u）。

（邢　颖）

【特殊药品管理】 年内，区卫健委加强麻醉药品、第一类精神药品管理。开展麻精药品专项培训，对全区医疗机构内过期失效麻精药品进行销毁。

（邢　颖）

【医疗设备】 年内，全区万元以上医疗设备 5202 台，总价值 102705 万元。

（邢　颖）

卫生防疫

Health and Epidemic Prevention

【流行病学调查队伍视频培训会】 1 月 10 日，区卫健委组织召开 2022 年全区流行病学调查队伍视频培训会，区卫健委设主会场，22 家医疗机构 190 名流调人员在分会场学习。培训邀请北京市疾控中心传染病地方病控制所副所长贾蕾，围绕国内既往发生的聚集性疫情为例，结合现实案例，从密接判定之城市层面、密接判定之冬奥层面、风险区域判定管控、德尔塔奥密克戎变异株疫情 4 个方面讲解流行病学调查各个环节的重点和技能。

（邢　颖）

【新冠疫情防控应急处置演练】 1 月 17 日，密云区组织开展新冠疫情防控应急处置桌面推演。主会场设在区政府，各相关部门、各镇街分别以视频会方式设分会场。演练过程分为出现外省关联病例、区域封控和核酸检测、全域封控及解封 3 个场景。演示从接报开始，流调工作组、社区防控组、公安分局、检疫检测组、物资保障工作组、学校防控组、社会稳定组、核酸检测组、观察隔离组、物资保障组、宣传舆情组、监督检查组等一系列防疫应急处置流程。整场演练严格按照规范流程进行操作，各组工作人员分工明确、各项工作有序开展，各环节承接到位，各流程运行通畅。通过演练，细化属地、部门、单位、个人“四方责任”，确保人民群众生命健康安全和首都安全。

（邢　颖）

1 月，鼓楼社区卫生服务中心组织新冠疫情应急预案桌面推演　（宗季　摄）

【医务人员支援朝阳疫情防控】 3 月 20 日，区卫健委抽调 30 名医务人员紧急组建骨干支援队伍，配合朝阳区应对疫情应急处置工作。支援队伍成立临时党支部，由 1 名队长和 2 名副队长分别兼任支部书记和支部委员。

（邢　颖）

【新冠疫情流调溯源线上培训会】 3 月 22 日，区卫健委举办新冠疫情流调溯源线上培训会，全区 190 名流调队员参加。培训邀请区疾控中心 5 位一线流调队员围绕新冠疫情防控技术指南、现场风险点位排查、终末消毒、大数据组工作指南、二级防护 5 个方面进行讲解，并结合现实案例，重点讲解流调方法、风险区域划分、风险人群判定、穿脱防护服要点、消毒原则和方法等内容。

（邢　颖）

【“世界防治结核病日”宣传活动】 3 月 24 日，区卫健委举办结核病防治知识宣传活动。活动通过悬挂横幅、设立咨询台、张贴宣传海报、发放宣传资料、开启亮灯行动及进校园、进社区的方式向市民普及结核病防治知识和结核病患者应享有的国家减免优惠政策等，解答市民疑问。发放宣传资料及宣传品 2000 余份，发送手机短信 28 余万条，接受健康咨询 1000 余人。

（邢　颖）

【新冠疫情防控】 年内，全区处置本土1041例阳性病例，流调和管理密接9400人，次密接8581人。完成5800余名密接、3400余名次密、2679名入境人员和4批次395人冬奥移出人员隔离保障任务。截至年底，全区全人群底数47.7万人，接种新冠疫苗46.90万人127.8万剂，第一剂次接种率98.31%，全程接种率95.93%，第一剂加强免疫接种率达87.18%，第二剂加强免疫累计接种1.35万人。其中60岁以上老年人接种11.15万人，接种率91.29%；3—11岁人群接种4万人，接种率103.25%；12—17岁接种2.12万人，接种率112.76%。以步行“1530”分钟核酸“采样圈”为参照，设置全区核酸点位，全年高峰期设置区内采样点147个，采样台191台，检测4240.3万人次。

（邢 颖）

【传染病防控】 年内，密云区通过疫情网络直报系统报告法定传染病15种5189例，报告发病率为983.47/10万，无甲类传染病发生，无法定传染病死亡病例报告。报告乙类传染病10种1563例，报告发病率为296.23/10万。报告丙类传染病5种3626例，报告发病率为687.23/10万。

（邢 颖）

【呼吸道传染病防控】 年内，全区发生流行性感冒3108例，发病率562.26/10万。采集流感样咽拭子标本579件，阳性154件。开展SARI病例监测，采集SARI病例标本317件，阳性5件。开展呼吸道传染病病原学监测工作，采集259件病原学标本，阳性标本26件。开展猩红热病原学监测，5—7月采集标本131件，结果均为阴性；发生猩红热1例，发病率为0.19/10万。全年对全区流感样病例监测、流感病原学监测、人感染高致病性禽流感高危人群监测等情况进行分析，完成呼吸道传染病风险评估3次。接报集中发热疫情6起，均及时对病例进行调查、采样，并采取居家隔离、消毒等各项控制措施。密云区22家一级以上医疗单位内儿科门诊、病房未监测到中东呼吸综合征冠状病毒病例、不明原因肺炎病例，未收到人感染H7N9禽流感病例报告。

（邢 颖）

【肠道传染病防控】 年内，全区19家肠道门诊于4月1日开诊，接诊2075人次，其中初诊病例2027例，复诊病例48例，全部进行悬滴镜检，悬滴率100%；使用ORS 1999例，ORS使用率96.33%；使用抗生素669例，抗生素使用率32.24%。全区接报痢疾病例72例，报告发病率为15.54/10万。全区未接报伤寒、副伤寒病例报告；接报5起急性胃肠炎疫情，均按要求调查处理。

（邢 颖）

【手足口病防控】 年内，区卫健委开展手足口病防控业务培训、督导检查、病原学监测、EV－A71疫苗接种成本调查等工作。全区接报手足口病病例41例，报告发病率为7.77/10万。开展病原学监测，其中手足口病采集39件标本，阳性14件，阴性25件；疱疹性咽峡炎采集37件标本，阳性5件，阴性32件。接报3起手足口病和/或疱疹性咽峡炎疫情，均按要求调查处理。

（邢 颖）

【性病、艾滋病防治】 年内，区卫健委开展VCT咨询检测、哨点监测、病例监测、PITC工作以及监管场所艾滋病病毒抗体筛查等工作；新报告HIV感染者19例，存活并管理的HIV/AIDS 161例，CD4检测比例90.1%，抗病毒治疗率95%。

（邢 颖）

【结核病防治】 年内，全区报告疑似和确诊肺结核患者233例，全部追踪与核实，其中结防机构报告41例，转诊到位164例，追踪到位20例，死亡8例，总体到位率100%。报告确诊肺结核患者151例，其中3例为利福平耐药患者，登记管理138例，报告肺结核登记管理率91.4%。登记管理138例肺结核患者全部落实社区管理，全部开展首次面访，首次面访率100%。131例使用微信/智能电子药盒督导服药，智能工具管理率94.93%。

（邢 颖）

【慢性非传染性疾病防治】 年内，区卫健委管理高血压患者4.41万人，2型糖尿病患者1.94万人。高血压规范管理3.11万人，规范管理率70.6%；2型糖尿病规范管理1.4万人，规范管理率72.3%。年内新增糖尿病、高血压自我管理小组48个。心血管病高危人群早期筛查与综合干预项目九期筛查工作于4月启动，截至年底，完成651人初筛调查。开展居民心血管病及其危险因素监测项目，完成全区1200人现场调查及数据核查工作。收集心脑血管疾病发病信息，截至年底，报告心脑血管事件相关卡片162张。开展成人慢性病及其危险因素监测工作，完成抽样工作，家庭问卷完成1309份。开展优秀指导员评选活动，覆盖辖区指导员618人，覆盖率100%。志愿报名人数396人，占指导员总数的64%，评选出区级优秀指导员 10 人和活跃指导员 50 人。

（邢　颖）

【地方病控制】 年内，区卫健委完成全区 5 个镇碘缺乏病的监测取样共 805 件，其中盐样 305 件，尿样 800 件，碘盐覆盖率 100%，合格碘盐覆盖率 99.67%。市场碘盐监测共抽取 15 家超市中的加碘盐 44 份，其中合格碘盐 43 份，不合格碘盐 1 份。完成枯丰水期水氟监测采样 14 件，结果全部小于 1.2mg/L，符合《生活饮用水卫生标准》。

（邢　颖）

【计划免疫】 年内，全区 22 家免疫预防接种门诊均达到北京市免疫预防接种门诊规范建设标准。全年完成 31.67 万剂次的接种任务，其中常规免疫规划疫苗接种 7.87 万剂次、第二类苗接种 8.64 万剂次、应急接种 8 剂次、外来务工人员接种 318 剂次、免费流感疫苗接种 7.41 万剂次、新冠疫苗接种 7.9 万剂次。全年接报疑似预防接种异常反应区内上报 AEFI 病例 18 例，其中 1 例异常反应、7 例一般反应、9 例偶合、1 例心因性反应；18 例 AEFI 病例中接种新型冠状病毒灭活疫苗上报的 AEFI 病例 11 例，其中一般反应 2 例、异常反应 1 例、偶合症 8 例，均得到及时妥善医疗处置。

（邢　颖）

药品安全监管

Drug Safety Supervision

【概　况】 2022 年，区市场监管局落实疫情防控“二十条”“新十条”等各项措施，强化统筹调度，开展医药物资保供工作，保障重点涉疫药品和医疗物资市场供应。围绕涉及人民身体健康的药品安全性指标，聚焦高风险药品品种、项目和区域，统筹开展抽检工作，实现对常用药品、医疗器械和化妆品等与群众生活密切相关的药品抽检监测全覆盖。履行药品使用环节质量监管职责，药品、医疗器械、化妆品经营单位检查覆盖率超过 100%。

（洪佳男）

【医药物资保障】 年内，区市场监管局牵头区医药物资保障专班工作，向全区 140 余家在营药店和 25 家医院、社区卫生服务中心统筹调配重点涉疫药品，保障全区药品市场供应平稳，满足市民用药需求。

（洪佳男）

【药品安全监管】 年内，区市场监管局开展药品经营单位检查 499 家次、药品使用单位 539 家次、新冠肺炎疫苗接种点 26 家次，查办药品领域违法案件 19 件，打击药品违法违规行为，保障辖区药品质量安全和市场秩序稳定。

（洪佳男）

【医疗器械监管】 年内，区市场监管局检查一类医疗器械生产企业 16 家次、医疗器械经营企业 1160 家次、医疗器械使用单位 322 家次、网络销售医疗器械企业 28 家次，检查覆盖率达 100%。并对测温枪、测温仪、冷敷贴、退热贴、口罩、防护服等涉及疫情防控产品的医疗器械经营企业开展综合检查，保证器械质量安全。

（洪佳男）

【化妆品监管】 年内，区市场监管局以商场超市、酒店宾馆、美容美发机构、洗浴中心等为重点对象，以防晒类、面膜类、婴幼儿护肤类等为重点产品，检查化妆品经营主体 1124 家次，查处未建立化妆品进货查验记录制度等违法行为 31 起。

（洪佳男）

【不良反应监测】 年内，区市场监管局督促指导辖区医疗机构加强药品、医疗器械不良反应监测，完善药品不良反应组织机构、上报流程及相关制度，上报药品不良反应 350 份、医疗器械不良事件 208 份。推进落实化妆品不良反应监测机制，在哨点医院、部分化妆品经营点建立化妆品不良反应监测系统账号，收集、上报化妆品不良反应 20 例。

（洪佳男）

【药品、医疗器械、化妆品安全监测】 年内，区市场监管局完成国家级药品抽检 2 件、医疗器械抽检 2 批次，合格率为 100%；开展国家级化妆品抽检 39 批次，发现异常情况产品 25 件。完成区级药品抽检 115 件、医疗器械抽检 7 批次，合格率为 100%；开展区级化妆品抽检 45 批次，不合格 1 批次。

（洪佳男）

【药品安全宣传】 年内，区市场监管局通过网络宣传、社区宣传、培训会议等形式，开展“安全用械　共治共享”“药品安全　你我同行”“安全用妆　携手同行”等宣传活动，提升群众药品安全科学素养。

（洪佳男）

卫生保健

Health Care

【区妇幼保健院完成产前筛查机构验收】 3月2日，专家组到区妇幼保健院开展产前筛查机构资质验收审批工作。按照《北京市产前筛查质控标准》，通过查阅资料、听取汇报、现场查看、技能考核等方式，对区妇幼保健院的产前筛查工作管理、服务能力、服务质量、房屋及人员配备等工作进行综合性评估验收，重点对妇产科、超声科、检验科、保健科等科室相关工作和材料进行实地查看。妇幼保健院加强院科两级管理及产前筛查各项工作的督查与落实，在超声、检验、产前检查及产前筛查等方面规范管理。

（邢 颖）

【“防控近视 关爱眼健康”专题讲座】 3月10日，区卫健委2名志愿者到冯家峪镇中心小学，为85名学生开展“防控近视 关爱眼健康”专题讲座，学生掌握正确坐姿和写字姿势，帮助学生远离近视，了解预防近视相关知识。

（邢 颖）

【托育机构专项检查】 3月21—22日，区卫健委组织监督、疾控、妇幼、安保等部门对辖区4所托幼机构开展2022年第一季度工作指导和疫情防控工作专项检查。通过查阅资料、实地查看、询问等方式，重点检查托幼机构组织保障、应急预案、健康档案建立健全、疫情防控物资准备等情况；查看公共区域、通风系统、教具、玩具、餐饮具等日常消毒情况，及临时隔离留观室、学生因病缺课病因追踪登记制度等落实情况。对检查中发现的问题执法人员下达监督意见书，指导整改。

（邢 颖）

3月21日，区卫健委组织相关部门对托育机构开展专项检查（宗季 摄）

【“两癌”筛查启动暨体检工作培训会】 3月30日，区卫健委召开2022年度“两癌”筛查项目启动暨长效体检工作培训会，“两癌”筛查领导组成员及项目实施负责人参加。会议对“两癌”筛查工作任务进行分解，对工作开展情况、督导问题、具体目标、保障措施、工作要求及注意事项等进行安排部署，就体检组织、填表、录入、质控等环节做培训与指导。

（邢 颖）

【心理健康服务中心成立】 9月1日，密云区心理健康服务中心开诊。区心理健康服务中心是集心理健康教育、心理热线、心理体检、心理咨询、心理治疗、心理康复、心理危机干预和行为调整于一体的心理健康服务中心，旨在为出现失眠、焦虑、抑郁、恐惧、强迫等各种心理问题的人群提供心理治疗服务，为家庭关系、人际交往、社会适应不良、青少年学习压力等困扰提供心理咨询与治疗。中心设置心理咨询与治疗室、心理测评室、心理热线室、沙盘治疗室、减压训练室、经颅磁刺激治疗室等6个功能室；配置智能身心反馈放松训练系统、心理健康测评系统、阳光小屋自助减压系统、心理自助服务一体机等专业设备，有专业人员4名，其中心理治疗师1名、精神科医师2名、康复治疗师1名。

（邢 颖）

【精神卫生】 年内，全区有在册严重精神障碍患者2465人，在管2441人，其中住院164人（含羁押），失访24人，拒访40人。诊断为精神分裂症患者的人数为1605人，占总在册患者数的65.11%。通过预约门诊见面、入户、电话沟通等形式开展居家患者的随访评估随访人次9597人次。截至年底，全区在册患者中1738人享受免费服药政策，免费服药惠及率74.59%；2086人申领监护人补贴，申领率92.71%；1325人参与免费体检服务，体检率56.87%。

（邢 颖）

【妇幼健康】 年内，辖区孕产妇建档2774人（常住）、未发生孕产妇死亡情况、死亡率0/10万，初产剖宫产率40.39%（仅统计来院患者，无法区分常住或户籍），活产数2819。新生儿死亡4例、死亡率1.57‰，婴儿死亡5例、死亡率1.96‰，5岁以下儿童死亡11例、死亡率4.32‰。（新生儿及婴儿为户籍数据）。围产期出生缺陷发生率34.88‰（常住），主要出生缺陷病种为耳部畸形，先天性心脏病，多指

（趾）并指（趾），染色体异常，肾积水及其他肾脏畸形，马蹄内翻足、其他畸形，隐睾，唇腭裂、先天性脑积水、食道狭窄或闭锁、尿道下裂、血管瘤、肢体短缩。

（邢　颖）

计 生 服 务

Family Planning Service

【计生服务】 年内，区卫健委坚持预防为主，促进生殖健康服务融入妇女健康管理全过程，开展全区范围内标化人工流产后关爱服务和盆底功能障碍防治工作。全年申报A、AA级人工流产后关爱服务规范化机构各1家，提供规范化服务1284人；创建盆底功能障碍防治筛查机构2家、诊治机构2家，提供规范化服务5000余人次。

（邢　颖）

【计划生育帮扶】 年内，区卫健委开展“暖心行动”，加强计划生育特殊家庭帮扶。落实双岗联系人等三个制度全覆盖，建立健全“精神慰藉、走访慰问、志愿服务、保险保障”4项服务，增强计生特殊家庭获得感、安全感。双岗联系人建立率100%，家庭医生签约率97.93%。累计投入77.26万元，对364户失独家庭进行端午节、中秋节、春节慰问，提供家政服务和暖心包服务，对26户伤残困境家庭进行春节慰问，对566名失独家庭成员进行生日慰问；投入33.96万元为566名失独家庭成员购买团体意外伤害保险附加疾病住院津贴保险；争取中国计生协暖心家园项目经费3万元、北京市计生协关爱失独家庭项目11万元、区级财政经费6万元，在辖区5个“暖心家园”服务平台组织失独家庭开展交流联谊、集体庆生、入户关怀等46场活动，参与940余人次。

（邢　颖）

公 共 卫 生

Public Health

【爱国卫生月主题活动】 4月21日，区爱卫办在北大医院密云院区举办以“文明健康 绿色环保”为主题的第34个爱国卫生月宣传暨纪念爱国卫生运动70周年主题活动，区卫生健康委党委委员，区爱卫办主任，区健康促进中心主任，卫生健康监督所、疾控中心等部门负责人及相关人员参加。活动通过摆放展板、发放宣传资料、LED电子屏滚动播放等方式，向群众宣传爱国卫生、病媒生物防制、吸烟危害、健康教育、疫情防控等知识，发放宣传资料2000余份，展出各类宣传展板8块。

（邢　颖）

【冬奥会期间控烟专项执法检查活动】 年内，区爱卫办联合区市场监管局、文旅局、监督所行业主管部门及鼓楼街道、果园街道控烟负责人、综合执法队，针对市级暗访发现问题的重点场所及周边餐饮、网吧、KTV、宾馆等开展控烟专项联合执法检查活动。随机抽查小餐饮单位3家、小超市1家、酒店1家、写字楼1家、网吧2家，重点对场所内的禁烟标识张贴是否规范、室内有无违法吸烟现象、有无烟迹及发现吸烟行为时是否能够主动劝阻并做好劝阻记录等内容进行突击检查。经查，大部分餐馆、宾馆、酒店内部控烟情况良好。

（邢　颖）

【公共卫生监督】 年内，全区有被监督管理相对人3595户，其中公共场所1236户、生活饮用水777户、学校卫生140户、传染病与消毒605户、医疗机构591户、职业卫生174户、放射卫生57户、血液管理4户、计划生育7户、消毒产品4户。监督检查9693户次，其中公共场所监督2269户次、生活饮用水监督909户次、学校卫生监督266户次、放射卫生监督82户次、传染病与消毒监督3702户次、医疗机构监督2298户次、计划生育监督18户次、职业卫生监督检查149户次。行政处罚518起，其中一般处罚程序69起、简易处罚程序449起，罚没款合计34.23万元。

（邢　颖）

【医疗卫生监督】 年内，全区被监督管理医疗机构591户。监督执法2298户次。开展“小型民营医疗机构专项整治行动稽查”行动，将存在问题以稽查通报的方式发至相关部门和科室。

（邢　颖）

【放射卫生】 年内，区卫健委完成2022年度北京市放射卫生监测项目工作。完成4个季度放射工作人员剂量笔换发工作。完成密云区全年本底水样、土样、大气送检工作。

（邢　颖）

区属重点医院

District Key Hospital

北京市密云区医院（北京大学第一医院——密云院区）

【概　况】 北京市密云区医院（简称区医院）是集医疗、教学、科研、康复、预防保健于一体的三级综合医院，是北京大学第一医院密云院区、首都医科大学密云教学医院、北京市120急救中心密云分中心、密云区危重孕产妇抢救中心及新生儿救治中心、北京市全科医师规范化培训基地，国家药物临床试验机构、北京市A类定点医院。截至年底，区医院编制床位940张，实际开放床位854张。有在岗职工1026人，其中卫生技术人员951人，执业（助理）医师465人，注册护士366人。

（邢　颖）

【北大医院、密云院区深度融合】 年内，区医院持续开展与北大医院深度融合工作。北大中心院区管理及医疗专家来院1318人次，其中出门诊专家475人次，诊疗门急诊患者7505人次，查房诊疗住院患者1346人次，病例讨论345例次，会诊诊疗患者520人次，讲座69场次，培训医务人员788人次，以线上方式开展产儿查房、产科病历月研、重症患者病例讨论等培训工作11次，远程会诊4次，手术1787例次，其中三四级手术1720例（占比96.3%），开展手术机器人、脊柱侧弯矫正术等高难度新技术12项。畅通两院间双向转诊绿色通道，密云院区向中心院区上转患者1075人，中心院区向密云院区下转患者1223人。

（邢　颖）

【新冠疫情防控】 年内，区医院动态优化调整防控措施，筑牢疫情防控坚固防线，维护患者生命安全和身体健康。调整充实院感防控管理体系，制定完善制度流程，做好医院感染防控、发热门诊筛查、确诊病例的救治等工作。发热门诊接诊2.12万人次，核酸检测336.05万人次，新冠疫苗接种2.23万人次。制定《密云地区新冠疫情核酸采样全流程》，派出91批3052人次，支援区域内外核酸采样工作。派出33批559人次，前往区域内外隔离点、太师屯定点医院支援新冠肺炎救治工作。承接密云方舱医院紧急启动工作，派出医务人员85名，收治患者628人，完成医疗救治任务。12月，疫情防控进入新阶段，针对急诊科患者激增情况，紧急成立医疗救治领导小组和危急重症救治专家组，围绕“保健康、防重症”防控目标，有序应对新冠病毒感染高峰。加大医疗资源建设投入，强化重症医疗资源配备，及时充实发热门诊、急诊、病区、重症监护室力量，畅通救治流程，做好药品准备，紧急启用RICU，增加综合ICU床位到34张、专科ICU床位到26张，内、外科病区联合收治新冠感染相关患者，内科病区床位使用率110.5%，外科病区床位使用率97.9%。

（邢　颖）

【发挥区域医疗中心作用】 年内，区医院承担公立医院职能，完成冬奥会、冬残奥会及区重要会议、活动的医疗保障任务。完成18家社区医院送检标本3.61万人次。推进紧密型医共体建设，完成两期40名医共体骨干学员在院培训，19家基层社区卫生服务中心挂牌北京大学第一医院密云医院医疗联合体协作单位。发挥区医疗质控中心组长单位作用，提升全区医疗服务质量。

（邢　颖）

【医疗服务】 年内，区医院注重医疗质量，强化医疗安全。每月开展医疗质量督导检查，持续改进医疗质量，召开医疗质量分析会30次，组织典型病例讨论20次，联合例会3次。加强爱婴医院及产科质量管理，加强建档高危孕产妇妊娠风险管理，不断完善月研病例讨论、演练评价，注重高危孕产妇转会诊及产科质量数据监管，提升危重孕产妇救治和危重新生儿救治水平，创建北京市母婴友好医院。加强对终末病历、运行病历，病历首页填写质量检查培训，改进病历质量。加强急诊医疗服务管理，坚持会商制度，各病区积极收治急诊科患者，缓解急诊诊疗压力。畅通急诊抢救绿色通道，缩短急性心肌梗死介入和急性脑梗死患者急诊溶栓时间，提高救治效果。密云区医院被北京市卫生健康委授予“北京市防治卒中中心”单位。加强临床路径管理，管理病种121个，管理率75%以上。截至年底，门急诊收治患者103.12万人次，其中门诊81.03万人次，急诊22.09万人次；急诊抢救1.71万人次，抢救成功率96.73%；出院病人2.81万人次，病床使用率65.15%，床位周转率32.99次/床，平均住院日7.17天，完成住院手术（含操作）9734人次，增长36.5%，其中三四级手术量6786人次，下降8.5%。

（邢　颖）

【护理服务】 年内，区医院强化护理管理。护理工作量同比增加 81%，质控达标率 99.4%，问题整改率 96.1%。开展护理员服务项目，住院患者陪住率从 90%降至 69.3%。优质护理覆盖率 100%，患者满意度 99.8%。积极参与疫情防控，调配 602 人次支援急诊等院内重点科室，抽调 8445 人次支援核酸采样及隔离点工作，抽调 101 名护士完成方舱、定点医院及感染疾病科工作，代表区卫生健康委对区各委办局、行政机关、学校、密云先锋、院内职工进行防护技能培训，受益人员 2076 人次。

（邢　颖）

【药事管理】 年内，区医院加强药事管理，保证临床用药安全。推进药品供应保障、药事管理及药物临床试验等工作，提升药学服务能力，处方合格率 98.8%，住院患者抗菌药物使用率 55.69%，抗菌药物使用强度 43.14DDDs。区医院获“2021 年度北京市药品不良反应监测工作先进单位”“2021 年度北京市社区处方点评暨安全用药工作先进合作单位”荣誉称号。

（邢　颖）

【医技科室建设】 年内，区医院检验科开展抗缪勒管激素等新项目 13 项；放射科开展 C 臂 CT 引导下肺穿刺和肝穿刺活检，增加海马、腹部核磁等检查项目 3 项，引入冠状动脉 CTA 的人工智能辅助诊断应用技术；超声科开展新生儿颅脑超声检查项目。放射科增添 3.0T 磁共振扫描机 1 台，门急诊 CT 实行分开检查，提高诊疗效率。继续坚持 ICU 床旁超声，各医技科室加班加点，优化流程，缩短预约检查时间，阳性检出率较上年同期均有提高。

（邢　颖）

【预防保健】 年内，区医院按要求开展新型冠状病毒肺炎、输入性儿童不明原因急性肝炎、猴痘等传染病病例监测报告及流调工作，传染病报告率、及时率 100%，辖区内无甲类传染病发生，报告新冠肺炎患者 907 例，接种各类疫苗 4.04 万人次。持续对辖区 10 所中小学、托幼机构开展传染病及新冠肺炎防控督导工作。做好健康教育与健康促进、院内控烟等工作。深入开展慢性病防治宣传工作。开展密云地区青少年健康状况调查，密云二中等 3 所学校近 2000 名青少年儿童纳入健康管理项目，入校体检 1775 人，举办师生、家长线上健康宣教 4 次，受众 1400 余人。创建北京市妇幼 AA 规范化门诊，妇幼保健工作成效显著。

（邢　颖）

【人才队伍建设】 年内，区医院制定本地生源毕业生需求计划及高级人才引进计划，启动高级人才引进工程、学科带头人遴选工作。招聘新毕业生 16 人，引进高级人才 4 人。选派医疗护理骨干 38 人到中心院区进修学习。依托中心院区组织密云地区“共享诊疗前沿　赋能专科发展”等学术交流活动，提高学术水平，院内医师在中华医学会等学术团体中任职 85 人次。加强人才梯队建设，外送住院医师规范化培训人员 19 人。开展教师职务评聘工作，24 名教师通过资格认定，29 人申报讲师资格评审。

（邢　颖）

【教学管理】 年内，区医院加强教学质量监控，做好线上、线下教学督导，组织院内外师资培训，提升教学质量。2018 级临床本科班 2 名学生获燕京医学院生理学知识竞赛一、二等奖，1 名学生获全国二等奖。张亚婷同志获 2021—2022 年首都医科大学教学奖。完成北京市“3＋2”助理全科医师规范化培训结业考核实践技能考核及补考。推进全科住院医师规范化培训基地建设，通过对规培学员执业医师考试的指导考核、每月组织教学活动、定期到社区门诊带教，社区基地师资来院执业等形式，实现基地间紧密联动，推动全科医学发展。

（邢　颖）

【医学科研】 年内，区医院建立健全科研管理制度，落实科研监管机制，加强科研诚信建设及培训，提高成果产出的质量和数量。成立由区医院和社区骨干医师 120 余人参与的研青团，提升青年职工科研能力。截至年底，院级立项课题 11 个，立项资金 18 万元；主持参与市级、首医等科研项目 17 项，获资助 46.8 万元；发表论文 41 篇，其中 SCI1 篇。组织密云区优秀科技论文申报工作，获一、二等奖各 1 名、三等奖 4 名。10 月，成立北京市密云区医院临床试验机构，原药物临床试验机构并入管理，区医院具备承接医疗器械临床试验的资质和能力。

（邢　颖）

北京市密云区中医医院
（北京中医药大学第三附属医院密云院区）

【概　况】 北京市密云区中医院（简称区中医医院）于 9 月 30 日在市中医管理局、区委、区政府、区卫健委共同努力下，与北京中医药大学第三附属医院正式签署托管协议，成立“北京中医药大学第三附属医院密云院区”。医院建筑面积 2.94 万平方米，固定资产38.9亿元，编制床位323张，截至年底，有在岗职工798人，其中卫生技术人员643人，其中执业（助理）医师234人，注册护士258人。11月，启动三级中医医院创建工作。成立专项工作领导机构，组长由党政一把手担任，副院长为副组长，设立专职创建工作办公室，负责创建标准解读、工作部署等。在各科室配合下修订各项制度364项，完成纸质材料归档、理论知识考核、中医文化背记等前期工作。向市中医局递交验收请示。

（邢　颖）

【新冠疫情防控】 年内，区中医医院严格落实“北京市中医管理局中医医疗机构院感防控‘一把手’责任专项行动”。通过点名式培训、点穴式督导、点评式复盘，发现问题112项，查找风险点、难点40余个。根据疫情形势变化，调整更新应急预案，完善应急流程。建立核酸采集、隔离点保障、流行病学调查等应急保障队伍28支。全年派出区内及外区核酸检测人员3450人次、隔离点医疗保障和流调保障近5000人次。落实双面控点举措，严防院内感染。由多部门组成“双面控点”小组，从风险防范、应急演练、操作规范、人员管理、培训学习、院感防控6个方面入手，按照门急诊、住院、医技及主楼外4个系统，每周对全院所有区域进行巡查，并及时反馈巡查结果。全年完成检查28次，发现风险点32个，各科室及时落实整改，堵塞漏洞，为医院构建坚实的防护屏障。发热诊区内开设预检分诊、儿科药房，配备护理人员负责采血等常规操作，安装自助挂号缴费机。将老年病科、内一科、脑病科三个综合治疗室及内二膏摩技术中心自病区移至门诊区域，病区设立单独B超、脑超检查室。将中药饮片、配方颗粒发药窗口移至室外区域，减少门诊大厅人员聚集；购置自助挂号缴费机20台，分别安装于配方颗粒大厅、门诊楼内外各诊疗区域，实现单元化管理，降低患者在院停留时间及交叉感染的风险。12月，疫情防控政策调整，面对门急诊患者激增，每日抽调6名医护人员支援急诊，负责预检分诊、急诊内科接诊及留观患者监测工作，将原有2个急诊内科诊台增加至4个；紧急采购5台手持血氧仪，增加13张床位供急诊输液患者使用，解决患者就医需求。

（邢　颖）

【科室建设】 年内，区中医医院肛肠科挖掘中医药在疾病治疗中的优势，将穴位贴敷、埋线疗法应用于顽固便秘患者。内镜室完成内镜检查3075人次，同比增长72.5%。其中与麻醉科配合，完成无痛内镜检查651人次，同比增长25%。镜下取病理1129例，同比增长72.3%。内镜下治疗33例。根据患者需求，拟增购检查及治疗胃肠镜4条，缩短患者预约等候时间。内二科发挥中医特色，非药物疗法治疗率98.8%、中药饮片使用率78.6%。收治危重患者199人，抢救成功率达87%。透析室做好特殊时期透析患者安排，固定科内骨干医务人员增开晚班，为有特别需求的患者进行透析治疗，全年透析1.5万人次。功检科提升业务能力，其中脑超室完成检查5.2万人次。

（邢　颖）

【医疗服务】 年内，区中医医院全年接诊患者78.8万人次，出院患者6104人次，病床使用率73.9%，平均住院日9.61天。门急诊次均费用431.6元，住院次均费用1.66万元。

（邢　颖）

【护理服务】 年内，区中医医院强化护理人员培养，提高护理队伍整体素质。护理部在新冠肺炎医疗救治高峰期，协调全院护理人员23人支援急诊和发热门诊；紧急开展危重症护理及高流量吸氧仪操作等培训，80余人参加。继续推进中医优质护理服务，每个病区开展适宜技术项目≥8项，急诊≥4项，完成中医护理操作22.4万人次，满意度达99%。注重专科人才培养，选派4人参加护理管理、脑卒中专科及全国中医护理骨干人才培养项目。

（邢　颖）

北京市密云区妇幼保健院

【概　况】 北京市密云区妇幼保健院（简称区妇幼保健院）是一所集保健、预防、医疗、教学、科研于一体的非营利性二级甲等妇幼保健机构。肩负全区妇女保健、儿童保健、生殖保健、健康教育、牙病防治及密云镇辖区人口医疗、预防、保健等工作任务。是全区婚前保健、优生优育、女职工健康检查及妇女病普查、普治、计划生育技术指导、服务中心；是公费医疗、医疗保险和农村合作医疗定点单位。截至年底，在岗职工314人，其中卫生技术人员284人，执业（助理）医师157人，注册护士88人，设置床位100张。

（邢　颖）

【孕产妇管理】 年内，区妇幼保健院严格执行国家母婴安全制度，落实《北京市区域母婴安全保障筑基行动方案》，春节、清明、五一节前开展孕产妇安全督导和结果反馈，针对问题制定整改措施并监督落实；

督促助产机构落实2020年防控孕产妇死亡十条措施，与协和医院共同做好危重孕产妇转诊工作，完成危重孕产妇抢救模拟演练飞行检查。

（邢　颖）

【出生缺陷预防】 年内，区妇幼保健院落实三级预防，确保出生人口素质。继续开展婚前保健工作，落实婚前保健各项制度常规，推进婚前医学检查、婚姻登记、优生咨询指导一站式便民服务；开展免费增补叶酸预防神经管缺陷工作，服用率逐步达到80%以上；落实“北京市产前诊断和产前筛查技术管理工作规范”，做好血清学筛查；落实北京市出生缺陷监测登记报告管理制度，做好出生缺陷监测工作。

（邢　颖）

【儿童保健】 年内，区妇幼保健院加强新生儿访视管理，做好新生儿疾病筛查和新生儿听力筛查工作。规范危重新生儿转会诊流程，建立健全危重新生儿转诊网络，组织区级危重新生儿救治中心，参加市级危重新生儿救治中心——北大第一医院危重新生儿转诊联席会，邀请市级对口医院专家对我区危重新生儿病例分析讨论，提高密云区危重新生儿、儿科救治能力和水平。截至年底，新生儿死亡率1.57‰，婴儿死亡率1.96‰，5岁以下儿童死亡率4.32‰。

（邢　颖）

【口腔保健】 年内，区妇幼保健院联合北京市渔阳口腔医院继续开展“窝沟封闭”工作和“氟化泡沫”预防龋齿服务项目。为41所小学学生开展窝沟封闭服务1.5万人次，封闭人数3321人，封闭牙数1.03万颗；在66所幼儿园开展氟化泡沫项目，服务1.31万人次，涂氟人数为1.3万人次。完成0—3岁就诊儿童口腔健康检查和干预项目，结合项目开展和“9·20爱牙日”做好口腔健康保健知识宣教，对1392名婴幼儿提供服务

（邢　颖）

【预防保健】 年内，区妇幼保健院做好计划免疫工作，保证接种安全。年内为新生儿建卡建账13张，管理0—7岁儿童418人。完成疫苗接种工作，接种疫苗4838针次，其中新冠疫苗1936针次。查漏补种工作，其中学龄前外来流动儿童强化查漏补种共查验接种本148人次，无补卡、补种、补证人员。开展辖区内常规查漏补种工作，实调查1728户，调查率100%，调查0—6岁儿童1450人，对调查中发现的流动儿童及时建账、建卡，对漏种儿童及时补种。

（邢　颖）

【新冠疫情防控】 年内，区妇幼保健院制定完善疫情院感防控措施和医疗保障应急预案，调整就诊流程，增加医疗资源，合理调配医护力量，强化核酸检门诊24小时服务，满足群众需求。强化预检分诊三级管理，医务科、院感科护理部多部门联手督查疫情防控相关工作，及时更新流调码，做好中高风险人员排查；加强导医人员管理，做好就诊患者的分流与引导。实行分时段预约门诊，诊室一医一患，减少医院人员聚集；做好疑似、确诊病例转送工作。防保科院内新冠肺炎环境采样，每周20个点位，采集管192管、960个点位。完成对辖区内涉疫人员2000人进行上门采样及环境采样。完成十里堡、11所学校幼儿园、开发区以及支援丰台、海淀、朝阳顺义等区的核酸采集任务，配合疾控做好流调工作。选派业务骨干支援顺义、平谷等外区和密云区域内隔离点任务。

（邢　颖）

【医疗服务】 年内，区妇幼保健院继续贯彻落实首诊负责、三级医师查房、疑难病例讨论、转会诊等核心制度，保障医疗质量和医疗安全。加强院前的急救与医疗救治工作管理，对危急重症患者及时抢救或转诊上级抢救中心。及时调整、完善流程，确保患儿、孕产妇及时得到医疗救治、规范转会诊。加强临床路径管理，规范临床诊疗行为。临床路径例数1493例，入径率69%。截至年底，门急诊量27.01万人次，日均门诊量740.13人。健康体检2.55万人次。入院2173人，出院2163人，床位使用率20.84%，病床周转次数21.63，平均住院天数3.36天。住院分娩617人，剖宫产258人，剖宫产率41.81%，核酸检测挂号17.11万人。

（邢　颖）

【护理服务】 年内，区妇幼保健院完善护理组织架构，修订完善产科护理常规33项、护理操作常规及考核标准5项。开展应急处置培训演练4次，培训覆盖率100%。创新护理培训模式，在疫情常态化的情况下，采取线上理论授课、录制护理操作视频等方法，加强护理人员理论知识和技能操作训练，提升服务能力。全院组织操作考核2次，护理技能竞赛1次，参与165人次，合格率100%；理论考核1次，72人参加，合格率91.2%。在护理人员中开展《护士条例》培训，对新上岗人员开展岗前培训，提高护理人员法律及安全意识，做到依法执业。

（邢　颖）

体　　育

SPORTS

综 述

Overview

2022年，北京市密云区体育局（简称区体育局）结合生态涵养区功能定位和区委中心工作，开展利民、惠民体育工作。创建3个全民健身示范街道和6个体育特色乡镇。组织各类人群进行全民健身指导培训活动，全区经常参加体育锻炼人口比达50.3%，《国民体质测定标准》合格以上的人数比例达90.1%，普及推广第九套广播操及落实工间操制度。开展区级足球、篮球、乒乓球、羽毛球、长跑、广播操、桥牌等全民健身系列活动，全年开展各级各类群众性体育活动100项次，参与人群1万人次。举办2022密云生态马拉松线上赛事，密云区篮球锦标赛、密云区桥牌邀请赛和密云区乒乓球球王争霸赛三项区级体育赛事。组织240名青少年运动员参加北京市第十六届运动会。截至年底，全区有注册运动员806人，参加北京市级比赛获金牌21枚、银牌40枚、铜牌27枚。全区体育场地总面积234.14万平方米，人均体育场地面积4.44平方米。

（胡思洋）

体育设施

Sports Facilities

【微运动健身角、健身广场】 年内，区体育局建设完成宾阳北里社区及东莱园社区建设微运动体育健身角、溪翁庄镇东智东村健身广场3处场地。截至年底，全区体育场地总面积234.14万平方米，人均体育场地面积4.44平方米。超过全市2.69平方米人均体育场地面积。密云区人均体育场地面积指标排名全市第三。

（胡思洋）

【北京市首个马拉松主题公园】 年内，区体育局将马拉松赛事打造成为密云生态建设金名片，建设北京市首个马拉松主题公园。地址位于密云区潮河两岸，主址位于巨各庄镇，紧邻潮河，其中公园主址占地337亩，建有绿化景观、健身步道、健身场地和儿童娱乐设施等内容。截至年底，完成公园规划设计工作。

（胡思洋）

【冰场建设】 年内，区体育局建设完成体育中心冰场、溪翁庄镇金叵罗村冰场2块冰场。截至年底，冰场接待人数8000人次。

（胡思洋）

【健身器材】 年内，区体育局更新完成白河两岸中加桥至潮汇大桥及各镇街50处健身设施。累计更新建设健身器材1322件。

（胡思洋）

体育产业

Sports Industry

【体育产业安全检查】 年内，区体育局加强对体育运动经营单位日常监管工作，针对人员密集、地下空间等重点场所进行安全生产大检查，及时消除隐患；截至年底，开展300余次全面排查检查，其中主要领导带队检查5次、部门联合执法检查8次、疫情防控抽查检查4次，出动执法人员600余人次，发现隐患14起，整改14起。

（胡思洋）

【体育产业日常监管和安全培训】 年内，区体育局贯彻落实“双减”要求，继续加强体育培训机构日常监管，规范体育培训机构健康发展，完成体育培训类机构的网上申报准入工作。全年组织90余家体育运动项目经营单位负责人分别开展防火安全培训、应急演练和安全生产月宣教等活动，现场签订《疫情防控和安全生产责任承诺书》及《消防安全承诺书》并下发“防疫督导员”警示标识，增强体育运动项目经营单位安全意识，确保体育行业安全形势持续稳定。

（胡思洋）

【体育运动项目和培训机构管理】 年内，区体育局加强对经营高危险性体育运动项目的审批和安全管理工作，审核批复3家体育运动场所经营游泳项目。加强体育市场规范管理，研究起草体育行业预付式消费资金监管细则、体育培训机构信用评价和分级分类管理办法等规范性文件，实现体育培训一体化综合监管体系加快建立。

（胡思洋）

【特色体育赛事】 年内，区体育局研究体育产业发展路径，围绕北京“两区”建设和国际消费中心城市建设培育，扩大密云生态马拉松、国际九球公开赛等特色国际体育赛事的知名度和影响力，挖掘培育品牌体育赛事，开展滑雪时尚节、自由滑雪双板公开赛等国际冰雪运动。建设密云马拉松体育公园、密云南山时尚体育小镇。

（胡思洋）

【体育＋产业发展模式】 年内，区体育局按照区委区政府部署，研究冰雪经济发展模式，制定《密云区时尚体育和体育旅游发展带协调推进机制工作方案》，加强与巨各庄镇“窦氏书院”等文化品牌深入合作，不断激发体育＋产业发展模式。

（胡思洋）

【扶持体育企业】 年内，区体育局扶持中小微企业有序经营，开展行业企业经营融资需求调查，加大金融支持力度，减轻疫情防控对中小微企业（含合作社）和个体工商户生产经营的影响，帮助企业渡过疫情难关。

（胡思洋）

【体育旅游精品项目】 年内，区体育局开展体育旅游精品项目推荐申报工作，经市体育局、市文化和旅游局审核公布，古北水镇（司马台长城）国际旅游度假区被评为“2022 年北京市体育旅游十佳精品景区”，古北水镇山水长城微度假精品路游被评为“2022 年北京市体育旅游十佳精品线路”，北京云蒙山景区被评为“2022 年北京市体育旅游十佳目的地”，密云生态马拉松被评为“2022 年北京市体育旅游十佳精品赛事”。密云生态马拉松赛事被北京市体育局授予“2021 年度北京市体育产业示范项目”。

（胡思洋）

全民健身

Fitness

【第九套广播体操展示大赛】 8 月 11 日，第九套广播体操展示大赛在腾讯会议线上举行，全区 28 支队伍 500 余名运动员参加。比赛由区总工会、区体育局主办，区直机关工委、区教委、区卫健委、团区委联合协办。河南寨镇、十里堡镇、果园街道等 28 支队伍依次进行展示，5 名专业评委现场打分。密云城市建设投资开发有限公司、区卫健委、区人民法院代表队获大赛的一等奖，巨各庄镇、大城子镇、不老屯镇等 9 家单位获优秀组织奖。

（胡思洋）

【桥牌邀请赛】 8 月 12 日，密云区桥牌邀请赛在区总工会举办。全区 30 名桥牌爱好者参加。比赛由区总工会、区体育局联合主办，密云桥牌协会承办。老干部 2 队获第一名。

（胡思洋）

【北京市第二届社区杯八人制足球比赛】 8 月 20 日，北京市第二届社区杯八人制足球比赛在冶仙塔旅游风景区足球场举办。比赛由市体育局、区政府主办，区体育局、区体育总会承办。比赛设青年组（18—36 岁）和中年组（37—55 岁）两个组别，于 8 月 6 日开赛，全区 17 支足球队 400 名足球爱好者参赛。经过 28 场比赛角逐，鼓楼街道社区队获青年组第一名，果园街道绿地队获中年组第一名，果园兴云队、密云镇足球队、果园街道新里北区队、高岭镇足球队获赛事精神文明奖，河南寨镇、东邵渠镇、十里堡镇、太师屯镇、高岭镇等 9 个镇街获赛事优秀组织奖。鼓楼街道社区队和果园街道绿地队将代表密云区参加北京市第二届八人制足球赛决赛。

（胡思洋）

【“蓝山杯”篮球锦标赛】 8 月 30 日，“蓝山杯”2022 年密云区篮球锦标赛在体育局气膜馆举办。全区 43 支代表队近 500 人，经过 10 余天 90 场比赛。大城子镇、教委、蓝山文化园分获镇街组、机关组和企业组的第一名，西田各庄镇代表队周巍获三分球大赛第一名，区委办、区委组织部、区法院和蓝山文化园获优秀组织奖，区政府办、区纪委、密云镇和太师屯镇获精神文明奖。

（胡思洋）

8 月 30 日，区体育局在区体育中心气膜馆举办“蓝山杯”篮球锦标赛　　（区体育局　供图）

【十六届“和谐杯”乒乓球比赛】 9 月 24 日，密云区第十六届“和谐杯”乒乓球比赛在区体育局气膜馆举行。全区机关、企事业单位、镇街、地区 26 支代表队 100 余名运动员参加。赛事由区体育局、区体育总会、区总工会主办，由各乡镇人民政府、各地区、各街道办事处、区乒乓球运动协会承办。比赛分为机关企事业单位组、地区街道组、乡镇组 3 个组别。卫健委、鼓楼街道 1 队、溪翁庄镇获一等奖，教委、市场监管局、果园街道 1 队、太师屯镇获二等奖，住建委、财政局、公安局、果园街道 2 队、果园街道 3 队、不老屯镇、密云镇获三等奖。

（胡思洋）

9 月 24 日，区体育局在区体育中心气膜馆举办第十六届“和谐杯”乒乓球比赛（区体育局　供图）

青少年体育

Youth Sports

【传统体育进校园】 年内，区体育局持续开展传统体育进校园活动。组织区武术协会到西田各庄小学、南菜园小学、溪翁庄小学、第七小学等学校开展太极、舞龙舞狮等传统体育项目培训工作，强化青少年身体素质，坚定文化自信。

（胡思洋）

【智力运动】 年内，区体育局推广和普及智力运动，重视青少年棋类普及与发展。在全区 6 所小学、2 所幼儿园开展棋类普及培训活动，全年参与学生 2000 余人，培养青少年小棋手超 1 万人。

（胡思洋）

【体育思想教育】 年内，区体育局强化未成年思想道德教育工作，以“体育筑梦、打造冠军摇篮”为主题，对青少年运动员开展思想教育、文明施训等活动，确保精神文明和竞技体育成绩实现双丰收。

（胡思洋）

竞技体育

High-performance Sports

【密云生态马拉松赛】 9 月 26—30 日，2022 年密云生态马拉松线上赛举办。比赛设置全程马拉松、半程马拉松、10 公里跑和迷你马拉松 4 个大项，全国 31 个省市、新疆生产建设兵团、香港特别行政区、澳门特别行政区和台湾地区 21.59 万人线上报名参赛，完赛率 77%。线上赛事成为 2022 年度京津冀地区城市马拉松线上赛报名人数最多的赛事，成为全国范围内城市马拉松线上赛报名人数第二多的赛事。

（胡思洋）

【参加北京市第十六届运动会】 8 月 9 日至 10 月 3 日，区体育局组织区内相关学校、俱乐部和业余体校 240 名青少年运动员参加北京市第十六届运动会。项目包括田径、自行车、举重、摔跤、柔道、足球、篮球、乒乓球、羽毛球、皮划艇、跆拳道等 11 项竞技组赛事。密云区青少年竞技组获奖牌 52 枚，其中金牌 13 枚、银牌 23 枚、铜牌 16 枚。群众组获奖牌 10 枚，其中金牌 5 枚、银牌 2 枚、铜牌 3 枚。

（胡思洋）

冰雪运动

Winter Sports

【第八届冰雪嘉年华活动】 1—3 月，密云区举办第八届冰雪嘉年华活动。活动由区政府主办，区体育局和区体育总会承办，下设 39 个成员单位。活动主题为“生态密云、激情冰雪、助力冬奥”。活动包括举行启动仪式、冰雪运动艺术作品展、线上单（双板）教学、抢票活动和免费体验活动，加深市民对冬奥会、冬残奥会和冰雪运动的了解，激发冰雪运动热情，带动 10 万人次参加。

（胡思洋）

【冬奥及冬残奥观赛】 年内，按照冬奥观赛有关要求，区体育局组织各乡镇、街道 480 名观众，分别参加冰球、冰壶 4 次观赛，完成观赛任务。

（胡思洋）

社会生活

SOCIAL LIFE

居民生活

Resident Life

【居民人均可支配收入 44271 元】 年内，全区居民人均可支配收入 44271 元，同比增长 3.8%，增速高于全市平均水平 0.6 个百分点。其中城镇居民人均可支配收入 54780 元，同比增长 3.6%。密云区居民人均可支配收入增速在北京市 5 个生态涵养区中位列第三位。

（闫志坚）

【居民人均生活消费支出 26575 元】 年内，全区居民人均生活消费支出 26575 元，同比下降 2.6%，其中城镇居民人均生活消费支出 31528 元，同比下降 3.5%。密云区人均生活消费支出增速在北京市 5 个生态涵养区中位列在第二位。

（闫志坚）

【居民人均消费支出及构成】 年内，全区居民人均消费支出及构成前五位的为居住支出 8532 元，占比 32.1%；食品烟酒支出 6822 元，占比 25.7%；交通通信支出 3350 元，占比 12.6%；医疗保健支出 2386 元，占比 9%；教育文化娱乐支出 1724 元，占比 6.5%。

（闫志坚）

社会建设管理

Social Construction Management

【概　况】 2022 年，中共北京市密云区委社会工作委员会（简称区委社会工委）组织社区工作者培训，规范整合社区工作者队伍。全区社区工作者编制 1019 人，实有 942 人。建立 1 个区级指导中心、10 个镇街社会工作服务中心、26 个村（居）社工站。开展共建和谐社区倡导文明养犬、垃圾分类值守积分活动等专业社会工作服务 293 场。建设社区书记工作室示范点 2 个。组织干部参与环境整治、交通秩序疏导等创城志愿服务活动 100 场次。

（刘方媛）

【社区工作者培训】 年内，区委社会工委组织全区 700 余名社区工作者参加北京市社会工作者初级、中级继续教育培训班。组织 10 名社区骨干参加“社会工作教育 助力社会工作”主题线上培训班。开展“优才计划”，选拔 13 名优秀社区社工专业人才参加市、区举办的培训学习，通过脱产训练、岗位实训等增强专业能力。开展个案、小组等社会工作专业服务。

（刘方媛）

【社区工作者管理】 年内，区委社会工委拟定《密云区社区工作者离职、调动管理办法实施细则》。按照社区居民户数确定社区工作者配备标准，规范整合社区工作者队伍。依托社区工作者人事管理系统，完成工资管理、部门调动等事项网上办理，办理社区工作者网上工资审批 1000 余人，接收党员材料、学籍材料、考核材料等 2000 余份。全区获得职业水平证书 318 名、助理社会工作师 227 名。

（刘方媛）

【社会工作服务中心建设】 年内，区委社会工委完善“村（社区）—镇街—区”三级社会工作服务体系建设工作，建立 1 个区级指导中心、10 个镇街社会工作服务中心和 26 个村（居）社工站。召开部署会、推进会 8 次，实地指导 45 次，制定指引手册，规范社会工作服务中心体系建设，以社会工作服务中心为平台，引入区内外 9 家社工机构参与社会工作服务站建设和运营，开展能力建设培训课程 80 余期，培训 1000 余人次。搭建 1 支专家督导团队，其中高校教师 7 名、行业实务工作者 2 名。每月定期对中心（站）进行专业督导，提升社工的服务水平。疫情防控期间联动社区、社会组织、志愿者，助力疫情防控工作，开展各类防疫主题活动 30 余场。平台开展个案、小组、社区服务活动 553 个，服务 3390 人次，孵化社区社会组织 43 个，服务对象主要为儿童、老年人、残疾人等。

（刘方媛）

【社区书记工作室建设】 年内，区委社会工委选取东菜园社区、上河湾社区为社区书记工作室示范点，建成社区书记工作室 2 个，全区建成社区书记工作室 6 个。依托社区书记工作室，加强对社区工作人员帮带培训，组织 8 名党组织书记参加北京市社区党组织推进新冠疫苗接种经验交流培训，组织 4 名社区党组织书记参加社区党组织能力提升“星火”计划系列培训，组织 100 名基层干部参加新时代基层干部主题培训，选派 5 名优秀基层社区工作者进修社会工作课程培训班，提高社区骨干的综合素质。

（刘方媛）

【志愿服务机制创新】 年内，区委社会工委创新“五社联动”模式，完善“社工＋志工”服务模式，围绕创城需求和基层治理难点，开展“共建和谐社区 倡导文明养犬活动”、垃圾分类值守积分活动、“品味端午 传承文明”主题活动等专业社会工作服务 293 场次，服务居民 1700 余人。在“学雷锋纪念日”“北京社工宣传周”等期间，组织 39 家专业社工机构开展志愿服务 50 余次，服务群众 2000 余名。

（刘方媛）

【创建全国文明城区】 年内，区委社会工委制定《密云区民政局创城工作实施方案》《实地检查工作方案》。对实地点位发现的问题督促相关部门进行整改。开展创城知识学习、调查问卷测试等活动。编写婚姻家庭辅导、未成年人、养老服务体系等相关说明报告 4 份。组织干部参与环境整治、交通秩序疏导、文明劝阻等志愿服务活动 100 场 1200 余人次。

（刘方媛）

民 政

Civil Affairs

【概　况】 2022 年，北京市密云区民政局（简称区民政局）发放城乡低保、低收入、特困、临时救助等基本生活救助资金 2.3 亿余元，惠及 9325 户 15387 人。实施临时救助，支出救助资金 72.53 万元、救助 133 户，采暖救助 8711 户 1327.38 万元，教育救助 71 人 31.54 万元，特困人员个人医疗费和住院陪护救助 575 人次 313.87 万元。针对困难群众发放电价补贴 76.4 万元、临时价格补贴 244.81 万元、一次性生活补贴 544.52 万元。慰问留守儿童，发放困境儿童基本生活费 269.9 万元。落实残疾人救助政策，发放残疾人两项补贴 8913.8 万元。落实养老优待政策，发放老年人补贴、津贴 11227.03 万元。建成邻里互助点 30 家。新建 12 个基层社会心理服务中心。完成行政执法 633 件。

（刘方媛）

基 层 自 治

【密云区第四届社区邻里节活动】 9 月 17 日，区民政局在果园街道学府花园小区举办以“共建和谐美好家园 喜迎党的二十大召开”为主题的第四届社区邻里节活动。9 月 18 日至 10 月 1 日，50 个社区围绕“和谐邻里”“文明邻里”“情谊邻里”三大主题，开展厨艺擂台、歌舞联欢、特色优质农副产品进社区等活动 100 余场，参与居民 2 万余人次。

（刘方媛）

9 月 17 日，区民政局举办密云区第四届社区邻里节活动　（区民政局　供图）

【城乡社区试点建设】 年内，区民政局打造沿湖、亚澜湾、康馨雅苑等 6 个社区为社区服务空间开放式建设示范点，宾阳北里社区为生活垃圾分类社区动员示范点，密云区文化馆为“社区之家”规范化建设示范点，季庄社区为老旧小区服务管理试点。在鼓楼街道、河南寨镇开展议事协商试点建设，建立镇街议事协商平台和多方议事协商联动机制，对辖区内热点难点问题，组织开展议事协商，推动实施治理项目。

（刘方媛）

【街道社区管理体制改革】 年内，区民政局制定《2022 年街道工作重点任务清单》，督促成员单位上报工作完成情况。组织召开区协管员队伍规范管理工作联席会，协调会商镇街层面协管员队伍规范管理的机构设置、经费等相关问题，健全联络机制。

（刘方媛）

社 会 救 济

【精准救助服务项目】 年内，区民政局开展 2022 年密云区精准救助服务项目，引入 11 家社会工作服务机构承接 20 个镇街困难群众救助服务所的运行，1 家机构承接项目监管工作。总项目资金 529.2 万元，截至年底，拨付资金 160 万元。

（刘方媛）

【社会救助】 年内，区民政局为困难家庭群众发放“两节”慰问金 622.35 万元。全区发放城乡低保、特困、低收入等基本生活救助资金 2.3 亿余元。实施临时救助 133 户 263 人，救助资金 72.53 万元。采暖救助8711户1327.38万元。教育救助71人31.54万元。特困人员个人医疗费和住院陪护救助575人次313.87万元。针对低保、特困家庭发放电价补贴76.4万元，临时价格补贴244.81万元、一次性生活补贴544.52万元。全年发放各类救助资金2.56亿余元。完成新申请、复审社会救助类和社会福利类经济状况核对9045户。

（刘方媛）

【最低生活保障政策】 年内，区民政局按照市级政策要求，适当放宽低收入家庭经济状况认定条件，将低收入家庭的人均货币财产总额认定标准调整为北京市上年度城镇居民人均消费支出的1.5倍。对低保家庭中有劳动能力人员实现主动就业并及时申报的，低保待遇渐退期由6个月延长至1年。7月起将城乡低保认定标准由家庭月人均1245元调整至1320元。截至年底，全区有特困、低保、低收入家庭等基本生活救助对象9325户、15387人。

（刘方媛）

【残疾人补贴和福利机构管理】 年内，区民政局发放残疾人两项补贴8913.8万元，其中残疾人生活补贴16.51万人次8030.7万元，重度残疾人护理补贴6.94万人次883.1万元。对汇康康复福利中心进行整体改造提升，截至年底，完成全部建设任务，入住康复者27人，其中城乡集中特困人员2人、低保人员21人、普通残疾人4人。

（刘方媛）

【流浪乞讨人员救助管理】 年内，区民政局发挥密云区生活无着流浪乞讨人员救助管理工作联席会综合协调作用，开展辖区内流浪乞讨人员救助工作。救助站全年救助75人，其中长期滞留人员26人、临时受助人员49人。为11人找到家人、为32人提供返乡车票、为44人提供医疗救助，护送1人返回原籍。为在站27名受助人员采集DNA、指纹等信息进行身份比对。针对重大节日、重大活动、极端天气等开展集中救助，出动车辆138车次，参加巡视人员418人次，发现流浪乞讨人员6人，劝导6人，发放口罩、棉衣、食物等救助物资18份。

（刘方媛）

社会福利

【见义勇为人员权益保护】 年内，区民政局为59名见义勇为人员、伤残人员、遗属发放“两节”慰问金5.9万元。确认见义勇为行为1例，纳入全市见义勇为人员范围1例（属法前见义勇为人员）。为6名见义勇为人员发放定期抚恤金、伤残护理费30.13万元。

（刘方媛）

【社会捐赠】 年内，区民政局开展“首善有我”主题社会捐助活动，接受179家单位捐助资金77.81万元。组织“共产党员献爱心”捐款活动，接受200家企事业单位共产党员和群众捐款209.45万元。向大城子镇下栅子村拨付企业精准帮扶捐赠40万元。

（刘方媛）

【儿童权益保护】 年内，区民政局为享受困境儿童生活费待遇的100名儿童发放生活费269.9万元。实施“福彩圆梦 孤儿助学”工程，为7名孤儿发放助学金8.25万元。规范开展儿童收养登记，办理收养登记1例。制定出台《未成年人保护工作方案》，明确全区未成年人保护工作重点任务，划分各单位工作职能。为孤困儿童开展关爱服务活动。

（刘方媛）

9月25日，区民政局开展孤困儿童关爱服务活动 （区民政局 供图）

【慈善救助宣传】 年内，区民政局举办“慈善北京”成果展及“北京公益慈善汇展”活动，展示慈善成果图片及典型150个，组织镇街民政干部、慈善工作人员及慈善组织全员参与线上观摩。9月4日，各镇街通过张贴慈善海报、发放宣传折页等形式开展“中华慈善日”宣传活动。在全区开展“关爱老人、慈善在行动”主题救助活动，救助“五老”群众128人，救助金额38.4万元。

（刘方媛）

【公益慈善试点】 年内，区民政局会同区慈善协会在冯家峪镇、新城子镇、东邵渠镇新建2个镇级公益慈善试点，全部开始运营。中秋节前夕，各慈善站开展以“关爱老年人”为主题的公益慈善月系列活动，携手多家爱心企业为孤寡老人送温暖、献爱心。

（刘方媛）

【慈善救助】 年内，区民政局对17个慈善组织开展执法监督检查。开展大病救助646户、救助金额213.1万元，困境儿童救助671人、救助金额21万元，临时救助10人、救助金额22.35万元。配合区慈善协会做好爱心企业、爱心人士善款捐赠，北京市通厦投资公司给予困难家庭大病患者一次性救助87万元，救助142户。

（刘方媛）

社会事务管理

【社会心理服务中心（站点）建设】 年内，区民政局在北庄镇、东邵渠镇、大城子镇、西田各庄镇、石城镇、不老屯镇、冯家峪镇、檀营地区办事处、巨各庄镇、太师屯镇、新城子镇、古北口镇建设12家镇街社会心理服务中心，全区建成社会心理服务中心24家，实现镇街全覆盖，提前完成区、镇、社区三级社会心理服务平台的“十四五”规划目标。全年开展心态监测5000余人次；心理健康科普宣讲等各类线上活动589场，服务人数31677人次；团体活动、心理成长等线下活动290场，服务人数5678人次；完成个案服务307人次；开展危机干预53人次。

（刘方媛）

6月2日，河南寨镇社会心理服务中心开展“实心实意”服务活动　　（区民政局　供图）

【社会组织服务管理】 年内，全区登记社会组织393个，其中社会团体122个、民办非企业271个。办理行政许可事项59个。全区备案社区社会组织4134个，涉及服务福利、医疗计生、文体科教等领域。通过分类指导、线上培训、优化办公流程等方式，应参检的342家社会组织年检全部办结，年检率100%，名列全市前列。

（刘方媛）

【社会组织专项行动和行政检查】 年内，区民政局开展社会服务机构非营利监管行动，抽查（审）10家社会服务机构。会同市场监督管理局对5家行业协会进行检查，规范行业协会的收费管理。对224家社会组织的证书管理、印章管理及财务管理等开展行政检查。对13家涉学科类校外培训机构开展“双减”回头看工作。打击整治非法社会组织4家。

（刘方媛）

【社会组织培育发展】 年内，区民政局落实好“安家工程”，全区建有13个社会组织培育孵化基地，其中区级1个、街乡镇级12个。新建5个社会组织培育孵化基地，覆盖率62%。围绕“一个目标、两条主线、三个统一、四轮驱动”品牌发展战略，推进社区社会组织培育发展。8个镇街的65个社区116个村被列为品牌建设试点，培育出果园街道水库儿女宣讲团、果园学府花园社区王利华志愿者服务队、西田各庄镇的的哥联盟等“品牌”社区社会组织。

（刘方媛）

【社会组织参与东西部支援合作】 年内，区民政局引导社会组织参与东西部支援合作，动员8家社会组织与内蒙古库伦旗、青海玉树市、湖北竹溪县的9个社区（村）签署帮扶协议，开展捐款捐物、扶贫济困、培训座谈、产业帮扶等活动，捐款捐物等9万元。

（刘方媛）

【社会组织参与经济薄弱村帮扶】 年内，区民政局梳理10个镇92个经济薄弱村需帮扶项目156个，整理帮扶需求清单，争取市民政局支持，经调研确定将密云区经济薄弱村列为市级社会组织优质资源对接帮扶试点。组织区级社会组织100余家与92个经济薄弱村和105个巩固提升村开展结对，开展“1＋9＋N”组团式帮扶。

（刘方媛）

【社会组织参与疫情防控】 年内，区民政局动员引导社会组织参与疫情防控。177家社会组织725人报名参加疫情防控储备人才库；500余家社区社会组织成员在各自社区参与社区防控；密云区蓝天救援队参与公共场所消杀防疫，服务100余小时，直接受益14.4余万人；38名心理咨询师参与心理疏导工作，开办线上课堂26场。社会组织中接种疫苗2363人，接种率96%，位列全市前列。

（刘方媛）

【征地超转人员管理】 年内，区民政局按照市级政策要求，调整征地超转人员生活补助费，为1801名征地超转人员补发生活补助费226.91万元。全区征地超转人员1938名，其中市管60人、区管1878人。为21774人次发放生活补助费6853.36万元。“两节”期间，走访慰问特困超转人员23户，发放慰问金2.3万元。对市管病残11人发放慰问金5500元。

（刘方媛）

【行政区划】 年内，区民政局与河北省承德县、兴隆县、滦平县及北京市顺义区、怀柔区、平谷区民政局分别成立联合检查组，开展第4轮行政区域界线联合检查工作。

（刘方媛）

殡葬管理

【殡仪服务】 年内，区殡仪馆，火化遗体3808具。举行遗体告别仪式139场，接待家属5万余人次。为符合条件的人群提供免费骨灰盒20个。全年为城乡108名城乡无丧葬补助居民发放丧葬补贴54万元。

（刘方媛）

【清明祭扫服务】 年内，全区接待清明节祭扫群众16.9万人，疏导机动车3.9万辆，出动工作人员7.3万人次，完成代为祭扫服务31次，发放文明祭扫倡议书14.3万份、文明祭扫宣传海报1800张、宣传折页7000份。联合多部门在全域内开展清明节祭扫服务保障，出动人员390人次、车辆146车次，巡查点位143处。

（刘方媛）

【执法检查】 年内，区民政局会同市场监督管理局对区域内殡葬用品生产机构开展“双随机、一公开”联合执法检查2次，抽检31家丧葬用品销售单位。清明节、中元节、寒衣节进行专项执法检查3轮次，执法检查登记50次，检查中发现制造、销售封建迷信用品的企业2家，现场整改并全部销毁，保障殡葬服务市场的规范化运行。

3月31日，区民政局到宝云岭墓园发放文明祭扫倡议书（区民政局 供图）

（刘方媛）

婚姻家庭

【婚姻登记服务】 年内，区民政局制定密云区婚姻服务中心现场运行和管理规范，明确服务内容，细化工作流程。继续开通“午间不间断、早晚弹性办、周六不休息”延时服务。采取网上预约方式，办理婚姻登记7383对（件），其中结婚登记2496对、离婚登记3210对、补发结婚登记证1502对、补发离婚登记证175对，出具证明6件。婚姻登记执法合格率保持100%。完成“2.22”“5.20”“9.9”等登记高峰任务。依法、依规做好小客车线下核验工作，为3617名当事人核验婚姻状况。为行动不便的残疾人、危重病人或者高龄老年人提供预约上门补领结婚证服务4次。

（刘方媛）

【婚姻调解服务】 年内，区民政局开展离婚适度调解工作，办理离婚登记时，在当事人知情情况下，采取不强求、不刻意干预的适当调解方式，为1562对离婚当事人进行辅导，辅导率95%以上，维护家庭和谐。

（刘方媛）

人力资源

Human Resource

【概　况】 2022年，北京市密云区人力资源和社会保障局（简称区人力资源社会保障局）登记失业率4.23%，登记失业人员就业率67.7%，全年促进城乡劳动力就业1.69万人。招聘事业单位工作人员355人、乡村振兴协理员28人。北京市积分落户办理工作中71人取得落户资格，工作居住证新办理417人、续签188人。

（曹贵锋）

【就业再就业】 年内，区人力资源社会保障局创建充分就业镇（街）4个，占镇（街）总数20%，创建充分就业社区（村）269 个，占社区（村）总数 66.7%。全区城镇登记失业率 4.23%，比上年上升 0.91 个百分点；登记失业人员就业率为 67.7%，比上年下降 2.99 个百分点。促进城乡劳动力就业 1.69 万人（其中城镇户籍 7447 人、农村户籍 9453 人），较上年增加 2855 人。举办各类招聘会 155 场，参会单位 539 家，参会个人 2.92 万余人，提供就业岗位 1.31 余万个；人力资源微信公众平台推荐用工企业 99 家，各类招聘信息阅读量 47.6 万人次，采集空岗信息 11401 个。认定“零就业家庭”6 户，涉及劳动力 9 人，全部消除，“零就业家庭”保持动态为零。城市公共服务类岗位输出农村地区劳动力 428 人。利用政策资金稳定就业，为 1.57 万余家次用人单位招用的 5.75 万余人次城乡劳动力申请岗位补贴和社会保险补贴 66879.33 万元；为 2481 家用人单位招用的 1.19 余万人申请区级岗位补贴 4520.5 万元。为 990 人办理灵活就业社会保险补贴享受手续，为 4.03 万余人次申请灵活就业社会保险补贴资金 3663.25 万元；为 6.82 万余人次到城市公共服务类岗位工作的密云户籍农村地区劳动力申请岗位补贴 17070.75 万元。区内 21 家社会公益性就业组织在劳动保障、城管协管、社区保安、公共设施维护、水源生态保护等岗位安置就业困难人员 3581 人，年度申请市级补贴 14053 万元、区级补贴 1416.76 万元。

（曹贵锋）

【助力创业】 年内，区人力资源社会保障局为 92 家申请创业担保贷款的小微企业进行资格认定，发放贷款 51 笔 9165 万元；为 14 家创业组织完成一次性创业补贴审批工作，拨付 2 家企业补贴资金 1.8 万元；推动创业孵化基地认定工作，北京铂云蓝山物业管理有限公司（蓝山文化园）被认定为市级创业孵化基地。全区新增创业参保单位 1878 户，带动就业岗位 7224 个。

（曹贵锋）

【职业技能培训】 年内，区人力资源社会保障局组织培训城乡劳动力 2032 人，其中培训城镇失业人员 698 人、培训农村富余劳动力 1334 人。审核发放职业技能提升专项补贴 3.53 万余人 8764.94 万元，其中审核以工代训补贴 4306 家次企业 1.33 万余人次 4933.04 万元，审核以训兴业培训补贴 2255 家次企业 2.09 万余人 3770.79 万元，审核并发放重点人群培训补贴 290 人 18.56 万元，审核并发放区级生活补贴经费 379 人 3.98 万元，审核创业培训补贴 409 人 39.26 万元。审核并公示新型学徒制培训补贴 1 家企业 46 人 16.1 万元。

（曹贵锋）

【事业单位人事管理】 年内，区人力资源社会保障局组织事业单位公开招聘 13 次，为 40 家事业单位招聘工作人员 355 人，其中教育 154 人、卫生 81 人、其他事业单位 120 人。印发《北京市密云区乡镇（街道）事业单位管理岗位职员等级晋升制度实施方案》，全区 20 个镇街管理岗位 910 人全部按时完成职员等级套转。召开区直事业单位职员制度推进会，对职员等级晋升政策新要求、规范称谓、晋升程序等进行部署。按照职员制政策，镇街和区直 36 家单位 231 人发生职员等级变动，其中晋升六级职员 67 人、七级职员 64 人、八级职员 81 人、九级职员 2 人，免职 17 人。

（曹贵锋）

【职称评聘】 年内，密云区中小学教师系列高级评审委员会评审通过高级教师 112 人、一级教师 152 人、二级教师 231 人（含民办教师 80 人）、三级教师 74 人（均为民办教师）。推荐评审正高级教师 16 人，全部评审通过。经区级审核，推荐卫生系统 28 人参评主任医师、108 人参评副主任医师。全区事业单位新聘 638 人，其中高级 230 人、中级 268 人、初级 140 人。

（曹贵锋）

【继续教育】 年内，区人力资源社会保障局组织全区 1.43 万余名事业单位管理人员和专业技术人员，参加公共知识、生态文明知识等公共培训。组织开展人事干部培训、企事业单位职称评价专题培训、事业单位新入职人员培训等专题培训。由区人力资源社会保障局申报、密云区医院承办的《骨关节影像诊断高级研修班》获批市级高研班项目，该班以促进影像专业医师学术交流，提高骨肌系统疾病诊断水平及检查规范，促进区域内医疗发展为目标，覆盖密云区及青海玉树、西藏拉萨尼木县等医疗卫生领域专业技术人员和管理人员 411 人。

（曹贵锋）

【考核与奖励】 年内，区人力资源社会保障局组织完成 2021 年度考核工作，全区事业单位工作人员及机关工勤人员 1.45 万余人参加考核，39 人未参加考核。其中考核优秀等次 2916 人、合格等次 11281 人、基本合格等次 2 人、不合格等次 8 人、未定等次 304 人。组织开展事业单位工作人员及机关工勤人员定期奖励工作（2021 年度奖励），3442 人获得奖励，其中嘉奖 3091 人、记功 351 人。

（曹贵锋）

【工资福利与退休管理】 年内，区人力资源社会保障局按照国家有关政策为公务员、参公人员调整基本工资标准和冲减临时性补贴 4250 人，为事业单位和机关工人调整基本工资标准和冲减临时性补贴 1.61 万余人。根据 2021 年度考核结果，为 2627 名执行公务员工资制度的工作人员调整级别工资、工作性津贴，为 1.37 万余名事业单位工作人员调整薪级工资。为完成 2021 年度社会治安综合治理（平安建设）工作任务单位 1.85 万余名工作人员兑现平安建设奖、核增事业单位一次性绩效工资。为执行公务员工资制度单位和事业单位 1.85 万余名工作人员分别兑现 2021 年度政府绩效考核奖、核增事业单位一次性绩效工资。为 4793 名公务员兑现年终一次性奖金和工作性津贴年度绩效。为 4284 名其他事业单位人员兑现年终奖金。为区教委所属 84 家完成教育事业学年教学任务的事业单位 6252 名教职工核定发放学年奖金。为公务员、参公人员和原规范人员兑现基础绩效奖和岗位绩效 4818 人。完成事业单位津贴补贴清理规范，为义务教育和卫生系统事业单位调整岗位绩效标准 8765 人。完成执法事业单位过渡公务员、参照公务员法管理人员工资调整 248 人。为 49 名离休干部调整提高离休补贴。春节看望慰问困难职工 153 人。

（曹贵锋）

【高校毕业生支农】 年内，区人力资源社会保障局开展高校毕业生到农村从事支农工作，招聘乡村振兴协理员 28 人，分配至 17 个镇 28 个村开展工作并签订劳动合同。组织开展乡村振兴协理员培训。

（曹贵锋）

【人才队伍建设与服务】 年内，区人力资源社会保障局引进外埠高校优秀毕业生 179 人。提升博士后工作站研修环境，经单位申请，区人力资源社会保障局审核，为北京美中双和医疗器械股份有限公司发放博士后科研工作站设站补助 10 万元，为曾宪涛等 19 名博士后发放生活补贴 67.6 万元。与市人力资源社会保障局合作，开展“北京市博士后服务团进密云”活动，邀请 10 余名专家、博士后人员到密云区开展科技服务活动，助力乡村振兴建设。博士后服务团围绕密云区蜂学、蔬菜、植物保护、林果、农产品推广等领域进行对接指导，现场解决病虫害防治、育苗、种植技术、农产品销售、创建特色农产品品牌等农业技术难题，直接受益农业技术推广员、农民 500 余人。搭建密云区与北京农林科学院、京东集团、中商国能有限公司等单位沟通桥梁，并达成长期合作机制。组织全区 2892 名高级专业技术人才免费体检。

（曹贵锋）

7 月 6 日，区人力社保局在北庄镇举办“北京博士后乡村振兴服务团密云行”启动仪式

（区人力社保局　供图）

【北京市积分落户办理】 年内，全区 576 家单位注册积分落户账号，846 人提交积分落户申请，其中 71 人取得落户资格。

（曹贵锋）

【北京市工作居住证办理】 年内，区人力资源社会保障局新办工作居住证 417 个，续签 188 个。为 62 家用人单位开通工作居住证系统，为 22 家用人单位办理跨区转移业务。

（曹贵锋）

【流动人员人事档案管理服务】 年内，区人力资源社会保障局接收流动人员人事档案 2803 份，转出档案 1713 份，归档材料 1317 件，接待各机关企事业单位查（借）阅档案服务 367 人次。对符合存档要求的存档人员接档率 100%，对区内生源毕业生无正式工作单位要求在密云区存档接档率 100%。全年接收毕业生档案 1646 份。截至年底，档案库有流动人员人事档案 5.03 万余份。

（曹贵锋）

【退休人员社会化管理】 年内，区人力资源社会保障局接收社会化管理退休人员档案 2078 份，为 199 家企业出具社会化管理告知书；社会化管理退休人员参加涉及文化体育、党史学习教育、乡村振兴、陶冶情操的各种活动 1500 人次；为 29 户符合条件的社会化管理退休人员办理清洁能源自采暖补贴 2.61 万元。

（曹贵锋）

精神文明建设

Construction of Spiritual Civilization

【概　况】 2022 年，密云区精神文明建设以创建全国文明城区为抓手，对标《全国文明城区测评体系》，深化精神文明创建。树立“全域、全员、全业、全时”创建思路，开展文明城区创建工作，参与率达 98.67%，掀起全民参与热潮。结合新时代文明实践推动日、“我为群众办实事”、迎冬奥等重点工作开展新时代文明实践活动 1.2 万余场次，服务群众 120 余万人次。开展道德模范、身边好人、北京榜样等先进选树，弘扬崇德向善主旋律；加强新时代文明实践阵地建设，开展学习实践科学理论、宣传宣讲党的政策、丰富活跃文化生活等文明实践活动，打造水库儿女、小蜜蜂等志愿品牌，提升城市文明程度和市民文明素质。

（董孟启）

【学雷锋志愿服务】 3 月，区委宣传部印发《密云区志愿服务推进方案》，推进全区志愿服务工作制度化、常态化开展。3 月 5 日，组织开展“爱满京城”志愿者展示交流活动，同步线上直播观看 1.8 万余人次。10 月，印发《密云区“小蜜蜂”志愿服务品牌工作方案》的通知，推动志愿服务在全区生态文明建设中发挥积极作用。围绕党的二十大召开，结合密云特色开展理论宣讲、保水护水、文明交通等志愿服务活动。参与首都学雷锋志愿服务“五个 100”先进典型推选活动，获选“首都最美志愿者”1 人、“首都最佳志愿服务组织”1 个、“首都最佳志愿服务项目”1 个、“首都最美志愿服务社区”5 个、“首都最美志愿家庭”3 个。

（董孟启）

【文明家庭建设】 5 月，区委宣传部、区文明委联合区纪委机关、区委组织部、区教委、区妇联，制定下发《密云区进一步加强家庭家教家风建设的实施方案》（密精建办〔2022〕7 号），推动社会主义核心价值观在家庭落地生根。

（董孟启）

【首都“文明街巷”“文明商户”评选】 11 月，区委宣传部组织开展“文明街巷”“文明商户”评选推荐，绿地南环路、绿地北环路、马道胡同获得“首都文明街巷”称号；膳雍云品荟餐馆、平顺餐饮有限公司密云第二分公司获“首都文明商户”称号。

（董孟启）

【文明城区创建】 年内，由区创城工作指挥部牵头，区创城办具体实施，坚持创城“一把手”工程，指挥部设双指挥、双主任，增设监督执纪组，优化“一办十组”架构。建立 5 大类、20 项常态化创建工作机制。聚焦密云区环境卫生、基础设施、交通秩序等整治重点，建立难题设专项、专项建专班、专班定专人、攻坚行专治、结果有专报的“五专”工作机制，开展十大专项整治。聚焦创建“难点”，建立实地点位、社区小区、主次干道、背街小巷四本重点任务台账，坚持“十无”标准，治理“十乱”。由区创城办牵头，城管、住建、农业农村、经信、公安、交通、消防等部门及镇街各负其责，完成 1159 处硬件设施整改，修缮路面步道 9.4 万平方米，修补粉刷立面 43 万平方米，整改门前责任区问题 1 万余处、背街小巷问题 1.9 余万处，清理堆物堆料 1.8 万处，清除小广告 19 万余张，完成 82 条背街小巷整治提升和 88 个小区通信和有线电视网络线缆整治任务，施划机动车停车位 2.3 万余个、非机动车停车区域 1.5 万余处、交通标线 5.4 万平方米，安装电动自行车充电口 1.8 万余个，有效缓解停车难、充电难问题。坚持全员创建，通过干部下沉执勤和党员“1＋10”包保机制，4.2 万名党员联系带动群众参加志愿服务 100 余万人次，82 家单位包保 93 条（段）道路，20 个镇街包保辖区社区、村庄，全年参与 10 余万人次，树立“密云先锋”旗帜，推动党建引领创城新局面、新作为。开展创城宣传，围绕十大专项整治和重点点位建设，培育 10 支先锋队伍、打造 100 个先锋点位，形成创城“先锋行动”品牌。开展“敲门行动”，发放《应知应会口袋书》等宣传物料 40 万件，组织“创城大篷车”进基层活动，举办主题活动 83 场；设计制作具有密云特色的国潮风创城公益广告，打造“山哥水妹”创城 IP 形象，制作创城动漫作品，发动居民 30 万户次参与创城。在 2022 年首都文明办二、三季度问卷测评中，密云区连续获北京市第一名。

（董孟启）

【新时代文明实践中心建设】 年内，区委宣传部下发《密云区关于进一步深化拓展新时代文明实践中心建设的实施方案》，在全区 1 个中心、20 个所、385 个站开展学习实践科学理论、宣传宣讲党的政策、培育践行主流价值、丰富文化生活、深入移风易俗等五类文明实践活动3000余场。结合全国文明城区创建工作，落实新时代文明实践中心（所、站）实地点位布置。围绕“我为群众办实事”、喜迎二十大、迎冬奥、我们的节日、学雷锋日等重要时间节点和重点工作开展新时代文明实践推动日活动。强化新时代文明实践创新案例培育工作，区文化馆“暖心工程——共筑文艺梦想 关爱留守儿童”艺术培训进校园志愿服务获市级文明实践创新案例提名奖。推进新时代文明实践基地建设，密云区水库文化展览展示中心、北京市蜜蜂大世界科技有限责任公司获批北京市第二批市级新时代文明实践基地称号。

（董孟启）

【未成年人思想道德建设】 年内，区委宣传部结合全国未成年人思想道德建设工作测评体系，组织开展“喜迎二十大”教育实践活动1184场、“扣好人生第一粒扣子”教育实践活动9732场。推进密云区校外未成年人心理健康辅导站建设，开展面询辅导68人次、主题讲座18期、电话答疑40次、网络咨询1.9万余人次。开展全国文明校园创建工作，督导推进首都师范大学附属密云中学开展座谈交流会2次，实地考察观摩2次，媒体宣传报道8次。开展“首都未成年人思想道德建设创新案例”征集评选，密云区溪翁庄镇中心小学《溪水润童心“水滴”润万物》获提名奖。开展“学习和争做新时代好少年”活动，评选20名区级“新时代好少年”和9名区级“新时代好少年提名”，密云区第二中学丁森永获得2022年首都“新时代好少年”称号。未成年人思想道德建设在全国文明城区测评中，获全国第二，北京市第一。

（董孟启）

【乡情村史陈列室建设】 年内，区委宣传部对全区使用的50个乡情村史陈列室和38个农村精神文明宣传视屏进行普查，以现场督查形式推动陈列室及宣传视屏规范化使用，发挥好传承优秀乡土文化、弘扬社会文明新风作用。完成8个乡情村史陈列室、13个精神文明宣传视屏建设工作。古北口镇古北口村、巨各庄镇蔡家洼村、溪翁庄镇尖岩村、北庄镇朱家湾村乡情村史陈列室被评为优秀；北庄镇大岭村、石城镇石城村乡情村史陈列室被评为良好；巨各庄镇康各庄村、河南寨镇北单家庄村、新城子镇崔家峪村、河南寨镇精神文明宣传视屏被评为优秀；大城子镇墙子路村、溪翁庄镇黑山寺村、密云镇、高岭镇石匣村精神文明宣传视屏被评为良好。

（董孟启）

【榜样选树】 年内，区委宣传部制定《密云区帮扶礼遇先进模范实施办法（试行）》《密云区先进模范推选及荣誉称号管理暂行办法》，健全完善榜样选树机制。在区新时代文明实践中心组织中央文明办2022年第一季度“中国好人榜”“云”发布仪式，500万网友在线观看。刘春霞、傅杰荣登北京榜样周榜，6人获“首都精神文明建设奖”。通过事迹宣讲、专题报道、专题展览、人物短视频、公益广告等形式开展“学榜样 我先行”活动。

（丁红玲）

【文明培育】 年内，区委宣传部举办文明交通专项整治行动启动仪式，观看58.5万人次，启动“我承诺 我礼让”线上接力活动，线上接力3.7万余人次，开展礼让车贴赠送活动，赠送车贴4.5万余张。发动公交等行业示范带动，签订文明礼让承诺书，每月定期开展“礼让斑马线”宣传日活动。加大垃圾分类入户宣传力度，开展“垃圾分类我先行 全民携手助创城”“垃圾分类变废为宝”手工制作等活动，采取专家讲座、展览展示等多种形式宣传垃圾分类，开展各类活动630余场次，参与群众8万余人次。深化绿色生活创建活动，利用区级媒体以及户外大屏、精神文明宣传栏等刊播文明一米线、绿色出行等公益广告。组织文明行为倡导活动，开展“反对浪费 崇尚节约”“垃圾分类”“文明健康绿色环保生活方式”等主题活动100余场次，促进市民养成文明好习惯。推动“‘百业万企’共铸诚信”文明活动，通过报纸、电视、网络等媒体平台，发布宣传诚信理念、弘扬诚信文化、褒扬诚信典型、曝光失信案例等4类信息168条，树立诚信理念。丰富网上精神文明实践活动，制作“绿色出行”等H5小视频，开展“网上祭英烈”“创城我承诺”等文明引导活动，唱响网络主旋律。

（丁红玲）

【典型评选】 年内，区委宣传部参加首都文明养犬、V蓝北京典型评选以及变废炫宝优秀作品征集活动。获首都文明养犬家庭4个、文明养犬示范社区3个、文明养犬宣传员（宣传团体）5人。获首都优秀环保公益组织6个、绿色环保好市民5个、文明健康生活好市民3个。获首都“变废炫宝”创意之星1个、“变废炫宝”优秀作品12个。

（丁红玲）

社会保障

Social Security

【概　况】 北京市密云区人力资源和社会保障局（简称区人力资源社会保障局）收缴基本养老、失业、工伤保险基金37余亿元，比上年增加24.24%；支出各项基金32余亿元，比上年增加14.93%。区人力资源和社会保障综合执法队受理各类投诉举报案件1429件，下达66份责令改正通知书，行政处理1家企业，处罚6家企业，处罚金额12.3万元，为5023名劳动者追回拖欠工资5797.24万元。区劳动人事争议仲裁院受理各类劳动人事争议案件2344件，比上年同期增长9.89%，结案率100%。

（曹贵锋）

【社会保险扩面】 年内，全区基本养老保险参保单位2.28万余家，比上年增长9.43%；参保人数25.34万人，比上年增长3.93%。失业保险参保单位2.25万余家，比上年增长9.39%；参保人数21.08万人，比上年增长5.29%。工伤保险参保单位2.28万余家，比上年增长9.41%；参保人数21.69万人，比上年增长2.36%。全区制作社会保障卡1.26万余张，发放8938张。办理社保卡补换卡695张，挂失596张，社保卡领卡1404人次。

（曹贵锋）

【社保基金收支】 年内，区人力资源社会保障局基本养老、失业、工伤保险收缴基金37余亿元，比上年增长24.24%；支出各项基金32余亿元，比上年增长14.93%。其中养老、失业、工伤等保险基金分别收缴35余亿元、17618.79万元、8462.23万元，比上年同期分别增长24.16%、26.31%、23.46%；养老、失业、工伤等保险基金分别支付18余亿元、12余亿元、9570.78万元，养老、失业保险支付比上年同期分别增长10.49%、24.35%；工伤保险支付比上年减少3.21%。

（曹贵锋）

【城乡居民养老保险】 年内，城乡居民养老保险参保5.99万余人，续保率99.3%。收缴基金6090.47万元，支出基金73559.54万元。当年领取养老金6.68万余人，比上年增长4.9%。

（曹贵锋）

【福利养老金】 年内，城乡无社会保障老人享受福利养老金人数2.9万余人，比上年减少0.6%。发放福利养老金27293.87万元，比上年减支523.10万元，减幅1.88%。

（曹贵锋）

【社保稽核】 年内，社保稽核接待投诉393件，按照属地管理要求，剔除非密云区注册企业后，立案处理387件；通过日常稽核、投诉稽核，下达整改意见293份，稽核补缴社保费472人次2724.45万元；发送《社会保险限期缴纳通知书》1620份，补缴424.97万元。

（曹贵锋）

【内控监督】 年内，基金监督部门处理四项社会保险基金监督系统疑似问题单157条，处理率100%。

（曹贵锋）

【工伤认定和劳动能力鉴定】 年内，区人力资源社会保障局着力维护职工工伤保障权益。截至年底，组织工伤认定843人，劳动能力鉴定457人，启动新就业形态就业人员职业伤害保障工作试点。

（曹贵锋）

【劳动关系】 年内，区人力资源社会保障局利用“行刑衔接”工作机制重点打击拒不支付劳动报酬行为，建立多元处理机制，应对新业态劳动案件处理，提升案件办理质效，有效保障劳动者合法权益。在中关村密云园区设立前期调解中心，做好欠薪和集体劳动争议源头化解工作。区人力资源和社会保障综合执法队全年受理各类投诉举报案件1429件，移送“行刑衔接”案件2件，下达66份责令改正通知书，行政处理1家企业，处罚6家企业，处罚金额12.3万元。为5023名劳动者追回拖欠工资5797.24万元。被北京市人力资源和社会保障局评为“2022年度‘无拖欠工资’工作先进单位”。区劳动人事争议仲裁院完善劳动人事争议多元化处理机制，持续加大案件调解和终局裁决力度，提升仲裁办案质效，有效保障农民工权益，积极应对新业态调解仲裁工作，受理各类劳动人事争议案件2344件，比上年同期增长9.89%，结案率100%，调解成功率66.2%，案件终结率71.46%，是全市唯一一家结案率100%的区，并获北京市劳动人事争议调解仲裁综合工作优秀单位、北京市劳动人事争议处理工作优秀单位两个先进奖。接访中心接待群众来访2796件，涉及人数3553人，接待群众来电3109人次，办理信访件68件，化解中央信访工作联席会议办公室、国家信访局集中交办信访积案3件。承办“接诉即办”热线工单2220件，响应率100%，回访成功2034件，其中解决1053件，解决率51.77%；满意1550件，满意率76.20%。年内，审批劳务派遣行政许可143家，比去年下降38.1%；审批实行特殊工时工作制企业123家，比去年下降28.1%。

（曹贵锋）

10月20日，区人力社保综合执法队与公安部门共同处理某建筑工地拖欠农民工工资案件

（刘涵 摄）

医疗保障

【概 况】 北京市密云区医疗保障局（简称区医保局）主要负责组织落实北京市统一的城乡居民基本医疗保险制度和大病保险制度，建立健全覆盖全民、城乡统筹的多层次医疗保障体系，不断提高医疗保障水平，确保医保资金合理使用、安全可控，推进医疗、医保、医药“三医联动”改革，更好保障人民群众就医需求，减轻医药费用负担。全年完成21.8万城乡居民集中参保工作，享受个人免缴3.17万人。

（从 林）

【医疗救助】 年内，区医保局实施医疗救助及住院押金减免19.48万人次，救助金额4902.22万元，因病致贫共救助75人次，救助金额56.07万元，全年救助金额4958.29万元。

（从 林）

【补充医疗保障】 年内，区医保局实施2021年度补充医疗保障1273人，补偿金额705.66万元。其中低保、低收入56人，补偿金额18.8万元；普通城乡居民1217人，补偿金额686.86万元。2021年可选保障参保人数5245人，收取保费162.59万元，享受可选保障补偿人员639人，补偿金额222.98万元。

（从 林）

【打击欺诈骗取医保基金】 年内，区医保局开展打击欺诈骗取医疗保障基金专项治理行动。完成全区定点医药机构的现场检查及自查自纠，检查医药机构300家次，抽查住院病历1200余份、门诊处方31000余张，调取医保后台数据、院端HIS数据近15万条，追回不合理医保基金支出310.62万元。

（从 林）

【药品阳光采购】 年内，区医保局根据各定点医疗机构药品使用情况及病人基本情况，结合北京市药品阳光采购平台报价，确定各类药品采购单位。安排专人实施定点医疗机构自费药品采购情况监管，及时查处高价进药行为，确保药品价格始终处于较低水平。

（从 林）

【定点医药机构管理】 年内，区医保局完成391家定点医疗机构和44家定点药店医保服务协议续签工作。密云区消灭医保报销“空白村”，基本实现“小病不出村，常见病、多发病不出乡镇”就医目标。

（从 林）

【医保费用审核报销】 年内，区医保局完成城镇职工基本医疗保险审核报销120402万元，比上年下降2.4%；城乡居民医疗保险审核报销39432.17万元，比上年下降4.2%；超转人员医疗保险审核报销1707.09万元，比上年下降31.9%；生育保险审核报销3443.74万元，比上年下降5.8%；工伤保险审核报销1952.42万元，比上年下降23.1%；离休人员医疗保险审核报销321.41万元，比上年下降18.3%；跨省异地人员基金审核报销1598.53万元，比上年增长44.2%。完成城镇职工大病保险支付304人，金额443.28万元；完成城乡居民大病保险支付1641人，金额2080.95万元；组织36家医疗机构130名医生医保医师考试。

（从 林）

【日常审核拒付情况】 年内，区医保局拒付不合理医保基金93.58万元。下发参保人个人告知书32份，约谈参保人员33人，对10名参保人员进行锁卡处理。追回不合理费用2.99万元。追回重复参保不合理基金支出3.16万元。追回死亡后发生医疗费用的不合理基金支出0.6万元。追回城乡居民涉及第三方责任人的不合理基金支出11.36万元。通过挂号未接诊、中医技术项目超四项、违规使用他人工作站等6

项专项检查项目追回不合理基金 147.43 万元。

（从 林）

【门诊共济保障改革】 年内，区医保局按照市医保局门诊共济保障改革要求，对各镇街、业务综合窗口、定点医药机构实施业务培训，通过发放宣传页、微信宣传、电视专访、电话直通咨询快线、面对面讲解等方式，加强宣传解释和引导。

（从 林）

退役军人事务

Veterans Affairs

【概 况】 北京市密云区退役军人事务局（简称区退役军人局）落实退役士兵安置就业、优待抚恤各项政策，支出各类优抚安置政策资金 6349.18 万元。完成符合政府安排工作条件的退役士兵、自主就业退役士兵接收、安置工作任务。军休干部“两个待遇”得到落实。推动区、镇街（地区）、村（社区）服务保障体系建设，推动 62 家退役军人服务站标准化建设。开展烈士纪念褒扬，完成“9・30”烈士纪念日公祭活动组织保障。

（张 静）

【“两节”走访慰问】 1 月，区退役军人局开展元旦、春节期间走访慰问退役军人活动。走访慰问优抚对象（含持证烈属）、军转干部、自主就业退役士兵、企业和自主择业军转干部、困难退役军人等 3807 人，支出慰问资金 376.55 万元。

（段晓娟）

【清明节英烈祭扫服务保障】 4 月，区退役军人局引导群众参与“2022・奋进・网上祭英烈”活动。节日期间，烈士陵园代为祭扫烈士墓 55 座，代为祭扫烈士 656 位。代表区委区政府向全区 24 处烈士纪念设施敬献花圈。

（田 野）

【烈士遗骸迁葬活动】 4—6 月，区退役军人局按照“应迁尽迁，集中管护”原则，举行“青山有幸埋忠骨 哀思无限祭英魂”烈士遗骸迁葬活动。将零散烈士墓就近迁移到烈士陵园实施有效管护，接受社会各界祭扫和缅怀。截至年底，安葬有名烈士 13 名、无名烈士 2 名。

（田 野）

6 月，区退役军人局开展“青山有幸埋忠骨 哀思无限祭英魂”烈士遗骸迁葬活动

（区退役军人局 供图）

【密云区烈士纪念活动】 9 月 30 日，区退役军人局依托密云区烈士纪念设施资源，开展密云区 2022 年“勿忘国耻 以史为鉴”抗日战争暨世界反法西斯战争胜利 77 周年纪念活动、密云区 2022 年烈士纪念日公祭活动、铭记历史 珍爱和平 砥砺前行—2022 年密云区国家公祭日主题教育活动。党政军领导干部、企业代表、人民团体代表、驻密部队代表人 200 余参加。

（田 野）

9 月 30 日，密云区举办烈士纪念日活动

（区退役军人局 供图）

【优抚预算资金】 年内，区退役军人局落实优抚对象项目资金 6349.18 万元，其中义务兵优待金 1053.71 万元，优抚对象优待金 195.06 万元，一次性抚恤金 47.94 万元，优抚对象定期抚恤、生活补助（含物价补贴）4035.05 万元，丧葬抚恤费 46.08 万元，优抚对象临时救助 49.7 万元，医疗减免资金 302.38 万元，优抚对象供暖补助资金 216.40 万元，优抚对象

数据核查 39.68 万元，涉核人员体检费 9.45 万元，残疾军人医保专用资金 8.33 万元，光荣院老人服务委托管理费 40 万元等。

（高福文）

【优待证建档立卡和申报】 年内，区退役军人局推进退役军人及其他优抚对象建档立卡和优待证申领工作。截至年底，完成优待证办理 15221 人，优待证办证率 97.33%；完成建档立卡 15174 人，建档立卡完善率 97.04%。

（高福文）

【基层退役军人服务站创建】 年内，区退役军人局结合“1+1+5+X”事项清单内容和政治文化环境建设要求，制定《中共北京市密云区退役军人事务工作领导小组办公室关于推进密云区村（社区）退役军人服务站示范创建工作的通知》，明确村（社区）服务站创建工作的目标任务，细化区、镇街（地区）、村（社区）退役军人服务中心（站）各自职责及相关工作要求。截至年底，对 62 家村（社区）标准化建设的退役军人服务站验收，全部合格并在密云区人民政府网站公示。

（何　珊）

【退役军人工作信息化建设】 年内，区退役军人局优化升级密云区退役军人及其他优抚对象信息管理系统，采集信息调整为 242 项，实现优化数据管理、统计查询、快速报表、应用扩展等功能，升级数据采集架构，开发配套采集 App，着重对退役军人困难、就业、教育、医疗等情况进行收集及分析。

（何　珊）

【“密云退役军人之家”服务平台】 年内，区退役军人局推动“互联网+退役军人服务”，依托微信公众号和小程序，建立“密云退役军人之家”服务平台，整合政策宣传、业务咨询、教育培训、服务保障、困难帮扶等方面内容，为退役军人提供精准化服务。截至年底，公众号关注 1.14 万人，发布各类信息 224 篇，阅读量 45.48 万次。小程序注册用户 1.04 万人，发布各类信息 36 篇，阅读量 8.94 万次，“说句心里话”板块收集留言 136 条。

（何　珊）

【精准帮扶工作服务项目】 年内，区退役军人局量身为退役军人提供精准服务，构建“1+N”退役军人精准帮扶工作服务项目模式。开展入户调查 16773 人，个案帮扶 180 个服务 1289 次，小组活动 20 个 102 节，社区活动 62 场。链接企业资源 150 次，74 人达成就业意向（包含 2 名创业指导），55 人实现就业。

（何　珊）

【退役军人就业拓展】 年内，区退役军人局与区人力社保局、第三方劳务派遣公司联合开展退役军人线上专场招聘会 3 次，利用服务站、依托微信公众号、小程序以及微信群等平台推送各类培训就业公告 30 余篇。与首都经济贸易大学密云分校为退役军人提供特色专业学历提升服务，139 名退役军人实现就业。

（何　珊）

【退役军人合法权益维护】 年内，区退役军人局处理“接诉即办”工单 116 件，综合成绩 99.87 分。接来访 116 批 116 人次、电话咨询 242 件、信访 49 件、“12397”工单 109 件。局主要领导、主管领导接访、下访 10 次。为退役军人提供矛盾纠纷化解、心理疏导、法律援助等服务，提供心理和法律咨询驻岗服务 108 班次，接待 185 人次，开展法律及心理讲座 50 场。

（何　珊）

【“首都老兵”志愿服务队】 年内，区退役军人局健全完善志愿服务长效机制，制定《密云区“首都老兵”志愿服务队工作考核方案（试行）》《2022 年密云区“首都老兵”志愿服务总队活动计划》，推动志愿服务活动规范化管理和运行。截至年底，全区有“首都老兵”志愿服务队 438 支，志愿服务人员 4888 人。在全市率先成立“密云老兵”志愿宣讲团，开展主题培训和宣讲大练兵 5 次。

（何　珊）

1 月，区退役军人局开展首都老兵宣讲团大练兵　（区退役军人局　供图）

【退役军人宣传报道】 年内，区退役军人局持续开展《了不起的退役军人——新时代退役军人奋斗榜样》

常态化主题宣传工作，通过“密云区退役军人之家”公众号、小程序发布。向北京市退役军人事务局推荐“奋斗榜样”先进事迹并在“北京市退役军人事务局”公众号、“首都老兵”微博等媒体发表，并推荐至退役军人事务部。果园街道上河湾社区党总支书记赵夫奎同志在北京市“兵支书”视频培训会上作典型发言。

（何　珊）

【退役军人服务中心地图录入】 年内，区退役军人局对密云区退役军人服务中心及20个镇街（地区）退役军人服务站录入百度地图和高德地图的信息进行更新，对405家村（社区）退役军人服务站工作地址、电话、负责人等信息，及时录入高德地图和百度地图。

（何　珊）

【退役军人信息采集和悬挂光荣牌】 年内，区退役军人局开展退役军人及优抚对象信息采集工作。完成信息采集15276份，为烈属、军属、退役军人家庭悬挂光荣牌434块。

（何　珊）

【烈士纪念活动和党史学习教育活动】 年内，密云区褒扬纪念中心配合党政机关、企事业单位开展烈士纪念活动和党史学习教育活动，做好祭扫烈士的服务保障工作。全年接待2000余批次、9万余人次。

（田　野）

【县级以下英雄烈士纪念设施整修】 年内，区退役军人局按照《北京市退役军人事务局 中共北京市委宣传部 北京市财政局关于印发全市县级以下英雄烈士纪念设施整修工作的通知》要求，建立“五保”举措，开展县级以下英雄烈士纪念设施整修工程，整修197项烈士纪念设施。

（田　野）

【全国烈士纪念设施核对】 年内，区退役军人局开展全国烈士纪念设施核对工作。包含密云区烈士纪念设施164处，其中烈士陵园4处、烈士墓128处、纪念馆2处、纪念碑21处、纪念亭2处、英名墙1处、纪念雕像2处、纪念广场3处、其他1处。

（田　野）

【抗日烈士信息复核】 年内，区退役军人局助力北京市《北平抗日斗争历史丛书》编写，开展密云区546名烈士信息核对工作，做到“一强化”“两及时”“三精准”。

（田　野）

【全区烈士纪念设施运行维护】 年内，区退役军人局继续做好全区24处烈士纪念设施和零散烈士墓日常管理工作。发现烈士纪念设施保护范围内、周边环境存在安全隐患和不符合烈士纪念设施保护管理的各类情况，及时整改排除，修缮破损设施设备。

（田　野）

【军休干部待遇落实和接收】 年内，区退役军人局落实军休干部政治待遇和生活待遇。坚持常态化走访慰问，推进军休干部持卡就医，引入社会化服务项目，为军休干部提供便捷服务。全年接收军休干部6人。

（相九国）

【退役军人移交安置】 年内，区退役军人局完成2022年自主就业退役士兵接收工作。支出退役士兵一次性经济补助、报销继续教育学费、退役军人补缴保险等政策性资金1074.5万元。出台《北京市密云区符合政府安排工作条件退役士兵安置办法》，落实阳光安置政策，完成安置任务。

（张　静）

双拥共建

Mutual Support and Construction

【概　况】 2022年，北京市密云区退役军人事务局（简称区退役军人局）发挥议事协调机构职能，协调指导全区创建工作，以“4个3”工作模式为抓手，不断健全完善工作机制。开展创建全国双拥模范城活动，做好拥军优属、拥政爱民工作。

（赵东方）

【慰问驻密部队】 春节前夕，区退役军人局利用公众号，向驻密部队官兵和退役军人致以慰问信。区退役军人局对3612名优抚对象开展走访慰问，发放资金359.4万元。“八一”期间，区领导分组走访慰问驻密部队，为部队官兵发放125万元慰问物资。

（赵东方）

【军政座谈会议】 2月16日，军政座谈会议召开。会议学习《中共中央宣传部等6部室关于印发〈关于新时代深入开展军民共建社会主义精神文明活动的意见〉的通知》，听取密云区2021年拥政爱民工作情况和双拥工作情况的汇报，部署2022年主要任务，各驻密部队代表进行交流发言。

（赵东方）

【区双拥工作领导小组全体会议】 8月23日，密云区双拥工作领导小组全体会议召开。会议传达《北京市开展新一届全国双拥模范城创建活动实施意见》文件精神，总结上一届创建全国双拥模范城活动主要工作，部署新一届全国双拥模范城（县）创建活动。

（赵东方）

【双拥“4个3”工作模式】 年内，区退役军人局理清政府拥军优属工作清单、部队拥政爱民工作清单、社会拥军优属工作清单，推动军地互办实事。区园林绿化服务中心、果园街道协助区退役军人局打造区双拥教育基地。北庄镇配合军委机关事务管理总局，将小学建设成“八一爱民学校”。依托“党群服务中心+退役军人之家”，及时建立双拥教训中心（基地）。区、镇、村三级全面推进“密云区退役军人‘1+1+5+X’工作法”落地见效。建立全区退役军人及其他优抚对象的“一人一档一策”，为军人军属、退役军人及其他优抚对象提供社会服务。组建区、镇、村三级“首都老兵”志愿服务队438支，组织10万余人次参与疫情防控、垃圾分类、创建全国文明城区等活动。依托区双拥教育基地，通过“双拥文化发展之路”讲解、“双拥知识抢答”活动、“群众性自娱”活动、“唱响军民鱼水情”文艺展演等形式开展“双拥文化大课堂”活动。依托全区丰富的烈士纪念设施资源，通过“宣、讲、唱、诵、悟”方式开展“红色坐标在我心中”主题活动。将驻密部队官兵需求融入“拥军超市”服务项目，引入优质社会资源，为部队官兵提供心理、写作、法律、科技等全面、务实的技能文化知识培训。全年开展3项活动110余次，组织近4000余名党员干部、现役军人、退役军人及其他优抚对象参与。

（赵东方）

【拥军活动】 年内，区退役军人局联合区科委、区教委、区文旅局、区司法局、区卫生健康委等部门强化优势资源，开展送“科技、教育、文化、法律、医疗”等进军营活动，满足部队官兵多样化、个性化需求，丰富军民共建活动。

（赵东方）

【“立功受奖军人家庭送喜报”活动】 年内，区退役军人局开展“立功受奖军人家庭送喜报”活动。为1户荣立二等功、14户荣立三等功、32户荣立“四有”优秀军人军属家庭送喜报，发放资金2.7万元。

（赵东方）

【情系边海防官兵春节专项活动】 年内，区退役军人局开展情系边海防官兵春节专项活动。慰问新疆维吾尔自治区和田地区边防军人200名，发放慰问品200余份。

（赵东方）

【随军家属安置和军人子女教育优待】 年内，区退役军人局解决随军家属安置5人，解决军人子女教育优待10人。

（赵东方）

民族宗教事务

Ethnic and Religious Affairs

【概　况】 2022年，密云区有满、回、蒙古、壮、土家、苗、朝鲜、彝、布依、侗、瑶、白、么佬、锡伯、傈僳、达斡尔、维吾尔、藏、土、仡佬、毛南、黎、羌、鄂伦春、裕固、佤、傣、哈萨克、纳西、东乡、畲、水、哈尼等41个少数民族，人口4.2万人，占全区常住人口的8.1%。区域内民族学校4所，分别是檀营满族蒙古族中心小学、提辖庄满族小学、古北口中心小学、密云区第五小学。区域内现有宗教活动场所8个，其中佛教场所4个、伊斯兰教场所2个、基督教聚会点1个、道教场所1个；宗教教职（已备案）人员13人，其中佛教8人、伊斯兰教4人、道教1人。

（王　瑜）

【民族团结进步创建和产业发展调研】 1月19日，北京市人大民宗侨外委员会主任委员、人大常委会民宗侨外办公室主任潘临珠带队到古北口镇古北口村、河西村对民族团结进步创建工作、村主导产业发展等情况开展调研。实地察看侵华日军受降地、中苏联合指挥部旧址等地，听取古北口镇及村党支部书记关于乡村振兴、民族团结进步等工作情况汇报。潘临珠表示要发挥爱国主义教育基地作用，主动开展民族团结创建工作。

（王　瑜）

【社会主义核心价值观系列教育活动】 3月14日，区民宗侨办组织宗教界人士开展社会主义核心价值观系列教育活动。通过座谈会和参观民族团结进步教育基地水库展览展示中心等地，学习习近平总书记在全国宗教工作会议上的重要讲话。

（王　瑜）

3 月 14 日，区民宗侨办组织宗教界人士参观民族团结进步教育基地水库展览展示中心

（区民宗侨办　供图）

【民族宗教政策宣传进社区】 3 月 30 日，为扩大《北京市宗教事务条例》宣传覆盖面，增强法制观念，区民宗侨办在东菜园社区开展“民族宗教政策宣传进社区”活动。向社区居民讲解《北京市宗教事务条例》内容，发放民族宗教政策法规等普法宣传资料 300 余份。150 余人参加活动。

（王　瑜）

【民族团结教育活动】 8 月 24 日，区民宗侨办组织信诺志愿者服务队，在密云水库展览展示中心举办“铸牢中华民族共同体意识，弘扬社会主义核心价值观”民族团结教育活动。志愿者听取水库建设者奉献故事，了解密云水库历史，参与“民族知识互动小课堂”，工作人员对民族、民族团结和各少数民族习俗、服装、歌曲等知识内容进行讲解。

（王　瑜）

3 月 30 日，区民宗侨办在东菜园社区开展“民族宗教政策宣传进社区”活动

（区民宗侨办　供图）

【民族团结进步教育讲座】 9 月 6 日，区民宗侨办邀请北京市铸牢中华民族共同体意识研究中心特聘专家陈锦荣在檀营满族蒙古族乡开展民族团结进步教育讲座。从深入学习领会习近平总书记关于加强和改进民族工作的重要思想、深刻领会铸牢中华民族共同体意识这一主线要求、做好基层民族工作 3 个方面进行讲解，提高基层工作人员民族事务处理水平与能力。80 余名檀营满族蒙古族乡工作人员参加。

（王　瑜）

9 月 6 日，区民宗侨办在檀营满族蒙古族乡开展民族团结进步教育讲座　（区民宗侨办　供图）

【民族共同体意识和民族乡村振兴调研】 10 月 20 日，市民宗委党组书记、主任钟百利带队到古北口镇、檀营满族蒙古族乡、穆家峪镇、溪翁庄镇调研民族工作。听取密云区铸牢中华民族共同体意识、民族乡村振兴等工作情况。

（王　瑜）

老龄事业

Career for the Elderly

【养老服务机构疫情防控】 3 月 13 日，区民政局执行养老机构防疫一级措施。成立 2 个检查小组，对养老服务机构进行拉网式排查 6 轮 630 家次，发现漏洞 56 处，全部整改完毕。与区卫健委建立核酸检测常态化机制，各镇街卫生院每周到养老服务机构开展核酸筛查。开展疫苗接种动员，养老机构老年人疫苗接种率 93.2%、护理员接种率 98.2%，全部位列全市第一。依托养老服务指导中心信息平台，建立养老云课堂，聘请法律、康养、心理等领域专家，采取线上直播方式，为养老服务机构工作人员和老年人讲授知识 12 场、在线听众 840 人次。

（刘方媛）

3 月，区民政局工作人员到养老机构开展疫情防控检查和慰问活动 （区民政局 供图）

【老年健康服务体系】 年内，区卫健委加强新时代老龄工作，完善老年人健康支撑体系，印发《2022 年北京市密云区老龄健康工作要点》。开展社区老年健康服务规范化建设工作。10 月 27 日，市健促会专家到巨各庄镇社区卫生服务中心进行验收指导；11 月，4 家社区卫生服务中心通过市级专家验收。截至年底，19 家社区卫生服务中心全部达标。

（邢 颖）

【“邻里互助点”养老服务模式】 年内，区民政局开展邻里互助之家建设，完成建设方案初稿，5 家管理机构腾出专用空间用于邻里互助之家建设。研究制定邻里互助之星评选标准，完成邻里互助员服务积分标准初稿。调整邻里互助服务形式，按照疫情防控要求，将入户探视变为电话问候，加强对独居老年人日常关心，出现突发事件及时帮助。选择穆家峪镇为新试点，建立邻里互助点 30 个，依托穆家峪镇辛安庄幸福晚年驿站，增加服务对象 300 人。全区 230 个邻里互助服务点为 2300 名独居、与重残子女居住的老年人提供入户探视、电话问候等服务 48.8 万人次，转介服务 544 次。

（刘方媛）

【医养结合】 年内，区卫健委加强对医养结合机构日常管理，在“全国医养结合信息管理系统”内维护机构基本情况与服务情况。加强人员培训，对 83 名医疗机构与区医养结合和老年健康服务指导中心医务人员开展老年健康和医养结合服务项目业务培训；对 25 名医务人员开展疫情防控、老年常见病护理、老人日常照护管理、安全用药培训；对 64 名医疗机构和医养结合机构医务人员进行康复医疗培训，讲解老年综合评估、老年疾病特点及用药原则、老年卒中后偏瘫运动康复与生活能力康复、认知功能障碍评估与康复治疗等业务知识。开展医养结合远程协同服务工作。密云区金正福寿敬老院医务室和密云区溪翁庄镇社会福利中心医务室纳入北京市医养结合远程协同服务平台，推动医疗卫生和养老服务有机衔接，发挥“互联网+医疗”在医养结合服务中的作用。

（邢 颖）

【老年人优待政策】 年内，区民政局发放老年人补贴、津贴 11227.03 万元，其中困难老年人养老服务补贴 0.4 万人次 1326.47 万元，80 周岁及以上高龄老年人津贴 1.4 万人次 2674.96 万元，失能老年人护理补贴 1.2 万人次 7225.6 万元。

（刘方媛）

【困境服务对象入住养老机构补助】 年内，区民政局按照低保家庭每人每月 3600 元、低收入家庭每人每月 2800 元、城乡特困人员每人每月 2000 元，计划生育特殊家庭每人每月 2800 元、重度残疾人每人每月 1200 元的补助标准，对入住养老机构困境服务对象给予补助。发放 6358 人次，补助金额 1236.31 万余元。

（刘方媛）

【老年人心理关爱活动】 年内，区卫健委开展老年人心理关爱活动，将太师屯镇上金山村和鼓楼街道东菜园社区确定为 2022 年心理关爱行动项目点。针对两个社区 65 岁及以上老年人开展心理健康评估。评估后，314 名老年人结果显示正常；对 38 名结果显示轻度焦虑、抑郁老年人，开展心理干预，改善心理健康状况，并定期随访；对 11 名结果显示疑似存在认知异常或中度及以上心理健康问题老年人，建议到医疗卫生机构心理健康门诊就医。

（邢 颖）

【社会保障体系建设】 年内，区卫健委推进老年友好型社会建设，鼓楼街道东菜园社区和果园街道上河湾社区申请创建全国示范性老年友好型社区。经市专家组实地验收，果园街道上河湾社区被全国老龄办评为全国示范性老年友好型社区。开展为老志愿服务活动，成立“为老志愿服务队”，分别到白檀社区幸福晚年驿站、石城镇社会福利中心为老年人普及健康知识，提供义诊，并对工作人员开展专业急救、护理技能培训。

（邢　颖）

残疾人事业

Disabled Persons Cause

【概　况】 北京市密云区残疾人联合会是将残疾人自身代表组织、社会福利团体和事业管理机构融为一体的残疾人事业团体。全区持证残疾人2.89万人，新办残疾人证2106人，残疾类别等级变更454人，残损换新残疾人证710人，丢失补办残疾人证438人，注销残疾人证1025人。为29名行动不便的残疾人提供视频残疾评定服务。春节慰问7925户困难残疾人家庭，发放慰问金483.95万元。为3911名符合条件残疾人发放居家助残服务补贴（助残券）489.67万元。为98名残疾人发放残疾人机动轮椅车燃油补贴2.55万元。拨付城乡居民养老保险缴费补贴资金6.8万元。为295名残疾人发放自主创业就业社会保险补贴419.5万元。为申请一次性补贴的12名残疾人拨付社会保险补贴62.08万元。42人次残疾人入住残疾人托养试点机构。接待残疾人及亲属来电来访735次，简化28项残疾人业务办理流程。

（谷婵娟）

【“爱耳日”宣传活动】 3月3日，区残联依托温馨家园开展以“关爱听力健康 聆听精彩未来”为主题的爱耳日健康知识讲座，残障人600余人参加。各街镇积极利用网络资源，在各村居专职委员微信群发布“爱耳日”宣传教育活动信息，参加市、区级知识讲座活动残疾人2000人。

3月3日，区残联依托温馨家园开展以“关爱听力健康 聆听精彩未来”为主题的爱耳日健康知识讲座　（区残联　供图）

（谷婵娟）

【密云区残疾人协管员工作会议】 4月26日，区残联组织召开2022年密云区残疾人协管员工作会议。部署并完成2021年度30名协管员考核工作，制定并印发《密云区残疾人协管员管理暂行办法》的通知。

（谷婵娟）

【全国助残日系列活动】 5月，区残联开展全国助残日系列活动。与中国移动合作，通过视频彩铃、短信方式普及助残日知识。在全区张贴海报100张，发放政策宣传折页5000张，悬挂以就业和保障残疾人权益为主题的助残标语30条。开展密云区全国助残日系列活动48场，包括普法惠残、自我赋能、自助助人、抱团同创、共享阳光等保障残疾人权益、促进残疾人就业、残疾人自助、残疾人创业互助、残疾人文化作品展示等活动。十里堡镇、巨各庄镇、石城镇、檀营地区等基层残联、温馨家园通过微信视频、抖音直播等方式，开展普法维权、居家康复、心理疏导、文化体育等线上直播活动20场。助残日期间通过直播活动受益残疾人1.1万人次。举办线上职业技能培训活动，邀请非遗传承人为残疾人开展服装裁剪、葫芦烙画、虎头枕制作等线上培训900人次。发挥区级温馨家园示范引领作用，为困难残疾人开展入户访视、心理疏导、无接触送餐等服务。

（谷婵娟）

【残疾人传统文化培训及体验活动】 6—9月，区残联组织开展密云区残疾人传统文化培训及体验活动60场，服务覆盖1800余人次。其中油纸伞培训15场、丝带花培训30场、传统手绘团扇培训15场。

（谷婵娟）

【传统文化作品展活动】 7—8月，区残联组织残疾人参加北京市残疾人“奋进新征程·喜迎二十大”传统文化作品展活动，征集选送12名残疾人书法、绘画、摄影等作品，其中6名残疾人作品入选参展。

（谷婵娟）

【残疾预防日宣传活动】 8月25日，区残联开展第六次残疾预防日宣传活动。在温馨家园、康复站与卫生服务中心张贴“健康北京”残疾预防宣传海报200张。通过各街镇残疾人家庭微信群推送残疾预防宣传片和宣传预防知识50余次，沟通交流群众2000人。

（谷婵娟）

【“康复健身进社区”大讲堂活动】 8—9月，区残联协调联系专业机构在果园街道和檀营地区开展“康复健身进社区”流动大讲堂系列活动。通过线上、线下相结合的方式，为295名残疾人宣讲康复健身相关常识，发布康复健身视频。

（谷婵娟）

【密云区基层残联换届工作会议】 9月8日，区残联召开密云区基层残联换届工作会议。区残联党组成员、20个镇街残联主管领导和理事长参加。会议传达学习市、区残联相关文件精神，结合实际对换届工作进行培训。在基层残联换届工作中，区残联加强督促和指导，接受有关换届电话咨询80余次，全区20个镇街全部完成残联换届工作。

（谷婵娟）

9月8日，区残联召开密云区基层残联换届工作会议 （区残联 供图）

【参加北京市第十一届残疾人运动会】 9月8—17日，在北京市第十一届残疾人运动会暨第三届健康杯残疾人群众体育大会中，区残联组织报名10位残疾人运动员，分别参加飞镖、乒乓球、田径、游泳4个项目比赛，3人获优异成绩，其中飞镖听力组女子第二名、女子F60铅球第四名、男子F42-44铁饼第六名。

（谷婵娟）

9月15日，区残联组织残疾人参加北京市第十一届残疾人运动会 （区残联 供图）

【区残联换届工作推进会】 10月18日，区残联召开残联换届工作推进会。对领导小组成员职责进行强调和说明，明确分工，并部署重点工作。区政府办、民政局、卫健委等20个部门经过审核，推荐出席区残联第二次代表大会代表26人，其中18名委员候选人。各镇街（地区）推选各类残疾人代表、健全人代表125人，其中27名委员候选人。

（谷婵娟）

【基层残疾人工作者综合能力提升培训】 12月1—7日，区残联组织467名基层残疾人工作者开展密云区基层残疾人工作者综合能力提升培训。主要包括残疾人社会保障、社会福利政策解读、基层残疾人工作者对突发性事件的应对与处置、如何与残疾人有效沟通、基层残疾人工作者情绪识别与情绪管理、如何做好残疾人的心理疏导与阳光心态等内容。

（谷婵娟）

【区残疾人联合会第一届主席团第四次会议】 12月13日，区残联召开密云区残疾人联合会第一届主席团第四次会议。会议听取关于区残联第二次代表大会筹备情况汇报，通过召开区残联第二次代表大会的决议、向代表大会提交的主席团报告（审议稿）、代表大会执行委员会建议名单和代表大会代表资格审查小组建议名单。

（谷婵娟）

【无障碍环境建设整治】 年内，密云区完成3个爱国主义教育基地（白乙化烈士陵园纪念馆、邓玉芬雕塑主题广场、承兴密联合县政府旧址）和密云区科技馆、密云区婚姻登记服务中心及各镇街新文明实践站的无障碍环境建设整治、整改点位605处，打造鼓楼街道宾阳西里社区和长安西区居委会“两个一刻钟”无障碍便民服务圈工程。

（谷婵娟）

【“教育即是爱，爱即是教育”品牌活动】 年内，区残联开展“教育即是爱，爱即是教育”品牌活动。制定《区残联关于未成年残疾人思想道德建设工作的实施方案》，在“文明密云”公众号、密云电视台等媒体宣传品牌系列活动5次，浏览量6000余人次。组织全区326名儿童观看冬残奥会，举办未成年人保护法知识讲座15场，发放《残疾预防与少儿康复知识》宣传册2000余册。为183名困境残疾儿童配备站立架、踝足矫形器、护理用品等器具。为121名残疾儿童开展个案康复服务，发放教育康复补贴120万元。组织特教学校、康复学校98名学生走出校门参与社区垃圾分类、清洁卫生等10场志愿服务活动。

（谷婵娟）

【残疾人需求采集和服务响应】 年内，区残联开展残疾人需求采集和服务响应常态化工作。完成社区调查414个，完成率100%；完成残疾人调查2.9万人，完成率100%。需求响应率98.52%。

（谷婵娟）

【新时代文明实践志愿服务活动】 年内，区残联组织志愿者重点开展面向困难残疾人群体的关爱帮扶活动和助残服务13次，63名残疾人受益。开展新时代文明实践志愿服务活动，组织单位党员志愿者代表到14名残疾人家庭，开展优惠政策宣传、赠送书籍、心理疏导、发放防疫用品、指导居家康复等志愿服务。组织志愿者为朝阳区实验小学密云学校捐赠图书50册，《三月风》《中国残疾人》等杂志100本，开展助学支教志愿服务。组织志愿者分别到穆家峪镇阁老峪村、鼓楼街道为近50名残疾人开展心理健康知识讲座。引导区级温馨家园到偏远山区为残疾人开展入户理发、免费体检、健康知识讲座和文艺活动等志愿服务，受益500余人。

（谷婵娟）

红十字事业

Activities of Red Cross Society

【概　况】 2022年，北京市密云区红十字会（简称区红十字会）以募捐救助为工作重点，关注贫困弱势群体，加强疫情防控和募捐款物接收工作。截至年底，接收捐款257.69万元，接收捐赠物资15批次1.57万件，价值289.81万元。开展人道救助、应急救护培训、志愿服务、对口支援等工作。

（宋丽丽）

【人道救助】 年内，区红十字会开展“两节”送温暖活动，对全区20个镇街330户贫困家庭进行救助。救助因患白血病、恶性肿瘤、尿毒症、血友病、再生障碍性贫血5种大病和因意外事故造成家庭贫困群体313人次；救助患大病儿童1人；救助社区矫正和刑释解教人员50人次；开展救灾和定向救助工作、艾滋病“四免一关怀”慰问活动，慰问艾滋病患者2人；全年用于区内贫困弱势群体救助款164.51万元。

（宋丽丽）

【应急救护培训】 年内，区红十字会对机关、企事业单位、乡镇和村居的重点人员开展应急救护培训。全区4059人参训，超额完成全年培训计划的135%。在全部参训学员中712人通过理论和实际操作技能考试，取得由北京市红十字会颁发的救护员证。

（宋丽丽）

12月，区红十字会到社区开展应急救护培训

（区红十字会　供图）

【对口支援】 年内，区红十字会与内蒙古自治区通辽市库伦旗、青海省玉树藏族自治州玉树市两地，开展对口支援工作。捐赠防疫和救助物资20.1万元，支援两地，开展帮扶工作。

（宋丽丽）

【志愿服务】 年内，区红十字会组织志愿者参与主要交通路口执勤、全国文明城区创建、生活垃圾分类、社区疫情防控、冬残奥会赛事等活动。开展以“三救三献”宣传、应急救护知识培训、普及、养老助残、新时代文明实践、“携手护源”密云水库水源地周边环境宣传和保护、关爱贫困地区儿童项目等志愿服务活动。其中“水库儿女，一起向未来”获市级品牌项目。全年组织开展活动200余场次，参与志愿者9300余人次，服务时长7.02万余小时。

（宋丽丽）

11 月 22 日，密云区新时代文明实践志愿服务总队开展入户慰问志愿活动

（区红十字会　供图）

消费者权益保护

Consumers' Rights Protecting

【概　况】 2022 年，北京市密云区市场监督管理局（简称区市场监管局）结合“共促消费公平”年主题宣传，开展消费维权工作。坚守“勇于担当，主动作为”工作原则，以维护消费者合法权益为第一责任，以完善基层组织建设为主要内容，推进消费维权网络建设，凝聚社会、消费者和经营者的共识。开展消费维权、消费者权益保护宣传、诚信服务等重点工作。

（洪佳男）

【消费维权】 年内，区市场监管局以“接诉即办”为抓手，推动“接诉即办”向“未诉先办”转型，落实“每月一题”，及时回应民生关切，快速解决民生诉求。全年处理消费维权投诉举报 2.51 万件，解决率、满意率始终保持 99.5%以上，帮助群众挽回经济损失 250 余万元。

（洪佳男）

【消费者权益保护宣传】 年内，区市场监管局优化消费环境，倡导理性消费。结合粮食节约、预付费消费、网络购物、直播带货等热点问题和春节、端午、中秋等重要时间节点，通过公众号、各类微信群等方式向社会发布《消费警示》，宣传引导消费行为，提升消费效能。

（洪佳男）

【社会信用体系建设】 年内，区市场监管局深化“诚信服务承诺单位”活动。召开“诚信服务承诺单位”座谈研讨会，制作专题新闻对承诺事项和企业特色开展宣传。推进落实经营者第一主体责任，引导经营者倾听消费者诉求。通过区消协培育、推荐、考评，全区 15 家企业被北京市消协命名为 2022 年“诚信服务承诺单位”，2 家企业被评为“诚信服务承诺先进单位”。

（洪佳男）

街道 乡镇

SUB-DISTRICT AND TOWNSHIPS

鼓楼街道

Gulou Sub-district

【概　况】 鼓楼街道位于密云城区中心地带，东至新东路以东和檀东路以东，与檀营地区和穆家峪镇接壤；南至潮河中心线，与河南寨镇接壤；西至白河中心线，与果园街道接壤；北至京承铁路中心线，与檀营地区和密云镇接壤，辖区总面积13.06平方千米，占城区的2/3。辖29个社区。管辖居民楼房976栋、楼房单元门4155个，别墅261栋、平房797户2263间、街巷102条。常住人口155009人，户籍人口82212人，流动人口18183人。街道共有社会组织458家、行政事业法人单位140家、中小学及幼儿园30所。规模以上商超市场、餐饮单位56家，宾馆酒店等住宿业38家，“七小门店”及文化健身娱乐场所等4300余家。

（刘　洋）

生态建设

【保水首要政治责任】 落实“河长制”，加强辖区“美丽岸线”建设，保持辖区水环境质量。开展潮白河道日常巡查14500余次，现场执法60余次，发现涉河乱象问题80余个，开展集中整治16次，劝阻市民游客3100余人次，更换潮河、白河河长公示牌12块。落实《密云区2022年“清管行动”工作方案》要求，建立工作台账，及时清理雨水管道、道路边沟，清掏率100%。推进雨污合流整治工作，对檀城家园小区雨水管线进行改造提升，新建污水管线980米、雨水管线680米。

（刘　洋）

【大气污染防治攻坚战】 开展$PM_{2.5}$监测，加强沙尘治理和扬尘管控，在空气污染预警期间，增加保洁频次和洒水降尘作业，全年出动保洁人员5万余人次、洒水9000余次，$PM_{2.5}$平均浓度为26微克/立方米，同比下降16.1%。按照网格化环境监管和“三查十无”等要求，强化工地、汽修、焚烧等污染源监管，加强巡查检查和执法检查力度，打击各类环境违法行为，压实大气精细化管理责任。推进基本无裸露区创建工作，通过绿化为主、苫盖为辅、适当硬化等多元方式，整治裸露土地29块26463平方米。加强“散乱污”企业整治，保持监管高压态势，开展联合执法，关停取缔1家非法搅拌站。

（刘　洋）

城市建设与管理

【全国文明城区创建】 发挥“一册、两图、三表”作用，建立“创城＋网格＋执法”精细化管理模式，梳理“六边”重点点位248个，完成首都文明办实地检查134处和区级检查6506处问题的整改，粉刷楼道15万余平方米、外墙6万余平方米，修补路面1万余平方米。开发“智慧鼓楼”巡检App系统，开创“智慧创城”新模式。按照“五个一批”工作思路，腾退整治“三修一配”摊点49家，建设便民服务网点3处。开展“春风化雨 文泽万家”“走近传统艺术 领略文化之美”等主题活动1307场，布设公益广告15870块。通过专题培训、现场演练、入户宣传等方式，提升创城问卷调查知晓率，在首都文明办季度问卷调查和全区模拟问卷时成绩均保持前列。

（刘　洋）

7月22日，鼓楼街道举办“走近传统艺术 领略文化之美”系列主题活动启动式

（鼓楼街道　供图）

【城市精细化治理】 开展街区环境秩序专项整治行动，规范店外经营行为15160起、拆除违规广告牌匾326块、清理游商占道经营行为3026个，立案处理4624起。严格落实巡查包保责任落实机制，劝阻飞线充电81190起，规范不文明晾晒47883处、不文明养犬行为28817件。开展“周末大扫除”活动，动员党员、志愿者等3.8万余人次，清理卫生死角36000处、清除小广告132596张、规范停车入位228672辆。檀州家园、云北社区成功创建2022年市级花园式社区。坚持新生违法建设“零增长”，推进拆违打非，销账5878平方米。完成城后胡同、檀南胡同整

体提升改造，整改完成30条背街小巷路面、建筑物外立面破损等426处1300余个问题点位，打造8条“门前三包”精品示范街，统一更换安装500余块公示牌，街区环境更加整洁有序。

（刘　洋）

4月23日，鼓楼街道车站路南社区开展“全民参与 创城有我”周末大扫除活动

（鼓楼街道　供图）

【两个“关键小事”】 完善垃圾分类日巡查和“薄弱清单”机制，推进垃圾分类桶站监控平台建设，将306个监控接入街道综合调度指挥平台，督促社区、物业落实桶站及驿站常态化管理，加大执法检查和上门精准宣教力度，提升居民垃圾分类正确投放率。强化物业管理，推动物业星级考核评比，加强日常监督、检查和指导，定期组织召开物业管理工作会，完成15个小区物业服务合同备案工作，提升物业服务水平。引导业委会（物管会）发挥作用，推动3个小区业委会换届选举和53个业委会成员招募，引导公职人员、党员参选业委会委员，参与社区治理。

（刘　洋）

经济建设

【经济指标】 全年实现财政收入16212万元，完成全年收入任务的107.2%，比上年增长316.8%。加大征收个人出租房屋税工作力度，征收个人出租房屋税388万余元。

（刘　洋）

【招商引资】 统筹疫情防控和经济社会发展，优化营商环境，积极推进复产复工。深化联系走访企业机制，加强跟踪服务，畅通诉求渠道，全年引进企业13家，涉及物业、传媒、食品、商贸等行业，注册资金总额8000万元。

（刘　洋）

文化建设

【文化鼓楼整体设计】 建设175米长的长安西文化墙，通过砖雕形式展示社会主义核心价值观、新二十四孝等文化元素。建成400平方米街道图书分馆，聘请三方公司开展专业运营，开展活动15场，服务到馆读者30000余人次。与辖区学校、酒店、单位等建立场地资源共享协议，为社区拓展居民室内活动场地2705平方米。提升改造车站路、鼓楼、宾阳里和檀州家园社区文化活动中心，新增室内场所1800余平方米。

（刘　洋）

【文体活动开展】 为社区文体品牌队伍搭建平台，扩大社区品牌队伍规模。有街道级品牌文体队伍8支，固定团队员310人；社区级文体队伍156支，品牌队伍58支，队员7000余人。以“线上+线下”形式，组织开展“迎冬奥”“创城有我”“先锋岗亭”“社区邻里节”等群众文化活动及培训513场，参与群众达85000余人次。组织机关干部参加“中国梦，劳动美——喜迎二十大　建功新时代”2022年首都职工健身操舞系列比赛活动，获得第九套广播体操二等奖等4个奖项。

（刘　洋）

8月20日，鼓楼街道开展文化惠民系列活动——创建全国文明城区专场文艺演出

（鼓楼街道　供图）

社会建设

【疫情防控】 建立每日调度、应急处置、“问题清单+督导整改”等机制，纵向压实“街道—社区—楼长—居民”一级包一级责任机制，横向加强“一办十

组”协同配合，形成上下联动、运转高效、层层落实的闭合链条。全年接收京办派单9720人次，核实大数据派单104559条，管控各类风险人员50308人次，临时封控小区26个351栋楼46438人，组织区域核酸筛查31次233万余人次，为各类风险人员上门核酸采样15万余人次，动态管理7808名跨区流动人员，检查辖区商业场所18.8万余家次，提供就医问药、运送物品等保障服务15万余次，通过掌上楼门群和宣传栏及时传达官方政策。因时因势优化调整防控措施，实现从防控向服务、快处向保障快速切换，全力维护辖区居民生命安全和身体健康。

（刘　洋）

【民生保障】 实现城乡劳动力就业2516人，超额完成任务指标。落实社会保障政策，做好保障性住房、失能补贴、社会救助等工作，推进10个社区12个点位无障碍设施安装及改造，加强辖区养老服务机构安全管理，守护726名老年人的健康安全。巩固街道政务服务中心“一窗受理”改革成果，推进社区政务服务规范化建设全覆盖，全年受理业务12840件，办结率100％，获“北京市密云区2022年度镇街政务服务工作先进单位”称号。抓好接诉即办，严格落实“1135”工作机制和“三上门”工作要求，坚持每日调度、督导问责、“吹哨报到”等机制，加强疑难工单协商研判，推动主动治理、未诉先办，强化责任落实。解决“12345”热线群众诉求15757件，平均响应率为100％，解决率94.95％，满意率95.26％，综合成绩95.65分。

（刘　洋）

【民生实事】 推进花园小区28、29、30号楼危楼翻建改造工作，仅用30天时间顺利完成144户居民的签约和缴费工作，三栋危楼顺利拆除，创造了动员签约的“鼓楼速度”。推进花园小区41栋楼房老旧小区改造工作，外墙保温、楼体粉刷等工程基本完工。完成34栋住宅楼39400平方米房屋漏雨修缮和檀城家园小区环境提升工程，为7个社区更换325台供电箱，建设7588个电动自行车充电桩接口，推进世纪家园A座275户业主房本办理历史遗留问题解决。

（刘　洋）

【安全维稳】 通过领导带头下访、上门访、约访等形式接待群众97批121人次，成功调解263件矛盾纠纷。全面整合辖区19000余名党员干部和4500余名志愿者、网格员、街巷长等群防群治力量，强化社会面防控，圆满完成党的二十大、全国“两会”、北京冬奥会等重点时段安保维稳工作。

（刘　洋）

【安全生产】 制定《突发事件总体应急预案》《安全生产事故应急预案》等应急管理制度，组建3支应急管理队伍，强化突发事件处置能力。推进隐患排查治理，对辖区内生产经营场所开展安全检查10万余家次，消除各类隐患2万余条。开展燃气安全、危险化学品等专项整治行动，组织社区居民开展“一警六员”培训14批469人，提升基层扑救初期火灾能力。

（刘　洋）

党的建设

【思想政治建设】 把政治建设放在首位，严肃党内政治生活，贯彻落实民主集中制，增强党组织的政治功能。强化理论武装，推动党员干部深入学习习近平新时代中国特色社会主义思想和党的二十大精神，通过“同步收看现场学、领导干部引领学、学习讨论交流学、营造氛围跟进学、结合实践融入学”的“五学”模式，组织开展集中学习、交流研讨、主题宣讲等活动200余次。落实意识形态工作责任制，处置网络舆情预警10件，守牢意识形态安全防线，辖区舆情平稳有序。

（刘　洋）

【基层党组织建设】 研究制定街道组织工作要点，明确24项重点任务，推动基层党组织严格落实“三会一课”、组织生活会和民主评议党员等制度，高标准做好24名党员发展工作，推动党建基础工作严实、规范。强化后进社区整顿，成立领导小组，落实“4＋1”工作机制，配齐配强宾阳里社区“两委”班子。圆满完成市委延伸巡视工作，高标准完成党的二十大代表推荐提名和市第十三次党代会代表选举。强化党建引领“两新”组织发展，完成7家党组织换届选举工作，新建35家暖心驿站，为新就业群体注入“红色动能”。

（刘　洋）

【“密云先锋”鼓楼党建品牌建设】 积极开展亮岗示范、和谐共建、党建领航“三大先锋”活动，将辖区划分29个党员责任区，设立221个党员先锋岗，成立58支党员先锋队，发挥示范引领作用。落实“1＋10”党员联系服务群众机制，引导辖区19000余名党员在疫情防控、创城等工作中当先锋作表率，打通服务群众“最后一米”。宝城党委“行进中的密云先锋”入选全国“年度百个两新党建创新案例”。街道获评区级“密云先锋”11 人、“密云先锋党组织”5 个、“密云先锋岗”2 个、“密云先锋队”1 支。

（刘　洋）

12 月，鼓楼街道“两新”党组织北京宝城客运公司党委打造“行进中的密云先锋”入选“2022 年度百个两新党建创新案例”

（鼓楼街道　供图）

【干部队伍建设】 坚持正确选人用人导向，建立健全长效机制，常态化培养年轻干部，开展以提高干部素质及为民服务本领为目标的“科级干部上讲台”业务大练兵活动，提拔任用科级干部 1 人，评优立功 55 人，激励引导广大干部主动担当、积极作为。以“公仆心、云水情”干部教育实践活动为契机，强化干部队伍作风建设，做到规范高效廉洁服务。围绕“大学习”“大检视”“大提升”目标任务，将“我为群众办实事”贯穿始终，广泛征求意见 100 余条，自我检视问题 1212 条，列出实事项目 97 项，推动化解了一批热点难点问题。

（刘　洋）

【群团组织建设】 坚持“党建带动群建，群建服务党建”的基本思路，整合工会、团委、妇联力量，组织开展“喜迎二十大、永远跟党走、奋进新征程”“云水书香·携手逐梦”等主题活动，参与居民达 15000 余人，妇联获评全国家庭工作先进集体，团工委获评北京市五四红旗团委。依托街道党群服务中心建设公共区域职工之家和职工书屋，街道总工会被评为密云区十佳工会组织。

（刘　洋）

【党风廉政建设】 持之以恒纠治“四风”，严格干部日常监督管理，逐级签订党风廉政建设责任书和廉洁承诺书，层层压实责任。综合运用监督执纪“四种形态”，坚持抓早抓小、防微杜渐，及时提醒纠正苗头性、倾向性问题。聚焦疫情防控、创城等重点工作，开展监督检查 847 次，督促整改问题 554 个，约谈、提醒 550 人次，保障各项工作有序推进。强化执纪审查政治效果，处置问题线索 10 件，立案 9 件。深入推进社区微权力监督“五个一”体系建设，为推进“三不一体”体制机制奠定坚实基础。

（刘　洋）

果园街道

Guoyuan Sub-district

【概　况】 果园街道位于密云城区白河以西，东以白河为界，西到兴云社区，与十里堡镇双井村、密云镇季庄村、唐庄村接壤，南至白河北岸、西大桥村，与区经济开发区相连，北到上河湾小区铁路桥，与密云镇接壤。辖区总面积 8.62 平方千米，下辖 18 个社区。共有户籍人口 14549 户 37085 人，常住人口 83957 人。有楼房 638 栋，单元门 2335 个，平房 440 间（含西大桥村）。中小学 5 所，公立幼儿园 4 所，高校 1 所。

（王晓晨）

生态建设

【污染防治】 强化大气污染防治精细化管理，完成 160 个上账裸地点位问题整改，提升辖区空气质量。做好绿地管护专项治理工作，处理点位问题 130 处。做好“揭网见绿”工作，25 处台账已整改完成。进一步深化落实“河长制”，明确社区河长和巡河员工作职责，加强日常检查和污染治理，共处理反馈问题 163 件。

（王晓晨）

【环境卫生建设】 开展环境秩序整治工作，获评首都城市环境建设管理样板街道。推进“门前三包”责任制落地见效，制定《果园街道深化推进门前责任区专项治理工作实施方案》，明确四级责任主体职责分工，实行“门店自治、群众监督、执法保障”三效合一的体制机制。加强“三修一配”便民服务网点建设，规范摊位经营行为，改善西门外大街等重点街区环境秩序。整治兴盛北路沿线乱象，利用腾退土地空间，建设公厕、停车场、公园绿地等便民设施，服务周边群众。

（王晓晨）

城市建设与管理

【棚户区改造】 协调住建、规自、发改等相关部门，推进西大桥和十六局两个棚改项目“多规合一”、控规批复、服务公司选定等工作，保障棚改工作如期开展。发挥西大桥棚改临时党总支战斗堡垒和党员先锋模范作用，带头宣传棚改政策、带头签约，住宅院落签约比例达 98.2%，创造了本区同类征收项目签约比例新纪录。推进十六局棚改项目，项目回迁房已封顶，回迁居民安置房选定工作已顺利完成。

（王晓晨）

【垃圾分类】 落实《密云区村居生活垃圾分类考核管理办法》，结合街道“1＋4”政策，压紧压实生活垃圾分类管理责任。加强垃圾分类工作示范化建设，累计创建市级示范小区 11 个、区级示范小区 9 个。重点排查生活垃圾分类、收集、处理、运输情况，建立台账 472 家。开展生活垃圾专项检查 3000 余次，联合执法 30 余次，针对不分类投放违法行为警告 61 起，罚款 8 起 6200 元，发放法规宣传册 100 余份。开展精准入户宣传活动，主动讲解垃圾分类政策，累计上门宣传 47810 户，促进源头主动分类。

（王晓晨）

【疏解整治促提升】 清理整顿违法建设，巩固无违建街道创建成果，拆除违法建筑 4000 余平方米。推进城市更新，做好果园中街精品街建设，提升街区环境水平。推进背街小巷环境精细化整治，完成绿地南、北区环路改造项目，推进白云北街、农园路、唐源云居西侧路 3 条街巷环境整治工作，初步完成清水湾社区西侧路治理。发挥综合行政执法职能，解决辖区内群众反映强烈的游商管理、环境卫生、店外经营、乱堆乱放等各种违法、违规问题，全年立案 1977 件，同比增长 79%。

（王晓晨）

【物业管理】 起草《果园街道办事处物业服务企业星级考核办法》，督促物业企业履行职责，激励物业企业打造服务品牌，提升居民幸福感、满意度。组织召开物业企业工作会议 6 次，就物业企业管理问题、物业履职不到位等问题约谈物业企业负责人 14 次，敦促物业企业及时整改。推进小区物业管理规范化进程，果园西里中区成功选聘专业物业公司，实现由单位自管向规范化管理转变。推进业主委员会换届选举，完成康馨雅苑、果园新里南区等 3 个小区业主委员会换届选举工作。

（王晓晨）

【全国文明城区创建】 成立创城专班，建立“接单—下派—整改—反馈”闭环管理机制，对照“三个一”目标，精准对标点位清单，补短板强弱项，抓整改促提升，快速推进自查发现和部门反馈各类问题的全面落实整改。深化“督查整改、拉练检查、执法处罚、通报约谈、社区自查整改”五项环境秩序整治机制，努力实现日查日清，全方位优化街区环境。紧盯“六边”社区、背街小巷、门前三包等重点点位，全面对照创城指标查漏补缺，提升城市精细化管理水平。针对随意晾晒、飞线充电等问题，新建公共晾晒区 133 处，加装充电桩接口近 4000 个，撤除飞线 2 万余条次，秩序摆放非机动车 8000 余辆。持续深入社区、深入群众宣传创城工作，发放创城承诺卡 3.5 万余份。对照“创城”标准要求，开展周末大扫除活动，全面治理老旧小区，改善人居环境。努力提高居民文明素质，开展志愿服务活动千余场，营造浓厚创城氛围。

（王晓晨）

3 月 21 日，果园街道创建全国文明城区推进工作大会召开 （冯欣蕾 摄）

经 济 建 设

【优化营商环境】 加强集中办公区服务管理，落实各项稳企纾困政策，积极解决入驻企业实际困难，全年兑现企业发展资金 316.65 万元。推动招商引资，按照稳固存量、扩大增量、提高质量原则，引进、注册符合密云定位、发展潜力较大的优质企业 55 家。

（王晓晨）

【经济指标】 落实组收责任，发挥财源建设与收入管理专班职能作用，全年实现财政收入2808万元，超额完成928万元。

（王晓晨）

文化建设

【北京市公共文化服务体系示范区创建】 有序推进北京市公共文化服务体系示范区各项创建指标，北京市综合文化中心效能评估圆满完成，着力打造文化精品活动，推动辖区各类文化活动蓬勃开展。

（王晓晨）

【文化队伍建设】 充分发挥街道文化中心引领作用，依托街道4处文体中心平台，建立文化团队服务网络，先后成立以果园街道云声艺术团为引领的合唱队、舞蹈队、水库儿女宣讲团等文化品牌队伍12支、群众文体队伍60支，形成街道文化建设强大合力。

（王晓晨）

7月27日，果园街道举办“爱满京城 相约幸福”七夕文艺演出 （冯欣蕾 摄）

社会建设

【疫情防控】 成立由街道党工委书记、办事处主任担任总指挥，党工委副书记、主管副主任担任副指挥的街道涉疫风险人员8小时应急处置指挥部，实现24小时运转。制定完善《密云区果园街道疫情防控应急处置预案》《果园街道社区疫情防控封闭、解除管控预案（试行）》《果园街道新型冠状病毒肺炎核酸检测工作实施方案》等，提升社区疫情防控能力和水平。组织辖区党员、社区干部、物业人员等1200余人充实防控一线，同700余名下派干部对卡口实行24小时值守，加强车辆、人员进出管理，扎实做好“伸手五查”。完成落位管控3.2万余人次，开展核酸检测665万人次，累计组织接种疫苗16万剂次。

（王晓晨）

【社会保障】 实现社会救助“兜底”，累计发放低保金347.78万元、采暖救助金17.9万元、医疗救助金24.1万元、临时救助金0.65万元、大学生教育救助金1.77万元、慈善救助金8.6万元、“五老”精准帮扶救助金1.2万元。落实各项惠残政策，发放残疾人护理补贴和困难残疾人生活补贴157.05万元、居家助残服务补贴8.94万元、自主创业就业社会保险补贴46.35万元、自主创业补贴2.48万元、扶残助学补贴0.9万元、机动车燃油补贴1560元。落实现行计划生育政策，办理生育服务登记358例。对符合条件的人口出生上报332人次。完成独生子女父母一次性奖励、独生子女父母月奖励等系统信息核对1502人。推进辖区为老服务的软硬件建设，提高为老服务水平，上河湾社区获评密云首家2022年全国示范性老年友好型社区。落实养老补贴政策，发放困难老年人养老服务补贴、失能老年人护理补贴和高龄老年人津贴351.33万元。

（王晓晨）

【就业服务保障】 组织开展职业技能培训班两期，建立失业人员台账和帮扶长效机制，解决1570名失业人员就业，确保“零就业家庭”动态为零。开发公益性就业岗位，实现辖区失业人员进入公益性岗位就业60人。申请市、区两级公益性岗位补贴共1500万元。

（王晓晨）

【退役军人服务】 完成创建社区退役军人服务站及创建双拥模范城档案工作。完成辖区内退役军人及其他优抚对象建档立卡和优待证申请工作1903人。为5名优抚对象报销药费4.5万元，为7名退役军人申请临时救助金2.1万元，为1名农籍退役老兵申领退役军人待遇。

（王晓晨）

【接诉即办】 建立健全街道牵头、民主协商、社会协同、公众参与的接诉即办工作体系，完善群众诉求快速反应机制，市民热线解决率和满意率持续提升。全年“12345”市民热线共受理8692件，市级考核响应率99.88%，解决率96.05%，满意率96.24%，重点解决房屋漏雨、物业管理、停车难等群众反映突出的问题，万人诉求量始终保持全区低位。强化主动治理与未诉先办，针对多发性、周期性问题，结合“每月一题”工作部署，提前谋划做好应对工作，从源头减少诉求量。推动接诉即办与街道各项重点工作深度融合，结合“公仆心、云水情”干部教育实践活动，开展群众痛点攻坚行动，妥善解决停车难、用水难、办证难等民生难题。

（王晓晨）

【社会治安综合治理】 全面排查影响社会和谐稳定的各类矛盾纠纷和信访问题，落实领导包案机制和“1+X”管控措施，制定针对性稳控方案。启动重点时期防控措施，组织安保力量开展等级布控和网格巡控，加大社会面巡逻力度，发现隐患及时上报，圆满完成党的二十大、北京冬奥会、冬残奥会及全国“两会”安保维稳工作。

（王晓晨）

1月30日，果园街道2022年春节、冬奥会和冬残奥会期间工作部署会召开　　（冯欣蕾　摄）

【安全生产】 认真贯彻“安全第一、预防为主、综合治理”方针，落实“党政同责、一岗双责、属地管理”要求，各项经济社会活动安全有序运行。研究制定《2022年果园街道区级挂账社会治安重点地区整治工作方案》，对重点地区开展联合执法，消除各类治安和安全隐患。落实安全生产责任制，街道被评为密云区安全生产先进单位、消防安全生产单位，平安建设办公室被评为北京市人防系统先进单位。

（王晓晨）

【民生实事】 强化协调联动，推动化工建材家属院供水项目顺利完工，解决居民用水问题。实施老旧小区住宅楼房屋漏雨改造项目，完成果园新里北区16号院、果园新里中区等4个小区11栋住宅楼房屋漏雨改造，修缮面积22600余平方米。实施果园新里1、9号楼翻建改造项目，现已完成楼体拆除工作。兴云1、6、7号楼老旧小区综合整治工作基本完工。推进既有住宅楼电梯加装工作和地下管网改造工作，目前季庄、康居、果园新里3个社区的11部电梯正在有序施工。解决购房人办证难问题，协助桃源公馆、唐源云居小区居民办理房本500余户。

（王晓晨）

党的建设

【思想政治建设】 深入推进“扫黄打非”工作，开展涉党史领域境外有害出版物及信息排查、2022年元旦、春节、北京冬奥会、全国“两会”、国庆和党的二十大期间出版物市场整治工作，净化文化市场。严格落实中心组学习制度，组织理论学习中心组学习18次。牢牢把握意识形态主导权，坚守意识形态和文化安全主阵地，形成《意识形态及网络舆情风险分析及建议》2期。处置涉及防疫、基层治理等网络舆情预警12件。加强宣传阵地建设，在新时代文明实践所、站、街道文化广场等场所，布设、更新精神文明建设宣传栏、公益广告等700余面，开展理论宣讲、市民教育、科普宣传、健身活动、文化活动等群众性精神文明创建活动500余场次。

（王晓晨）

【组织建设】 组织各级党员干部学习党的二十大报告，完整、准确、全面领会党的二十大精神。开展“密云先锋”行动，构建“1+5+N”工作格局，从“块、线、面”三方面推动“密云先锋”行动深入开展。实施“1+10”党员密切联系群众机制，打造“一车一站”特色党建品牌，开展“岗位建功我先行”、“点亮微心愿”、“红色合伙人”便民直通车、“我的街巷我做主”、“红色物业暖民心”等活动，街道2700余名党员亮身份、争先锋、作表率。落实“三会一课”、组织生活会、主题党日等制度，创新组织生活形式，充分利用网站、微信公众号以及“学习强国”App等平台，组织党员认真学习党的路线、方针、政策，定期交流垃圾分类、创城、疫情防控、社区治理等相关内容，把党的组织生活与基层治理工作结合起来，确保组织生活不间断、学习效果不打折。推进非公企业和社会组织“两个覆盖”工作，实现规模以上企业党组织全覆盖。引导蓝天救援队、同心圆心理服务中心、澜悦社区心理服务站等“两新”组织参与社会治理，为社区提供专业化服务。

（王晓晨）

3 月 30 日，果园街道“密云先锋”行动部署会召开　　（冯欣蕾　摄）

【干部队伍建设】 严守党员发展程序，注重日常考察，严把发展党员入口关，完成 22 名预备党员转正及 14 名新党员发展工作。结合“公仆心 云水情”干部教育实践活动，加强人才储备，树立一线识人才、用人才的鲜明导向。注重在全国文明城区创建、棚户区改造、接诉即办等重点工作中发掘干部、培养干部，激励干部干事创业、担当作为。注重对基层党务工作者的人文关怀，激发干事活力，营造良好的工作氛围。加强网络正面宣传和舆情监测工作，做好涉组涉干舆情调查和引导工作。

（王晓晨）

【党风廉政建设】 开展“送纪律到基层宣讲活动”，将宣讲活动覆盖到 222 名科级以上干部和社区“两委”干部。组织召开警示教育大会，观看警示教育专题片《警钟》，结合 2021 年街道纪工委线索受理和案件查办等情况解读相关党纪法规，并对全体党员干部提出纪律提示和工作要求。加强日常监督，街道纪工委书记与 5 名科室长、12 名社区书记开展谈心谈话，了解其履职情况，要求其落实全面从严治党主体责任，认真查找分管领域廉政风险点，加强对工作人员的教育监督管理。加大执纪审查力度，给予党内警告处分 2 人、严重警告处分 1 人。

（王晓晨）

檀营地区（檀营满族蒙古族乡）

Tanying Area
(Tanying Manchu and Mongolian Nationality Township)

【概　况】 檀营地区位于密云新城东部，属于密云新城核心区，区域面积 2.87 平方千米，下辖 3 个居委会。辖区共有户籍人口 5456 人，常住人口 15095 人，其中少数民族人口 1747 人，流动人口 7747 人。辖区内有幼儿园 2 所、民族小学 1 所。

（王京华）

生态建设

【环境综合治理】 加强城市主次干道、背街小巷及小区周边的日常巡查检查和问题执法处罚力度，开展“门前三包”专项整治行动、严控占道经营违法行为、严厉打击随意倾倒建筑垃圾乱象。市容环境卫生管理累计实施行政处罚 123 起，罚款 4980 元。

（王京华）

【大气污染防治】 深化公务用车管理，巩固节约型机关创建成果，加强施工单位精细化管理，建立管理台账，强化对拆迁区和工地监督执法，集中管控施工扬尘、建筑垃圾、运输车辆道路遗撒和违规夜间施工等违法行为，发现问题立即责令施工单位整改到位。

（王京华）

经济建设

【优化营商环境】 坚持“以城兴财，以地生财，以商聚财”的发展思路，把优化经济环境作为基础工程，以多种形式走访企业，宣传融资、减税降费等扶企政策，拨付 200 余万元项目资金用于支持企业发展。

（王京华）

【经济指标】 对非税收入严格执行“收支两条线”管理。完成财政收入目标 2800 万元，在全区财源建设综合评价中位于前列。

（王京华）

城乡建设与管理

【全国文明城区创建】 完成首都文明办、区创城办、区城指中心下发的各类问题整改，累计整改点位 2853 个，上交整改报告 126 份。领导班子每周开展拉练检查，发现问题召开现场会及时解决。严格对照创城指标举一反三，对整改点位周边200米范围进行再次摸排。开展“周末大扫除”活动3240人次。落实公益广告宣传工作要求，在首都文明社区增设景观小品2处，在其他社区增配未成年人、社会主义核心价值观等广告236块。由地区物业科、安全科、城管执法队、派出所等部门组成联合执法力量，在辖区内开展5轮集中清理整治行动，累计清理堆物堆料226吨、铲除小广告36530张，规范“门前三包”问题204个，清理游商249次。利用“社区通”小程序、微信群等媒体平台发布创城文明知识，举办“小手拉大手”、敲门送文明等主题活动35场，开展4轮线上“答题换礼”活动。

（王京华）

5月21日，檀营地区开展创城周末大扫除活动
（檀营地区　供图）

【“无违建地区”工作成果巩固】 拆违面积5000余平方米，超额完成区里下达的拆违工作任务，在全区率先完成拆违任务，完成率516.95%。环境建设“月检查、月曝光、月排名”综合成绩位居全区前列。

（王京华）

【老旧小区改造】 投资50万元，为石桥西区、檀营小区、久润西区、久润东区北院四个小区门头进行提升改造；投资30万元修复檀府家园防护墙和水毁道路；投资18万元解决久润东、西区商业用房1490平方米屋顶漏水问题；对久润西区、檀营小区、生态城高层实施供水二次加压改造，400余户居民受益；主动协调解决群众关心的非机动车停车位紧张、电动车充电桩数量少等热点难点问题，在8个小区硬化路面62处、施划停车位4210个、增设充电桩1300个。

（王京华）

【两个“关键小事”】 强化考核标准，督促各小区成立业主委员会，制定《物业管理及综合整治方案》《物业服务以奖代补考核办法》，巩固久润东区物业管理示范社区创建成果，物业服务管理水平和物业费征缴率实现新提升，居民满意率持续增强。加强垃圾分类日常巡查。地区综合行政执法队以居民生活小区、沿街商户及施工工地为重点，连续开展专项执法工作。

（王京华）

文化建设

【文化活动开展】 发挥“文化惠民、文化育民、文化悦民、文化富民”文化品牌作用，开展线上线下系列文艺演出活动，唱好“四季歌”。举办文化骨干培训班45期，开展文艺演出等系列文化活动10场次。

（王京华）

【文体设施建设】 加大文体设施建设投入。对生态城东侧公园篮球场进行维修改造，为碧桂园、悦欣汇、锦悦府等新建小区安装健身器材，为建成小区补充安装健身器材及座椅200余套。投入20万元，为檀营小学购置大马头琴、火布斯和满蒙民族特色服装，弘扬和传承少数民族文化。

（王京华）

社会建设

【疫情防控】 制定下发《檀营地区疫情防控应急工作预案》《檀营地区核酸检测方案》等各类文件，以小区为单位开展综合演练8次。完成久润东区、生态城北区临时封控任务，落实“一对一”“多对一”联系服务机制，做好隔离群众就医、采买等服务保障工作。在原有10个核酸采样点的基础上，针对悦欣汇、锦悦府、碧桂园3个未移交小区和施工工地，与住建委协调配合，增设3个核酸采样点，完成7轮核酸检测工作，累计检测10万人次。抽调机关干部完成驰援朝阳区核酸检测任务，为全市抗击疫情贡献檀营力量。党委书记带头签写“请战书”，全体机关干部参与疫情防控工作。对接92名下沉干部，24小时无缝轮岗值守，阻断疫情传播链条。在原有第七次全国人口普查台账基础上，完善地区常住人口、非常住人口、通勤人口、特殊人口等台账管理。做好60岁以上老人疫苗接种工作，创新工作方法，独创“扫街”工作模式，疫苗接种率达到91.3%。

（王京华）

【接诉即办】 出台“接诉即办”工作方案、监督考核和办理流程等制度文件19个，在“四包四上门”工作法和“1135”工作机制基础上，执行“两不两办两到位”，提高办理质量。建立“一把手”负责制，副书记总协调，市民诉求处置中心和各办理部门无缝对接的指挥调度体系。升级指挥平台，完善多网融合，实现秒级响应，依托专业技术团队研发综合治理数据调度指挥平台系统，有效完成四个统一，即统一派单、统一接单、统一办理、统一回复。建立党委统领、政府主责、党群互动、服务便民、科技支撑的智慧化党建体系，完善地区指挥平台、社区服务平台和居民掌上平台三平台建设。共接“接诉即办”工单4077件，响应率99.83%，解决率97.05%，满意率97.35%，综合得分97.55分，成绩始终位列全市前列、全区前茅，月考核多次排名全区第一。

（王京华）

【民生保障】 年初制定“一意两表”，指定15项办实事工程，明确完成时限和责任人，并按季度督查。为退役军人、残疾人、老年人及水库移民等915名各类服务对象发放补贴、津贴、慰问金155.6万元。完成对久润东区、西区墙体加固、小区路面修复、檀府家园长期积水等重要民生工程。落实电梯安装，完成2处选址。投资18万元，为檀营小区、石桥小区及久润商业用房修缮房顶及更换雨水管线。广泛开展就业技能培训，通过送岗位、送培训、送政策，对困难人员实施精准帮扶，鼓励灵活就业，帮助25人实现就业。对已建立用人需求档案的36家用人单位提供100%的跟踪回访服务500人次，签订日常服务协议，建立用人需求档案，推进全方位公共就业服务。累计采集空岗信息420个，完成全年任务的105%。

（王京华）

【安全维稳】 做好重要节日、重要时间节点安保维稳工作。圆满完成全国“两会”、北京冬奥会、冬残奥会、国庆节、党的二十大等重点时期服务保障工作。加密隐患排查和重点部位防控，针对地区16个重点部位强化责任落实，实现2022年平安度汛工作目标。与各社区和相关部门签订森林防火责任书，组织消防支队、派出所对辖区进行安全隐患排查7次。地区综治办对属地各重点单位人防、物防、技防设备设施进行检查，完善反恐方案、预案，加强反恐宣传力度。完善领导干部接访制度，实行“三公开”“五访”工作方法，加大矛盾调处力度。

（王京华）

党的建设

【组织建设】 持续开展“密云先锋”檀营行动。深化“1+10”党员联系群众工作，扎实推进“五个一”工作制度，精心打造“密云先锋”宣传阵地，探索党建引领民族特色的“先锋路”。党员干部走访群众964人次，解决群众诉求293件，率先实现党员动员率和联系群众率均达100%的工作目标，檀营社区党支部荣获密云区先进基层党组织称号。制定《2022年密云区檀营地区基层党建工作重点任务清单》，围绕18项工作内容，严格落实主体责任，确保工作落实落细。

（王京华）

【干部队伍建设】 推进“公仆心、云水情”干部教育实践活动走深走实。开展“大学习”铸牢思想根基，开展“大检视”破解存在问题，开展“大提升”强化为民服务，专题学习5次，查摆检视问题35个，完成问题整改83个，推进实事项目10件。严格按照发展党员的规定和流程，突出鲜明导向，筑牢干部选任“入口关”，2022年发展党员5人，预备党员转正5人。严格干部选拔任用程序和监督管理机制，贯彻落实《干部选拔任用条例》，坚持“好干部五个标准”，从干部选拔任用的动议、酝酿、讨论到考察、任用，全程坚持公开透明。选拔任用四级调研员2人，一至四级主任科员4人，事业岗位副处级干部3人，事业岗位正科级干部2人，事业岗位副科级干部1人。聚焦新时代基层干部队伍建设要求，加强党员干部培训，全年科级干部累计参加培训300余人次，地区干部教育学习网报名人员31人，在线学习任务完成率实现100%。

（王京华）

【思想政治建设】 开展理论学习中心组集中学习23次，地区机关干部交流研讨5次，撰写心得体会83篇。制定《檀营地区网络安全事件应急预案》，25个科室、3个社区签订《檀营地区办事处网络使用和信息安全责任制》，安排专人密切关注网络舆情，召开舆情研判会4次，全年未发生网络舆情事件。成立年轻干部写作小组，围绕重点工作开展宣传报道。累计报送两办信息143篇，在生态密云、文明密云等区级媒体刊登信息60篇，北京日报、劳务报等市级媒体刊登信息14篇。在地区指挥平台“党建引领”专栏发布内容122条，编辑《檀营地区工作简报》106期，集中宣传党的二十大精神、领导调研以及各科室工作动态。常态化抓好各党支部“学习强国”学习利用，地区“学习强国”参与率位居全区前列。

（王京华）

10月16日，檀营地区组织党员干部群众观看党的二十大开幕式　（檀营地区　供图）

【党风廉政建设】 制订党风廉政建设工作计划，抓好任务分解细化，重点对党组织推进党的政治建设特别是遵守党的政治纪律和政治规矩情况进行监督检查，推动问题整改到位。对接诉即办进行专项监督检查，共筛查工单120件，谈话提醒150人次。开展疫情防控常态化监督检查，共检查小区卡口160余次，实地检查居家管控人员106人，督促整改100余处，针对疫情防控工作谈话提醒70人次。开展全国文明城区创建监督检查，实地监督检查60次，推动解决问题整改50余处。开展警示教育活动5次，宣讲活动1次，集体廉政谈话3次，主动约谈110人次，党风廉政意见回复11人次。

（王京华）

密　云　镇

Miyun Township

【概　况】 密云镇位于密云区西南部平原地带，东至白石岭东山脊，与穆家峪镇接壤；南至新北路和季庄村西南，与果园街道和十里堡镇接壤；西至小唐庄村西，与西田各庄镇接壤；北至李各庄村和西户部庄村北，与溪翁庄镇和西田各庄镇接壤。镇域面积为13平方千米，距北京市区65千米，距首都国际机场40千米，距天津塘沽港160千米，是北京至承德以及东北各省的重要通道。全镇辖6个行政村。辖区内流动人口6499人，户籍人口3760户、8435人，其中农业户籍人口7459人。

（马梦兰）

生 态 建 设

【保水责任落实】 落实河长制工作，镇、村两级河长巡河率保持100%，密云镇河长制工作排名城区组第一，河道断面考核全部达标。创新工作机制，与区级部门建立工作联动机制，共同加强巡查管护，确保镇域河道干净、整洁、美观。

（马梦兰）

【蓝天保卫战】 深化“一微克”行动，$PM_{2.5}$全年平均浓度26微克/立方米。落实各项防治措施，全年共治理裸地25000余平方米，处罚施工工地扬尘违法行为8起，罚款17万元。

（马梦兰）

【农村人居环境整治】 推进“时时打扫、处处干净、村村美丽”人居环境治理行动，固化形成检查整改、考核激励、专项治理、周末大扫除等长效机制，治理市、区两级上账环境问题3500处、乱涂乱画700余处。建立垃圾分类视频指挥系统，开展垃圾分类“敲门行动”，实行垃圾分类台账式、清单化管理，动态销账。加强门前责任区治理，与沿街单位、店铺签订责任书149份，发放宣传册1120余份，累计开展垃圾分类和门前责任区执法检查1800余次，罚款12.3万元。

（马梦兰）

镇村建设与管理

【美丽乡村建设】 实施给排水改造和美丽乡村建设项目，累计投入资金5000余万元，对农村地区供排水管网、街坊路、绿化美化等基础设施进行全面改造提升。季庄东村和西户部庄村项目完工，李各庄村项目正在加快施工，季庄西村给排水项目已经完成招标，美丽乡村建设项目正在履行区级审批程序。大唐庄村项目列入区级2023年支持计划。通过全覆盖推进给排水改造和美丽乡村建设，长期基础设施短板问题得到全面改善，村庄面貌发生显著变化，群众生产生活条件获得显著提升。

（马梦兰）

【全国文明城区创建】 建立健全创城“一办九组”工作体系，依托党员“1+10”工作机制，动员党员群众、工青妇各类组织，积极参加创城工作。调整村级责任制考核办法，增加创城考核权重，压实村级责任。组织开展创城百日攻坚行动，实施堆物堆料、小广告、门前责任区等12项专项整治行动。对标对表，建立全镇自查问题点位台账，实行销账管理，完成各项问题整改1000余个。推进季庄村兴盛北路提升改造工程，创造“兴盛速度”。解决小区电动自行车充电难问题，新建充电接口855个。加大创城宣传力度，组建志愿宣传队伍，常态化开展宣传活动，累计宣传1万余人次。开展市民素质提升行动，劝导违规停车1000余次，走村入户宣传普及文明行为、文明出行、文明养犬等知识，实现镇域群众宣传全覆盖。

（马梦兰）

7月5日，密云镇召开2022年创建全国文明城区百日攻坚行动动员大会　（任妍　摄）

【疫情防控】 优化完善镇疫情防控指挥部机构设置，健全工作机制，发挥牵头抓总、统筹协调和督促落实的职能作用。完善应急处置体系，制定突发疫情应急处置相关制度机制15项。加强人员力量保障，组建700余人的医疗救助、心理疏导等应急处置队伍。设立物资保障组，制定生活必需品保供预案，建立应急保供网络和保供机制，确保各类物资供应充足、价格稳定。开展“以房管人”地毯式摸排专项行动，对房东和流动人员进行双向管理，累计排查1万余户、3万余人次。先后组织完成35轮区域核酸检测，累计采样31万余人次。抽调两批、40人次驰援朝阳，完成采样3万余人。建立疫情防控联合执法机制，组建联合执法队，累计组织开展执法检查3280家（次）。配合完成密云区冷库首站中转站建设工程。落实“二十条”和“京十条”，重点围绕“十个服务”，建立阳性人员和特殊人员服务台账和联系机制，宣传各项政策，解决各类需求。

（马梦兰）

【拆违打非】 坚持防在先、控在前，发挥“六护”巡查队作用，增强主动防控意识，落实快速反应机制，对新生违法用地、违法建设保持“零容忍”。加大存量违建治理力度，累计拆除违法建设44处、建设面积1.11万平方米，超额完成年度目标任务。加强宅基地翻建审批管理，制定宅基地建设房屋原址翻建流程图，共测绘待翻建房屋65户，监理预验收16户，化解因宅基地翻建引发的问题纠纷30余件。落实耕地保护责任，推进复耕复种，共有357亩复耕土地通过验收，超额完成区级下达的指标任务。

（马梦兰）

经 济 建 设

【绿色菜园建设】 大力发展设施农业，加快推进老旧棚室改造升级，王家楼村设施农业建设项目全部完工，新建高标准日光温室12栋。狠抓蔬菜生产，加强技术指导，引导农户种植“名特优新”品种。发挥农民专业合作社和家庭农场龙头引领作用，推广“订单式”特色种植模式，拓展农产品市场销路，带动农户增收致富。落实各项惠农政策，共申报争取惠农补贴资金110余万元。2022年超额完成全年粮食和蔬菜生产任务，年产蔬菜达1.4万余吨。

（马梦兰）

【重点项目建设】 召开“大小王”棚改项目动员大会，招标确定拆、评、测服务公司，开展入户调查清登，做好宅基地确权认定工作，并完成初步认定成果公示。长安南菜园棚改项目回迁小区国悦嘉园全面竣工，入住率达到96%。B、C1地块项目正在按程序加快推进剩余征拆工作。长安东地块定向安置房项目取得市发改委立项批复，设计方案通过专家评审，已取得多规合一综合会商审查意见，正在办理土地划拨等相关手续。推进区中医医院迁址新建项目，街区控制性详细规划方案完成公示。推进七小、八中建设项目，立项申请上报市政府。

（马梦兰）

7 月 22 日，密云镇召开密云区大唐庄小唐庄王家楼三村棚户区改造项目动员大会

（马梦兰 摄）

7 月 31 日，密云镇组织开展新时代文明实践所文明实践活动——庆八一文艺汇演

（任妍 摄）

【财源建设】 优化营商环境，坚持企业走访制度，助企纾困解忧，支持做大做强，为科勒等 8 家重点企业申请发展资金 224 万元。坚定不移招优引强，着力引进科技服务、软件信息、医药健康、节能环保、文化传媒等高精尖企业，促进镇域经济转型升级，共引进集中办公区企业 97 家，实现纳税 3 亿元，形成镇级财政收入 2932 万元。全镇完成一般公共预算收入 4700 万元，农村经济总收入 4.1 亿元，农民人均劳动所得 2.2 万元。

（马梦兰）

【对口支援】 扎实做好东西部扶贫协作和对口支援。密云镇和库伦镇签订《对口协作框架协议》，为库伦旗库伦镇支援帮扶资金 30 万元。为竹溪县鄂坪乡支援帮扶资金 20 万元。

（马梦兰）

文 化 建 设

【文化设施建设】 围绕基层文化设施硬件指标，完成镇文体中心场馆道路修建。成功申报西户部庄村综合文化室改址新建项目，争取 40 余万元资金，完成西户部庄村综合文化室改址工程。

（马梦兰）

【文化活动开展】 以春节、七夕、建军节等节日为重点，组织开展文体活动 71 场、文化培训 41 场，各村建立文化品牌队伍 18 支。

（马梦兰）

【北京市体育特色镇创建】 加强体育基础设施建设，培养 100 名三级社会体育指导员，为发展体育事业提供人员力量保障。组建密云镇篮球队、体操队、乒乓球队等队伍，参加市、区级大型赛事 5 场。12 月，被北京市体育局和北京市农业农村局评为 2022 年北京市体育特色乡镇。

（马梦兰）

【农村数字电影放映】 开展农村数字电影放映，精选《烈火英雄》《夜袭》《捍卫者》等优秀影片为村民放映，完成固定影厅放映任务 40 场，流动影厅放映任务 50 场。

（马梦兰）

社 会 建 设

【接诉即办】 建立镇村干部“1、3、5”见面机制，深入一线、直面群众、直击现场，以解决群众实际诉求为根本，解决群众急难愁盼问题。完善工作机制，选优配强专职工作力量，修订完善考核办法，将“接诉即办”工作纳入各村、各部门责任制考核，推动镇、村两级形成工作合力。发挥“吹哨报到”作用，推动“被动接诉”向“主动治理”转变，着力解决群众的操心事、揪心事、烦心事，共办理工单 5000 余件。

（马梦兰）

【公共服务保障】 落实各项就业政策，提升就业服务水平，保持“零就业家庭”动态为零。做好低保和残疾人救助工作，为 168 名低保户和 326 名残疾人发放补助 330 万元。关心关爱老年人身心健康，为 60 岁以上老年人发放养老助残补贴、困难老年人补助等

57.8万元。持续优化便民服务，在便民服务中心实行延时服务制度，坚持“工作不断、标准不降、服务不减”，为群众办理各项政务服务审批事项3690件，办结率100%。在全市率先使用“三资管理平台”和“银农直联”信息系统，实现资金审批线上操作、支付行为全程留痕，农村集体“三资”管理更加规范。

（马梦兰）

【流动人员管理】 建立“横向到边、纵向到底、全覆盖”的流动人员联系机制，实行就近就便联、特殊重点联、明确责任联、细分行业联。由被动管理向主动服务延伸，开展网格化管理试点，做到底数清、底账明。各村建起“图、册、表、群”信息台账，构建联系群众的“蜂巢单元”。

（马梦兰）

【平安建设】 圆满完成冬奥会、冬残奥会、全国“两会”安保任务和党的二十大服务保障工作。推进信访积案化解，全年群众来信同比减少58%，结案率100%。完成市委、市政府安全生产督察组延伸督查，问题全部整改完成。开展液化石油气专项安全检查，开展巡查检查1000余次，排查生产经营单位400余家。治理占压燃气管道1处、涉及325户，检查餐饮单位燃气安全1270户次。加强电动自行车及充电设施安全管理。常态化开展安全生产执法检查，检查生产经营单位353家，排查整改各类安全隐患185个。开展违法出租房专项整治，加强流动人口服务管理，广泛宣传预防煤气中毒安全常识，入户发放宣传材料1万余份，签订责任书和承诺书2200余份。开展自建房安全专项整治，排查自建房5891栋，对存在安全隐患问题的房屋，全部落实管控治理措施。抓好防火防汛，确保群众安全。

（马梦兰）

党的建设

【思想政治建设】 把讲政治摆在突出位置，开展理论学习中心组集中学习17次、专题研讨4次，带领全镇党员干部深入学习贯彻党的二十大精神，增强“四个意识”、坚定“四个自信”、做到“两个维护”，以实际行动践行对党忠诚。召开党史学习教育民主生活会，查摆班子及成员存在问题134条，全部完成整改。执行民主集中制，落实党委会工作规则和“三重一大”决策，实行班子例会制度，明确调研任务台账，完成12篇调研报告，就地转化为决策推动工作。坚持实干在前、总结在后，利用区委“积分榜”平台作用，展现全镇上下“干”的精神面貌。

（马梦兰）

【干部队伍建设】 按照“选、培、树、用、推”干部队伍建设思路，树立真抓实干、勇于担当用人导向，在创建全国文明城区、疫情防控等艰难险重任务中培养干部、识别干部、激励干部。坚持党管干部原则，在重点项目上锻炼副处级干部。召开机关干部大会，通报职务与职级晋升情况，对全体机关干部提要求、助成长，提高队伍凝聚力和战斗力。完成7名科级干部选拔任用和职级晋升，新招录5名公务员和事业人员，优化科级队伍结构。发挥村书记带头人作用，提出三条村好书记标准并在实践中检验，营造争当好书记的浓厚氛围。

（马梦兰）

【组织建设】 修订村级责任制考核办法，利用村书记和“两委”班子评议结果导向作用，加强村级组织建设。镇党委选优配强转制单位支部班子，督促履职尽责，推进解决历史遗留问题。开展“密云先锋”行动，打造八大先锋品牌和六大专项行动，构建“镇党委、村党支部、网格党小组、党员、群众”五级组织体系，569名党员共联系2671户、7288名农村群众。落实“1+10”党员联系群众机制，以“五度”工作法提高基层治理水平。开展“公仆心，云水情”干部教育实践活动，围绕“十个是否”查摆出263个问题，全部完成整改。

（马梦兰）

【党风廉政建设】 牢牢把握意识形态主动权，密切关注舆情动态，意识形态领域实现平稳可控。围绕党风廉政建设和市区重点工作，开展监督检查500余次，签订责任书37份，工作约谈56人。开设“廉政小屋”，组织“送纪律到基层”活动3次，用身边事、身边人进行教育警示，提升机关干部纪律观念和规矩意识。运用监督执纪“四种形态”，坚持严管厚爱相结合，全年处置问题线索31件、立案1件。

（马梦兰）

河南寨镇

Henanzhai Township

【概　况】 河南寨镇地处密云新城南部，东依黍谷山、北临潮白河，南接顺义、西邻怀柔。京承高速路、顺密公路和建设中的京沈高铁纵横穿境而过。镇域面积66.7平方千米，辖28个行政村和3个社区，辖区内常住户数8911户，常住人口24701人，农业户籍户数8295户、18663人。

（王子乔）

生态建设

【“三长制”责任落实】 推进河长制工作，不间断开展河道巡护，河长制工作考核成绩在水库下游有镇管河道地区排名第一。落实林长制，推进集体林场组建工作，生态林管护工作位列全市第三。落实田长制，推动耕地保护空间复耕工作，复耕竣工1895亩。推进农业面源污染防治和农田水利设施改造力度，不断提高耕地质量。申报耕地地力保护补贴2702户，涉及农地9745.5亩，拨付农林生态补贴1600余万元。

（王子乔）

【大气污染防治】 精准实施“一微克”攻坚行动，精准施策，分类协调推进污染物源头治理。加大辖区内道路洒水，雾化降尘力度，降低道路扬尘；加强料堆、裸地治理巡查力度，统筹调动村社区、六护、执法队多重力量，加强日常巡查、强化执法检查。$PM_{2.5}$平均浓度28微克/立方米，绝对值降幅明显。

（王子乔）

镇村建设与管理

【人居环境整治】 建立健全生态环境长效管护机制，共清理农村生活垃圾1745吨，清理村域河塘沟渠214条，清理农业生产废弃物890吨，清理乱堆乱放2332处。开展人居环境评比活动，农村人居环境考核综合排名全区第一。

（王子乔）

3月24日，河南寨镇开展创城周末大扫除活动

（张翰林 摄）

【“基本无违法建设”创建成果巩固】 持续巩固“基本无违法建设”创建成果，治理违建1.61万平方米，腾退土地2.45公顷，超额完成年度任务，总量占全区10%。开展农村乱占耕地建房专项整治“回头看”，处置卫片42处。探索“五到场”“五测绘”农村建房管理模式，成为北京市唯一入选农业农村部全国56个优秀农村宅基地改革与管理典型案例。

（王子乔）

【美丽乡村建设】 完成新兴、莲花瓣、山口庄、赶河厂等6个村美丽乡村地上硬化工程，提辖庄、圣水头污水工程及南单家庄村供水改造工程，金沟、两河等6个村污水配套管网建设工程全部开工，美丽乡村建设工程进度位居全区前列。开展“厕所革命”，完成莲花瓣村三格化粪池户厕改造并通过验收。

（王子乔）

【社会精细化治理】 强化联合执法检查和管理服务，纠正各类违法行为1650起，解决基层治理急难愁盼问题。深化网格化管理，快速高效处理网格事件。深化“网上办”和“帮办代办”服务，累计办件9786件。主动适应接诉即办新考核机制，调整规范工作流程和办件标准。

（王子乔）

经济建设

【财源建设】 全镇完成年度财政收入5268万元，实现固投2145万元，超额完成年度任务。落实优化营商环境4.0政策，制定出台《北京市密云区河南寨镇人民政府关于支持企业发展办法》，落实减税降费政策，完善服务包内容，新引进企业51家。坚持党政班子联系企业机制，加强重点企业走访，做好入驻企业服务保障，全面稳固存量财源，深挖潜在税源，努力培育新增财源。

（王子乔）

【现代农业产业建设】 探索实施“党组织引领，村集体经营，专业企业参与，农业金融助力，广大农民主体”五方共建、融合发展的设施农业发展模式，推进设施农业集群化发展、一体化运营。以“密云红”西红柿为主品，实现订单4300余万元，实现全合同周期土地收益5200万元。深化“互联网+农业”发展模式，密农人家、密水农家等6家千万级电商企业销售额超1亿元。完成农民人均纯收入24259元、农村经济总收入11.01亿元。

（王子乔）

【集体经济发展壮大】 6个集体经济薄弱村消薄任务全部完成。持续发展乡村旅游，旅游综合收入突破4785万元。

（王子乔）

文化建设

【文化活动开展】 丰富群众文化活动，针对文体带头人和各艺术门类爱好者开展文艺技能、表演艺术等公益性培训36场、科学健身指导培训3场、体育骨干技能培训4场。组织文艺演出9场、文化活动63场，服务地区群众6530人次。加强非物质文化遗产传承，完成宁村舞龙活动非遗申报。实施“一村一品”群众文化活动品牌建设工程，在曲韵密云戏曲曲艺大赛中获一等奖1名、二等奖2名。

（王子乔）

【文化设施建设】 完善公共服务设施配套，完成4个村文化活动中心提升项目建设，11个村改造项目完成招标，镇级图书馆获评2022年北京市阅读“北京·十佳优读空间”称号。

（王子乔）

【北京市体育特色乡镇创建】 全面提高群众体育素能，组织参与各项体育赛事30余次，分别获得市级赛事三等奖、优秀奖、纪念奖各一次，区级赛事第二名、第三名、第五名各一次。开展体育骨干技能培训9次，成功创建北京市体育特色乡镇。

（王子乔）

社会建设

【疫情防控】 按照“快、严、准、实”和“十应十尽”要求，围绕动态清零目标，镇一办十三组整体协同，主要领导调度8小时专班全天在岗，158名机关干部下沉入村，800余名志愿者一线行动，确保重要场所、重要部位、重要环节管控到位。探索科技赋能助力“疫”线防控创新举措，建立疫情防控管理平台，做到数据联通、部门联动，提高疫情防控工作实效，得到市委和区委领导高度赞扬和工作批示，并在全市推广使用。快速精准应对北京涉天堂超市酒吧、北京化工大学昌平校区等多轮疫情，流调排查大数据派单1.8万余单，落位管控近万人次。在园区设立面向园区员工的“专属流动”检测点，为行动不便的老人、儿童提供上门核酸检测和疫苗接种服务等。构筑地区免疫屏障，疫苗接种率突破92.5%。

（王子乔）

【社会服务保障】 做好民生服务保障工作，推动地区劳动力就业580人，发放各类补助16238人次1168.4万元。新建村级温馨家园8个，为残疾人提供服务2万人次。落实养老及优抚政策，“邻里互助点”、退役军人服务等先进做法被中央电视台等多家媒体报道。

（王子乔）

【接诉即办】 建立“接诉即办＋调解”工作机制，运用“解剖麻雀”“吹哨报到”等方法化解矛盾纠纷、处置群众诉求近万件，组织各类调解236次，年度考核成绩全区第三，5次进入全市前100名。

（王子乔）

【执法队伍建设】 强化“大”执法队伍建设，整合城管、安全、市场、公安等多部门力量，系统开展联合执法50余次，社会秩序明显改善，镇综合执法队获全区唯一一家“北京市城管系统最美执法队”称号。

（王子乔）

3月15日，河南寨镇综合执法队荣获“北京市城管系统最美执法队”称号　（张翰林　摄）

党的建设

【党建工作责任落实】 研究制定《河南寨镇2022年组织工作要点》和《河南寨镇2022年度村级党建统领综合考核评价办法》，提高党建工作水平。落实党建述职评议考核制度，组织召开基层党组织书记抓党建述职评议考核会，压实基层书记党建责任。完善基层党建各项规范制度，推进基层党组织标准化规范化建设，修订《党组织服务群众经费使用管理办法》，规范资金管理。用好党建全程纪实系统，发挥在村级重大事项、民主日、“三会一课”等制度落实过程中的监督作用。落实村干部基本报酬补贴政策和正常离任村书记主任生活补贴机制，保障村干部正常待遇。

对标区委积分榜机制，创新完善《河南寨镇2022年度村级党建统领综合考核评价办法暨积分榜机制》，积分榜居全区镇街类首位。

（王子乔）

【组织建设】 抓好“两新”组织政治建设，建立电商联盟，将党组织建在园区里、建在产业链上，在密农人家打造党建示范点，发挥党员在生产一线的作用，带动产业发展；打造南山滑雪场党群活动服务中心，引导党员争创党员示范商户，规范经营活动，助力冰雪特色镇建设。严把发展党员入口关，2022年接收预备党员21人、预备党员转正24人。

（王子乔）

【干部队伍建设】 开展“公仆心、云水情”教育实践活动，推进“一名党员一件事、每个部门解难题”活动，收集群众意见建议40余条，承诺事项1550余件，明确整改措施，切实解决群众诉求。完善科级干部选拔任用机制，选拔任用公务员6人、事业编制干部3人。依规完成管理岗位职员等级套转57人。持续开展“年轻干部成长行动计划”，通过开展“年轻干部上讲坛”“青年党员服务先锋岗”等系列活动，鼓励年轻干部在一线压担子、挑大梁，树立重实干、重实绩的鲜明导向。

（王子乔）

【“密云先锋”行动】 开展“密云先锋”行动，完成328个网格党小组，1558名党员“1＋10”联系服务群众全员覆盖，实现四级联动，梳理各类服务事项2800余项。围绕争当“八个先锋”目标要求，设计实施“主题日、活动周、特色月”，开展12项系列活动。

（王子乔）

十里堡镇

Shilipu Township

【概　况】 十里堡镇位于密云区西南部，东与密云城区相连，西与怀柔区接壤，南与河南寨镇为邻，北与西田各庄镇交界。京承高速、京承铁路、101国道贯穿东西，京承高速联络线、密云区环城线纵贯南北。全镇总面积26平方千米。辖12个行政村和5个社区。户籍人口10108户21947人，其中农业人口5508户12149人，非农业人口4600户9798人。

（郑　磊）

生态建设

【保水责任落实】 践行“两山”理念，履行保水首要政治责任，落实河长制要求，健全完善“5＋2”保水体系，严格巡查河漕漫水桥及可疑排污点，镇村两级巡河率达100%。

（郑　磊）

【大气污染防治】 加大检查力度和洒水降尘频次，“一微克精细化管理App”全域应用，机动车和非道路移动机械排放监管持续强化。治理裸露地面1.82万平方米，“动态清零”取缔散乱污单位2家，20家印刷企业通过VOCs环保验收。

（郑　磊）

【林长制落实】 8300亩造林得到有效管护，防治美国白蛾9800亩。

（郑　磊）

【“美丽岸线”行动】 统筹101国道、西统路、庄禾路道路节点，发挥潮白河生态补水优势，启动“美丽岸线”行动，一体化做好生态环保、提质增绿和基础设施提升，绿色生态空间持续扩容。

（郑　磊）

镇村建设与管理

【疫情防控】 果断处置河漕村突发疫情，投入120万元，安装围挡、架设监控、两次发放爱心包，迅速构筑封、管控区严密防线，做好群众服务保障，“四步八字”工作法获得区领导认可、群众赞扬。应对秋冬季外区输入疫情高峰冲击，因时因势优化调整工作流程和应对措施，镇、村、派出所开展“预流调”。抓好“乙类乙管”新阶段防控任务，关心关爱弱势群体，保障群众就医用药，动员老年人接种疫苗，60

6月20日，十里堡镇庄禾屯村发放疫情防控蔬菜包　　（王凯越　摄）

岁以上老人疫苗接种率92.20%，完成80岁以上老人疫苗接种任务。

（郑　磊）

【全国文明城区创建】 与相邻镇街合力攻坚，形成“兴盛速度”整治典范。3天拆除400平方米围网，移植杂树560余棵，拆除30户1000余平米违建，归还公共用地6600余平方米；1周内硬化地面1698平方米，平整路肩1900平方米，完成墙面喷涂3000平方米，申请2座二类公厕，弥补双燕地区卫生设施供给短板。利用腾退空间建设可容纳160个车位的停车场，缓解“停车难”问题。开展创城“百日攻坚”，实行日常巡查、错峰执法、保洁值守“三结合”，重拳推进门头牌匾、门前三包、停车秩序、飞线充电等专项整治，保持重点地区不间断环境督导，累计检查各类市场主体8548起，立案483起，清理乱堆乱放3200余处，修复破损路面2100余平方米，应划尽划机动车位2196个、非机动车标识500余个。以创城工作为抓手，深化环境整治，城乡环境考核排名全区第二。镇级垃圾转运站建成竣工，垃圾分类闭环基础设施体系基本建成，顺利通过市级示范片区创建验收。

（郑　磊）

7月8日，十里堡镇组织开展渔阳古郡公园“周末大扫除”活动　（孟祥宇　摄）

经济建设

【经济指标】 实现财政收入6596万元，镇街财源建设综合排名第三；实现规上工业总产值5.6亿元，同比增长15.2%；限额以上社零额实现8.0亿元，同比增长45.4%，汽车销售服务业拉动社零额跑出“加速度”；农林牧渔总产值完成15518.9万元，同比增长12.5%；固定资产投资完成1548万元，超额完成任务；农民人均所得30885.4元，增长3.5%。

（郑　磊）

【主动融入战略发展带新格局】 协助区东区办推进北大怀密医学中心、第二实验学校、统军庄轨道微中心等项目。争取2000万元市级建设资金，完善科学城东区周边基础设施，提升配套服务保障能力。生命与健康科学小镇次干路、变电站、燃气站规划纳入分区规划统筹实施，完成初步战略规划，推进控规编制。王各庄棚改地块4条内部支路已投入使用，北侧地块顺利摘牌。

（郑　磊）

【优化营商环境】 聚力招商引资、惠企服务、产业发展，创新“以商招商、以企引企”，与鑫润盛源、上海麦迪睿两家专业机构实现招商合作。坚持“平台聚才、专业招商”，搭建医疗器械企业平台，与市属高校主动搭建校企合作“立交桥”，赋能区域财源建设与产业发展。启动101绕城线东西两侧街区控规编制，服务现代汽车服务产业集群发展。争取市级部门政策支持，推进传统印刷产业转型升级。落实镇领导包企“服务包”，召开企业座谈会，问需问计、畅通服务，9家企业提出的14项诉求全部得到解决。兑现扶持奖励资金486万元，助企申报贴息贷款1500余万元，为20家印刷企业申报环保改造补贴404万元，全镇纳税企业形成税收1.8亿元，创服区形成1.5亿元，全年引入企业82家，3.6万平方米闲置资源实现盘活。

（郑　磊）

文化建设

【文化宣传】 守好宣传文化主阵地。培育和践行社会主义核心价值观，持续拓展新时代文明实践建设，健

3月10日，十里堡镇统军庄村群众参观中国共产党人精神谱系红墙　（陈丽霞　摄）

全志愿服务工作体系，开展各类文明宣传引导，提升文明城市创建水平，提高社会文明程度。在统军庄村建设“中国共产党人精神谱系红墙”。18 个新时代文明实践所站开展各类主题宣教。推进移风易俗、开展红白理事会等创新做法在区级媒体报道。

（郑 磊）

【公共文化建设】 镇综合文化活动中心和 17 个村居的文化大院、健身广场、图书室实现改造提升，扎实开展送戏、送图书、送电影的“三送”活动，全年星火工程演出 38 场，送图书 2000 余册，送电影 570 场，投入资金 9 万余元举办综合文化活动 80 场、培训 50 场，开展线上、线下系列特色文体活动，参与群众达 9000 余人次。成功举办“夏日广场”文艺汇演、庆“十·一”文艺大赛。

（郑 磊）

社会建设

【社会服务保障】 发放各类保障性补助资金 2457 万元，养老保险参保 14088 人，医疗保险参保 7592 人。为 343 名群众办理城镇登记失业求职证，农村劳动力转移就业 132 人，安排公益性岗位 13 人，续签合同 28 人。政务系统接件平台升级提效，办理便民事项 7169 件，办结率达 95%。杨新庄、庄禾屯村通过市级民主法治示范村创建。退役军人服务站实现全覆盖，河漕村通过全市示范站创建验收。

（郑 磊）

【接诉即办】 坚持一线见面、每周研判、跟踪督办机制，办理群众热线诉求 8974 件，综合考核成绩 97.93 分。坚持“主动治理、未诉先办”，自筹资金 150 余万元，开展社区楼道粉刷、路面硬化，安装车辆识别一体机，设置公共晾衣区、建设电动自行车充电车棚 10 个，完成明珠小区漏雨应急修缮 412 户。完善社区管理制度和考核机制，成立社区办，推进博世庄园、王各庄社区和赏星悦木业委会、物管会筹建，协助社区解决居民诉求 100 余件。“水杨红”三村美丽乡村建设和博世庄园老旧小区改造工程如期竣工，村庄风貌、基础设施、群众生活品质进一步提升。

（郑 磊）

【养老助残资源整合】 初步建成“专业机构＋村居驿站＋居家邻里”相协调的乡村养老联合体服务模式。程家庄养老驿站完成改造，社会心理服务中心启动运营，自投资金 18 万元扩大邻里互助服务范围，在全区率先实现农村地区全覆盖，入选密云区乡村振兴典型案例。

（郑 磊）

【平安建设】 圆满完成冬奥会及冬残奥会、全国“两会”、党的二十大等重点安保维稳任务。树牢底线思维，全年检查生产经营单位 1392 家次，整改隐患 780 项，排查经营性自建房 3621 宗。发挥“村规民约”道德约束作用，双燕地区 112 户出租房屋自主安装室外充电口 760 个。强化应急处置能力，完成年度防火防汛工作。深入推进反邪教、铁路护路、扫黑除恶、禁毒、食药监管等各类安全工作，社会治安大局安定和谐。

（郑 磊）

党的建设

【思想政治建设】 深入学习宣传贯彻党的二十大精神，结合庆祝建党 101 周年，开展“强国复兴有我”主题宣讲、新时代文明实践站系列活动。组织全镇党员同步收看党的二十大开幕会直播，全面兴起理论学习、理论普及、贯彻落实热潮，旗帜鲜明用习近平新时代中国特色社会主义思想统一思想、统一意志、统一行动。

（郑 磊）

【基层党组织建设】 巩固党建引领农村治理标准化建设成果，开展村和社区党建阵地硬件和氛围提升。深入开展“密云先锋”行动，以党员“1＋10”为抓手，实现党员联系服务群众全覆盖、常态化，涌现出十里堡村“先锋党组织”、清水潭村“密云先锋队”、统军庄村“密云先锋岗”等先锋榜样。“四开放”工作法入选北京市优秀党支部工作选编。

（郑 磊）

【党员队伍建设】 开展“公仆心、云水情”干部教育实践活动，开展“大走访”，查摆整改问题 56 项，办理实事 31 件，干部为民服务宗旨意识更加牢固。坚持正风肃纪，围绕重点工作监督检查 350 余次，接办信访案件线索、接待信访人次同比降幅 58.3%、52.2%。

（郑 磊）

西田各庄镇

Xitiangezhuang Township

【概 况】 西田各庄镇位于密云西南部，距离密云城区 5 千米，紧邻 101 国道，南与十里堡镇相连，西与怀柔区为邻，东与溪翁庄镇接壤，北与石城镇相接。

镇域面积 129.64 平方千米。全镇辖 34 个行政村和 3 个社区。镇内有 19455 户 39554 人，其中农业人口 13535 户 30268 人、非农业人口 5920 户 9286 人，常住人口 3.44 万人。镇级社区卫生服务中心 1 所，下设 2 个社区卫生服务站。镇级社会福利中心 1 所。特产有“坟庄核桃”“原味西红柿”等。

（齐　帅）

生态建设

【保水责任落实】 全面落实河长制，严格执行镇村河长、河道巡查员定期巡查制度，巡河率达 100%。

（齐　帅）

【大气污染防治】 践行习近平生态文明思想，立足密云生态涵养区功能定位，持续深化生态建设，以首善标准狠抓环境保护。落实“一微克”攻坚行动，将大气污染常态化管控与重点区域精细化治理相结合，$PM_{2.5}$浓度同比下降 3 微克，空气质量进一步优化；持续加大对重型柴油车、道路扬尘等污染源管控力度，全年查处 21 起涉气类违法行为，罚款 13.8 万元，涉气类处罚排名全区第一。

（齐　帅）

镇村建设与管理

【疫情防控】 设立镇级核酸检测点 2 处、村级卡口 58 处，配备防疫督导员 200 余人、镇村流调志愿者 149 人，开展敲门行动排查 43 次，发放各类物资数万件，社会面核酸检测 200 余万人次，全面完成重点人群、大规模人群疫苗接种任务。疫情专班、大数据派单组 24 小时坚守，1 小时落位管控。累计落实大数据派单 9013 人、居家观察及健康监测 5214 人次，管控密接、次密接人员 1134 人，追踪十混一人员 437 人，闭环转运接回集中隔离 272 人，为确诊病例及居家隔离人员提供就医绿色通道 100 余次。成立镇村两级转运专班，开通非重症患者就医转运绿色通道，建立孤寡老人结对帮扶机制，向老年人等物资需求人群发放健康包 3000 余份。

（齐　帅）

【全国文明城区创建】 制发《西田各庄镇创建全国文明城区“文明行动攻坚战”工作方案》，开展 3 轮次创城调查问卷模拟测评和镇域实地自查，新时代文明实践所（站）开展各类活动 1400 余场，优化提升东户部庄、沿村新时代文明实践站建设。设立公益广告牌 120 余块，悬挂横幅 70 余条，制作创城相关宣传栏 150 余块，完成残疾人通道修缮工作，营造“文明城区大家创，文明成果人人享”良好氛围。

（齐　帅）

【城乡人居环境治理】 制定西田各庄镇人居环境长效管控、城乡环境管理考核办法，强化环境巡查和问题整改，推动“周末卫生大扫除活动”常态化，建立“3+4”的城乡人居环境治理模式，落实“日巡查、周检查、月考核”工作制度和“调度、通报、约谈、奖惩”工作机制，完善村级保洁员管理等八项制度，形成一套完备的城乡人居环境制度体系，全镇城乡人居环境质量持续提升。十里堡镇垃圾分类工作顺利通过北京市垃圾分类示范区复审，建成河北庄垃圾转运站，完成 64 处区级备案垃圾暂存点，更新 437 个垃圾分类桶，西智等 8 个村获评“北京市垃圾分类示范村”。

（齐　帅）

【“基本无违建镇”创建】 坚持“一把尺子、一个政策、一视同仁”，推动拆违由被动拆除向主动治理转变。完成群众反映多年的黄坨子村养殖场和仓头村金鼎盛隆等违建拆除工作，完成 47 宗占地面积达 175.5 亩的卫片整改工作，超额完成全年拆违腾地任务指标，违法建设拆除面积位居全区第二。

（齐　帅）

8 月 9 日，西田各庄镇组织拆除违建设施

（西田各庄镇　供图）

【美丽乡村建设】 全镇 34 个行政村村庄规划全部完成。污水及供水改造工程项目中，新王庄、青甸、署地、西智 4 个首批试点村已全部完工；投入资金 1.06 亿元的龚庄子、疃里、韩各庄 3 个村进入收尾阶段；投入资金 2.96 亿元的东户部庄等 12 个村即将开工建设。美丽乡村地上建设工程中，董各庄等 14 个村已

全部完工，累计投入资金7550万元。农村污水处理小型一体化建设工程中，西山、于家台、朝阳3个试点村已竣工验收。

（齐 帅）

【消薄脱低】 累计拨付扶持壮大村级集体经济资金50万元，全镇9个集体经济薄弱村全部实现“消薄”目标，并成功打造西山村“西田村知蔬”等一批农产品品牌。

（齐 帅）

【乡村振兴】 完成西田各庄村等13个村1.3万平方米留白增绿核查验收，发放水库移民资金、教育扶持资金600余万元。发放各类种粮补贴款150余万元。粮食产量6918.31吨、蔬菜产量23464吨，区级各项农业任务指标高质量完成。全镇4家农场被评为市级示范家庭农场，6家农场被评为区级示范家庭农场，西智、新王庄、卸甲山3个村被评为“乡村振兴密云样板”示范村。

（齐 帅）

经 济 建 设

【经济指标】 全镇完成财政收入3401万元，同比增长35%；完成固定资产投资3692万元，同比增长18%；人均所得27890元，同比增长1.61%。

（齐 帅）

【营商环境优化】 联系走访企业120户次，帮助企业解决困难、恢复发展。共引进总部企业350家，合计注册资金11.3亿元，其中注册资金1000万及以上的企业41家。

（齐 帅）

【绿色产业发展】 借助科学城东扩、密云城区西拓和西统路全线贯通契机，深入推动文旅产业发展，持续构建全域旅游总体布局，精品民宿、乡村咖啡等新业态相继涌现，全年申请办理民宿户24家，龚庄子村“静喧”精品民宿凭借“浓浓咖啡味”成为网红打卡地。

（齐 帅）

【重点项目建设】 西统路二期、通怀路实现通车，镇域路网结构进一步优化。卸甲山、沿村休闲公园，牛盆峪村支沟景观提升治理项目基本完成，居民休闲生活更加丰富方便。黄坨子大棚、卸甲山农业园区项目顺利实施，为壮大集体经济创造良好条件。完成怀柔科学城东110千伏输变电项目、西智35千伏升压工程地上物拆迁评估和科学城东区云西二路（雁密路—云西一街）道路工程地上物外业评估，在全区率先完成市级重点工程西田各庄220千伏输变电项目1座站址及31座塔基土地腾退工作，腾退速度位居全区第一。

（齐 帅）

文 化 建 设

【文化活动开展】 举办西田各庄镇“庆祝2022年北京冬残奥会”文艺演出等群众性文化活动63场，500名文艺爱好者直接参与活动，受益群众达1万余人。开展“正家风、淳民风、转作风”主题活动，共计表彰先进个人68名、先进集体11个，引导镇域4万名群众走在前、做表率。全镇共有各类文化队伍72支、品牌队伍36支、文化能人和志愿者88人。

（齐 帅）

【文化设施建设】 投资769万元完成太子务等9个村文化改造提升项目和西智等3个村文化广场改造工程。投资205万元的疃里村文化大院改造工程实现完工验收。镇级图书馆图书藏量达2万余册，进馆人次超2万余人，达到示范区验收标准。

（齐 帅）

社 会 建 设

【接诉即办】 严格落实《北京市“接诉即办”工作条例》，完善“接诉即办”疑难工单研判机制，全年召开专题研判会43次，提升“三率”水平。落实考评细则，严格奖优惩劣，累计拨付奖励资金80余万元。全年办理市民热线工单8789件，平均综合成绩97.97分，位居全区第6名。

（齐 帅）

7月7日，西田各庄镇召开“正家风、淳民风、转作风”主题活动表彰大会

（西田各庄镇 供图）

【公共服务保障】 便民服务规范化建设全面完成，各类服务项目实现有序高效办理，为群众办结事项7055件。完成黄坨子、疃里村退役军人示范服务站创建工作，为退伍军人等优抚对象发放各类抚恤慰问金473万元。为低保、低收入等家庭发放社会救助金1775万元，为高龄、残障人员发放各项补贴2193万元，通过自有财力为镇域各户缴纳农村液化气保险7万余元、为独生子女家庭和50岁以上老人缴纳意外保险5万余元，组织爱心捐款5.89万元，为40户家庭申办公租房补贴等住房保障资格。

（齐　帅）

【安全生产】 严格落实安全生产责任制，开展7轮次对集中办公区、“七小门店”、工业企业库房等重点领域和重点地区的专项整治检查，查处各类隐患260项并全部完成整改。开展对燃煤气、出租房屋、电动自行车等领域专项执法检查行动6次，更换液化石油气安全型配件11300套，检查生产经营单位859家次，查处各类隐患260项。

（齐　帅）

党的建设

【思想政治建设】 坚持党建统领，全年召开党委会27次，组织理论中心组学习16次。教育引导广大党员干部更加自觉地坚持和捍卫“两个确立”，增强“四个意识”、坚定“四个自信”、做到“两个维护”。

（齐　帅）

【人才队伍建设】 开展“密云先锋”创建行动，组建“云蒙先锋服务团”，搭建“1＋13＋N”组织体系，1486名党员就近就便联系服务群众38458人次。开展“公仆心、云水情”干部教育实践活动，累计检视问题312个，制定整改措施328项，完成整改298项，党员干部思想认识、工作作风、能力素质明显提升。选派12名第一书记全职驻村指导工作。加强后备人才培养，提拔干部5名，完成职级晋升24人。严把党员入口关，发展党员19人。

（齐　帅）

【党风廉政建设】 召开2次党风廉政建设专题会，推进村级微权力监督“五个一”体系建设，层层签订《党风廉政建设责任书》。开展疫情防控监督检查182次，纪律检查提醒谈话560人次，工作约谈287人次，给予党纪处分12人。

（齐　帅）

【武装群团建设】 全镇兵役登记率达100％，圆满完成2022年征兵工作任务。为退伍军人等优抚对象发放各类抚恤慰问金473万元。推进工会、共青团、妇联等群团组织建设向纵深发展，充分调动广大职工、青年团员、妇女同志参与创建全国文明城区、人居环境整治、乡风文明建设等重点工作积极性。

（齐　帅）

溪翁庄镇

Xiwengzhuang Township

【概　况】 溪翁庄镇位于密云城区北部，是南水北调终点、密云水库主坝所在地。东接穆家峪镇，西连西田各庄镇，南与密云镇相接，北濒密云水库，是密云水库的主要保护地，距密云城区12千米。镇域面积84.58平方千米。下辖14个行政村和8个社区。全镇总人口2.2万余人，其中农业人口1.3万余人。

（张　建）

生态建设

【保水保生态】 深入落实习近平总书记重要回信精神，始终将保水、保生态作为全镇首要责任、发展之基。按照“5＋2”保水工作要求，推动人防、物防、技防相结合，充分发挥400名保水网格员作用，全面加强巡查管控，坚决保护水源安全。采取措施应对水库水位上涨，确保群众用水安全。深入落实河长制，定期进行巡河检查，确保库区绝对安全。

（张　建）

【美丽乡村建设】 金叵罗、白草洼地上工程全部完工；北白岩、石马峪、尖岩、东智北、黑山寺地上工程即将竣工验收。金叵罗村污水及供水工程顺利验收；石马峪村污水管网完成总工程量的90％；东智东、东智西、东智北、东营子、立新庄、黑山寺等6个村地下工程有序推进，预计2023年6月完工。

（张　建）

镇村建设与管理

【疫情防控】 坚持“人民至上，生命至上”，严格执行八小时工作机制，全面落实各项防控措施，确保组织领导到位、应急处置到位、措施落实到位。按照“快、严、准、实、细”要求，全力打好澜茵山疫情防控阻击战，有效抑制石墙沟、石马峪等地疫情蔓延风险，确保人民群众身体健康和生命安全。建立两个常态化核酸检测点，满足全镇人民检测需求。全年共开展核酸检测330万人次，完成大数据派单核查2.4万人。

（张 建）

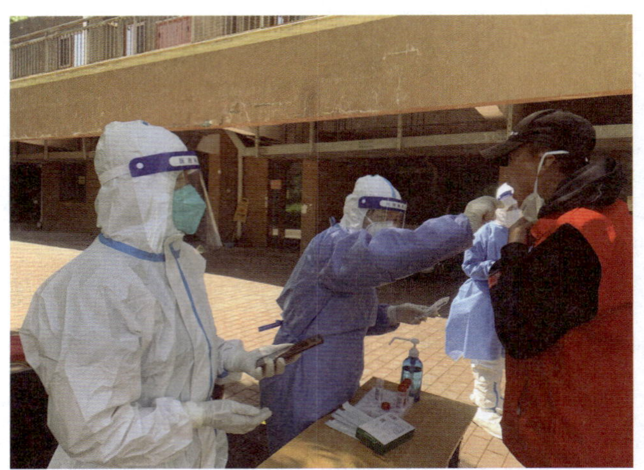

5月11日，溪翁庄镇澜茵山社区疫情防控志愿者为群众开展核酸检测 （李姜娜 摄）

【全国文明城区创建】 树立"全域全员"创城理念，按照"三抓、三管、三落实"要求，加大创城资金投入，在密关路、府前街等主要道路和重点部位更换25块公益广告牌，在全镇范围内增划停车位300余个。开展创城周末大扫除，全镇1000余名党员进行环境清理，共清除生活垃圾、建筑垃圾50余吨，清理小广告及乱涂乱画165处。开展文明行为宣传，教育引导群众说文明话、做文明事。全镇15所新时代文明实践所（站）开展各项活动1500余场次。

（张 建）

6月27日，2022年溪翁庄镇开展新时代文明实践所文明实践活动——学习党的光辉历程理论研讨 （李姜娜 摄）

【人居环境整治】 以垃圾分类、污水治理和村容村貌提升为工作重点，充分发挥"密云先锋"引领带动作用，组织党员群众对村庄道路、垃圾堆放点、房屋内外、卫生死角进行彻底清扫，推动乡村风貌提质增效。建立健全周巡查、月排名、月通报等环境保护长效机制，常态化推进环境整治工作。

（张 建）

【棚户区改造】 溪翁庄村举行棚改项目已累计签约486户，签约比例95.6%。拆除房屋420处，拆除比例95.5%。累计发放拆迁补偿款4.67亿元。

（张 建）

3月10日，溪翁庄镇溪翁庄村举行棚改项目首批补偿款发放仪式 （李姜娜 摄）

【乡村振兴】 将产业设施兴、人才服务兴、文化文明兴、生态环境兴、组织机制兴相结合，落实五级书记抓乡村振兴要求，充分发挥第一书记作用，助推村集体经济发展。凝聚金叵罗村第十一队智库力量，加大项目引进力度，持续推进农旅、文旅融合，"飞鸟与鸣虫"农场获得全国农村创业创新大赛优胜奖。探索乡村振兴新路径，北白岩"村儿咖"模式得到市委主要领导肯定，尖岩村被评为"中国美丽休闲乡村"，初步形成了以金叵罗、尖岩、东智北为代表的乡村振兴样板村。

（张 建）

【安全检查】 全年开展安全检查200余次。做好迎接党的二十大百日行动15项专项整治。高标准完成北京市安全督导组到溪翁庄镇延伸督察工作。全覆盖检查镇域内商户1200家次，查出一般隐患310次。完成镇域382家商户安责险宣传培训。基本完成村（居）民安全型液化气配件更换。投资3.9万元，为7826户液化气用户投保燃气综合险。

（张 建）

9月30日，溪翁庄镇开展联合执法检查活动
（张世平　摄）

经济建设

【招商引资】 落实优化营商环境各项措施，加大招商引资力度，还原留抵退税因素后，同口径相比，实现财政收入7500万元，完成全年任务。全年完成规上工业产值1.55亿元。完成固定资产投入2650万元。全年共引进企业28家、注册资金3.08亿，其中注册资金3000万元以上的企业4家。

（张　建）

【民宿旅游】 落实“一个民俗村就是一个乡村酒店”理念和“一村一品”发展思路，促进旅游产业提档升级。加强对民俗户服务引导，推动“精品民宿”和新业态建设。全年接待游客83万人，实现乡村旅游收入7735万元。

（张　建）

9月28日，溪翁庄镇金巨罗村举行金谷开镰节活动　（李姜嫄　摄）

【重大项目建设】 走马庄休闲农家乐项目已完成主体结构建设和内部装修，东智东村农业大棚项目顺利完成招投标。云蒙风情大道沟域经济（溪翁庄段）配套设施工程，已完成结算及决算上报，正在进行专家评审。沙石路（溪翁庄段）道路工程、密关路（溪翁庄段）生态环境提升工程，已纳入区发改委和财政储备项目。

（张　建）

【结对帮扶】 推进库伦旗乡村振兴规划编制工作，保持帮扶力度。贯彻落实中央推进南水北调后续工程高质量发展座谈会精神，围绕“保水质、强民生、促转型、固脱贫”工作主线，开展水质安全保障、政务对接、干部交流，拓展生态保护、生态农业、文化旅游、教育医疗、科技人才等领域合作，确保“一泓清水北送”。

（张　建）

文化建设

【文体设施建设】 推进文化服务体系建设，完善公共文化服务功能。稳步提升镇域文化基础设施建设，东智东村、立新庄村、东营子村三村综合文化活动室提升改造项目基本完工。东智东村篮球场新建项目申请程序进展顺利。不断提升镇文化馆分馆建设工作，提高镇市民活动中心的使用率。积极组织镇志愿者舞蹈队参加2022年密云区“舞动京城”舞蹈大赛。推进体育工作，加强体育设施建设，提升全民健身意识。

（张　建）

【文化宣传培训】 利用数字网络化服务宣传渠道，在疫情防控特殊时期确保文化工作不掉队，全年开展线上培训活动13次，其中语言类教学培训5场、线上茶艺培训4场、线上象棋培训4场。

（张　建）

社会建设

【民生保障】 落实“双减”措施，推进优质教育资源均衡发展。开展爱国卫生运动，落实城乡低保、居民养老保险、残疾人救助等社会保障政策，使贫困救助、医疗卫生、养老助残等社会保障实现较高水准全覆盖。用好用足各项保障措施，发挥爱心救助协会作用，做好特困群体救助工作。

（张　建）

【就业服务】 开展岗位采集、信息发布、职业介绍等就业帮扶工作，扩大公益性“绿岗”安置，拓宽多渠道灵活就业模式。统计群众就业参保状态、转移就业意愿、技能培训等情况，共完成2884人次信息采集工作，为促进农民增收和就业参保提供数据支撑。拓展就业岗位，与20家单位签订日常招聘协议，做好招聘信息发布工作，共发布信息32次、提供岗位508个，召开线上招聘会3次、提供岗位80个，达成就业意向66人。

（张　建）

【接诉即办】 制定并实施《溪翁庄镇“接诉即办”工作考评实施细则》，强化压力传导。积极推动“未诉先办”，针对美丽乡村施工建设、溪翁庄村棚改等工作中可能出现的问题，提前研判风险、主动化解矛盾。突出主动治理，针对违法建设、物业管理等共性问题，第一时间协调处置，确保问题及时解决。全镇共办理工单10771件，全年平均成绩94.55分，解决率94.57%，满意率94.68%。

（张　建）

党的建设

【“密云先锋”行动】 探索“密云先锋”行动“一村一策”，在尖岩村率先打造“三上门、三服务、三引领”工作法，构建“党支部—党小组—街长—党员—群众”五级体系，尖岩村密云先锋宣传栏被区委作为样板在全区推广；在溪翁庄村探索“三心、四抓、五忌”工作法，搭建党群“连心桥”；在石马峪村打造党员联系群众“五员+五责”工作模式，打通联系服务群众“最后一米”。落实“1+10”党员密切联系群众工作机制，全镇14个村共划分为64个网格，成立55个网格党小组，1138名有活动能力的党员，联系15780名群众，实现党员联系群众全覆盖，带动群众共同参与党的二十大服务保障、文明城区创建、疫情防控等工作，形成党员示范带动、群众广泛参与新格局。

（张　建）

【“公仆心、云水情”干部教育实践活动】 开展“大学习”，结合理论学习中心组、基层党支部“三会一课”等，共开展集中学习19次。开展“大检视”，全体镇村干部对标对表思想观念、工作作风、方式方法等方面，共检视8大类、281个问题，制定整改措施16项，所有问题全部完成整改。开展“大提升”，组织“我为群众办实事”活动，制定实事清单15项，明确推进措施18条，为群众办理实事400余件。

（张　建）

【党风廉政建设】 强化廉政风险防控，通过部门联动、专项督查、明察暗访等形式，重点监督村级工程、零用工等事项。召开警示教育大会，用身边事教育身边人，让党员干部知敬畏、存戒惧、守底线。始终保持高压反腐态势，全年办结问题线索42件，立案处分4人，诫勉2人，因存在轻微违纪问题以及不作为、慢作为等情况批评教育2人，谈话提醒7人。

（张　建）

【区委巡察整改】 把抓好巡察整改作为重要政治任务，第一时间成立领导小组，镇党委多次召开专题会议研究整改工作，统筹抓好镇、村两级整改落实。针对巡察反馈情况，研究制定《溪翁庄镇关于区委第一巡察组巡察反馈问题任务分解表》，建立整改台账、明确责任人，确保件件有落实、事事有回音。

（张　建）

穆家峪镇

Mujiayu Township

【概　况】 穆家峪镇位于密云区南部，北依密云水库，西与溪翁庄镇、檀营地区、鼓楼街道相邻，东南部与巨各庄镇接壤。1965年设穆家峪公社，1983年改区，1987年置乡，1993年建镇。镇域面积102平方千米，辖22个行政村（49个自然村）和3个社区，常住人口3.1万人。镇内有16505户32437人，其中农业人口10770户23311人、非农业人口5735户9126人，非京籍人口1903人。镇内有卫生服务中心1处、中学2所、小学1所、幼儿园5所。

（闫　京）

生态建设

【保水保生态】 始终把贯彻落实习近平总书记重要回信精神作为头等大事，将保水保生态放在最突出位置，全镇上下凝心聚力，共同筑牢保水护水的安全屏障。充分发挥“人防+物防+技防”并用的保水手段，修复水库围网上百余处，深化网格保水工作机制，250名保水网格员队伍全天候、无死角对库区周边进行巡查管护，通过高清视频终端设备，随时发现并及时处置各类违法违规行为。强化库区巡查执法力度，严厉打击各类涉水违法行为。2022年共出动车辆1100车次、人员2200余人次，劝返垂钓、游玩等人员2400人次，有效维护了库区水源安全。强化河道治理，打造美丽岸线，严格落实河长制，镇村两级河长巡河里程共计3667千米，巡河1887次，巡河率达100%。

（闫　京）

【生态文明建设】 精准实施“一微克”攻坚行动，组织空气污染巡查执法60余次，出动人员180人次、车辆70余次，立案15起，罚款10.6万元。强化扬尘源头精准管控，复绿裸地面积3000余亩，完成苫盖图斑面积1000余亩。积极响应“碳达峰、碳中和”号召，推动全民参与义务植树，累计植树8.3万株。完成荒山造林工程960亩、森林健康经营林木抚育8000亩、平原生态林管护3200亩、纪念林养护1050亩以及248亩的101国道改造提升续建工程。加强森林植物保护，建立森林病虫害防治监测点27个，通过树干围环、熏烟防治、人工消杀和无人机飞防等措施，有效防治美国白蛾和其他病虫害9500亩、2.8万余株，森林质量进一步提高。开展砂石料专项整治行动，安装多处监控、限宽，清理违规砂石料转运点6处，打击盗采盗运1起。

（闫　京）

镇村建设与管理

【疫情防控】 坚持“外防输入、内防反弹”总策略和“动态清零”总方针，开展抗击疫情阻击战。依托村网格化管理、敲门行动、大数据、京办派单、卡口询问登记等多种方式，累计完成9300余人的摸排及落位管控。建立健全外来租户、重点行业人群、跨区流动人员、疫苗接种等基础台账，为防控工作打下坚实基础。提升疫情应急处置能力，高效化解辖区外高风险人员输入风险。顺利完成20轮区域核酸检测。创新常态化核酸检测服务模式，实现22个行政村核酸检测全覆盖。2022年全镇疫苗接种第一针20917剂次，加强针接种排名全区第二，60岁以上人群第一针疫苗接种率达92.56%。

（闫　京）

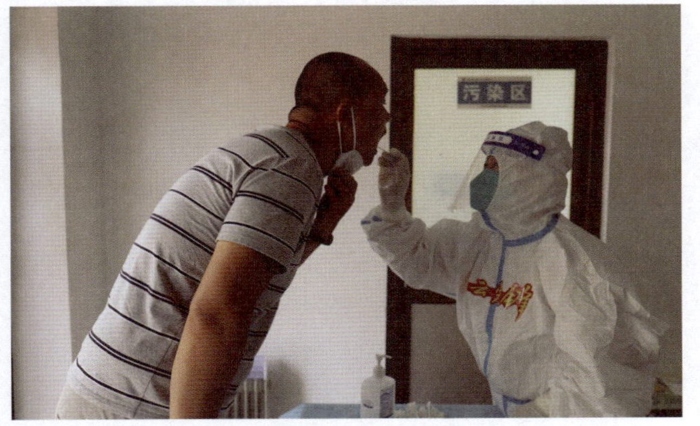

6月19日，“密云先锋”党员志愿者参与疫情防控核酸检测　（闫京　摄）

【全国文明城区创建】 根据密云区2022年创城测评标准，修订完善《穆家峪镇创城工作指挥部调整方案》，对镇域8大类33个具体点位类型进行梳理，明确部门职责，压实各方责任。开展环境卫生“大扫除”行动，机关干部下沉各村，广大党员积极参与，对背街小巷、河道沟渠等开展垃圾清理，对村办公场所、室内外环境进行大扫除行动。强化公共秩序整治力度，镇政府前街、部分村街道两侧施划停车位293个、其他道路标线标识1000余平方米；对101国道两侧沙峪沟段、980汽车站等重点区域车辆乱停乱放问题加大管理和处罚力度；对980汽车站、新刘地区、沙峪沟等经营门店较多区域开展联合检查，签订“门前三包”责任书163份，规范游商经营、占道经营行为70余次；开展镇域公益广告宣传栏专项提升行动，新增和更换硬质公益宣传广告300余处，营造浓厚的创城氛围。

（闫　京）

【人居环境整治】 深化“清脏、治乱、控污、增绿”全流程治理，常态化开展周末大扫除44次，清理问题点位7000余个。沙峪沟、水漳、娄子峪等6个村7条街巷成功创建“美丽街巷”。穆石路上榜北京“最美乡村路”。持续推进“厕所革命”，2022年完成33座公厕运行维护，均已达到三类公厕标准，新建公厕2座，达到二类卫生厕所标准。坚持“源头分类，共同参与”原则，完成垃圾分类整改点位1683处，大石岭、辛安庄、阁老峪、上峪和北穆家峪村荣获“市级垃圾分类示范村”称号。

（闫　京）

【新刘棚改】 2022年是新刘棚改项目回迁建设的决胜年，镇党委、镇政府科学组织、有序推进回迁安置

9月29日，新刘棚改回迁安置房建设工程完工　（门超　摄）

房建设和市政配套基础设施建设，78万平方米回迁安置房、市政支路和相关管线全部竣工，4条城市主次干路全部开工。顺利组织回迁居民看房、选房，居民选房率超过99%。

（闫　京）

【美丽乡村工程建设】 上峪、庄头峪等7个村美丽乡村地上部分建设工程完工。推进供水、污水设施改造，黑卧一级区、后栗园、碱厂供排水工程实现竣工验收。西穆家峪等10个村供排水工程进展顺利，供水管道累计铺设8.2万米，污水骨干管网累计铺设1.8万米。南穆家峪村东穆家峪给水改造工程、水漳村蓄水池及管道工程，大石岭村、荆稍坟村、后栗园村农村基础设施工程实现当年建设当年完工。开展水毁修复工程，上峪、羊山等4个村水土保持及安全防护设施修复项目竣工验收。娄子峪村泄洪桥改扩建工程历时50天完成建设任务。

（闫　京）

【安全维稳】 落实安全生产“一岗双责”，逐级签订安全责任书70份，检查生产经营单位共计936家次，发现问题隐患146项并全部整改完毕。抓好“清明”“五一”等重点时期防火工作，年内未发生森林火情。完成汛前安全隐患点位排查整改120余个，确保平稳度过汛期。加大普法宣传力度，加强信访矛盾化解，落实“六包一”管控措施，发动群防群治力量，全力做好服务保障工作。

（闫　京）

经 济 建 设

【文旅产业发展】 加快融入密云区“一条战略发展带、三条特色产业发展带、多个特色小镇”发展格局，总投资约5亿元的京能100兆瓦达岩光伏发电项目取得发改委立项备案，入选首批“国家气候投融资试点”。对生态修复、土地盘活、带动就业、促进增收等方面具有重大意义。水漳村与首旅集团签订合作协议，盘活原有蔬菜园区。推动历史遗留问题化解，成功腾退原九松山高尔夫球场约3000亩，保障村集体和村民合法权益。在做好疫情防控基础上，督导、扶持旅游行业有序运营，日光山谷景区实现旅游收入1500余万元，接待约8万人次，有效带动阁老峪、九松山、西穆家峪等周边110余户民宿、餐饮单位收益，对解决城乡村民就业、促进人均收入作出贡献。2022年全镇共实现旅游收入8382.8万元。

（闫　京）

【农业发展】 把住粮食安全主动权，完成播种任务9727亩。开展果园公园化建设，做好庄头峪千亩有机梨园建设，推进有机果品认证工作，悦民嘉誉农民合作社、庄头峪红香酥梨园等特色农产品品牌知名度持续提升。推进碱厂桃园、羊山蔬菜大棚等7个无公害基地建设。加强设施农业建设和管理，完成新建、翻建设施大棚36栋。蜂产业发展提档升级，培育养蜂60户4350群。依托好山好水，北京神农之乡养蜂专业合作社酿就波美度高达43度的“国民好蜜”大受欢迎，助力擦亮“蜂盛蜜匀”金名片。

（闫　京）

4月15日，穆家峪镇庄头峪村千亩红香酥梨梨花盛开　（闫京　摄）

【财源建设】 加大企业培植力度，完善《穆家峪镇招商引资管理办法》，增强企业发展后劲。时刻关注企业生产经营状况，积极推进复工达产，按时完成区级下达的全年经济任务指标。强化财源建设项目管理，引进中科鼎实环境工程有限公司，成功实现纳税300余万元。挖掘重点纳税潜力企业，完成新注册分公司63家，其中引进区外企业22家、京外企业3家，为全镇扩充税源、增强财力、扩大就业提供产业支撑。

（闫　京）

文 化 建 设

【文化服务水平提升】 依托镇文体中心开展戏曲、文艺演出9场，诵读、广场舞等培训20次。成立44支文化品牌队伍，开展夏日广场、金秋放歌、国庆庆典等文化活动，全年各村观看文艺演出均达到6场以上，文体活动参与者达400余人。组织参与“曲韵密云”“舞动北京”等大型文体活动，后栗园舞蹈队荣获“舞动北京”三等奖，篮球锦标赛获全区第四名。开展科技知识、建党100周年红色故事、英雄人物展览4次。以广场舞汇演形式开展“习近平总书记重要回信两周年”庆祝活动，引导广大群众传承并弘扬密云水库精神，一如既往守护好密云水库。深化完善镇综合文化中心建设，完善硬件设施，美化广场环境，健全规章制度，不断提升镇文体中心知晓率和满意度，完成北京市乡镇综合文化中心效能评估工作。

（闫　京）

【新时代文明实践活动】 完成新时代文明实践所迁移和规范化建设工作，推动20个新时代文明实践站提档升级，开展各类文明实践活动600余场。围绕“永远跟党走”“我心中的密云水库精神”主题开展百姓宣传活动，推动理论宣讲深入群众、走深走实。

（闫　京）

社会建设

【民生保障】 促就业保民生，开发就业岗位，采集空岗信息720个，帮助就业211人次。规范开展低保、低收入、特困家庭、残疾人、退役军人常态化救助，开展帮困救助596次，发放社会救助资金156.7万元，完成12户低保户危房改造工作。为退役军人报销药费85人次25.3万元。完成城乡居民养老保险参保7944人。深化残疾人服务体系建设，完成763户残疾人家庭无障碍改造工作。构建养老服务联合体，实现712名老人居家养老服务全覆盖，设立邻里互助点，填补独居老人服务空白。建立北京复兴医院与社区卫生服务中心结对共建机制，提升医疗服务能力水平。构建特色化、专业化、标准化社会工作服务体系，助力民生服务、基层治理提质升级。穆家峪小学成为密云区唯一一所全市“见字如面”书信交流活动试点学校。妇女儿童、残疾人、双拥、征兵、民族宗教等各项工作稳步推进。

9月23日，首都医科大学附属复兴医院对口支援密云区穆家峪镇义诊活动　（闫京　摄）

（闫　京）

【接诉即办】 深化“12345”市民服务热线“接诉即办”工作，继续完善精准派单、首问负责、周研判月分析，定期通报、约谈、奖惩等体制机制，实行“红黄绿”三级预警工作制度，提高镇村干部思想认识和解决诉求能力。紧扣“七有”“五性”需求，用好“接诉即办”为民服务，结合“密云先锋”行动，抓作风建设，推动镇村党员干部在“接诉即办”工作中主动担当作为，切实解决群众关心的急难愁盼问题。6月以来，“接诉即办”市级综合考核成绩连续6个月进入全市前100名，其中4个月进入前50位，10月排名位列全区第一。

（闫　京）

党的建设

【政治建设】 始终把党的政治建设摆在首位，做到旗帜鲜明讲政治。始终牢记“看北京首先要从政治上看”的要求，坚持和捍卫“两个确立”，教育引导党员干部增强“四个意识”、坚定“四个自信”、做到“两个维护”。高标准落实区委巡察反馈问题整改，开展保水保生态、群众身边腐败问题和不正之风、基层党组织建设等专项整治，解决镇级问题47个、村级问题146个，推动共性问题建章立制，巩固和扩大巡察整改成果。

（闫　京）

【思想建设】 用习近平新时代中国特色社会主义思想凝心铸魂。党委理论学习中心组带头示范，以党的创新理论和二十大精神为重点，全年组织理论学习中心组开展理论学习18次。全面深入学习宣传贯彻党的二十大精神，发挥新时代文明实践所（站）作用，开展理论家走基层、周末大讲堂等活动，在全镇营造学理论、讲理论浓厚氛围。强化舆论引导，在市级以上主流媒体宣传报道30余次，提升镇域知名度。强化意识形态责任制落实和阵地管控，确保意识形态领域绝对安全。

（闫　京）

【基层党组织建设】 以提升党支部组织力、凝聚力为着眼点，抓好基层党支部标准化规范化建设。运用“五个一”帮扶机制，统筹推进13项惠民工程，助推羊山村党支部高标准完成市级软弱涣散村摘帽。完成水漳、沙峪沟阵地提升工程，全面提升基层党组织为民服务能力和水平。把好发展党员“质量关”，全年接收预备党员 15 名、转正党员 23 名。以“密云先锋”行动、“公仆心、云水情”干部教育实践活动为载体，强化“1＋10”党员联系群众机制，设置“十大先锋岗”，通过吹响“先锋号”，授予“先锋旗”，组建“先锋队”系列活动，组织有活动能力的 1200 余名党员“认领先锋岗、公开亮职责”，擦亮“密云先锋”党建品牌。

（闫　京）

4 月 2 日，穆家峪镇召开“密云先锋”行动动员部署会　（闫京　摄）

【人才队伍管理】 强化干事创业的选人用人导向，全年调整干部 23 人次，补选 2 名村党支部书记、1 名支部委员。注重在急难险重工作中考察锻炼干部，抽调 60 名中青年干部支援疫情流调、涉疫人员转运等一线。提升村干部教育管理效能，建立村级后备人才台账，加强农村实用人才和乡村振兴工作组建设。

（闫　京）

【党风廉政建设】 严格落实中央八项规定及其实施细则精神，促进党风政风持续好转，带动社会风气向善向上。坚持以落实主体责任统领党风廉政建设和反腐败工作。深化廉政教育，引导广大党员干部和公职人员以案为鉴，深入查找问题，进一步强化党性意识、宗旨意识、纪律意识和规矩意识。开展廉政风险防控工作，运用监督执纪“四种形态”，及时发现纠正党员干部苗头性问题。以“事”为督查点，加强“镇村干部履职尽责”监督检查，全年在疫情防控、首都文明区创建、新刘地区棚户区改造、“12345”市民服务热线、保水保生态等重点工作中，监督检查点位 1600 余个，充分发挥监督服务保障作用。

（闫　京）

巨各庄镇

Jugezhuang Township

【概　况】 巨各庄镇位于密云区南部，距城区 6 千米，地处燕山余脉浅丘地带，是密云山区与平原的交界处，东邻大城子镇，南与东邵渠镇和河南寨镇相连，北隔潮河与穆家峪镇相邻。京承高速在紧邻蔡家洼村和沙厂村处分别设有出口，在前焦家坞村设有高速服务区。密三路、密兴路纵贯全镇，京承铁路、京沈高铁穿境而过。镇内交通便利，地理位置优越，是全区 6 个重点小城镇之一。镇域总面积 107.8 平方千米，境内有总容量 2120 万立方米的沙厂水库，北部山地铁矿、页岩等矿产资源丰富。镇内生态环境优美，旅游资源丰富，是北京市休闲农业与乡村旅游示范镇。全镇辖 26 个行政村、56 个自然村和 4 个社区。截至年底，镇内有 12145 户 23535 人，其中农业人口 8638 户 18369 人、非农业人口 3507 户 5166 人，非京籍人口 1448 人。镇内有卫生服务中心 1 处、精神卫生保健院 1 处、中医院 1 处、社会福利中心 2 处、中学 1 所、小学 2 所、幼儿园 3 所。

（席　媛）

生态建设

【保水保生态】 履行保水首要政治责任，持续做好沙厂水库周边水源保护工作，确保密云区备用水源安全。常态化开展巡河工作，清理河道垃圾、淤泥、漂浮物，劝阻不文明游河行为，确保河道行洪畅通。持续推进水资源项目建设工作，密云区农村污水和供水工程三年计划项目已完成招标手续；水峪村供水及污水项目已完成五方验收；巨龙河一期提升项目已完成项目建设、验收工作。

（席　媛）

【土壤污染防治】 扎实管控土壤污染风险。镇域内有 6 个有机果园、5 个无公害基地、9 个示范果园，有机肥施用面积不断增加，化肥农药使用量稳步下降，土壤质量得到持续改善。

（席　媛）

【“林长制”落实】 持续开展造林工程，完成造林面积 12.4 公顷，完成山区森林健康经营林木抚育项目工程 244.3 公顷，镇域森林覆盖率和生态涵养能力持续提高。2022 年巨各庄镇被评为“北京市绿化美化先进单位”，蔡家洼村被评为“首都森林村庄”。

（席　媛）

【大气污染防治】 持续深化“一微克”行动，制定《巨各庄镇大气污染防治 2022 年行动计划任务分解表》，加强扬尘专项治理和裸地管控，全年新增苫盖绿网地块 762 处。严厉打击砂石料非法囤积和二次装载点，多部门联动实施“回头看”专项督导，开展打击“四非”（非法二次砂石转运点、非法倾倒建筑垃圾、非法道路遗撒、非法占道经营）专项整治工作。依托智慧平台，实时监测环境质量，$PM_{2.5}$平均浓度 26 微克/立方米，在城区及周边镇街排名中位列第二。

（席　媛）

镇村建设与管理

【疫情防控】 强化各类台账管理，确保核查不漏一人。全力推动新冠疫苗接种工作，积极宣传引导，60 岁以上老年人新冠疫苗接种率达到 91.55%。全力做好各项保障工作，全年累计发放各类疫情防控物资上万余件；累计制作生活物资爱心包、蔬菜包千余份。抽调机关干部参与巨各庄镇文体中心核酸采集点的秩序维护、信息登记等工作，每日核酸检测能力满足本镇核酸检测需求，有效阻断疫情传播。落实科学精准防疫，防控措施有力有效。明确职责分工，细化责任落实，提早部署、果断行动、主动作为，快速有效完成大数据派单核实、敲门行动、落位管控等工作。面对突发疫情，迅速反应，及时调整组织部署，抽调 30 名干部成立疫情专班，高效应对疫情多点散发状况。

（席　媛）

【全国文明城区创建】 开展“百日攻坚”及游商占道、“飞线充电”等专项整治工作，施划停车位，修复破损路面，解决蔡家洼小区停车秩序、密兴路占道经营、背街小巷脏乱等问题。

（席　媛）

【宅基地管理】 全面落实农村宅基地及房屋建设相关管理办法，全年完成房屋翻建申请审批 147 户、新建 1 户。

（席　媛）

【美丽乡村建设】 完成第二批、第三批 15 个美丽乡村的实施方案设计、现场核验及预算评审工作，取得正式财评报告。前厂村美丽乡村地上工程已完工；丰各庄村、郝家庄新村已取得竣工结算报告。深入推进“拆违打非”行动，开展变更调查核实工作。坚持“控新生，拆存量”，共腾退土地面积 8000 余平方米。

（席　媛）

【人居环境整治】 坚持“清脏、治乱、增绿、控污”，常态化开展环境建设工作，以“周末大扫除”“爱国卫生月”“学雷锋日”等活动为契机，开展人居环境整治活动。17 个行政村在区级农村人居环境年终综合考评中获得资金奖励，26 个行政村全部通过市级人居环境考核。深入做好垃圾分类工作，不断加大督促检查工作力度，建立问题整改台账，督促检查整改。实行网格化管理，垃圾分类指导员对前来投放垃圾的村民进行宣传指导。制定《巨各庄镇环境建设员（生活垃圾分类指导员）管理办法》，召开巨各庄镇垃圾分类工作培训会，明确考核奖惩，在全镇范围内实现垃圾分类精细化管理。塘峪村、张家庄村、水树峪村、巨各庄村通过市级垃圾分类示范村验收。

（席　媛）

【耕地保护】 强化耕地监督管理，落实耕地保护制度，坚决制止各类耕地“非农化”行为。全力推进复耕工作，完成 630.1 公顷的复耕任务。依托土地复耕资源，完成东白岩、前焦家坞、后焦家坞、黄各庄、霍各庄、巨各庄、八家庄、豆各庄、塘子、久远庄、前厂、沙厂 12 个村设施农业备案，推进设施农业建设工作。严格落实耕地保护政策，推进复耕工作，全年签订土地流转面积 536.8 公顷，已实施复耕面积 428.2 公顷。

（席　媛）

经 济 建 设

【经济指标】 农业总产值 1.46 亿元。规模以上工业总收入 6.7 亿元。接待游客 25 万人次，旅游综合收入 1.59 亿元。全社会固定资产投入 4039 万元。财政收入 1.37 亿元。农民人均可支配收入 34383 元。

（席　媛）

【营商环境优化】 深入落实企业“服务包”“服务管家”机制，政府领导带队走访企业，了解企业需求，解决实际问题。坚持招大引强、招新引优。成立镇级招商引资工作专班，为招商引资工作夯实基础。拓宽财源建设渠道，创新财源建设策略和手段。年内新注册企业 55 家，迁入企业 29 家，注册资金 6.8 亿元。

（席　媛）

【集体经济持续壮大】 坚持农业农村优先发展，培育壮大乡村特色优势产业，拓宽农民增收致富渠道。密云区国家现代农业产业园核心区（蔡家洼）已建设完工，进入招商运营阶段。持续做大做强后焦家坞村原味一号西红柿品牌，全力打造原味一号西红柿原产地、主产区、首都番茄特色镇。设施大棚农产品销售畅销，有效带动村民实现致富增收，全镇 14 个经济薄弱村全部完成“消薄”任务。紧抓土地复耕契机，以整合盘活土地资源为牵引，制定巨各庄镇设施农业建设规划，完成前焦家坞村、东白岩村共计 73 栋设施农业大棚翻建工作。积极与朝阳东湖街道对接开展帮扶工作，签订《精准帮扶定向捐赠协议》。

（席　媛）

【家庭农场建设申报】 年内累计申报家庭农场 30 个，培养市级家庭农场 3 户，获评“密云区家庭农场示范镇”称号。

（席　媛）

【文旅产业创新发展】 构建“高端项目为引领，酒乡之路为支撑，采摘休闲为主体”的发展格局。积极对接文旅项目，初步完成蔡家洼“伟大芒果小镇”、水树峪“密云文驿”项目方案梳理工作，创新形成“蔡家洼文旅融合‘点亮’幸福生活”“天葡庄园一二三产融合发展推动全域旅游发展”两个文旅融合案例。积极开展“巨各庄酒香之路摄影小镇”工作，创建方案初步完成。充分利用本镇特色资源，助力开展“2022 年中国农民丰收节金秋消费季”和“第十九届鱼王美食文化节”活动。以酒乡之路特色品牌为支撑，天葡庄园、日光庄园、润之都等成为葡萄采摘、葡萄酒酿造体验等周末休闲新去处，全年鲜食葡萄收入约 420 万元。

（席　媛）

9 月 26 日，第十九届密云鱼王美食文化节在国家现代农业产业园蔡家洼核心区举行

（苏晓颖　摄）

【重点工程稳步开展】 京沈客专安置房项目完成市区两级 69 项行政审批手续及成果文件。塘峪 220 千伏变电站、110 千伏配套送出工程，已完成签约并通过审计 294 户，发放资金 3700 余万元。密三路扩建工程完成 29 户拆迁对象地上物清登工作。密云门站天然气工程建设已完成征地安置协议签订及对应款项的拨付工作。西田各庄 220 千伏输变电工程在全区率先完成全部拆迁对象的签约、拆除工作。

（席　媛）

文化建设

【文化设施建设】 完善镇级综合文化活动中心，设有多功能厅、图书馆、文化馆、培训教室、健身房、培训机房等功能用房，并配备相应设备。26 个行政村均建有图书室、放映厅、文化活动室等功能用房，且设备完备，使用面积均达到 300 平方米以上的标准，公共文化设施设置率达到 100%。

（席　媛）

【文体活动开展】 充分发挥巨各庄镇文体中心资源优势，面向群众开展多样化文体活动。在沙厂村举办“月圆京城 情系中华”中秋晚会；举办巨各庄镇“喜迎二十大 欢度国庆节”暨第五届拔河比赛。26 个行政村共开展各类活动 70 余次，累计参加人数达 5000 余人次。积极参加区级各类赛事，并荣获多项荣誉，镇文化中心在全区绩效考核和效能评估工作前两次验收中均获得第一名。

（席　媛）

9 月 9 日，巨各庄镇在沙厂村举办“月圆京城 情系中华”中秋晚会　（余江波　摄）

社会建设

【社会保障】 坚持民生优先，落实各项惠民政策。城乡社会救助政策进一步落实，开展特困人员供养、超转家庭日常管理、城镇医疗救助、残疾人生活补贴护理等工作，累计发放各类民政资金约2776.56万元。创新就业服务，拓展就业空间，累计解决就业621人。稳步推进社会保障工作。努力做好退役军人服务工作，共办理建档立卡829人，发放优待证802人，排名全区第二。全面完成镇村（居）政务服务规范化标准化建设，在全年政务服务工作综合考核中排名第二，荣获“北京市密云区2022年度镇街政务服务工作先进单位”称号。

（席 媛）

6月17日，在巨各庄镇退役军人及其他优抚对象优待证首发仪式上，工作人员在现场为退役军人办理优待证（余江波 摄）

【教育服务】 完成非京籍幼儿入学、幼儿信息库更新等工作。开展亲子活动、家长培训，培训率90%以上。制定初中品学兼优学生及高考成绩优异学生奖励办法，创设良好学习氛围，做好教育服务工作。2022年巨各庄中学中考及格率、优秀率和平均分均位居全区前列，学校综合素质评价工作被评为市级先进单位。

（席 媛）

【接诉即办】 主动治理、未诉先办，矛盾纠纷稳妥化解。全年共受理“12345”市民服务热线群众诉求10063件，市级考核工单2814件，平均解决率95.91%、满意率95.32%、综合成绩96.15。深化纠纷排查化解，全年共开展矛盾纠纷排查9364次，累计排查次数位列全市第一，获得北京市“接诉即办”工作先进集体荣誉称号，在“密云先锋”评选中获评矛盾纠纷排查化解密云先锋岗称号。

（席 媛）

【安全维稳】 打造全员参与的群防群治格局，全面落实本镇防汛、森林防火、应急值守、食品安全检查等工作。加强安全生产隐患排查整治，开展液化石油气、电动车违规充电排查整治等专项行动，实现全年安全生产事故零发生。开展自建房安全专项整治工作，全力保障人民群众生命财产安全。完成党的二十大会议、冬奥会冬残奥会等重要时期的安保维稳任务。推进村居民主法治建设，提升村居依法治理水平。建立村（居）党组织负责人述法机制，推动民主法治示范村建设，为水峪村、达峪村、张家庄村授予“北京市民主法治示范村”名牌。

（席 媛）

党的建设

【党的二十大精神宣传贯彻】 把迎接、宣传、学习、贯彻党的二十大精神作为贯穿全年的首要政治任务。积极参与区委“喜迎二十大 奋进新征程”“喜迎二十大 密云先锋在行动”等活动，展示巨各庄镇各项事业取得的成就，激发全镇干部群众奋进新征程、建功新时代的热情与担当。组织动员全镇党员观看党的二十大开幕盛况，通过集体学习、线上自学、交流研讨等方式开展学习活动。

（席 媛）

【“密云先锋”行动】 开展“党课半小时”“迎七一 颂党恩 跟党走”知识问答系列活动，实施“防疫盲点攻坚”“创城难点攻坚”“重点工程攻坚”等系列先锋行动。开展先锋评选，共评选出124名镇级“密云先锋”、2名区级“密云先锋”、2个“密云先锋党组织”、1个“密云先锋岗”，通过认领“先锋岗”，划分“责任区”，形成示范带动，营造浓厚氛围。

（席 媛）

【“公仆心 云水情”干部教育实践活动】 开展“公仆心 云水情”干部教育实践活动，组织机关党员干部、村干部开展集体学习4次。开展党员干部参与“我为群众办实事”大走访活动，通过联合共议、镇村共治，解决群众急难愁盼问题，确保教育实践活动取得实效。贯彻落实“1＋10”党员联系群众工作机制，激发党员为民服务、干事创业的激情热情，发扬党员干部先锋模范作用。

（席 媛）

【思想政治建设】 坚持和捍卫“两个确立”，切实增强“四个意识”、坚定“四个自信”、做到“两个维护”，坚定政治信仰，提高政治能力。压紧压实意识形态工作责任，巨各庄镇党委专题研究意识形态领域工作，定期通报意识形态情况，在重要节点、重要会议前后重点关注舆情动向，提高风险防控意识。坚持“围绕中心、服务大局，内聚人心、外树形象”，持续做好新闻宣传工作，围绕区级重点工作、中心任务积极投稿，在《密云报》、密云新闻等区级传统媒体刊发新闻 40 余篇，在生态密云、文明密云新媒体刊发稿件 70 余篇，在《密云信息》《昨日区情》发表信息 60 条。

（席　媛）

【全面从严治党】 制定领导班子和班子成员差异化全面从严治党责任清单，压紧压实全面从严治党主体责任。围绕重点工作、重大工程开展监督，推进各项工作落地见效。充分运用监督执纪“四种形态”，精准处置问题线索，为干部澄清正名，激励干部担当作为、干事创业。坚持减存量、遏增量并重，扎实开展信访积案攻坚行动，干群关系逐步和谐融洽，政治生态持续向上向好。

（席　媛）

太师屯镇

Taishitun Township

【概　况】 太师屯镇位于密云区东北部，东接北庄镇，东北与新城子镇相连，西邻密云水库潮河东岸，南部与穆家峪镇、巨各庄镇、大城子镇接壤，北接古北口镇，是北京市 42 个重点镇之一，也是密云库北 6 镇的中心和枢纽。全镇先后获全国环境优美镇、国家卫生镇、首都文明乡镇、国家森林蜜蜂特色小镇、美丽中国·深呼吸小镇等多项荣誉。全镇公路总长 138 千米，辖区面积 202.5 平方千米，全镇辖 34 个行政村和 5 个社区。全镇户籍人口 22859 人，其中农业户籍人口 21893 人；常住人口 22033 人，流动人口 826 人。

（王宇航）

生态建设

【保水保生态】 成立太师屯镇生态环境保护大队和 34 支村级生态环境保护中队，进行“五员”融合，形成生态环境综合治理合力。深化 3 条流域 8 条河流 78 条沟道的河长制工作，实行河长制巡查制度，河长办成绩位居库北乡镇前列。开展密云水库安全执法行动，修复库区围网 309 处，联合执法 30 余次，劝离非法涉水人员 143 起次，完成立案 88 起，处理 88 人，组织网格员拾捡白色垃圾统一行动 43 次，清除建筑垃圾 56 处，整治乱堆乱放 120 处，打通防火道 3 千米，劝阻库区露营、聚餐、游玩、拍照人员 37 起，劝阻制止烧荒、燎地边 20 余起。

（王宇航）

7 月 21 日，太师屯镇网格员修理库区周边围网

（太师屯镇　供图）

【植树造林】 全镇林地面积 1.46 万公顷，生态林面积 1.1 万公顷，林木覆盖率 78.11%，林木绿化率 79.21%。

（王宇航）

【大气污染防治】 实施“一微克”行动，开展裸地覆盖工作，整改点位 348 处。加强对镇域内重点点位、施工场地扬尘治理、苫盖、洒水、降尘等检查，组织联合执法行动 34 次，夜查 13 次，大气扬尘类处罚 11 起。加强对春节、清明、五一、十一等节点不文明祭祀、露天焚烧等专项检查。做好空气污染预警及重点时期空气保障工作部署，启动措施 73 天。$PM_{2.5}$ 平均浓度 24 微克/立方米，全区排名第二。

（王宇航）

镇村建设与管理

【疫情防控】 完善疫情防控指挥部组织架构，夯实疫情防控工作指挥体系，明确各方职责。制定《太师屯镇疫情应急处置预案》《太师屯镇疫情应急封控（管控）方案》《太师屯镇国庆节假期及重要会议期间工作方案》《太师屯镇疫情防控集中隔离点工作方案》《关于全员核酸检测实施方案》等防控制度。推进辖区内新冠疫苗接种工作，确保“应接尽接、愿接尽接”，完成全程疫苗接种2.07万人，筑牢安全防线。

（王宇航）

6月13日，太师屯镇开展疫情防控志愿服务活动　（太师屯镇　供图）

【全国文明城区创建】　优化全国文明城区工作指挥部结构，组建“一办十组”，明确职责分工。召开党委会专题研究部署创城工作3次、动员会9次。开展“美丽密云 文明先锋”“机关党员创城车贴”“全民参与，创城有我”等各类创城主题活动，组织学习H5系列动画宣传片6次、集中知识问卷模拟测试3次。印发《创建文明密云 共筑幸福密云——应知应会知识点》和《密云区全国文明城区群众满意度测评调查模拟问卷》1200余份。加强硬件设施建设，修缮44块破损宣传栏，新增公益广告35块。开展新时代文明实践志愿服务活动1540余次、宣传引导活动20余场、文明乡风活动5场，组织各村新时代联络员开展集中培训2场，入村“一对一”教学培训50余次。强化镇村环境秩序，开展“百日攻坚”和“创城攻坚”专项治理行动，签订“门前三包”责任书294份，张贴公示牌294个，制定实施《太师屯镇人居环境“周末大扫除活动”工作方案》，组织周末大扫除活动40余次，清理各类台账3845处，清理卫生死角126处，拆除私搭乱建26处，共计清理垃圾249吨。施划机动车停车位260个、非机动车停车位80个。开展交通安全“百日整治”行动、个人生活垃圾分类专项执法，立案处罚81起。

（王宇航）

【基础设施建设】　一级区污水设施提质改造工程已完成工程总量98%，新建污水管网完成9985米，新建三格化粪池完成404座，污水检查井完成707座，新建供水管网完成4500米，水表井完成4344座，水表安装完成650块，湿地工程完成5591.8平方米，处理站完成22座，CWT设备安装完成22台，路面恢复完成2万平方米，蓄水池完成9座，一体化提升泵站完成8座，入户收集池完成600户。完成公厕改造提升44座，且纳入美丽乡村建设平台，并为太师庄村申请公厕提升改造2座。完成太师屯镇供排水设施水毁修复工程，涉及东田各庄、上金山、后八家庄、黄各庄4个村，总投资约217.81万元。年内，完成全镇19个行政村的宅基地新建、翻建审批工作及2021年、2022年农民住宅抗震节能238户的验收工作。经现场核实、丈量、登记，审批翻建农宅基地109户。完成土地复耕验收3463.48亩。

（王宇航）

【城乡治理】　结合“创城”工作，统筹创城、人居环境、垃圾分类工作，推进城镇精细化管理，引导群众养成健康文明生活习惯。完善人居环境管护机制，建立日巡查、周考核、月排名机制，与年底责任制考核挂钩，完成垃圾分类示范片区复验工作，在全区取得优异成绩。依托镇生态环境保护大队和34支村级生态环境保护中队力量，统筹开展保环境、垃圾分类等工作，被评为市级垃圾分类示范村2个、区级垃圾分类示范村4个。积极开展农村人居环境“美丽街巷”创建工作，目前已完成7条街道的区级验收工作，且已顺利挂牌。

（王宇航）

经济建设

【财政组收】　年内，农业产值达1.53亿元，乡村旅游业实现综合收入5911万元，工业企业实现主营业务收入2384.3万元。完成社会固定资产投资3475万元。注册联合社2家、农民专业合作社162家（其中种养殖专业合作社98家、民俗旅游合作社23家、农宅专业合作社7家、产销合作社32家、手工艺品1家、农机服务1家），登记入社社员7002户。

（王宇航）

【优化营商环境】　利用集中办公区优势，严格把关引进标准，确保引进优质企业，年内引进企业32家，数量和质量显著提升。做好镇域内企业服务工作，开展镇街服务包企业走访，全年走访企业80余次，解决诉求20余件，切实做好企业服务、政策解读等工作。

（王宇航）

【发展特色产业】 以创建农业特色产业强镇为抓手，推动葡萄产业提质增效，完成葡萄数字化、文化科普推广中心与产品研发项目建设，进一步推动葡萄产业规模化、标准化、品牌化发展。持续擦亮“蜂盛蜜匀”品牌，成功举办“世界蜜蜂日”活动，深化“合作社＋公司＋基地＋农户”的运作模式，实现产值3500万元。大力发展净水渔业，探索推进“渔民＋合作社＋公司＋龙头企业”模式，为渔民统一销售鱼产品42万千克，实现收入840万元。

（王宇航）

9月15日，太师屯镇渔民捕鱼上岸

（太师屯镇 供图）

【文旅产业融合发展】 利用村闲置民宅、周边自然资源、景区优势，大力发展精品民宿，新发展民俗户34家，评定精品民宿10家。蜜蜂大世界被评为3A景区，太师屯镇获评北京市森林康养旅游示范基地。

6月，位于太师屯镇的蜜蜂大世界

（太师屯镇 供图）

推出欢乐松鼠谷景区、邑仕庄园景区冬季冰雪项目，打造冰雪主题乐园。投资86.8万元，对仙居谷、邑仕庄园、京纯合作社、人间花海等4个景区进行公共基础设施提升改造。

（王宇航）

【结对帮扶】 落实“东西部帮扶协作”相关政策。为内蒙古库伦旗额勒顺镇、湖北省十堰市竹溪县龙坝镇分别捐赠扶贫资金20万元、10万元。与三元集团、石景山区对接，探讨发展方向，拓宽发展路径，联系各方专家，找到适合的发展项目。

（王宇航）

文化建设

【文化设施建设】 加强村级综合文化室的建设和管理工作。完成光明队等7个村文化活动场所提升项目的实施及验收工作，对大漕村、小漕村、前南台等8个村的文化室进行改造提升。

（王宇航）

【文化队伍建设】 开展习近平总书记重要回信精神、庆祝“假日”等主题专业文艺演出9场，电影放映800余场。年内申报2支村级文化队伍进行全区评选，其中，后南台村“狼之队”通过文旅局评选获得区级群众文化品牌队伍称号。持续对60余支村级文化品牌队伍、41名文化能人开展技能培训，为全面落实思想政治教育、全面推动基层文化建设、全面发展精神文明创建起到积极的推动作用。

（王宇航）

社会建设

【民生保障】 全年发放低保金、特困金、临时救助、教育救助、慈善救助、残疾人两残补贴等救助金约3666万元。为80岁以上老人发放高龄津贴、失能老人护理补贴及困难老年人养老服务补贴等资金约887万元。全年城乡居民养老保险新参保、续保9517人，完成15984人城乡居民基本医疗保险调查、摸底、统计、发卡、缴费等工作。

（王宇航）

【就业服务】 为82人申报城镇灵活就业，为92人申办农村灵活就业，为697名失业人员办理失业金领取手续。实现城乡劳动力就业1212人，空岗信息采集503条，走访跟踪用工单位44家，回访132次。走访慰问退役军人及其他优抚对象300余人。完成优抚对象医疗减免82人次，共计239348.14万元。为15名退役军人办理临时救助，为4名农籍老兵办理补助申请，为1名退役军人办理带病还乡补助申请。完成退役军人及优抚对象建档立卡1071人，办理退役军人优待证1006人。

（王宇航）

【接诉即办】 建立“党建引领、人民至上、基层统筹、条块联动”工作机制，定期会商研判，坚持“一单三派”，实行领导包案制，完善考评机制，确保责任落实。全年受理各类工单13121件，响应率100%，解决率和满意率稳步提升。年度最好成绩为全市第19名，全区第2名。全年平均成绩位居全区第4名。

（王宇航）

【平安建设】 完成冬奥会、冬残奥会、党的二十大安保和其他敏感节点安保工作，全镇累计投入群防群治防控力量10万余人次。启动一级超常社会面防控等级92天。

（王宇航）

【防汛防火】 全镇生态林管护员444人，镇政府与各村签订森林防火责任书527份，发放各类宣传材料3万余份，张贴标语1360张，封山封沟12处，清理防火道22万延米，清理林地可燃物3766.25亩，有效维护森林资源安全。落实防汛抗旱工作，完善水库、塘坝、景区各类防汛预案，核实水库、塘坝技术负责人和直接责任人，确保防汛抗旱工作万无一失。

（王宇航）

4月22日，太师屯镇开展森林防火巡查

（太师屯镇 供图）

【安全生产】 与34个行政村、24个职能科室、626家生产经营单位签订生产、消防、交通安全责任制。召开全镇安全会议7次。检查生产经营单位1218家次，排查整改安全隐患280处。开展仓储库房消防安全专项整治工作，约谈仓储企业负责人1次，督促负责人严格落实企业主体责任，并在仓库明显部位张帖仓储库房类场所“五有”“五无”“六严禁”提示，减少火灾隐患。以安全生产专项整治三年行动为抓手，开展安全生产百日清零专项行动，针对本辖区内安全风险特点，以出租房屋、商超市场、饭店、学校、民俗户、旅游景区等人员密集场所为重点，开展联合检查26次，消除安全隐患100余处。严查泡沫彩钢板建筑，查封泡沫彩钢板建筑1900余平方米。发挥74名村（居）兼职安全生产巡查员队伍职能，组织安全宣传活动6场，发放安全宣传资料5000多份。消防安全“一警六员”实战演练培训人数500余人，指导企业开展安全生产应急演练10次。

（王宇航）

党的建设

【强化政治引领】 建立“1+6+X”工作机制，以党的二十大精神为指引推动工作落实。深入落实“密云先锋”行动，夯实“1+10”党员联系群众机制，带动1800余名农村党员参与疫情防控等重点工作。扎实开展“公仆心、云水情”干部教育实践活动，动员青年党员下沉入村担任党小组副组长，不断激发党员先锋模范作用。

（王宇航）

【基层组织建设】 新发展党员27名，加强村干部培养锻炼，落实“两委”干部轮训长效机制，每季度举办村党组织书记“鸿雁论坛”，提高村干部履职能力。

（王宇航）

【严把选人用人政治关】 实行干部选拔任用节点把关和过程监督，全年选提拔事业六级职员5名、七级职员2名，公务员调任1名，提拔副科级干部1名，新录用公务员5名、事业编2名。建立“五个一”监督体系，围绕重点工作开展监督检查132次，党员干部纪律意识增强。

（王宇航）

【创新党建工作】 搭建第一书记联盟，以支部联建、教育联办、发展联促、成效联评为主要措施，打破村级壁垒，提升基层组织建设质量。依托释法评理平台，坚持源头预防和疏导稳控两手抓，深入开展矛盾纠纷排查化解。全年启动村级释法评理活动34次，有效化解宅基地纠纷、人居环境整治、垃圾分类等矛盾纠纷，维护农村和谐稳定。

（王宇航）

9月23日，太师屯镇召开第一书记工作汇报会 （太师屯镇 供图）

【推进宣传思想工作】 以学习宣传贯彻习近平新时代中国特色社会主义思想为重点，组织镇村党员群众开展集中学习72次。镇党委理论学习中心组严格落实巡听旁听制度，开展学习19次。分别与党政班子成员、各村（社区）签订意识形态责任书，定期分析研判意识形态领域存在风险。结合中心工作、重点工程，报送市级媒体、"两办"、区融媒体中心、生态密云等信息500余条。发挥新时代文明实践所、站等志愿服务队伍作用，围绕"学习实践科学理论、宣传宣讲党的政策、培育践行主流价值、丰富活跃文化生活、持续深入移风易俗"五类活动内容，持续开展志愿服务活动1540次，进一步加强基层宣传思想文化工作和精神文明建设。

（王宇航）

【党风廉政建设】 开展"以案为鉴、以案促改"警示教育，落实中央八项规定精神，加大查处问责和通报曝光力度，持续"纠四风"树新风。针对监督检查中发现的问题，责令相关部门、各村（居）立行立改。运用监督执纪"第一种形态"处理党员干部15人次，开展工作约谈14人次，出具廉政意见函11份。党员干部被立案审查10人次。按照新时代全面从严治党工作要求，加强对村（居）党组织和全体党员的教育、管理和监督。

6月22日，太师屯镇召开党风廉政教育大会 （太师屯镇 供图）

（王宇航）

古北口镇

Gubeikou Township

【概　况】 古北口镇位于北京市密云区东北部，北邻河北省承德市滦平县巴克什营镇，东至新城子镇，南至太师屯镇，西至高岭镇。自古为北部地区进入中原的战略咽喉要道，素有"燕京门户、京师锁钥"之称。全镇总面积86.41平方千米，辖9个行政村和4个社区。户籍人口4513户9443人。全镇农用地面积7542.90公顷，林地面积7150.13公顷。

（罗　超）

生态建设

【保水保生态】 全面落实"河长制"，累计巡河2197公里，月考核平均成绩全区前列。开展潮河上游河道整治行动，清理杂草杂物4000余立方米，出动执法23次，制止破坏河道环境行为1000余起。镇域水质长期保持Ⅱ类以上。完成2000亩林木病虫害防治、6000亩森林健康抚育工程，造林绿化水平稳步提升。司马台、古北口村成功创建首都森林村庄。实施村庄水土保持及安全防护设施修复项目，修土墙、护地坝，构筑水土保持防线。

（罗　超）

【污染防治】 率先完成"基本无裸露镇"创建工作，治理裸地48.1公顷，获区级奖励资金100万元。$PM_{2.5}$年均浓度24微克/立方米，空气质量全区第二。推广应用有机肥2319吨，耕地土壤质量持续改善。推动古北口、龙洋村污水配套管网、北台等7个村供水及污水前端收集系统、PPP农村污水设施加快建设，污水治理能力显著提升。

（罗　超）

镇村建设与管理

【疫情防控】 镇村干部连续数月不休，全天候核查大数据派单 1.5 万件。23 名精干力量火速援驰兄弟街道，充分展现党员干部担当。完成多轮次大规模核酸检测，将风险源彻底“捞干筛尽”。60 岁以上人群第一剂接种率 91.84%，筑起群众免疫屏障。

（罗　超）

【人居环境整治】 全力创建全国文明城区，常态化开展周末大扫除、环境日大清理活动 468 场次，全年整改问题点位 6539 处、清理乱堆乱放 2099 处。拆除违法建设 2570 平方米，腾退土地 2995 平方米，新生违法建设动态“零增长”。司马台、北台、汤河、潮关村 7 条街道获评区级“美丽街巷”。全镇 30 个院落获评区级“最美庭院”。司马台、北甸子村获评市级垃圾分类示范村，古北口镇获评北京市 5 个生活垃圾分类推进工作先进集体。

（罗　超）

【绿色生态农业提质增效】 推进杨庄子村老北京水果示范基地建设，完成龙洋设施大棚提升改造，深入实施北甸子复耕复种。北台村成立首家农宅合作社，回收 33 户闲置农宅，积极打造民宿。鼓励国家级家庭农场“净田社”发展林下养鸡、有机蔬菜种植，探索农旅融合发展模式。4 个经济薄弱村全部消薄。

（罗　超）

5 月 17 日，潮关村村民展示木耳种植技术

（王硕　摄）

经 济 建 设

【经济指标】 全年完成财政收入 15366.6 万元，同比增长 257.1%，增幅全区第一。完成固定资产投资 808 万元，社会消费品零售总额 6250 万元，乡村旅游收入 7631 万元。

（罗　超）

【招商引资】 落实镇领导联系重点企业和企业服务走访制度，主要领导带队走访服务企业 30 家次。全面落实优化营商环境 5.0 版改革，率先完成国际语言环境建设。优化出台《古北口镇支持企业发展办法（2022 年版）》，兑现支持企业发展资金 200 余万元。邀请企业家走进古北口考察，投资兴业，全年新引入企业 58 家，实现重点税源增长 300 余万元。财源建设工作镇街综合排名第一，获奖励资金 664.9 万元。

（罗　超）

【项目推进】 围绕“两核两带三区”规划布局，谋划实施重点项目 50 个，总投资达 7.3 亿元。其中，长城古北口路组团项目 7 个，古镇特色保护和基础设施项目 12 个，文旅产业配套设施项目 10 个，生态保护、环境整治、民生改善等领域项目 21 个。创新管理机制，研发项目推进系统，设立“项目推进榜”，实现挂图作战、精准调度、压实责任、统筹推进。当年完成竣工验收项目 10 个，已具备施工条件项目 12 个。古北口镇项目工作做法在区委《密云信息》专刊刊发，在全区交流经验。

（罗　超）

文 化 建 设

【长城文化保护利用】 北京长城文化节首次在古北口镇开幕，长城庙会等节庆活动异彩纷呈。实施蟠龙山 3 座敌台抢险加固工程，展现长城遗址原貌。精心打造长城沿线观城点位，让游客全方位领略长城壮美雄姿。深入开展长城脚下研学活动，建立军事文化体验园，打造长城书社研学基地。在长城沿线重点段树立标识，加强保护与利用，深度展现长城文化价值。完成长城抗战纪念馆提升改造。擦亮特色旅游线路，红

8 月 21 日，古北口镇古北口村举办“千年古镇·长城之约”长城庙会　（穆赛楠　摄）

色文化探访线路一期竣工验收，二期马上进场。与央视、北京电视台合作，拍摄《伟大的长城》等多个栏目，擦亮古北口文化标识。

（罗 超）

【历史文化挖掘】 制定长城村落民居风貌引导办法，出台开展沿街 24 户古民居外立面改造，促进古村落的保育与活化。围绕边塞、庙宇、民俗等文化主题，拍摄 30 集《口述古北口》宣传纪录片，制作出版《古北口影像图志》。制作抗战故事等短视频 16 期，首期单日播放量超 50 万。推出《歌唱古北口》校园传唱活动，激发爱国爱家情怀。2022 年，河西村、潮关村成功列入第六批中国传统村落名录。

（罗 超）

【古北水镇辐射效应明显】 紧抓水镇国际交往重点承载地建设机遇，通过深层次挖掘长城古镇文化底蕴，不断充实古北水镇品牌文化内涵。以创建司马台“景区村”为目标，推动旅游接待中心和文化广场建设，打造与水镇夜景遥相呼应的夜色景观。古北水镇被评为首批国家级夜间文化和旅游消费集聚区、市级旅游度假区。

（罗 超）

【文化旅游产业深度融合】 制定文旅发展四个引导办法，预留专项资金支持文旅发展。推出红色研学等多条精品旅游线路，旅游资源连线成片。谋划旅游基础设施提升、民俗旅游产业提升等多个文旅项目，推动全域旅游大发展、大繁荣。推进第一批“长城人家”和“长城村落”挂牌，长城沿线民宿文化品质有效提升。引导民俗提升改造，星级民俗户增至 438 家，精品民宿增至 35 家，民宿发展走向特色化、品牌化。打造中国首个文旅元宇宙小镇。古北口镇被文化和旅游部、国家发改委评为第二批全国乡村旅游重点镇。

（罗 超）

6 月 29 日，中国首个文旅元宇宙小镇落地古北口 （王硕 摄）

社会建设

【接诉即办】 完善“接诉即办”工作体系，落实首单见面制，镇村干部到现场、真见面、促解决、争满意。设立接诉即办应急专项资金，简化拨付流程，解决修路、建桥等群众急难愁盼问题。全年受理“12345”市民诉求 4475 件，全部按期办理。

（罗 超）

【民生保障】 坚持把有限财力向民生倾斜，11 项民生实事全面完成。新增城乡劳动力就业 304 人，实现高质量就业。古北口镇被评为“北京市充分就业乡镇”，古北口镇河西村被评为“北京市充分就业村”。居民养老保险和医保参保率均实现 100%。坚持教育优先，走访关爱师生成长。低保、残疾人补贴、特困人员基本生活保障金等按时足额发放。完成 7 户低收入群体危房改造，审批百余份建房申请。强化政务服务效能，办结率 98.8%，打通了便民服务的“最后一公里”。

（罗 超）

【安全维稳】 完成全国两会、北京冬奥会、党的二十大安保维稳任务。严格进京通道管控，安装涉外道口监控，彻底守住守牢首都东北大门。全年综合执法检查 4438 次，提升环境秩序。围绕消防、交通、燃气、安全生产、自建房安全开展集中隐患排查，整改隐患 513 处，创建标准化达标生产经营单位 10 家。强化防汛、防火等人员物资保障，提升应急处置能力。古北口镇被评为“北京市应急值守工作先进基层单位”。成功化解信访积案 25 件，化解率 100%。司马台村、龙洋村被评为“北京市民主法治示范村”。

（罗 超）

6 月 17 日，古北口镇组织开展防汛演练 （穆赛楠 摄）

党的建设

【学习宣传贯彻党的二十大】 制定《学习宣传贯彻党的二十大精神实施方案》，全镇党员干部群众第一时间收听收看党的二十大开幕会直播。镇党委第一时间召开党委理论中心组专题会、党委（扩大）会集中学习研讨，做到学深悟透、入脑入心。党政班子领导率先垂范，深入所在支部、所包村居宣讲，推动党的二十大精神落地生根、见行见效。把党的二十大报告纳入主题党日学习、机关干部大学习中，做到月月学、人人讲，营造了浓厚的学习宣传氛围。

（罗　超）

10月16日，古北口镇党政班子成员收看党的二十大开幕盛况　（穆赛楠　摄）

【班子队伍建设】 修订党委政府工作规则、议事规则，建立制度办法30个，确保领导班子科学决策、规范用权。加强党对全面工作的领导，建立党建、财源、项目、生态、督查五大工作领导小组，盯结果、抓落实，形成“事不过夜、马上就办”的工作常态。注重团结、大胆放权，常态开展谈心谈话，不断激发班子成员干事能动性。坚持严管厚爱，深入开展业务标兵评选、先锋榜样公示，形成干事创业、勇争一流的良好氛围。

（罗　超）

【选人用人】 全年分三批选拔晋升科级干部20人，吸纳青年人才12名，大胆提拔使用年轻干部，干部结构更加优化。调整8名年轻干部到重要岗位“蹲苗”历练，输送3名同志到区级核心部门交流，全方位搭建干部成长平台。举办新任职新入职干部培训班，党政班子领导亲自授课，为干部成长赋能增效。

（罗　超）

【基层党的建设】 完成机关和社区联合支部调整拆分，捋顺组织关系，健全组织体系。赓续红色血脉，全力打造古北口红色文化试点村。古北口镇古北口村被评为“红色信念”村庄。统筹全域任务，高位推进创城工作，城镇品位不断升华。创新推动基层治理，揭牌成立水镇龙湖联合执法队，解决短租房市场乱象问题。提升党建引领，注重榜样选树，评选“古北口好邻居”55户、“美丽庭院”30家，推动形成文明新风尚。强化舆情引导，稿件采用量全区排名前列。创先开展五大“先锋行动”，百名“先锋党员”荣获表彰，长城管护先锋队被授予“密云先锋队”称号。古北口镇获评第十批全国民族团结进步示范区示范单位。司马台村获评市级示范村党支部荣誉称号。

（罗　超）

【全面从严治党】 差异化制定科室部门主体责任清单，推动管党治党责任抓实抓细。建立廉政风险预警机制，风险提示16次，问题线索量下降73%。开展“公仆心、云水情”干部教育实践活动，督促党员干部转变作风。全年办结案件7件、处分1人。

（罗　超）

高岭镇

Gaoling Township

【概　况】 高岭镇坐落在燕山脚下，潮河水畔，位于密云区北部，距城区45千米。北临河北省滦平县，南频密云水库，东与太师屯镇相接，东北与古北口镇毗邻，西接不老屯镇。镇域面积111.4平方千米，林地面积8165.52公顷，林木绿化率81.8%，土地总面积12909.70公顷。京通铁路、琉辛公路过境。辖区有21个行政村52个自然村和2个社区。有户籍人口17512人。

（张艳丽）

生态建设

【保水保生态】 贯彻落实总书记重要回信精神内涵，高标准履行保水首要政治责任，健全完善“5+2”保水体系，库区卡口实行24小时封闭制度，巡查并修复围网119处，清理垃圾40方。积极争取区部门支持，投资800万元建设石匣村密云水库一级区生态保水防火瞭望台，7月1日完成建设并投入使用。落实河长制工作，组织镇村两级河长开展日常巡河及问题发现、上报和处置工作。村级河长巡河率100%，有效巡河率由20%提升到100%。深入推进“清四乱”行动常态化、规范化。治理河道20千米，清理河底930方，清理垃圾789次，4410方。

（张艳丽）

【污染防治】 贯彻落实好习近平生态文明思想，牢固树立和践行绿水青山就是金山银山的理念。从土地管理、道路交通安全、道路遗撒、大气污染治理、噪声污染治理等方面，充分利用“街乡吹哨，部门报到”机制，抓好空气重污染防治和扬尘管控等工作，出动洒水车、清扫车进行降尘工作200余次。坚决取缔砂石料二次倒料点，按照“清除、拆除、复耕复绿”标准，筑牢耕地、林地“绿盾”防线。全年对二次倒料点执法106次，联合执法33次，罚款11.4万元，镇内14处二次倒料点全部完成清理整治，实现复绿1处、复耕3处、拆除房屋、地泵4处。对镇内裸地、施工物料进行巡查，苫盖裸地面积4800平方米。

（张艳丽）

镇村建设与管理

【疫情防控】 坚持守土有责、守土尽责，全面落实“包保”责任制。常态化开展核酸检测、人员排查、疫苗接种等工作，累计入户排查5000余人次，组织接种疫苗9369人次。组织创建2022年无疫村工作，首批7个行政村评选上榜。

（张艳丽）

【镇域规划布局】 因地制宜完成高岭镇域国土空间规划编制。在确保满足分区规划要求前提下，统筹考虑完成减量任务、满足百姓生产生活需求、近远期发展需要，围绕“守底线、保民生、促发展”核心目标，按时完成镇域国土空间规划编制工作，明确高岭“水源涵养区、山水旅居区、生态农业镇”发展定位。从快从实推进耕地保护空间复耕工作。完成复耕地块102块，复耕面积2129.1亩，其中上甸子村、下河村、郝家台村、田庄村集中连片地约1720亩，由镇政府牵头对接本市具有经济实力的专业种植大户进行集中种植，其余较为零散的地块由各村负责发包，杜绝复耕土地出现撂荒现象。

（张艳丽）

【人居环境整治】 整治违章建设，拆除建筑面积3036.59平方米，腾退土地3622.24平方米，8月完成本年度的拆违任务，是全区率先完成拆违任务的乡镇之一。全镇35座公厕正常运转，设置街巷长公示牌64块。开展人居环境拉练检查，包片领导、包村干部累计下村督导人居环境工作50余次；调整村级人居环境考核办法，促进制度更加科学、合理；召开人居环境整治工作会、推进会、部署会等10余次；组织全镇120名保洁员（垃圾分类指导员）集中学习2次。在全镇开展为期一个月的“综合整治提升月”活动，每周根据各村成绩共评出激励模范村3个、进步显著村8个、后进冲刺村12个，完成整改点位1094处，关停二次倒料点14处。

（张艳丽）

【垃圾分类】 21个村配发四品类垃圾收集桶1176个，安装村庄公示牌21块，保洁员（垃圾分类指导员）全员在岗，规范性建设垃圾分类防雨棚21座，用于改善民生建设垃圾分类驿站2座，为全镇24座全品类垃圾分类亭配备语音提示装置，桶站设置合格率100%。设置餐厨垃圾车1台、其他垃圾车3台，进一步细化清运区域。生活垃圾处理体系基本健全，其他垃圾和厨余垃圾运送至区末端处理设施，进行无害化处理，无害化处理率达100%；大件垃圾、可回收物和有害垃圾建立起以国企为支撑的收运处理模式；装修垃圾完成消纳备案，运送到有资质的建筑垃圾消纳场或建筑垃圾资源化处理厂。农业秸秆等农业废弃物和园林废弃物采取综合方式另行解决，不进入生活垃圾系统，实现垃圾减量化目标。2022年小开岭村和东关村荣获“市级垃圾分类示范村”称号。

（张艳丽）

【安全生产】 深入开展安全生产专项整治三年行动，聚焦小微企业、有限空间、液化石油气场所等重点单位开展隐患整改大排查，累计检查企业、单位136家，800余次，覆盖率达到100%。持续开展“安全生产月”宣传教育活动、汛期前全员防汛演习，强化安全意识，创建平安有序的宜居环境。2022年，全镇重要时期安全生产、防火、交通工作平稳有序。

（张艳丽）

经济建设

【特色农业稳步发展】 推进红薯、茶菊、蜂产业向纵深发展，争取朝密对接资金600万元，推动石匣甘薯在中关村密云园建厂，实现提质增效；东关茶菊发展势头良好，初具名气；全力支持奥金达在北交所上市。发挥龙头产业示范带动作用，加快推进“国家生态原产地保护产品”认证、绿色有机认证和无公害产品认证。深入推进镇域樱桃、板栗、草莓、水杏、紫皮蒜等主流农产品高质量发展，稳步推进上甸子板栗采穗圃及新品种示范项目建设，打造优质农产品生产基地和“高岭农业”响亮品牌，走好绿色发展之路。

（张艳丽）

【乡村旅游提档升级】 小开岭“甜蜜漫村”、白河涧“北境小院”两家民宿和祥和源观光采摘接待游客34641人次，实现收入512万元。统计闲置农宅，调查民俗户意愿，推进精品民宿建设。全镇首家露营项目白河涧梵星空·轻奢营地正式营业，上甸子涌泉上庄精品民宿正在建设中。一期拟投资1.3亿元的田庄水库高端帐篷营地项目稳步推进。

（张艳丽）

【财源建设提质增效】 加大助企纾困力度，积极涵养财源，稳住经济大盘。通过走访企业、主动靠前服务、以商招商等有力措施，财源储备“稳得住、增得多、效益高”，全年引进企业81家，其中羽晨信息资源公司贡献税额2004万元，形成镇级财政收入280万元。2022年实现财政收入2305万元，同比增长28%，增幅排名全区第八。全镇人均所得22813元。

（张艳丽）

文 化 建 设

【村民文明素养提升】 将创城工作作为推动高岭镇社会发展的重要抓手，坚持问题导向、全员发动、全民参与，坚持强基础、补短板，通过加强镇村新时代文明所、站建设，深入开展理论宣讲、志愿服务、文体活动、市民教育、科学知识普及，提升村民文明素养。

（张艳丽）

【文化宣传活动开展】 充分利用LED宣传大屏、村村响广播、公益广告、文艺活动等载体，大力宣传创城的重要意义，广大群众对创城的知晓率、参与率、满意率普遍提高。利用新时代文明实践所、站，持续开展“情高谊远 引领新风”——高岭镇新时代公民道德建设系列教育实践活动41场，组织村民舞蹈培训14次。

（张艳丽）

【文化大院建设】 投资500万元推进高岭、高岭屯、芹菜岭、郝家台四个村文化大院建设，满足广大群众日益增长的文化需求。

（张艳丽）

8月25日，高岭镇瑶亭村乡情村史馆

（崔克华　摄）

社 会 建 设

【安全维稳】 深化源头治理，化解信访积案，通过法庭等第三方社会力量参与化解信访问题，协调推动解决疑难复杂信访问题，确保社会和谐稳定。5月开始，信访办设置独立办公区域，方便来访群众反映问题。6月以来，实行镇领导信访接待日制度，加大矛盾纠纷排查化解力度，自实施领导信访接待日以来，共接待来访群众260余人次。

（张艳丽）

【接诉即办】 统筹推进“吹哨报到”和“接诉即办”两个平台建设，科学构建“接诉即办”服务群众快速响应流程，切实打通服务群众“最后一公里”。健全“日督办、周调度、月分析、定期会商”接诉即办工作机制，党政“一把手”亲自包案。“接诉即办”工作区周报成绩稳中有进，5月以来六次进入全市前100名，三次进入全市前50名。

（张艳丽）

【民生保障】 统筹政策资金，改造危房8户，建成温馨家园1处，实现村级卫生室全覆盖，基本解决群众关切的住房安全、老年人就餐和就近就医问题。社保体系日趋完善，城乡医疗保险参保增至9031人次，城乡居民养老保险参保增至9550人次，实现镇域全覆盖。退役军人优待证发放有序推进，2022年为600名退役军人进行建档立卡。实现群众转岗就业353人。教育水平持续提升，重点高中录取率名列农村初中前茅。

（张艳丽）

【政务服务】 发挥机构改革成效，以方便群众办事为出发点，将改革后科室办公地点进行优化整合，提升科室办事效率。政务服务体系不断健全，建立综合办事窗口4个，完成劳动力就业、招工、退休、延期缴费、社保卡补办、新生儿药费报销等社保业务2850件。完成残联卡补办、激活、低保特困人员医药费报销等民政业务1813件。接待现场、电话咨询业务3000余次，各类业务办结率达100%。

（张艳丽）

党的建设

【政治理论学习】 坚持以习近平新时代中国特色社会主义思想为指导，将深入贯彻落实党的十九届历次全会精神、“七一”重要讲话、党的二十大精神和习近平总书记重要回信精神作为头等大事，利用主题党日活动、学习强国平台等多种方式，通过领导干部带头学、镇村干部集体学、普通党员自己学，推动学习教育走深走实。组织理论学习中心组集中学习18次，机关干部集体学习5次，开展青年干部座谈6次，引导全体党员干部将学习成果转化成为提升党性修养、思想境界、道德水平的精神营养，持续拧紧理想信念的“总开关”。

（张艳丽）

【干部队伍建设】 坚持正确选人用人标准，新招录编制人员6人、调入2人，安置退役士兵1人，选拔科级干部4名，职级晋升16人，完成2名退休干部的晋升工作。注重年轻干部能力培养，开展“青年说吧”2期，组织“公仆心、云水情”干部教育实践活动宣讲比赛1期。锻造党建有招、发展有方、服务有情、治理有力的村干部队伍。聚焦村干部能力提升，对新任职的122名村“两委”干部培训实现全覆盖。创新开展“村书记话党史说发展”活动，引导村干部坚持求真务实、担当作为。认真开展村干部“三述两评”和群众满意度测评工作，严格落实五星级党支部考核责任制，制定村党组织党建责任清单，加强党建工作日常督导，提升基层组织战斗力。锤炼对党忠诚、服务群众、克己奉公、当好先锋的党员队伍。严格落实发展党员标准，发展党员5名，党员结构得到进一步优化；有序推进农村发展党员违规违纪排查工作。加强“第一书记”和在村任职选调生管理工作，深入落实“1+1”传帮带机制；召开专题座谈会和工作汇报会8次，听取第一书记工作汇报，了解第一书记工作动态，加强工作调度，为基层党建工作注入活力。

（张艳丽）

【“密云先锋”品牌建设】 研究制定《高岭镇2022年度“密云先锋”行动工作方案》，围绕全镇重点工作，坚持以“1+10”党员服务群众工作机制为抓手，创新“五四三”工作法，机关、企业党员全部入村报到，优化村党组织架构，建立网格党小组，全镇829名有活动能力的党员投身经济建设、社会发展、为民服务第一线。21个村组建党员先锋队，做好森林防火、疫情防控、环境整治、重大任务服务保障等重点工作，充分发挥党员先锋模范作用，提高群众获得感、满意度。开展“先锋党员”“先锋基层党组织”评选活动，49名党员荣获“先锋党员”荣誉称号，6个基层党组织荣获“先锋基层党组织”荣誉称号，颁发“光荣在党50年”奖章8个，进一步筑牢广大党员先锋意识，强化担当作为。

（张艳丽）

【“公仆心、云水情”干部教育实践活动】 制定下发《高岭镇关于开展“公仆心、云水情”干部教育实践活动的实施方案》，围绕“大学习”“大检视”“大提升”目标任务，将“我为群众办实事”贯穿干部教育实践活动始终。全镇领导干部检视问题687个，制定整改措施687条，均已完成整改。实施“为民办实事”项目69个，推动化解一批热点难点问题，做实服务居民的“绣花功夫”。结合创城、维稳等重点工作，开展岗位练兵、业务比武7次，提高为民办事能力和水平。

（张艳丽）

9月27日，高岭镇开展新时代文明实践所——“公仆心、云水情”宣讲活动

（谢欣然　摄）

【党风廉政建设】 持续巩固“以案为鉴、以案促改”成效，强化权力内控，加强财政收支管理，切实提升财政资金使用效益。制定镇政府领导班子成员、科级干部全面从严治党任务清单，确保责任全覆盖。严格落实中央八项规定精神，强化廉政风险防控，严防侵害群众利益不正之风和腐败问题，以作风建设“新常态”确保作风“在状态”。

（张艳丽）

不老屯镇

Bulaotun Township

【概　况】 不老屯镇位于密云区北部，北邻河北省承德市滦平县，南濒密云水库，东与高岭镇接壤，西与冯家峪镇交界。镇域面积（含水库面积）226.41平方千米，森林覆盖率90.29%，林木绿化率87%。辖26个行政村、83个自然村和2个居委会。户籍人口12074户、23678人，其中农业人口9217户、19776人，非农业人口2857户、3902人。

（石培娟）

生态建设

【水源保护】 逐级签订《不老屯镇保水岗位职责及安全管护协议书》，落实网格员职责。严格落实河长制，镇级河长巡河率100%。围绕镇域内污水处理设施、库区围网、污水改造工程等方面开展多次综合执法专项巡查，打击镇域内河道及小微水体违法违规行为。全年，共修复破损围网540处，劝阻非法钓鱼、上冰行为315起，执法出动711车次、3642人次。新建保水管护站2座，翻修5座。建立健全一级区畜禽新增复养台账，加强动态监管。

（石培娟）

【林木绿化】 完成山区森林健康经营林木抚育991公顷。推进新一轮百万亩造林绿化工程，共栽植面积50.2公顷，5月底全面竣工，进度位居全区第一。

（石培娟）

【人居环境整治】 组织人居环境整治拉练检查，开展常态化周末大扫除活动，累计整治环境问题点位上千余处，创建市级垃圾分类示范村4个、区级垃圾分类示范村7个。建立完善三级城乡环境建设管理工作机制，构建“横向到边、纵向到底”责任体系，城乡环境片区排名第一。做好应对空气重污染防治和扬尘管控等工作，开展专项执法和联合执法，完成2022年“无裸露区创建工作”。$PM_{2.5}$全年平均浓度25微克/立方米，排名全区第七。

（石培娟）

镇村建设与管理

【规划编制】 编制《北京市密云区不老屯镇国土空间规划（2021—2035年）》《不老屯镇全域旅游发展规划》。推进“健康长寿小镇”建设，与中国传媒大学广告学院专业设计团队合作，确定不老村矿泉水厂升级、露营基地、环库骑行线、学艺厂童话树屋康养景区、史庄子村健康示范村和转山子村圣水山俱乐部改造提升等内容。打造“不老文化”主题文化公园建设，云峰山“森林康养示范地”已完成项目规划。与天津荣程集团、北咨公司等企业对接，推进“观星小镇”、水库湿地研学基地等重点项目，为打造健康长寿小镇提供保障。

（石培娟）

【全国文明城区创建】 成立创建全国文明城区工作领导小组，建立“镇党委牵头抓总、包村干部进村督导、村两委干部组织谋划、党员群众积极响应”的联动机制。召开专题会议，研究部署创城工作，针对人居环境、新时代文明实践所（站）建设、琉辛路两侧环境治理等重点方面进行检查督导。

（石培娟）

【美丽乡村建设】 26个村均完成美丽乡村财评工作，14个村完成招投标，其中已完工4个村。美丽乡村污水改造工程和水库一级区污水改造工程基本完成，均已完成子单位验收工作。

（石培娟）

经济建设

【经济指标】 财政收入完成4580.4万元，排名全区第四；全社会固定资产投资完成614万元，大农业总产值完成10121.5万元，工业总产值完成573.1万元，乡村旅游收入完成1955.8万元，农村经济总收入完成81722.2万元，人均劳动所得24629元。

（石培娟）

【招商引资】 坚持全员招商，制定“村引归村、镇引归镇”的招商政策，党政班子成员每人200万元财政收入任务，全年，共引进企业164家。完成总投资8000万元、24个工程项目，重点涉及不老屯镇集中供水厂工程、2022年山区森林健康经营林木抚育项目、史庄子村综合文化活动室提升改造工程、水库一级圈生态保水防火瞭望平台改造提升项目、大窝铺文化广场提升改造项目等。乡村振兴实践基地、大永路道路修复、7个村文化中心提升改造、3个村养老驿站项目已获批。不老文化主题公园、水库移民资金项目（涉及大窝铺、古石峪村）、高标准农田项目已完成招投标。

（石培娟）

【特色农产品品牌建设】 蔬菜播种面积及产量均排名全区第一。申请注册“不老农业”品牌，组建运营团队，举办梨花摄影节、不老生态农产品进京城推介会，参加中国服贸会等活动，央视“北京密云绿水青山话立秋”“我的美丽乡村”等栏目对相关内容进行了专题报道。打造黄土坎鸭梨、大窝铺赤松茸、学各庄“金耳”“白玉耳”等特色农产品品牌。年内，沙峪里村成立“不老菜园”果蔬专业合作社，种植特色麦饭石绿叶菜、“京采6号”“原味1号”西红柿等，实现年收入100万元。

（石培娟）

9月28日，不老屯镇“庆丰收 迎盛会”不老生态农产品推介会在朝阳区合生汇购物中心开幕

（不老屯镇 供图）

【集体经济发展】 完成土地复耕151公顷，进度位居全区前5。利用200万元消薄资金，为史庄子旅游服务中心提升改造、半城子集体产业发展、沙峪里种植园区提升、学各庄银耳基地提升等项目提供保障。创新成立合作联社，利用复耕土地种植鲜食玉米、萝卜等农作物，全年联社实现收入500余万元，每村获得集体产业收入10.5万元，完成23个集体经济薄弱村消薄任务。

（石培娟）

10月14日，不老屯镇丑山子村村民采收水果萝卜

（不老屯镇 供图）

文化建设

【市公共文化服务体系示范区建设】 推进创建北京市公共文化服务体系示范区工作，全市综合文化中心服务效能评估工作在全市337个乡镇中排名第49名。全镇新增图书1664册，现有图书共80559册。

（石培娟）

【文体活动开展】 各村完成电影放映、文艺演出、各类文化活动、培训150余场。在全国科普日组织开展科普宣传活动，发放宣传材料500余份。发布文化志愿者服务项目23项，志愿者服务总时长6543小时。参加“曲韵密云”戏曲曲艺大赛，参赛作品河北梆子毛主席诗词《沁园春·雪》获得戏曲组一等奖；参加密云区广播体操展示大赛，获得优秀组织奖；参加密云区“和谐杯”乒乓球比赛，获得乡镇组第三名。

（石培娟）

社会建设

【接诉即办】 做好市民热线办理工作，运用好“吹哨报到”机制，三次调整工作考核奖惩办法，实施“领导三级包案”制度，由主要领导牵头，班子成员具体落实，各村、各科室配合，解决百姓急难愁盼诉求。加强主动治理，做到未诉先办。全年共受理工单7512件，主要集中在农村管理、公共服务、城乡建设等方面，接诉即办综合成绩由2021年全区倒数第三跃居正数第二，排名全市第26名，连续8个月进入全市前100名，响应率、解决率、满意率均达到99%。

（石培娟）

【民生保障】 落实疫情科学化管理要求，及时调整工作方案。建立重点人群和派单人员管理台账。统筹调度防疫物资，加强健康监测，及时处置重症风险。按照“应接尽接”“愿接尽接”原则，推进镇域60岁以上老年人第一针疫苗接种工作，提前完成区级下达91.2%的达标率。年内，建设完成农民培训基地一期工程。集体自流蜜蜂场开展试点建设，预计集体经济收入每年可达15万元。推进城乡居民医疗保险工作，建立健全退役军人管理服务保障体系。与朝阳、海淀、石景山区对接，提供150余个公服岗位，为百余名群众解决上岗就业问题。对镇、村两级服务窗口进行全面升级改革，打通群众服务“最后一公里”。

（石培娟）

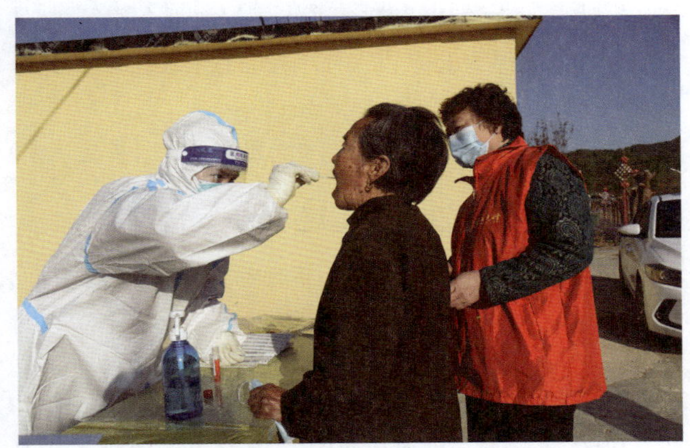

5月2日，不老屯镇开展全员核酸检测工作

（不老屯镇　供图）

【防汛防火】 年内，落实防汛应急预案，签订防汛工作责任书，加强河道、小水库、塘坝巡查力度。制定年度森林防灭火工作方案、应急预案、奖惩办法等措施，与26个村第一负责人、包村干部及林务员、管护员签订各类防火责任书。充分发挥26个村民兵应急队伍作用，定期开展应急演练，全面落实防汛防火责任，森林防火防汛实现“零火情”“零事故”。树立安全发展理念，研判行业、地区安全风险，做好危险化学品、烟花爆竹隐患排查、预防煤气中毒等各领域安全生产工作。

（石培娟）

【社会治安综合治理】 落实社会治安综合治理各项制度，完成重点地区整治、村级综治力量整合和网格员调整，进一步优化结构，圆满完成“二十大”“两会”、冬奥会、冬残奥会等重要节点安保维稳工作。解决信访突出矛盾，没有出现越级群体访，信访数量同比下降23.7%，及时受理率、按期办结率、群众满意率均为100%。

（石培娟）

【教育工作】 教育工作扎实推进，落实教育改革方针政策，承担“双减”属地责任，推动不老屯中学与北京十一中学合作办学项目，在全镇营造尊师重教氛围。

（石培娟）

党的建设

【规范管理】 规范资金审批流程、合同签订和资金支出等“三重一大”事项管理。完善《镇长办公会议事规则》，提升政府规范管理水平。对涉及本镇经济社会发展全局、关系群众切身利益的重大决策，依法向镇人大报告。年内，开展党委理论学习中心组学习19次、研讨交流5次、党委书记讲党课3次。推进“密云先锋”行动，夯实“1+10”党员联系群众机制，全镇党员报到率达91%。结合镇域实际，建立“12468”工作格局，在学艺厂村打造“双争做”试点，实现党员和群众双促进、双提高。加强第一书记队伍管理，建立区域共建小组及组长轮值制度，创新月度交流机制，将争做“密云先锋”纳入第一书记日常管理考核内容，发挥第一书记“内强党建、外兴产业”的示范带动作用。

（石培娟）

【干部队伍建设】 落实“三会一课”和“三务公开”等组织生活制度，强化对镇、村干部的培训和管理。年内，加强干部队伍建设，结合镇域实际，开展村“两委”干部培训班，提升村干部履职能力。加强村级后备干部建设，优化干部队伍年龄梯次。率先开展“争先锋、强纪律、转作风、增实效”作风建设主题教育活动，并贯穿于“公仆心、云水情”干部教育实践活动之中，提升党员干部干事创业的“精气神”。年内，提拔使用1名年轻干部担任实职，晋升一级主任科员2人、三级主任科员4人、四级主任科员8人。

（石培娟）

【思想宣传工作】 在北京卫视《活过一百岁》栏目播出不老屯镇长寿老人专题节目，在CCTV17农业农村频道播出《不老屯的年轻传说》专题片，对不老屯镇悠久历史、文化特色、产业发展等进行宣传推广。发挥镇新时代文明实践所、26个村新时代文明实践站及志愿服务队作用，开展志愿服务活动，推动文明实践活动常态化。在密云电视台、电台、《密云信息》《昨日区情》《密云报》、宜居密云等区级各类媒体播发稿件 300 余篇。在 CCTV2 财经、北京卫视、中国农网、农民日报等市级媒体播发各类稿件10 余篇。

（石培娟）

【武装群团建设】 发挥武装、工会、妇联、共青团等群团组织作用。坚持党管武装，完善党建带武装、党建带群团制度机制，围绕“平时服务、急时应急、战时应战”职责使命，组织民兵队伍在疫情防控、综治维稳、防火防汛等工作中发挥保障作用。工会组织丰富多彩的文体活动，并通过慰问、送生日贺卡等形式为职工送去温暖。共青团发扬“党有号召、团有行动”传统，为党争取青年人心、汇聚青年力量。妇联做好妇女和儿童维权活动，带动妇女就业。

（石培娟）

【党风廉政建设】 围绕防火防汛、保水、“12345”工单办理、垃圾分类、人居环境整治、创城等重点工作强化监督检查，发挥“监督保障执行、促进完善发展”作用。签订党风廉政建设责任清单，开展党风廉政宣传教育。认真落实意识形态责任，加强警示教育和监督执纪检查。严格落实农村“三资”管理制度，坚持“三重一大”民主决策和科学决策。共收到问题线索 23 件，同比下降 42.5%。

（石培娟）

6 月 14 日，不老屯镇启动“争先锋、强纪律、转作风、增实效”作风建设主题教育活动

（不老屯镇　供图）

冯家峪镇

Fengjiayu Township

【概　况】 冯家峪镇位于密云区西北部，西北与怀柔接壤，东北毗邻河北省滦平县，东与不老屯交界，南邻密云水库北岸，距密云城区 41 千米。白马关河流经全镇，镇域面积 214.71 平方千米，2002 年由冯家峪乡和番字牌乡合并而成。镇域地貌山多地少，耕地面积 9.067 平方千米，山场面积 183.761 平方千米，镇域森林覆盖率达 88.82%，林木绿化率达 93.44%。辖 18 个行政村。截至 2022 年末，全镇共有 4718 户，9026 人，其中农业户籍 3796 户，7828 人，劳动力 4315 人。全镇常住人口为 4074 人，占全镇人口的 45.14%。被评为北京市 2017—2021 年农村工作先进集体。

（赵梦雪）

生态建设

【保水护水】 认真落实习近平总书记重要回信精神，深入落实“5+2”保水机制，开展密云水库上游百日整治行动、河湖环境整治百日攻坚行动，严厉打击涉水违法行为。深入网格化管理，积极发挥“映山红”保水小分队和百名保水网格员作用，常态化规范化推进河湖“清四乱”工作，白马关河参与北京市“优美河湖”评选活动，累计票数 48 万张，全市排名第一，被评为北京市“优美河湖”。积极开展水库一级区环境整治，建设 4 千米“林野漫步”主题健康步道，打造整洁、优美、舒适的“美丽岸线”。污水处理设施建设加快推进，基本完成密云水库一级区污水提质改造、下营村“三起来”污水工程，前火岭、司营子村污水及供水工程顺利投入运行，持续保持白马关河断面水质国家地表水二类标准以上，确保清水下山，净水入库。

（赵梦雪）

【“一微克”攻坚行动】 完成保峪岭、下营、白马关 3 个村 958 户“煤改电”工程，加快能源绿色低碳转型。强化裸地管控，实行精细化台账管理，苫盖裸露地面约 8 万平方米，成功创建密云区“基本无裸露镇”。强化源头管控，开展进京口重型柴油检查，加强渣土车泄漏遗撒问题整治，加大清扫保洁力度，有效降低道路扬尘污染。全年 $PM_{2.5}$ 平均浓度为 24μg/m^3，为有监测记录以来最好水平，位居全区第二。

（赵梦雪）

【生态系统涵养能力提升】 逐步优化生态空间布局，提前完成新一轮百万亩造林和森林健康经营任务，新造林达790亩，栽植苗木4.4万余株，镇域森林覆盖率达88.82%，林木绿化率达93.44%。加强集体林场管护，提升6000余亩林木质量，生态效益不断凸显。夯实粮食安全根基，推动下营等村土地复垦、高标准农田建设1970亩。粮食播种10507亩，产量2899.9吨；蔬菜种植1059.48亩，产量2516.72吨。

（赵梦雪）

镇村建设与管理

【规划引领】 规划建设布局，精心编制《镇域国土空间产业规划》，确立发展思路，为产业项目提前预留充足空间。锚定发展目标，高标准编制文旅产业"一带五谷"发展规划，打造"白马关河一条景观带"，推进鲜花谷、悬蜂谷、运动谷、休闲谷、养生谷"五谷蜂登"五条沟峪产业带建设。强化目标引领，构建长城文化规划体系，进一步细化保护修缮、文化挖掘、数字研究，串联起融合长城文化、古镇文化与山水文化的"密云长城文化带"。

（赵梦雪）

12月30日，冯家峪镇悬蜂谷广场

（张广民　摄）

【农村基础设施建设】 全面完成14个村美丽乡村建设，累计道路硬化35万平方米，扩大绿化面积6.5万平方米，安装路灯1266盏，有效提升整体村容村貌。推进农村"厕所革命"，提升改造三类公厕35座，开展户厕评估摸排1654户，确保厕所正常运行。全面清查34座桥梁、46条公路安全隐患，开展孟僧峪路、高碾路等9条公路水毁修复工程，西火路上榜北京市最美乡村公路。

（赵梦雪）

【人居环境整治】 深化生活垃圾分类管理，累计清运、消纳生活垃圾543吨，整改点位630处，生活垃圾减量效果显著，全年位居全区农村组第一，西口外、白马关村被评为北京市生活垃圾分类示范村。以创建文明城区为契机，大力开展农村人居环境和城乡环境整治工作，深入实施扫边清角、街坊路背街小巷整治行动，整改点位1700处，全面提升农村环境质量，人居环境现场考核位居全区第一，城乡环境位居全区第三。率先超额完成拆违攻坚任务，拆除违建3074平方米，腾退土地3624平方米，环境品质不断提升。

（赵梦雪）

5月27日，三岔口村开展人居环境整治

（刘晨瑶　摄）

经济建设

【经济指标】 全年实现财政收入2614.95万元，固定资产投资1421万元，社会消费品零售额646.4万元，人均所得收入27635元，同比增长1.9%。

（赵梦雪）

【旅游新业态发展】 扎实推动精品民宿院落改造，"二十四节气"农事体验馆实现数字化、智能化，高标准建设接待服务区，"一心四园"西白莲峪营地落地建成，产品业态不断丰富。着力推动"悬蜂谷"建设，新建800米游览步道，打造集农事体验、文化游览、中蜂创意产业、科普教育、亲子休闲于一体的科普研学基地，延伸中蜂产业链。西口外中蜂文化主题高端民宿加速推进，精心规划设计，拓展蜂旅融合新渠道。以北京市休闲农业"十百千万"畅游行动为契机，修缮石洞子饸饹街、番字牌将军石观景台、白马关白马公园等沿途景观，构建"漫游白马古道"新基础。2022 年实现旅游收入 1250.3 万元，接待 10.2 万人次。

（赵梦雪）

7 月 6 日，冯家峪镇屾林密境精品民宿

（张广民　摄）

【营商环境优化】 累计走访企业 60 余次，健全“服务包”“服务管家”工作机制，帮助企业解决办理工作居住证、租赁厂房等难题，投入帮扶资金 718.28 万元，创造良好营商环境。

（赵梦雪）

【集体经济消薄】 推进合力攻坚，与清华大学、北京农学院等高校共同谋划发展思路，制定旅游策划方案，推动星级园区及饸饹美食街建设。强化与北控集团、朝阳区各街（乡）帮扶对接，联合“共享农场”订单式生产经营模式，促进特色农产品销售收入达 126.88 万元，实现收入翻 3 倍。引领创建消薄合作社，打造农产品展示厅和直播平台，探索“农业＋互联网”销售新模式。2022 年，镇域 17 个经济薄弱村全部消薄，实现经营性收入 343.5 万元，同比增长 32.6%，实现村集体收益有效提升。

（赵梦雪）

文化建设

【文化设施建设】 推进镇文化中心及各村综合文化活动室提升改造，完善基层公共文化服务平台。挖掘本土文化独特价值，推进西庄子、前火岭村乡情村史馆建设，维修改造保峪岭等 5 个村文化大院及文化广场，打造文明乡风阵地。

（赵梦雪）

【文化活动开展】 精心组织文化活动，参与北京市“美丽乡村健康跑”微视频大赛，全方位展示冯家峪镇农村风貌、人文景观、产业发展成果，荣获“凤凰杯”2022 年最佳奖；在“唱响密云”歌手大赛中荣获青年组一、二等奖；在“曲韵密云”戏曲曲艺大赛中荣获戏曲组二等奖。加大文化遗产保护力度，推进 25 号水关（洪桐峪）和 497 敌台抢险修复，擦亮冯家峪长城文化“金名片”。

（赵梦雪）

10 月 22 日，冯家峪镇西口外长城

（张广民　摄）

社会建设

【公共服务】 强化政务服务，优化流程，简化程序，打造优质服务窗口。扎实推进双拥工作，成功创建冯家峪镇、西庄子、下营村示范型退役军人服务站。适时开展困难老兵和现役军人家庭慰问工作，选送 3 名优秀青年入伍参军，不断巩固军民团结。快递代收点从无到有，让百姓现代生活更加便捷。坚持人民至上，加强“接诉即办”预判和主动治理，全年群众诉求工单 3874 件，区级排名位居第 6，其中 6 次进入全市前 100 名，最好成绩全市第 23 名，荣获北京市接诉即办先进集体称号。践行新时代“枫桥经验”，深入排查化解矛盾纠纷，2022 年共受理来信来访 71 件、80 人次，及时受理率、按时办结率、满意率均达 100%。

（赵梦雪）

【社会保障】 切实保障医疗服务，新农合养老续保新参 2550 人，医保续保新参 4735 人，实现应参尽参。促进劳动力充分就业，发布市区招工信息 65 条，办理各项招工 253 件，新招公益岗 2 人。统筹优化养老服务体系，镇社会福利中心及三岔口等 3 个村级幸福晚年驿站运行平稳有序。加强保障资金规范化管理，发放农村“三老”人员生活补助 319 万元，低保人员救助金 955.7 万元，为群众构筑起基本生活保障网。关心关爱独生子女家庭和失独家庭，建立双岗联系人和家庭签约工作机制，搭建沟通帮扶平台，提供精神慰藉。

（赵梦雪）

【疫情防控】 严格落实新阶段疫情防控，围绕“保健康、防重症”，建立“有药可买、有病能看、底账清楚、转运及时、引导到位”的工作机制，持续做好疫苗接种、核酸检测、医疗服务等保障工作，最大程度保护农村居民生命安全和身体健康，最大限度减少疫情对农村经济社会发展的影响。深入开展爱国卫生运动，加大卫生健康宣传教育力度，引导群众养成良好的健康习惯，积极争创国家卫生镇。

（赵梦雪）

【安全维稳】 加强“八五”普法宣传教育，推动办事执法效能稳步提升。做好信访矛盾源头治理工作，有效解决重复信访问题，大力化解信访积案。加强智慧平安社区建设，不断完善立体化治安防控体系。坚持“党政同责、一岗双责”，落实安全生产责任制，定期开展安全隐患排查，抓好生产经营、食品药品、交通等各领域安全工作。推动应急消防融合，配合区应急局、消防支队做好消防站和森林消防站建设。认真抓好防汛工作，强化底线思维、筑牢安全防线。

（赵梦雪）

党的建设

【政治建设】 深入学习贯彻党的二十大精神，牢固树立“四个意识”，坚定“四个自信”，做到“两个维护”，确保市委市政府、区委区政府部署在冯家峪镇落地见效。坚持政府过紧日子，节用裕民，严禁铺张浪费，把资金用在发展紧要处、民生急需上。

（赵梦雪）

【依法办事】 加强法治政府建设，落实党政机关法律顾问、政务公开等制度，不断强化依法行政意识。落实“三重一大”制度，重大决策履行法定程序。强化“三公”经费管理，支持纪检监察机关依法监督执纪。主动接受镇人大监督，主动听取社会各界人士的意见建议，高标准做好建议、提案办理工作。

（赵梦雪）

【党风廉政建设】 严格落实中央八项规定精神，根据区委巡察整改意见，持续开展自查自纠工作，驰而不息正风肃纪。召开警示教育大会，深刻汲取重点案件教训，以身边人身边案加强警示教育。加强日常监督管理，抓好《中国共产党廉洁自律准则》《中国共产党纪律处分条例》贯彻落实。保持反腐败高压态势，聚焦重点领域和关键环节，强化监督执纪问责，推进不敢腐、不能腐、不想腐机制建设，营造风清气正的政治生态。

（赵梦雪）

大城子镇

Dachengzi Township

【概　况】 大城子镇位于密云区东部。东临河北省兴隆县，西毗邻巨各庄镇，南与平谷区接壤，北连太师屯镇和北庄镇。镇域面积141.76平方千米，辖22个行政村、86个自然村和1个社区，户籍人口7886户15528人，是密云区红肖梨主产区。全镇全部为浅山区，森林覆盖率84.65%，林木覆盖率89.21%。镇域主要河流有清水河、红门川河，均自河北省兴隆县入境，贯穿全镇，是密云区重要饮用水源。清水河流经本镇17.4千米，经过北庄镇、太师屯镇入密云水库；红门川河境内长20.1千米，流入沙厂水库。全镇拥有华北地区最大的原始次生侧柏林、万棵百年梨树、常年喷涌而出的大龙门“龙泉”和北沟“清泉”、地质学上罕见的“子母石”一条沟、庄户峪桃花水母等优质资源；拥有全国独有的“V”字型明代古长城、“墙子雄关”古战场遗址，形成独具历史文化底蕴的古村落。镇域内各项基础设施齐全，地理位置优越，是“京津冀”协同发展战略中重要潜力节点。

（赵雨晴）

生态建设

【河湖管护】 深化“5+2”保水体系，严格落实保水责任制。强化组织管理和日常巡查，加强村级河长、巡河员培训，组织开展河湖环境整治和汛期暑期防溺水“百日行动”，完善河长制工作考核办法，发挥巡河员、保水员、六护队伍作用。充分利用微信、村村响等平台加强涉水安全宣传和警示教育。开展河道清淤14次，全力打造河湖“美丽岸线”。下半年，大城子镇在河长制工作月考核中，连续获得水库上游地区第1名。

（赵雨晴）

【大气污染防治】 开展联合检查，督促镇域内各工地、砂石料场点、餐饮饭店落实好防尘控尘主体责任。依托“密云大气一微克管理平台”，对镇域内22

个 $PM_{2.5}$ 站点、4 个 PM_{10} 站点及砂石料场点周边加强检测并及时进行降尘清理。全面推进清洁取暖改造，完成下栅子、程各庄、梯子峪三个村共计 818 户煤改电设备订购安装工作。开展“畅夏清风”“并肩行动”等专项治理，严查车辆泄漏遗撒等扬尘类违法行为，空气质量不断改善。

（赵雨晴）

【绿化造林】 稳步推进新一轮百万亩造林工程，率先完成荒山造林任务 59.2 公顷，栽植各类乔灌木 3.9 万株。完成区重点工程加分项目国土空间绿化工程 3400 亩，森林健康抚育任务 800 公顷，“五边”绿化 210 亩。区林长制年终考核名列全区第一，被评为市级首都绿化先进单位。大城兴业集体林场补植各类乔灌木 9000 株，对 235.47 公顷造林地形成有效管护，完成市级示范性集体林场创建工作。筹措资金 70 万元，在京承高速出口、镇政府驻地周边、王达路、平程路等点位全力打造绿化美化示范工程，累计栽植五角枫、西府海棠、银杏等高标准乔木 5000 株，各类花卉 2 万株。

（赵雨晴）

镇村建设与管理

【疫情防控】 贯彻落实《新型冠状病毒肺炎防控方案（第九版）》和二十条优化防控措施，科学精准做实做细疫情防控工作，成立镇 8 小时工作指挥部，全面扎实落实各项防疫措施。完善人口信息、健康监测、老弱病残、核酸检测“四合一”台账，加强对镇“三类场所”督查检查力度，做好冷冻食品、冷库监督检查，严格防范疫情传播风险。推进疫苗接种工作，成立“疫苗接种移动服务小队”，开启“送苗入户，服务到家”模式，累计接种新冠病毒疫苗第一剂次 7947 人次，加强针接种剂次 6480 人次，其中 60 岁以上老年人接种 3600 人次，接种率达 91.79%。

（赵雨晴）

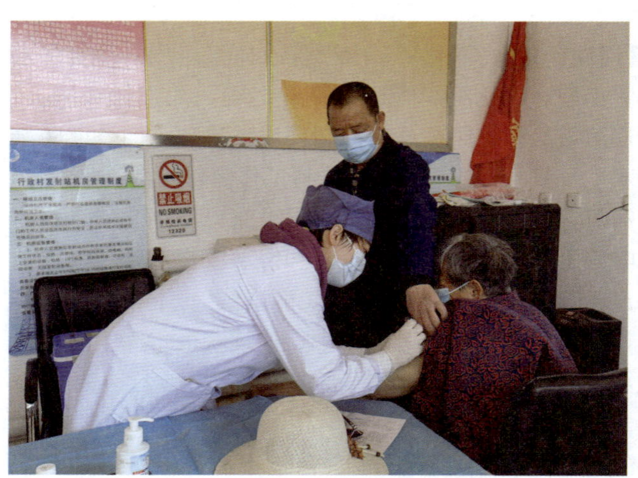

4 月 14 日，医护人员为程各庄村村民提供疫苗接种服务 （大城子镇 供图）

【全国文明城区创建】 落实创城工作要求，完善新时代文明实践所（站）运行机制，及时更新宣传板块。结合区、镇重大活动、重点工作和镇、村实际，组织开展“新时代文明实践推动日”活动 24 次。召开创城问题整改剖析专题推进会，针对存在问题进行深刻剖析，推进整改。

（赵雨晴）

【用地管理】 编制完成镇域国土空间规划，并经区政府专题会审议通过，正在进行市级联审。落实户有所居，在编制镇域国土空间规划时，根据各村实际需求，预留住宅建设用地 148 宗。加强宅基地管理，年内共收到翻建房申请 152 户，工程验收实现规范化、程序化，确保村民房屋翻建合法合规。美丽乡村地上工程建设进展顺利，项目实施方案及预算财政评审工作全部完成，张庄子等 7 个村通过竣工验收，其他村正在有序开展相关建设工作。

（赵雨晴）

【基础设施建设】 推进水毁工程建设，完成墙南路大修工作。污水配套管网基础设施、供水及污水前端收集系统建设项目有序推进。

（赵雨晴）

【防汛防火】 加强镇、村两级防汛抢险队伍建设，开展防汛演练 16 次、培训 3 次，940 余人次参加。备足防汛物资和设备。结合降雨特点及地质条件，做到一降雨一摸排，科学研判并及时转移险户，人防、物防、技防齐发力，安全度过主汛期。签订防火责任书 486 份，全年共组织林务员、生态林管护员 150 人次开展 3 期业务培训。硬件建设不断强化，新建高山视频监控基站 4 座，基站总数达到 15 座，覆盖镇域面积 85%以上，安装防火岗亭 23 座，配备灭火鞭 313 把、灭火喷雾器 79 个，在铁路两侧、公路沿线开设防火隔离带共计 16 万延长米，清理林下可燃物 166.67 公顷。

（赵雨晴）

【安全生产】 明确安全生产责任，强化工作落实，定期召开季度安全生产形势分析研判会，掌握安全生产情况，针对存在的问题落实整改措施。开展安全生产三年行动。结合重点工作任务，对镇域重点场所、关键环节进行细致摸排，开展安全生产检查全覆盖。开展用气安全大检查6100余户，完成70%新型燃气安全配件更换工作。完成全国第一次自然灾害普查工作，聂家峪等5个行政村被评为综合减灾示范社区。

（赵雨晴）

【人居环境整治】 以创建全国文明城区、“密云先锋行动”为契机，开展周末大扫除清洁整治等活动，健全长效管护机制，提升村庄环境整体水平。围绕四项专项整治工作要求和创城“十无”标准，针对府前街、主次干道、背街小巷进行清理整治。完成厕所升级改造4956户。规范18个建筑垃圾消纳备案投放暂存点使用，更新22个行政村垃圾分类设备。深化门前责任区专项治理工作，督促镇政府驻地周边80家商户签订“门前三包”责任书。大城子镇城乡环境年度考核成绩位列全区第二。

（赵雨晴）

经济建设

【财源建设】 年内，实现财政收入2250.11万元，同比增长4.84%，完成情况排名全区第七。全社会固定资产投资完成2433万元，超额完成年度任务。全面落实优化营商环境建设相关政策，强化社会信用体系建设，精简办理流程，完善引进注册企业扶持办法和招商引资方案，把招商引资工作延伸到各村，进一步拓展招商引资渠道。健全“服务包”走访机制，累计走访企业70余次，及时兑现惠企资金。年内，共引进注册企业147家，其中24家新引进注册企业形成镇级财政收入244.78万元。

（赵雨晴）

【特色农业稳步发展】 紧盯“林上蜂、林中果、林下菌、林间宿”优势特色主导产业，不断扩大标准化示范园区和绿色有机生产基地规模，建设张庄子股份经济合作社老北京水果示范基地项目6.67公顷、苍术会村乡土果树品种保护与开发项目4公顷，完成助农种植谷子33.17公顷、甘薯17.6公顷、林下菌13.33公顷。实现全年粮食种植面积691.31公顷，产量2944.97吨；蔬菜种植112.11公顷，产量2426.9吨，超额完成粮食、蔬菜生产年度目标。推进张庄子村蜂产业园区建设，采用“一户带三户”机制，帮助养蜂户齐头并进、共同发展，新增蜂群2673群。强化质量监管，完善管护机制，引导良田粮用，高品质推进苍术会村38.36公顷高标准农田建设，推动农田基础、农业机械、农业经营不断升级，逐步构建起农田披“绿”，农业生“金”的特色产业格局。

（赵雨晴）

5月7日，苍术会村赤松茸喜获丰收

（大城子镇　供图）

【集体经济有效壮大】 完善《大城子镇壮大集体经济工作方案》，按照“一村一业”发展思路，探索18个经济基础薄弱村消薄方向。扩大村集体经济底盘，指导各村按照程序以租赁、委托经营等方式推进362.53公顷土地复耕复种，复耕工作进度在库南地区排名第二。完成后甸、王各庄和聂家峪3个行政村光伏发电项目建设，总装机容量810千瓦，预计年发电量约97万度，助力3个村集体年经营性收入增加约35万元。与国管中心等七大市属帮扶企业对接，发挥第一书记帮扶作用，村集体消薄工作坚持产业发展与消费帮扶相结合方式，完成18个村“消薄”任务。完善“村账托管、村章镇管”管理细则，每季度做好村级财务公开工作，加大对村级各种专项资金收入、使用情况审计工作力度，保证村级资金规范、合

3月3日，开展第一书记剪枝培训活动

（大城子镇　供图）

理使用。

（赵雨晴）

文化建设

【文旅产业融合发展】 统筹推进张庄子村“蝴蝶乐谷”项目及百年梨树保护工程，深入挖掘“百年梨乡”文化底蕴。以大城子镇合作经济联合社为主体，流转3000余株老梨树，组织60余人开展日常管护，推动优化果品生产技术、拓宽产品销路、搭建电商平台三管齐下，全力打造大城子镇农文旅“名片”。墙子路村被住建部列入第六批中国传统村落名录；北沟关上2号古堡抢修工程相关材料入选《北京历史文化名城保护优秀案例（2013—2022）》；苍术会四十八名烈士纪念广场环境整治完成工程主体建设。旅游资源宣传展示同步推进，在中央电视台经济频道《是真的吗》栏目推介镇内特产红肖梨。民宿发展成效显著，“大城享筑”“大城美域”等40个精品民宿院落陆续建成，并引进社会资本参与，“墨里山居”“悟家香舍”等19个院落建设稳步推进。

（赵雨晴）

【公共文化服务体系优化】 推进镇综合文化中心及各村文化活动室提升改造。挖掘本土文化独特价值，完成年度创建北京市公共文化体系示范区各项工作任务。年内，开展惠民演出178场次，广场舞、秧歌等展示活动15期次，播放公益电影496场次，组织文化志愿者开展广场舞培训30期次，近400人参与。组织参加篮球赛、乒乓球赛、广播操比赛等多项区级体育赛事，并在“蓝山杯”篮球赛中夺得镇街组冠军。年内，大城子镇文化服务效能评估位列北京市第二十名、密云区第二名。大城子学校全面推进素质教育，年内荣获多项市、区级荣誉，教学质量逐步提高。

（赵雨晴）

社会建设

【社会保障】 完成776户低保户复审工作，做到应保尽保、应退尽退。城乡居民医疗保险参保7830人，参保率100%，医疗救助1693人次，涉及资金409.6万元；婚检孕检完成率138.1%，位列全区第一名。为城乡无保障人员办理丧葬手续37人，发放丧葬补助金185000元；建立完善救助机制，累计发放困难群众救助资金、生活补贴及护理补贴796万元，惠及3359人。建立就业信息平台，完成用工单位岗位需求信息57个，职业指导53人次，农村劳动力领取失业金人员268人，资金545112元。镇域内3家幸福晚年驿站全部正常运营。

（赵雨晴）

【接诉即办】 牢固树立以人民为中心的发展思想，以解决群众合理诉求为导向，做到提前发现问题，主动解决问题，不断完善管长远、可持续、标本兼治的体制机制。年内，大城子镇共承办接诉即办工单3447件，同比减少26.14%；上报网格事件9428件，办结率100%，解决率100%。提升未诉先办服务效能，完善村级调解、网格、法律援助联动机制，从源头上减少群众诉求量。

（赵雨晴）

【安全维稳】 以“安全、稳定、法治、服务”为工作主线，高标准完成党的二十大等重要会议、重要活动、重点节日期间安保维稳工作。充分发挥信访联席会作用，召开信访工作会4次，分析研判镇域内重大信访案件和群体性信访问题。全年共接到信访件99件，办结99件，办结率100%。落实“七有”要求和“五性”需求，推进村居法律服务工作。加强普法队伍建设，66名乡村“法律明白人”进村入户开展法治宣传活动。推进农村基层民主法治建设和依法治理水平。把法治宣传、依法治理与村级服务有机结合，开展市级民主法治示范村创建，促进农村基层民主政治建设不断发展。大城子村、王各庄村被评为北京市民主法治示范村。

（赵雨晴）

党的建设

【压实党建主体责任】 落实每季度专题研究党建工作制度，结合实际制定印发《大城子镇2022年度党建工作要点》，理清年度党建工作思路、工作重点和工作要求，建立党建责任48项清单。实行全程留痕、实时监控、过程管理、动态评定的党建工作全程纪实制度，推动责任落实横向到边、纵向到底。严格执行“三重一大”议事规则等八项制度，提高领导班子科学、民主、依法决策水平。落实意识形态工作责任制，全面压实党委意识形态工作责任，强化党管意识形态、党管媒体主体责任，开展各类意识形态阵地风险排查工作，对镇域红色资源、展陈场馆等意识形态领域重点阵地定期进行排查，未发现意识形态领域问题。将网络意识形态纳入党委理论学习中心组学习计划，落实网络意识形态工作责任制，不断提高网信工作水平。市级媒体关于大城子镇重点工作、重点项目报道51条，其中登上《北京日报》头版3次。

（赵雨晴）

【提升党建工作规范化水平】 及时调整机关、非公企业党支部设置，辖区内33个基层党支部全部按期换届，划分党小组104个。以满足党员活动需要为目的，推进活动场所规范化建设，投入220万元打造墙子路、南沟、苍术会、庄户峪、碰河寺、庄头6个党建示范点，更新23个党组织活动阵地宣传内容，做到硬件配置齐全、设施功能完备、管理制度健全。落实村干部保险制度和村（社区）党组织书记区级备案管理制度，建立66名村级后备人才队伍台账。公务员晋升职级4人，事业职级晋升10人，年内公开招录新任职干部11人，干部队伍结构进一步优化。实施农村发展党员"育苗行动"，完成年度22名党员发展工作任务，其中35岁以下新党员占比72.73%。充分发挥人大监督职能，加强人大代表家站建设，完善代表家站制度，为代表开展好活动奠定基础，组织全体区人大代表开展代表联系选民活动，收集意见建议5条。爱国统一战线不断发展壮大，工会、共青团、妇联等群团组织作用得到更好发挥。年内，墙子路村团支部被评为北京市五四红旗团支部，"低保青少年精品课程"项目被评为团建百强品牌项目。

（赵雨晴）

【打造党建工作创新品牌】 深化"密云先锋"品牌效应，整合领导班子成员、机关干部、村"两委"干部及第一书记四支"生力军"共计243人带头进村，影响带动村级1067名有活动能力的党员联系服务8113名群众，入户发出联系群众服务卡3800余张，实现精准对接。组织开展"密云先锋·大城小爱"扶困助残活动，圆梦村民56个"微心愿"，提供"圆梦款"1.2万元，受益群众142人。推动"公仆心、云水情"干部教育实践活动不断走向深入，推进"大学习""大检视""大提升"等各项任务落地落细落实。购买《习近平谈治国理政》（第四卷）等各类学习书籍3500册，组织集中学习研讨38场次。依托北京市"周末大讲堂"学习平台，邀请北京市委宣讲团专家组成员王春玺等教授，围绕"乡村振兴"主题为镇村干部"传道授业"。组织500人次参加观影促提升活动。对涉及不作为的"接诉即办"工单进行分析研判，梳理排查问题27条，制定整改措施48条。拓展农村党员"城市支部"组织功能，围绕基层党组织抓服务主题，开展流动党员"双节"返乡服务群众等活动，对接镇党委、所在村党支部，推动解决接诉即办工单48件。"城市支部"做法被评为北京市优秀基层党支部工作法，并作为密云农村党员"城市党委"的先行试点，为"城市支部"建设提供大城子经验。

（赵雨晴）

4月29日，开展"大城小爱"党建活动，为村民送去满足生活需要的电器（大城子镇　供图）

【落实全面从严治党工作】 党组织书记扛牢"第一责任人"责任，班子成员认真履行"一岗双责"，年内组织开展谈心谈话共计128次，将全面从严治党与业务工作同谋划、同部署、同推进，细化《2022年度全面从严治党主体责任清单》，确保各项任务落地见效。镇党政班子成员、镇机关科级及以下干部和村"两委"干部签订廉洁自律承诺书328份。从严落实中央八项规定及其实施细则精神，严守区委"十不能"要求，研究制定《廉政风险防控实施细则》，建立工作台账，形成廉政风险重点岗位和重点人员清单，对廉政风险重点岗位人员开展谈话提醒100人次，充分发挥日常监督管理职能作用。每季度开展廉政风险形势研判，深入查找薄弱环节，精准判定潜在廉政风险点，有针对性地制定防控措施。深化"五个一"微权力监督机制，制定村级纪检委员管理办法、工作考核办法，印发《大城子镇村级纪检委员履职纪实手册》，督促村干部规范用权，推动全面从严治党向基层延伸。锲而不舍纠"四风"树新风，常态化组织开展纪律作风督导检查，组织党风廉政教育主题党日活动，对128名村"两委"干部和87名机关干部开展"送纪律到基层"宣讲活动，利用微信群推送27篇反腐倡廉专题片和案例解读，加强党员干部警示教育，政治生态持续向好。

（赵雨晴）

东 邵 渠 镇

Dongshaoqu Township

【概　况】 东邵渠镇位于密云区东南部，距城区 25 千米，全镇面积 10885 公顷，镇域北邻巨各庄镇，西北毗邻河南寨镇，东与平谷区大华山、刘店镇接壤，西南与顺义相连，具有“一镇连三区”的特殊地理位置。全镇面积 109.9 平方千米，有耕地 1580 公顷、山场 7733.33 公顷。全镇四面环山，土地资源、浅山资源丰富，林木绿化率达 80.02%，环境优美、空气清新，具有发展休闲旅游经济和绿色生态农业的先天条件。全镇辖 14 个行政村（22 个自然村）和 2 个社区。全镇有 6096 户 12241 人，其中农户 4567 户 10134 人，非农户 1529 户 2107 人。主导产业是都市型现代农业、休闲旅游产业，有“御皇李子”、“西葫贡米”、“贡枣”、御赐铁蝈蝈等特色农产品。

（孔德慧）

生 态 建 设

【大气污染防治】 及时掌握大气质量数据变化，排查梳理问题原因，逐一解决。强化临时堆料场所和工地实名制管控，在建工地做到全覆盖、无遗漏执法检查。推进土地植被恢复，关停砂石料临时堆放点 4 个，立项开展复绿 1 个。加强对密三路及主要街道等重点路段道路清扫力度，加大洒水保洁频次，有效防治道路扬尘污染。加强源头动态监管，利用卫星遥感技术开展货运源头遥感核查 7 处，全部纳入监管范围。

（孔德慧）

【绿化空间拓展】 统筹山区生态保育和生态修复，巩固“创森”成果，继续扩大绿色空间，持续推进 8014 亩山区森林健康经营林木抚育项目，完成 2775.5 平方米“留白增绿”项目。全力落实“三长”各项工作，以“护好水、育好林、管好田”为抓手，统筹推进治水、育林、养田“三大任务”，坚持做到“山有人管、林有人护、责有人担”，着力筑牢镇域生态屏障，维护生态资源安全。

（孔德慧）

镇村建设与管理

【全国文明城区创建】 持续开展“周末大扫除”活动，居民参与环境意识显著增强。规范建设新时代文明实践所、站 15 个，开展志愿服务 1300 人次。实行“一村一策”，整治背街巷 28 条，施工围挡、停车位、破损路沿等得到规范管理与整治。安装创城公益广告 30 处，营造浓厚的创城氛围。

（孔德慧）

9 月 19 日，东邵渠镇创建全国文明城区工作再部署会召开　（王彤　摄）

【人居环境整治】 落实“日巡查、周通报、月排名、季考核”的人居环境长效管护机制，完善镇级“六级督导@抓落实”体系，发挥好“乡村型物业”新模式作用，环境建设排名由中后迅速进步至“第一梯队”，典型经验做法收入《昨日市情》特刊。加强对农村公厕、太阳能浴室、路灯等农村基础设施的运行维护，确保专人管理、正常运行。持续抓好生活垃圾分类，更换各类公示牌、标识 200 余处，镇、部门、村、收集员四级联动，示范片区复验工作高质量完成。

（孔德慧）

7 月 25 日，东邵渠镇 2022 年第二季度人居环境评比表彰大会召开　（王彤　摄）

【美丽乡村建设】 以《密云区美丽乡村建设实施方案(2022—2024年)》为抓手，完成小岭、南达峪村道路硬化、路灯等基础设施建设，有序推进大石门村路网建设。完成南达峪村连户型小型一体化粪污处理改造项目，彻底解决南达峪村污水处理问题。东邵渠、太保庄等7个村的地下污水配套管网项目已经具备进场施工条件。高各庄、太保庄供水水源井及配套设施安装有力保障村民生活用水。密云至马坊联络线输气管道工程二次水保项目基本完工，田间基础设施建设水平进一步提升。

(孔德慧)

经济建设

【加快经济发展】 更好统筹疫情防控和经济社会发展，尽快恢复正常生产生活秩序，把复工复产放在更加突出的位置抓紧抓好。认真贯彻落实中央、市、区关于发展经济各项决策部署，坚定不移招优引强，建立完善招商奖励制度，鼓励镇村干部合力共同吸收税源。对落地企业、引进企业及具备发展前景的新兴行业开展多渠道调研，主动问需，推动“以商招商”，全力保障财政组收任务完成。强化完成固定资产计划投资任务的认识，紧盯基础设施等“大块头”领域，认真谋划项目、重点工程，推动营商环境“软实力”与稳定投资共同发展。

(孔德慧)

【拓宽农产品销售渠道】 发展菜粮生产，确保蔬菜播种面积、粮食产量等关键指标100%完成。发挥好“统农001号北京科技小院”作用，深化服务对接，拓展种植高附加值、高产出农业品种。开展镇、企、合作社、农户多层次合作，深化村集体经济发展壮大举措。继续完善拓展镇级资源统筹平台，培育和扶持本地农产品特色经营企业和电商企业，发挥“异业联盟”作用，推动一二三产业的有效衔接。

(孔德慧)

【提高特色农产品附加值】 积极推进镇域抖音、电商销售、对外宣传等渠道的有效衔接，加强与区文旅等平台对接，开展一二三产业产品的融合推介。发挥芝参堂药业、科技小院、亿亩地、汇源园区在科技、人才、产业方面的龙头地位优势，提升“御皇李子”“西葫贡米”“界牌西瓜红”“西邵渠鲜食玉米”等特色优质农产品销售价值，助力特色优质农产品讲好“品牌故事”、扩大销售规模、提升品牌影响力、提高产品附加值，增加村集体及农民收入。

(孔德慧)

【乡村振兴】 落实区委关于“科技小院”工作部署，与中国农大签订长期战略合作框架协议，依托“统农001号科技小院”，深化校地合作，加快推进中国农大相关科研成果落地，推动原始创新，构建符合乡村振兴“密云样板”的特色农业、绿色食品、生态旅游一二三产融合发展的现代产业体系，促进东邵渠镇“三农”工作高质量可持续发展，推动形成特有的乡村振兴新模式。

(孔德慧)

文化建设

【文化活动开展】 组织开展“喜迎二十大 文化进万家”“永远的兵”“七夕”等文化演出活动，大力弘扬勤劳致富、崇德向善、诚实守信精神。

(孔德慧)

【市级体育特色镇创建】 完成市级体育特色镇创建，培养发展村级体育指导员60名，发挥全民健身组织保障作用，荣获北京市第九届广场舞大赛三等奖、“蓝山杯”篮球锦标赛亚军、第十七届“舞动北京”群众广场舞蹈大赛密云赛区一等奖、密云区第九套广播体操展示大赛三等奖。

(孔德慧)

8月19日，东邵渠镇获得北京市第九届广场舞大赛三等奖　　(曾燕　摄)

社会建设

【民生实事】 持续深化“我为群众办实事”实践活动，制定10项重点任务的《东邵渠镇2022年重要民生实事》清单，倒排任务周期，切实解决百姓“急难愁盼”问题。重点围绕推进农村污水治理三年行动、界牌村保鲜存储库项目建设、加快推进东邵渠镇垃圾转运站项目建设、完善小学门前交通安全设施、文化广场提升改造项目工程建设等内容深入推进，人民群众获得感、幸福感、安全感得到进一步提升。

（孔德慧）

【民生保障】 全面加强重点人群服务保障，按时足额发放社会救助、优抚安置、老龄补贴、残疾人补贴等各类资金。优化基层综合服务设施，把“小小窗口，满满服务”理念落到实处。选聘法律顾问，提供法律服务700余件，积极开展“八五”普法宣传活动，全力营造“全民学法、知法、懂法、守法、用法”的良好氛围，群众“七有”“五性”获得法治保障。加强退役军人服务，有力推进双拥工作开展。全力推动党管武装工作高质量发展，输送优质兵员6名。获评农村邻里互助养老服务及（街道）乡镇慈善工作站2个市级试点。

（孔德慧）

【惠民补贴】 严格审批、公示等各项程序，全面做好各项惠民补贴发放工作。发放山区生态公益林补偿、种粮农民、玉米良种及菜田补贴577.5万元，发放谷种、甘薯秧1771亩。完成政策性农宅保险2348户，发放水库移民补助资金及教育帮扶资金15.27万元。

（孔德慧）

党的建设

【“密云先锋”行动】 健全“四联三到位”工作机制，制定《行动指引》，常态化开展“我为群众办实事”实践活动。成立环境整治、文明倡导、疫情防控等特色党员服务队25支，成立“接诉即办”、创城先锋、核酸检测等党员突击队10支，设立便民服务、卡口值守等党员先锋岗31个，开展先锋行动390余次，参与党员9600余人次。

8月27日，东邵渠镇组织开展“密云先锋”活动 （王彤 摄）

（孔德慧）

【“1＋10”党员联系群众机制】 健全“1＋10”党员联系群众机制，45个党小组实现对4829户、10862名群众的网格全覆盖。按照“接地气、重联系、求实效、促实干”原则，将党员优势特长和群众问题诉求精准对接，在文明城区创建和疫情防控等工作中，开展志愿服务2000余人次。

（孔德慧）

【“公仆心、云水情”干部教育实践活动】 深入开展“公仆心、云水情”干部教育实践活动。组织开展“大学习”15次，集体学习938人次。深入开展“大检视”，检视问题215个，制定整改措施289条，确定实事项目5条。开展“大提升”“大讨论”活动4次，参与干部185人次，形成长效化工作机制2项。优化干部队伍结构，形成“能者上、庸者下、劣者汰”的正确导向，选拔任用科级干部1人、等级晋升16人，培养发展村级年轻后备干部39人。

（孔德慧）

【作风建设】 制定《“机关作风建设年”实施方案》，坚持以上率下，发挥示范作用，带头抓好落实。在春节、五一、中秋、国庆等重要时间节点，开展“四风”监督检查，对照《重要岗位落实中央八项规定精神正面清单、负面清单》，开展廉政约谈9人次、警示教育集体谈话350人次。

（孔德慧）

北 庄 镇

Beizhuang Township

【概　况】 北庄镇地处密云区东北部，地处密云水库上游，北至河北省承德市兴隆县雾灵山镇苗耳洞村，南至大城子镇苍术会村，东至河北省承德市兴隆县上石洞乡山神庙村，西至太师屯镇陡子峪村。镇域面积84.25平方千米，距密云城区42千米，镇政府所在地为北庄村，辖11个行政村。现有户籍人口4309户8515人，常住人口5898人。

（高笑盈）

生态建设

【水源保护】 全面落实习近平总书记重要回信精神，将保水护水作为头等大事，以“河长制”为抓手，完善河长定期查、管护队伍日检查的河道管护机制，实现河道常态化保洁、常规化巡查、长效化管理。持续开展“清河”“清四乱”行动，加强河道综合整治，开展河道联合执法行动10余次，及时劝返河道游玩人员。加大科技保水力度，通过App实时影像监测，实现网格巡查与快速处理无缝隙对接、全覆盖管控，确保净水下山、清水入库。

（高笑盈）

【污染防治攻坚战】 深入打好蓝天保卫战，持续深化“一微克”行动，全年$PM_{2.5}$平均浓度24微克每立方米，同比下降11.1%，排名并列全区第二。全面做好大气污染防治，加强裸露土方苫盖、扬尘专项治理和裸地管控，被区委生态文明委授予“基本无裸露镇”称号。全面推进3600亩秸秆综合利用，有效解决秸秆焚烧问题。扎实推进“煤改电”工作，累计完成11个村3823户煤改清洁能源改造。深入打好净土保卫战，统筹做好农用地管理，投入使用2400吨有机肥，化肥农药使用量稳步下降，土壤质量得到显著提升。

（高笑盈）

【林业生态建设】 严格林业资源管理，做好6379亩森林健康经营项目和森林病虫害防控工作，完成林业有害生物美国白蛾、松材线虫病的监测和防治。推进200亩板栗提质增效建设项目和4家无公害果品基地建设，提高林果产业效益。推动自然教育基地建设，启动“生物多样性保护推广行动”，打造推进“爱鸟之家”，形成以观鸟、自然教育为主题促进民宿经济发展新模式，带动村民增收3万余元。挂牌成立密云区首家市级“园林绿化专家工作站”，派驻相关专家工作组，组建技术服务团队，实现果品更新换代，助力山楂产业转型升级。

（高笑盈）

4月，清水河北庄段 （北庄镇 供图）

镇村建设与管理

【疫情防控】 坚持人民至上、生命至上，严格落实关于进一步优化防控工作的二十条措施，健全完善疫情防控组织架构和工作职责，成立镇8小时工作指挥部，确保8小时应急处置机制24小时高效运转，快速完成涉“10混1”初筛阳性高风险人员落位管控工作。抓紧抓实社会面防控，全面掌握动态信息。紧盯快、修、保、食、洁等重点行业，严格镇社会福利中心、养老院等人员密集场所管理，确保防控措施落实到位。全力做好大数据流调筛查，抽调30余名年轻干部，成立镇疫情溯源专班，落实核查管控措施。优化卡口管理，充分调动镇村干部力量，下沉卡口一线执勤。严格落实应检尽检，累计开展区域性核酸检测13次，完成“采送检报”约6万人次。扎实推进疫苗接种，新冠疫苗第一剂接种率达86.51%，加强剂接种率达88.68%，60岁以上老人接种率达91.81%，全民免疫屏障进一步筑牢。

（高笑盈）

【全国文明城区创建】 制定《北庄镇创城“百日”攻坚行动方案》《北庄镇创城实地检查点位任务分工方案》，多次召开创城工作推进会，进一步明确任务、压实责任。加大资金保障力度，安装完善镇、村无障碍设施、无障碍指示牌、公益广告牌等。开展创城志

8月26日，北庄镇开展创城周末大扫除活动

（北庄镇 供图）

愿服务、周末大扫除活动，进村入户宣传创城知识，发放各类宣传材料5000余份，开展各类活动120余次，参与2300余人次，受益群众达到2.6万余人次。加强督导巡查，对照创建标准，逐点位分析研判，逐一抓好整改落实，全面提升创城实效。

（高笑盈）

【人居环境整治】 聚焦人居环境整治的重点、难点、死角，扎实开展集中整治工作，严格考核评比，包村干部入村督导整改，清理乱堆乱放4700余处，环境整治水平稳步提高，村容村貌明显改善。开展违法建设整治，累计拆除违法建设面积2153.59平方米，完成任务指标的108%；腾退土地2885.68平方米，完成任务指标的120%，超额完成全年任务目标。严格生活垃圾管理，做到日产日清，生活垃圾分类工作走在全区前列。参加“美丽庭院和美丽街巷”评比活动，镇内30户庭院被评为“美丽庭院”，朱下路等7条街巷被评为“美丽街巷”。

（高笑盈）

【重点工程项目建设】 2021年乡村公路和道路桥梁等11个因雨受毁项目已全部完工。完成北黄路3.5公里道路修复，下北庄跨河大桥重建工程预计2023年5月底之前通车，完成4100平方米乡村公路翻浆补坑工作。村庄水土保持及安全防护设施修复工程已完工。2023年水库周边上游水源保护地环境综合整治提升工程待区政府审批。清水河流域生态修复工程待发改委审批。清水河河道清淤项目已由密云水库基金会完成立项。承兴密联合县政府旧址纪念馆环境整治工程、暖泉会文化广场改造工程等已开工。土门村供水改造项目已完成工程量30%。北庄等4个村文化室改造项目已完工。朱家湾水毁修复项目已完工。大岭、暖泉会村美丽乡村地上工程建设已完工并验收。杨家堡村已完成工程总量的85%。营房、苇子峪和北庄大南沟（二期）美丽乡村建设项目正在招标中。涉及东庄等5个村地下供排水工程已开工建设。PPP项目经区发改委审批并由区水务局完成招标。水库一级区及库北涵养地农村供水工程已启动招标程序。东庄等4个村环境提升工程正在招标。三非项目正在实施，地质灾害工程已签订施工合同。

（高笑盈）

经济建设

【经济指标】 全年实现财政收入3217.8万元，比2021年同期增加1115.2万元，增长53%，增幅排名全区第五，完成情况排名全区第八，圆满完成年度任务指标。实现旅游收入2674.4万元，接待游客22.5万人次。

（高笑盈）

【财源建设】 坚持绿色高质量发展，持续优化营商环境，确立“保存量、抓增量、促增长”的目标任务，重点围绕央企子公司、行业龙头企业及外埠纳税大户企业，高质量扩大财源、引进税源。全年共引进企业511家，其中引进央企三级子公司北京诚通投资管理公司，形成财政收入199万元；引进一家中介机构，形成镇级财政收入263万元。

（高笑盈）

文化建设

【文旅产业融合发展】 打造生态旅游“打卡地”，利用复耕地块，种植1260亩油菜花，形成千亩油菜“花海”，吸引游客观光打卡，带动周边村民增收。推进民宿产业提档升级，新发展民俗户24家，北京四季繁华乡村民宿客栈等8家民宿被评定为精品民宿，分别给予一次性奖励10万元。

（高笑盈）

【公共文化服务体系示范区创建】 利用新时代文明实践所、站，面向群众开放多媒体教室、图书阅览室、舞蹈室等，组织开展舞蹈、戏曲培训38期，完成专业文艺演出9场，开展各类文体活动60余次。巩固北京市体育特色镇创建成果，组织参加区级篮球赛、乒乓球赛等赛事，切实满足群众多元文化体育需求。

（高笑盈）

社会建设

【安全维稳】 完成冬奥会、冬残奥会、全国“两会”、党的二十大期间安保维稳工作。严格进京卡口管理，联合河北省雾灵山镇、上石洞乡建立临时检查站，加强进京人员和车辆检查。压紧压实安全生产工作责任，加强安全生产隐患排查整治，开展安全生产专项联合检查15次，检查生产经营单位220家次，发现整改安全隐患46处。加强燃气安全管理，更换安全型燃气配件2300余户，督促安装燃气报警器18个。加强生产经营企业和邮政快递行业复工复产保障力度，累计检查100余次。

（高笑盈）

【防火防汛】 严格落实防火工作要求，细化防火工作部署，优化应急处置预案，发动群防群治力量，生态林管护员全员上岗，镇扑火队24小时在岗在位，确保火种不上山、火源不入林，合力筑牢森林防火安全屏障，全年未发生森林火灾。全力守住防汛工作底线，制定工作方案和相关预案，成立镇村抢险队14个，确保第一时间做好抢险、救灾、人员转移等工作。全年汛期共发布预警信息13条，启动4级防汛应急响应4次，未发生地质灾害、房屋倒塌和人员伤亡。

（高笑盈）

【民生保障】 加大困难群众保障力度，提高城乡低保认定标准，累计发放各类补贴、救助资金330万元，有效改善困难群众生活条件。巩固充分就业镇工作成果，推动劳动力就业创业，办理农村劳动力就业319人。统筹推进城乡医疗、养老服务保障，完成城乡居民医保参保4620人、养老保险续保1950人。完成镇社会福利中心管理体制改革，更好满足群众多元化养老服务需要。开展各类助残活动，营造良好的扶残助残氛围。积极落实“双拥”政策，推进镇级红色精品退役军人服务站创建，完成271名退役军人与4名优抚对象建档立卡工作，完善率与申请率均超过全区平均水平。支持“八一爱民”学校共建，定期慰问驻北庄部队、现役军人家属，营造拥军优属良好社会氛围。

（高笑盈）

党的建设

【政治统领】 始终把政治建设摆在首位，时刻牢记“看北京首先要从政治上看”的要求，深入学习贯彻党的二十大精神，把党的二十大精神与习近平总书记对北京一系列重要讲话精神一体学习领会，积极推动党的二十大精神入脑入心、见行见效，更加自觉坚持和捍卫“两个确立”，增强“四个意识”、坚定“四个自信”、做到“两个维护”，确保各项决策部署不折不扣落地落实。

（高笑盈）

【法治建设】 树牢法治意识、增强法治思维，把政府工作全面纳入法治轨道，推进依法治镇工作有序开展。修订完善政府工作规则，严格依照法定权限和程序行使权力。自觉接受人大监督，主动接受社会和舆论监督。坚持镇长办公会会前学法制度，落实政府法律顾问制度，发挥法律顾问在重大决策、规范性文件审查等工作中的重要作用，依法行政的意识和能力得到进一步提高。

（高笑盈）

【正风肃纪】 落实党风廉政建设主体责任，坚持把纪律挺在前面，做到真管真严、敢管敢严、长管长严。认真贯彻中央八项规定及其实施细则精神，坚决防止“四风”问题反弹回潮。强化副职领导对分管科室的业务指导和工作监督，抓纪律、带队伍、立规矩、强作风，进一步规范科室微权力运行。严控“三公”经费和一般性支出。

（高笑盈）

新城子镇

Xinchengzi Township

【概　况】 新城子镇位于密云区东北部，坐落在燕山山脉主峰雾灵山（海拔2118米）北麓，距密云城区65千米，与河北省滦平、兴隆、承德三县接壤，明代长城环抱全镇。全镇拥有丰富的山水资源，安达木河贯穿全镇长达30千米，森林覆盖率达73.9%，负氧离子含量是正常人需求量的3.5倍，有享誉“华北物种基因库”的美称。镇域面积157.02平方千米，辖18个行政村、74个自然村，户籍人口11460人，其中农业人口9900人、非农人口1560人；常住人口7049人、流动人口95人。

（吕云峰）

生态建设

【水源保护】 严格落实河长制，有效巡河2600千米，镇村河长巡河率、问题整改率均达到100%，河长制工作排名保持全区前列。坚持水岸共治，持续开展“清河”“清四乱”“清管行动”等专项整治。

（吕云峰）

【大气污染防治】 大角峪等5个村完成“煤改电”，全镇实现清洁取暖全覆盖，全年$PM_{2.5}$平均浓度23微克/立方米，同比下降8%，空气质量保持全市最优。

（吕云峰）

【绿色空间拓展】 投资723.99万元，完成新一轮百万亩荒山造林940亩。推进古柏公园提升改造，争取投资1800余万元，在全市率先建成占地320亩的古树主题公园，成为新城子文旅新地标，中央电视台、新华社、北京日报、焦点访谈等主流媒体集中采访报道，“古树名镇”品牌成为牵引全镇绿色高质量发展新动能。

（吕云峰）

4 月 9 日，区领导参加植树节植树活动

（李鑫　摄）

镇村建设与管理

【美丽乡村建设】 巴各庄、头道沟、花园等 13 个村完成美丽乡村建设，村容村貌、人居环境显著提升。建立实施人居环境长效管护机制，推广坡头村生态保护经验做法，多次在市级、区级人居环境考核中位居前列。抓实抓细垃圾分类，建成巴各庄垃圾转运站，大角峪村、太古石村、吉家营村、苏家峪村被评为市级垃圾分类示范村。

（吕云峰）

【基本无违建镇创建成果巩固】 对新增违建零容忍，全年累计拆除违章建设 2400 余平方米，腾退土地 2400 余平方米。积极开展土地复耕工作，全年完成 1876.67 亩复耕。

（吕云峰）

经济建设

【经济指标】 全年实现大农业总产值 8001 万元，同比增长 12.7%；超额 191.5%完成社会固定资产投资任务；实现财政收入 2252.08 万元、休闲农业与乡村旅游收入 4879.38 万元；农民人均收入实现 30763 元，同比增长 2.2%。

（吕云峰）

【文旅产业融合发展】 加大文旅产业政策资金扶持力度，全镇精品民宿发展到 44 家，占全区的 23%。HOBO 农场等精品民宿为全镇民宿发展提供了新思路、新样板，棉花棠、归璞南山等精品民宿成为镇域南部片区各村产业发展的新亮点。云岫谷等重点景区持续盘活提升，遥桥峪古堡修缮工程及古堡整体规划积极推进，丰富全镇旅游文化元素。

（吕云峰）

【苹果产业提质升级】 以提质发展为重点，加大苹果产业打造力度，投入资金 280 余万元推进绿色果品基地、种苗繁育基地和密植精品果园建设，二道沟村入选 5 个“密云区老北京水果鲜果示范基地”之一。以农旅融合为思路，加强对新城子苹果整体包装和推广营销，“新城子苹果”品牌进一步打响。全镇全年苹果产量 461 万千克、产值 3232 万元，同比分别增长 40.5%、48.9%，有效促进各村群众收入提升。

（吕云峰）

【“1+9+N”组团式帮扶】 创新“1+9+N”组团式帮扶协作机制，整体使用扶持资金参与首农集团商业综合体项目，形成边远乡镇异地置业“消薄”新模式。鼓励支持大树洼、东沟、吉家营等村依托资源禀赋打造精品民宿、建设社会大课堂学习基地、发展自流蜂场，积攒增收后劲。推动释放土地复耕增收潜力，引导各村发展特色种植，全年复耕土地 1876.67 亩。2022 年，粮食总产量完成 3977.16 吨，同比增加 5.4%。全镇 16 个村全部完成集体经营性收入超 10 万元“消薄”目标。

（吕云峰）

【财源建设】 专题研究制定招商引资奖励政策，大力支持镇村两级单位发挥各自优势开展招商引资、吸引企业落户，指导政府相关部门做好引进注册企业的联系服务工作，营造全员招商、全域招商氛围。全年新引进注册企业 90 余家。

（吕云峰）

文化建设

【文体活动开展】 围绕迎接党的二十大，组织开展

3 月 8 日，新城子镇组织开展“展新城巾帼风采，一起向未来”活动　（李鑫　摄）

"展新城巾帼风采，一起向未来"和"以劳动圆梦，以奋斗启航，书写巾帼华章"健步走、拔河比赛等群众文体活动，丰富干部群众文体生活。

（吕云峰）

【全国文明城区创建】 广泛开展新时代文明实践五类活动，加强全镇新时代文明实践所、站建设，全镇5个首都文明村新时代文明实践站各项工作全部达标，在全区首先实现村级实践站残疾人步道全覆盖。坚持开展好"周末大扫除"活动，积极推进"百日攻坚"，开展"十大整治"专项行动，班子成员定期参与"创城"工作拉练检查，全年多次在区级月度检查中取得排名靠前的成绩。

（吕云峰）

社 会 建 设

【民生保障】 加强镇村政务服务规范化建设，镇级政务服务中心进驻事项实现100%委托受理，全部行政村100%完成规范化建设工作任务。强化职业指导，引导下岗失业人员、农村富余劳动力299人实现就业。完成城乡居民养老保险、医疗保险参保续保工作，发放各类补贴、保障金、高龄津贴近2400万元，报销医药费124万元，依托温馨家园为1950人次残疾人提供各类生活服务，通过镇爱心救助协会对344名困难群众进行慰问。强化"双拥"共建，为350名退役军人建档立卡，向13名优抚对象发放临时救助资金。审批房屋翻建175户，修复5条2021年水毁公路，改善群众居住和出行条件。统筹使用基层党组织服务群众经费完成曹家路村卫生服务站的改建升级工程，满足群众在村就医需求。

（吕云峰）

【接诉即办】 践行以人民为中心的发展思想，紧扣"七有"要求和"五性"需求，修订完善接诉即办考核办法和奖励办法，落实"日通报、周调度、月复盘"工作机制，抓住重点工单攻克难点问题，在实践中形成"五心"工作法，努力办好群众的操心事、烦心事、揪心事，工作成效获得区委主要领导肯定性批示。全年平均成绩列全区各镇街第一，其中3—8月连续6个月位列全市镇街前100名，5—8月均进入前50名。

（吕云峰）

3月18日，党史学习教育密云区委宣讲团新城子镇报告会举行　（李鑫　摄）

党 的 建 设

【理论武装】 将习近平新时代中国特色社会主义思想和党的二十大精神作为党委理论学习中心组学习主要内容。抓好党员干部教育培训，充分利用"学习强国"等线上新媒体平台，结合集中学习、自学、交流研讨等多种形式，开展专家学者授课、领导干部讲党课、百姓宣讲等各种学习活动，提升党员干部思想认识和理论水平。坚持党管意识形态工作原则，加强重要时间节点和重大政治活动期间舆情监测和意识形态管控工作，切实维护意识形态领域安全，全年未发生信息和网络安全事故。

（吕云峰）

【基层党建】 聚焦提升党组织政治功能和组织功能，全面加强基层党建工作。以党支部分类提升、规范化建设等工作为抓手，总结形成遥桥峪村党支部"三抓三促"、崔家峪村党支部"三推进助力乡村振兴"等支部先进工作法。以党建引领民俗旅游发展推动基层"微改革、微创新"。制定全镇基层党组织服务群众经费使用管理办法，进一步规范经费使用管理。严格落实"五个一"工作机制，落实开展市级软弱涣散村党组织整顿转化工作，确保按时完成整顿提升任务。认真整改党员入党过程排查专项工作中发现的问题，把好党员发展入口关，为全镇党员队伍注入新鲜血液。建立村级后备人才库，加大培养力度，为村级工作打基础、谋长远。

（吕云峰）

【"密云先锋"行动】 积极推进"密云先锋"行动，

全镇建立 103 个网格党小组，496 名党员积极参与党员“1+10”联系服务群众活动。组建保水、保生态、美丽乡村建设、疫情防控、为民服务、重大任务服务保障 6 支志愿服务队，引导党员干部争当“八个先锋”。通过先锋行动，涌现出一批行业标兵、密云先锋、先锋党组织、先锋岗。开展“公仆心、云水情”干部教育实践活动，通过活动进一步改进工作作风，提升工作实效。

（吕云峰）

【镇村干部队伍建设】 坚持做好干部教育培训工作不放松，依托干部集中培训、支部“三会一课”等机制，采取线上、线下等多种方式，加强镇村干部理论武装、能力培养。做好对各村第一书记日常管理与支持保障，促使第一书记在村积极发挥自身能力优势和资源优势，助推各村壮大村集体经济、提升治理水平，形成头道沟、东沟、塔沟、崔家峪村等一批第一书记工作开展较好的村。

（吕云峰）

【选人用人】 坚持选人用人正确导向，认真贯彻执行党的干部路线方针政策，全年共招录干部 2 批次 5 人，选拔任用干部 9 批次 34 人次，营造选人用人风清气正的氛围，为推动全镇各项工作奠定基础。

（吕云峰）

【党风廉政建设】 深入落实中央八项规定精神和区委“十不能”要求，持续抓好作风建设。完善内控机制，推动基层减负工作走深走实，加大对全镇各项重点工作“四不两直”督导力度。全面加强从严治党，与领导班子成员签订全面从严治党主体责任清单，定期研判党风廉政建设工作情况。发挥“以案为鉴、以案促改”警示教育大会作用，教育、警醒全镇党员干部知敬畏、守底线、存戒惧。坚持把纪律挺在前面，严肃查处党员干部违规违纪问题。加大对党员干部教育管理，营造风清气正的政治生态环境。

（吕云峰）

石 城 镇

Shicheng Township

【概　况】 石城镇位于密云区西北部，距密云城区 22 千米，交通便利。东北与冯家峪镇接壤，西北与怀柔区交界，南接溪翁庄镇，东临密云水库，西倚云蒙山。全镇入库河流 9 条，是首都饮用水源保护区，是重要的首都生态涵养区。全镇区域总面积 252.8 平方千米，森林覆盖率 85.32%，林木绿化率 92.71%。活立木总蓄积 232835.1 立方米；古树 15 株，具有丰富的物种资源和生物多样性。辖区有多种珍稀濒危野生动植物，国家重点保护野生动物 39 种。全镇辖 15 个行政村和 1 个社区。全镇户籍户数为 3343 户，户籍人口 5880 人，其中农业户籍人口 4942 人。

（杨少澜）

生 态 建 设

【保水护水】 年内，认真执行密云水库一级保护区、白河河道网格化管理工作方案，划定网格 18 个，设立 1 支“六护”管护队伍，聘用保水员网格 395 名，保水队长 14 人。组织保水石城分队及六护人员，每日出动执法车辆 2 辆，全天候对镇域内水库周边及上游河道进行巡查。2022 年村级河长共巡河 924 人次，巡河人数 18 人，有效巡河里程 1808.69 千米，完成巡河率 100%。村级河长在巡河过程中发现问题 846 个，整改 846 个，保水大队整改问题 12 处。年内，出动执法车辆 800 余次，常态化巡查整治非法捕鱼、钓鱼行为，处理非法捕捞 2 起，一级区倾倒垃圾 6 起，钓鱼 79 起。

（杨少澜）

【无燃煤镇和基本无裸露镇建设】 深化“一微克”行动，累计出动 177 车次、460 余人次，重点对餐饮企业、施工工地、裸露土堆、重型柴油车、垃圾秸秆焚烧、露天烧烤、非法燃放烟花爆竹等行为监督检查。年内，$PM_{2.5}$平均浓度 24 微克/立方米，TSP 平均浓度 61 微克/立方米，空气质量全区排名第二。完成浅山荒山造林工程 991 亩，栽植各类乔灌木 55496 株，完成建设国土绿化总面积 5700 亩。整改城乡环境台账 1945 处、整改市区镇三级人居环境台账 2892 处。更换液化石油气安全型配件居民 2396 户，完成率位居全区前列。年内，石城镇被评为首都城市环境建设管理样板单位；水堡子村前街、王庄村主街、黄峪口村椴树梁主街、四合堂村主街 4 条街道被评为区级“美丽街巷”；梨树沟、水堡子、四合堂、捧河岩等村分别被评为市级、区级生活垃圾分类示范村。

（杨少澜）

镇村建设与管理

【全国文明城区创建】 年内，成立由书记、镇长任总指挥的创城工作指挥部，制定《石城镇创建全国文明城区“百日攻坚行动”实施方案》等“1+2+7”项制度。优化领导包片、机关干部包村、村干部包户的三级联动工作机制，以常态化创建机制保障各项任务落地落细。镇人大、纪委、创城专班、综合执法队、环境保护办等每日针对镇内环境卫生、基础设施情况、各实践所站建设等创城重点指标督导检查，发现问题立即通报，明确整改责任人、整改要求和整改时限，形成建账—整改—复查—销账闭环机制，确保问题整改到位。党政一把手带队到镇主街、各村开展创城拉练检查，对问题现场研判，确保创城工作定期检查、定期整改，创城方向明晰。年内，充分发挥“第一书记+宣委”双负责作用，详细分解文明实践站指标布设任务，一对一讲解，细化志愿服务记录、活动计划等关键环节，各实践所站按计划每周积极开展理论宣讲、科普宣传等文明实践活动30余次，参与群众1700余人次，不断夯实创城基础。通过微信群、村村响等方式宣传创城倡议书，最大范围提升群众对创建全国文明城区的知晓率，掀起全镇范围人人参与创城高潮。

（杨少澜）

8月4日，2022年“爱满京城 相约幸福”石城镇庆七夕节——文艺爱好者扇子舞展示活动举行

（石城镇　供图）

【基础设施建设】 年内，完成固定投资2693万元。完成二平台村山区搬迁计划，覆盖47户100人。完成一级区“三起来”和管网工程，涉及西湾子等7个村9个场站建设。推进15个村美丽乡村地上部分工程，完成水堡子、王庄、石城、黄峪口、捧河岩、四合堂、红星7个村工程建设。完成黄峪口护村坝工程项目。完成密云水库一级区石城镇被淹污水管线修复工程。

（杨少澜）

【疏解整治促提升】 年内，完成“基本无裸露镇”创建，拆除违法建设22处、建筑面积5201.81平方米，腾地6384.52平方米，均超额完成全年任务指标。完成复耕面积636亩，全区考核排名第一。人居环境年度综合排名全区第二，建立城乡环境保洁长效机制，整改台账问题1945处，镇域环境有效改善；坚持开展周末大扫除，整改市区镇三级台账问题1325处，有效地促进农村人居环境的常态保持、长效坚持。生活垃圾分类抓好“扫干净、堆整齐、转运走、处理好、保持住”五个环节，逐步实现常态化、长效化、规范化。

（杨少澜）

3月3日，石城镇社会组织联合会开展捡拾垃圾活动

（石城镇　供图）

【森林防火】 年内，建立班子成员分区包片督导森林防火责任制，签订“镇—村—管护员”三级防火责任制419份，网格化布控生态林管护队伍，盯紧重点人员和重点部位，形成横向到边、纵向到底、无缝隙、全覆盖森林防火网格化管理格局。377名生态林管护员全员上岗，清理和开设森林防火隔离带85000延米。划定75个防火网格，整合远程360度旋转循环监控系统68处，设立高山瞭望塔8个，布设重要路口防火岗亭4座、智能语音宣传杆15个，24小时视频监测监控火情。组建森林防火宣传队伍15支，张贴发放防火宣传材料12500余份，设立户外森林防火宣传牌47块，永久性宣传标语30余条。制作防火音频4个，配发防火小喇叭65个，在重点路口、林边不间断播放音频1350余次。发送防火提示短信50000余条。以多种形式加大防火宣传，增强全民防火意识。25名专业防火队员全员在岗，定期器械操练，

强化体能训练。层层尽职尽责，全镇共同发力，全年无火情发生。

（杨少澜）

【防汛救灾】 年内，制定《防汛抗旱工作预案》《山洪泥石流灾害防御预案》《塘坝防洪预案》《景区防汛预案》，组建防汛抢险力量 370 人，摸排险户 194 户 484 人 744 间房。针对 6 月 26 日强降雨，按照预案及时部署，转移 317 户 645 人。针对水库高水位运行情况，转移安置群众 18 户 61 人，其中，赶河厂村 7 户 28 人、石塘路村 11 户 33 人。

（杨少澜）

经济建设

【经济指标】 年内，实现财政收入 8702.1 万元，农村经济总收入 23167.1 万元，实现人均可支配收入 31756 元，乡村旅游接待 40.6 万人次，实现乡村旅游收入 5388 万元。全镇农民人均劳动所得 31756 元。辖区 12 个经济收入薄弱村全部完成“消薄”任务。

（杨少澜）

【旅游发展】 年内，旅游设施建设增量增速。盘活桃源仙谷、京都第一瀑、天仙瀑等低效景区，提升捧河岩、黄土梁 2 个民俗村，长城遗址公园等景区公共服务设施，拨付公共服务设施改造项目补助资金 123.3 万元。年内，拨付精品民宿政策支持资金 30 万元，评定区级精品民宿 3 家。在王庄村、北石城村试点实施农宅质量提升改造项目，完成 171 宗农宅院落改造。完成生态防火瞭望平台，为旅游产业增加新亮点。积极推动建设精品民宿项目壮大村集体经济，贾峪村、捧河岩村 12 个精品院落即将动工，精品民宿的建成将有力促进老百姓增收致富。提升旅游服务质量。积极组织民俗户参加 4 次线上培训，参与 1550 人次，组织 20 名民俗户代表实地参观古北口镇古御道、新城子镇遥桥古堡学习古村落运营发展模式，开阔旅游经营视野，提高民俗旅游接待水平。

（杨少澜）

【支援合作】 结合石城镇实际，加强产业共建，加大社会帮扶，拓展产业合作领域。与湖北省十堰市竹溪县向坝乡、青海省玉树市安冲乡以及安冲乡的安冲村结对帮扶共建。镇政府拨付竹溪县向坝乡帮扶资金 10 万元、青海省玉树市安冲乡 15 万元、安冲乡结拉村 5 万元。

（杨少澜）

文化建设

【文化设施建设】 完善镇村文化室、文化大院、文化广场等设施设备。完成镇综合文化服务中心效能评估 8 个部分共 13 项 39 个指标任务。成立镇、村级文化品牌队伍 40 支。加强镇域内文物遗址和长城文化带的宣传保护工作。完成密云区 543 敌台避雷设施安装。

（杨少澜）

【文体活动开展】 年内，在元旦、春节、五一、七一、国庆节等节日期间和农闲时举办各项文体活动；参加密云区戏曲曲艺、百姓歌手、群众广场舞蹈等相关赛事和展演活动；举办“水库回响”贯彻落实总书记回信两周年石城镇分会场群众主题文化活动；配合新时代文明实践所开展文明实践文体活动 19 场；在党的二十大到来之际，镇、村举办文体活动，迎接二十大胜利召开；利用镇基层文化馆分馆和图书馆分馆开展各类文体活动、艺术培训和图书借阅、电子阅览、诵读等活动；组织参加市、区举办的全民体育健身节、密云生态马拉松、全民健身日、冰雪嘉年华等系列赛事活动；积极开展乒乓球、篮球、羽毛球等体育赛事和第九套广播体操、太极拳等健身队伍推广培训展示活动。加强镇村健身园、健身广场和晨、晚练辅导站的健身指导管理。

（杨少澜）

8 月 2 日，石城镇开展新时代文明实践所文明实践活动——“喜迎二十大 文化进万家”

（石城镇 供图）

社会建设

【社会保障】 城乡低保工作有序开展。年内，完成困难家庭的申请、录入、调整变更60户。救助患病的城乡困难群众665人次，救助金额150.8万元。救助贫困高中生2人，救助金额9000元。发挥社会救助“托底线、救急难”作用，临时救助4人，救助金额23432元。每月发放农村特困家庭保障金16.8万元，覆盖59户60人，其中分散特困38户39人，月发保障金10.1万元；集中特困22户22人，月发保障金6.8万元。落实老年人社会优待服务政策，80周岁至89周岁高龄老人244人，每月发放补贴24400元；90周岁以上高龄老人35人，每月发放补贴17500元；60周岁以上低保、低收入和计划生育困难家庭老人86人，每月发放困难老人补贴22100元；60周岁以上失能老人269人，每月发放失能老人补贴13.3万元。完成新鉴定残疾人19人，现有持证残疾人613人。完成残疾人生活补贴和护理补贴发放工作，年发放残疾人生活补贴286人次，金额176.4万元，年发放残疾人护理补贴84人，金额11.5万元。全镇有优抚对象53人，全年药费报销36人次，共计19.0万元。年内，完成复核保障性住房12户，复核公租房市场租房补贴3户，复核市场租房补贴3户，市场租房补贴7户64800元。

（杨少澜）

12月13日，石城镇开展新申请低保家庭入户调查（石城镇　供图）

【保险参保】 城乡居民医疗保险参保2827人。报销医疗保险住院、门急诊手工报销单据47份，报销金额93050.33元；医疗保险大病补偿31人，发放补偿款34.4万元；区补充医疗保障政策享受补偿25人，金额12.4万元；城乡居民310元补充医疗可选保障保险投保43人，6人享受到报销，金额24903.26元。城乡居民养老保险参保缴费1725人；养老金领取办理83人，死亡退保72人；死亡丧葬费补贴申报28人，发放补贴款14万元。解决劳动力就业36人，办理农户灵活就业人员退休6人，申领办理灵活就业人员社会保险补贴59人，申领失业金154人，办理失业金领取人员养老保险56人，农户延期缴费12人，社会化退休增员7人。

（杨少澜）

【政务服务效能优化】 完成镇村政务服务规范化建设，15个村1个社区统一建立“代收代办”服务模式，加强无障碍设施、特殊群体服务，延伸村级195项事项全部进驻站点，提升群众办事便捷度和满意度。制定行业规范、工作职责展板，制定“文明有礼、微笑服务”规范，组织业务培训，确保工作日全时服务、周六日不断岗。

（杨少澜）

【卫生计生服务】 完成15个村611户计划生育家庭意外保险，覆盖2139人。办理一孩生育登记25人、二孩生育登记5人、三孩及以上生育登记1人。年内，完成婚前检查20对，占任务数的133.3%，在全区排名第一位；完成孕前检查26对，占任务数的107.7%，在全区排名第四位。圆满完成无偿献血39袋。年内，认真做好红十字会大病救助、慰问工作和募捐工作，全年共救助15户，补助金额15000元。完成红十字会大病救助5例，补助金额21000元。完成红十字会募捐35000元。

（杨少澜）

【安全维稳】 圆满完成二十大及重要节假日期间安全保障工作，顺利完成安全生产三年专项整治行动，保障全镇安全生产形势稳定向好。圆满完成北京冬奥会、北京冬残奥会、全国“两会”、党的二十大等重大活动安保维稳工作，加强对各类重点人及敏感群体126人进行管控；全面落实社会面治安巡查防控，190名群防群治力量到岗到位。年内，安全生产检查生产经营单位358家次，出动人员820人次，检查覆盖率100%，查出隐患87项，完成隐患整改87项，整改率100%。现有生产经营单位170家，无工业企业，无危险化学品企业，无金属、非金属矿山企业。排查镇域内京通线（总长9千米，涵洞9个，桥梁14座），并排查沿途经过梨树沟、水堡子、石塘路、河北4个村庄的护网破损、涵洞塌方等隐患，确保铁路沿线的通车安全。

（杨少澜）

10月16日，石城镇开展党的二十大安保督查

（石城镇 供图）

【旅游安全】 联合安全、市场、公安、城管等部门开展常态化的疫情防控和安全生产检查。针对检查中发现的各类隐患问题，立即督促复工单位即知即改、立行立改。年内，开展旅游安全联合检查19次，出动执法人员检查316人次，整改安全隐患68处。压实经营单位主体责任。明确各旅游经营单位（户）主要负责人为安全第一责任人，制定《疫情防控应急预案》、常态化疫情防控应急处置流程及各项安全生产措施。安全生产责任书签订率为100%。开展常态化应急演练工作，云蒙山景区开展防洪防汛应急救援演练，“五一”期间，云蒙山景区、清凉谷景区、石城卫生院、镇疫情专班等单位和部门开展全员核酸演练，全面提升旅游景区安全防范意识。

（杨少澜）

【接诉即办】 明确党支部书记为第一责任人，将“接诉即办”工作纳入党支部日常工作，带动村“两委”干部、党员等主动靠前，积极作为。严格按照《北京市接诉即办工作条例》要求，坚持“日分析、周调度、月总结”，实行7×24小时值守，严格落实“主要领导亲自调度、分管领导亲自督办、科室负责人亲自处置、每件工单责任到人”的联动机制，与各村签订《石城镇“12345”市民服务热线工作村级责任制》，修订《石城镇2022年度党建统领综合考核办法》，大幅提升“接诉即办”分值占比，为“接诉即办”工作提供制度保障。针对季节性、阶段性、集中性的问题提前制定工作预案。年内，共接收工单3729件，全年平均解决率98.27%，满意率98.27%。综合得分98.38分，其中，7次进入市级排名前100名，1次排名全市第一名。综合成绩稳居密云区第五名。

（杨少澜）

【矛盾化解】 坚持和发展新时代“枫桥经验”，重要时间节点制定《信访安全保障工作方案》，最大限度把矛盾风险防范化解在基层，全年信访总量共计35件次45人次，相比2021年同期信访总量下降了58%，信访总人次下降了57%。年内，广泛宣传《反有组织犯罪法》、新版《信访工作条例》，全年开展宣传活动4场、知识培训2次。

（杨少澜）

【疫情防控】 累计投入资金75.8万元用于疫情防控工作。年内，持续加大新冠肺炎疫情防控力度，出台《北京市密云区石城镇应对突发新冠肺炎疫情处置指引》《石城镇全员核酸采样检测工作方案》等七项文件措施。成立一办16组，明确责任分工。规范卡口管理，全镇15个行政村设立31个卡口343人24小时轮班值守。落实包村干部下沉机制、党员“1+10”联系群众机制，设立防疫卡口23个，安排下沉干部68名、党员596名、储备镇村防控工作人员513人、志愿者318人参与疫情防控工作。建立“镇干部包村、两委干部包片、党员村民代表包户”工作机制，投入群防群控力量1121人。迅速开展“扫街行动”“敲门行动”，全面摸排重点地区返京人员，落实居家隔离观察管控措施。对中高风险地区返京人员全部进行核酸检测，做到“应检尽检”。经统计，全年核酸检测475411人次，环境核酸检测8266点次，落位管控1278人。镇综合行政执法队落实“三类场所”疫情防控措施，建立“三类场所”疫情防控检查台账33家，其中内部食堂16家、餐馆17家。年内，累计检查“三类场所”699家次，出动车辆130余辆次，出动人员350余人次。12月，疫情防控工作重心向“保健康、防重症”转变，深入宣传实施疫情转段“乙类乙管”，宣传个人防护、分级诊疗等措施对于防控疫情的关键作用。

（杨少澜）

【新冠疫苗接种】 新冠疫苗第一剂次累计接种4610人次，接种率99.2%，第二剂次累计接种4365人次，全程接种率93.95%，加强针接种3990剂次。15个村第一剂次接种率全部达到85%以上。

（杨少澜）

党的建设

【政治建设】 在抓好迎接党的二十大宣传、维稳等工作基础上，坚持把学习宣传贯彻党的二十大精神作为首要政治任务，通过组建石城镇二十大宣讲团深入基层巡讲，镇领导带头讲，青年干部入村讲，观看专家讲解、撰写心得体会等形式，掀起学习宣传贯彻党的二十大精神热潮。牢记“看北京首先要从政治上看”的要求，深入贯彻落实中央、市委和区委会议精神，进一步增强推动石城绿色高质量发展的使命感、责任感。全面落实新时代党的建设总要求，把党的领导贯穿工作各方面、全过程，推动中央决策、市委和区委部署在石城落地见效。

（杨少澜）

7月，石城镇开展2022年“颂歌心向党 喜迎二十大”群众主题文化活动 （石城镇 供图）

【党建责任压实】 研究制定《石城镇2022年组织工作要点》，以党的政治建设为统领，以组织工作创新为动力，聚焦抓党建促乡村振兴，不断强化党建引领作用。进一步完善基层党建工作责任体系，制定镇村两级2022年深化落实全面从严治党主体责任清单和党建工作提示清单，严格执行新形势下党内政治生活的若干准则，认真落实领导班子民主生活会、基层组织生活会和民主评议党员等党内政治生活要求，严明政治纪律和政治规矩，明确镇村两级党建工作职责，推动全面从严治党主体责任落实。定期召开党建工作专题例会，增强党建第一责任人责任意识。专题研究深化落实全面从严治党主体任务安排，压实管党治党政治责任。

（杨少澜）

【党支部规范化建设】 制定全面从严治党主体任务安排、基层党建工作重点任务清单，完善基层党建工作责任体系，推动全面从严治党责任落实落地。推进石城镇全面从严治党（党建）工作整改，落实“三会一课”、党员活动日、党务工作者例会，严肃组织生活。完成区委巡察工作，做好巡察整改“后半篇文章”。坚持村党支部书记例会制度，完成基层党组织书记抓党建工作述职评议考核。调整村“两委”干部基本报酬，发放村“两委”干部社会保险补贴40余万元。按照《石城镇党组织服务项目经费管理办法》，验收通过2021年党组织服务群众项目，规范经费使用程序。合理利用2022年度经费，全镇共实施监控维修改造、安装护栏等项目27个，实现惠及于民最大化。加大党建经费的统筹力度，持续推进镇级党群服务中心建设，完成捧河岩、石塘路等村阵地提升项目。深入推进“红色党建进景区”项目，把党建强基固本有机融入旅游业提质发展，提升镇域特色党建工作水平。

（杨少澜）

【党员教育管理】 开展党组织党员“双承诺”、党员服务队等活动，巩固深化“密云先锋”经验成效，落实“1+10”党员联系群众机制。制定落实“密云先锋”行动的工作方案，成立10支党员志愿服务先锋队，落实党员联系服务群众制度。全年党员志愿服务队开展活动100余次，服务群众6000人次。为进一步激励全镇各基层党组织和广大共产党员在推进石城发展，服务党员群众工作，评选出“先锋党员”50人。严把党员“入口关”，持续推行发展党员审核工作前移，全年发展党员9名。高标准完成出席党的二十大代表和北京市第十三次党代会代表推荐提名工作，党员参与率达100%。走访慰问生活困难党员42名、离退休困难村干部和建国前老党员12名，发放慰问金25万余元。

（杨少澜）

【干部队伍建设】 组织开展“公仆心、云水情”干部教育实践活动，教育全镇广大干部立足本职岗位，践行初心使命，走好新时代党的群众路线，进一步推进“密云先锋”行动走深走实。加强科级干部队伍建设，完成2名科级干部选拔任用、2名公务员职级晋升和3名事业职员等级晋升工作，为44名事业管理人员进行岗位级别套转。加强干部监督管理，完成87名机关干部年度考核。

（杨少澜）

9 月 27 日，石城镇开展“公仆心 云水情”——捧河岩调研活动 （石城镇 供图）

【武装保密工作】 年内，坚持党管武装，做细兵役登记，持续做好春、秋两季征兵工作。加强对全体机关干部《国家安全法》《反间谍法》的宣传教育培训，与全体机关干部、村书记、主任签订《保密责任书》，提高镇村干部国家安全防范意识。

（杨少澜）

【民主法治建设】 圆满完成 16 个村（居）人民调解委员会换届选举工作，做到连选连任。调委会共调解民事纠纷 54 件，调解率 100%，调解成功率 97%，为农民工讨回工资 32.4 万元。召开“八五”普法启动大会，开展法律讲座宣传 8 次，发放宣传资料 2000 份、挂图 260 余份，全年解答法律咨询 286 人次。石城村被评为“市级民主法治示范村”。线上审理城管执法卷宗 48 卷，线下审理卷宗 13 份。起草并下发《北京市密云区石城镇党政主要负责人履行推进法治建设第一责任人职责清单》。法律援助初审 10 名当事人，15 个村签订公益律师法律服务顾问合同。

（杨少澜）

人物　荣誉

CHARACTER　HONOR

全国（系统、部门）先进集体

表 18

序号	荣誉名称	单位名称
1	国际化高质量发展环境建设标杆县（市、区）	密云区
2	国家森林城市	
3	全国休闲农业重点区（县）	
4	公共文化服务优秀城市	
5	全国义务教育优质均衡先行创建区	
6	国家气候投融资试点城市	
7	国家基层卫生健康综合试验区	
8	全国国土绿化示范试点	
9	全国“无废城市”建设试点	
10	全国农业现代化示范区	
11	国家现代农业产业园	
12	全国信访工作示范区	
13	全民艺术普及先进单位	密云区文化馆
14	全国家庭工作先进集体	密云区鼓楼街道妇联
15	全国水旱灾害防御工作先进集体	密云区密云水库综合执法大队调度运行科
16	中国民间文化艺术之乡	密云区古北口镇
17	全国乡村旅游重点镇	
18	全国民族团结进步示范区示范单位	
19	全国示范性老年友好型社区	密云区果园街道上河湾社区
20	全国乡村旅游重点村	密云区新城子镇遥桥峪村
21	全国民主法治示范村	密云区溪翁庄镇东智北村
22		密云区河南寨镇套里村
23	中国美丽休闲乡村	密云区溪翁庄镇尖岩村
24	中国传统村落	密云区古北口镇河西村
25		密云区古北口镇潮关村
26	全国最美家庭	密云区董世杰家庭

全国（系统、部门）先进个人

表 19

序号	荣誉名称	姓名	职务
1	全国优秀共青团干部	赵 阳	密云区水库中学团委书记
2	全国向上向善好青年	李 慧	密云区殡仪馆副馆长（密云区委社会工委区民政局团委书记）
3	全国人民满意的公务员	崔小军	密云区水库综合执法大队水上分队队长
4	全国退役军人服务中心（站）“百名优秀主任（站长）”	周付贵	密云区退役军人事务局退役军人服务中心主任
5	全国法院办案标兵	王 雪	密云区法院立案庭（诉讼服务中心）庭长

北京市（系统、部门）先进单位

表 20

序号	获奖名称	单位名称
1	北京市全域旅游示范区	密云区
2	北京市微度假目的地品牌	密云区“心宿密云山水·休闲古北”
3	北京市体育旅游十佳目的地	密云区云蒙山景区
4	北京 2022 年冬奥会冬残奥会北京市先进集体	密云区人民政府办公室
5		密云区卫生健康监督所
6		密云区市政工程管理处
7		密云区体育局办公室
8	北京市体育特色乡镇	密云区密云镇
9		密云区河南寨镇
10		密云区东邵渠镇
11	北京市民主法治示范村	密云区巨各庄镇水峪村
12		密云区巨各庄镇达峪村
13		密云区巨各庄镇张家庄村

续表

序号	获奖名称	单位名称
14	北京市民主法治示范村	密云区古北口镇司马台村
15		密云区古北口镇龙洋村
16	首都学雷锋志愿服务最美志愿服务社区	密云区鼓楼街道北源里社区、阳光社区、车站路社区、宾阳北里社区
17		密云区果园街道福荣社区、绿地社区
18	北京市“接诉即办”工作先进集体	密云区鼓楼街道行宫社区
19		密云区檀营地区
20		密云区巨各庄镇
21		密云区石城镇
22	全国示范性老年友好型社区	密云区果园街道上河湾社区
24	北京市安全社区	密云区檀营地区
25		密云区北庄镇
25	北京市美丽休闲乡村	密云区溪翁庄镇（北白岩、金巨罗）
26	党建促乡村振兴示范村	密云区溪翁庄镇（尖岩）
27	首都森林村庄	密云区巨各庄镇蔡家洼村
28	北京市乡村旅游重点镇	密云区新城子镇
29	北京市综合减灾示范社区	大城子镇河下村、王各庄村、杨各庄村、大龙门村、聂家峪村
30	北京市司法行政系统先进集体	密云区果园街道司法所
31		密云区鼓楼街道办事处
32		密云区巨各庄镇
33		密云区北庄镇司法所
34		密云区司法局
35		北京市渔阳公证处
36	北京市工人先锋号	密云区农业服务中心粮食经济作物科
37		北京通成网联科技有限公司云帮电子保姆事业部
38	北京市档案系统先进单位	密云区档案局
39	首都优秀环保公益组织	密云老兵骑行团志愿服务队
40	职工互助保障优秀基层单位	密云区总工会
41	北京市劳动保障监察工作先进单位	密云区人力资源和社会保障综合执法队
42	北京市“无拖欠工资”工作先进单位	密云区人力资源和社会保障综合执法队
43	市级劳动人事调解仲裁系统综合工作优秀单位	密云区劳动人事争议仲裁委员会
44		密云区密云水库综合执法大队

续表

序号	获奖名称	单位名称
45	北京诉讼服务先进法院	密云法院
46	最高法院新时代人民法庭建设案例	密云法院溪翁庄法庭
47	北京法院立案审判工作先进集体	密云法院立案庭（诉讼服务中心）
48	平安北京建设工作先进集体	密云法院刑事审判庭
49	北京市法院先进集体	
50	北京法院少年法庭工作先进集体	
51	北京法院行政审判年度报告工作先进单位	密云法院行政审判庭
52	首都法院党建工作优秀创新案例	密云法院政治部（机关党委、机关纪委）
53	北京市交通安全先进单位	中国邮政集团有限公司北京市密云区分公司
54	北京市交通安全工作成绩突出单位	北京市交通委员会密云公路分局
55	北京市诚信服务承诺单位	中国邮政集团有限公司北京市密云区分公司
56	北京市扶残助残先进集体	国家税务总局北京市密云区税务局
57	全国依法治理创建活动先进单位	国家税务总局北京市密云区税务局
58	北京市妇女儿童工作先进集体	国家税务总局北京市密云区税务局
59	首都城市环境建设管理样板单位	密云区区城市管理综合行政执法局
60	北京市公共图书馆文化志愿服务总队优秀文化志愿服务组织	北京市密云区图书馆文化志愿服务分队
61	北京市科普基地	密云区科技馆
62	北京市红领巾读书活动优秀组织奖	密云区图书馆
63	首都文化和旅游紫禁杯先进集体	密云区文化馆
64	优化营商环境卓越奖	密云区财政局
65	部门决算工作优秀单位	密云区财政局
66	北京市安全宣传“五进”工作最佳实践活动	密云区鼓楼街道办事处
67	北京市人防系统先进单位	密云区果园街道平安建设办公室
68	北京市充分就业乡镇	密云区古北口镇
69	北京市应急值守工作先进基层单位	密云区古北口镇
70	北京市充分就业村	密云区古北口镇河西村
71	红色信念村庄	密云区古北口镇古北口村
72	北京市体育旅游十佳精品景区	密云区古北水镇（司马台长城）国际旅游度假区
73	北京市旅游度假区	
74	北京市城管系统最美执法队	密云区河南寨镇综合执法队
75	北京市农村工作先进集体	密云区冯家峪镇

续表

序号	获奖名称	单位名称
76	首都生态文明建设先进集体	密云区生态环境局
77		密云区太师屯镇人民政府
78		密云区植保检查站
79		密云区冯家峪镇人民政府
80	首都绿化美化先进单位	密云区巨各庄镇农业农村服务中心
81		密云区锥峰山林场
82		密云区园林绿化服务中心
83		中关村科技园区密云园管理委员会
84	首都全民义务植树先进单位	国网北京密云供电公司
85		密云区新城子镇人民政府
86		北京市规划和自然资源委员会密云分局
87		密云区大城子镇人民政府
88		密云区生态环境局
89		北京市交通委员会密云公路分局
90		密云区西田各庄镇人民政府
91	建团 100 周年北京市先进组织	密云区果园街道澜悦社区
92	北京市五四红旗团委	北京市密云区团委
93		北京市公安局密云分局团委
94		密云区发展和改革委员会团委
95		密云区鼓楼街道团工委
96		密云区石城镇团委
97		密云区第二中学团委
98	北京市五四红旗团支部	国家税务总局北京市密云区税务局第一税务所（办税厅）团支部
99		密云区果园街道澜悦社区团支部
100		密云区大城子镇墙子路村团支部
101		密云区万象汇管理中心团支部
102	首都最美志愿服务家庭	马丽华家庭　于洋家庭
103	首都最美家庭	安然家庭　张磊家庭　师玉珠家庭
104		曹山家庭　宗喜家庭　朱杉家庭
105		王立娟家庭　朱秀荣家庭　薛云波家庭
106		张进柱家庭　柳奇家庭
107		齐飞蜓家庭　周宇家庭

北京市（系统、部门）先进个人

表 21

序号	获奖名称	姓名	职务
1	北京青年榜样	李一方	“飞鸟与鸣虫”农场创始人
2	首都最美巾帼奋斗者	王　丹	国家税务总局北京市密云区税务局机关党委（党建工作科）专职副书记、科长
3	首都精神文明建设奖	王文玉	密云区创城办材料申报工作部部长
4	首都劳动奖章	孙万卉	密云区医院副院长
5		陈立兵	北京当代神韵企业管理服务有限公司护水项目主管
6		马　丽	密云区第二小学教师
7		崔桂臻	北京青岛啤酒三环有限公司经理
8	首都精神文明建设奖	张　玲	密云区果园街道澜悦社区党支部书记、居委会主任
9	北京市人民满意的公务员	文　宇	密云区政务服务管理局管理协调科科长、一级主任科员
10	首都城市环境建设管理突出贡献个人	程春元	密云区城管委 区市政工程处主任
11		崔克弘	密云区城管委环境建设协调检查中心
12		马　骋	密云区城管委广告管理科
13	首都生态文明建设先进个人	罗其花	密云区园林绿化局蜂业管理站站长
14		王明朝	密云水库综合执法大队水上执法分队副队长
15		高贺民	密云区溪翁庄镇东智北村党支部书记兼村委会主任
16		王凤兰	密云区纪委、区监委四级调研员
17		傅　杰	密云区公安分局环境安全保卫大队副中队长
18		刘媛媛	密云区财政局公用事业科科长
19		卜自珍	密云区水务局水库移民事务中心主任
20		张德宠	密云区交通局综合检查站管理办公室主任

续表

序号	获奖名称	姓名	职务
21	北京市优秀共青团员	张　硕	密云水库综合执法大队水上分队队员
22		张明俊	密云区市场监督管理局科员
23		沈王艳	密云区十里堡镇社区卫生服务中心助理医师
24		刘佳月	密云区果园街道澜悦社区居委会社区工作者
25		郭正开	密云区檀营地区办事处科员
26		王首帅	密云区鼓楼街道城市管理办公室职员
27		王崇至	密云区蓝天救援队团支部书记
28		王兆辰	首都经济贸易大学密云分校学生
29	北京市优秀共青团干部	蒋博东	密云区人民法院团委书记
30		田　娟	密云团区委城乡部部长
31		郑　祎	密云区市场监督管理局团委副书记
32		王　颖	密云区医院团总支副书记
33		王唯伊	密云区太师屯镇团委委员
34		魏　微	密云区穆家峪镇青少年事务社工
35		王金平	首都经济贸易大学密云分校团委副书记
36		马　帅	密云区第三中学团委书记
37	北京 2022 年冬奥会冬残奥会北京市先进个人	马延荣	密云区市场监管综合执法大队副队长、一级主办
38		王晓伟	密云区市场监督管理局冯家峪镇所副所长、三级主任科员
39		王涵琪	密云区消费者协会九级管理岗位
40		邓　凯	北京市公安局密云分局西滨河派出所副所长兼社区警务一队队长、一级警长

续表

序号	获奖名称	姓名	职务
41	北京2022年冬奥会冬残奥会北京市先进个人	杨晓彤	共青团北京市密云区委员会四级主任科员
42		肖英兰	密云区农业农村局农产品安全科一级主任科员
43		吴　晓	密云区市场监督管理局鼓楼街道所试用期干部
44	北京2022年冬奥会冬残奥会北京市先进个人	张　禛	共青团北京市密云区委员会专职社工
45		陈　凯	北京市公安局密云分局马台站派出所所长、一级警长
46		赵军涛	密云区委统一战线工作部办公室主任
47		赵金梅	北京市公安局密云分局指挥处政委、一级高级警长
48		贾延杰	密云区委宣传部四级主任科员
49		高功我	密云区委统一战线工作部办公室四级主任科员
50		韩京鹏	北京市公安局密云分局治安支队政委、一级高级警长
51		廖文娟	密云区农业服务中心农业产业化服务科科长
52	北京市优秀劳动保障监察员	刘　涵	密云区人力资源和社会保障综合执法队四级主任科员
53		王　威	密云区人力资源和社会保障综合执法队四级主任科员
54	市级劳动人事调解仲裁系统优秀仲裁员	郭建广	密云区劳动人事争议仲裁院立案调解庭科室负责人
55		王牧珩	密云区劳动人事争议仲裁院仲裁二庭庭长
56	北京市司法行政系统先进集体个人	王　蕾	密云区司法局副局长
57		高秋丽	密云区司法局机关纪委书记
58		李铁冬	密云区司法局公共法律服务和公证律师管理科科长
59		李　颖	密云区司法局行政复议科科长
60		李　欣	密云区司法局办公室主任

续表

序号	获奖名称	姓名	职务
61	北京市司法行政系统先进集体个人	相英春	密云区司法局党建科科长
62		贾　莉	密云区司法局社区矫正和安置帮教科科长
63		屈安忠	密云区司法局社区矫正民警领队
64	北京市审判业务专家	陈　琼	密云区法院党组成员、副院长
65	人民法院环境资源审判工作先进个人	单青林	密云区法院行政审判庭副庭长
66	北京市模范法官	佟春蕾	密云区法院民事审判一庭
67	北京市法院先进工作者	刘长满	密云区法院综合办公室主任
68	北京市法院先进工作者	郭　英	密云区法院政治部组织宣传组副组长
69	北京法院信息工作先进个人	徐秀丽	密云区法院审判管理办公室（研究室）副主任
70	北京法院新闻宣传工作先进个人	陈玉霞	密云区法院审判管理办公室（研究室）副组长
71	首都绿化美化先进个人	李　响	密云区财政局农业科科员
72	北京市思想政治优秀先进工作者	赵夫奎	密云区果园街道上河湾社区党委书记、居委会主任
73	北京市“人道奖”先进个人	刘红梅	密云区北庄镇社保所所长
74	北京市优秀纪检监察干部	蔡宗礼	密云区古北口镇二级调研员
75	北京最美文物守护人	李俊臣	密云区古北口镇九级管理岗，六级职员
76	办理人大代表建议、政协提案工作先进个人	徐良军	密云区政府办公室联络科科长
77	全民艺术普及先进个人	安亚楠	密云区文化馆职员
78		郭　强	密云区文化馆职员
79		刘桂彪	密云区文化馆职员

统 计 资 料

STATISTICS DATA

北京市密云区2022年国民经济和社会发展统计公报

2022年，在区委区政府的坚强领导下，全区坚持以习近平新时代中国特色社会主义思想为指导，深入贯彻习近平总书记重要回信精神，以新时代首都发展为统领，高效统筹疫情防控和经济社会发展，在“需求收缩、供给冲击、预期转弱”三重压力下，全区经济实现平稳恢复，社会民生得到有效保障。

一、综合

经济增长：初步核算，全年实现地区生产总值361.9亿元，按可比价格计算，比上年增长0.5%。其中，第一产业增加值14.1亿元，下降0.8%；第二产业增加值95.9亿元，增长1.6%；第三产业增加值251.9亿元，增长0.2%。三次产业构成为3.9∶26.5∶69.6。按常住人口计算，全区人均地区生产总值为68746元。

2022年地区生产总值

表22

指　标	绝对数（万元）	比上年增长（%）	比重（%）
地区生产总值	3619491	0.5	100.0
按产业分			
第一产业	140993	−0.8	3.9
第二产业	959444	1.6	26.5
第三产业	2519054	0.2	69.6
按行业分			
农、林、牧、渔业	143005	−1.0	4.0
工业	491139	−6.0	13.6
建筑业	469813	11.0	13.0
批发和零售业	205016	8.1	5.7
交通运输、仓储和邮政业	54857	−12.0	1.5
住宿和餐饮业	35628	−10.8	1.0
信息传输、软件和信息技术服务业	62543	−22.0	1.7
金融业	241859	12.9	6.7

续表

指 标	绝对数（万元）	比上年增长（%）	比重（%）
房地产业	676194	－6.8	18.7
租赁和商务服务业	85756	－7.9	2.4
科学研究和技术服务业	85468	3.1	2.4
水利、环境和公共设施管理业	193151	1.1	5.3
居民服务、修理和其他服务业	43622	－1.7	1.2
教育	277566	2.4	7.7
卫生和社会工作	173920	7.4	4.8
文化、体育和娱乐业	31811	20.1	0.9
公共管理、社会保障和社会组织	348143	6.4	9.6

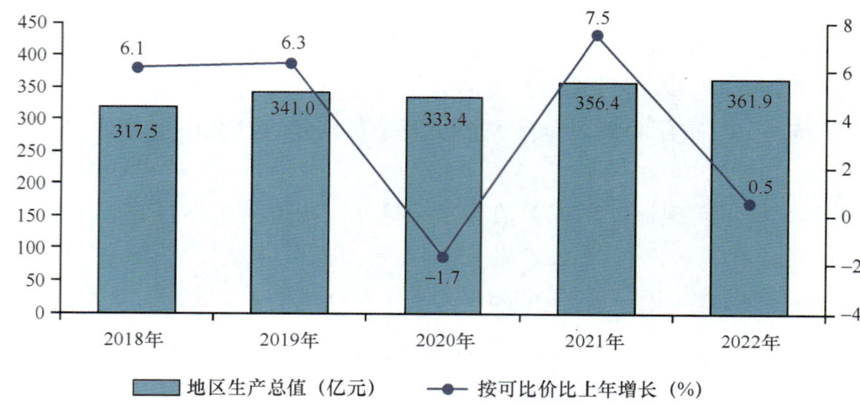

图 1　2018—2022 年地区生产总值及增长速度

人口与就业：年末全区常住人口 52.6 万人，比上年末减少 0.1 万人。其中，男性人口 26.9 万人，占常住人口的比重为 51.1%；女性人口 25.7 万人，占常住人口的比重为 48.9%。常住外来人口为 10.8 万人，占常住人口的比重为 20.5%。常住人口出生率为 4.81‰，死亡率为 7.07‰。

2022 年末常住人口及构成

表 23

指 标	年末人数（万人）	比重（%）
常住人口	52.6	100.0
按城乡分：城镇	34.9	66.3
乡村	17.7	33.7
按性别分：男性	26.9	51.1
女性	25.7	48.9
按年龄组分：0—14 岁	6.6	12.5
15—64 岁	37.0	70.4
65 岁及以上	9.0	17.1

年末全区户籍人口 44.1 万人，与上年末持平。按户籍属性分，农业人口 23.9 万人，非农业人口 20.2 万人；按性别分，男性人口 21.9 万人，女性人口 22.2 万人。

2022 年末分地区户籍人口

表 24

地　区	户数（户）			人数（人）	户口性质（人）		性别（人）	
	合计	非农业	农业		非农业	农业	男	女
合计	206937	97073	109864	441165	202244	238921	218920	222245
鼓楼街道	31717	31699	18	82212	82187	25	40989	41223
果园街道	15232	15232		37686	37686		19315	18371
檀营地区	2637	2637		5708	5708		2828	2880
密云镇	3243		3243	7459		7459	3495	3964
溪翁庄镇	10126	3936	6190	21192	7782	13410	10380	10812
西田各庄镇	19455	5920	13535	39554	9286	30268	19420	20134
十里堡镇	10090	4601	5489	21977	9856	12121	10755	11222
河南寨镇	12305	4123	8182	24610	6282	18328	12071	12539
巨各庄镇	12141	3505	8636	23527	5164	18363	11598	11929
穆家峪镇	16542	5759	10783	32530	9166	23364	15906	16624
太师屯镇	15948	5715	10233	31559	9666	21893	15612	15947
高岭镇	8855	2159	6696	17507	2932	14575	8754	8753
不老屯镇	12079	2862	9217	23693	3908	19785	11798	11895
冯家峪镇	4691	904	3787	8975	1185	7790	4543	4432
古北口镇	4506	1638	2868	9431	2856	6575	4647	4784
大城子镇	7886	1878	6008	15528	2517	13011	7741	7787
东邵渠镇	6068	1508	4560	12159	2102	10057	6184	5975
北庄镇	4308	1116	3192	8513	1462	7051	4269	4244
新城子镇	5765	1207	4558	11461	1559	9902	5746	5715
石城镇	3343	674	2669	5884	940	4944	2869	3015

财政收支：全年完成一般公共预算收入 39.7 亿元，较上年下降 3.1%，扣除留抵退税因素后同口径增长 4.8%。其中，增值税 8.6 亿元，下降 19.3%；企业所得税 4.3 亿元，下降 10.9%。全年一般公共预算支出 138.1 亿元，比上年下降 10.4%。

存贷款：年末全区金融机构人民币存款余额 837.7 亿元，比上年末增加 103.4 亿元，增长 14.1%；金融机构人民币贷款余额 532.7 亿元，比上年末增加 166.6 亿元，增长 45.5%。

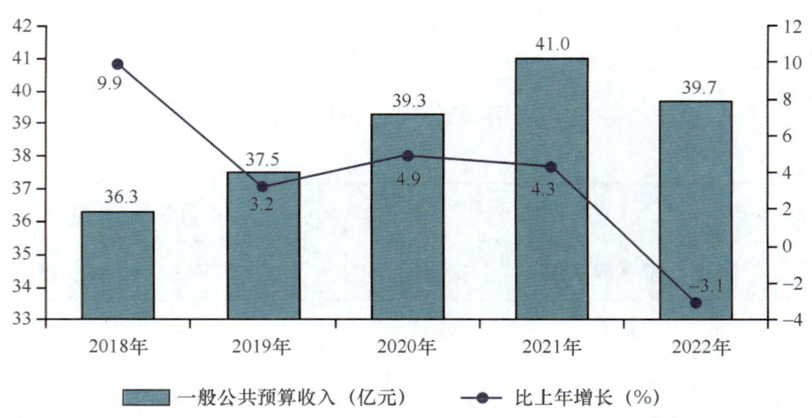

图 2 2018—2022 年一般公共预算收入及增长速度

2022 年金融机构人民币存贷款余额

表 25

指 标	本年末数（亿元）	比上年末增长（%）
金融机构存款余额	837.7	14.1
单位存款	224.7	4.7
储蓄存款	613.0	18.0
活期	182.0	12.1
定期	431.0	20.6
金融机构贷款余额	532.7	45.5
按贷款对象分		
单位贷款	382.7	72.9
个人消费贷款	125.5	2.2
其中：住房贷款	118.6	8.1
个人经营性贷款	24.5	12.3
按偿还期限分		
短期贷款	159.2	44.6
中长期贷款	373.6	45.9

二、农业

全年实现农林牧渔业总产值 33.5 亿元，与上年持平。其中，农业产值 17.1 亿元，增长 9.3%；林业产值 9.0 亿元，下降 14.3%；牧业产值 5.8 亿元，下降 2.9%；渔业产值 1.1 亿元，增长 60.2%。

全年粮食总产量 6.1 万吨，比上年增长 13.6%；蔬菜及食用菌产量 17.1 万吨，增长 6.7%；生猪出栏 5.1 万头，下降 3.2%。设施农业实现产值 5.6 亿元，比上年增长 16%。休闲农业与乡村旅游实现收入 7.6 亿元，比上年下降 12.8%。

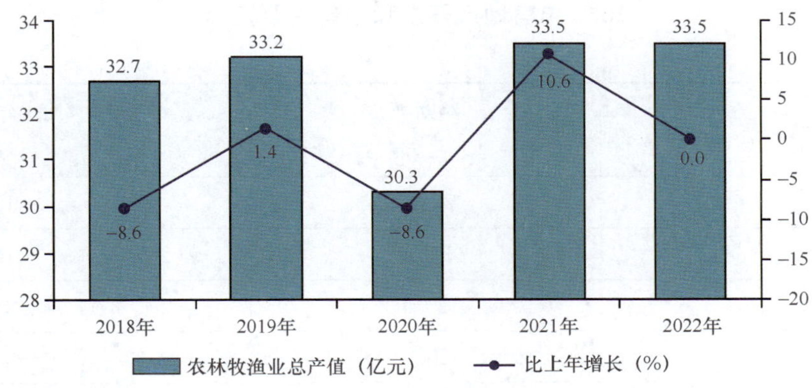

图 3 2018—2022 年农林牧渔业总产值及增长速度

2022 年主要农牧产品产量

表 26

产品名称	单位	产量	比上年增长（%）
粮食	万吨	6.1	13.6
蔬菜（含食用菌）	万吨	17.1	6.7
干鲜果品	万吨	3.5	−12.6
出栏生猪	万头	5.1	−3.2
出栏家禽	万只	37.6	−38.6
出栏羊	万只	1.6	−0.4
出栏牛	万头	0.4	−9.7
禽蛋	万吨	0.6	−17.6
生牛奶	万吨	5.5	−1.7

三、工业和建筑业

工业： 全年完成规模以上工业总产值 224 亿元，比上年下降 4.7%。分行业看，汽车制造业产值 51 亿元，下降 8.6%；医药制造业产值 37.4 亿元，增长 4.7%；酒、饮料和精制茶制造业产值 35.9 亿元，增长 11.6%。规模以上工业实现销售产值 221 亿元，比上年下降 5.9%，其中出口交货值 14.1 亿元，下降 4.2%。

建筑业： 全年具有资质等级的总承包和专业承包建筑业企业完成建筑业总产值 185.1 亿元，比上年下降 19.5%。其中，在本市完成产值 79.2 亿元，增长 9.9%；在外省完成产值 105.9 亿元，下降 32.9%。本年新签合同额 141.9 亿元，同比增长 11.4%。

四、固定资产投资和房地产开发

固定资产投资： 全年固定资产投资（不含农户）比上年下降 7.8%。分产业看，第一产业投资比上年下降 1%；第二产业投资下降 18.3%，其中工业投资下降 18.3%；第三产业投资下降 6.4%。

房地产开发： 全年房地产开发投资比上年下降 9.8%。全区房屋施工面积 282 万平方米，比上年下降 13.7%；房屋竣工面积 33.6 万平方米，比上年增长 22.9%；商品房销售面积 15.8 万平方米，比上年下降 41.3%。

2022 年房地产开发和销售主要指标

表 27

指　标	绝对数 （万平方米）	比上年增长 （%）
房屋施工面积	282.0	−13.7
其中：住宅	172.0	−16.4
其中：本年新开工面积	26.6	−22.7
其中：住宅	15.7	−33.0
房屋竣工面积	33.6	22.9
其中：住宅	20.8	33.5
商品房待售面积	69.0	25.0
其中：住宅	39.5	44.9
商品房销售面积	15.8	−41.3
其中：住宅	14.1	−40.9

五、市场消费

全年实现社会消费品零售总额 162.8 亿元，比上年下降 3.9%。分消费形态看，商品零售 152.8 亿元，比上年下降 3.1%；餐饮收入 10 亿元，比上年下降 14.6%。在限额以上批发和零售业中，汽车类实现零售额 10.8 亿元，增长 3.8%；成品油实现零售额 8.8 亿元，下降 7.3%；计算机、软件及其辅助设备类实现零售额 16.6 亿元，增长 14.5%。

全年商品交易市场实现成交额 15.7 亿元，比上年增长 6.8%。其中，吃类商品成交额 8 亿元，与上年基本持平；用类商品成交额 6.9 亿元，比上年增长 15.8%。

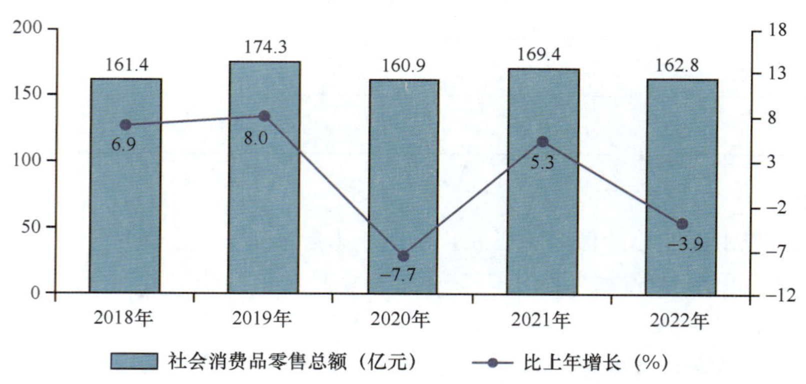

图 4　2018—2022 年社会消费品零售总额及增长速度

六、交通运输和邮政电信

交通运输： 全年营运收入 11.82 亿元，比上年下降 4.2%，其中客运收入 3.84 亿元，下降 3.7%，货运收入 7.98 亿元，下降 4.4%；年末全区客运线路 54 条，公共汽（电）车运营车辆 613 台。年末全区机动车保有量 15.86 万辆，比上年末增加 0.95 万辆，增长 6.4%。

邮政电信： 全年邮政函件业务交换量 288.2 万件，比上年减少 40.4 万件；全区邮路日行全长 3721 公里，投递道段 73 条。年末移动电话用户 61.2 万户，互联网宽带接入用户 19.1 万户。

七、公用事业和安全生产

公用事业： 全年全社会用电量 24.8 亿千瓦时，比上年增长 9%。其中，工业用电 5.2 亿千瓦时，下降 5.6%；农业用电 0.6 亿千瓦时，增长 12.4%；农村居民生活用电 5.9 亿千瓦时，增长 11%；城镇居民生活用电 4.7 亿千瓦时，增长 24.4%。全区日最大供电量为 1307 万千瓦时，比上年下降 6.6%。

全年总用水量 6771 万立方米，其中生产用水 1546 万立方米，占 22.8%，生活用水 3269 万立方米，占 48.3%，生态环境用水 1957 万立方米，占 28.9%。中心城区生活污水集中处理率为 99.5%，较上年提高 0.9 个百分点；农村安全饮水达标率保持 100%。

安全生产： 全年共发生生产安全事故 3 起，与上年持平；生产安全事故伤亡人数 5 人，比上年增加 2 人。

八、人民生活和社会保障

人民生活： 全年全区居民人均可支配收入 44271 元，比上年增长 3.8%，其中人均工资性收入 36086 元，人均经营净收入 2361 元，人均财产净收入 2446 元，人均转移净收入 3378 元。全区居民人均消费支出 26575 元，比上年下降 2.6%。

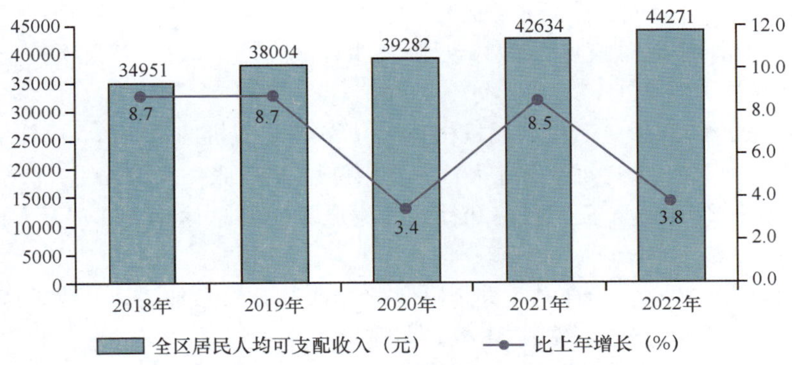

图 5　2018—2022 年全区居民人均可支配收入及增长速度

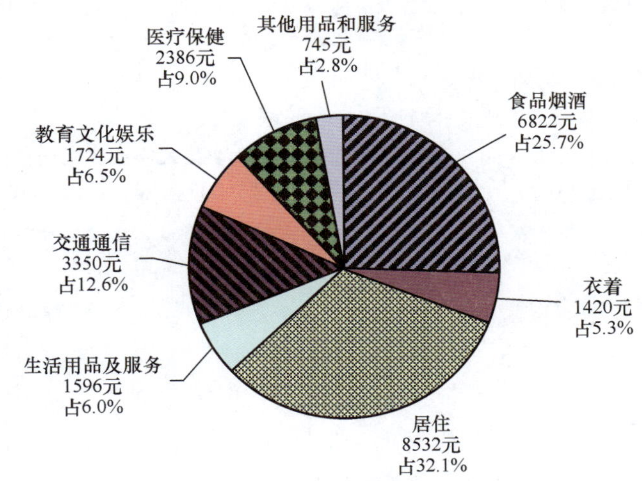

图 6　2022 年全区居民人均消费支出及其构成

社会保障： 年末参加基本养老、工伤和失业保险人数分别为 25.3 万人、21.7 万人和 21.1 万人，分别比上年末增加 0.96 万人、0.51 万人和 1.06 万人。全年人均养老金水平为 3769 元，比上年增长 4.7%。

年末养老服务机构 134 个，床位 7446 张；全年社会救助 1.5 万人；城市居民最低生活保障 784 户，1345 人；农村居民最低生活保障 6828 户，11084 人。

九、资源和环境

能源消耗： 全年能源消费总量 118.8 万吨标准煤，比上年增长 0.95%；不变价单位 GDP 能耗比上年增长 0.41%。

水资源：全年降水量 483 毫米；年末平原地区地下水埋深为 18.59 米，比上年末增加 3.5 米；全年水土流失治理面积 2.99 千公顷。

环境：全区细颗粒物（$PM_{2.5}$）和可吸入颗粒物（PM_{10}）年均浓度值分别为 26 微克/立方米和 48 微克/立方米，分别比上年下降 13.3%和 2%；二氧化硫年均浓度值为 3 微克/立方米，与上年持平；二氧化氮年均浓度值为 17 微克/立方米，比上年下降 15%；降尘量年月均值为 3.1 吨/平方公里·月，比上年下降 13.9%；建成区区域噪声平均值为 51.4 分贝，比上年增长 0.8%；交通干线噪声平均值为 65.7 分贝，比上年增长 1.1%。

十、教育、科技、文化、卫生和体育

教育：年末高中阶段教育在校学生 6258 人，毕业生 1835 人，高中升学率为 97.7%；初级中学（不含九年一贯制学校）在校学生 9148 人，毕业生 3088 人，初中升学率为 99.6%；小学阶段教育在校学生 22687 人，毕业生 3185 人；特殊教育在校学生 106 人；幼儿园在园幼儿 15532 人。

科技：全年专利授权量 1857 件，其中发明专利 157 件，实用新型专利 1230 件，外观设计专利 470 件；全年技术合同成交 124 项，技术合同成交总额 6.1 亿元。

文化：年末共有图书馆 1 个，总藏量 112.16 万册（件），总流通 17.85 万人次；全区文化馆（中心）21 个，组织文化演出 1711 场次，观众 18.77 万人次。

卫生：年末共有卫生机构 607 个，其中区属机构 44 个，农村卫生机构 409 个，个体机构 154 个；卫生技术人员 4712 人，其中执业医师 1828 人；每千常住人口医院床位数 3.61 张，每千常住人口执业（助理）医师 4.05 人，每千常住人口注册护士 2.61 人。全年医院和社区卫生服务中心总诊疗 480.4 万人次，健康检查 13.8 万人次。

体育：年末共有体育场馆 30 个，全年共举办全民健身活动 15 次，参加活动人数 5.08 万人次。参加市级比赛获得奖牌 95 枚，其中获得金牌 33 枚、银牌 34 枚、铜牌 28 枚。

公报注释：

1. 2022 年数据均为初步统计数。

2. 三次产业划分依据国家统计局 2018 年修订的《三次产业划分规定》（国统字〔2012〕108 号），行业划分执行《国民经济行业分类》（GB/T 4754—2017）。

3 地区生产总值及其中各行业增加值绝对数按现价计算，增长速度按不变价计算。

4. 农、林、牧、渔业增加值含农林牧渔专业及辅助性活动增加值。

5. 规模以上工业企业是指年主营业务收入 2000 万元及以上的全部工业法人企业；限额以上批发和零售业单位是指年主营业务收入 2000 万元及以上的批发业、500 万元及以上的零售业单位（包括法人单位、产业活动单位和个体经营户），限额以上住宿和餐饮业单位是指年主营业务收入 200 万元及以上的住宿业、年主营业务收入 200 万元及以上的餐饮业单位（包括法人单位、产业活动单位和个体经营户）。

6. 公报中部分数据合计数或相对数由于计量单位取舍不同而产生的计算误差，均未作机械调整。

附　　录

APPENDIX

组织机构负责人名单

一、区委机关

中国共产党北京市密云区委员会

书　记　余卫国
副书记　马新明（彝）
任武军
常　委　王永浩
葛俊凯
刘永强
朱锡才
于德泉
闫　琪
季荣旺
耿晓婧（女）

区委工作机构及相关部门

区委办公室主任　季荣旺
区委组织部部长　葛俊凯
区委组织部分管日常工作的副部长　杨行辉
区委宣传部部长
耿晓婧（女）
区委宣传部分管日常工作的副部长　陈祥庶
区委统战部部长　朱锡才
区委统战部常务副部长　李海林
区委研究室主任　周荪文（2月免）
薛云波（9月任）
区委老干部局局长　李　斌
区委区直机关工委书记　王作兴
区委巡察办主任　杨建军
区委编办主任　陶晓明（满）
区委党校校长　任武军
区委党校分管日常工作的副校长　刘卫东
区委党史研究室主任　郭生河
区委网信办主任　郭生海

二、纪委机关

中国共产党北京市密云区纪律检查委员会

书　记　刘永强
副书记　万　强
张小林
李春梅（女）
常　委　杨建军
赵普红
朱　琳（女）
祝立忠
卢　刚

三、人大机关

北京市密云区人民代表大会常务委员会

主　任　杨　珊（女）
副主任　赵秦岭（女）
张天杰
耿智慧
刘长礼
刘彦红（女，无党派）
办公室主任　王　红（女）
财政经济办公室（预算审查办公室）主任　孙明朝
城建环保办公室主任　于庭满
代表联络室（市人大代表联络处）主任（处长）
单德玲
教科文卫体办公室主任　段嗣博
法制办公室（备案审查办公室）主任　范英奇
农村办公室主任　田立文

研究室主任 方铁洪

四、政府机关

密云区人民政府

区　长 马新明（彝）
副区长 王永浩
于德泉
马春秀（女，民建）
刘传虹
陈伟航
马　超
林　立

区政府工作机构及相关部门

区政府办公室党组书记、主任 林　立（7月免）
魏志刚（7月任）
区信访办党组书记、主任 李国良
区城市管理委党组书记、主任 王东利
区发展改革委党组书记、主任 李東方
区科委党组书记、主任 彭根明
区委教育工委书记 张文亮
区教委主任 杨福军（满）
区卫生健康委党委书记、主任 王文平
区体育局党组书记、局长 许宝生
区委社会工委书记、区民政局局长 孙绍志
区退役军人局党组书记、局长 付全利
区司法局党组书记、局长 张连福
区委农工委书记、区农业农村局局长
吴显生（7月免）
任玉文（女，7月任）
区园林绿化局党组书记、局长 田立文（2月免）
齐　超（2月任）
区水务局党组书记、局长 耿智慧（2月免）
胡　勇（2月任）
区交通局党组书记、局长 周忠明
区人防办党组书记、主任 张　涛
区经济和信息化局党组书记、局长 祝　刚
区国资委党委书记、主任 李长全
区财政局党组书记、局长
吴成刚（满）
区统计局党组书记、局长 付小平
区审计局党组书记、局长 孙红军（满）
区人力资源社会保障局党组副书记、局长
晁怀国（7月免）
区人力资源社会保障局党组书记、局长
赵双武（7月任）
区医保局党组书记、局长 段起良
区住房城乡建设委党组书记、主任 宋印双（2月免）
王　东（2月任）
区生态环境局党组书记、局长 兰　天
区市场监管局党组书记、局长 常艳军（女）
区文化和旅游局党组书记、局长 赵志政
区应急局党委书记、局长 王如新
区商务局党组书记、局长 王　东（2月免）
杨光辉（女，2月任）
区政务服务局党组书记、局长 杨光辉（女，2月免）
高英杰（女，2月任）
区委中关村密云园工委书记 马　超（2月免）
王永浩（2月任）
区委中关村密云园管委会主任 马　超（2月免）
杨　杰（2月任）
区司马台雾灵山管委会主任 田树权（2月免）
王永福（2月任）
区机关事务管理服务中心党组书记、主任
张洪娟（女）
区地震局党组书记、局长 孙立军
区档案馆馆长 吕志儒
区投资促进服务中心党组书记、主任 杨　杰
区融媒体中心党组书记、主任 郭生海（7月免）
张　波（7月任）
区园林绿化服务中心党组书记、主任 何立新
区经管站党组书记、站长 董向东（2月免）
李阔林（2月任）
区农业服务中心党组书记、主任 马士强
首都经贸大学密云分校党委书记、校长 肖淑敏（女）
区城市管理指挥中心党组书记、主任 蔡全新
密云水库综合执法大队党组书记、大队长 宇兴评

五、政协机关

中国人民政治协商会议北京市密云区委员会

主　席 席成坡
副主席 蒋学甫
晁怀国
宋印双
杨伟兰（女，民进）
王武军（民革）
王若民（女，九三）
秘书长兼办公室主任 李丛荣（女，满）

副秘书长、综合室主任　齐治福
专委会工作一室主任　王立文（女）
专委会工作二室主任　赵金祥
专委会工作三室主任　孙明舜
专委会工作四室主任　陈术建
专委会工作五室主任　任小凤（女）

六、区监察委员会

主　任　刘永强
副主任　万　强
张小林
李春梅（女，2月任）
委　员　赵普红
朱　琳（女，2月任）
祝立忠（2月任）
何润生（2月任）

七、群团组织

区总工会主席　何丽娟（女，2月免）
赵秦岭（女，3月任）
区总工会党组书记　何丽娟（女，2月免）
晁怀新（2月任）
区总工会常务副主席　晁怀新
团区委书记　李友宁
区妇联党组书记、主席　王大捷（女）
区工商联党组书记、常务副主席　关佩君（女，满）
区残联党组书记、理事长　曾永东
区科协主席　杨伟兰（女，民进，9月免）
王武军（民革，9月任）
区科协党组书记　王树生
区红十字会常务副会长　任建华（9月免）
杨伟兰（女，民进，9月任）
区文联主席　孙明舜（2月免）
刘彦红（女，无党派，2月任）

八、政法、军事

区委政法委书记　任武军
区委政法委分管日常工作的副书记　赵双武（7月免）
吴显生（7月任）
区公安分局党委书记、局长　刘传虹
区法院党组书记、院长　刘玉民
区检察院党组书记、检察长　熊　正
区人民武装部部长　王新礼
区人民武装部政委　闫　琪

九、乡镇、街道办事处

鼓楼街道党工委书记　周广明（2月免）
刘振江（2月任）
鼓楼街道办事处主任　穆　静（女，回）
鼓楼街道人大工委主任　周广明（2月免）
刘振江（2月任）
果园街道党工委书记　耿晓婧（女，2月免）
王德强（2月任）
果园街道办事处主任　王德强（2月免）
李鲲鹏（2月任）
果园街道人大工委主任　耿晓婧（女，2月免）
王德强（2月任）
檀营乡（地区）党（工）委书记　张　波（7月免）
刘作义（9月任）
檀营地区办事处主任　韩月红（女，满）
檀营地区人大工委主任　孙　岳
密云镇党委书记　王国良
密云镇人民政府镇长　张广军
密云镇人大主席　崔　雪
河南寨镇党委书记　任玉文（女，7月免）
刘铁军（9月任）
河南寨镇人民政府镇长　刘铁军（9月免）
张　磊（10月任）
河南寨镇人大主席　李国锋
十里堡镇党委书记　齐　超（2月免）
王　珂（2月任）
十里堡镇人民政府镇长　王　珂（2月免）
十里堡镇人大主席　李艳书（女）
西田各庄镇党委书记　刘振江（2月免）
李　冬（满，2月任）
西田各庄镇人民政府镇长　刁英武
西田各庄镇人大主席　任合英（女）
溪翁庄镇党委书记　刘继雄
溪翁庄镇人民政府镇长　毛久刚
溪翁庄镇人大主席　付维江
穆家峪镇党委书记　郭保林
穆家峪镇人民政府镇长　李海生（满）
穆家峪镇人大主席　白庆杰（回）
巨各庄镇党委书记　李阔林（2月免）
侯东武（2月任）
巨各庄镇人民政府镇长　周粮源
巨各庄镇人大主席　王献华（女，满）
太师屯镇党委书记　胡　勇（2月免）
赵　军（2月任）
太师屯镇人民政府镇长　赵　军（2月免）

陈　杰（3月任）
太师屯镇人大主席 彭木华（女）
古北口镇党委书记 高英杰（女，2月免）
田树权（2月任）
古北口镇人民政府镇长 田树权（2月免）
王永福（3月任）
古北口镇人大主席 门果林
高岭镇党委书记 侯东武（2月免）
宗晓宇（2月任）
高岭镇人民政府镇长 宗晓宇（2月免）
高岭镇人大主席 张维海
不老屯镇党委书记 张卫星
不老屯镇人民政府镇长 马爱国（女）
不老屯镇人大主席 曹　圣
冯家峪镇党委书记 林桂彬
冯家峪镇人民政府镇长 来　健
冯家峪镇人大主席 赵爱军
大城子镇党委书记 魏志刚（7月免）
单维良（9月任）
大城子镇人民政府镇长 单维良（9月免）
陈奎春（10月任）
大城子镇人大主席 钱书苹（女）
东邵渠镇党委书记 赵　勇
东邵渠镇人民政府镇长 王晓勇
东邵渠镇人大主席 王力华（女）
北庄镇党委书记 刘作义（9月免）
杨海军（9月任）
北庄镇人民政府镇长 杨海军（9月免）
北庄镇人大主席 马德强
新城子镇党委书记 郑艳华（女）
新城子镇人民政府镇长 王江波
新城子镇人大主席 李朝晖
石城镇党委书记 李　冬（满，2月免）
周苏文（2月任）
石城镇人民政府镇长 冯　波
石城镇人大主席 周宗福

十、市属机构

国家税务总局北京市密云区税务局党委书记、局长 张之乐
北京市交通委员会密云公路分局党委书记、局长 郭朝辉
北京市规划和自然资源委员会密云分局党组书记、局长 张长峰
北京市密云区气象局党组书记、局长 孟燕军
北京市密云水库管理处党委书记、主任 李春喜
北京住房公积金管理中心密云管理部主任 宋桂顺
北京市密云区烟草专卖局（公司）党组书记、局长、经理 高云发
中国邮政集团有限公司北京市密云区分公司党委书记、总经理 杨　川
国网北京密云供电公司经理 朴天高
北京檀州自来水有限责任公司经理 陈海卫
北京燃气密云有限公司董事长 王建伟
中国移动北京密云分公司经理 哈　毅
中国联通北京密云分公司经理 郗　博
中国电信北京密云分公司经理 朴振宇
北京歌华有线电视网络股份有限公司密云分公司经理 李明生

2022 年区委文件目录

表 1

序号	文号	标题
1	京密发〔2022〕3 号	中共北京市密云区委关于印发《区委常委会 2022 年工作要点》的通知
2	京密发〔2022〕5 号	中共北京市密云区委 北京市密云区人民政府关于印发《密云区关于做好 2022 年推进乡村振兴重点工作的实施方案》的通知
3	京密发〔2022〕6 号	中共北京市密云区委关于印发《中共北京市密云区委常委会“三重一大”事项决策工作规则》的通知
4	京密发〔2022〕8 号	中共北京市密云区委 北京市密云区人民政府关于印发《北京市密云区加强新时代公民道德建设实施方案》的通知
5	京密发〔2022〕10 号	中共北京市密云区委 北京市密云区人民政府关于印发《北京市密云区加强新时代爱国主义教育实施方案》的通知
6	京密发〔2022〕11 号	中国共产党北京市密云区第三届委员会第四次全体会议决议
7	京密发〔2022〕12 号	中共北京市密云区委印发《密云区关于推动理想信念教育常态化制度化健全理论普及体系的实施方案》的通知
8	京密发〔2022〕13 号	中共北京市密云区委印发《中共北京市密云区委关于认真学习宣传贯彻党的二十大精神的实施方案》的通知

注：1 号文、2 号文、4 号文、7 号文、9 号文为涉密文件

2022 年区委办公室文件目录

表 2

序号	文号	文件名称
1	京密办发〔2022〕1 号	区委办公室 区政府办公室关于印发《密云区 2022 年重要民生实事》的通知
2	京密办发〔2022〕2 号	区委办公室 区政府办公室印发《密云区关于落实〈（北京市国民经济和社会发展第十四个五年规划和二〇三五年远景目标纲要）主要目标和任务分工方案〉的实施方案》的通知
3	京密办发〔2022〕3 号	区委办公室关于印发《2022 年区委常委会会议议题计划》的通知
4	京密办发〔2022〕4 号	区委办公室 区政府办公室关于印发《北京市密云区财政资金审批管理规则》的通知
5	京密办发〔2022〕5 号	区委办公室关于印发《密云区政协 2022 年协商工作计划》的通知
6	京密办发〔2022〕6 号	区委办公室 区政府办公室关于印发《密云区推动解决接诉即办疑难问题的工作办法》的通知
7	京密办发〔2022〕7 号	区委办公室 区政府办公室关于印发《北京市密云区处级领导干部离任经济事项交接工作制度》的通知
8	京密办发〔2022〕8 号	区委办公室关于印发《密云区 2022 年政党协商计划》的通知
9	京密办发〔2022〕9 号	区委办公室关于印发《密云区关于进一步深化拓展新时代文明实践中心建设的实施方案》的通知
10	京密办发〔2022〕10 号	区委办公室 区政府办公室关于印发《密云区“十四五”时期档案事业发展规划》的通知
11	京密办发〔2022〕11 号	区委办公室 区政府办公室印发《关于密云区建立健全生态产品价值实现机制的实施意见（试行）》的通知
12	京密办发〔2022〕12 号	区委办公室 区政府办公室关于印发《密云区安全生产督察工作方案》的通知
13	京密办发〔2022〕13 号	区委办公室 区政府办公室关于印发《北京市密云区“十四五”期间国有企业改革实施方案》的通知
14	京密办发〔2022〕14 号	区委办公室关于印发《一体推进 2022 年北京市密云区全面从严治党（党建）工作考核和政治生态分析研判工作的实施方案》的通知
15	京密办发〔2022〕15 号	区委办公室印发《关于开展“公仆心、云水情”干部教育实践活动的实施方案》的通知
16	京密办发〔2022〕16 号	区委办公室关于印发《密云区推动党史学习教育常态化长效化的工作措施》的通知

续表

序号	文号	文件名称
17	京密办发〔2022〕17 号	区委办公室关于印发《密云区关于落实市第十三次党代会报告重点任务的分工方案》的通知
18	京密办发〔2022〕18 号	区委办公室 区政府办公室关于印发《深入贯彻落实习近平总书记重要回信精神两周年工作方案》的通知
19	京密办发〔2022〕19 号	区委办公室关于印发《北京市密云区 2022 年度党建统领综合考核评价办法》的通知
20	京密办发〔2022〕21 号	区委办公室 区政府办公室关于切实做好 2022 年中秋节、国庆节期间有关工作的通知
21	京密办发〔2022〕23 号	区委办公室 区政府办公室印发《关于落实市委市政府安全生产第三督察组督察反馈意见整改实施方案》的通知
22	京密办发〔2022〕25 号	区委办公室 区政府办公室关于切实做好 2023 年元旦春节期间有关工作的通知

注：20 号文、22 号文、24 号文为涉密文件

2022年区政府文件目录

表 3

序号	文号	文件题名
1	密政发〔2022〕1号	北京市密云区人民政府关于印发《北京市密云区政府工作报告》的通知
2	密政发〔2022〕2号	北京市密云区人民政府关于印发《北京市密云区政府工作报告2022年重点工作分解方案》的通知
3	密政发〔2022〕3号	北京市密云区人民政府关于修订《北京市密云区农民用水协会及管水员改革方案》中农村管水员录用年龄的通知
4	密政发〔2022〕4号	北京市密云区人民政府关于印发《溪翁庄镇溪翁庄村棚户区改造项目住宅、非住宅腾退补偿（安置）方案》的通知
5	密政发〔2022〕5号	北京市密云区人民政府关于印发《北京市密云区人民政府工作规则》的通知
6	密政发〔2022〕6号	北京市密云区人民政府关于人事任免职事项的通知
7	密政发〔2022〕7号	北京市密云区人民政府关于印发《进一步健全完善农村人居环境长效管护机制实施方案》的通知
8	密政发〔2022〕8号	北京市密云区人民政府关于人事任免职事项的通知
9	密政发〔2022〕9号	北京市密云区人民政府关于印发《密云区果园街道西大桥棚户区改造项目房屋征收》的决定
10	密政发〔2022〕10号	北京市密云区人民政府关于印发《北京市密云区“十四五”时期生态环境保护规划》的通知
11	密政发〔2022〕11号	北京市密云区人民政府关于印发《密云区2022年国民经济和社会发展计划》的通知
12	密政发〔2022〕12号	北京市密云区人民政府关于印发《北京市密云区“十四五”时期妇女儿童发展规划》的通知
13	密政发〔2022〕13号	北京市密云区人民政府关于人事任免职事项的通知
14	密政发〔2022〕14号	北京市密云区人民政府关于印发《北京市密云区水环境跨界断面考核补偿办法（试行）》的通知
15	密政发〔2022〕15号	北京市密云区人民政府关于印发《密云区重大房屋类建设工程“多规合一”协同平台推进工作方案（试行）》的通知
16	密政发〔2022〕16号	北京市密云区人民政府关于印发《密云区政府投资项目决策管理办法》的通知
17	密政发〔2022〕17号	北京市密云区人民政府关于印发《密云区西统路（河北路—密关路）道路工程拆迁实施方案补充意见》的通知

续表

序号	文号	文件题名
18	密政发〔2022〕18 号	北京市密云区人民政府关于印发《密云区“十四五”时期应急管理事业发展规划》的通知
19	密政发〔2022〕19 号	北京市密云区人民政府关于印发《密云区进一步加强新生违法用地违法建设控制处置办法（试行）》的通知
20	密政发〔2022〕20 号	北京市密云区人民政府 北京市密云区人民武装部关于 2022 年征兵的命令
21	密政发〔2022〕21 号	北京市密云区人民政府关于印发《密云区征收城市基础设施建设费管理办法》的通知
22	密政发〔2022〕22 号	北京市密云区人民政府关于印发《加强密云水库水源保护 促进农民保水就业 推进网格化管理的实施意见》
23	密政发〔2022〕23 号	北京市密云区人民政府关于人事任免职事项的通知
24	密政发〔2022〕24 号	北京市密云区人民政府关于人事任免职事项的通知
25	密政发〔2022〕25 号	北京市密云区人民政府关于公布行政规范性文件清理结果的决定
26	密政发〔2022〕26 号	北京市密云区人民政府关于印发《北京市密云区村镇公共生活污水处理设施建设与运行管理办法》的通知
27	密政发〔2022〕27 号	北京市密云区人民政府关于印发《西田各庄 220 千伏输变电工程拆迁实施方案》的通知
28	密政发〔2022〕28 号	北京市密云区人民政府关于印发《密云新城新东路南延（水源路—顺潮街）道路工程拆迁实施方案》的通知
29	密政发〔2022〕29 号	北京市密云区人民政府关于印发《密云区“村地区管”管理办法（试行）》的通知
30	密政发〔2022〕30 号	北京市密云区人民政府关于印发《密云区落实〈北京市统筹疫情防控和稳定经济增长的实施方案〉工作指南》的通知
31	密政发〔2022〕31 号	北京市密云区人民政府关于印发《密云区 2022 年招商引资指导性任务分解意见》的通知
32	密政发〔2022〕32 号	北京市密云区人民政府关于印发《北京市密云区突发事件总体应急预案（2022 修订）》的通知
33	密政发〔2022〕33 号	北京市密云区人民政府关于印发《北京市密云区加强互联网上网服务营业场所管理工作方案》的通知
34	密政发〔2022〕34 号	北京市密云区人民政府关于印发《北京市密云区未成年人保护工作方案》的通知
35	密政发〔2022〕35 号	北京市密云区人民政府关于人事任免职事项的通知
36	密政发〔2022〕36 号	北京市密云区人民政府关于印发《密三路（潮河右堤路—东白岩）扩建工程拆迁实施方案》的通知
37	密政发〔2022〕37 号	北京市密云区人民政府关于印发《北京市密云区政府性债务管理办法》的通知

续表

序号	文号	文件题名
38	密政发〔2022〕38 号	北京市密云区人民政府关于印发《密云区殡葬改革工作方案》的通知
39	密政发〔2022〕39 号	北京市密云区人民政府关于印发《北京市密云区“十四五”时期“无废城市”建设实施方案》的通知
40	密政发〔2022〕40 号	北京市密云区人民政府关于人事任免职事项的通知
41	密政发〔2022〕41 号	北京市密云区人民政府关于公布第七批区级非物质文化遗产代表性项目名录的通知
42	密政发〔2022〕42 号	北京市密云区人民政府关于印发《北京市密云区“十四五”国家重点生态功能区县域生态环境质量监测与评价工作实施方案》的通知
43	密政发〔2022〕43 号	北京市密云区人民政府关于印发《密云新城城后东街（檀营街—宜兴路）及新刘棚改地区周边三条道路工程拆迁实施方案》的通知
44	密政发〔2022〕44 号	北京市密云区人民政府关于印发《密云区重大投资项目谋划工作方案》的通知
45	密政发〔2022〕45 号	北京市密云区人民政府关于印发《密云区推进民宿行业改革优化营商环境工作方案（试行）》的通知

2022 年区政府办公室文件目录

表 4

序号	文号	文件题名
1	密政办字〔2022〕1 号	北京市密云区人民政府办公室关于印发《密云区 2022 年市区两级重点工程计划》《密云区 2022 年市区两级重点推前期工程计划》的通知
2	密政办字〔2022〕2 号	北京市密云区人民政府办公室关于印发《北京市密云区深入打好污染防治攻坚战 2022 年系列行动计划》的通知
3	密政办字〔2022〕3 号	北京市密云区人民政府办公室关于印发《北京市密云区培育和激发市场主体活力持续优化营商环境工作方案》的通知
4	密政办字〔2022〕4 号	北京市密云区人民政府办公室关于印发《北京市密云区政府投资信息化项目技术评审管理办法（试行）》的通知
5	密政办字〔2022〕5 号	北京市密云区人民政府办公室关于印发《北京市密云区 2022 年政务公开工作要点》的通知
6	密政办字〔2022〕6 号	北京市密云区人民政府办公室关于印发《北京市密云区推进数字经济创新发展三年行动方案》的通知
7	密政办字〔2022〕7 号	北京市密云区人民政府办公室关于印发《密云区落实〈继续加大中小微企业帮扶力度加快困难企业恢复发展若干措施〉的实施细则（试行）》的通知
8	密政办字〔2022〕8 号	北京市密云区人民政府办公室关于印发《密云区“疏解整治促提升”专项行动 2022 年工作计划的通知》
9	密政办字〔2022〕9 号	北京市密云区人民政府办公室关于印发《密云区美丽乡村建设实施方案（2022—2024 年）》的通知
10	密政办字〔2022〕10 号	北京市密云区人民政府办公室关于印发《密云区支持区管国有企业加快改革发展的实施意见》的通知
11	密政办字〔2022〕11 号	北京市密云区人民政府办公室关于印发《密云区关于促进 3 岁以下婴幼儿照护服务发展的实施方案》的通知
12	密政办字〔2022〕12 号	北京市密云区人民政府办公室关于印发《密云区自建房安全专项整治实施方案》的通知
13	密政办字〔2022〕13 号	北京市密云区人民政府办公室关于印发《关于深化推进网格化管理工作的实施方案》的通知
14	密政办字〔2022〕14 号	北京市密云区人民政府办公室关于印发《密云区非居民厨余垃圾计量收费管理工作实施方案》的通知
15	密政办字〔2022〕15 号	北京市密云区人民政府办公室关于印发《密云区全民科学素质行动规划纲要实施方案（2021—2035）》的通知

续表

序号	文号	文件题名
16	密政办字〔2022〕16 号	北京市密云区人民政府办公室关于印发《2022 年度密云区落实市政府绩效考核任务工作方案》的通知
17	密政办字〔2022〕17 号	北京市密云区人民政府办公室关于印发《北京市密云区符合政府安排工作条件退役士兵安置办法》的通知
18	密政办字〔2022〕18 号	北京市密云区人民政府办公室关于印发《北京市密云区重大行政决策事项目录管理办法（试行）》的通知
19	密政办字〔2022〕19 号	北京市密云区人民政府办公室关于印发区政府工作分工的通知

索　　引

INDEX

说　　明

本索引采取主题索引也称内容分析索引法编纂。主题词（标目）以《北京密云年鉴 2023》正文中出现的专业名词、名词词组为主，区情概览、特载、专文、大事记、人物荣誉、统计资料、附录七个类目内容不在索引范围内。

本索引基本按汉语拼音音序排列，汉字打头的标目按首字的音序音调依次排列，首字相同时，则以第二字排序，以此类推。

本索引的文字部分为标目，标目之后的阿拉伯数字表示该标目所在正文中的页码（地址项），其后的小写英文字母（a、b）表示正文中的栏别（左、右）。同一标目的内容在文中多处出现的，在索引中按页码顺序依次列出。

A

B

C

D

E

F

G

H

J

K

N

P

Q

R

S

T

Y

Z